Medicus · Petersen | Bürgerliches Recht

Eine nach Anspruchsgrundlagen geordnete Darstellung zur Examensvorbereitung

Bürgerliches Recht

Eine nach Anspruchsgrundlagen geordnete Darstellung zur Examensvorbereitung

Begründet von

Dr. Dres. h. c. Dieter Medicus †

ehem. Professor an der Ludwig-Maximilians-Universität München

seit der 24. Auflage allein fortgeführt von

Dr. Jens Petersen

Professor an der Universität Potsdam

25., neu bearbeitete Auflage

Verlag Franz Vahlen München 2015

Zitiervorschlag: *Medicus/Petersen* BürgerlR Rn.

www.vahlen.de

ISBN 978 3 8006 4992 1

Wilhelmstraße 9, 80801 München
Druck: Druckerei C. H. Beck, Nördlingen (Adresse wie Verlag)

Satz: Jung Crossmedia Publishing GmbH
Gewerbestraße 17, 35633 Lahnau

Umschlagkonzeption: Martina Busch, Grafikdesign, Homburg Kirrberg

Gedruckt auf säurefreiem, alterungsbeständigem Papier
(hergestellt aus chlorfrei gebleichtem Zellstoff)

Vorwort zur 25. Auflage

Am 6. Juni 2015 ist *Dieter Medicus* verstorben. Noch bis zu seinem 86. Geburtstag im Mai, an dem wir zuletzt über die Neuauflage dieses Buches sprachen, verfolgte er die Entwicklung des Bürgerlichen Rechts mit Interesse. Ich werde seinen Rat, seine Herzlichkeit und nicht zuletzt seinen Humor, von dem viele Beispiele dieses Buches zeugen, sehr vermissen!

Die Neuauflage trägt einer Reihe zwischenzeitlicher Gesetzesänderungen, vor allem aufgrund der Umsetzung der Verbraucherrechterichtlinie, Rechnung. Zudem ist gerade in den letzten beiden Jahren eine Fülle examensrelevanter Rechtsprechung – namentlich zu den ersten beiden Büchern des BGB – ergangen, die berücksichtigt wurde. Um den Umfang gleichwohl beizubehalten, wurden einige insolvenzrechtliche, wertpapierrechtliche und sozialrechtliche Besonderheiten gestrichen.

Ich danke *Jens-Ullrich Pille, Roy F. Bär* und besonders *Dr. Lars Rühlicke* für ihre Anregungen, Diskussionen und Vorschläge. Bei den Registern hat mir *Sophia Obst* geholfen.

Potsdam, August 2015 *Jens Petersen*

Aus dem Vorwort zur 1. Auflage (1968)

Dieses Buch setzt ein bestimmtes Grundlagenwissen im bürgerlichen Recht voraus. Adressat ist also der Vorgerückte: Ihm soll die Möglichkeit gegeben werden, im Examen besonders häufig vorkommende Einzelfragen auf knappem Raum beieinander zu finden. Dazu war naturgemäß eine Auswahl nötig, die durch meine eigenen Vorstellungen und Erfahrungen beeinflusst worden ist. Konzentriert habe ich mich vor allem auf die Fragen, deren Lösung dem Gesetzeswortlaut nicht ohne Weiteres entnommen werden kann. Gerade deshalb aber bildet das Gesetz die unentbehrliche Basis für das Verständnis des Buches: Das sorgfältige Nachschlagen der angeführten Vorschriften kann dem Leser nicht warm genug ans Herz gelegt werden.

Meine Ziele sind Wiederholung und Vertiefung. Der Vertiefung insbesondere soll es dienen, dass der Stoff ohne Rücksicht auf die Einteilung des BGB und mit Übergriffen in das Handelsrecht dargeboten wird. Dadurch ergeben sich Parallelen und Vergleichsmöglichkeiten zwischen Institutionen, die im Gesetz und deshalb oft auch in den systematischen Vorlesungen und Lehrbüchern weit voneinander entfernt stehen.

Zur Veranschaulichung sollen die zahlreichen eingestreuten Fälle dienen, die ich möglichst der neueren Rechtsprechung entnommen habe. Aber diese Fälle sind immer nur als Beispiele zu verstehen: Mir scheint die Gefahr allzu groß, dass die oft nur dunkle

Erinnerung an den irgendwo schon einmal gehörten oder gelesenen Fall den Blick auf das Gesetz verstellt. Die nicht seltene Erscheinung, dass sich die in den Klausuren erzielten Noten mit fortschreitendem Studium verschlechtern, dürfte hiermit zusammenhängen. Daher habe ich mich bemüht, auch die systematischen Zusammenhänge hervortreten zu lassen.

Bei den Zitaten aus der Rechtsprechung habe ich die Sachverhalte, die den besprochenen Entscheidungen zugrunde liegen, vielfach vereinfacht und bisweilen auch geändert. Das war nötig, um die Sachfragen klarer hervortreten zu lassen.

Dieter Medicus

Inhaltsübersicht

Inhaltsverzeichnis

Abkürzungen und abgekürzt zitierte Literatur

Paragraphen ohne Gesetzesangabe sind solche des BGB.

aA/AA	anderer Ansicht
abl.	ablehnend
ablAnm	ablehnende Anmerkung
Abs.	Absatz
AcP	Archiv für die civilistische Praxis (Zeitschrift)
aE	am Ende
aF	alter Fassung
AG	Aktiengesellschaft, in Zitaten Amtsgericht
AGB	Allgemeine Geschäftsbedingungen
AGG	Allgemeines Gleichbehandlungsgesetz
AktG	Aktiengesetz
allg.	allgemein, allgemeine
Anm.	Anmerkung
AO	Abgabenordnung
ArchBürgR	Archiv für bürgerliches Recht (Zeitschrift)
Art.	Artikel
AT	Allgemeiner Teil
Aufl.	Auflage
ausf.	ausführlich
BAG(E)	Bundesarbeitsgericht (Entscheidungssammlung)
Bamberger/Roth/ *Bearbeiter*	*Bamberger, H. G./Roth, H.*, Kommentar zum Bürgerlichen Gesetzbuch, 3. Aufl. 2012
Baur/Stürner SachenR	*Baur, J. F./Stürner, R.*, Lehrbuch des Sachenrechts, 18. Aufl. 2009
BayObLG	Bayerisches Oberstes Landesgericht
BB	Der Betriebsberater (Zeitschrift)
Bd.	Band
BeckOGK	*Gsell, B./Krüger, W./Lorenz, S./Mayer, J.*, beck-online.GROSSKOMMENTAR zum Zivilrecht, 2015
bestr.	bestritten
BFH	Bundesfinanzhof
BGB	Bürgerliches Gesetzbuch
BGH(Z)	Bundesgerichtshof (Entscheidungen des Bundesgerichtshofs in Zivilsachen, herausgegeben von den Mitgliedern des BGH und der Bundesanwaltschaft)
BImSchG	Bundes-Immissionsschutzgesetz
BNotO	Bundesnotarordnung
Bork BGB AT	*Bork, R.*, Allgemeiner Teil des Bürgerlichen Gesetzbuchs, 3. Aufl. 2011
Brehm/Berger SachenR	*Brehm, W./Berger, C.*, Sachenrecht, 3. Aufl. 2014
Brox/Walker BGB AT	*Brox, H./Walker, W.-D.*, Allgemeiner Teil des BGB, 38. Aufl. 2014
Brox/Walker SchuldR AT	*Brox, H./Walker, W.-D.*, Allgemeines Schuldrecht, 39. Aufl. 2015
Brox/Walker SchuldR BT	*Brox, H./Walker, W.-D.*, Besonderes Schuldrecht, 39. Aufl. 2015
Brox/Walker ErbR	*Brox, H./Walker, W.-D.*, Erbrecht, 26. Aufl. 2014
Brox/Walker ZVR	*Brox, H./Walker, W.-D.*, Zwangsvollstreckungsrecht, 10. Aufl. 2014

BT . . . . Besonderer Teil
BT-Drs. . . . . Bundestagsdrucksache
Buck-Heeb
SchuldR BT II . . . *Buck-Heeb, P.*, Examens-Repetitorium Besonderes Schuldrecht 2, Gesetzliche Schuldverhältnisse, 5. Aufl. 2015
Bülow/Artz
VerbrPrivR . . . . . Verbraucherprivatrecht, 4. Aufl. 2014
BVerfG(E) . . . . . . Bundesverfassungsgericht (Entscheidungssammlung)
bzw. . . . . beziehungsweise

Canaris Vertrauenshaftung . . . *Canaris, C.-W.*, Die Vertrauenshaftung im deutschen Privatrecht, 1971
Canaris HandelsR *Canaris, C.-W.*, Handelsrecht, 24. Aufl. 2006
Canaris SchuldRModernisierung *Canaris, C.-W.*, Schuldrechtsmodernisierung 2002, Materialien, Text, Dokumente mit ausführlicher Einleitung
c. i. c. . . . . culpa in contrahendo

DAR . . . . Deutsches Autorecht (Zeitschrift)
DB . . . . Der Betrieb (Zeitschrift)
DJT . . . . Deutscher Juristentag
DNotZ . . . . Deutsche Notarzeitschrift
DStR . . . . Deutsches Steuerrecht (Zeitschrift)

EBV . . . . Eigentümer-Besitzer-Verhältnis
EFZG . . . . Entgeltfortzahlungsgesetz
EGBGB . . . . Einführungsgesetz zum Bürgerlichen Gesetzbuche
eing. . . . . eingehend
Esser/Schmidt
SchuldR I . . . . . . *Esser, J./Schmidt, E.*, Schuldrecht I, Allgemeiner Teil, 8. Aufl. 1995/2000
Esser/Weyers
SchuldR II . . . . . . *Esser, J./Weyers, H.-L.*, Schuldrecht II, Besonderer Teil, 8. Aufl. 1998/2000
EuGH . . . . Europäischer Gerichtshof
EV . . . . Eigentumsvorbehalt

f. (ff.) . . . . folgende (mehrere folgende) Seiten oder Paragraphen
FamFG . . . . Gesetz über das Verfahren in Familiensachen und in Angelegenheiten der freiwilligen Gerichtsbarkeit
FamRZ . . . . Zeitschrift für das gesamte Familienrecht mit Betreuungsrecht, Erbrecht, Verfahrensrecht, Öffentliches Recht
FG . . . . Festgabe
Fikentscher/Heinemann
SchuldR . . . . *Fikentscher, W./Heinemann, A.*, Schuldrecht, 10. Aufl. 2006
Flume Rechtsgeschäft . . . . *Flume, W.*, Allgemeiner Teil des bürgerlichen Rechts II: Das Rechtsgeschäft, 3. Aufl. 1979, Nachdruck 1992
Flume JurPers . . . *Flume, W.*, Allgemeiner Teil des bürgerlichen Rechts I 2: Die juristische Person, 1983
Flume PersGes . . . *Flume, W.*, Allgemeiner Teil des bürgerlichen Rechts I 1: Die Personengesellschaft, 1977
FS . . . . Festschrift

G . . . . Gesetz
GBO . . . . Grundbuchordnung
Gernhuber/Coester-Waltjen
FamR . . . . *Gernhuber, J./Coester-Waltjen, D.*, Lehrbuch des Familienrechts, 6. Aufl. 2010

Gernhuber BürgerlR .... *Gernhuber, J.*, Bürgerliches Recht, ein systematisches Repetitorium für Fortgeschrittene, 3. Aufl. 1991 (bleibt neben den späteren Auflagen wichtig!)
GG .... Grundgesetz für die Bundesrepublik Deutschland
GG (nur im § 7) .. Geschäftsgrundlage
ggf. .... gegebenenfalls
GmbH .... Gesellschaft mit beschränkter Haftung
GmbHG .... Gesetz betreffend die Gesellschaften mit beschränkter Haftung
GoA .... Geschäftsführung ohne Auftrag
GPR .... Zeitschrift für Gemeinschaftsprivatrecht
grdl. .... grundlegend
Grunewald BürgerlR .... *Grunewald, B.*, Bürgerliches Recht, ein systematisches Repetitorium, 9. Aufl. 2014
Grunewald KaufR .... *Grunewald, B.*, Handbuch des Schuldrechts, Kaufrecht, 2006
GS .... Gedächtnisschrift, Gedenkschrift
GSZ .... Großer Senat für Zivilsachen
GVG .... Gerichtsverfassungsgesetz
GWB .... Gesetz gegen Wettbewerbsbeschränkungen

Habersack SachenR .... *Habersack, M.*, Examens-Repetitorium Sachenrecht, 7. Aufl. 2012
HPflG .... Haftpflichtgesetz
Harke SchuldR AT *Harke, J. D.*, Allgemeines Schuldrecht, 2010
Harke SchuldR BT *Harke, J. D.*, Besonderes Schuldrecht, 2011
Heck SchuldR (SachenR) ...... *Heck, Ph.*, Grundriss des Schuldrechts, 1929, Nachdruck 1958; Grundriss des Sachenrechts, 1930, Nachdruck 1960
Hrsg. .... Herausgeber
HGB .... Handelsgesetzbuch
Heinemann Übungen BürgerlR .... *Heinemann, A.*, Übungen im Bürgerlichen Recht, 2008
hL .... herrschende Lehre
hM .... herrschende Meinung
Hs. .... Halbsatz

idF .... in der Fassung
InsO .... Insolvenzordnung
IPrax .... Praxis des Internationalen Privat- und Verfahrensrechts (Zeitschrift)
IPR .... Internationales Privatrecht
iSd .... im Sinne der/des
iSv .... im Sinne von

JA .... Juristische Arbeitsblätter (Zeitschrift)
JGG .... Jugendgerichtsgesetz
JR .... Juristische Rundschau (Zeitschrift)
JURA .... Juristische Ausbildung (Zeitschrift)
JuS .... Juristische Schulung (Zeitschrift)
JZ............ Juristenzeitung

KOM endg. ..... Kommissionsdokument, endgültige Fassung
K&R .... Kommunikation und Recht (Zeitschrift)
Kfz .... Kraftfahrzeug
Kindler GK HandelsR/GesR .. *Kindler, P.*, Grundkurs Handels- und Gesellschaftsrecht, 7. Aufl. 2014
Kipp/Coing ErbR *Enneccerus, L./Kipp, Th./Wolff, M.*, Lehrbuch des bürgerlichen Rechts, Erbrecht, 14. Bearbeitung 1990 von Coing, H.

KG	Kommanditgesellschaft, in Zitaten Kammergericht
Köhler BGB AT	*Köhler, H.*, BGB Allgemeiner Teil, 38. Aufl. 2014
Kötz/Wagner DeliktsR	*Kötz, H./Wagner, G.*, Deliktsrecht, 12. Aufl. 2013
Koppensteiner/ Kramer BereicherungsR	*Koppensteiner, H.-G./Kramer, E. A.*, Ungerechtfertigte Bereicherung, 2. Aufl. 1988
krit.	kritisch
Lange ErbR	*Lange, K. W.*, Erbrecht, 2011
Lange/Kuchinke ErbR	*Lange, H./Kuchinke, K.*, Erbrecht, 5. Aufl. 2001
Larenz SchuldR I, II 1	*Karl Larenz, K.*, Lehrbuch des Schuldrechts I: Allgemeiner Teil, 14. Aufl. 1987; II 1: Besonderer Teil, Halbband 1, 13. Aufl. 1986
Larenz/Canaris SchuldR II 2	*Larenz, K./Canaris, C.-W.*, Lehrbuch des Schuldrechts II 2: Besonderer Teil, Halbband 2, 13. Aufl. 1994
Leenen BGB AT	*Leenen, D.*, BGB Allgemeiner Teil: Rechtsgeschäftslehre, 2. Aufl. 2015
Lettl HandelsR	*Lettl, T.*, Handelsrecht, 3. Aufl. 2015
LG	Landgericht; im Leasingrecht Leasinggeber
LM	*Lindenmaier, F./Möhring, Ph.*, Nachschlagewerk des Bundesgerichtshofs in Zivilsachen
LMK	Kommentierte BGH-Rechtsprechung *Lindenmaier, F./Möhring, Ph.*
LN	Leasingnehmer
Looschelders SchuldR AT	*Looschelders, D.*, Schuldrecht Allgemeiner Teil, 12. Aufl. 2014
Looschelders SchuldR BT	*Looschelders, D.*, Schuldrecht Besonderer Teil, 10. Aufl. 2015
LPartG	Lebenspartnerschaftsgesetz
mAnm	mit Anmerkung/mit Anmerkungen
MDR	Monatsschrift für Deutsches Recht (Zeitschrift)
Medicus BGB AT	*Medicus, D.*, Allgemeiner Teil des BGB, 10. Aufl. 2010
Medicus/Lorenz SchuldR AT	*Medicus, D./Lorenz, S.*, Schuldrecht I: Allgemeiner Teil, 20. Aufl. 2012
Medicus/Lorenz SchuldR BT	*Medicus, D./Lorenz, S.*, Schuldrecht II: Besonderer Teil, 17. Aufl. 2014
Medicus/Petersen Grundwissen BürgerlR	*Medicus, D./Petersen, J.*, Grundwissen zum Bürgerlichen Recht, 10. Aufl. 2014
mN	mit Nachweisen
Mot.	Motive zum BGB
MüKoBGB/ *Bearbeiter*	*Rebmann, K./Säcker, F.-J.*, Münchener Kommentar zum BGB, 6. Aufl. 2012f.
Mugdan	*Mugdan*, Die gesamten Materialien zum Bürgerlichen Gesetzbuch, 1899/1900
Musielak/Hau EK BGB	*Musielak, H.-J., Hau, W.*, Examenskurs BGB, 3. Aufl. 2014
mwN	mit weiteren Nachweisen
Neuner SachenR	*Neuner, J.*, Sachenrecht, 4. Aufl. 2013
nF	neue Fassung
NJW	Neue Juristische Wochenschrift (Zeitschrift)
NJW-RR	NJW Rechtsprechungsreport Zivilrecht
NK-BGB/ *Bearbeiter*	*Dauner-Lieb, B./Heidel, T./Ring, G.*, Nomos Kommentar BGB, 2. Aufl. 2010ff., soweit erschienen 3. Aufl. 2010ff.

Nr. . . . . Nummer
NZM . . . . Neue Zeitschrift für Miet- und Wohnungsrecht
NZV . . . . Neue Zeitschrift für Verkehrsrecht

Oechsler
VertrSchuldV . . . . *Oechsler, J.*, Vertragliche Schuldverhältnisse, 2013
Oetker/Maultzsch
VertrSchuldV . . . . *Oetker, H./Maultzsch, F.*, Vertragliche Schuldverhältnisse, 4. Aufl. 2013
OGH(Z) . . . . Oberster Gerichtshof für die britische Zone (Entscheidungen in Zivilsachen, herausgegeben von den Mitgliedern des Gerichtshofes und der Staatsanwaltschaft beim OGH)
OHG . . . . Offene Handelsgesellschaft
OLG(Z) . . . . Oberlandesgericht (Entscheidungen der Oberlandesgerichte in Zivilsachen, herausgegeben von *Deisenhofer* und *Jansen*)
OVG . . . . Oberverwaltungsgericht

Palandt/*Bearbeiter* *Palandt, P.*, Bürgerliches Gesetzbuch, 74. Aufl. 2015
Paulus ZivilProzR *Paulus, C.*, Zivilprozessrecht, 5. Aufl. 2013
Petersen SchuldR
AT . . . . *Petersen, J.*, Allgemeines Schuldrecht, Examensrepetitorium, 7. Aufl. 2015
ProdHaftG . . . . . Produkthaftungsgesetz
Prütting SachenR *Prütting, H.*, Sachenrecht, 35. Aufl. 2014
PWW/*Bearbeiter* *Prütting, H./Wegen, G./Weinreich, G.*, BGB-Kommentar, 10. Aufl. 2015

RabelsZ . . . . Rabels Zeitschrift für ausländisches und internationales Privatrecht
RdA . . . . Recht der Arbeit (Zeitschrift)
Reinicke/Tiedtke
KaufR . . . . *Reinicke, D./Tiedtke, K.*, Kaufrecht, 8. Aufl. 2009
Reinicke/Tiedtke
Kreditsicherung . . *Reinicke, D./Tiedtke, K.*, Kreditsicherung, 5. Aufl. 2006
Reuter/Martinek
BereicherungsR . . *Reuter, D./Martinek, M.*, Ungerechtfertigte Bereicherung, 1983
Roth/Weller
HandelsR/GesR . . *Roth, G. H./Weller, M.-Ph.*, Handels- und Gesellschaftsrecht, 8. Aufl. 2013
RG(Z) . . . . Reichsgericht (Entscheidungen des Reichsgerichts in Zivilsachen, herausgegeben von den Mitgliedern des Gerichtshofes und der Reichsanwaltschaft)
Rn. . . . . Randnummer(n)
Rspr. . . . . Rechtsprechung
RW . . . . Rechtswissenschaft. Zeitschrift für rechtswissenschaftliche Forschung

S. . . . . Seite; bei Gesetzeszitaten Satz; bei Kleinschreibung siehe
v. Sachsen-
Gessaphe ZVR . . . *Sachsen-Gessaphe, K. A. Prinz v.*, Zwangsvollstreckungsrecht, 2014
Saenger GesR . . . *Saenger, I.*, Gesellschaftsrecht, 2. Aufl. 2013
Schlechtriem/
Schmidt-Kessel
SchuldR AT . . . . . *Schlechtriem, P./Schmidt-Kessel, M.*, Schuldrecht Allgemeiner Teil, 6. Aufl. 2005
Schlechtriem
SchuldR BT . . . . . *Schlechtriem, P.*, Schuldrecht Besonderer Teil, 6. Aufl. 2003
K. Schmidt
HandelsR . . . . . . *Schmidt, K.*, Handelsrecht, Unternehmensrecht I, 6. Aufl. 2014
K. Schmidt GesR *Schmidt, K.*, Gesellschaftsrecht, 4. Aufl. 2002
Schumann
ZPO-Klausur . . . *Schumann, E.*, Die ZPO-Klausur, 3. Aufl. 2006
Schwarze Leis-
tungsstörungsR . . *Schwarze, R.*, Das Recht der Leistungsstörungen, 2008
SE . . . . Scheinerbe
SGB . . . . Sozialgesetzbuch

SiG . . . . Sicherungsgeber
SiGS(en) . . . . Sicherungsgrundschuld(en)
SiN . . . . Sicherungsnehmer
SiÜ . . . . Sicherungsübereignung
SiZess. . . . . Sicherungszession
Soergel/*Bearbeiter* Kommentar zum BGB, 13. Aufl. 1999ff.
sog. . . . . sogenannt
Staudinger/
Bearbeiter . . . . . . *Staudinger, J. v.*, Kommentar zum BGB, Neubearbeitung 1999ff.
Staudinger/
Bearbeiter
Eckpfeiler . . . . . . *Staudinger, J. v.*, Kommentar zum BGB – Eckpfeiler des Zivilrechts, 2014/2015
StGB . . . . Strafgesetzbuch
str. . . . . streitig
stRspr . . . . ständige Rechtsprechung
StVG . . . . Straßenverkehrsgesetz
StVO . . . . Straßenverkehrs-Ordnung
StVZO . . . . Straßenverkehrs-Zulassungs-Ordnung

UAbs. . . . . Unterabsatz
UrhG . . . . Urheberrechtsgesetz
usw . . . . und so weiter
uU . . . . unter Umständen
UWG . . . . Gesetz gegen den unlauteren Wettbewerb

v. . . . . von (vom)
VerbrGKRL . . . . Richtlinie 1999/44/EG des Europäischen Parlaments und des zu bestimmten Aspekten des Verbrauchsgüterkaufs und der Garantien für Verbrauchsgüter (»Verbrauchsgüterkauf-Richtlinie«) v. 25. Mai 1999
VerschG . . . . Verschollenheitsgesetz
VersR . . . . Versicherungsrecht (Zeitschrift)
vgl. . . . . vergleiche
Vieweg/Werner
SachenR . . . . *Vieweg, K./Werner, A.*, Sachenrecht, 6. Aufl. 2013
VP(en) . . . . Verkehrspflicht(en)
VRRL . . . . Richtlinie 2011/83/EU des Europäischen Parlaments und des Rates über die Recht der Verbraucher, zur Abänderung der Richtlinie 93/13/EWG des Rates und der Richtlinie 1999/44/EG des Europäischen Parlaments und des Rates sowie zur Aufhebung der Richtlinie 85/577/EWG des Rates und der Richtlinie 97/7/EG des Europäischen Parlaments und des Rates v. 25.10 2011 (»Verbraucherrechte-Richtlinie«)
VVG . . . . Versicherungsvertragsgesetz

WEG . . . . Gesetz über Wohnungseigentum und Dauerwohnrecht
Wellenhofer FamR *Wellenhofer, M.*, Familienrecht, 3. Aufl. 2014
Westermann/
Bearbeiter
SachenR . . . . *Westermann, H.*, Sachenrecht: I, fortgeführt von *Westermann, H. P./Gursky, K.-H./Eickmann, D.*, 8. Aufl. 2011
Wieling SachenR *Wieling, H. J.*, Sachenrecht, Bd. 1, 2. Aufl. 2006
Wilhelm SachenR *Wilhelm, J.*, Sachenrecht, 4. Aufl. 2010
WM . . . . Wertpapiermitteilungen (Zeitschrift)
Wolf/Neuner BGB
AT . . . . *Wolf, M./Neuner, J.*, Allgemeiner Teil des Bürgerlichen Rechts, 10. Aufl. 2012
Wolff/Raiser
SachenR . . . . *Enneccerus, L./Kipp, T./Wolff, M.*, Lehrbuch des bürgerlichen Rechts, Sachenrecht, 10. Bearbeitung 1957 von *Martin Wolff* und *Ludwig Raiser*

zB . . . . zum Beispiel
ZBB . . . . Zeitschrift für Bankrecht und Bankwirtschaft
ZDRL . . . . Richtlinie 2007/64/EG des Europäischen Parlaments und des Rates über Zahlungsdienste im Binnenmarkt, zur Änderung der Richtlinien 97/7/EG, 2002/65/EG, 2005/60/EG und 2006/48/EG sowie zur Aufhebung der Richtlinie 97/5/EG v. 13.11.2007 (»Zahlungsdienste-Richtlinie«)
Zeiss/Schreiber
ZivilProzR . . . . . *Zeiss, W./Schreiber, K.*, Zivilprozessrecht, 12. Aufl. 2014
ZEuP . . . . Zeitschrift für europäisches Privatrecht
ZEV . . . . Zeitschrift für Erbrecht und Vermögensnachfolge
ZfPW . . . . Zeitschrift für die gesamte Privatrechtswissenschaft
ZGR . . . . Zeitschrift für Unternehmens- und Gesellschaftsrecht
ZGS . . . . Zeitschrift für das gesamte Schuldrecht
ZHR . . . . Zeitschrift für das gesamte Handelsrecht und Wirtschaftsrecht
ZIP . . . . Zeitschrift für Wirtschaftsrecht (früher: Zeitschrift für die gesamte Insolvenzpraxis, daher die Abkürzung)
ZMR . . . . Zeitschrift für Miet- und Raumrecht
ZPO . . . . Zivilprozessordnung
ZRP . . . . Zeitschrift für Rechtspolitik
ZS . . . . Zivilsenat
zutr. . . . . zutreffend
ZV . . . . Zwangsvollstreckung
ZVG . . . . Gesetz über die Zwangsversteigerung und die Zwangsverwaltung
ZVglRWiss . . . . . Zeitschrift für vergleichende Rechtswissenschaft
ZZP . . . . Zeitschrift für Zivilprozess

Einleitung. Aufbaufragen

Aufbaufragen sollen hier aus zwei Gründen vorweg kurz besprochen werden: Einmal weil sich die Gliederung dieses Buches an der Reihenfolge orientiert, in der die Fragen des materiellen Rechts im Rahmen des Anspruchsaufbaus auftauchen. Zum anderen und vor allem aber deshalb, weil die wahre Grundlage der Aufbauschemata nicht selten verkannt wird: Diese Grundlage bildet **das materielle Recht selbst.**

§ 1 Der Anspruchsaufbau

Welche Überlegungen zur Lösung einer juristischen Aufgabe nötig sind, folgt aus der **Frage am Ende der Fallerzählung** (des Sachverhalts). Wenn sich diese Frage auf ein Ziel richtet, das Gegenstand eines Anspruchs sein kann (zB Herausgabe, Schadensersatz, Lieferung usw), ist der sog. »Anspruchsaufbau« angebracht. Für ihn ist zweierlei kennzeichnend: Erstens geht die Erörterung von einer **Anspruchsnorm** (Anspruchsgrundlage) aus, und zweitens sollen mehrere Anspruchsnormen in einer bestimmten **Reihenfolge** geprüft werden.[1] 1

I. Die Anspruchsnorm als Ausgangspunkt

1. Ziel des Anspruchsaufbaus

Die Erörterung soll stets von einer Anspruchsnorm ausgehen. Dann ergeben nämlich die Tatbestandsmerkmale dieser Norm die zu erörternden Einzelfragen, sie bestimmen also die »entscheidungserheblichen Umstände«. Hierdurch wird einerseits die Prüfung *aller* wesentlichen Fragen gewährleistet. Andererseits wird aber auch die Befassung mit Dingen vermieden, welche die Beantwortung der Fallfrage nicht fördern. Die Lösung von Fällen muss **vollständig, ökonomisch und gedanklich widerspruchsfrei** sein. 2

Beispiel: Es ist falsch (weil vielleicht überflüssig), die Prüfung eines Schadensersatzanspruchs wegen Nichtleistung (§§ 280 III, 281, 283) mit der Frage nach dem Verschulden zu beginnen. Denn nach § 280 I 2 kommt es auf das Vertretenmüssen an, und dieses ist nach § 276 I 1 nicht mit dem Verschulden identisch. Wer richtig von diesen Vorschriften ausgeht, erkennt das Verschulden zutreffend als bloß einen möglichen Haftungsgrund.

2. Das Finden der Anspruchsnorm

a) Welche Normen sich im Einzelfall als Anspruchsgrundlage eignen, hängt in erster Linie von der Rechtsfolge ab, auf die sich die Fallfrage richtet. Wenn etwa nach Schadensersatz gefragt ist, kommen nur Normen mit der Rechtsfolge »Schadensersatz« in Betracht. Die erste Vorauswahl der zu prüfenden Normen geht also logisch nicht von der Tatbestands-, sondern von der **Rechtsfolgeseite** aus.[2] 3

1 Vgl. auch *Petersen,* Anspruchsgrundlage und Anspruchsaufbau als Abbildung des inneren Systems der Privatrechtsordnung, FS Medicus, 2009, 295; lehrreich *Leenen* JURA 2011, 723.

2 *Kuhn* JuS 2008, 956; *Bitter/Rauhut* JuS 2009, 289; *Leenen* BGB AT § 22 Rn. 7.

Für einen Herausgabeanspruch etwa eignen sich von der Rechtsfolgeseite her Ansprüche aus Vertrag (zB § 604) oder ähnlicher Sonderverbindung (etwa § 2130), die §§ 681 S. 2, 667, weiter die §§ 2018, 985, 861, 1007, aber auch die §§ 823 (mit § 249 I) und 812 (auch als Besitzkondiktion).[3]

Eine weitere Auswahl muss dann die **Tatbestandsseite** der Norm berücksichtigen. Dabei werden von den Normen mit passender Rechtsfolge diejenigen ausgeschieden, deren Tatbestandsmerkmale im Sachverhalt nicht vorliegen. Diese Prüfung ist die eigentliche »Subsumtion«.

4 **b)** Das eben geschilderte Verfahren, das erst die Rechtsfolge und dann den Tatbestand der Norm berücksichtigt, ist aber bloß ein Ideal. Nach ihm kann nämlich nur vorgehen, wer alle Anspruchsnormen mit einer bestimmten Rechtsfolge kennt. Das erforderte aber eine unnötige und unvernünftige Belastung des Gedächtnisses. Man wird daher in der Wirklichkeit den Tatbestand schon früher ins Spiel bringen.

Man wird also, wenn etwa nach Herausgabe gefragt ist, zwar *zunächst* von der Rechtsfolge her an einige typische Herausgabenormen denken (zB §§ 667, 681 S. 2, 2018, 985, 861, 1007, 812). Man wird sich dann aber weiter **vom Sachverhalt her** fragen, welche speziellen Rechtsinstitute vorliegen können. Und man wird endlich die gesetzliche Regelung dieser Institute daraufhin durchsehen, ob sich dort noch andere Anspruchsnormen mit der Rechtsfolge »Herausgabe« finden. So wird man etwa in einem Fall, in dem die Beteiligten Nacherbe und Vorerbe sein können, bei der Durchsicht der §§ 2100ff. auf § 2130 stoßen.

3. Mehrheit von Anspruchszielen

5 Häufig beschränkt sich die Fallfrage nicht auf eine bestimmte Rechtsfolge, sondern lautet etwa: *»Was kann G von S verlangen?«* Hier ist zunächst zu prüfen, welche **wirtschaftlichen Ziele** für G dem S gegenüber in Betracht kommen. Dann muss man diese Ziele zu Rechtsfolgen konkretisieren. Endlich sind für diese Rechtsfolgen die passenden Anspruchsnormen zu suchen.

Beispiel einer Aufgabe: Infolge grober Fahrlässigkeit seines Architekten A hat N sein Haus einen Meter auf das Nachbargrundstück des E hinübergebaut. Was kann E von N verlangen?

Hier kann E wirtschaftlich zwei Ziele verfolgen: den Überbau zu beseitigen oder ihn sich nutzbar zu machen. Juristisch eignet sich für das erste Ziel ein Beseitigungsanspruch (§§ 1004, 862, aber Duldungspflicht des E aus § 912 I?). Für das zweite Ziel kommen mehrere Wege in Betracht: die Feststellung, dass der überbaute Hausteil dem E gehört (→ Rn. 18), sowie Ansprüche auf Geldrente (§ 912 II), Abkauf (§ 915 I), Schadensersatz (§ 823 I) oder Wertersatz (§ 812 I 1 Fall 2 – Eingriffskondiktion – mit § 818 II).

4. Die Frage nach der Rechtslage

6 Bei noch allgemeineren Fragen (etwa »Wie ist die Rechtslage?«) muss die Lösung zunächst durch eine **Aufgliederung in Zweipersonenverhältnisse** vorbereitet werden. Man muss also fragen, welche im Sachverhalt genannte Person von welcher anderen überhaupt etwas wünschen kann.

3 Zur Besitzkondiktion BGHZ 198, 381 und → Rn. 607; vgl. auch *Medicus* JuS 1985, 657.

Beispiel: In der eben genannten Aufgabe möge gefragt sein: Wie ist die Rechtslage? Dann ist zu bedenken: Beeinträchtigt ist zunächst E; er kann Ansprüche haben gegen N und A. N seinerseits kann Ansprüche gegen A haben (auf Schadensersatz), aber möglicherweise auch Gegenansprüche gegen E (auf Verwendungsersatz, wenn E Eigentümer des überbauten Hausteils geworden ist). Für A endlich kommen wenigstens zunächst keine Ansprüche in Betracht.

Nach dieser Zerlegung in Zweipersonenverhältnisse müssen dann für jedes die **denkbaren Anspruchsziele** und die **geeigneten Anspruchsnormen** gefunden werden. Über den möglichen weiteren Inhalt der Frage nach der Rechtslage → Rn. 19.

Insgesamt ergibt sich also eine **dreifache Gliederung:** in Zweipersonenverhältnisse, nach Anspruchszielen und nach Anspruchs- oder Einwendungsnormen. Davon bedeuten die beiden ersten Stufen eine Aufbereitung des Stoffes für den Zivilprozess:[4] Dieser findet als Zweipersonenprozess (zwischen Kläger und Beklagtem) über bestimmte, die Ziele des Klägers bezeichnende Anträge (§ 253 II Nr. 2 ZPO) statt. Das sind die Ansprüche im Sinne der ZPO, die ihrerseits den Streitgegenstand ergeben. Die Anspruchs- und Einwendungsnormen des materiellen Rechts bestimmen dann schließlich, inwieweit die Parteien »Recht haben«, also ihre Anträge begründet sind.

II. Die Reihenfolge der Prüfung von Anspruchsnormen

1. Ziel der Reihenfolge

7 In welcher Reihenfolge die wie eben angedeutet ermittelten Anspruchsnormen geprüft werden, ist zwar für das Ergebnis ohne Bedeutung. Für die Einhaltung einer bestimmten Reihenfolge spricht aber ein Gesichtspunkt der **Zweckmäßigkeit:** Fragen aus dem Bereich einer Anspruchsnorm sollen nicht weithin zu Vorfragen für andere Normen werden, sodass sich die Prüfung verschachtelt. Die Erörterung soll also möglichst **unbelastet von Vorfragen** bleiben.

Beispiel: V hat eine Sache, die er für H unentgeltlich verwahrt, leicht fahrlässig beschädigt. Wer hier mit dem Deliktsanspruch H–V aus § 823 I beginnt, würde dabei auf die Frage stoßen müssen, ob V deliktisch auch dann für jede Fahrlässigkeit haftet, wenn er unentgeltlicher Verwahrer ist. Damit würden die Fragen der vertraglichen Haftung (§§ 690, 277) zur Vorfrage der Deliktshaftung, weil ein milderer vertraglicher Haftungsmaßstab regelmäßig (→ Rn. 639 f.) auch eine konkurrierende Deliktshaftung beeinflusst. Man müsste also schon bei dem Deliktsanspruch praktisch alles prüfen, was der Fall überhaupt enthält: Ob zwischen H und V ein Verwahrungsvertrag oder nur ein Gefälligkeitsverhältnis besteht; wie sorgfältig V in eigenen Angelegenheiten ist (wenn der Sachverhalt dazu Angaben enthält); gegebenenfalls, ob § 690 (oder der Gedanke von §§ 521, 599) auch bei einem Gefälligkeitsverhältnis mit Verwahrungscharakter gilt (→ Rn. 365 ff.). Das alles verwirrt bei § 823 I nur den Aufbau.

2. Regeln für die Reihenfolge

8 Dieser Zweckmäßigkeitsgesichtspunkt ergibt für die Reihenfolge bei der Prüfung der häufigsten Anspruchsnormen Folgendes (nicht erwähnt sind hier zB Aufopferungs- und Unterhaltsansprüche):[5]

4 Vgl. *Medicus* AcP 174 (1974), 313 (314); *Paulus* ZivilProzR Rn. 150.
5 Zur Anspruchsprüfung auch *Leenen* BGB AT § 22 Rn. 13 ff.; *Petersen* JURA 2008, 180.

a) Vertrag

An erster Stelle sind vertragliche Anspruchsnormen zu prüfen. Denn der Vertrag, der ihre Grundlage bildet, stellt die speziellste Regelung dar und kann daher auf alle anderen Anspruchsnormen einwirken:

aa) Für Ansprüche aus *Geschäftsführung ohne Auftrag* ist er Vorfrage, weil § 677 erfordert, dass der Geschäftsführer das Geschäft im Verhältnis zum Geschäftsherrn unbeauftragt und auch sonst unberechtigt führt. Daran fehlt es, wenn ein wirksamer Vertrag (oder ein gesetzliches Schuldverhältnis, zB die elterliche Vermögenssorge nach § 1626 I 2) über die Geschäftsführung vorliegt.

bb) Gegenüber *Ansprüchen aus den §§ 985ff.* sind Verträge vorrangig, weil sie ein Recht zum Besitz (§ 986) geben können: Es fehlt dann die sog. *Vindikationslage* (→ Rn. 582f.). Daher ist § 985 selbst mit allen seinen Folgeansprüchen aus §§ 987ff. ausgeschlossen. Sogar ein – etwa durch Rücktritt – beendeter Vertrag kann hier noch die §§ 987ff. verdrängen (→ Rn. 588).

cc) Im Verhältnis zu *Deliktsansprüchen* können Verträge das Maß des rechtlich erheblichen Verschuldens beeinflussen (→ Rn. 7). Sie können auch einen Rechtfertigungsgrund bilden: § 538 etwa rechtfertigt die Verschlechterungen der Mietsache durch den vertragsgemäßen Gebrauch.

dd) Gegenüber *Bereicherungsansprüchen* endlich ist der Vorrang des Vertrages besonders deutlich: Dieser kann Rechtsgrund für eine Vermögensverschiebung sein. Sogar von Anfang an unwirksame Verträge haben hier Bedeutung: Sie bestimmen nämlich, ob und im Verhältnis zwischen welchen Personen eine Leistung vorliegt. Damit werden regelmäßig die Parteien der Leistungskondiktion festgelegt (→ Rn. 666ff.) und eine Kondiktion wegen Bereicherung in sonstiger Weise kann durch das Leistungsverhältnis ausgeschlossen sein (→ Rn. 727ff.).

b) Culpa in contrahendo

8a Nach den Vertragsansprüchen kann man gleich Schadensersatzansprüche aus culpa in contrahendo (§ 311 II und III iVm §§ 280 I, 311 a) prüfen: Die dafür nötige Anbahnung von Vertragsverhandlungen wird ja regelmäßig bei der Prüfung von Vertragsansprüchen schon erörtert worden sein. Die c. i. c. muss jedenfalls vor dem Deliktsrecht erörtert werden, weil eine mildere Haftung auch aus einem bloß beabsichtigten und nicht wirksam abgeschlossenen Vertrag den deliktischen Haftungsmaßstab zu beeinflussen vermag (→ Rn. 199).

Bisweilen hat übrigens die c. i. c. selbst dann Bedeutung, wenn es zu einem wirksamen Vertragsabschluss gekommen ist. Denn das Vertragsrecht erfasst häufig Schädigungen nicht, die schon vor oder gerade in dem Vertragsschluss liegen. Das wichtigste Beispiel bildet der Schaden aus der Herbeiführung eines ungünstigen Vertrages: Dann gewährt die hM aus c. i. c. mit § 249 I einen Anspruch auf Aufhebung dieses Vertrages (→ Rn. 150).

c) Geschäftsführung ohne Auftrag

9 An nächster Stelle stehen Ansprüche aus Geschäftsführung ohne Auftrag. Denn die berechtigte Geschäftsführung wirkt ganz ähnlich wie ein Vertrag: Sie kann ein Recht zum Besitz und einen Rechtfertigungsgrund geben; die Haftungsmilderung aus § 680 beeinflusst die Deliktshaftung (→ Rn. 433); Geschäftsführung ohne Auftrag kann einen

Rechtsgrund für Vermögensverschiebungen bilden oder ein Leistungsverhältnis kennzeichnen (→ Rn. 685).

> **Beispiel:** Der Arzt A behandelt den bewusstlosen B nach einem Unfall leicht fahrlässig falsch. Wer hier mit Schadensersatzansprüchen B–A aus § 823 I beginnt, muss wegen der Haftungsmilderung aus § 680 die §§ 677ff. schon im Deliktsrecht prüfen. Umgekehrt darf im Verhältnis A–B nicht mit einem Vergütungsanspruch aus §§ 812, 818 II begonnen werden. Denn damit würde die Frage verfehlt, ob Dienstleistungen ausnahmsweise als Aufwendungen nach den §§ 683, 670 zu vergüten sind (→ Rn. 430).

d) Dingliche Ansprüche

10 An vierter Stelle stehen üblicherweise die sog. »dinglichen Ansprüche« (→ Rn. 436, zur Abgrenzung → Rn. 452). Das trifft jedenfalls für die §§ 2018ff., 985ff., 1007 zu: Diese Normen enthalten für Schadensersatz und Nutzungen eine Spezialregelung, welche die allgemeinen Regeln in §§ 823 I, 812 weithin ausschließt (→ Rn. 595f.). Für einige andere Ansprüche, die gleichfalls hier geprüft zu werden pflegen (etwa aus §§ 861f.), besteht ein solcher Vorrang gegenüber dem Delikts- und Bereicherungsrecht zwar nicht. Aber sie hier zu erörtern ist deshalb sachgerecht, weil auch sie von der dinglichen Rechtslage abhängen.

e) Delikt und ungerechtfertigte Bereicherung

11 Übrig sind Ansprüche aus Delikt (im weitesten Sinn, also einschließlich der Gefährdungshaftung) und aus ungerechtfertigter Bereicherung. Diese beiden Anspruchsgruppen beeinflussen sich gegenseitig nicht, sodass zwischen ihnen auch kein Vorrang besteht. Man beginnt hier mit derjenigen Anspruchsgrundlage, die am ehesten vorliegt. Das wird bei Schadensersatzansprüchen das Deliktsrecht und bei Herausgabeansprüchen das Bereicherungsrecht sein.

3. Mehrere Normen in einer Gruppe

12 a) Innerhalb jeder dieser Hauptgruppen können wieder mehrere Normen als Anspruchsgrundlage in Betracht kommen. Auch insoweit kann das materielle Recht für die Prüfung eine bestimmte **Reihenfolge** als zweckmäßig ergeben.

Obwohl gegenüber dem possessorischen Anspruch aus § 861 wegen § 863 weniger Gegenrechte geltend gemacht werden können, prüft man ihn zweckmäßigerweise nach § 985. Auch ist ein Anspruch aus Bereicherung durch Leistung vor einem Anspruch aus Bereicherung in sonstiger Weise zu erörtern (→ Rn. 727ff.). Und im Deliktsrecht werden regelmäßig die beiden Absätze des § 823 vor dem schwieriger zu begründenden § 826 geprüft, bei § 823 oft auch Abs. 1 vor Abs. 2 (jedenfalls sind diese beiden Absätze streng getrennt zu halten!).

13 b) Zweifelhaft kann sein, wie weit **nach Bejahung eines Anspruchs** noch **andere Anspruchsgrundlagen mit demselben Ziel zu prüfen** sind.[6] Das ist jedenfalls dann nötig, wenn der weitere Anspruch mehr bringen kann, zB der Vertragsanspruch eine dem Gläubiger günstigere Regelung der Verantwortlichkeit für Gehilfen (§ 278 statt § 831). Auch kann der weitere Anspruch tatsächlich weniger voraussetzen, zB der Deliktsanspruch weder einen Vertrag noch den Eintritt in Vertragsverhandlungen. Aber bei Fehlen solcher

6 Zur Anspruchskonkurrenz weiterführend *Thomale* JuS 2013, 296; *Kuhn* JURA 2013, 975.

Vorteile wird man wenigstens in Klausuren solche »nutzlosen« weiteren Ansprüche am ehesten weglassen oder nur kurz erwähnen dürfen (zB oft § 823 II in Verbindung mit einem Schutzgesetz gegenüber § 823 I). Jedenfalls darf die Behandlung voraussetzungs- und ergebnisgleicher Ansprüche nicht dazu führen, dass die Zeit zur Erörterung wichtigerer Fragen fehlt. Nicht selten muss der Prüfer geradezu den Eindruck gewinnen, die nutzlosen Ausführungen zu konkurrierenden Ansprüchen sollten »Seiten füllen«, weil sich der Kandidat zu den schwierigeren Fragen der Aufgabe noch nicht entscheiden konnte.

Derselbe ungünstige Eindruck eines Mangels an Entscheidungsvermögen droht übrigens auch bei denjenigen Arbeiten, die zunächst seitenlang offensichtlich nicht zutreffenden Anspruchsgrundlagen behandeln (zB Vertrag und Geschäftsführung ohne Auftrag bei reinen Deliktsfällen). Dieses Vorgehen ist nur dramaturgisch, aber nicht juristisch zweckmäßig: Es erhöht zwar die Spannung, lässt aber darauf schließen, dass dem Bearbeiter der Blick für das Wesentliche fehlt.

4. Probleme beim Vertragstyp

14 Nicht selten fällt es schwer, einen als Anspruchsgrundlage in Betracht kommenden Vertrag dem Typ nach einzuordnen. Dann kann man notfalls die Frage nach dem Typ offenlassen und stattdessen begründen, dass der Anspruch bei jeder in Betracht kommenden Einordnung besteht oder nicht. Geht es nur um den vertraglichen **Primäranspruch,** kann die Zuordnung zu einem bestimmten Vertragstyp ohnedies dahinstehen, weil sich der Anspruch aus dem vertraglichen Leistungsversprechen selbst ergibt.[7] Für **Sekundäransprüche** kommt es dagegen auf den Vertragstyp an. Auch wenn sich der Anspruch aus § 280 I ergibt oder das jeweilige Gewährleistungsrecht darauf verweist (vgl. §§ 437 Nr. 3, 634 Nr. 4), unterscheiden sich die **Pflichten:** Beim Dienstvertrag etwa ist die Tätigkeit geschuldet, beim Werkvertrag der Erfolg.

BGH NJW 1972, 150: Die Ehefrau F stellt zum Einkaufen den Pkw ihres Mannes M in der Tiefgarage des Warenhauses W ab. Der von F einem Automaten entnommene Parkschein schließt die Haftung von W aus und verweist auf eine Versicherung. F findet den Pkw zerkratzt wieder. Die Versicherung ersetzt 200 DM. M fordert von W aus eigenem Recht und aus abgetretenem Recht der F weitere 1.700 DM für von der Versicherung nicht zu ersetzende Mietwagenkosten und ähnliches.

Hier hat der BGH nicht nur die Frage nach der Wirksamkeit des Haftungsausschlusses vermieden (Wirkung gegen M? Wurde M von F wirksam vertreten? Zudem wäre an § 309 Nr. 7b zu denken). Das Gericht hat auch offengelassen, ob der von F und W geschlossene Vertrag *Miete* (dann Haftung von W höchstens für die Eignung des Stellplatzes, § 536 I) oder *Verwahrung* war (dann Haftung wegen schuldhafter Verletzung einer Aufsichtspflicht denkbar): Jedenfalls habe W eine etwa bestehende Pflicht durch den Abschluss der (im Allgemeinen ausreichenden) Versicherung mit einem Anspruch des Kunden direkt gegen den Versicherer erfüllt.

5. Logischer Vorrang von Tatbestandsmerkmalen

15 Für die Reihenfolge der Darstellung kann endlich noch der logische Vorrang eines Tatbestandsmerkmals Bedeutung haben. So darf man etwa bei § 823 I das Verschulden erst prüfen, wenn zuvor die Rechtswidrigkeit bejaht worden ist. Entsprechend erfordert bei Sonderverbindungen das Vertretenmüssen (§§ 276, 278) eine Pflichtverletzung (vgl. § 280 I). Vor der Pflichtverletzung ist das Bestehen eines Schuldverhältnisses zu

7 Vgl. nur *Leenen* BGB AT § 4 Rn. 27; *Hilbert* JZ 2013, 130 (133).

erörtern, weil sich aus ihm die betreffende Pflicht ergibt. Doch braucht man einen solchen Vorrang nicht zu beachten, wenn man das logisch nachrangige Tatbestandsmerkmal *verneinen* will. Denn mit einer solchen recht schnellen Verneinung gewinnt man Zeit für die übrigen Probleme der Aufgabe.

> **Beispiel:** Beim Eingriff in den eingerichteten und ausgeübten Gewerbebetrieb bereitet die Feststellung von objektivem Tatbestand und Rechtswidrigkeit oft große Schwierigkeiten. Man kann einen Anspruch aus § 823 I dann womöglich einfacher mit der Begründung verneinen, jedenfalls fehle ein Verschulden des Eingreifenden. Freilich wird sich das meist schwer feststellen lassen, wenn man nicht zuvor die Pflichten des Eingreifenden ermittelt hat.

In manchen Examensaufgaben findet sich der Hinweis, es sei »zu *allen* aufgeworfenen Fragen Stellung zu nehmen« oder ähnlich. Auch damit wird aber die Erörterung von Fragen, auf die es nicht ankommt, nur ausnahmsweise verlangt, nämlich wenn die Aufgabe ohne ein Hilfsgutachten von Problemen entleert würde. Zudem ist stets auf das Parteivorbringen einzugehen. Darüber hinaus rechtfertigt der Hinweis die Erörterung unerheblicher Rechtsfragen aber nicht: Gerade in der Trennung des Erheblichen vom Unerheblichen besteht ein guter Teil der Aufgabe des Juristen; die unerheblichen Fragen sind eben durch die Aufgabe nicht »aufgeworfen«!

III. Die Prüfung von Einwendungen

16 Bisweilen liegen die Schwierigkeiten einer Aufgabe statt bei den Anspruchsgrundlagen teilweise oder auch ganz bei den Einwendungen (→ Rn. 731 ff.). So verhält es sich stets, wenn die Aufgabe einen Anspruch als entstanden oder gar bestehend angibt (etwa: »K schuldet dem V 100 EUR als Kaufpreis«). Dann beschränkt sich die Prüfung auf die Verteidigungsmöglichkeiten des Schuldners, nämlich auf **rechtsvernichtende und rechtshemmende** Einwendungen.[8]

Rechtshindernde Einwendungen dagegen kommen hier nicht in Betracht. Denn sie führen dazu, dass der Anspruch erst gar nicht entsteht (so zB die Nichtigkeitsgründe für Vertragsansprüche). Sie betreffen also die Anspruchsgrundlage und können nicht vorliegen, wenn die Aufgabe den Anspruch als entstanden angibt.

Bestimmte Regeln für eine Reihenfolge bei der Prüfung mehrerer Einwendungen gibt es kaum. Man kann höchstens sagen, das dem Schuldner **günstigste Verteidigungsmittel** solle zuerst erörtert werden. Unter diesem Gesichtspunkt kann eine (dauernd) rechtshemmende Einwendung auch einmal gegenüber einer rechtsvernichtenden vorrangig sein: Die Aufrechnung (rechtsvernichtend) etwa kostet den Schuldner seine Forderung, während die Erhebung der (rechtshemmenden) Verjährungseinrede ihm kein Opfer abverlangt; hier sollte man also zunächst die Verjährung prüfen. Soweit es zur Ausübung der Verteidigungsmöglichkeit einer Handlung bedarf (zB einer Anfechtungs- oder Aufrechnungserklärung), ist deren Vornahme bei solchen »einwendungsbetonten« Aufgaben stets anzunehmen (→ Rn. 19). Man darf also etwa die Prüfung der Verjährung nicht mit der Begründung unterlassen, der Schuldner habe die Einrede nach § 214 I nicht erhoben.

8 Vgl. *Medicus/Petersen* Grundwissen BürgerlR Rn. 144; *Medicus* BGB AT § 13; *Petersen* JURA 2008, 422. *R. Stürner* JZ 2012, 10 (11), macht mit Recht darauf aufmerksam, dass »die Einteilung in Anspruchs- und Einwendungsnormen (…) im Einzelfall Grundsatzüberlegungen zur Verteilung des Beweisrisikos und dem Gerechtigkeitswert dieser Verteilung ersparen« soll. S. auch *R. Stürner* ZZP 127 (2014), 271 (276) und *Heckel* JZ 2012, 1094 (1101).

§ 2 Grenzen des Anspruchsaufbaus

17 Das eben geschilderte Verfahren ist nur da geeignet, wo sich das Ziel der Fallfrage mit Ansprüchen erreichen lässt. Ungeeignet ist der Anspruchsaufbau dagegen, wo die Fallfrage auf etwas anderes abzielt. Auch prozessuale Vorfragen stehen außerhalb des Anspruchsaufbaus.[1]

I. Andere Fallfragen

1. Fragen nach der dinglichen Rechtslage

18 Bisweilen zielen Fallfragen auf die dingliche Rechtslage ab, etwa: *»Wer ist Eigentümer?«, »Ist das Grundbuch richtig?«, »Wer ist Erbe?«*. Der in solchen Fällen regelmäßig anzuwendende **Aufbau** wird als der **»historische«** bezeichnet. Bei ihm sucht man sich zunächst einen zeitlichen Ausgangspunkt, für den die Rechtslage feststeht. Von dort aus werden dann die Änderungen der Rechtslage in ihrem historischen Ablauf verfolgt. Auch hier darf aber keineswegs alles, was die Fallerzählung als geschehen angibt, ziellos hintereinander untersucht werden. Vielmehr wird der Rahmen stets durch die Fallfrage abgesteckt: Zu prüfen ist nur, was für die erfragte Rechtsfolge erheblich sein kann.

Beispiel: Die Aufgabe möge sagen, dass E seine Sache an K veräußert und diese Veräußerung später angefochten hat; gefragt sei nach dem Eigentum. Hier ist der Ausgangspunkt mit bestimmter Rechtslage die Zeit vor der Veräußerung: Damals war E Eigentümer. Zu prüfen ist dann, ob E dieses Eigentum durch die Veräußerung verloren und ob er es durch die folgende Anfechtung zurückgewonnen hat. Wäre die Sache vor der Anfechtung durch einen Dritten D beschädigt worden, so hätte das für die Eigentumsfrage außer Betracht zu bleiben. Denn es gibt keinen rechtlichen Gesichtspunkt, unter dem die Beschädigung die Eigentumsverhältnisse geändert haben könnte.

An die Stelle der Anspruchsnormen treten hier also diejenigen Vorschriften, deren Rechtsfolge eine Änderung des zu untersuchenden Rechts in der fraglichen Richtung darstellt: beim Eigentum also etwa die Vorschriften über Eigentumserwerb und Eigentumsverlust.

Diese historische Methode eignet sich insbesondere auch für **dingliche Vorfragen im Rahmen des Anspruchsaufbaus,** nämlich wenn die dingliche Rechtslage zum Tatbestand einer Anspruchsnorm gehört (etwa bei §§ 894, 985). Denn auch hier lautet das Denkschema: Hat der, dessen Anspruch aus dinglichem Recht infrage steht, dieses Recht einmal gehabt (oder erworben)? Hat er es später verloren? Hat er es endlich vielleicht wiedergewonnen? Für die Anspruchsnormen §§ 894, 985 sind die Vorschriften über Erwerb und Verlust des Eigentums dann **Hilfsnormen.**

Bei der **Frage nach der Erbenstellung** ist freilich zu beachten: Weil das Testament den Erblasser regelmäßig nicht bindet, wird die Rechtslage hier erst durch den Erbfall fixiert. Man braucht also von mehreren Testamenten nicht zunächst das älteste und dann die in zeitlicher Folge jüngeren zu erörtern. Vielmehr erledigt ein wirksames jüngeres Testament, soweit seine Regelung reicht, nach §§ 2253f. alle älteren. Eine Ausnahme gilt nur für Erbverträge (§ 2289 I 2, II) und das bindend gewordene gemein-

---

1 Lehrreich *Kuhn* JuS 2011, 1066 (1068); 2012, 970.

schaftliche Testament (§ 2271): Sie gehen jüngeren Verfügungen von Todes wegen vor. Danach ist für den Aufbau zu unterscheiden. Für die Zeit nach dem Erbfall jedoch können die späteren Veränderungen der Rechtslage durch Ausschlagung, Anfechtung usw ohne Einschränkung chronologisch geprüft werden.

2. Rechtsgestaltung und -durchsetzung

19 a) Manchmal lautet die Fallfrage: »*Was kann X unternehmen?*« oder »*Was ist X zu raten?*«. Bisweilen ist hiermit nur die Geltendmachung von Ansprüchen oder Einreden gemeint, weil andere Mittel für X nicht in Betracht kommen. Dann ist der gewöhnliche Anspruchsaufbau zu verwenden. Häufig zielen solche Fragen jedoch ab auf eine erst noch herbeizuführende Veränderung der Rechtslage, insbesondere auf die **Ausübung eines Gestaltungsrechts** durch einen der Beteiligten. In solchen Fällen sind unter anderem die §§ 111, 174, 180 zu beachten, welche die Wirksamkeit einseitiger Rechtsgeschäfte (Beispiel: Kündigung) beschränken.[2]

Auch die allgemeine **Frage nach der Rechtslage** (→ Rn. 6) deutet nicht selten darauf hin, dass solche Gestaltungsrechte berücksichtigt werden sollen. Überhaupt ist auf eine Gestaltungsmöglichkeit immer dann einzugehen, wenn sie für die Lösung erheblich ist. Auch wenn sich die Fallfrage bloß auf Ansprüche richtet, wäre es falsch, etwa die Vertragsansprüche G–S darzustellen, aber zu verschweigen, dass S den ihn belastenden Vertrag nach § 119 anfechten kann. Nur legt eine Frage wie »*Was kann X unternehmen?*« das Bestehen einer solchen Möglichkeit noch besonders nahe.

Auch bei Bestehen einer Gestaltungsmöglichkeit ist aber zunächst zu prüfen, wie sich die Rechtslage des Gestaltungsberechtigten vor der Ausübung seines Rechts darstellt. Hierfür ist der gewöhnliche Anspruchsaufbau zu wählen, wenn sich die Rechtslage in Ansprüchen erschöpft; andernfalls der historische Aufbau. Es darf also nicht gleich unterstellt werden, das Gestaltungsrecht sei bereits ausgeübt. Erst aus der Prüfung der Ausgangssituation wird sich in der Regel auch ergeben, wogegen das Gestaltungsrecht zu richten und ob seine Ausübung zweckmäßig ist.

> **Beispiel:** Der Verkäufer V hat den Käufer K über eine Eigenschaft der Kaufsache getäuscht. Hier wäre eine Anfechtung des Kaufvertrags durch K nach § 123 unzweckmäßig: Sie würde den Vertrag und damit den Vertragsanspruch des K aus §§ 280, 281 auf Schadensersatz statt der Leistung zerstören; K könnte nur noch nach §§ 823 II BGB, 263 StGB einen dem negativen Interesse entsprechenden Schadensersatz fordern.[3]

b) Mit der Frage »*Was kann X unternehmen?*« kann aber auch auf **andere Möglichkeiten** abgezielt werden als auf die Ausübung von Gestaltungsrechten. Insbesondere kann damit die **prozessuale Durchsetzung** erfragt werden einschließlich der Möglichkeit, einen Anspruch durch Arrest oder einstweilige Verfügung zu sichern.[4] Wenn zwei Fallbeteiligte gegenüber einem Dritten einig sind, kann auch einmal der Abschluss oder die Aufhebung eines Vertrages gemeint sein. Das muss sich stets aus der besonderen Situation des Falles ergeben; Regeln lassen sich hierfür nicht aufstellen.

---

2 Dazu *Leenen* BGB AT § 4 Rn. 14ff.; § 11; *Petersen* JURA 2005, 248.
3 BGH NJW 1998, 983.
4 Zur Wechselwirkung von materiellem Recht und Prozessrecht *Thole* JZ 2014, 559.

II. Prozessuale Vorfragen

1. Zulässigkeit und Begründetheit

20 Nicht selten gibt die Fallerzählung an, ein Beteiligter habe mit einem bestimmten Antrag Klage erhoben; die Fallfrage lautet dann: »*Wie ist zu entscheiden?*«. Bei solchen Aufgaben brauchen nicht immer prozessuale Vorfragen behandelt zu werden, nämlich dann nicht, wenn der Sachverhalt keine Tatsachen zu ihrer Entscheidung mitteilt.

> **Beispiel:** Ausführungen über die örtliche oder sachliche Zuständigkeit etwa sind sinnlos, wenn der Sachverhalt nicht sagt, bei welchem Gericht die Klage erhoben worden ist. Hier bleibt nur die materiellrechtliche Frage, ob die Klage begründet ist. Das ist dann gemäß dem Anspruchsaufbau zu prüfen.

Soweit sich aber tatsächliche Angaben finden, die für die Zulässigkeit der Klage erheblich sein können, ist die **Zulässigkeit regelmäßig vor der Begründetheit** zu prüfen. Denn die Zulässigkeit der Klage entscheidet darüber, ob die Sachfragen überhaupt erörtert werden dürfen. (Darum heißen die Zulässigkeitserfordernisse auch »Sachurteilsvoraussetzungen«). Doch kann zB vor Zuständigkeitsfragen zu erörtern sein, um welche Art von Anspruch es sich handelt (etwa wegen § 32 ZPO). Und bei **Rechtsmittelklausuren** (bei denen schon eine Entscheidung vorliegt und sich die Aufgabe auf ein hiergegen gerichtetes Rechtsmittel bezieht) ist vor den allgemeinen Sachurteilsvoraussetzungen die Zulässigkeit des Rechtsmittels zu prüfen.[5] Beim **Einspruch gegen ein Versäumnisurteil** sind nach dessen Zulässigkeit wegen **§ 342 ZPO** Zulässigkeit und Begründetheit der Klage zu prüfen (keinesfalls: Begründetheit des Einspruchs, häufiger Grundlagenfehler!).

21 In Klausuren kommen relativ häufig vor die Fragen nach der Zulässigkeit des eingeschlagenen **Rechtsweges** sowie nach der sachlichen und örtlichen **Zuständigkeit** des angerufenen Gerichts. Insbesondere bei Feststellungsklagen ist zudem stets auf das **Rechtsschutzbedürfnis** zu achten: Dieses fehlt regelmäßig, wenn die Möglichkeit zur Leistungsklage besteht und vom Beklagten nicht zu erwarten ist, dass er schon auf ein Feststellungsurteil hin leistet. Zulässig ist eine Feststellungsklage dagegen, solange sich ein Schaden noch in der Entwicklung befindet und daher nicht beziffert werden kann.[6] Ob bei der Prüfung verschiedener Sachurteilsvoraussetzungen eine **bestimmte Reihenfolge** beachtet werden muss, ist streitig.[7] Zwingende Gründe für einen Vorrang einzelner Voraussetzungen gibt es jedoch nicht.[8]

2. Die unzulässige Klage

22 Eine andere Frage ist, ob man sich in der schriftlichen Arbeit mit dem Ergebnis zufriedengeben darf, eine Klage sei als unzulässig abzuweisen. Das wird jedenfalls dann nicht genügen, wenn – wie häufig – der prozessuale Mangel geheilt werden kann (etwa durch Verweisung an das zuständige Gericht, § 281 ZPO, oder in einen anderen Rechtsweg, § 17a II 1 GVG). Hier wird man zunächst darlegen, welche Heilungsmöglichkeiten

5 Vgl. *Schumann* ZPO-Klausur Rn. 148.
6 BGH NJW-RR 1988, 445.
7 Dazu *Pohle* ZZP 81 (1968), 161; *Schmitz* JuS 1976, 441; 731; 1977, 33; *Schumann* ZPO-Klausur Rn. 146ff.
8 *Harms* ZZP 83 (1970), 167.

bestehen, und sie gegeneinander abwägen.[9] Auf dieser Grundlage wird man dann oft eine der Heilungsmöglichkeiten empfehlen können.

Wo aber die Aufgabe ersichtlich darauf abzielt, dass auch die materiellrechtlichen Fragen behandelt werden, reicht die prozessuale Erörterung allein noch nicht aus. Man sollte dann, wenn der Zulässigkeitsmangel behoben werden kann, die nächstliegende Heilung unterstellen. So kann man die Aufgabe bis zum Sachurteil weiter verfolgen. Und bei Fehlen einer Heilungsmöglichkeit darf man sich mit einem Eventualgutachten für den Fall behelfen, dass das Gericht in der Zulässigkeitsfrage zu einem anderen, nämlich positiven Ergebnis gelangt.

3. Vorrangige materiellrechtliche Fragen

23

Ausdrücklich gewarnt sei endlich noch vor dem Irrglauben, alle prozessualen Fragen müssten gegenüber den materiellrechtlichen vorrangig sein. Das ist etwa dann nicht richtig, wenn zwar ein rechtskräftiges Urteil bereits vorliegt, dieses sich aber nur auf eine **Vorfrage** des nun zu entscheidenden Streites bezieht. Hier hindert die Rechtskraft eine neue Sachentscheidung keinesfalls, sondern fördert diese sogar. Denn die rechtskräftige Entscheidung über jene Vorfrage vermag den neuen Prozess zu entlasten.

Beispiel: Der Käufer K hat gegen den Verkäufer V ein rechtskräftiges Urteil auf Lieferung eines gekauften Pkw erzielt. Später klagt K auf den Ersatz von Verzugsschaden: Infolge verspäteter Lieferung durch V habe er, K, sich einen Ersatzwagen mieten müssen. Hier ist der gewöhnliche Anspruchsaufbau zu wählen, also von den §§ 280 II, 286 auszugehen. Nur muss eine Prüfung der Frage, ob V dem K wirklich den Pkw schuldete, durch einen Hinweis auf das rechtskräftige Urteil ersetzt werden.

Die **Interventionswirkung** (§§ 68, 74 III ZPO), die im Umfang meist weiter reicht als die Bindung an ein rechtskräftiges Urteil, kann einem erneuten Sachurteil sogar nie im Wege stehen; sie bereitet dieses immer nur vor.[10]

Vollends bei der »**Anwaltsklausur**« (im Gegensatz zur »Richterklausur«: Erfragt wird keine richterliche Entscheidung, sondern was ein Anwalt raten oder unternehmen wird) ist das materielle Recht regelmäßig vor dem Prozessrecht zu prüfen: Der Anwalt muss ja zunächst die materielle Rechtslage klären, ehe er den besten Weg für die prozessuale Durchsetzung suchen kann.

9 Vgl. *Schumann* ZPO-Klausur Rn. 219, auch Rn. 35.
10 *Zeiss/Schreiber* ZivilProzR Rn. 751; *Paulus* ZivilProzR Rn. 559; *Schmitt/Wagner* JURA 2014, 372 (374).

1. Abschnitt. Ansprüche aus Vertrag

24 Auch bei der Prüfung von Vertragsansprüchen ist stets von einer Anspruchsnorm auszugehen. Die Vorschriften über das Zustandekommen von Verträgen sind als »Hilfsnormen« also erst im Rahmen dieser »Hauptnorm« zu prüfen. Dass im Folgenden trotzdem das Zustandekommen von Verträgen (→ Rn. 45 ff.) vor den vertraglichen Anspruchsgrundlagen (→ Rn. 204 ff.) behandelt wird, soll nur eine allzu weite Abweichung vom Üblichen vermeiden und so das Verständnis erleichtern: Entsprechend dem BGB-System wird auch hier das Allgemeine, nämlich die Regelung des Vertragsabschlusses, »vor die Klammer« gezogen, in der die Ansprüche aus den besonderen Schuldverträgen und dem allgemeinen Schuldrecht stehen.

§ 3 Verpflichtende und verfügende Verträge

25 Beim Anspruchsaufbau wird üblicherweise gesagt, an erster Stelle seien Ansprüche aus Verträgen zu prüfen (→ Rn. 8). Dabei ist aber mit »Vertrag« nicht jede Vereinbarung zwischen zwei Personen gemeint, sondern nur der verpflichtende Vertrag **(Schuldvertrag).** Er unterscheidet sich scharf von der **Verfügung** (geläufige Definition: Veräußerung, Aufgabe, Belastung oder Inhaltsänderung eines Rechts; nicht dagegen der Erwerb!). Viele Verfügungen enthalten zwar auch einen »dinglichen Vertrag«. Dieser ist aber nur ganz ausnahmsweise Anspruchsgrund. Insbesondere die »dinglichen Ansprüche« (→ Rn. 436) beruhen nicht auf dem dinglichen Vertrag, sondern auf einem dinglichen Recht: so der Herausgabeanspruch aus § 985 auf dem Eigentum. Dieses Recht kann aber außer durch dinglichen Vertrag (ergänzt durch Übergabe oder Eintragung) auch auf andere Weise (durch Gesetz oder Staatsakt) erworben werden.

Als **Anspruchsgrundlagen** aus einer Verfügung kommen ausnahmsweise bloß die §§ 402, 403 in Betracht: Für die dort geregelten Ansprüche des Neugläubigers gegen den Altgläubiger kann man wirklich sagen, sie stammten aus der Abtretung, also aus einer Verfügung. Der Auskunftsanspruch aus § 402 kann das Bankgeheimnis berühren, wenn Banken Darlehensforderungen abtreten.[1] Doch folgt auch aus einem Verstoß gegen die Verschwiegenheitspflicht nur ein schuldrechtlicher Anspruch aus §§ 280 I, 241 II,[2] ohne dass dadurch die Wirksamkeit des dinglichen Verfügungsgeschäfts der Abtretung berührt wird.[3]

I. Unterschiede zwischen Verpflichtung und Verfügung

1. Schuldrecht und Sachenrecht

26 Anfänger setzen den Gegensatz Verpflichtung – Verfügung oft mit dem Gegensatz Schuldrecht – Sachenrecht gleich. Das mag daran liegen, dass die Regeln über die Verfügung meist in der Vorlesung und den Lehrbüchern zum Sachenrecht behandelt werden.[4] In Wahrheit gibt es aber auch im Schuldrecht zahlreiche Verfügungen wie etwa Erlass, Aufrechnung und Forderungsabtretung.

---

1 Vgl. dazu auch *Peters* AcP 206 (2006), 843; *Petersen*, Das Bankgeheimnis zwischen Individualschutz und Institutionsschutz, 2005, 37 f.

2 BGHZ 166, 84.

3 BGHZ 171, 180.

4 Vgl. etwa *Baur/Stürner* SachenR § 4. S. auch *S. Lorenz* JuS 2009, 489; 891; *Kaulbach* JuS 2011, 397; *Petersen* JURA 2004, 98.

Auch diese Verfügungen des Schuldrechts sind abstrakt, und auch für sie gilt das **Spezialitätsprinzip** (Bestimmtheitsgrundsatz). Das zeigt sich etwa bei der Kreditsicherung: Die Sicherungszession ist ebenso unwirksam wie die Sicherungsübereignung, wenn sich ihr Gegenstand (die zedierte Forderung) nicht bestimmen lässt (→ Rn. 521 ff.).

Nur eine Regel ist den sachenrechtlichen Verfügungen eigentümlich: das – in der Rechtswirklichkeit freilich stark aufgeweichte – **Publizitätsprinzip.** Nach ihm muss zu der Einigung noch mindestens ein weiterer, nach außen sichtbarer Umstand (etwa Übergabe oder Eintragung) hinzutreten, damit die Verfügung vollendet ist.

Bisweilen grenzt freilich das Gesetz die schuldrechtliche Verfügung etwas willkürlich von der sachenrechtlichen ab. So ist die Abtretung einer Forderung im Schuldrecht geregelt, ihre Verpfändung dagegen im Sachenrecht: Für die Abtretung reicht nach § 398 die Einigung zwischen Alt- und Neugläubiger, für die Verpfändung ist nach § 1280 zudem als Publizitätselement die Anzeige an den Schuldner nötig. Das hat dazu geführt, dass die Sicherungszession die Verpfändung von Forderungen weithin verdrängt hat (→ Rn. 492). Auf § 1280 kommt es beispielsweise an, wenn im Sachverhalt von der »Verpfändung einer Hypothek« die Rede ist. Denn das ist nichts anderes als die Verpfändung einer hypothekarisch gesicherten Forderung nach §§ 1273 ff.

2. Die materiellrechtliche Zuständigkeit

27 a) Für **Verfügungen** kennt das Gesetz eine Zuständigkeit, die als **Verfügungsbefugnis** bezeichnet wird.[5] Diese steht regelmäßig dem Inhaber des Rechtes zu, über das verfügt werden soll. Ausnahmsweise kann freilich statt des Rechtsinhabers oder neben ihm auch ein anderer zu Verfügungen berechtigt sein; Rechtsinhaberschaft und Verfügungsbefugnis können also auseinanderfallen. So bleibt bei Testamentsvollstreckung die Rechtsinhaberschaft beim Erben, während die Verfügungsbefugnis dem Testamentsvollstrecker zusteht (vgl. § 2205).

Das prozessuale Gegenstück zur Verfügungsbefugnis ist die **Prozessführungsbefugnis:** Das ist die rechtliche Zuständigkeit zur Prozessführung im eigenen Namen. Auch sie trennt sich nur ausnahmsweise von der (hier angeblichen) Rechtsinhaberschaft. Bei einer solchen Trennung spricht man von **Prozessstandschaft.** Ein Beispiel hierfür sind die §§ 1368, 1369 III: Auch derjenige Ehegatte, der nicht Rechtsinhaber ist, kann die Rechte gerichtlich geltend machen, die sich aus der Unwirksamkeit einer Verfügung des anderen Ehegatten ergeben. Außerhalb einer gesetzlichen Anordnung kann eine **gewillkürte Prozessstandschaft** bei Vorliegen eines eigenen berechtigten Interesses des Ermächtigten an der Durchsetzung des fremden Rechts auch durch Vereinbarung begründet werden.[6]

Eine **gewillkürte Vollstreckungsstandschaft,** bei der ein als Vollstreckungsgläubiger formell Ausgewiesener die Zwangsvollstreckung betreibt, obwohl er materiell, etwa infolge einer Sicherungszession, nicht (mehr) berechtigt ist, hält der BGH dagegen für unzulässig.[7] Doch ist sie unbedenklich, sofern materiellrechtlich der Schuldnerschutz nach §§ 404, 407 gewährleistet ist.[8]

5 Zu ihr *K. Schreiber* JURA 2010, 599.
6 Vgl. etwa BGHZ 96, 151 (152) mwN.
7 BGHZ 92, 347; vgl. auch *Brox/Walker* ZVR Rn. 27, 117 mwN.
8 *Petersen* ZZP 114 (2001), 485; s. auch *P. Huber,* FS E. Schumann, 2001, 227.

Fehlt dem Verfügenden die Verfügungsbefugnis, so ist seine Verfügung regelmäßig unwirksam. Sie kann aber wirksam sein oder werden, wenn die Voraussetzungen von § 185 oder für den redlichen Erwerb vom Nichtberechtigten (→ Rn. 536) vorliegen.

Dabei behandelt § 185 seinem Wortlaut nach nur die Verfügung eines Nichtberechtigten, nicht auch die Verfügung des Berechtigten ohne Verfügungsbefugnis. § 185 wird aber auf diesen Fall entsprechend angewendet.

Beispiel: Der durch die Einsetzung eines Verwaltungsvollstreckers (§ 2205) beschränkte Erbe verfügt über eine Nachlassforderung durch Abtretung. Diese Verfügung ist zunächst nach § 2211 I unwirksam. Sie kann aber entsprechend § 185 II 1 Fall 1 wirksam werden, wenn der Testamentsvollstrecker sie genehmigt.

28 **b)** Für **Verpflichtungen** dagegen gibt es keine besondere rechtliche Zuständigkeit: Sich selbst verpflichten kann jeder (dass er es durch *eigene* Willenserklärung kann, erfordert freilich ebenso wie die Wirksamkeit einer Verfügung Geschäftsfähigkeit). Dagegen stellt das Gesetz für Verpflichtungen die ganz andere Frage, ob dem Schuldner die Erfüllung **möglich** ist. Und selbst wenn dieses Leistungsvermögen fehlt, braucht die Verpflichtung keineswegs unwirksam (§ 275 I) oder durch eine Einrede entkräftbar (§ 275 II und III) zu sein.[9] Vielmehr wird dann sehr häufig eine Haftung auf Schadensersatz statt der Leistung (§§ 280, 283) eintreten, die bei Verfügungen kein Gegenstück kennt.

Beispiel: G glaubt irrig, eine Forderung gegen S zu haben. G verkauft diese Forderung dem Z und »überträgt« sie ihm. Hier ist die Verfügung (§ 398) unwirksam. Die Verpflichtung (Kaufvertrag) dagegen ist wirksam. Das zeigt sich daran, dass G dem Z bei Vertretenmüssen nach § 311 a II 1 auf Schadensersatz statt der Leistung haftet.

29 Manche[10] behaupten die Zulässigkeit einer **Verpflichtungsermächtigung:** Eine Ermächtigung sei mit der Folge möglich, dass der Ermächtigte den Ermächtigenden durch Handeln *im eigenen Namen* verpflichten kann. Das würde bedeuten, dass man § 185 I auf die Verpflichtung so anwendet, als gäbe es eine Zuständigkeit zur Verpflichtung: Diese Zuständigkeit würde mithilfe der Verpflichtungsermächtigung auf den Ermächtigten erstreckt.

Beispiel: Der Vermieter V sagt dem Mieter M, dieser solle bestimmte Reparaturen an der Mietwohnung ausführen lassen. M schließt im eigenen Namen einen entsprechenden Vertrag mit dem Klempner K ab. Kann K die ihm geschuldete Vergütung direkt von V verlangen?

Die Frage wäre zu bejahen, wenn V den M wirksam ermächtigt hätte, ihn – also den V – dem K gegenüber zu verpflichten. Die hM lehnt aber die Möglichkeit einer solchen Verpflichtungsermächtigung mit Recht ab.[11] Denn nach dieser besteht kein Bedürfnis. Wenn der Handelnde (im Beispiel M) nicht selbst verpflichtet werden will, mag er sich Vertretungsmacht einräumen lassen und dann in fremdem Namen auftreten. Bei Handeln in eigenem Namen dagegen wird er selbst verpflichtet (und auch berechtigt). Wenn das in fremdem Interesse geschehen ist, muss der Ausgleich dem Innenverhältnis

9 *Freitag* NJW 2014, 113 (115 f.) qualifiziert § 275 II, III als Gestaltungsrechte und § 326 I 1 als dispositive Einwendung; zur zeitweiligen Unmöglichkeit *D. Kaiser,* FS Hadding, 2004, 121; sowie (auch) prozessual *Gsell,* FS Buchner, 2009, 267.

10 Dazu *Katzenstein* JURA 2004, 1; ein Überblick über die Erweiterungen des § 185 bei *Medicus* BGB AT Rn. 1005 ff.; *Bork* BGB AT Rn. 1731 ff.

11 *Flume* Rechtsgeschäft § 57, 1 d; *Gernhuber* BürgerlR § 5 V 2 c.

zu dem Interessierten überlassen bleiben **(mittelbare Stellvertretung).** Alles andere würde die vom Gesetz streng eingehaltene Grenze zwischen der unmittelbaren und der mittelbaren Stellvertretung verwischen. Die Beachtung dieser Grenze ist – anders als bei Verfügungen über einen bestimmten Gegenstand – bei Verpflichtungen auch sinnvoll.[12]

So kann etwa im Beispiel M aus Auftrag (§ 670; uU auch schon aus § 536a II) von V Ersatz dessen verlangen, was er an K zahlen musste. Nach § 257 kann M von V auch fordern, dass dieser ihn von seiner Verbindlichkeit dem K gegenüber befreie. Endlich hätte M von V sogar nach § 669 einen Vorschuss verlangen können.

30 c) Nicht mit der Verpflichtungsermächtigung zu verwechseln ist die **Einziehungsermächtigung.**[13] Sie ist sicher in dem Sinne wirksam, dass der Gläubiger einen Dritten ermächtigen kann, die Leistung vom Schuldner mit befreiender Wirkung anzunehmen. Das folgt schon aus § 185 I, wenn man die Leistungsannahme als Verfügung über die Forderung ansieht, jedenfalls jedoch aus § 362 II.[14]

3. Die Bindung

31 Ein weiterer wesentlicher Unterschied zwischen Verfügung und Verpflichtung besteht hinsichtlich der durch sie erzeugten Bindung.

a) Die **Einigung über einen Schuldvertrag** ist nach § 311 I – und zwar bei Fehlen einer Sondervorschrift formlos – bindend: Wenn nicht besondere Gründe – etwa für Rücktritt, Kündigung oder Widerruf – vorliegen, kann sich keine Partei einseitig von dem Vertrag lösen. Schon die Vorstufe des Schuldvertrages, nämlich der **Antrag,** kann eine ähnliche Bindung erzeugen (§§ 145–148).[15] Und selbst nach Ablauf der Zeit für diese Bindung an den Antrag bleibt noch der in § 149 angeordnete Rest, den man mit dem Pflichtenrest nach Ablauf eines Vertrages vergleichen kann (Schulbeispiel: Der Vermieter muss das Hinweisschild auf die neue Anschrift des ausgezogenen Arztes dulden). Die Verletzung dieses Pflichtenrestes wird als culpa post contractum finitum bezeichnet.[16]

32 b) Ganz anders verhält es sich bei der **Verfügung:** Diese bindet nicht für die Zukunft, sondern **sie wirkt.** So kann man etwa bei der Forderungsabtretung regelmäßig nicht die Frage stellen, ob der Altgläubiger an sie gebunden sei. Denn wenn die (unbedingte und unbefristete) Einigung über die Zession einer bestehenden Forderung einmal zustande gekommen ist, geht die Forderung auf den Neugläubiger über. Einer Bindung des Altgläubigers bedarf es hier regelmäßig nicht, weil die Einigung sich mit ihrem Zustandekommen verwirklicht hat: Sie hat die Zuständigkeit des Altgläubigers für die Forderung beendet.

---

12 *Flume* Rechtsgeschäft § 57, 1 d.

13 Etwa BGHZ 4, 153 (164f.); 82, 50 (59) (zur Auslegung); *Looschelders* SchuldR AT Rn. 1070f.; *Schlechtriem/Schmidt-Kessel* SchuldR AT Rn. 770. Zur gesetzlichen Einziehungsermächtigung *J. Hager,* GS Helm, 2001, 697. Zu Bedenken gegen Mahnung und Einklagung im Rahmen der Einziehungsermächtigung, die sich aus der drohenden Verdoppelung der Gläubigerstellung ergeben können, vgl. die 22. Aufl.

14 Zu ihm *Kiehnle* ZGS 2008, 121.

15 Zur Möglichkeit der Einschränkung der Bindungswirkung bei Internet-Auktionen (»ebay« → Rn. 338) BGH NJW 2011, 2643; 2014, 1292; etwas anders *Oechsler* NJW 2015, 665 (Bedingung); *Hellgardt* AcP 213 (2013), 760 (806). Instruktiv auch *Leenen* BGB AT § 8 Rn. 126–134.

16 Zu ihr *Unberath,* Die Vertragsverletzung, 2007; *Herresthal,* GS Unberath, 2015, 181.

Abweichendes gilt freilich für die **Vorauszession** einer künftigen Forderung: Diese Zession kann ja erst mit der späteren Entstehung der Forderung wirken. Trotzdem soll aber nach der Rechtsprechung die Einigung sofort binden.[17]

Die Frage nach einer **Bindung des Verfügenden** kann nur da auftauchen, wo zwischen der Einigung und dem Wirksamwerden der Verfügung eine gewisse Zeit vergeht. Das trifft vor allem zu bei den sachenrechtlichen Verfügungen (→ Rn. 26), für deren Wirkung außer der Einigung noch ein Publizitätsvorgang nötig ist: Liegt hier die Einigung vor der Erfüllung dieses weiteren Erfordernisses, kann man sinnvoll fragen, von welchem Zeitpunkt an die Einigung bindet (etwa die Einigung bei § 929 S. 1 schon vor der Übergabe).

Das Gesetz beantwortet diese Frage für das **Immobiliarsachenrecht** hinsichtlich des Verhältnisses Einigung – Eintragung in § 873 II. Für das **Mobiliarsachenrecht** deutet § 929 S. 1 die Antwort (keine Bindung) dadurch an, dass er nicht genügen lässt, dass die Parteien sich einmal geeinigt haben, sondern das Einigsein auf den Zeitpunkt der Übergabe bezieht. Endlich lässt § 956 I 2 die **Aneignungsgestattung** nur bindend sein, solange der Gestattungsempfänger den ihm überlassenen Besitz der Muttersache hat und der Gestattende zu der Gestattung verpflichtet ist.

33 c) Während die Bindung an die Einigung in den §§ 873 II, 956 I 2 klar geregelt ist, besteht **für § 929 S. 1 Streit**, weil diese Vorschrift sich weniger eindeutig ausdrückt.

aa) Manche halten den nichtbindenden Charakter der dinglichen Einigung für eine Fehlentscheidung des Gesetzgebers, die bei § 929 berichtigt werden könne:[18] Die einmal erklärte Einigung sei hier auch vor Übergabe schon für bindend zu halten.[19] Wenn ein Rechtsgrund für die Einigung fehle, könne diese aber kondiziert werden.

34 **bb)** Die hM glaubt sich an die Entscheidung des Gesetzes gebunden, die sich dem Wortlaut von § 929 S. 1 und dem Gegenschluss aus §§ 873 II, 956 I 2 entnehmen lasse.[20] Sie verneint daher bei § 929 eine Bindung an die Einigung: Diese soll bis zur Übergabe widerrufen werden können. Freilich müsse der Widerruf dem anderen Teil erkennbar sein[21] (gemeint ist wohl Zugang der Widerrufserklärung). Ein solcher Widerruf wird selbst dann für möglich gehalten, wenn er gegen eine schuldrechtliche Verpflichtung verstößt.

BGHZ 7, 111 (115) folgert hieraus, dass es auch für die Sittenwidrigkeit der Einigung auf den Zeitpunkt der Übergabe ankomme: Die Sicherungsübereignung künftig anzuschaffender Sachen müsse daher nach der Situation im Zeitpunkt der Anschaffung daraufhin beurteilt werden, ob sie zur Knebelung oder Gläubigertäuschung führe.

Später hat der BGH zwar die Sittenwidrigkeit einer Verfügung nicht mehr nach den Verhältnissen im Zeitpunkt ihres Wirksamwerdens beurteilt.[22] Aber gegen diese Ansicht spricht: Erstens bewertet sie anstelle der Verfügung das Verhalten der Parteien.[23]

17 BGHZ 32, 367.
18 *Westermann/H. P. Westermann* SachenR § 37 Rn. 11 f.; *Wieling* SachenR § 1 III 2b; im Anschluss an *Heck* SachenR § 55, 7.
19 Ebenso iErg *Wank/Kamanabrou* JURA 2000, 154.
20 Etwa *Baur/Stürner* SachenR § 5 Rn. 36 f.; § 51 Rn. 11.
21 BGH NJW 1978, 696 (697).
22 BGHZ 20, 71 für das Testament: Es soll für § 138 auf die Verhältnisse zur Zeit der Errichtung ankommen, auch BGHZ 72, 308 (314) für die Sicherungsabtretung.
23 Vgl. *Flume* Rechtsgeschäft § 18, 1; 2 a; 6.

Und zweitens kann sie in Fällen der folgenden Art zu einem unannehmbaren Ergebnis führen: M ist mit F verheiratet und hat G als Geliebte; diese setzt er als Alleinerbin ein. Später stirbt F; M heiratet G. Hier wäre, wenn man auf den Zeitpunkt der Errichtung abstellt, das Testament (sofern es ursprünglich eine sittenwidrige Zurücksetzung der F bedeutete) nichtig, obwohl es bei dem Tod des M eine Erbeinsetzung seiner Ehefrau bedeutet!

35 cc) Vereinzelt hat das RG das Erfordernis des Einigseins in § 929 S. 1 sogar noch strenger ausgelegt:[24] Die Einigung sei nicht nur widerruflich, sondern müsse faktisch noch bei der Übergabe vorhanden sein.[25]

In dem vom RG entschiedenen Fall sollte nach Ansicht des RG eine Einigungsofferte des Erblassers mit dessen Tod unwirksam werden, wenn der Erbe, ohne einen Widerruf auszusprechen, bloß tatsächlich mit der Übereignung nicht einverstanden war.

36 **dd)** Die hM (→ Rn. 34) wird zwar mit guten Gründen infrage gestellt.[26] Insbesondere überzeugt der von der hM verwendete Gegenschluss aus § 873 II nicht: Dort kann die Bindung auch bloß deshalb an besondere Voraussetzungen geknüpft sein, weil bei Immobilien Übereilungsschutz gewährt werden sollte. Trotzdem lässt sich die hM halten: Für sie spricht nicht bloß der Wortlaut des § 929 S. 1 (*Einigsein* statt Einigung), sondern auch der Umstand, dass die §§ 932ff. für das Erfordernis des guten Glaubens gleichfalls regelmäßig auf den Zeitpunkt der Übergabe abstellen. Diesem kommt also doch besondere Bedeutung zu.[27]

Aus der hM folgt für die Sicherungsübereignung erst künftig anzuschaffender Sachen, dass sie bis zur Anschaffung einseitig widerrufen werden kann, also praktisch keinen Schutz gewährt.[28]

II. Verpflichtung, Verfügung und causa

1. Der Ausgangspunkt

37 In grober Vereinfachung kann man sagen: Der **Schuldvertrag** schafft eine Verpflichtung zu einer Leistung. Dass der Schuldner diese Verpflichtung mit seiner Leistung erfüllt, berechtigt den Gläubiger zum Behalten des Leistungsgegenstandes. Der Anspruch aus dem Schuldvertrag verwandelt sich also mit seiner Erfüllung in eine causa für das Behaltendürfen.

Die **Verfügung** dagegen schafft weder eine causa noch einen Anspruch. Sie ist auch in ihrer Wirkung davon unabhängig, ob mit ihr ein Anspruch erfüllt worden ist und ob der Empfänger einen Grund für das Behaltendürfen des durch die Verfügung Erworbenen hat: Die Verfügung ist **abstrakt.** Soweit die Verfügung eine Leistung darstellt, bedarf sie jedoch zu ihrer bereicherungsrechtlichen Beständigkeit einer causa. Diese folgt vielfach aus einem Schuldvertrag (oder aus einem anderen Schuldverhältnis). Die durch die Verfügung erfüllte Verpflichtung bildet also den Rechtsgrund der Verfügung.

24 RGZ 83, 223 (230), → Rn. 392.
25 Ähnlich *Wolff/Raiser* SachenR § 66 I 4.
26 *Schödermeier/Woopen* JA 1985, 622.
27 Vgl. *Otte* JURA 1993, 643f.
28 So iErg auch BGHZ 7, 111 (115).

2. Korrekturen

Dieses grobe Schema bedarf aber in mehrfacher Hinsicht der Ergänzung.

a) Schuldverträge ohne klagbare Erfüllungsansprüche

Nicht jeder Schuldvertrag erzeugt (klagbare) Ansprüche. Vielmehr gibt es einige Ausnahmen: 38

aa) Beim **Bargeschäft (Handgeschäft)** fallen Verpflichtung und Erfüllung zeitlich zusammen. Man kann den Unterschied zwischen dem Bargeschäft und dem gewöhnlichen Schuldvertrag dadurch konstruktiv beseitigen, dass man zwischen Verpflichtung und Erfüllung eine »juristische Sekunde« einschiebt. Ohne diesen Kunstgriff aber entspricht das Bargeschäft regelmäßig von vornherein einem erfüllten Verpflichtungsgeschäft: Der Schuldvertrag bildet nur eine causa für das Behaltendürfen. Daneben zeigt sich jedoch die verpflichtende Funktion auch des sofort erfüllten Schuldvertrages bei Erfüllungsmängeln: Gewährleistungsansprüche wegen Lieferung einer mangelhaften Sache etwa gibt es beim Barkauf genauso wie bei jedem anderen Kauf.

bb) Einige Schuldverträge erzeugen von vornherein nur eine »unvollkommene« (oder gar keine) Verbindlichkeit. Diese Fälle werden bisweilen – terminologisch oft nicht einheitlich – als **Naturalobligationen** bezeichnet.[29] Hier sind die Erfüllungsansprüche zumindest nicht klagbar. Werden sie dennoch erfüllt, kann aber das Geleistete nicht als indebitum kondiziert werden. So etwa §§ 656, 762; hier ist auch eine Sicherung (zB durch Bürgschaft oder Pfand) unmöglich und ein abstraktes Schuldversprechen oder -anerkenntnis unwirksam. 39

Alle diese Fälle unterscheiden sich hinsichtlich des Behaltendürfens von dem bloßen Kondiktionsausschluss bei einer gewöhnlichen Nichtschuld durch § 814 Fall 1: Bei §§ 656 usw kann das Geleistete auch dann nicht kondiziert werden, wenn der Leistende sich irrtümlich für verpflichtet gehalten hat; § 814 Fall 1 dagegen lässt dann die Kondiktion zu.

cc) Ähnlich sind diejenigen **formunwirksamen Schuldverträge, die durch Erfüllung wirksam werden.** Das steht vor allem in §§ 311b I 2, 518 II, 766 S. 3, 494 II, 507 II 2 (Teilzahlungsgeschäft): Hier kann der Gläubiger gleichfalls nicht auf Erfüllung klagen. Er darf aber die Leistung (aufgrund des als causa wirksam gewordenen Schuldvertrages) selbst dann behalten, wenn der Leistende sich für verpflichtet gehalten hat und daher nicht schon von § 814 an einer Kondiktion gehindert wird. 40

dd) Steht einem Anspruch eine **dauernde Einrede** (zB §§ 275 II und III, 821, 853, beschränkte Erbenhaftung) entgegen, kann der Schuldner die Geltendmachung des Anspruchs durch Erhebung der Einrede verhindern. Und regelmäßig kann er auch kondizieren, was er in Unkenntnis der Einrede (§ 814 gilt entsprechend!) geleistet hat, § 813 I 1. Schwächer ist insoweit nur die Einrede der Verjährung (§ 214 I): Ihr Bestehen begründet die Kondiktion des gleichwohl Geleisteten nicht, §§ 214 II, 813 I 2. Denn die Verjährung soll Rechtsfrieden schaffen und nicht umgekehrt eine schon durch Erfüllung »beruhigte« Rechtslage wieder infrage stellen. 41

ee) In den genannten Fällen gilt der Ausschluss von Ansprüchen aber zunächst nur wegen der *Erfüllung*. **Ansprüche wegen anderer Pflichtverletzung (Schlechtleis-** 42

---

29 Eing. *G. Schulze,* Die Naturalobligation, 2008 (dazu *Herb. Roth* JZ 2009, 309). Vgl. auch unten → Rn. 198.

tung) sind dagegen in den Fällen aa), cc) und dd) unbedenklich möglich. Der BGH hat sie sogar auch bei bb) zugelassen.

BGHZ 25, 124: Der Ehemakler E hatte seine Klientin K mit einem mehrfach – darunter wegen Bigamie – vorbestraften Metzger M bekanntgemacht. K hatte dem M ihre Ersparnisse anvertraut und diese so eingebüßt. Deswegen klagt K gegen E, der die Vorstrafen des M gekannt hatte, auf Schadensersatz. Der BGH hat die Klage teilweise (§ 254!) für begründet gehalten: § 656 verhindere nur Ansprüche auf Erfüllung und Schadensersatz wegen Nichterfüllung, nicht aber wegen Schlechterfüllung.

Ansprüche wegen **Verzuges** freilich müssen ausgeschlossen sein: Wer kraft Gesetzes nicht zu erfüllen braucht, kann auch nicht in Schuldnerverzug geraten. Allerdings mag es nötig sein, dass er die den Erfüllungszwang abwehrende Einrede wenigstens nachträglich erhebt (→ Rn. 219ff.).

b) Abstrakte Verpflichtungen

43 Zwar bildet jeder Schuldvertrag eine causa für die Leistungen, die zu seiner Erfüllung erbracht worden sind. Es gibt aber auch abstrakte Schuldverträge, das sind solche, **die ihrerseits noch einer causa bedürfen.** Die bekanntesten und häufigsten Fälle dieser Art sind Schuldversprechen und Schuldanerkenntnis nach §§ 780, 781 sowie die forderungsrechtlichen Wertpapiere:[30] Die durch sie begründete weitere (§ 364 II) Verbindlichkeit ist zwar in dem Sinne abstrakt, dass sie auch dann entsteht, wenn der Schuldner zu ihrer Eingehung nicht verpflichtet war. Diese weitere Verbindlichkeit kann aber regelmäßig kondiziert werden, wenn ein Rechtsgrund für sie fehlt. Denn wenn nach § 812 II schon die bloße Anerkennung des Bestehens einer Verbindlichkeit eine kondizierbare Leistung darstellt, muss das erst recht für die Eingehung einer abstrakten Verbindlichkeit gelten.[31] Die abstrakten Verpflichtungen sind allerdings nicht wegen ihrer Abstraktheit gefährlich. Denn diese bewirkt nicht, dass dauernde Einreden verlorengehen. Vielmehr können solche Einreden zumindest auf dem Umweg über das Bereicherungsrecht auch gegen die abstrakte Verpflichtung gerichtet werden (Ausnahme § 814). Sonst bewirkt der Umweg über das Bereicherungsrecht daher allenfalls eine **Umkehr der Beweislast:** Gegenüber der abstrakten Verpflichtung muss regelmäßig der Schuldner beweisen, dass der Rechtsgrund fehlt. Gefährlich sind abstrakte Verpflichtungen vielmehr hauptsächlich deshalb, weil ihre Übertragung regelmäßig die meisten Einreden abschneidet.

c) Bloße Zweckabreden

44 Causa für eine dieser gewöhnlich abstrakten Verpflichtungen braucht aber nicht stets ein Schuldvertrag zu sein. Vielmehr kommt auch eine (selbst keine Ansprüche erzeugende) Zweckabrede in Betracht.

30 Zu den §§ 780f. *Schreiber* JURA 2014, 28; zur Umdeutung eines formnichtigen Wechsels in ein abstraktes Schuldanerkenntnis BGHZ 14, 263 sowie *Petersen* JURA 2001, 596.

31 *Meier/Jocham* JuS 2015, 490 (495).

1. Kapitel. Das Zustandekommen von Schuldverträgen[1]

§ 4 Der Vertragsschluss

45 Die Grundregeln über den Abschluss von Schuldverträgen dürfen vorausgesetzt werden: Nötig sind regelmäßig Antrag und rechtzeitige Annahme. Beide müssen die Voraussetzungen einer wirksamen Willenserklärung erfüllen. Zudem müssen sie sich decken. Ob diese **Kongruenz** vorliegt, wird nötigenfalls durch **Auslegung** ermittelt. Maßgeblich für die Auslegung ist der **Empfängerhorizont.** Er ergibt, was der Empfänger bei verständiger Würdigung als den Willen des Erklärenden auffassen konnte. Das gilt auch im elektronischen Geschäftsverkehr: Nicht die Verarbeitung durch das automatisierte System entscheidet über den Erklärungsinhalt, sondern wie der menschliche Nutzer die Erklärung nach Maßgabe der §§ 133, 157 verstehen darf.[2] Fehlt die Kongruenz, so ist offener oder versteckter Dissens gegeben, §§ 154, 155.[3]

Auslegungsbedürftig ist das Merkmal »**bei Vertragsschluss**« für den Haftungsausschluss in **§ 442:** Stellt man auf das förmliche Zustandekommen des Vertrags nach §§ 145 ff. ab, können dem Käufer bei einem zeitlichen Auseinanderfallen von Antrag und Annahme **(gestreckter Vertragsschluss)** Mängelrechte verloren gehen, wenn er nach Abgabe seines Antrags Kenntnis eines etwaigen Mangels erlangt hat. Der BGH hält zur Vermeidung eines solchen Rechtsverlusts die Abgabe der Vertragserklärung durch den Käufer für maßgeblich, bei § 311 b I 1 sogar schon den Zeitpunkt der Beurkundung.[4]

Anders entscheidet der BGH aber bei § 172. Hier ist anerkannt, dass dem gutgläubigen Dritten die **Vollmachtsurkunde** spätestens bei Abschluss des Vertrags vorgelegt worden sein muss. Nimmt der Dritte ein Vertragsangebot an, dann genügt es daher, wenn die Urkundenvorlage vor dem Zugang der Annahmeerklärung erfolgt. Denn erst hierdurch kommt der Vertrag zustande.[5] Auf den Zeitpunkt der Abgabe scheint es demnach nicht anzukommen. Das ist zweifelhaft: Schon mit der Entäußerung der Erklärung trifft der Dritte seine Disposition. Wenn ihm die Vollmachtsurkunde bis dahin nicht vorlag, bedarf es auch unter Rechtsscheingesichtspunkten keines Schutzes.[6] Auch bei **§ 172** sollte man deshalb auf die **Abgabe der Erklärung des Dritten** abstellen.

Ähnliches gilt für die **Abgrenzung zwischen anfänglicher und nachträglicher Unmöglichkeit.** Denn auch der Anspruch aus § 311 a II setzt voraus, dass die Unmöglichkeit »bei Vertragsschluss« bestanden hat. Gibt aber der Verkäufer den Antrag ab, so kann es für die ihn treffende Sorgfaltspflicht, sich über sein Leistungsvermögen zu in-

---

1 Zu den europäischen Entwürfen *Armbrüster,* Zustandekommen und Wirksamkeit von Verträgen aus gemeineuropäischer Sicht – Ein Vergleich der Lando-Principles (PECL) und der Konzeption des Gemeinsamen Referenzrahmens (CFR) mit dem deutschen Recht, JURA 2007, 321.

2 BGHZ 195, 126; dazu *Stadler* JA 2013, 465; *Palzer* K&R 2013, 115; *Hopperdietzel* NJW 2013, 600.

3 Grdl. *Leenen* AcP 188 (1988), 381; *Leenen,* FS Canaris, Bd. I, 2007, 699; *Leenen,* Liber amicorum J. Prölss, 2009, 153; *Leenen* BGB AT § 8 Rn. 97 ff.; ferner *Hellgardt* AcP 213 (2013), 760; *Petersen* JURA 2009, 183, 419. Zur Beweislast *Gsell* AcP 203 (2003), 119.

4 BGHZ 193, 326; zust. *Looschelders* JA 2012, 944.

5 BGH NJW-RR 2012, 622.

6 Ebenso schon *Stöhr* JuS 2009, 106 (108); *Stöhr* WM 2009, 928; *Maier* EWiR § 172 BGB 1/12, 169 (170).

formieren (§ 311 a II 2), richtigerweise nur auf den **Zeitpunkt des Antrags** ankommen, weil er das spätere Zustandekommen des Vertrags wegen § 145 nicht mehr verhindern kann. Bei Untergang der Kaufsache vor dem Zugang der Annahmeerklärung kann die Haftung des Verkäufers aus § 311 a II deshalb nicht damit begründet werden, dass er bei Wirksamwerden des Vertrags Kenntnis von der Unmöglichkeit hatte. Vielmehr kommt es nach Maßgabe des § 283 darauf an, ob der Verkäufer das Leistungshindernis zu vertreten hatte. Bereits die **Bindung an den Antrag** führt also dazu, dass ein Fall nachträglicher Unmöglichkeit vorliegt.[7] Zwar hat der Verkäufer bei grundlegender Änderung der Umstände nach Abgabe des Antrags entgegen § 145 grundsätzlich ein Widerrufsrecht.[8] Doch beruht dieses sachlich auf einer Vorwirkung des § 313,[9] der hier allerdings von den Unmöglichkeitsvorschriften als speziellere Regelungen verdrängt wird.

I. Zugangsprobleme

Zugangsprobleme sind ein »Lehrstück differenzierter Interessenabwägungen«:[10]

1. Zugangserfordernisse

46 Willenserklärungen, also auch Antrag und Annahme, sind in der Regel einem anderen gegenüber abzugeben. Wirksam werden sie in diesem Fall bei Abwesenheit des Empfängers erst dann, wenn sie diesem zugegangen sind, § 130 I 1. »Zugang« erfordert jedenfalls weniger als Kenntnisnahme: Nach hM genügt, dass die Erklärung in den Bereich des Empfängers gelangt ist und von ihm nach der Verkehrsauffassung die Kenntnisnahme erwartet werden konnte.[11] Ein Brief, der in einem Geschäftsraum am Samstag eingeworfen wird, geht demnach regelmäßig erst am Morgen des folgenden Montag zu, wenn nicht der Adressat ihn schon vorher zur Kenntnis nimmt.[12] Dementsprechend geht ein Schriftstück, das Silvester nachmittags eingeworfen wird, regelmäßig am ersten Werktag des neuen Jahres zu.[13]

BAGE 138, 127: A kündigt der F, indem er die an sie adressierte Kündigungserklärung am 31.1. deren Ehemann E an dessen Arbeitsplatz übergeben lässt. Dieser lässt das Schreiben abends auf der Arbeit liegen und übergibt es der F erst am folgenden Tag.

Die Kündigung konnte nur mit einer Frist von einem Monat zum Ende des Kalendermonats erklärt werden (§ 622 II Nr. 1), sodass fraglich war, ob das Arbeitsverhältnis schon Ende Februar oder erst Ende März endete.[14] Da E nicht Empfangsvertreter (§ 164 III) der F war, entscheidet über den Zugangszeitpunkt, ob er Erklärungsbote war und somit A das Risiko einer späteren Übermittlung zu tragen hätte oder ob er Empfangsbote war (→ Rn. 81). Dann wäre die Kündigungserklärung noch am gleichen

7 MüKoBGB/*Ernst* § 311 a Rn. 36; *Penner/Gärtner* JA 2003, 940; aA *P. W. Tettinger* ZGS 2006, 452; Palandt/*Grüneberg* § 311 a Rn. 4; offengelassen von BGH NJW 2011, 2643 Rn. 14; vgl. dazu auch → Rn. 338.

8 MüKoBGB/*Busche* § 145 Rn. 19.

9 *Medicus* BGB AT Rn. 396; *Bork* BGB AT Rn. 724.

10 Treffend Staudinger/*Schiemann* Eckpfeiler C Rn. 39. Lehrreich *Weiler* JuS 2005, 788.

11 Mit guten Gründen anders *Leipold*, FS Medicus, 2009, 251 (263): Zugang mit Rücksicht auf die modernen Kommunikationsmittel schon bei technischer Möglichkeit der Kenntnisnahme.

12 Vgl. *Medicus* BGB AT Rn. 276; s. auch *Gernhuber* BürgerlR § 1 Rn. 7 ff.

13 BGH NJW 2008, 843.

14 Zur Berechnung von Fristen und Terminen *Petersen* JURA 2012, 432.

Abend zugegangen, wenn unter Ehegatten mit der Übermittlung des Schreibens nach der abendlichen Rückkehr in die gemeinsame Wohnung zu rechnen ist. Das BAG hat dies in der Tat angenommen und die Kündigung bereits am Tag der Übergabe der Erklärung an E für wirksam gehalten.[15]

Dagegen spricht, dass der Ehemann am Arbeitsplatz typischerweise mit anderen Dingen befasst ist und nicht mit rechtsgeschäftlichen Erklärungen rechnen muss, die an seine Ehefrau adressiert sind. Wenn der Erklärende ihn dort gleichwohl aufsuchen lässt und zum Überbringer der Botschaft macht, setzt er ihn als Erklärungsboten ein und trägt daher auch das Verzögerungsrisiko. Denn anders als in der gemeinsamen Ehewohnung kann der Erklärende von vornherein nicht damit rechnen, die Adressatin am Arbeitsplatz ihres Mannes anzutreffen.

2. Erklärung unter Anwesenden

47 § 130 I 1 bestimmt das Zugangserfordernis nur für Willenserklärungen an einen Abwesenden. Für Willenserklärungen an einen Anwesenden fehlt eine gesetzliche Regelung. Auch hier kann aber die Frage nach dem Wirksamwerden auftreten.

RGZ 61, 414: G will dem S dessen Schuld stunden, wenn sich F, die Ehefrau des S, verbürgt. F unterzeichnet daraufhin eine Bürgschaftsurkunde. In diesem Augenblick erschießt sich S im Nebenzimmer. G entfernt sich bestürzt, ohne die auf einem Tischchen liegende Urkunde an sich genommen zu haben. Diese bleibt später verschwunden.

Hier hielt F der Klage des G aus der Bürgschaft entgegen, ihre Bürgschaftserklärung sei nicht zugegangen. Das RG ist dem beigetreten: § 130 sei auch auf Erklärungen unter Anwesenden anwendbar; der Zugang setze die tatsächliche Verfügungsgewalt des Adressaten über das die Erklärung enthaltende Schriftstück voraus. Dem ist zuzustimmen.[16]

3. Nichtverkörperte Erklärungen

48 Besonderes gilt jedoch für die *nichtverkörperte Willenserklärung*.[17] Hierhin gehört insbesondere das (auch telefonisch) gesprochene, nicht auf Tonband aufgenommene Wort. Hier soll es nach einer verbreiteten Ansicht[18] nicht ausreichen, dass vom Empfänger zu erwarten war, er werde das Gesagte hören. Vielmehr soll die Erklärung nur insoweit wirksam werden, als der Empfänger sie *akustisch* wirklich *vernommen* hat. Freilich wollen manche diese »**strenge Vernehmenstheorie**« modifizieren: Es soll genügen, dass der Erklärende nach den ihm erkennbaren Umständen annehmen durfte, der Empfänger habe das Erklärte richtig vernommen.[19] Doch mag das im Interesse einer gerechten Risikoverteilung abzuschwächen sein. Jedenfalls kann man auch die so sich ergebenden Voraussetzungen für das Wirksamwerden der Erklärung »Zugang« nennen. Dann

---

15 Zust. *Faust* JuS 2012, 68 (70); *Schwarze* JA 2012, 67. Zum Zugang einer Kündigungserklärung gegenüber einem Minderjährigen durch Einwurf in den Briefkasten der Familie BAG NZA 2012, 495; lehrreich zu § 131 II *Leenen* BGB AT § 6 Rn. 56–60.

16 Ebenso *Wolf/Neuner* BGB AT § 33 Rn. 36.

17 *John* AcP 184 (1984), 385 (403 ff.) spricht vom Fehlen einer »Speicherung«.

18 Vgl. *Flume* Rechtsgeschäft § 14, 3 f.

19 *Brox/Walker* BGB AT Rn. 156. Dagegen *Wolf/Neuner* BGB AT § 33 Rn. 39 unter Verweis auf Art. 3 III 2 GG, wenn dem Empfänger dadurch einem Fremden gegenüber auferlegt wird, eine etwaige Schwerhörigkeit zu offenbaren; s. auch *Neuner* NJW 2000, 1822 (1825).

gilt auch für nichtverkörperte Willenserklärungen der Satz, dass sie erst durch Zugang wirksam werden.

Beispiel: A erklärt am Telefon, er wolle verkaufen. B versteht, A wolle kaufen, und sagt zu. Hier gilt nichts: Dass A verkaufen wolle, ist nicht zugegangen; dass A kaufen wolle, ist nicht erklärt.

4. Zugang und Auslegung

49 Der Unterschied zwischen verkörperter und nichtverkörperter Willenserklärung ist wichtig für die Auslegung. Denn ihr Gegenstand kann ja immer nur sein, was erklärt und durch Zugang wirksam geworden ist. Die **Frage nach dem Zugang geht daher der Auslegung vor!** Auszulegen ist also bei der verkörperten Willenserklärung die zugegangene verkörperte Erklärung (etwa der Text des Briefes), bei der nicht verkörperten dagegen das, was der Adressat von dem Gesagten vernommen hat.

Zugang und Auslegung müssen schon deswegen getrennt werden, weil bei beiden ein verschiedener Maßstab gilt: Auf das, was hätte verstanden werden können, kommt es zwar regelmäßig für die Auslegung an, dagegen für den Zugang nur in Ausnahmefällen.

5. Zugangsverzögerung

50 Praktisch wichtig ist die Zugangsverzögerung: Die Kündigung etwa erreicht den Adressaten verspätet, weil er verzogen ist. Hier hat man früher mit einer **Zugangsfiktion** gearbeitet: Die Erklärung sollte als zugegangen gelten, sobald sie den Empfänger ohne das von ihm geschaffene Hindernis erreicht hätte. Heute wird jedoch überwiegend eine andere Ansicht vertreten:[20] Zugegangen ist die Erklärung erst, *wenn sie wirklich in den neuen Bereich des Empfängers gelangt ist;* jedoch kann der Empfänger sich auf die von ihm selbst verursachte Verspätung des Zugangs nicht berufen. Der wesentliche Unterschied zwischen beiden Ansichten ist: Nach der älteren ist die Erklärung kraft der Fiktion des Zugangs in jeder Hinsicht wirksam geworden; der Erklärende ist also gebunden. Nach der neueren Ansicht ist der Erklärende dagegen zunächst Herr seiner Erklärung geblieben: Er kann sich entweder weiter um wirklichen Zugang bemühen, der dann hinsichtlich der Rechtzeitigkeit zurückwirkt; er kann aber auch auf weitere Bemühungen verzichten und so die Erklärung ungeschehen sein lassen.[21]

Beispiel: Mieter M kündigt dem Vermieter V durch Einschreiben zur Übergabe (Gegensatz: zum Einwurf); der Brief kommt aber, weil V verreist ist, zurück. Nach der älteren Auffassung wäre die Kündigung wirksam; nach der neueren liegt es bei M, ob er sie (mit Rückwirkung) wirksam werden lassen will. Will er das, muss er sich freilich erneut um Zugang bemühen.

51 Ob die Zugangsverzögerung **verschuldet** ist, spielt regelmäßig keine Rolle. Doch darf man einerseits den Erklärenden im Einzelfall für verpflichtet halten, auf ein ihm bekanntes Zugangshindernis auf der Seite des Empfängers Rücksicht zu nehmen. Umgekehrt kann es aber auch dem Empfänger nach § 242 obliegen, ein für ihn bei der Post hinterlegtes – und damit zunächst nicht zugegangenes – Schriftstück abzuholen. Unterlässt er das, obwohl er mit einer solchen Mitteilung zu rechnen hatte, wird die Rechtzeitigkeit fingiert. Doch muss sich der Absender regelmäßig (Ausnahme: bei Arglist des Adressaten) um erneuten Zugang bemühen, notfalls über § 132.[22] Die Be-

20 Vgl. *Flume* Rechtsgeschäft § 14, 3 e.
21 BGHZ 137, 205.
22 BGHZ 137, 205 (208); *Wolf/Neuner* BGB AT § 33 Rn. 53.

handlung der **Zugangsvereitelung** folgt auch aus einer Analogie zu §§ 162 I, 815 Fall 2.[23]

II. Das Schweigen nach bürgerlichem Recht

52 Schweigen (es muss unterschieden werden von einem konkludenten Erklärungsverhalten) bedeutet in der Regel weder Zustimmung noch Ablehnung; es ist **überhaupt keine Willenserklärung.** Rechtliche Bedeutung erlangt die Frage nach der Qualität des Schweigens als Willenserklärung erst, wo das Gesetz ausnahmsweise an das Schweigen Rechtsfolgen knüpft.[24] Dann wird nämlich fraglich, ob die Vorschriften über Willenserklärungen (§§ 104 ff., 116 ff.) auf das Schweigen direkt oder entsprechend anwendbar sind. Für die Antwort ist zu unterscheiden:[25]

1. Das Schweigen als Ablehnung

53 Wo das Schweigen als Ablehnung gilt (zB in §§ 108 II 2, 177 II 2, 415 II 2), wirken Mängel der Geschäftsfähigkeit des Schweigenden nach § 131: Die Frist, nach deren Ablauf das Schweigen Ablehnung bedeutet, beginnt ja erst mit dem Zugang einer Erklärung der anderen Partei. Und soweit diese Frist nach § 131 erst seit dem Zugang an den gesetzlichen Vertreter läuft, spielt vorher das Schweigen keine Rolle.

Im Übrigen sind nach richtiger Ansicht die Regeln über Willenserklärungen nicht einmal entsprechend anwendbar: Die Rechtsfolge des Schweigens tritt unvermeidbar auch dann ein, wenn ein erklärtes »Nein« nichtig oder anfechtbar wäre. Denn auch die Nichtigkeit oder Anfechtung eines ausdrücklich erklärten »Nein« würden noch kein »Ja« bedeuten, sondern erst den Weg dahin frei machen. Zu einem »Ja« ist es aber in den gesetzlich geregelten Fällen nach Ablauf der Frist zu spät.

2. Das Schweigen als Zustimmung

54 In wenigen Ausnahmefällen gilt das Schweigen als Zustimmung: so in §§ 416 I 2, 455 S. 2, 516 II 2; nach § 613 a VI gehört hierhin auch der Fall von § 613 a, weil ein Widerspruch des Arbeitnehmers den Übergang des Arbeitsverhältnisses auf den Betriebserwerber hindert. Ein Schweigen auf einen Antrag soll regelmäßig dessen Annahme bedeuten, wenn dieser in allen wichtigen Punkten dem Ergebnis von Vorverhandlungen entspricht.[26] Doch wird man in solchen Fällen dem Antragenden oft noch eine Vergewisserung zumuten dürfen. Auch eine Annahme durch schlüssiges Verhalten, beispielsweise Kaufpreiszahlung, kann nicht ohne Weiteres angenommen werden. Der BGH verlangt dafür mit Recht, dass der Erklärende bei Anwendung verkehrsüblicher Sorgfalt hätte erkennen können, dass es der Annahmeerklärung noch bedurfte und sein Verhalten als Annahme verstanden werden konnte **(potentielles Erklärungsbewusstsein).**[27]

Im Unterschied zu den Fällen von → Rn. 53 wird man auf das Schweigen mit Zustimmungsbedeutung die Regeln über Willenserklärungen entsprechend anwenden kön-

23 *Leenen* BGB AT § 6 Rn. 21.
24 Näher *Fischinger* JuS 2015, 294; *Ebert* JuS 1999, 754; *Petersen* JURA 2003, 687.
25 Vgl. *Flume* Rechtsgeschäft § 10, 2.
26 BGH BB 1995, 694.
27 BGH NJW 2010, 2873; dazu → Rn. 130.

nen: Es ist nicht einzusehen, warum der Schweigende an sein Schweigen stärker gebunden sein soll als der Redende an ein ausdrücklich erklärtes »Ja«. Für einen praktisch wichtigen Fall des rechtserheblichen Schweigens (**Erbschaftsannahme** durch Verstreichenlassen der Ausschlagungsfrist) ist die Anfechtbarkeit in § 1956 sogar ausdrücklich angeordnet. Nur kann eine Irrtumsanfechtung nicht darauf gegründet werden, dass der Schweigende die seinem Schweigen vom Gesetz zuerkannte Bedeutung nicht gekannt habe. Denn § 119 will den fehlerfreien *Willen* zur Geltung bringen (→ Rn. 123); die *gesetzlich* angeordnete Rechtsfolge des Schweigens beruht aber gerade nicht auf dem Willen des Schweigenden (auch → Rn. 129). In solchen Fällen beziehen sich Nichtigkeit oder Anfechtbarkeit nicht auf das Schweigen selbst, sondern auf das Rechtsgeschäft, das durch Schweigen zustande gekommen ist.[28]

3. Sonderfälle

55 Nicht in diesen Zusammenhang gehört das Schweigen auf einen Antrag in den §§ 151, 663.

In § 151 bringt nicht schon das Schweigen den Vertrag zustande. Vielmehr bedarf es einer Annahmeerklärung; nur verzichtet das Gesetz auf zweierlei: darauf, dass die Annahme*erklärung* an den Antragenden gerichtet ist, und darauf, dass sie ihm zugeht.[29] Sonst sind die Vorschriften über Willenserklärungen aber unbeschränkt – und zwar direkt – anwendbar.

§ 663 dagegen hat überhaupt nichts mit einer Willenserklärung zu tun. Vielmehr bestimmt die Vorschrift nur eine Obliegenheit zur Ablehnung des Antrags. Die Folgen ihrer Verletzung sind also nicht das Zustandekommen eines Vertrages. Vielmehr geht es um einen Fall des Verschuldens bei Vertragsverhandlungen. Rechtsfolge ist deshalb bei Vertretenmüssen ein Anspruch auf Schadensersatz, und zwar des negativen Interesses, §§ 311 II, 280 I. Daher sind die §§ 104ff., 116ff. hier nicht einmal entsprechend anwendbar.

III. Das Schweigen im Handelsrecht

1. Schweigen mit Erklärungswirkung

56 Bei § 362 HGB gilt Schweigen (anders als bei § 663 BGB) als Annahme des Antrags.[30] Ähnlich gilt nach §§ 75h, 91a HGB (anders § 177 II 2 BGB) das Schweigen des unberechtigt Vertretenen als Genehmigung. Fraglich ist die Wirkung von Willensmängeln auf das nach diesen Vorschriften rechtserhebliche Schweigen. Bedeutsam wird diese Frage etwa, wenn der Kaufmann auf einen Antrag schweigt (und ihn so annimmt), weil er ihn nur oberflächlich gelesen und daher eine falsche Vorstellung von seinem Inhalt hat.

Auch hier ist es wenig sinnvoll, den schweigenden Kaufmann fester zu binden als denjenigen, der ausdrücklich mit »Ja« geantwortet hat. Denn das Schweigen kann bei der anderen Partei kein stärkeres Vertrauen erwecken als die ausdrückliche Bejahung. Daher muss man wenigstens das in → Rn. 54 Gesagte ins Handelsrecht übernehmen. Doch

28 *Flume* Rechtsgeschäft § 36, 7.

29 BGH NJW 2004, 287, anders *Flume* Rechtsgeschäft § 35 II 3, der schon den nicht erklärten Entschluss zur Annahme genügen lässt; ausf. *Repgen* AcP 200 (2000), 533.

30 Dazu *Canaris* HandelsR § 23 I; *Lettl* HandelsR § 10 Rn. 23; *Roth/Weller* HandelsR/GesR § 29 Rn. 843; *Kindler* GK HandelsR/GesR § 7 Rn. 12; *Petersen* JURA 2013, 377.

kann man auch die Anfechtung eines ausdrücklichen »Ja« einschränken. Dazu gibt es zwei Möglichkeiten:

57 a) Ein Teil der Lehre will dem Kaufmann ganz allgemein, also auch über die §§ 75h, 91a, 362 HGB hinaus, die Berufung auf einen durch sorgfältiges Lesen vermeidbaren Irrtum verwehren.[31] Aber ein Handelsbrauch dieses Inhalts, auf den sich diese Ansicht zur Begründung beruft, wird kaum nachweisbar sein.[32]

58 b) Jedoch ist bedeutsam, dass die §§ 75h, 91a, 362 HGB von dem Kaufmann eine **unverzügliche Antwort** verlangen. Damit soll die andere Partei so schnell Gewissheit erhalten, wie das ohne Verschulden des Kaufmanns möglich ist. Daraus kann man folgern: Bei den genannten Vorschriften berechtigt ein *schuldhafter* Irrtum weder bei ausdrücklichem »Ja« noch bei Schweigen zur Anfechtung. Denn diese Anfechtung würde es dem Kaufmann in beiden Fällen erlauben, trotz seines Verschuldens der anderen Partei ihre schon begründete Gewissheit des »Ja« wieder zu nehmen, und das widerspricht dem Gesetzeszweck. Ebenso hat der BGH für den Spezialfall des Schweigens auf ein kaufmännisches Bestätigungsschreiben entschieden.[33]

2. Schweigen auf ein kaufmännisches Bestätigungsschreiben

59 Wichtigster unkodifizierter Fall des rechtserheblichen Schweigens ist das Schweigen auf ein kaufmännisches Bestätigungsschreiben.[34] Infolge dieses Schweigens gilt der Vertrag mit dem Inhalt als abgeschlossen, den das unwidersprochen gebliebene Bestätigungsschreiben angibt. Das Schweigen hat also **Fiktionswirkung.**[35] Doch soll der Nachweis weiterer, dem Bestätigungsschreiben nicht widersprechender Abreden dem Absender offenstehen.[36]

Hinsichtlich der Wirkung des Bestätigungsschreibens ist es müßig zu fragen, wie das Unterlassen des Widerspruchs den Vertrag zustande bringt oder seinen Inhalt ändert:[37] Die Frage, ob der Vertrag schon vorher bestanden hat oder zunächst einen anderen Inhalt hatte, soll nach dem Zweck der Regelung (Klarheit) gerade nicht mehr gestellt werden dürfen.

Voraussetzungen für den Eintritt dieser Rechtsfolge sind im Einzelnen:

60 a) Es müssen **Verhandlungen vorausgegangen** sein, deren Ergebnis das Schreiben als endgültigen Vertragsschluss wiedergibt.[38] Meist werden diese Verhandlungen mündlich, telefonisch, durch Fax oder im Internet stattfinden, sodass Unklarheiten über ihr Ergebnis entstehen können, die das Bestätigungsschreiben ausräumen soll. Dagegen ist es bei schriftlichem Vertragsschluss regelmäßig unnötig, weil dort der Vertragsinhalt ohnehin festliegt.[39]

31 *Flume* Rechtsgeschäft § 21, 9c; ihm folgend *Kramer* JURA 1984, 235 (249).
32 Für Anfechtbarkeit auch *K. Schmidt* HandelsR § 19 Rn. 63; *Canaris* HandelsR § 23 Rn. 6.
33 BGH NJW 1972, 45. Dagegen stellt *Canaris* HandelsR § 23 Rn. 5 mit ähnlichen Ergebnissen auf die Risiken eines kaufmännischen Betriebs ab.
34 Dazu *Lettl* JuS 2008, 849; *Roth/Weller* HandelsR/GesR § 29 Rn. 853; *Kindler* GK HandelsR/GesR § 7 Rn. 17; abl. *Kramer* JURA 1984, 235 (246).
35 BGHZ 11, 1 (5); *Leenen* BGB AT § 8 Rn. 205; *Petersen* JURA 2003, 687 (690).
36 BGH 67, 378 (381); zweifelhaft, vgl. auch → Rn. 66.
37 Vgl. *Flume* Rechtsgeschäft § 36, 3; *Diederichsen* JuS 1966, 129.
38 BGH NJW 1972, 820, einschränkend *Canaris* HandelsR § 23 Rn. 19.
39 Zu Ausnahmen *Canaris* HandelsR § 23 Rn. 20f.

BGHZ 54, 236 betrifft den Grenzfall eines Bestätigungsschreibens von der Partei, deren telefonische Offerte schriftlich angenommen worden war. Der BGH wendet auch hier die Regeln über das kaufmännische Bestätigungsschreiben an. Denn das Bedürfnis nach Klarstellung bestehe jedenfalls für die Partei, die sich bisher noch nicht schriftlich geäußert habe: Die einseitige schriftliche Erklärung der Gegenpartei genüge nicht, um den Vertragsinhalt ausreichend festzulegen.[40] Richtig ist die Ansicht des BGH wenigstens dann, wenn das Annahmeschreiben nach Meinung seines Empfängers den Inhalt des telefonischen Antrags nur unvollständig wiedergibt (Extremfall: Es lautet einfach »Ja«): Dann ist es sinnvoll, auch den Rest noch schriftlich festzuhalten.

61 Zweifelsfrei kein kaufmännisches Bestätigungsschreiben ist die Annahme eines Antrags, auch wenn sie als »Auftragsbestätigung« bezeichnet wird: Hier wird der Vertrag nicht als geschlossen vorausgesetzt, sondern er soll erst geschlossen werden. Wo eine solche Annahme vom Antrag abweicht (§ 150 II), ist also kein Widerspruch nötig.[41] Doch sind Grenzfälle denkbar, nämlich wenn ein Vertragsabschluss zweifelhaft ist; dann gelten die Regeln über das kaufmännische Bestätigungsschreiben.[42]

62 b) Der Absender des Schreibens **muss redlich sein,** das heißt, er muss glauben und glauben dürfen, dass das Schreiben die Vereinbarungen korrekt wiedergibt oder doch nur solche Abweichungen enthält, die der Empfänger billigt.[43] Insbesondere kann daher eine Eigenschaftszusicherung durch einen in dem Bestätigungsschreiben erklärten Gewährleistungsausschluss nicht unwirksam gemacht werden.[44] Der BGH rechnet dem Absender mit Recht das Wissen seines Vertreters zu (vgl. § 166).[45]

63 c) Der Empfänger des Schreibens **muss Kaufmann sein.** Der BGH hat genügen lassen, dass jemand »einen Betrieb führt, der in größerem Umfang am Verkehrsleben teilnimmt«.[46] Auch ein Architekt kommt als Empfänger in Betracht.[47] Die Entwicklung läuft hin zu einem *unternehmerischen* Bestätigungsschreiben.[48]

64 d) Die nötige **Qualifikation des Absenders** ist fraglich. Hier kann jedenfalls ein großzügigerer Maßstab angelegt werden als beim Empfänger, weil dem Absender ja regelmäßig keine Nachteile drohen. Der BGH verlangt, dass der Absender wenigstens ähnlich einem Kaufmann am Geschäftsleben teilnimmt.[49]

65 e) Dem Schreiben darf **nicht unverzüglich widersprochen** worden sein. Dabei sind an einen Kaufmann strenge Anforderungen zu stellen. So hält RGZ 105, 389 einen Widerspruch acht Tage nach Eingang des Schreibens schon für verspätet, obwohl der Empfänger gerade während dieser acht Tage verreist war (er hätte für Nachsendung oder Vertretung sorgen müssen). Für die entsprechende Anwendung der Vorschriften über Willenserklärungen auf das Schweigen gilt das in → Rn. 56–58 Gesagte: Insbesondere berechtigt ein schuldhafter Irrtum nicht zur Anfechtung.

40 AA *Lieb* JZ 1971, 135.
41 BGHZ 18, 212; s. auch *Roth/Weller* HandelsR/GesR § 29 Rn. 864f. (»Umstandsmoment« erforderlich).
42 BGH NJW 1974, 991.
43 Vgl. *Walchshöfer* BB 1975, 719; ausf. *Canaris* HandelsR § 23 Rn. 25ff.
44 BGHZ 93, 338 (343).
45 BGHZ 40, 42.
46 BGHZ 11, 1.
47 OLG Köln OLGZ 1974, 8.
48 Näher *K. Schmidt* NJW 1998, 2161; *K. Schmidt* JZ 2003, 585.
49 BGHZ 40, 42; weitergehend *Flume* Rechtsgeschäft § 36, 2: entsprechend § 362 HGB genügt jedermann; einschränkend *K. Schmidt* HandelsR § 19 Rn. 80: auf unternehmerischen Verkehr beschränkt.

Nach anderer Ansicht soll der Schweigende anfechten können, wenn er etwa wegen flüchtigen Lesens über den Inhalt des Schreibens (und damit auch des Vertrages) im Irrtum war; dagegen nicht, wenn er dessen Inhalt trotz Zugangs nicht erfahren hatte.[50] Aber es erscheint sachgerechter, beide Fälle gleich zu behandeln und über die Anfechtbarkeit das Verschulden entscheiden zu lassen.

66 f) Ein Sonderproblem entsteht bei **sich kreuzenden Bestätigungsschreiben:** Beide Parteien bestätigen sich gegenseitig den Abschluss, aber mit verschiedenem Inhalt. Dann ist regelmäßig kein Widerspruch nötig: Jede Partei weiß ja schon aus dem Schreiben der anderen, dass diese einen abweichenden Vertragsinhalt behauptet.

BGH NJW 1966, 1070: V hatte an K ein gebrauchtes Kraftfahrzeug verkauft. V und K sandten sich gegenseitig Bestätigungsschreiben; dasjenige des V enthielt einen Ausschluss der Sachmängelhaftung, das des K nicht. Der BGH hat hier ausnahmsweise angenommen, bei Nichtwiderspruch des K werde der Haftungsausschluss wirksam: Beide Schreiben hätten nicht in »offenem Widerspruch« zueinander gestanden; das Schreiben des V habe lediglich einen »zusätzlichen Vorbehalt« enthalten. Dass K mit diesem nicht einverstanden gewesen sei, habe sich seinem Schreiben nicht entnehmen lassen.

Diese Entscheidung ist bedenklich: Wenn K den Haftungsausschluss nicht erwähnt hatte, meinte er offenbar einen Kauf nach der gesetzlichen Regelung. Und demgegenüber ist der Ausschluss im Schreiben des V nicht nur ein »zusätzlicher Vorbehalt«, sondern das glatte Gegenteil. Daher ergeben die Bestätigungsschreiben hier keine Einigung hinsichtlich der Sachmängelhaftung. Insoweit ist Vertragsinhalt also das ursprünglich Vereinbarte, das mit anderen Mitteln bewiesen werden muss. Allerdings breiten sich in der Praxis immer stärker sog. **konstitutive Bestätigungsschreiben** aus.[51] Bei ihnen soll nach dem Parteiwillen überhaupt nur das schriftlich Bestätigte gelten: Dann läge bei einem Widerspruch zwischen den Bestätigungsschreiben beider Seiten Dissens vor.

IV. Allgemeine Geschäftsbedingungen

1. Problematik und Anwendungsbereich der §§ 305 ff.

67 Allgemeine Geschäftsbedingungen (AGB) sind vorformulierte Regelungsentwürfe für eine Vielzahl von Einzelverträgen.[52] Die AGB sollen dort das dispositive Gesetzesrecht durch Bestimmungen ersetzen, die den Bedürfnissen des Verwenders besser entsprechen. Das kann legitim sein, weil die Typenverträge des BGB sehr verschiedene Möglichkeiten umfassen und sich nicht für alle Anwendungen in gleicher Weise eignen. Das wird am deutlichsten beim Werkvertrag: Was für einen Vertrag über den Bau eines Hauses passt, kann für den (gleichfalls den §§ 631 ff. unterfallenden) Beförderungsvertrag ganz unangemessen sein. Aber etwa auch beim Kauf bedarf es oft einer stärkeren Differenzierung, als das BGB sie vornimmt. Sogar beinahe ganz unentbehrlich sind AGB für Verträge, die im Besonderen Schuldrecht nicht vertypt sind, wie etwa das Leasing.

AGB werden aber nicht bloß zu solchen legitimen Zwecken verwendet, sondern auch zu rücksichtsloser einseitiger Interessenverfolgung missbraucht (etwa durch die Einfügung von Haftungsausschlüssen oder Befugnissen zu einseitiger Preiserhöhung). Das

---

50 *Diederichsen* JuS 1966, 129 (136 f.); vgl. auch *Wolf/Neuner* BGB AT § 37 Rn. 56; eing. *Kindl,* Rechtsscheintatbestände und ihre rückwirkende Beseitigung, 1999, 208 ff.

51 Vgl. *K. Schmidt* HandelsR § 19 Rn. 84 f. Zu den Grenzen *Häublein,* FS Karth, 2013, 333.

52 Dazu *Herb. Roth,* Vertragsänderung bei fehlgeschlagener Verwendung von Allgemeinen Geschäftsbedingungen, 1994; *Hellwege,* Allgemeine Geschäftsbedingungen, einseitig gestellte Vertragsbedingungen und die allgemeine Rechtsgeschäftslehre, 2010; *Heyers* ZVersWiss 2010, 349; *Thomas* AcP 209 (2009), 84; *Stoffels,* AGB-Recht, 2. Aufl. 2009; *Klocke* JURA 2015, 227.

gelingt schon deshalb besonders leicht, weil die andere Partei von den Einzelheiten umfangreicher AGB meist nicht Kenntnis nimmt. Doch hatte die Rechtsprechung schon früh solchem Missbrauch zunehmend Widerstand geleistet, und zwar im Wesentlichen auf zwei Wegen: Erstens sollten besonders unbillige (und daher **»überraschende«**) **Klauseln** nur unter sehr engen Voraussetzungen Vertragsinhalt werden (sog. **Einbeziehungskontrolle**). Und zweitens werden AGB nicht bloß nach § 138 auf ihre Sittenwidrigkeit hin geprüft, sondern nach § 242 noch einer eigenen **Billigkeitskontrolle** unterworfen (sog. **Inhaltskontrolle**).[53]

68 Für ein »Aushandeln« (§ 305 I 3) ist erforderlich, dass der Verwender den »gesetzesfremden Kerngehalt« seiner AGB inhaltlich ernsthaft zur Diskussion stellt; es müsse auch dem Gegner real möglich sein, »die inhaltliche Ausgestaltung der Vertragsbedingungen zu beeinflussen«.[54] Zudem erfasst das »Aushandeln« dann nicht die ganzen AGB, sondern nur die Klauseln, hinsichtlich derer die genannten Voraussetzungen erfüllt sind. Ganz ungenügend ist eine Aufforderung im Text des Formulars, nicht gewollte Passagen zu streichen:[55] Eine solche Aufforderung kann ja nur wirken, wenn sie wirklich gelesen worden ist. Ausnahmsweise soll freilich ein Aushandeln auch ohne Textänderung zu bejahen sein, »wenn der andere Teil nach gründlicher Erörterung von der Sachgerechtigkeit der Regelung überzeugt wird«.[56] Zum »Aushandeln« kann es auch genügen, dass dem Verhandlungspartner das Ausfüllen von Leerstellen in dem Formular ohne die Beschränkung auf nur wenige Wahlmöglichkeiten überlassen wird (etwa die Angabe der Vertragslaufzeit).[57]

2. Einführung in den Einzelvertrag

69 a) Entgegen § 139 führt das Nichtwirksamwerden der AGB oder einzelner Klauseln aber nicht zur Unwirksamkeit des ganzen Vertrages. Vielmehr gilt dieser regelmäßig zu den Bedingungen des Gesetzesrechts (§ 306). Nach hM ist eine **geltungserhaltende Reduktion** unwirksamer Klauseln regelmäßig ausgeschlossen:[58] Ein nach § 309 Nr. 7 unzulässiger Haftungsausschluss kann also auch nicht insoweit aufrechterhalten werden, als er nach dieser Vorschrift zulässig wäre.[59] Anders verfährt der BGH freilich, wenn sich inhaltlich sinnvolle Teile einer Klausel **sprachlich trennen lassen.** So kann etwa ein (zulässiger) Ausschluss der Aufrechnung neben einem unwirksamen Ausschluss von Zurückbehaltungsrechten wirksam bleiben.[60]

§ 305 II gilt nach § 310 I nicht für **Unternehmer** und bestimmte Personen des öffentlichen Rechts. Aber deswegen werden AGB auch ihnen gegenüber nicht ohne Weiteres Vertragsinhalt. Vielmehr gelten hier die Voraussetzungen der **allgemeinen Rechtsgeschäftslehre:** Der Verwender muss dem Kunden erkennbar (→ Rn. 45) erklärt haben, er wolle die AGB in den Vertrag einführen, und das Verhalten des Kunden muss das

53 Seit BGHZ 22, 90. Zur Einbeziehung von AGB *Petersen* JURA 2010, 667.
54 Vgl. nur BGH NJW 1992, 2759 (2760); 2014, 1725 (dazu *Kaufhold* NJW 2014, 3488; *Riehm* JuS 2014, 745); näher *Grunewald,* FS Graf v. Westphalen, 2010, 229; *Habersack,* FS Köhler, 2014, 209.
55 BGH NJW 1987, 2011.
56 Palandt/*Grüneberg* § 305 Rn. 21 mit Belegen; BGH NJW 2000, 1110 (1112).
57 BGH NJW 1998, 1066.
58 Etwa BGHZ 107, 273 (277); allg. dazu *Herb. Roth* JZ 1989, 411; *J. Hager* JZ 1996, 175.
59 BGHZ 170, 31 (zust. *Leenen* DStR 2007, 214); BGH NJW 2009, 1486; MDR 2013, 774; BGH MDR 2015, 389; aA MüKoBGB/*Basedow* § 306 Rn. 13f.
60 BGHZ 107, 185 (190f.).

Einverständnis hiermit bedeuten. Dabei hat es die ältere Rechtsprechung genügen lassen, wenn im Rahmen einer auf Dauer angelegten kaufmännischen Geschäftsverbindung die eine Partei in ihren Rechnungen mehrfach auf die AGB hingewiesen und die andere Partei hierzu geschwiegen hatte. Das dürfte auch jetzt noch ausreichen. Doch genügen solche Hinweise nicht auf **Lieferscheinen,** da diese häufig nicht zur Kenntnis der für den Abschluss weiterer Verträge zuständigen Personen gelangen.

70 b) Aber auch soweit die AGB Vertragsinhalt geworden sind, gilt für ihre Auslegung die **Unklarheitenregel,** § 305c II, etwa wenn sich ein Haftungsausschluss eines Automobilhändlers nicht deutlich auch auf ein Verschulden bei der Ablieferungsinspektion bezieht.[61] Solche Unklarheiten oder Widersprüche gehen zulasten des Verwenders, der sie hätte vermeiden sollen (→ Rn. 74).

3. Inhaltskontrolle der AGB

71 a) Für die Inhaltskontrolle der AGB und bestimmter Verbraucherverträge (§ 310 III) gilt außer den allgemeinen Vorschriften in §§ 134, 138 nach den §§ 307–309 zulasten des Verwenders eine strengere Regelung. Diese unterscheidet zwischen einer umfangreichen Aufzählung *einzelner verbotener Klauseln* in den §§ 308, 309 und einer recht unbestimmten *Generalklausel* in § 307. Dabei sollte man regelmäßig zuerst die spezielleren Klauselverbote in den §§ 308, 309 prüfen und erst, wenn man dort nichts gefunden hat, die Generalklausel erwägen. **Unternehmer** und gleichgestellte Personen des öffentlichen Rechts werden allerdings nach § 310 I durch die §§ 308, 309 nicht geschützt; hier bleibt also nur § 307. Doch stellt § 310 I 2 klar, dass auch eine in den §§ 308, 309 speziell verbotene Klausel noch unter das allgemeine Verbot in § 307 fallen kann. So darf auch gegenüber einem Unternehmer die Haftung für Gehilfen (§ 309 Nr. 7) nicht ohne Einschränkung ausgeschlossen werden.[62] In der Tendenz wendet die Rechtsprechung den § 307 immer häufiger an. Keinen Verstoß gegen § 307 I 1 bedeutet es jedoch, wenn eine Herstellergarantie im Interesse der Kundenbindung an die regelmäßige Wartung in Vertragswerkstätten geknüpft wird.[63]

72 b) Für die **speziellen Klauselverbote** ist zu erwähnen: Hier ist mit der Prüfung der genauer bestimmten Klauseln in § 309 zu beginnen. Bedeutsam sind dort vor allem:

Nr. 1 (Ausschluss von Preiserhöhungen für vier Monate; wichtig im Kfz-Handel!). Unzulässig ist die sog. »**Tagespreisklausel**« (der Käufer soll den am Tag der Lieferung geltenden Listenpreis bezahlen müssen).[64] An die Stelle der gestrichenen Klausel tritt nicht etwa der Listenpreis bei Vertragsabschluss, sondern nur ein (durch ergänzende Vertragsauslegung gewonnenes) Rücktrittsrecht des Käufers bei unverhältnismäßigen Preiserhöhungen.[65] Nr. 5/6 (Beschränkung der Zulässigkeit von Schadenspauschalierungen und Vertragsstrafenversprechen). Nr. 7b (die Haftung für Vorsatz und grobe Fahrlässigkeit sogar eines Erfüllungsgehilfen kann nicht ausgeschlossen werden; anders §§ 276 III, 278 S. 2). Zusätzlich verbietet § 309 Nr. 7a für Körper- und Gesundheitsschäden einen Haftungsausschluss auch bei leichter Fahrlässigkeit. Ähnlich sind

61 BGH NJW 1969, 1708 (1710); aus der neueren Rspr. BGH NJW 2007, 504; s. auch *Herb. Roth* WM 1991, 2085; 2125.
62 BGHZ 95, 170 (182f.).
63 BGH NJW 2008, 843.
64 BGHZ 82, 21.
65 BGHZ 90, 96. Vgl. auch *J. Hager* JuS 1985, 264.

nach § 309 Nr. 8a bestimmte Rechtsfolgen auch bei jedem Vertretenmüssen nicht abdingbar. Nr. 8b (Erhaltung der Gewährleistungsrechte einschließlich der Nacherfüllungsansprüche).

73 c) Dagegen sind manche der in § 308 ausgesprochenen Klauselverbote unbestimmter, weil sie wertende Begriffe enthalten (»unangemessen lang«, »nicht hinreichend bestimmt«, »sachlich gerechtfertigter Grund«, »zumutbar« usw).[66] Hier gerät man also schon in die Nähe der Generalklausel des § 307.

74 d) Diese **Generalklausel** verbietet Bestimmungen, die den anderen Teil »entgegen den Geboten von Treu und Glauben unangemessen benachteiligen«. Das wird durch zwei Vermutungen des § 307 II konkretisiert: Unter den dort genannten – etwas bestimmter, aber immer noch generalklauselartig umschriebenen – Voraussetzungen soll im Zweifel Unangemessenheit vorliegen. Das ist keine reine Beweislastregel im sonst üblichen Sinn, weil der durch § 307 II zu behebende Zweifel nicht im (dem Beweis zugänglichen) tatsächlichen Bereich liegen muss, sondern auch die Wertung betreffen kann. Maßstab der Wertung ist nach § 307 II Nr. 1 das **dispositive Gesetzesrecht:** Dieses soll regelmäßig eine **Ordnungs- oder Leitbildfunktion** haben. Dazu gehört insbesondere das **Verschuldensprinzip** als »Grundsatz des Haftungsrechts« und »Ausdruck des Gerechtigkeitsgebots«.[67] § 307 II Nr. 2 fügt dem – wesentlich unbestimmter – die »Natur des Vertrages« hinzu.[68] Das passt vor allem für atypische Verträge, für die es kein vertragsspezifisches dispositives Gesetzesrecht gibt.[69] Doch werden durch die Nr. 2 auch bei Typenverträgen die vertragswesentlichen Pflichten (auch: **Kardinalpflichten**) einer Abbedingung durch AGB entzogen. So kann sich eine Bank nicht von der Pflicht freizeichnen, den Überweisungsbetrag dem Konto des Empfängers gutzubringen.[70]

Aus § 307 I 2 ergibt sich das sog. **Transparenzgebot:** Der Verwender müsse »die Rechte und Pflichten seines Vertragspartners möglichst klar und durchschaubar darstellen«. Dagegen verstößt etwa eine Bank, wenn sie die zinssteigernde Wirkung einer Zinsabrechnungsklausel nicht deutlich macht.[71] Mehr als der Gesetzgeber an Klarheit schaffen kann, sollte aber billigerweise auch von einem AGB-Verwender nicht verlangt werden.[72]

4. Die beiderseitige Verwendung Allgemeiner Geschäftsbedingungen

75 Es bleibt noch ein durch die AGB-Regelung nicht erfasstes Problem. Vor allem im Verkehr zwischen Unternehmern versuchen nämlich oft beide Seiten, ihre eigenen AGB in den Einzelvertrag einzuführen:[73] K bestellt etwa »zu seinen Einkaufsbedingungen«, V liefert daraufhin »zu seinen Verkaufsbedingungen«. Hier ginge es an der Wirklichkeit vorbei, mit **Dissens** zu arbeiten, soweit die beiden AGB nicht übereinstimmen. Denn wenn V liefert und K die Lieferung annimmt, zeigen beide, dass sie den Streit um die unterschiedlichen AGB nicht austragen, sondern sich so verhalten wollen, als liege eine Einigung vor.

66 Vgl. zu § 308 Nr. 1 nur BGH NJW 2014, 3434 Rn. 22; dazu *M. Schwab* JuS 2014, 1120.
67 BGH NJW-RR 2015, 690 Rn. 28; BGHZ 114, 238 (240); 135, 116 (121); 164, 196 (210).
68 Zu ihr *Renner* AcP 213 (2013), 677.
69 Vgl. auch *Unberath/Cziupka* AcP 209 (2009), 37; *Cziupka,* Dispositives Vertragsrecht, 2010.
70 BGH VersR 1974, 590.
71 BGHZ 106, 42 (49).
72 Vgl. BGHZ 112, 115 (119).
73 Dazu *Schlechtriem,* FS Wahl, 1973, 67.

Ebenso wenig sollte man, wie die Rechtsprechung es früher getan hat, **§ 150 II** anwenden, also die Annahme zu den abweichenden eigenen AGB als neuen Antrag ansehen. Denn diese Ansicht zwingt die Parteien zu ständig neuen Protesten gegen die AGB der anderen, obwohl letztlich beide einen wirksamen Vertrag wollen. Bei dem nicht ausgetragenen Streit um einander widersprechende AGB gelten diese jeweils nur insoweit, als sie der anderen Partei günstig sind (zB der Verkäufer räumt dem Käufer Skonto ein) oder sich nicht auf den Schuldvertrag beziehen (zB ein einfacher Eigentumsvorbehalt, über den ja keine Einigung nötig ist).[74] Nach Ansicht des BGH fällt die durch den Hinweis auf eigene AGB modifizierte »Auftragsbestätigung« (= Annahme) zwar unter § 150 II und bringt daher allein den Vertrag noch nicht zustande. Aber durch die Vertragsausführung zeigten die Parteien, dass sie den Bestand des Vertrages nicht an der Frage scheitern lassen wollten, wessen AGB gelten sollten.[75] Daher ist der Vertrag gemäß dem **dispositiven Gesetzesrecht** zu erfüllen (vgl. auch § 306 II).[76] Letztlich ist das ein Anwendungsfall der Regel von der Unwirksamkeit einer **protestatio facto contraria:** Das Faktum der Ausführung des Vertrages wiegt rechtlich schwerer als der bloß verbale Streit darum, wessen AGB gelten sollen (doch → Rn. 191).

5. Inhaltskontrolle notarieller Verträge

75a Unzweifelhaft bleiben die §§ 305ff. anwendbar, wenn der die AGB enthaltende Vertrag notariell beurkundet wird. Dagegen passen die §§ 305ff. nicht, wenn der beurkundende Notar ohne Veranlassung durch eine Partei von sich aus auf von ihm üblicherweise verwendete Klauseln zurückgreift; dann sind sie von der einen Partei nicht der anderen »gestellt« worden. Doch hat der VII. ZS auch für solche Fälle eine Inhaltskontrolle installiert, weil durch den »Sog des Vorformulierten« ein »Anschein der Rechtmäßigkeit, Vollständigkeit und Ausgewogenheit« entstehe.[77] Diese Klauseln sollen daher nur nach einer gründlichen »Erörterung und Belehrung« Vertragsinhalt werden.[78]

Eine solche »Erörterung und Belehrung« könnte aber praktisch nur von dem Notar kommen. Und **§ 19 BNotO** sieht bei der Verletzung von Notarspflichten nicht die Unwirksamkeit des Beurkundeten vor, sondern eine Schadensersatzpflicht des Notars **(eigene Anspruchsgrundlage!).** Schon deshalb ist die neuere Rechtsprechung abzulehnen.[79]

Nach **§ 310 III** gilt freilich Abweichendes für **Verbraucherverträge,** bei denen ein Verbraucher (§ 13) einem Unternehmer (§ 14) gegenübersteht: Dann gelten die Bedingungen als von dem Unternehmer gestellt, wenn nicht der Verbraucher sie in den Vertrag eingeführt hat (also auch etwa, wenn sie von einem **Notar** stammen). Zudem genügt im Gegensatz zu § 305 I 1 (»Vielzahl«) schon die Absicht zu einmaliger Verwendung. § 310 III behandelt also auch solche Bedingungen als AGB, die nach § 305 I 1 keine AGB sind.

---

74 *Flume* Rechtsgeschäft § 37, 3. Vgl. BGH NJW 1982, 1749 zu dem Sonderfall, dass der Käufer in seinen AGB eine »Abwehrklausel« hat, BGH NJW 1985, 1838.
75 Seit BGHZ 61, 282.
76 Erhebliche Ausnahmen allerdings bei BGH NJW 1995, 1671.
77 BGHZ 74, 204 (211).
78 BGHZ 108, 164.
79 Vgl. *Medicus* BGB AT Rn. 406a mit Belegen.

§ 5 Die Stellvertretung[1]

76 Eine beim Vertragsabschluss häufig vorkommende Variante ist die Einschaltung eines Stellvertreters. Die rechtliche Beurteilung kompliziert sich dann insofern, als der Konsens zwischen dem Vertreter und dem Geschäftspartner allein nicht ausreicht, um die Vertragswirkungen für und gegen den Vertretenen eintreten zu lassen. Vielmehr müssen zusätzlich noch Entstehung, Ausübung und Rechtsbeständigkeit der Vertretungsmacht geprüft werden. Schematisch:

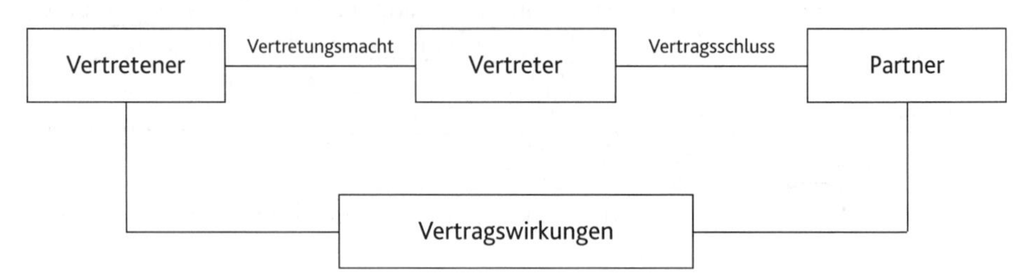

Schwieriger verhält es sich bei der **Untervertretung.** Der Untervertreter vertritt den Vertretenen, ohne dass die Wirkungen der Erklärungen »durch den Hauptbevollmächtigten hindurch« gingen.[2]

I. Abgrenzung der Stellvertretung

1. Botenschaft

77 Die übliche Formel zur Abgrenzung der Stellvertretung von der Botenschaft lautet: Der Vertreter erklärt eigenen Willen, der Bote übermittelt eine fremde Willenserklärung.[3]

Das ist besonders deutlich bei der *verkörperten* Willenserklärung: Der Vertreter schreibt den Brief selbst, der Bote überbringt meist (aber nicht notwendig) einen fremden.

Der Vertreter hat also regelmäßig einen eigenen Entscheidungsspielraum, der Bote nicht. Daher ist für den Vertreter im Gegensatz zum Boten wenigstens beschränkte Geschäftsfähigkeit nötig, § 165. Ob im Einzelfall Stellvertretung oder Botenschaft vorliegt, entscheidet die hM nicht nach dem Innenverhältnis, sondern nach dem erkennbaren Auftreten.[4] Dabei sind folgende **Komplikationen** denkbar:

78 a) Der **Bote geriert sich als Vertreter.** Erklärt er das, was ihm aufgetragen ist, wird man seine Erklärung dem Auftraggeber zurechnen dürfen. Weicht er aber von dessen Weisung ab, so gelten nicht die Regeln über den Boten ohne Botenmacht (→ Rn. 80), sondern die §§ 177 ff. direkt.

1 *Joussen,* Abgabe und Zugang von Willenserklärungen unter Einschaltung von Hilfspersonen, JURA 2003, 577; *S. Lorenz,* Die Stellvertretung, JuS 2010, 382; *Musielak/Hau* EK BGB Rn. 43; *Mock,* Grundfälle zum Stellvertretungsrecht, JuS 2008, 309; 391; 486; *Förster,* Stellvertretung – Grundstruktur und neuere Entwicklungen, JURA 2010, 351; *Petersen,* Bestand und Umfang der Vertretungsmacht, JURA 2003, 310.

2 So aber BGHZ 68, 391 (394); treffend *Flume* Rechtsgeschäft § 49, 5: »Mystizismus«. Zur Haftung → Rn. 121 a.

3 Vgl. *Petersen,* Stellvertretung und Botenschaft, JURA 2009, 904.

4 Vgl. *Flume* Rechtsgeschäft § 43, 4. Zu § 165 instruktiv *Chiusi* JURA 2005, 532.

79 b) Der **Vertreter geriert sich als Bote.** Auch hier wird man die Erklärung des als Bote Auftretenden dem Vertretenen zurechnen dürfen, wenn sie durch die Vertretungsmacht gedeckt wäre. Ist diese dagegen überschritten, gelten die Regeln über den Boten ohne Botenmacht (→ Rn. 80), nicht die §§ 177 ff. direkt.

2. Einzelheiten zur Falschübermittlung durch Boten

80 a) Übermittelt der **Erklärungsbote** etwas anderes als das ihm Aufgetragene (dazu gehört auch die Übermittlung an eine falsche Person),[5] so gibt das Gesetz eine Regel nur in § 120: Das Übermittelte wirkt zunächst, kann aber durch Anfechtung beseitigt werden. Diese Regelung ist jedoch nicht erschöpfend. Denn § 120 setzt voraus, dass der, von dem die Erklärung angeblich stammt, den angeblichen Boten wirklich zur Übermittlung verwendet hat. Wird der »Bote« ohne solche Veranlassung tätig, so kann seine Erklärung unzweifelhaft keiner anderen Person zugerechnet werden. Doch schränkt eine verbreitete Ansicht den Anwendungsbereich des § 120 – wohl zu Unrecht, da der Auftraggeber das Übermittlungsrisiko geschaffen hat – noch weiter ein: Die Vorschrift soll nur gelten, wenn der Bote subjektiv richtig übermittelt.[6] Danach wäre § 120 unanwendbar, wenn der angebliche Bote wissentlich falsch übermittelt. Dann würde die Erklärung nicht gegen den angeblichen Absender wirken; eine Anfechtung wäre unnötig. Dass der falsche Bote selbst entsprechend § 179 haftet, wäre dann wohl zu bejahen. Der BGH wendet § 120 auch bei Widerruf des Übermittlungsauftrags vor der Übermittlung nicht an.[7]

81 b) Bei falscher Übermittlung durch den **Empfangsboten** ist zu unterscheiden: Hat der Empfangsbote eine unverkörperte Willenserklärung akustisch nicht richtig verstanden, so ist die Erklärung nicht zugegangen (→ Rn. 48). In allen anderen Fällen liegt Zugang vor, wenn nur der Bote Botenmacht durch den Empfänger hat. Der Empfänger muss dann also die zugegangene Willenserklärung gegen sich gelten lassen, obwohl er von ihr womöglich nichts erfahren hat. § 120 ist hier unanwendbar, weil die Vorschrift eine den Erklärenden (nicht den Erklärungsempfänger) bindende Falschübermittlung voraussetzt. Eine Irrtumsanfechtung durch den Empfänger kommt also erst dann in Betracht, wenn er selbst aufgrund des falsch Übermittelten eine Erklärung abgibt.

Beispiel: V erklärt: »Ich will für hundert verkaufen.« Der Empfangsbote des K übermittelt diesem: »V will für fünfzig verkaufen.« K erklärt nun an V: »Ich nehme an.« Damit ist ein Kaufvertrag zum Preis von hundert zustande gekommen. K kann aber seine Annahmeerklärung nach § 119 I Fall 1 (Inhaltsirrtum) anfechten.

3. Handeln unter fremdem Namen

82 Gegenüber dem Handeln unter fremdem Namen ist die Stellvertretung wie folgt abzugrenzen: Der Vertreter macht regelmäßig deutlich, dass er für einen anderen handeln will, also dass er mit dem anderen nicht identisch ist (Handeln in fremdem Namen). Daran fehlt es aber schon, wenn der Vertreter mit dem Namen des Vertretenen unterschreibt, ohne auf die Nichtidentität hinzuweisen. In diesen Fällen, in denen der Ver-

5 Zur Verspätung und dem Unterlassen der Übermittlung vgl. *Medicus/Petersen* Grundwissen BürgerlR Rn. 60f.

6 BGH BB 1963, 204; *Flume* Rechtsgeschäft § 23, 3; *Kiehnle* RabelsZ 75 (2011), 317 (329); aA *Marburger* AcP 173 (1973), 137; *Bork* BGB AT Rn. 1361.

7 BGH NJW 2008, 2702.

treter den Anschein erweckt, als sei er der Vertretene, spricht man von Handeln unter fremdem Namen. Auf dieses werden die Regeln über die Stellvertretung direkt oder entsprechend angewendet. Der BGH wendet sie dann nur entsprechend an, wenn ein Vertretungswille des Handelnden fehlt.[8] Doch dürfte der bloß interne Wille des Handelnden für die Stellvertretung überhaupt unerheblich sein; man kommt dann stets zur direkten Anwendung.[9]

BGHZ 189, 346: Der Ehemann der B hatte ohne deren Wissen unter Nutzung ihres ebay-Mitgliedskontos eine 33.820 EUR wertvolle Gastronomieeinrichtung einen Tag lang zum Verkauf angeboten. K war mit einem Angebot von 1.000 EUR bei vorzeitigem Abbruch der Auktion Höchstbietender und verlangt nach erfolgloser Fristsetzung zur Lieferung von B die Differenz zum Verkehrswert der Einrichtung als Schadensersatz.

Ein Anspruch aus §§ 281 I, 280 I, III setzt eine Übereignungspflicht der B aus dem Kaufvertrag (§ 433 I) voraus. Da der Ehemann unter dem Namen seiner Frau gehandelt hat **(Identitätstäuschung),** kommt eine Zurechnung des Angebots nach § 164 I 1 in Betracht. Auch beim Handeln unter fremdem Namen zieht der BGH die Grundsätze über die Anscheinsvollmacht heran, um eine Erfüllungshaftung der Namensinhaberin zu begründen.[10] Ungeachtet der Identifikationsfunktion der Zugangsdaten im Internet fehle es jedoch bei bloß einmaligem Auftreten unter fremdem Namen an einem hinreichenden Vertrauenstatbestand.[11] Darüber hinaus genüge es für eine Zurechnung der fremden Willenserklärung nicht, wenn der Kontoinhaber seine geheimen Zugangsdaten zwar unsorgsam verwahrt, aber redlicherweise nicht mit der missbräuchlichen Verwendung durch den Ehegatten rechnen muss. Ohne Genehmigung (§§ 177, 184 I) besteht also keine Übereignungspflicht der B.

Auf die Frage nach der Rechtslage (→ Rn. 6) wäre allerdings noch ein Anspruch gegen den Ehemann aus § 179 I zu prüfen und folgerichtig zu bejahen, wenn der Vertrag trotz vorzeitigem Abbruch der Auktion im Übrigen wirksam war. Denn dann hat der Ehemann den Vertrag wie ein falsus procurator eigenmächtig unter fremdem Namen geschlossen und schuldet Erfüllung bzw. Schadensersatz. Hätte stattdessen das minderjährige Kind die Offerte abgegeben, würde es dagegen wegen § 179 III 2 nicht haften.

4. Handeln unter falscher Namensangabe

83 Beim Handeln unter falscher Namensangabe ist der Name rechtlich gleichgültig; es kommt nur auf die Person des Handelnden an. Dieser wird ohne Weiteres berechtigt und verpflichtet; der Namensträger kann das Geschäft nicht nach § 177 an sich ziehen.

Beispiel: A bestellt im Hotel für sich ein Zimmer, gibt seinen Namen aber als B an. Dann steht der Anspruch auf das Zimmer unentziehbar dem A zu; § 177 ist unanwendbar.

Die mitunter schwierige Abgrenzung zum »Handeln unter fremdem Namen« verdeutlicht

BGH NJW 2013, 1946: V mietet von E ein Wohnmobil. Dann gibt er sich als E aus und veräußert das Gefährt unter Vorlage gefälschter Fahrzeugpapiere gegen Barzahlung an den gutgläubigen K. E begehrt von K nach § 985 Herausgabe.

8 BGHZ 45, 193.

9 *Flume* Rechtsgeschäft § 44 IV; *Larenz,* FS Lehmann Bd. I, 1956, 234; *Leenen* BGB AT § 4 Rn. 98f.

10 Anders *Oechsler* AcP 208 (2008), 565: bei unsorgsamer Verwahrung nur Haftung aus c. i. c. (ebenso → Rn. 101), bei willentlicher Weitergabe § 172 analog; vgl. auch *Oechsler* JURA 2012, 582. S. auch *Stöber* JR 2012, 225; *Sonnentag* WM 2012, 1614.

11 AA *Herresthal* K&R 2008, 705 (707f.); *Herresthal* JZ 2011, 1171; *Wolf/Neuner* BGB AT § 50 Rn. 108. Anders für die deliktische Haftung: BGHZ 180, 134; 185, 330.

Wenn V »unter falscher Namensangabe« ein Eigengeschäft vorgenommen hat, ist K nach §§ 929 S. 1, 932 Eigentümer geworden, da § 935 wegen der vorausgegangenen Vermietung nicht entgegensteht. Handelte V dagegen »unter fremdem Namen«, liegt ein Geschäft des Namensträgers E vor. E kann dann die Genehmigung der vollmachtlosen Übereignung verweigern (§§ 177 I, 184 I) und bleibt Eigentümer. Der BGH nimmt ein Eigengeschäft des V an:[12] Zwar dürfe der Erwerber bei Übereinstimmung des Veräußerers mit dem in den Fahrzeugpapieren Eingetragenen grundsätzlich auf dessen Eigentum vertrauen (→ Rn. 592). Allerdings folge daraus nicht zwingend, dass auch die hinter dem Namen stehende Person für den Erwerber von besonderer Bedeutung sei. Wegen des sofortigen Leistungsaustauschs komme es für den Erwerber nicht darauf an, gerade mit dem wirklichen Namensträger zu kontrahieren (anders im Onlinehandel → Rn. 82). Der BGH hat daher den Eigentumserwerb des K angenommen.

5. Die Organschaft

84/85 Die Organschaft reicht weiter als die Stellvertretung: Der juristischen Person werden nicht nur Willenserklärungen ihrer Organe zugerechnet (vgl. § 164 I 1), sondern über § 278 oder § 31 etwa auch Vertragsverletzungen und Delikte (→ Rn. 779). Soweit aber das Organ Willenserklärungen für die juristische Person abgibt oder empfängt, besteht zur Stellvertretung kein prinzipieller Unterschied.[13] Insbesondere sind die §§ 177–179 anwendbar, wenn die »Organmacht« fehlt oder überschritten wird.

II. Der Offenheitsgrundsatz

1. Die Regel

86 Die direkte Stellvertretung des BGB ist regelmäßig offene Stellvertretung:[14] Der Vertreter muss ausdrücklich erklären, oder es muss sich aus den Umständen ergeben, dass vom Vertreter im Namen des Vertretenen erklärt werden soll, § 164 I. Eine wichtige Fallgruppe, in der sich die Fremdwirkung aus den Umständen ergibt, bilden die **Geschäfte mit dem Inhaber eines Gewerbebetriebs,** die **unternehmensbezogenen Geschäfte.**

OLG Bremen NJW 1970, 1277: M, der später geschiedene Ehemann der F, bestellt bei V Backwaren. Diese werden an das Geschäft der F geliefert. M bezahlt die an ihn gerichtete Rechnung des V nicht. Daher klagt V seinen Kaufpreisanspruch gegen F ein.

Für solche Fälle ist anerkannt:[15] Wer für einen Gewerbebetrieb auftritt (also etwa für den Betrieb bestellt oder aus dem Betrieb verkauft), handelt dabei regelmäßig namens des Inhabers. Deutlich zu machen braucht er nicht diesen Regelfall, sondern dass er ausnahmsweise für sich selbst handeln will. Unschädlich sind auch falsche Vorstellungen des Geschäftspartners über den Inhaber des Gewerbebetriebs: Selbst wenn V den M für den Inhaber gehalten hätte, würde ihm doch der Wille zum Kontrahieren mit dem wirklichen Inhaber (der F) unterstellt. Im Ausgangsfall scheitert eine Verpflich-

---

12 Dazu *Heyers* JURA 2013, 1038; *Jänsch* BB 2013, 1492; *M. Schwab* JuS 2014, 265; *Vogel* JURA 2014, 419.

13 *Gernhuber* BürgerlR § 9 IV 2 d; *Petersen* JURA 2003, 310.

14 Zu der vor allem im Handelsrecht häufigen indirekten oder mittelbaren Stellvertretung *Schwark* JuS 1980, 777; *Bartels* JURA 2015, 438; *Petersen*, Unmittelbare und mittelbare Stellvertretung, JURA 2003, 744; *Petersen*, Das Offenkundigkeitsprinzip bei der Stellvertretung, JURA 2010, 187.

15 Seit RGZ 30, 77; vgl. nur BGH NJW 2012, 3368; dazu *K. Schmidt* JuS 2013, 553.

tung der F also nicht an dem Offenheitsgrundsatz. Vielmehr hängt sie nur von der Vertretungsmacht des M für F ab: Bei Vertretungsmacht (etwa durch die Duldung früherer Bestellungen des M, → Rn. 98) ist F verpflichtet; andernfalls haftet M aus § 179.

87 Regelmäßig gilt jedoch: Wird das Vertreterhandeln nicht als solches offengelegt, so tritt keine Fremdwirkung ein. Vielmehr treffen die Folgen allein den Handelnden. Das wird durch **§ 164 II** nicht etwa noch einmal wiederholt, sondern verschärft: Der Mangel des Willens zum Eigenhandeln soll überhaupt unerheblich sein, also auch nicht durch Anfechtung geltend gemacht werden können.

Beispiel: A hat als Vertreter für B einen Kaufvertrag schließen wollen, aber seinen Willen, für B zu handeln, nicht deutlich gemacht. Dann ist A, wie schon aus § 164 I zu folgern ist, selbst verpflichtet. Nach § 164 II kann er aber auch nicht mit der Begründung anfechten, er habe sich über den Inhalt seiner Erklärung (§ 119 I), nämlich darüber geirrt, dass er seinen Willen zum Fremdhandeln nicht deutlich genug erklärt habe.

2. Abweichungen

88 Ausnahmsweise treten aber Rechtsfolgen einer Willenserklärung für einen Dritten auch ohne Offenlegung eines Vertretungsverhältnisses ein.

a) § 1357 BGB

Solche Offenlegung ist unnötig, wenn nach § 1357 ein Ehegatte bei »Geschäften zur angemessenen Deckung des Lebensbedarfs der Familie« den anderen Ehegatten mitverpflichtet und mitberechtigt.

BGHZ 94, 1 (5) versteht diesen Lebensbedarf weit im Sinne des Unterhalts der §§ 1360, 1360a. Insbesondere wird eine Beschränkung auf Geschäfte des täglichen Lebens, über die eine Verständigung der Ehegatten gewöhnlich als unnötig angesehen werde, abgelehnt. Daher soll § 1357 auch Verträge über kostspielige ärztliche Behandlungen umfassen können.
BGHZ 116, 184 schränkt das jedoch durch eine Rücksicht auf die Tragbarkeit der Kosten für die Familie selbst dann ein, wenn es um eine medizinisch indizierte, unaufschiebbare Behandlung (Chemotherapie) geht.[16]

Bei § 1357 bedarf es im Gegenteil gerade der Offenlegung, wenn die Fremdwirkung im Einzelfall nicht eintreten soll, § 1357 I 2 am Ende. Dazu soll es nicht schon genügen, dass der eine Ehegatte nicht im eigenen Namen aufgetreten ist, sondern von vornherein als Vertreter des anderen.[17] Allerdings ist § 1357 schon deshalb, weil die Geschäftswirkungen auch den Handelnden treffen, kein echter Fall der (direkten) Stellvertretung. Auch als »Organ der Familie«[18] wird man den handelnden Ehegatten kaum bezeichnen können. Am ehesten bestimmt § 1357 eine Fremdwirkung eigener Art.

89 Allerdings hat sich die **Funktion des § 1357** mit der Zeit tiefgreifend geändert: Statt der Ehefrau zu einer gewissen Eigenständigkeit bei der Haushaltsführung zu helfen, dient § 1357 jetzt einem (in diesem Umfang übertriebenen) **Gläubigerschutz:** Der Gläubiger erhält nämlich, ohne dass er es wollen oder auch nur von der Ehe wissen müsste, einen weiteren Schuldner.[19] Auf die Eigentumsvermutung aus § 1362 ist der Gläubiger hierdurch insoweit nicht mehr angewiesen, weil er einen Titel gegen beide Ehegatten

---

16 Dazu *Henrich* JZ 1992, 587; *Peter* NJW 1993, 1949.
17 BGHZ 94, 1 (4); zweifelhaft. Lehrreich zu § 1357 *P. Huber* JURA 2003, 145; *W. Kaiser* JuS 2013, 146.
18 So *Büdenbender* FamRZ 1976, 662 (666).
19 Das ist verfassungsgemäß nach BVerfG NJW 1990, 175.

erwirken und dann auch die Zwangsvollstreckung gegen beide richten kann. Welchem der Ehegatten die Sache gehört, in die vollstreckt werden soll, bleibt deshalb gleich.[20]

Trotz dieses Gläubigerschutzes muss andererseits die Handlungsfreiheit jedes Ehegatten erhalten bleiben. Das bringt Besonderheiten für die nach §§ 1357 I 2, 427, 421 eintretende **gesamtschuldnerische Haftung:** Entgegen der Regel von § 425, nämlich der dort bestimmten Einzelwirkung, wird man den Ehegatten, der an der Begründung des Schuldverhältnisses unbeteiligt war, nicht dem handelnden Ehegatten gleichstellen können. Vielmehr ist nur demjenigen Gatten, von dem das Schuldverhältnis stammt, eine Einwirkungsbefugnis auf dieses (etwa durch Widerruf nach § 312g) einzuräumen.[21] Der andere Ehegatte haftet ohne solche Befugnis nur gleichsam akzessorisch. Wenn die Ehegatten getrennt leben, gilt nach § 1357 III dessen Abs. 1 nicht. Nach dem **Stichtagsprinzip** kommt es hierfür aber nicht auf den Zeitpunkt der Lieferung, sondern des Vertragsschlusses an. Das kann bei **Dauerschuldverhältnissen** trotz zwischenzeitlicher Trennung zur Mithaftung führen, insbesondere soll § 1357 III dann nicht analog anwendbar sein.[22]

Für die nach § 1357 I 2 auf der Gläubigerseite eintretende **Mitberechtigung** der Ehegatten ist streitig, ob sie eine Gesamtgläubigerschaft nach § 428 oder eine Mitgläubigerschaft nach § 432 bewirkt.[23] Der Unterschied zeigt sich insbesondere bei der **Erfüllung:** Nach § 428 kann diese problemlos an den handelnden Ehegatten allein erfolgen; dieser erwirbt dann auch allein den Erfüllungsgegenstand. Dagegen müsste nach § 432 regelmäßig an beide Ehegatten gemeinsam geleistet werden. Daraus wäre im Zweifel gemeinschaftlicher Erwerb zu folgern.[24] Erfüllung durch Leistung an einen Gatten allein käme nur in Betracht, soweit dieser (mit Vertretungsmacht oder kraft § 1357) auch bei der Leistungsannahme für den anderen handeln kann. Vorzuziehen ist § 428: Die Gesamtgläubigerschaft ist hier einfacher. Auch vermeidet sie im gesetzlichen Güterstand den Konflikt mit § 1363 II 1, demzufolge der Erwerb eines Ehegatten gerade nicht gemeinschaftlich werden soll (was natürlich erst recht für die Gütertrennung gilt).[25] Nach der Rechtsprechung soll jedoch bei Hausrat gemeinschaftlicher Erwerb zwar nicht als Folge von § 1357 eintreten, aber doch das regelmäßig Gewollte bilden.[26]

b) Geschäft für den, den es angeht

90 Das »Geschäft für den, den es angeht« ist eine außerhalb des Gesetzes entwickelte Ausnahme vom Offenheitsgrundsatz. Dieser Geschäftstyp wird allerdings für den Fall, dass nicht bloß die Person des Vertretenen offenbleibt, prinzipiell abgelehnt.[27] Voraussetzung ist jedenfalls, dass es dem Geschäftspartner gleichgültig ist, mit wem das Geschäft zustande kommt.[28]

Erscheinungsformen des »Geschäftes für den, den es angeht« lassen sich häufig im **Schuldrecht** finden. So ist etwa der Kauf in Warenhäusern anonym: Eine Festlegung der Person des Käufers findet nicht statt, und das Verkaufspersonal würde sich für die Offenlegung eines Vertretungsverhältnisses auch gar nicht

20 Zu den Eigentumsverhältnissen in der Ehe *Coester-Waltjen* JURA 2011, 341.
21 *Gernhuber/Coester-Waltjen* FamR § 19 Rn. 63. Vgl. auch *Schanbacher* NJW 1994, 2335.
22 BGH NJW-RR 2013, 897; dazu *Wellenhofer* JuS 2013, 1137; *Wellenhofer* FamR § 10.
23 Vgl. *Medicus* JuS 1980, 697 (702f.); *Herb. Roth* FamRZ 1979, 361; *Wacke* FamRZ 1980, 13.
24 Hiergegen *Walter* JZ 1981, 601; allg. *Petersen,* Gläubigermehrheiten, JURA 2014, 483.
25 Zum Güterrecht *Röthel* JURA 2015, 242.
26 BGHZ 114, 74; dazu *Kick* JZ 1992, 219f.; *Brötel* JURA 1992, 470.
27 *Flume* Rechtsgeschäft § 44 II.
28 BGHZ 154, 276 (279).

interessieren. Hier wird vielmehr als Käufer behandelt, wer Ware und Kassenzettel hat: Er kann also zurücktreten oder mindern. Insoweit ist das »Geschäft für den, den es angeht« nur eine Erklärungshilfe für das, was sich in der Praxis anstandslos vollzieht.

Erörtert wird das »Geschäft für den, den es angeht« aber überwiegend im **Sachenrecht:**[29] Bei Bargeschäften des täglichen Lebens soll das Eigentum nicht von dem Handelnden erworben werden, sondern unmittelbar von demjenigen, für den der Handelnde erwerben will.[30] Dabei vermittelt das »Geschäft für den, den es angeht« freilich nur die Einigung zwischen dem Veräußerer und dem »Hintermann« des Handelnden (der mit dem Erwerb einverstanden sein muss).[31] Weitere Voraussetzung für den Eigentumserwerb des Hintermanns ist dann, dass dieser Besitz erhält (durch ein Besitzmittlungsverhältnis mit dem Handelnden oder weil dieser sein Besitzdiener ist).

Unter diesen Voraussetzungen wird regelmäßig auch ein indirekter Erwerb des Hintermanns möglich sein: Zumindest mittelbaren Besitz hat er ja. Und eine Einigung zwischen dem Handelnden und dem Hintermann könnte entweder schon vorliegen (antizipierte Einigung) oder durch erlaubtes Selbstkontrahieren des Handelnden (§ 181) zustande kommen. So könnte das zunächst vom Handelnden erworbene Eigentum sofort weiter auf den Hintermann übertragen werden. Das »Geschäft für den, den es angeht« dient also nicht dazu, dem Hintermann den Eigentumserwerb überhaupt erst zu ermöglichen. Vielmehr wird damit nur vermieden, dass der Handelnde zunächst Durchgangseigentum erwirbt. Folglich ist das »Geschäft für den, den es angeht« nur dort von Bedeutung, wo es auf Durchgangseigentum ankommt.

Beispiel: Der Mieter M kauft gegen bar einen ihm an der Wohnungstür angebotenen Staubsauger. Er tut das für seine Tochter T und in deren Auftrag. Bei indirektem Erwerb der T könnte der Staubsauger in der »juristischen Sekunde«, in der er dem M gehört, von einem Vermieterpfandrecht nach § 562 erfasst werden, bei Direkterwerb der T dagegen nicht, wenn diese nicht auch selbst Mieterin ist.

Das Beispiel zeigt aber schon, dass der Fall nicht oft vorkommen wird: Sachen, die man für einen anderen erwerben soll, werden kaum je an der Haustür angeboten. Hätte M den Staubsauger dagegen in einem Laden gekauft, so hätte auch indirekter Erwerb der T schon stattfinden können, bevor M das Gerät in die Mietwohnung eingebracht hatte.

c) Dingliche Surrogation

91 Endlich findet Eigentumserwerb durch einen Hintermann in den Fällen der dinglichen Surrogation statt, ohne dass der als Erwerber Auftretende ein Vertretungsverhältnis offenlegen müsste.[32] Indessen sind dies meist schon deshalb keine Fälle der Stellvertretung, weil die Fremdwirkung sogar gegen einen etwa beim Erwerb erklärten Willen des Handelnden kraft Gesetzes eintritt. Hierhin gehören im Sachenrecht zB die §§ 949 S. 2, 3; 1075; 1247 S. 2; 1287 und im Erbrecht die §§ 2019; 2041; 2111 (→ Rn. 603 a ff.). Anders liegt es bei der **Mittelsurrogation** nach § 1646: Eltern erwerben mit Mitteln des Kindes bewegliche Sachen. Hier wird das Kind Eigentümer, wenn nicht die Eltern (erkennbar) für sich selbst erwerben wollen. Bei § 1646 muss also anders als bei § 164 I nicht der Wille zum Handeln mit Fremdwirkung offengelegt werden, sondern der zum Handeln mit Eigenwirkung.

---

29 Etwa BGHZ 154, 276 (279); *Vieweg/Werner* SachenR § 4 Rn. 9.
30 Nach BGHZ 114, 74 (80) auch bei Kreditkäufen unter Eigentumsvorbehalt.
31 OLG Düsseldorf NJW 1992, 1706.
32 Dazu *Kiehnle/Henne* JURA 2006, 862 (dingliche Surrogation und gutgläubiger Erwerb).

III. Die Vertretungsmacht

Das Bestehen von Vertretungsmacht ist neben der Offenlegung das zweite Erfordernis dafür, dass die Willenserklärungen des Vertreters für den Vertretenen wirken.[33] Vertretungsmacht kann **auf Gesetz oder auf Rechtsgeschäft** beruhen; im zweiten Fall heißt sie **Vollmacht,** § 166 II 1. Aus dem Problemkreis der Vertretungsmacht sollen hier fünf häufiger auftauchende Spezialfragen behandelt werden, die freilich mit Ausnahme der letzten beiden regelmäßig nur bei der Vollmacht vorkommen. 92

1. Erteilung und Erlöschen der Vollmacht

Je nach dem Adressaten der Bevollmächtigung sind zu unterscheiden: 93

a) **Die Innenvollmacht** wird durch Erklärung des Vertretenen an den Vertreter erteilt, § 167 I Fall 1. Hier verlässt sich der Dritte also für das Bestehen der Vollmacht regelmäßig (Ausnahmen → Rn. 95) auf das Wort des Vertreters. Daher kann die Vollmacht auch unbedenklich ohne Sichtbarmachung nach außen erlöschen (§ 168). Nur kann der Vertreter selbst wegen § 179 II schutzbedürftig sein, wenn die Vollmacht anders als durch eine an ihn gerichtete Erklärung endet. Diesen Schutz bewirken die §§ 674, 729: Sie lassen das Grundverhältnis (nämlich die Geschäftsführungsbefugnis aus Auftrag oder Gesellschaft) und damit auch die Vollmacht (vgl. § 169) für den redlichen Vertreter fortbestehen. Nach § 169 soll daraus jedoch ein unredlicher Dritter keinen Vorteil ziehen: Ihm gegenüber bedarf der Vertreter keines Schutzes, weil er nach § 179 III 1 nicht als falsus procurator haftet.

> **Beispiel:** E hat seinen Anwalt A zur Vermögensverwaltung beauftragt; dieser Auftrag soll auf die Lebenszeit des E begrenzt sein. Dann erlischt die mit dem Auftrag verbundene Innenvollmacht regelmäßig mit dem Tod des E, § 168 S. 1. Solange A davon nichts wissen kann, bestehen jedoch Auftrag (§ 674) und Vollmacht fort. Kontrahiert aber A für E mit D, der den Tod des E und die Begrenzung der Vollmacht kennt, so bleibt das Geschäft wirkungslos, wenn die Erben des E es nicht nach § 177 I genehmigen: Die Erben haften mangels Vertretungsmacht des A nicht, und dieser selbst ist schon wegen § 179 III 1 nicht verpflichtet.[34]

b) **Die Außenvollmacht** entsteht durch eine Erklärung des Vertretenen an den Dritten, § 167 I Fall 2. Hier hat der Dritte also das Wort des Vertretenen selbst. Daher endet die Vollmacht auch erst durch Anzeige an den redlichen (§ 173) Dritten, § 170. 94

c) Ein Sonderfall ist schließlich **die nach außen kundgemachte Innenvollmacht,** §§ 171 I, 172 I. Sie ist unproblematisch bei einer zutreffenden Kundmachung, also wenn die Innenvollmacht wirklich vorliegt. Bei Fehlen der Innenvollmacht, also bei Unrichtigkeit der Kundmachung, wird der redliche (§ 173 analog) Dritte dagegen durch die §§ 171 I, 172 I geschützt. Und gleichen Schutz gewähren ihm die §§ 171 II, 172 II für die Beendigung der Vollmacht: Diese kann mit Wirkung gegen Dritte nur durch einen Konträrakt in gleicher Form wie die Kundmachung erlöschen. 95

33 Dazu *Häublein* JURA 2007, 728; *S. Lorenz* JuS 2010, 382; 771; 2012, 6; *Lieder* JuS 2014, 393.
34 *Petersen* JURA 2004, 829 (Abstraktheit der Vollmacht); 2010, 757 (Vollmacht über den Tod hinaus).

2. Willensmängel bei der Bevollmächtigung

a) Die ausgeübte Innenvollmacht

96 Da Innen- und Außenvollmacht durch empfangsbedürftige Willenserklärung erteilt werden, müsste eine Anfechtung nach § 143 III 1 jeweils gegenüber dem Erklärungsgegner erfolgen. Das ist bedenklich bei der *Innenvollmacht,* wenn der Vertreter sie schon zum Geschäftsabschluss mit einem Dritten verwendet hat. Denn hier scheint es, als könne der Vertretene die Vollmacht durch Anfechtung gegenüber dem Vertreter rückwirkend (§ 142 I) beenden. Damit würde dem Dritten, ohne dass er davon erfahren müsste, sein schon begründeter Anspruch gegen den Vertretenen entzogen.

> **Beispiel:** E erteilt dem V schriftlich Innenvollmacht. Dabei vergisst die Sekretärin des E jedoch den von diesem diktierten Zusatz »bis zum Betrag von 1.000 EUR«, und E übersieht das Fehlen dieses Zusatzes bei seiner Unterschrift. V kontrahiert daraufhin namens des E mit D über 5.000 EUR. Nach §§ 143 III 1, 119 I scheint E dem V gegenüber anfechten zu können, wenn dieser die Vollmachtsurkunde dem D nicht vorgelegt hat (sonst § 172).

Dann wäre E nur dem V (und nicht dem D) nach § 122 I zum Ersatz des Vertrauensschadens verpflichtet. Freilich müsste V seinerseits dem D nach § 179 II Ersatz leisten.[35] Aber diese »Anspruchskette« D (§ 179 II) – V (§ 122 I) – E versagt, wenn V oder E in Insolvenz geraten: Fällt E in Insolvenz, dann erhält V von ihm nur die Quote und muss voll an D zahlen. Und wird V insolvent, dann kann sein Insolvenzverwalter voll von E fordern und braucht an D nur die Quote zu zahlen.

Diese Konsequenz vermeidet folgende Ansicht: Ein Angriff gegen die Vollmacht, aufgrund derer der Vertreter bereits ein Geschäft abgeschlossen habe, bedeute rechtlich einen Angriff gegen dieses Geschäft.[36] Danach müsste E im Beispiel dem D gegenüber anfechten und hat ihm den Vertrauensschaden zu ersetzen: Die Innenvollmacht wird hier wie eine Außenvollmacht behandelt. Dass darüber hinaus die »betätigte« Vollmacht weithin überhaupt nicht soll angefochten werden können,[37] widerspricht der generellen Anfechtbarkeit von Rechtsgeschäften (§ 142 I). Die Vollmacht ist daher anfechtbar, wenn sich der zur Erteilung führende Mangel im Vertretergeschäft konkret abbildet,[38] wie es im Beispiel der Fall ist, weil das Vertretergeschäft die gewollte Beschränkung der Vollmacht überschreitet. Dies gilt auch für § 119 II.[39] Konsequenterweise ist sowohl dem Vertreter (§ 143 III 1) als auch dem Dritten (§ 143 II) gegenüber fristgerecht anzufechten, weil beide an der Klarstellung interessiert sind.[40]

b) Die kundgemachte Innenvollmacht

97 Zweifelhaft ist auch die Wirkung von Willensmängeln bei der Kundmachung einer Innenvollmacht (→ Rn. 95).

35 Anders *Flume* Rechtsgeschäft § 47, 3c: Der Vertreter sei nicht ersatzpflichtig, wenn der Mangel der Vertretungsmacht nicht in seiner Sphäre liege; ähnlich *Ostheim* AcP 169 (1969), 193 (203).

36 *Flume* Rechtsgeschäft § 52, 5c; ebenso noch die 21. Aufl.

37 *Brox* JA 1980, 449; vgl. dazu auch *Schwarze* JZ 2004, 588.

38 *Petersen,* Die Anfechtung der ausgeübten Innenvollmacht, AcP 201 (2001), 375.

39 AA *Eujen/Frank* JZ 1973, 232; *Wolf/Neuner* BGB AT § 50 Rn. 25.

40 Ebenso *Medicus* BGB AT Rn. 945; *Wolf/Neuner* BGB AT § 41 Rn. 20; *Thomale,* Leistung als Freiheit, 2012, 78.

Beispiel: E teilt seinen Kunden mit, er habe V Vollmacht erteilt. Daraufhin kontrahiert D mit V, der namens des E abschließt. Kann E seine Mitteilung wegen Irrtums anfechten? Wie verhält es sich, wenn E bei Bevollmächtigung und Mitteilung unerkennbar geisteskrank war?

Streng genommen ist diese Mitteilung nicht **Willens**erklärung, sondern **Wissens**erklärung. Daher trennen manche die Kundmachung nach §§ 171, 172 streng von der Außenvollmacht und erklären die Verpflichtung des Vertretenen nach diesen Vorschriften als Rechtsscheinhaftung.[41] Manche verneinen deshalb die Anfechtbarkeit der Mitteilung. Und bei Geisteskrankheit des E gelangen sie zu der zweifelhaften Frage, ob nur der zurechenbar veranlasste Rechtsschein wirkt.[42] Dagegen stellt die zutreffende Meinung die unrichtige Mitteilung von der erteilten Innenvollmacht der Erteilung einer Außenvollmacht gleich:[43] Es wäre sinnlos, den Empfänger einer Kundmachung nach §§ 171, 172 stärker zu schützen als denjenigen, dem gegenüber Außenvollmacht erteilt worden ist. Daher muss auch die Kundmachung dann wirkungslos oder anfechtbar sein, wenn eine Außenvollmacht dies wäre.

3. Vollmacht, Rechtsschein und Verschulden

a) Gleichsetzung von Duldungs- und Anscheinsvollmacht

98 Nach einer verbreiteten Ansicht soll in bestimmten Fällen zugunsten eines redlichen Dritten die fehlende Vollmacht durch einen Rechtsscheintatbestand ersetzt werden.[44] Dabei unterscheidet man: Eine **Duldungsvollmacht** soll vorliegen, wenn der Vertretene weiß, dass ein anderer für ihn handelt, aber zurechenbarerweise nichts dagegen unternimmt, also das Auftreten des Dritten bewusst duldet.[45]

BGH NJW 1966, 1919: Die Ehefrau hat sich von ihrem Kohlenhandel zurückgezogen; sie duldet aber, dass ihr Ehemann, der den Offenbarungseid geleistet hat und daher nicht selbst hervortreten will, den Handel unter ihrem Namen weiterführt.
Dagegen genügt es nicht, dass bloß einer von mehreren gesamtvertretungsberechtigten Geschäftsführern einer GmbH das unberechtigte Auftreten kennt und duldet:[46] Die Duldung steht eben einer Willenserklärung nahe, zu der ein Gesamtvertreter allein nicht berechtigt ist.

99 Eine **Anscheinsvollmacht** soll vorliegen, wenn der Vertretene das Auftreten des anderen zwar nicht kennt, es aber bei pflichtgemäßer Sorgfalt hätte kennen und verhindern können, und wenn so für einen Dritten der Schein entsteht, der Vertretene kenne und dulde dieses Auftreten. Dafür soll es regelmäßig einer gewissen Häufigkeit und Dauer des Auftretens bedürfen.[47] Der BGH anerkennt zugleich eine erweiterte Haftung der Eltern für ihre Kinder bei **Telefondienstleistungen** (unbefugte Annahme von R-Gesprächen).[48] Diese Ansicht versieht also Duldungsvollmacht und Anscheinsvollmacht mit den gleichen Rechtsfolgen: In beiden Fällen liege keine wirkliche Vollmacht vor. Der Vertretene müsse sich aber so behandeln lassen, als habe er eine Vollmacht erteilt.

41 So *Enneccerus/Nipperdey,* Allgemeiner Teil des Bürgerlichen Rechts, 15. Aufl. 1959, § 184 II 3; *Canaris* Vertrauenshaftung 33 ff.
42 Dazu *K. Schmidt* JuS 1990, 517.
43 *Flume* Rechtsgeschäft § 49, 2c; *Wolf/Neuner* BGB AT § 50 Rn. 74; *Canaris* Vertrauenshaftung 35, 435 ff.; *Frotz,* Verkehrsschutz im Vertretungsrecht, 1972, 325.
44 Etwa BGH NJW 1966, 1915. S. auch *Bornemann* AcP 207 (2007), 102.
45 Dazu *Merkt* AcP 204 (2004), 638; *Petersen* JURA 2003, 310; 2004, 829.
46 BGH NJW 1988, 1199.
47 BGH VersR 1992, 989 (990).
48 BGHZ 166, 369 (374).

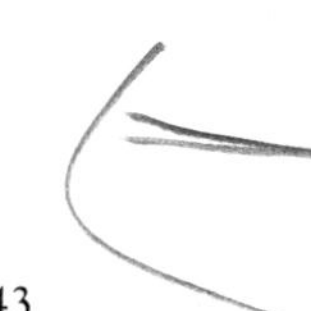

b) Unterscheidung

100 Eine im Vordringen befindliche Ansicht trennt zwischen Duldungsvollmacht und Anscheinsvollmacht:[49] Die **Duldungsvollmacht** bedeute Vollmachtserteilung durch konkludentes Verhalten; sie sei wie die Vollmachtskundgabe nach §§ 171, 172 entsprechend der Außenvollmacht zu behandeln. Demgegenüber liege bei der **Anscheinsvollmacht** kein einer Vollmachtserteilung gleichzusetzendes rechtsgeschäftliches Verhalten des Vertretenen vor, sondern nur Nachlässigkeit. Diese könne die Vollmachtserteilung nicht einfach ersetzen: Verschulden sei noch keine Willenserklärung. Die von der bisher hM unter dem Stichwort »Anscheinsvollmacht« zusammengefassten Fälle seien daher nicht nach dem Recht der Vollmacht zu behandeln, sondern nach den Regeln der culpa in contrahendo.

Das bedeutet: Nur bei der Duldungsvollmacht kommt ein Vertrag zwischen dem Vertretenen und dem Dritten zustande; nur hier erhält also der Dritte Erfüllungsansprüche gegen den Vertretenen. In den Fällen der Anscheinsvollmacht dagegen ist der Dritte auf Ansprüche gegen den Vertreter aus § 179 und gegen den Vertretenen aus culpa in contrahendo (§§ 280 I, 311 II und III) mit § 278 beschränkt. Dieser Anspruch gegen den Vertretenen geht nur auf das negative Interesse und ist gegebenenfalls einer Kürzung nach § 254 ausgesetzt.

101 Diese Ansicht ist vorzugswürdig. Das gilt zunächst für die Behandlung der Duldungsvollmacht. Denn wenn man die Vollmachtskundgabe nach §§ 171, 172 der Außenvollmacht gleichsetzt (→ Rn. 97), ist es nur konsequent, den Schutz durch die Duldungsvollmacht nicht weiter reichen zu lassen: Wer bloß geduldet hat, kann nicht unvermeidlich an die Vollmacht gebunden sein, wenn eine ausdrücklich erteilte Außenvollmacht wegen eines Willensmangels anfechtbar oder nichtig wäre. Sachgerecht ist auch die Ungleichbehandlung von Duldungsvollmacht und Anscheinsvollmacht: Willenserklärung und Verschulden sind verschiedene Kategorien. Nur die Willenserklärung führt zu vertraglichen Primäransprüchen auf Erfüllung; das Verschulden bei Vertragsverhandlungen dagegen führt auch sonst nur zur Haftung auf Ersatz des Vertrauensschadens. Es gibt keinen stichhaltigen Grund dafür, bei der Anscheinsvollmacht beide Kategorien zu vermengen und aus culpa in contrahendo regelwidrig einen Erfüllungsanspruch zu folgern. Eine Ausnahme gilt außer im Privatversicherungsrecht[50] nur für das **Handelsrecht:** Dort führt veranlasster Rechtsschein in weiterem Umfang zur Erfüllungshaftung.[51]

c) Zusammenfassung

102 Danach ergibt sich folgende Zusammenfassung der Reihe von Tatbeständen, die in Verbindung mit der Vollmacht gebracht werden:

Innen- und Außenvollmacht sind unzweifelhaft Willenserklärungen.

Die **Vollmachtskundgabe** nach §§ 171, 172 ist nicht *Willens*erklärung, sondern ausdrückliche *Wissens*erklärung. Die wohl hM behandelt die Haftung des Kundgebenden bei Unrichtigkeit der Kundgabe als Rechtsscheinhaftung. Nach der Gegenansicht ist die Bindung des Kundgebenden an seine unrichtige Kundgabe auf eine konkludent er-

49 *Flume* Rechtsgeschäft § 49, 3; 4; ähnlich *Canaris* Vertrauenshaftung 48 ff.; krit. aber *F. Peters* AcP 179 (1979), 214; *Bork* BGB AT Rn. 1564 f.; *Leenen* BGB AT § 9 Rn. 96.

50 Vgl. etwa BGH VersR 1986, 329 f.

51 *Canaris* HandelsR § 14 Rn. 17 f., *Wolf/Neuner* BGB AT § 50 Rn. 99; → Rn. 106 f.

teilte Außenvollmacht zurückzuführen. Sie ist also ebenso wie diese nichtig oder anfechtbar.

Die **Duldungsvollmacht** entsteht aus bewusster Duldung des Vertreterhandelns durch den Vertretenen. Die hM nimmt auch hier Rechtsscheinhaftung an; ein Teil der Lehre stellt die Duldungsvollmacht der Außenvollmacht gleich.

Die **Anscheinsvollmacht** beruht auf unbewusst fahrlässiger Duldung. Viele (insbesondere überwiegend der BGH) behandeln die Anscheinsvollmacht ebenso wie die unrichtige Vollmachtskundgabe und die Duldungsvollmacht, kommen also über Rechtsscheinhaftung zu einem Erfüllungsanspruch gegen den Vertretenen. Die Gegenmeinung lehnt hier Vollmachtswirkungen wenigstens für die Fälle außerhalb des Handelsrechts ab; gegen den Vertretenen sollen nur Ansprüche aus culpa in contrahendo (auf das negative Interesse) gegeben sein.

4. Handelsrechtlicher Verkehrsschutz

103 Das Handelsregister ist das zentrale Instrument des handelsrechtlichen Verkehrsschutzes.[52] Dabei geht es stets um die Schnelligkeit und Einfachheit des Handelsverkehrs durch Rechtsklarheit, Publizität und Vertrauensschutz. Dass der Verkehrsschutz über den Vertrauensschutz hinausgeht, zeigt beispielhaft § 5 HGB, der für und gegen jedermann – also auch zugunsten des Eingetragenen selbst – wirkt und deshalb nicht auf bloßen Vertrauensschutz reduziert werden kann.[53]

a) Scheinkaufmann

104 Im Anschluss an § 5 HGB ist freilich der Satz entwickelt worden:[54] Wer den Anschein erweckt, er sei Kaufmann (Vollkaufmann, Gesellschafter einer OHG), muss sich von redlichen Dritten so behandeln lassen, als entspräche dieser Schein der Wirklichkeit. Wer dem Schein nach Kaufmann ist, kann also etwa wegen § 350 HGB aus einer formlosen Bürgschaft und sogar aus einem mündlichen Schuldanerkenntnis (§§ 780f.) in Anspruch genommen werden.[55] Anders als bei § 5 HGB handelt es sich hierbei um Vertrauensschutz.

BGH NJW 2012, 3368 (vereinfacht): R bucht beim Unternehmen C eine Reise und erhält eine um Zusatzleistungen erweiterte »Rechnung/Bestätigung«, die von A und B unterschrieben ist. R bezahlt und mindert später wegen Mängeln den Reisepreis. Da A insolvent ist, verlangt er von B nach §§ 651 d, 651 c I, 638 IV Rückzahlung. B verteidigt sich damit, dass A Alleininhaber des Unternehmens und er selbst lediglich Angestellter gewesen sei.

Nach den Grundsätzen des unternehmensbezogenen Geschäfts (→ Rn. 86) wird nur der wahre Unternehmensträger Vertragspartner, also A. Doch haftet B kraft Rechtsscheins. Denn R durfte die »Buchung/Bestätigung« so verstehen, dass ihm als Vertragspartner eine aus A und B bestehende (Außen-)GbR namens C gegenüber steht. B war dies infolge der Unterschrift zurechenbar, sodass er als Scheingesellschafter der Schein-GbR analog § 128 S. 1 HGB in Anspruch genommen werden kann, da diese wirksam ver-

52 *Canaris* Vertrauenshaftung 151; s. zum Folgenden auch *J. Koch* AcP 207 (2007), 768; *Petersen,* Handelsrechtlicher Verkehrsschutz, JURA 2013, 580.

53 BGH NJW 1982, 45; zur Bedeutung *K. Schmidt* JZ 2003, 585 (589: »Mauerblümchen«); *Petersen* JURA 2005, 831.

54 Etwa BGHZ 17, 13.

55 Einschränkend aber *K. Schmidt* HandelsR § 2 Rn. 40, § 10 Rn. 123ff.; ausf. *Canaris* HandelsR § 6 Rn. 7ff., krit. *v. Olshausen,* FS Raisch, 1995, 147.

pflichtet worden wäre. Zwar lag in der »Buchung/Bestätigung« nur eine abändernde Annahme unter Erweiterungen und damit nach § 150 II ein neuer Antrag.[56] Doch hat R diesen konkludent mit Zahlung und Reiseantritt angenommen.

b) Negative Publizität des Handelsregisters

105 Nach § 15 I HGB kann einem redlichen Dritten eine eintragungsbedürftige Tatsache nicht entgegengehalten werden, solange Eintragung ins Handelsregister und Bekanntmachung nicht erfolgt sind. Dies ist die sog. »negative Publizität« des Handelsregisters: Seinem Schweigen darf man trauen, nicht aber seinem Reden. Nach hM soll dieser Schutz bei einer Veränderung eintragungspflichtiger Umstände sogar dann gelten, wenn schon der unveränderte Umstand selbst nicht eingetragen worden war (sog. **»sekundäre Unrichtigkeit«**); zB soll sich ein Gesellschafter einer OHG auf sein nicht eingetragenes Ausscheiden selbst dann nicht berufen dürfen, wenn sein Eintritt in die Gesellschaft nicht eingetragen worden war.[57] Jedoch soll nach der Rechtsprechung die unbeschränkte Haftung des Kommanditisten aus § 176 II HGB selbst dann eintreten, wenn dieser den Anteil durch Abtretung erworben hatte und daher selbst nicht eingetragen war.[58] Trotz dieser hM ist der durch § 15 I HGB bewirkte Verkehrsschutz aber sehr eng, insbesondere viel enger als beim Grundbuch. Denn durch Grundbuchfehler kann man schlimmstenfalls sein Immobiliarsachenrecht verlieren. Wer dagegen fälschlich als Gesellschafter einer OHG bekanntgemacht wird oder eine Prokura gegen sich gelten lassen muss, kann in Schulden von unbegrenzter Höhe geraten.[59]

Beispiel: Der unerkannt geschäftsunfähige Kaufmann K bestellt P zum Prokuristen; die Prokura wird eingetragen und bekanntgemacht (vgl. § 53 HGB). Der redliche D schließt im Vertrauen auf diese Eintragung mit P, der für K handelt, einen Vertrag: kein Schutz des D nach § 15 I HGB. Geschützt wäre D nur, wenn der Widerruf (§§ 52 I, 53 II HGB) einer zunächst wirksam erteilten Prokura nicht eingetragen worden wäre. Das gälte nach hM sogar unabhängig davon, ob die Prokura zuvor eingetragen war. Fehlte es an einer Voreintragung, müsste die Prokura aber richtigerweise nach außen bekannt geworden, dh sie dürfte nicht nur ein bloßes »Internum« geblieben sein.

Den Zusammenhang zwischen Stellvertretung und handelsrechtlichem Verkehrsschutz veranschaulicht auch:

BGHZ 65, 309: Einer von zwei Komplementären mit Gesamtvertretungsmacht scheidet aus der KG aus, ohne dass dies ins Handelsregister eingetragen wurde. Der andere Gesellschafter bestellt Waren bei D. Kann dieser auch den Ausgeschiedenen in Anspruch nehmen?

Der BGH hat dies nach §§ 161 II, 128 HGB angenommen, da der Besteller mit dem Ausscheiden des Mitgesellschafters alleinvertretungsbefugt geworden sei (= wahre Rechtslage) und der andere sein Ausscheiden nicht entgegenhalten könne, weil es bei Vertragsschluss nicht eingetragen und bekanntgemacht worden war (= scheinbare Rechtslage). Ein Teil der Lehre hat dieses wahlweise Abstellen auf die wahre und schein-

56 Ausnahme nach § 242 bei extrem undeutlicher und intransparenter Änderung: BGH NJW 2014, 2100 (kaum erkennbare Änderung des Vertragstextes durch Einfügung mit gleichem Schrifttyp; dazu *Riehm* JuS 2014, 1118).

57 BGHZ 55, 267 (272); 116, 37 (44); dagegen *A. Hueck* AcP 118 (1920), 350; *Schilken* AcP 187 (1987), 1 (8): Handelsregister entspricht der wahren Rechtslage; vermittelnd *John* ZHR 140 (1976), 236; *Canaris* HandelsR § 5 Rn. 12; *K. Schmidt* HandelsR § 14 Rn. 36: Eintragung des Ausscheidens ist nur dann nötig, wenn der nicht eingetragene Eintritt sonst wie bekannt geworden ist.

58 BGH NJW 1983, 2258 mablAnm *K. Schmidt;* ferner *Schmidt* ZIP 2002, 413.

59 Zur Prokura *Petersen* JURA 2012, 196.

bare Rechtslage – je nachdem wie es dem Dritten zur Haftungsbegründung günstig ist – als **»Rosinentheorie«** abgelehnt.[60] Für die Ansicht des BGH spricht jedoch der dem Wortsinn des § 15 I HGB zu entnehmende Anreiz, dass derjenige, in dessen Angelegenheiten die Eintragung vorzunehmen ist, die gebotene sachgerechte Eintragung veranlasst, um dadurch ebenso einfach wie verlässlich seine Haftung zu vermeiden.[61]

c) Ergänzendes Gewohnheitsrecht

106 Früher regelte das HGB lediglich die negative Publizität. Wegen der Schwäche von § 15 I HGB hatten sich aber die folgenden beiden **»Ergänzungssätze«** entwickelt:[62] Wer eine ihn betreffende unrichtige Eintragung ins Handelsregister veranlasst hat, soll sich von redlichen Dritten so behandeln lassen müssen, als wäre die Eintragung richtig. Dasselbe soll für denjenigen gelten, der zurechenbarerweise die Beseitigung einer ihn betreffenden unrichtigen Eintragung im Handelsregister versäumt hat. Damit war im Ergebnis eine gewisse positive Publizität der Eintragungen ins Handelsregister gesichert: Wer etwa die Eintragung einer Prokura (§ 53 HGB) veranlasst hatte, konnte gutgläubigen Dritten nicht das Fehlen einer wirksamen Vollmacht entgegenhalten. So gelangte das Handelsrecht auch in Fällen der Anscheinsvollmacht (und sogar noch darüber hinaus, weil Verschulden unnötig ist) zu einem Erfüllungsanspruch gegen den Vertretenen.

d) Positive Publizität des Handelsregisters

107 Da die in § 15 III HGB geregelte positive Publizität nach dem Gesetzeswortlaut auch dann eingreift, wenn der Betroffene weder die Bekanntmachung veranlasst hat noch ihr überhaupt entgegentreten konnte, besteht weitgehend Einigkeit darüber, dass **§ 15 III HGB einschränkend auszulegen** ist.[63] Das Bekanntgemachte soll demjenigen entgegengehalten werden können, »in dessen Angelegenheiten die Tatsache einzutragen war«. Einzutragen sei jedoch nur in dessen Angelegenheit etwas, **der einen Antrag gestellt hat.** § 15 III HGB wirkt also nicht gegen den, der keine Eintragung beantragt oder sonst wie veranlasst hat; das läuft auf das **Veranlassungsprinzip** hinaus.[64] Doch dürfte der Schutz des nicht voll Geschäftsfähigen dem Schutz durch § 15 III HGB vorgehen (zB bei Fehlen der nach § 1822 Nr. 11 zu einer Prokura-Erteilung nötigen familiengerichtlichen Genehmigung). Neben § 15 III HGB braucht man die genannten **»Ergänzungssätze«** außer für den dort beschriebenen Fall noch in zwei Fallgruppen: Erstens, wenn nur die (von § 15 III HGB nicht erfasste) *Eintragung unrichtig* ist. Und zweitens, wenn der von der unrichtigen Bekanntmachung Betroffene zwar keinen Antrag gestellt hatte, aber doch diese Bekanntmachung *hätte verhindern oder korrigieren können.*

OLG Brandenburg ZIP 2012, 2103: G hat durch Fälschungen erreicht, dass er als Geschäftsführer einer GmbH ins Handelsregister eingetragen worden ist. Der redliche D schließt mit G ein Geschäft, aus dem er die GmbH in Anspruch nehmen will.

---

60 *John* ZHR 140 (1976), 236 (239); *Canaris* HandelsR § 5 Rn. 26; *Schilken* AcP 187 (1987), 1 (10f.).

61 *Leenen,* Symposium Franz Wieacker, 1990, 108 (123); *K. Schmidt* HandelsR § 14 Rn. 57ff.; *J. Hager* JURA 1992, 57 (62), *Kindler* GK HandelsR/GesR § 3 Rn. 32.

62 Ausf. *K. Schmidt* HandelsR § 14 Rn. 72ff.; krit. *Canaris* Vertrauenshaftung 156ff.

63 Grdl. *v. Olshausen* BB 1970, 137; vgl. auch *K. Schmidt* JuS 1977, 209.

64 *Canaris* Vertrauenshaftung 165ff.; *Canaris* HandelsR § 5 Rn. 5, 51f., vgl. auch § 6 Rn. 4ff.; *Wilhelm* ZIP 2010, 713; *Beuthien,* FS Reinhardt, 1972, 199 (201), etwas anders *K. Schmidt* HandelsR § 14 Rn 89ff.: § 15 III HGB betreffe nur wirklich registerpflichtige Unternehmen sowie deren Träger und Gesellschafter.

Die GmbH haftet, wenn sie von G wirksam vertreten wurde. Mangels wirksamer Bestellung handelte G nicht als Geschäftsführer. Daher kommt es zunächst auf die Voraussetzungen des § 15 III HGB an. Das OLG verneinte diese, weil die GmbH die Eintragung des G »weder selbst noch durch Dritte zurechenbar veranlasst hatte bzw. an der Schaffung der einzutragenden Tatsache nicht zurechenbar beteiligt war.«[65] Allerdings käme eine Haftung noch wegen des zweiten »Ergänzungssatzes« in Betracht, wenn nämlich die GmbH die falsche Eintragung vor Abschluss des Geschäfts mit D schuldhaft nicht beseitigt hätte.

e) Unterschiede zwischen Eintragung und Bekanntmachung

108 Dass *Eintragung und Bekanntmachung voneinander abweichen,* hindert einen Redlichkeitsschutz nicht. Vielmehr gilt hier dasselbe wie im Handelsrecht auch sonst beim Widerspruch zwischen mehreren Rechtsscheinträgern.

BGH JZ 1971, 334: A erweckt den Anschein, als sei er persönlich haftender Gesellschafter einer KG. In Wahrheit ist A nur Geschäftsführer der Komplementär-GmbH in der KG; A haftet also für die Schulden der KG nicht persönlich. Das ist auch richtig im Handelsregister eingetragen und bekanntgemacht. Kann angesichts dessen ein Dritter D noch auf den Schein einer persönlichen Haftung des A vertrauen?

Der BGH hat diese Frage mit Recht bejaht. Jedoch sollen erheblicher Umfang des beabsichtigten Geschäfts und Mehrdeutigkeit des Verhaltens des A zu einer Prüfungsobliegenheit des D führen. Ihre Missachtung schließe den Redlichkeitsschutz aus.[66]

f) Die Vertretungsmacht von Ladenangestellten

109 Außer durch die Genehmigungsfiktionen in §§ 75 h, 91 a HGB schützt das Handelsrecht das Vertrauen auf das Bestehen von Vertretungsmacht schließlich noch durch § 56 HGB: Der Ladenangestellte soll als zu den gewöhnlichen »Verkäufen und Empfangnahmen« (nicht auch Ankäufen)[67] ermächtigt gelten. Die Auslegung beschränkt diesen Schutz auf den redlichen Partner (§ 54 III HGB analog): So kann etwa der Schein einer Ermächtigung zur Zahlungsannahme durch das Vorhandensein einer besonderen Kasse ausgeschlossen sein.[68] Dann befreit in einem Warenhaus nur eine Zahlung an der Kasse und nicht an eine anderswo tätige Verkaufsperson.

g) Abgrenzung

110 Die bisher genannten Fälle sind scharf zu scheiden von der sog. »fehlerhaften Gesellschaft« (→ Rn. 193): Diese wirkt auch (und gerade) im Innenverhältnis, etwa zu den übrigen Gesellschaftern. Dagegen betrifft insbesondere der Schutz durch das Handelsregister und ähnliche Rechtsscheinträger nur das Außenverhältnis. Und auch dort beschränkt sich der Vertrauensschutz im Wesentlichen auf den rechtsgeschäftlichen Verkehr, ähnlich wie beim redlichen Erwerb vom Nichtberechtigten (→ Rn. 548 f.). So haftet etwa der Scheingesellschafter regelmäßig nicht für neu entstandene Steuerschulden der OHG oder einen Deliktsanspruch gegen sie.[69]

---

65 Dazu *K. Schmidt* JuS 2013, 360; *Beck* JURA 2014, 507.

66 Weitergehend BGH BB 1976, 1479; enger BGH NJW 1981, 2569 f.; vgl. auch *J. Koch* AcP 207 (2007), 768.

67 BGH NJW 1988, 2109. Einzelheiten bei *Petersen* JURA 2012, 683.

68 *Canaris* Vertrauenshaftung 190; *Canaris* HandelsR § 16 Rn. 9.

69 BFH NJW 1978, 1944; BGHZ 82, 209 (215) für § 176 HGB; s. auch *Ballerstedt* JuS 1965, 272.

5. § 181 BGB und Missbrauch der Vertretungsmacht

Während es in den bisher erörterten Fällen darum ging, ob überhaupt eine Vertretungsmacht vorlag, handelt es sich bei § 181 und dem Missbrauchstatbestand um ihre **Begrenzung.** Diese ist besonders bedeutsam für Fälle einer weitreichenden gesetzlichen Vertretungsmacht (etwa der Eltern für ihre Kinder) und für die Vollmacht mit gesetzlich bestimmtem Umfang (zB §§ 49f. HGB Prokura, 81ff. ZPO Prozessvollmacht). **111**

a) Insichgeschäfte

Eine gesetzliche Begrenzung enthält § 181 für das Insichgeschäft:[70] Der Vertreter kann regelmäßig ein Rechtsgeschäft im Namen des Vertretenen weder mit sich selbst **(Selbstkontrahieren)** noch als Vertreter eines Dritten **(Mehrvertretung)** abschließen. Den Grund für dieses Verbot bildet die Gefahr einer Interessenkollision, die sich äußerlich in dem Fehlen eines Geschäftspartners zeigt. **112**

Beispiel: P, der Prokurist des K, betreibt auch selbst ein Handelsgeschäft. Namens des K kontrahiert P mit seiner eigenen Firma. Beispiel für die Mehrvertretung: S und T, die Kinder des V, sind Erben des D. V vollzieht die Erbauseinandersetzung zwischen S und T.

aa) Zweifelhaft wird die Anwendbarkeit von § 181, wenn die **Personengleichheit** durch die Einschaltung eines weiteren Vertreters **künstlich aufgehoben** ist. **113**

Beispiel: P, der auch ein eigenes Geschäft betreibende Prokurist des K, will namens des K von seinem eigenen Geschäft Ware kaufen. Damit ihm das trotz § 181 gelingt, könnte P zweierlei versuchen: *Entweder* für sich selbst einem Dritten D Vollmacht erteilen; dann kontrahieren P für K mit D für P. *Oder* P könnte dem D Handlungsvollmacht für K erteilen; dann kontrahieren D für K mit P für sich selbst. In beiden Fällen stehen sich also verschiedene Personen gegenüber.

RGZ 108, 405 hat § 181 in einem solchen Fall wegen der Personenverschiedenheit nicht angewendet. Dagegen tritt man überwiegend für analoge Anwendung ein.[71] Dem ist zuzustimmen: Die für § 181 kennzeichnende Personenidentität wird hier nur durch einen Kunstgriff behoben, der an der für § 181 maßgeblichen Interessenkollision nichts ändert.

bb) Davon zu unterscheiden sind die Fälle der Interessenkollision, in denen sich **von vornherein verschiedene Personen** gegenüberstehen. **114**

RGZ 71, 219: Die Mutter M erteilt ihrem Sohn S Generalvollmacht. S übernimmt namens der M seinem eigenen Gläubiger G gegenüber eine Bürgschaft. Daraus klagt G gegen M; diese beruft sich auf § 181.

Hier hat S bei der Bürgschaft namens der M mit G und daher nicht mit sich selbst kontrahiert. Zwar besteht auch in solchen Fällen eine Interessenkollision, nämlich weil S bei der Bürgschaft eher seine eigenen Interessen wahrnehmen wird als diejenigen der vertretenen M. Aber diese Gefahr allein genügt der Rechtsprechung und der überwiegenden Literatur[72] nicht für eine Analogie zu § 181: Diese Vorschrift hat die von ihr verordnete Begrenzung der Vertretungsmacht im Interesse der Rechtssicherheit bewusst formalisiert. Doch → Rn. 116.

---

70 Dazu *Lobinger* AcP 213 (2013), 366; *M. Lipp* JURA 2015, 447; *Petersen* JURA 2007, 418; zu einem Spezialproblem auch *Kiehnle* AcP 212 (2012), 875.

71 BGH NJW 1991, 691 (692); *Flume* Rechtsgeschäft § 48, 4.

72 Vgl. *Flume* Rechtsgeschäft § 48, 5; *Leenen* BGB AT § 9 Rn. 120ff.

115 cc) Bei den beiden Fallgruppen von →Rn. 113 und →Rn. 114 geht es darum, ob § 181 auf Interessenkollisionen ohne Personenidentität angewendet werden kann. Daneben gibt es auch die umgekehrte Konstellation: **Personenidentität ohne Interessenkollision.** Auch hier hat die Rechtsprechung zunächst nur den Wortlaut des § 181 beachtet. Folglich ist die bloß auf die Personenidentität abstellende Vorschrift in solchen Fällen trotz Fehlens der Interessenkollision angewendet worden. Demgegenüber fordert der BGH heute nicht mehr in jedem Einzelfall für die Anwendung von § 181 einen Interessenkonflikt; eine solche für Dritte unerkennbare Voraussetzung müsse die Verkehrssicherheit gefährden.[73] Wohl aber sei § 181 unanwendbar, wenn seine Zielsetzung **für eine geschlossene Fallgruppe** nach der dort bestehenden Rechts- und Interessenlage **niemals zum Zuge kommen könne.** Die wichtigste von der Rechtsprechung entwickelte Ausnahme zu § 181 betrifft Insichgeschäfte, die dem Vertretenen **lediglich rechtlichen Vorteil bringen.**[74] Dieselbe Einschränkung hat der BGH auf das Vertretungsverbot nach § 1795 I Nr. 1 übertragen.[75]

b) Missbrauch der Vertretungsmacht

116 Wo § 181 nicht angewendet wird, kann bei Interessenkollision bisweilen die seit langem praeter legem anerkannte[76] Regel vom Missbrauch der Vertretungsmacht helfen: Wenn der Dritte einen solchen Missbrauch erkennt oder erkennen muss, wird der Vertretene nicht gebunden; die Vertretungsmacht versagt.

Daher könnte in RGZ 71, 219 (→Rn. 114) M dem G nicht verpflichtet sein. Denn dem G mag die Interessenkollision für S und die daraus folgende Gefahr eines Missbrauchs der Vollmacht offengelegen haben.

Bisweilen bezweifelt wird nur, ob schon **Kennenmüssen** des Dritten von dem Missbrauch der Vertretungsmacht ausreicht, um die Vertretungswirkungen nicht eintreten zu lassen. Dieser Streit verliert aber stark an Gewicht, wenn man Folgendes bedenkt: »Kennenmüssen« bedeutet hier nicht, dass den Dritten eine Pflicht zu Nachforschungen über das Innenverhältnis treffen soll. Wer etwa mit einem Prokuristen kontrahiert, braucht sich nicht beim Prinzipal nach dessen Einverständnis mit der Erklärung des Prokuristen zu erkundigen. Vielmehr meint »Kennenmüssen« hier wie etwa auch in §§ 169, 173, 179 III nur die **Evidenzfälle,** in denen jeder Vernünftige den Missbrauch der Vertretungsmacht erkannt hätte. Man gelangt so zu einer prozessualen Erleichterung für den Vertretenen: Er braucht nur zu beweisen, dass der Missbrauch der Vertretungsmacht evident war; nicht auch (was kaum beweisbar wäre), dass der Dritte den Missbrauch wirklich erkannt hat.[77] Der BGH verlangt »eine massive Verdachtsmomente voraussetzende objektive Evidenz des Missbrauchs«.[78]

c) Unbeschränkbare Vertretungsmacht

117 Der BGH ergänzt die Lehre vom Missbrauch der Vertretungsmacht um zwei Nuancen:[79]

---

73 BGHZ 56, 97.
74 BGHZ 59, 236; 94, 232. Gesellschaftsrechtliche Fragen zu § 181 behandelt *Blasche* JURA 2011, 359.
75 BGH NJW 1975, 1885.
76 Etwa BGHZ 127, 239 (241 f.); BGH MDR 2014, 480. Instruktiv *Lieder* JuS 2014, 681.
77 So *Flume* Rechtsgeschäft § 45 II 3, ähnlich für den Insolvenzverwalter BGH NJW 1971, 701 (703).
78 BGHZ 127, 239 (241); BGH NJW 2014, 2790 Rn. 18.
79 BGHZ 50, 112.

aa) Wo das Gesetz die *Unbeschränkbarkeit der Vertretungsmacht* gegenüber Dritten bestimme (etwa §§ 50 I, 126 II HGB, 82 AktG), wirke die Vertretungsmacht insbesondere dann nicht, wenn der Vertreter **bewusst** zum Nachteil des Vertretenen handele und das evident sei. Daraus ist gefolgert worden, dass auch ein evidenter Missbrauch ohne Schädigungsabsicht noch von der Vertretungsmacht gedeckt ist.[80] Das lässt sich damit begründen, der Vertretene werde selbst nicht bewusst zu seinem Nachteil handeln; nur dies aber mache das spezifische Risiko der Stellvertretung aus, während unbewusste Irrtümer auch dem Vertretenen hätten unterlaufen können.[81] Der Vertretene dürfe durch die Einschaltung des Vertreters nicht besser stehen. Doch sollte der Schutz des Geschäftsgegners nicht vom Verschulden des Vertreters abhängig gemacht werden.[82] Das hat der BGH zunächst für die Vertretungsmacht mit rechtsgeschäftlich bestimmtem Inhalt ausdrücklich anerkannt und dann für die Vertretungsmacht mit gesetzlich bestimmtem Umfang bestätigt.[83]

118 **bb)** Sogar wenn die Vertretungsmacht nach der Regel von aa) nicht wirke, dürfe der Dritte geltend machen, der Vertretene habe den Missbrauch erst durch **unzureichende Kontrolle des Vertreters** ermöglicht. Die nachteiligen Folgen des Geschäfts seien dann entsprechend § 254 zu teilen.

Das ist schon im Ansatz nicht klar: Meint der BGH hier Teilgültigkeit der Vertretungsmacht und damit auch des Geschäfts, oder will er dem Dritten bloß einen ggf. nach § 254 geminderten Schadensersatzanspruch aus culpa in contrahendo gegen den Vertretenen geben? Für die erste Auffassung spricht in dem Urteil der Satz, die Ansprüche aus dem Geschäft könnten ggf. nur zu einem Bruchteil begründet sein. Aber Ansprüche auf eine unteilbare Leistung (etwa auf Lieferung einer Maschine) kann man nicht nach § 254 teilen.[84] Für den Anspruch aus c. i. c. dagegen bleibt unklar, warum der Vertretene nur für eigenes Verschulden und nicht auch nach § 278 für den Vorsatz seines Vertreters soll einstehen müssen.

Der richtige Lösungsansatz dürfte bei der **Evidenz** liegen. Denn soweit die verkehrsübliche Kontrolle unterbleibt, kann der Anschein entstehen, der Vertretene dulde das Vertreterhandeln und billige es also. Dann fehlt es an der Evidenz des Missbrauchs: Der Schein begründet hier nicht etwa eine Anscheinsvollmacht (→ Rn. 99), sondern hindert nur die sonst wegen eines evidenten Missbrauchs eintretende Beschränkung der wirklich vorhandenen Vollmacht.

BGHZ 50, 112: Prokuristen einer Bank hatten über längere Zeit hinweg bankunübliche Wechselgeschäfte betrieben und zum Teil auch die sich daraus ergebenden Verpflichtungen erfüllt. Hier ist denkbar, dass die ersten Geschäfte nicht gegen die Bank wirkten, weil der Missbrauch noch evident war. Dagegen könnte die Evidenz für die späteren Geschäfte fehlen, weil die Häufung und die Zahlungen zur Erfüllung auf eine Billigung schließen ließen. Man kommt derart also nicht zu einer Teilung der einzelnen Geschäfte nach § 254, sondern zu einer zeitlichen Differenzierung.

80 *R. Fischer*, FS Schilling, 1973, 3 (20).
81 *Canaris* HandelsR § 12 Rn. 37.
82 *Bork* BGB AT Rn. 1582; dagegen *Vedder* JZ 2008, 1077.
83 BGH NJW 1988, 3012; 2006, 2776; näher *Medicus* BGB AT Rn. 968.
84 Gegen die Anwendung von § 254 an dieser Stelle auch *Heckelmann* JZ 1970, 62.

IV. Schadensersatz bei Vertretung ohne Vertretungsmacht[85]

119 Bei Fehlen der Vertretungsmacht, also wenn insbesondere auch weder die §§ 171, 172 noch die Duldungsvollmacht (noch uU die Anscheinsvollmacht) eingreifen, bleiben die Vertretungswirkungen aus. Die Willenserklärung des Vertreters wirkt also nicht für und gegen den Vertretenen, wenn dieser sie nicht genehmigt (§ 177); ein Vertrag zwischen dem Vertretenen und dem Dritten kommt nicht zustande. Durch diesen Ausfall von Erfüllungsansprüchen gegen den Vertretenen erleidet der Dritte häufig einen Schaden.

1. Ansprüche gegen den Vertreter

120 Ersatzansprüche des Dritten gegen den machtlosen Vertreter regelt § 179. Dabei ergibt sich für den Erfüllungsanspruch (Abs. 1 Fall 1) folgendes Problem:

> **Beispiel:** V hat als machtloser Vertreter für A mit B einen Vertrag geschlossen; A hat die Genehmigung verweigert. Noch vor der Fälligkeit der Ansprüche aus dem Vertrag wird A insolvent. Kann hier B von V Erfüllung verlangen, obwohl der Vertrag dem B bei Vorliegen von Vertretungsmacht keinen Nutzen gebracht hätte?

Für die Schadensersatzansprüche nach § 179 I Fall 2, II tritt diese Frage nicht auf: Für sie ist in solchen Fällen von vornherein klar, dass B kein positives Interesse hat. Ein Teil der Lehre will das auf den Erfüllungsanspruch ausdehnen:[86] Dieser soll wegfallen oder sich mindern, soweit er auch gegen den Vertretenen undurchsetzbar gewesen wäre (zweifelhaft, weil B sonst das Risiko der Zahlungsunfähigkeit von V *und* A trüge[87]).

2. Ansprüche gegen den Vertretenen

121 § 179 ist keine erschöpfende Regelung; er schließt daher Schadensersatzansprüche des Dritten *gegen den Vertretenen* nicht aus. Diese folgen aus § 831, wenn der machtlose Vertreter als Verrichtungsgehilfe des Vertretenen ein Delikt gegenüber dem Dritten (zB Betrug) begangen hat. Außerdem ist eine Haftung des Vertretenen aus *culpa in contrahendo* denkbar (§§ 280 I, 311 II). Sie kann sich stützen auf Eigenverschulden des Vertretenen; ein Beispiel dafür bildet die Behandlung der Anscheinsvollmacht durch das Schrifttum (→ Rn. 100). Ohne solches Eigenverschulden kommt nur eine Haftung für das Verschulden des Vertreters über § 278 in Betracht. Sie setzt aber voraus, dass der Vertretene sich des Vertreters dem Dritten gegenüber bedient, also den Vertreter wenigstens in die Vertragsverhandlungen als Verhandlungsgehilfen eingeschaltet hat.[88]

3. Haftung bei der Untervollmacht

121a Der Untervertreter, der ohne Untervertretungsmacht handelt, haftet stets nach § 179. Fehlt die Vertretungsmacht des Hauptvertreters, haftet dieser und nicht der Untervertreter, wenn er für den Hauptvertreter aufgetreten ist. Ist der Untervertreter jedoch für den Vertretenen aufgetreten, dann haftet er auch für das Fehlen der Hauptvertretungsmacht.[89]

---

85 Dazu etwa *J. Prölss* JuS 1985, 577; 1986, 169; *Petersen* JURA 2010, 904.

86 *Flume* Rechtsgeschäft § 47, 3b.

87 Vgl. *Medicus* BGB AT Rn. 987 sowie *N. Hilger* NJW 1986, 2237.

88 Vgl. auch → Rn. 797 und *Canaris* JuS 1980, 332 (zu BGH NJW 1980, 115 über die Haftung einer Gemeinde für ihren Bürgermeister, der seine Vertretungsmacht überschritten hatte, dazu auch BGHZ 142, 51).

89 Zu den Regressfragen *Petersen,* Die Haftung bei der Untervollmacht, JURA 1999, 401; s. auch *Musielak/Hau* EK BGB Rn. 56ff.; *Wolf/Neuner* BGB AT § 50 Rn. 38, § 51 Rn. 34.

§ 6 Willensmängel

122 Der Vertragsschluss beruht regelmäßig auf Willenserklärungen. In ihnen unterscheidet die traditionelle Lehre ein objektives **(Erklärung)** und ein subjektives Element **(Wille).** Dabei muss die Rechtsordnung ihre Folgen primär an die Erklärung als den sichtbaren Teil knüpfen. Sekundär berücksichtigt sie dann aber, ob hinter der Erklärung ein entsprechender Wille steht. Diese Berücksichtigung trägt dem Gedanken der **Privatautonomie** Rechnung: Die Erklärung hat Rechtsgeltung, weil sie auf dem Willen beruht. Diese durch *von Savigny* geprägte Auffassung liegt den §§ 116ff. zugrunde.

I. Abgrenzungsfragen zu §§ 119–122 BGB

1. Primat der Auslegung

123 Voraussetzung für die Anfechtung nach § 119 ist die Inkongruenz von Wille und Erklärung. Hierfür muss zunächst durch Auslegung der rechtliche Sinn der Erklärung ermittelt werden (→ Rn. 45). Die Auslegung ist daher vor der Frage nach der Anfechtbarkeit zu erörtern: Wenn die Erklärung schon durch Auslegung dem Willen angepasst werden kann, kommt eine Anfechtung wegen Irrtums nicht in Betracht.[1]

2. Falsa demonstratio

124 Nur einen Sonderfall der Auslegung bildet die falsa demonstratio.[2] Die empfangsbedürftige Willenserklärung wird selbst gegen ihren eindeutigen Wortlaut im Sinne des Gewollten ausgelegt, wenn der Empfänger dieses Gewollte richtig verstanden hat.[3] Auch bei der falsa demonstratio wird also § 119 unnötig, weil der Wille schon durch Auslegung zur Geltung kommt.

Hauptfall der falsa demonstratio ist die **Parzellenverwechslung:** Käufer und Verkäufer sind sich über die zu verkaufende Parzelle einig, benennen aber irrtümlich im Kaufvertrag eine andere. Hier ist nicht die genannte, sondern die beiderseits gewollte Parzelle verkauft. Auch auf die notarielle Form der Erklärung des Gewollten wird dabei verzichtet.[4] Denn der Normzweck von § 311b I ist ja erreicht worden (→ Rn. 185). Ebenfalls wirksam im Sinne des Gewollten ist die Auflassung, an der gleichfalls nur Verkäufer und Käufer beteiligt sind.[5] Gleiches gilt, wenn sich die Parteien für den Umfang der Eigentumsverschaffungspflicht übereinstimmend an örtlichen Gegebenheiten orientieren, im Kaufvertrag jedoch versehentlich eine Grundstücksbezeichnung gewählt haben, die nur einen Teil davon erfasst. Dann scheitert die erforderliche Bestimmtheit des verkauften Grundstücks nicht an der noch fehlenden katastermäßigen Vermessung.[6]

1 *S. Lorenz,* Willensmängel, JuS 2012, 490; *Petersen,* Der Irrtum im Bürgerlichen Recht, JURA 2006, 660; *Musielak,* Die Anfechtung einer Willenserklärung wegen Irrtums, JuS 2014, 491, 583. S. auch *Weiler,* Die beeinflusste Willenserklärung, 2002.
2 Dazu *Martinek* JuS 1997, 136; s. auch *Leenen,* Liber amicorum J. Prölss, 2009, 153.
3 BGH NJW 1994, 1528 (1529); BGHZ 168, 35 Rn. 13.
4 BGHZ 87, 150.
5 BGH NJW 2002, 1038 (1039f.).
6 BGH NJW 2008, 1658.

Anderes gilt aber, wenn Dritte im Spiel sind, die das Gewollte nicht erkennen können. Bedarf zB der Grundstückskauf einer behördlichen Genehmigung, so bleibt der Vertrag trotz deren Erteilung unwirksam. Denn die Genehmigung betrifft nur die genannte Parzelle, nicht die der Behörde unerkennbar gewollte. Die Genehmigung ihrerseits ist gleichfalls unwirksam, weil gegenstandslos. Auch die Anträge an das Grundbuchamt und die Eintragung können nicht nach den Regeln über die falsa demonstratio korrigiert werden.

3. Dissens

125 In der Nachbarschaft von Irrtum und Auslegung steht auch der Dissens.[7] Das gilt allerdings nicht für den **offenen** Dissens, § 154: Hier wissen die Parteien, dass sie sich nicht geeinigt haben. Wohl aber nimmt beim **versteckten** Dissens (§ 155) mindestens eine Partei eine solche Einigung an; sie befindet sich also insoweit im Irrtum. Dabei ist kennzeichnend für den Dissens, dass sich die *ausgelegten* Erklärungen nicht miteinander decken.

Irrtum nach § 119 I bedeutet also Inkongruenz von Wille und Erklärung; Dissens bedeutet Inkongruenz zweier ausgelegter Erklärungen. Daher ist Irrtum auch bei der einseitigen Willenserklärung möglich, Dissens dagegen nur beim Vertragsschluss. Bei dem von einer Partei **verschuldeten Dissens** nimmt die hM eine Ersatzpflicht wegen culpa in contrahendo an.[8]

II. Nichtigkeit wegen Willensmängeln

1. Scheingeschäft und fiduziarisches Geschäft

126 Von den gesetzlichen Nichtigkeitsgründen der §§ 116 S. 2–118 sei hier behandelt das Scheingeschäft (§ 117). Es ist bisweilen nicht leicht abzugrenzen zum fiduziarischen Geschäft (→ Rn. 488ff.): Bei diesem erhält ja der Treunehmer mehr Rechtsmacht, als er wirklich soll gebrauchen dürfen. Daher kann man zweifeln, ob die Einräumung einer so weiten Rechtsmacht ernstlich gewollt ist.

BGHZ 36, 84: E baut auf seinem Grundstück. Die Bauhandwerker verlangen Sicherungshypotheken (§ 648 I). Um den ersten Rang zur Sicherung eines erwarteten Baudarlehens freizuhalten, bestellt E seinem Sohn S eine Hypothek für eine Forderung aus von S angeblich geleisteten Bauarbeiten. E und S sind darüber einig, dass eine solche Forderung nicht besteht. Erst nach der Hypothek für S werden die Sicherungshypotheken für die Bauhandwerker eingetragen. In der Zwangsversteigerung beanspruchen die Bauhandwerker den Versteigerungserlös für sich, da die erstrangig eingetragene Hypothek nicht entstanden sei.

Hier ist mangels einer Forderung sicher keine Hypothek für S entstanden. Wohl aber hätte E nach §§ 1163 I 1, 1177 I eine Eigentümergrundschuld erworben haben können. Die aus dem ersten Rang verdrängten Bauhandwerker machten dagegen geltend, die Erklärung des E (als Teil der Einigung E–S) sei nach § 117 I nichtig. Der BGH ist dem nicht gefolgt: Der von E beabsichtigte Erfolg sei die Freihaltung der ersten Rangstelle gewesen. Das habe sich nur durch die Begründung einer *wirksamen* Eigentümergrundschuld erreichen lassen. Daher sei die Erklärung des E insoweit ernst gemeint gewesen und nicht nach § 117 I nichtig.[9] Ein Scheingeschäft läge dagegen vor, wenn E die Bauhandwerker durch den Schein einer hohen Vorbelastung von der Durchsetzung

7 Dazu *Leenen* AcP 188 (1988), 381; *Wolf/Neuner* BGB AT § 38; *Petersen* JURA 2009, 419.

8 Seit RGZ 104, 265 (268); aA *Flume* Rechtsgeschäft § 34, 5; *Leenen* BGB AT § 17 Rn. 28ff.: keine Rechtspflicht verletzt.

9 Krit. zu dieser Begründung aber *Michaelis,* FS Wieacker, 1978, 444 (455f.). Vgl. auch BGH NJW 2011, 2785 zur unrichtigen Beurkundung der Kaufpreiszahlung.

ihres Anspruchs auf Sicherungshypotheken überhaupt abbringen wollte. Davon kann aber keine Rede sein: E hatte diese Hypotheken ja gerade bewilligt.

Daraus ergibt sich nach hM folgende Abgrenzung: § 117 I greift nur dann ein, wenn die Beteiligten ihr **Ziel durch den bloßen Schein eines wirksamen Rechtsgeschäfts erreichen wollen.** Dagegen liegt ein fiduziarisches Rechtsgeschäft vor, wenn die Beteiligten die Wirksamkeit des nicht in allen Konsequenzen gewollten Geschäfts (und nicht nur den Glauben Dritter an das Geschäft) für ihr Ziel benötigen und daher in ihren Willen aufnehmen. Hier ist § 117 I unanwendbar; freilich können andere Nichtigkeitsnormen (etwa §§ 134, 138) eingreifen.[10] Ist mit dem Scheingeschäft – etwa durch Unterverbriefung – neben der Kostenersparnis auch eine Steuerhinterziehung (§ 370 AO) beabsichtigt, so gilt § 134 nach stRspr für das verdeckte Geschäft nur dann, wenn die Steuerhinterziehung den Hauptzweck des Vertrags bildet.[11]

2. Strohmanngeschäfte

127 Einen Sonderfall der fiduziarischen Geschäfte bilden die Strohmanngeschäfte: Eine oder mehrere Personen werden nur formal eingeschaltet, weil der wirtschaftlich an dem Geschäft Interessierte den Erfolg nicht oder nicht allein erreichen kann. Auch hier wird bisweilen die Abgrenzung zu § 117 I fraglich.[12]

128 **Wirksam** ist der Vertrag mit dem Strohmann dagegen, wenn dieser selbst die Rechte und Pflichten aus dem Vertrag haben und die Geschäftsfolgen nur im Innenverhältnis auf seinen Hintermann abwälzen soll.[13]

3. Mindestanforderungen an die Willensgrundlage

129 Aber auch bei Nichtvorliegen der Nichtigkeitsgründe nach §§ 116 S. 2–118 kann ein Willensmangel nicht bloß Anfechtbarkeit begründen.[14] Vielmehr müssen, damit Nichtigkeit vermieden bleibt, einige weitere Mindestvoraussetzungen hinsichtlich der Willensgrundlage erfüllt sein.[15] Doch ist an diesen gesetzlich ungeregelten Nichtigkeitsgründen manches streitig. Man wird sagen dürfen:

a) Handlungswille

Die Erklärungshandlung muss überhaupt auf einem Willen des Erklärenden beruhen (Handlungswille). Fehlt es daran (zB Bewegungen im Schlaf), so liegt nur der rechtsunwirksame Schein einer Erklärung vor. Meist greift in solchen Fällen zudem § 105 II ein.

Unnötig ist der Handlungswille aber, wo das Gesetz die Rechtsfolgen einer Willenserklärung an das Schweigen knüpft: Bei § 362 HGB wird auch der schlafende Kaufmann Vertragspartner.

---

10 Zu den genannten Nichtigkeitsgründen *Canaris,* Gesetzliches Verbot und Rechtsgeschäft, 1983; *J. Hager,* Gesetzes- und sittenkonforme Auslegung und Aufrechterhaltung von Rechtsgeschäften, 1983.

11 Etwa BGH NJW-RR 2006, 283. Vgl. auch *Petersen* JURA 2003, 532 (533).

12 Vgl. OLG Karlsruhe NJW 1971, 619; dazu näher in der Voraufl. Rn. 127.

13 BGH NJW 1982, 569f.

14 Zum Folgenden *Singer* JZ 1989, 1030; *Neuner* JuS 2007, 881; *Musielak* AcP 211 (2011), 769; *Petersen* JURA 2006, 178; 426; *Mankowski* AcP 211 (2011), 153.

15 Gegen das Erfordernis subjektiver Tatbestandsmerkmale *Leenen* BGB AT § 5 Rn. 28ff., *Leenen,* FS Canaris, Bd. I, 2007, 699 (714); *Leenen* JuS 2008, 577 (579); dagegen *Wolf/Neuner* BGB AT § 32 Rn. 28, wonach »Kommunikations- und Partizipationswille zu den Essentialia einer Willenserklärung gehören«.

b) Erklärungswille

130 Der die Erklärungshandlung tragende Wille muss auch darauf gerichtet sein, mit der Erklärung Rechtsfolgen herbeizuführen, also das Geschäft dem Recht zu unterstellen (**Rechtsbindungs-** oder **Rechtsfolgewille**). Daran fehlt es bei Erklärungen bloß auf der gesellschaftlichen Ebene (Gefälligkeiten, → Rn. 365 ff.). Weiter gehören hierhin das gentlemen's agreement und Fälle der unzumutbaren Bindung sowie des **Fehlens des Erklärungsbewusstseins.**

Speziell die Rechtsfolgen aus dem Fehlen eines solchen Erklärungsbewusstseins sind streitig: Viele haben in Analogie zu § 118 Nichtigkeit angenommen.[16] Demgegenüber wird die Tragfähigkeit dieser Analogie jetzt immer häufiger geleugnet: Die Erklärung ohne Erklärungsbewusstsein soll regelmäßig[17] oder doch jedenfalls dann unter § 119 I fallen, wenn der Handelnde ihre rechtliche Bedeutung hätte erkennen können.[18] Zu diesem Streit

BGHZ 91, 324: Der Gläubiger G hatte von seinem Schuldner S eine Bankbürgschaft verlangt. Wenig später schrieb die Sparkasse D an G, sie habe für S eine Bürgschaft übernommen. G erklärte die Annahme. Dann schrieb D an G, eine Bürgschaftsübernahme sei nicht beabsichtigt gewesen; das entsprechende Schreiben beruhe auf einem Irrtum. G nimmt D aus der Bürgschaft in Anspruch.

Der BGH hat hier die eben an letzter Stelle genannte Ansicht angewendet: Die Erklärung sei der D als Bürgschaftserklärung zuzurechnen, da D hätte erkennen können, dass G die Erklärung so verstehen werde.[19] Zwar könne D das Fehlen des Erklärungswillens nach § 119 I geltend machen; hier sei jedoch die Anfechtung nicht unverzüglich (§ 121 I) erfolgt. Daher ist D verurteilt worden. Ein späteres Urteil[20] hat die Ansicht der Ausgangsentscheidung auf schlüssiges Verhalten ohne Erklärungsbewusstsein erweitert (die irrige Ansicht, es bestehe eine Bürgschaft, war wie eine Bürgschaftsübernahme formuliert worden). Doch soll ein Verhalten ohne Erklärungsbewusstsein die Position des »Erklärenden« nicht verbessern können.[21]

Der vom BGH vorausgesetzten **Ablehnung der Analogie zu § 118** ist zuzustimmen. Denn bei der nicht ernstlich gemeinten Willenserklärung hat der Erklärende die Nichtgeltung gewollt und soll daher auch nicht die Möglichkeit haben, das Geschäft durch Unterlassen der Anfechtung gelten zu lassen. Dagegen hat sich der Erklärende ohne Erklärungswillen über das Geschäft zunächst keine Meinung gebildet: Er mag deshalb wie der Irrende noch nachträglich über die Geltung entscheiden dürfen.

Eine beschränkte Ähnlichkeit hiermit hat auch der Fall des Boten ohne Botenmacht (→ Rn. 80): Über dessen Erklärung kann der angebliche Absender ja gleichfalls noch entscheiden, obwohl er die Erklärung in keiner Weise veranlasst zu haben braucht. Freilich wird hier nicht entschieden durch unverzügliche Anfechtung, sondern entsprechend § 177 durch nachträgliche Genehmigung.[22]

---

16 Etwa *Wieacker* JZ 1967, 385 (389); *Thiele* JZ 1969, 405 (407); *Singer,* Selbstbestimmung und Verkehrsschutz im Recht der Willenserklärungen, 1995; *Wolf/Neuner* BGB AT § 32 Rn. 22.

17 *Flume* Rechtsgeschäft §§ 20, 3; 23, 1; *Leenen* BGB AT § 6 Rn. 134.

18 *Bydlinski* JZ 1975, 1, ähnlich *Gudian* AcP 169 (1969), 232.

19 Anders *Canaris* NJW 1984, 2281: Die Erklärung, eine Bürgschaft übernommen zu haben, bedeute nicht ohne Weiteres, sie jetzt übernehmen zu wollen.

20 BGHZ 109, 171 (177).

21 BGH NJW 1995, 953. S. dazu auch *Habersack* JuS 1996, 585; zu Rechtsgeschäften im Internet *Oechsler* JURA 2012, 422 (424).

22 Vgl. *Canaris* NJW 1974, 521 (528 Fn. 44).

Fraglich ist allerdings, ob man entgegen dem BGH Nichtigkeit statt Anfechtbarkeit wenigstens dann annehmen soll, wenn der Erklärende die Bedeutung seiner Erklärung hätte erkennen können: Nur der Schuldlose sollte das Geschäft gelten lassen dürfen.

c) Geschäftswille?

131 Neben Handlungs- und Erklärungswillen wird als Erfordernis für die zunächst wirksame Willenserklärung bisweilen noch der Geschäftswille genannt. Er könnte aber vom Erklärungswillen nur dann unterschieden werden, wenn man ihn auf ein bestimmtes Geschäft gerichtet sein lässt (zB Unterschrift unter eine andere Urkunde statt unter einen Wechsel).[23] Dass dieser Wille nicht mit der Erklärung übereinstimmt, gehört sicher zu § 119 I und bewirkt daher keine Nichtigkeit.

III. Irrtumsfälle nach § 119 I BGB

1. Die gesetzliche Regelung

132 Der Inhalt jeder Erklärung muss zunächst durch Auslegung bestimmt werden (→ Rn. 123). § 119 I betrifft nur die Inkongruenz zwischen dem so ermittelten Erklärungsinhalt und dem Willen des Erklärenden. Dagegen betrifft § 119 I nicht die (viel häufigeren) Fälle, in denen der Wille zwar die Erklärung deckt, aber auf fehlerhafter Grundlage gebildet worden ist (meist Motivirrtum genannt). § 119 I betrifft also nur die Fehlerhaftigkeit der **Willensäußerung** (und § 120 der **Willensübermittlung**), aber nicht der **Willensbildung.**

Gegenüber diesem Unterschied hat die Unterscheidung zwischen den (ohnehin ineinander übergehenden) Fällen des § 119 I nur zweitrangige Bedeutung: Beim **Erklärungsirrtum** (Irrung) setzt der Erklärende ein anderes Erklärungszeichen, als er gewollt hat (Versprechen, Verschreiben; § 119 I Fall 2). Beim **Inhaltsirrtum** dagegen wird zwar das gewollte Erklärungszeichen gesetzt, doch bedeutet dieses etwas anderes, als der Erklärende gemeint hat, § 119 I Fall 1 (auch Bedeutungsirrtum genannt).

Beide Fälle werden ja in § 119 I auch gleich behandelt. Daher sind lange Ausführungen darüber, welcher Fall vorliegt, bloß Zeitverschwendung. Wichtig ist allein, dass der Irrtum nicht nur die Willensbildung betrifft!

132a Unter § 119 I gehört insbesondere auch folgender Fall: Ein Notar nimmt in eine Urkunde zusätzlich eine **nicht verabredete Klausel** auf. Die betroffene Partei bemerkt das beim Verlesen der Urkunde nicht und erklärt daher die Genehmigung. Hier hatte die ältere Rechtsprechung die Genehmigung nicht auf die hinzugefügte Klausel bezogen und diese folglich für nichtig gehalten. Doch hat der BGH das mit Recht nicht übernommen:[24] Die Genehmigung decke objektiv auch die zusätzliche Klausel; die Bindung könne daher nur durch Anfechtung wegen Irrtums über die Bedeutung der Genehmigung beseitigt werden. Ähnlich ist auch die **Unterschrift** unter eine Urkunde anfechtbar, über deren Inhalt der Unterschreibende eine unrichtige Vorstellung hatte.[25] Nach der Rechtsprechung liegt ein Erklärungsirrtum auch dann vor, wenn das richtig in einen Computer Eingegebene durch eine fehlerhafte Software verändert wird (zB

23 BGH NJW 1968, 2102f.
24 BGHZ 71, 260.
25 BGH NJW 1995, 190 (191).

Preis für ein Notebook 245 EUR statt richtig 2.450 EUR).[26] Das entspricht wertungsmäßig § 120 (»Einrichtung«).

2. Weitere Fallgruppen

133 Die nur durch § 119 II gemilderte Unbeachtlichkeit des Motivirrtums nach dem BGB wird oft für unbefriedigend gehalten. Daher hat schon das RG den § 119 I auf (im Einzelnen nicht klar abgegrenzte) Irrtumsgruppen erweitert:

a) Rechtsfolgeirrtum

BGHZ 168, 210: E hat eine ihm angefallene Erbschaft durch Verstreichenlassen der Ausschlagungsfrist (§ 1944) angenommen (§ 1943). Er ficht diese Annahme wegen Irrtums mit folgender Begründung an: Die Erbschaft sei so stark mit Vermächtnissen belastet, dass ihm als Erbe weniger bleibe als der Wert seines Pflichtteils (§ 2303). Er habe nämlich geglaubt, die Erbschaft annehmen zu müssen, weil er sonst sein Pflichtteilsrecht verliere. Die entgegenstehende Regel des § 2306 I habe er nicht gekannt. Der Streit geht darum, ob das ein unbeachtlicher Motivirrtum oder ein nach § 119 I Fall 1 erheblicher Inhaltsirrtum ist.[27]

Der BGH lässt entscheidend sein, ob das vorgenommene Rechtsgeschäft wesentlich andere als die beabsichtigten Wirkungen erzeugt; nur dann liege ein beachtlicher Irrtum vor. Unerheblich sei dagegen der nicht erkannte Eintritt zusätzlicher oder mittelbarer Rechtswirkungen, die zu den gewollten und eingetretenen Folgen hinzuträten.[28] Ein Teil der Rechtsprechung hatte wiederholt angenommen, die Erbschaftsannahme verfolge unmittelbar nur das Ziel, die Stellung als Erbe einzunehmen;[29] der Verlust des Wahlrechtes aus § 2306 I sei bloß eine mittelbare Folge. Dagegen hatte das OLG Düsseldorf umgekehrt gemeint, der Wegfall des Pflichtteilsanspruchs sei eine (ungewollte) Hauptfolge der Annahme.[30] Dieser Ansicht hat sich der BGH angeschlossen: Die Erklärung der Erbschaftsannahme und der Verlust des Rechtes aus § 2306 I seien gleichrangige Erklärungsfolgen: Beide seien »zwei Seiten derselben Medaille«.

Daran ist richtig, dass man wegen der Unkenntnis zusätzlicher Nebenfolgen nicht anfechten kann. So darf etwa der Verkäufer nicht geltend machen, er habe seine strenge Gewährleistungshaftung nach den §§ 437ff. nicht gekannt: Diese Haftung gilt von Gesetzes wegen und ohne Rücksicht auf den nicht erklärten Willen des Verkäufers. Dagegen liegt es in dem vom BGH entschiedenen Fall anders: Dort ist dem Erben durch § 2306 I die Wahl zwischen dem Pflichtteil und dem (belastenden) Erbteil eröffnet. Die Annahme der Erbschaft (gleich ob durch Erklärung oder bloßes Verstreichenlassen der Ausschlagungsfrist, vgl. § 1956) bedeutet also zugleich den Verzicht auf den Pflichtteil. Beides ist nach dem Gesetz gleichrangig. Damit bildet der ungewollt miterklärte Verzicht keine zusätzliche Nebenwirkung, sondern er gehört zum Inhalt der Erklärung. Wenn dieser Teil nicht gewollt war, handelt es sich also um einen Inhaltsirrtum.

Noch deutlicher wird das, wenn die weitere Rechtsfolge in die Erklärung selbst aufgenommen worden ist: Dann wird, wenn der andere Partner zugestimmt hat und die Rechtsfolge möglich ist, diese selbst Vertragsinhalt. Sonst ist die Erklärung wegen inneren Widerspruchs **(Perplexität)** unwirksam, wenn sich der Widerspruch nicht durch Auslegung beheben lässt.

26 BGH NJW 2005, 976f. Dazu *Spindler* JZ 2005, 793.
27 Näher *Musielak* JZ 2014, 64.
28 Ebenso BGHZ 177, 62. Zur Neuregelung des § 2306 *de Leve* ZEV 2010, 184 und → Rn. 148.
29 BayObLG NJW-RR 1995, 904; FamRZ 1999, 117.
30 OLG Düsseldorf FamRZ 2001, 946.

RGZ 88, 278: Auf dem Grundstück des E sind drei Hypotheken eingetragen. Die erstrangige ist zur Eigentümergrundschuld geworden. E beantragt beim Grundbuchamt, diese Eigentümergrundschuld zu löschen und stattdessen die dritte Hypothek im ersten Rang einzutragen. Das ist rechtlich unmöglich: Bei wirksamer Löschung der Eigentümergrundschuld rückt die zweite Hypothek kraft Gesetzes nach **(Prinzip des gleitenden Ranges).**[31]

Das RG hat hier angenommen, E habe mit dem Löschungsantrag konkludent auch die Aufgabe seiner Eigentümergrundschuld nach § 875 I erklärt. Das habe er nicht tun wollen, daher gelte § 119 I. Die Erklärung des E enthält indes zwei miteinander unvereinbare Rechtsfolgen (Aufhebung der Eigentümergrundschuld; Nichtnachrücken der zweiten Hypothek). Die Erklärung ist daher ohne Anfechtung wirkungslos; ebenso die Löschung im Grundbuch, weil die nach § 875 I nötige wirksame Aufgabeerklärung des Berechtigten fehlt.[32] Ein weiteres Beispiel für Perplexität bietet

BGHZ 102, 237: Ein Vorpachtberechtigter übt sein Recht mit dem Zusatz aus, er nehme an, dass eine in dem Pachtvertrag vereinbarte Bierbezugsverpflichtung ihn nicht treffe: Die Erklärung ist unwirksam, wenn die Bezugspflicht gegen den Erklärenden wirkt.

b) Kalkulationsirrtum

134

(1) Bei einem Bauvertrag errechnet der Unternehmer U die für sein Angebot maßgeblichen Kosten richtig. Er verschreibt sich jedoch beim Angebot und bietet für 120.000 EUR anstatt für 210.000 EUR an.
(2) Die Kalkulation des U ist rechnerisch richtig; auch entspricht sein Angebot dem Rechnungsergebnis. Aber die Kalkulationsgrundlage ist falsch (zB U hat Fließsand an der Baustelle nicht berücksichtigt, der eine besonders aufwendige Fundamentierung erfordert).
(3) U hat zwar die richtige Kalkulationsgrundlage, er verrechnet sich aber und bietet aufgrund des Rechenfehlers zu niedrig an.

Hier liegt bei (1) ein nach § 119 I beachtlicher **Erklärungsirrtum** vor. Das RG hat aber auch bei (2) und (3) einen nach § 119 I beachtlichen Irrtum (Kalkulationsirrtum) angenommen, wenn die Kalkulation zum Gegenstand der Vertragsverhandlungen gemacht und das geforderte Entgelt als Ergebnis der Kalkulation dargestellt worden war (sog. **offener Kalkulationsirrtum**).[33] Das ist von der Rechtsprechung mit Recht nicht mehr übernommen worden[34] und wird auch sonst überwiegend abgelehnt. Denn beim Kalkulationsirrtum decken sich Wille und Erklärung, nur ist der Wille fehlerhaft gebildet worden. Daher liegt bloß ein Motivirrtum vor. In Betracht kommt freilich eine Pflicht des Erklärungsgegners aus § 241 II, den Erklärenden auf den vor dem Vertragsabschluss erkannten Kalkulationsirrtum hinzuweisen (mögliche Verletzungsfolge: ein Schadensersatzanspruch aus culpa in contrahendo).[35] Der Empfänger ist aber zu einer Überprüfung des Angebots nicht verpflichtet;[36] regelmäßig darf auch der Anbietende den Irrtum nicht selbst bemerken können.[37] Auch im Ergebnis war die Argumentation des RG bedenklich: Soll etwa bei einem Rechenfehler die Hilfe für U wirklich davon abhängen, ob er die Kalkulation zum Gegenstand der Vertragsverhandlungen gemacht hat? Vielmehr wird zu unterscheiden sein:

31 Näher *K. Schreiber,* Der Rang im Grundbuch, JURA 2006, 502.
32 *Flume* Rechtsgeschäft § 23, 4 d.
33 Etwa RGZ 64, 266. Vgl. auch *Petersen* JURA 2011, 430.
34 BGHZ 139, 177.
35 BGH NJW 2015, 1513.
36 BGHZ 139, 177 (184 ff.). S. auch *Singer* JZ 1999, 342.
37 BGHZ 168, 35.

Bei [2] kann § 119 II vorliegen (Irrtum über eine wesentliche Eigenschaft des zu errichtenden Werkes). Es kann auch ein Anspruch aus **culpa in contrahendo** (§§ 311 II, 280 I) gegen den Besteller in Betracht kommen, wenn dieser schuldhaft falsche Angaben über den Bauplatz gemacht hat. Notfalls ist endlich an das Fehlen der Geschäftsgrundlage zu denken (→ Rn. 152ff.).

Bei [3] ist die Erklärung schon ohne Anfechtung wegen **Perplexität** nichtig, wenn die falsche Rechnung miterklärt worden ist (zB »Ich muss 100 cbm Erdreich bewegen. Jeder cbm kostet 100 EUR. Daher biete ich für 1.000 EUR an.«). In einem derart krassen Fall kommt sogar eine **Auslegung** in Richtung auf das richtige Rechenergebnis in Betracht.[38] Andernfalls lässt sich wieder nur mit der Lehre vom Fehlen der Geschäftsgrundlage helfen (was im Gegensatz zur Anwendung von § 119 I bedeutet, dass der Rechenfehler bloß bei Unzumutbarkeit beachtlich ist, → Rn. 166).

IV. Irrtumsfälle nach § 119 II BGB

135 Bei § 119 II decken sich Wille und Erklärung. Bei der **Willensbildung** ist aber insofern ein Fehler unterlaufen, als ein Irrtum über eine verkehrswesentliche Eigenschaft einer Person oder Sache vorliegt. Daher weicht das wirtschaftliche Ergebnis der Erklärung vom Gewollten ab.

1. Einzelheiten

Im Einzelnen ist zu § 119 II zu beachten:

136 a) »**Sache**« in § 119 II ist nicht in dem engen Sinne von § 90 zu verstehen. Vielmehr ist die Vorschrift unstreitig zu erweitern auf Rechte (zB Grundschuld, Forderung) und auf Gesamtheiten von Sachen, Rechten und Schulden (zB Erbschaft).[39]

137 b) § 119 II spricht von »Eigenschaften **der** Person oder **der** Sache«. Gemeint sind damit nur die Personen oder Gegenstände, auf die sich die Willenserklärung bezieht. Bei den **Personen** ist das stets der Geschäftsgegner, ausnahmsweise aber auch ein Dritter: der Leistungsempfänger beim Vertrag zugunsten Dritter, der Bürge beim Hauptgeschäft. So kann etwa der Gläubiger seine Kreditzusage an den Schuldner wegen eines Irrtums über die Solvenz des Bürgen anfechten. Und bei den **Sachen** beschränkt § 119 II sich auf den Geschäftsgegenstand.

> **Beispiel:** K kauft bei V ein Fertighaus, um es auf einem bestimmten Grundstück aufzustellen. Jedoch verweigert die Baubehörde die dazu nötige Genehmigung, weil das Haus nicht die in dieser Gegend vorgeschriebene Dachform habe. Eine Anfechtung des Kaufes durch K nach § 119 II kommt hier nur in Betracht, wenn K sich über die Dachform des gekauften Hauses geirrt hat, dagegen nicht bei einem Irrtum über die für das Grundstück geltenden Bauvorschriften.

138 c) Der Irrtum muss eine **Eigenschaft** der Person oder Sache betreffen.

aa) Zu diesem Merkmal »Eigenschaft« gibt es eine verzweigte und im Einzelnen oft unklare **Rechtsprechung** Sie zählt zu den Eigenschaften außer den körperlichen Eigenarten auch solche tatsächlichen oder rechtlichen Verhältnisse des Vertragsgegenstandes, die vermöge ihrer Dauer wesentlichen Einfluss auf die Wertschätzung des Ge-

38 Dazu → Rn. 154; anders der Fall von BGHZ 168, 35.

39 RGZ 149, 235.

genstandes auszuüben pflegen. Unerheblich bleiben sollen dagegen die nur mittelbar die Bewertung beeinflussenden Umstände, ebenso der Wert selbst. Kurz: Nach § 119 II erheblich sind nur diejenigen dauerhaften Faktoren, die den Wert unmittelbar wesentlich zu bestimmen pflegen.

RGZ 149, 235 etwa sieht beim Kauf einer Hypothek (genauer: der hypothekengesicherten Forderung) oder Grundschuld die Ertragsfähigkeit des belasteten Grundstücks nicht als Eigenschaft des gekauften Rechtes an. (Die Ertragsfähigkeit ist unmittelbar eine Eigenschaft des Grundstücks selbst; für das Recht an dem Grundstück ist sie nur eine mittelbare Eigenschaft.) Das RG hat dann freilich entsprechend seinen Regeln über den Kalkulationsirrtum die Anfechtung nach § 119 I zugelassen, weil die Ertragsfähigkeit zum Gegenstand der Vertragsverhandlungen gemacht worden war.

bb) Diese Rechtsprechung muss aber schon deshalb auf Zweifel stoßen, weil das Begriffspaar unmittelbar – mittelbar fast immer unscharf und mehrdeutig ist.[40] So kann man die Dinge vorliegend auch anders sehen: Das Pfandrecht ist hier ein Sicherungsmittel; wie viel Sicherheit es gibt, hängt unter anderem von der Ertragsfähigkeit des belasteten Grundstücks ab. Von der für den Käufer wesentlichen Sicherheit her gesehen betrifft sein Irrtum also eine Eigenschaft des Pfandrechts selbst. **139**

Daher wird im Schrifttum eine **andere Abgrenzung** vorgeschlagen: Ein Eigenschaftsirrtum sei dann beachtlich, wenn sich das Rechtsgeschäft »auf die Sache oder Person als eine solche mit der bestimmten Eigenschaft bezieht«.[41] Diese Beziehung könne sich entweder aus den Erklärungen der Parteien oder aus dem Geschäftstyp ergeben. Der nach § 119 II beachtliche Irrtum erscheint so als »Irrtum über die Sollbeschaffenheit«.

Danach könnte also im Ausgangsfall § 119 II eingreifen: Die Frage ist nur, welches Maß an Sicherheit nach dem Kauf vorausgesetzt war. Das wird sich oft aus der Höhe des Kaufpreises schließen lassen. Als Indiz kann auch dienen, dass die Ertragsfähigkeit Verhandlungsgegenstand war.

cc) Im Ganzen ist die letztgenannte Ansicht vorzugswürdig. Denn sie trägt am besten dem Gedanken der Privatautonomie Rechnung: Die Parteien selbst können bestimmen, auf was es ihnen ankommt. Andererseits müssen sie das aber auch wirklich tun, soweit ihnen nicht das dispositive Gesetzesrecht diese Aufgabe abnimmt. Damit wird vermieden, dass bloße Motive über § 119 II Erheblichkeit gewinnen, die nicht Geschäftsinhalt geworden sind. **140**

d) Daraus folgt für das letzte Tatbestandsmerkmal des § 119 II, nämlich für die **Verkehrswesentlichkeit** der Eigenschaft: Sie reduziert sich auf die **Geschäftswesentlichkeit.** Das leuchtet ein: Der Verkehr beurteilt eben die Wesentlichkeit einer Eigenschaft nur in Bezug auf ein bestimmtes Geschäft. So sind etwa Vorstrafen wegen Urkundenfälschung für eine Anstellung als Buchhalter wesentlich, für eine Anstellung als Hilfsarbeiter dagegen unwesentlich. **141**

2. Ausschluss von § 119 II BGB

§ 119 II wird verhältnismäßig oft durch gesetzliche Sonderregelungen ausgeschlossen. So gehen beim **Kauf** und ähnlichen Verträgen die **§§ 434 ff. nach Gefahrübergang** nicht zuletzt wegen der Haftungssperre des § 442 I 2 und der unterschiedlichen Verjährung nach hM vor. Insbesondere die Gelegenheit zur Nacherfüllung soll dem Verkäufer nicht durch die Anfechtung genommen werden.[42] Allerdings wird der Aus- **142**

40 Vgl. *Weyers* JZ 1991, 999.
41 *Flume* Rechtsgeschäft § 24, 2b–d, S. 477; anders die wohl hM; etwa *Bork* BGB AT Rn. 861 ff.
42 Danach diff. *Schur* AcP 204 (2004), 883 (897).

schluss des § 119 II zunehmend bezweifelt.[43] Der Verkäufer kann jedenfalls anfechten, es sei denn, dass er sich dadurch der Gewährleistung entzieht.[44]

143 **Vor Gefahrübergang** gelten weder die Gewährleistungsvorschriften (insbesondere kein »Recht zur zweiten Andienung«) noch die kurze Verjährung des § 438. Eine Kollision scheint daher ausgeschlossen.[45] Dann aber könnte sich der Käufer auch bei grob fahrlässiger Unkenntnis des Mangels vom Vertrag lösen, während ihm nach § 442 I 2 Gewährleistungsrechte nur ausnahmsweise zustünden. Nicht wenige sprechen sich daher für einen Ausschluss des § 119 II bereits vor Übergabe aus.[46] Zumindest kann aber § 442 zur Vermeidung von Wertungswidersprüchen analog angewendet werden.[47]

V. Irrtumsfolgen

144 Die unverzügliche (§ 121) Anfechtung **vernichtet den Vertrag rückwirkend,** § 142 I.[48] Nach der heute ganz hM[49] soll der Irrende sich aber an dem festhalten lassen müssen, was er **wirklich gewollt** hat.[50]

Beispiel: K verschreibt sich und macht V einen Kaufantrag zu 110, während er nur 100 bieten wollte (Erklärungsirrtum). Wenn V den Kauf zu 100 gelten lassen will, ist K nach der genannten Ansicht hieran gebunden. Das ist richtig: Der Irrende soll nach § 119 nur von den Folgen seines Irrtums befreit, aber nicht noch freier gestellt werden. Auch bei falsa demonstratio, also wenn V den K richtig verstanden hätte, wäre K ja an das Gewollte gebunden.

145 Die Anfechtung führt zur **Schadensersatzpflicht** nach § 122. Das ist kein »echter« Fall der culpa in contrahendo, weil § 122 eine Veranlassungshaftung begründet, die kein Verschulden des Irrenden voraussetzt. Auch der Anspruchsausschluss nach § 122 II weicht von dem sonst geltenden § 254 ab.

Raum bleibt neben § 122 II für § 254 jedoch, wo es um den Umfang und nicht um den Grund des Anspruchs geht: etwa soweit der Anfechtungsgegner die Höhe seines Vertrauensschadens selbst verschuldet hat (zB durch Unterlassen eines rechtzeitigen Deckungsgeschäfts). Übrigens meint auch das den Anspruch ausschließende »Kennenmüssen« in § 122 II nur die Evidenzfälle, → Rn. 116.

Der Irrende haftet, weil er durch seine Erklärung das Vertrauen des anderen Teils *veranlasst* hat. Nun kann aber dieser andere Teil zunächst seinerseits den Irrtum des Anfechtenden veranlasst haben. Das soll auch bei Schuldlosigkeit des anderen Teils entsprechend § 254 zu berücksichtigen sein, weil der Anfechtende gleichfalls schon bei schuldloser Veranlassung hafte.[51] Doch ist das zweifelhaft: Der in § 122 geregelten Veranlassung gerade durch eine Willenserklärung kann nicht einfach jede andere, vielleicht weniger vertrauenswürdige Veranlassung gleichgestellt werden.

43 *P. Huber,* FS Hadding, 2004, 105 (108); rechtsvergleichend *P. Huber,* Irrtumsanfechtung und Sachmängelhaftung, 2001.

44 BGH NJW 1988, 2597 (2598).

45 BGHZ 34, 32 (34); *Brox/Walker* SchuldR BT § 4 Rn. 134.

46 *Flume* Rechtsgeschäft § 24, 3 a, S. 485; *Medicus* BGB AT Rn. 775; *Reinicke/Tiedtke* KaufR Rn. 799; diff. MüKoBGB/*H. P. Westermann* § 437 Rn. 53: nur bei behebbaren Mängeln.

47 *Looschelders* SchuldR BT Rn. 174. Zu § 442 auch BGHZ 193, 326; BGH NJW 2011, 2953 sowie → Rn. 45.

48 *Leenen* JURA 1991, 393; *Petersen,* Liber Amicorum Leenen, 2012, 219.

49 Vgl. *Flume* Rechtsgeschäft § 21, 6; *Bork* BGB AT Rn. 954 f.

50 Dazu *Lobinger,* Irrtumsanfechtung und Reurechtsausschluss, AcP 195 (1995), 274.

51 So BGH NJW 1969, 1380.

VI. Sonderregelungen des Irrtums

146 Solche Sonderregelungen finden sich außer etwa als Grund für die Aufhebung einer Ehe (§ 1314 II Nr. 2) vor allem im *Erbrecht.*[52] Die wichtigsten Sonderregeln, die nicht nur die Form der Anfechtung betreffen, sind die folgenden:

1. §§ 2078 ff., 2281 ff. BGB

Im Erbrecht sind Verkehrs- und Vertrauensschutz wegen der Unentgeltlichkeit eines Erwerbs weniger dringlich als bei Rechtsgeschäften unter Lebenden. Zudem sind Testamente regelmäßig frei widerruflich (§ 2253); insoweit ist ein Anfechtungsrecht für den Erblasser unnötig. Endlich leiden unter einem Irrtum des Erblassers meist Dritte, nämlich die Personen, die ohne den Irrtum bedacht worden wären. Daher bedarf es für Verfügungen von Todes wegen weithin einer Sonderregelung. Dabei betreffen die §§ 2078 ff. die Anfechtung durch eine Person, die durch den Irrtum des Erblassers benachteiligt worden ist, und die §§ 2281 ff. die Anfechtung durch den Erblasser selbst. Diese ist nur sinnvoll, wo der Erblasser nicht frei widerrufen kann, also in erster Linie beim Erbvertrag. Doch sind die §§ 2281 ff. trotz ihrer Einordnung in das Recht des Erbvertrages auch beim gemeinschaftlichen Testament (§ 2265) anzuwenden, soweit dieses nach § 2271 bindend geworden ist.

> **Beispiel:** Die Eheleute M und F haben sich in einem gemeinschaftlichen Testament gegenseitig zu Erben und das gemeinsame Kind K zum Erben des Letztversterbenden (also zum Schlusserben) eingesetzt, vgl. § 2269 I. M stirbt. Wenn F jetzt nicht die Erbschaft nach M ausschlägt, ist sie an die Einsetzung des K gebunden, § 2271 II. Sie kann aber nach §§ 2281 I, 2079, 2303 II ihre Verfügung (also die Erbeinsetzung von K) anfechten, wenn sie erneut heiratet. Dann wird freilich nach § 2270 auch die Verfügung des M hinfällig: F ist jetzt nicht mehr Alleinerbin des M, sondern dieser wird kraft Gesetzes beerbt.

Im Einzelnen ist die erbrechtliche Irrtumsregelung vielfach großzügiger als diejenige durch §§ 119 ff.: Auch jeder **Motivirrtum** ist beachtlich. Erheblich sind sogar **unbewusste Erwartungen,** also bloßes Nichtbedenken eines Umstandes, vgl. § 2079. Die »verständige Würdigung des Falles« (§ 119 I) spielt keine Rolle: Von Todes wegen darf man **unverständig** sein. Die **Anfechtungsfristen** sind nach §§ 2082, 2283 (vgl. aber § 2285) günstiger als nach § 121 I (»unverzüglich«).[53] Die **Schadensersatzpflicht** nach § 122 gilt nicht, § 2078 III, nicht einmal beim Erbvertrag oder beim gemeinschaftlichen Testament.

2. § 1949 BGB

147 § 1949 I lässt bei der Annahme der Erbschaft den bloßen Motivirrtum über den Berufungsgrund zur Nichtigkeit führen. Man braucht die Regelung nicht bei einer Annahme durch bloßes Verstreichenlassen der Ausschlagungsfrist, § 1943. Denn diese Frist beginnt nach § 1944 II erst mit der Kenntnis des wahren Berufungsgrundes. Gleichfalls Nichtigkeit bewirkt § 1949 II für die Ausschlagung, da diese sich im Zweifel nur auf die dem Erben bekannten Berufungsgründe erstreckt. § 1949 beruht jedoch auf einer unbedachten Übernahme gemeinen Rechts (wo Irrtum noch zur Nichtigkeit

52 Dazu *Petersen,* Der Irrtum im Bürgerlichen Recht, JURA 2006, 660 (662); *Petersen,* Die Auslegung letztwilliger Verfügungen, JURA 2005, 597.

53 Zur Beweislast *S. Arnold* AcP 209 (2009), 285.

führte). Man sollte die verfehlte Vorschrift dadurch einschränken, dass man sie nicht anwendet, wenn der Berufungsgrund dem Erben gleichgültig ist: Dann fehlt die Kausalität des Irrtums für die Ausschlagung.

3. §§ 1954, 2308 BGB

148 **§ 1954** enthält keine Sonderregelung hinsichtlich des Anfechtungsgrundes, sondern nur hinsichtlich der Fristen: Diese sind den Ausschlagungsfristen in § 1944 I, III angepasst. Ein wichtiger Fall von § 1954 ist die Anfechtung der Annahme (auch bei bloßer Versäumung der Ausschlagungsfrist, § 1956; entsprechend auch bei Annahme durch schlüssiges Verhalten, sog. pro herede gestio) wegen **Irrtums über die Überschuldung des Nachlasses.** Ein solcher Irrtum wird von der Rechtsprechung seit jeher als nach § 119 II beachtlich angesehen.[54] Nicht dagegen genügt für § 119 II der Irrtum über Beschränkungen oder Beschwerungen des Erben (vgl. § 2306); diese bilden keine Eigenschaft *des Nachlasses.* Hier hilft aber **§ 2308** dem Pflichtteilsberechtigten: Dieser soll die Ausschlagung der Erbschaft anfechten können, wenn sie auf der irrtümlichen Annahme einer solchen Beschränkung oder Beschwerung beruht.

Beispiel: Der Witwer W hat sein einziges Kind K, das nach der gesetzlichen Erbfolge Alleinerbe wäre, zwar als Erbe eingesetzt, aber Testamentsvollstreckung angeordnet. K schlägt deshalb nach § 2306 I aus, um den Pflichtteil zu erhalten. Zur Zeit der Ausschlagung war aber, was K nicht wusste, der Testamentsvollstrecker gestorben; nach § 2225 war daher die Testamentsvollstreckung erloschen. K kann jetzt die Ausschlagung der Erbschaft nach § 2308 I anfechten: Er erhält dann die ihm zugewendete Erbschaft ohne Beschränkung, während er ohne die Anfechtung nur den Wert der Hälfte der Erbschaft erhielte, §§ 2306 I, 2303 I 2, 1924, 1930.

VII. Probleme des § 123 BGB

149 Da die Arglistanfechtung dem Schutz der rechtsgeschäftlichen Entschließungsfreiheit in freier Selbstbestimmung dient, ist ein im Voraus vereinbarter Ausschluss des Anfechtungsrechts unwirksam, wenn der Geschäftspartner selbst oder ein sog. Nicht-Dritter täuscht.[55]

1. »Dritter« bei § 123 BGB

Eine durch **Drohung** veranlasste Willenserklärung kann unabhängig davon angefochten werden, von wem diese Drohung stammt, § 123 I. Bei der **arglistigen Täuschung** gilt Gleiches nur für die nicht empfangsbedürftige Willenserklärung. Eine empfangsbedürftige Willenserklärung dagegen kann wegen einer von einem Dritten verübten Täuschung nach § 123 II 1 nur dann angefochten werden, wenn der Erklärungsgegner die Täuschung kannte oder kennen musste. Hieraus folgt die praktisch bedeutsame Frage, wer in diesem Sinne Dritter ist.[56] Das zeigen die folgenden Beispiele:

(1) **BGHZ 33, 302:** Verkäufer V und Käufer K vereinbaren einen von der Bank B zu finanzierenden Ratenzahlungskauf. Dabei stehen V und B für solche Finanzierungen in dauernder Geschäftsverbindung. Infolge einer arglistigen Täuschung durch V gibt K in dem an B gerichteten Darlehensantrag wahrheitswidrig an, V habe die gekaufte Ware bereits geliefert. B nimmt den Antrag an und zahlt das

54 RGZ 149, 235; 158, 50; BGHZ 106, 359.

55 BGH NJW 2007, 1058; 2012, 296 (298); krit. dazu *Heyers* JURA 2012, 539.

56 Dazu *Röckrath,* FS Canaris, Bd. I, 2007, 1105; *S. Arnold* JuS 2013, 865 (868); *Petersen,* Der Dritte in der Rechtsgeschäftslehre, JURA 2004, 306; *Petersen,* Täuschung und Drohung im Bürgerlichen Recht, JURA 2006, 904.

Darlehen für Rechnung des K dem V aus. Dieser liefert nicht und wird insolvent. B verlangt von K Rückzahlung des Darlehens; K ficht demgegenüber den Darlehensvertrag wegen der arglistigen Täuschung durch V an.

(2) **BGH LM § 123 BGB Nr. 30:** S erbittet von G ein Darlehen. Dieser verlangt jedoch die Beibringung eines Bürgen. S schwindelt dem D erhebliches Vermögen vor und veranlasst diesen so zur Übernahme der Bürgschaft. Von G in Anspruch genommen, will D seine Bürgschaftserklärung wegen der arglistigen Täuschung durch S anfechten.

In beiden Fällen hängt die Entscheidung davon ab, ob man den Täuschenden (V oder S) im Verhältnis zum Erklärungsempfänger (B oder G) als Dritten ansieht: Nur wenn man das nicht tut, kann sich jeweils der Beklagte seiner vertraglichen Zahlungspflicht durch Anfechtung nach § 123 entledigen.

Unzweifelhaft ist »Dritter« nicht etwa jeder außer dem Erklärungsempfänger. So ist nicht Dritter der Vertreter des Erklärungsempfängers; das gilt nach Genehmigung auch für den Vertreter ohne Vertretungsmacht.[57] Wenn ein solcher Vertreter getäuscht hat, kann der Erklärende also in jedem Fall anfechten. Überhaupt schränkt die neuere Rechtsprechung den Begriff des »Dritten« immer stärker ein und erweitert so die Anfechtungsmöglichkeit nach § 123: Dritter soll nicht sein, wer **Vertrauensperson des Erklärungsempfängers** ist[58] oder diesem sonst nach Treu und Glauben zugerechnet wird.[59] So hat der BGH im Fall (1) den Verkäufer V im Verhältnis zu der finanzierenden Bank B nicht als Dritten angesehen und daher die Anfechtung durch K zugelassen. Später hat der BGH in solchen Fällen sogar auch auf das zunächst geforderte Merkmal einer dauernden Geschäftsbeziehung zwischen B und V verzichtet.[60]

Man kommt so beim **fremdfinanzierten Abzahlungskauf** (B-Geschäft) zu einem recht wirksamen Käuferschutz. Andere Wege hierhin eröffnen für den Widerruf § 358 und für Einwendungen § 359 (→ Rn. 776) oder die Annahme von Aufklärungspflichten der Bank gegenüber dem Käufer: Wenn sich die Bank zur Erfüllung dieser Pflichten des Verkäufers als ihres Gehilfen bedient, haftet sie für dessen Verschulden nach den §§ 280 I, 278. Dieser letzte Weg hat aber den Nachteil, dass die Haftung grundsätzlich abdingbar ist (einschränkend aber § 309 Nr. 7). Doch hilft er nicht bei der Verletzung von Pflichten, die nur dem Verkäufer und nicht auch der Bank obliegen, zB regelmäßig zur Aufklärung über die mit dem Kredit zu finanzierende Anlage.

Der BGH hat sogar im Fall (2) den Hauptschuldner S im Verhältnis zum Bürgen D als Vertrauensperson des Gläubigers G erwogen. Aber das geht zu weit.[61] Denn S und G stehen auf verschiedenen Seiten. Insbesondere nimmt S, wenn er sich um einen Bürgen bemüht, nicht die Interessen des G wahr, sondern eigene: Wenn sich kein Bürge findet, erhält S den Kredit nicht.

2. Verhältnis von § 123 BGB und culpa in contrahendo

150 a) Fraglich ist auch das Verhältnis zwischen § 123 und Ersatzansprüchen aus culpa in contrahendo:[62] Diese Ansprüche entstehen ja regelmäßig schon aus bloß fahrlässigem Verhalten und unterliegen der gewöhnlichen Verjährung nach den §§ 195, 199 I, IV. Danach scheint es, als könne so der durch fahrlässige Irreführung zum Vertragsschluss

57 RGZ 76, 107.
58 Ähnlich *Schubert* AcP 168 (1968), 470. S. auch BGH NJW 2012, 296 (299).
59 BGH NJW 1979, 1593.
60 BGHZ 47, 224; BGH NJW 1970, 701.
61 BGH LM § 123 BGB Nr. 31; NJW 1968, 986; *Flume* Rechtsgeschäft § 29, 3.
62 *S. Lorenz,* Der Schutz vor dem unerwünschten Vertrag, 1997; *Grigoleit,* Vorvertragliche Informationshaftung, 1999; *Fleischer,* Informationsasymmetrie im Vertragsrecht, 2001; *Mankowski,* Beseitigungsrechte, 2003; *Ackermann,* Der Schutz des negativen Interesses, 2007.

Veranlasste aus c. i. c. über § 249 I bis zu zehn Jahre lang die Aufhebung des Vertrages fordern. Der BGH hat das in der Tat für das alte Verjährungsrecht zugelassen.[63]

Die Literatur zur »fahrlässigen Täuschung« war uneinheitlich: Ein Teil der Lehre hat den Schadensersatzanspruch aus c. i. c. auf Rückgängigmachung des Vertrages als Rechtsfortbildung gebilligt.[64] Eine andere Ansicht wollte den Ersatzanspruch dadurch mit § 123 vereinbaren, dass sie einen verschiedenen Schutzzweck angenommen hat: § 123 schütze die Willensfreiheit, der Ersatzanspruch dagegen das Vermögen.[65] Das trifft nicht zu: Der auf Naturalrestitution nach § 249 I gerichtete Ersatzanspruch ist von einem *Vermögens*schaden unabhängig, arg. § 253 mit → Rn. 821.[66] Eine dritte Meinung wollte den Getäuschten auf einen Geldanspruch beschränken.[67] Der BGH hat einen Anspruch aus culpa in contrahendo nur dann bejaht, wenn die Täuschung zu einem *Vermögens*schaden geführt hat.[68] Auch hiergegen spricht aber, dass die Naturalrestitution nach § 249 I keinen Vermögensschaden verlangt.

Umstritten ist weiter, ob dem Getäuschten auch schon bei vorvertraglichen Aufklärungspflichtverletzungen nach **§ 324** ein **Rücktrittsrecht** zusteht, wenn ihm die Vertragsbindung wegen der Täuschung unzumutbar ist.[69] Dagegen wird eingewandt, dass § 324 ebenso wie § 282 auf leistungsbegleitende Schutzpflichten zugeschnitten sei.[70] Wenn jedoch bei Vertragsdurchführung bereits Unzumutbarkeit zur Vertragsaufhebung berechtigt, dann ist nicht einzusehen, warum dies im vorvertraglichen Stadium nur bei Arglist gelten soll. Die erforderliche Begrenzung der Vertragsaufhebung durch das – immerhin normierte – Kriterium der Unzumutbarkeit wird der Wertung des § 123 allemal besser gerecht als die fragwürdige Anknüpfung an einen Vermögensschaden.

Unzumutbarkeit und damit c. i. c. wird jedenfalls bei Arglist anzunehmen sein. Arglist kann man auch bei **Angaben »ins Blaue hinein«** bejahen und damit den Anwendungsbereich von § 123 ausweiten (und zugleich den von § 438 I beschränken):[71] so wenn der Verkäufer eines Pkw »Unfallfreiheit« zusichert, obwohl er weder den Wagen untersucht noch sich nach dessen Vorgeschichte erkundigt hat. Falls der Verkäufer auf die Richtigkeit seiner Angabe hofft, lässt sich Arglist zumindest mit einer Täuschung über die fehlende Beurteilungsgrundlage rechtfertigen.[72]

Darüber hinaus kann Unzumutbarkeit bzw. c. i. c. auch dann zu bejahen sein, wenn den fahrlässig eine unrichtige Auskunft gebenden Vertragspartner eine **besondere Auskunftspflicht** trifft.[73] Diese kann sich namentlich auch daraus ergeben, dass er die

63 Etwa BGH NJW 1984, 2014 (2015); NJW-RR 1988, 744, für rechtswidrige Drohung auch BGH NJW 1979, 1983.

64 *Larenz,* FS Ballerstedt, 1975, 397 (411).

65 *Schubert* AcP 168 (1968), 470 (504ff.).

66 In diese Richtung schon *Medicus* JuS 1965, 209 (211); zust. *Canaris* AcP 200 (2000), 273 (305).

67 *Lieb,* FS Rechtswiss. Fak. der Univ. Köln, 1988, 251.

68 BGH NJW 1998, 302; *Medicus* ablAnm zu BGH LM § 249 (A) BGB Nr. 113; *S. Lorenz* ZIP 1998, 1053 (1055ff.); *S. Lorenz* JuS 2015, 398 (400); *Grigoleit* NJW 1999, 900 (901f.).

69 *Grunewald,* FS Wiedemann, 2002, 75 (79f.); MüKoBGB/*Ernst* § 324 Rn. 6; Soergel/*Gsell* § 324 Rn. 6. Zu §§ 282, 324 auch → Rn. 248.

70 *Mankowski,* Beseitigungsrechte, 2003, 198ff.; *Mankowski* ZGS 2003, 91 (92); *Mertens* ZGS 2004, 67 (68).

71 BGHZ 63, 382 (388). Vgl. auch → Rn. 300ff.

72 Skeptisch *Faust* JZ 2007, 101. Zur Konkurrenz von c. i. c. und Kaufrecht → Rn. 301.

73 Ähnlich *Häublein* NJW 2003, 388 (391).

»Beratung« als Werbeargument verwendet. Nur sollte man eine solche Aufklärungspflicht nicht schon schlechthin aus dem »Eintritt in Vertragsverhandlungen« herleiten, sondern sie an eine Art Garantenstellung knüpfen: Sonst würden die Grenzen der §§ 123, 124 völlig niedergerissen, ohne dass die strengen Erfordernisse einer richterlichen Gesetzeskorrektur (nicht bloß Lückenfüllung!) so allgemein vorlägen. Die Verweisung auf § 241 II in § 311 II am Anfang bedeutet keineswegs, dass Verhandlungspartner allemal einander zur Information verpflichtet wären.[74]

151 b) Die **Berechnung des Schadens** aus einem unerwünschten Vertrag führt zu Schwierigkeiten. Sicher nicht verlangen kann der Geschädigte eine Anpassung des Vertragsinhalts an denjenigen, der bei vollständiger Aufklärung vereinbart worden wäre.[75] Vielmehr soll der Geschädigte den anderen Teil an dem ungünstigen Vertrag festhalten und zusätzlich Ersatz seines Vertrauensschadens verlangen müssen. Das bedeutet den Ersatz des Betrages, um den er zu teuer gekauft hat, und läuft auf eine Minderung hinaus.[76] Ausnahmsweise soll auch das positive Interesse in Geld zu ersetzen sein, wenn der Geschädigte nachweist, bei ordnungsmäßiger Aufklärung wäre der Vertrag mit dem für ihn günstigen Inhalt zustande gekommen.[77] Die zweifelhafte Voraussetzung hierfür ist freilich, dass aus bloßer Schutzpflichtverletzung der Ersatz des Leistungs(Erfüllungs)interesses verlangt werden kann.

74 BGHZ 168, 35 Rn. 18.

75 BGHZ 168, 35 Rn. 21, 28; anders *Schwarze* LeistungsstörungsR § 33 Rn. 51; *Harke* SchuldR AT Rn. 291 – insoweit krit. *Bartels* AcP 210 (2010), 917 (921).

76 BGHZ 168, 35 Rn. 22; zust. *Medicus/Lorenz* SchuldR AT Rn. 109; vgl. auch *J. Hager* JA 2011, 468 (470 f.) zu BGHZ 188, 78.

77 BGHZ 168, 35 Rn. 23; dazu *Emmerich* JuS 2006, 1021. Krit. *Theisen* NJW 2006, 3102.

§ 7 Die Geschäftsgrundlage[1]

I. Vorfragen

152 Die Lehre von der Geschäftsgrundlage (GG) wird im Privatrecht unter verschiedenen Bezeichnungen seit langem diskutiert.[2] Einigkeit bestand und besteht auch unter der Geltung des § 313 darüber, dass der allgemeinen Billigkeitslehre von der GG gesetzliche Sonderregeln vorgehen: Jedes voreilige Heranziehen dieser Lehre würde die Grenzen der speziellen Rechtsbehelfe verfehlen.

II. Abgrenzung der Geschäftsgrundlage

1. Vorrangige Sonderregeln

153 Die Abweichung der Wirklichkeit von den Vorstellungen oder Erwartungen der Parteien wird in vielen Einzelvorschriften berücksichtigt. Beispiele sind die §§ 311 a, 321, 434 I 2 Nr. 1, 490, 519, 528, 530, 775 I Nr. 1 und 2, 779, 1614 II, 2077, 2079. Als zunächst nur in Spezialbestimmungen (§§ 626, 723 I 2; 3), jetzt aber zudem allgemein in § 314 geregelter Fall ist auch das Kündigungsrecht aus wichtigem Grund bei Dauerschuldverhältnissen zu nennen, der für die außerordentliche Kündigung des Werkvertrags durch den Besteller entsprechend gilt.[3] Im – möglicherweise durch Analogie erweiterten – Anwendungsbereich dieser Vorschriften hat die Lehre von der GG nichts zu suchen.[4] Hier erübrigt sich auch die Frage, ob diese Fälle »eigentlich« solche des Fehlens oder Wegfalls der GG sind.

2. Vorrang der Auslegung

154 Auch durch Auslegung kann ein Vertrag der Wirklichkeit angepasst werden. Dabei kommt auch die ergänzende Vertragsauslegung in Betracht, wenn der Vertrag lückenhaft ist.[5] Wo das möglich ist, bleibt für die Lehre von der GG kein Raum.

RGZ 105, 406 (Rubelfall; dazu *Pfeifer* JURA 2005, 774): G hat dem S 1920 in Moskau 30.000 Rubel als Darlehen gegeben. Beide gingen davon aus, ein Rubel sei nach dem geltenden Umrechnungskurs 25 Pfennig wert. Daher stellte S dem G Schuldscheine über 7.500 M aus. In Wahrheit entsprach der Rubel damals aber nur etwa einem Pfennig. Das RG hat die Anfechtbarkeit der Schuldscheine nach § 119 I bejaht. Später ist der Fall bisweilen als Beispiel für das Fehlen der GG genannt worden.

Möglich und vorzugswürdig ist aber folgende Lösung:[6] Die Parteien haben hier eine zweiteilige Vereinbarung getroffen. Es sollte nämlich einerseits das Darlehen zum richtigen Kurswert des Rubels in deutscher Währung zurückgezahlt werden; andererseits wurde dieser Kurswert falsch angenommen und so ein Rückzahlungsbetrag von

1 *Riesenhuber/Domröse*, Der Tatbestand der Geschäftsgrundlagenstörung in § 313 BGB – Dogmatik und Falllösungstechnik, JuS 2006, 208; *Eidenmüller* JURA 2001, 824; *Loyal*, Die Vertragsaufhebung wegen Störung der Geschäftsgrundlage, NJW 2013, 417; *Thole*, Renaissance der Lehre von den Neuverhandlungspflichten bei § 313 BGB?, JZ 2014, 443; *Schollmeyer*, Selbstverantwortung und Geschäftsgrundlage, 2014.

2 Spätestens seit *Windscheid*, Die Lehre des römischen Rechts von der Voraussetzung, 1850.

3 *Looschelders* SchuldR BT Rn. 710; aA *Voit*, FS Honsell, 2002, 415 (431 ff.): Kündigung nach § 649 S. 1 und teleologische Reduktion von § 649 S. 2.

4 Zu § 2077 etwa *Petersen* AcP 204 (2004), 832.

5 BGH NJW 2007, 1884; 2014, 3439 Rn. 7 ff.

6 Vgl. *Flume* Rechtsgeschäft § 26, 4 a.

7.500 M festgesetzt. Beide Teile widersprechen sich. In solchen Fällen ist durch Auslegung zu ermitteln, welcher der beiden widersprüchlichen Teile den Vorrang haben soll. Das ist hier die Rückzahlung zum wirklichen Kurswert. S schuldet also nur 300 M.

Allerdings kann diese Auslegung nicht auch die »Schuldscheine« ergreifen, wenn diese abstrakte Schuldversprechen darstellen. Aber sie sind, soweit sie 300 M übersteigen, rechtsgrundlos geleistet. Insoweit können sie, weil durch keine Kausalabrede gedeckt, kondiziert werden; einer Klage aus ihnen steht die Einrede nach § 821 entgegen (→ Rn. 741).

3. Perplexität

155 Wenn die Auslegung für keinen der beiden widersprüchlichen Teile einen Vorrang ergibt, ist das Rechtsgeschäft regelmäßig wegen Perplexität nichtig (→ Rn. 133). Die Lehre von der GG braucht man auch hier nicht.

BGHZ 47, 376: G hat einer KG eine Forderung unter dem Vorbehalt erlassen, dass er deren Komplementär S auch weiter in Anspruch nehmen wolle. Der BGH hat aber die Möglichkeit eines solchen auf die Gesellschaft beschränkten Erlasses trotz § 423 verneint: Damit würde nämlich die Stellung des weiterhaftenden Gesellschafters verschlechtert, weil dieser sich nun entgegen §§ 161 II, 129 HGB nicht mehr auf die Einwendungen und Gestaltungsrechte der Gesellschaft berufen könne.

Wenn man dieser Auffassung des BGH folgt,[7] ist der Erlassvertrag in sich widersprüchlich: Die Befreiung der Gesellschaft und die Forthaftung des Gesellschafters passen nicht zusammen. Wenn dann die Auslegung nicht weiterhilft, muss man ihn wegen Perplexität für nichtig halten. Der BGH hat Fehlen der GG angenommen. Demgegenüber spricht aber für das Vorliegen eines Nichtigkeitsgrundes schon, dass hier eine Aufrechterhaltung des Vertrages mit geändertem Inhalt (→ Rn. 168) sinnlos wäre. Im Ergebnis hat denn auch der BGH die Unwirksamkeit des Erlasses bejaht.

4. Abgrenzung zur Unmöglichkeit

156 Auch anfängliche und nachträgliche Unmöglichkeit gehen den Regeln über die GG vor. Allerdings bestehen hier mannigfache Berührungspunkte. Dabei lassen sich drei Fallgruppen unterscheiden: Leistungserschwerung, Zweckstörung und Äquivalenzstörung.

a) Leistungserschwerung

Bei der (freilich oft mit der Äquivalenzstörung vermengten) Leistungserschwerung ist die Leistung dem Schuldner mühsamer als vorausgesehen, jedoch nicht wirklich unmöglich. Hier kann man nach dem Grund der Erschwernis weiter unterscheiden:

157 aa) Die Erschwernis kann **immaterielle Gründe** haben. Ein Schulfall dafür ist die Sängerin, die an dem versprochenen Auftreten durch eine schwere Erkrankung ihres Kindes gehindert wird. Die hM hat hier mit einem aus § 242 hergeleiteten Einwand gearbeitet: Die unzumutbare Leistung darf verweigert, muss aber auf Verlangen des Gläubigers später erbracht werden. Der Fall wird von § 275 III erfasst, durch den der Schuldner eine Einrede erhält: Was der Schuldner mit seinem Gewissen nicht mehr vereinbaren kann, muss er zunächst selbst sagen. So mag die Sängerin trotz der Erkrankung ihres Kindes auftreten wollen, um die Operationskosten zu verdienen. Eine

7 Dem BGH im Wesentlichen zust. *D. Reinicke*, FS H. Westermann, 1974, 487. Gegen den BGH jedoch *Buchner* JZ 1968, 622; *Tiedtke* DB 1975, 1109.

Schadensersatzpflicht des die Leistung verweigernden Schuldners kommt nur bei Verschulden in Betracht.

158 bb) Die Erschwernis kann auf wirtschaftlichen Gründen beruhen. Hier gibt es zwei rechtlich verschieden zu behandelnde Untergruppen. Dabei kann die Leistungserschwerung so weit gehen, dass die technisch noch mögliche Leistungserbringung als wirtschaftlich sinnlos erscheint. Nur wird ein solcher Aufwand regelmäßig nicht geschuldet. Wenn derart die Leistung mit den vertragsgemäßen Mitteln nicht erbracht werden kann, ist Unmöglichkeitsrecht anzuwenden. Dieser Fall unterfällt § 275 je nachdem, ob dem Schuldner noch an der Leistungserbringung gelegen sein kann (dann Abs. 2) oder nicht (dann Abs. 1). Denn das durch die Einrede nach Abs. 2 gewährte Wahlrecht ist für den Schuldner nur im ersten Fall sinnvoll, also wenn er die Leistung noch mit einem nicht geschuldeten Aufwand erbringen (und dadurch die Gegenleistung verdienen) kann.

An die Grenze zwischen § 275 II und einer Störung der GG gelangt man, wenn das Leistungshindernis noch auf andere Weise (etwa durch eine Erhöhung der Gegenleistung) entschärft werden kann.[8]

Beispiel: Ein Unternehmer U verspricht ein Bauwerk zu einem Festpreis (→ Rn. 134). Bei der Ausführung stellt sich jedoch zur Überraschung beider Parteien heraus, dass der Baugrund eine besonders aufwendige Fundamentierung nötig macht. Die Kosten für U steigen daher stark; der vereinbarte Preis wird unzureichend. Hier kann man an ein Leistungsverweigerungsrecht des U nach § 275 II denken. Doch passen eher die Regeln über das Fehlen der GG. Denn mithilfe der GG lässt sich der Vertrag noch dadurch retten, dass der Gläubiger an den Mehrkosten beteiligt wird.

b) Zweckstörung

Bei der Zweckstörung lassen sich gleichfalls zwei Untergruppen bilden:[9]

159 aa) Die geschuldete **Leistungshandlung kann nicht mehr vorgenommen werden,** vor allem weil der Leistungserfolg anderweitig eingetreten ist **(Zweckerreichung).** Es sei etwa das aufgelaufene Schiff, dessen Freischleppen geschuldet wird, bei einer Sturmflut von selbst freigekommen. Hier führt kein Weg am Unmöglichkeitsrecht vorbei. Eine Vergütung kann man dem Bergungsunternehmer etwa über § 326 II verschaffen, wenn man die Verantwortlichkeit des Gläubigers der Bergungsleistung entsprechend weit fasst (→ Rn. 269). Sonst bleibt noch der Weg, schon die Vorbereitungsmaßnahmen des Schuldners als entgeltspflichtige (§ 323 V I) »Teilleistung« zu verstehen.[10] Beim Werkvertrag hilft auch § 645 I (→ Rn. 269). Am besten eignet sich wohl eine Analogie zu Spezialvorschriften (§§ 645, 615, 537): Der Schuldner soll das Vergütungsrisiko nicht für leistungshindernde Umstände tragen, die beim Gläubiger liegen. Die Wertung der §§ 645, 615, 537 hilft im Übrigen nicht nur hier, sondern auch im Leistungsstörungsrecht.[11]

8 Lehrreich zum Verhältnis der GG zu § 275 II *M. Stürner* JURA 2010, 721; *Stürner,* FS v. Brünneck, 2011, 360 zur Frage, ob § 275 II als Schranke negatorischer Ansprüche in Betracht kommt.

9 Dazu ausf. *Beuthien,* Zweckerreichung und Zweckstörung im Schuldverhältnis, 1969; *Köhler,* Unmöglichkeit und Geschäftsgrundlage bei Zweckstörungen im Schuldverhältnis, 1971; *Willoweit* JuS 1988, 833.

10 *Beuthien,* Zweckerreichung und Zweckstörung im Schuldverhältnis, 1969, 119ff., 212.

11 Zum Verhältnis von Gläubigerverzug und Unmöglichkeit etwa *Canaris,* Liber amicorum J. Prölss, 2009, 21, vgl. auch → Rn. 277f.

bb) Die geschuldete **Leistungshandlung** vermag zwar noch vorgenommen zu werden, doch **kann** sie den **vertragsmäßigen Erfolg nicht mehr erreichen.** Der Motor eines Autos etwa versagt; vor Eintreffen des herbeigerufenen Abschleppwagens ist er jedoch wieder angesprungen. Die Lösung dieser Fallgruppe ist heftig umstritten. **160**

Man muss hier sicher zunächst alle Fälle ausscheiden, in denen der Erfolg den Schuldner der sinnlos gewordenen Leistung nichts angeht. So berührt es regelmäßig den Verkäufer einer als Hochzeitsgeschenk bestimmten Sache nicht, dass die Hochzeit nicht stattfindet: Dieses ihm ganz fremde Risiko hat er nicht vertraglich übernehmen wollen. Wo aber der Erfolg wirklich Vertragsinhalt geworden ist, passt wieder das Unmöglichkeitsrecht. Das wird beim absoluten Fixgeschäft, das nur einen Sonderfall dieser Gruppe bildet, auch allgemein befolgt: Nach Fristablauf ist die Leistung unmöglich.

So lassen sich etwa auch die vieldiskutierten Krönungszugfälle lösen: Miete eines Fensters, um den Festzug zu sehen; dieser fällt aber aus. Hier schuldete zwar der Vermieter nicht die Veranstaltung des Festzugs. Aber dass dieser stattfindet, ist doch mehr als bloß GG; zumindest würde § 536 I (»vertragsmäßiger Gebrauch«) anzuwenden sein: Der Mieter braucht nicht zu zahlen.

c) Äquivalenzstörung

Den eigentlichen Anwendungsbereich der Lehre von der GG bildet die dritte Fallgruppe, nämlich die Äquivalenzstörung. **161**

RGZ 100, 129: V hat an M gewerbliche Räume vermietet und zugleich die Abgabe von Wasserdampf zu einem festen Preis versprochen. Dieser Preis wird inflationsbedingt völlig unzureichend.

Hier ist die Leistungshandlung des V gleichgeblieben: Der technische Vorgang der Dampfbereitung hat sich nicht verändert. Auch eine Störung des individuellen Vertragszwecks liegt nicht vor. Gestört ist wegen der Entwertung auf der Geldseite nur das mit gegenseitigen Verträgen ganz allgemein beabsichtigte angemessene Verhältnis des Leistungsaustauschs: Hier kann bloß die Lehre von der GG helfen.

5. Motivirrtum

Der Motivirrtum überdeckt sich mit den Fällen des Fehlens der GG, wo diese in bewussten Vorstellungen über gegenwärtige Umstände besteht. Soweit es hier für den Motivirrtum eine spezialgesetzliche Regelung gibt (etwa nach §§ 119 II, 123, 2078f. – dort sogar für Erwartungen! –), geht diese den allgemeinen Regeln über das Fehlen der GG vor. **162**

Das gilt insbesondere für den **beiderseitigen Irrtum:**[12] Auch hier ist ein Vorrang der §§ 119ff. gerecht. Denn zuerst anfechten wird stets der, zu dessen Nachteil die Wirklichkeit von der gemeinsamen Vorstellung abweicht, weil nur er den Vorteil von der Anfechtung hat. Dann ist es auch nicht unbillig, wenn er diesen Vorteil mit der Pflicht zum Ersatz des negativen Interesses (§ 122 I) bezahlt.[13] Denn im Rahmen der Privatautonomie ist regelmäßig jede Partei Hüter ihrer eigenen Interessen; was sie dabei zu ihrem Nachteil versäumt hat, mag sie auch selbst durch Anfechtung wieder in Ordnung bringen.

12 Näher *Petersen,* Der beiderseitige Motivirrtum zwischen Anfechtungsrecht und Geschäftsgrundlage, JURA 2011, 430.

13 Vgl. *Flume* Rechtsgeschäft § 24, 4 (S. 488).

Beispiel: V verkauft an K einen Ring als »vergoldet«. Später stellt sich heraus, dass er aus massivem Gold besteht. Hier hätte V darauf achten müssen, dass der Ring nicht wertvoller als angegeben ist; mag er mit der Folge von § 122 anfechten (§ 119 II).[14] Nur V hat ja auch ein Interesse an der Anfechtung; dass gerade er anficht, ist also keineswegs »zufällig«.

Eine wesentliche Rolle spielen denn auch bei der Lehre von der GG gar nicht die Fälle eines gemeinsamen nach § 119 beachtlichen Irrtums. Vielmehr geht es überwiegend um gemeinsame, nach § 119 unbeachtliche *Motivirrtümer* oder um Fälle, in denen nur die allgemeine Vorstellung der Parteien von der Fortdauer der bestehenden Verhältnisse enttäuscht worden ist.

6. Kondiktion wegen Zweckverfehlung

163 Endlich ist noch die *condictio ob rem* (§ 812 I 2 Fall 2) von der GG zu trennen. Dieser Bereicherungsanspruch beschränkt sich auf die Fälle der Leistung ohne vorangegangene Verpflichtung: Der Erfolg, den der Leistende mit seiner Leistung vereinbarungsgemäß bezweckt, bleibt endgültig aus (→ Rn. 691 f.). Hier ist also der Erfolgseintritt Inhalt des Rechtsgeschäfts geworden. Dagegen sind die Umstände, die zur GG gerechnet werden, gerade außerhalb des Rechtsgeschäfts geblieben: Geschäfts*grundlage* und Geschäfts*inhalt* schließen sich aus. Wegen dieser Verschiedenheit der Tatbestände können beide Institute streng genommen nicht miteinander konkurrieren.[15]

III. Die Prüfung der Geschäftsgrundlage

164 Soweit nicht nach dem eben Gesagten eine Sonderregelung eingreift, muss die Abweichung der Wirklichkeit von den Vorstellungen oder Erwartungen mindestens einer Partei unter dem Gesichtspunkt des (ursprünglichen) Fehlens oder (nachträglichen) Wegfalls der GG geprüft werden. Diese Prüfung geschieht am besten in drei Schritten, die sich der Sache nach jetzt auch in § 313 I finden:

1. Ist der Punkt, in dem Vorstellung oder Erwartung und Wirklichkeit nicht übereinstimmen, zur GG geworden?
2. Wiegt die Abweichung der Wirklichkeit von dieser GG so schwer, dass man sagen kann, die GG habe gefehlt oder sei weggefallen?
3. Welche Rechtsfolgen ergeben sich aus Fehlen oder Wegfall der GG?

Nach diesem Schema richtet sich die folgende Erörterung.

1. Was ist Geschäftsgrundlage?

a) Elemente der Geschäftsgrundlage

165 Annäherungsweise dürfte für die GG folgende Formel gelten, die auch in § 313 I vorausgesetzt wird (»Umstände, die zur Grundlage des Vertrags geworden sind«): GG ist ein Umstand,

a) den mindestens eine Partei beim Vertragsschluss vorausgesetzt hat,
b) der für diese Partei auch so wichtig war, dass sie den Vertrag nicht oder anders abgeschlossen hätte, wenn sie die Richtigkeit ihrer Voraussetzung als fraglich erkannt hätte, und

14 Vgl. BGH NJW 1988, 2597, dazu *H. Honsell* JZ 1989, 44; *Köhler/Fritzsche* JuS 1990, 16.
15 Anders wohl BAG NJW 1987, 918: Die Lehre von der GG gehe vor.

c) auf dessen Berücksichtigung die andere Partei sich redlicherweise hätte einlassen müssen.

Diese Formel setzt sich aus drei Elementen zusammen: Einem realen (a), einem hypothetischen (b) und einem normativen (c). Bei der Fallbearbeitung ist das Vorliegen des realen und hypothetischen Elements häufig leicht begründbar. Schwierigkeiten bereitet jedoch das normative Element, weil es mit »redlicherweise« auf Treu und Glauben verweist. Diese Verweisung muss durch **Auslegung** konkretisiert werden: Jeder Vertrag verteilt Risiken zwischen den Parteien. Das kann durch spezielle Vereinbarungen (zB die Zusage eines Festpreises für einen langen Zeitraum) oder – häufiger – durch das dispositive Gesetzesrecht geschehen (zB durch §§ 446, 447).[16] Insoweit ist der Vertrag bindend; das meint auch die »vertragliche oder gesetzliche Risikoverteilung« von § 313 I. Doch ergibt sich der Umfang des übernommenen Risikos nicht allein aus dem Vertrags**wortlaut:** Dieser ist hinsichtlich der nicht vorausgesehenen Wirklichkeit ja bloß zufällig. Erst die – ggf. ergänzende[17] – **Auslegung** (§§ 157, 242) kann daher die angemessene Grenze der Risikoübernahme ergeben. Wesentliche Gesichtspunkte hierfür sind neben der Verkehrssitte die Höhe der (auch als Risikoprämie aufzufassenden) Gegenleistung und die der anderen Partei erkennbare Kalkulation. Das spielt vor allem bei Äquivalenzstörungen eine Rolle. Auch die herrschende Rechtsprechung kann ein solcher Umstand sein; eine Änderung soll wenigstens den Pflichten aus einem Prozessvergleich die Geschäftsgrundlage entziehen können.[18]

b) Regelmäßig unbeachtliche Umstände

166 Nicht zur GG gehört aber regelmäßig die weitere Verwendbarkeit des Vertragsgegenstands für den Empfänger, auch wenn die andere Partei die Zwecke des Empfängers kennt.[19]

BGH NJW 1985, 2693: G betreibt auf einem Pachtgrundstück eine Gastwirtschaft. Für diese schließt er mit der Brauerei B einen langfristigen Getränkebezugsvertrag. Der Verpächter kündigt: Das fällt regelmäßig in den Risikobereich des G; dieser bleibt also der B verpflichtet.

BGHZ 163, 42: Krankenhausträger und Patient nehmen beim Abschluss des Behandlungsvertrags irrig an, es bestehe Versicherungsschutz. Dieses Risiko trifft den Patienten, der sich über seinen Versicherungsschutz vergewissern muss.

Teilweise hat der BGH angenommen, dass die spätere Scheidung der Ehegatten die Geschäftsgrundlage einer Bürgschaftsverpflichtung entfallen lässt, die ein Ehegatte für den anderen eingegangen ist (dazu → Rn. 254).[20] Doch ist das abzulehnen, zumal es zu einer Flucht in die Scheidung führen kann. Der Fortbestand seiner Ehe gehört zum Risikobereich des Schuldners.[21]

16 Zu Spezialfällen *Fikentscher*, Die GG als Frage des Vertragsrisikos, 1971 (Bauvertrag); *Stötter* NJW 1971, 2281 (Miete); *P. Ulmer* AcP 174 (1974), 167 (staatliche Lenkungsmaßnahmen).

17 BGH NJW 2007, 1884.

18 BGHZ 148, 368 (377ff.).

19 Vgl. BGHZ 83, 283.

20 BGHZ 128, 230; 132, 328; 134, 325.

21 *Medicus* JuS 1999, 833; *Petersen* FamRZ 1998, 1215. Zu dem Sonderfall von Zuwendungen unter Ehegatten oder in nichtehelichen Lebensgemeinschaften, wenn es zur Trennung kommt, → Rn. 690a f.

2. Wann fehlt die Geschäftsgrundlage oder ist sie weggefallen?

167 Nicht jede Abweichung der Wirklichkeit von einer zur GG gewordenen Voraussetzung ist rechtserheblich. Vielmehr muss diese Abweichung – und dadurch kommt in die Lehre von der GG ein weiteres Unsicherheitsmoment – so gewichtig sein, dass sie **nach Treu und Glauben Berücksichtigung verdient:** Dem benachteiligten Vertragspartner muss die Erfüllung **unzumutbar** geworden sein; so jetzt der Sache nach auch § 313 I (die »Berücksichtigung aller Umstände des Einzelfalls« soll über die Zumutbarkeit entscheiden). Fraglich ist das vor allem bei der Äquivalenzstörung, etwa in dem Beispiel → Rn. 161: Wie stark müssen sich die Kosten für die Herstellung des Dampfes seit Vertragsschluss vermehrt haben, damit man Wegfall der GG annehmen kann?

Diese Frage lässt sich nicht allgemein beantworten. Vielmehr ist auch für die quantitative Frage nach der Grenze des Risikorahmens wieder die **Auslegung des Einzelvertrags** von Bedeutung. Immerhin lassen sich aber doch zwei allgemeinere Gesichtspunkte nennen: Erstens spricht es gegen die Berücksichtigung einer Veränderung, dass sie **voraussehbar** war, insbesondere wenn das Geschäft spekulativen Charakter hatte. Wer etwa heute, also bei erfahrungsgemäß sinkendem Geldwert, langfristige Verträge schließt, kann dieses Sinken daher in weiten Grenzen nicht als Wegfall der GG geltend machen.[22] Zweitens wird man die Berücksichtigung einer Äquivalenzstörung eher zulassen können, wenn die im Wert gesunkene Leistung einem **Versorgungszweck** dienen sollte: Hier bildet die Eignung der vereinbarten Summe zur Versorgung einen Teil der GG. Daher darf eine Pensionszusage eher dem gesunkenen Geldwert angepasst werden als ein Pachtzins.

3. Rechtsfolgen aus Fehlen und Wegfall der Geschäftsgrundlage

168 a) In erster Linie ist das durch Fehlen oder Wegfall der GG beeinträchtigte Schuldverhältnis **der Wirklichkeit anzupassen.**[23] Dabei wird man meist diejenige Regelung zu ermitteln suchen, welche die Parteien bei richtiger Kenntnis der Wirklichkeit vereinbart hätten.[24] Um die gebotene Vertragsanpassung zu erreichen, hat der Vertragspartner eine Pflicht zur Mitwirkung, deren Verletzung einen Anspruch aus § 280 I begründen kann.[25] Der Wortlaut des § 313 I spricht zudem dafür, dass eine Vertragsanpassung auch ohne Mitwirkung notfalls durch richterliche Gestaltung erlangt werden kann.[26] Doch wird man in geeigneten Fällen[27] jede Partei für berechtigt halten dürfen, direkt auf die ihr nach der Anpassung zustehende Leistung zu klagen.[28]

169–170 b) Wo eine Anpassung unmöglich oder einer Partei unzumutbar ist, gewährt § 313 III ein **Rücktritts- oder Kündigungsrecht.**[29] Das gilt vor allem, wenn der Vertrag bei Kenntnis der Wirklichkeit auch nicht mit anderem Inhalt geschlossen worden wäre. Weiter zu erwägen ist dann, ob der andere Teil Aufwendungsersatz oder gar sein negatives Interesse soll verlangen können. Zum Leasing → Rn. 323.

22 So etwa BGHZ 86, 167 (169).
23 Etwa BGHZ 47, 48 (52).
24 Vgl. *Medicus,* FS Flume, Bd. I, 1978, 629.
25 BGH NJW 2012, 373; dazu *Teichmann* JZ 2012, 421; vgl. auch *Lüttringhaus* AcP 213 (2013), 266.
26 So für die obligatorische Ebene BGHZ 133, 281 (296); vgl. *Schmidt-Kessel/Baldus* NJW 2002, 2076. S. auch *Dauner-Lieb/Dötsch* NJW 2003, 921; *Heinrichs,* FS Heldrich, 2005, 183.
27 Etwa BGH NJW-RR 2006, 1037. Zum Ganzen auch *Hau,* Vertragsanpassung und Anpassungsvertrag, 2003.
28 Ebenso *Massing/Rösler* ZGS 2008, 374.
29 Dazu *Loyal* NJW 2013, 417.

§ 8 Fragen des Minderjährigenrechts[1]

I. »Lediglich rechtlicher Vorteil«

171 Nach § 107 kann der Minderjährige solche Willenserklärungen allein abgeben, die ihm lediglich rechtlichen Vorteil bringen.[2] Gleiches gilt für Volljährige, die einem **Einwilligungsvorbehalt** unterliegen, § 1903 III 1. Hierzu gibt es unter anderem die folgenden Probleme (dabei ist § 107 erheblich schwieriger, als es auf den ersten Blick scheinen mag!). Zu nichtberechtigten Verfügungen Minderjähriger über fremde Gegenstände → Rn. 540.

1. Leistungen an den Minderjährigen

Bei Leistungen an den Minderjährigen (oder den unter einer Betreuung mit Einwilligungsvorbehalt stehenden Volljährigen nach § 1903 III 1; er ist im Folgenden stets mitgemeint) ergibt sich die Frage der **Empfangszuständigkeit.**

> **Beispiel:** Der Minderjährige M hat von S 100 EUR zu fordern. S zahlt das Geld an M, ohne dass dessen gesetzlicher Vertreter zustimmt. Ist die Forderung M–S erloschen? Hat M Eigentum an dem gezahlten Geld erworben?

Hier bringt der Erwerb des Geldes, für sich betrachtet, dem M nur rechtlichen Vorteil. Dieser Erwerb müsste also nach § 107 wirksam sein. Andererseits führt aber die Erfüllung nach § 362 I zum Erlöschen der Forderung; das wäre ein rechtlicher Nachteil. Daher muss man entweder auch den Eigentumserwerb für zustimmungsbedürftig halten, oder man muss die Erfüllungswirkung von ihm trennen. Eine dritte bejaht Eigentumserwerb *und* Erfüllung, weil das Geschäft insgesamt dem Minderjährigen nur Vorteil bringe.[3]

Die vorzugswürdige hM[4] geht den zweiten Weg, trennt also Erfüllung und Eigentumserwerb: Obwohl M Gläubiger sei, fehle ihm doch die Zuständigkeit für die Annahme der Leistung. Diese »Empfangszuständigkeit« komme vielmehr nur dem gesetzlichen Vertreter zu. Daher könne M das Eigentum an dem Leistungsgegenstand erwerben. Denn seine Forderung erlösche erst dann durch Erfüllung, wenn der Leistungsgegenstand an den gesetzlichen Vertreter gelangt sei.

Wenn M das Geld verbraucht, muss S also nochmals leisten. S kann aber gegen M einen Gegenanspruch aus Leistungskondiktion haben. Wegen dieses Anspruchs kann S Aufrechnung oder bei ungleichem Inhalt der Ansprüche Zurückbehaltung (§ 273 I) geltend machen. Das Problem liegt hier beim Wegfall der Bereicherung (§ 818 III, → Rn. 176, 230).

2. Annahme von Schenkungen

172 **a)** Die Annahme einer Schenkung bringt dem Minderjährigen regelmäßig nur rechtlichen Vorteil. Probleme entstehen aber, wenn der geschenkte Gegenstand schon **belastet** ist, oder wenn der Schenker sich die Bestellung einer Belastung vorbehält.

---

1 Vgl. *M. Roth* AcP 208 (2008), 451; *Petersen,* Der Minderjährige im Schuld- und Sachenrecht, JURA 2003, 399; *Petersen* JURA 2003, 97; *A. Staudinger/Steinrötter,* Minderjährige im Zivilrecht, JuS 2012, 97.

2 Dazu *Stürner* AcP 173 (1973), 402; *Coester-Waltjen* JURA 1994, 668.

3 So etwa *Harder* JuS 1977, 149; dagegen aber zutr. *Wacke* JuS 1978, 80.

4 Etwa *Bork* BGB AT Rn. 1006 f.

BGHZ 161, 170: Das von der Mutter M an das minderjährige Kind K geschenkte Grundstück ist mit einer Grundschuld belastet; auch hatte sich M einen lebenslangen Nießbrauch und unter bestimmten Voraussetzungen einen Rücktritt von der Schenkung vorbehalten.

Diese Schenkung scheint dem K wegen des Vorbehalts nicht bloß rechtlichen Vorteil zu bringen. M selbst könnte wegen § 181 nicht einwilligen. Auch der Vater ist hier nach §§ 1629 II, 1795 I Nr. 1 von der Vertretung ausgeschlossen. Dann bliebe nur die Bestellung eines Ergänzungspflegers, § 1909 I 1.

In solchen Fällen nimmt man aber überwiegend ein für K lediglich vorteilhaftes Geschäft an: Entscheidend für § 107 sei, dass K nichts von seinem vor der Schenkung vorhandenen Vermögen aufgebe und dieses auch nicht belaste. Daher bedeute eine schon bestehende dingliche Belastung des geschenkten Gegenstandes keinen rechtlichen Nachteil, wenn K nicht auch persönlich haften solle. Ebenso liege es, wenn die Belastung erst mit dem Erwerb des K entstehe. Anders dürfte freilich zu entscheiden sein, wenn die Belastung erst später zu bestellen wäre: Dann haftet K in der Zwischenzeit für die Bestellung, und diese Haftung kann (etwa über die §§ 280 II, 286) auch den Wert des Geschenks übersteigen.

Der Rücktrittsvorbehalt der M könne bei seiner Ausübung zwar dem K Pflichten bringen, die über eine bloße Herausgabe des Geschenks hinausgingen (zB Schadensersatzansprüche nach §§ 346 IV, 280ff.). Das betreffe aber allein die obligatorische Schenkung. Eine Gesamtbetrachtung von Schenkung und Auflassung (→ Rn. 172a) komme wenigstens dann nicht infrage, wenn das Kausalgeschäft schon bei isolierter Betrachtung nachteilhaft sei.[5] Das beeinträchtige aber die Wirksamkeit der abstrakten Auflassung nicht.

Für die **öffentlich-rechtlichen Lasten** des geschenkten Grundstücks (zB Grundsteuer) haftet K zwar allemal persönlich. Aber diese treffen den Erwerber *kraft Gesetzes* und bilden deshalb keinen rechtlichen Nachteil *aus der Willenserklärung*.[6] Der BGH hat sich dem in der Sache angeschlossen:[7] Die gewöhnlich zu erwartenden öffentlichen Abgaben seien in ihrem Umfang so begrenzt, dass sie regelmäßig aus den laufenden Erträgen des Grundstücks gedeckt werden könnten. Sie führten daher typischerweise zu keiner Vermögensgefährdung.[8]

172a b) Der schenkweise Erwerb von **Wohnungseigentum** durch einen Minderjährigen ist hingegen stets rechtlich nachteilig.[9] Das gilt nicht nur dann, wenn die Gemeinschaftsordnung die Wohnungseigentümer über das gesetzlich bestimmte Maß hinaus belastet.[10] Als Mitglied der Eigentümergemeinschaft haftet der Minderjährige den Gläubigern bereits kraft Gesetzes (§§ 10 VIII, 16 II WEG) nicht nur mit der geschenkten Eigentumswohnung, sondern auch mit seinem persönlichen Vermögen unbegrenzt. Zwar ergibt sich diese Haftung erst aus dem Vollzug des Schenkungsvertrags, der für sich genommen daher rechtlich vorteilhaft und damit zustimmungsfrei ist. Gleichwohl sind die gesetzlichen Vertreter ungeachtet der §§ 1629 II 1, 1795 I Nr. 1 Hs. 2 (vgl. auch

5 S. auch *Preuß* JuS 2006, 305.
6 Ähnlich *Bork* BGB AT Rn. 1001: wertende Betrachtungsweise.
7 BGHZ 161, 170 (179); vgl. auch BGHZ 162, 137 (teleologische Reduktion des § 181 Hs. 2); Übungsfall hierzu bei *Eickelmann* JuS 2011, 997.
8 So schon *Stürner* AcP 173 (1973), 402 (420); krit. *A. Staudinger* JURA 2005, 547 (551).
9 BGHZ 187, 119; dazu *Medicus* JZ 2011, 159; *Stadler* JA 2011, 466.
10 BGHZ 78, 28 (32); dazu *Gitter/Schmitt* JuS 1982, 253.

§ 181 Hs. 2) an der Vertretung des Minderjährigen beim Erwerbsgeschäft gehindert. In diesem Zusammenhang rückt der BGH von der früher vertretenen **Gesamtbetrachtung** des schuldrechtlichen und dinglichen Rechtsgeschäfts ab.[11] Vielmehr kommt es nur auf eine isolierte Betrachtung des dinglichen Erwerbsgeschäfts an: Führt dieses über die Erfüllung hinaus zu rechtlichen Nachteilen, greift die in §§ 1795 I Nr. 1 Hs. 2, 181 Hs. 2 normierte Ausnahme nicht ein, da sie auf der insoweit unzutreffenden Annahme beruht, dass es bei der bloßen Erfüllung einer wirksamen Verbindlichkeit generell nicht zu Interessenkollisionen kommen kann (→ Rn. 115). Zu berücksichtigen ist bei Schenkungen an Minderjährige schließlich der unabdingbare **§ 566,** wenn die verschenkte Wohnung vermietet ist,[12] sowie die Beschränkung der Minderjährigenhaftung nach **§ 1629 a.**[13]

II. Die Einwilligung des gesetzlichen Vertreters

1. Arten der Einwilligung

173 Die bei nicht nur rechtlich vorteilhaften Geschäften nötige Einwilligung des gesetzlichen Vertreters kann in zwei Grundformen erteilt werden: **speziell** (etwa zum Kauf eines bestimmten Buches) oder **generell** (etwa zu einer Reise; sie deckt dann die mit dieser Reise zusammenhängenden Geschäfte). Oft liegen solche Einwilligungen in der Überlassung der nötigen Geldmittel (zB der Minderjährige erhält 500 EUR Reisegeld). Dann gilt der meist viel zu eng als »**Taschengeldparagraph**« bezeichnete § 110:[14] Das Geschäft wird erst wirksam, wenn der Minderjährige es mit dem ihm überlassenen Geld erfüllt; die Wirksamkeit der Verpflichtung ist also durch die Erfüllung bedingt. Die zweckbestimmte Mittelüberlassung bedeutet aber entgegen einer verbreiteten Ansicht grundsätzlich[15] keine konkludent erteilte, beschränkte Einwilligung in den nach § 108 unwirksamen obligatorischen Vertrag,[16] sondern entsprechend dem Wortlaut lediglich in die Übereignung des Geldes (»zur freien *Verfügung*«).[17] Der nach § 108 unwirksame schuldrechtliche Vertrag wird erst nach § 110 durch die vollständig bewirkte (vgl. § 362 I), vertragsmäßige Leistung wirksam.[18] Dogmatisch handelt es sich um einen Fall der **Konvaleszenz durch Erfüllung.**[19] Damit bleibt vermieden, dass der Minderjährige zunächst Schuldner wird und so sein Vermögen in Gefahr bringt. Insbesondere werden Verträge, in denen sich der Minderjährige zu **Ratenzahlungen** verpflichtet, erst mit Zahlung der letzten Rate wirksam. Sogar ein Bewirken von Leistung *und* Gegenleistung verlangt § 105 a bei volljährigen Geschäftsunfähigen für geringwertige Geschäfte des täglichen Lebens.[20]

---

11 Krit. dazu schon früher *Jauernig* JuS 1982, 576. Vgl. auch *Jähnicke/Braun* NJW 2013, 2474.
12 BGHZ 162, 137.
13 Eing. *J. Hager,* Liber Amicorum Leenen, 2012, 43 (53); vgl. auch *Habersack* FamRZ 1999, 1; *Petersen,* Der Minderjährige im Familien- und Erbrecht, JURA 2006, 280.
14 Grdl. *Leenen* FamRZ 2000, 863; rechtsvergleichend *Häublein,* Liber Amicorum Leenen, 2012, 59.
15 Ausnahme: die sofortige Wirksamkeit des obligatorischen Geschäfts ist im Interesse des Minderjährigen erforderlich, etwa die Anmietung einer Wohnung; Staudinger/*Knothe,* 2012, § 110 Rn. 8.
16 So aber Palandt/*Ellenberger* § 110 Rn. 1; *Köhler* BGB AT § 10 Rn. 25.
17 *Leenen* FamRZ 2000, 863 (865); *Franzen* JR 2004, 221; *Lettl* WM 2012, 1245; *Piras/Stieglmeier* JA 2014, 893.
18 *Leenen* BGB AT § 9 Rn. 41 f.; 51.
19 So *v. Tuhr,* BGB AT II/1, 1914, 351 f. Allg. zur Konvaleszenz *Danwerth* JURA 2014, 559.
20 Dogmatische Einordnung bei *Löhnig/Schärtl* AcP 204 (2004), 25.

Die gesetzliche Wertung von § 110 darf nicht unterlaufen werden, indem man die Zweckbestimmung bei der Geldüberlassung als sofort wirksame Einwilligung nach § 107 ansieht.

Beispiel: Der Minderjährige M erhält von seinen Eltern 200 EUR zum Kauf eines Plattenspielers. M kauft ein solches Gerät, stellt aber im Laden fest, dass er die 200 EUR verloren hat. Dann ist der Kauf nicht wegen einer elterlichen Einwilligung wirksam, sondern nach § 107 schwebend unwirksam.

2. Geschäfte über das Surrogat

174 Vor allem bei der generellen Einwilligung einschließlich der Überlassung von Geld zu freier Verfügung ist oft fraglich, ob auch Geschäfte über das Surrogat gedeckt werden.

Beispiel: Der Minderjährige M kauft von seinem Taschengeld Schallplatten. Nach einiger Zeit mag er sie nicht mehr hören und tauscht sie mit seinem Freund F gegen andere.

RGZ 74, 234: M kauft sich von 3 Mark (Goldmark!) Taschengeld ein Los, das 4.000 Mark gewinnt. Hiervon kauft M jetzt für 3.200 Mark ein Auto und bezahlt bar.

Der Tausch der Schallplatten und der Kauf des Autos bringen zugleich rechtlichen Nachteil. Sie sind also nur wirksam, wenn die mit der Überlassung des Taschengeldes ausgesprochene bedingte Einwilligung auch Geschäfte über das mit dem Taschengeld Erlangte deckt.[21] Das ist eine Frage der **Auslegung.** Diese wird mangels besonderer Anhaltspunkte dahin führen, dass das zweite Geschäft mitkonsentiert ist, wenn es auch gleich als erstes mit dem Taschengeld hätte vorgenommen werden können. Damit ist der Schallplattentausch wirksam (M hätte die später von F erhaltenen Platten gleich kaufen können), der Autokauf dagegen nicht (das Taschengeld war viel geringer als der Kaufpreis für das Auto).

III. Außervertragliche Haftung

175 Das Erfordernis der elterlichen Einwilligung schützt den Minderjährigen vor unbedachter rechtsgeschäftlicher Bindung. Fraglich kann sein, inwieweit die diesem Minderjährigenschutz zugrunde liegende Wertung auf außervertragliche Haftungsgründe übertragen werden muss.

1. Bereicherungshaftung

176 Für die Bereicherungshaftung außerhalb des Eigentümer-Besitzer-Verhältnisses (innerhalb seiner → Rn. 601 f.) wird der Minderjährigenschutz fraglich in dem folgenden, viel behandelten **Flugreisefall.**[22]

BGHZ 55, 128: Der fast 18-jährige M flog auf einen gültigen Flugschein mit einer Maschine der Lufthansa von München nach Hamburg. Von dort gelang ihm – nun ohne gültigen Flugschein – der Weiterflug mit derselben Maschine nach New York. Als ihm dort die Einreise in die USA verweigert wurde, beförderte ihn die Lufthansa noch am selben Tag zurück. Sie verlangt jetzt von M den tariflichen Flugpreis für Hin- und Rückflug. Der gesetzliche Vertreter des M verweigert die Genehmigung.

---

21 Zum Lotterielosfall *Kalscheuer* JURA 2011, 44; *Leenen* BGB AT § 9 Rn. 62.

22 Dazu etwa *Canaris* JZ 1971, 560; *Medicus* FamRZ 1971, 250; *Hombrecher* JURA 2004, 250.

Der BGH hält die Klage in vollem Umfang für begründet. Hinsichtlich des Rückflugs stützt er sie auf die §§ 683, 670: Die schnelle Rückkehr des M nach Hause habe dem mutmaßlichen Willen des gesetzlichen Vertreters entsprochen. Dass die Lufthansa sich dem M zur Rückbeförderung verpflichtet glaubte oder eine Pflicht gegenüber den US-Behörden erfüllen wollte, mache nichts aus (dazu kritisch →Rn. 410–414). Wichtiger ist hier die Begründung für den Anspruch wegen des **Hinflugs:**

Dabei lehnt der BGH zunächst eine Verpflichtung des M aus **unerlaubter Handlung** mangels eines Schadens der Lufthansa ab.[23] Bejaht wird dagegen ein Anspruch aus **ungerechtfertigter Bereicherung:** Allerdings sei M durch die Reise nicht eigentlich bereichert. Aber wenn M rechtsgrundlos Geld erhalten und damit den Flug bezahlt hätte, würde er dem Geldgeber bei Kenntnis vom Mangel der Rechtsgrundlage nach § 819 I ohne Rücksicht auf den Fortbestand der Bereicherung haften. Und § 819 I liege hier vor, da es wenigstens in Fällen wie diesem auf die Kenntnis des deliktsfähigen Minderjährigen selbst ankomme. Was danach für einen späteren Wegfall der Bereicherung gelte, sei erheblich auch für die Frage, ob eine Bereicherung überhaupt eingetreten sei. Letztlich behandelt der BGH den M als bereichert, weil dieser sich auf einen Wegfall der Bereicherung nicht hätte berufen dürfen.

Es ist zweifelhaft, ob man das **Entstehen** einer Bereicherung wirklich nach § 819 I beurteilen kann. Jedenfalls aber ist hier die Anwendung der §§ 819 I, 828 III und damit auch die Verurteilung des M falsch: Die **Deliktsfähigkeit** mag der richtige Maßstab für den Ausgleich von **Schäden** sein, die der Jugendliche verschuldet hat. Wo dagegen ein Schaden fehlt, sind die Interessen der anderen Seite (hier: das Entgeltsinteresse der Lufthansa) weniger schützenswert. Deshalb muss in solchen Fällen wenigstens für die Leistungskondiktion die Wertung der §§ 106ff. wirksam bleiben: So wenig wie der Minderjährige mit vertraglichen Vergütungsansprüchen belastet werden darf, darf er auch belastet werden mit Bereicherungsansprüchen auf Wertersatz (§ 818 II), denen keine wertgleiche Bereicherung entspricht. Denn die Leistungskondiktion ist durch den Schutzzweck der die Vertragswirksamkeit hindernden Norm beschränkt.[24] Hier muss also die **haftungsverschärfende Kenntnis** (§ 819 I) bei dem gesetzlichen Vertreter vorliegen.[25] Dagegen wird man bei der deliktsähnlichen Eingriffskondiktion auf die Kenntnis des Minderjährigen selbst abstellen und diese analog § 828 III beurteilen dürfen.

2. Haftung für culpa in contrahendo

177 Ein Verschulden von Minderjährigen bei Vertragsverhandlungen kommt praktisch meist in der Form vor, dass der Minderjährige sich als volljährig bezeichnet oder wahrheitswidrig das Vorliegen der elterlichen Einwilligung behauptet.

Hier darf man sicher nicht einfach die §§ 276 I 2, 828 III 1 anwenden: Sonst könnte schon ein Siebenjähriger nach Vertragsrecht (also auch für reine Vermögensverletzungen!) auf das negative Interesse haften. Ein Teil der Lehre will daher die Haftung aus

23 Anders wohl *Larenz* SchuldR I § 29 Ib: Der gemeine Wert des entzogenen Guts, nämlich des Sitzplatzes, stelle den stets zu ersetzenden Mindestschaden dar.

24 Das betont auch BGH BB 1978, 1184 (1186), vgl. noch →Rn. 230.

25 Ebenso *Larenz/Canaris* SchuldR II 2 § 73 II 2a.

c. i. c. auf den Fall beschränken, dass der gesetzliche Vertreter wenigstens den Eintritt in Vertragsverhandlungen konsentiert hatte. Das folge aus einer Analogie zu § 179 III 2.[26] Aber dieser Schluss ist unsicher: § 179 III 2 ergibt nicht deutlich, dass nur die Übernahme der Vertretung konsentiert sein müsse und nicht auch die konkrete Überschreitung der Vertretungsmacht.

Daher dürften die Folgen einer c. i. c. Minderjähriger noch enger zu begrenzen sein: Wenigstens für den in **§ 109 II** geregelten Fall mag diese Vorschrift eine abschließende Regelung darstellen.[27] Die Deliktshaftung (etwa wegen eines Betruges) freilich kommt bei Deliktsfähigkeit (§ 828 III) stets in Betracht; für die bei § 823 II anzuwendenden Strafvorschriften wie § 263 StGB entscheidet die Strafmündigkeit.

26 *Canaris* NJW 1964, 1987.

27 Einschränkend auch *Frotz*, GS Gschnitzer, 1969, 163 (176f.); vgl. auch *Wolf/Neuner* BGB AT § 34 Rn. 72.

§ 9 Formfragen

I. Formbedürftigkeit

178 Zur Formbedürftigkeit sind folgende Besonderheiten bemerkenswert:[1] Für Mietverträge über Wohnraum ist § 550 zu beachten, der neben der üblichen **Beweis-, Klarstellungs- und Warnfunktion** den Zweck verfolgt, dass sich ein späterer Erwerber in Bezug auf **§ 566** über die zwingend von Gesetzes wegen auf ihn übergehenden Pflichten und Rechte im Klaren ist.[2] Darüber hinaus gilt:

1. Zusammengesetzte Verträge

In ihrer Gesamtheit formbedürftig können nach der Rechtsprechung auch gemischte Verträge sein,[3] die sich aus einem formlos wirksamen und formbedürftigen Vertrag zusammensetzen:

BGH NJW 1993, 3196: B vereinbart mit U privatschriftlich, dass dieser Geschäftshäuser auf einem dem B gehörenden Grundstück errichtet. Im Gegenzug sollte U einen Teil des Grundstücks erwerben und der Kaufpreis mit der Bausumme verrechnet werden.

Der Werkvertrag und der nach § 311 b I formpflichtige Kaufvertrag bilden eine rechtliche Einheit, weil beide nach dem Parteiwillen miteinander **stehen und fallen** sollen.[4] Daher ist auch der an sich formlos wirksame Werkvertrag formbedürftig.[5] Zu der – richtigerweise zu verneinenden[6] – Frage, ob solche nichtigen Werkverträge über die GoA auszugleichen sind, → Rn. 412.

2. Form von Maklerverträgen über ein Grundstück

179 Praktisch wichtig ist die Frage nach der Anwendbarkeit des § 311 b I auf Maklerverträge: Diese ist erstens zu bejahen, wenn der Auftraggeber sich *verpflichtet*, sein Grundstück zu bestimmten Bedingungen an jeden vom Makler zugeführten Interessenten zu verkaufen:[7] Dann verpflichtet eben schon der Maklervertrag mittelbar zur Übertragung oder zum Erwerb von Grundstückseigentum. Zweitens ist § 311 b I auch anwendbar, wenn der Auftraggeber sich zwar nicht zum Verkauf verpflichtet, aber doch zur Provisionszahlung bei Verweigerung des Verkaufs. Denn der BGH sieht hierin ein uneigentliches Strafversprechen nach § 343 II, und dieses ist nach § 344 ebenso unwirksam (§§ 311 b I, 125), wie es das Leistungsversprechen wäre. Dagegen sei eine Verpflichtung des Auftraggebers zum Aufwendungsersatz und auch zu einer mäßigen Vergütung für die erfolglos gebliebene Tätigkeit des Maklers formlos möglich: Das Formerfordernis beginne erst da, wo die Zahlungspflicht für den Auftraggeber einen »unangemessenen Druck in Richtung auf die Grundstücksveräußerung« bedeute.[8]

1 Zu den Arten der Formen *Binder* AcP 207 (2007), 155; *Musielak/Hau* EK BGB Rn. 32 ff.; *Heyers* JURA 2001, 760; *Mankowski* JZ 2010, 662; *Maier-Reimer* NJW 2014, 273; *Petersen,* Die Form des Rechtsgeschäfts, JURA 2005, 168.
2 BGH NJW 2007, 3346; 2008, 2178; 2010, 1518; Palandt/*Weidenkaff* § 550 Rn. 1; zum Umfang des Schriftformerfordernisses BGH NJW 2015, 2034.
3 Vgl. BGHZ 76, 43.
4 BGHZ 112, 376 (378); 186, 345.
5 Vgl. auch BGHZ 104, 18 (22).
6 *Gold* JA 1994, 205.
7 BGH NJW 1970, 1915 und für eine Kaufverpflichtung BGH NJW-RR 1990, 57.
8 BGH NJW 1971, 557; zum unangemessenen Druck idS BGH NJW 1980, 1622.

II. Mangel der durch Gesetz bestimmten Form (§ 125 S. 1 BGB)

180 Beim Fehlen der durch Gesetz bestimmten Form ordnet § 125 S. 1 Nichtigkeit an. Trotzdem versucht die Rechtsprechung vielfach, der Nichtigkeitsfolge auszuweichen: Teils wird die »Berufung auf den Formmangel« nach § 242 für unzulässig erklärt, teils wird mit Schadensersatzansprüchen aus culpa in contrahendo oder § 826 gearbeitet und teils schließlich eine gesetzliche Vertrauenshaftung angenommen. Man muss wohl **drei Fallgruppen** unterscheiden:

1. Bewusste Nichtbeachtung der Form

181 Die erste Fallgruppe ist dadurch gekennzeichnet, dass der durch die Vertragsnichtigkeit Geschädigte trotz Kenntnis des Formerfordernisses dieses nicht beachten wollte oder nicht hat durchsetzen können.

RGZ 117, 121: S verspricht dem G als Belohnung für geleistete Dienste die Übereignung eines Grundstücks. Auf das Verlangen des G nach notarieller Beurkundung (§ 311b I, uU auch § 518 I) entgegnet S: Er sei von Adel; sein Edelmannswort genüge.

In diesem sog. **»Edelmannfall«** hat das RG dem G zu Recht keinen Erfüllungsanspruch gewährt. Zur Begründung treffend: Wer sein Geschäft bewusst nicht dem Recht unterstellt, sondern einem Edelmannswort, dem hilft das Recht auch nicht.[9] In Betracht kommt dann außer einem Vergütungsanspruch nach § 612 allenfalls ein Schadensersatzanspruch (§§ 826, 823 II BGB mit 263 StGB). Dieser richtet sich aber nur auf das negative Interesse und versagt vollends, wenn der Versprechende zunächst erfüllungsbereit gewesen ist, also nicht betrogen hat.

Leider ist der BGH von diesen klaren Regeln immer stärker abgewichen. Zunächst hatte er nur in begrenzten Lebensbereichen Vertragswirksamkeit nach § 242 auch dann bejaht, wenn die Parteien die ihnen bekannte Form nicht beachtet hatten.[10] Später hat er diese Grenzen jedoch gesprengt und Wirksamkeit für einen dem »Edelmannfall« fast genau entsprechenden Sachverhalt angenommen[11] (mit dem einzigen Unterschied, dass die Bekräftigung nun durch den Hinweis auf kaufmännische Ehrbarkeit statt auf den Adel erfolgte).

2. Täuschung über die Formbedürftigkeit

182 Das andere Extrem bilden die Fälle der arglistigen Täuschung über die Formbedürftigkeit. Hier hilft ein Schadensersatzanspruch des Getäuschten aus § 826 allein noch nicht viel weiter: Dieser Anspruch geht ja nur auf das, was der Getäuschte ohne die Täuschung hätte. Und da diese regelmäßig gerade verdecken soll, dass der Täuschende nicht verpflichtet werden wollte (§ 116 S. 1 hilft hier nicht direkt, weil es nicht um die Wirksamkeit einer Willenserklärung geht), führt § 826 nur zum negativen Interesse. Dennoch gibt die ganz hM hier einen Erfüllungsanspruch.[12]

9 *Flume* Rechtsgeschäft § 15 III 4c bb; ähnlich BGHZ 45, 376: Wer eine ihm bekannte Formvorschrift nicht beachtet, dem fehlt der Rechtsfolgewille.
10 Höferecht: BGHZ 23, 249; Siedlungsrecht: BGHZ 16, 334.
11 BGHZ 48, 396; dagegen mit Recht *D. Reinicke* NJW 1968, 43; diff. *Canaris* Vertrauenshaftung 352ff.; vgl. auch BGH NJW 1969, 1167 mAnm *D. Reinicke.*
12 Etwa *Bork* BGB AT Rn. 1081.

Man darf das aber nicht im Sinne einer Vollwirksamkeit des Vertrages deuten. Denn dann müsste auch der Täuschende selbst gegen den Willen des Getäuschten Erfüllung verlangen können, was sicher unhaltbar ist. Der Getäuschte kann darüber entscheiden, ob der Vertrag als wirksam behandelt werden soll oder nicht.[13] Auf die Ausübung dieses Wahlrechts kann man wohl die §§ 124, 143f. entsprechend anwenden. Denn § 123 behandelt gleichsam den spiegelbildlichen, im Wesentlichen gleichliegenden Fall: Dort hat die Täuschung den wirksamen Vertrag herbeigeführt, und der Getäuschte soll wählen dürfen, ob er es bei dieser Wirksamkeit belassen will.

3. Versehentliche Nichtbeachtung der Form

183 Die letzte, häufigste Fallgruppe liegt zwischen diesen beiden Extremen: Die Nichteinhaltung der Form ist auf fahrlässige Unkenntnis zurückzuführen, oder die Einhaltung der bekannten Form ist versehentlich oder aus Nachlässigkeit unterblieben.

BGH NJW 1965, 812: Ein gemeinnütziges Wohnungsbauunternehmen überließ Interessenten Kaufeigenheime gegen privatschriftliche Vereinbarungen, in denen sich die Übernehmer zur Kaufpreiszahlung verpflichteten; ein endgültiger Vertrag sollte später geschlossen werden. Das ist dann jedoch unterblieben.

a) **Die Rechtsprechung** hat in solchen Fällen lange dazu geneigt, unter Berufung auf § 242 Wirksamkeit anzunehmen. Demgegenüber hat der BGH betont, ein Abweichen von § 125 S. 1 sei nur statthaft, wenn es »nach den Beziehungen der Beteiligten und nach den gesamten Umständen mit Treu und Glauben unvereinbar wäre, vertragliche Vereinbarungen wegen Formmangels unausgeführt zu lassen«. Ein hartes Ergebnis genüge nicht; es müsse vielmehr **schlechthin untragbar** sein.[14] Dafür reiche nicht schon aus, dass die den Formmangel geltend machende Partei diesen in Unkenntnis der Rechtslage selbst veranlasst habe.[15]

Auch im Fall des gemeinnützigen Wohnungsbauunternehmens hat der BGH solche Untragbarkeit nicht angenommen. Er hat dem Kaufinteressenten aber aus culpa in contrahendo einen Anspruch auf das positive Interesse in Geld gegeben, wenn der Vertrag bei Hinweis auf die nötige Form notariell abgeschlossen worden wäre. Wegen dieses Anspruchs sollte der Kaufinteressent die Herausgabe des Grundstücks (§ 985) nach § 273 I verweigern können.[16]

184 b) **In der Literatur** überwiegt zu dieser Fallgruppe heute die Ansicht, der Vertrag sei nie wirksam. Vielmehr müsse die Partei, auf deren Fahrlässigkeit der Formmangel zurückgehe, Schadensersatz aus culpa in contrahendo leisten. Dabei kommt nach richtiger Ansicht nur das negative Interesse in Betracht.[17] Die Gewährung des positiven Interesses würde nämlich einem Kontrahierungszwang nahekommen, den es allein aus dem Eintritt in Vertragsverhandlungen nicht gibt.[18]

185 c) **Demgegenüber** bestehen **Bedenken,** ob die culpa in contrahendo hier regelmäßig sachgerecht ist.[19] Denn erstens leuchtet nicht ein, warum eine Partei der anderen ohne Weiteres zur Sorge um die Einhaltung der Form verpflichtet sein soll. Und zweitens

---

13 *Flume* Rechtsgeschäft § 15 III 4c cc. Zum gleichen Ergebnis führt es, wenn man mit *Canaris* Vertrauenshaftung 276ff. eine solche kraft Gesetzes bejaht (dazu aber → Rn. 185).

14 BGH NJW 1965, 812; 1975, 43; BGHZ 92, 164 (172).

15 BGH NJW 1977, 2072. S. auch *Singer* WM 1983, 254.

16 BGH NJW 1965, 812. Zurückhaltend bei der Verschuldensfrage dann aber BGH NJW 1975, 43.

17 Vgl. vor allem *Flume* Rechtsgeschäft § 15 III 4c dd; *Larenz,* FS Ballerstedt, 1975, 397 (405).

18 Vgl. *Medicus,* FS Herm. Lange, 1992, 539.

19 *Medicus* JuS 1965, 209 (214f.), ähnlich *W. Lorenz* JuS 1966, 429.

braucht auch das negative Interesse, auf das Ansprüche aus c. i. c. gehen, keineswegs unter dem positiven zu liegen.

Beispiel: Ein Bürge B hat sich formnichtig (§ 766) verbürgt; der Gläubiger G hat daraufhin den Kredit an den Hauptschuldner ausgezahlt. Das hätte G nicht getan, wenn er die Nichtigkeit der Bürgschaft gekannt hätte. Bei Insolvenz des Hauptschuldners besteht das von B zu ersetzende negative Interesse hier also in der Erfüllung seiner (nichtigen) Bürgenschuld.[20]

Je mehr das negative Interesse der Erfüllung gleicht, umso stärker kann durch den Anspruch aus culpa in contrahendo der hauptsächliche Zweck der Formvorschriften vereitelt werden: einer Partei Schutz vor Übereilung zu gewähren. Man kann diesen Schutz in Einzelfällen für unangebracht halten. So hat der Gesetzgeber mit § 311 b I gewiss nicht gemeinnützige Wohnungsbauunternehmen schützen wollen. Bei Fehlen solcher Sondervorschriften sollte man die **Schutzunwürdigkeit** des Verkäufers im Einzelfall begründen, statt die hierzu nötigen und aufzudeckenden Wertungen hinter der pauschalen Berufung auf die culpa in contrahendo zu verstecken. Es kommt darauf an, welchen Zweck die Formvorschrift verfolgt und ob dieser auf andere Weise gewahrt ist.[21] Darüber hinaus ist derjenige Verhandlungspartner aus culpa in contrahendo ersatzpflichtig, der dem Anderen **Betreuung schuldet.**

4. Formmangelhafte Verfügungen

186 Überhaupt unanwendbar sind die eben genannten Regeln auf Verfügungen.[22] Hier kann es keine aus § 242 abgeleitete Hilfe gegen einen Formmangel geben. Denn Verfügungen sind nicht einfach ein auf Gläubiger und Schuldner begrenztes Zweipersonenverhältnis. Vielmehr ändern sie absolut, also in einer von jedermann zu achtenden Weise, die Rechtszuständigkeit. Hier passt daher allenfalls der allgemeinere Maßstab der guten Sitten (§§ 138, 826). Die Unanwendbarkeit von § 242 auf formmangelhafte Verfügungen entspricht auch der hM.[23]

Meist ist bei Verfügungen das Formproblem auch gar nicht so dringend: Wenn eine wirksame Verpflichtung zu der Verfügung vorliegt, muss diese eben noch formwirksam nachgeholt werden. Und wenn umgekehrt eine wirksame Verpflichtung zu der Verfügung fehlt, unterliegt das durch sie verschaffte Recht ohnehin meist der Leistungskondiktion. Anders verhält es sich nur, wo eine wirksame Verfügung die Unwirksamkeit der Verpflichtung heilen könnte (→ Rn. 40), ferner im Anwendungsbereich von § 814 sowie bei Verfügungen von Todes wegen.

5. Formbedürftigkeit bei der Vollmachtserteilung

186a Im Zusammenhang mit der gesetzlich bestimmten Form stellt sich noch eine vertretungsrechtliche Frage: Wäre die bevollmächtigende Erklärung zu einem Grundstücksgeschäft formlos möglich, wie es § 167 II vorsieht, dann könnte der von § 311b I bezweckte Übereilungsschutz leerlaufen. Daher hat schon das RG vielfach[24] die Vollmachtserteilung für formbedürftig gehalten, wenn sie das formbedürftige Rechtsgeschäft vorwegnimmt, beispielsweise bei Erteilung einer unwiderruflichen Vollmacht zum Kauf eines Grundstücks. Fraglich ist, ob dies auch für die nach § 182 II gleichfalls formlose Zustimmung gilt. Der BGH lehnt die Erstreckung des Formzwangs auf die

20 BGHZ 142, 51.
21 Vgl. *Esser/Schmidt* SchuldR I § 10 III 2c.
22 Ebenso *Bork* BGB AT Rn. 1079.
23 Etwa *Flume* Rechtsgeschäft § 15 III 4a. Anders aber BGHZ 23, 249, dazu in der Voraufl. → Rn. 192.
24 Vgl. nur RGZ 110, 319 (320).

Genehmigung ab.[25] Dann könnte der Vertretene den von einem vollmachtlosen Vertreter formwirksam (§ 311 b I) geschlossenen Kaufvertrag durch schlüssiges Verhalten genehmigen. Doch ist dies zweifelhaft. Auch wenn damit von § 182 II praktisch nicht mehr viel übrig bleibt,[26] ist der Übereilungsschutz hier ebenso vorrangig wie bei § 167 II.[27]

III. Mangel der durch Rechtsgeschäft bestimmten Form (§ 125 S. 2 BGB)

1. Vorkommen von Formvereinbarungen

187 Für Vereinbarungen, die nach dem Gesetz formlos getroffen werden können, wird oft durch Vertrag eine Form (meist die Schriftform, vgl. § 127) bestimmt. Solche Bestimmungen finden sich insbesondere in Formularverträgen (einschränkend § 309 Nr. 13, im Ergebnis auch § 305 b). Häufig denken die Parteien dann aber später nicht mehr an die von ihnen vereinbarte Form und lassen sie daher unbeachtet.

Beispiel: Vermieter V und Mieter M haben vereinbart, dass Änderungen und Ergänzungen ihres Geschäftsraummietvertrages (daher nicht § 568!) sowie eine Kündigung nur bei Wahrung der Schriftform wirksam sein sollen.

(1) V und M vereinbaren mündlich eine Herabsetzung der Monatsmiete. Später verlangt V den ungekürzten Mietzins, da die Vereinbarung nach § 125 S. 2 unwirksam sei.

(2) M kündigt das Mietverhältnis mündlich; V nimmt diese Kündigung unbeanstandet entgegen. Später verlangt er aber von M unter Hinweis auf § 125 S. 2 auch weiterhin den Mietzins.

2. Unterschiede zum Mangel der gesetzlichen Form

187a Beim Mangel einer solchen vereinbarten Form ist die Rechtslage wesentlich anders als beim Mangel einer gesetzlich bestimmten. Der Unterschied zeigt sich schon in § 125 S. 2, der bei Fehlen der vereinbarten Form die Nichtigkeit nur »im Zweifel« eintreten lässt. Vor allem aber können die Parteien die Vereinbarung der Form wieder aufheben: Diese Aufhebungsvereinbarung selbst bedarf nach hM regelmäßig keiner Form. Eine Ausnahme soll jedoch gelten, wenn unter Kaufleuten speziell für diese Aufhebungsvereinbarung Schriftform verabredet worden war.[28]

Danach wären in dem Beispiel Mietherabsetzung und Kündigung wirksam, wenn V und M zunächst durch Vereinbarung die Schriftformklausel aufgehoben oder doch für den Einzelfall suspendiert hätten. Eine solche Annahme würde bei (1), also bei einer vertraglichen Abrede, leichter fallen als bei der einseitigen Kündigung von (2). Ihr stünde aber stets im Wege, dass ein Wille zu einer Vereinbarung über die Klausel voraussetzt, dass die Parteien überhaupt an diese gedacht haben. Daran wird es meist fehlen; zumindest wird der Nachweis schwerfallen.

Der BGH sieht sogar von der Notwendigkeit einer besonderen Aufhebungsvereinbarung für eine **einfache Schriftformklausel** ab.[29] Es soll also nicht schaden, wenn die Parteien an die Schriftformklausel nicht gedacht haben. Vielmehr soll auch jede form-

25 BGHZ 125, 218; einschränkend aber BGHZ 132, 119 (125).

26 *Canaris*, FS Medicus, 1999, 25 (56 ff.); vgl. auch *Wolf/Neuner* BGB AT § 51 Rn. 7.

27 *Medicus* BGB AT Rn. 1017. Dementsprechend entscheidet BGH NJW 1998, 1482 (1484) für die unwiderrufliche oder sonst bindende Einwilligung (§ 183 S. 1).

28 BGHZ 66, 378; zweifelhaft, näher *Medicus* BGB AT Rn. 641.

29 BGH NJW 1965, 293; JZ 1967, 287 f.; BGHZ 49, 364.

lose Vereinbarung gelten, wenn die Parteien sie nur neben dem Urkundeninhalt gewollt haben.

Danach wäre im Beispiel bei (1) die Mietherabsetzung wirksam. Die Kündigung bei (2) ist zwar keine Vereinbarung, sondern einseitige Gestaltungserklärung. Aber man könnte auch hier wegen der unbeanstandeten Entgegennahme durch V eine Vereinbarung annehmen.

Bedenken erweckt allerdings, dass die weitherzige Auslegung von § 125 S. 2 fast nichts mehr übriglässt. Insbesondere die von den Parteien mit der Schriftformklausel meist beabsichtigte Sicherung des Beweises geht weithin verloren.[30] Daher sind zumindest an den Beweis einer formlosen Vereinbarung strenge Anforderungen zu stellen. Jedenfalls verstößt eine in AGB enthaltene **doppelte Schriftformklausel,** wonach auch Änderungen der Schriftformklausel ihrerseits der Schriftform bedürfen, gegen § 307. Sie erweckt nämlich den Eindruck, eine nur mündliche Individualvereinbarung sei entgegen § 305 b unwirksam. So kann sie den Vertragspartner von der Geltendmachung seiner Rechte abhalten.[31]

3. Vorbehalt schriftlicher Bestätigung und Vertretungsmacht

187b Nicht mit § 125 S. 2 verwechselt werden darf die häufige Klausel, schriftliche Bestätigung der mit einem Vertreter getroffenen Vereinbarung bleibe vorbehalten. Das betrifft die **Vertretungsmacht:** Das mit dem Vertreter Vereinbarte ist ohne die Bestätigung für den Vertretenen nicht bindend; letztlich hat also der Vertreter keine Abschlussvollmacht. Doch kann nach den eben genannten Regeln uU auch eine mündliche Bestätigung durch den Vertretenen wirksam sein.

30 Dazu *Kötz* JZ 1967, 288; krit. auch *Böhm* AcP 179 (1979), 425.
31 OLG Rostock NJW 2009, 3376; zum Arbeitsrecht BAG DB 2003, 2339; *Benedict* JZ 2012, 172 (174).

§ 10 Vertragsansprüche ohne Vertrag[1]

Wo nicht alle Erfordernisse für den Vertragsschluss erfüllt sind oder Nichtigkeitsgründe vorliegen, gibt es anscheinend auch keine Vertragsansprüche. Diese Folgerung ist aber nur mit erheblichen Einschränkungen richtig. Dabei muss unterschieden werden zwischen Ansprüchen auf Erfüllung und solchen auf Schadensersatz. 188

I. Erfüllungsansprüche

189 Erfüllungsansprüche ohne wirksamen Vertrag können sich zunächst bei § 179 I (→ Rn. 120) und in bestimmten anderen Fällen des Vertrauensschutzes (etwa → Rn. 182) ergeben. Weitere Anwendungsfälle wollte die Lehre vom **faktischen Vertrag** begründen. Dabei haben sich zwei Fallgruppen herausgebildet.

1. Sozialtypisches Verhalten

Ein faktischer Vertrag sollte nach manchen entstehen durch sozialtypisches Verhalten.[2] Kennzeichnend für die hierhin gerechneten Fälle waren die Stichwörter **Daseinsvorsorge** und **Massenverkehr:** In diesen Bereichen sollte ein Vertrag (und damit die Verpflichtung zur Zahlung des tariflichen Entgelts) unabhängig von einer Willenserklärung des Benutzers schon durch Inanspruchnahme der Leistung zustande kommen.

BGHZ 21, 319 hat diese Lehre in dem berühmten **»Hamburger Parkplatzfall«** übernommen: Die Hamburger Behörden hatten einen Teil des Rathausmarktes zum bewachten, gebührenpflichtigen Parkplatz erklärt. Ein Benutzer meinte, das Parken dort gehöre auch weiter zum Gemeingebrauch, und verweigerte die Zahlung der Gebühr. Er ist dazu verurteilt worden, obwohl man hier schon daran zweifeln kann, ob überhaupt ein sozialtypisches Verhalten des Parkers vorlag: Er hatte nur unter ausdrücklichem Protest gegen die Zahlungspflicht geparkt, was jedenfalls in Deutschland gewiss unüblich ist. Im Flugreisefall (→ Rn. 176) hat der BGH seine Ansicht jedoch eingeschränkt: Sie betreffe nur den Massenverkehr; dessen besondere Verhältnisse seien derzeit im Flugverkehr zumindest noch nicht gegeben.[3] Ob dieses Argument von 1971 heute noch zutrifft, darf bezweifelt werden.

a) Bedenken

190 Dieser Teil der Lehre vom faktischen Vertrag ist abzulehnen. In den meisten Fällen dieser Gruppe liegt nämlich schon eine wirksame Willenserklärung des Benutzers vor. Sie ist zwar oft (zB bei der Straßenbahnfahrt) stark abgekürzt (»Umsteigen«) oder wird auch nur durch konkludentes Verhalten ausgedrückt (Betätigen von Automaten). Aber sie ist eben doch noch vorhanden und reicht für die Annahme eines »klassischen« Vertragsschlusses (notfalls über § 151) völlig aus. Dass dabei weithin kein Spielraum für Verhandlungen über den Vertragsinhalt besteht, hat insoweit keine Bedeutung: Bei den Geschäften des täglichen Lebens wird jedenfalls in Mitteleuropa schon seit alters nicht gefeilscht. Auch wer Semmeln kauft, handelt nicht um den Preis, sondern sagt nur die gewünschte Anzahl. Trotzdem passt das Vertragsrecht. Und wo ausnahmsweise bei der Willenserklärung ein Wirksamkeitshindernis vorliegt, kann die Lehre vom faktischen Vertrag nicht begründen, warum dennoch Vertragswirkungen eintreten sollen. Das Schlagwort von der »Daseinsvorsorge« wird hier dazu missbraucht, dem zu versorgen-

---

1 Dazu *Litterer,* Vertragsfolgen ohne Vertrag, 1979; *v. Bar,* Vertragliche Schadensersatzansprüche ohne Vertrag?, JuS 1982, 637. In größeren Zusammenhängen auch *Stoll* FS Flume, Bd. I, 1978, 741; *Köndgen,* Selbstbindung ohne Vertrag, 1981; *Picker* AcP 183 (1983), 369.

2 Dazu *K. Schreiber* JURA 1988, 219; *Herb. Roth* JuS 1991, L 89; *Petersen* JURA 2011, 907.

3 BGH FamRZ 1971, 247, in BGHZ 55, 128 insoweit nicht abgedruckt.

den Einzelnen vertragliche Pflichten aufzubürden, vor denen das Gesetz ihn schützen wollte. Vorgesorgt wird also nicht für das Dasein des zu Versorgenden, sondern für das Dasein des Versorgers. An dieser Verkehrung ändert auch das Zauberwort »sozial« nichts.[4]

LG Bremen NJW 1966, 2360: Ein achtjähriger Junge benutzt ohne Wissen seiner Eltern die Straßenbahn mit einem ungültigen Fahrausweis zu einer Spazierfahrt. Das LG hat ihn nicht nur zur Zahlung des Fahrpreises verurteilt, sondern auch zu einer in den Allgemeinen Beförderungsbedingungen vorgesehenen Buße. Damit wird in unzulässiger Weise der vom Gesetz gewollte Minderjährigenschutz aus den Angeln gehoben.[5] Daran ändern auch die Spezialvorschriften nichts, nach denen von Fahrgästen ohne gültigen Fahrausweis ein **erhöhtes Beförderungsentgelt** verlangt wird. Auch damit dürfte man nicht dazu kommen, den Minderjährigenschutz des BGB auszuschalten.

b) Andere Lösungsmöglichkeiten

191 In den Fällen dieser Gruppe braucht man auch die Lehre vom faktischen Vertrag gar nicht. Denn bei **voll Geschäftsfähigen** hilft mittelbar die Regel von der Unbeachtlichkeit der **protestatio facto contraria.** Ohne Weiteres passt diese Regel allerdings nicht. Denn sie allein kann nicht die Wirkungslosigkeit des verbalen Protestes begründen:[6] Ein solcher Protest hindert, wenn er rechtzeitig kommt und hinreichend deutlich ist, sehr wohl regelmäßig die Annahme des üblichen Erklärungsinhalts der Leistungsannahme und damit den Vertragsschluss. Zwar kann man bei der Auslegung allgemein diejenige Möglichkeit vorziehen, die zu rechtmäßigem Verhalten der Beteiligten führt. Aber das gilt nur bei Zweifeln und nicht gegenüber einem deutlich erklärten oder sonst wie erkennbaren entgegengesetzten Willen. Daher bedeutet die diebische Wegnahme in einem Selbstbedienungsladen keinen Antrag zum Abschluss eines Kaufvertrages oder die Annahme eines von dem Geschäftsinhaber gemachten Antrags. Auch in dem Parkplatzfall ist es denkbar, dass der gegen die Vergütungspflicht protestierende Benutzer erkennbar das Risiko rechtswidrigen Handelns übernehmen wollte.

Aber gerade für den typisierten Massenverkehr kann man die Unbeachtlichkeit der verbalen Verwahrung gegen die Vergütungspflicht aus einer anderen Erwägung ableiten. Man kann nämlich die protestatio-Regel als eine Einschränkung der Privatautonomie auffassen: Der Handelnde verliert unter bestimmten Umständen das Recht, einseitig die Folgen seines Handelns zu bestimmen.[7] Fälle dieser Art sind die §§ 612, 632: Dienstberechtigter und Besteller können bei Annahme der Leistung nicht durch einseitige Erklärung ihre Vergütungspflicht ausschließen. Dieselbe Folge passt auch für die Inanspruchnahme von Leistungen des typisierten Massenverkehrs als Ausgleich dafür, dass der Versorgungsträger diese Leistungen jedermann anbieten muss.[8]

Gegenüber **nicht voll Geschäftsfähigen** hilft bisweilen das Recht der *Eingriffskondiktion:* Wer in den Zuweisungsgehalt fremden Rechts eingreift, muss den Wert des so Erlangten vergüten (→ Rn. 704 ff.). Endlich kommt unter den → Rn. 176 genannten Voraussetzungen ein Schadensersatzanspruch nach *Deliktsrecht* in Betracht.

4 Zu ihm *Petersen,* Freiheit unter dem Gesetz, 2014. 303 ff.
5 *Medicus* NJW 1967, 354; *Wolf/Neuner* BGB AT § 34 Rn. 21, 71 ff.; § 37 Rn. 47.
6 Hier und im Folgenden *Teichmann,* FS Michaelis, 1972, 295.
7 AA *Leenen* BGB AT § 8 Rn. 60 ff.
8 Krit. *Wolf/Neuner* BGB AT § 37 Rn. 47 mit Fn. 114.

c) Fortleben der Lehre vom sozialtypischen Verhalten in der Rechtsprechung

192 Weitergehende Rechtsfolgen eines »faktischen Vertrages« werden in den Fällen dieser Gruppe denn auch heute ganz überwiegend abgelehnt.[9] Daher ist auf die irreführende Bezeichnung »faktischer Vertrag« zu verzichten. In der Rechtsprechung des BGH begegnet die Lehre vom sozialtypischen Verhalten allerdings in bestimmten Konstellationen nach wie vor:[10]

BGHZ 202, 17: Ein Gaststättenpächter bezog jahrelang ohne schriftlichen Vertrag Strom eines Energieunternehmens. Dessen **Realofferte** habe der Pächter als derjenige, der die Verfügungsgewalt über den Anschluss am Übergabepunkt innegehabt hatte, angenommen. Damit sei der Vertrag mit dem Pächter und nicht mit dem Grundstückseigentümer zustande gekommen. Der BGH spricht von der »**normierende(n) Kraft der Verkehrssitte,** die dem sozialtypischen Verhalten der Annahme der Versorgungsleistungen den Gehalt einer echten Willenserklärung zumisst«.[11]

2. Ausgeführte Eingliederungsverhältnisse auf mangelhafter Vertragsgrundlage

a) Verdrängung der Unwirksamkeitsnorm

193 Den zweiten Anwendungsbereich der Lehre vom »faktischen Vertrag« bildeten die ausgeführten Eingliederungsverhältnisse (insbesondere: Eintritt in eine **Gesellschaft** oder ein **Arbeitsverhältnis**) auf mangelhafter Vertragsgrundlage.

Bei einem solchen **fehlerhaften Rechtsverhältnis**[12] würde die Rückabwicklung erhebliche Schwierigkeiten bereiten. Denn wenn etwa eine Gesellschaft längere Zeit faktisch bestanden hat, werden oft überaus viele, im Einzelnen gar nicht mehr feststellbare Vermögensverschiebungen zwischen den Beteiligten stattgefunden haben. Für solche Fallgruppen ist daher die *Regel anerkannt:* Das Faktum der Erfüllung wiegt für die Vergangenheit schwerer als die Unwirksamkeitsnorm; die Unwirksamkeit kann daher *nur für die Zukunft* geltend gemacht werden.[13]

Auf Vorlage des BGH hat der **EuGH** entschieden, dass die Lehre von der fehlerhaften Gesellschaft mit der Haustürgeschäfte-Richtlinie vereinbar ist.[14] Der Verbraucher kann nach Ausübung seines Widerrufsrechts nicht die Rückforderung seiner ursprünglich geleisteten Einlage verlangen, sondern hat wie jeder Kapitalanleger nach den Grundsätzen über die fehlerhafte Gesellschaft lediglich einen Anspruch auf das Abfindungsguthaben und muss uU sogar eine Nachzahlung leisten.[15]

Ähnlich wie der BGH im Gesellschaftsrecht entscheidet für **Arbeitsverträge** auch das BAG:[16] Zwar lässt es uU neben der außerordentlichen Kündigung noch eine (regelmäßig nicht rückwirkende) Anfechtung zu. Dafür verlangt es zudem nach § 242, dass der Anfechtungsgrund (etwa die arglistig verschwiegene Krankheit des eingestellten Arbeitnehmers) auch weiterhin die Durchführung des Arbeitsverhältnisses behindern

9 Etwa *Fikentscher/Heinemann* SchuldR Rn. 75 f.; *Köhler* JZ 1981, 464.
10 Vgl. nur BGH NJW-RR 2005, 639 (640).
11 Gleichlautend BGH NJW 2014, 3150, dagegen *S. Lorenz,* Sozialtypisches Verhalten für Dritte?, GS Unberath, 2015, 293 (299).
12 Dazu etwa BGH NJW 1992, 1501 (1502); *P. Ulmer,* FS Flume, Bd. II, 1978, 301; *Wiedemann,* Gesellschaftsrecht I, 1980, 147 ff.; *C. Schäfer,* Die Lehre vom fehlerhaften Verband, 2002. Zum fehlerhaften Arbeitsvertrag *Joussen* JURA 2014, 798 (805).
13 BGHZ 55, 5; auf das Konzernrecht erweiternd BGHZ 103, 1. *Flume* PersGes § 2 III S. 17 betont den personenrechtlichen Aspekt; insoweit krit. *R. Fischer* ZGR 1979, 251 (256 ff.).
14 BGH NJW 2008, 2464; dazu *Oechsler* NJW 2008, 2471; *Kindler/Libbertz* DStR 2008, 1335.
15 EuGH NJW 2010, 1511 mAnm *K. Schmidt* JuS 2010, 642; im Anschluss BGHZ 186, 167.
16 BAG DB 1974, 1531. Lehrreich *Löwisch/D. Kaiser* JURA 1998, 360 (361).

müsse. Doch bedeutet dies weniger als das Vorliegen eines wichtigen Grundes nach § 626 I. Vereinzelt ist die Rückwirkung zugelassen worden.[17]

b) Einschränkungen

194 Ein trotz eines Nichtigkeitsgrundes nach Vertragsrecht zu behandelndes (fehlerhaftes) Rechtsverhältnis darf in solchen Fällen aber doch nur mit drei Einschränkungen angenommen werden.

aa) Es muss **überhaupt** eine – wenngleich nach allgemeinen Regeln unwirksame – **Vereinbarung** vorliegen.[18] Denn was soll sonst auch gelten? Wie hoch sollen etwa die Einlagepflichten oder die Gewinnbeteiligung eines faktischen Gesellschafters bemessen werden? Ein rein faktisches Zusammenwirken ohne jede Vertragsgrundlage kann daher nicht genügen.

BGHZ 17, 299 ist wohl nur eine scheinbare Ausnahme: Miterben hatten 17 Jahre lang eine Schuhfabrik unter der alten Firma fortgeführt, ohne einen Gesellschaftsvertrag zu schließen. Sie hatten aber immerhin vereinbart, ihre volle Arbeitskraft dem Unternehmen zu widmen. Nur insoweit hat denn der BGH hier auch eine Verpflichtung des einen Gesellschafters angenommen, die Arbeit des auf einer Dienstreise verunglückten anderen Gesellschafters ohne besondere Vergütung mitzuerledigen. Im Grunde wird hier also nur die Vereinbarung zwischen den Parteien in Anlehnung an das Recht der OHG ergänzt.

195 bb) Der **Zweck der Unwirksamkeitsnorm darf** der faktischen Wirksamkeit des Vertrages **nicht entgegenstehen.** So kann eine durch arglistige Täuschung erschlichene Vertragsklausel (etwa über eine besonders hohe Beteiligung am Gewinn und Liquidationserlös) dem Betrüger weder für die Vergangenheit noch für die Zukunft zugutekommen (wohl aber anderen Gesellschaftern, denen der Betrug nicht zuzurechnen ist).[19] An die Stelle solcher schlechthin unwirksamer Klauseln muss das dispositive Gesetzesrecht treten. Ein Gesetzesverstoß (§ 134) macht die Gesellschaft regelmäßig im Ganzen unheilbar nichtig.[20] Auch der Schutz des vorübergehend geistig Gestörten aus § 105 II bleibt erhalten.[21]

Beispiel: A hat als Arbeitgeber mit dem minderjährigen M einen von den Eltern nicht konsentierten Arbeitsvertrag geschlossen. Hier kann M für seine im Voraus geleistete Arbeit den Lohn verlangen. Hat aber umgekehrt A im Voraus den Lohn gezahlt, braucht M die entsprechende Arbeit nicht zu leisten: A ist hier auf die Leistungskondiktion des Gezahlten angewiesen (→ Rn. 171 zur Empfangszuständigkeit des M).

196 cc) Für fehlerhafte **Änderungen** eines Gesellschaftsvertrages gelten die Regeln über die fehlerhafte Gesellschaft meist nicht, weil hier die Nichtigkeitsfolgen leichter erträglich sind: Man hat ja den wirksamen unveränderten Gesellschaftsvertrag.[22] Ebenso wenig gelten sie bei der fehlerhaften Abtretung eines Gesellschaftsanteils.[23]

c) Zusammenfassung

197 Die Bezeichnung »faktischer Vertrag« übertreibt also auch hier: Der Unwirksamkeitsgrund wird keineswegs völlig ausgeschaltet. Vielmehr kann man eher umgekehrt sa-

17 BAG DB 1984, 2707; im Mietrecht sogar grundsätzlich: BGHZ 178, 16.
18 BGHZ 3, 285; 11, 190; zudem BGH NJW 1988, 1321.
19 BGH NJW 1973, 1605. Zum Minderjährigenschutz instruktiv *Maultzsch* JuS 2003, 544.
20 BGHZ 62, 234 (241 f.).
21 BGH NJW 1992, 1503.
22 BGHZ 62, 20.
23 BGH NJW 1990, 1915 wegen §§ 67 II AktG, 16 I GmbHG.

gen, dass nur einige der Nichtigkeitswirkungen nicht eintreten. So spricht man besser von der »fehlerhaften« als von der »faktischen« Gesellschaft.[24]

II. Ansprüche auf Schadensersatz

198 Was für Erfüllungsansprüche gilt, muss ebenso für die an deren Stelle tretenden (etwa nach §§ 280, 281, 311a II 1) Ansprüche auf **Schadensersatz statt der Leistung** gelten: Auch diese sind bei Vertragsnichtigkeit ausgeschlossen. Ganz anders verhält es sich dagegen mit **Ersatzansprüchen wegen** Verletzung von Pflichten zum Schutz **des Erhaltungsinteresses** (§ 241 II): Diese sind weithin unabhängig vom Vorliegen eines wirksamen Vertrages.

Eine ähnliche Erscheinung war schon in → Rn. 39 begegnet: Auch aus der Nichterfüllung einer unklagbaren Naturalobligation können wegen eines außerhalb des Erfüllungsinteresses liegenden Schadens klagbare Ersatzansprüche entstehen.

1. Culpa in contrahendo

199 Unabhängig vom Zustandekommen eines wirksamen Vertrages sind zunächst Ansprüche aus culpa in contrahendo. So hatte schon eine frühe Entscheidung zu diesem Rechtsinstitut die Verletzung einer Kundin vor Kaufabschluss durch eine umfallende Linoleumrolle betroffen:[25] Hier kann die Haftung offenbar nicht davon abhängen, dass die Kundin das Linoleum nach dem Unfall noch kauft. Haftungsgrund ist vielmehr, dass eine Partei ihre Rechtsgüter wegen des geplanten Vertragsschlusses besonderen Gefahren aussetzt, die der Sphäre der anderen Partei entstammen (deutlich an solche Fälle denkt jetzt § 311 II Nr. 2). Und dieser Haftungsgrund dauert auch nach der Abwicklung der Leistungspflichten (= Vertragserfüllung) nicht selten noch mit teilweise anderem Inhalt fort (zB bis die Kundin den Laden mit der eingekauften Ware wieder verlassen hat). Die Anbahnung eines Vertrages ist sogar mit einer gewissen **Schutzwirkung für Dritte** ausgestattet worden:

BGHZ 66, 51: Eine minderjährige, selbst nicht einkaufswillige Tochter hatte ihre Mutter in einen Selbstbedienungsladen begleitet. Dort war die Tochter auf einem Gemüseblatt ausgerutscht und dabei verletzt worden. Nachdem Deliktsansprüche verjährt waren, hat der BGH einen eigenen Anspruch der Tochter aus c. i. c. gegen den Ladeninhaber bejaht: Wenn der abgeschlossene Vertrag Schutzwirkung für Dritte entfaltet hätte (→ Rn. 844 ff.), könne das auch schon für den Eintritt in Vertragsverhandlungen zutreffen.

Die hier der c. i. c. zugrunde liegende Pflicht zum Schutz vor Körper- (und Eigentums-)verletzungen ähnelt stark den **deliktischen Verkehrssicherungspflichten** (→ Rn. 641 ff.). Nachdem diese zu dem jetzt erreichten Zustand ausgebaut worden sind, bedarf es bei solchen Verletzungen der c. i. c. nur noch sehr beschränkt: Diese kann Härten ausgleichen, zu denen das Deliktsrecht vor allem bei der Gehilfenhaftung führen mag. Doch wird ohnehin u. U. auch der konkurrierende Deliktsanspruch geprüft werden müssen, weil nur er Ansprüche aus den §§ 844 f. gewährt. Nach der derzeit zu beobachtenden Ersetzung des § 831 durch § 823 I (**»Organisationsverschulden«**) sollte sich die c. i. c. hauptsächlich auf andere Anwendungsfälle zurückziehen, nämlich auf (etwa durch falsche Informationen verursachte) **Vermögensverletzungen.**

24 Vgl. *Flume* PersGes § 2 III S. 16.
25 RGZ 78, 239.

Dabei geht es

(1) entweder um **Schäden aus dem Fehlen eines wirksamen Vertrages** (wie in den §§ 122, 179 II und in → Rn. 183ff.), einen Spezialfall bildet der **Abbruch von Vertragsverhandlungen;**[26] oder

(2) um **Schäden aus der Bindung an einen nachteiligen Vertrag;** der geschuldete Schadensersatz besteht hier nach hM regelmäßig in der Auflösung dieses Vertrages. Dann konkurriert die c. i. c. ggf. mit § 123 (→ Rn. 150).

Trotz der Unabhängigkeit der c. i. c. vom Zustandekommen eines wirksamen Vertrages hat aber die berechtigte Tendenz bestanden, den Ersatzanspruch aus c. i. c. dem Recht des intendierten Vertrages anzupassen. So sollte eine kürzere *Verjährung*, die für Erfüllungsansprüche gelten würde, auch für diesen Ersatzanspruch gelten.[27] Auch jetzt noch wird man bei der c. i. c. die Haftungsmilderungen aus dem intendierten Vertrag weithin anwenden müssen.[28]

2. Haftung Dritter

a) Vertreter bei Vertragsverhandlungen

200 Regelmäßig trifft die Haftung aus c. i. c. denjenigen, der Partner des intendierten Vertrages werden soll. Ausgehend von Sonderfällen hat aber schon das RG ausnahmsweise eine Eigenhaftung des Vertreters bei Vertragsverhandlungen angenommen.[29]

RGZ 120, 249: Der eingetragene Eigentümer E verkauft sein Grundstück an V. Dieser will das Grundstück alsbald an K weiterverkaufen und tritt dabei gegenüber E zunächst im eigenen Namen auf. Da aber das Grundstück direkt von E auf K umgeschrieben werden soll, schließt V den Kaufvertrag endlich als Vertreter des E. K zahlt den Kaufpreis, erhält aber den Besitz an dem Grundstück nicht, weil der dritte Besitzer D ein dinglich wirkendes Zurückbehaltungsrecht hat. E ist vermögenslos. K verlangt daher von V, der das Zurückbehaltungsrecht des D verschwiegen hatte, Schadensersatz.

Das RG hat einen solchen Anspruch aus c. i. c. bejaht: V habe nur aus formalen Gründen als Vertreter des E abgeschlossen. In Wahrheit aber sei er an dem Verkauf selbst interessiert gewesen, weil sonst er das Grundstück hätte abnehmen und bezahlen müssen. Die Haftung für c. i. c. beruht auf der Inanspruchnahme von Vertrauen.[30] Dieses Vertrauen gilt regelmäßig dem Vertretenen. Wo es sich aber ausnahmsweise auf den Vertreter selbst bezieht, muss dieser haften.[31] Dass der Dritte Vertrauen gerade **für sich selbst** (und nicht für den Vertretenen) in Anspruch genommen haben muss, findet sich auch in § 311 III.

b) Erweiterungen

200a Der BGH hatte die Haftung Dritter aus c. i. c. über den zuletzt behandelten Fall hinaus erweitert. Dabei sind zwei Situationen in den Vordergrund getreten.

Bei der ersten ist der handelnde Dritte an dem Vertrag **persönlich wirtschaftlich interessiert** (zB als Gesellschafter der den Vertrag anstrebenden GmbH, oder weil er als Bürge für deren Schulden haftet). Hier passt aber schon die eben genannte Inanspruch-

26 Bezüglich formbedürftiger Verträge *D. Kaiser* JZ 1997, 448.

27 BGHZ 57, 191.

28 Vgl. *Gerhardt* JZ 1970, 535; diff. *Strätz*, FS Bosch, 1976, 999 (1008). Vgl. auch → Rn. 209a zu BGHZ 93, 23.

29 Vgl. *Nirk*, FS Hauß, 1978, 267; *Medicus*, FS Steindorff, 1990, 725 und zur Konkurrenz mit § 179 *Crezelius* JuS 1977, 796. Bei Zusicherungen hilft mit § 179 zB BGHZ 103, 275.

30 Grdl. *Ballerstedt* AcP 151 (1950/1951), 501, teils krit. *Larenz*, FS Ballerstedt, 1975, 397.

31 *Eike Schmidt* AcP 170 (1970), 502 (517ff.); zur Haftung Dritter auch *Neuner* JZ 1999, 126.

nahme von Vertrauen nicht: Die Angaben eines Gehilfen oder Vertreters, der ein solches besonderes persönliches Interesse an dem Vertragsschluss hat, gelten keineswegs als besonders vertrauenswürdig. Vielmehr kann ein solches Interesse im Gegenteil eher zu Misstrauen veranlassen. Der BGH hat dieses Kriterium im Wesentlichen aufgegeben und stellt stattdessen darauf ab, ob der Verhandelnde in eigener Sache tätig wird und wirtschaftlicher Herr des Geschäfts ist.[32] Eine Eigenhaftung des Dritten mag aber in Fällen bleiben, die dem Ausgangsfall ähneln.

200b Als zweiter Grund für eine Eigenhaftung kommt die **Inanspruchnahme besonderen Vertrauens** in Betracht, das § 311 III 2 beispielhaft (»insbesondere«) regelt. Dieses Vertrauen muss sich gerade auf den handelnden Dritten beziehen, etwa wegen dessen außergewöhnlicher Sachkunde oder besonderer persönlicher Zuverlässigkeit: Er muss ein »zusätzliches, von ihm selbst ausgehendes Vertrauen auf die Vollständigkeit und Richtigkeit seiner Erklärungen hervorgerufen haben«.[33] Nicht genügen könnte es dagegen, wenn der Verhandelnde nur denjenigen, der Vertragspartner werden soll, als besonders zuverlässig bezeichnet, also nur »normales Verhandlungsvertrauen« beansprucht. So haftet etwa der Geschäftsführer einer GmbH nicht persönlich aus c. i. c., wenn er bloß die GmbH als zahlungskräftig hinstellt. Eine Haftung des Geschäftsführers kommt dann nur aus § 179 oder aus Delikt (etwa §§ 823 II BGB, 263 StGB) in Betracht, nicht aber aus c. i. c.

BGH NJW-RR 2011, 462: Der Kfz-Sachverständige D fertigt für V ein mit Fotografien unterlegtes Verkaufsangebot in einem Internetportal. K erwirbt das Kfz und stellt fest, dass die auf den Fotos abgebildete Standheizung vor Übergabe ausgebaut wurde. Die Heizung war in dem Verkaufsangebot nicht als Zusatzausstattung erwähnt. K verlangt von D die Kosten für Heizung und Einbau.

Der BGH hat einen Anspruch gegen D unter dem Gesichtspunkt der **Sachwalterhaftung** (§§ 280 I, 241 II, 311 II Nr. 1, III) abgelehnt: Die Haftung des Erfüllungsgehilfen D aus c. i. c. könne nicht weitergehen als die Haftung des Vertragspartners. Der Sache nach verlange K von D den Ersatz seines Erfüllungsinteresses aus dem Vertrag mit V. Gegen V bestehe jedoch ohne Fristsetzung zur Nacherfüllung kein Schadensersatzanspruch aus §§ 437 Nr. 3, 280 I, III, 281 I und mangels Arglist auch nicht aus c. i. c.[34] Daneben hat der BGH auch einen Anspruch gegen D aus einem Vertrag mit Schutzwirkung zugunsten Dritter wegen fehlenden Schutzbedürfnisses abgelehnt, weil K gegen V wegen der fehlenden Standheizung einen »gleichwertigen« (weil auf das Erfüllungsinteresse gerichteten) vertraglichen Nacherfüllungsanspruch aus §§ 437 Nr. 1, 439 habe.[35]

3. Schlechtleistung ohne Vertrag

201 Auch Ersatzansprüche aus Schlechtleistung (→ Rn. 280 ff.) wird man bisweilen unabhängig vom Vorliegen eines wirksamen Vertrages anerkennen müssen.

BGH BB 1953, 956: K ist bei G als Kraftfahrer angestellt und hat Vollmacht, den Kraftwagen des G nötigenfalls reparieren zu lassen. Wegen eines Loches im Kraftstofftank bringt K den Wagen zu S, der alle Haftung wegen Gehilfenverschuldens ausschließt (nach § 309 Nr. 7 nur noch durch Individualvertrag

32 BGHZ 126, 181 (183); BGH NJW-RR 1991, 1241.

33 BGHZ 126, 181 (189); s. auch *Canaris* ZHR 163 (1999), 206 (232); *Kersting*, Die Dritthaftung für Informationen im Bürgerlichen Recht, 2007, 222 ff.; *Faust* AcP 210 (2010), 555.

34 BGHZ 180, 205; dazu → Rn. 301 sowie → Rn. 150. Vgl. auch *Faust* JuS 2011, 457.

35 Zu diesem Erfordernis BGHZ 70, 327 (329); 133, 168 (173), sowie → Rn. 844.

möglich). L, ein Lehrling des S, schweißt an dem mit Kraftstoff gefüllten Tank. G verlangt wegen des zerstörten Wagens von S Ersatz; S beruft sich auf den Haftungsausschluss.

Der BGH hat hier angenommen, die Vollmacht des K habe einen derart weitreichenden Haftungsausschluss zulasten des G nicht gedeckt. Daher fehlte zwischen G und S ein wirksamer Vertrag. Beide haben sich auch nicht mehr in Vertragsverhandlungen befunden, sodass kein Anspruch aus c. i. c. in Betracht kam. Vielmehr ist der Schaden bei der (schlechten) Leistung auf den vermeintlich wirksamen Vertrag eingetreten. Das passt zur Schlechtleistung, und ihretwegen (iVm § 278) ist S denn auch verurteilt worden. Grund hierfür ist die Verletzung von Schutzpflichten aus dem scheinbaren Vertragsschluss: Man darf auch bei Nichtbestehen von Leistungspflichten nicht in gefährlicher Weise schlecht leisten.[36] Auch § 241 II setzt nicht voraus, dass die Schutzpflichten *neben* Leistungspflichten bestehen. Daher passt am ehesten § 280 I iVm § 311 II Nr. 3.

4. Drittschutz aus unwirksamem Vertrag

202 Endlich kann man auch bei der *vertraglichen Schutzwirkung für Dritte* (→ Rn. 844 ff.) von dem Erfordernis eines wirksamen Vertrages absehen: Der Schutz des Dritten (zB eines Angehörigen des Mieters) muss auch nach dem Vertragsschluss unabhängig von der Vertragswirksamkeit sein.[37]

5. Einheitliches gesetzliches Schuldverhältnis

203 Wenn man die Vertragsunabhängigkeit dieser Ersatzpflichten anerkennt, liegt es nahe, dem auch dogmatisch Rechnung zu tragen. Das geschieht, wenn man diese Ersatzpflichten nicht als vertragliche bezeichnet, sondern sie auf ein Schutzpflichten (§ 241 II) erzeugendes gesetzliches Schuldverhältnis zurückführt: Dieses entsteht, sobald mit dem Eintritt in Vertragsverhandlungen ein Partner seine Rechtsgüter den Gefahren aussetzt, die aus der Sphäre des anderen Partners stammen. Und es endet erst dann, wenn diese Gefährdung wieder beseitigt ist: sei es wegen des erkannten Scheiterns der Vertragsverhandlungen, sei es wegen der vollständigen Abwicklung des Vertrages. Inhalt dieses gesetzlichen Schuldverhältnisses wäre die Sorge für die gefährdeten Rechtsgüter des anderen Partners und der bei Vertragswirksamkeit in gleicher Weise zu schützenden Personen. C. i. c., Schlechtleistung und Vertrag mit Schutzwirkung für Dritte wären so in einem einzigen Haftungsgrund vereint.[38] Soweit daneben noch (was nicht nötig ist) vertragliche Leistungspflichten bestehen, kann man von einem **gesetzlichen Begleitschuldverhältnis** sprechen.[39]

36 Ebenso *Canaris* JZ 1965, 475 mit einem weiterreichenden Lösungsansatz (vgl. → Rn. 203).
37 So *Canaris* JZ 1965, 475, ähnlich *U. Müller* NJW 1969, 2169.
38 *Canaris* JZ 1965, 475, *Petersen* JURA 1998, 399; 2004, 627.
39 Zu möglichen Einschränkungen *Medicus*, FS Canaris, Bd. I, 2007, 835; *Medicus* JuS 1986, 665 (668).

2. Kapitel. Die Wirkung von Schuldverträgen

§ 11 Übersicht über die Pflichten aus Schuldverträgen

Das im 1. Kapitel behandelte Zustandekommen von Schuldverträgen ist bei der Lösung von Fällen regelmäßig nur Vorfrage für die Annahme bestimmter Rechtswirkungen (ausnahmsweise treten manche von ihnen freilich auch ohne Vertrag ein, → Rn. 188ff.). Solche Wirkungen sind die dem Schuldvertrag entspringenden Ansprüche oder – als ihre Kehrseite – Pflichten. Sie lassen sich unter mehreren Gesichtspunkten unterscheiden. 204

I. Primär- und Sekundärpflichten

Die Primärpflichten sind auf eine Leistung gerichtet (§ 241 I). Sie ergeben sich aus dem Vertrag, ohne dass weitere Umstände hinzutreten müssen; ihre Erfüllung ist das eigentliche Ziel des Vertrages. Demgegenüber folgen die Sekundärpflichten oft erst aus der Störung von Primärpflichten. Die Sekundärpflichten können dann an die Stelle der gestörten Primärpflichten treten (zB Schadensersatz statt der Leistung aus §§ 280 III, 281) oder auch neben sie (zB der Anspruch auf Ersatz des Verzögerungsschadens nach den §§ 280 II, 286). Das Kernstück des Schuldrechts, nämlich die Lehre von den Leistungsstörungen (→ Rn. 236ff.), ist weithin nichts anderes als die Lehre davon, ob und inwieweit die Störungen von Primärpflichten Sekundärpflichten erzeugen.[1] 205

Bei der Lösung von Fällen sind beide Arten von Pflichten schon deshalb streng zu unterscheiden, weil zur Entstehung von Sekundärpflichten oft Vertretenmüssen nötig ist, dessen es für Primärpflichten nicht bedarf.

Beispiel: Mieter M hat die Mietwohnung erheblich abgenutzt; Vermieter V fordert ihn daher zur Durchführung von Reparaturen auf. Wenn die Reparaturen Primärpflicht des M sind (weil M sich dazu verpflichtet hat, zB durch Übernahme der »Schönheitsreparaturen«[2]), ist die Forderung des V ohne Weiteres begründet. Wenn dagegen eine solche Primärpflicht des M nicht besteht, kann V die Reparaturen nur als (sekundären) Schadensersatz verlangen, soweit nämlich die Abnutzung auf die zu vertretende (vgl. § 538) Verletzung der Primärpflicht zur sorglichen Behandlung der Mietsache zurückgeht.

Daraus folgt: Stets muss **zuerst** geprüft werden, ob den in Anspruch Genommenen eine **Primärpflicht** zu der verlangten Leistung trifft. Wenn das zu bejahen ist, kommt es auf Vertretenmüssen nicht an. Erst danach wird die Prüfung von Sekundärpflichten sinnvoll.

Beispiel: M hat eine Wohnung im Hause des V gemietet. Im Erdgeschoss betreibt ein anderer Mieter G eine Gastwirtschaft, die viel Lärm verursacht. M verlangt von V, dieser solle den Lärm abstellen. Hier wäre es falsch, zuerst zu prüfen, ob die Vermietung an einen Gastwirt oder der Lärm eine Pflichtverletzung gegenüber M darstellen, und ob etwa V das Verhalten des G nach § 278 zu vertreten hat. Vielmehr besteht schon eine Primärpflicht des V nach § 535 I zur Gewährung des ungestörten Mietgebrauchs (vgl. aber § 536b); jedes Eingehen auf Vertretenmüssen und § 278 ist also sinnlos, soweit § 535 I eingreift.

---

1 Eing. *Unberath*, Die Vertragsverletzung, 2007; *U. Huber* AcP 210 (2010), 319 (350).
2 Dazu *Herrler* JURA 2008, 248; *Emmerich*, FS Graf v. Westphalen, 2010, 127.

II. Haupt- und Nebenleistungspflichten

206 Die Einteilung in Haupt- und Nebenleistungspflichten hat mit der eben genannten Unterscheidung in Primär- und Sekundärpflichten nichts zu tun; insbesondere sind Primärpflichten nicht notwendig Hauptleistungspflichten.

Zu Missverständnissen führen kann der Begriff der Nebenpflichten: So ist etwa die Pflicht des Vermieters zur Beleuchtung des Treppenhauses zwar Nebenpflicht (§ 241 II), aber zugleich auch Primärleistungspflicht. Nebenpflichten betreffen das Integritätsinteresse, während Nebenleistungspflichten der Vorbereitung, Durchführung und Sicherung der Hauptleistung dienen.[3]
RGZ 53, 161: Der Käufer hatte trotz Mahnung die Kaufsache nicht abgenommen. Die Abnahmepflicht (§ 433 II) ist grundsätzlich Nebenleistungspflicht, es sei denn, dass sich aus dem Vertrag (Beispiel Räumungsverkauf) etwas anderes ergibt. Der Verkäufer kann daher nach Fristsetzung zurücktreten, § 323 I. Beim Räumungsverkauf wäre die Fristsetzung sogar nach § 323 II Nr. 2 regelmäßig entbehrlich.

207 Nichts mit dieser Einteilung zu tun hat dagegen die Frage der **Klagbarkeit.** Denn klagbar sind auch nichtsynallagmatische Nebenpflichten zumindest dann, wenn sie Leistungspflichten sind.[4] Die künftige Einhaltung einer Schutzpflicht ist wenigstens dann einklagbar, wenn sie bereits verletzt wurde und Wiederholungsgefahr besteht.

§ 402 ist nicht nur Anspruchsgrundlage aus einer Verfügung (→ Rn. 25), sondern statuiert zugleich eine klagbare Nebenleistungspflicht. Entsprechendes gilt für § 666. Täuscht der Vorleistungspflichtige darüber, dass er die ihm obliegende Leistung bereits erbracht habe und erhält er daraufhin verfrüht die Gegenleistung, dann verletzt er eine **Nebenleistungspflicht,** nicht bloß eine Schutzpflicht.[5]

III. Schutzpflichten (nichtleistungsbezogene Nebenpflichten)

1. Überblick und Einteilung

208 Neben den Leistungspflichten gibt es noch eine weitere Pflichtenkategorie: die aus § 242 abgeleiteten und in § 241 II ausdrücklich genannten Verhaltens-, Schutz- oder auch (missverständlich) Nebenpflichten (im Gegensatz zu den Neben*leistungs*pflichten).[6] Sie fasst man auch unter dem Begriff der vertragsbegleitenden nichtleistungsbezogenen Nebenpflichten zusammen.[7] Diese Pflichten richten sich auf die **Beachtung derjenigen Rechtsgüter und Interessen** des anderen Teils, die von der Leistung unabhängig sind: Der für die Renovierung der Wände bestellte Maler soll nicht bloß ordentlich malen, sondern auch Schäden am Inventar des Bestellers vermeiden. In anderen Fällen kann aber die Abgrenzung zur **ordentlichen** Erbringung der (durch die Leistungspflichten bestimmten) Leistung zweifelhaft sein. Im Verhandlungs- wie im Erfüllungsstadium bilden diese Schutzpflichten das von manchen angenommene gesetzliche Begleitschuldverhältnis (→ Rn. 203).

Die Formulierungen dieses Schutzverhältnisses in Gestalt einzelner Verhaltenspflichten konkretisieren im Erfüllungsstadium weithin, was zur ordentlichen Erbringung der Leistung gehört (zB den Käufer vor Gefahren aus der gekauften Maschine zu warnen). Doch umschreibt die Verletzung solcher Pflichten nicht etwa genau den Anwendungsbereich der §§ 282, 324 (→ Rn. 248). Denn dort ist zusätzlich Unzumutbarkeit

3 *Medicus/Lorenz* SchuldR AT Rn. 120. Näher *Hähnchen,* Obliegenheiten und Nebenpflichten, 2010.
4 Vgl. auch BGH NJW 1975, 344.
5 BGH NJW 2010, 2503 Rn. 18.
6 Vgl. *Grigoleit,* FS Canaris, Bd. I, 2007, 275; *Schlechtriem/Schmidt-Kessel* SchuldR AT Rn. 163 ff.
7 *Medicus/Lorenz* SchuldR AT Rn. 123.

der Leistung für den Gläubiger nötig. Diese folgt nicht allemal aus der Verletzung einer Schutzpflicht.[8] Das zeigt sich etwa am Schulbeispiel des Malergehilfen, der durch unvorsichtigen Umgang mit der Leiter Inventar des Bestellers zertrümmert. Wenn daraufhin der sorgsame Meister die Ausführung selbst übernimmt, kann dem Besteller das Festhalten an dem Auftrag durchaus zumutbar sein. Ein Rückgriff auf § 323 V 2 scheidet schon deshalb aus, weil der systematische Zusammenhang ergibt, dass sich die Unerheblichkeit nur auf Leistungspflichten bezieht.[9]

Schutzpflichten lassen sich nach ihrer **Erfüllbarkeit** in **aktive** und **passive** unterscheiden: Informationspflichten setzen ein aktives Tun voraus, während Verschwiegenheitspflichten durch reine Passivität erfüllbar sind; bei ihnen dürfte daher auch eine Drittwirkung nach § 311 III 1 entsprechend leichter begründbar sein, weil der Schuldner sie durch schlichtes Schweigen gegenüber allen in Betracht kommenden Dritten erfüllen kann.

209 Alle **Schutzpflichten** sind in einem bestimmten Sinn **nichtsynallagmatisch:** Ihre folgenlose Verletzung berührt den Anspruch auf die Gegenleistung nicht (Ausnahmen nach § 324). So kann etwa zwar der Gläubiger die ihm nachts angebotene Leistung zurückweisen. Aber er muss sie voll bezahlen, wenn er sie annimmt. Doch bedeutet eine solche teilweise Nichtgeltung des Synallagma keine Eigenart der Schutzpflichten; vielmehr kommt sie auch bei Nebenleistungspflichten vor (→ Rn. 207). So bleibt etwa die Verletzung einer Pflicht des Verkäufers V zu ordentlicher Verpackung folgenlos, wenn die Ware trotzdem beim Käufer K unversehrt ankommt.

Übrigens entscheidet allemal letztlich die **Vertragsauslegung** über die Nichtgeltung des Synallagma. Wenn etwa V dem K die Verpackung besonders in Rechnung stellt, braucht K nur zu bezahlen, was V wirklich aufgewendet hat. Bedeutung hat es auch, wenn die Verpackung Teil der Ware und für den Käufer wichtig ist, weil dieser gerade die **verpackte Ware** weiterverkaufen will: Hier bedeutet der Mangel der Verpackung einen Mangel der Kaufsache mit den Folgen der §§ 438 ff. (zB Zigarren werden in schadhaften Kisten an den Einzelhändler geliefert).

2. Haftungsmilderungen

209a Zweifelhaft ist, ob für die Leistungspflichten geltende Haftungsmilderungen auch auf die Schutzpflichten anzuwenden sind.

BGHZ 93, 23: S stellt Kartoffelchips her. Dabei entsteht als Abfall flüssige Kartoffelpülpe. Diese überlässt S dem Landwirt G kostenlos als Viehfutter. G verfüttert die Pülpe so reichlich an seine Bullen, dass diese eingehen. Er verlangt von S Schadensersatz, weil er nicht über die mögliche Schädlichkeit der Pülpe aufgeklärt worden sei.

Die hier verletzte Aufklärungspflicht sollte nicht das Leistungsinteresse des G schützen (Ernährung seines Viehs), sondern das Interesse an der Erhaltung der schon vorhandenen Rechtsgüter; die Aufklärungspflicht ist hier also Schutzpflicht.[10] Da dem S aber allenfalls leichte Fahrlässigkeit zur Last fällt, war die Anwendbarkeit des (in erster Linie für Leistungspflichten geltenden) § 521 zu prüfen. Der BGH hat in dem Pülpefall die Anwendbarkeit von § 521 bejaht: Die Haftungsmilderung müsse auch für solche Schutzpflichten gelten, »die im Zusammenhang mit dem Vertragsgegenstand stehen« (hier: mit der vertragsgemäß vorausgesetzten Verfütterung der Pülpe).[11] Zugleich hat

8 Näher *Medicus,* FS Canaris, Bd. I, 2007, 835 (841 f.); s. auch *Binder* AcP 211 (2011), 587.
9 *S. Lorenz,* FS Wolfsteiner, 2007, 121.
10 Zum »aufklärungsrichtigen Verhalten« *Medicus,* FS Picker, 2010, 619.
11 Eing. *Medicus,* FS Odersky, 1996, 589.

der BGH die Haftungsmilderung auch auf die konkurrierenden Deliktsansprüche (aus § 823 I) erstreckt. Die Klage ist also abgewiesen worden. Dagegen wäre § 521 wohl nicht anzuwenden, wenn beispielsweise das Lieferfahrzeug des S auf dem Hof des G ein Huhn überfahren hätte. Das bedeutet zwar gleichfalls die Verletzung einer Schutzpflicht, doch hängt diese weniger eng mit dem Vertragszweck zusammen.[12]

3. Verjährung

209b Rechtsfolgenrelevante Überschneidungen von Leistungs- und Schutzpflichten können sich beim Ersatz von **Mangelfolgeschäden** ergeben.[13] Wird neben der Leistungspflicht zugleich eine Schutzpflicht verletzt und erleidet der Gläubiger einen Schaden an seinen sonstigen Rechtsgütern, so stellt sich die Frage nach der Verjährung: Gelten die §§ 438, 634a wegen der Verletzung der Leistungspflicht (§§ 433 I 2, 633 I) oder die dem Geschädigten günstigeren §§ 195, 199 aufgrund der verletzten Schutzpflicht?

Mit der hL ist davon auszugehen, dass die Schutzpflichtverletzung zurücktritt und der Anspruch binnen kurzer Frist gem.[14] § 438 bzw. § 634a verjährt.[15] Die Nachrangigkeit der Schutzpflicht gegenüber der Leistungspflicht trägt letztlich der Privatautonomie Rechnung.[16] Die kurze Verjährung entspricht der soeben (→ Rn. 209a) dargestellten Wertung: Der Bezug zur Leistungspflicht bestimmt auch die Verjährung. Anders verhält es sich aber bei der deliktischen Haftung, insbesondere bei »Weiterfresserschäden«, wo richtigerweise der Grundsatz der Anspruchskonkurrenz gilt.[17]

209c Die Darstellung der Pflichten, die jedoch gerade bei der Zuordnung von Integritäts- und Leistungsinteresse wegen der möglichen Überschneidungen an ihre Grenzen gerät,[18] ergibt folgendes Schema:

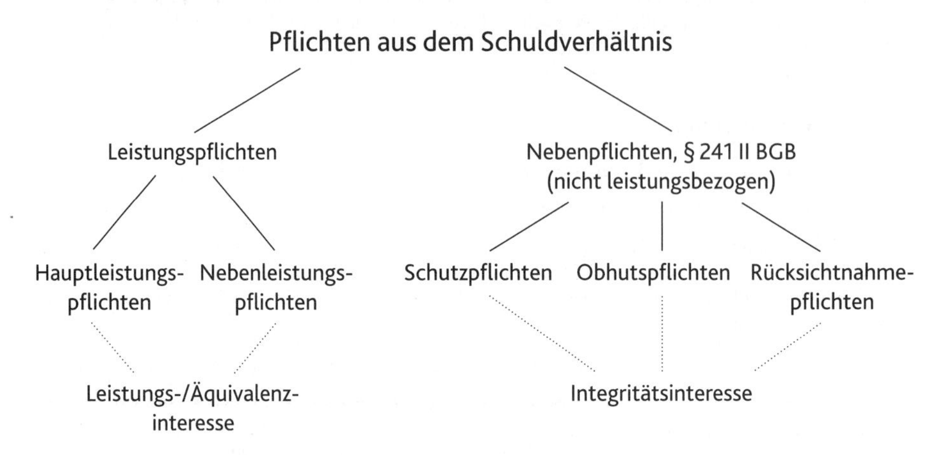

12 S. auch *Grundmann* AcP 198 (1998), 457 (461). Zum Ersatz des Erfüllungsinteresses bei der Verletzung bloßer Schutzpflichten vgl. → Rn. 151.

13 Vgl. auch *Canaris* ZRP 2001, 335; rechtsvergleichend *S. Lorenz/Stringari,* FS Georgiades, 2005, 237.

14 *M. Müller/Hempel* AcP 205 (2005), 246 (259) zufolge: analog.

15 *Fikentscher/Heinemann* SchuldR Rn. 42; aA *Ehmann/Sutschet* JZ 2004, 62 (69).

16 *Grigoleit,* FS Canaris, Bd. I, 2007, 275 (298); *Oetker/Maultzsch* VertrSchuldV § 2 Rn. 329.

17 Näher → Rn. 307; s. auch *Foerste,* FS Graf v. Westphalen, 2010, 161.

18 *Medicus,* FS Canaris, Bd. I, 2007, 835 (837).

IV. Primär- und Sekundärpflichten bei der OHG (§ 128 HGB)[19]

RGZ 136, 266: Eine OHG, bestehend aus A und B, hat einen Teil des Gesellschaftsgrundstücks an D zum Betrieb einer Tankstelle verpachtet und sich in einem bestimmten Umkreis zur Unterlassung von Wettbewerb verpflichtet. A und B erwerben nun für sich persönlich das Nachbargrundstück und betreiben dort eine Tankstelle. Kann D von A und B Unterlassung verlangen? 210

BGHZ 23, 302: Eine OHG schuldet einem Gläubiger G Rechnungslegung. Kann G von X, dem einzigen geschäftsführenden Gesellschafter der OHG, persönlich die Rechnungslegung verlangen?

In beiden Fällen wird die Primärleistung (Unterlassen von Wettbewerb oder die Rechnungslegung) sicher von der OHG geschuldet. Bedeutet nun das »Haften« (»die Gesellschafter haften für die Verbindlichkeiten der Gesellschaft ... persönlich«) in § 128 HGB, dass auch die Gesellschafter diese Primärleistungen persönlich schulden? Das führte, wie der Fall des RG zeigt, zu einer Ausweitung der Leistungspflicht: Nicht nur die OHG müsste Wettbewerb unterlassen, sondern auch jeder einzelne Gesellschafter. Oder soll der Gesellschafter nur bei Pflichtverletzung durch die OHG haften? Die Frage läuft darauf hinaus, ob den Gesellschafter persönlich auch die Primärpflichten der OHG treffen oder nur die Sekundärpflichten. Hierzu gibt es neben zwei inzwischen wohl überwundenen »extremen« Ansichten eine Reihe von vermittelnden Lösungen:

1. Gleichheit von Gesellschafts- und Gesellschafterschuld

211 Manche verstehen »haften« wie »schulden«; der einzelne Gesellschafter soll also den Primärpflichten der OHG genauso unterworfen sein wie diese selbst. Begründet wird das damit, dass die OHG keine juristische Person sei; die Pflichten der OHG könnten daher nur die Pflichten der einzelnen Gesellschafter sein. Indessen berücksichtigt diese Ansicht nicht hinreichend, dass die Gesellschafter nach dem Gesellschaftsvertrag regelmäßig nur bestimmte Einlagen zu leisten haben (§§ 705–707). Man darf also das danach »gesellschaftsfrei« bleibende Vermögen der Gesellschafter nicht einfach ebenso behandeln wie das Gesellschaftsvermögen.

2. Gesellschafterhaftung nur auf Schadensersatz?

211a Die *Gegenmeinung* will daher die einzelnen Gesellschafter nur für diejenigen Sekundäransprüche (auf Schadensersatz) haften lassen, die gegen die OHG entstanden sind. Damit aber würden die Rechte des Gläubigers unzumutbar verkürzt: Er müsste zunächst immer nur gegen die OHG vorgehen; Ansprüche gegen die einzelnen Gesellschafter könnte er erst dann geltend machen, wenn er seinen Primäranspruch gegen die OHG etwa nach §§ 280 III, 281 in einen Sekundäranspruch übergeleitet hat. Damit erhielte der Gesellschafter so etwas wie eine »Einrede der Vorausklage gegen die Gesellschaft«, die dem Gesetz fremd ist.

3. Vermittelnde Lösungen

211b Angesichts der Schwächen der »extremen« Ansichten bedarf es einer vermittelnden Lösung. Diese war zunächst überwiegend durch einen **Rückgriff auf das Innenverhältnis** zwischen der Gesellschaft und dem haftenden Gesellschafter begründet worden: Der Gesellschafter soll immer dann auf die Primärleistung und nicht bloß auf

19 Dazu *K. Schmidt* GesR § 49 III; *Flume,* FS Reinhardt, 1972, 223; *R. Fischer* ZGR 1979, 251 (269f.); *A. Hueck,* Das Recht der OHG, 4. Aufl. 1971, § 21 II; *Wünsche* JuS 2009, 980.

Geld haften, wenn er auch der Gesellschaft zu der Primärleistung verpflichtet ist. So hat der BGH (→ Rn. 210) den verklagten Gesellschafter persönlich zur Rechnungslegung verurteilt: Weil er allein geschäftsführungsberechtigt war, schuldete er die Rechnungslegung auch der Gesellschaft.

Die Schwäche dieser Ansicht besteht jedoch darin, dass sie die Stellung des dritten Gläubigers von dem – ihn sonst regelmäßig nicht berührenden – Innenverhältnis zwischen der Gesellschaft und dem Gesellschafter abhängig macht; dieses könnte ja zB auch ohne Mitwirkung des Gläubigers geändert werden. Daher hat der BGH die Haftung des Gesellschafters zutreffend auf die Primärleistung erweitert: Diese Haftung soll jedenfalls dann eintreten, »wenn die Erfüllung den Gesellschafter in seiner gesellschaftsfreien Privatsphäre **nicht wesentlich mehr als eine Geldleistung beeinträchtigt**«.[20] An einer solchen Beeinträchtigung fehle es etwa, wenn der Gesellschafter den Anspruch gegen die Gesellschaft »ohne persönlichen Einsatz durch Aufwendung von Geld und Beauftragung eines anderen Unternehmens erfüllen kann« (konkret bejaht bei dem Anspruch auf Nachbesserung eines Fertighauses).

In dem Tankstellenfall des RG dürfte danach die Unterlassungspflicht nur dann auf die Gesellschafter zu erstrecken sein, wenn Anhaltspunkte für eine solche Auslegung des Pachtvertrags bestehen: Die Unterlassung auch durch die Gesellschafter fordert ja deren »persönlichen Einsatz«.

4. Dingliche Ansprüche gegen den Besitzer

212 Besonderes gilt für dingliche Ansprüche gegen den Besitzer (→ Rn. 447), etwa aus § 985. Hier kommt es wenigstens zunächst nicht auf § 128 HGB an, sondern darauf, wer Besitzer ist.

BGH JZ 1970, 105: E ist Eigentümer eines Manuskripts, das er einer Verlags-KG übergeben hat. Nach Beendigung des Verlagsvertrags verklagt E die KG und deren einzigen persönlich haftenden Gesellschafter G auf Herausgabe.

Der BGH hat den Herausgabeanspruch auch gegen G bejaht, und zwar direkt aus § 985: Eine Sache im **Besitz der KG** stehe im **Mitbesitz der Gesellschafter.** Und von G als einem Mitbesitzer könne nach § 985 Herausgabe verlangt werden, wenn er die »tatsächliche Verfügungsgewalt« habe (was der BGH für G anscheinend wegen § 164 HGB annimmt: Die Kommanditisten können G nicht an der Ausübung der Sachherrschaft hindern). Dem ist insoweit zuzustimmen, als der BGH die Möglichkeit von Besitz einer Personengesellschaft bejaht.[21]

Für eine **BGB-Gesellschaft** beurteilt der BGH die Besitzlage wie folgt:[22] Hier werde der Besitz nicht von einem Gesellschaftsorgan ausgeübt, sondern stehe den Gesellschaftern als gleichberechtigten Mitbesitzern zu. Dieser Mitbesitz genüge für einen Pfandrechtserwerb nach § 1206. Nach der Zuerkennung einer »Teilrechtsfähigkeit« an Außengesellschaften bürgerlichen Rechts durch BGHZ 146, 341 (dazu auch → Rn. 794 f.) gelten diese Grundsätze uneingeschränkt nur noch für reine Innengesellschaften. Die Außengesellschaft kann dagegen selbst Besitzer sein[23] und übt ihren **Organbesitz** durch die ge-

20 BGHZ 73, 217; zust. *Hadding* ZGR 1981, 577; dagegen *Wiedemann* JZ 1980, 195, teils krit. auch *K. Schmidt* GesR § 49 III 1.
21 Dazu *Flume*, Freundesgabe Hengeler, 1972, 76; s. auch *K. Schmidt* AcP 209 (2009), 181.
22 BGHZ 86, 300 (306); 340 (344).
23 *Habersack* BB 2001, 477 (479).

schäftsführenden und vertretungsberechtigten Gesellschafter aus.[24] Mit der Anerkennung der Teilrechtsfähigkeit der Außengesellschaft ging nach BGHZ 179, 102 zwischenzeitlich die lange umstrittene Fähigkeit einher, mit dem eigenen Namen (und nicht bloß mit den Namen der Gesamthänder) ins Grundbuch eingetragen zu werden. Der Gesetzgeber hat diese im Hinblick auf die fehlende Registerpublizität aus Sicht der Praxis[25] unbefriedigende Entscheidung jedoch zum Anlass genommen, in **§ 47 II 1 GBO** wiederum die Eintragung aller Gesellschafter vorzuschreiben und dies nach **§ 899a** um den **grundbuchrechtlichen Verkehrsschutz** vervollständigt.[26]

---

24 Grdl. *Brand,* Der Organbesitz, 2015; vgl. auch *Petersen* JURA 2002, 255 (257).

25 Vgl. *Hertel* DNotZ 2009, 121; auch → Rn. 794.

26 Dazu *Reymann,* FS Reuter, 2010, 271; *Häublein,* FS G. Roth, 2011, 221; *Wellenhofer* JuS 2010, 1048; *Grunewald* JA 2011, 881 (883); *Lieder* JURA 2012, 335; *Kiehnle* ZHR 174 (2010), 209.

§ 12 Das Synallagma (Gegenseitiger Vertrag)

213 Unter den Schuldverträgen sind weitaus am häufigsten und wichtigsten die gegenseitigen: Jede Partei verpflichtet sich, weil und damit sich auch die andere verpflichtet. Dem trägt die Rechtsordnung Rechnung, indem sie die Pflichten aus solchen Verträgen durch das Synallagma miteinander verknüpft. Seinen wesentlichsten Ausdruck bilden die §§ 320ff.

Innerhalb eines gegenseitigen Vertrages brauchen aber nicht alle Pflichten synallagmatisch zu sein, → Rn. 207 (Nebenleistungspflichten). Nicht synallagmatisch sind auch die Schutzpflichten nach § 241 II (vgl. § 324).

I. Anwendungsbereich des Synallagma

1. Gegenseitige Verträge

214 Gegenseitige Verträge sind stets Kauf, Tausch, Miete, Pacht, Dienstvertrag, Werkvertrag; nach dem Parteiwillen kann das Gegenseitigkeitsverhältnis etwa auch vorliegen bei verzinslichem Darlehen oder entgeltlicher Bürgschaft.

Auch untypische Verträge können gegenseitig sein (zB ein entgeltlicher Garantievertrag, ebenso die »modernen« Geschäftstypen Leasing, Factoring und Franchising). Zwar als entgeltlichen, aber nicht als gegenseitigen Vertrag hat das BGB den Maklervertrag gestaltet, § 652 (der Makler selbst schuldet nichts), doch wird freilich oft eine Tätigkeitspflicht vereinbart (was auch durch AGB möglich ist).[1]

Die Wirksamkeitsgrenzen von AGB im Synallagma zeigt:

BGH NJW 2013, 1431 (abgewandelt): U hatte in seinen AGB gegenüber B für mangelhaft erbrachte Werkleistungen Vergütung »ohne Abzug bei Anlieferung« gefordert und verweigert die Mängelbeseitigung bis zur vollständigen Zahlung. B, der bereits den größten Teil des Werklohns gezahlt hat, verlangt Schadensersatz statt der Leistung.

Der Anspruch aus §§ 281, 280 III besteht, weil U nicht zur Verweigerung der Mängelbeseitigung berechtigt war: § 320 II scheidet aus, da B schon zum Großteil geleistet hat. Aber auch § 320 I begründet kein Leistungsverweigerungsrecht, weil die **Vorleistungsklausel** in doppelter Hinsicht die gesetzliche Leitbildfunktion missachtet und daher nach § 307 I, II Nr. 1 **unwirksam** ist: Sie ist nämlich nicht nur mit § 320 I unvereinbar, dessen synallagmatische Verknüpfung der Hauptleistungspflichten das gesetzliche Leitbild bestimmt. Darüber hinaus verstößt die Klausel auch gegen den Gerechtigkeitsgehalt des § 641 I 1, der die Vergütung von der Abnahme abhängig macht, um dem Besteller eine wirksame Handhabe zur vollständigen Leistungserbringung zu geben.[2]

2. Die Gesellschaft

215 Problematisch ist die Gesellschaft, §§ 705ff.

Beispiel: Eine Gesellschaft besteht aus A, B und C. A hat seine Einlage geleistet. Kann B die von ihm geschuldete Einlage nach § 320 verweigern, weil auch C seine Einlage noch nicht geleistet hat? Oder: Gilt § 326, wenn dem B die Leistung seiner Einlage unmöglich geworden ist (zB das einzubringende Patent ist für nichtig erklärt worden)?

---

1 Zu der für den Anspruch aus § 652 erforderlichen »wirtschaftlichen Kongruenz« BGH NJW 2014, 2352.

2 Zu der Entscheidung *M. Schwab* JuS 2014, 69.

Das Problem bei § 320 besteht offenbar darin, dass eine Leistungsverweigerung durch B auch den vertragstreuen A treffen würde. Und gegen die Anwendung von § 326 beim Unmöglichwerden einer Einlagepflicht spricht, dass der Gesellschaftszweck gleichwohl erreichbar bleiben kann; § 726 sieht aber nur dessen Unerreichbarkeit als Endigungsgrund an.

So mag sich im Beispiel der Gesellschaftszweck auch ohne das für nichtig erklärte Patent erreichen lassen. Übrigens kommt hier in Betracht, dass der Gesellschafter, der das Patent einbringen sollte, nach §§ 453, 435, 437, 439ff. wie ein Verkäufer haftet.

Daher können die §§ 320ff. auf die Gesellschaft höchstens beschränkt angewendet werden. **§ 320** ist anwendbar bei schuldrechtlichen Innengesellschaften und bei BGB-Gesellschaften »ohne eine von der Gesellschaftergesamtheit abgehobene Organisation«.[3] Dagegen sind bei **organisierten Verbänden** (also regelmäßig) die Organe zur Einforderung der Beiträge berufen; hier tritt an die Stelle von § 320 die Pflicht zur Gleichbehandlung der Gesellschafter.

Für Leistungsstörungen ist zwischen dem Beitrags- und dem Verbandsverhältnis zu unterscheiden: Für das Beitragsverhältnis (also das Verhältnis zwischen der Gesellschaft und dem beitragspflichtigen Gesellschafter) sollen die §§ 275ff. gelten. Dagegen kommt ein Rücktritt (etwa weil die Einlage unmöglich geworden oder mangelhaft ist) für das Verbandsverhältnis (also das »Gesellschaftsverhältnis im Ganzen«) nicht infrage: Es wird durch die besonderen gesellschaftsrechtlichen Lösungsmöglichkeiten verdrängt (etwa §§ 723 BGB, 133 HGB).

3. Entgeltlicher Erbverzicht

216/217

Die §§ 320ff. betreffen nur den gegenseitig *verpflichtenden* Vertrag. Sie sind daher zumindest nicht direkt anwendbar, wenn in einem Vertrag sich nur eine Partei verpflichtet, während die andere ohne Verpflichtungsgeschäft unmittelbar verfügt. Solche teils verfügenden, teils verpflichtenden Verträge sind vor allem der Erbvertrag und der Erbverzichtsvertrag, sofern in ihnen ein Entgelt vereinbart wird.[4] Kompliziert liegen die Dinge insbesondere beim entgeltlichen Erbverzicht.

Beispiel: Ein Kind ist von seinen Eltern durch gemeinschaftliches Testament zum Schlusserben nach § 2269 eingesetzt worden. Nach dem Tode eines Elternteils nimmt der andere die Erbschaft an und wird so nach § 2271 II an diese Erbeinsetzung gebunden. Jetzt verzichtet das Kind auf seinen Erbteil (Wirkung: § 2346 I 2). Dagegen verpflichtet sich der überlebende Elternteil zur Übereignung eines Grundstücks; diese bleibt aber aus oder wird unmöglich.

Auch hier sind wieder eine Verfügung und eine Verpflichtung in einem Vertrag verbunden; die §§ 320ff. passen daher wenigstens nicht direkt.[5] Für den Erbverzicht fehlt aber in den §§ 2346ff. jede den §§ 2294f. entsprechende Rücktrittsregelung. Auch kann der Verzichtende nicht nach § 2078 anfechten, weil der Verzicht keine letztwillige Verfügung ist und eine Verweisung auf die §§ 2078ff. beim Erbverzicht fehlt.[6] Dem Ver-

3 Hier und im Folgenden *K. Schmidt* GesR § 20 III 2; 3; 5. Dazu auch *Saenger* GesR Rn. 72, 134.

4 Dazu etwa *Weiler* DNotZ 1994, 427. Zum Erbvertrag *Röthel* JURA 2014, 781.

5 Anders bei einem Vertrag, in dem eine Gegenleistung für die bloße Verpflichtung zum Abschluss eines Erbverzichtsvertrags versprochen, der Verzicht aber noch nicht vorgenommen wird, vgl. MüKoBGB/*Wegerhoff* § 2346 Rn. 22.

6 Vgl. auch BGHZ 198, 32; dazu *Heyers* JURA 2014, 11.

zichtenden bleibt daher nur § 119; dort aber ist eine fehlgeschlagene Erwartung höchstens unbeachtlicher Motivirrtum.

Angesichts dieser Schwierigkeiten besteht Streit um die Frage, wie der Verzichtende seinen Erbverzicht bei Ausbleiben der versprochenen Gegenleistung beseitigen kann. Zweckmäßig ist jedenfalls, die Erbringung der Gegenleistung zur aufschiebenden Bedingung des Verzichts zu machen. Dann wird der Verzicht nicht wirksam, wenn die Gegenleistung ausbleibt. Wo eine solche Bedingung aber versäumt worden ist, kann man sie nicht einfach unterstellen: Die Vertragsurkunde (§ 2348) hat die Vermutung der Vollständigkeit für sich. Zu helfen sein dürfte am ehesten mit einer wenigstens **entsprechenden Anwendung der §§ 323, 326:** Mit der Beurkundung des Erbverzichts soll regelmäßig auch eine inhaltsgleiche, sofort zu erfüllende Verpflichtung begründet werden.[7]

Die §§ 320–322 passen deshalb überhaupt nicht, weil dem Verzicht als einer Verfügung keine Einrede entgegengehalten werden kann: Der Erbverzicht wirkt mit Abschluss des Vertrages; der hierdurch begünstigte Erblasser hat also keinen Anlass zur Klageerhebung.

II. Wirkungen des Synallagma

1. Genetisches Synallagma

218 Unter genetischem Synallagma versteht man, dass die gegenseitigen Pflichten **in ihrer Entstehung** voneinander abhängen: Wenn die eine nicht entsteht, entsteht auch die andere nicht. Eine solche Regel gibt es im deutschen Recht nicht mit der Beschränkung auf gegenseitige Verträge. Vielmehr sichert das BGB die genetische Abhängigkeit auch bei nicht gegenseitigen Pflichten: So betrifft etwa die Nichtigkeit nach § 134 den Vertrag (nicht nur den gegenseitigen) im Ganzen, obwohl regelmäßig nur die Erfüllung einer von mehreren Pflichten verboten ist. Ähnlich wirkt es, wenn nach § 105 Willenserklärungen von Geschäftsunfähigen nichtig sind:[8] Daran scheitert der ganze Vertrag und nicht bloß die Verpflichtung des Geschäftsunfähigen. Entsprechendes gilt nach § 108 für den Minderjährigen. Ein besonderes genetisches Synallagma ist daher unnötig.[9]

2. Funktionelles Synallagma

219 Das funktionelle Synallagma bedeutet, dass die gegenseitigen Pflichten auch **in Durchsetzung und Fortbestand** voneinander abhängen. Das regeln die §§ 320ff.

a) Abhängigkeit bei der Durchsetzung

Die Abhängigkeit bei der Durchsetzung ergibt sich aus den §§ 320–322. Dabei geht § 320 schon seinem Wortlaut nach in zwei Punkten über den sonst anwendbaren § 273 hinaus: Die Einrede des nicht erfüllten Vertrages kann nicht durch Sicherheitsleistung abgewendet werden, § 320 I 3: Mit dieser Einrede soll eben gerade die Gegenleistung und nicht bloß Sicherheit erzwungen werden. Zudem wirkt § 320 regelmäßig vollständig auch gegenüber Teilleistungen (§ 320 II) und bei Leistungen an mehrere Gläubiger (§ 320 I 2).

7 Vgl. etwa *Kipp/Coing* ErbR § 82 VI d; § 7 V 2b; *Brox/Walker* ErbR Rn. 293; zur bloßen Verpflichtung auch *Kuchinke* NJW 1983, 2358.
8 Näher *Wedemann* AcP 209 (2009), 668.
9 *Rittner*, FS H. Lange, 1970, 213, einschränkend *Gernhuber*, FS Larenz, 1973, 455 (476ff.).

In den Einzelheiten umstritten ist die Anwendung des § 320 beim Kauf, wenn eine mangelhafte Sache übergeben wurde.[10] Könnte sich der Käufer nach Übergabe ohne Einschränkungen auf die **Mängeleinrede** berufen, dann müsste er sich nicht zwischen seinen Gewährleistungsrechten entscheiden.[11] Allerdings steht der Nacherfüllungsanspruch (§ 439 I) ebenso im Synallagma wie der ursprüngliche Erfüllungsanspruch (§ 433 I 2). Das spricht in den Grenzen von § 242 für die Anwendbarkeit von § 320,[12] obwohl dieser in § 437 nicht aufgeführt ist.[13] Ohne einen Nacherfüllungsanspruch ist für § 320 dagegen kein Raum, etwa bei Unmöglichkeit oder wenn der Verkäufer sonst zur Verweigerung berechtigt ist (§§ 275, 439 III, 442).[14] Auf der Rechtsfolgenseite berechtigt § 320 auch in den Fällen der mangelhaften Leistung grundsätzlich zur Verweigerung des gesamten Kaufpreises. Etwas anderes kann sich nach dem Rechtsgedanken des § 320 II aber für unerhebliche Mängel ergeben.[15]

Beim Werkvertrag wird § 320 durch § 641 III verdrängt:[16] Der Besteller darf als **Druckzuschlag** regelmäßig die doppelten Nachbesserungskosten zurückhalten, weil die Zurückbehaltung der einfachen Kosten gerade bei kleineren Nachbesserungen oft nicht empfindlich genug wäre, um den Unternehmer zur Nachbesserung zu bewegen.[17] Bei Annahmeverzug hinsichtlich der Nacherfüllung entfällt der Druckzuschlag.[18] Dann können nur noch die einfachen Mangelbeseitigungskosten zurückgehalten werden.

b) Einrede und Schuldnerverzug

219a Schwierigkeiten bereitet die Frage, ob der durch § 320 geschützte Schuldner in Verzug geraten kann, wenn er die Einrede nicht geltend gemacht hat.

Beispiel: V und K haben einen beiderseits noch unerfüllten Kaufvertrag geschlossen. V mahnt den K zur Zahlung des Kaufpreises. Muss K seit dieser Mahnung Verzugszinsen zahlen (§ 288), obwohl V noch nicht geliefert hat?

Gehen wir von der allgemeineren Frage aus, wie schon das bloße Bestehen einer Einrede den Verzugseintritt beeinflusst. Hierüber herrscht Streit.[19] Als **Regel** wird man sagen können: Schon das Bestehen einer Einrede wirkt verzugshindernd. Denn wer seine Verurteilung durch eine Einrede abwehren kann, braucht auch nicht zu leisten oder hat wenigstens die Nichtleistung nicht zu vertreten (§ 286 IV).[20]

Da eine Einrede aber nicht von Amts wegen zu beachten ist, bleibt sie im Prozess in jeder Hinsicht unbeachtet, wenn der Beklagte sie nicht erhebt. Daher muss der Schuldner die Einrede irgendwann einmal – spätestens in der letzten Tatsachenverhandlung vor Gericht – geltend machen. Unterlässt er das, so kann er nicht nur unbeschränkt in die Leistung selbst verurteilt werden, sondern auch in die Verzugsfolgen. Beruft er sich aber auf die Einrede, so ist diese hinsichtlich der Hauptleistung und der Verzugsfolgen

10 Zum Folgenden auch MüKoBGB/*Emmerich* § 320 Rn. 4f.
11 *Joost,* FS Canaris, 2007, 513; *Grunewald,* FS Westermann, 2008, 245.
12 Bamberger/Roth/*Faust* § 437 Rn. 164.
13 MüKoBGB/*H. P. Westermann* § 437 Rn. 20.
14 *Haas*/Medicus/Rolland/Schäfer, Das neue Schuldrecht, 2002, Kap. 5 Rn. 263.
15 MüKoBGB/*H. P. Westermann* § 437 Rn. 20; Bamberger/Roth/*Faust* § 437 Rn. 164.
16 Dazu BGH NJW 2013, 3297 mAnm *Schwenker; M. Schwab* JuS 2014, 447.
17 Vgl. auch *Oechsler* VertrSchuldV Rn. 1119. Für das Mietrecht → Rn. 322.
18 BGH NJW-RR 2002, 1025.
19 Vgl. *Herb. Roth,* Die Einrede des Bürgerlichen Rechts, 1988, 150ff.; 169ff.; 185f.; 234ff.; *Gröschler* AcP 201 (2001), 48.
20 BGH NJW 2010, 1272 (1274); dazu *D. Kaiser* NJW 2010, 1254; vgl. auch *Herresthal* JURA 2008, 561.

zu beachten, und zwar mit Rückwirkung auf den Zeitpunkt, an dem die Einrede entstanden ist.[21]

Beispiel: G hat gegen S eine verjährte Forderung von 100 EUR. G mahnt den S und klagt ein Jahr später. Hier wird S in 100 EUR zzgl. Verzugszinsen (§§ 288, 247) verurteilt, wenn er sich nicht auf die Verjährung beruft. Macht er dagegen die Einrede geltend, so wird die Klage in vollem Umfang abgewiesen.

c) Besonderheiten

220 Aber von der eben dargestellten **Regel** gibt es Ausnahmen in zwei entgegengesetzten Richtungen.

aa) Bei § 320 kommt der Schuldner nach hM durch die Mahnung nur dann in Verzug, wenn der Gläubiger ihm die seinerseits geschuldete Gegenleistung in Annahmeverzug begründender Weise anbietet.[22] Das Leistungsangebot und den Annahmeverzug muss der Gläubiger als materielle Verzugsvoraussetzung im Prozess selbst behaupten und notfalls beweisen. Ob der Schuldner sich auf § 320 beruft, hat dann Bedeutung nur für die Hauptleistung und nicht für die Verzugsfolgen.

Danach ergeben sich für den Ausgangsfall (Mahnung des Verkäufers bei beiderseits unerfülltem Kaufvertrag) folgende Lösungen:

(1) Der Verkäufer hat sein Annahmeverzug begründendes Leistungsangebot behauptet und notfalls bewiesen: Beruft sich der Käufer auf § 320, wird er hinsichtlich des Kaufpreises zur Leistung Zug um Zug gegen Lieferung der Ware und hinsichtlich der aufgelaufenen Verzugszinsen ohne Einschränkung verurteilt (die Verzugszinsen selbst unterstehen nicht dem Synallagma des § 320 und fallen auch nicht unter § 273). Beruft sich der Käufer dagegen nicht auf § 320, wird er hinsichtlich des Kaufpreises und der Verzugszinsen unbeschränkt verurteilt.

(2) Der Verkäufer hat seine eigene Leistungsbereitschaft nicht durch ein Annahmeverzug begründendes Angebot an den Schuldner deutlich gemacht: Hier schuldet der Käufer in keinem Fall Verzugszinsen. Verurteilt werden kann er nur hinsichtlich des Kaufpreises: Bloß zur Leistung Zug um Zug aber dann, wenn der Käufer sich auf § 320 beruft.

Es sind freilich auch Fälle denkbar, in denen trotz der Einrede aus § 320 ein Leistungsangebot des Gläubigers ausnahmsweise entbehrlich ist:

BGH NJW-RR 2011, 447: M zahlt wegen extremen Schimmelbefalls drei Monate keine Miete, ohne V den Grund mitzuteilen. V verlangt nach fristloser Kündigung Rückgabe der Wohnung. M leugnet den Verzug und beruft sich wegen der unterbliebenen Mangelbeseitigung auf § 320.

Das Rückgabeverlangen ist nach § 546 I und § 985 berechtigt, wenn das Mietverhältnis durch die fristlose Kündigung des V beendet wurde. Das setzt nach §§ 543 II 1 Nr. 3 a), 569 III Nr. 1 voraus, dass M für zwei aufeinander folgende Termine mit mehr als einer Monatsmiete in Verzug war. Eine etwaige Minderung tritt nach § 536 I zwar kraft Gesetzes ein, scheitert wegen § 536c II Nr. 1 jedoch an der fehlenden Mängelanzeige. M schuldete also trotz des Schimmels die volle Miete. Nach den soeben dargestellten Grundsätzen wäre er aber nur in Verzug geraten, wenn V die Mangelbeseitigung in Annahmeverzug begründender Weise angeboten hätte. Denn für den aus § 535 I 2 resultierenden und im Synallagma stehenden Anspruch auf Mangelbeseitigung gilt § 536c II nicht, sodass die fehlende Rüge insoweit unschädlich war. Da V aber von dem Mangel nichts wusste, soll § 320 dem Verzug des M nach Treu und Glauben nicht entgegenstehen: Ein Zurückbehaltungsrecht könne die ihm zukommende Funktion, Druck auf den

21 BGHZ 113, 232 (236).
22 BGHZ 116, 244 (249); *Looschelders* SchuldR AT Rn. 450.

Schuldner auszuüben, nicht erfüllen, solange der Vermieter den Mangel nicht kenne. M war daher in Verzug (§§ 286 II Nr. 1, 556b I) und die Kündigung wirksam. Diese Grundsätze wird man auf die Mängelbeseitigung im Kauf- und Werkvertragsrecht übertragen können, zB wenn der Käufer wegen eines Mangels nicht zahlt, von dem der Verkäufer keine Kenntnis hat.

Hinweis zur Anspruchsgrundlage: § 546 I ist grundsätzlich auf die Rückgabe der Mietsache in dem bei Vertragsbeginn bestehenden Zustand gerichtet (abzüglich der durch den vertragsgemäßen Gebrauch verursachten Abnutzungen, § 538),[23] § 985 dagegen nur auf die Herausgabe im jetzigen Zustand.

221 **bb)** Darüber hinaus gibt es weitere Ausnahmen von der allgemeinen Regel über das Verhältnis von Verzug und Einrede: In diesen Fällen **beseitigt die Erhebung der Einrede den Verzug stets nur für die Zukunft.** Der BGH bejaht das mit Recht für § 410 I 2: Dass der Schuldner die Mahnung des Zessionars erst verspätet zurückweist, kann ihm nicht die gleichen Vorteile bringen wie die in § 410 I 2 verlangte unverzügliche Zurückweisung.[24] Nur für die Zukunft wirken soll nach hM auch § 273: Das Recht des Gläubigers zur Sicherheitsleistung nach § 273 III soll nicht durch eine Rückwirkung der Einrede beschränkt werden. Zudem soll nicht schon die Erhebung der Einrede den Verzug beenden, sondern erst das Angebot der Leistung Zug um Zug.[25]

d) Abhängigkeit beim Fortbestehen

222 Im Fortbestehen sind die synallagmatischen Forderungen insofern voneinander abhängig, als nach § 326 I 1 der Gegenanspruch entfällt, wenn der Anspruch nach § 275 nicht erfüllt zu werden braucht. Wer seine Leistung nicht erbringen muss, soll also auch die Gegenleistung nicht mehr fordern dürfen und das, was er schon erhalten hat, nach den §§ 326 IV, 346 I zurückgewähren. Diese Regel ist freilich durchbrochen, wenn der Gläubiger der unmöglich gewordenen Leistung bereits die Gegenleistungsgefahr (Preisgefahr) trägt (→ Rn. 271 ff.) oder für die Unmöglichkeit nach § 326 II 1 verantwortlich ist. Letzteres veranschaulicht ein seltsamer Fall:

BGHZ 188, 71: Die Wahrsagerin W verlangt von B Vergütung von weiteren 7.000 EUR für entgeltliches »Life Coaching«, das im Kartenlegen, einem Kerzenritual und der Hilfe bei der Partnersuche kraft Vermittlung ihrer »Energie« bestand.

Sieht man einmal von der naheliegenden Sittenwidrigkeit des Vertrags ab,[26] wozu der BGH nicht abschließend Stellung nehmen konnte, dann fragt sich, ob der Anspruch auf das vereinbarte Entgelt aus dem Dienstvertrag – nicht der mysteriöse Erfolg, sondern eine übersinnliche Tätigkeit war geschuldet, § 611 – nach § 326 I 1 entfällt. Der versprochene spirituelle Mumpitz bedeutet eine im Rechtssinne objektiv unmögliche Leistung, weil nicht lediglich eine allgemeine Lebensberatung beabsichtigt war, sondern konkrete Hilfe und Ratschläge gerade mit übersinnlichen Mitteln erlangt werden sollten. W kann und braucht daher nach § 275 I nicht zu leisten. Gleichwohl entfällt der Anspruch auf die Gegenleistung nach Ansicht des BGH nicht, weil **§ 326 I 1 stillschweigend abbedungen** worden sei. Ein Übergang der Preisgefahr ist nach § 326 II 1 Fall 1 insbesondere dann möglich, wenn B als Gläubiger für die Unmöglichkeit allein oder weit überwiegend verantwortlich ist. Verantwortlichkeit in diesem Sinne kann sich auch aus einer entsprechenden **Garantie- bzw. Risikoüber-**

23 BGH NJW 2006, 2115 Rn. 18.
24 BGH NJW 1969, 1110.
25 BGH NJW 1971, 421. Instruktiv *Derleder/Karabulut* JuS 2014, 102 (104).
26 Dazu Soergel/*Gsell* § 311a Rn. 21.

nahme ergeben.[27] Eine solche Risikoübernahme hat der BGH hier zulasten des B angenommen, weil er gewusst habe, dass er sich auf ein wissenschaftlich nicht gesichertes Verfahren einließ.

3. Das Synallagma bei der Rückabwicklung

a) Rücktritt

223 Außer bei der planmäßigen (→ Rn. 219ff.) und der durch Unmöglichwerden gestörten (→ Rn. 222) Abwicklung des gegenseitigen Vertrages wirkt das Synallagma sogar auch bei der Rückabwicklung.[28] Das gilt zunächst nach § 348 für den Rücktritt.

§ 348 ist insofern seltsam, als er auf die §§ 320, 322 verweist, obwohl er auch den Rücktritt von einem nicht gegenseitigen Vertrag betrifft. Bei einem solchen Vertrag scheint also die Rückabwicklung synallagmatisch zu sein, während die Abwicklung es nicht wäre. Man mag das korrigieren, indem man § 348 als Rechtsgrundverweisung auffasst und für die Rückabwicklung nichtsynallagmatischer Pflichten nur § 273 anwendet.

b) Bereicherungsrecht (Saldotheorie)

224 Darüber hinaus soll aber das Synallagma in bestimmtem Umfang selbst dann wirken, wenn der Vertrag nichtig ist und daher die gegenseitigen Leistungen nach Bereicherungsrecht zurückzugewähren sind. Eine Ausprägung dieses »faktischen Synallagma« bildet die sog. Saldotheorie (im Gegensatz zur Zweikondiktionentheorie).[29]

aa) Saldierung gleichartiger Leistungen. Nichts mit dem Synallagma zu tun hat freilich eine bisweilen in die Saldotheorie einbezogene **erste Aussage:** Soweit sich gleichartige Bereicherungsansprüche gegenüberstehen, werden sie ohne Aufrechnungserklärung ipso iure saldiert.[30] Und bei ungleichartigen Leistungen kann über die Rückforderung der einen Leistung nicht ohne Rücksicht auf die Gegenleistung entschieden werden.[31]

Beispiel: V und K haben einen nichtigen Kaufvertrag durchgeführt. K möge 100 als Kaufpreis gezahlt und aus der Kaufsache Gebrauchsvorteile im Wert von 20 gezogen haben. An sich könnte dann K von V 100 verlangen: umgekehrt hätte V von K 20 (§ 818 I, II) und die Kaufsache zu fordern. Durch Saldierung der gleichartigen Ansprüche kann K von V nur 80 und V von K nur die Kaufsache verlangen.

225 **bb) Saldierung bei Bereicherungswegfall.** Während es sich hierbei nur um eine Abwicklungsmodalität handelt, ist die **zweite Aussage** der Saldotheorie bedeutungsvoller.[32]

---

27 BGH NJW 2002, 595; dazu *Petersen* SchuldR AT Rn. 288ff.; zum vorliegenden Fall abl. *Schermaier* JZ 2011, 633. Zutr. Soergel/*Gsell* § 311a Rn. 43 (sorgfältige Bestimmung der geschuldeten Leistung erforderlich).

28 Eing. *D. Kaiser,* Die Rückabwicklung gegenseitiger Verträge wegen Nicht- und Schlechterfüllung nach BGB, 2000; *D. Kaiser* JZ 2001, 1057; *D. Kaiser,* FS Picker, 2010, 413; *Hellwege,* Die Rückabwicklung gegenseitiger Verträge als einheitliches Problem, 2004.

29 Dazu etwa *S. Lorenz* JuS 2015, 109; *Beuthien* JURA 1979, 532; *Thier* JuS 1999, L 9; *Kiehnle* JA 2005, 737 (zu § 822); sehr krit. *Reuter/Martinek* BereicherungsR § 17 III 3 und vor allem *Canaris,* FS W. Lorenz, 1991, 19; s. auch *Hellwege* JZ 2005, 337; *Herb. Roth,* FS Canaris, Bd. I, 2007, 1131. BGH NJW 2013, 1245 »praktiziert eine Art Saldotheorie« (*K. Schmidt* JuS 2013, 562 [563]) in der Insolvenz.

30 Vgl. *Larenz/Canaris* SchuldR II 2 § 73 I 4a. S. auch RGZ 54, 137; BGH NJW 1999, 1181.

31 *Flume* ZIP 2001, 1621 (1622) spricht hier von der »verfahrensrechtlichen Saldotheorie«.

32 Nach *Flume:* »materiellrechtliche Saldotheorie«, *Flume,* FG 50 Jahre BGH, Bd. I, 2000, 525 (536ff.). Zu ihm *Lieb* AcP 209 (2009), 164.

Ist eine Partei nach § 818 III nicht mehr zur Rückgewähr der von ihr empfangenen Leistung verpflichtet, so wird der Wert dieser Leistung von dem eigenen Bereicherungsanspruch des Entreicherten abgezogen. **Der Wert der Entreicherung wird also zum Abzugsposten.** Zweifelhaft ist dabei, wann der Empfänger das Risiko tragen soll, dass die Leistung bei ihm ersatzlos weggefallen ist.

Beispiel: V hat eine Sache (Wert 50) für 70 nichtig an K verkauft. V hat geliefert und K bezahlt. Solange hier nicht § 818 III vorliegt, kann V von K die Sache und K von V den Kaufpreis zurückverlangen. Beide Ansprüche sind nur durch die (den § 273 ergänzende) verfahrensrechtliche Saldotheorie miteinander verbunden. Das Geltendmachen einer Einrede ist also unnötig.[33]

Diese Verbindung versagt aber, wenn die Sache bei dem redlichen und unverklagten K ersatzlos untergegangen ist (§ 818 III): V hat jetzt keinen Gegenanspruch mehr und könnte sich deshalb gegen das Rückzahlungsverlangen des K nicht verteidigen. Dieses Risiko der Entreicherung des K will die Saldotheorie dem V abnehmen: V darf 50 als Wert der von ihm erbrachten Leistung von den 70 abziehen, die er dem K ohne die Saldotheorie schuldet.

Diese Aussage der Saldotheorie lässt sich **bei beiderseits ausgeführten gegenseitigen Verträgen als Einschränkung des § 818 III** auffassen. Dagegen begründet sie nicht etwa einen Anspruch gegen den Entreicherten.

Wäre eine Sache im Wert von 70 für 50 nichtig verkauft worden, und wäre diese Sache wiederum bei dem redlichen K ersatzlos untergegangen, so könnte K von V nichts verlangen. Da aber der Sachwert 70 nur ein Abzugsposten ist, könnte V von K gleichfalls nichts fordern.

226 cc) **Einseitig ausgeführte Verträge.** Nicht zu helfen vermag die so formulierte Saldotheorie freilich bei nur einseitig ausgeführten Verträgen.

Beispiel: V verkauft eine Sache für 100 an K und liefert sie unter Kreditierung des Kaufpreises. Alsbald geht die Sache bei dem redlichen K ersatzlos unter. Danach stellt sich der Kauf als nichtig heraus, sodass K auch nicht mehr zahlt. Hier hat K gegen V keinen Anspruch, von dem der Wert der untergegangenen Sache abgezogen werden könnte.

Die Unanwendbarkeit der wie üblich formulierten Saldotheorie in solchen Fällen ist beanstandet worden. Hier hat die Kritik angesetzt: Die Gefahrtragung durch den Leistungsempfänger beruhe darauf, dass er aufgrund seiner eigenen **vermögensmäßigen Entscheidung** die Leistung und die mit ihr verbundenen Gefahren übernehmen wollte. Folglich müsse er die Gefahren des weiteren Schicksals der Leistung tragen; ihr Wegfall ändere nichts daran, dass der Empfänger sie zunächst erhalten habe und daher (noch) bereichert sei.[34] Das stimmt teilweise überein mit einer neuen Lehre, nach der die Gegenleistung auch in Vorleistungsfällen ersetzt werden soll: Entgegen § 818 III soll V gegen K einen Anspruch auf den Wert der untergegangenen Sache erhalten, wenn der Untergang dem K zurechenbar ist.[35] Denn K habe sich zu dem Umgang mit der Sache nur durch seinen Glauben an die Wirksamkeit des Vertrages für berechtigt halten dürfen; dann hätte er aber auch den Kaufpreis zahlen müssen. Allerdings dürfe der von K geschuldete Wertersatz nicht über den Kaufpreis hinausgehen: Mehr als diesen brauchte K ja nach seiner Ansicht für die Sache nicht zu opfern.

33 So etwa BGHZ 147, 152 (157).
34 *Flume*, FS Niedermeyer, 1953, 103; *Flume* JZ 2002, 321 (324).
35 *Canaris*, FS W. Lorenz, 1991, 19 (23ff.) und *Larenz/Canaris* SchuldR II 2 § 73 III 2d; 7a; vgl. etwa auch *Wieling* AcP 169 (1969), 137 (150).

227 **dd) Bedenken gegen die Saldotheorie.** Die eben genannte Ansicht bedeutet eine weitgehende Veränderung, wohl sogar die Aufgabe der Saldotheorie. Letztlich führt sie zu dem eigenen Typ einer **Gegenleistungskondiktion.**[36] Diese Sichtweise findet in der Literatur zunehmend Gefolgschaft und wird auch mit der Systematik des Rücktrittsrechts begründet.[37]

c) Rücktrittsrechtliche Wertungen und Saldotheorie

228 Richtig hieran ist jedenfalls, dass ein Wertungswiderspruch zwischen Rücktritts- und Bereicherungsrecht vermieden werden muss.[38] Das zeigt sich an drei viel diskutierten Fällen.[39]

(1) **BGHZ 53, 144:** V verkauft an K einen gebrauchten Pkw und täuscht dabei den K über die von dem Wagen bereits gefahrene Strecke. Am Tage nach der Auslieferung wird der Wagen ohne Verschulden des K schwer beschädigt.
(2) **BGHZ 57, 137:** V verkauft an K einen gebrauchten Pkw und versichert dabei wahrheitswidrig, der Wagen sei unfallfrei. Drei Wochen später erleidet der Wagen durch Alleinverschulden des K einen Totalschaden.
(3) **BGHZ 78, 216:** Die Verschlechterung der herauszugebenden Mähmaschine beim Käufer beruht auf einem vom Verkäufer stammenden Sachmangel.

In den beiden ersten Fällen ficht K den Kauf nach § 123 an und verlangt den gezahlten Kaufpreis zurück; V will jeweils entsprechend der Saldotheorie den Wert des Wagens abziehen. Der BGH hat jedoch die Anwendung der Saldotheorie abgelehnt.

229 **aa)** Hätte in Fall (1) K nicht angefochten, sondern wäre er wegen des unbehebbaren Mangels gem. §§ 437 Nr. 2, 326 V vom Vertrag zurückgetreten, könnte er nach § 346 I den Kaufpreis zurückverlangen. Neben der Herausgabe des beschädigten Pkw würde er zwar nach § 346 II 1 Nr. 3 grundsätzlich Wertersatz schulden, jedoch wäre die Wertersatzpflicht hier nach § 346 III 1 Nr. 3 ausgeschlossen. Das Risiko, dass die Sache beim Käufer zu Schaden kommt, ist also beim gesetzlichen Rücktritt durch § 346 III 1 Nr. 3 auf den Verkäufer zurückverlagert **(»Zurückspringen der Sachgefahr«),**[40] sofern dem Käufer kein Verschulden in eigenen Angelegenheiten zur Last fällt.[41]

Darf diese Risikofrage bei **Anfechtung** anders entschieden werden, dh darf die Saldotheorie für diesen Fall die Sachgefahr unentrinnbar dem K auferlegen? Der BGH bejaht das im Grundsatz,[42] macht aber eine Ausnahme zulasten des Betrügers: Dieser dürfe bei Rückabwicklung nach Bereicherungsrecht nicht besser stehen als ein Rücktrittsschuldner. Daher ist in Fall (1) V unterlegen.

BGHZ 72, 252 hat entsprechend entschieden:[43] Dort hatte der Käufer nach einer **Irrtumsanfechtung** auf Rückzahlung des Kaufpreises geklagt. Danach entwertete sich der Wagen, dessen Rücknahme der Verkäufer zunächst verweigerte. Dieses Risiko der Entwertung **nach Rechtshängigkeit** soll nach dem BGH entsprechend § 818 IV der Verkäufer tragen, der die Rückabwicklung verzögert; die Wertminderung sei also nicht von dem zurückzuzahlenden Kaufpreis abzuziehen.

36 *Canaris,* FS W. Lorenz, 1991, 19 (23), auch S. 62, sowie *Larenz/Canaris* SchuldR II 2 § 73 III 7.
37 *Wendehorst,* Anspruch und Ausgleich, 1999, 382; *Büdenbender* AcP 200 (2000), 627 (663), Staudinger/*D. Kaiser,* 2012, Vorbem. zu §§ 346ff. Rn. 34; dagegen *Grunewald,* FS Hadding, 2004, 33 (35).
38 Eing. *Bockholdt* AcP 206 (2006), 769; *Herb. Roth,* FS Canaris, Bd. I, 2007, 1131 (1142ff.).
39 Zu den ersten beiden etwa *U. Huber* JuS 1972, 439; *Lieb* JZ 1972, 442; *v. Caemmerer,* FS Larenz, 1973, 621.
40 Dazu *S. Lorenz* NJW 2015, 1725 (zu BGH NJW 2015, 1748; vgl. auch → Rn. 292).
41 *S. Lorenz* NJW 2005, 1889 (1893); *Herb. Roth,* FS Canaris, Bd. I, 2007, 1131 (1134).
42 BGHZ 53, 144 (148). Zust. MüKoBGB/*M. Schwab* § 818 Rn. 257.
43 Dazu *Tiedtke* DB 1979, 1261; *T. Honsell* JZ 1980, 802; *Berg* JuS 1981, 179.

Noch weitergehend entlastet der BGH in Fall (3) nach einer Irrtumsanfechtung den Käufer einer fehlerhaften Sache: Er soll sich auch diejenige Sachentwertung nicht anrechnen lassen müssen, die vor Rechtshängigkeit **durch den Fehler der Sache** eingetreten ist (dort: weitere Beschädigung eines ungeeigneten Mähdreschers beim Betrieb).[44]

Diese **Korrekturen der Saldotheorie** lassen sich mit Rücksicht auf § 346 III verallgemeinern (sodass von der Saldotheorie nur wenig übrig bleibt). Vor allem darf im Bereicherungsrecht nicht in Widerspruch zu § 346 III 1 Nr. 3 gewertet werden. Denn sonst würde die für den Laien naheliegende Anfechtung zu einer Falle, durch die der Vorteil des § 346 III 1 Nr. 3 verloren ginge. Ein Abzug wegen Entreicherung scheidet daher aus, wenn der Entreicherte im Falle eines gedachten Rücktritts nach § 346 III 1 Nr. 3 von der Wertersatzpflicht frei wäre.[45]

Allerdings gilt die Privilegierung des § 346 III 1 Nr. 3 nur für den »Rücktrittsberechtigten«. Das wird von der hM so verstanden, dass der andere Teil für den Nichtigkeits- oder Anfechtungsgrund (objektiv) **verantwortlich** ist.[46] Diese Einschränkung muss konsequenterweise auch auf das Bereicherungsrecht übertragen werden,[47] sodass die Wertung des § 346 III 1 Nr. 3 hier nur dann gilt, wenn der Bereicherungsgläubiger für den Nichtigkeits- oder Anfechtungsgrund verantwortlich ist,[48] was in Fall (1) freilich wegen der arglistigen Täuschung des V der Fall war.

Ein weiteres Problem, das dem sogleich (→ Rn. 231) zu behandelnden rücktrittsrechtlichen entspricht, würde sich in Fall (1) stellen, wenn K vor der Beschädigung von der Täuschung Kenntnis gehabt hätte. Unabhängig von den im Rücktrittsrecht hierzu vertretenen Ansichten enthält das Bereicherungsrecht jedoch in **§ 819 I** eine gesetzliche Regelung für dieses Problem, sodass der Entreicherte für (jedes) Verschulden auf Schadensersatz nach den allgemeinen Vorschriften und verschuldensunabhängig auf Wertersatz haftet.[49]

Ohne weiteres auf die bereicherungsrechtliche Rückabwicklung übertragbar ist die Wertung des **§ 346 III 1 Nr. 2**,[50] dessen 1. Var. insbesondere den Fall (3) erfasst[51] und dessen 2. Var. einer bereits zum Bereicherungsrecht vertretenen Auffassung entspricht.[52] Hat sich der Mangel der gekauften Sache bei deren Verschlechterung oder Untergang ausgewirkt, entfällt dementsprechend auch beim nichtigen Vertrag die Wertersatzpflicht.[53]

44 BGHZ 78, 216; dazu *H. Honsell* JuS 1982, 810; vgl. auch *Grunewald,* FS Hadding, 2004, 33.

45 *Schwab/Witt,* Examenswissen zum neuen Schuldrecht, 2. Aufl. 2003, 387; *Oechsler* VertrSchuldV Rn. 273.

46 *Canaris* SchuldRModernisierung S. XLV; NK-BGB/*J. Hager* § 346 Rn. 58; Staudinger/*D. Kaiser,* 2012, § 346 Rn. 207; anders *Gaier* WM 2002, 1 (11); *Grunewald,* FS Hadding, 2004, 33 (37 f.): Vertretenmüssen erforderlich.

47 Vgl. auch *Kohler* AcP 206 (2006), 683; 213 (2013), 46; *Herb. Roth,* FS Canaris, Bd. I, 2007, 1131 (1142).

48 *Bockholdt* AcP 206 (2006), 769 (783); aA *Schwab/Witt,* Examenswissen zum neuen Schuldrecht, 2. Aufl. 2003, 387.

49 Bamberger/Roth/*Wendehorst* § 818 Rn. 93 f.

50 *Bockholdt* AcP 206 (2006), 769 (785); MüKoBGB/*M. Schwab* § 818 Rn. 259; skeptisch *Konzen,* FS Canaris, Bd. I, 2007, 605 (628).

51 BGHZ 78, 216; dazu insbesondere *Grunewald,* FS Hadding, 2004, 33 (36).

52 *Flume* AcP 194 (1994), 427 (441 f.); *Flume* JZ 2002, 321 (324).

53 *Bockholdt* AcP 206 (2006), 769 (783); *Fest,* Der Einfluss rücktrittsrechtlicher Wertungen auf die bereicherungsrechtliche Rückabwicklung nichtiger Verträge, 2006, 106.

bb) Im Fall (2) würde beim Rücktritt des K die Privilegierung des § 346 III 1 Nr. 3 nicht eingreifen, sofern K die eigenübliche Sorgfalt nicht beachtet oder den Unfall grob fahrlässig (vgl. § 277) verschuldet hat. K schuldet daher gem. § 346 II 1 Nr. 3 Wertersatz. Bei dessen Berechnung ist zwar nach § 346 II 2 der Kaufpreis zugrunde zu legen, der jedoch wegen des Mangels entsprechend § 441 III zu mindern ist.[54]

Berücksichtigt man diese Wertungen – **Schutzzweck der Nichtigkeitsnorm** und **Zurechenbarkeit** der vermögensmäßigen Entscheidung beim Kondiktionsschuldner[55] – auch bei der Anfechtung des Kaufvertrages, so kann man die Saldotheorie im Grundsatz anwenden und es müsste von dem Anspruch auf Kaufpreisrückzahlung der Wert des von K schuldhaft zerstörten Wagens abgezogen werden. Der BGH hat stattdessen mit einem Schadensersatzanspruch des K aus §§ 826, 823 II BGB, 263 StGB argumentiert: Ohne die Täuschung hätte K diesen Wagen nicht gekauft, weil er keinen Unfallwagen wollte. Freilich hätte K dann wohl einen anderen Wagen gekauft. Aber man könne unmöglich feststellen, dass er damit den gleichen Unfall erlitten hätte. Also sei der Unfall noch Folge der Täuschung. Auch Adäquanz sei gegeben, weil ein Unfall bei der Benutzung eines Kraftwagens »nicht ganz außerhalb des zu erwartenden Verlaufs der Dinge« liege. Dass K den Unfall verschuldet habe, mindere seinen Schadensersatzanspruch nach § 254. Und diese Minderung hat der BGH dann auch auf den Bereicherungsanspruch übertragen: Für diesen gelte zwar nicht § 254, aber – mit gleichem Ergebnis – § 242, von dem § 254 nur eine besondere Ausprägung sei.

Diese Argumentation ist abzulehnen.[56] Der Fehler liegt in der Annahme des BGH, der Ersatzanspruch K-V aus §§ 826, 823 II BGB, 263 StGB umfasse auch die Unfallfolgen. Vielmehr fehlt insoweit die Adäquanz, oder es fehlt am **Pflichtwidrigkeitszusammenhang** (→ Rn. 852): Ein Schadensersatzanspruch wäre nur zu bejahen, wenn der Unfall gerade auf den Mangel zurückginge, über den K getäuscht worden ist. Aber für alle übrigen Unfallursachen hat die Täuschung das Unfallrisiko nicht erhöht; auch soll das Verbot von Täuschungen nicht vor Unfällen schützen, die mit der Täuschung nichts zu tun haben.[57]

Daher hätte in Fall (2) die Saldotheorie angewendet werden können mit dem Ergebnis, dass der Wert des Wagens von dem Anspruch auf Kaufpreisrückzahlung abzuziehen ist.[58] Letztlich erhält K damit immer noch denjenigen Kaufpreisteil zurück, den er an V wegen des Betruges zu viel gezahlt hat: Das läuft auf die (durch § 346 ja nicht ausgeschlossene) Minderung hinaus.

d) Saldotheorie und Normzweck

230 Wenigstens darf die Saldotheorie nicht in Widerspruch zum Zweck von Normen treten, auf denen die Nichtigkeit des Rechtsgeschäfts und damit die Anwendbarkeit des Bereicherungsrechts beruht. Das kann man damit begründen, dem Leistungsempfänger sei seine »vermögensmäßige Entscheidung« nicht zuzurechnen.[59]

Dies gilt erstens für den Minderjährigen.[60]

---

54 Staudinger/*D. Kaiser*, 2012, § 346 Rn. 161; auch → Rn. 292.
55 *Bockholdt* AcP 206 (2006), 769 (786).
56 MüKoBGB/*M. Schwab* § 818 Rn. 257, 260.
57 Ebenso *Larenz/Canaris* SchuldR II 2 § 73 III 5 b.
58 Zum selben Ergebnis führt die Lehre von *Canaris* (→ Rn. 227 sowie → Rn. 230).
59 *Flume* JZ 2002, 321 (324).
60 BGHZ 126, 105, iErg ebenso *Larenz/Canaris* SchuldR II 2 § 73 III 5 b mit II 2 a.

Beispiel: Das Kind K hat ohne die nötige Zustimmung seines gesetzlichen Vertreters Süßigkeiten gekauft und diese aufgegessen. Bei der Kondiktion des Kaufpreises durch K wird der Wert der Süßigkeiten nicht abgezogen. Andernfalls wäre nämlich K gerade bei solchen Geschäften schutzlos, die ihm keinen bleibenden Vorteil gebracht haben, vor denen K also geschützt werden soll.

Zweitens soll die Saldotheorie auch nicht denjenigen begünstigen, der den anderen Teil beim Abschluss des Rechtsgeschäfts arglistig getäuscht hat.[61] Entgegen dem BGH gilt das jedoch nicht uneingeschränkt (→ Rn. 229 unter bb).

Drittens soll die Saldotheorie unanwendbar sein zugunsten einer Partei, die durch ein wucherähnliches und daher nach § 138 I nichtiges Geschäft benachteiligt worden ist.[62]

Zudem können viertens auch andere Gesichtspunkte – etwa **dingliche oder insolvenzrechtliche Wertungen** – bestimmte Posten von der Saldierung ausschließen. So muss bei einem nichtigen Grundstückskauf der Käufer die Kosten der Löschung einer für ihn eingetragenen (unwirksamen) Auflassungsvormerkung schon deshalb ohne Ausgleich tragen, weil er diese Störung nach § 1004 zu beseitigen hat.[63] Und in der Insolvenz des Bereicherungsschuldners darf die Saldierung nicht dazu führen, dass der Bereicherungsgläubiger für seine sonst nur mit der Quote durchsetzbare Forderung praktisch in voller Höhe Befriedigung erhält.[64]

Zusammenfassend kann man daher sagen: Die Saldotheorie ergibt erstens eine Saldierung wechselseitiger gleichartiger Bereicherungsansprüche (→ Rn. 224). Zweitens ist sie dahin zu präzisieren, dass der nach § 818 III Entreicherte sich den Wert der Entreicherung von seinem eigenen Bereicherungsanspruch abziehen lassen muss (→ Rn. 225), wenn der Abzug weder dem Schutzzweck der Nichtigkeitsnorm noch vergleichbaren Wertungen im Rücktrittsrecht widerspricht.

Zu ähnlichen Ergebnissen führt die Lehre von der **Gegenleistungskondiktion:**[65] Nach ihr soll der Bereicherte das Risiko eines zurechenbaren Verlustes des Empfangenen tragen, weil er nicht darauf vertrauen durfte, dieses ohne Gegenleistung behalten zu dürfen. Die Einschränkungen der Saldotheorie lassen sich bei dem Erfordernis der »Zurechenbarkeit« des Verlustes entsprechend den §§ 818 IV, 819 I berücksichtigen. Zudem ergibt diese Ansicht uU auch einen Anspruch dessen, der eine Vorleistung erbracht hat (→ Rn. 226). Sie lässt sich kurz so formulieren: Beim gegenseitigen Vertrag ist der Bereicherungsschuldner bis zur »Opfergrenze« des Wertes der von ihm zu erbringenden Leistung so zu behandeln, als hätte er das Fehlen des Rechtsgrundes gekannt. Zusätzlich seien freilich noch Aufwendungen auf den Bereicherungsgegenstand zu berücksichtigen.[66]

e) Rücktrittsfolgenrecht und Bereicherungsrecht

231 aa) Im Recht der Rücktrittsfolgen ist vor allem **§ 346 III 1 Nr. 3** umstritten. Das bedeutet etwa für den **Kauf einer mangelhaften Sache:** Der Käufer kann nach einem Rücktritt wegen des Mangels zwar den Kaufpreis zurückverlangen, er braucht aber wegen der Kaufsache, die bei ihm trotz Anwendung der eigenüblichen Sorgfalt untergegangen ist, keinen Wertersatz zu leisten. Damit springt infolge des Rücktritts die Preisgefahr auf den Rücktrittsgegner zurück. Das wird teilweise als ungerecht empfun-

61 BGHZ 57, 137.
62 BGHZ 146, 298, krit. hierzu *Flume* JZ 2002, 321 (324).
63 Vgl. *Canaris* JZ 1992, 1114; *Kohler* NJW 1992, 3145 zu BGHZ 116, 251.
64 BGHZ 161, 241 (250).
65 Begründet von *Canaris,* FS W. Lorenz, 1991, 19ff.
66 *Larenz/Canaris* SchuldR II 2 § 73 III 2–6.

den, weil die Sache sich bei ihrer Beeinträchtigung schon im Gefahrenbereich des Käufers befunden hat.[67]

Aber § 346 III 1 Nr. 3 ist keineswegs so ungerecht, wie das auf den ersten Blick scheinen mag.[68] Immerhin beruht der Rücktritt des Käufers nach der **Gesetzesbegründung** auf einer (freilich vielleicht unverschuldeten) Pflichtverletzung des Verkäufers, nämlich auf der mangelhaften Lieferung: Hier dürfe der Verkäufer nicht darauf vertrauen, der Gefahrübergang (§ 446 S. 1) sei endgültig. Es stünden sich also zwei womöglich schuldlose Parteien gegenüber, von denen eine den Verlust tragen müsse. Das Abstellen auf die eigenübliche Sorgfalt des Käufers sei deshalb gerechtfertigt, weil dieser ja zunächst Eigentümer geworden sei.[69]

232 bb) Freilich ergibt diese Begründung zugleich eine **sachgerechte Eingrenzung** des § 346 III 1 Nr. 3: Zwar durfte der Käufer wenigstens bis zur Entdeckung des Mangels als Eigentümer mit der Sache nach seinem Belieben verfahren und sie auch Risiken aussetzen. Aber spätestens mit dem Rücktritt endet dieser Zustand: Jetzt weiß der Käufer nämlich, dass er die Sache zurückgewähren muss. Daher haftet der Käufer hinfort nach §§ 346 IV, 280ff., 276 wegen einer zu vertretenden Verletzung seiner Rückgabepflicht unzweifelhaft auf Schadensersatz; auch die Beschränkung dieser Haftung auf die Nichtbeachtung der eigenüblichen Sorgfalt passt dann nicht mehr.[70]

Zweifeln kann man nur für den Zeitraum zwischen der Entdeckung des Mangels und der Erklärung des Rücktritts:[71] Hier besteht zwar die Rückgewährpflicht noch nicht, doch führt der Käufer diese Pflicht durch die Wahl des Rücktritts statt der Minderung selbst herbei. Dabei sind zwei Fragen zu unterscheiden:

233 (1) Zunächst fragt sich, ob der Wertersatzanspruch aus § 346 II nach § 346 III 1 Nr. 3 ausgeschlossen ist oder ob diese Privilegierung im Wege einer **teleologischen Reduktion** außer Betracht bleibt. Einige sehen schon bei fahrlässiger Unkenntnis keinen Grund mehr für die Privilegierung des Rücktrittsberechtigten.[72] Andere verlangen positive Kenntnis für einen Ausschluss der Privilegierung.[73] Dem ist zuzustimmen, weil sich der Rücktrittsberechtigte jetzt – anders als von der Privilegierung bezweckt – wie ein vertraglich zum Rücktritt Berechtigter auf die Rückgewähr einstellen muss. Zudem stimmt es mit § 819 I überein, wenn er ab Kenntnis von dem Rücktrittsgrund zum Wertersatz verpflichtet ist.[74] Doch führt die teleologische Reduktion nur dazu, dass der Rücktrittsberechtigte statt für die eigenübliche Sorgfalt (§ 277) nunmehr für jede Form von Fahrlässigkeit haftet (§ 276 II). Er muss die Sache deshalb zwar sorgsam behandeln, haftet für Zufallsschäden jedoch nur bei Verzug (§§ 346 IV, 287 S. 2), weil es insoweit bei der grundlegenden Gefahrverteilung des § 346 III 1 Nr. 3 (→ Rn. 231) bleibt.[75] Schließ-

67 Etwa *G. Wagner*, FS U. Huber, 2006, 591. Auch → Rn. 269, 292.
68 Ähnlich *Kamanabrou* NJW 2003, 30.
69 BT-Drs. 14/6040, 196.
70 *Herb. Roth*, FS Canaris, Bd. I, 2007, 1131 (1140).
71 *Heinrichs*, Liber Amicorum Eike Schmidt, 2005, 159; *Canaris* SchuldRModernisierung S. XLVIII; *Herb. Roth*, FS Canaris, Bd. I, 2007, 1131 (1141).
72 MüKoBGB/*Gaier* § 346 Rn. 57; *Gaier* WM 2002, 1 (11).
73 *J. Hager*, FS Musielak, 2004, 195 (201); *A. Arnold* ZGS 2003, 427 (433f.); *Oechsler* VertrSchuldV Rn. 312; krit. *G. Wagner*, FS U. Huber, 2006, 591 (618).
74 *Thier*, FS Heldrich, 2005, 439; ähnlich bereits *Kohler* JZ 2002, 1127 (1131f.).
75 *Canaris* SchuldRModernisierung S. XLVII; *Oechsler* VertrSchuldV Rn. 312; aA *J. Hager*, FS Musielak, 2004, 195 (202f.).

lich muss auch der unredliche Bereicherungsschuldner für Zufall nur nach §§ 819 I, 818 IV, 292, 990 II, 287 S. 2 einstehen.[76]

234 (2) Bei Kenntnis des Rücktrittsgrundes trifft den Käufer zudem eine **vorgreifliche Rücksichtnahmepflicht** zum sorgfältigen Umgang mit der Sache.[77] Daher wird man auch für diesen Zeitraum schon die überschießende Schadensersatzhaftung nach den §§ 346 IV, 280 I, 241 II, 276 bejahen müssen.[78] Ob dem Käufer auch in diesem Rahmen die Privilegierung des § 346 III 1 Nr. 3 zugutekommt, ist streitig. Teilweise wird das angenommen.[79] Die überwiegende Ansicht sieht dafür jedoch keinen Grund.[80] Nach der bei → Rn. 233 vertretenen Ansicht scheidet ein Rückgriff auf § 346 III 1 Nr. 3 schon deshalb aus, weil die Privilegierung ab Kenntnis des Rücktrittsgrundes nicht mehr gilt.

235 cc) Zugleich ergibt die in → Rn. 231 genannte Gesetzesbegründung noch eine **weitere Einschränkung** für die Anwendbarkeit des § 346 III 1 Nr. 3: Die Vorschrift passt nur, wenn der Rücktritt auf einer Pflichtverletzung des Rücktrittsgegners beruht. Daran fehlt es zB wenigstens regelmäßig bei Störungen der Geschäftsgrundlage (§ 313 III).

76 *Herb. Roth,* FS Canaris, Bd. I, 2007, 1131 (1141).
77 Grdl. Staudinger/*D. Kaiser,* 2012, § 346 Rn. 226; aA *Bartels* AcP 215 (2015), 203 (239).
78 *Medicus/Lorenz* SchuldR AT Rn. 573; *A. Meyer* JURA 2011, 244.
79 *Kohler* AcP 206 (2006), 683 (701).
80 *Canaris* SchuldRModernisierung S. XLVII; *Gaier* WM 2002, 1 (11).

§ 13 Allgemeines Leistungsstörungsrecht

I. Einteilung

1. Pflichtverletzung und Rechtsfolgen

236 Den alle Leistungsstörungen umfassenden Oberbegriff bildet die **Pflichtverletzung** (etwa § 280 I). Bei Verträgen spricht das Gesetz spezieller davon, der Schuldner habe die fällige Leistung nicht oder nicht vertragsgemäß erbracht (etwa § 323 I). Bei den **Rechtsfolgen** geht es vor allem um die folgenden:[1]

(1) die **Befreiung** des Schuldners von seiner Primärleistungspflicht, § 275 bzw. § 326 I;
(2) die Verpflichtung des Schuldners, statt oder neben der primär geschuldeten Leistung eine andere Leistung (hauptsächlich **Schadensersatz**) erbringen zu müssen (§§ 278–292; 311 a II 1);
(3) die Möglichkeit einer Partei, von einem gegenseitigen Vertrag **zurückzutreten** (§§ 323–326). Hierdurch werden die noch nicht erfüllten Leistungspflichten beseitigt; das schon Geleistete kann zurückverlangt werden (§§ 346 ff.).

2. Insbesondere der Schadensersatz

237 Anders als der auf der vertraglichen Leistungspflicht gründende Primäranspruch folgt der auf Schadensersatz gerichtete Sekundäranspruch dem Prinzip der Zurechnung kraft Verantwortlichkeit.[2] Für den Schadensersatz als Folge einer Pflichtverletzung sind zwei Arten zu unterscheiden:

a) Der **Schadensersatz statt der Leistung** (etwa §§ 280 III, 281, 284, 285 II) tritt an die Stelle der Leistung und ersetzt diese also. Dabei geht es um das **positive Interesse** (Äquivalenzinteresse im gegenseitigen Vertrag) des Gläubigers. Schadensersatz statt der Leistung ist der aus dem endgültigen Ausbleiben der Leistung folgende Schaden,[3] sei es, dass der Schuldner nicht mehr leisten kann (§ 275 I–III) oder wegen eines entsprechenden Verlangens des Gläubigers nach § 281 IV nicht mehr leisten darf oder infolge erklärten Rücktritts (§§ 323 f.) feststeht, dass die Leistung endgültig ausbleiben wird. Das folgt bei § 281 aus dem Zweck der Nachfristsetzung: Sie wäre sinnlos, wenn der jeweilige Schaden auch bei Erfüllung zum spätestmöglichen Zeitpunkt eingetreten wäre. Die Frage ist also, ob der betreffende Schaden entfallen wäre, wenn die Leistung dann noch erbracht worden wäre. Andernfalls geht es um Schadensersatz neben der Leistung. Für die Beantwortung der Frage, ob es sich um Schadensersatz statt oder neben der Leistung handelt, kommt es auf den Zeitpunkt des Erlöschens der Leistungspflicht an.[4]

---

1 Aus Sicht des Anspruchsaufbaus weiterführend *Grundmann* AcP 204 (2004), 569 (594); vgl. auch *Dauner-Lieb/Thiessen* DStR 2002, 809; *Hellwege,* Die §§ 280 ff. BGB, 2005; *Harke* JR 2006, 485; *Benicke/Hellwig* NJW 2014, 1697; rechtsvergleichend *Körber* JURA 2015, 429; *Maultzsch* JZ 2010, 937; zu den Leistungsstörungen im Sukzessivlieferungsvertrag *M. Schwab* ZGS 2003, 73.

2 *Unberath,* Die Vertragsverletzung, 2007, 194 ff. Vgl. auch *Weller,* Die Vertragstreue, 2009, 378 ff.; *Weller,* GS Unberath, 2015, 447.

3 Zur Frage, ob Schadensersatz nach § 249 oder Wertersatz nach § 251 zu leisten ist, *Riehm,* GS Unberath, 2015, 365; s. auch *Riehm,* Der Grundsatz der Naturalerfüllung, 2014.

4 *Medicus/Lorenz* SchuldR AT Rn. 353 f.; *S. Lorenz* JuS 2008, 203. S. auch *D. Kaiser,* FS H. P. Westermann, 2008, 351. Zur Verjährung *Stöber* ZGS 2005, 590.

b) Der Schadensersatz neben der Leistung kommt in § 280 II als Schadensersatz wegen einer Verzögerung der Leistung vor; er ist als **Verzugsschaden** nach § 286 zu ersetzen, und zwar neben der Leistung. Daneben gibt es aber auch die sog. **Begleitschäden,** die insbesondere als Folge einer fehlerhaften Leistung eintreten; sie sind nach § 280 I ebenfalls neben der Leistung ohne Weiteres zu ersetzen (Beispiel: Das mangelhafte Öl zerstört die Maschine des Käufers). Zu denken ist weiter an den Schaden aus der **Verletzung einer Schutzpflicht** (§ 241 II), der unabhängig von einer fehlerhaften Leistung eintreten kann (Beispiel: Der Maler zerstört durch ungeschickten Abbau seines Gerüsts eine Vase des Bestellers). Hier geht es um das **Integritätsinteresse** des Gläubigers, also um das Interesse an der Unversehrtheit seines sonstigen, nicht mit der Leistung zusammenhängenden (leistungsfernen) Vermögens. Auch hier gründet sich der Ersatz auf § 280 I.[5] **238**

An seine Grenze stößt das soeben dargestellte Abgrenzungskriterium beim **sog. verfrühten Deckungsgeschäft.** Denn dabei deckt sich der Gläubiger zwar nach Fristablauf, aber schon vor dem Erlöschen des Leistungsanspruchs durch Rücktritt oder Schadensersatzverlangen (§ 281 IV) anderweitig ein, sodass die Mehrkosten nicht aus dem endgültigen Ausbleiben der Leistung herrühren und daher nicht als Schadensersatz statt der Leistung erscheinen. Allerdings kann der Gläubiger nach endgültigem Ausbleiben der Leistung den Schaden nach §§ 280 I, III, 281 abstrakt berechnen und so zumindest die fiktiven Mehrkosten für ein hypothetisches Deckungsgeschäft ersetzt bekommen.[6] Das führt freilich zu einer erklärungsbedürftigen Anspruchsminderung, wenn die Ersatzbeschaffung zwischenzeitlich billiger geworden ist. Da der Gläubiger die Leistung nach Fristablauf nicht mehr anzunehmen braucht (→ Rn. 283), überzeugt es nicht, wenn er vor Eingehung des Deckungsgeschäfts zunächst zurücktreten oder Ersatz verlangen müsste, zumal die Entscheidung darüber regelmäßig vom Gelingen der Ersatzbeschaffung abhängig ist. Ein Teil der Lehre will daher die nach Fristablauf entstandenen Kosten entsprechend dem obigen (→ Rn. 237 f.) Abgrenzungskriterium als Verzögerungsschaden (§§ 280 II, 286) ersetzen, wenn sich der Gläubiger infolge des fruchtlosen Fristablaufs zur Ersatzbeschaffung »herausgefordert fühlen durfte«.[7] Nimmt der Gläubiger aber später auch noch die Leistung an, wäre bei der Berechnung des Verzögerungsschadens nach dieser Sichtweise ggf. eine Vorteilsausgleichung erforderlich (zu ihr → Rn. 854), weil der Gläubiger nicht sowohl die geschuldete Leistung als auch die Mehrkosten des Deckungsgeschäfts beanspruchen soll. Der BGH ist dem nicht gefolgt: Zur Vermeidung der doppelten Befriedigung des Gläubigerinteresses geht der BGH im Anschluss an einen Teil des Schrifttums stattdessen davon aus, dass die Mehrkosten des Deckungsgeschäfts ausschließlich dem Schadensersatz statt der Leistung unterfallen.[8] Dabei sei der Zeitpunkt des Deckungsgeschäfts irrelevant, weil der Gläubiger unter den Voraussetzungen der §§ 280 I, III, 281 stets so zu stellen sei, wie er bei im Zeitpunkt der Fälligkeit ordnungsgemäßer Erfüllung stehen würde.[9] Das **239**

5 Näher *Mankowski,* Die Anspruchsgrundlage für den Ersatz von »Mangelfolgeschäden« (Integritätsschäden), JuS 2006, 481; vgl. im Einzelnen → Rn. 245, 248; instruktiv *Fikentscher/Heinemann* SchuldR Rn. 521 f.; vgl. auch *T. Gerhardt* JURA 2012, 251; *Hirsch* JuS 2014, 97.

6 *Faust,* FS U. Huber, 2006, 239 (254); *Ackermann* JuS 2012, 865 (870).

7 *S. Lorenz,* Liber Amicorum Leenen, 2012, 147 (159 f.).

8 BGHZ 197, 357 (dazu *Korch/Hagemeyer* JURA 2014, 1077; *Looschelders* JA 2013, 865; *M. Schwab* JuS 2014, 167; *Nietsch* NJW 2014, 2385; *Benicke/Hellwig* JZ 2015, 1106). Ähnlich zuvor bereits die »schadensphänomenologische« Betrachtung von *Grigoleit/Riehm* AcP 203 (2003), 727.

9 BGH JZ 2010, 44 Rn. 20; dazu → Rn. 246.

hat zur Folge, dass der Gläubiger nach Fristablauf gehalten ist, die verspätet angebotene Leistung zurückzuweisen, will er die Mehrkosten des Deckungsgeschäfts geltend machen. Denn nimmt er die Leistung an, so fehlt es an den Voraussetzungen der §§ 280 I, III, 281 und die Mehrkosten gehen zu seinen Lasten. Allerdings begegnet auch diese Rechtsprechung in bestimmten Fällen Bedenken: Ist der Gläubiger zB auf einen laufenden Bezug angewiesen und der Preis zwischenzeitlich wieder gesunken, dann stellt sich die Differenz zwischen den Kosten des Deckungsgeschäfts und dem aktuellen Marktpreis (nicht dem vereinbarten Preis!) als klassischer Verzögerungsschaden dar.[10] Denn bei pünktlicher Lieferung hätte der Gläubiger erst wieder zum besseren aktuellen Preis kaufen müssen. Dann erscheint es nicht sachgerecht, dem Gläubiger aus formalen Gründen einen Anspruch aus §§ 280 I, II, 286 zu verwehren und ihn stattdessen auf die Zurückweisung der verspäteten Leistung und einen anderweitigen Bezug zu verweisen. Dagegen scheidet ein Verzögerungsschaden aus, wenn der Preis seit dem Deckungsgeschäft unverändert geblieben oder sogar gestiegen ist.

II. Arten der Pflichtverletzung

1. Nichterbringung der Leistung

240 a) Wenn der Schuldner die Leistung nicht erbringt, mag das darauf beruhen, dass er sie nicht erbringen kann. Dann schuldet er sie auch nicht **(Befreiungsfunktion der Unmöglichkeit).** Diese Folge tritt ohne Weiteres nach § 275 I ein, wenn die Leistung dem Schuldner schlechthin unmöglich ist (zB der verkaufte Schrank ist verbrannt, das verkaufte Pferd gestorben). Wenn die Leistung zwar möglich bleibt, aber nur mit unverhältnismäßigem oder unzumutbarem Aufwand, kann der Schuldner sich nach den Abs. 2 und 3 von § 275 durch eine Einrede schützen (zB die verkaufte Maschine ist mit dem sie transportierenden Schiff im Mittelmeer versunken; die Sängerin tritt nicht auf, weil ihr Kind im Sterben liegt).[11]

241 b) Der Schuldner schuldet aber regelmäßig statt der unmöglichen Leistung **Schadensersatz statt der Leistung,** §§ 280 I 1, 283; 311 a II. Das gilt nur dann nicht, wenn er im Streitfall beweisen kann, dass er den die Unmöglichkeit herbeiführenden Umstand nicht zu vertreten hat, § 280 I 2 (Ausnahme bei der Beweislastverteilung für den Arbeitnehmer in § 619 a).[12] Dieser Schadensersatz wird insbesondere auch dann geschuldet, wenn die Leistung schon beim Vertragsabschluss unmöglich war; der Verschuldensvorwurf betrifft dann die Kenntnis oder das Kennenmüssen der Unmöglichkeit durch den Schuldner, § 311 a II 2. Diese Vorschrift stellt nach hM eine eigene Anspruchsgrundlage dar.[13]

Auch im Fall des anfänglichen Unvermögens gilt keine Garantiehaftung.[14] Ein Teil der Lehre spricht sich analog § 122 auch dann für einen Anspruch auf Ersatz des Ver-

10 *Bach* JR 2014, 436; *Benicke/Hellwig* JZ 2015, 1106 (1112). Lesenswert *Ackermann* JuS 2012, 865 (867 f.) mit den drei Wertungen des Gebots der Nacherfüllungsbefugnis, dem Lückenlosigkeitsgebot und dem – auch vom BGH betonten – Doppelkompensationsverbot.

11 Näher *Looschelders* JuS 2010, 849.

12 Dazu *D. Peres,* Haftung, Zurechnung und Beweisführung bei anfänglicher und nachträglicher Unmöglichkeit, 2012.

13 PWW/*Medicus/M. Stürner* § 311 a Rn. 8; gegen die Kritik an dieser Vorschrift *Canaris,* FS Heldrich, 2005, 11; aA *Lobinger,* Die Grenzen rechtsgeschäftlicher Leistungspflichten, 2004.

14 BGHZ 174, 61 Rn. 35 ff.; aA *Sutschet* NJW 2005, 1404.

trauensschadens aus, wenn der Schuldner die Unkenntnis der anfänglichen Unmöglichkeit nicht zu vertreten hat, da dies wertungsmäßig einem Eigenschaftsirrtum (§ 119 II) entspreche.[15] Die hM lehnt dies im Hinblick auf die unterschiedliche Risikoverteilung ab.[16]

»Schadensersatz statt der Leistung« klingt wie eine Übernahme der **Surrogationstheorie** (und damit wie eine Ablehnung der **Differenztheorie**). Das ist aber nicht nötig: § 325 zeigt, dass der Schadensersatz nicht allemal mit einer Rückgewähr der Gegenleistung verbunden sein muss.[17] Ähnlich gibt es bei mangelhafter Leistung nicht bloß den **»großen Schadensersatz«**, der zur Rückgabe des mangelhaften Leistungsgegenstandes zwingt. Vielmehr kann der Gläubiger diese Leistung auch behalten und Schadensersatz nur wegen des Minderwerts verlangen **(»kleiner Schadensersatz«)**, vgl. § 281 I 3, wo die Möglichkeit eingeschränkt wird, den großen Schadensersatz zu fordern.

Die Bedeutung des **§ 325** beim Schadensersatz statt der Leistung veranschaulicht

BGH NJW 2010, 2426: K kauft bei V ein mangelhaftes Kfz. Nach seiner Rücktrittserklärung nutzt K das Kfz noch bis Anfang Dezember und kauft sich erst im April des Folgejahres ein neues Fahrzeug. Nachdem K die Kaufpreisrückzahlung abzüglich einer Entschädigung für die Nutzung von der Übergabe bis Anfang Dezember rechtskräftig zugesprochen wurde, verlangt er darüber hinaus den Ersatz des Nutzungsausfallschadens für den Zeitraum zwischen Dezember und April des Folgejahres.

Der geltend gemachte Nutzungsausfallschaden wäre nicht entstanden, wenn V bis zur Rücktrittserklärung nacherfüllt hätte. Daher handelt es sich um Schadensersatz statt der Leistung (§§ 437 Nr. 3, 280 I, III, 281 I 1), der nach § 325 durch den Rücktritt nicht ausgeschlossen ist. Jedoch scheint der schadensrechtlich zugunsten des Gläubigers gebotenen Naturalrestitution (§ 249 I) dessen rücktrittsrechtliche Nutzungsersatzpflicht (§§ 346 I, II 1 Nr. 1, 347) entgegenzustehen.[18] Damit der Anspruch auf Schadensersatz statt der Leistung nicht entwertet wird, schließt der Rücktritt nach Rechtsprechung und Lehre nicht aus, dass der Gläubiger im Ergebnis nach der Differenztheorie so gestellt wird wie bei ordnungsgemäßer Erfüllung.[19] Die Verweisung des § 281 V auf das Rücktrittsrecht steht nicht entgegen, da sie nichts über die Ersatzpflicht des Nichterfüllungsschadens des Gläubigers aussagt. Dass dem Anspruch des Rücktrittsschuldners V auf Nutzungsersatz aus §§ 346f. ein gegenläufiger Anspruch des Rücktrittsgläubigers K nach § 281 entgegensteht und somit ein **zweistufiges Ausgleichssystem** geschaffen wird, liegt nach Ansicht des BGH in der Natur des § 325. Allerdings traf den Käufer die Obliegenheit, den Schaden möglichst gering zu halten (§ 254 II). Da er bis zur Anschaffung eines Ersatzfahrzeugs fast ein halbes Jahr verstreichen ließ, war sein Schadensersatzanspruch entsprechend zu mindern. Das Rücktrittsfolgenrecht schließt also eine schadensrechtliche Korrektur nicht aus.[20]

c) Anstelle des Schadensersatzes statt der Leistung kann der Gläubiger nach § 284 **242** auch den **Ersatz seiner frustrierten Aufwendungen** fordern, die er im Vertrauen auf

15 *Canaris* JZ 2001, 499 (507f.); s. auch *Canaris,* FS Heldrich, 2005, 11 (28ff.); *Grigoleit,* FS Köhler, 2014, 183 (190ff.).

16 *Schlechtriem/Schmidt-Kessel* SchuldR AT Rn. 580; *Fikentscher/Heinemann* SchuldR Rn. 417.

17 Dazu *Riewert,* Die Rückabwicklung erbrachter Leistungen bei der Kumulation von Rücktritt und Schadensersatz nach § 325 BGB, 2014.

18 Dazu *Gsell* LMK 2010, 307697; *Looschelders* JA 2010, 750.

19 BGHZ 174, 290; *Gsell* NJW 2008, 912; *Herresthal* JuS 2007, 798 (799); *D. Kaiser* NJW 2001, 2425.

20 PWW/*Medicus/M. Stürner* § 325 Rn. 5; vgl. auch *Heinrichs,* FS Derleder, 2005, 85 (104).

die Leistung gemacht hat und billigerweise machen durfte.[21] Das ist aber weniger als das negative Interesse. Dieses kann nämlich auch den Gewinn umfassen, den der Gläubiger aus einem anderen Geschäft hätte machen können, das er ohne das Vertrauen auf den Erhalt der Leistung abgeschlossen hätte.[22]

Aus dem Wortlaut (»anstelle«) folgt, dass die Voraussetzungen des § 281 I 1 vorliegen müssen. Der Ablauf der danach erforderlichen Nachfrist wird teilweise für entbehrlich gehalten, wenn die Vergeblichkeit der Aufwendungen bereits durch die Schlechtleistung oder Verzögerung feststeht.[23] Die Gegenansicht hält die Haftung nur bei endgültigem Ausbleiben der Leistung für gerechtfertigt.[24] Auch der BGH lehnt die analoge Anwendung des § 284 ab, wenn die Voraussetzungen der §§ 281 ff. nicht vorliegen.[25]

§ 284 ermöglicht eine Kombination von Aufwendungsersatz, Schadensersatz neben der Leistung (→ Rn. 238) und Rücktritt. Daher ist – insbesondere in einer »Anwaltsklausur« (→ Rn. 23) – mitunter zu ermitteln, ob dies günstiger ist als Schadensersatz statt der Leistung.[26] Der Gläubiger muss sich also zur Vermeidung einer doppelten Kompensation entscheiden, ob er die vergeblichen kommerziellen Aufwendungen nach § 284 oder als Schadensersatz statt der Leistung mithilfe der sog. **Rentabilitätsvermutung** geltend macht, die nur in engen Grenzen Aufwendungen (Beispiel: Beurkundungskosten) im Hinblick auf den zu erwartenden Vorteil der Gegenleistung als auszugleichenden Mindestschaden gelten lässt.[27] Wichtige Fragen zu § 284 beantwortet

BGHZ 163, 381: Nachdem der Käufer eines Fahrzeugs wegen fehlgeschlagener Mängelbeseitigung vom Kaufvertrag zurückgetreten ist, streiten die Parteien über Zulassungs- und Überführungskosten sowie die Kosten der nachträglich vom Käufer eingebauten Zusatzausstattung. Den Schadensersatzanspruch für die Erstellung eines Mängelgutachtens hatte die Beklagte in der Vorinstanz anerkannt.

Nach Ansicht des BGH steht dem Anspruch aus § 284 der engere § 347 II dann nicht entgegen, wenn die Aufwendungen nicht allein als Folge des Rücktritts verlangt werden. Dies wäre weder mit dem von § 284 bezweckten **Dispositionsschutz** noch mit § 325 vereinbar.[28] Der bereits zuerkannte Kostenersatz wegen des Gutachtens schließt den Anspruch auf Ersatz der Zusatzausstattung sowie der Zulassungs- und Überführungskosten nicht aus, weil die Gutachtenkosten als Schadensersatz neben der Leistung zu qualifizieren sind und § 284 ein Alternativverhältnis ausdrücklich nur für Aufwendungsersatz und Schadensersatz statt der Leistung anordnet.[29] Auch ohne dass dies gesetzlich ausdrücklich vorgesehen ist, kann der Gläubiger den Aufwendungsersatz jedoch nur gegen Herausgabe der Zusatzausstattung beanspruchen, da der Aufwendungsersatz nicht zu einer Bereicherung führen darf.[30]

---

21 Zur Billigkeit *Fleck* JZ 2009, 1045; sehr lehrreicher Klausurfall von *S. Lorenz/Unberath* JuS 2005, 335.
22 Näher *Ackermann,* Der Schutz des negativen Interesses, 2007, 367 ff., 382 ff.; dazu *Medicus* JZ 2007, 938. Vgl. auch *Emmerich,* FS Otte, 2005, 101; *Tröger* ZGS 2005, 462; *Tröger* ZIP 2005, 2238.
23 *Canaris,* FS Wiedemann, 2002, 3 (29 f.).
24 MüKoBGB/*Ernst* § 284 Rn. 14.
25 BGHZ 177, 224; dazu *Looschelders* JA 2008, 892.
26 SchuldR AT Rn. 455 i: »Rechenaufgabe«; *S. Lorenz* JuS 2008, 673.
27 BGHZ 123, 96 (99); dagegen *Stoppel* AcP 204 (2004), 81 (112 f.).
28 Vgl. auch *Weitemeyer* AcP 205 (2005), 275 (294).
29 *Ellers* JURA 2006, 201 (204); *Ellers,* Der Ersatz vergeblicher Aufwendungen, 2005.
30 *Gsell* NJW 2006, 125 (127).

d) Nach § 285 kann der Gläubiger vom Schuldner das sog. **stellvertretende Kommodum** verlangen.[31] Das ist eine eigenständige Anspruchsgrundlage, die kein Vertretenmüssen voraussetzt. Deshalb ist es bedenklich, wenn die Rechtsprechung und hM § 285 auch auf den mit der Sache erwirtschafteten Erlös aus einem Rechtsgeschäft anwendet (Beispiel: Doppelverkauf).[32] Gegenstand und Surrogat müssen freilich wirtschaftlich identisch sein. 243

BGHZ 167, 312:[33] V vermietet eine Fläche zunächst als Parkplatz an M, anschließend teilweise an Markthändler, die darauf Marktstände errichten und betreiben durften. M verlangt von V insoweit Erlösherausgabe.

Da die Doppelvermietung einen nachträglichen Rechtsmangel (§ 536 III) begründet, hat M einen Anspruch aus § 536 a I. Diese mietrechtliche Gewährleistung schließt zwar einen weiteren Anspruch aus § 285 nicht prinzipiell aus.[34] Jedoch fehlt es an der erforderlichen **wirtschaftlichen Identität** zwischen geschuldetem Gegenstand (= bloße Gebrauchsüberlassung der Fläche frei von Rechten Dritter) und dem Gegenstand, wofür Ersatz erlangt wurde (= Errichtung und Betrieb von Ständen durch Dritte). Denn die den Markthändlern eingeräumte Befugnis geht über die dem M vertraglich zugestandene hinaus. Aufgrund dieser Wertung scheiden auch Ansprüche aus GoA (kein Fremdgeschäft) und Bereicherungsrecht (kein Eingriff in den Zuweisungsgehalt) aus.[35]

Auch wenn es im Fall anfänglicher Unmöglichkeit keinen »geschuldeten Gegenstand« gibt und in § 311 a II nicht auf § 285 verwiesen wird (vgl. aber § 275 IV!), ist § 285 auch dann anwendbar, wenn die versicherte Sache etwa bei Vertragsschluss schon zerstört worden ist.[36] Ist die Leistung nur teilweise unmöglich, besteht insoweit ein Anspruch aus § 285.[37]

e) Im **gegenseitigen Vertrag** muss der Gläubiger die Gegenleistung nicht mehr erbringen, wenn der Schuldner nicht zu leisten braucht, § 326 I 1 (aber → Rn. 272 ff.). Im Fall von § 326 I 2 steht dem Gläubiger nach § 326 V ein Rücktrittsrecht zu (regelmäßig wahlweise statt des Rechts zur Minderung).[38] Anders als § 326 I gilt § 326 V nach hL auch für nicht im Gegenseitigkeitsverhältnis stehende Pflichten.[39] 244

2. Leistungsverzögerung

a) Den neben der Leistung zu ersetzenden Verzögerungsschaden hat der Schuldner nach § 280 II nur bei Vorliegen aller zusätzlichen Voraussetzungen des Schuldnerverzugs zu leisten, § 286. Dazu gehört vor allem die Mahnung (Rechnung genügt nicht).[40] 245

Beispiel: Der Dachdecker kommt trotz Mahnung nicht, sodass das schadhafte, unausgebessert gebliebene Dach Regen durchlässt: Hier erhält der Besteller Ersatz für seine verdorbenen Sachen aus Schuldnerverzug (§§ 280 II, 286). Und wenn die Voraussetzungen von § 286 nicht

31 Näher *Hartmann*, Der Anspruch auf das stellvertretende commodum, 2007 (dazu *T. Helms* AcP 210 [2010], 754); *Wackerbarth* ZGS 2008, 341.
32 BGHZ 46, 260 (264); 75, 206; *Looschelders* SchuldR AT Rn. 662.
33 Dazu *Emmerich* JuS 2006, 935; *T. Helms* ZEuP 2008, 153; *Medicus/Lorenz* SchuldR AT Rn. 432.
34 Zutr. *Looschelders* JA 2007, 226. Vgl. auch *Petersen*, Rechtsmängel, JURA 2014, 1030 (1031).
35 Zum Anspruch aus GoA *Hey* JuS 2009, 400 (402); zu § 816 I 1 → Rn. 715 ff.
36 *Jud*, FS U. Huber, 2006, 365 (374); aA *Hammen*, FS Hadding, 2004, 41.
37 BGH NJW 2008, 989 mAnm *Martinek/Omlor* JZ 2008, 413.
38 Dazu *Peukert* AcP 205 (2005), 430.
39 *Canaris*, FS Kropholler, 2008, 3 (20).
40 BGHZ 174, 77 (79 ff.).

vorliegen, kann Schadensersatz überhaupt nicht (auch nicht aus §§ 280 I, 241 II) verlangt werden. Denn wenn der Schuldner ganz untätig geblieben ist, also nicht schlecht geleistet hat, scheidet § 280 I aus, weil der Gläubiger ihn dann in Verzug setzen kann. Nur wenn der Dachdecker das Dach schlecht repariert, haftet er nach § 280 I.[41]

Die Mahnung kann gem. §§ 286 II, III entbehrlich sein:[42]

BGH NJW 2011, 2871: K tankt bei V Benzin ohne zu zahlen. V beauftragt einen Detektiv mit der Ermittlung des K und verlangt von diesem neben dem Kaufpreis die Ermittlungskosten.

Der BGH hat klargestellt, dass der Kaufvertrag beim Tanken – anders als im Selbstbedienungsladen, wo der Kunde die Ware noch zurücklegen kann – nicht erst an der Kasse, sondern schon mit dem Einfüllen des Benzins (= Annahme) zustande kommt. Mit der dadurch begründeten Zahlungspflicht war K auch ohne Mahnung gem. § 286 II Nr. 4 in Verzug: Bei dem vorliegenden anonymen Massengeschäft ist V eine Mahnung kaum möglich, wenn K bereits weggefahren ist, während für diesen umgekehrt eine gesonderte Zahlungsaufforderung ersichtlich unnötig ist. Daher schuldet K auch die Detektivkosten aus §§ 280 I, II, 286 I, II Nr. 4.

246 **b) Schadensersatz statt der Leistung** kann der Gläubiger nur nach den §§ 280 III, 281 verlangen. Hierzu bedarf es regelmäßig zunächst einer Fristsetzung nach § 281 I (Ausnahmen § 281 II), die dem Schuldner auch ohne einen bestimmten Zeitraum oder Endtermin hinreichend deutlich macht, dass er – beispielsweise: »umgehend«[43] – zu leisten hat.[44] Erst das Verlangen von Schadensersatz statt der Leistung (also nicht schon der Fristablauf) lässt den primären Leistungsanspruch erlöschen, § 281 IV.[45] Da der Schadensersatz statt der Leistung den Leistungsanspruch ersetzt, erfasst er den auf einer Leistungsverzögerung beruhenden Schaden, der durch die **spätestmögliche Leistung** entfallen wäre. Steht der Schaden davor schon fest, ist er neben der Leistung zu ersetzen.[46] Schadensersatz statt der Leistung und Schadensersatz wegen Verzögerung können sich also nicht überschneiden:[47]

BGH JZ 2010, 44: K sollte im Gegenzug für eine Unternehmensübertragung von V drei der bisherigen Betriebsfahrzeuge im Wert von 145.000 EUR erhalten. V reagierte auf die von K gesetzte Lieferungsfrist nicht. Nach Fristablauf entging K ein Erlös von 190.000 EUR aus der Weiterveräußerung, den er nunmehr als Schadensersatz verlangt.

Der BGH nimmt zu Recht einen Anspruch auf Ersatz des durch die gescheiterte Weiterveräußerung **entgangenen Gewinns (§ 252)** an. Zweifelhaft ist allein die vom Gericht herangezogene Anspruchsgrundlage der §§ 280 I 1, III, 281 I 1.[48] Um Schadensersatz statt der Leistung handelt es sich nur dann, wenn der geltend gemachte Schaden

---

41 Ebenso *Canaris* ZIP 2003, 321 (325).

42 Zu den europarechtlichen Vorgaben bezüglich der Leistung EuGH NJW 2008, 1935; *Canaris,* FS Hopt, 2010, 47 (49ff.).

43 Skeptisch MüKoBGB/*Ernst* § 323 Rn. 68; PWW/*Medicus/M. Stürner* § 323 Rn. 20.

44 BGH NJW 2009, 3153 dazu *Greiner/Hossenfelder* JA 2010, 412. Überblick bei *Skamel* JuS 2010, 671.

45 Zu ihm *Kohler* JURA 2014, 872.

46 Zum Deckungsgeschäft *Faust,* FS U. Huber, 2006, 239 (246ff.); *S. Lorenz,* Liber Amicorum Leenen, 2012, 147; vgl. auch → Rn. 239, 246.

47 *Medicus/Lorenz* SchuldR AT Rn. 498. S. aber *U. Huber* AcP 210 (2010), 319 (343), wonach der Anspruch auf Ersatz des Verzugsschadens im Anspruch auf Schadensersatz statt der Leistung »aufgehen« kann.

48 *Klöhn* JZ 2010, 46 (47); s. auch *J. Flume* AcP 215 (2015), 282 (341); auf der Linie des BGH aber *U. Huber* AcP 210 (2010), 319 (343).

auf dem endgültigen Ausbleiben der Leistung wegen Erlöschens der ursprünglichen Leistungspflicht beruht und nicht entstanden ist, obwohl am Vertrag festgehalten wurde.[49] Die Leistungspflicht des V ist jedoch nicht schon durch den Fristablauf, sondern erst durch das Schadensersatzverlangen erloschen (§ 281 IV, näher → Rn. 282). Zu diesem Zeitpunkt hatte sich die lukrative Weiterveräußerung bereits zerschlagen. Auch wenn K am Vertrag festgehalten hätte, wäre ihm das günstige Angebot entgangen. Daher handelt es sich bei dem endgültig entgangenen Gewinn (Differenz zwischen dem Verkehrswert und dem Weiterveräußerungspreis: 45.000 EUR) nicht um einen Schaden statt der Leistung.[50] Vielmehr gründet der entgangene Gewinn allein auf der Verzögerung der Leistung durch V und war daher ohne erneute Fristsetzung neben der Leistung nach §§ 280 I 1, II, 286 I zu ersetzen. Schadensersatz statt der Leistung hätte nur dann vorgelegen, wenn die Leistungspflicht des V bereits vor dem Wegfall des lukrativen Angebots erloschen wäre. Den Verkehrswert der Fahrzeuge (145.000 EUR) konnte K dagegen als Schadensersatz statt der Leistung nach §§ 280 I, III, 281 I verlangen.

247 c) Von einem gegenseitigen Vertrag **zurücktreten** kann der Gläubiger nach § 323 I, uU sogar schon vor Fälligkeit der Leistung, § 323 IV (sog. **antizipierter Vertragsbruch**).[51] Dieses Rücktrittsrecht erfordert eine Prognose darüber, dass die Voraussetzungen der § 323 I oder II offensichtlich eintreten werden, etwa wenn der Schuldner die Leistung bereits vor Fälligkeit endgültig und ernsthaft verweigert.[52] Ab Fälligkeit der Leistung bemisst sich die Wirksamkeit des Rücktritts allerdings nicht nach § 323 IV, sondern nach dessen ersten beiden Absätzen:

BGHZ 193, 315: K setzte noch vor Fälligkeit eine Frist, die nach Fälligkeit ablief, nachdem V ihm sinngemäß mitgeteilt hatte, dass er die termingerechte Erfüllung gefährdet sehe. K erklärte nach Fristablauf den Rücktritt.

Die Frage ist, ob K wirksam zurückgetreten ist. Die »auf Vorrat« erklärte Fristsetzung vor Fälligkeit genügt dem BGH im Einklang mit der hM wegen der vom Gesetz bezweckten Warnfunktion der Nachfrist nicht für § 323 I.[53] Die Fristsetzung war auch nicht entbehrlich nach § 323 II: Die Erklärung des Schuldners, er werde bei Fälligkeit nicht leisten können, schließt insbesondere nicht aus, dass er die Leistung innerhalb der Nachfrist erbringt, und stellt deshalb keine ernsthafte und endgültige Erfüllungsverweigerung dar (Nr. 1). Auch eine Entbehrlichkeit nach Nr. 3 kommt wegen der Beschränkung auf die Schlechtleistung nicht in Betracht. § 323 IV gibt schließlich zwar ein Rücktrittsrecht bei offensichtlicher **Erfüllungsgefährdung,** diese besteht aber bei Fälligkeit nicht mehr, weil die Pflichtverletzung jetzt feststeht.[54] Für diesen Fall verlangt aber § 323 I die Fristsetzung und deren Ablauf; wer bei Erfüllungsgefährdung nicht die in § 323 IV eröffnete Möglichkeit nutzt, kann später nicht mehr ohne Fristsetzung zurücktreten.

Die Entbehrlichkeit der Fristsetzung nach § 323 II Nr. 2 wegen eines **relativen Fixgeschäfts** gilt nicht entsprechend bei der den Schuldner stärker belastenden Schadenser-

49 So etwa BGH NJW 2010, 2426. Vgl. auch *Ostendorf* NJW 2010, 2833.
50 Vgl. *Medicus/Lorenz* SchuldR AT Rn. 353 a, für den Verkauf von Saisonware; aA wohl *Ackermann* JuS 2012, 865 (871 f.).
51 Dazu *Weidt,* Antizipierter Vertragsbruch, 2008.
52 MüKoBGB/*Ernst* § 323 Rn. 133 f.
53 *Looschelders* SchuldR AT Rn. 586; krit. *Gsell* EWiR § 323 BGB 1/13, 99 (100).
54 BGHZ 193, 315 Rn. 17; krit. *Faust* JuS 2012, 940 (942 f.); *Gutzeit* NJW 2012, 3717.

satzpflicht nach § 281 I, sondern es ist allenfalls *ein* besonderer Umstand im Rahmen der Interessenabwägung iSv § 281 II Fall 2.[55]

3. Andere Pflichtverletzungen

248 Die Pflichtverletzung kann auch **leistungsfern** sein: Bei Gelegenheit der Leistungserbringung wird eine Schutzpflicht nach § 241 II verletzt. Es möge etwa der bestellte Maler zwar pünktlich kommen und auch gut malen, aber durch den ungeschickten Umgang mit seiner Leiter eine Vase des Gläubigers zerstören. Dann ist der Schaden an der Vase nach § 280 I zu ersetzen. Es bleibt aber die Frage, ob der Gläubiger darüber hinaus auch Schadensersatz statt der Leistung verlangen kann. Das bejaht § 282 nur, wenn die Leistung dem Schuldner nicht mehr zuzumuten ist.[56] Das wäre im Beispiel etwa dann zu bejahen, wenn der Maler seine Leistung noch nicht vollständig erbracht und der Gläubiger noch weitere gefährdete Sachen hat. Nicht nur beim gegenseitigen, sondern entsprechend § 324 auch beim nicht-synallagmatischen Vertrag (Beispiel: Makler- oder Leihvertrag) besteht im Falle der Unzumutbarkeit für den Gläubiger ein Rücktrittsrecht.[57]

249 Wie sich die §§ 282, 324 im Gefüge des Leistungsstörungsrechts auswirken, veranschaulicht

OLG Saarbrücken NJW 2007, 3503: Der Verkäufer eines Kfz behebt zwar beim dritten Nachbesserungsversuch einen Motorschaden, beschädigt aber durch seinen Angestellten schuldhaft die Karosserie. Obwohl er dem Käufer Geldersatz wegen des unfallbedingten Minderwerts anbietet, verlangt dieser nach Rücktrittserklärung Kaufpreisrückzahlung.

Anders als der Motorschaden bestand der Karosserieschaden noch nicht bei Gefahrübergang. Ein Rücktrittsrecht aus §§ 437 Nr. 2, 440, 323 kam daher nicht in Betracht, da dieses einen bereits bei Gefahrübergang bestehenden Mangel voraussetzt. Aus diesem Grunde konnte der Käufer die Rückzahlung auch nicht als Schadensersatz statt der Leistung nach §§ 437 Nr. 3, 440, 280 III, 281 bzw. 283 beanspruchen, zumal der **merkantile Minderwert** durch die Nacherfüllung bezüglich des Motorschadens nicht ausgeglichen werden konnte. Da der Schadensposten somit nicht auf dem endgültigen Ausbleiben der Leistung gründet, handelt es sich um bloßen Schadensersatz neben der Leistung (→ Rn. 237f.). Das ist aber nach §§ 280 I, 241 II nur der vom Verkäufer angebotene Ersatz des merkantilen Minderwerts. Kaufpreisrückzahlung kann der Käufer also nur verlangen, wenn ihm ein Festhalten am Vertrag nicht zumutbar ist: Dann könnte er nach § 324 zurücktreten bzw. nach § 280 I, III, 282 Schadensersatz statt der Leistung verlangen. Das OLG hat dies abgelehnt, weil der Karosserieschaden abgesehen vom merkantilen Minderwert behoben war.[58]

4. Einfluss der Verbraucherrechte-Richtlinie

250 Nach der **überschießenden Umsetzung**[59] **von Art. 18 II UAbs. II VRRL** gilt § 323 II Nr. 3 anders als § 281 II Fall 2 nunmehr generell, also nicht bloß im Rahmen des Verbraucherrechts, nur noch für die Schlechtleistung, nicht mehr für die Nichtleistung.

55 *Schwarze* AcP 207 (2007), 437 (453).
56 Dazu *Cziupka/Kliebisch* JuS 2008, 855.
57 *Canaris*, FS Kropholler, 2008, 3 (19); zu § 324 bei Aufklärungspflichten → Rn. 150.
58 Vgl. dazu auch *S. Lorenz/Bauer*, FS Kropholler, 2008, 59 (66ff.).
59 Vgl. *Kuhn* EuR 2015, 216 (218f.); *Wendehorst* NJW 2014, 577 (583); *Habersack/Mayer* JZ 1999, 913.

Das hieraus resultierende Problem, dass der Gläubiger zwar nicht zurücktreten, aber Schadensersatz statt der Leistung verlangen kann, verdeutlicht das folgende

Beispiel (in Anlehnung an BGH NJW 2010, 2503): Der vorleistungspflichtige Blumenhändler V täuscht seinen Privatkunden K darüber, dass er die von K bestellten Blumen bereits an die bedachte D ausgeliefert habe und die Kaufpreiszahlung deshalb fällig sei. Nachdem der gutgläubige K gezahlt hatte, tritt er später unter Hinweis auf die Täuschung ohne Fristsetzung vom Kaufvertrag zurück.

Der nach dem alten Recht mögliche Rücktritt des K nach § 323 II Nr. 3 scheint nach der Umsetzung der VRRL ausgeschlossen, weil eine Nichtleistung des V vorliegt und Art. 18 II UAbs. II VRRL für Arglist keine Ausnahme vom Fristsetzungserfordernis enthält. Die umstrittene Frage, ob die Richtlinie in diesem Punkt abschließend ist, dürfte zu verneinen sein, da sie mitunter zu unangemessenen Ergebnissen führen kann.[60] Paradigmatisch ist insoweit die hier vorliegende **arglistige Täuschung** bei Vertragsdurchführung. Sie wird im Schrifttum sowohl auf der Ebene der Richtlinie als auch im deutschen Recht nach Treu und Glauben als eine (nunmehr ungeschriebene) Ausnahme vom Fristsetzungserfordernis erachtet.[61] Selbst wenn die Richtlinie eine solche Auslegung aber nicht zuließe, wäre die Rückabwicklung nach dem Gesetzeswortlaut des § 281 II Fall 2 jedenfalls über den »großen« **Schadensersatz statt der Leistung** und dessen rücktrittsähnliche Wirkung möglich.

Ein Teil der Lehre sieht hierin einen Wertungswiderspruch und einen Verstoß gegen den **»effet util«** des Art. 18 II UAbs. II VRRL. Stattdessen solle im Anwendungsbereich der VRRL eine **richtlinienkonforme Reduktion des § 281 II Fall 2** den Gleichlauf mit § 323 II Nr. 3 gewährleisten, während umgekehrt § 281 II Fall 2 außerhalb der Richtlinie auf den Rücktritt entsprechende Anwendung finden soll.[62] Die vorzugswürdige Gegenansicht geht im Einklang mit dem Gesetzgeber davon aus, dass Art. 18 II UAbs. II VRRL die zusätzlich Vertretenmüssen erfordernde Schadensersatzhaftung bewusst außer Betracht lasse und sich auf den Rücktritt beschränke.[63] Zwar lässt der Wortlaut des Art. 18 IV VRRL (»zusätzlich zum Rücktrittsrecht«) keinen hinreichend sicheren Schluss auf die Absicht des europäischen Gesetzgebers zu. Jedoch läuft die genannte Auffassung erklärtermaßen auf eine **gespaltene Auslegung** hinaus.[64] Eine solche wollte der deutsche Gesetzgeber wegen der damit verbundenen Schlechterstellung des Verbrauchers gegenüber sonstigen Gläubigern aber gerade vermeiden.[65]

III. Stückschuld, Gattungsschuld, Geldschuld

251 Das Recht der Leistungsstörungen im Allgemeinen Schuldrecht des BGB geht von der Stückschuld aus. Demgegenüber wird die wirtschaftlich mindestens ebenso wichtige Gattungsschuld nur in den §§ 243, 300 II behandelt. Ähnliches gilt für die Geldschuld, die in den §§ 244–248, 270, 272 geregelt ist. Diese Reihenfolge im Gesetz verdunkelt

60 AA *Weiss* NJW 2014, 2012 Fn. 11; *Wendehorst* NJW 2014, 577 (583).

61 Staudinger/*Martinek* Eckpfeiler A Rn. 50. Allg. zu Treu und Glauben im Gemeinschaftsrecht MüKoBGB/*Roth/Schubert*, § 242 Rn. 151 ff.

62 *Riehm* NJW 2014, 2065 (2068).

63 *Schmitt* VuR 2014, 90 (98); vgl. auch BT-Drs. 17/12637.

64 *Riehm* NJW 2014, 2065 (2068); zur gespaltenen Auslegung auch unten → Rn. 291 b.

65 BT-Drs. 17/12637, 59; *Looschelders* SchuldR AT Rn. 679 a.

die wesentlichen Unterschiede, die zwischen den genannten Schuldarten gerade hinsichtlich der Leistungsstörungen bestehen:

1. Geldschuld

a) Schuldnerverzug

252 Bei der Geldschuld bleibt als Leistungsstörung im Wesentlichen der Schuldnerverzug.[66] Er setzt nicht voraus, dass der Schuldner seinen Mangel an Geld verschuldet hat. In Schuldnerverzug gerät also etwa auch, wer nicht zahlen kann, weil er unverschuldet seinen Arbeitsplatz verloren hat, oder weil sein Geld von einem anderen Gläubiger gepfändet worden ist. Hinsichtlich von Geld trägt also der Schuldner das Beschaffungsrisiko, § 276 I 1. Andererseits darf man aber nicht sagen, der Geldschuldner gerate bei Nichtleistung nach Mahnung oder in den Fällen von § 286 II stets in Verzug. Denn auf Verschulden kommt es nur da nicht an, wo der Schuldner geltend macht, er habe die nötige Summe nicht (→ Rn. 265).

b) Ausnahme: Entlastung bei Unvermögen

253 Sonst dagegen gelten die §§ 286 IV, 276. So gerät ein Ersatzschuldner in der Zeitspanne nicht in Verzug, die er zur Prüfung der gegen ihn erhobenen Forderung benötigt. Entlastend wirkt etwa auch, dass der Schuldner durch eine plötzliche Erkrankung gehindert war, das geschuldete Geld rechtzeitig abzusenden. Ausnahmsweise kann freilich auch Geldmangel den Schuldner dem Gläubiger gegenüber entlasten, wenn dieser unter Verletzung einer Fürsorgepflicht den Schuldner über die zu erwartende Belastung nicht hinreichend aufgeklärt hat.[67]

254 Darüber hinaus kommt in Betracht, dass schon die Vereinbarung einer Geldverbindlichkeit gegen die guten Sitten verstößt und daher nach § 138 nichtig ist. Das soll einmal für den sog. **wucherähnlichen Verbraucherkredit** gelten: Das wurde regelmäßig angenommen, wenn der vereinbarte Zins (einschließlich weiterer Kosten) den von der Deutschen Bundesbank ausgewiesenen Schwerpunktzins um mindestens 100 % überschritt.[68] Die §§ 491 ff. regeln diese Kernfrage des Verbraucherdarlehens nicht.

Ein Vergleich von Leistung und Gegenleistung versagt bei **Sicherungsgeschäften**, vor allem bei Bürgschaft und Schuldbeitritt.[69] Hier ist heftig über die Sittenwidrigkeit gestritten worden, wenn etwa eine Bürgschaft für einen Betrag gelten soll, der das gegenwärtige und das für die Zukunft absehbare Leistungsvermögen des Bürgen weit überschreitet. In solchen Fällen kann der Bürge für den Rest seines Lebens auf den pfändungsfreien Teil seines Einkommens beschränkt sein. Der IX. ZS des BGH hat hier regelmäßig Sittenwidrigkeit verneint und den Bürgen auf den Pfändungsschutz verwiesen.[70] Dagegen hatte der XI. ZS des BGH einen milderen Standpunkt vertreten. Doch hat auch dieser Senat klargestellt:[71] Sittenwidrigkeit kann sich regelmäßig nicht

66 *Medicus* JuS 1983, 897; *Kähler* AcP 206 (2006), 805; *S. Martens* JuS 2014, 105; zum europäischen Recht *Freitag* AcP 213 (2013), 128.

67 BGH NJW 1974, 849 (851) erwägt einen Schadensersatzanspruch aus c. i. c. Ausnahmsweise kann auch die GG weggefallen sein; *Medicus* AcP 188 (1988), 489 (503).

68 Seit BGHZ 80, 153 (160); 98, 174; 104, 102 sowie krit. *Koziol* AcP 188 (1988), 183.

69 Zu Letzterem *Grigoleit/Herresthal* JURA 2002, 825.

70 Etwa BGHZ 106, 269; 107, 92; lesenswert zur Bürgschaft *Heyers* JA 2012, 81.

71 BGHZ 120, 272, ebenso der IX. ZS in BGHZ 128, 230 (232), dazu → Rn. 166.

schon daraus ergeben, dass der aufzubringende Betrag Einkommen und Vermögen des Sichernden übersteigt. Vielmehr soll eine **unlautere Einwirkung auf den Vertragswillen des sich Verpflichtenden** hinzutreten müssen. Beispiele sind eine Überrumpelung (doch vgl. dazu auch die §§ 312b), die Ausnutzung einer seelischen Zwangslage (etwa aus Ehe oder Verwandtschaft) oder die Bagatellisierung der Gefahren aus der Verpflichtung (»bloße Formsache«). Eine Überforderung wird angenommen, wenn der Schuldner nicht einmal die Zinsen der übernommenen Verpflichtung aus seinem laufenden pfändbaren Einkommen aufbringen kann.[72] Doch sollen selbst solche Umstände für die Sittenwidrigkeit nicht genügen, wenn der Kredit auch dem Bürgen unmittelbar zugutekommt.

2. Gattungsschuld vor der Konkretisierung

a) Objektive Unmöglichkeit

255 Bei der gewöhnlichen Gattungsschuld ist objektive Unmöglichkeit regelmäßig kaum denkbar: Voraussetzung wäre ja der Untergang der ganzen Gattung. Häufiger begegnet die objektive Unmöglichkeit bloß bei der **Vorratsschuld.** Hier braucht der Schuldner nur aus einem Vorrat oder aus der eigenen Produktion zu leisten. Folglich tritt auch Unmöglichkeit schon dann ein, wenn der Vorrat untergeht oder die Produktion undurchführbar wird.[73]

Eine Vorratsschuld ergibt sich regelmäßig durch Vertragsauslegung, wenn ein Produzent Ware der Gattung verkauft, die er selbst herstellt. So etwa, wenn ein Bauer, der selbst Kartoffeln anbaut, Kartoffeln verkauft: Er braucht dann nur aus seiner eigenen Ernte zu leisten. Umgekehrt hat er aber im Zweifel auch nicht die Möglichkeit, mit Kartoffeln aus fremder Ernte zu erfüllen.

256 Vermindert sich der Vorrat, aus dem mehreren Gläubigern geschuldet wird, so ist der Schuldner notfalls zur anteilsmäßigen Kürzung der Forderungen berechtigt, aber auch verpflichtet.

Beispiel: S hat von seinen 80 Ferkeln 40 an G und 20 an H verkauft; 20 will S selbst behalten. Vor Lieferung sterben 40 Ferkel ohne Verschulden des S.

Hier hat sich der Vorrat, aus dem zu leisten ist, auf die überlebenden 40 Ferkel beschränkt. S muss also alle diese Ferkel an G und H verteilen; er darf regelmäßig nicht etwa, seinem ursprünglichen Plan entsprechend, ein Viertel (gleich jetzt zehn Ferkel) für sich behalten. S darf aber auch nicht einen Gläubiger voll beliefern und den Schaden ganz auf den anderen abwälzen. Vielmehr stehen die Gläubiger hinsichtlich des Vorrats in einer **Gefahrengemeinschaft:** Ihre Lieferungsansprüche mindern sich verhältnismäßig so, dass sie den Vorrat erschöpfen.[74] Im Beispiel muss S also an G 27 und an H 13 Ferkel liefern. Tut er das, so haftet er weder G noch H nach den §§ 280, 283 auf Schadensersatz. Allerdings brauchen die Gläubiger nach § 326 I 1 regelmäßig auch nur die gelieferten Ferkel zu bezahlen.

Hätte S dagegen alle 40 Ferkel an G geliefert, so könnte H für 13 Ferkel Schadensersatz statt der Leistung verlangen und nach § 326 I 1 die Gegenleistung verweigern.

---

72 Etwa BGH NJW 2005, 973 (975).

73 Eing. *Canaris,* FS Wiegand, 2005, 179 (191 ff.); s. auch *Heckel* JZ 2012, 1094 (1096).

74 RGZ 84, 125.

b) Andere Leistungsstörungen

257 Demgegenüber sind die anderen Arten der Leistungsstörung (Unvermögen, Schuldnerverzug und andere Leistungsverzögerung, Schlechtleistung) bei der Gattungsschuld denkbar. Bloß kommt das Unvermögen hier seltener vor als bei der Stückschuld: Wenn die vom Gattungsschuldner zur Erfüllung vorgesehenen Stücke untergegangen sind, wird es regelmäßig noch andere Stücke der Gattung geben. Ob und woher der Schuldner sich solche beschaffen muss, ist dann eine Frage der Vertragsauslegung.

RGZ 57, 116: V hat an K 300 t Baumwollsaatenmehl Marke »Eichenlaub« verkauft. Dieses Mehl wird nach einem Geheimverfahren nur in der Mühle des D hergestellt, die kurz nach Vertragsschluss mit allen Vorräten durch Zufall abbrennt. V hätte aber vielleicht noch die Mengen kaufen können, die D kurz vor dem Brand an andere Abnehmer ausgeliefert hatte.

Hier wird man eine Beschränkung der Beschaffungspflicht auf den noch nicht ausgelieferten Teil der Produktion annehmen können. Dann hat der Brand wohl nach § 275 I zur Unmöglichkeit geführt. Zumindest aber wollte V nicht zum Kauf bei anderen Abnehmern verpflichtet sein, sodass er mit der geschuldeten Anstrengung nach § 275 II nicht zu erfüllen braucht.

3. Konkretisierung der Gattungsschuld

258 Eine Beschaffungspflicht des Schuldners erlischt bei der Gattungsschuld erst mit der Konkretisierung (Konzentration). Diese tritt ein, wenn der Schuldner das zur Leistung einer erfüllungstauglichen (§§ 243 I BGB, 360 HGB) Sache seinerseits Erforderliche getan hat, § 243 II.[75] Das Schicksal des Schuldverhältnisses hängt dann von dem Stück ab, auf das Konkretisierung eingetreten ist: Die Rechtsordnung sieht davon ab, dass der Schuldner sich noch andere erfüllungstaugliche Stücke beschaffen könnte. Folglich wird er nach der Konkretisierung trotz § 276 I 1 (Beschaffungsrisiko) gem. § 275 I frei, wenn der Gegenstand der Leistungshandlung ohne zurechenbares Verschulden (§§ 276, 278) untergeht.

a) Bring-, Schick- und Holschuld

Bei der Frage, was der Schuldner für die Konkretisierung zu tun hat, unterscheiden sich Bring-, Schick- und Holschuld. Je weiter danach die Pflicht des Schuldners reicht, umso schwerer erlangt er den Vorteil der Konkretisierung.

Der Unterschied zwischen diesen Schuldtypen beruht auf der Unterscheidung zwischen **Leistungs- und Erfolgsort:** Am Leistungsort soll der Schuldner seine Leistungshandlung vornehmen, am Erfolgsort soll der schuldgerechte Erfolg eintreten.[76] Im Einzelnen liegen bei der

Bringschuld Leistungs- und Erfolgsort beim Gläubiger: Dorthin muss der Schuldner kommen, um zu leisten, und dort tritt auch der Erfolg ein;

Schickschuld der Leistungsort beim Schuldner (seine Leistungshandlung besteht im Absenden) und der Erfolgsort beim Gläubiger (wenn die Leistung dort ankommt, ist erfüllt);

---

75 Zur entsprechenden Anwendung auf den »Vertrag mit ersetzbarer Primärleistung« *Canaris,* FS H. P. Westermann, 2008, 137.

76 Zum Leistungsort der Nacherfüllung *Unberath/Cziupka* JZ 2008, 867 sowie → Rn. 291 a.

Holschuld Leistungs- und Erfolgsort beim Schuldner: Dort sollen die Leistungshandlung vorgenommen werden und der Leistungserfolg eintreten.

b) Konkretisierung bei der Geldschuld

259 Für die Geldschuld bringt jedoch § 270 I eine dem Schuldner ungünstige Ausnahme von §§ 243 II, 275: Obwohl die Geldschuld nach § 270 I, IV Schickschuld ist,[77] trägt hier der Schuldner die Leistungsgefahr noch bis zur Ankunft beim Empfänger. Der Schuldner wird also nicht frei, wenn das richtig abgesendete Geld unterwegs verlorengeht. Die Konkretisierung hat daher nur bei verspäteter Ankunft (kein Verzug) und in dem Sonderfall von § 270 III Bedeutung.

Beispiel für den Unterschied Gattungsschuld – Geldschuld: S schuldet dem G als Schickschuld 10 Zentner Koks und 100 EUR. S verlädt den Koks mit einem Lkw an G und gibt dem Fahrer auch einen 100 EUR-Schein mit. Unterwegs gerät der Lkw in Brand; der Koks und das Geld gehen verloren. Hier braucht S keinen neuen Koks zu liefern, §§ 243 II, 275 I. Dagegen bleibt er zur Zahlung der 100 EUR verpflichtet, § 270 I.

c) Konkretisierung beim Kauf

260 Ein Sonderfall der Konkretisierung ergibt sich beim **Gattungskauf.** Hier genügt die Lieferung einer *mangelhaften* Sache nicht für § 243 II, weil diese Vorschrift eine dem § 243 I entsprechende, also mangelfreie Sache meint. Nimmt der Käufer sie jedoch als Erfüllung an, so richten sich seine Rechte nach § 437, ohne dass es auf die Konkretisierung ankommt.[78] Dann kann der Käufer nach § 439 als Nacherfüllung die Beseitigung des Mangels verlangen. Ist der Käufer an sein Nachbesserungsverlangen gebunden, so kann er keine andere Ware mehr fordern; sein Anspruch hat sich also auf die gelieferten Stücke konkretisiert. Freilich tritt eine solche Bindung vor Erfüllung durch den Verkäufer nur ausnahmsweise ein (→ Rn. 289). Verlangt der Käufer dagegen die Nachlieferung fehlerfreier Ware, so bleibt sein gattungsmäßiger (modifizierter) Erfüllungsanspruch (allerdings mit der Verjährung nach § 438 I, doch vgl. §§ 203, 212 I Nr. 1) bestehen.[79]

d) Konkretisierung und Annahmeverzug

261 Die Konkretisierung bewirkt bei der Gattungsschuld den Übergang der **Leistungsgefahr auf den Gläubiger.** Dasselbe tritt nach § 300 II im Annahmeverzug des Gläubigers ein. In § 300 II muss nämlich die Leistungsgefahr gemeint sein, weil die Gegenleistungs-(= Preis-)gefahr im Gläubigerverzug durch § 326 II 1 Fall 2 geregelt wird. Allerdings ist der Anwendungsbereich von § 300 II nach hM[80] äußerst beschränkt: Regelmäßig ist nämlich die Leistungsgefahr schon vor dem Annahmeverzug nach §§ 243 II, 275 auf den Gläubiger übergegangen. Für § 300 II bleiben im Wesentlichen nur zwei Fallgruppen:

aa) Für den Annahmeverzug genügt nach § 295 S. 1 ein **wörtliches Angebot des Schuldners,** wenn der Gläubiger ihm erklärt hat, er werde die Leistung nicht annehmen. Mit diesem wörtlichen Angebot hat der Schuldner bei der Bring- und Schick-

77 AA *Herresthal* ZGS 2008, 259 (modifizierte Bringschuld); s. dazu bereits *Schön* AcP 198 (1998), 401 (443); ferner *Gsell* GPR 2008, 169; *Canaris,* FS Hopt, 2010, 47 (50); *Heyers* JZ 2012, 398.

78 MüKoBGB/*Emmerich* § 243 Rn. 20.

79 Allg. zu den Grenzen des Erfüllungsanspruchs *Maultzsch* AcP 207 (2007), 530.

80 Anders vor allem *v. Caemmerer* JZ 1951, 740 (743). S. auch *Grunewald,* FS Canaris, Bd. I, 2007, 329; *Samhat* JURA 2013, 1003.

schuld noch nicht das zur Leistung seinerseits Erforderliche iSv § 243 II getan: Die Schuld ist ja nicht etwa zur Holschuld geworden. Daher liegt noch keine Konkretisierung vor. Folglich ist der Schuldner hier auf § 300 II angewiesen, um frei zu werden, wenn die für den Gläubiger bereitgestellte Ware ohne Vorsatz und grobe Fahrlässigkeit (§ 300 I) des Schuldners untergeht.

bb) Bei der **Geldschuld** gilt § 243 II, der den § 300 II sonst abdeckt, wegen § 270 I weithin nicht (→ Rn. 259). Hier könnte also § 300 II wirken.

> **Beispiel:** S will dem G die geschuldeten 100 EUR vereinbarungsgemäß (vgl. § 299!) am Abend des 2.5. bringen. Er trifft G jedoch nicht an; auf dem Rückweg verliert S das Geld leicht unachtsam.

Hier ist S nach § 300 II jedenfalls dann freigeworden, wenn man in der Geldschuld einen Unterfall der Gattungsschuld sieht. Aber auch wenn man die Geldschuld für einen eigenen Schuldtyp hält, ist § 300 II wenigstens entsprechend anzuwenden. Auch nach §§ 280 I, III, 283 S. 1 schuldet S kein neues Geld, weil er den Untergang des alten trotz leichter Fahrlässigkeit nicht zu vertreten hat, §§ 300 I, 280 I 2.

e) Bindung an die Konkretisierung

262 Fraglich ist im Zusammenhang mit der Konkretisierung endlich, ob diese den Schuldner auch zu seinem Nachteil bindet.

> **Beispiel:** V hat an K 10 Sack Mehl verkauft. Als V das Mehl bei K abliefern will, trifft er diesen nicht an. V liefert daher die zunächst für K bestimmten 10 Säcke an einen anderen Kunden. K verweigert nun die Annahme anderer Säcke, weil diese nicht die geschuldeten seien: Die Gattungsschuld habe sich durch das erste Angebot auf die damals angebotenen Säcke konzentriert.

Manche arbeiten hier mit § 242: K verstoße gegen Treu und Glauben, wenn er die Annahme anderer, aber gleichwertiger Ware ablehne. Richtiger dürfte es sein zu sagen: Der Schuldner ist an die Konkretisierung nicht gebunden, sondern kann sie durch anderweitige Verfügung über die Ware wieder rückgängig machen. Damit verliert er freilich auch den Vorteil der Konkretisierung: Die Gattungsschuld wird wieder unbeschränkt, sodass der Schuldner erneut die volle Gefahr der Leistung aus der Gattung trägt.[81] *Canaris* unterscheidet entsprechend der Gefahrtragung: Nach dem Übergang der Gegenleistungsgefahr ist der Schuldner an die Konkretisierung gebunden. Vorher ist eine Rückgängigmachung grundsätzlich möglich, es sei denn, dass die Sache nach der Parteivereinbarung oder den Umständen des Falles nicht ersetzbar ist.[82]

4. Stückschuld

263 Neben Geldschuld und Gattungsschuld (vor und nach der Konkretisierung) bleibt schließlich die Stückschuld. Sie ist das Modell der gesetzlichen Regelung der Leistungsstörungen. Daher passen die gesetzlichen Vorschriften, insbesondere die §§ 275, 276, 280, auf sie ohne besondere Schwierigkeit.

---

81 So etwa *Fikentscher/Heinemann* SchuldR Rn. 249; *Medicus* JuS 1966, 297, teils anders aber *U. Huber*, FS Ballerstedt, 1975, 327 (339); *van Venrooy* WM 1981, 890.

82 *Canaris* JuS 2007, 793.

Zweifelhaft geworden ist die Abgrenzung zur Gattungsschuld beim **mangelhaft erfüllten Stückkauf:** Kann hier der Käufer als Nacherfüllung nach § 439 I die Lieferung eines anderen, mangelfreien Stücks verlangen? Einige halten die Nacherfüllung beim Stückkauf nach § 275 I für unmöglich.[83] Der BGH hat dagegen die Frage bei Gleichwertigkeit, Gleichartigkeit und Ersetzbarkeit der Sache zutreffend bejaht,[84] freilich mit erheblichen Einschränkungen zB für den Kauf eines vorher besichtigten Gebrauchtwagens.[85]

IV. Vertretenmüssen

264 Welche Sanktionen den Schuldner aus einer Leistungsstörung treffen, hängt weithin davon ab, ob dieser die Störung zu vertreten hat (insbesondere §§ 280 I 2, 286 IV). Beim gegenseitigen Vertrag wird in den §§ 323 VI Fall 1, 326 II 1 Fall 1 zudem die vom Gläubiger zu verantwortende Unmöglichkeit geregelt.

1. Vertretenmüssen des Schuldners

265 Der Schuldner hat regelmäßig zu vertreten nach § 276 eigenes Verschulden und nach § 278 (dazu → Rn. 798 ff.) auch das Verschulden seiner Erfüllungsgehilfen und gesetzlichen Vertreter. Kraft Gesetzes gibt es gegenüber der Verschuldenshaftung von §§ 276, 278 *zwei Verschärfungen*.

a) Geldmangel

Geldmangel entlastet den Schuldner regelmäßig nicht; für das Vorhandensein der nötigen Geldmittel besteht also eine Garantiehaftung.[86] Das wird zwar im BGB nirgendwo ausdrücklich ausgesprochen, es folgt aber wenigstens aus einer Analogie zu der Regelung des Beschaffungsrisikos in § 276 I 1 und aus der Gesetzesgeschichte.[87]

Diese Garantiehaftung hat Bedeutung vor allem bei der Geldschuld. Sie kann aber – was oft übersehen wird – auch bei der Gattungs- oder Stückschuld Bedeutung erlangen, sofern das Leistungshindernis auf Geldmangel zurückgeht.

b) Übernahme des Beschaffungsrisikos bei der Gattungsschuld

266 Wer die zu versprechende Ware noch nicht hat, kann sie regelmäßig nur gattungsmäßig bezeichnen (zB 1110 t einer bestimmten Kohlensorte). Denn er kann ja nicht wissen, welche konkreten Stücke er beschaffen wird. Die Gattungsschuld ist also **regelmäßig Beschaffungsschuld.** Für die Art der Beschaffung und der beschafften Stücke hat der Schuldner daher (im Rahmen des § 243 I) freie Hand. Als Ausgleich für diese Freiheit bestimmt § 276 I 1 eine garantieartige, verschuldensunabhängige Einstandspflicht für das **Gelingen der Beschaffung.** Man kann diese Vorschrift als Auslegungsregel dafür ansehen, dass die Vereinbarung einer Beschaffungspflicht regelmäßig die Übernahme des Beschaffungsrisikos beinhaltet.[88]

83 *Faust* ZGS 2004, 252; *Ackermann* JZ 2002, 378; rechtsvergleichend *Tröger* ZVglRWiss 107 (2008), 383; lehrreich *Heinemann/Pickartz* ZGS 2003, 149.
84 BGHZ 168, 64, im Anschluss an *Canaris* JZ 2003, 831.
85 Dazu *Gsell* JuS 2007, 97. S. auch *Herb. Roth* NJW 2006, 2953.
86 BGHZ 143, 373; doch vgl. dazu → Rn. 253.
87 *Medicus* AcP 188 (1988), 489; s. auch *S. Lorenz* WuM 2013, 202 (203).
88 Vgl. auch *Canaris,* FS Wiegand, 2005, 179 (217).

267 Die **Reichweite des Beschaffungsrisikos** muss aber stets durch eine Auslegung des konkreten Vertrages ermittelt werden. Das zeigt der folgende, viel erörterte Fall.

RGZ 99, 1: S hatte dem G bis zum 12.11.1914 galizische Eier nach Berlin zu liefern; er musste aber am 8.11.1914 vor den einrückenden russischen Truppen nach Krakau flüchten. Dieser Teil Galiziens blieb unbesetzt.

Das RG hat hier gesagt, das Gesetz schließe die Berücksichtigung des »unvorhergesehenen Eintritts höherer Gewalt nicht aus«, wenn § 242 deren Berücksichtigung fordere. Das ist aber sehr unbestimmt. S hat hier zwar eine Beschaffungspflicht übernommen. Ihre Erfüllung ist auch nicht unmöglich geworden (aus dem unbesetzten Teil Galiziens hätte ja noch beschafft werden können). Aber das nach § 276 I 1 mit der Beschaffungspflicht grundsätzlich einhergehende Beschaffungsrisiko des S deckt nur die **typischen Beschaffungshindernisse** und nicht auch persönliche Umstände (wie eine Verhinderung durch Flucht oder Krankheit). Ähnlich entscheidet der BGH: Die Haftung soll entfallen, wenn unvorhersehbare Umstände zu so erheblichen Leistungshindernissen geführt haben, dass dem Schuldner die Beschaffung nicht mehr zugemutet werden kann.[89] Dabei nennt der BGH die Parallele zum Wegfall der Geschäftsgrundlage: Bei einer vertraglichen Verpflichtung kann man also auch mit dieser Rechtsfigur helfen.

In der Praxis wird schon eine Beschaffungspflicht (nicht bloß das Beschaffungsrisiko) insbesondere durch AGB nicht selten ausgeschlossen. So bedeutet etwa die Klausel **»Selbstbelieferung vorbehalten«:** Der Verkäufer braucht nur nachzuweisen, dass er selbst die versprochene Ware gekauft hat. Wird er dann von seinem eigenen Schuldner im Stich gelassen, so schuldet er keine anderweitige Beschaffung. Vielmehr wird er nach § 275 frei und braucht nur nach § 285 die eigenen Ersatzansprüche gegen seinen Schuldner an den Käufer abzutreten. Im Ergebnis ist also die Gattungsschuld des Verkäufers auf die Ware beschränkt, die er aus seinem Deckungsgeschäft zu fordern hat.[90]

268 Für die **Schadensersatzhaftung des Gattungsschuldners,** der eine mangelhafte Sache liefert, ist zu unterscheiden: Der Verkäufer, dem die Nachlieferung misslingt, ist wegen des fortbestehenden Beschaffungsrisikos (vgl. § 276 I 1) verschuldensunabhängig zum Schadensersatz statt der Leistung verpflichtet. Gleiches gilt für den Ersatz von Verzögerungsschäden nach §§ 280 I, 286 I, 439 I, wenn er mit der Nacherfüllung in Verzug gerät. Dagegen haftet er für Folgeschäden allein wegen der mangelhaften Lieferung nach §§ 280 I, 433 I 2 nur bei Verschulden.[91] Die Übernahme des Beschaffungsrisikos umfasst insofern nicht das **Qualitätsrisiko.**[92] Etwas anderes gilt nur, wenn der Verkäufer neben dem Beschaffungsrisiko zugleich eine Garantie für die Mangelfreiheit (Beschaffenheitsgarantie) übernommen hat.[93]

c) Bezugspunkt des Vertretenmüssens

268a Erbringt der Verkäufer einer mangelhaften Sache die Nacherfüllung nicht, stellt sich beim **Schadensersatz statt der Leistung** (§ 437 Nr. 3) die Frage, worauf sich das Vertretenmüssen des Verkäufers bezieht: auf die Nichterbringung der Nacherfüllung (§ 281 I) oder auf den Sachmangel gem. § 433 I 2.[94] Nach der vorzugswürdigen hM ge-

89 BGH NJW 1994, 515f.

90 BGHZ 49, 388; zur Vereinbarkeit der Selbstbelieferungsklausel (regelmäßig zu bejahen) mit § 308 Nr. 3 vgl. BGHZ 92, 396.

91 *Canaris,* Karlsruher Forum 2002, 44ff.; *Herb. Roth,* FS Medicus, 2009, 371 (388).

92 *Leenen,* FS Schirmer, 2005, 369 (379); *U. Huber,* FS P. Ulmer, 2003, 1165 (1191).

93 Eing. *Stöber,* Beschaffenheitsgarantien des Verkäufers, 2006; *Stöber* DAR 2004, 570; *Dauner-Lieb/Dötsch* DB 2001, 2535; sowie → Rn. 297.

94 *Faust,* FS Canaris, Bd. I, 2007, 219 (246).

nügt es, wenn der Verkäufer entweder den Mangel oder seine Nichtbeseitigung zu vertreten hat.[95] Die unverschuldete Nichterbringung der Nacherfüllung entlastet den Verkäufer also nicht bezüglich der ursprünglichen Schlechtleistung.[96] Entscheidungserheblich ist dieser Streit allerdings nur, wenn das Vertretenmüssen zwischen Fälligkeit und Eintritt der Verzugsvoraussetzungen entfällt. Denn ab diesem Zeitpunkt haftet der Schuldner nach § 287 S. 2 für die Nichterbringung der Nacherfüllung auch ohne Verschulden.

2. Die Verantwortung des Gläubigers

269 Was der Gläubiger zu verantworten hat, sagt das Gesetz nirgendwo, insbesondere nicht in § 276 I 1. Trotzdem sprechen die §§ 323 VI Fall 1, 326 II 1 Fall 1 ganz naiv von durch den Gläubiger (der gestörten Verbindlichkeit) zu verantwortenden Umständen. Sicher zu verantworten hat der Gläubiger jede Unmöglichkeit, die er durch schuldhaften Verstoß gegen Mitwirkungspflichten oder durch schuldhaft rechtswidriges Handeln herbeigeführt hat. Man wird aber noch darüber hinausgehen und auch § 278 und die Verschärfungen in § 276 I 1 entsprechend anwenden müssen. So gelangt man zu einer **beschränkten Risikoverantwortlichkeit** des Gläubigers. Wo ihre Grenzen liegen, zeigt für den Werkvertrag **§ 645.**

Beispiel: Der Unternehmer U hat sich dem Besteller B verpflichtet, auf dem Grundstück des B ein Hochhaus zu bauen. Als die Arbeiten schon weit fortgeschritten sind, stellt sich heraus, dass das Grundstück an der Baustelle kein Hochhaus trägt (wenn auf dem ganzen Grundstück ein Hochhaus überhaupt nicht errichtet werden kann, wäre der Werkvertrag nach § 311a abzuwickeln). Hier ist wegen § 645 I 1 zunächst zu fragen, ob U zur Prüfung des Baugrundes verpflichtet war und diese Pflicht schuldhaft verletzt hat. Dann steht ihm keine Vergütung zu. Andernfalls kann er nach § 645 I Teilvergütung verlangen, auch wenn den B kein Verschulden an dem Zustand des Baugrundes und der verspäteten Aufklärung trifft.

§ 645 (und jetzt auch § 651 S. 3) geht also von einer Verantwortlichkeit des Bestellers für das von ihm gelieferte Material aus. Die Vorschrift bleibt aber in ihrer Rechtsfolge (Teilvergütung) hinter derjenigen von §§ 323 VI, 326 II (regelmäßig volle Vergütung) zurück. »Zu vertreten« hat der schuldlose Gläubiger also die Leistungseignung seiner Sphäre nicht schlechthin: Hierfür braucht man die besonderen Zurechnungsgründe aus §§ 278, 276 I 1.

Im Beispiel kann daher nach hier vertretener Ansicht U volle Vergütung (abzüglich ersparter Aufwendungen) nach § 323 VI Fall 1 oder § 326 II Fall 1 verlangen, wenn ein von B mit der Prüfung des Baugrundes beauftragter Dritter D diese Prüfung schuldhaft schlecht besorgt hat. Denn dann hat B dem U gegenüber für das Verschulden des D entsprechend § 278 einzustehen.

Bei der Verantwortlichkeit des Gläubigers ist schließlich an **Haftungsprivilegierungen** zu denken. Die wohl hL wendet etwa § 346 III 1 Nr. 3 (zu ihm →Rn. 231) mit Recht auf die Verantwortlichkeit iSd § 323 VI Fall 1 an,[97] um dem Käufer einer mit einem behebbaren Mangel behafteten Sache, die er trotz Beachtung eigenüblicher

95 S. nur *U. Huber,* FS Schlechtriem, 2003, 521 (530); aA *S. Lorenz,* FS U. Huber, 2006, 423: Unterlassen der Nacherfüllung; krit. dazu *Gsell,* FS Canaris, Bd. I, 2007, 337 (341).

96 *Looschelders,* FS Canaris, Bd. I, 2007, 737 (750).

97 *Kohler* AcP 203 (2003), 539 (554); *Medicus/Lorenz* SchuldR AT Rn. 570; weitergehend *Herb. Roth,* FS Canaris, Bd. I, 2007, 1131 (1134); *G. Wagner,* FS U. Huber, 2006, 591 (611); *Dauner-Lieb/A. Arnold,* FS Hadding, 2004, 25 (30): Rücktritt stets möglich; anders *Fest* ZGS 2006, 173 (176): Rücktritt stets ausgeschlossen.

Sorgfalt fahrlässig zerstört, das Rücktrittsrecht aus § 326 V zu erhalten. Andernfalls wäre ein Wertungswiderspruch unausweichlich: Wenn der Mangel von vorherein irreparabel gewesen wäre, könnte der Käufer nach § 326 V zurücktreten und schuldete wegen fahrlässiger Zerstörung bei Beachtung eigenüblicher Sorgfalt keinen Wertersatz, § 346 III 1 Nr. 3. Da der Käufer die Sache also mit der eigenüblichen Sorgfalt benutzen darf, ist er auch nicht nach § 323 VI verantwortlich.[98]

3. Vertretenmüssen von Schuldner und Gläubiger

270 Der Fall, dass eine Leistungsstörung sowohl vom Schuldner als auch vom Gläubiger zu vertreten ist, bereitet bei der **einseitigen Verbindlichkeit** keine Schwierigkeiten: Der Ersatzanspruch des Gläubigers (§§ 280, 286) mindert sich dann verhältnismäßig nach § 254. Beim **gegenseitigen Vertrag** lässt sich die Lösung ebenfalls aus dem Gesetz ableiten:

> **Beispiel** nach RGZ 94, 140: V verkauft seinen Fuhrbetrieb an K und bietet diesem mehrfach die Übergabe an. K bestreitet aber zu Unrecht den Kaufabschluss und verweigert Übernahme und Kaufpreiszahlung. Endlich veräußert V den Betrieb zu einem geringeren Preis an D.

Mit dieser Veräußerung hätte V den Vertrag mit K unter zwei Voraussetzungen nicht verletzt: Einmal, wenn V zuvor nach § 323 wegen Erfüllungsverweigerung von dem Vertrag mit K zurückgetreten wäre,[99] und zum anderen, wenn die Erfordernisse für einen Selbsthilfeverkauf (§§ 383 BGB, 373 II HGB) vorgelegen hätten. Ist keine dieser Voraussetzungen gegeben, so hat V sein Unvermögen gegenüber K objektiv pflichtwidrig herbeigeführt. Das hat V auch zu vertreten, wenn er nicht bloß leicht fahrlässig gehandelt hat (§ 300 I). Andererseits hat auch K durch seine grundlose Abnahmeverweigerung das Unvermögen in zu vertretender Weise mit herbeigeführt.

Canaris hat eine ebenso einfache wie überzeugende Lösung entwickelt.[100] Danach hat der Gläubiger der unmöglich gewordenen Leistung (im Ausgangsfall K) gegen den Schuldner einen nach § 254 geminderten Ersatzanspruch aus den §§ 280 III, 283. Zugleich entfällt nach § 326 I 1 der Anspruch des Schuldners auf die Gegenleistung, sofern den Gläubiger nicht eine weit (!) überwiegende Verantwortlichkeit (§ 326 II) trifft. *Canaris* verwirft auch mit Recht eine Analogie zu § 326 II. Vielmehr spricht er dem Schuldner einen (ebenfalls nach § 254 zu kürzenden) Ersatzanspruch aus § 280 I zu. Der Gläubiger habe eine Schutzpflicht aus § 241 II verletzt, darauf gerichtet, das Leistungsvermögen des Schuldners nicht zu beeinträchtigen (also im Ausgangsfall dasjenige des V). Für diese Lösung spricht nicht zuletzt, dass sie sich zwanglos aus der Anspruchsprüfung ergibt.

V. Gefahrtragung

1. Arten der Gefahr

271 Endlich sind Leistungshindernisse denkbar, die weder vom Gläubiger noch vom Schuldner zu vertreten sind. Hier ist der Schuldner, wenn er kein stellvertretendes Kommodum erzielt hat (§ 285), nach § 275 von seiner Leistungspflicht völlig frei. Im

98 Zu § 323 VI *Kohler* AcP 215 (2015), 165.

99 Dazu *Peters* JZ 2012, 125.

100 *Canaris,* FS E. Lorenz, 2004, 147; s. auch BGH BeckRS 2015, 01272 Rn. 15; *S. Lorenz* NJW 2007, 3488 (3491); *Brade* JA 2013, 413.

gegenseitigen Vertrag kann er dann aber auch nach § 326 I 1 die Gegenleistung nicht verlangen und muss die schon erhaltene nach Rücktrittsrecht zurückgeben. Hier zeigt sich das **funktionelle Synallagma** (→ Rn. 222). Diese Regel ist aber durchbrochen, wenn der Gläubiger der gestörten Leistung bereits die **Gegenleistungs-(Preis-)gefahr** trägt.

Andere Arten der Gefahr sind die Leistungsgefahr und die Sachgefahr. Die **Leistungsgefahr** spielt bei Gattungs- und Geldschulden eine Rolle: Sie bedeutet das Risiko des Schuldners, seine Leistungsanstrengungen bis zum Eintritt des Leistungserfolges wiederholen zu müssen. Sie endet erst nach § 243 II oder § 300 II; hiervon war bereits die Rede (→ Rn. 258 ff.). Die **Sachgefahr** kommt in § 644 I 3 vor: Der Besteller soll den Schaden aus dem zufälligen Untergang des von ihm gelieferten Stoffes nicht auf den Unternehmer abwälzen können. Das ist nur eine konkrete Ausprägung der allgemeinen Regel casum sentit dominus (= den Zufall spürt der Eigentümer).[101]

Die Preisgefahr ist im Gesetz terminologisch von der Leistungsgefahr nicht unterschieden. Der Gesetzgeber hatte nämlich den dahinter stehenden begrifflichen Unterschied selbst noch nicht klar erkannt. Daher muss man sich merken: In den §§ 270 I, 300 II meint »Gefahr« die Leistungsgefahr; sonst ist regelmäßig die Gegenleistungs-(Preis-)gefahr gemeint! Denn den Begriff der Gegenleistung führt das Gesetz erst beim gegenseitigen Vertrag ein.

2. Bedeutung der Preisgefahr

272 Die Preisgefahr kommt also nur beim gegenseitigen Vertrag als Ausnahme von § 326 I 1 vor. Sie bedeutet das Risiko einer Partei, ihre Leistung erbringen zu müssen, obwohl sie die Gegenleistung nicht erhält. Die Preisgefahr darf immer erst dann erörtert werden, wenn feststeht, dass weder die Leistung selbst noch ein Surrogat für sie (also auch nicht Schadensersatz statt der Leistung) gefordert werden kann. Denn andernfalls ist auch die Preisgefahr als Ausnahme von § 326 I 1 gegenstandslos. Das wird oft verkannt.

> **Beispiel:** V hat an K eine bestimmte Sache verkauft und die Versendung übernommen. Infolge mangelhafter Verpackung kommt die Sache bei K zerbrochen an. V verlangt gleichwohl Zahlung des Kaufpreises.

Bei dem Stichwort »Versendungskauf« denken viele Studenten sofort an § 447 I. Sie kommen damit zur Zahlungspflicht des K. Zunächst muss jedoch geprüft werden, ob nicht der Sachuntergang (und damit beim Stückkauf die Unmöglichkeit) von V zu vertreten ist. So liegt es hier, wenn V oder seine Gehilfen (§ 278) den Mangel der Verpackung verschuldet haben. Dann ergibt sich die Rechtsfolge nicht aus § 447, sondern aus den §§ 280, 281, 283: K kann Schadensersatz statt der Leistung verlangen. Dass K den Kaufpreis nicht zu zahlen braucht, ergibt sich nur aus der Anwendung der sog. Differenztheorie.

3. Übergang der Preisgefahr

273 Im Einzelnen trägt der Gläubiger der gestörten Leistungspflicht die Preisgefahr in folgenden Fällen:

a) Annahmeverzug

Die Leistung wird unmöglich, während sich der Gläubiger im Verzug mit der Annahme der geschuldeten Leistung befunden hat, §§ 323 VI Fall 2, 326 II Fall 2. Diese Vorschriften können, obwohl sie die allgemeinste von § 326 I 1 abweichende Sonder-

101 Vgl. *Coester-Waltjen* JURA 2006, 829; 2007, 110; *Canaris* JuS 2007, 793.

regel über die Preisgefahr bilden, wegen ihres etwas abgelegenen Standorts leicht übersehen werden.

Beispiel: B bestellt für einen Betriebsausflug 40 Mittagessen im Gartenlokal des U. Infolge eines unverschuldeten Unfalls wird der Autobus mit den Betriebsangehörigen mehrere Stunden aufgehalten und kann das Lokal nicht mehr erreichen. Das bereitgestellte Essen verdirbt. Kann U von B trotzdem Bezahlung verlangen? Kann B verlangen, dass U zu einem späteren Zeitpunkt nochmals 40 Portionen bereitstellt?

Hier war B nach § 296 S. 1 auch ohne wörtliches Angebot durch U in Annahmeverzug. Denn B hat die ihm obliegende Mitwirkungshandlung, das Abholen des Essens (vgl. § 296 S. 1), nicht rechtzeitig vorgenommen. Für U ist die von ihm geschuldete Leistung auch unmöglich geworden: Zwar könnte er neues Essen bereiten. Aber dazu ist er nicht verpflichtet, weil er einmal das zur Leistung seinerseits Erforderliche getan hat, § 243 II. Zum selben Ergebnis führt § 300 II. Nach diesen Vorschriften trägt B also die Leistungs- und nach § 326 II auch die Preisgefahr: B muss bezahlen, ohne neues Essen verlangen zu können. Wenn man auf diesen (gemischten) Vertrag Werkvertragsrecht anwendet, kommt man zum selben Ergebnis einfacher auch über § 644 I 2 (→ Rn. 277 f.).

b) Kaufrecht

274 Mehrere Sondervorschriften über die Preisgefahr finden sich im Kaufrecht:[102]

aa) Nach § 446 genügt zum Übergang der Preisgefahr auf den Käufer bereits die **Übergabe** vor Einigung.[103]

275 **bb)** § 447 I lässt beim **Versendungskauf** (nach hM auch innerhalb desselben Ortes, sog. **Platzgeschäft**)[104] die Preisgefahr schon mit der Übergabe der Kaufsache an die Transportperson auf den Käufer übergehen. Besonders zu beachten sind in dieser Vorschrift die Worte »auf Verlangen des Käufers«. § 447 I passt also nicht etwa für **Versandunternehmen:**[105] Hier bietet ja schon der Verkäufer die Versendung an. § 447 gilt beim Verbrauchsgüterkauf nur unter gewissen Voraussetzungen, § 474 IV[106] (wodurch die Versandhäuser ohnehin ganz überwiegend ausgeschlossen sind). Allerdings betrifft dies lediglich die Preisgefahr und damit die Frage, ob der Verbraucher Kaufpreiszahlung schuldet.[107]

Streitig ist die Rechtslage, wenn der Verkäufer eigene Leute zum Transport einsetzt.

RGZ 96, 258: Der Verkäufer V hat die Versendung zum Käufer K durch die Bahn übernommen. V lässt die Ware durch einen seiner Angestellten mit einem Handwagen zum Bahnhof bringen. Dort wird der Wagen mit der Ware vor Ablieferung am Schalter gestohlen.

Das RG hat hier § 447 und damit die Preiszahlungspflicht des K bejaht: Der Verkäufer, der eine ihm an sich nicht obliegende Leistung (den Transport) übernehme, solle billigerweise die Preisgefahr nicht länger tragen müssen. Zum Transport gehöre auch das Hinschaffen zum Bahnhof. Daher gebühre dem Verkäufer auch hierfür schon der Schutz des § 447 I. Ebenso entscheidet die hM.[108] Allerdings stellt sie an die Annahme

102 Dazu *Ernst,* FS U. Huber, 2006, 165.
103 Hierzu und zum Folgenden *Wertenbruch* JuS 2003, 625.
104 Vgl. nur *Oechsler* VertrSchuldV Rn. 493.
105 Anders BGH NJW 2003, 3341 (3342).
106 Krit. *Schermaul* JuS 2014, 781.
107 *S. Lorenz* ZGS 2003, 421; *S. Lorenz* JuS 2004, 105.
108 Etwa *Larenz* SchuldR II 1 § 42 Iic.

eines Versendungskaufs strenge Anforderungen. Einige wollen den Verkäufer auch für ein Verschulden seiner Leute nach § 278 haften lassen (sodass § 447 nicht eingriffe, wenn den Angestellten des V ein Verschulden träfe). Der Verkäufer habe die Pflicht, mit dem Kaufgegenstand auch nach Absendung sorgfältig umzugehen (§ 241 II). Deren Verletzung durch seine Mitarbeiter sei ihm nach § 278 zuzurechnen, es fehle also an einem zufälligen Untergang.[109]

Doch passt § 447 I nicht beim Transport durch eigene Leute. § 446 behandelt den Regelfall, dass die Ware vom Verkäufer ohne Einschaltung einer Zwischenperson zum Käufer gelangt. Dann soll die Preisgefahr auf den Käufer übergehen, wenn die Ware den Gefahrenbereich des Verkäufers verlassen hat. § 447 I dagegen regelt den komplizierteren Fall der Einschaltung einer Zwischenperson. Hier wird der Gefahrenbereich der Zwischenperson dem Verkäufer nicht mehr zugerechnet. Das passt aber nur für eine selbstständige Transportperson, weil beim Transport durch eigene Leute des Verkäufers sich die Ware noch in seinem Machtbereich befindet. Für einen solchen Transport gilt § 447 I also nicht. Daher ist entgegen der Ansicht des RG die Preisgefahr erst mit Ablieferung der Sache am Bahnschalter auf K übergegangen.[110]

276 cc) §§ 2380 BGB, 56 S. 1 ZVG lassen die Preisgefahr ausnahmsweise schon mit dem **Abschluss des Kaufvertrages** auf den Käufer übergehen.

c) Werkvertrag und Dienstvertrag

277 Erwähnt sei schließlich für den Werkvertrag noch § 644. Er enthält drei Fälle:

(1) § 644 I 1 entspricht § 446 S. 1 im Kaufrecht, setzt aber an die Stelle der Übergabe die Abnahme oder Vollendung des Werkes (vgl. § 646).
(2) § 644 II mit seiner Verweisung auf § 447 bringt ebenfalls eine Angleichung an das Kaufrecht.
(3) § 644 I 2 endlich erscheint wie eine überflüssige Wiederholung von § 323 VI Fall 2 und § 326 II 1 Fall 2.

Zu § 644 ist jedoch zweierlei bemerkenswert:

aa) **§ 644 I 1** geht aus von dem typischen Ablauf, bei dem das Werk bis zur Abnahme oder Vollendung den Gefahren aus der Sphäre des Unternehmers ausgesetzt ist. Daher passt die Vorschrift nicht, wo es sich im Einzelfall anders verhält.

BGHZ 40, 71: B ließ sich von U eine Scheune bauen und benutzte diese mit Einverständnis des U schon vor Fertigstellung und Abnahme. Durch Selbstentzündung des von B eingebrachten Heus brannte die Scheune ab. U fordert Zahlung des Werklohns, die B verweigert.

Hier scheint § 644 I 1 dem B Recht zu geben, und dementsprechend hatte auch die Vorinstanz die Klage des U abgewiesen. Demgegenüber hat der BGH § 645 analog angewendet und B zur Vergütung des schon geleisteten Teils der Bauarbeiten verurteilt: Den in § 645 I 1 genannten Fällen seien andere das Werk gefährdende Handlungen des Bestellers gleichzuachten. Dem ist zuzustimmen.[111]

109 *Brox/Walker* SchuldR BT § 3 Rn. 29; *Looschelders* SchuldR BT Rn. 196.
110 Zust. *Eike Schmidt* AcP 175 (1975), 165 (167).
111 Zur Aufrechterhaltung des Primäranspruchs *Petersen* JURA 2012, 935.

278 **bb)** Die drei Fälle von § 644 regeln bei **wiederholbaren** Werkleistungen außer der Preisgefahr auch die **Leistungsgefahr:** Wenn der Besteller die Preisgefahr trägt, braucht der Unternehmer das untergegangene Werk nicht erneut auszuführen.

> **Beispiel:** U hat für B eine Brücke errichtet; B befindet sich im Verzug der Annahme (etwa weil er den vereinbarten Abnahmetermin versäumt, § 296). Die Brücke wird durch ein Erdbeben zerstört. Hier würde § 326 II 1 Fall 2 allein den Vergütungsanspruch des U nicht retten. Denn die Vorschrift setzt Unmöglichkeit voraus; die Brücke könnte aber neu errichtet werden. Dem U könnte insoweit nur der Gedanke von § 243 II oder § 300 II helfen (→ Rn. 273). Der Gebrauch dieser Vorschriften wird durch § 644 I 2 unnötig: Dort ist vorausgesetzt, dass U keine neue Brücke zu errichten braucht, weil er die Bezahlung der alten ohne Weiteres soll verlangen dürfen. Die Vorschrift verschlechtert also gegenüber § 644 I 1 (Maßgeblichkeit der Abnahme) die Position des Bestellers.

Eine ähnliche Funktion haben die **§§ 615ff. im Dienstvertragsrecht:** Sie stellen klar, dass die durch Annahmeverzug oder zeitweiliges Unvermögen versäumte Arbeit nicht nachgeleistet zu werden braucht, auch wenn das möglich wäre. Das Gesetz bestätigt hier dem Dienstverpflichteten: Zeit ist Geld.

VI. Die Reihenfolge der Prüfung von Leistungsstörungen

279 Besteht zunächst Klarheit über das Anspruchsziel – Schadensersatz statt oder neben der Leistung (→ Rn. 237) bzw. Folgeansprüche aus Rücktritt –, dann ist zu unterscheiden, ob der Schuldner eine Leistungs- oder Schutzpflicht verletzt hat. Für die Schutzpflichtverletzung kommen die §§ 282, 280, 324 in Betracht (→ Rn. 248). Bei der Prüfung einer Leistungspflicht ist eine bestimmte Reihenfolge einzuhalten:

An erster Stelle ist – zumindest gedanklich – die **Unmöglichkeit** zu prüfen. Denn dass der Schuldner die Leistung überhaupt nicht erbringen kann oder sie mit Recht verweigert, schließt sämtliche Rechtsbehelfe wegen Leistungsverzögerung aus (§§ 281, 286, 323). Und auch die sonstige Verletzung der Leistungspflicht muss hinter der Unmöglichkeit zurückstehen, weil der Ausschluss einer Pflicht durch § 275 deren Verletzung hindert. Vorrangig zu prüfende Anspruchsgrundlagen sind für den Schadensersatz statt der Leistung §§ 280 I, III, 283 bzw. 311a II. Beim Rücktritt gilt § 326 V; bezüglich § 275 II ist dabei die vorherige Berufung des Schuldners auf das Leistungsverweigerungsrecht erforderlich.[112]

An zweiter Stelle sind zu prüfen die Leistungsverzögerung und die Nichterbringung der Leistung aus sonstigen Gründen (insbesondere Schlechtleistung). Bezüglich Schadensersatz statt der Leistung und Rücktritt werden diese Pflichtverletzungen nach §§ 281, 323 gleich behandelt. Als Schadensersatz neben der Leistung sind Verzögerungsschäden nach § 280 II jedoch nur bei Verzug zu ersetzen (§ 286), während es für sonstige Verletzungen der Leistungspflicht bei § 280 I bewendet.

Die Notwendigkeit hierzu wird etwa durch folgende Überlegung deutlich: Ein Anspruch auf Ersatz von Verzögerungsschaden (§ 280 I, II, 286) setzt Schuldnerverzug und damit regelmäßig auch Mahnung (§ 286 I) voraus. Hier gründet sich also die Ersatzpflicht des Schuldners nicht schon einfach auf zu vertretende Pflichtverletzung. Wer sonstige Pflichtverletzung vor Verzug prüft, könnte aber dennoch zu einer Bejahung der Ersatzpflicht ohne Mahnung kommen: Das wäre regelmäßig falsch (s. aber zum Betriebsausfallschaden → Rn. 299).

112 BGH NJW 2013, 1074; dazu *M. Schwab* JuS 2013, 931.

§ 14 Einzelne Vertragstypen

I. Der Kauf[1]

1. Rückbindung der Käuferrechte an das Allgemeine Schuldrecht

280 a) Rücktritt und Schadensersatz statt der Leistung können nach § 325 nebeneinander bestehen.[2] Nach § 437 Nr. 2 (»oder«) bzw. § 441 I (»statt«) schließen Rücktritt und Minderung einander ebenso aus wie der Anspruch auf Schadensersatz statt der Leistung (§ 437 Nr. 3: »oder«) und Aufwendungsersatz gem. § 284 (»anstelle«). § 437 Nr. 3 (»Schadensersatz oder § 284«) bezieht sich zur Vermeidung einer doppelten Kompensation nur auf den Schadensersatz statt der Leistung und nicht den Schadensersatz neben der Leistung (→ Rn. 237 f.). Mit wirksamer Rücktrittserklärung, an die zum Schutz der Käuferrechte strenge Anforderungen zu stellen sind, wird der Kaufvertrag zu einem Rückgewährschuldverhältnis, sodass der Käufer nicht mehr mindern kann.[3] Minderung und Schadensersatz statt der ganzen Leistung schließen sich wegen §§ 281 V, 346 einerseits und § 441 andererseits aus.[4] Denn bei der Minderung (§ 441) behält der Schuldner die Sache, während er sie nach § 281 V, 346 zurückgewähren muss, wenn der Gläubiger Schadensersatz statt der ganzen Leistung verlangt. Erkennt der Käufer, dass die erklärte Minderung unlukrativer ist als gedacht, sollte ihm entsprechend § 325 der Übergang zum Schadensersatz statt der Leistung gestattet sein, wenn die Schadensberechnung mit der Minderung vereinbar ist.[5] Der Käufer kann jedenfalls dann auf den (kleinen) Schadensersatz statt der Leistung übergehen, wenn der Betrag der Minderung mit der in § 441 III 1 bestimmten Berechnungsmethode nicht ermittelt werden kann.[6]

281 Die Geltendmachung der Käuferrechte kann im Einzelfall weiteren Begründungsbedarf erfordern:

> **Beispiel** (aus einer Examensklausur): K hat von V ein Haus mit defekter Heizung gekauft und fordert ihn auf, binnen zehn Tagen für Abhilfe zu sorgen. Zugleich erklärt er für den Fall, dass V dem Nacherfüllungsverlangen nicht rechtzeitig nachkommt, den Kaufpreis bereits hiermit um einen näher zu bestimmenden Betrag zu mindern. V lässt die Frist ungenutzt verstreichen. K, der es sich unterdessen anders überlegt hat, verlangt statt der Minderung Nacherfüllung.

Die begehrte Mangelbeseitigung (§§ 437 Nr. 1, 439 I Fall 1) ist nur dann möglich, wenn die Erklärung der Minderung (§ 441 I) unwirksam war. Rücktritt und Minderung sind als **Gestaltungsrechte** entsprechend § 388 S. 2 bedingungsfeindlich. Erklärt der Käufer die Minderung jedoch für den Fall, dass der Verkäufer nicht nacherfüllt, so ist dies eine zulässige **Potestativbedingung,** wenn der Verkäufer gänzlich untätig bleibt und damit kein für ihn unzumutbarer Schwebezustand entsteht.[7] Folglich stand die Minderungs-

1 Zum Common European Sales Law *Stadler* (473), *Grundmann* (502), *Zöching-Jud* (575), *Looschelders* (581) und *S. Lorenz* (702) in AcP 212 (2012).
2 Dazu *Gsell* JZ 2004, 643 (647). Lehrreich auch *Fervers,* Das System der schuldrechtlichen Anspruchsgrundlagen im Kaufrecht, JURA 2015, 11.
3 Zu den Pflichten im Rückgewährschuldverhältnis *Keiser* NJW 2014, 1473.
4 AA *Derleder* NJW 2003, 998 (1001 f.); OLG Stuttgart ZGS 2008, 479 (480).
5 *Althammer/Löhnig* AcP 205 (2005), 520 (533); skeptisch *Reinicke/Tiedtke* KaufR Rn. 596; abl. *Lögering* MDR 2009, 664 (666).
6 BGH NJW 2011, 1217. Vgl. auch *Eichel* JuS 2011, 1064; *Korth,* Minderung beim Kauf, 2010; dazu *Wertenbruch* AcP 213 (2013), 462.
7 *Derleder/Zänker* NJW 2003, 2777 (2779).

erklärung des K unter keiner schädlichen Bedingung (§ 158) und war wirksam, sodass er keine Nacherfüllung mehr beanspruchen kann. Dass er den Minderungsbetrag einstweilen offen ließ, schadet nicht (arg. § 441 III 2).

Dass die Minderung Gestaltungsrecht ist, kann zu einer weiteren Frage führen: Was soll gelten, wenn der Käufer den Kaufpreis um 50% mindert, während nur eine Minderung um 25% gerechtfertigt ist? Man wird das durch Auslegung der Erklärung des Käufers zu entscheiden haben: Geht es dem Käufer gerade um hälftige Herabsetzung, so ist seine Minderung unwirksam (weil ohne ausreichende Rechtsgrundlage); sind dagegen die 50% nur als für die Wirksamkeit unmaßgebliche Schätzung gemeint, so ist um 25% gemindert.

282 b) Ausgangspunkt vieler Streitfragen ist die **Nachfrist** (§§ 281 I 1, 323 I): Nach dem vorzugswürdigen **Einheitskonzept** bedarf es keiner neuerlichen Fristsetzung, wenn der Schuldner den gerügten Mangel zwar in der Frist behebt, die Leistung jedoch aus anderen Gründen weiterhin nicht vollends vertragsgemäß ist.[8] Das demgegenüber vertretene **Prinzip der Einzelbetrachtung** verlangt eine jeweils eigene Fristsetzung für jede vertragswidrige (Teil-)Leistung.[9] Es wäre jedoch unpraktisch, wenn jeder neue Mangel eine erneute Fristsetzung nach sich ziehen müsste.[10]

Allein der Fristablauf bindet den Käufer noch nicht gegenüber dem Verkäufer, sondern erst die Erklärung des Rücktritts (§ 323 I), der Minderung (§ 441 I 1), das Verlangen von Schadensersatz (§ 281 IV) oder Aufwendungsersatz (§ 284). Der Rückgriff auf diese **Grundwertung** beantwortet viele im Einzelnen streitige Zweifelsfragen:[11] Beharrt der nach § 281 I 1 berechtigte Käufer zunächst auf der Nacherfüllung, so bedarf es für den Übergang zu den Sekundärrechten keiner neuen Fristsetzung, weil er mit der verlangten Vertragserfüllung nicht auf Rücktritt, Minderung oder Schadensersatz verzichtet und eine dem § 281 IV entsprechende Vorschrift fehlt.[12] Der Gläubiger kann etwa zum Schadensersatz statt der Leistung übergehen.[13] Da zwischen Rückgewähr-, Schadensersatzansprüchen und Nacherfüllung keine Wahlschuld besteht (speziell zur Nacherfüllung → Rn. 289), kann der Käufer weder entsprechend § 264 II noch analog § 350 vom Verkäufer zur Vornahme der Wahl aufgefordert werden.[14] Ansprüche wegen Verzugs (§§ 280 I 1, II, 286 I) und Schlechtleistung (§§ 280 I 1, 433 I 2) bestehen neben dem Nacherfüllungsanspruch fort.[15]

283 c) Lässt der Verkäufer die Frist zur Nacherfüllung verstreichen und hat der Käufer noch nicht den Rücktritt erklärt oder Schadensersatz statt der Leistung verlangt (§ 281 IV), so darf der Verkäufer die Nacherfüllung weiterhin anbieten. Der Käufer ist nach hM jedoch nicht zur Annahme der nunmehr unaufgefordert angebotenen Leistung verpflichtet.[16] Wenn der Käufer die Leistung zurückweist, indem er zu-

8 *Canaris* DB 2001, 1815f.
9 MüKoBGB/*Ernst* § 323 Rn. 88 (anders auch nach dieser Ansicht, wenn das gerügte Leistungsdefizit nach Fristablauf fortbesteht).
10 PWW/*Medicus/M. Stürner* § 323 Rn. 27; eing. zu den sog. »Mehrfachstörungen« *Dauner-Lieb*, FS Canaris, Bd. I, 2007, 143 (152); allg. zur Fristsetzung auch *Dubovitskaya* JZ 2012, 328.
11 *Oechsler* VertrSchuldV Rn. 245.
12 BGH NJW 2006, 1198 Rn. 18.
13 *Althammer* ZGS 2005, 375 (377).
14 Vgl. BGH NJW 2006, 1198 Rn. 17; für Wahlschuld *M. Schwab* JZ 2006, 1030; *M. Schwab* JuS 2014, 167 (168); vgl. auch *Samhat*, Die Abgrenzung der Wahlschuld von der elektiven Konkurrenz nach dem BGB, 2012.
15 PWW/*Medicus/M. Stürner* § 323 Rn. 51.
16 AA MüKoBGB/*Ernst* § 281 Rn. 85f.; dazu *Heinrichs*, FS Derleder, 2005, 87 (107).

rücktritt, mindert oder Schadensersatz verlangt, erlischt der Nacherfüllungsanspruch. **Umstritten** ist der Fall, dass der Käufer die Leistung zurückweist, ohne sich für eines dieser Rechte zu entscheiden. Ein Teil der Lehre hält die Nacherfüllung dann wegen widersprüchlichen Verhaltens (§ 242) für ausgeschlossen und verweist den Käufer auf seine Sekundärrechte.[17] Nach der Gegenansicht kann der Käufer keinen Schadensersatz statt der Leistung mehr verlangen, wenn ihm der Verkäufer die Nacherfüllung in Annahmeverzug begründender Weise anbietet.[18] Mit dem Annahmeverzug erlischt zugleich das Rücktrittsrecht, weil die Verspätungsfolgen entfallen.[19] Auch ohne Leistungsangebot des Verkäufers darf der Käufer nicht unangemessen lange mit dem Übergang zu den Sekundärrechten zögern. Für den Rücktritt folgt dies aus dem Rechtsgedanken des § 314 III, im Übrigen aus § 242.[20]

2. Gleichstellung von Sach- und Rechtsmängelhaftung

284 Sach- und Rechtsmängel werden zwar verschieden definiert (einerseits § 434, andererseits §§ 435 f.). Aber bei den Rechtsfolgen gibt es kaum mehr Unterschiede.[21] Insbesondere kann auch wegen eines Rechtsmangels gemindert werden (§ 441, zB wenn nur ein kleiner Teil des Kaufgrundstücks mit dem Wegerecht eines Dritten belastet ist). Daher spielt die Unterscheidung vor allem für die Anwendung des § 438 I Nr. 1 (→ Rn. 303) eine Rolle, etwa wenn dem Käufer eine abhanden gekommene Sache veräußert wird (vgl. § 935 I). Die fehlende Eigentumsverschaffung betrifft nicht §§ 433 I 2, 435, sondern § 433 I 1, und stellt daher keinen Rechtsmangel dar.[22] Doch ist zur Vermeidung von Wertungswidersprüchen § 438 I Nr. 1 a anzuwenden, damit dem Käufer die längere Verjährung zugutekommt (andernfalls §§ 199, 195), wenn er wegen des Eigentums eines Dritten (§ 197 I Nr. 1) in Anspruch genommen zu werden droht.[23]

3. Die Definition des Sachmangels

285 a) § 434 enthält eine Definition des Sachmangels (oder genauer: der Freiheit von Sachmängeln bei Gefahrübergang).[24]

aa) Die Kaufsache muss die **vereinbarte Beschaffenheit** haben, § 434 I 1. So muss zB ein Kraftfahrzeug die angegebene Höchstgeschwindigkeit auch wirklich erreichen.[25] Ein Vorführwagen darf, anders als ein Jahreswagen, ein gewisses Alter haben.[26] Die Farbe des verkauften Kfz muss mit der vertraglich vereinbarten übereinstimmen; an-

17 *Canaris,* Karlsruher Forum 2002, 49. Allg. dazu *Singer,* Das Verbot widersprüchlichen Verhaltens, 1993.
18 *Faust,* FS U. Huber, 2006, 239 (257).
19 *Medicus/Lorenz* SchuldR AT Rn. 490.
20 MüKoBGB/*Ernst* § 323 Rn. 150; PWW/*Medicus/M. Stürner* § 323 Rn. 51.
21 Näher *Haedicke,* Rechtskauf und Rechtsmängelhaftung, 2003 (dazu *Heinemann* JZ 2004, 1013); *Pahlow* JuS 2006, 289; *Zimmermann* AcP 213 (2013), 652.
22 Bamberger/Roth/*Faust* § 435 Rn. 15; *Petersen* JURA 2014, 1030; aA *Meier* JR 2003, 353 (355).
23 *Canaris* JZ 2003, 831 f. BGHZ 174, 61 Rn. 28 konnte die Frage offen lassen, weil Rechte Dritter nicht in Betracht kamen. Zur Vindikationsverjährung *S. Lorenz/Arnold,* FS Köhler, 2014, 451.
24 Für eine Streichung der Worte »bei Gefahrübergang« *G. Bachmann* AcP 211 (2011), 395 (428).
25 *Tröger* JuS 2005, 503; zum Sachmängelrecht in historischer Sicht *Harke* AcP 205 (2005), 67.
26 BGH NJW 2010, 3710; zum Begriff *Reinking/Eggert,* Der Autokauf, 10. Aufl. 2009, Rn. 1424.

dernfalls ist das Fahrzeug nicht frei von Sachmängeln. Zugleich indiziert eine solche Abweichung eine erhebliche Pflichtverletzung iSd § 323 V 2.[27]

Die Streitigkeiten um den Beschaffenheitsbegriff ranken sich vor allem um die Frage, inwieweit auch außerhalb der Kaufsache liegende Umweltbeziehungen erfasst werden. So fragt sich, ob ein beliebiger Bezug zur Kaufsache ausreicht[28] oder ein Zusammenhang gerade mit den körperlichen Merkmalen der Kaufsache bestehen muss.[29] Streitig ist, ob die mit der Kaufsache zu erzielenden Umsätze und Erträge eine Beschaffenheit darstellen.[30] Richtigerweise können sämtliche **Umweltbeziehungen** die Beschaffenheit der Kaufsache ausmachen, welche die Wertschätzung im Verkehr mitbestimmen.[31] Danach genügt ein rechtlicher, wirtschaftlicher bzw. tatsächlicher Bezug zur Kaufsache, den die Parteien privatautonom vereinbaren.[32] Zur Beschaffenheit des verkauften Grundstücks gehören deshalb die aus der Bewirtschaftung des Grundstücks erzielten Mieterträge und die aufzuwendenden Betriebskosten.[33] Der Verdacht einer nachteiligen Beschaffenheit begründet wenigstens dann einen Sachmangel, wenn er auf bestimmten Tatsachen gründet und nicht ohne Weiteres zu entkräften ist.[34]

bb) Bei Fehlen einer solchen speziellen Vereinbarung muss die Kaufsache sich für die **im Vertrag vorausgesetzte** (dh nach richtiger Ansicht:[35] vereinbarte) **Verwendung eignen,** § 434 I 2 Nr. 1. So muss ein als »Bauland« verkauftes Grundstück auch wirklich bebaubar sein. Auch wenn der Käufer grundsätzlich das Verwendungsrisiko der Sache trägt, legt die vorausgesetzte Verwendung nur die Beschaffenheit der Sache fest.[36] Es handelt sich also um eine konkludente Beschaffenheitsvereinbarung.

cc) Die Kaufsache muss sich für die **gewöhnliche Verwendung eignen** und so beschaffen sein, wie das üblich ist und vom Käufer erwartet werden kann, § 434 I 2 Nr. 2. Ein bloßer Bagatellschaden, also etwa ein völlig unbedeutender Lackschaden, begründet bei Gebrauchtfahrzeugen keinen Sachmangel, wohl aber der Umstand eines Vorunfalls.[37] Die schlichte Berufung auf »den Markt«, der mit Preisabschlägen reagiere, genügt nach der Rechtsprechung nicht zur Begründung eines Sachmangels.[38] Als Vergleichsmaßstab für die Sollbeschaffenheit kommt es auf »Sachen der gleichen Art« an; für ein Dieselfahrzeug mit Rußpartikelfilter können Dieselfahrzeuge daher nicht generell als Vergleichsmaßstab dienen, sondern nur solche, die gleichfalls über einen Partikelfilter verfügen.[39]

---

27 BGH NJW-RR 2010, 1289 (1291); NJW 2013, 1365 (dazu *M. Schwab* JuS 2013, 1031); vgl. dazu auch BGH NJW 2011, 2872; 2014, 3229 (dazu *Riehm* JuS 2014, 68) zum Rücktritt; *Höpfner* NJW 2011, 3693.
28 So zutr. BGH NJW 2013, 1671; *Ch. Berger* JZ 2004, 276.
29 *Grigoleit/Herresthal* JZ 2003, 118.
30 Abl. *U. Huber* AcP 202 (2002), 179 (227).
31 *Herb. Roth* NJW 2004, 330.
32 *Reinicke/Tiedtke* KaufR Rn. 307.
33 BGH NJW 2011, 1217.
34 BGH NJW-RR 2003, 772; BGHZ 203, 98; *Faust,* FS Picker, 2010, 185; aA *Grunewald,* FS Konzen, 2006, 131.
35 *Looschelders* SchuldR BT Rn. 54.
36 *Canaris,* Karlsruher Forum 2002, 57.
37 BGH NJW 2008, 53.
38 BGH NJW 2007, 1351; skeptisch *v. Westphalen* ZGS 2007, 168.
39 BGH NJW 2009, 2056 Rn. 9.

b) Als **Spezialfälle** von § 434 I 2 Nr. 2 werden in § 434 I 3 noch die Eigenschaften genannt, die der Käufer nach der **Werbung** nicht nur des Verkäufers selbst, sondern auch des Herstellers, des Importeurs oder einer beauftragten Werbeagentur erwarten kann.[40] Dabei genügt, dass der Verkäufer diese Werbung kennen musste und dass sie die Kaufentscheidung beeinflussen konnte. Unnötig ist, dass Verkäufer und Käufer den Inhalt der Werbung in ihren Vertragswillen aufgenommen haben. Erforderlich ist aber, dass die Werbung an eine Vielzahl von Personen (»öffentlich«) gerichtet und nicht nur individuell an den Käufer adressiert ist.[41] Aufmerksamkeitsheischende Anpreisungen, die keine berechtigten Erwartungen schüren, sind nicht ausreichend. Die Vorschrift hat eine käuferschützende Wirkung. **286**

Es möge etwa in der Herstellerwerbung für ein Automodell der Benzinverbrauch mit 5l/100 km angegeben worden sein. Dann ist der Wagen mangelhaft, wenn er 6l verbraucht. Liegt der Mehrverbrauch unter zehn Prozent, bedeutet der Sachmangel nach einer früheren Entscheidung nur eine unerhebliche Pflichtverletzung, die den Käufer weder zum Rücktritt (§ 323 V 2) noch zum Schadensersatz statt der ganzen Leistung (§ 281 I 3), sondern nur zur Minderung (§ 441 I 2) oder zum »kleinen Schadensersatz« berechtigt.[42] Nunmehr nimmt der BGH zumindest für einen Neuwagen an, dass »die in der Mangelhaftigkeit der Kaufsache liegende Pflichtverletzung« erheblich ist, wenn die Mangelbeseitigungskosten 5 % des Kaufpreises betragen.[43]

c) § 434 II rechnet zu den Sachmängeln auch bloße **Montagemängel** (es ist also nicht bloß die Montage mangelhaft, sondern die Kaufsache!). Das gilt nach Satz 1 etwa, wenn ein an sich fehlerfreies Küchenregal durch Gehilfen des Verkäufers nicht waagerecht an der Wand montiert wird. Satz 2 behandelt dann die Montage durch den Käufer selbst, die wegen eines Fehlers der Montageanleitung misslingt (sog. **IKEA-Klausel**).[44] Mangelhaft ist die Montageanleitung auch, wenn sie fehlt.[45] Nach dem Ende von Satz 2 (»es sei denn«) soll aber kein Mangel vorliegen, wenn die Montage trotz der mangelhaften Anleitung gelingt.[46] Dabei leuchtet ein, dass der Käufer dann keine Sachmängelbehelfe mehr haben kann. Aber der Ersatz der Mehraufwendungen, die für ein Gelingen der Montage nötig waren, sollte dem Käufer nicht verwehrt werden. Das tut die missglückte Gesetzesfassung jedoch, weil sie einen Sachmangel und damit eine Pflichtverletzung des Verkäufers leugnet. Ein Mangel der in § 434 nicht erwähnten **Gebrauchsanweisung** begründet stets einen Sachmangel. **287**

d) Nach § 434 III soll es einem Sachmangel gleichstehen, wenn eine andere als die verkaufte Sache **(aliud)** oder eine zu geringe Menge **(minus)**[47] geliefert wird. Damit soll die schwierige Abgrenzung zwischen Sachmangel, aliud und minus unnötig werden. Für die Rügeobliegenheit des § 377 HGB ist also unbeachtlich, ob die gelieferte Ware **288**

---

40 BGH NJW-RR 2012, 1078: Angaben zu einem Gebäude in einem Exposé.

41 AA *Schaub* AcP 202 (2002), 757 (765): Analogie zu § 434 I 3. Vgl. auch *Weiler* WM 2002, 1784.

42 Vgl. BGH NJW 2007, 2111; dazu *S. Lorenz* DAR 2007, 506; *Medicus/Lorenz* SchuldR AT Rn. 441.

43 BGHZ 201, 290 (dazu *Looschelders* JA 2014, 785); bei knapp einem Prozent ist die Pflichtverletzung dagegen unerheblich, BGH NJW 2011, 2872 Rn. 19.

44 Vgl. auch *Brand* ZGS 2003, 96; *Haedicke* ZGS 2006, 55.

45 *Grunewald* KaufR § 7 Rn. 29; aA *Rappenglitz* JA 2003, 36 (38): § 434 I 2 Nr. 2.

46 Gegen die im Schrifttum vertretene analoge Anwendung des § 434 II 2 (und regelmäßig für § 434 I) daher mit guten Gründen *Looschelders* SchuldR BT Rn. 63.

47 Dazu *S. Lorenz* JuS 2003, 36; *G. Schulze* NJW 2003, 1022; *Windel* JURA 2003, 793; *Giesen*, Falschlieferung und Mengenfehler nach neuem Schuldrecht, 2009.

offensichtlich von der bestellten so erheblich abweicht, dass der Verkäufer eine Genehmigung des Käufers für ausgeschlossen halten muss.[48] Einen Sachmangel nach § 434 III muss der Käufer beim Handelskauf somit stets rügen. Trotzdem ist aber fraglich, ob man wirklich jede noch so grobe Abweichung dem Sachmängelrecht unterstellen soll (Extremfall: Statt des bestellten Rotweins wird ein Pferd geliefert). Denn zumindest die verhältnismäßige Minderung des Kaufpreises (§ 441) lässt sich hier nicht durchführen. Ob man auch die Lieferung eines anderen Stücks als des gekauften **(Identitätsaliud)** dem § 434 III unterstellen kann, ist streitig. Die überwiegende Meinung nimmt dies dem Wortlaut entsprechend an,[49] während die Gegenansicht eine teleologische Reduktion befürwortet.[50] Entsprechend der Parteivereinbarung ist das Identitätsaliud nach dieser vorzugswürdigen Ansicht eine **Nichterfüllung,** durch die der Verkäufer nicht in den Genuss der günstigeren Verjährung (§ 438 I Nr. 3) seines Leistungsversprechens kommen soll.[51] Der Erfüllungsanspruch auf die geschuldete Sache bleibt somit bestehen; dann muss die gelieferte Sache nach § 812 zurückgegeben werden. Die hL nimmt demgegenüber einen Nachlieferungsanspruch aus §§ 437 Nr. 1, 439 an.[52]

Von einer aliud-Lieferung abzugrenzen ist aber der **Haakjöringsköd**-Fall, der außer der falsa demonstratio, zu der er meist zitiert wird (→ Rn. 124), noch eine weitere Frage betrifft:

RGZ 99, 147: V verkauft an K die Ladung eines bestimmten Dampfers. V und K glauben, der Dampfer habe Walfischfleisch geladen. Die Ladung besteht aber aus Haifischfleisch.

Hier kann nach den Regeln über die falsa demonstratio nur Walfischfleisch geschuldet werden. Demgegenüber stellt Haifischfleisch ein aliud dar **(Qualifikationsaliud);** § 434 III scheint also anwendbar zu sein.[53] Ein Qualifikationsaliud ist indes nur bei Gattungsschulden denkbar, wenn nämlich der Verkäufer aus einer anderen als der geschuldeten Gattung liefert. Begreift man die konkrete Dampferladung als Stückkauf, folgt die Mangelhaftigkeit bereits aus § 434 I 1,[54] da die gelieferte Dampferladung nicht die vertraglich vereinbarte Beschaffenheit (Walfischfleisch) aufwies. Da die Kaufsache nach dem Parteiwillen und den besonderen Umständen nicht durch eine andere ersetzbar war (→ Rn. 263), ist V wegen § 275 I nicht zur Nachlieferung einer entsprechenden Menge Walfischfleisch verpflichtet. Das kann als anfängliche objektive Unmöglichkeit der Nacherfüllung gedeutet werden und führt zu einer Schadensersatzpflicht des V nach §§ 437 Nr. 3, 311 a II, weil V die von ihm verkaufte Dampferladung hätte kennen müssen. Eine nach § 254 erhebliche Fahrlässigkeit auch des K scheidet regelmäßig aus, weil dieser mit dem Dampfer nichts zu tun hatte. Der Ersatzanspruch K – V ist Schadensersatz statt der Leistung, umfasst also das positive Interesse (→ Rn. 241).

288a Probleme bereitet bei der minus-Lieferung das **Verhältnis des § 434 III zu § 323 V.** § 434 III meint nicht den Fall, dass sich beide darüber im Klaren sind, der Verkäufer habe nur teilweise geliefert; hier bleibt es bei den Vorschriften über die Teilleistung

48 Skeptisch gegenüber der Regelung *Altmeppen/Reichard,* FS U. Huber, 2006, 73 (95).
49 *Dauner-Lieb/A. Arnold* JuS 2002, 1175 (1176); *S. Lorenz* JuS 2003, 63; *Looschelders* SchuldR BT Rn. 71; *Tiedtke/Schmitt* JZ 2004, 1092 (1093); *Wiese* AcP 206 (2006), 902 (908 f.).
50 *Canaris* SchuldRModernisierung S. XXIII; zust. *Thier* AcP 203 (2003), 399.
51 *Oechsler* VertrSchuldV Rn. 141.
52 *Lettl* JuS 2002, 866 (868 f.).
53 *G. Schulze* NJW 2003, 1022.
54 *Tröger* JuS 2005, 503 (504).

(§ 323 V 1).[55] Wenn den Parteien die Mengenabweichung dagegen nicht bewusst war, ist zweifelhaft, ob sich das Rücktrittsrecht nach § 323 V 2 oder dem strengeren Satz 1 bemisst. Ein Teil der Lehre nimmt eine nicht vertragsgemäße Leistung und keine Teilleistung iSv § 323 V 1 an. Der Rücktritt wäre dann über §§ 437 Nr. 2, 434 III Fall 2 nach § 323 V 2 möglich.[56] Um jedoch die Vorschriften über die Teilleistung nicht praktisch leerlaufen zu lassen, empfiehlt sich dem Wortlaut entsprechend die Anwendung des § 323 V 1.[57] Dieselbe Frage stellt sich bei § 281 I 2, 3 und ist bei der Fallbearbeitung jedenfalls einheitlich zu beantworten.

4. Der Nacherfüllungsanspruch des Käufers

289 a) Da der Käufer nach § 433 I 2 mangelfreie Lieferung verlangen kann, muss er bei Vorliegen eines Mangels einen Anspruch auf Nacherfüllung haben.[58] Hierfür stellt § 439 dem Käufer zwei Wege zur Wahl: Beseitigung des Mangels (regelmäßig zwei Nachbesserungsversuche, § 440 S. 2[59]) oder Nachlieferung einer mangelfreien Sache (im Austausch gegen die mangelhafte). Trotz dieses Wahlrechts liegt nach hM keine den Käufer bindende (§ 263 II) **Wahlschuld** vor.[60] Beide Wege stehen vielmehr im Verhältnis **elektiver Konkurrenz** zueinander.[61] Daher ist der Käufer an seine Wahl vor Erfüllung der jeweils geltend gemachten Nacherfüllungsvariante bis zur Grenze des § 242 nicht gebunden.[62]

Die bei der Nacherfüllung anfallenden Kosten hat der Verkäufer nach § 439 II zu tragen. Die Regelung stellt in erster Linie eine **Kostenzuordnungsvorschrift** dar, die besagt, dass der Verkäufer für die ihm bei der Nacherfüllung entstehenden Kosten keinen Rückgriff beim Käufer nehmen darf. In bestimmten Fällen dient § 439 II aber auch als **eigenständige Anspruchsgrundlage** für Kosten, die dem Käufer anlässlich der Nacherfüllung entstehen.[63] Neben den Transportkosten beim Verbrauchsgüterkauf (→ Rn. 291 a) gilt das vor allem für **Sachverständigenkosten,** die der Käufer zur Erforschung einer unklaren Mangelursache aufwendet, um eine Inanspruchnahme des Verkäufers auf Nacherfüllung vorzubereiten.[64] Selbst wenn der Käufer später auf die sekundären Gewährleistungsrechte übergeht, bleibt der verschuldensunabhängige Kostenerstattungsanspruch aus § 439 II bestehen.

---

55 MüKoBGB/*Ernst* § 323 Rn. 216; PWW/*Medicus*/*M. Stürner* § 323 Rn. 42.

56 *Grunewald* KaufR § 7 Rn. 35; *Oechsler* VertrSchuldV Rn. 238; wohl auch *M. Müller*/*Matthes* AcP 204 (2004), 732 (754).

57 *Canaris,* FS K. Schmidt, 2009, 177 (192). Zu Abgrenzungsfragen *S. Lorenz* NJW 2003, 3097.

58 Dazu *Skamel,* Nacherfüllung beim Sachkauf, 2008; *S. Lorenz*/*S. Arnold* JuS 2014, 7; *Mankowski* NJW 2011, 1025.

59 Für einen »Ausbesserungsanspruch« als Minus zum Nachbesserungsanspruch bei teilweise behebbaren Mängeln *Jäckel*/*Tonikidis* JuS 2014, 302, im Anschluss an *Gutzeit* NJW 2007, 956. Zu nachvertraglichen Lieferpflichten *Nietsch* JZ 2014, 229.

60 AA *Büdenbender* AcP 205 (2005), 386 (409); instruktiv *Oechsler* VertrSchuldV Rn. 170.

61 Vgl. BGH NJW 2006, 1198; *Spickhoff* BB 2003, 589 (591); monographisch *T. Bachmann,* Die elektive Konkurrenz, 2010 (dazu *Büdenbender* JZ 2012, 89).

62 *Althammer* NJW 2006, 1179; auch → Rn. 282.

63 BGHZ 189, 196 Rn. 37; BGHZ 201, 83 Rn. 15 ff.; *Unberath*/*Cziupka* JZ 2008, 867 (871, 873); *Tröger* AcP 212 (2012), 296 (318 ff., 332): »vom Handlungsprogramm gelöster Kostenerstattungsanspruch«; aA *Hellwege* AcP 206 (2006), 136 (141 f.); *Klinck* JURA 2006, 481; *Jaensch* NJW 2012, 1025 (1027): nur Kostenzuordnungsvorschrift.

64 BGHZ 201, 83 Rn. 11 ff.; dazu *M. Schwab* JuS 2015, 361; *S. Lorenz* NJW 2014, 2319; *Looschelders* JA 2014, 707; aA MüKoBGB/*H. P. Westermann* § 439 Rn. 15: Ersatz nur über § 280 I.

290 b) Der Käufer kann auf Rücktritt, Minderung oder Schadensersatz statt der Leistung regelmäßig erst zurückgreifen, wenn die Nacherfüllung endgültig verweigert wird oder misslingt **(Vorrang der Nacherfüllung).** Die Nacherfüllung muss der Käufer dem Verkäufer auch dann ermöglichen, wenn er nicht weiß, wodurch der Mangel verursacht wurde.[65] Das Nacherfüllungsverlangen bedeutet eine **Obliegenheit** des Käufers: Ihm droht der Verlust seiner Rechte aus § 437, wenn er nicht bereit ist, dem Verkäufer die Kaufsache zur Prüfung der Mängelrügen zur Verfügung zu stellen.[66] Hat sich der Käufer vor der Mängelbeseitigung durch den Verkäufer nicht hinreichend darüber vergewissert, dass der Mangel aus seiner Sphäre stammt, steht dem Verkäufer Schadensersatz aus § 280 I 1 zu,[67] gegebenenfalls auch Aufwendungsersatz nach §§ 683, 670, 677 bezüglich der Ursachenfeststellung.[68] Die Nacherfüllung ist dann für den Käufer zweischneidig.[69] Umgekehrt schuldet der Verkäufer Schadensersatz aus §§ 280 I, 241 II, wenn er die Kaufsache während der Nacherfüllung schuldhaft beschädigt (→ Rn. 249). Heftig umstritten ist der Fall, dass der Käufer **eigenmächtig nachbessert,** ohne dem Verkäufer vorher die erforderliche (beachte aber §§ 323 II, 440, 281 II!) Frist zur Nacherfüllung gesetzt zu haben. Der BGH verweigert hier dem Käufer jeden Rechtsbehelf: Schadensersatz, Minderung, Ansprüche aus GoA und ungerechtfertigter Bereicherung.[70] Damit verstärkt der BGH das (etwas verkürzt so genannte) **Recht zur zweiten Andienung.**[71] Die vielfach vertretene Gegenposition gründet sich unter anderem auf eine Analogie zu § 326 II 2: Der Käufer solle wenigstens verlangen können, was der Verkäufer durch die Befreiung von seiner Pflicht zur Nacherfüllung erspart habe.[72]

291 Über den **Umfang der Nacherfüllung** ist viel gestritten worden. Besondere Probleme bereitet die Frage, an welchem Ort der Verkäufer die Nacherfüllung zu erbringen hat und ob er im Rahmen der Nachlieferung auch den Ausbau der mangelhaften und den Einbau der neuen mangelfreien Sache schuldet:

(1) **BGHZ 87, 104:** K kauft bei V Dachziegel, die sich als rissig herausstellen, nachdem der von K beauftragte H damit dessen Dach provisorisch eingedeckt hat. Als K den Mangel erkennt, beansprucht er von V die Dachabdeckung bzw. die dafür erforderlichen Kosten.

(2) **BGHZ 177, 224:** K kauft bei V Parkettstäbe und lässt sie auf eigene Kosten in seinem Haus verlegen. Als sich die Mangelhaftigkeit herausstellt, die V nicht zu vertreten hatte, verlangt K Ersatz der Kosten für die Verlegung neuer, anderweitig beschaffter Parkettstäbe.

(3) **BGHZ 192, 148:** K hatte bei V für 1.400 EUR Bodenfliesen gekauft und von einem Dritten verlegen lassen. Er verlangte von V Ausbau und Abtransport der mangelhaften Fliesen sowie Einbau mangelfreier Fliesen (Kosten: 5.800 EUR). V hält dies für »absolut unverhältnismäßig«.

Im Dachziegelfall (1) wurde der Anspruch auf Ausbau und Rücknahme teilweise aus einer Analogie zur kaufvertraglichen Abnahmepflicht (§ 433 II) hergeleitet, die sich im Rahmen der Rückabwicklung (§ 439 IV) gegen den Verkäufer wende.[73] Erfüllungsort

---

65 BGH NJW 2006, 1195 (1197).

66 BGH NJW 2010, 1448.

67 BGH NJW 2008, 1147; zu der Problematik beim Verbrauchsgüterkauf *K. W. Lange/Widmann* ZGS 2008, 329.

68 *S. Lorenz,* FS Medicus, 2009, 265 (276).

69 *D. Kaiser* NJW 2008, 1709 (1713): »Käuferfalle«; eing. *Thole* AcP 209 (2009), 498.

70 BGHZ 162, 219; anders *Oechsler* NJW 2004, 1825, der mit guten Gründen § 684 S. 1 bejaht; *Kiehnle* JA 2007, 15; zur Selbstvornahme durch den Verkäufer *Traut* JURA 2013, 12.

71 Dazu *Schroeter* AcP 207 (2007), 28; *Schroeter* JR 2004, 441; krit. *Jud* JuS 2004, 841; *S. Lorenz* NJW 2006, 1175; *Mankowski* JZ 2011, 781.

72 *S. Lorenz* NJW 2002, 2497 (2499); 2003, 1417; 2005, 1321.

73 Vgl. nur *Köhler,* FS Heinrichs, 1998, 367 (371).

für die Rücknahmepflicht sei der Ort, an dem sich die Sache im Zeitpunkt der Rückabwicklung vertragsgemäß befinde, also auf dem Dach des Käufers (sog. **Leistungsstelle**). Der Verkäufer sei daher nicht nur zur Rücknahme, sondern auch zur Abdeckung der lose verlegten Dachziegel verpflichtet.

Anders hatte später aber der BGH im Bodenfliesenfall (3) entschieden, wenn die gekauften Sachen derart in das Haus des Käufers eingebaut werden, dass sie gem. §§ 946, 93, 94 II wesentlicher Bestandteil des Gebäudes sind:[74] Der Verkäufer könne hier weder die Rückgabe der Kaufsache (§§ 346 I, 275 I) noch Wertersatz (§§ 346 II Nr. 2, III Nr. 1) verlangen. Damit sei zugleich ein korrespondierender Rücknahmeanspruch des Käufers ausgeschlossen. Die Rücknahmepflicht kann richtigerweise aber nicht davon abhängen, ob der Käufer die Sachen fest einbaut oder nur lose verlegt. Entscheidend dürfte nach wie vor sein, ob der Käufer ein schützenswertes Interesse an der Rücknahme hat.[75]

291a Vom Bestehen einer Rücknahmepflicht zu unterscheiden ist die Frage, an welchem Ort der Verkäufer die Nacherfüllung zu erbringen bzw. die mangelhafte Kaufsache zurückzunehmen hat. Im Dachziegelfall (1) wurde noch vertreten, dass der Erfüllungsort der Rücknahmepflicht grundsätzlich dort liegen soll, wo sich die Kaufsache bestimmungsgemäß befindet, also am vertragsgemäßen Belegenheitsort.[76] Was »vertragsmäßig« gelten sollte, war aber selten eindeutig. Nach Ansicht des BGH ist der **Nacherfüllungsort** nunmehr im Zweifel dort anzusiedeln, wo der Verkäufer bei Abschluss des Kaufvertrages seinen Wohnsitz (§ 269 I) oder seine gewerbliche Niederlassung hatte (§ 269 II).[77] Nach dieser Ansicht ist die Nacherfüllung im Zweifel eine Holschuld, und der Käufer kann die entstehenden Transportkosten – jedenfalls beim Verbrauchsgüterkauf – aus § 439 II verlangen, der insoweit eine eigene Anspruchsgrundlage (→ Rn. 289) darstellt.[78] Aus der Vereinbarung der Parteien oder aus den Umständen kann sich jedoch ein abweichender Nacherfüllungsort ergeben. Zu diesen Umständen iSd § 269 I ist neben der Ortsgebundenheit und der Art der vorzunehmenden Leistung beim **Verbrauchsgüterkauf** insbesondere die mehr oder weniger **erhebliche Unannehmlichkeit (Art. 3 III VerbrGKRL)** des Rücktransports für den Käufer zu berücksichtigen.[79] Erweist sich die Nacherfüllung danach im Einzelfall als Bringschuld, stellt § 439 II als Kostenzuordnungsvorschrift wiederum lediglich klar, dass der Verkäufer die ihm entstehenden Transportkosten nicht auf den Käufer abwälzen kann. Mit diesen Überlegungen mag man im Dachziegelfall (1) bereits auskommen: Liegt ein Verbrauchsgüterkauf vor und bereiten das Abdecken und der Rücktransport der Ziegel für K erhebliche Unannehmlichkeiten, dann ist der Erfüllungsort der Rücknahmepflicht des V auf dem Dach anzusiedeln.

---

74 BGH NJW 2009, 1660 Rn. 21.

75 BGHZ 87, 104; *S. Lorenz* NJW 2009, 1633 (1634); *Faust* JuS 2009, 470 (471).

76 OLG München NJW 2006, 449; in diese Richtung noch BGH NJW-RR 2008, 724; ähnlich *Ringe* NJW 2012, 3393: »gewöhnlicher Aufenthaltsort des Käufers«.

77 BGHZ 189, 196 Rn. 29; vgl. auch BGH NJW 2013, 1074; *Tröger* AcP 212 (2012), 296 (311); *Picker/Nemeczek* ZGS 2011, 447; *Stöber* ZGS 2011, 346; *Unberath/Cziupka* JZ 2008, 867; *Skamel*, Nacherfüllung beim Sachkauf, 2008, 127ff.; krit. *Faust* JuS 2011, 748 (750); *Augenhofer/Appenzeller/Holm* JuS 2011, 680 (685).

78 Ähnlich bereits *Unberath/Cziupka* JZ 2008, 867 (873); aA *Hellwege* AcP 206 (2006), 136.

79 BGHZ 189, 196. S. auch *Brors* NJW 2013, 3329.

291b Im Bodenfliesenfall (3) ging es hingegen nicht nur um die bloße Rücknahme, sondern um den Ausbau der mangelhaften und die Neuverlegung mangelfreier Fliesen. Mit Letzterem hatte sich der BGH zuvor bereits im Parkettstäbefall (2) befasst. Dort lehnte er eine Pflicht des Verkäufers zum Einbau neuer Parkettstäbe im Rahmen der Nachlieferung ab: Die Nachlieferung umfasse als **vollständige Wiederholung der Leistung** auch beim Verbrauchsgüterkauf lediglich die Übergabe und Übereignung mangelfreier Parkettstäbe. Nach diesen Grundsätzen wäre der Aus- und Einbau allenfalls dann geschuldet, wenn sich die Parteien schon ursprünglich iSd § 631 geeinigt, also einen Werkvertrag über den Einbau geschlossen hätten.[80] Gehört der Aus- und Einbau danach nicht zur Nachlieferungspflicht des Verkäufers, so sind die hierfür anfallenden Kosten nur unter dem Gesichtspunkt des Schadensersatzes neben der Leistung ersatzfähig (→ Rn. 237). Denn die Baukosten wären nicht entfallen, wenn der Verkäufer die Nacherfüllung zum spätestmöglichen Zeitpunkt noch erbracht hätte.[81] Über § 437 Nr. 3 wäre somit § 280 I und nicht § 281 I 1 einschlägig.[82] Allerdings setzt der Schadensersatz neben der Leistung Vertretenmüssen voraus, woran es – wie auch im Parkettstäbefall (2) – beim Weiterverkauf von Waren in ungeöffneter Originalverpackung regelmäßig fehlt.[83]

Der EuGH hat dieser wenig verbraucherfreundlichen Sichtweise im Bodenfliesenfall (3) widersprochen: Wäre der Käufer beim **Verbrauchsgüterkauf** selbst für den Aus- und Einbau verantwortlich, so bedeutete das eine **erhebliche Unannehmlichkeit** iSv **Art. 3 III 3 VerbrGKRL,** widerspräche dem Grundsatz der Unentgeltlichkeit der Nacherfüllung iSv Art. 3 III, IV VerbrGKRL und wäre geeignet, den Käufer von der Geltendmachung seiner Gewährleistungsrechte abzuhalten: Hat der Käufer die Sache gutgläubig und zweckentsprechend eingebaut, sei Art. 3 II und III VerbrGKRL vielmehr dahingehend auszulegen, dass der Verkäufer verpflichtet ist, entweder den Ausbau der mangelhaften und den Einbau der mangelfreien neuen Sache selbst vorzunehmen oder aber die hierfür notwendigen Kosten zu tragen, und zwar unabhängig davon, ob der Einbau ursprünglich vereinbart war.[84] Der BGH hat diesen Richtlinienvorgaben inzwischen dadurch Rechnung getragen, dass er die dem Verkäufer obliegende Nachlieferung **in richtlinienkonformer Auslegung des § 439 I Fall 2** (»Lieferung einer mangelfreien Sache«) auch auf den Ausbau und Abtransport der mangelhaften Sache sowie den Neueinbau der neuen mangelfeien Sache ausgedehnt[85] und zugleich die Kostentragungspflicht aus § 439 II hierauf erstreckt hat.[86] Gegen die nach den Vorgaben des EuGH ebenso mögliche isolierte Ausdehnung der Kostentragungspflicht aus § 439 II führte er an, dass dies mit dem Vorrang der Nacherfüllung unvereinbar sei, zumal der Aus- und Einbau vom Verkäufer häufig kostengünstiger durchgeführt werden könne.

---

80 *S. Lorenz* ZGS 2004, 408.

81 *Skamel* NJW 2008, 2820f., *Faust* JuS 2008, 933 (935); *Katzenstein* ZGS 2009, 29; 553.

82 *Oechsler* VertrSchuldV Rn. 1110; aA BGHZ 177, 224 Rn. 28.

83 Krit. *Witt* ZGS 2008, 369. Vgl. auch *Klees* JURA 2010, 207; *Looschelders* JA 2008, 892; bzgl. § 278 → Rn. 806; weitergehend *C. A. Weber* ZGS 2011, 539 (541): europarechtlich könne ein anderer Verschuldungsmaßstab »bestimmt« (§ 276 I 1) sein.

84 EuGH NJW 2011, 2269 (2273 Rn. 62, 59); dazu *Harke* ZGS 2011, 536; *Förster* ZIP 2011, 1493.

85 Anders beim Kauf zwischen Unternehmern: BGHZ 195, 135; ebenso bereits *Leenen* JURA 2012, 753 (759); s. auch *S. Lorenz* NJW 2013, 207; *Sanders* JURA 2013, 608.

86 *S. Lorenz* NJW 2011, 2241 (2243); *Leenen* JURA 2012, 753 (759); aA *D. Kaiser* JZ 2011, 978 (980); *D. Kaiser* BauR 2013, 139; JZ 2013, 346; krit. auch *P. Maier* JA 2013, 502; Klausurfall bei *Lippstreu/Rachlitz* JURA 2012, 304.

Dass dieses weite Verständnis der Nacherfüllung auf den Verbrauchsgüterkauf beschränkt ist **(gespaltene Auslegung)**, ist unbedenklich, sofern es der Sache nach um Schadensersatz geht.[87] **Außerhalb des Verbrauchsgüterkaufs** verbleibt es danach bei der Schadensersatzlösung, sodass der Käufer die Aus- und Einbaukosten hier nur bei Vertretenmüssen des Verkäufers aus §§ 437 Nr. 3, 280 I beanspruchen kann.

291c Gehört der Aus- und Neueinbau beim Verbrauchsgüterkauf zum Umfang der geschuldeten Nacherfüllung, so stellte sich im Bodenfliesenfall (3) die weitere Frage, ob der Verkäufer gem. § 439 III zur Verweigerung der Nacherfüllung berechtigt ist, wenn die Baumaßnahmen unverhältnismäßige Kosten verursachen. Da die Nachbesserung der Fliesen unmöglich war, konnte sich die Unverhältnismäßigkeit der Nachlieferung zwar nicht aus einem Vergleich der beiden Nacherfüllungsvarianten ergeben (sog. **relative Unverhältnismäßigkeit,** § 439 III 2), doch erlaubt § 439 III 3 dem Verkäufer ausdrücklich auch die Berufung auf die **absolute Unverhältnismäßigkeit** der verbliebenen Nacherfüllungsvariante. Dagegen sieht **Art. 3 III UAbs. II VerbrGKRL** ein Leistungsverweigerungsrecht ausschließlich bei relativer Unverhältnismäßigkeit vor. Der EuGH hat daraus abgeleitet, dass der Verkäufer die einzig mögliche Art der Abhilfe nicht wegen absoluter Unverhältnismäßigkeit verweigern dürfe,[88] sodass § 439 III 3 beim Verbrauchsgüterkauf richtlinienwidrig ist. Um den Verkäufer gleichwohl nicht unbillig zu belasten, soll sich seine Nacherfüllungspflicht bzgl. der erforderlichen Baumaßnahmen jedoch auf eine **angemessene Kostenbeteiligung** beschränken.[89] Letztlich bedeutet das, dass der Verkäufer den Aus- und Einbau bei absoluter Unverhältnismäßigkeit doch verweigern darf, jedoch nur um den Preis, dass er sich an den hierfür erforderlichen Kosten angemessen beteiligt **(kein Totalverweigerungsrecht).** Wegen der zwar ärgerlichen, aber doch nur optischen Beeinträchtigungen der Bodenfliesen hat der BGH diese Beteiligung im Ergebnis auf 600 EUR festgelegt. Da es für eine solche Kostenbeteiligung im Wortlaut des § 439 III 3 jedoch keinen Anhaltspunkt gibt und eine richtlinienkonforme Auslegung deshalb ausscheiden musste, war der BGH zu einer **richtlinienkonformen Rechtsfortbildung durch teleologische Reduktion des § 439 III 3** gezwungen.[90] Eine solche war angesichts des allgemeinen Willens des Gesetzgebers zur Umsetzung der VerbrGKRL zulässig, weil bei der erforderlichen **Lückenfeststellung** nicht nur das nationale Recht, sondern auch die diesem aufgegebene Umsetzung der Richtlinie einzubeziehen ist.[91] Das entbindet den Gesetzgeber freilich nicht vor der – noch immer ausstehenden! – Anpassung des deutschen Kaufrechts an den durch den EuGH bindend festgestellten Inhalt der VerbrGKRL.[92]

Außerhalb des Verbrauchsgüterkaufs kommt eine derartige Beschränkung des § 439 III 3 hingegen nicht in Betracht (gespaltene Auslegung).[93] Die hier zulässige Verweigerung der Nacherfüllung bei **absoluter Unverhältnismäßigkeit** gem. § 439 III 3 ist jedoch von der Unverhältnismäßigkeit iSd § 275 II abzugrenzen. Letztere liegt vor,

87 *S. Lorenz* NJW 2011, 2241 (2244); *Looschelders* JA 2011, 629 (631); *Augenhofer/Appenzeller/Holm* JuS 2011, 680 (684); *Leenen* JURA 2012, 753 (759f.); *Herresthal* JuS 2014, 289.

88 EuGH NJW 2011, 2269 Rn. 63ff.

89 EuGH NJW 2011, 2269 Rn. 74.

90 BGHZ 192, 148 Rn. 30ff.

91 BGHZ 179, 27; *Canaris,* FS Bydlinski, 2002, 47 (84); *Herresthal,* Rechtsfortbildung im europarechtlichen Bezugsrahmen, 2006, 224f.; *Leenen* JURA 2012, 753 (760).

92 *S. Lorenz* NJW 2011, 2241 (2244); *Purnhagen* EuZW 2011, 626 (627); *D. Kaiser* JZ 2011, 978 (988); *Gsell* JZ 2011, 988 (996); aA *Jaensch* NJW 2012, 1025 (1029).

93 BGHZ 200, 350 Rn. 37.

wenn ihr Ausmaß eine wertungsmäßige Gleichstellung mit der Unmöglichkeit nahelegt.[94] Vor diesem Hintergrund sind die Anforderungen an die Einrede des § 439 III,[95] bei dem der Verkäufer immerhin »angeleistet« hat,[96] tendenziell niedriger als im Falle der Nichtleistung, für die § 275 II vor allem gilt.[97]

Weder die Einrede der absoluten noch jene der auf die verschiedenen Nacherfüllungsarten bezogenen **relativen Unverhältnismäßigkeit** werden durch eine vorprozessuale Verweigerung der Nacherfüllung ausgeschlossen, sofern die Verweigerung auf dem Bestreiten der Mangelhaftigkeit der Kaufsache beruht.[98]

291d Das Leistungsverweigerungsrecht des § 439 III bezieht sich lediglich auf den verschuldensunabhängigen Nacherfüllungsanspruch aus § 439 I, II. Hat der Verkäufer aber die Mangelhaftigkeit der Kaufsache zu vertreten, stellt sich die Frage, ob der Käufer unverhältnismäßige Mangelbeseitigungskosten trotz berechtigter Nacherfüllungsverweigerung als Schadensersatz statt der Leistung verlangen kann:

BGHZ 200, 350: Die Verkäufer eines für 260.000 EUR verkauften, bebauten Grundstücks werden auf Ersatz von Schwammbeseitigungsmaßnahmen iHv rund einer halben Million EUR verklagt. Das Grundstück hat im Zustand des Befalls mit Hausschwamm einen Zeitwert von 507.000 EUR; der Zeitwert des Grundstücks ohne Hausschwammbefall läge bei wenigstens 600.000 EUR.

Ein Anspruch auf (»kleinen«) Schadensersatz nach §§ 437 Nr. 3, 280 I, 281 ist entstanden, auch wenn sich die Verkäufer mit Recht auf Unverhältnismäßigkeit iSv § 439 III berufen. Das folgt aus der in § 440 geregelten Entbehrlichkeit der Fristsetzung für die Entstehung des Schadensersatzanspruchs. Ebenso wie der Käufer bei § 439 I zwischen Nachbesserung und Nachlieferung wählen kann, steht ihm grundsätzlich auch beim Schadensersatz ein Wahlrecht zwischen den Mangelbeseitigungskosten und dem mangelbedingten Minderwert zu.[99] Der BGH hat den Anspruch aber nach dem Schutzzweck des § 439 III – Schutz des Verkäufers vor unverhältnismäßigen Kosten – entsprechend § 251 II auf den Ersatz des **mangelbedingten Minderwerts** des verkauften Grundstücks (93.000 EUR) beschränkt.[100] Denn es wäre widersprüchlich, wenn der Verkäufer die Nacherfüllung verweigern dürfte, die unverhältnismäßigen Kosten aber trotzdem über den Schadensersatz aufbringen müsste. Im Schrifttum wird das mit dem Argument kritisiert, dass der Schadensersatz anders als die Nacherfüllung zusätzlich Vertretenmüssen erfordere, weshalb die Opfergrenze beim Schadensersatz höher angesetzt werden könne.[101] Dagegen spricht aber, dass Verschuldenserwägungen (etwa im Falle von Arglist[102]) auch bei der Abwägung innerhalb von § 439 III zu berücksichtigen sind und schon dort dazu führen können, dass dem Schuldner auch eigentlich unverhältnismäßige Aufwendungen zugemutet werden.

94 BT-Drs. 14/6040, 232; *Canaris* JZ 2004, 214 (220). Monographisch *M. Stürner*, Der Grundsatz der Verhältnismäßigkeit im Schuldvertragsrecht, 2010.
95 BGH NJW 2006, 1195 (1197); *Kuhn* ZGS 2007, 290. Zur Beweislast BGH NJW 2011, 1664 mAnm *Kleinhenz*.
96 So treffend *Oechsler* VertrSchuldV Rn. 187, 379; ihm folgend *G. Bachmann* AcP 211 (2011), 395 (418).
97 *Medicus*, FS K. Schmidt, 2009, 1153 (1156); zur Unmöglichkeit der Nacherfüllung vgl. auch → Rn. 263.
98 BGH NJW 2014, 213; zust. *Looschelders* JA 2014, 388.
99 BGHZ 193, 326 Rn. 31.
100 Ebenso zuvor schon BGH NJW 2013, 370 Rn. 8 für das Werkvertragsrecht → Rn. 317d.
101 *Gutzeit* NJW 2015, 445.
102 BGH NJW 2006, 2399.

Allgemein ist für die Feststellung der Unverhältnismäßigkeit eine umfassende Würdigung der Umstände des Einzelfalles erforderlich. Im Regelfall liegt aber ein »erster Anhaltspunkt« für Unverhältnismäßigkeit vor, wenn die Mangelbeseitigungskosten den Verkehrswert der Sache in mangelfreiem Zustand oder 200% des mangelbedingten Minderwerts übersteigen.[103] Die bei der Beschädigung von Kraftfahrzeugen anerkannte 130%-Grenze des Wiederbeschaffungswerts (→ Rn. 819) gilt jedenfalls bei mangelhaften Grundstücken nicht, weil es dort an einem vergleichbaren besonderen Integritätsinteresse des Käufers fehlt.

5. Rücktritt

292 Einen eigenen **Rücktrittsgrund** gibt es im Kaufrecht nicht. Vielmehr stützt sich der Rücktritt nach § 437 Nr. 2 auf die §§ 440, 323 und 326 V. Freilich kann der Käufer wegen eines bloß unerheblichen Mangels, wofür es auf den Zeitpunkt der Rücktrittserklärung ankommt, nicht zurücktreten, § 323 V 2.[104]

a) § 346 I setzt voraus, dass die Leistungen noch unverändert vorhanden sind.[105] Beim Kauf trifft das aber regelmäßig nur auf die vom Käufer erbrachte Geldleistung zu. Dagegen wird die **Sachleistung des Verkäufers** oft Gebrauchsspuren aufweisen (zumindest ist die Fabrikverpackung aufgerissen!), die sie erheblich entwerten. Die Ware kann auch beschädigt oder untergegangen sein. Nach Rücktrittsrecht bleiben dann beim Käufer erhebliche Nachteile: Bei Verschlechterung (außer durch die bestimmungsgemäße Ingebrauchnahme) oder bei Untergang schuldet er nach § 346 II 1 Nr. 3 **Wertersatz** (hierzu → Rn. 231 ff.). Für dessen Berechnung ist nach § 346 II 2 die Gegenleistung »zugrunde zu legen«. Beim Verkauf einer mangelhaften Sache ist daher der mangelbedingte Minderwert entsprechend § 441 III abzuziehen.[106] Streitig ist, ob § 346 II 2 in bestimmten Fällen einzuschränken ist. Die Problematik veranschaulicht

BGHZ 178, 355: K kauft von V ein Pferd im Wert von 6.000 EUR. Der Kaufpreis wird zunächst nicht genau beziffert. Stattdessen verpflichtet sich K, alle Aufwendungen des V zum Erwerb des Führerscheins zu übernehmen. Die Fahrausbildung kostet schließlich 2.300 EUR. Nachdem K mit der Kostenübernahme in Verzug gerät, tritt V vom Vertrag zurück. Da K das Pferd inzwischen an seine Tochter T weiterübereignet hat, verlangt V Wertersatz.

Wegen der Veräußerung des Pferdes schuldet K nach § 346 II 1 Nr. 2 Wertersatz. Dieser bemisst sich gem. § 346 II 2 nach dem Wert der Fahrausbildung (2.300 EUR), weil diese die im Vertrag bestimmte Gegenleistung darstellt. Eine im Schrifttum vertretene Auffassung will demgegenüber § 346 II 2 beim Zahlungsverzug des Schuldners nicht anwenden, wenn der Wert der Leistung – hier 6.000 EUR für das Pferd – höher ist als der Wert der Gegenleistung (die Fahrstunden).[107] Der BGH zieht dagegen § 346 II 2 wortgetreu heran, sodass nur der geringere Wert der Fahrausbildung auszugleichen ist. Der Rückgewährschuldner, etwa ein Käufer, der eine Sache unter Wert erwirbt (»Schnäppchen«), sei auch beim Wertersatz zu begünstigen. Das entspricht dem **sub-**

103 BGHZ 200, 350 Rn 41; teils andere prozentuale Grenzen ziehen *Bitter/Meidt* ZIP 2001, 2114 (2121); *P. Huber* NJW 2002, 1004 (1008); *Tiedtke/Schmitt* DStR 2004, 2060 (2064); *Ackermann* JZ 2002, 378 (382); *Schultz,* Zu den Kosten der Nacherfüllung beim Kauf, 2005, 182 ff. S. auch *Riehm* JuS 2014, 833 (835).

104 BGH NJW 2009, 508 (509); 2011, 2872; *Schmidt-Räntsch,* FS Wenzel, 2005, 409.

105 Dazu *Canaris,* FS Kropholler, 2008, 3; *Wiese/Hauser* JuS 2011, 301; *Kohler* AcP 213 (2013), 46.

106 *A. Arnold* JURA 2002, 154.

107 *Canaris,* FS Wiedemann, 2002, 3 (22); NK-BGB/*J. Hager* § 346 Rn. 47.

jektiven Äquivalenzprinzip, wonach die Parteien selbst vertraglich den Wert festlegen, den die Sache für sie hat. K darf die Vorteile des günstigen Geschäfts also nur deshalb behalten, weil er das Pferd weiterübereignet hat.[108]

An diesem Ergebnis kann man aber zumindest dann zweifeln, wenn die Weiterveräußerung an T entgeltlich erfolgte. Denn dann kommt ein Anspruch auf **Erlösherausgabe aus § 285** in Betracht und dieser kann den auf die ursprüngliche Gegenleistung bezogenen Wertersatzanspruch aus § 346 II 1 Nr. 2 übersteigen. Ob § 285 im Rückgewährschuldverhältnis anwendbar ist, wird im Schrifttum uneinheitlich beurteilt. Überwiegend wird darauf abgestellt, dass der Übergang von der Herausgabepflicht (§ 346 I) auf die Wertersatzpflicht (§ 346 II) Unmöglichkeit der Herausgabe iSv § 275 erfordere (→Rn. 293) und deshalb (wohl nicht zuletzt wegen § 275 IV) auch § 285 gelten müsse.[109] Die Gegenansicht, für die nach dem BGH immerhin »beachtliche Gründe« sprechen, sieht darin eine unzulässige Umgehung von § 346 II 2, zumal sich die Verweisung des § 346 IV allein auf §§ 280–283 beschränke.[110] Dem dürfte zuzustimmen sein. Denn § 346 II 2 wirkt sich bei der Rückabwicklung zwar günstig für den Käufer aus, wenn er die Sache unter dem Verkehrswert erworben hat, dagegen belastet sie ihn, wenn er mehr als diesen an den Verkäufer zahlen musste. Je nach Preisvereinbarung bevorteilt die Norm also entweder den Käufer oder den Verkäufer. Das darin zum Ausdruck kommende gesetzgeberische Grundprinzip würde durch die Geltung des § 285 zum Nachteil des Käufers abgeschwächt. Denn der Verkäufer könnte im Falle eines zu niedrigen Preises über § 285 auf vom Käufer schon realisierte Vorteile (Erlös aus der Weiterveräußerung) zugreifen, während dem Käufer umgekehrt der Zugriff auf die dem Verkäufer verbleibenden Vorteile einer überhöhten Preisvereinbarung verwehrt wäre.

293 b) Beim Wertersatz nach § 346 II 1 Nr. 2 ist umstritten, ob der Rückgewährschuldner vorrangig **Wiederherstellung** des früheren Zustandes der rückzugewährenden Sache schuldet und nur bei deren Unmöglichkeit oder Unzumutbarkeit (§ 275 I, II) Wertersatz zu leisten hat.[111] Die Gegenmeinung gestattet dem Rückgewährschuldner, sich von der auch ohne Unmöglichkeit bestehenden Wertersatzpflicht etwa durch Wiederbeschaffung der Sache billigerweise (§ 242) zu befreien.[112] Der BGH hat am Beispiel der Belastung zu Recht im Sinne der erstgenannten Auffassung entschieden und erklärt die Unmöglichkeit der Rückgewähr bzw. Herausgabe zur ungeschriebenen Voraussetzung des Übergangs zum Wertersatz nach § 346 II 1 Nr. 2.[113] Hierfür spricht der systematische Zusammenhang mit § 346 I, der von einem Vorrang primärer Rückgewährpflichten ausgeht.[114] § 346 III 1 Nr. 3, auf den sich die Gegenansicht beruft, läuft nach Ansicht des BGH schon deshalb nicht leer, weil die Privilegierung vor allem nicht vom Rückgewährschuldner zu beseitigende Beeinträchtigungen der Sachsubstanz betreffe.[115]

---

108 Krit. daher *Fest* ZGS 2009, 126; vgl. auch *Gsell* LMK 2009, 276149. Weiterführend *S. Martens* AcP 210 (2010), 689 (713). Zum Zurückspringen der Sachgefahr → Rn. 229.

109 *S. Lorenz* NJW 2015, 1725 (1727); MüKoBGB/*Gaier* § 346 Rn. 47; Staudinger/*D. Kaiser,* 2012, § 346 Rn. 221 f.; ebenso BT-Drs. 14/6040, 194.

110 Staudinger/*Caspers,* 2014, § 285 Rn. 13; *Linardatos/Russmann* JURA 2013, 861 (865); offengelassen von BGH NJW 2015, 1748 Rn. 21.

111 So etwa *Looschelders* SchuldR AT Rn. 816; *M. Schwab* JuS 2002, 630 (632).

112 *S. Lorenz* NJW 2005, 1889 (1893); *Annuß* JA 2006, 184 (186).

113 BGHZ 178, 182; in diese Richtung bereits BGHZ 175, 286; aA *Fest* ZGS 2009, 78.

114 *Canaris* SchuldRModernisierung S. XXXVII.

115 AA *Medicus/Lorenz* SchuldR AT Rn. 565.

294 c) Bei **Teilleistungen** schränkt **§ 323 V 1** den Rücktritt vom ganzen Vertrag ein. Schwierigkeiten bereitet der Fall, dass die Leistung des Schuldners teilbar ist, die des Gläubigers jedoch nicht:[116]

BGH NJW 2010, 146: G veräußert eine Wohnung an S, der dafür teilweise Geld, teilweise Bauleistungen schuldet. Nachdem S gezahlt hat, aber mit den Bauleistungen teilweise in Verzug geraten ist, tritt G nach Fristsetzung vom ganzen Vertrag zurück.

Dem Anspruch auf Rückgabe der Wohnung aus § 346 I kann § 323 V 1 entgegenstehen. Die Vorschrift setzt voraus, dass auch die Leistung des Gläubigers teilbar ist. Hier jedoch kann der Gläubiger seine Leistung nur ganz oder gar nicht erbringen. § 323 V 1 ist daher unanwendbar.[117] Da ein Teilrücktritt mithin ausscheidet, kann G vom ganzen Vertrag zurücktreten und Rückgabe der Wohnung beanspruchen.

6. Schadensersatzansprüche des Käufers

295 Schadensersatzansprüche des Käufers können auf Gründen beruhen, die **mit einem Mangel nichts zu tun** haben: Als Schadensersatz statt der Leistung wegen ursprünglicher Unmöglichkeit der Leistung (§ 311a II)[118] oder wegen Nichtlieferung trotz Fristsetzung (§§ 280 III, 281); als Verzögerungsschaden wegen Schuldnerverzugs (§§ 280 II, 286). Daneben gibt es aber auch Ersatzansprüche, die **mit einem Mangel zusammenhängen.**

296 a) Solche mit einem Sachmangel zusammenhängende Ersatzansprüche bestehen **in mehreren Konstellationen:** Der Käufer verunglückt, weil die Bremsen des gekauften Pkw nicht funktionieren; er muss während der Reparaturzeit einen Mietwagen bezahlen; er hat das Vertrauen in den gekauften Wagen verloren und will einen anderen kaufen, der aber mehr kostet. In diesen Fällen gründet der Ersatzanspruch letztlich auf § 280, auf den § 437 Nr. 3 verweist.

297 b) Weder Vorsatz noch Fahrlässigkeit sind für die Haftung nötig, wenn der Verkäufer iSv § 276 I 1 eine **Garantie** für die Beschaffenheit der Kaufsache oder für das Fehlen eines Mangels übernommen hat. Der Garantierende haftet dann für den Schaden nach den §§ 280 I, 276 I 1 (der das »Vertretenmüssen« in § 280 I 2 ausfüllt). Der genaue Umfang der Garantie ist allerdings durch Auslegung zu bestimmen. Die Bezeichnung »Garantie« deutet nicht zwangsläufig auf § 276 I 1 hin. Praktisch häufig ist die Herstellergarantie (§§ 443, 477), die als (atypischer) selbstständiger Garantievertrag regelmäßig nur die im Garantieschein übernommenen Nacherfüllungsrechte begründet, nicht aber zu einer verschuldensunabhängigen Haftung führt.

Die **Beschaffenheitsgarantie** ist von der bloßen **Beschaffenheitsvereinbarung** zu unterscheiden.[119] Die Abgrenzung wird schon terminologisch deutlich: Mit der Beschaffenheitsangabe offenbart der Schuldner nur sein Wissen hinsichtlich der Ware, während die Garantieübernahme das uneingeschränkte Versprechen des Einstehenwollens für eine Behauptung bedeutet. Ein solches Versprechen wird man nur unter besonderen Voraussetzungen annehmen können. Ob der Verkäufer eine Beschaffenheitsgaran-

116 Zur Teilbarkeit *Canaris,* FS Medicus, 2009, 17; ähnlich *Medicus/Lorenz* SchuldR AT Rn. 418, 439.
117 *Looschelders* JA 2010, 220 (222): teleologische Reduktion.
118 Dazu *Katzenstein* JR 2003, 447; *Kohler* JURA 2006, 241.
119 Näher *Hanke,* Die Garantie in der kaufrechtlichen Mängelhaftung, 2008; *Braunschmidt/Vesper* JuS 2011, 393; zum Unternehmenskauf *Dauner-Lieb/Thiessen* ZIP 2002, 108; zum Autokauf *S. Lorenz* DAR 2014, 627.

tie übernommen hat, ist nicht nur für den Schadensersatz bedeutsam, sondern spielt auch bei §§ 442, 444 eine Rolle:

298 **BGHZ 170, 86:** K kauft von privat und unter Ausschluss der Gewährleistung ein Motorrad bei V, der die Laufleistung mit 30.000 km angab. V wusste nicht, dass sie in Wirklichkeit fast 50.000 km betrug. K verlangt Rückzahlung des Kaufpreises.

Da es sich um einen anfänglich unbehebbaren Mangel, also einen Fall der **qualitativen Unmöglichkeit,**[120] handelt (§§ 439 I, 275 I), kann dem Rückzahlungsanspruch des K (§§ 346 I, 437 Nr. 2, 323, 326 V) nur der Gewährleistungsausschluss entgegenstehen. Allerdings lag in der Beschreibung der Laufleistung nur eine Beschaffenheitsangabe (§ 434 I 1) und keine Garantie iSv § 444 Fall 2. Eine Garantie setzt nämlich einen **erkennbar gesteigerten Haftungswillen** voraus. Wegen der weitreichenden Rechtsfolgen darf eine stillschweigende Garantieübernahme – zumal bei einem Privatkauf – nicht leichthin angenommen werden.[121] Somit lag eine in § 444 Fall 2 nicht genannte bloße Beschaffenheitsangabe vor. Um jedoch die Angabe nicht gegenstandslos werden zu lassen, hat der BGH ihre Verbindung mit dem pauschalen Gewährleistungsausschluss so ausgelegt, dass dieser sich gerade nicht auf die ausdrückliche Beschaffenheitsvereinbarung bezieht.[122] Daher konnte K gleichwohl Rückzahlung verlangen. Der Sache nach erweitert der BGH damit den Anwendungsbereich des § 444.

299 Für den Nutzungsausfall und die daraus folgenden Kosten **(Betriebsausfallschaden)** für den Mietwagen kann man deshalb zweifeln, weil ja der Verkäufer zunächst zur Nacherfüllung nicht bloß verpflichtet, sondern auch berechtigt (§§ 433 I 2, 439, → Rn. 290) ist. Daraus folgt aber nicht, dass der Verkäufer in dieser Nacherfüllungszeit die Nutzbarkeit der Sache noch nicht schuldete; er wird nur einstweilen vor Rücktritt und Minderung geschützt (→ Rn. 290). Daher sind nach § 280 I auch die Mietwagenkosten zu ersetzen. Der Vorwurf gegen den Verkäufer stützt sich auch nicht etwa darauf, dass dieser mit der Nachbesserung in Verzug wäre,[123] sodass es auf die §§ 280 II, 286 ankäme.[124] Denn der Schaden beruht hier nicht darauf, dass der Pkw zu spät geliefert worden wäre, sondern auf der (womöglich rechtzeitigen) Lieferung in mangelhaftem Zustand.[125]

7. Arglist des Verkäufers

300 a) Bei Arglist des Verkäufers entfallen dessen kaufrechtliche Privilegierungen: §§ 438 III, 442 I 2, 444, 445. So ist ein **Haftungsausschluss** nach § 444 Fall 1 auch dann unwirksam, wenn das arglistige Verschweigen gar nicht ursächlich für die Willensbildung des Käufers war.[126] Außerdem ist der Käufer auch bei geringfügigen Mängeln zur Rückabwicklung des Vertrags berechtigt, weil die Pflichtverletzung bei Arglist regelmäßig erheblich sein soll.[127] Demnach kann sich die **Unerheblichkeit** bei §§ 281 I 3,

120 *S. Lorenz* JZ 2001, 742 (743); näher Soergel/*Gsell* § 311 a Rn. 2, 33; *Heyers/Heuser* NJW 2010, 3057.
121 BGHZ 132, 55 (57).
122 Dagegen *Gsell*, FS Eggert, 2008, 1 (8f.): ungerechtfertigter Nachrang des Haftungsausschlusses.
123 AA *Brox/Walker* SchuldR AT § 23 Rn. 30.
124 Nach *Grigoleit/Riehm* JuS 2004, 745 jedoch ohne Mahnungserfordernis.
125 BGHZ 181, 317; dazu *Faust* JuS 2010, 725; *S. Lorenz* LMK 2009, 286449. Vgl. auch *Medicus* JuS 2003, 521 (528); *Canaris* ZIP 2003, 321 (326); für die Anspruchsprüfung lehrreich *Herb. Roth*, FS Medicus, 2009, 371 (378); praktisch wichtig *Dauner-Lieb/Khan*, FS Graf v. Westphalen, 2010, 55.
126 BGH NJW 2011, 3640; allg. auch *Rösler* AcP 207 (2007), 564.
127 BGHZ 167, 19.

323 V 2 nicht nur auf den Mangel selbst, sondern auch auf das Verhalten des Verkäufers vor dem Vertragsschluss beziehen. Diese Rechtsprechung ist jedoch fragwürdig: Das Gewährleistungsrecht, das über § 437 Nr. 2 auch auf § 323 V 2 verweist, konkretisiert die Pflichtverletzung in §§ 433 I 2, 434 I 1 auf die Mangelhaftigkeit bei Gefahrübergang.[128] Die Berücksichtigung vorvertraglicher Pflichtverletzungen ist vor diesem Hintergrund zweifelhaft.[129] Arglist und Unerheblichkeit der objektiv zu verstehenden Pflichtverletzung passen zudem weder konstruktiv noch wertungsmäßig zueinander.[130]

Verschweigt der Verkäufer arglistig einen Mangel, so kann der Käufer nach §§ 323 II Nr. 3, 281 II Fall 2, 440 S. 1 Fall 3 regelmäßig ohne Fristsetzung zurücktreten oder Schadensersatz statt der Leistung verlangen, weil die für die Mangelbeseitigung erforderliche Vertrauensgrundlage beschädigt ist.[131] Ein Verkäufer, der den Mangel bei Vertragsschluss kennt, muss ihn vor Gefahrübergang beseitigen und darf sich nicht auf sein Recht zur zweiten Andienung verlassen. Ob dies auch für **Angaben ins Blaue** (zu ihnen → Rn. 150) gilt oder der Verkäufer dann nacherfüllen darf,[132] ist noch nicht abschließend geklärt. Die Arglist lässt sich dort allenfalls mit der Täuschung über die Beurteilungsgrundlage rechtfertigen und setzt daher die positive Kenntnis des Mangels gerade nicht voraus.[133] Wer einen Mangel aber leichtfertig übersieht und daher gutgläubig auf vermeintlich sicherer Tatsachengrundlage – also nicht »ins Blaue hinein« – falsche Angaben macht, handelt nicht arglistig.[134]

Anders verhält es sich, wenn der Käufer in Kenntnis der Arglist eine **Frist gesetzt** hat:

BGH NJW 2010, 1805: V verkauft K unter arglistiger Täuschung eine mangelhafte Wohnung. K setzt zunächst eine Frist zur Mängelbeseitigung, worauf sich V auch einlässt. Noch vor Fristablauf tritt K vom Vertrag zurück und verlangt Rückzahlung.

An sich hätte K ohne Fristsetzung zurücktreten können, weil ihm wegen der arglistigen Täuschung die Nacherfüllung durch V nach §§ 440 S. 1 Fall 3, 323 II Nr. 3 unzumutbar war. Indem er jedoch in Kenntnis der Arglist eine Frist zur Mängelbeseitigung setzte, gab K zu verstehen, dass die **Vertrauensgrundlage** noch nicht zerstört war. K musste sich daher an der Fristsetzung festhalten lassen. Wenn K die Annahme der angebotenen Nacherfüllung mit Hinweis auf den verfrüht erklärten Rücktritt verweigert, gerät er in Gläubigerverzug (§§ 293 ff.) und kann nicht einmal nach Fristablauf zurücktreten (→ Rn. 283).

301 **b) Konkurrenzprobleme zur c. i. c.** ergeben sich, wenn der Verkäufer bereits vor Vertragsschluss schuldhaft falsche Angaben über die Beschaffenheit der verkauften Sache macht oder notwendige Angaben verschweigt:

BGHZ 180, 205: K kauft ein in den 1980er Jahren errichtetes Fertighaus unter Ausschluss der »Gewähr für Fehler und Mängel«. V hatte verschwiegen, dass in der Fassade Asbestzementplatten verarbeitet waren, obwohl ein anderer Interessent wegen der Asbestbelastung zuvor von seinen Kaufabsichten abgesehen hatte. K verlangt Ersatz der Sanierungskosten.

128 *Looschelders* JR 2007, 309.
129 *S. Lorenz* NJW 2006, 1925 (1926); hierzu krit. *Herb. Roth* JZ 2006, 1026 (1027).
130 *Herb. Roth* JZ 2006, 1026 (1027); *Herb. Roth* JZ 2009, 1174 (1175); *Looschelders* JR 2007, 309.
131 BGH NJW 2007, 835; 2008, 1371; 2010, 2503.
132 So mit guten Gründen *Gutzeit* NJW 2008, 1359 (1360).
133 *Faust* JZ 2007, 101 (103). Krit. zur »Erosion des Arglisttatbestandes« bereits *Dauner-Lieb*, FS Kraft, 1998, 43 (55).
134 BGH NJW-RR 2012, 1078 Rn. 28; dazu *Looschelders* JA 2012, 628.

Nach Ansicht des BGH hängt die Lösung des Falles zunächst davon ab, ob die Asbestbelastung einen Sachmangel begründet. Wenn man dies verneint, steht dem Anspruch des Käufers aus §§ 280 I 1, 241 II, 311 II Nr. 1 das Gewährleistungsrecht von vornherein nicht entgegen, doch stellen sich bei Vertragsaufhebung die → Rn. 150 behandelten Fragen. Jedoch dürfte die Asbestbelastung angesichts der mit ihr verbundenen Gesundheitsgefahren grundsätzlich einen Sachmangel begründen,[135] sodass sich die Frage stellt, ob **c. i. c. neben dem Gewährleistungsrecht** anwendbar ist. Bei bloßer Fahrlässigkeit des Verkäufers hält der BGH den Anspruch aus §§ 280 I 1, 311 II, 241 II für ausgeschlossen.[136] Andernfalls würde der vereinbarte Gewährleistungsausschluss (§ 444) leerlaufen und auch die übrigen Gewährleistungsregeln (§§ 438 I Nr. 3, 442), insbesondere der **Vorrang der Nacherfüllung** (§§ 281 I 1, 323 I 1) ausgehebelt.

Anders verhält es sich jedoch, wenn der Verkäufer arglistig über den Mangel täuscht: Auch wenn das Sachmängelrecht die c. i. c. grundsätzlich verdrängt, soll sie nach Ansicht des BGH bei Arglist neben dem Gewährleistungsrecht anwendbar bleiben:[137] Schließlich führe die Arglist des Verkäufers nach **§§ 440 S. 1 Fall 3, 281 II Fall 2, 323 II Nr. 3** regelmäßig zur Unzumutbarkeit der Nacherfüllung und zur Entbehrlichkeit der Fristsetzung, sodass der Vorrang der Nacherfüllung ohnehin nicht gelte; zu diesbezüglichen Zweifeln aber → Rn. 300.

Allerdings sind Fälle denkbar, in denen trotz Arglist ein Anspruch aus c. i. c. ausscheiden muss, wie der in → Rn. 300 dargestellte Wohnungsfall zeigt.[138] Die Ablehnung eines sofortigen Rücktrittsrechts würde durch einen konkurrierenden Anspruch auf Vertragsaufhebung aus c. i. c. konterkariert. Da der BGH bei Arglist zudem nicht stets, sondern nur im Regelfall zur Entbehrlichkeit der Fristsetzung und zur Erheblichkeit der Pflichtverletzung gelangt, drohte durch eine weitergehende Zulassung der c. i. c. in Ausnahmefällen eine **Umgehung des Kaufrechts.** Auf c. i. c. wird man daher nur zurückgreifen können, wenn diese Gefahr im konkreten Einzelfall ausgeschlossen ist. Eine pauschale Anwendung der c. i. c. bei Arglist ist deshalb bedenklich.[139]

302 Zweifeln mag man unter diesen Voraussetzungen an einem Bedürfnis für die parallele Anwendung der c. i. c.[140] Schon nach Kaufrecht kann sich der Käufer innerhalb der Regelverjährung (§ 438 III) vom Vertrag lösen und den Kaufpreis zurückverlangen (§§ 437 Nr. 2, 323, 346 I) sowie den Ersatz vergeblicher Aufwendungen beanspruchen (§§ 437 Nr. 3, 281, 284). Der auf das negative Interesse gerichtete Anspruch aus c. i. c. wird dem Käufer nur in seltenen Fällen eine über das Kaufrecht hinausgehende Besserstellung bringen.[141] Das verdeutlicht:

---

135 BGHZ 188, 43 Rn. 10.

136 BGHZ 60, 319: Der Verkäufer verschweigt, dass ein zusammen mit dem verkauften Grundstück eingefriedeter Uferstreifen nicht zu diesem gehört; dagegen *Canaris* ZGR 1982, 395 (417 Fn. 60); *Flume* AcP 193 (1993), 89 (114); *Mertens* AcP 203 (2003), 818 (838); *Leenen* § 477 BGB: Verjährung oder Risikoverlagerung?, 1997, 34 f.; *Häublein* NJW 2003, 388. Anders als BGHZ 60, 319 allerdings BGH NJW 2012, 846.

137 Weitergehend *Herb. Roth* JZ 2006, 1026; *Herb. Roth* JZ 2009, 1174 (1175): selbst bei Arglist keine c. i. c.

138 BGH NJW 2010, 1805; dazu *Looschelders* LMK 2010, 305065.

139 Zutr. *Herb. Roth* JZ 2006, 1026; *Herb. Roth* JZ 2009, 1174 (1175).

140 In diese Richtung schon *Schaub* AcP 202 (2002), 757 (782).

141 Hierzu *Ackermann*, Der Schutz des negativen Interesses, 2007, 415 ff.; zust. *Medicus* JZ 2007, 938; aA *Fischinger/Lettmaier* NJW 2009, 2496 (2497); gegen sie mit Recht *Herb. Roth* JZ 2009, 1174 (1175); ferner *Faust* JuS 2009, 757.

BGH NJW 2010, 858: Ein Gebrauchtwagenhändler verkauft im Frühjahr 2004 ein Kfz, in dessen Zulassungsbescheinigung (Teil II) neben dem ursprünglichen Halter nur er selbst eingetragen ist, obwohl er es von einem nicht mehr identifizierbaren (»fliegenden«) Zwischenhändler erworben hatte. Dieser hatte das Kfz seinerseits von einem weiteren, nicht eingetragenen Vorbesitzer erhalten, in dessen Besitzzeit es zu Manipulationen am Tachometer gekommen war, von denen V nichts wusste. Im Spätherbst 2007 verlangt der Käufer Rückzahlung des Kaufpreises und Ersatz der Aufwendungen für zwischenzeitliche Reparaturen.

Der manipulierte Tachometer begründet zwar einen Sachmangel (§ 434 I 2 Nr. 2), jedoch hatte der Verkäufer davon keine Kenntnis. Etwaige Gewährleistungsrechte waren wegen Ablaufs der kaufrechtlichen Verjährung (§ 438 I Nr. 3) nicht mehr durchsetzbar. Mangels Arglist schied insofern auch ein Anspruch aus c. i. c. aus. Allerdings hat der BGH dem Verkäufer eine **Pflicht zur Aufklärung** über den Umstand angesonnen, dass er das Kfz von einem Zwischenhändler erworben hatte.[142] Denn die dubiosen Vorbesitzerverhältnisse und ihre Nichteintragung im Kfz-Brief legten den Verdacht nahe, dass das Kfz zwischenzeitlich manipuliert worden war. Auch wenn V selbst keine positive Kenntnis von den Manipulationen hatte, handelte er hinsichtlich der Vorbesitzerverhältnisse arglistig, wenn er dem Käufer die verdächtigen Umstände nicht mitteilte.

Ob die Anzahl der Vorbesitzer einen Sachmangel begründet, konnte der BGH offenlassen: Stellt der Umstand keinen Mangel dar, ist der Rückgriff auf die c. i. c. möglich; andernfalls ist c. i. c. wegen der Arglist hinsichtlich der Vorbesitzerverhältnisse neben dem Gewährleistungsrecht anwendbar. Allerdings ließe sich der Fall dann ohne Weiteres nach Kaufrecht lösen: K konnte vom Vertrag zurücktreten (§§ 437 Nr. 2, 323 I 1, II Nr. 3, 440 S. 1 Fall 3) und nach § 346 I Rückzahlung des Kaufpreises verlangen. Wegen §§ 438 III 1, IV 1, 218 I war sein Rücktritt nicht unwirksam. Auch die Reparaturkosten waren nach §§ 437 Nr. 3, 284, 281 I 1, II Fall 2, 440 S. 1 Fall 3 zu ersetzen, ebenso nach § 347 II (dazu → Rn. 242).

8. Die Verjährung

303 a) Für die Verjährung der Rechtsbehelfe des Käufers wegen Sachmängeln gilt:[143] Nach **§ 438 I Nr. 1** gibt es für viele Rechtsmängel eine Frist von 30 Jahren. Sie hängt damit zusammen, dass der Käufer wegen § 197 I Nr. 1 nach dem Kauf noch 30 Jahre lang mit der Vindikation eines dritten Eigentümers rechnen muss (auch → Rn. 284).[144] Bei einem Bauwerk (also insbesondere einem gekauften Hausgrundstück) und unter bestimmten Umständen auch bei Baustoffen beträgt die Verjährungsfrist nach **§ 438 I Nr. 2** fünf Jahre. Nach **§ 438 I Nr. 3** gilt »im Übrigen« eine Verjährungsfrist von zwei Jahren. Das betrifft fast alle beweglichen Sachen und unbebaute Grundstücke.[145] Die ggf. konkurrierende deliktsrechtliche Haftung wird damit jedoch nicht entbehrlich, da die regelmäßige Verjährung gem. §§ 195, 199 länger ist.[146] Beim **arglistigen Verschweigen** eines Mangels soll aber in den Fällen von § 438 I Nr. 2 und 3 die gewöhnliche Verjährungsfrist gelten, § 438 III, also nach den §§ 195, 199, jedoch bei § 438 I Nr. 2 mindestens so lange wie dort geregelt.

---

142 Im Anschluss an OLG Bremen NJW 2003, 3713.

143 S. auch *Leenen,* in: Dauner-Lieb/Konzen/K. Schmidt, Das neue Schuldrecht in der Praxis, 2003, 105.

144 Zur Vindikationsverjährung *Armbrüster,* FS H. P. Westermann, 2008, 53; *S. Lorenz/Arnold,* FS Köhler, 2014, 451; *Effer-Uhe* AcP 215 (2015), 245; krit. *Klose* RW 2014, 228.

145 Dazu BGH NJW 2014, 845; dazu *M. Schwab* JuS 2014, 747. Vgl. auch *Haas* BB 2001, 1313.

146 *Looschelders* JR 2003, 309 (311). Vgl. auch *Rühl* AcP 207 (2007), 614; sowie → Rn. 209b, 307.

304 b) Alle genannten **Fristen beginnen** nach § 438 II bei Grundstücken mit der Übergabe, sonst bei Ablieferung der Kaufsache. Uneinheitlich beurteilt wird der Fristbeginn im Falle mangelhafter **Nacherfüllung.** Wenn der Verkäufer die Mängelrechte konkludent anerkennt, indem er nacherfüllt, beginnt die Verjährung neu gem. § 212 I Nr. 1.[147] Ein Neubeginn der Verjährung ist zumindest bei der Nachlieferung regelmäßig anzunehmen, damit der Käufer die ganze Frist ausschöpfen kann. Der BGH lässt den Neubeginn der Frist für die mangelhafte Nachbesserung indes nur zu, wenn deren Folgen oder derselbe Mangel betroffen ist.[148]

305 c) Probleme entstehen für **Rücktritt und Minderung.** Diese sind ja als Gestaltungsrechte ausgebildet; sie unterliegen daher nicht der auf Ansprüche beschränkten (§ 194 I) Verjährung. Folgerichtig werden sie auch in § 438 I nicht genannt. Trotzdem sollen natürlich auch sie nicht ewig dauern. Das erreicht das Gesetz über § 218, auf den in § 438 IV und V ausdrücklich verwiesen wird. Nach § 218 I 1 soll nämlich ein Rücktritt wegen nicht vertragsgemäß erbrachter Leistung (= Lieferung der mangelhaften Sache) unwirksam sein, wenn der Nacherfüllungsanspruch (§ 439) verjährt ist und der Schuldner (= Verkäufer) sich hierauf beruft. § 218 I 2 erstreckt das auf die Fälle, in denen ein nur fiktiver Nacherfüllungsanspruch verjährt wäre.[149] Im Ergebnis kann daher die wirkliche oder fiktive Verjährung des Nacherfüllungsanspruchs Rücktritt oder Minderung des Käufers ausschließen. Die Ansprüche aus erklärtem Rücktritt bzw. erklärter Minderung verjähren nach §§ 195, 199 und nicht nach § 438.[150] Das kann allerdings bei § 325 zu einer unterschiedlichen Verjährung zwischen Ansprüchen aus erklärtem Rücktritt und Schadensersatz führen.[151]

9. Verjährung und Ersatzansprüche aus anderem Rechtsgrund

306 Nicht genannt werden in § 438 Ersatzansprüche, die nicht auf dem Kaufvertrag beruhen. Sie kommen aus zwei Gründen in Betracht.

a) Erstens ist von der Rechtsprechung mitunter ein neben dem Kaufvertrag bestehender **Auskunftsvertrag** angenommen worden. Ein Beispiel bildet etwa

BGH NJW 1985, 2472: V verkauft an K für dessen Wäscherei einen gasbeheizten Wäschetrockner. Dieser benötigt zum Funktionieren einen Kamin mit mindestens 380 qcm Querschnitt. Der dem K zur Verfügung stehende Kamin ist aber kleiner. Daher kam es im Winter, als der Kamin auch die Abgase der Wohnungsheizungen aufnehmen musste, zu erheblichen Störungen. Schließlich war K gezwungen, seine Wäscherei stillzulegen. Deshalb verlangt er von V Schadensersatz.

Hier kann man fragen, ob der Schaden auf einem Mangel des Wäschetrockners oder auf einer ungenügenden Größe des Kamins beruht. Dabei kommt man nur im ersten Fall zur Bejahung eines Mangels *der Kaufsache.* Der BGH ist dieser Alternative ausgewichen und hat eine Beratungspflicht des V über die Verwendbarkeit des Trockners angenommen.[152]

---

147 *S. Lorenz* NJW 2007, 1 (5).

148 BGHZ 164, 196 (206); dazu *Werkmeister* JURA 2013, 38; ebenso *A. Arnold,* FS Eggert, 2008, 41 (55).

149 Dazu BGHZ 168, 64.

150 BGHZ 170, 31 (44); dazu *Leenen* DStR 2007, 214; aA *G. Wagner* ZIP 2002, 789 (794).

151 *Peters* NJW 2008, 119 (121).

152 Vgl. zu der Frage auch BGHZ 156, 371.

Verletzt der Verkäufer diese Pflicht, so kann man § 434 I 2 Nr. 1 bejahen, weil sich die Sache nicht für die vertraglich vorausgesetzte Verwendung eignet.[153] Man gelangt dann, weil Nacherfüllung unmöglich sein dürfte (§§ 439, 275), zu einem sofort wirkenden Rücktrittsrecht des Käufers. Dieses stammt dann aus dem Kaufvertrag und verjährt daher nach den §§ 438 I Nr. 3, 218 in zwei Jahren. Diese Frist dürfte auch meist genügen, um die Unrichtigkeit der Beratung festzustellen. Und wenn der Verkäufer den Beratungsfehler zu vertreten hat, haftet er zusätzlich nach den §§ 280, 276 auf Schadensersatz statt der Leistung. Freilich verjährt auch dieser Anspruch grundsätzlich nach § 438 I Nr. 3. Zu einem Ersatzanspruch mit der normalen Verjährung (§§ 195, 199) gelangt man nur, wenn man einen neben dem Kaufvertrag herlaufenden eigenen Auskunftsvertrag annimmt. Doch wird das nur unter ganz besonderen Umständen möglich sein.

BGHZ 107, 249: K, ein Kfz-Vertragshändler, bezog von V Treibstoff. V füllte versehentlich das Superbenzin in den für Normalbenzin bestimmten Tank und das Normalbenzin in den für Superbenzin bestimmten. Hieraus entstanden dem K erhebliche Schäden. Diese verlangt er mehr als vier Jahre später von V ersetzt.

Auch hier geht es wieder um die Verletzung einer Nebenpflicht des Verkäufers, nämlich den Treibstoff nicht in den falschen Tank zu füllen. Fraglich ist jedoch abermals die Verjährung. Die Vorinstanz hatte die Klage abgewiesen: Die Pflichtverletzung des V habe zu einem Sachmangel geführt, weil das Superbenzin im falschen Tank nur als Normalbenzin verwendbar gewesen sei. Anders der BGH: Die Einfüllung in den falschen Tank bedeute **keine Eigenschaft des Benzins.**[154] Doch wirkt hier, wo die Parteien beim Abfüllen des Benzins vielleicht gar nicht miteinander gesprochen haben, die Annahme eines eigenen Beratungsvertrages noch gewaltsamer. Daher wird K wegen seines Schadens nur nach § 438 I Nr. 3 verjährende Ansprüche haben, weil das falsche Einfüllen eine Verletzung *kaufrechtlicher* Pflichten darstellt.

307 **b)** Die zweite Möglichkeit zur Vermeidung der abgekürzten kaufrechtlichen Verjährung ergibt sich aus einem **deliktischen Schadensersatzanspruch.**[155] Ein solcher Anspruch kommt insbesondere in Betracht, wenn durch die mangelhafte Lieferung beim Käufer (oder auch einem Dritten) eines der Schutzgüter des § 823 I verletzt wird. So möge in dem Trocknerfall ein Brand entstanden sein oder in dem Benzinfall möge die falsche Kraftstoffart Motoren verdorben haben. Diese Schäden ähneln den Weiterfresserschäden.[156] Die hieraus folgenden Deliktsansprüche werden von § 438 nicht erfasst;[157] sie verjähren nach den §§ 195, 199. Diese Lösung verhindert, dass der Käufer wegen der Sonderverbindung schlechter steht als ein vertragsfremder Dritter.[158]

10. Ansprüche des Verkäufers

308 Der Verkäufer kann nach § 433 nach wie vor Kaufpreiszahlung und Abnahme der Kaufsache verlangen. Probleme entstehen hier beim **Kauf unter Eigentumsvorbehalt**

153 Ebenso *Looschelders,* Beschaffenheitsvereinbarung, Zusicherung, Garantie, Gewährleistungsausschluss, in: Dauner-Lieb/Konzen/K. Schmidt, Das neue Kaufrecht in der Praxis, 2003, 395 (399).

154 Krit. *Köhler* JZ 1990, 43; *Evangelou/Muscheler* BB 1989, 1439.

155 Vgl. *Ebert* NJW 2003, 3035. S. auch → Rn. 209b.

156 Dazu *Tettinger* JZ 2006, 641. Näher → Rn. 650b.

157 *G. Wagner* JZ 2002, 475 (479); 1092 (1093); aA *Mansel* NJW 2002, 89 (95); *Gsell* JZ 2002, 1089.

158 *Canaris,* Karlsruher Forum 2002, 97; *Grigoleit* ZGS 2002, 78 (79).

für die Frage, ob der Kaufpreisanspruch trotz Ausübung des Eigentumsvorbehalts (also trotz Rücknahme der Kaufsache nach § 985) fortbesteht.[159]

a) Sonderregeln

Hierdurch geriete der Käufer in die Gefahr, die Nutzung der Kaufsache zu verlieren und trotzdem die Preisraten weiter bezahlen zu müssen. § 449 II verhindert die Rücknahme der Kaufsache ohne Rücktritt vom Kaufvertrag. Zudem bestimmt an ziemlich versteckter Stelle § 508 I 5 für Verbrauchergeschäfte, es solle regelmäßig als Rücktritt gelten, wenn der Verkäufer die Kaufsache wieder an sich nehme. Damit hängen zwei Fragen zusammen.

b) Freiwilliger Besitzverlust des Käufers

309 Schon die frühere Regelung ist von der Rechtsprechung sehr weit ausgelegt worden, und das dürfte regelmäßig auf § 508 I 5 zu übertragen sein. Ein besonders deutliches Beispiel hierfür war:

BGHZ 45, 111: K betreibt in Räumen, die er von G gepachtet hat, eine Gastwirtschaft. Das Inventar hat er von der Brauerei B unter Eigentumsvorbehalt gekauft; der Kaufpreis soll durch einen Zuschlag je hl Bier bezahlt werden. Nachdem so erst ein kleiner Teil des Kaufpreises getilgt worden ist, gibt K die Gastwirtschaft auf. G verpachtet jetzt die Räume an D. Dieser verhandelt mit B über die Übernahme des von K zurückgelassenen Inventars. Eine Einigung über den Kaufpreis erfolgt zunächst nicht, doch zahlt D bereits einen Zuschlag je hl Bier. Nun verklagt B den K auf Zahlung des Restkaufpreises.

Der BGH hat diese Klage abgewiesen: Allerdings habe K den Besitz an dem Inventar freiwillig aufgegeben und nicht auf Veranlassung von B verloren. Das würde für § 508 II 5 an sich nicht ausreichen. Hier komme aber hinzu, dass B mit D in Verhandlungen über den erneuten Verkauf des Inventars eingetreten sei. Damit hat B das Inventar iSd § 508 I 5 wieder an sich genommen, da K den Besitz nicht mehr ergreifen könne. § 508 I 5 würde hier freilich nicht gelten, wenn es sich (was naheliegt) um keinen Verbraucherkredit nach §§ 499 I, II handelt.

c) Vollstreckung des Verkäufers in die Kaufsache

310 Die Tendenz zur Erweiterung der Rücktrittsfiktion hat sich auch in folgendem Fall gezeigt:

Der Abzahlungskäufer K gerät mit den Raten in Verzug. Daraufhin besorgt sich der Verkäufer V wegen seiner Restkaufpreisforderung gegen K einen Titel. Mit diesem vollstreckt V in die verkaufte Sache (was vollstreckungsrechtlich zulässig ist:[160] Die öffentlich-rechtliche Verstrickung entsteht jedenfalls. Fraglich ist nur, ob V an seiner eigenen Sache ein Pfändungspfandrecht erwerben kann). Liegt in dieser Vollstreckung ein Rücktritt, und welcher Teil der Vollstreckung stellt einen solchen Rücktritt dar?

Die Zwangsvollstreckung bedeutet an sich nicht, dass V die Kaufsache »wieder an sich nimmt«. Trotzdem muss § 508 II 5 entsprechend gelten. Das ergibt sich aus dem Schutzzweck der Vorschrift: K soll auch dann nicht zur Kaufpreiszahlung verpflichtet bleiben, wenn er die Sache durch die Vollstreckung des V verloren hat (und zwar gleichgültig ob an V oder einen Dritten).[161] Aus dieser Begründung folgt zugleich, dass der Rücktritt nicht schon in der Pfändung liegt, sondern frühestens in der Wegnahme der Sache durch den Gerichtsvollzieher. Die Pointe dieser Rücktrittsfiktion besteht darin, dass sie den

159 Dazu *Habersack/Schürnbrand* JuS 2002, 833.

160 Vgl. *Schumann* ZPO-Klausur § 87; vgl. auch *Paulus* ZivilProzR Rn. 788ff.; *K. Schreiber* JURA 2014, 689.

161 BGHZ 55, 59.

titulierten Kaufpreisanspruch vernichtet, dessentwegen die Vollstreckung erfolgt ist. Das kann der Käufer nach § 767 ZPO geltend machen. Zwar schuldet er dann noch die Nutzungsvergütung nach § 346 I am Ende.[162] Diese wird aber von dem Kaufpreistitel nicht erfasst. Die Zwangsvollstreckung kann also nicht einmal teilweise wegen der Nutzungsvergütung fortgesetzt werden.

11. Der Verbrauchsgüterkauf

311 In den §§ 474–479 finden sich einige Sonderregeln für den Verbrauchsgüterkauf;[163] sie beruhen auf der **Verbrauchsgüterkaufrichtlinie.** Diese wirkt sich wegen § 437 Nr. 2 auch auf die Auslegung des § 323 aus, da der Käufer nach Art. 3 V der Richtlinie nach Ablauf einer angemessenen Frist zur Nacherfüllung auch ohne Fristsetzung vom Verbrauchsgüterkauf zurücktreten kann. Man wird daher entweder § 323 II Nr. 3 richtlinienkonform dahingehend auslegen, dass die Fristsetzung unter besonderen Umständen entbehrlich ist[164] oder – besser noch – gleich eine **richtlinienkonforme Reduktion** des § 323 I vornehmen müssen.[165] Im Einzelnen gilt für die §§ 474ff. Folgendes:

a) Mit § 474 V 1 hat der Gesetzgeber auf die vom EuGH für richtlinienwidrig erklärte Pflicht zur Nutzungsherausgabe bei der Nacherfüllung (§ 439 IV) reagiert.[166] Anders verhält es sich beim Rücktritt: Hier ist der vom Käufer nach § 346 II 1 Nr. 1 zu leistende Nutzungsersatz nicht richtlinienwidrig, weil in Anbetracht des rückzugewährenden Kaufpreises nicht zu befürchten ist, dass der Nutzungsersatz den Käufer von der Geltendmachung seiner Rechte abhalten wird.[167] Weitergehende Gesetzesänderungen werden sich voraussichtlich im Gefolge der EuGH-Entscheidung zu den Ein- und Ausbaukosten und der absoluten Unverhältnismäßigkeit ergeben.[168]

312 b) Mit Ausnahme der Normen über Schadensersatzansprüche werden die Vorschriften über die Sachmängelhaftung nach § 475 als zugunsten des Verbrauchers **einseitig zwingendes Recht** festgelegt. Nur bei der Verjährung (§ 438) ist eine Ausnahme insofern zugelassen, als die Frist bei gebrauchten Sachen auf ein Jahr verkürzt werden kann. Das bedeutet zumal für den Handel mit gebrauchten Kraftfahrzeugen einen tiefen Eingriff in den früher üblichen Geschäftsverkehr: Dieser arbeitete weithin mit der Klausel »gekauft ohne Gewährleistung wie besichtigt und probegefahren«.[169] Das geht im Verhältnis Unternehmer – Verbraucher auch dann nicht mehr, wenn der Verkauf für den Unternehmer ein branchenfremdes, aber gewerblich veranlasstes Nebengeschäft darstellt.[170] Ein genereller Ausschluss der Gewährleistung durch einen Verkauf als »Schrott« oder als »Bastlerauto« kann ebenfalls unwirksam sein.[171]

---

162 Vgl. etwa BGHZ 15, 241.
163 *S. Lorenz* JuS 2004, 105; *S. Lorenz* ZGS 2003, 421; *Schroeter* JuS 2006, 682; *Liauw* JURA 2014, 388; zur Fälligkeit *Kohler* NJW 2014, 2817.
164 *Unberath* ZEuP 2005, 5 (30).
165 *Canaris,* FS R. Schmidt, 2006, 41 (55); wegweisend *Canaris,* FS Bydlinski, 2002, 47.
166 EuGH NJW 2008, 1433; dazu *Pfeiffer* NJW 2009, 412 und BGH NJW 2006, 3200; BGHZ 179, 27 (»Quelle I, II«); s. auch Staudinger/*Gsell* Eckpfeiler L Rn. 58; *Gsell* AcP 2014 (2014), 100.
167 BGHZ 182, 241; dazu *Höpfner* NJW 2010, 127; *Lieder* JURA 2010, 612.
168 EuGH NJW 2011, 2269; ausf. dazu → Rn. 291 b f.
169 Näher *S. Lorenz* DAR 2010, 314. Zu § 475 auch *Lettl* JA 2009, 241.
170 BGH NJW 2011, 3435: Verkauf eines Kfz durch eine Herstellerin von Druckerzeugnissen.
171 Vgl. OLG Oldenburg ZGS 2004, 75.

Wegen dieses Risikos wird heute überwiegend versucht, ohne die Einschaltung eines Unternehmers auszukommen. So wird etwa der gewerbliche Kfz-Händler, der beim Verkauf eines Neuwagens einen gebrauchten in Zahlung nehmen muss, diesen nicht selbst weiterverkaufen. Vielmehr wird er nur als Vertreter seines Kunden auftreten, sodass der Vertrag unter Ausschluss der Gewährleistung zwischen zwei Verbrauchern geschlossen wird. Dieses Verfahren (sog. **Agenturvertrag**) hat es auch früher schon zur Vermeidung der Umsatzsteuer gegeben (→ Rn. 756). Ein den Verbraucherschutz unberührt lassendes **Umgehungsgeschäft** bildet der Agenturvertrag nur ausnahmsweise, nämlich wenn letztlich der Kfz-Händler die Geschäftsrisiken zu tragen hat.[172] In diesem Fall richten sich die Gewährleistungsrechte des Käufers gem. § 475 I 2 gegen den als Verkaufsagenten tätigen Gebrauchtwagenhändler, obwohl dieser nicht Partei des Kaufvertrags ist.[173] Dagegen haftet auch ein als Strohmann **vorgeschobener Verbraucher** selbst bei einem Umgehungsgeschäft nicht nach den §§ 474 ff. Doch bleibt die Wirksamkeit des Strohmanngeschäfts unberührt:

BGH NJW-RR 2013, 687: Die mit dem Kfz-Händler U verheiratete Verbraucherin F verkauft auf dessen Veranlassung ein mangelhaftes Kfz an K unter Ausschluss der Gewährleistung. K erfährt erst nach Ablauf der vertraglichen Verjährung, dass U seine Frau nur eingesetzt hatte, um einen Verbrauchsgüterkauf zu umgehen, und hält F für ungerechtfertigt bereichert.

F schuldet dem K Rückzahlung aus § 812 I 1 Fall 1, wenn der zwischen ihnen zustande gekommene Kaufvertrag als möglicher Rechtsgrund nichtig war. Dessen Nichtigkeit folgt jedoch weder aus § 134 iVm § 475 I 2, der kein Verbotsgesetz ist,[174] – noch aus § 117 I, weil die auf den Vertragsschluss gerichtete Willenserklärung nicht nur zum Schein abgegeben wurde, sondern die Rechtsfolgen von beiden Seiten ernstlich gewollt waren.[175]

313 c) Verschärft wird der einseitig zwingende Charakter des Kaufrechts noch durch § 476,[176] der auch im Rahmen anderer Ansprüche gilt, etwa für bereicherungsrechtliche Rückforderungsansprüche, bei denen es auf das Bestehen eines Mangels ankommt.[177] Nach allgemeinen Grundsätzen muss der Käufer das Vorliegen eines Sachmangels wegen § 363 ab dem Gefahrübergang, also grundsätzlich ab der Übergabe (§ 446),[178] beweisen.[179] Gleiches gilt, wenn der Käufer die Sache nach erfolgloser Nacherfüllung entgegengenommen hat.[180] Zeigt sich beim Verbrauchsgüterkauf jedoch innerhalb von sechs Monaten seit dem Gefahrübergang ein Sachmangel, so wird nach § 476 (widerleglich) vermutet, dass die Sache bereits bei Gefahrübergang mangelhaft war. Die Verantwortlichkeit des Verkäufers für die Mangelfreiheit bei der Übergabe kommt so in die Nähe einer **Haltbarkeitsgarantie** (§ 443) für die Dauer von sechs Monaten.[181]

---

172 BGH NJW 2005, 1039; vgl. *K. Schmidt* JuS 2006, 1 (6); *Maultzsch* ZGS 2005, 175.

173 BGHZ 170, 67; eing. *S. Lorenz,* FS H. P. Westermann, 2008, 415; *Looschelders* JR 2008, 45 (47).

174 Anders *Müller* NJW 2003, 1975 (1980).

175 So bereits *Reinking* DAR 2001, 8; zu § 117 → Rn. 126; *Leenen* BGB AT § 6 Rn. 99 ff.; § 28 Rn. 32 ff.

176 Dazu *Maultzsch* NJW 2006, 3091; *Gsell* JZ 2008, 29; *Klöhn* NJW 2007, 2811. Zu den Besonderheiten beim Tierkauf BGHZ 167, 40; 200, 1; *Wertenbruch* NJW 2012, 2065; *Looschelders* JA 2014, 625.

177 BGH NJW 2009, 580 Rn. 15; dazu *Fischinger* NJW 2009, 563.

178 BGHZ 200, 1 Rn. 16: § 446 ist ungeachtet des § 475 beim Verbrauchsgüterkauf dispositiv.

179 BGHZ 159, 215 (217 f.); BGH NJW 2006, 434 Rn. 20; ebenso mit Blick auf Art. 2 II VerbrGKRL EuGH v. 4.6.2015 – C-497/13 Rn. 52.

180 BGH NJW 2009, 1341 Rn. 15. Zu den Mängelrechten im Anschluss an Nacherfüllungsbemühungen des Verkäufers *Gsell,* FS Derleder, 2015, 135.

181 *Saenger/Veltmann,* § 476 BGB – Gesetzliche Haltbarkeitsgarantie?, ZGS 2005, 450.

Dass dies nach der Art der Sache (zB Tomaten) oder des Mangels (zB ein offenbarer Blechschaden an dem gekauften Kfz[182]) nicht zu passen braucht, wird im letzten Satzteil des § 476 freilich eingestanden. In solchen Fällen gilt die Vermutung nicht. Schwierigkeiten bereitet demgegenüber die Konstellation, dass die Kaufsache zunächst eine Weile scheinbar tadellos funktioniert, aber noch vor Ablauf von sechs Monaten unbrauchbar wird:

(1) **BGHZ 159, 215:** Bei einem Gebrauchtwagen war binnen sechs Monaten seit dem Verkauf der Motor durch einen überspringenden Zahnriemen zerstört worden. Ursache konnte entweder ein Materialfehler des Riemens oder ein Bedienungsfehler sein.

(2) **BGH NJW 2007, 2621:** Ein Gebrauchtwagen war vier Wochen lang unter anderem zum Transport schwer beladener Anhänger genutzt worden, bevor in einer Werkstatt festgestellt wurde, dass die Ventilstege gerissen und die Zylinderkopfdichtung beschädigt waren. Unklar blieb, ob diese Mängel schon bei Übergabe vorlagen oder auf einer Überbeanspruchung durch den Käufer beruhten.

(3) **EuGH NJW 2015, 2237:** Der verkaufte Gebrauchtwagen fing vier Monate nach der Übergabe während der Fahrt Feuer und brannte vollständig aus. Ob das Feuer auf einem schon bei Gefahrübergang angelegten Defekt beruhte, ließ sich nicht mehr klären.

Der BGH hat § 476 in solchen Fällen sehr restriktiv ausgelegt: Es werde nicht das Vorliegen der Mangelhaftigkeit schlechthin vermutet, sondern § 476 wirke ausschließlich **in zeitlicher Hinsicht.** Der Käufer müsse einen konkreten Sachmangel beweisen und nur das Vorliegen genau dieses Mangels *bereits bei Gefahrübergang* werde vermutet. Im **Zahnriemenfall** (1) war die Vermutung hinsichtlich des späteren Motorschadens (sog. **»akuter Mangel«**[183] bzw. **Folgemangel**[184]) aber dadurch widerlegt, dass das Fahrzeug bei Gefahrübergang unstreitig noch funktionierte. Der Käufer hätte daher einen Materialfehler des Zahnriemens (sog. **»latenter Mangel«** bzw. **Grundmangel**) beweisen müssen. Dies gelang nicht, da das Überspringen des Zahnriemens ebenso gut allein auf einem Fahrfehler des Käufers beruhen konnte. Der Beweis eines konkreten Grundmangels konnte nach Ansicht des BGH nur dann dahinstehen, wenn die denkbare Mangelursache allein aus der Sphäre des Verkäufers stammt.[185] Bei Fall (2) war hingegen ausschließlich der Entstehungszeitpunkt des binnen sechs Monaten aufgetretenen Mangels unklar, da Ventilstege und Zylinderkopfdichtung fraglos defekt waren. Anders als im Zahnriemenfall war auch nicht ausgeschlossen, dass dieser Mangel bereits bei Übergabe vorlag, weil ein Fahrzeug mit solchen Defekten durchaus fahrtüchtig sein kann. Deshalb hielt der BGH § 476 im **Zylinderkopfdichtungsfall** (2) für einschlägig.

Im Schrifttum hat diese einschränkende Auslegung des § 476 vielfach Kritik erfahren, weil die Ermittlung und der Nachweis des Grundmangels für den Verbraucher mit erheblichen Schwierigkeiten verbunden sein kann.[186] Um diese zu vermeiden, sei § 476 wörtlich zu nehmen: Zeige sich innerhalb der Frist ein Sachmangel, werde gem. § 476 nicht nur vermutet, dass gerade dieser Mangel bei Gefahrübergang vorlag, sondern dass die Sache »bereits bei Gefahrübergang mangelhaft war«. Danach wäre im Zahn-

182 BGH NJW 2005, 3490; dazu *Witt* NJW 2005, 3468.

183 BGHZ 200, 1 Rn. 21 (dazu *M. Schwab* JuS 2014, 71).

184 *S. Lorenz* NJW 2004, 3020 (3021). Skeptisch gegenüber dem Begriff *Oechsler* VertrSchuldV Rn. 162, weil zwar eine Abweichung von der Soll-Beschaffenheit vorliegt, diese aber keinen Sachmangel begründet, soweit sie bei Gefahrübergang unstreitig noch fehlte.

185 BGH NJW 2006, 434 Rn. 19; lehrreich *Höpfner* ZGS 2007, 410.

186 *H. Roth* ZIP 2004, 2025 (2026); *S. Lorenz* NJW 2004, 3020 (3021); *Looschelders* SchuldR BT Rn. 272.

riemenfall (1) die Mangelhaftigkeit des Fahrzeugs bei Gefahrübergang und damit der Materialfehler als Grundmangel des Motorschadens zu vermuten gewesen. Der Verkäufer hätte insoweit die Mangelfreiheit bzw. den Fahrfehler des Käufers beweisen müssen, um seiner Gewährleistungspflicht zu entgehen. Uneinheitlich wurde im Schrifttum allerdings beurteilt, ob eine solche weite Auslegung zwingend aus der zugrunde liegenden Richtlinienvorschrift des **Art. 5 III VerbrGKRL** folgt[187] oder ob die Richtlinie eine derart weitreichende Vermutung nicht vorsieht und lediglich eine dem Verbraucher günstige überschießende Richtlinienumsetzung durch den deutschen Gesetzgeber anzunehmen ist.[188] Da nach Art. 5 III VerbrGKRL vermutet wird, »dass Vertragswidrigkeiten, die binnen sechs Monaten nach der Lieferung offenbar werden, bereits zum Zeitpunkt der Lieferung bestanden«, scheint der Wortlaut eher das bisherige Verständnis des BGH zu stützen.[189]

Im **Fahrzeugbrandfall** (3) hat der EuGH Art. 5 III VerbrGKRL jedoch **verbraucherfreundlich** ausgelegt: Das Auftreten der Vertragswidrigkeit binnen der kurzen sechsmonatigen Frist erlaube die Vermutung, dass die erst nach Übergabe erkennbar gewordene Vertragswidrigkeit »zum Zeitpunkt der Lieferung ›**zumindest im Ansatz**‹ bereits vorlag«.[190] Für eine solche Sichtweise spreche, dass sich der Beweis einer schon bei Lieferung bestehenden Vertragswidrigkeit als »eine **für den Verbraucher unüberwindbare Schwierigkeit**« erweisen könne. Demgegenüber sei es für den Unternehmer regelmäßig leichter, den Nachweis der Vertragsmäßigkeit bei Lieferung bzw. des unsachgemäßen Gebrauchs durch den Verbraucher zu erbringen.[191] In der vom BGH zu § 476 geprägten Begrifflichkeit begründet der nachträglich erkennbar gewordene **akute Mangel** demnach grundsätzlich die Vermutung, dass dieser Mangel bei Übergabe bereits »zumindest im Ansatz« als **latenter Mangel** bestanden hatte. Aufgrund der vom EuGH bindend festgestellten Richtlinienvorgabe wird der BGH künftig nicht umhinkommen, § 476 im Sinne des bisherigen Schrifttums **richtlinienkonform auszulegen.** Richtigerweise verlangt § 476 daher für die Käuferrechte nach § 437 nur den Beweis eines gegenwärtigen Sachmangels, der binnen sechs Monaten nach Gefahrübergang auftritt, ohne dass es insoweit auf die genaue Ursache der Mangelhaftigkeit ankommt.[192] Die damit einhergehende Vermutung kann der Verkäufer durch den Nachweis widerlegen, dass der Grund oder Ursprung der Mangelhaftigkeit in einem Umstand liegt, der nach der Lieferung eingetreten ist.

314 **d)** § 477 enthält weitreichende Bestimmungen über den Inhalt von **Garantieerklärungen** an einen Verbraucher. Diese Vorschrift kann aber eher unlauteren Wettbewerb verhindern als wirklich einzelne Verbraucher schützen; auch eine Garantieerklärung, die dem § 477 nicht genügt, ist ja wirksam (Abs. 3). Besser hilft dem Verbraucher die Unklarheitenregel von § 305c II.

187 *Graf von Westphalen* BB 2008, 2 (6); *Gruber* ZEuP 2010, 651 (657ff.); rechtsvergleichend *Rühl* RabelsZ 73 (2009), 912 (933).

188 *S. Lorenz* NJW 2004, 3020 (3021); MüKoBGB/*S. Lorenz* § 476 Rn. 4; offengelassen von Bamberger/Roth/*Faust* § 476 Rn. 12.

189 BGH NJW 2006, 434 Rn. 22; *Gsell* JuS 2005, 967 (970); *Gsell* JZ 2008, 29 (32).

190 EuGH v. 4.6.2015 – C-497/13 Rn. 72 mit Hinweis auf KOM(95) 520 endg., S. 14.

191 EuGH v. 4.6.2015 – C-497/13 Rn. 54; vgl. auch BGH NJW 2007, 2619.

192 EuGH v. 4.6.2015 – C-497/13 Rn. 75; vgl. bereits *Herb. Roth* ZIP 2004, 2025 (2027); *S. Lorenz* NJW 2007, 2623.

315 e) Die §§ 478, 479 endlich betreffen nicht das Verhältnis zwischen Unternehmer und Verbraucher, sondern zwischen zwei Unternehmern. Geregelt wird nämlich das Verhältnis des Letztverkäufers zu seinem Lieferanten (also Großhändler oder Hersteller): Der Letztverkäufer soll in keine **Regressfalle** geraten und daher gegen seinen Vormann in der Lieferkette Rückgriff nehmen können, wenn dieser die neu hergestellte Ware schon mangelhaft geliefert hatte.[193] Hierfür erleichtert § 478 I dem Letztverkäufer die Durchsetzung aller seiner Rechte aus § 437 gegen den Lieferanten, insbesondere wenn er die Sache aufgrund ihrer Mangelhaftigkeit zurücknehmen musste. Hingegen bestimmt **§ 478 II** einen **eigenen Ersatzanspruch** des Letztverkäufers wegen der Aufwendungen, die er im Verhältnis zu seinem Käufer (dem Verbraucher) zu tragen hat.[194] Auf den Werkvertrag ist § 478 II nicht analog anwendbar.[195] Wegen dieses Anspruchs besteht bei Nachbesserung durch den Letztverkäufer kein Bedürfnis für eine entsprechende Anwendung des § 478 I.[196] Eine Versäumung der handelsrechtlichen Rüge (§ 377 HGB, → Rn. 316) soll aber schaden, § 478 VI.[197] Entsprechendes gilt nach den §§ 478 V, 479 III auch zwischen den weiteren Gliedern der Lieferkette, wenn die Schuldner Unternehmer sind. Im Einzelnen knüpfen sich an den Regress viele Probleme:

aa) So ist streitig, ob **§ 478 analog** gilt, wenn die Sache nicht an einen Verbraucher, sondern einen Unternehmer verkauft wurde. Jedoch unterliegt der Letztverkäufer gegenüber Unternehmern nicht den Bindungen der §§ 474 ff., deren Ausgleich die §§ 478 f. bezwecken, sodass für eine Analogie kein Raum ist.[198] Der Regress ist wegen § 307 I auch nicht durch AGB auf den Verkauf an einen Unternehmer erweiterbar.[199]

bb) Da § 478 I voraussetzt, dass der Unternehmer die Sache als Folge ihrer Mangelhaftigkeit zurücknehmen musste, genügt eine Rücknahme nach ausgeübtem verbraucherschützenden Widerruf oder aus bloßer **Kulanz** nicht. Fraglich ist, ob § 478 I gilt, wenn der Letztverkäufer von der Möglichkeit der Nacherfüllung keinen Gebrauch gemacht hat und die Sache deshalb zurücknehmen muss.[200] Sofern im Unterlassen der Nacherfüllung eine Pflichtverletzung gegenüber dem Lieferanten besteht, hat dieser einen gesonderten Anspruch aus § 280 I. Daher kann es auch hier bei § 478 I bewenden.[201] Ist der Verkäufer auf Verlangen des Verbrauchers zur Ersatzlieferung verpflichtet, kann dies einem Zurücknehmen iSv § 478 I gleichgeachtet werden.[202]

cc) Für die **Entbehrlichkeit der Fristsetzung** kommt es nach § 478 I nicht darauf an, was der Käufer vom Letztverkäufer verlangt.[203] Die Fristsetzung ist entsprechend dem Wortlaut nicht lediglich dann entbehrlich, wenn der Letztverkäufer gegenüber seinem Lieferanten den Rechtsbehelf wählt, dem auch er durch den Verbraucher ausgesetzt ist.

193 *Medicus/Lorenz* SchuldR BT Rn. 250.
194 Dazu *Tröger* ZGS 2003, 296; *Tröger* AcP 204 (2004), 115; *S. Lepsius* AcP 207 (2007), 340.
195 BGH BeckRS 2013, 15325; *S. Lorenz* LMK 2014, 359378; *Witt* NJW 2014, 2156 (2157); *Keiser* JuS 2014, 961 (962 f.). vgl. auch BGH NJW 2014, 2183 (dazu *Looschelders* JA 2015, 68).
196 *Oetker/Maultzsch* VertrSchuldV § 2 Rn. 569; aA *Canaris* SchuldRModernisierung S. XXXI.
197 Dazu *Ernst/Gsell* ZIP 2001, 1389 (1401).
198 AA *Canaris* SchuldRModernisierung S. XXXII; *Tröger* AcP 204 (2004), 115 (122).
199 BGHZ 164, 196 (215), ebenfalls gegen die Analogie.
200 Verneinend *Jakobs* JZ 2004, 225 (229).
201 MüKoBGB/*S. Lorenz* § 478 Rn. 19, 22; *Grunewald* KaufR § 12 Rn. 7.
202 *Oechsler* VertrSchuldV Rn. 506; aA *Reinicke/Tiedtke* KaufR Rn. 770.
203 *Tiedtke/Schmitt* ZIP 2005, 681 (683); aA *Böhle* WM 2004, 1616 (1619); *Maultzsch* JuS 2002, 1171 (1173).

Für eine solche Einschränkung des § 478 I auf das »**reine Regressinteresse**« gibt es keinen gesetzgeberischen Grund.[204]

12. Der Handelskauf

316 a) Gleichsam das Gegenstück zum Verbraucherkauf bildet der Handelskauf nach §§ 373ff. HGB. Von diesen Vorschriften ist weitaus am wichtigsten § 377 HGB: Den Käufer trifft eine **Rügeobliegenheit.** Hierzu bedarf es einer Untersuchung auf die schon bei Lieferung erkennbaren Mängel (§ 377 I HGB); erst später erkennbar werdende sind unverzüglich nach der Entdeckung zu rügen (§ 377 III HGB). Unterbleibt die danach gebotene Rüge, so gilt die Ware als genehmigt (§ 377 II, III HGB) und folglich als mangelfrei (anders bei Arglist des Verkäufers, Abs. 5).

b) Wird ständig die (anscheinend) gleiche Ware bezogen, kann man dem Käufer kaum bei jeder neuen Lieferung eine **erneute Untersuchung** zumuten. Vielmehr hat dann der Verkäufer die Pflicht, auf eine Änderung der Ware hinzuweisen; unterlässt er das, so braucht der Käufer entsprechend § 377 III HGB erst zu rügen, wenn er den Mangel wirklich entdeckt hat.[205] Bei einer Nachlieferung nach § 439 muss der Käufer erneut prüfen und ggf. rügen. Das ist auch für Mängel möglich, die bei der ersten Lieferung nicht gerügt worden waren.[206] Umstritten ist, ob § 377 HGB auf Rechtsmängel (dazu → Rn. 284) anwendbar ist. Eine Ansicht nimmt dies wegen der kaufrechtlichen Gleichbehandlung von Sach- und Rechtsmängeln außer in den Fällen des § 438 I Nr. 1 a an (zu ihm → Rn. 284).[207] Dagegen wird zu bedenken gegeben, dass die nach § 377 HGB geforderte Überprüfung Rechtsmängel ohnehin nicht ans Licht bringe.[208] Diese Ansicht muss allerdings den Widerspruch zum Wortlaut des § 377 I (»Mangel«) in Kauf nehmen.

c) Zweifelhaft sein kann dagegen die Wirkung der Genehmigungsfiktion auf **konkurrierende Ansprüche.**

BGH NJW 1975, 2011: K bestellt für die Errichtung eines Flachdachs auf dem Anbau seiner Bäckerei (§ 343 HGB!) beim Baustoffhändler V Wellstegträger, die 40 cm hoch sein sollen. V liefert versehentlich Träger von nur 32 cm Höhe. Diese sind so schwach, dass sich das Dach durchbiegt. K verlangt von V Schadensersatz.

Der BGH hat hier die Erforderlichkeit einer Rüge bejaht und deshalb die Klage für unbegründet gehalten: Zwar sei die Abweichung schwerwiegend. Doch habe V ein berechtigtes Interesse daran, dass K durch Prüfung und Mängelrüge das Verkäuferrisiko einer Ersatzpflicht für Mangelfolgeschäden mindere. Dass K als Bäcker von Statik nichts verstanden habe, spiele keine Rolle: Wenn er die Träger selbst bestellt habe, hätte er eine sachkundige Person mit der Prüfung der gelieferten Träger betrauen müssen. Da also die Genehmigungsfiktion von § 377 II HGB eingriff, hatte K auch etwa bestehende Schadensersatzansprüche verloren.[209] Deliktische Schadensersatzansprüche bleiben nach der Rechtsprechung jedoch unberührt.[210]

---

204 Zum internationalen Anwendungsbereich *S. Lorenz,* FS Jayme, Bd. I, 2004, 533.

205 BGHZ 132, 175 (178). Zur Rügeobliegenheit in der Fallbearbeitung *Petersen* JURA 2012, 796.

206 Vgl. *Mankowski* NJW 2006, 865 (866); anders aber bei der Nachbesserung *Mankowski* NJW 2006, 865 (868).

207 *Canaris,* FS Konzen, 2006, 43 (51).

208 *Grunewald* KaufR § 10 Rn. 90.

209 Anders BGHZ 66, 208; BGH NJW 1992, 912; VersR 1992, 966, wenn der Verkäufer zugleich eine vertragliche Nebenpflicht verletzt (Unterscheidung zweifelhaft).

210 BGHZ 101, 337; dazu *Canaris* HandelsR § 29 Rn. 76ff.

II. Andere Schuldverhältnisse

1. Werkvertrag

317 Anders als beim Dienstvertrag wird beim Werkvertrag ein Erfolg geschuldet, § 631 I.[211] Dieser kann auch durch Arbeit oder Dienstleistung herbeizuführen sein (§ 631 II):[212]

BGHZ 180, 235: U rechnet Architektenleistungen vereinbarungsgemäß auf Stundenhonorarbasis ab, braucht aber aus Untüchtigkeit ungebührlich lange.

Der Werklohnanspruch aus § 631 I ist zunächst in entsprechend vereinbarter Höhe unvermindert entstanden, wenn U die betreffenden Stunden gearbeitet hat. B hat allerdings einen aufrechenbaren Gegenanspruch aus §§ 280 I, 241 II, weil U dafür zu lange gebraucht und dementsprechend treuwidrig abgerechnet hat.[213]

a) Erfolgsbezogenheit und »funktionaler« Mangelbegriff

317a Das werkvertragliche Gewährleistungsrecht entspricht weithin dem des Kaufrechts, da beide an das allgemeine Leistungsstörungsrecht anknüpfen. Ungeachtet der Anlehnung des § 633 an § 434 legt die Rechtsprechung im Werkvertragsrecht jedoch einen abweichenden »funktionalen« Mangelbegriff zugrunde:

BGHZ 174, 110: U verlangt von B Werklohn für die Errichtung einer Heizanlage in einem Forsthaus. B erklärt den Rücktritt und verweigert die Abnahme, nachdem sich herausgestellt hatte, dass ein von dritter Seite errichtetes Blockheizkraftwerk wegen des niedrigen Stromverbrauchs des B nicht genug Wärme herstellt und daher das Haus des B unzureichend beheizt wird.

Der Anspruch aus Werkvertrag (§ 631 I) ist entfallen, wenn der Rücktritt wegen eines Mangels der Heizanlage nach §§ 634 Nr. 3, 323 I wirksam ist. Hier war eine vorrangig zu prüfende Beschaffenheit vereinbart (§ 633 II 1), weil der vertraglich vereinbarte Erfolg nach dem Willen der Parteien und der von ihnen verfolgten Zwecksetzung nicht zu erreichen war.[214] Obwohl die Anlage für sich betrachtet funktionierte, kommt es hier also nach § 633 II 1 auf die **Funktionstauglichkeit** des Werks an. Da diese nicht gewährleistet ist, weil die Heizanlage in diesem Haus nicht funktionierte, war das Werk nach Ansicht des BGH nicht wie vereinbart beschaffen und daher mangelhaft.[215] Nach der in § 645 zum Ausdruck kommenden Risikoverteilung kann der Verantwortlichkeit des U für den Mangel jedoch entgegenstehen, dass sich dieser erst im Zusammenwirken mit dem von dritter Seite gelieferten Kraftwerk realisiert hat.[216] Besteht insoweit ein enger Zusammenhang, muss U die ihm zumutbaren Hinweispflichten erfüllt haben, um der Mängelhaftung zu entgehen. Der insoweit beweisbelastete U konnte dies nicht beweisen. Damit war von einem Mangel auszugehen. U schuldete daher nach §§ 634 Nr. 1,

---

211 Grenzfragen des Erfolgsbezugs beantwortet *Greiner* AcP 211 (2011), 221; vgl. auch *Förster* ZGS 2010, 460; *Wietfeld* NJW 2014, 1206.

212 BGH NJW 2013, 3022: Winterdienstvertrag als Werkvertrag; dazu *Mäsch* JuS 2013, 1033; *Looschelders* JA 2014, 67.

213 Eingehend, auch zur Behauptungs- und Beweislast, *Bauer* JZ 2010, 181.

214 Wenn die vereinbarte Funktionalität technisch nicht zu bewerkstelligen ist, kommen nur §§ 634 Nr. 4, 311 a II in Betracht: BGH NJW 2014, 3365 (mAnm *Ott*); dazu *Looschelders* JA 2014, 942; *Riehm* JuS 2015, 266.

215 *Looschelders* JA 2008, 385; *Looschelders* SchuldR BT Rn. 667; *Brox/Walker* SchuldR BT § 24 Rn. 2; *Lucenti* NJW 2008, 962. Zu der Entscheidung auch *Markus* NZBau 2010, 604; aus gutem Grund skeptisch *Sass* NZBau 2013, 132.

216 *Oechsler* VertrSchuldV Rn. 1057. Zu den Rechten bei mangelhafter Drittleistung *Schlinker* AcP 207 (2007), 399.

635 I Nachbesserung, und zwar bis zur Erreichung der vereinbarten Funktionstauglichkeit.

Dadurch wird U nicht unbillig belastet. Denn soweit die Funktionstauglichkeit mit dem vertraglich geschuldeten Aufwand nicht erreichbar ist und daher ohnehin (»sowieso«) teurer gewesen wäre, hat der Unternehmer einen ungeschriebenen vertraglichen Nebenanspruch auf Kostenbeteiligung.[217] Diese sog. **Sowiesokosten** fallen nämlich nicht unter die vom Unternehmer zu tragenden Nacherfüllungskosten iSd § 635 II. Diese wären als Fall der Vorteilsausgleichung zulasten des B schadensmindernd in Anschlag zu bringen.[218] Daneben ist U die Erfüllung seiner vertraglich geschuldeten Pflicht überhaupt nur möglich, wenn ihm B eine geeignete Vorleistung – das heißt hier: eine adäquate Wärmequelle – bietet; andernfalls wird U von seiner Leistungspflicht frei (§ 275 I). Dann könnte U den Anspruch auf die Gegenleistung nach § 326 II behalten. Denn verantwortlich ist B dann, wenn er die ihm obliegende Vorleistung schlussendlich nicht in der Weise erbringt bzw. bewirken lässt, dass U seiner Verpflichtung zur Herstellung des Werks nachkommen kann.[219] Das wäre nach Ansicht des BGH auch interessengerecht, zumal dies im Ergebnis der Rechtslage nach Kündigung durch den Besteller nach § 649 S. 1 entspricht, wonach B gleichfalls Vergütung schulden würde, § 649 S. 2.[220] Der Rücktritt ändert daran nichts (§§ 326 V, 323 VI). Einiges sprach im Übrigen dafür, dass U den B über die mangelnde Funktionstauglichkeit nicht fachgerecht aufgeklärt hatte. Dann hätte B gegen ihn wegen Verletzung seiner Prüf- und Hinweispflicht einen Anspruch aus §§ 280 I, 311 II, dem der Vorrang des Gewährleistungsrechts nicht entgegenstünde, weil damit eine selbstständige Nebenpflicht verletzt worden wäre. B wäre dann so zu stellen, als wenn der Werkvertrag nicht geschlossen worden wäre (§ 249 I). Der Durchsetzbarkeit des Werklohnanspruchs würde dann der *dolo-agit*-Einwand (§ 242) entgegenstehen.[221]

b) Abnahmepflicht des Bestellers

317b Eine werkvertragliche Besonderheit bildet auch die – bei grundloser Verletzung zum Schuldner- und Gläubigerverzug des Bestellers führende[222] – (Hauptleistungs-)Pflicht zur **Abnahme** (§ 640) mit Bedeutung für die Fälligkeit der Werklohnforderung (§ 641 I 1), für den Verjährungsbeginn (§ 634a II) und für die Gefahrtragung (§ 644 I 1). Eine konkludente Abnahme ist möglich, wenn der Besteller erkennen lässt, dass er das Werk für mangelfrei hergestellt hält und die Ausführung als »im Wesentlichen vertragsgerecht« billigt.[223] Vor der Abnahme sind die §§ 280ff. direkt anwendbar, danach über § 634 Nr. 4. Auch für die Fristsetzung nach § 281 I 1 hat die Abnahme Bedeutung: Während vor Abnahme eine schlichte Aufforderung genügt, die geschuldete Leistung zu bewirken, muss der Unternehmer nach Abnahme zumindest erkennen können, wa-

217 BGH NJW-RR 2007, 597 (598) Rn. 16f.; BGHZ 91, 206 (211). Zur Vorteilsausgleichung beim werkvertraglichen Schadensersatz *Schiemann* NJW 2007, 3037.

218 *Wendehorst,* Anspruch und Ausgleich, 1999, 459ff.; *Früh,* Die »Sowieso-Kosten«, 1991.

219 *Medicus/Lorenz* SchuldR BT Rn. 712, 748.

220 Zur vorzeitigen Beendigung des Werkvertrags *Rudkowski* JURA 2011, 567; zu § 649 auch *Bitter/Rauhut* JZ 2007, 964.

221 *Faust* JuS 2008, 464 (464). Zu den Grenzen zulässiger Rechtsausübung *Petersen* JURA 2008, 759.

222 Näher *Looschelders* SchuldR BT Rn. 650; *Brox/Walker* SchuldR BT § 25 Rn. 10.

223 BGH MDR 2014, 458 Rn. 18.

rum der Besteller die Leistung nicht als vertragsgemäß akzeptiert, ohne dass etwaige Defizite im Einzelnen dargelegt werden müssen.[224]

c) Selbstvornahme der Nacherfüllung

317c Zusätzlich zu den kaufrechtlichen Behelfen kann der Besteller den Mangel anders als im Kaufrecht (→ Rn. 290) auch **selbst beseitigen** und von dem Unternehmer dazu einen Vorschuss und Kostenersatz verlangen, ohne dass ein Verschulden des Unternehmers erforderlich ist, § 637:

BGHZ 183, 366: B erwirkte gegen U einen Titel auf Zahlung eines Vorschusses zur Beseitigung von Werkmängeln, ließ diese aber nicht binnen angemessener Frist beseitigen.

Da der Vorschuss wegen § 637 nicht rechtsgrundlos geleistet wurde, ergibt sich der Anspruch nicht aus Bereicherungsrecht, sondern aus ergänzender Auslegung des Werkvertrags, nach anderer Ansicht analog § 667 Fall 1. Das Unterlassen der Mängelbeseitigung führte zu einer **Zweckverfehlung der Vorschussleistung** und damit zu deren Rückforderbarkeit. Dieser Anspruch verjährt nicht nach § 634 a, sondern gem. § 195.[225]

d) Schadensersatz

317d Wenn bei Abnahme (§ 640) ein Mangel (§ 633 I) vorliegt, kann der Besteller unter den Voraussetzungen des § 634 Nr. 4 Schadensersatz verlangen.[226] So schuldet etwa der Unternehmer nach §§ 634 Nr. 4, 311 a II Schadensersatz, wenn die vereinbarte Funktion (anders als oben → Rn. 317 a) objektiv unmöglich ist.[227] Die Fristsetzung ist abweichend von § 281 I 1 dann entbehrlich, wenn der Unternehmer nach § 635 III ein **Leistungsverweigerungsrecht** wegen **Unverhältnismäßigkeit** der Nacherfüllungskosten hat. § 635 III ist gegenüber § 439 III einfacher ausgestaltet, weil der Unternehmer beim Werkvertrag selbst zwischen den beiden Varianten der Nacherfüllung wählt (§ 635 I) und eine relative Unverhältnismäßigkeit deshalb nicht zu regeln war. Daneben kommt es für das Leistungsverweigerungsrecht aber wie im Kaufrecht auf die Umstände des Einzelfalls an. Dafür ist nach der Wertung des § 275 II 2 ein etwaiges Vertretenmüssen des Unternehmers für den Mangel beachtlich. Aber auch ein Leistungsverweigerungsrecht nach § 635 III hindert einen Anspruch auf Schadensersatz nicht, wie sich nicht nur aus § 636 Fall 1, sondern auch daraus ergibt, dass selbst bei Vorliegen der Voraussetzungen des strengeren § 275 II Schadensersatz nicht ausgeschlossen ist.[228] Allerdings wirkt sich § 635 III dann auf der Rechtsfolgeseite der §§ 249 ff. dergestalt aus, dass bei der Beurteilung der Unverhältnismäßigkeit iSd § 251 II dieselben Maßstäbe gelten wie bei § 635 III.[229] Das führt bei berechtigter Berufung des Unternehmers auf die Unverhältnismäßigkeit nach § 635 III im Ergebnis zum Schadensersatz iSd §§ 634 Nr. 4, 281, 249, 251 II nur in Höhe der Minderung des Verkehrswerts. Die Mangelbeseitigungskosten erhält der Besteller also ebenso wenig wie die Mangelbeseitigung selbst. Gleiches gilt im Kaufrecht (→ Rn. 291 d). Wie auch sonst, bedarf es für einen An-

---

224 BGH NJW 2010, 2200 Rn. 16. Für die Möglichkeit eines Druckzuschlags nach § 641 III schon → Rn. 219; zur Einrede aus § 641 III auch BGHZ 198, 150.

225 BGH NJW 2010, 1195; zum Kostenvorschussanspruch *Samhat* JURA 2014, 455.

226 Zur Abnahme *Peters* ZGS 2011, 304; zur Minderung und zum »kleinen« Schadensersatz *Eichel* JuS 2011, 1064; zum »großen« *Mehring* ZGS 2009, 310; ferner *P. W. Tettinger* ZGS 2006, 96.

227 BGHZ 201, 148.

228 Allg. zur Anwendung des § 275 beim Werkvertrag *Wertenbruch* ZGS 2003, 53.

229 BGH NJW 2013, 370; dazu *Mäsch* JuS 2013, 1133; zum KaufR BGHZ 200, 350 und → Rn. 291 d.

spruch aus Schutzpflichtverletzung (§§ 280 I, 241 II) keiner vorherigen Fristsetzung.[230] Gleich zu behandeln sind Kauf- und Werkvertragsrecht schließlich auch im Hinblick auf die in → Rn. 288a behandelte Streitfrage: Weder § 633 II 3 noch § 434 III ist richtigerweise im Rahmen des § 323 V 1 anzuwenden.[231]

e) Verjährung

317e Unterschiede zwischen Kauf- und Werkvertrag gibt es aber bei der Verjährung (§ 438 I Nr. 3 gegen § 634a I Nr. 3). Bei Arglist des Unternehmers gilt gem. § 634a III jedoch ebenfalls die nach § 199 beginnende Regelverjährungsfrist (§ 195).[232]

318 Nach **§ 651** ist Kaufrecht auf alle Verträge anzuwenden, die auf die Lieferung herzustellender oder zu erzeugender beweglicher Sachen abzielen.[233] Es kommt also nicht darauf an, von wem das zu verwendende Material stammt: Auch wenn der Besteller sich einen Maßanzug aus von ihm selbst beschafftem Stoff schneidern lässt, gilt prinzipiell Kaufrecht. Allerdings sollen bei nicht vertretbaren Sachen (die der Unternehmer also nicht ohne Weiteres anderswo absetzen kann) einige werkvertragliche Vorschriften gelten. Das Vordringen des Kaufrechts wirkt sich auch aus, wenn beide Parteien Kaufleute sind, da die Rügeobliegenheit nach § 377 HGB nicht beim Werkvertrag, sondern über § 381 II HGB nur dann gilt, wenn über § 651 Kaufrecht anwendbar ist.[234]

2. Reisevertrag

319 Die Regelung über den Reisevertrag (§§ 651a–651m) dient dem Schutz der Reisenden (§ 651m).[235] Bei Mängeln der Reise muss der Veranstalter Abhilfe schaffen, § 651c II.[236] Nach erfolgloser Fristsetzung kann auch der Reisende selbst für Abhilfe sorgen und die Kosten vom Veranstalter ersetzt verlangen, § 651c III. Für die Dauer des Mangels mindert sich der Reisepreis nach Anzeige des Mangels durch den Reisenden, § 651d. Nach dem erfolglosen Ablauf einer dem Veranstalter zur Abhilfe gesetzten Frist kann der Reisende fristlos kündigen, § 651e I, II. Der Veranstalter muss dann für den Rücktransport des Reisenden sorgen, § 651e IV. Neben der Minderung oder der Kündigung kann der Reisende Schadensersatz verlangen, es sei denn der Veranstalter hat den Mangel nicht zu vertreten, § 651f I. (zu Abs. 2 → Rn. 830). Richtigerweise ist **§ 1357** auf Reiseverträge anwendbar, weil sonst der Reiseveranstalter das **Insolvenzrisiko** des Mitreisenden tragen würde.[237]

---

230 BGH NJW-RR 2012, 268; dazu *Looschelders* JA 2012, 547.

231 *Grigoleit/Riehm* ZGS 2002, 115.

232 Zu den Voraussetzungen der Arglist BGH NJW 2012, 1653.

233 Dazu *Metzger* AcP 204 (2004), 231; *Mankowski* MDR 2003, 854; *Leistner* JA 2007, 81; *Nietsch* AcP 211 (2011), 737; *K. Schreiber* JURA 2013, 21 sowie → Rn. 805 zu BGHZ 48, 118 (»Trevira«). Zum Verhältnis zu § 950 *Röthel* NJW 2005, 625 (628); *Klinck* JR 2006, 1; *Hagen* JZ 2004, 713 (716); *Musielak/Hau* EK BGB Rn. 220ff.

234 BGHZ 182, 140.

235 Kommentarmäßige Darstellung bei *Tonner*, Der Reisevertrag, 5. Aufl. 2007; lehrreich *S. Lorenz* JuS 2014, 589. Grundfälle bei *Lettmaier/Fischinger* JuS 2010, 14; 99; ferner *A. Staudinger* JURA 2013, 624 (Examensklausur!); *Staudinger/Röben* NJW 2014, 2839; JA 2015, 241. Zum Reisevermittlungsvertrag *Neuner* AcP 193 (1993), 1.

236 Dazu BGH NJW 2011, 371.

237 *Oechsler* VertrSchuldV Rn. 1190; aA MüKoBGB/*A. Roth* § 1357 Rn. 24; vermittelnd OLG Köln NJW-RR 1991, 1092: nicht bei »außergewöhnlichen« Reisen. Zu § 1357 → Rn. 88.

3. Dienstvertrag

320 Der Dienstvertrag (§§ 611–630) weicht von dem Schema der bisher erörterten Vertragstypen wesentlich ab.[238] Vor allem fehlen nämlich Sonderregeln für die mangelhafte Dienstleistung, insbesondere die Minderung soll nicht auch für den Dienstvertrag gelten.[239] Daher bleibt außer den Rechtsbehelfen des Leistungsstörungsrechts[240] nur die bloß für die Zukunft wirkende Kündigung (§§ 620ff.), insbesondere die fristlose aus wichtigem Grund (§§ 626f.). Inwieweit daneben noch Raum für die rückwirkende Anfechtung oder den Rücktritt nach §§ 323ff. bleibt, ist zweifelhaft.[241]

321 **Schadensersatzansprüche** nennt das Dienstvertragsrecht nur in den §§ 618 III, 627 II 2 und 628 II sowie § 15 AGG. Hier geht es aber nirgendwo um mangelhafte Dienstleistungen. Für diese folgt daher ein Schadensersatzanspruch des Dienstberechtigten nur aus § 280 I; die schlechte Dienstleistung muss also zu einem Schaden geführt haben. Wenn der Dienstvertrag ein Arbeitsverhältnis darstellt (also bei unselbstständiger Arbeit), hilft dem Arbeitnehmer abweichend von § 280 I 2 der § 619a.

4. Miete

322 Der Vermieter schuldet dem Mieter die Überlassung des vertragsgemäßen Gebrauchs der Mietsache, § 535 I.[242] Solange ein Mangel besteht, mindert sich die Miete von selbst, § 536 I.[243] Daneben hat der Mieter nach § 320 in angemessener Höhe ein Zurückbehaltungsrecht an der Restmiete (aber → Rn. 220).[244] Bei Unklarheiten über die Ursache der Gebrauchsbeeinträchtigung kommt eine **Beweislastverteilung nach Gefahrenbereichen** in Betracht.[245] Für Unmöglichkeit und Verzug bei der Gebrauchsüberlassung gelten die Regeln des Allgemeinen Schuldrechts (§§ 280, 281, 283, 286).[246]

322a a) Nach § 536a I kann der Mieter **Schadensersatz** verlangen, für anfängliche Mängel sogar ohne Vertretenmüssen des Vermieters. Bei nachträglichen Mängeln trifft den Mieter die Darlegungs- und Beweislast für das Vertretenmüssen. § 280 I 2 gilt insoweit nicht. Der Vermieter muss sich aber ausnahmsweise entlasten, wenn die Schadensursache aus seinem »Herrschafts- und Einflussbereich« stammt.[247]

Erleiden Dritte infolge eines Mangels Schäden, ist an die **Drittschadensliquidation** und den **Vertrag mit Schutzwirkung zugunsten Dritter** zu denken (→ Rn. 842ff.). Richtige Anspruchsgrundlage ist bei anfänglichen Mängeln auch dort stets § 536a I Fall 1. Für die Drittschadensliquidation versteht sich die Garantiehaftung des Vermieters von selbst, weil ohnehin nur der Mieter und nicht der Dritte anspruchsberechtigt ist. Ist der Dritte dagegen in den Schutzbereich des Mietvertrags einbezogen, könnte

238 Näher *Wendehorst* AcP 206 (2006), 205.
239 Dazu *Canaris,* FS K. Schmidt, 2009, 177.
240 Zu ihnen lesenswert *Alexander* JA 2015, 321.
241 Dazu BGH NJW 2002, 1870.
242 Dazu *Leenen* MDR 1980, 353; *Weller* JZ 2012, 881. Grundfälle zum Mietrecht behandeln *Löhnig/Gietl* JuS 2011, 107, 202.
243 Zur Gewährleistung im Mietrecht *S. Lorenz/Eichhorn* JuS 2014, 783.
244 BGH NJW-RR 2003, 873: jedenfalls dreifacher Minderungsbetrag; anders *Selk* NZM 2009, 142 mit Verweis auf § 641 III (→ Rn. 219).
245 BGH NJW 2008, 2432; krit. *Gsell* NZM 2010, 71 (78); *Oechsler* VertrSchuldV Rn. 846.
246 Lehrreicher Klausurfall von *Leenen/Fleischhauer* JuS 2005, 709. Zum Verhältnis von § 536a zu § 311a *Joussen* ZMR 2004, 553.
247 BGH NJW 2006, 1061.

man zunächst nur an einen Anspruch des Dritten aus §§ 280 I, 241 II denken. Da aber der Vermieter dem Mieter verschuldensunabhängig haftet, soll der in den Schutzbereich einbezogene Dritte nicht schlechter stehen, sodass der Vermieter auch ihm nach § 536a I Fall 1 verpflichtet ist, obwohl der Dritte nicht »Mieter« ist.[248]

Unter den Voraussetzungen des § 536a II kann der Mieter den Mangel selbst beseitigen und die Kosten vom Vermieter ersetzt verlangen. Allerdings müssen die Maßnahmen geeignet sein, den Mangel nachhaltig zu beseitigen.[249] Auch im Mietrecht stellt sich das Problem der **eigenmächtigen Mängelbeseitigung.** Liegen die Voraussetzungen des § 536a II nicht vor, steht dem Mieter weder Schadensersatz nach § 536a I noch Aufwendungsersatz nach § 539 I zu,[250] und zwar ohne dass es auf die §§ 683, 670, 677 im Einzelnen ankommt.[251] Das entspricht der Rechtsprechung zum Kaufrecht (→ Rn. 290).

322b b) Der Mieter von Wohnraum ist vor der Kündigung des Vermieters besonders geschützt. Eine ordentliche Kündigung ist nur ausnahmsweise zulässig, wenn der Vermieter ein berechtigtes Interesse an ihr hat (§ 573 I, II Nr. 1–3). § 573 II Nr. 2 ermöglicht dabei vor allem die **Eigenbedarfskündigung.**[252] Stellt sich später heraus, dass der Eigenbedarf **vorgetäuscht** war, hat der Mieter nicht nur gem. § 535 I Anspruch auf Wiedereinräumung des Besitzes, sondern kann nach §§ 280 I 1, 241 II Schadensersatz verlangen, der etwa die Umzugskosten und die monatlichen Mehrkosten für die neue Wohnung umfasst.[253] Selbst wenn der Mieter unter dem Druck der drohenden Eigenbedarfskündigung einen (ggf. nichtigen: §§ 142 I, 123 I) **Aufhebungsvertrag** mit dem Vermieter schließt, beseitigt das den Zurechnungszusammenhang zwischen der Vortäuschung des Eigenbedarfs und dem Schaden des Mieters nicht, wenn der Mieter das Kündigungsverlangen materiell für berechtigt halten durfte.[254] Es gereicht dem Mieter dann nicht zum Nachteil, dass er sich mit einer einvernehmlichen Beendigung einverstanden erklärt, weil er die Mietwohnung gleichwohl nicht aus freien Stücken räumt, sondern sich dazu verpflichtet glaubt.

Im Falle berechtigten Eigenbedarfs hat der Vermieter dem Mieter eine ihm zur Verfügung stehende, vergleichbare und im selben Haus bzw. derselben Wohnanlage befindliche Ersatzwohnung anzubieten (§ 241 II).[255] Das gilt auch, wenn während der laufenden Kündigungsfrist eine Ersatzwohnung frei wird.

BGH NJW 2010, 3775: V vermietet eine in seinem Haus frei werdende Wohnung an D, ohne sie dem M anzubieten, dem er zuvor wegen Eigenbedarfs gekündigt hatte und der während des Laufs der Kündigungsfrist noch im Haus wohnt.

Da V die ihm obliegende **Anbietpflicht** verletzt hat, kann er sich auf die deshalb rechtsmissbräuchliche Kündigung nicht berufen (§ 242). Der Mieter soll nämlich selbst entscheiden können, ob sich die Ersatzwohnung für seine persönlichen Zwecke eignet. Diese Entscheidung hat V vereitelt. M darf also bleiben. Ist er bereits ausgezogen und

248 BGHZ 49, 350; BGH NJW 2010, 3152; dazu auch → Rn. 842, 845.

249 BGH NJW 2010, 2050.

250 BGH NJW 2008, 1216. AA *Herresthal/Riehm* NJW 2005, 1457 (1460). S. auch *Kuhn* ZMR 2009, 175; *Gsell* NZM 2010, 71.

251 *K. W. Lange* ZGS 2009, 442 (443); näher zum Ganzen *Kuhn* ZGS 2009, 175.

252 Zur verfassungsrechtlichen Beurteilung BVerfG NJW-RR 2015, 526.

253 BGHZ 89, 296; BGH NJW 2009, 2059; zur Darlegungs- und Beweislast des Mieters BGH NJW 2005, 2395.

254 BGH NJW 2009, 2059 Rn. 14; *Oechsler* VertrSchuldV Rn. 994.

255 BGH NJW 2003, 2604; 2010, 3775 Rn. 14. Krit. MüKoBGB/*Häublein* § 573 Rn. 78.

die Wohnung an einen Angehörigen neu vermietet, schuldet V nach §§ 280 I, 283 lediglich Schadensersatz, weil sowohl D als auch der Nachmieter des M durch § 573 I geschützt sind. Die Anbietpflicht endet mit Ablauf der Kündigungsfrist; eine danach ggf. freigewordene Ersatzwohnung des Vermieters ändert nichts an der Wirksamkeit der Eigenbedarfskündigung: Den Vermieter trifft dann keine nachvertragliche Treuepflicht, deren Inhalt auch zu unbestimmt wäre.[256]

Häufig wird über Eigenbedarfskündigungen lange gestritten. Fällt der Eigenbedarf während des gerichtlichen Verfahrens weg, nutzt das dem Mieter freilich nichts, weil es genügt, wenn der Eigenbedarf bei Ablauf der Kündigungsfrist noch bestanden hatte.[257] Die Eigenbedarfskündigung einer unbefristet vermieteten Wohnung ist **rechtsmissbräuchlich,** wenn der Vermieter schon bei Vertragsschluss »entweder entschlossen ist oder zumindest erwägt«, den Wohnraum selbst oder durch einen Angehörigen zu nutzen, ohne den Mieter darüber aufzuklären.[258] Eine weitergehende **Bedarfsvorschau** kann dem Vermieter jedoch nicht angesonnen werden.

322c c) Neben die ordentliche Kündigung treten die außerordentliche Kündigung mit gesetzlicher Frist (§ 573 d) und die **fristlose außerordentliche Kündigung** aus wichtigem Grund (§§ 543, 569). Wichtigster Fall der fristlosen Kündigung ist der Zahlungsverzug des Mieters nach §§ 543 II 1 Nr. 3, 569 III Nr. 1 (→ Rn. 220):

BGH NZM 2005, 334 und NJW 2007, 428: Auf Anraten eines Mietervereins hält M die monatlichen Vorauszahlungen auf die Betriebskosten (§ 556 II) zurück und zahlt lediglich die Nettokaltmiete. Entgegen dem Rechtsrat besteht kein Zurückbehaltungsrecht. Über Monate läuft ein Rückstand von mehr als dem Doppelten der vereinbarten Bruttomiete auf. V erklärt die fristlose außerordentliche Kündigung und zugleich die ordentliche Kündigung. Kurz vor Ablauf von zwei Monaten nach Rechtshängigkeit der Räumungsklage und knapp neun Monate nach der Kündigung gleicht M den Rückstand aus.

Die Wirksamkeit der fristlosen außerordentlichen Kündigung bemisst sich nach § 543 I 1, II 1 Nr. 3 b): Da die Betriebskostenvorschüsse zur geschuldeten Miete gehören, war ein hinreichender Mietrückstand aufgelaufen. Die außerordentliche Kündigung wurde aber gem. § 569 III Nr. 2 nachträglich unwirksam, weil M den V vor Ablauf von zwei Monaten nach Rechtshängigkeit des Räumungsanspruchs hinsichtlich der gesamten ausstehenden Miete befriedigte **(Schonfristzahlung).**[259] Es kommt deshalb auf die ordentliche Kündigung an, die ihre Grundlage in § 573 II Nr. 1 hat. Da der Mietrückstand sogar eine fristlose Kündigung erlaubte, liegt eine »nicht unerhebliche« Pflichtverletzung vor.[260] V hatte daher ein berechtigtes Interesse an der Beendigung des Mietverhältnisses, wenn die Pflichtverletzung auch »schuldhaft« iSv § 573 II Nr. 1 war. Das hat der BGH bejaht, weil sich M den vermeidbaren **Rechtsirrtum** des Mietervereins nach § 278 zurechnen lassen müsse. Zwar habe sich M selbst in einem unvermeidbaren Rechtsirrtum befunden, weil er an dem Rat des fachkundigen Vereins nicht zweifeln musste. Auch habe er den Verein sorgsam ausgewählt. Doch setze § 573 II Nr. 1 nicht zwingend eigenes Verschulden voraus. Auch wenn der Verein nicht bei der eigentlichen Erfüllungshandlung – der Zahlung – tätig geworden sei, sondern lediglich

---

256 BGH NJW 2009, 1141 Rn. 13; zust. *Oechsler* VertrSchuldV Rn. 996.

257 BGHZ 165, 75.

258 BGH NJW 2015, 1087 Rn. 17.

259 Vgl. auch BGH NJW 2015, 1296 Rn. 24. Zur erneuten Kündigung wegen offener Verfahrenskosten des vorhergehenden Räumungsprozesses BGH NJW 2010, 3020.

260 Nach BGH NJW 2013, 159 Rn. 19 ist die ordentliche Kündigung freilich auch unterhalb der Grenze des § 543 III Nr. 2 zulässig; vgl. auch *Oechsler* VertrSchuldV Rn. 1006.

in deren Vorfeld, sei er als Erfüllungsgehilfe hinsichtlich der Verpflichtung zur Entrichtung der Miete anzusehen, weil die pflichtgemäße Prüfung, ob ein Zurückbehaltungsrecht bestehe, zum Gesamtpflichtenkreis des Mieters gehöre.[261] Dagegen spricht jedoch, dass der Rechtsberater kein Erfüllungsgehilfe ist, weil die Rechtsberatung nicht im Pflichtenkreis des Schuldners liegt.[262]

Die Nachzahlung des offenen Betrags steht der ordentlichen Kündigung indes nicht entgegen. Eine **analoge Anwendung des § 569 III Nr. 2** lehnt der BGH mit Recht ab, weil dort der Schutzzweck – Vermeidung von Obdachlosigkeit – nicht in gleicher Weise gelte, da während der vergleichsweise langen Kündigungsfrist (§ 573 c) eine neue Wohnung gesucht werden könne.[263] Das Schrifttum spricht sich wegen des systematischen Gleichlaufs dennoch mehrheitlich für ein **Nachholrecht** aus.[264] Inzwischen hat der BGH klargestellt, dass die Berufung auf die ordentliche Kündigung nach § 242 rechtsmissbräuchlich sein kann, wenn die nachträgliche Zahlung die Pflichtverletzung des Mieters in einem »milderen Licht« erscheinen lässt. Eine Zahlung neun Monate nach Kündigung solle hierfür aber nicht genügen.[265] Die ordentliche Kündigung war danach wirksam.

322d **d)** Ähnliche Probleme ergeben sich, wenn der Mieter mindert, bei Anwendung der im Verkehr erforderlichen Sorgfalt aber hätte erkennen können, dass die tatsächlichen Voraussetzungen des Minderungsrechts nicht bestehen.[266] Muss der Mieter etwa erkennen, dass die **Schimmelbildung** in seiner Wohnung nicht nur auf dem von ihm behaupteten Baumangel, sondern auch auf fehlerhaftem Lüftungsverhalten beruhen kann, dann ist das **Einbehalten des Minderungsbetrags** für ihn riskant: Denn wenn das Gericht später den Mangel verneint, dann begründet die Nichtzahlung der Miete eine »schuldhafte« – weil fahrlässige – Pflichtverletzung iSv § 573 II Nr. 1 bzw. einen »zu vertretenden« Zahlungsverzug iSv §§ 543 II 1 Nr. 3, 286 IV, 276 II. Die vermieterseitige Kündigung ist dann grundsätzlich wirksam. Der Mieter trägt damit das **Risiko der Fehleinschätzung.** Dadurch wird aber das Minderungsrecht als Druckmittel entwertet. Denn der Mieter muss die Miete im Zweifel unter Vorbehalt (§ 814) weiterzahlen und selbst einen Prozess mit dem Vermieter anstrengen.

In eine ähnliche vermieterfreundliche Richtung geht auch eine andere Rechtsprechung des BGH, wonach der Mietzahlungsanspruch im **Urkundenprozess** (§ 592 ZPO) geltend gemacht werden kann, sodass der Mieter mit den Mangeleinwänden auf das Nachverfahren (§ 600 ZPO) verwiesen ist, sich zwischenzeitlich also einem Vollstreckungstitel (§ 708 Nr. 4 ZPO!) gegenübersieht.[267]

322e **e)** Streitig sind schließlich die Rechtsfolgen beim **Verzug mit der Rückgabepflicht:**

Beispiel: M gibt die gemietete Wohnung nach wirksamer Kündigung und angemessener Nachfristsetzung durch V nicht zurück.

Neben dem verschuldensunabhängigen Anspruch auf die Mietentschädigung aus § 546 a I kommt nach dessen Abs. 2 ein Anspruch aus Allgemeinem Schuldrecht in Betracht: Da die Rückgabe hier die Leistung darstellt, scheint der nach §§ 281 I, 280 III

261 BGH NJW 2007, 428.
262 Zutr. *S. Lorenz* WuM 2013, 202 (206).
263 BGH NZM 2005, 334; NJW 2007, 428 Rn. 12; 2013, 159; zust. *Oechsler* VertrSchuldV Rn. 1007.
264 MüKoBGB/*Häublein* § 573 Rn. 60 ff.; *Franke* ZMR 1992, 81 (83).
265 BGH NJW 2013, 159 Rn. 31.
266 BGH NJW 2012, 2882.
267 BGH NJW 2005, 2701; 2007, 1061; 2009, 3099. Zu § 592 ZPO *Zeiss/Schreiber* ZivilProzR Rn. 765; *Paulus* ZivilProzR Rn. 40, 641.

geschuldete Schadensersatz statt der Leistung zu bedeuten, dass V gem. § 249 I Ersatz in Höhe des Wohnungswerts beanspruchen kann. Freilich müsste V die Wohnung **entsprechend § 255** an M übereignen.[268] Ein solcher **»Zwangskauf«** wird von vielen für unannehmbar gehalten.[269] Die Gesetzesbegründung verweist nur auf die Grenzen des Rechtsmissbrauchs (§ 242). Damit wird jedoch der Mieterschutz unvollkommen verwirklicht, da es so zu Einschüchterungsversuchen des Vermieters kommen kann, zumal wenn sich der Mieter seines Besitzrechts nicht sicher ist. Diesen möglichen Unbilligkeiten entgeht man, wenn man als Schaden nicht den Marktwert der Wohnung, sondern ihren kapitalisierten Nutzungswert im Hinblick auf die vorläufige Restnutzungszeit begreift.[270]

5. Leasing

323 Mit dem Wort »Leasing« werden sehr verschiedene Geschäfte bezeichnet.[271] Ohne den Begriff zu verwenden, betrifft § 506 II das **Finanzierungsleasing.** Bei diesem erhält der Leasingnehmer (LN) die Sache für eine – gemessen an deren »Lebensdauer« – verhältnismäßig lange Zeit. Der LN schuldet dem Leasinggeber (LG) üblicherweise den vollen Ausgleich des für den Erwerb der Leasingsache eingesetzten Kapitals und des kalkulierten Gewinns (Vollamortisation).[272] Das unterscheidet das Finanzierungsleasing von der gewöhnlichen Miete, die keine Finanzierungsfunktion hat und bei der die Amortisation in der Regel erst durch mehrfache aufeinanderfolgende Vermietungen eintritt. Wegen der entgeltlichen Gebrauchsüberlassung qualifiziert der **BGH** das Verhältnis zwischen LG und LN gleichwohl »in erster Linie« als **Mietvertrag.**[273] Dagegen geht die vorzugswürdige **Gegenansicht** von einem **gemischttypischen Vertrag** mit Elementen eines Geschäftsbesorgungs- und eines Darlehensvertrags aus.[274] Die für fremdfinanzierte Geschäfte kennzeichnende Dreipersonenbeziehung entsteht, wenn als LG nicht der Hersteller der Sache auftritt (dann **Herstellerleasing**), sondern ein Dritter: Dieser übernimmt regelmäßig den Erwerb und die Finanzierung der vom LN beim Hersteller bzw. Verkäufer ausgesuchten Sache (Kaufvertrag), die er dem LN entgeltlich überlässt (Leasingvertrag).

In der Praxis schließt der LG gegenüber dem LN für gewöhnlich die Gewährleistung nach den §§ 536ff. formularmäßig aus. Das ist mit § 307 vereinbar, wenn der LG dem LN als Ersatz dafür die ihm gegenüber dem Lieferanten zustehenden Gewährleistungsrechte nach den §§ 434ff. »endgültig, vorbehaltlos und unbedingt« abtritt.[275] Obwohl der LN selbst nicht Partei des Kaufvertrags ist, werden ihm also gewisse Käufer-

268 *Unberath* ZMR 2004, 309 (314); vgl. auch *Medicus/Lorenz* SchuldR BT Rn. 449.

269 *Emmerich* NZM 2002, 362 (367); *Hau* JuS 2003, 130 (135).

270 *M. Schwab* NZM 2003, 50; *M. Schwab/Novokmet* ZGS 2004, 187.

271 Vgl. etwa *Larenz/Canaris* SchuldR II 2 § 66 I und II; umfassend *Martinek,* Leasinghandbuch, 2. Aufl. 2008.

272 BGH NJW 2006, 1066 Rn. 14; *Oechsler* VertrSchuldV Rn. 712ff.; zum Finanzierungsleasing auch *Rolland,* FS Medicus, 2009, 353.

273 BGHZ 96, 103 (106); BGH NJW 2009, 575 (577) Rn. 31; grdl. *Flume* DB 1972, 1 (4).

274 *Canaris* NJW 1982, 305; *Canaris* AcP 190 (1990), 410 (446); ähnlich *Harke* SchuldR BT Rn. 396: »atypischer Darlehensvertrag«; noch anders *Fikentscher/Heinemann* SchuldR Rn. 1071: »finanzierter Kauf« bzw. *Oechsler* VertrSchuldV Rn. 717 und *Greiner* NJW 2012, 961: »Vertrag sui generis«. Zu den Pflichten des LG *Leenen* AcP 190 (1990), 260.

275 BGH NJW 1987, 1072 (1073); BGHZ 109, 139 (143); BGH NJW 2006, 1066 (1068) Rn. 17. Vgl. auch *Harriehausen* NJW 2013, 3393.

rechte eingeräumt.[276] Doch kann diese **leasingtypische Abtretungskonstruktion** vor allem beim **Verbraucherleasing** auch Nachteile haben, weil der LG typischerweise kaufmännischer Unternehmer ist. Das zeigt sich etwa bei der **Rügeobliegenheit** (→ Rn. 316): Wenn die Sache direkt an den LN geliefert wird und dieser im Gegensatz zum LG kein Kaufmann ist, fragt sich, ob es auf die Kaufmannseigenschaft des LN oder des LG für § 377 I HGB ankommt. Für den BGH ist entscheidend, dass der LG Partei des Kaufvertrags ist; wenn der LG Kaufmann ist, gilt § 377 II HGB.[277] Die Gegenmeinung hält es demgegenüber mit Recht für treuwidrig, wenn sich der Verkäufer auf § 377 II HGB beruft: Immerhin hat er sich auf einen nicht-kaufmännischen LN eingelassen.[278]

Auch bezüglich der Anwendung der §§ 474ff. stellt der BGH auf die Parteien des Kaufvertrags ab. Ist der LG Unternehmer, fehlt es an einem Verbrauchsgüterkauf. Da sich der LN aus wirtschaftlichen Gründen bewusst für das Leasing und gegen einen Kauf entschieden hat, soll die Abtretungskonstruktion auch **kein Umgehungsgeschäft** nach § 475 I 2 sein.[279] Weil der LG zur Finanzierung eingeschaltet ist, haftet der Lieferant also weniger streng, als wenn er (fremdfinanziert) direkt an den LN verkauft hätte. Den Schutz des LN begründet der BGH stattdessen über die mietrechtliche Gewährleistung: Diese sei der kaufrechtlichen zumindest gleichwertig bzw. für nach Übergabe auftretende Mängel sogar günstiger, da die §§ 536ff. selbst über § 476 hinausgehen. Ein **Gewährleistungsausschluss** zwischen Lieferant und LG ist danach **wirksam,** insbesondere steht § 475 I nicht entgegen. Nach Ansicht des BGH wäre der LN über die Abtretungskonstruktion aber rechtlos gestellt. Das bedeutet eine unangemessene Benachteiligung iSd § 307. Unwirksam ist deshalb allein der Ausschluss der mietrechtlichen Gewährleistung. Daher hat der LN eigene Mängelrechte aus §§ 536ff. gegen den LG. Offengelassen hat der BGH, ob das auch dann gilt, wenn der LG dem LN weniger Gewährleistungsrechte verschafft, als ihm bei einem Verbrauchsgüterkauf zustehen würden.[280] Näher gelegen hätte die Annahme einer Verpflichtung des Lieferanten im Umfang der §§ 474ff., zumal dieser sich mit dem LN auf einen Verbraucher eingelassen hat.[281] Das stünde im Übrigen im Einklang mit der oben zu § 377 HGB vertretenen Ansicht. Wertungsmäßig erscheint die vom BGH angenommene Privilegierung des Lieferanten zumindest nicht zwingend.

Nach der Abtretungskonstruktion muss sich der LN wegen Mängeln an den Lieferanten wenden. Gegen den LG sollen ihm dagegen grundsätzlich keine mangelbedingten Einwendungen zustehen. Doch wirft dies Fragen auf, wenn der LN (für den LG) vom Kaufvertrag zurückgetreten ist: Wenn der LN Verbraucher ist und die Voraussetzungen des § 506 II vorliegen, verweist § 506 I auf die **§§ 358, 359.** Die Reichweite dieser **Rechtsgrundverweisung** ist aber umstritten, weil der LN beim Finanzierungsleasing – anders als von § 358 III 1 verlangt – typischerweise nicht auch Partei des Kaufs ist. Al-

276 *Oechsler* VertrSchuldV Rn. 727 gelangt über § 328 auch ohne Abtretungskonstruktion zu eigenen Ansprüchen des LN gegenüber dem Lieferanten aus dem Kauf.

277 BGHZ 110, 130 (141).

278 *Canaris* AcP 190 (1990), 410 (429); *Oechsler* VertrSchuldV Rn. 729; *Oechsler,* Gerechtigkeit im modernen Austauschvertrag, 1997, 393; *J. Hager* AcP 190 (1990), 324 (350).

279 Hier und im Folgenden BGH NJW 2006, 1066 (1067) Rn. 13ff.; ausf. *Oechsler* VertrSchuldV Rn. 732ff. Zu § 475 I 2 → Rn. 312.

280 Verneinend *Looschelders* SchuldR BT Rn. 514: keine Schlechterstellung im Vergleich zu einem »gewöhnlichen Mieter«.

281 Ebenso *Omlor* JuS 2011, 305 (310); Staudinger/*Stoffels,* 2004, Leasing Rn. 225.

lerdings liefe der Verweis weithin leer, wenn man mit dieser Begründung die »wirtschaftliche Einheit« beider Verträge verneinen müsste. Richtigerweise kann der LN deshalb den Rücktritt vom Kauf nach § 359 gegen den Anspruch auf Zahlung der Leasingraten einwenden.[282] Der BGH und die überwiegende Ansicht suchen die Lösung dagegen außerhalb der §§ 358, 359.[283] Nach der hier vertretenen Ansicht besteht hierfür lediglich beim Leasing zwischen zwei Unternehmern **(Unternehmerleasing)** Bedarf.[284] Dabei wird auf § 313 zurückgegriffen, weil ein dem Lieferanten gegenüber erklärter mangelbedingter Rücktritt des LN vom Kaufvertrag nach der Rechtsprechung die Geschäftsgrundlage zwischen LG und LN entfallen lässt.[285] Wenn der Lieferant den Mangel bestreitet, wird jedoch häufig auch die Wirksamkeit des Rücktritts unsicher sein. Da sich der LG von der Gewährleistung vollständig freigezeichnet hat, soll er nach der **leasingtypischen Interessenlage** von Mängelstreitigkeiten verschont bleiben. Der LN kann sich auf den **Wegfall der Geschäftsgrundlage** deshalb grundsätzlich erst berufen, wenn feststeht, dass der Rücktritt wirksam ist. Allerdings ist der LN zur vorläufigen Einstellung der Zahlung der Leasingraten berechtigt, sobald er aus dem erklärten Rücktritt klageweise gegen den Lieferanten vorgeht.[286] Anders als bei §§ 358, 359 muss der LN die Leasingraten also uU auch nach der Rücktrittserklärung noch weiterzahlen. Stellt sich die Wirksamkeit des Rücktritts später heraus, so erhält der LN die gezahlten Leasingraten unter Anrechnung der Gebrauchsvorteile zurück. Denn beim Leasing ist entgegen § 313 III 2 ausnahmsweise eine vollständige Rückabwicklung nach §§ 346ff. interessengerecht.[287]

282 *Finkenauer/Brand* JZ 2013, 273 (276); *Looschelders* SchuldR BT Rn. 515; zu § 358f. → Rn. 776.

283 BGH NJW 2014, 1519 Rn. 17; *Omlor* NJW 2010, 2694 (2700); *Omlor* JuS 2011, 305 (309); *Tavakoli* NJW 2010, 2768 (2769).

284 AA *Finkenauer/Brand* JZ 2013, 273 (277): auch dort analoge Anwendung der §§ 506, 359.

285 BGHZ 68, 118 (126); 81, 298 (306); BGH NJW 1985, 796; 2010, 2798.

286 BGH NJW 2014, 1583 Rn. 16; 2010, 2798 Rn. 19; BGHZ 97, 135 (141); *Greiner* NJW 2012, 961; aA *v. Westphalen* ZIP 2001, 2258 (2261): Verweigerungsrecht auch ohne Klageerhebung.

287 Vgl. BGH NJW 2002, 1870; *Loyal* NJW 2013, 417; *Oechsler* VertrSchuldV Rn. 736.

§ 15 Verbraucherschutzrecht

I. Ausgangspunkt

324 Eine der Aufgaben jedes Zivilrechts ist der Schutz des Schwächeren.[1] Dabei geht es in den Zweipersonenverhältnissen des Schuldrechts um denjenigen, der *gegenüber dem anderen Teil* schwächer ist, also um eine **relative Schwäche.**[2] Doch wäre es mit der vom Recht gleichfalls anzustrebenden Verkehrssicherheit unvereinbar, wenn diese Schwäche für jedes einzelne Schuldverhältnis individuell festgestellt werden sollte. Daher muss das Schutzbedürfnis durch abstrakt gefasste Merkmale bestimmt werden. In den letzten Jahrzehnten hat sich das Gegensatzpaar Verbraucher – Unternehmer in den Vordergrund geschoben; so ist ein eigenes Verbraucherschutzrecht entstanden.[3]

II. Überblick

1. Grundbegriffe

325 In den §§ 13 und 14 werden die Grundbegriffe **Verbraucher und Unternehmer** definiert.[4] Niemand ist jedoch allemal und schlechthin das eine oder das andere: Wer gerade kein Rechtsgeschäft abschließt, sondern nur etwa in der Sonne sitzt oder ein Delikt begeht, ist also weder Verbraucher noch Unternehmer. Beide Begriffe müssen sich also auf den konkreten **Abschluss von Rechtsgeschäften** beziehen. Bei vorgetäuschter Unternehmereigenschaft entfällt der Verbraucherschutz, da der Täuschende nicht schutzwürdig ist.[5] Bei Rechtsgeschäften, die im Rahmen der Existenzgründung abgeschlossen werden, liegt bereits unternehmerisches Handeln vor,[6] anders aber, wenn das Geschäft seinem objektiven Zweck nach nur die betriebswirtschaftliche Frage beantwortet, ob die Existenzgründung überhaupt sinnvoll ist.[7] Die früher umstrittenen gemischten Rechtsgeschäfte (sog. **dual use Verträge**) fallen nunmehr unter den Anwen-

1 Treffend *Canaris* AcP 200 (2000), 273: »Materialisierung des Zivilrechts«; ferner *S. Lorenz,* FS Buchner, 2009, 571; *Dauner-Lieb,* Verbraucherschutz durch Ausbildung eines Sonderprivatrechts für Verbraucher, 1983; *Meller-Hannich,* Verbraucherschutz durch Schuldvertragsrecht, 2005; *Tamm,* Verbraucherschutzrecht, 2011; *S. Arnold,* Vertrag und Verteilung, 2014.

2 Vgl. *Gsell,* Wohnraummietrecht als Verbraucherrecht, WuM 2014, 375.

3 Kurzlehrbücher: *Bülow/Artz* VerbrPrivR; *Schürnbrand,* Verbraucherschutzrecht, 2. Aufl. 2014; s. auch, Staudinger/*Gsell* Eckpfeiler L 797–883; *Gsell* JZ 2012, 809; *Oechsler,* FS Canaris, Bd. I, 2007, 925; *Augenhofer* (Hrsg.), Verbraucherschutz im Umbruch, 2012; *Herb. Roth,* Verbraucherschutz – Entwicklungen und Grenzen, Karlsruher Forum 2011, 5. Instruktiv *J. Hager* JA 2011, 721. Zur europäischen Rechtsangleichung *Grigoleit* AcP 210 (2010), 354; *G.-P. Calliess,* Grenzüberschreitende Verbraucherverträge, 2006; *Gsell/Herresthal* (Hrsg.), Vollharmonisierung im Privatrecht, 2009; *Pfeiffer* NJW 2012, 3609; zum vollharmonisierten Verbraucherkreditrecht *Gsell/Schellhase* JZ 2009, 20; *M. Stürner* (Hrsg.), Vollharmonisierung im Europäischen Verbraucherrecht?, 2010. Zur Reform *Grundmann* JZ 2013, 53; *Wendehorst* NJW 2014, 577; *R. Koch* JZ 2014, 758; *Meier* JuS 2014, 777; *Wendelstein/Zander* JURA 2014, 1191; *Förster* JA 2014, 721; *M. Stürner* JURA 2015, 30, 341; *Mätzig* JURA 2015, 233.

4 *Medicus,* FS Kramer, 2004, 211; *K. Schmidt* JuS 2006, 1; *Duve* JURA 2002, 793; *Mohr* AcP 204 (2004), 660; *Herresthal* JZ 2006, 695; *Petersen* JURA 2007, 905. Zur Neufassung des § 13 *L. Beck* JURA 2014, 666 (668).

5 BGH NJW 2005, 1045. Zum umgekehrten Fall des vorgeschobenen Verbrauchers in BGH NJW-RR 2013, 687 s. oben → Rn. 312 aE. Lesenswert *Oechsler,* FS Canaris, Bd. I, 2007, 925 (929).

6 BGHZ 162, 253 (256).

7 BGH NJW 2008, 435 f.

dungsbereich von § 13, wenn sie nicht überwiegend einer gewerblichen oder einer selbstständigen beruflichen Tätigkeit zugerechnet werden können. Hierfür ist der Verbraucher beweisbelastet.[8]

Die **Pflichten im elektronischen Geschäftsverkehr** (§§ 312i, 312j), insbesondere die nach § 312i I erforderliche »Bestellbestätigung«, lassen jedoch die allgemeine Rechtsgeschäftslehre über das Zustandekommen von Verträgen unberührt.[9] Von diesen Pflichten zu unterscheiden ist die vorgeschriebene **Belehrung** über das Widerrufsrecht (vgl. §§ 356ff.), die zum Schutz des Verbrauchers eindeutig, unmissverständlich und möglichst umfassend sein muss.[10] Ob dies eine echte **Rechtspflicht** mit der Folge des § 280 I darstellt, hatte der BGH zunächst offengelassen,[11] inzwischen aber vor dem Hintergrund europarechtlicher Vorgaben[12] für das Widerrufsrecht gem. §§ 312g, 312b, 355 bei außerhalb von Geschäftsräumen geschlossenen Verträgen (vormals sog. Haustürgeschäfte) bejaht.[13]

BGH NJW 2014, 2857: Verbraucher V meldet sich am 9.8.2010 über eine Webseite des Unternehmers U zu einer entgeltlichen (2.000 EUR!) »Gestalttherapie« an. Dabei klickte er das vorgesehene Ankreuzkästchen (»Widerrufserklärung, Widerrufsbelehrung zur Kenntnis genommen und ausgedruckt oder abgespeichert«) an, ohne den auf die einsehbare Widerrufsbelehrung der Internetseite verweisenden Hyperlink anzuklicken. Der daraufhin sogleich erhaltenen Anmeldebestätigung des U war keine Widerrufsbelehrung beigefügt. Am 19.12. sagt V seine Teilnahme per E-Mail ab. U verlangt Zahlung der 2.000 EUR.

U hat keinen Zahlungsanspruch, weil V seine auf den Abschluss des **Fernabsatzvertrags** (§ 312c I 1) gerichtete Willenserklärung am 19.12. nach §§ 312g I, 355 I 1 wirksam widerrufen hat. Der Widerruf war trotz Fristablauf (§ 355 II 2) wegen § 356 III 1 iVm Art. 246 § 1 II 1 Nr. 1 EGBGB nicht verfristet, da die Verweisung auf den Hyperlink nicht den **Anforderungen des Art. 246a § 4 III 1 EGBGB** entsprach: Nach § 312f II müssten die betreffenden Informationen auf einem dauerhaften Datenträger (§ 126b S. 2) gespeichert sein. Ungeachtet des Wortlauts von § 356 III 1 kann es dafür nach dem Zweck des Verbraucherschutzes nicht auf die vorvertragliche Belehrung ankommen.[14] Die in der Widerrufserklärung eröffnete Möglichkeit des Ausdrucks bzw. der Speicherung genügte jedenfalls nicht § 126b S. 2.[15] V war demnach nicht ordnungsgemäß belehrt worden. Dass er das Ankreuzkästchen, nicht aber den Hyperlink angeklickt und somit seine Kenntnisnahme fälschlich signalisiert hat, begründet weder eine Treuwidrigkeit (§ 242) des V noch einen Schadensersatzanspruch des V aus §§ 280 I, 311 II, 241 II, weil die betreffende Klausel nach §§ 309 Nr. 12b, 307 II Nr. 1 unwirksam war.

2. Unbestellt erbrachte Leistungen

326–330

Konkret abgestellt auf das Verhältnis Unternehmer – Verbraucher wird in § 241a: Unbestellt erbrachte Leistungen, die von einem Unternehmer stammen, soll der Verbraucher weder zu vergüten noch zurückzugeben brauchen, also unentgeltlich behalten dürfen. Das soll in erster Linie Unternehmer davon abhalten, andere mit solchen Leis-

8 BGH NJW 2007, 2619 (2621).
9 BGHZ 195, 126; OLG Nürnberg MMR 2010, 31 und → Rn. 45.
10 BGHZ 180, 123; zur Möglichkeit der Nachbelehrung *Bülow/Artz* VerbrPrivR Rn. 143.
11 BGHZ 168, 1 (17).
12 Vgl. EuGH NJW 2005, 3551 und 3555; dazu *Habersack* JZ 2006, 91 (93).
13 BGHZ 169, 109; vgl. auch *Medicus*, FS Canaris, Bd. I, 2007, 835 (850).
14 Palandt/*Grüneberg* § 356 Rn. 7.
15 Vgl. auch EuGH VersR 2010, 793 (797).

tungen zu belästigen. Aufgrund der zwischenzeitlichen **Vollharmonisierung,** wonach die Mitgliedstaaten kein im Verhältnis zur Richtlinie höheres Schutzniveau statuieren dürfen,[16] fragt sich, ob Art. 27 VRRL auch gesetzliche Ansprüche des Unternehmers (insbesondere § 985) ausschließt.[17] Für die Richtlinienkonformität des § 241 a, der nach hM einen **Ausschluss gesetzlicher Ansprüche** vorsieht, spricht jedoch, dass sich die Vollharmonisierung richtigerweise nur auf den vertraglichen Bereich bezieht.[18] Zu weit geht demgegenüber die Annahme, Bereicherungsansprüche – auch auf Wertersatz (§ 818 II) – seien bis zur Grenze der aufgedrängten Bereicherung eröffnet.[19]

3. Einzelne Tatbestände

331 a) Die Rechtsfolgen des Widerrufs werden für die verschiedenen Vertragstypen abschließend (§ 361 I) in den §§ 355ff. geregelt.[20]

332 b) Die §§ 481–487 behandeln **Teilzeit-Wohnrechteverträge.** Hier sollen Informationspflichten (§§ 482f.), ein Schriftformerfordernis (§ 484) und ein Widerrufsrecht (§§ 355, 356a, 357b, 485) dem Schutz des Verbrauchers dienen. Sachlich geht es vor allem um Teilzeitrechte an Ferienimmobilien.

333 c) In den §§ 491–512 folgen Vorschriften über Darlehensverträge sowie **Finanzierungshilfen und Ratenlieferungsverträge** zwischen einem Unternehmer und einem Verbraucher; zusätzlich sind §§ 355, 356b, 356c, 357a und 357c zu berücksichtigen. Der Verbraucher wird vor allem durch umfangreiche Informationspflichten des Unternehmers (§§ 491a–494, teils eingekleidet in Formvorschriften) sowie ein Widerrufsrecht geschützt. Leicht übersehen kann man die in § 512 ausnahmsweise angeordnete Anwendung der Vorschriften auf **Existenzgründer,** die also zur Aufnahme einer gewerblichen oder selbstständigen beruflichen Tätigkeit kontrahieren.

334 d) Eine letzte Bezugnahme auf das Verhältnis zwischen Unternehmer und Verbraucher findet sich in § 661 a: **Gewinnzusagen** eines Unternehmers an einen Verbraucher sind so einzuhalten, wie der Verbraucher sie verstehen konnte. Die Einstandspflicht gründet nicht auf einem Vertragsschluss, sondern auf einem gesetzlichen Schuldverhältnis.[21]

III. Einzelprobleme

335 Unter den vielen Problemen, die sich bei der Anwendung des Verbraucherrechts herausgestellt haben, seien hier die folgenden dargestellt (auch → Rn. 311ff. zum Verbrauchsgüterkauf und → Rn. 776ff. zum fremdfinanzierten Abzahlungsgeschäft).

16 S. nur *Lippstreu,* Wege der Rechtsangleichung im Vertragsrecht, 2014.

17 So zum alten Recht, aber nach wie vor zutr. *Mankowski* NJW 2011, 1025 (1028); *S. Lorenz* JuS 2003, 36 (40). S. auch *Altmeppen,* FS Graf v. Westphalen, 2010, 1.

18 *J. Schmidt* GPR 2014, 73 (78); Staudinger/*Gsell* Eckpfeiler L Rn. 37.

19 In diese Richtung *Köhler* JuS 2014, 865; *Köhler,* FS Gottwald, 2014, 363; skeptisch *Jäckel/Tonikidis* JuS 2014, 1064.

20 *M. Schwab* JZ 2015, 644; *Raue* JURA 2015, 326 (327). Zur Rechtfertigung von Widerrufsrechten *Eidenmüller* AcP 210 (2010), 67.

21 BGHZ 165, 172; dazu *G. Wagner/Potsch* JURA 2006, 401; *Schröder/Thiessen* NJW 2004, 719; s. auch *M. Stürner* ZZP 119 (2006), 219; *Wolf/Neuner* BGB AT § 37 Rn. 64.

1. Überrumpelung

Der Verbraucher soll durch ein unabdingbares (§ 312k I) Widerrufsrecht gegen Überrumpelung bei der Anbahnung eines Vertrages an einem unüblichen Ort geschützt werden:[22]

336 Besondere Schwierigkeiten bereitet die **Verbraucherbürgschaft.** Denn § 312 setzt eine »entgeltliche Leistung des Unternehmers« voraus, die bei der Bürgschaft allenfalls in Bezug auf den Hauptschuldner besteht. Für die Anwendung der Verbraucherschutzvorschriften auf die Verbraucherbürgschaft sprechen sowohl das fehlende Erfordernis der Entgeltlichkeit in Art. 3 VRRL als auch der in Erwägungsgrund (4) VRRL zum Ausdruck kommende Zweck eines möglichst hohen Verbraucherschutzniveaus. Wegen der besonderen Schutzbedürftigkeit eines sich verbürgenden Verbrauchers unterfällt die Bürgschaft, die keine Gegenleistung voraussetzt, dem § 312b in richtlinienkonformer Auslegung.[23]

Die sich anschließende, früher unter dem Stichwort **doppelte Haustürsituation** behandelte Frage, ob sowohl der Bürgschaftsvertrag als auch die Hauptschuld »außerhalb von Geschäftsräumen« begründet worden sein müssen; hatte der BGH, anders als der EuGH[24], verneint:

BGHZ 165, 363: R hatte der Bank B zur Sicherung eines Darlehens, das ihr Ehemann und ihr Sohn als Gesellschafter einer GbR für deren Gewerbebetrieb aufgenommen hatten, Wertpapiere verpfändet.

R hat einen Anspruch auf Herausgabe der Wertpapiere aus §§ 355 I, 357 I, 312b, 312g, wenn §§ 312b, 312g für die Pfandrechtsbestellung (§ 1204 I) gilt. Der BGH hatte das für den entsprechenden Fall einer Bürgschaftsverpflichtung noch verneint:[25] Demnach wäre § 312b nur anwendbar, wenn Bürgschaftsvertrag **und** Hauptverbindlichkeit außerhalb von Geschäftsräumen begründet werden. Demgegenüber müssen nach der neueren Rechtsprechung des BGH die Voraussetzungen des jetzigen § 312b insbesondere zum Schutz vor Überrumpelungen nur noch aufseiten des **Sicherungsgebers,** also des Bürgen oder Verpfänders vorliegen. Allerdings lagen diese Voraussetzungen hier ebenso wenig vor wie eine Umgehung (dann: § 312k I 2). Diese zutreffende Rechtsprechung des BGH dürfte wohl auch im Hinblick auf die **vollharmonisierende VRRL richtlinienkonform** sein.[26] Im Hinblick auf einen Anspruch auf Aufhebung der Pfandrechtsbestellung aus §§ 280 I, 311 II, 249 I (dazu → Rn. 150) wegen bewusster Verharmlosung der Pfandrechtsbestellung hat der BGH die Sache zurückverwiesen.

Übrigens ist beim Pfandrecht neben §§ 985, 1227 immer auch an den häufig übersehenen Anspruch aus § 1223 I zu denken. Anders als dort entsteht jedoch im soeben geschilderten Fall das Pfandrecht wegen des Widerrufs nicht, sodass kein Erlöschen vorliegt. Doch dürfte § 1223 I zumindest analog gelten.

337 Problematisch ist bei einer **Vertragsanbahnung durch Dritte,** auf wen sich die Voraussetzungen von § 312b beziehen müssen. Dabei ist zu unterscheiden:

---

22 Vgl. nur BGH NJW 2007, 2110; Staudinger/*Gsell* Eckpfeiler L Rn. 41; lehrreich *S. Lorenz* JuS 2004, 468; *Raue* JURA 2015, 326.

23 Staudinger/*Thüsing*, 2013, § 312 Rn. 23; *M. Stürner* JURA 2014, 30 (35); 341 (345); *Brennecke* ZJS 2014, 236 (239). Näher *Bülow/Artz* VerbrPrivR Rn. 224; vgl. auch *Schärtl* JuS 2014, 557 (558); *Stackmann* NJW 2014, 2403.

24 EuGH NJW 1998, 1295 – Dietzinger.

25 BGHZ 139, 21 (noch zum Haustürgeschäft).

26 *M. Stürner* JURA 2014, 341 (346); *Schürnbrand* WM 2014, 1157 (1160); ebenso bereits *Janal* WM 2012, 2314 (2315); aA *v. Loewenich* NJW 2014, 1409 (1411).

(1) Der **Unternehmer** führt diese Situation häufig nicht selbst herbei, sondern lässt die Anbahnung durch Dritte besorgen. Wenn diese Vertreter sind oder Vertretern iSv § 123 II gleichstehen (→ Rn. 149), hatte der BGH dem Unternehmer die Überrumpelung zugerechnet.[27] Der EuGH hat ein solches Zurechnungserfordernis jedoch für richtlinienwidrig erklärt.[28] Daraufhin hat auch der BGH auf ein solches Erfordernis verzichtet.

(2) Wenn dagegen für den **Verbraucher** ein Vertreter gehandelt hat, kommt es auf die Überrumpelungssituation bei diesem handelnden Vertreter an. Der Verbraucher kann allenfalls die Vertretungsmacht widerrufen, wenn er bei deren Erteilung überrumpelt worden ist.

2. Fernabsatz

338 Beim **Fernabsatz** (§ 312c) folgt das Schutzbedürfnis des Verbrauchers nicht (wie bei § 312b) aus einem Fehlverhalten des Unternehmers, sondern aus der Unsichtbarkeit des Vertragspartners und des Produkts; die Wahlfreiheit des Verbrauchers soll gesichert werden.[29] Wird der Verbraucher entgegen § 312d iVm Art. 246a, b EGBGB nur über seine Pflichten, nicht aber über seine Rechte (»Rechtsfolgen«) unmissverständlich belehrt, so beginnt die Widerrufsfrist nicht zu laufen (§ 356 III).[30]

BGHZ 154, 239: K hat bei V ein ihm telefonisch angebotenes Notebook mit bestimmten Zusatzkomponenten bestellt. Dieses wurde nach den Wünschen des K ausgestattet und konfiguriert. K widerrief den Kauf jedoch nach §§ 355, 356, 312g. V will diesen Widerruf nicht gelten lassen, weil die Ware nicht vorgefertigt und nach individueller Auswahl durch den Verbraucher angefertigt worden sei (§ 312g II Nr. 1).

Der BGH hat den Widerruf trotzdem für wirksam gehalten: Das Gesetz wolle den Widerruf nur bei Waren ausschließen, die der andere Teil anderweitig nicht oder nur unter unzumutbaren Preisabschlägen absetzen könne. Daran fehle es hier. Denn das Notebook sei aus **vorgefertigten Standardbauteilen** zusammengesetzt, die mit verhältnismäßig geringem Aufwand (ca. 5 % des Preises) wieder getrennt werden könnten. Das sei für V zumutbar.

Auch bei **Internet-Auktionen,** die keine Versteigerungen iSv § 156, sondern Verkäufe zum Höchstgebot darstellen, bei denen schon der Anbieter ein bindendes Angebot abgibt,[31] steht dem Verbraucher ein Widerrufsrecht nach §§ 355, 356, 312g zu. Die vormals umstrittene Frage eines Ausschlusses wurde durch die Neuformulierung von § 312g II Nr. 10 (»persönlich anwesend«) hinfällig.[32] Häufig will sich jedoch nicht der Käufer, sondern der Verkäufer von der Auktion lösen. So hatte der BGH eine Reihe von Fällen zu entscheiden, in denen bei ebay-Auktionen der Startpreis 1 EUR betrug und die Auktion seitens des Verkäufers jeweils vorzeitig abgebrochen wurde:[33]

(1) **BGH NJW 2011, 2643:** Die verkaufte Kamera wurde während der Laufzeit der Auktion gestohlen. – Obwohl der Antrag des V wirksam war, durfte K ihn nach §§ 133, 157 nur unter dem Vorbehalt des Widerrufs verstehen, weil dies in den AGB des Internetplattformbetreibers ebay für den Fall des zwischenzeitlichen Diebstahls vorgesehen war.

27 Angaben bei BGH NJW 2007, 364 Rn. 10.
28 EuGH NJW 2005, 3555.
29 Vgl. *Martinek* NJW 1998, 207, ausführlicher etwa *M. Stürner* JURA 2015, 690; *Herb. Roth* JZ 2000, 1013.
30 BGHZ 172, 58; dazu *Habersack* JZ 2007, 847.
31 BGHZ 149, 129 (133); krit. *J. Hager* JZ 2001, 786 (788): »nicht unproblematisch«; lehrreich *Oechsler* JURA 2012, 497.
32 Vgl. BGH NJW 2005, 58; aA *Braun* JZ 2008, 330.
33 Zum Folgenden *Leenen* BGB AT § 8 Rn. 126–134; *Wagner/Zenger* MMR 2013, 343 sowie zur Bindung an den Antrag oben → Rn. 31.

(2) **BGH NJW 2014, 1292:** V brach die Auktion ab, nachdem er erkannt hatte, dass die Straßenzulassung für den angebotenen Motor fehlte. – Wie bei (1) bestimmt auch die Anfechtbarkeit nach § 119 II den für die Auslegung maßgeblichen Empfängerhorizont, weil nach den ebay-AGB eine ›gesetzliche Berechtigung‹ (hier: das Anfechtungsrecht) die Angebots-Rücknahme gestattete.
(3) **BGH NJW 2015, 548 (vereinfacht):** Nachdem K einen Euro geboten hat, erhält V außerhalb der Internetplattform ein besseres Angebot und bricht die Auktion über den gebrauchten Pkw (Wert: 5.250 EUR) ab. Als V die Erfüllung ernsthaft und endgültig verweigert, verlangt K Schadensersatz statt der Leistung. – Da eine ›gesetzliche Berechtigung‹ zum Auktionsabbruch iSd ebay-AGB fehlte, schuldet V Schadensersatz aus §§ 280 I, III, 281 II Fall 1 iHv 5.249 EUR (Wert abzüglich des Startpreises).[34] Die Unwirksamkeit des Vertrags folgt auch nicht unter dem Gesichtspunkt des **wucherähnlichen Geschäfts** aus § 138 I. Denn der Möglichkeit des Käufers, die Ware zum ›Schnäppchenpreis‹ zu erwerben, steht die Chance des Verkäufers gegenüber, durch den Auktions-Mechanismus einen höheren Preis zu erzielen.[35] Bricht der Verkäufer die Auktion unberechtigt ab, so geht das zu seinen Lasten.[36]
(4) **BGH NJW 2015, 1009:** V bricht die Versteigerung eines Stromaggregats ab und veräußert es sogleich weiter an D. Gegenüber dem Schadenersatzverlangen des K beruft er sich auf ein Widerrufsrecht nach § 312g. – Der BGH lehnte ein Widerrufsrecht wegen der umgekehrten Rollenverteilung ab: Da hier nicht der Käufer, sondern der Verkäufer Verbraucher war, bestand trotz Fernabsatzgeschäft kein verbraucherschützendes Widerrufsrecht. Der Zweck des Widerrufsrechts beim Fernabsatz, dass die gekaufte Sache nicht vorher gesehen und begutachtet werden kann, kommt nicht zum Tragen, wenn der Verkäufer Verbraucher ist. V schuldet daher Ersatz aus §§ 280 I, III, 283.[37]

3. Die Stellung des Verbrauchers nach dem Widerruf

339 a) Nach der Grundidee des Widerrufsrechts müsste sich der Verbraucher von dem widerrufenen Geschäft ohne verbleibende Nachteile wieder zurückziehen können. Er müsste also so stehen, als habe er das Geschäft nicht abgeschlossen. Das wird aber nur mit erheblichen Einschränkungen erreicht.

340 b) Die Wertersatzpflicht des Verbrauchers bestimmt sich für **außerhalb von Geschäftsräumen** geschlossene und **Fernabsatzverträge** nicht mehr nach den §§ 346ff., sondern ausschließlich (§ 361 I) nach § 357 VII–IX.[38] Im klausurtypischen Fall von Warenlieferungen ist Wertersatz nach § 357 VII nur dann geschuldet, wenn »der Wertverlust auf einen Umgang mit den Waren zurückzuführen ist, der zur Prüfung der Beschaffenheit, der Eigenschaften und der Funktionsweise der Waren nicht notwendig war« **und** der Verbraucher ordnungsgemäß über sein **Widerrufsrecht** belehrt wurde.

341 Die Notwendigkeit des Prüfungsumfangs ist eine Frage des Einzelfalls, kann jedoch auch die bestimmungsgemäße Ingebrauchnahme einschließen.[39] Möbel beispielsweise dürfen zu Prüfzwecken zu Hause probeweise aufgebaut werden.[40]

---

34 *Oechsler* NJW 2015, 665, zieht den Rechtsgedanken des § 162 heran. Vgl. auch *Dastis* JURA 2015, 376.
35 So bereits BGH NJW 2012, 2723; vgl. auch *Riehm* JuS 2015, 355; *M. Stürner* JURA 2015, 538.
36 Anders OLG Koblenz MMR 2009, 630 (Porsche Carrera für 5,50 EUR) mit Hinweis auf § 242; hiergegen aber zu Recht *Oechsler* JURA 2012, 497 (500) sowie BGH NJW 2015, 1009 Rn. 12.
37 Zur Abgrenzung zwischen anfänglicher und nachträglicher Unmöglichkeit beim gestreckten Vertragsschluss → Rn. 45.
38 *M. Schwab* JZ 2015, 644 (645ff.); *Raue* JURA 2015, 326 (327).
39 BT-Drs. 17/12637, 63 (früher str.).
40 BGHZ 187, 268: Befüllen der Matratze eines Wasserbettes; dazu *Looschelders* JA 2011, 259.

342 Eine Nutzungsersatzpflicht des Verbrauchers besteht nicht.[41] Insbesondere ist wegen § 361 I der Rückgriff auf die Nutzungsersatzvorschriften der §§ 346ff. oder das Bereicherungsrecht versperrt.[42]

343 c) Nach § 357 II 1 hat der Verbraucher bei außerhalb von Geschäftsräumen oder mittels Fernabsatz geschlossenen Verträgen einen Anspruch auf Zurückerstattung der von ihm entrichteten (gewöhnlichen: sonst § 357 II 2) **Hinsendekosten.** Demgegenüber hat er nach dem dispositiven (vgl. § 357 VI 2) § 357 VI 1 grundsätzlich die »unmittelbaren **Kosten der Rücksendung**« zu tragen, sofern er hierüber ordnungsgemäß belehrt wurde. Die **Gefahr der Rücksendung** liegt indes beim Unternehmer, §§ 355 III 4.

344 Beim Zusammentreffen von Widerrufsrecht und allgemeinen Nichtigkeitsgründen stellt sich die Frage nach der einschlägigen Anspruchsgrundlage:

BGHZ 183, 235: K schließt im Rahmen eines Fernabsatzgeschäfts mit V einen gesetzes- und sittenwidrigen Vertrag. K widerruft und verlangt sein Geld zurück.

Wegen der Vertragsnichtigkeit nach §§ 134, 138 scheint es an einer vertraglichen Grundlage für den Widerruf zu fehlen und nichts mehr zu geben, das widerrufen werden könnte. Dann käme nurmehr ein Anspruch aus § 812 I 1 Fall 1 mit möglichen Privilegierungen nach §§ 814, 817 S. 2, 818 III in Betracht. Mit Recht hat der BGH jedoch Widerruf und Rückgewähr des Kaufpreises zugelassen.[43] Das entspricht der Lehre von den **Doppelwirkungen im Recht,** wonach auch ein nichtiges Rechtsgeschäft noch angefochten bzw. – wie hier mit ex nunc-Wirkung – widerrufen werden kann.[44]

4. Widerruf und Vollstreckungsgegenklage

345 Prozessuale Schwierigkeiten bereitet der Widerruf bei der Vollstreckungsgegenklage:

Beispiel: U vollstreckt aus einem rechtskräftigen Urteil gegen V, den er bei einem Geschäft iSd § 312b vier Monate zuvor nicht ordnungsgemäß belehrt hatte. V widerruft den Vertrag und erhebt Vollstreckungsgegenklage.

Einwendung iSv § 767 I ZPO ist die Unwirksamkeit des Vertrages infolge des Widerrufs. Das Widerrufsrecht des V (§§ 312b, 355 I) ist mangels Belehrung nicht erloschen; der Widerruf ist weder verfristet noch aufgrund Zeitablaufs erloschen, § 356 III 1, 2. Dennoch könnte die Vollstreckungsgegenklage wegen des Bestehens des Rechts im Zeitpunkt der mündlichen Verhandlung nach der materiellen Präklusionsvorschrift des § 767 II ZPO unbegründet sein.[45] Indes gebietet der Schutzzweck des § 355, nicht auf das Bestehen, sondern die Ausübung des Rechts abzustellen.[46] Die Vollstreckungsgegenklage ist daher begründet.

41 *Raue* JURA 2015, 326 (335); *Schirmbacher/Schmidt* CR 2014, 107 (118). Bereits sehr restriktiv zum alten Recht EuGH NJW 2009, 3015; dazu *Schinkels* ZGS 2009, 539.

42 *Raue* JURA 2015, 326 (335).

43 *Petersen* JZ 2010, 314; aA *C. Schreiber* AcP 211 (2011), 35; *S. Lorenz,* GS M. Wolf, 2011, 77.

44 *Th. Kipp,* FS Martitz, 1911, 211; dazu *Herbert* JZ 2011, 503; *Petersen* JURA 2007, 673.

45 Zu ihr *Makowsky* JuS 2014, 901; *Bülow/Artz* VerbrPrivR Rn. 122.

46 *K. Schmidt* JuS 2000, 1096 (1098); einschränkend *M. Schwab* JZ 2006, 170. Lehrreich *A. Staudinger/Pöppelbaum* JuS 2014, 817 (821).

5. Richtlinienkonforme Rechtsfortbildung

346–363

Die **autonome Auslegung** der zugrunde liegenden Richtlinie bestimmt die Auslegung und Anwendung des nationalen Rechts.[47] Es besteht also ein **interpretatorischer Vorrang** richtlinienkonformer Auslegung.[48] Neben den bereits behandelten Fällen aus der Rechtsprechung (→ Rn. 291 b, 311, 336) verdeutlicht dies paradigmatisch **§ 312j IV:** Nach § 312j IV kommt ein Verbrauchervertrag im elektronischen Geschäftsverkehr nur zustande, wenn der Unternehmer in Abs. 3 bestimmte Pflichten erfüllt. **Art. 8 II UAbs. II S. 3 iVm Art. 4 VRRL** sieht hingegen vor, dass der Verbraucher an seinen Vertrag bzw. seine Bestellung nicht gebunden ist. § 312j IV stellt ihn also insoweit schlechter, als gar kein pflichtenbegründender Vertrag zustande kommt, weil auch für den Unternehmer keine Pflichten entstehen. Das spricht in richtlinienkonformer Auslegung für eine Anpassung des § 312j IV an den Wortlaut des Art. 8 VRRL, die dem Verbraucher die Wahl lässt, seine Leistung zu erbringen, um die Gegenleistung des Unternehmers zu erlangen.[49]

---

47 Vgl. nur *Herresthal,* Rechtfortbildung im europarechtlichen Bezugsrahmen, 2006; *Leenen* JURA 2012, 753.

48 Grdl. *Canaris,* FS Bydlinski, 2002, 47 (67). *Leenen* BGB AT § 23 Rn. 63 erkennt in der Rspr. des EuGH die Verwirklichung eines »eigenständigen Methodenrechts«; *Herresthal* JuS 2014, 289 (291).

49 Staudinger/*Martinek* Eckpfeiler A Rn. 29; *Leenen* BGB AT § 8 Rn. 223.

§ 16 Unentgeltliche Geschäfte

364 Bei unentgeltlichen Schuldverträgen entfällt die Gegenleistung. Daher tauchen hier auch alle die Probleme nicht auf, die mit dem Synallagma zusammenhängen: Insbesondere gelten bei Leistungsstörungen nur die §§ 275ff., nicht die §§ 320ff. Dafür treten bei unentgeltlichen Geschäften andere Probleme auf: Oft ist der rechtsgeschäftliche Charakter solcher Geschäfte, bisweilen ist ihre Unentgeltlichkeit fraglich. Überdies ist die Position des unentgeltlichen Erwerbers gegenüber dem Schenkenden wie auch gegenüber Dritten schwach.

I. Abgrenzung Rechtsgeschäft – Gefälligkeitsverhältnis[1]

365 **BGHZ 21, 102:** G betreibt ein Transportgeschäft. Infolge eines Unfalls ist einer seiner Fahrer ausgefallen. Da G einen dringenden Transport durchzuführen hat, bittet er den Transportunternehmer T, durch Überlassung eines Fahrers auszuhelfen. A, ein Angestellter des T, schickt daraufhin den F. Dieser war erst seit drei Wochen bei T angestellt und hatte noch keinen Lastzug selbstverantwortlich gefahren. Infolge der Unerfahrenheit des F blieb der Lkw des G liegen und musste abgeschleppt werden. G verlangt von T Schadensersatz.

Der Anspruch kann hier nicht darauf gestützt werden, dass T für ein Verschulden des F bei der Bedienung des Lkw nach § 278 einzustehen habe. Denn T schuldete dem G nicht die Führung dieses Lkw; F war daher nicht Erfüllungsgehilfe des T. Eine Haftung ist aber deshalb denkbar, weil A den F schuldhaft schlecht ausgesucht hat; insoweit könnte T für A nach § 278 einstehen müssen. Das setzt aber voraus, dass zwischen G und T ein Vertrag über die Überlassung eines zuverlässigen Fahrers **(Dienstverschaffungsvertrag)** zustande gekommen war. Fraglich ist das hier wegen der Unentgeltlichkeit.

Dieselbe Frage ergibt sich auch sonst häufig: A bittet den B, für kurze Zeit auf sein Kind oder seinen Koffer zu achten, ihn in einem Kraftfahrzeug unentgeltlich mitzunehmen usw.[2] Unproblematisch ist dagegen die bei Ärzten übliche Behandlung eines Kollegen ohne Honorar:[3] Hier liegt sicher ein Rechtsgeschäft vor. Man kann sogar an der Unentgeltlichkeit zweifeln, weil der Behandelnde ggf. ein gleiches Entgegenkommen erwartet.

1. Die Fragestellung

366 Das BGB nimmt zu den unentgeltlichen Geschäften in unterschiedlicher Weise Stellung. Es hat nämlich einerseits einige unentgeltliche Geschäfte als **Typenverträge** ausgebildet und dabei die Haftung des unentgeltlich Handelnden gemildert (§ 521 Schenkung, § 599 Leihe, § 690 unentgeltliche Verwahrung). Andererseits hat es aber für den **Beauftragten,** der gleichfalls unentgeltlich handelt, kein Haftungsprivileg vorgesehen.

Die meisten Gefälligkeiten des täglichen Lebens fallen nicht unter die privilegierten Typen.[4] Sie scheinen daher der vollen Haftung nach Auftragsrecht zu unterliegen, wenn man sie überhaupt als Rechtsgeschäfte ansieht. Hierüber gibt es einen Meinungsstreit:

---

1 Dazu *Grundmann* AcP 198 (1998), 457 (461ff.); *K. Schreiber* JURA 2001, 810; *K. Schreiber* JURA 2013, 361; *D. Paulus* JuS 2015, 495; umfassend *M. Fischer,* Die Unentgeltlichkeit im Zivilrecht, 2002. Vgl. auch *Leenen* BGB AT § 4 Rn. 43ff.; § 5 Rn. 12ff.; *Zeranski,* Die Rückforderung von Schenkungen wegen Verarmung, 2014.

2 BGH JZ 1969, 232f. mAnm *Deutsch.*

3 BGH NJW 1977, 2120.

4 Auch nicht die Überlassung des Fahrers in BGHZ 21, 102 (107).

a) Rechtsbindungswille

367 Die hM hat die Lösung der Haftungsfrage auf dem Boden der Alternative »kein Rechtsgeschäft – Auftrag« gesucht: Ein Rechtsgeschäft (und damit meist Auftrag) sollte vorliegen, wenn die Partner sich rechtsgeschäftlich binden wollten. Hierüber machen sich die Partner aber regelmäßig keine Gedanken. Daher hat die hM einen bunten Strauß von Indizien entwickelt, denen sie den Rechtsbindungswillen (→ Rn. 130) entnehmen wollte.[5] So sagt der BGH:

»Die Art der Gefälligkeit, ihr Grund und Zweck, ihre wirtschaftliche und rechtliche Bedeutung, insbesondere für den Empfänger, die Umstände, unter denen sie erwiesen wird, und die dabei bestehende Interessenlage der Parteien« könnten auf den Bindungswillen schließen lassen. Weiter hält der BGH für erheblich den »Wert einer anvertrauten Sache, die wirtschaftliche Bedeutung einer Angelegenheit, das erkennbare Interesse des Begünstigten und die nicht ihm, wohl aber dem Leistenden erkennbare Gefahr, in die er durch eine fehlerhafte Leistung geraten kann«.[6]

Nach diesen Regeln hat der BGH auch den Ausgangsfall entschieden: Vor allem wegen des hohen Wertes des zu führenden Lkw sei der Wille zu rechtlicher Bindung anzunehmen. Daher liege ein Rechtsgeschäft vor, aus dem T für jede Fahrlässigkeit hafte. Das Ergebnis überrascht: Hätte T nicht einen Fahrer »verliehen«, sondern einen Lkw, wäre er nach § 599 nur bei grober Fahrlässigkeit ersatzpflichtig geworden.

b) Gefälligkeitsverhältnis mit rechtsgeschäftlichem Charakter

368 Zwischen Gefälligkeitsverhältnis und Rechtsgeschäft stehen nach zutreffender Ansicht Gefälligkeitsverhältnisse mit rechtsgeschäftlichem Charakter bzw. »rechtsgeschäftlichen Nebenpflichten«.[7] Aus ihnen ergeben sich dementsprechend keine Leistungs-, wohl aber Schutz- und Obhutspflichten (§ 241 II). Die Haftung kann sich aus § 280 I ergeben, da ein solches Gefälligkeitsverhältnis ein Schuldverhältnis darstellt, das § 311 II Nr. 2 unterfällt. Dagegen lehnt die Rechtsprechung im Einklang mit einem Teil der Lehre ein derartiges Rechtsverhältnis ab, weil eine an das Vertragsrecht angelehnte Haftung ohne Rechtsbindungswillen nicht denkbar sei.[8]

BGH NJW 2010, 3087: V überlässt sein Motorrad für eine Probefahrt seinem Freund E, der es unbefugt an S weitergibt. Nachdem das Motorrad bei einem von S schuldlos verursachten Unfall zerstört wird, verlangt V von E Ersatz.

Läge zwischen V und E ein Leihvertrag vor, dann hätte E mit der Gebrauchsüberlassung an S nach § 603 S. 2 eine Pflicht iSd § 280 I verletzt. Nach den → Rn. 367 genannten Kriterien lag hier aber wohl kein Leihvertrag vor. Da sich die Parteien nicht vertraglich binden wollten, ist ein Rückgriff auf § 603 S. 2 versperrt und es bleibt nach der Rechtsprechung bei der deliktsrechtlichen Haftung. Da S kein Verrichtungsgehilfe war, scheidet § 831 I gegen E aus. Nach der hier vertretenen Auffassung kann sich der Anspruch zwar aus einer Schutzpflichtverletzung eines Gefälligkeitsverhältnisses mit rechtsgeschäftlichem Charakter ergeben (vgl. §§ 280 I, 311 II Nr. 3). Jedoch fehlt es an einer dem E zurechenbaren Pflichtverletzung, da auch S den Unfall nicht zu vertreten hat (§ 278). Eine Pflichtverletzung ließe sich nur analog § 603 S. 2 mit der Weitergabe

---

5 S. nur *Grunewald* BürgerlR § 4 Rn. 1 f.

6 BGHZ 21, 102 (107); ebenso BGH NJW 2009, 1141. Zur Vermeidung von Wertungswidersprüchen gilt dies nach BGH BeckRS 2015, 13678 Rn. 9 auch für die Abgrenzung zwischen GoA und Gefälligkeit.

7 *Canaris* JZ 2001, 499 (520); *Fikentscher/Heinemann* SchuldR Rn. 29; *Gehrlein* VersR 2000, 415.

8 BGHZ 21, 102 (106); BGH NJW 1992, 2474 (2475); *Oechsler* VertrSchuldV Rn. 756.

an S begründen. Doch passt die Vorschrift nicht, weil hier anders als bei der Leihe kein beiderseitiger Verpflichtungswille vorlag.[9]

2. Teilfragen

369 Sachlich dürfte es vor allem auf die drei folgenden Probleme ankommen:

a) Haftungsmaßstab

Erstens hat Bedeutung die Frage nach dem Haftungsmaßstab.[10] Da passt in der Tat die unbegrenzte Haftung des Auftragsrechts nicht für unentgeltliche Tätigkeiten ohne Treuhandcharakter, also insbesondere nicht für Gefälligkeiten des täglichen Lebens. Insoweit besteht also eine Gesetzeslücke, die in Analogie zu den §§ 521, 599, 690 zu füllen ist: Der unentgeltlich Tätige haftet regelmäßig nur für grobe Fahrlässigkeit. Ausnahmsweise haftet er für die Sorgfalt in eigenen Angelegenheiten dann, wenn er (wie regelmäßig bei § 690) die gleiche Tätigkeit auch im eigenen Interesse ausführt.[11]

Die Rechtsprechung verneint freilich meist eine Haftungsmilderung:[12] S hat G unentgeltlich in seinem Kraftwagen mitgenommen. In diesem war sogar ein Schild angebracht »Sie fahren in diesem Wagen auf eigene Gefahr«, das G gelesen hatte (nach geltendem Recht würde ein solcher Haftungsausschluss übrigens schon an § 309 Nr. 7 scheitern).[13] Trotzdem hat das RG der vollen Deliktshaftung des S zugeneigt.[14] Dagegen hat der BGH später mehrfach **einen »stillschweigenden« Ausschluss der Haftung** für leichte Fahrlässigkeit des Fahrers angenommen.[15] Doch handelte es sich hier um besondere Umstände; insbesondere fehlte dem Schädiger meist der Versicherungsschutz. Zumindest die Begründung dieser Entscheidungen ist wenig glücklich. Auch die Ausgangsentscheidung lehnt die Annahme einer Haftungsbeschränkungsabrede als »mehr oder minder fiktiv« ab.[16]

b) Ausführungsanspruch

370 Die zweite Frage betrifft die Entscheidung darüber, ob ein Anspruch auf Ausführung der zugesagten Tätigkeit besteht. Hierfür ist zu bedenken, dass nach § 671 selbst der Beauftragte jederzeit kündigen kann und nur bei Kündigung zur Unzeit Schadensersatz schuldet. Eine dauerhaftere Bindung kann auch bei einem bloßen Gefälligkeitsverhältnis nicht angenommen werden: Ein Ausführungsanspruch (und damit auch ein Schadensersatzanspruch wegen Nichtausführung) fehlt regelmäßig, wenn der Gefällige seine Zusage (gegebenenfalls konkludent) aufkündigt. Dagegen wird man bei Kündigung zur Unzeit ohne wichtigen Grund[17] entsprechend § 671 II 2 eine Schadensersatzpflicht anzunehmen haben.

---

9 Vgl. auch *Petersen,* Gebrauchsüberlassung an Dritte bei der Leihe, JURA 2015, 154.

10 Dazu *Grundmann* AcP 198 (1998), 457 (461); *Gehrlein* VersR 2000, 415; *D. J. Maier* JuS 2001, 746.

11 So BGH JZ 1969, 232: gleichzeitige Beaufsichtigung eigener und fremder Kinder. Vgl. schon *Esser/Weyers* SchuldR II § 35 I 1c; skeptisch *Oechsler* VertrSchuldV Rn. 754, 758. Zur Erstreckung der Haftungsmilderung auf Schutzpflichten vgl. → Rn. 209a.

12 Etwa RGZ 145, 390 (394f.); vorsichtiger aber BGHZ 21, 102 (110).

13 Zur Anwendbarkeit der §§ 305ff. im Rahmen außervertraglicher Rechtsverhältnisse BGHZ 187, 86.

14 Insoweit zust. BGHZ 21, 102 (110); ebenso BGH VersR 1967, 157, weiter OLG Oldenburg VersR 2003, 1262 (1263).

15 BGH NJW 1979, 414; 643; 1980, 1681; VersR 1980, 384.

16 BGHZ 21, 102 (110).

17 Dazu BGH NJW 1986, 978 (980).

Beispiel: Der Student S lädt seine Freundin F zu einer Autofahrt ein. Lässt S die F mitten im Wald ohne wichtigen Grund sitzen, so schuldet er ihr die Kosten der Heimfahrt.

c) Haftung bei Ausführung

371 Die dritte Frage endlich betrifft diejenigen Verhältnisse, in denen nach dem bei → Rn. 370 Gesagten kein Ausführungsanspruch besteht: Wenn hier gleichwohl ausgeführt wird, haftet der Ausführende dann wegen zu vertretender Schlechtleistung aus § 280 I nach dem Recht der Sonderverbindung? Eine solche Haftung für Schlechtleistung trotz Fehlens eines klagbaren Erfüllungsanspruchs kommt ja auch sonst vor (→ Rn. 42; 201). Bedeutung hat das vor allem wegen § 278 und bei bloßen Vermögensverletzungen. Hauptfall für Letztere ist die **unrichtige Auskunft** außerhalb eines ohnehin bestehenden Vertrages, etwa wenn eine Bank einen Nichtkunden berät oder wenn ein Rechtsanwalt einen Dritten über die Kreditwürdigkeit eines Mandanten unterrichtet.[18] Nicht genügt dagegen eine private Äußerung.[19]

Die Rechtsprechung[20] arbeitet in solchen Fällen trotz § 675 II mit einem **Vertrag auf sorgfältige Auskunft:** Ein solcher liege vor, wenn der Befragte erkenne, dass der Fragende von der Auskunft wichtige Maßnahmen (insbesondere Vermögensdispositionen) abhängig machen wolle, und zwar selbst dann, wenn der Befragte einen Vertragsschluss ablehne.[21] Damit wird für die Frage nach Schadensersatzansprüchen das Erfordernis eines Rechtsbindungswillens (→ Rn. 367) der Sache nach aufgegeben: Der Befragte haftet nicht wo er *will,* sondern wo er *soll.*

3. Der Lottofall

372 Bisweilen scheint auch der BGH die starre Alternative zwischen keiner oder voller rechtsgeschäftlicher Bindung auflockern zu wollen.

BGH NJW 1974, 1705: A, B, C, D und E hatten eine Lottospielgemeinschaft verabredet. Dabei sollte A wöchentlich von jedem Teilnehmer 10 DM einziehen und den so erlangten Betrag von 50 DM auf bestimmte Zahlenkombinationen setzen. Einmal veränderte A eigenmächtig die Zahlenkombination. Bei dieser Ziehung wäre auf die verabredeten Zahlen ein Gewinn von über 10.000 DM entfallen. B, C, D und E verlangten Ersatz für den ihnen entgangenen Anteil.

Der BGH verneint hier ausdrücklich, dass sich in solchen Fällen ein Parteiwille zur Frage einer rechtsgeschäftlichen Bindung feststellen lasse.[22] Daher müsse die Bindung nach § 242 ermittelt werden. Hiermit sei zwar eine Rechtspflicht der Mitspieler zur Leistung der vereinbarten Beiträge und eine Rechtspflicht des geschäftsführenden A zur Verteilung der erzielten Gewinne vereinbar. Dagegen sei eine möglicherweise existenzbedrohende Schadensersatzpflicht des A für entgangene Gewinne unzumutbar. Deshalb ist die Ersatzklage abgewiesen worden.

18 BGH NJW 1972, 678; vgl. auch *Canaris,* FS Schimansky, 1999, 43 (47).
19 BGH NJW 1991, 352f. Dazu ausf. *W. Lorenz,* FS Larenz, 1973, 575.
20 BGH NJW 1979, 1595; BGHZ 100, 117; BGH NJW 1993, 3073 (3075); 2007, 1362.
21 BGHZ 7, 371 (374f.).
22 Krit. *Kornblum* JuS 1976, 571; *Plander* AcP 176 (1976), 425.

4. Der Pillenfall

372a Überdeckt wird die Frage nach dem Parteiwillen von einer weiteren Erwägung auch in

BGHZ 97, 372: M und F leben in nichtehelicher Gemeinschaft. Sie verabreden, dass F empfängnisverhütende Mittel (»die Pille«) anwenden soll. F unterlässt das aber von einer bestimmten Zeit an, ohne dies dem M zu sagen. Dieser verlangt von F Ersatz für den Unterhalt, den er seinem daraufhin geborenen Kind zahlen muss.

Hier hat der BGH primär einen **Rechtsbindungswillen** (und folglich einen Anspruch des M wegen Verletzung der »Pillenabrede«) abgelehnt: Eine nichteheliche, freie Partnerschaft solle regelmäßig eben gerade nicht nach Rechtsregeln geordnet werden. Dahinter steht noch eine andere Erwägung: Über Fragen des engsten persönlichen Bereichs sei eine vertragliche Bindung gar nicht möglich (insoweit **fehlt die Privatautonomie**).[23] Übrigens hat der BGH hier auch einen Ersatzanspruch des M aus § 826 verneint.

II. Abgrenzung bei der Schenkung

373 Fragen nach der Abgrenzung der Schenkung tauchen nicht nur wegen des Haftungsprivilegs nach § 521 auf, sondern auch wegen der zahlreichen anderen Sondervorschriften über die Schenkung und den schenkweisen Erwerb.

1. Die Vermögenszuwendung bei der Schenkung

Nicht jede unentgeltliche Zuwendung eines Vorteils bei Einigsein über die Unentgeltlichkeit ist Schenkung. Das folgt schon aus § 517 sowie daraus, dass mehrere solcher Zuwendungen einem eigenen Typ außerhalb der §§ 516ff. angehören: Leihe, unentgeltliche Verwahrung, unverzinsliches Darlehen, Auftrag. Wie aber, wenn ein solcher Typ fehlt?

Beispiel: B verspricht dem Schuldner S, sich für ihn bei dessen Gläubiger G zu verbürgen, ohne dass S ein Entgelt zahlen soll.

Hier bedarf das Versprechen B–S der Form des § 766, obwohl es noch nicht die dort genannte Bürgschaftserklärung selbst darstellt: Andernfalls würde der von § 766 bezweckte Übereilungsschutz für B illusorisch. Aber ist darüber hinaus die Form von § 518 nötig?

Dass das Versprechen des B eine Schenkung sein könnte, kommt überhaupt nur im Verhältnis zu S in Betracht. Denn im Verhältnis zu G scheidet Unentgeltlichkeit sicher aus: Dessen Gegenleistung an S deckt auch die Bürgschaft. Aber auch im Verhältnis zu S nimmt die Rechtsprechung[24] Schenkung nur dann an, wenn B auf seinen Rückgriff (§ 774) gegen S verzichtet. Die mit der Schenkung beabsichtigte **Mehrung des Vermögens** des Beschenkten muss also eine **dauernde** sein.

Soweit ein Versprechen auf solche dauernde Vermögensmehrung abzielt, also Schenkung sein kann, ist seine Abgabe noch nicht »Bewirkung der versprochenen Leistung« iSv § 518 II. Das folgt für ein schenkweise erteiltes Schuldversprechen oder Schuldanerkenntnis nach §§ 780, 781 aus §§ 518 I 2, 2301 I 2.[25]

---

23 Allg. zu den Grenzen der Privatautonomie *Petersen* JURA 2011, 184.
24 BGH LM § 516 BGB Nr. 2.
25 Vgl. BGH NJW 1980, 1158.

2. »Schenkung« und Gegenleistung

374 Nicht selten wird die Unentgeltlichkeit einer Zuwendung fraglich, weil diese aus einem bestimmten Grund oder zu einem eigennützigen Zweck erfolgt. So liegt es etwa bei Gratifikationen an Arbeitnehmer »für treue Dienste«. Oder die Eltern mögen ihrem Kind ein Haus »schenken« gegen die Gewährung von Kost und Unterkunft auf Lebenszeit. Hier sind folgende rechtliche Gestaltungen möglich:

a) Gegenseitiger Vertrag

Wird die eigene Leistung um der Gegenleistung willen versprochen, dann liegt keine Schenkung vor, sondern ein gegenseitiger Vertrag: Beide Parteien können Erfüllung verlangen; bei Leistungsstörungen gelten die §§ 320ff. Diese Gestaltung ist regelmäßig anzunehmen, wenn die Parteien beide Leistungen gleich bewerten.

So könnte die eingangs erwähnte »Schenkung« durch die Eltern in Wahrheit ein Verkauf des Hauses mit anderstypischer Gegenleistung (Miete, Dienstvertrag) sein.

b) Schenkung unter Auflage

375 Davon zu unterscheiden ist die Schenkung unter Auflage, §§ 525ff. Sie ist im Zweifel anzunehmen, wenn die Gegenleistung aus dem Wert des Geschenks erbracht werden soll (etwa das Altenteil aus dem Ertrag des geschenkten Hofes), vgl. § 526.[26] Hier ist der Schenker vorleistungspflichtig, § 525 I. Nach Erbringung seiner Leistung kann er zwar Vollziehung der Auflage verlangen. Doch hat er bei Undurchsetzbarkeit dieses Verlangens nur beschränkte Rechte, § 527 I.

Der Rücktritt setzt nach § 323 kein Vertretenmüssen des Rücktrittsgegners voraus. Daher ist ein Rücktritt allemal möglich. Doch bleiben die beiden anderen Beschränkungen in § 527 I zu beachten (Rückabwicklung nur nach Bereicherungsrecht und bloß, soweit das Geschenk zur Erfüllung der Auflage verwendet werden sollte).

c) Bedingte Schenkung

376 Weiter kann die Schenkung durch die Erbringung einer Gegenleistung bedingt sein. Dann kann der Schenker die Gegenleistung zwar nicht verlangen. Er kann aber das ganze Geschenk zurückfordern, wenn die Gegenleistung ausbleibt. Hierfür hat er die Leistungskondiktion (als *condictio ob causam finitam,* § 812 I 2 Fall 1, → Rn. 690), wenn bloß der obligatorische Teil der Schenkung bedingt war. Zunehmend wird aber die Rückforderung bei Eintritt einer auflösenden Bedingung statt auf § 812 mit Recht auf das Kausalgeschäft selbst gestützt:[27] Die Verabredung einer solchen Bedingung lässt sich dahin auslegen, dass bei ihrem Eintritt die Leistung zurückgewährt werden soll. Wenn auch das dingliche Vollzugsgeschäft bedingt ist (beachte aber § 925 II), kommen für die Rückforderung zudem die §§ 894, 985 in Betracht.

d) Zweckschenkung

377 Auch bei der Zweckschenkung kann der Schenker die erwartete Leistung des Beschenkten nicht verlangen. Für die Rückforderung kommt hier nur die Leistungskondiktion (als *condictio ob rem,* § 812 I 2 Fall 2, → Rn. 691ff.) in Betracht.

---

26 Dazu BGHZ 107, 156 (160).
27 Vgl. *Medicus* BGB AT Rn. 840.

Eine Zweckschenkung (und nicht eine Bedingung) wird besonders dann vorliegen, wenn der Schenker die Erreichung des Zwecks nicht für zweifelhaft gehalten und daher an eine Bedingung nicht gedacht hat. Bisweilen erscheint der Zweck auch als Geschäftsgrundlage einer Schenkung.[28]

e) Unerhebliche Zweckangabe

378 Die Angabe eines Schenkungszwecks kann aber auch rechtlich bedeutungslos sein. So liegt es, wenn die Auslegung ergibt, dass es dem Schenker auf den genannten Zweck letztlich nicht ankommt.

Beispiel: Der Bauherr gibt den Bauarbeitern Geld »für Zigaretten«. Sie kaufen aber Bier: keine Rückforderung, weil es dem Schenker gar nicht um die Zigaretten ging, sondern um willigere Arbeitsleistung.

f) Belohnende Schenkung

379 Angaben über den Grund einer Zuwendung können die Unentgeltlichkeit ausschließen, wenn sie die Zuwendung als Zusatzleistung zu einer geschuldeten Vergütung erscheinen lassen. So liegt es bei der **Gratifikation** an den Arbeitnehmer: Auch wo diese nicht geschuldet wird, ist sie rechtlich Entgelt für die Arbeitsleistung; die Zusage bedarf daher nicht der Form von § 518. In Sonderfällen wird der Schenkungscharakter selbst dann geleugnet, wenn die Anknüpfung der Belohnung an eine geschuldete Vergütung fehlt.

RGZ 98, 176: Ein Leutnant L hatte mit einer Kellnerin K jahrelang ein Liebesverhältnis, aus dem auch drei Kinder hervorgingen. K trug wesentlich zu den Kosten des Zusammenlebens bei. Nach sechs Jahren versprach L der K privatschriftlich, weiter für sie zu sorgen, ihr aber für den Fall seiner anderweitigen Verheiratung 15.000 M zu zahlen. Als L nach weiteren sieben Jahren heiratete, verlangte K von ihm 15.000 M.

Anspruchsgrundlage ist § 780. Aber das Schuldversprechen wäre trotz seiner Abstraktheit (→ Rn. 43) bei schenkweiser Erteilung nach §§ 125, 518 I 2 nichtig. Doch hat das RG hier eine Schenkung mit Recht verneint: Das Versprechen habe die K für die erlittenen Nachteile entschädigen sollen, sodass die Parteien über die Unentgeltlichkeit nicht einig gewesen seien.[29] Das RG hat auch die Anwendbarkeit von § 138 verneint: K habe nicht für ihre Liebesdienste entschädigt werden sollen, sondern für andere Opfer und Leistungen.[30]

Entsprechend verneint der BGH eine Schenkung bei **Zuwendungen an den Ehegatten** zur gemeinsamen Altersversorgung.[31] Auch eine lebzeitige Zuwendung zum **Ausgleich des Zugewinns** soll bei in Gütertrennung lebenden Ehegatten im Zweifel keine Schenkung darstellen.[32] Selbst eine in der notariellen Urkunde bezeichnete »Schenkung« eines Miteigentumsanteils kann eine unbenannte Zuwendung sein.[33] Schwer abgrenzen lassen sich solche Fälle allerdings gegenüber der **Pflicht- und Anstandsschenkung,** die nach § 534 mit gewissen Modifikationen dem Schenkungsrecht untersteht.[34]

28 Etwa in BGH NJW 1977, 950.
29 In einem ähnlichen Fall den Schenkungscharakter bejahend BGH NJW 1984, 797.
30 Ähnlich BGH NJW 1984, 797, wonach finanzielle Zuwendungen im Rahmen einer nichtehelichen Lebensgemeinschaft regelmäßig nicht sittenwidrig sind.
31 BGH NJW 1972, 580.
32 BGH JZ 1977, 341. Vgl. auch *Dauner-Lieb* AcP 210 (2010), 580.
33 BGH NJW 2006, 2330 f.; dazu → Rn. 690 a f.
34 Vgl. *W. Lorenz*, FS Rheinstein, Bd. II, 1969, 547 (554 ff.).

3. Die gemischte Schenkung

380 Gemischte Schenkung ist eine dauernde Vermögenszuwendung, bei der sich die Partner darüber einig sind, dass sie teils entgeltlich und teils unentgeltlich erfolgen soll. Die Zuwendung muss nicht in einer Sache, sondern kann auch in einer Wertdifferenz bestehen.[35] Die rechtliche Behandlung, insbesondere die Anwendbarkeit des Schenkungsrechts, ist sehr umstritten.

> **Beispiel:** V »verkauft« seinem Freund K einen Pkw, dessen Wert beide auf 10.000 EUR ansetzen, für 5.000 EUR. Ist die Form von § 518 nötig? Gelten bei Sach- oder Rechtsmängeln die §§ 523f. oder gilt Kaufrecht? Haftet V nach § 521 nur für grobe Fahrlässigkeit? Kann V bei eigener Verarmung (§§ 528f.) zurückfordern[36] oder bei grobem Undank des K widerrufen (§§ 530ff.)? Ist der Erwerb des K auch dann endgültig wirksam, wenn V nur Vorerbe ist (§ 2113 II)?

a) Hierfür gibt es im Wesentlichen drei Theorien. Zunächst die oft vom RG vertretene **Trennungstheorie:** Nach ihr soll das Geschäft nach Schenkungsrecht nur insoweit behandelt werden, als die Partner es als unentgeltlich wollten; im Übrigen soll das Recht des nebenher laufenden entgeltlichen Typenvertrages (etwa Kauf) anzuwenden sein. Dagegen will die in der Literatur vertretene gemilderte Trennungs- oder **Zweckwürdigungstheorie** diejenigen Vorschriften anwenden, die im Einzelfall dem Zweck oder dem Parteiwillen am besten entsprechen.[37] Endlich die **Theorie der Abschlussschenkung:** Nach ihr soll Gegenstand der Schenkung der Abschluss eines günstigen Kaufs sein. Damit sind zwei Rechtsgründe (Schenkung und Kauf) hintereinandergeschaltet: Der Abschluss des Kaufs ist Erfüllung der Schenkung. Die vorgelagerte Schenkcausa bleibt aber über die §§ 528, 530 für den Kauf wirksam. Auch kann dem Abschluss des Kaufs ein Schenkverbot (etwa § 2205 S. 3) entgegenstehen.

381 b) In der Tat wird man die Frage, ob Schenkungsrecht oder das Recht des entgeltlichen Typenvertrages anwendbar ist, **nicht einheitlich entscheiden** können. So wird man etwa bei der Rechts- und Sachmängelhaftung zu trennen haben: Beide gelten nur für den entgeltlichen Teil des Geschäfts.[38] Für die nicht derart teilbare Frage nach der Form (§ 518) wird man Formbedürftigkeit schon immer dann annehmen müssen, wenn nicht eindeutig der entgeltliche Charakter überwiegt.[39] Nach den §§ 528, 530 darf der Schenker nur den Wert des unentgeltlichen Teiles seiner Leistung zurückverlangen, und Entsprechendes hat bei den §§ 2113 II, 2287 zu gelten. Der geschenkte Gegenstand soll selbst nach § 530 nur zurückverlangt werden können, wenn der unentgeltliche Charakter des Geschäfts überwiegt; dann ist die Gegenleistung Zug um Zug zurückzuerstatten.[40]

Ebenso wie eine gemischte Schenkung gibt es übrigens auch eine gemischte Leihe usw (etwa Vermietung zum Freundespreis).

---

35 BGH NJW 2012, 605; *K. Schmidt* JuS 2012, 554.
36 Dazu *Zeranski,* Die Rückforderung von Schenkungen wegen Verarmung, 2014, 42ff.
37 *Esser/Weyers* SchuldR II § 12 I 3; diff. *Larenz/Canaris* SchuldR II 2 § 63 III 1.
38 Nach *Larenz/Canaris* SchuldR II 2 § 63 III 1b wirkt der Rücktritt stets im Ganzen.
39 Gegen eine »Bagatellschwelle« *Ernst,* FS Picker, 2010, 139 (172).
40 BGHZ 107, 156 (159).

III. Die Schwächen des unentgeltlichen Erwerbs

382 Das BGB regelt ausführlich die Schwächen des unentgeltlichen Geschäfts **zwischen den Parteien,** indem es zugunsten des unentgeltlich Leistenden erweiterte Möglichkeiten zur Auflösung gewährt (etwa §§ 519, 528, 530, 605 Nr. 1, 671). Darüber hinaus ist die Position des unentgeltlichen Erwerbers aber auch in mehrfacher Hinsicht **gegenüber Dritten** schwach: Ein Dritter kann unentgeltlichen Erwerb herausverlangen, wo er entgeltlichen Erwerb nicht angreifen könnte:

1. Unentgeltliche Verfügung eines Nichtberechtigten

383 Die wichtigste Vorschrift dieser Art ist § 816 I 2. Diese Bestimmung bedeutet eine schuldrechtliche Korrektur der dinglichen Vorschriften über den Erwerb vom Nichtberechtigten kraft Redlichkeit (→ Rn. 531 ff.). Bei den §§ 892 f., 932 ff., 1138, 1207 wird ja nicht darauf abgestellt, ob der Redliche für seinen Erwerb ein Opfer erbracht hat; auch der Beschenkte kann vom Nichtberechtigten erwerben. § 816 I 2 macht das unentgeltlich erworbene Recht aber kondizierbar: Der Rechtsverlierer soll letztlich doch stärker geschützt sein als der unentgeltliche Erwerber.

Beispiel: Der Grundstückseigentümer E hat eine Buchhypothek an den Gläubiger G zurückbezahlt; die Berichtigung des Grundbuchs ist aber unterblieben. Schenkt nun G seine angebliche Forderung mit der Hypothek dem redlichen D, so erwirbt dieser nach §§ 892, 1138 das dingliche Recht. Nach § 816 I 2 kann E aber Rückübertragung an sich verlangen.

Hat dagegen D bereits an X weiterverschenkt, so versagt § 816 I 2 im Verhältnis E–X; D hat ja über die Hypothek (genauer: über die angebliche Forderung, für welche die inzwischen redlich erworbene Hypothek besteht) als sachenrechtlich Berechtigter verfügt.

2. Unentgeltliche Verfügung eines berechtigten Bereicherungsschuldners

384 Bei unentgeltlichen Verfügungen eines Berechtigten setzt aber § 822 ein:[41] Soweit durch die Verfügung ein Bereicherungsanspruch gegen den Veräußerer wegen § 818 III erloschen ist, haftet der Erwerber nach Bereicherungsrecht. § 822 stellt nach vorzugswürdiger, freilich bestrittener Ansicht eine eigenständige **Anspruchsgrundlage** dar.[42]

So ist im Beispiel bei → Rn. 383 ein Anspruch E–X aus § 822 gegeben, wenn die Haftung des D aus § 816 I 2 nach § 818 III erloschen ist, also wenn D bei seiner Verfügung dem E nicht schon aus §§ 818 IV, 819 ohne Rücksicht auf die Fortdauer seiner Bereicherung haftete.

Dabei verlangt § 822, dass der Anspruch gegen den Verfügenden erloschen ist; bloße Undurchsetzbarkeit soll nicht genügen.[43] Das führt zu der wenigstens auf den ersten Blick seltsamen Konsequenz, dass der unentgeltliche Erwerb, den ein berechtigter, aber nach § 819 I unredlicher Vormann vermittelt hat, nur wegen dieser Unredlichkeit bereicherungsrechtlich unangreifbar ist.

Beispiel: Der Dieb D hat von gestohlenem Geld des E bei J Schmuck gekauft und ihn seiner Freundin F geschenkt. Hier ist die Verfügung des D über das Geld nach § 932 wegen § 935 II wirksam.[44] D hat auch den Schmuck nach § 929 zu Eigentum erworben, müsste ihn aber nach

41 Dazu *Kohler* JuS 2013, 769.

42 Staudinger/*S. Lorenz*, 2007, § 822 Rn. 2; aA *Bockholdt,* Die Haftung des unentgeltlichen Erwerbers, 2004; offengelassen von BGHZ 158, 63 (67).

43 So etwa BGH NJW 1969, 605; BGHZ 154, 88.

44 Zu § 935 II BGH NJW 2013, 2888: Sammlermünzen ohne Zahlungsfunktion sind kein Geld iSd § 935 II; dazu *K. Schmidt* JuS 2014, 169; vgl. auch *K. Schreiber* JURA 2004, 238. Zum Abhanden-

hM an E übereignen, § 816 I 1. Da diese Pflicht des D sich wegen § 819 I durch die Schenkung an F in einen Schadensersatzanspruch (§§ 818 IV, 292 I, 989, 990 I) verwandelt hat, kann E von F nach § 822 nichts verlangen. Die F steht also besser, wenn ihr Veräußerer unredlich war, sodass diesem § 818 III nicht hilft![45]

Verschenkt der Bereicherungsschuldner nicht das Erlangte selbst, sondern ein **Surrogat** (zB den mit dem rechtsgrundlos erlangten Geld gekauften Kraftwagen), so wird § 822 ebenfalls angewendet. Doch geht der Anspruch gegen den Drittempfänger nicht auf diesen Kraftwagen, sondern nach § 818 II auf den Wert; der Dritte soll sich aber durch Herausgabe des Wagens befreien können.[46]

Die subsidiäre Haftung (»soweit infolgedessen«) des unentgeltlichen Erwerbers nach § 822 kann jedoch zu einem **Wertungswiderspruch** führen, wenn der Bereicherungsanspruch gegen den Erstempfänger wirtschaftlich wertlos ist:

Beispiel: A veräußert eine Sache ohne rechtlichen Grund an den bösgläubigen und insolventen B, der sie ohne Ersparnis anderweitiger Aufwendungen an C verschenkt. Wegen der Bösgläubigkeit des B hätte A keinen Anspruch gegen C aus § 822 BGB, sondern nur einen wirtschaftlich wertlosen gegen den insolventen B aus §§ 819 I, 818 IV. Das ist ungereimt, weil C so besser steht, als wenn ihn ein Redlicher beschenkt hätte. Denn dann würde er A wegen § 818 III nach § 822 haften. Entgegen der Rechtsprechung sollte man daher die in § 822 angeordnete Subsidiarität dahingehend einschränken, dass lediglich ein **durchsetzbarer Anspruch** gegen den Erstempfänger zum Anspruchsausschluss gegen den beschenkten Dritten führt; andernfalls – insbesondere bei der hier vorliegenden Insolvenz des B – ist § 822 entsprechend anzuwenden.[47]

3. Unentgeltlich erlangter Besitz

385 Nach § 988 muss sogar der redliche Besitzer bei unentgeltlich erlangtem Besitz dem Eigentümer die gezogenen Nutzungen herausgeben. Auch hier soll verhindert werden, dass der unentgeltliche Erwerber Vorteile behalten darf, die er aus fremdem Recht erlangt hat (→ Rn. 600ff.).

Dabei ist § 988 seinem Wortlaut nach in einer Hinsicht unzweifelhaft zu eng: Er spricht nur vom Eigenbesitzer und demjenigen Fremdbesitzer, der zur Ausübung eines Nutzungsrechts *an der Sache* besitzt. Das trifft nur ein dingliches Recht. Ebenso muss aber auch der Fremdbesitzer behandelt werden, der nur ein obligatorisches Nutzungsrecht (Leihe) hat.[48]

4. Bösliche Schenkungen des gebundenen Erblassers oder des Ehegatten

386 Ähnlichkeit mit § 822 hat § 2287. Diese Vorschrift behandelt Schenkungen durch den Erblasser in der Absicht, den Vertragserben zu benachteiligen (sog. bösliche Schenkungen). Diese Absicht wird durch ein lebzeitiges Eigeninteresse nicht allemal ausgeschlossen.[49] Solche Schenkungen sind von dem Beschenkten nach Bereicherungsrecht

kommen beim Mitbesitz BGH NJW 2014, 1524; dazu *K. Schmidt* JuS 2014, 840; *Wietfeld* JURA 2014, 1039.

45 Hiergegen mit guten Gründen *Larenz/Canaris* SchuldR II 2 § 69 IV 1 a.

46 So BGHZ 158, 63, dazu *Bockholdt* JZ 2004, 796. Zu § 818 II *Mankowski/Schreier* AcP 208 (2008), 725.

47 *Canaris* FS Larenz, 1973, 799 (833); *Medicus/Lorenz* SchuldR BT Rn. 1183; aA BGH NJW 1969, 605; 1999, 1026; *Reuter/Martinek* BereicherungsR § 8 VI 2; *Looschelders* SchuldR BT Rn. 1094.

48 BGHZ 71, 216 (225).

49 Dazu BGHZ 59, 343 mAnm *Teichmann* JZ 1974, 32 sowie *H. Dilcher* JURA 1988, 72.

(Rechtsfolgeverweisung) zurückzugewähren. Das gilt nach allgemeiner Ansicht[50] entsprechend bei böslichen Schenkungen des durch gemeinschaftliches Testament nach § 2271 II gebundenen überlebenden Ehegatten (nicht dagegen, wenn der andere Ehegatte noch lebt).[51] In beiden Fällen ist die Schenkung wie bei § 822 obligatorisch und dinglich wirksam, auch hat der Erwerb vom Berechtigten stattgefunden. Dennoch soll der unentgeltliche Erwerber dem Beeinträchtigten weichen müssen. § 2287 und § 822 lassen sich auch kombinieren:

BGHZ 199, 123: Der selbst kinderlose E schloss mit seiner Ehefrau F, die ihren Sohn K mit in die Ehe brachte, ein gemeinschaftliches Testament, welches K als Schlusserben vorsah. Nach dem Tod der F ging E eine zweite Ehe mit Z ein. In der Folge stritten E und K gerichtlich wie außergerichtlich um dessen Pflichtteilsansprüche. Kurz darauf schenkte E der Z ein Grundstück, das diese wiederum an ihren Sohn B weiterverschenkte. Nach dem Tod des E verlangt K von B die Herausgabe. B sieht sich hierzu außerstande, da er das Grundstück auf eine ausländische Gesellschaft übertragen habe.

Da zwischen E und F wechselseitige Verfügungen (§ 2270) vorlagen, die nach dem Tod der F zugunsten des K unwiderruflich wurden (§ 2271 II 1), hätte K das ihn beeinträchtigende Geschenk – das Grundstück – entsprechend der Rechtsfolgenverweisung in § 2287 zu deren Lebzeiten von Z kondizieren können, solange sie es noch besaß.[52] Mit Entfallen der Haftung der erstbeschenkten Empfängerin Z durch die Weitergabe des Grundstücks an B gem. § 818 III bzw. im Falle ihrer Bösgläubigkeit gem. § 275 I hat K gegen den Zweitbeschenkten B einen Anspruch aus – wenigstens aber analog – § 822 (**»Kettendurchgriffskondiktion«**).[53] Dies gilt selbst dann, wenn man § 822 nicht als eigenständige Anspruchsgrundlage qualifiziert. Der unentgeltliche Erwerb des B ist hier nämlich weniger schutzwürdig als das Interesse des Schlusserben K an der Herausgabe des Geschenks. Auf das Unvermögen der Herausgabe des Grundstücks gem. § 275 I kann sich B nur berufen, wenn er keine Möglichkeit zur Rückgewinnung hat. Daran fehlt es, wenn er als beherrschender Gesellschafter der ausländischen Gesellschaft in der Lage ist, dem K das Grundstück zu verschaffen.[54]

Auf den ersten Blick liegt es bei § 2287 nahe, einen Anspruch nicht gegen den (vielleicht redlichen) Beschenkten zu gewähren, sondern (entsprechend § 826) gegen den böslichen Schenker. Aber das geht – im Gegensatz zum Fall des § 2288 – nicht: Der Schenker ist ja tot, und der Beeinträchtigte ist sein Erbe, sodass Konfusion einträte. Bei § 2287 ist also ausnahmsweise die Rechtsstellung des Erben stärker als diejenige seines Erblassers. Auch ein Anspruch des Erben aus § 826 gegen den beschenkten Dritten besteht nicht.[55]

Eine ähnliche Unbeständigkeit von Schenkungen und anderen Rechtshandlungen, die mit Benachteiligungsabsicht vorgenommen worden sind, regelt § 1390: Hier kann sich derjenige Ehegatte, dessen Anspruch auf **Zugewinnausgleich** verkürzt worden ist, nach Bereicherungsrecht an den dritten Empfänger halten.

50 Etwa *Kipp/Coing* ErbR § 35 III 4 e; BGH ZEV 2012, 37.
51 BGHZ 87, 19.
52 Eingehend zu § 2287 *K. W. Lange* ErbR § 44 Rn. 70 ff.
53 *Larenz/Canaris* § 69 IV 1 a; *Petersen* JURA 2015, 260 (263); ähnlich wie bei § 2287 verhält es sich bei § 528 (BGHZ 106, 354 [357]).
54 Vgl. BGHZ 141, 177 (181 f.); 195, 195 Rn. 33.
55 BGHZ 108, 73.

5. Schenkungen mit Nachteil für einen Pflichtteilsberechtigten

387 Ähnlich verhält es sich bei § 2329 (wo es freilich auf eine Benachteiligungsabsicht des Schenkers nicht ankommt): Hier ist die Schenkung des Erblassers an den Dritten gleichfalls obligatorisch und dinglich wirksam, und der Beschenkte hat auch vom Berechtigten erworben. Dennoch soll er das Geschenk nach Bereicherungsrecht (ebenfalls Rechtsfolgeverweisung) herausgeben, soweit sonst der Pflichtteilsergänzungsanspruch verkürzt würde, weil der Erbe (etwa wegen §§ 2328, 1975, 1990) ihn nicht zu erfüllen braucht oder der Ergänzungsberechtigte selbst Erbe ist.

6. Dinglich unwirksame Schenkung

388 Einen anderen Weg gehen die §§ 1425 I, 1641, 1804, 2113 II, 2205 S. 3: Sie lassen die Schenkung dinglich unwirksam werden (§ 2113 II) oder sein (§§ 1425 I, 1641, 1804, 2205 S. 3). Die Vermögensinhaber können also die verschenkte Sache vindizieren oder die schenkweise erlassene Forderung geltend machen; bei § 1425 I gehört der verschenkte Gegenstand weiter zum Gesamtgut.

IV. Rechtsgrundlos = unentgeltlich?

1. Das Problem

389 Vor allem bei den §§ 816 I 2, 988 fragt es sich, ob rechtsgrundloser Erwerb dem unentgeltlichen gleichzustellen ist. Mit anderen Worten: Kann der rechtsgrundlose Erwerber wie ein unentgeltlicher behandelt werden, weil er für seinen Erwerb kein Opfer zu bringen brauchte?

Bei den anderen in → Rn. 382–388 genannten Vorschriften taucht diese Frage nicht in gleicher Schärfe auf. Bei § 822 ist nämlich die Haftung des Erstbereicherten nicht erloschen, solange ihm noch die Leistungskondiktion gegen den rechtsgrundlosen Zweiterwerber zusteht. Denn dann schuldet der Erstbereicherte die Abtretung dieser Kondiktion oder den Ersatz des Wertes der Leistung (→ Rn. 673). Bei § 2287 gehört der Bereicherungsanspruch zum Nachlass und kann von dem Vertragserben geltend gemacht werden. Bei § 1390 vermehrt der Wert des Bereicherungsanspruchs das Vermögen des ausgleichspflichtigen Ehegatten, sodass der Ausgleichsanspruch nicht an § 1378 II scheitert. Ähnlich ist bei § 2329 der Wert des Nachlasses durch den Bereicherungsanspruch des Erben erhöht. Schwierigkeiten entstehen nur, wenn die Leistungskondiktion nach §§ 814, 815 nicht durchgesetzt werden kann.

2. Die Gleichstellung bei § 816 I 2 BGB

390 Die Gleichstellung von rechtsgrundlos und unentgeltlich hat begonnen mit RGZ 163, 348 bei § 988; darauf wird noch zurückzukommen sein (→ Rn. 600ff.).

Beispiel: V hat eine Sache des E aufgrund nichtigen Kaufvertrages an den gutgläubigen K veräußert, der nach § 932 Eigentümer geworden ist. Kann E von K nach § 816 I 2 die Übereignung fordern?

Hätte die Sache dem V gehört, so könnte dieser von K wegen der Nichtigkeit des Kaufvertrages Rückübereignung nach § 812 I 1 Fall 1 verlangen. Diesem Anspruch könnte K aber den etwa von ihm bereits gezahlten Kaufpreis entgegenhalten. Im Verhältnis zu V bräuchte K die Sache also nur gegen Rückzahlung des Kaufpreises herauszugeben. Da V aber eine Sache des E veräußert hat, kommt dieses Recht des K in Gefahr, wenn er durch entsprechende Anwendung von § 816 I 2 einem Anspruch des E ausgesetzt wäre. Denn ob K diesem gegenüber die an den nichtberechtigten V erbrachte Gegenleistung als Wegfall der Bereicherung (§ 818 III) geltend machen könnte, ist zumindest sehr zweifelhaft (→ Rn. 725). Nach richtiger Ansicht passt daher § 816 I 2 auf rechtsgrundlosen Erwerb jedenfalls dann nicht entsprechend, wenn der Erwerber tatsächlich ein Vermögensopfer erbracht hat.

BGHZ 37, 363: Ein Angestellter hatte unterschlagenes Geld aufgrund nichtigen Spielvertrages bei einer Spielbank verspielt.[56] Der BGH hat dem früheren Eigentümer des Geldes analog § 816 I 2 einen Anspruch gegen den Träger der Spielbank gegeben. Aber in der dem Spieler durch die Bank eingeräumten Gewinnchance kann ein Opfer auch dann gesehen werden, wenn diese Chance sich nicht verwirklicht hat. Daher dürfte der BGH ein Vermögensopfer zu Unrecht verneint haben.

Im Ausgangsfall muss E daher, wenn K an V gezahlt hatte, gegen V vorgehen. Nach § 816 I 1 kann E von V dessen Bereicherung fordern, nämlich mindestens die Abtretung des Bereicherungsanspruchs V–K (doch → Rn. 673). Erst diesen Anspruch kann E dann gegen K geltend machen. Dabei muss er sich aber nach § 404 alle Einreden des K gegen V entgegenhalten lassen, insbesondere also die aus § 273 wegen des Kaufpreises sowie etwa noch weiterreichende Einschränkungen (→ Rn. 225).

V. Die Schenkung von Todes wegen

391 Kaum an einem anderen Punkt ist die Rechtsprechung des RG so uneinheitlich gewesen wie bei § 2301.[57] Das liegt vor allem daran, dass sich in § 331 eine weitere Vorschrift über Zuwendungen auf den Todesfall findet, deren Verhältnis zu § 2301 unklar ist. Auch bereitet die Frage des Vollzuges nach § 2301 II immer wieder Schwierigkeiten.

1. Funktion des § 2301 BGB

392 Für sich betrachtet stellt § 2301 eine **Verschärfung gegenüber der Schenkungsform** dar.

RGZ 83, 223 (Bonifatiusfall):[58] Der Pfarrer E hatte kurz vor seinem Tod dem Pfarrkuraten P Wertpapiere übergeben, die dieser dem Weihbischof F für den Bonifatiusverein B bringen sollte. E wollte B die Papiere schenken. P übergibt sie dem F aber erst vier Tage nach dem Tode des E. Dessen Erbin K verlangt die Papiere von B heraus.

a) Gäbe es § 2301 nicht, so wäre dieses Verlangen unbegründet. Denn P überbrachte als Bote des E dem F zugleich mit dem Besitz an den Papieren auch eine Schenkungs- und Übereignungsofferte. Beide Offerten wurden nach § 130 II durch den Tod des E nicht unwirksam. Nach § 153 konnten sie auch trotz des Todes des E noch angenommen werden; auf die Erklärung dieser Annahme ihm gegenüber hatte E nach § 151 verzichtet. Daher wären sowohl die Schenkung (§ 518 II) wie die Übereignung wirksam vereinbart worden; K hätte die Papiere weder kondizieren noch vindizieren können.

Anders könnte man nur dann entscheiden, wenn man bei § 929 fordert, dass die Einigung im Zeitpunkt der Übergabe noch tatsächlich besteht. So in der Tat das RG im Bonifatiusfall: Im Zeitpunkt der Übergabe P-F sei E tot gewesen, und die neue Eigentümerin habe die Übereignung nicht gewollt.[59] Gewiss ist der Eigentumserwerb von B nach der hM:[60] Diese lässt die Einigung (und entsprechend auch eine Einigungsofferte) schon vor der Übergabe zu; sie wirkt dann fort, bis sie widerrufen wird. Danach wäre ein Widerruf der Übereignungsofferte des E durch K hier zwar möglich gewesen. Da ein solcher Widerruf

56 BGHZ 47, 393 verneint Unentgeltlichkeit bei gültigem Spielvertrag.

57 Vgl. *K. Schreiber* JURA 1995, 159.

58 Dazu *Otte* JURA 1993, 643; *Martinek/Röhrborn* JuS 1994, 473; 564; zum Bonifatiusfall im IPR *S. Lorenz* ZEV 1996, 406.

59 Anders schon *Wolff/Raiser* SachenR § 66 I 4: Die Übergabehandlung müsse Ausdruck des Übereignungswillens sein. Das wäre hier wohl noch zu bejahen.

60 Etwa *Baur/Stürner* SachenR §§ 5 Rn. 36f.; 51 Rn. 11.

aber bis zur Übergabe der Papiere an F nicht erfolgt ist, vollendet sich der Eigentumserwerb von B nach § 929 S. 1 durch diese Übergabe (auch → Rn. 33 ff.).

b) E hatte die Schenkung jedoch in der sicheren Annahme gemacht, dass er demnächst sterben werde. Daher greift § 2301 ein. **393**

Zwar fehlt es hier im technischen Sinne an einer »Bedingung, dass der Beschenkte den Schenker überlebt« (§ 2301 I 1), weil das Überleben des Bonifatiusvereins (juristische Person) sicher war. Doch ist § 2301 nach richtiger Ansicht auch auf Fälle anzuwenden, in denen der Schenker seinen nahen Tod erwartet und das Überleben des Beschenkten für gewiss hält. Die Einzelheiten sind umstritten.[61] Die Rechtsprechung ist uneinheitlich: einerseits verzichtet der BGH auf eine ausdrückliche Überlebensbedingung.[62] Andererseits will der BGH später mit der geltungserhaltenden Auslegung nach § 2084 von § 2301 wegkommen.[63] Wertungsmäßig darf allein entscheiden, ob der Erblasser das in der Schenkung liegende Opfer auch für den Fall seines Überlebens bringen will.

§ 2301 I erklärt die Vorschriften über Verfügungen von Todes wegen für anwendbar. Danach bedarf es für eine vertragliche Zuwendung, wie sie eine Schenkung darstellt, der Form des **Erbvertrages**, §§ 2276 I, 2231 ff. Diese Form (notarielle Beurkundung) wird praktisch nie erfüllt sein. Dann kommt freilich immer noch die Umdeutung der vertraglichen Schenkung in ein *einseitiges* **Vermächtnis** in Betracht. Doch ist hierfür wenigstens die Form von § 2247 (eigenhändiges Testament) nötig.[64] Im Bonifatiusfall und in den meisten anderen praktisch vorkommenden Fällen ist aber auch sie nicht eingehalten. Und eine Konvaleszenz formunwirksamer Verfügungen von Todes wegen gibt es anders als bei § 518 II nicht.[65]

Deshalb hängt alles von § 2301 II ab, nämlich davon, ob der Schenker die Schenkung noch **vollzogen** hat. Das ist richtig dahin zu verstehen, dass noch der Erblasser selbst und nicht erst der Erbe das Vermögensopfer bringt.[66] Daran fehlt es im Bonifatiusfall: Der Erblasser hatte das Eigentum an den Wertpapieren nicht mehr verloren. Dieses war vielmehr zunächst noch auf seine Erbin übergegangen, sodass der Eigentumserwerb des Bonifatiusvereins erst für diese ein Opfer bedeutet hätte. Auch eine den Erblasser bindende Offerte zur Übereignung lag noch nicht vor.

Einige folgen dagegen für § 929 der Ansicht, nach der die Einigung bei dieser Vorschrift unwiderruflich sein soll.[67] Entsprechend sei auch die Einigungsofferte nur nach § 130 I 2 widerruflich. Danach wäre der Erblasser jedenfalls dann gebunden (und hätte daher schon ein Vermögensopfer gebracht), wenn er die Einigung einem Empfangsvertreter oder -boten *des zu Beschenkenden* erklärt hätte. Sie gehen aber noch weiter: Wegen der §§ 130, 168 sei Vollzug auch bei einem Vertreter oder Boten *des Erblassers* zu bejahen, wenn nicht dem Erben noch ein rechtzeitiger Widerruf gelinge. Der BGH betont aber zutreffend, dass ein Bevollmächtigter des Erblassers den Vollzug nach dem Erbfall nicht mehr wirksam herbeiführen kann.[68] Gleiches sollte für einen Boten gelten.

61 Vgl. etwa MüKoBGB/*Musielak* § 2301 Rn. 11.
62 BGHZ 99, 97 (100); dazu *Leipold* JZ 1987, 362; *Olzen* JR 1987, 372.
63 BGH NJW 1988, 2731 (2732); dazu *Bork* JZ 1988, 1059.
64 Zu den Testamentsformen *Röthel* JURA 2014, 475.
65 Deutlich BGH NJW 1988, 2731 (2732).
66 *Kipp/Coing* ErbR § 81 III 1 c; zum Vollzug der Schenkung einer Unterbeteiligung vgl. BGHZ 191, 354; dazu *H. P. Westermann* ZIP 2012, 1007.
67 *Brox/Walker* ErbR Rn. 750 ff.; *Westermann/H. P. Westermann* SachenR § 37 Rn. 11 f.; dazu → Rn. 33.
68 BGH NJW 1988, 2731 f.; dazu *Bork* JZ 1988, 1059.

2. Schenkungen durch Vertrag mit einem Dritten

394 Es bleibt die Frage, wie § 331 mit § 2301 zu vereinbaren ist. Denn § 331 erwähnt die erbrechtlichen Formen nicht. Er geht vielmehr davon aus, dass ein Leistungsversprechen zugunsten eines Dritten auch dann wirksam ist, wenn die Leistung erst nach dem Tod des Versprechensempfängers erfolgen soll. Gemeint sind dabei Leistungen, die der Erblasser durch eine andere Person (den Versprechenden) an den begünstigten Dritten erbringt.

a) Vorrang des Erbrechts?

Eine in der Literatur vertretene Ansicht wendet § 2301 auch im Rahmen von § 331 dann an, wenn im Verhältnis Versprechensempfänger (= Erblasser) – Dritter (= Begünstigter) Schenkung vorliegt. In diesen Fällen soll also die Zuwendung formfrei nur bei lebzeitigem Vollzug durch den Schenker wirksam sein, nämlich wenn dieser »selbst, nicht der Erbe, das Vermögensopfer bringt«.[69]

BGHZ 46, 198: Die Erblasserin E hatte auf den Namen ihrer Enkelin K ein Sparbuch anlegen lassen und darauf Geld eingezahlt. E hatte das Sparbuch aber behalten und der K nichts davon gesagt. Es wird im Nachlass der E gefunden.

Hier stand nach Ansicht des BGH das Sparguthaben der E bis zu ihrem Tod zu. Bei Anwendung von § 2301 greift dann diese Vorschrift ein. Denn im Verhältnis E–K kommt nur Schenkung in Betracht. Diese war zu Lebzeiten der E noch nicht vollzogen, weil E die Verfügungsmacht über das Sparbuch behalten hatte (E hätte jederzeit selbst wieder Geld abheben können). Folglich bedarf die Zuwendung an K eines erbrechtlichen Grundes. Da ein solcher fehlt, hat K die Forderung (und damit nach § 952 auch das Eigentum an dem Sparbuch, → Rn. 760) entweder überhaupt nicht oder doch bloß rechtsgrundlos erworben.

b) Verdrängung des Erbrechts durch § 331 BGB?

395 Demgegenüber fasst der BGH[70] § 331 noch weitergehend **als Sondervorschrift gegenüber § 2301** auf, der vollständig verdrängt werden soll: Der Erblasser brauche nämlich zu Lebzeiten noch kein Opfer gebracht zu haben, wenn er den Weg über § 331 wähle, also wenn er dem Begünstigten einen Anspruch gegen einen Dritten einräume. Das soll insbesondere auch dann gelten, wenn der Anspruch gegen den Dritten für den Begünstigten erst mit dem Erbfall entsteht und wenn die zugrunde liegende Schenkung sogar erst nach dem Erbfall konvalesziert (§ 518 II) oder erst danach überhaupt zustande kommt.

Im Einzelnen konstruiert der wie folgt: In der Anlegung des Sparbuchs durch E auf den Namen der K liege ein Antrag der E an K zum Abschluss einer Schenkung. Diesen Antrag könne K nach §§ 130 II, 153 noch nach dem Tod der E annehmen. Eine Form sei hierfür gem. § 518 II nicht nötig, weil die Schenkung sich mit dem Tod der E (§ 331 I) dadurch vollziehe, dass K die in dem Sparbuch verbriefte Forderung gegen die Sparkasse, also den Gegenstand der Schenkung, erwerbe.[71]

---

69 *Kipp/Coing* ErbR § 81 V 2.

70 Etwa BGHZ 41, 95; 157, 79; BGH NJW 1965, 1913; 1984, 480 (481); skeptisch demgegenüber *Grunewald* BürgerlR § 42 Rn. 3; *Petersen* JURA 2013, 1230 (1232).

71 BGHZ 46, 198. Nach BGH NJW 1984, 480 (481) muss der Erwerb des Anspruchs gegen den Versprechenden allerdings auch von dessen Vertragswillen erfasst sein (im Beispiel also von demjenigen der Sparkasse).

c) Lösungsvorschlag

Der Unterschied zwischen den beiden Ansichten a und b ist also beträchtlich. Die Ansicht a verdient entschieden den Vorzug, und zwar aus zwei Gründen: **396**

aa) Einmal führt die Ansicht b zu einer weitreichenden **Aushöhlung der erbrechtlichen Formen.** Denn sie macht es möglich, Zuwendungen auf den Todesfall durch bloß mündlichen Vertrag zwischen dem Erblasser und einer anderen Person zuwege zu bringen. Damit wird nicht nur der Widerstand verringert, den die erbrechtlichen Formvorschriften jedem Abweichen von der präsumtiv vernünftigen gesetzlich vorgesehenen Verteilung des Nachlasses entgegensetzen. Vielmehr werden damit auch die Beweisschwierigkeiten vergrößert, denen diese Formvorschriften zuvorkommen sollen: Der Streit um eine solche Zuwendung findet ja stets erst dann statt, wenn der eine Beteiligte, nämlich der Erblasser, nicht mehr lebt. Darum besteht das Erbrecht mit gutem Grund auf der Einhaltung der Formen.

bb) Zum anderen und vor allem aber steht neben dem Formproblem auch das **Einordnungsproblem.**[72] Die Nachlassverbindlichkeiten stehen untereinander in einer durch die §§ 39, 325 ff. InsO bestimmten festen Rangfolge. Diese sieht, soweit sie hier interessiert, folgendermaßen aus: Zunächst sind die gewöhnlichen Nachlassgläubiger zu befriedigen. Dann kommen die Forderungen aus einer Freigiebigkeit des Erblassers unter Lebenden. An nächster Stelle stehen die Pflichtteilsansprüche, und erst danach folgen die Forderungen aus Vermächtnissen und Auflagen. **397**

Klassifiziert man nun die Zuwendungen nach § 331 als Zuwendungen unter Lebenden, so gerät diese Rangordnung völlig durcheinander: Die durch solche Zuwendungen Begünstigten rangieren auf einmal noch vor den Pflichtteilsberechtigten. Es bleibt dann nur die umständliche Hilfe über die §§ 2325, 2329. In dem bei → Rn. 394 genannten Fall ist die Sache sogar noch schlimmer: Hier ist ja nach Ansicht des BGH das Guthaben des Erblassers mit dem Erbfall wirksam aus dem Nachlass ausgeschieden. Es wäre damit zunächst sogar den gewöhnlichen Nachlassgläubigern entzogen und müsste notfalls erst durch eine Anfechtung zurückgeholt werden.[73] Alle diese Schwierigkeiten werden vermieden, wenn man § 2301 auf jeden *schenkweisen* Erwerb von Todes wegen anwendet, selbst wenn er über das Vermögen eines anderen erfolgt.[74]

BGHZ 66, 8 verneint wegen der Einordnung als Zuwendung unter Lebenden konsequent auch einen Verstoß gegen § 2289 I 2, wenn der Schenker durch Erbvertrag oder gemeinschaftliches Testament gebunden war. Vielmehr könne der Empfänger der Zuwendung dem Erben lediglich nach § 2287 haften.

d) Neuere Rechtsprechung

Bisweilen hat allerdings der BGH selbst seine Ansicht wesentlich eingeschränkt. **398**

BGH NJW 1975, 382: Der Erblasser G hatte seine Bank B beauftragt, nach seinem Tod zulasten seines Kontos einem Dritten D 5.000 DM gutzuschreiben. Noch bevor dieser Auftrag nach dem Erbfall ausgeführt worden war, widerrief ihn der Erbe E. D verlangt von E die Zustimmung zur Gutschrift der 5.000 DM.

---

72 Vgl. *Kipp/Coing* ErbR § 81 II 1 b.

73 Anders insoweit *Kipp/Coing* ErbR § 81 V 2: Die Zuwendung sei als Vermächtnis zu behandeln; der Zuwendungsgegenstand falle in den Nachlass.

74 Auch BGHZ 98, 226 (232) – zu § 2325 – befürchtet »schwerwiegende Fehlentwicklungen« durch die Möglichkeit für den Erblasser, »sein Vermögen unter Benachteiligung aller, einzelner oder auch nur eines einzelnen Pflichtteilsberechtigten … am Nachlass vorbei ohne für ihn fühlbares eigenes Vermögensopfer weiterzuleiten«. Gerade dem soll der hier vertretene Standpunkt entgegenwirken.

Der BGH hat diese Klage für unbegründet gehalten: Allerdings habe D mit dem Erbfall nach § 331 einen Anspruch gegen B erworben. Dieser Erwerb bedürfe jedoch, um bereicherungsrechtlich beständig zu sein, einer schuldrechtlichen Grundlage, nämlich eines Schenkungsvertrages. Und für dessen Zustandekommen fehle die nötige Einigung: B könne sie nach dem Widerruf des Auftrages durch E (§§ 671, 168) nicht mehr erklären. Nach dieser Ansicht hängt der Erwerb des D im Ergebnis davon ab, ob E von dem Auftrag noch vor der Ausführung erfährt und daher rechtzeitig widerrufen kann (ein Fall, in dem das dem Erben nicht gelungen ist).[75] Und nach Die Bank soll sogar weder berechtigt noch verpflichtet sein, dem Erben einen Widerruf zu ermöglichen.[76] Damit erlangt der Zufall eine große Bedeutung; vorzuziehen ist deshalb weiterhin die den Zufall ausschaltende Anwendung des § 2301 (→ Rn. 396 f.).

3. Auftrag und Vollmacht über den Tod hinaus

399 Der eben erörterte Fall leitet schon über zu den Problemen von Auftrag und Vollmacht über den Tod hinaus.[77]

BGH NJW 1969, 1245: Die Erblasserin E hatte ihre Nichte N »ermächtigt«, nach dem Erbfall Teile des zum Nachlass gehörenden Grundvermögens dem Bruder B der N zu übertragen. Dabei sollte B nur den (damals weit unter dem Verkehrswert liegenden) steuerlichen Einheitswert bezahlen müssen. N führte das einen Monat nach dem Tod der E aus. Gesetzliche Erben der E sind N, B und D. D verlangt von B Grundbuchberichtigung dahin, dass als Eigentümer der fraglichen Grundstücke die Erbengemeinschaft eingetragen werde.

Der Anspruch ist aus §§ 2039, 894 begründet, wenn die Grundstücke nicht wirksam aus dem Nachlass ausgeschieden sind. Solche Unwirksamkeit ist unter zwei Gesichtspunkten möglich:

Erstens könnte N die Vertretungsmacht zu der Veräußerung gefehlt haben. Zwar waren Auftrag und Vollmacht (das bedeutet die »Ermächtigung«) nach §§ 672 S. 1, 168 S. 1 über den Tod der E hinaus wirksam. Aber ihre Ausübung durch N könnte eine Verletzung der Pflichten aus dem Auftrag und sogar einen evidenten **Vollmachtsmissbrauch** (→ Rn. 116) darstellen, wenn seit dem Erbfall die Interessen des Miterben D zu berücksichtigen waren. Und zweitens könnte die Wirksamkeit an **§ 2301** scheitern, wenn man in dem Verkauf zum Einheitswert eine gemischte Schenkung (→ Rn. 380 f.) sieht. Denn auch hier hatte die E noch kein lebzeitiges Opfer erbracht.

Der BGH hat gleichwohl die Klage des Miterben abgewiesen: Vollmachten über den Tod hinaus sollten nach ihrem Zweck gerade unabhängig vom Willen der Erben sein.[78] Aber dabei bleibt die Frage offen, ob die Rechtsordnung eine solche Unabhängigkeit erlaubt: Seit dem Erbfall können Herr der vom Vertreter geschlossenen Geschäfte nur noch die Erben sein; ihre Interessen hat der Vertreter also zu beachten. Der Erblasser kann seinen Willen über den Tod hinaus nur in den Formen des Erbrechts (oder durch eine Stiftung) zur Geltung bringen. Diesen vom Gesetz gezogenen Rahmen der »Herrschaft der Toten über die Lebenden« sollte man nicht überschreiten.[79]

75 BGH NJW 1978, 2027; auch BGH NJW 1995, 953.
76 BGHZ 127, 239 (243).
77 Dazu *Seif* AcP 200 (2000), 192; *Grunewald* BürgerlR § 42 Rn. 4; *Petersen* JURA 2010, 757.
78 Ähnlich BGH NJW 1995, 953.
79 Vgl. dazu *Flume* Rechtsgeschäft § 51, 5b (wie hier), *Harder,* Zuwendungen unter Lebenden auf den Todesfall, 1968, *Harder,* FG v. Lübtow, 1971, 515 (517 f.) unter Hinweis auf § 666; *Hopt* ZHR 133 (1970), 305.

400 Auch hierzu gibt es aber wohl noch einen etwas abweichenden, strengeren Standpunkt des BGH (schon → Rn. 398): Der Erblasser hatte dem zu Beschenkenden eine unwiderrufliche Vollmacht unter Befreiung vom Verbot des § 181 erteilt, damit er das zu schenkende Grundstück auf sich übertragen lassen könne. Zudem hatte der Erblasser dem zu Beschenkenden eine Auflassungsvormerkung eintragen lassen. Damit habe der Erblasser zwar alles zur Leistung seinerseits Erforderliche getan.[80] Trotzdem stelle das aber noch nicht die Leistung iSv § 2325 III dar; dazu bedürfe es mindestens der Auflassung an den Erwerber. Zur Begründung stellt der BGH richtig auf den Schutz des Pflichtteilsberechtigten ab. Entsprechende Erwägungen gelten richtigerweise auch bei § 2301.[81] Danach bedeutet also die bloße Erteilung einer Vollmacht zur Verfügung über ein schenkungshalber versprochenes Bankguthaben keinen Vollzug nach § 2301 II.

401 **BGH FamRZ 1985, 693** ist hierzu wohl wenig hilfreich: Dort hatte eine Erblasserin ihre Freundin bevollmächtigt, nach dem Erbfall über Konten und Wertpapierdepots des Nachlasses zu eigenen Gunsten (also zulasten des Erben) zu verfügen. Die Freundin hatte das getan; der Erbe verlangt Herausgabe der so dem Nachlass entzogenen Werte. Der BGH räumt hier ein, der Vollzug der Vollmacht könne rechtsmissbräuchlich und daher unwirksam sein. Hierfür sei jedoch nicht einseitig auf die Interessen des Erben abzustellen, sondern auch auf diejenigen des Erblassers, die fortwirkten.[82] Der Erblasser (bzw. sein Bevollmächtigter) und der Erbe haben aber hier diametral entgegengesetzte Interessen; wenn man beide berücksichtigen will, kommt man daher zu keinem klaren Urteil über die Wirksamkeit der Vollmacht. Richtigerweise muss es daher beim Vorrang des lebenden Erben vor dem toten Erblasser sein Bewenden haben.

BGHZ 180, 191 hält dementsprechend die Umschreibung eines Kontos durch die bevollmächtigte Ehefrau mangels Genehmigung durch den Erben nach § 177 I für unwirksam, obwohl der Erblasser ihr mit einer Vollmacht über den Tod hinaus die »unbeschränkte Verfügung« eingeräumt hatte. Mit einer solchen transmortalen Vollmacht, die sich von der postmortalen bezüglich ihres Beginns unterscheidet, hätte die Bevollmächtigte zwar auch nach dem Tod des Erblassers Auszahlung verlangen können. Die Umschreibung des Kontos widerspricht dagegen nach der gebotenen Auslegung der Vollmacht ersichtlich den Interessen des Erben.[83]

4. Nachfolge in eine Personengesellschaft

a) Fortsetzung oder Auflösung der Gesellschaft

402 Nach § 131 III 1 Nr. 1 HGB bewirkt der Tod eines persönlich haftenden Gesellschafters nur dessen **Ausscheiden.**[84] Damit soll der Fortbestand von Gesellschaften gesichert werden. Doch scheitert das, wenn kein weiterer persönlich haftender Gesellschafter übrigbleibt: Dann muss die Gesellschaft liquidiert werden. In den übrigen Fällen wird die Gesellschaft mit den verbleibenden Gesellschaftern fortgeführt; die Erben des Verstorbenen erhalten nach den §§ 105 III HGB, 738 I 2 BGB das Auseinandersetzungsguthaben. Für dessen Berechnung kann der Gesellschaftsvertrag **Abfindungsklauseln** enthalten. Inwieweit mit ihnen die Ansprüche der Erben verkümmert werden können (zB Berechnung nur nach dem Buchwert), ist jetzt ebenso zweifelhaft, wie es früher gewesen ist.

---

80 BGH NJW 1974, 2319 mAnm *Finger* NJW 1975, 535.
81 BGHZ 87, 19 (dazu *Kuchinke* FamRZ 1984, 109); BGHZ 99, 97; BGH NJW 1988, 2731.
82 Ähnlich BGHZ 127, 239 (245).
83 Krit. *Muscheler* JZ 2009, 1075; zu der Entscheidung auch *Petersen* JURA 2010, 757.
84 Dazu etwa *K. Schmidt* NJW 1998, 2161.

b) Nachfolgeklauseln

Häufig wird in Gesellschaftsverträgen bestimmt, die Gesellschaft solle mit den Erben des verstorbenen Gesellschafters oder mit anderen namentlich benannten Personen fortgesetzt werden.[85]

aa) Das ist nahezu unproblematisch, soweit **Gesellschaftsvertrag und Erbrecht übereinstimmen**, weil nämlich dieselben Personen mit gleichen Anteilen Nachfolger in die Gesellschaft und Erben werden. Hier kommt man ohne Weiteres mit der Annahme aus, der Gesellschaftsanteil gehe nach Erbrecht über; auch entstehen keine Ausgleichsfragen. Zu beachten ist bloß, dass nach hM[86] mehrere Erben nicht in ihrer Verbundenheit als Erbengemeinschaft Gesellschafter werden, sondern einzeln (Prinzip der **Einzelnachfolge**). Entsprechend kann nach § 139 I HGB »jeder Erbe« für sich die Einräumung der Kommanditistenstellung fordern.

bb) Schwierigkeiten entstehen aber, wenn **Erbrecht und Gesellschaftsrecht teilweise auseinandergehen.** Wichtigster Fall ist, dass von mehreren Erben (etwa der Witwe und mehreren Kindern) nur einer (etwa der älteste Sohn) im Gesellschaftsvertrag als Nachfolger des Erblassers in die Gesellschaft bestimmt wird. Wie dieser Nachfolger den Gesellschaftsanteil des Erblassers erhalten soll, war zweifelhaft. Der BGH hat sich in einer grundlegenden Entscheidung für den **Erwerb nach Erbrecht** entschieden, und zwar für einen Erwerb **unmittelbar und ganz.**[87] Trotz dieser Sondererbfolge gehört der Gesellschaftsanteil aber zum Nachlass (und unterliegt daher grundsätzlich einer Testamentsvollstreckung).[88]

Mit diesem Verständnis sind zwei andere Lösungswege verworfen worden: Erstens nämlich die Konstruktion eines Erwerbs durch Geschäft unter Lebenden, insbesondere nach §§ 328ff. Und zweitens hat der BGH die früher von vertretene,[89] umständliche Ansicht aufgegeben, der Nachfolger erwerbe den Gesellschaftsanteil unmittelbar nur in Höhe seiner Erbquote und im Übrigen erst auf dem Umweg über die anderen Gesellschafter.

Darüber hinaus bestätigt der BGH auch die Maßgeblichkeit des Erbrechts für die Verteilung des Nachlasses **dem Werte nach:** Der als Nachfolger bestimmte Miterbe muss also, soweit er gesellschaftsrechtlich mehr erhält als ihm hinsichtlich des Gesellschaftsanteils nach seiner Erbquote gebührt, den übrigen Miterben einen **Ausgleich** leisten (bei der Verteilung des Restnachlasses oder auch aus seinem weiteren Vermögen). Für diesen Ausgleichsanspruch lässt sich keine bestimmte Vorschrift als Grundlage angeben, weil er auf Richterrecht beruht.[90]

cc) Noch anders liegen die Dinge, wenn **Erbrecht und Gesellschaftsrecht völlig auseinandergehen**, weil der im Gesellschaftsvertrag als Nachfolger Bestimmte erbrechtlich überhaupt nicht bedacht worden ist. Dann kommt ein erbrechtlicher Erwerb des Gesellschaftsanteils nicht in Betracht. Vielmehr muss die Benennung im Gesellschafts-

85 Vgl. *Seeger* JURA 2007, 889.
86 Etwa BGHZ 68, 225 (237); BGH NJW 1983, 2376.
87 BGHZ 68, 225 (229).
88 BGHZ 98, 48.
89 BGHZ 22, 186.
90 *Wiedemann* JZ 1977, 689 (691).

vertrag als **Eintrittsklausel** verstanden werden:[91] Der Benannte ist aus dem Gesellschaftsvertrag, also durch Rechtsgeschäft unter Lebenden berechtigt, an die Stelle des Erblassers in die Gesellschaft rechtsgeschäftlich einzutreten. Die Erben erhalten dann einen Abfindungsanspruch gegen die Gesellschaft.

91 BGHZ 68, 225 (233); vgl. auch *Budzikiewicz* AcP 209 (2009), 354; Klausurfall bei *Saenger/Uphoff* JA 2014, 338.

2. Abschnitt. Ansprüche aus Geschäftsführung ohne Auftrag[1]

§ 17 Übersicht über die Geschäftsführungsverhältnisse

I. Arten der Geschäftsführung

403 Geschäftsführung im weitesten Sinne ist jedes Handeln mit wirtschaftlichen Folgen, das sich nicht auf ein bloßes Geben beschränkt. Soweit der Geschäftsführer nur seine **eigenen Angelegenheiten** besorgt (etwa eine eigene Sache verkauft), treffen die Folgen dieses Handelns ohnehin ihn selbst. Daher braucht die Rechtsordnung nicht einzugreifen: Es gibt keinen Dritten, auf den die Vor- und Nachteile einer solchen Geschäftsführung abgewälzt werden könnten. Anders verhält es sich bei der Besorgung **fremder Angelegenheiten:** Hier muss das Gesetz die Vor- und Nachteile, die bei dem Handelnden oder bei demjenigen entstanden sind, um dessen Angelegenheiten es geht, gerecht verteilen. Diesem Zweck dienen zahlreiche Vorschriften.

1. Spezialregelungen

404 Besteht zwischen dem Geschäftsführer und dem Geschäftsherrn *ein besonderes Rechtsverhältnis* (aus Vertrag oder Gesetz), so regelt dieses die Verteilung. Solche *vertraglichen Verhältnisse* sind etwa die Gesellschaft, der Auftrag einschließlich der entgeltlichen Geschäftsbesorgung (§ 675 I) und mehrere Vertragstypen des Handelsrechts (etwa Kommission und Spedition). Dies sind zugleich typische Innenverhältnisse der mittelbaren Stellvertretung. *Ohne Vertrag* entstehen besondere Geschäftsführungsverhältnisse etwa bei Vormundschaft und Testamentsvollstreckung, aber auch beim Fund, §§ 965ff. Eine die GoA ausschließende Spezialregelung enthält auch § 767 II.[2]

2. Geschäftsführung ohne Auftrag

405 Wo eine solche besondere Regelung fehlt, greifen die Vorschriften über die Geschäftsführung ohne Auftrag (GoA) ein, wenn der Geschäftsführer das Geschäft **für einen anderen besorgen wollte,** § 677. Nicht ausreichend ist daher die gewerbliche »Erbensuche«, die durch den eigenen Erwerbstrieb und nicht durch die Interessen des Erben veranlasst wird.[3] Ein Irrtum über die Person des Geschäftsherrn schließt die GoA nicht aus, § 686.

> **Beispiel:** A nimmt ein Kind mit nach Hause, das weinend allein auf der Straße steht. A glaubt, es sei das Kind des B, doch ist es in Wahrheit das Kind des C: Hier ist Geschäftsherr C. Hat A sich schuldhaft geirrt, kann das für Schadensersatzansprüche des C aus §§ 678, 677, 280 Be-

---

1 Dazu *Bergmann,* Die GoA als Subordinationsverhältnis, 2010; *Beuthien,* Die unberechtigte Geschäftsführung ohne Auftrag im bürgerlichrechtlichen Anspruchssystem, FS Söllner, 2000, 125; *Gursky* AcP 185 (1985), 13; *v. Bar,* FS Schlechtriem, 2003, 699; *Henssler,* Grundfälle zu den Anspruchsgrundlagen im Recht der Geschäftsführung ohne Auftrag, JuS 1991, 924; *Hey,* Die Geschäftsführung ohne Auftrag, JuS 2009, 400; *Röthel,* Rechtsfolgen der Geschäftsführung ohne Auftrag, JURA 2012, 598; *Loyal,* Die »entgeltliche« Geschäftsführung ohne Auftrag, 2011.

2 BGH NJW 2009, 1879.

3 BGH NJW 2000, 72; vgl. auch BGH ZEV 2015, 231; *Dornis* JZ 2013, 592.

deutung haben (etwa wenn C Aufwendungen machen musste, um sein Kind wiederzufinden). Jedoch können im Beispiel die §§ 679, 680 die Haftung des A entfallen lassen oder mildern.

3. »Unechte« Geschäftsführung ohne Auftrag

406 Wenn zwar ein fremdes Geschäft besorgt wird, aber **nicht für einen anderen,** sind nach § 687 die §§ 677ff. wenigstens zunächst unanwendbar. Man spricht hier – missverständlich – von »unechter GoA«. Allerdings erklärt das Gesetz auch in manchen Fällen dieser Art die §§ 677ff. für entsprechend anwendbar. Hierhin gehört etwa § 994 II: Er betrifft ja auch Besitzer, die sich für berechtigt halten und daher ihre eigene Angelegenheit zu besorgen glauben: Sie werden entgegen § 687 I wenigstens teilweise nach dem Recht der GoA behandelt. Noch stärker von dem Regelfall der GoA entfernen sich die §§ 1959 I, 1978 I 2, III: Hier ist der Erbe ja zunächst Herr des Nachlasses gewesen, und bei § 1978 ist diese Stellung nicht einmal rückwirkend weggefallen (anders bei § 1959 wegen § 1953 I, II). Die Verwaltung des Nachlasses war also nicht nur subjektiv, sondern auch objektiv eine eigene Angelegenheit des Erben; dennoch wird dieser wie ein auftragsloser Geschäftsführer für den späteren Erben behandelt.[4] Folglich können alle diese Normen insoweit (aber → Rn. 884) nur auf die **Rechtsfolgen der GoA** verweisen: Andernfalls würde die Wirksamkeit der Verweisung an § 687 I scheitern.

II. Geschäftsführung für einen anderen

407 Nach § 687 entscheidet also über das Vorliegen von GoA regelmäßig der Wille des Geschäftsführers, für einen anderen zu handeln (→ Rn. 405f.). Dieser »Fremdgeschäftsführungswille« wird häufig nicht geäußert. Seine Feststellung bereitet daher Schwierigkeiten; nicht selten bleibt er eine Fiktion.[5]

1. Die Zuordnung von Geschäften

408 **a)** Zu unterscheiden ist zunächst zwischen den objektiv fremden und den übrigen Geschäften.

Für die **objektiv fremden Geschäfte** ist schon durch die Rechtsordnung eine andere Zuständigkeit begründet als die des Geschäftsführers. Solche Zuständigkeiten schaffen vor allem die absoluten Rechte.

Beispiel: Für die Veräußerung und Nutzung einer Sache ist regelmäßig der Eigentümer zuständig, für die Verwaltung des Nachlasses der Erbe, für die Erziehung der Kinder sind es die Eltern.

Eine solche Zuständigkeit kann sich aber auch aus anderen Gründen ergeben. So ist die Erfüllung einer Verpflichtung Sache des Schuldners, die Sorge für die öffentliche Sicherheit oder Ordnung mit hoheitlichen Mitteln ist Sache der Polizei.

b) Den Gegensatz zu diesen Geschäften mit bestimmter Zuständigkeit bilden die **objektiv neutralen Geschäfte,** die also jedermann vornehmen darf. Hierhin gehört etwa der Erwerb einer Sache.

4 Vgl. *Olzen* JURA 2001, 366.
5 *Wilke* JURA 2013, 547 mit Überlegungen zu einer normativen Bestimmung.

2. Bedeutung der Zuordnung

409 Diese Unterscheidung ist in doppelter Hinsicht wichtig:

Einmal für **§ 687.** Denn der dort vorausgesetzte Fall, dass ein fremdes Geschäft als eigenes geführt wird, kann nur bei objektiv fremden Geschäften vorliegen (etwa bei der Veräußerung einer fremden Sache). Dagegen wird ein objektiv neutrales Geschäft erst durch den Willen des Geschäftsführers, es als fremdes zu führen, zum (subjektiv) fremden (etwa der Erwerb einer Sache). Nur beim objektiv fremden Geschäft kann der Geschäftsführer auch die Fremdheit kennen.

Zum anderen **vermutet** die Rechtsprechung bei einem vom Geschäftsführer als objektiv fremd erkannten Geschäft den **Fremdgeschäftsführungswillen.**[6] In der Fallbearbeitung kann daher bei einem objektiv fremden Geschäft auf das Vorliegen des Fremdgeschäftsführungswillens geschlossen werden, ohne dass dieser eigens geprüft zu werden braucht. Dagegen sollen beim objektiv neutralen Geschäft besondere Indizien für das Vorliegen eines solchen Willens nötig sein.

Beispiel: Wenn ein Arzt ein verletztes Kind behandelt, tut er damit etwas, wofür der Sorgeberechtigte zu sorgen hätte: Der Fremdgeschäftsführungswille wird vermutet. Wenn dagegen jemand in einer Auktion eine wertvolle Briefmarke ersteigert, müssen besondere Anzeichen dafür vorliegen, dass er für einen Dritten erwerben will. Andernfalls kann weder er von einem Dritten Ersatz des Kaufpreises fordern (§§ 683, 670) noch kann ein Dritter von ihm die Marke herausverlangen (§§ 681, 667).

3. Zuordnungsprobleme

410 Häufig ergibt jedoch die rechtliche Zuordnung nicht eindeutig, in wessen Bereich ein Geschäft objektiv gehört. *Beispiele:*

(1) **BGHZ 40, 28** (ähnlich BGHZ 63, 167): Die Feuerwehr der Gemeinde G löscht einen Waldbrand, der durch Funkenflug aus den Dampflokomotiven der Bundesbahn verursacht worden ist.
(2) **BGH NJW 2007, 63:** K kauft von V einen Betriebsteil mit einem von B finanzierten Darlehen, für dessen Sicherung V eine Grundschuld bestellt. Als das Darlehen notleidend wird, zahlt V zur Vermeidung der Zwangsvollstreckung.
(3) **BGHZ 37, 258:** Der Wirtschaftsberater G vereinbart mit H, dass er dessen Schulden regulieren soll. Dieser Vertrag ist, was G und H nicht wissen, nach dem damals geltenden RechtsberatungsG nichtig. G erreicht bei den Gläubigern des H bedeutende Schuldnachlässe.[7]

a) Die Rechtsprechung

411 In allen drei Fällen ist der Fremdgeschäftsführungswille zweifelhaft, vom BGH aber doch bejaht worden. Diese Rechtsprechung hat so den Anwendungsbereich von §§ 677ff. (insbesondere von § 683) erheblich ausgedehnt. Betrachten wir die Begründung dafür im Einzelnen:

Im **Fall (1)** ist das Löschen von Bränden sicher Sache der Feuerwehr. Der BGH meint jedoch, es handele sich auch um ein Geschäft der Bundesbahn, die (nach § 1 HPflG) zum Ersatz des Brandschadens verpflichtet gewesen sei. Da insofern auch ein objektiv fremdes Geschäft vorliege, werde der Fremdgeschäftsführungswille der Feuerwehr vermutet.

---

6 Etwa BGHZ 40, 28; 65, 354 (357).
7 Vgl. auch BGHZ 50, 90, dieselbe Sache.

Ähnlich liegt es im **Fall (2):** In erster Linie ist es gewiss Sache des Sicherungsgebers selbst, die Zwangsversteigerung durch Zahlung abzuwenden. Der BGH stellt aber darauf ab, dass V gerade das seinen Kaufpreisanspruch ermöglichende Darlehen besicherte und daher zumindest hinsichtlich der Zahlung ein auch-fremdes Geschäft vorliege, bei dem der Fremdgeschäftsführungswille vermutet werde. Daher gewährt ihm der BGH Aufwendungsersatz nach §§ 683, 670, 677 wegen des zur Abwendung der Zwangsvollstreckung an B gezahlten Betrags.[8]

BGHZ 92, 357: Dort hatte die Motorradfahrerin M bei einem unverschuldeten Ausweichmanöver unbeabsichtigt den Kraftwagen des unbeteiligten D beschädigt. Der BGH hat einen Anspruch D–M aus § 904 S. 2 abgelehnt: Diese Vorschrift verlange eine bewusste und gewollte Einwirkung auf die fremde Sache.

Dagegen ist im **Fall (3)** die Regulierung der Schulden zunächst sicher ein Geschäft des Schuldners H selbst. G hat dieses Geschäft aber ausgeführt, um eine vermeintliche Verpflichtung dem H gegenüber zu erfüllen. Trotz dieses Handelns solvendi causa hat der BGH noch Raum für einen Fremdgeschäftsführungswillen gesehen.[9]

b) Bedenken

412 Gegenüber dieser Rechtsprechung ist Skepsis nötig.[10] Denn sie macht § 683 zu einem gefährlich weiten Mittel des Lastenausgleichs aus Billigkeitsgründen, zumal § 683 weiter als ein Bereicherungsanspruch reicht, der sonst allenfalls in Betracht kommt: § 683 umfasst auch den Ersatz nutzloser Aufwendungen (die also den Geschäftsherrn nicht bereichert haben), wenn der Geschäftsführer sie nur für nötig halten durfte (§ 670).

Im Fall (1) müsste also die Bundesbahn die Löschkosten auch dann bezahlen, wenn trotz der Löschversuche der ganze Wald abgebrannt ist (und das, obwohl sie nach § 10 I HPflG für Schäden uU nur ziffernmäßig beschränkt haftet).

In Fall (2) wird nicht recht deutlich, ob der BGH die Gestellung der dinglichen Sicherheit oder die Zahlung zur Abwendung der Zwangsvollstreckung als fremdes Geschäft ansieht; für die Erstere hätte wohl § 670 bzw. § 675 ausgereicht, sodass die §§ 683, 677 entbehrlich wären. In den Fällen (1) und (3) kommt noch ein anderer Gesichtspunkt hinzu: Bei der GoA ist der Geschäftsführer dem Willen des Geschäftsherrn eindeutig untergeordnet (→ Rn. 422ff.). Die Feuerwehr erfüllt aber eine eigene öffentlich-rechtliche Pflicht. Daher kann und will sie die privatrechtliche Unterordnung unter den Willen eines Dritten nicht einmal mit der Begrenzung durch § 679 einhalten. Zwar schließt eine Verletzung der Geschäftsführerpflichten (etwa aus § 681) berechtigte GoA nicht aus.[11] Aber dass der Geschäftsführer diese Pflichten von vornherein nicht erfüllen will, spricht doch gegen seinen Fremdgeschäftsführungswillen. Auch in Fall (3) will der vermeintliche Schuldner nur seine irrig angenommene Pflicht erfüllen. Zudem könnte hier der Weg über § 683 den sonst möglicherweise anwendbaren § 817 ausschalten. Aus demselben Grund abzulehnen ist es, wenn die Rechtsprechung die Nich-

---

8 BGH NJW 2007, 63 (64); dazu *K. Schmidt* JuS 2007, 388; ebenso BGHZ 38, 270.

9 Ebenso etwa auch BGHZ 101, 393 (399); BGH BB 1993, 95 (96); NJW 1997, 47 (48); dazu *Einsele* JuS 1998, 401; BGHZ 157, 168 (175).

10 In gleichem Sinn auch *Schubert* AcP 178 (1978), 425; *Wittmann,* Begriff und Funktion der GoA, 1981, 106ff.; *Thole* NJW 2010, 1243. Anders jedoch *Wollschläger,* Die GoA, 1976. Vgl. auch *Stamm,* Die Rückführung der sog. »auch fremden Geschäfte« von der GoA auf die Gesamtschuld, JURA 2002, 730.

11 BGHZ 65, 354 (356).

tigkeit von Werkverträgen über die GoA ausgleicht, zumal dort auch die §§ 814ff. unterlaufen werden können.[12]

Dass die GoA im Fall (3) nicht recht passt, hat übrigens auch BGHZ 37, 258 bemerkt. Denn der BGH verweist dort den G wegen eines Vergütungsanspruchs auf die Leistungskondiktion. Begründet wird das mit der Erwägung, G habe seine aus einer verbotenen Tätigkeit bestehenden Aufwendungen nicht »den Umständen nach für erforderlich halten« dürfen (§ 670). Aber die Vergütung für G darf nicht von dem Fahrlässigkeitsmaßstab des § 670 abhängen.

Im Fall (3) sind G und H auf die Leistungskondiktion zu verweisen. Im Fall (1) endlich muss der feuerwehrrechtliche Landesgesetzgeber darüber entscheiden, ob und wie Löschkosten von einem schuldlosen Brandstifter zu ersetzen (oder letztlich aus Steuermitteln zu tragen) sind.[13] Demgegenüber vermengt die Argumentation des BGH die Voraussetzungen von § 677 (Fremdgeschäftsführungswille) und § 683 (Nützlichkeit des Geschäfts für einen anderen und dessen daraus zu folgernden Willen).

Bei einer Geschäftsführung durch die öffentliche Hand bleibt zudem noch eine weitere Sachfrage unberücksichtigt: Manche **Dienstleistungen der öffentlichen Hand** sind durch die Steuern abgegolten (zB die Aufnahme eines Verkehrsunfalls oder die Verfolgung eines Verbrechens), andere sind es nicht. Beide Arten von Dienstleistungen können anderen Personen nützen, aber nur für die Dienstleistungen der zweiten Art braucht der Begünstigte zu zahlen. Soweit öffentlich-rechtliche Normen bestehen, sind sie dahingehend auszulegen, ob sie die Kostentragung abschließend regeln. So schließt eine Kostenerstattung nach Landesrecht die **Gefährdungshaftung** nach § 7 StVG nicht aus, weil es hier um Schadensersatz, dort hingegen um Gefahrbeseitigung geht.[14] Andernfalls würde die öffentliche Hand damit in dem Maße ungebührlich belastet, wie die Versicherer grundlos entlastet würden.[15] Wo das öffentliche Recht nicht auf die GoA verweist (wie bisweilen im Polizeirecht), wird diese durch die gewaltsame Fiktion des Fremdgeschäftsführungswillens zur Füllung von Lücken des öffentlichen Rechts missbraucht.[16] Und wo dieses Vorschriften enthält, könnten sie über die GoA sogar umgangen werden. Daher ist für die GoA kein Raum, wenn Maßnahmen der Gefahrenabwehr schon aufgrund öffentlich-rechtlicher Vorschriften zu erstatten sind.[17]

c) Zurückhaltendere Entscheidungen

413 Eine begrüßenswerte Aufweichung des »auch fremden« Geschäfts bedeutet

BGH NJW-RR 2004, 955: Der von einem insolvent gewordenen Bauunternehmer U beauftragte Subunternehmer S verlangt vom Bauherrn B Aufwendungsersatz für Bauleistungen.

Zwischen S und B bestand kein Vertrag. Auch eine Nichtleistungskondiktion scheidet wegen vorrangiger Leistungsbeziehung aus: S wollte nur seine Verbindlichkeit gegenüber U tilgen. Nicht einmal unter dem Gesichtspunkt des »auch-fremden« Geschäfts

12 BGH NJW 1993, 3196; dagegen zutr. *Gold* JA 1994, 206 (208); *S. Lorenz* NJW 1996, 883; vgl. aber BGH NJW-RR 2004, 956; BGH VersR 2011, 1070; ferner *H. Sippel,* GoA und die Abwicklung fehlgeschlagener Vertragsbeziehungen mit Geschäftsbesorgungscharakter, 2005.

13 Vgl. auch *Pesch* JURA 1995, 361.

14 BGH VersR 2011, 1070, freilich in den Grenzen des schadensersatzrechtlichen Bereicherungsverbots – vgl. BGHZ 154, 395 (398); 162, 161 (165) –, dessen Geltung vor dem Hintergrund der Totalreparation aber zweifelhaft ist, weil es voraussetzt, was gerade die Frage ist.

15 *J. Hager* JA 2012, 66 (67).

16 Vgl. BGHZ 156, 394: Der Polizist ist nicht Geschäftsführer eines Dritten.

17 BGH NVwZ 2008, 349.

hat der BGH Raum für eine GoA gesehen: Der Werkvertrag zwischen S und U habe auch gegenüber Dritten die **Entgeltfrage abschließend geregelt.**[18]

Vorsichtiger bei dem »auch fremden« Geschäft ist die Rechtsprechung auch in folgendem Fall:[19]

BGHZ 181, 188: M nimmt Schönheitsreparaturen an der von V gemieteten Wohnung in der Annahme vor, dazu verpflichtet zu sein, obwohl die betreffende Renovierungsklausel nichtig war.[20]

Auch hier hat der BGH aus gutem Grund nicht auf das »auch-fremde« Geschäft zurückgegriffen. Ein Anspruch aus GoA gem. §§ 539 I, 677, 683 S. 1, 670 scheidet mangels Fremdheit des Geschäfts aus,[21] weil der Mieter nur ein vermeintlich eigenes Geschäft führt und es an einem unmittelbaren Bezug zum Rechtskreis des Vermieters fehlt. Dass sich dessen Sache dadurch verbessert, ist unbeachtlich, weil der Mieter die vertragliche Verpflichtung nach Ansicht des BGH nur übernommen habe, um dadurch in den Genuss einer niedrigeren Miete zu gelangen: Ebenso wenig wie die Entgeltzahlung ein Geschäft des Vertragspartners sein könne, soll es die Übernahme der Renovierungspflicht sein. V schuldet jedoch Wertersatz nach § 812 I 1 Fall 1, 818 II. Dabei gebührt entgegen dem BGH auch dem Nichtfachmann bei fachgerechter Ausführung der übliche Werklohn, um den V gegebenenfalls bereichert ist.[22]

4. Besondere Fallgruppen

414 Zwei häufig vorkommende Fälle mit ähnlicher Problematik seien noch erörtert:

a) Erfüllung eines Vertrages mit einem Dritten

G besorgt aufgrund eines Vertrages mit D Angelegenheiten des H. Hier nimmt die wohl hM an, GoA im Verhältnis G–H werde nicht dadurch ausgeschlossen, dass G seine Verpflichtung gegenüber D erfüllen wolle.[23] Das ist unrichtig: Wenn G die Geschäftsbesorgung als Leistung an D erbracht hat, kann er sich auch nur an diesen halten. Andernfalls käme man nämlich wieder zur Versionsklage, die das BGB mit Vorbedacht nicht übernommen hat.[24]

Beispiel: Der Abschleppunternehmer G verpflichtet sich durch Werkvertrag mit der Polizei, verbotswidrig geparkte Fahrzeuge abzuschleppen. Hier kann er seine Vergütung aus eigenem Recht nur von der Polizei fordern, nicht aber über §§ 679, 683 von den Haltern oder Fahrern der abgeschleppten Fahrzeuge.[25]

18 Zust. auch *Thole* NJW 2010, 1243 (1243).
19 Zuvor bereits BGHZ 54, 157; 72, 151. Zur Entwicklung lesenswert *Thole* NJW 2010, 1243 (1246): »Das Ende des ‚auch fremden' Geschäfts?«.
20 Nichtig ist etwa eine AGB-Klausel, die einen »starren Fristenplan« bestimmt; BGH NJW 2004, 2586. Nunmehr BGH NJW 2015, 1594; 1871; 1874.
21 AA *Dötsch* NZM 2008, 108 (109); skeptisch auch *Gsell* NZM 2010, 71 (75); *Oechsler* VertrSchuldV Rn. 956; vgl. auch *K. W. Lange* ZGS 2009, 442 (445f.).
22 Zutr. *S. Lorenz* NJW 2009, 2576. S. auch *Schrader* JURA 2010, 241.
23 BGHZ 61, 359 (363); offengelassen von BGHZ 140, 102 (109).
24 Vgl. Mot. bei *Mugdan* II 487f.; *Wendlandt* NJW 2004, 985; wie hier tendenziell BGH NJW-RR 2004, 81.
25 IErg ebenso LG München I NJW 1978, 48; dazu *Schubert* NJW 1978, 687 (688). Vgl. auch *Janssen* NJW 1995, 624.

b) Leistungen eines Gesamtschuldners

415 Ein Gesamtschuldner leistet an den Gläubiger mehr, als er nach Maßgabe des Innenverhältnisses zu den anderen Gesamtschuldnern zu zahlen hat. Hier erkennt auch die hM an, dass in diesem Innenverhältnis keine GoA vorliegt:[26]

Soweit es sich um eine sog. **unechte Gesamtschuld** handelt (→ Rn. 916ff.), ist die Leistung sicher kein Geschäft des anderen Verpflichteten. Denn wenn der »bessergestellte« Gesamtschuldner leistet, wird der andere nicht frei. Und der »schlechtergestellte« muss im Verhältnis zu dem anderen Gesamtschuldner das in der Leistung liegende Opfer stets allein und endgültig tragen.

RGZ 82, 206: F verursachte leicht fahrlässig den Brand des Fuldaer Doms. Der baulastpflichtige B regulierte den Schaden und verlangte Aufwendungsersatz von F.

Aus § 426 I ergibt sich kein Anspruch, weil F und B keine (echten) Gesamtschuldner sind: Zwar wäre B durch eine Leistung des F freigeworden. Doch gilt dies mangels Tilgungsgemeinschaft (§ 422 I) nicht umgekehrt. Entgegen der Ansicht des RG hilft daher auch die GoA (§§ 683, 670, 677) nicht:[27] Da B baulastpflichtig war, liegt allenfalls ein »auch-fremdes« Geschäft vor. Selbst wenn man dies entgegen dem in → Rn. 412 Gesagten genügen lässt, war die Zahlung des B nicht im Interesse des F. Denn da er nicht als Dritter (§ 267) für ihn leisten wollte, hatte die Zahlung keine Tilgungswirkung zugunsten des F. Aus demselben Grund scheidet § 812 I 1 aus, weil F durch die Leistung des B nicht von seiner Verbindlichkeit gegenüber der Kirche aus § 823 I, II iVm § 306d StGB befreit wurde. Diesen deliktischen Anspruch gegen F muss sich B daher abtreten lassen. Einen Anspruch auf die Abtretung kann man entweder mit § 242 begründen oder analog § 255 (die Baulastpflicht ist kein Schaden).[28]

Bei der **echten Gesamtschuld** kann der Gesamtschuldner, der mehr geleistet hat als den im Innenverhältnis auf ihn entfallenden Anteil, gegen die übrigen Gesamtschuldner nach § 426 Rückgriff nehmen. Insoweit haben diese Gesamtschuldner also nur den Gläubiger gewechselt. Deshalb ist auch hier die Zuvielleistung nicht ihr Geschäft. Zudem wäre es sinnlos, den ohnehin schon doppelten Rückgriff nach § 426 I und II (→ Rn. 909) noch um eine weitere Möglichkeit zu ergänzen.

III. Die unechte Geschäftsführung ohne Auftrag

416 Bei Fehlen des Fremdgeschäftsführungswillens scheidet also GoA aus. Bei objektiv neutralen Geschäften treten dann überhaupt keine Rechtsfolgen ein: Es liegt erlaubte Besorgung eines eigenen Geschäfts vor. Dagegen ist beim objektiv fremden Geschäft einer der beiden Tatbestände von § 687 erfüllt.

1. Irrtümliche Annahme eines eigenen Geschäfts

§ 687 I betrifft die irrtümliche Besorgung eines fremden Geschäfts als eigenes: Dann soll das Recht der GoA nicht gelten. § 687 I sagt aber nicht positiv, was stattdessen gelten soll. Zu denken ist vor allem an Ansprüche aus §§ 812ff. und bei schuldhaftem Irrtum auch aus Delikt. Allerdings sind diese Ansprüche vielfach durch das Eigentümer-

---

26 Vgl. etwa *Hauß*, FG Weitnauer, 1980, 333.

27 *Selb*, Schadensbegriff und Regressmethoden, 1963, 31; *Petersen*, FS Medicus, 2009, 295 (305).

28 Für Letzteres *Selb*, Mehrheit von Gläubigern und Schuldnern, 1984, 162, 177; vgl. auch *Wendtland* JURA 2004, 325. Zu § 255 *Herb. Roth*, FS Medicus, 1999, 495.

Besitzer-Verhältnis ausgeschlossen, nämlich wenn sich die Geschäftsführung auf eine Sache im Besitz des Geschäftsführers bezieht, zu deren Besitz er sich berechtigt glaubt (→ Rn. 595ff.).

Dabei deckt sich aber § 687 I nicht mit dem Schutz des redlichen Besitzers durch das Eigentümer-Besitzer-Verhältnis. Unter § 687 I fällt nämlich auch, wer beim Besitzerwerb grob fahrlässig gewesen ist (anders § 990 I).

2. Geschäftsanmaßung

417 § 687 II behandelt demgegenüber die Geschäftsanmaßung. Auch hier konkurrieren oft Ansprüche aus Eingriffskondiktion und Delikt.

a) Ansprüche des Geschäftsherrn

§ 687 II geht aber über diese Vorschriften zugunsten des Geschäftsherrn in doppelter Hinsicht hinaus:

aa) Einmal kann der Geschäftsherr nach §§ 687 II, 678 **Schadensersatz** auch für vom Geschäftsführer unverschuldete Folgen verlangen (→ Rn. 428f.). Denn das in § 678 lediglich geforderte Übernahmeverschulden des Geschäftsführers dürfte bei der Geschäftsanmaßung regelmäßig vorliegen: Niemand wird leicht ohne Verschulden glauben können, er dürfe als fremd erkannte Geschäfte für sich selbst, also zu eigenem Nutzen, besorgen.

Beispiel: G vermietet wissentlich unberechtigt ein Wochenendhaus des H. Dieses brennt ab, weil das fünfjährige Kind des Mieters trotz hinreichender Beaufsichtigung mit Streichhölzern gespielt hat. H kann von G nach §§ 687 II, 678 Ersatz des Brandschadens fordern. Aus § 823 I dagegen wäre ein solcher Anspruch nur dann zu begründen, wenn der Brand noch adäquate Folge der Verletzung des Eigentums (oder des Besitzes) des H durch die Vermietung darstellte. Allenfalls § 848 könnte hier zuverlässig helfen. Jedoch müsste G das Haus dann dem H deliktisch entzogen haben, was für §§ 687 II, 678 unnötig ist.

Bei einem Brand durch Blitzschlag würde dagegen auch der Anspruch aus §§ 687 II, 678 versagen: Hier fehlt sogar der äquivalente Kausalzusammenhang mit der Vermietung: Mieter ziehen den Blitz nicht an.

418 bb) Zum anderen kann der Geschäftsherr den vom Geschäftsführer **erzielten Gewinn** auch insoweit herausverlangen (§§ 687 II, 681 S. 2, 667), als der Geschäftsherr selbst ihn nicht erzielt hätte. Diese Rechtsfolge bedeutet sicher eine Verschärfung gegenüber dem Schadensersatzrecht, das den Verletzergewinn nur in Sonderfällen erfasst (etwa § 97 II 2 UrhG). Sie ist aber eine Verschärfung auch gegenüber § 816 I 1, wenn man die Herausgabepflicht dort nur auf den Wert des Erlangten gehen lässt (→ Rn. 726).

Dass H den Wert der Vermietung des Wochenendhauses auch dann verlangen kann, wenn er selbst nicht vermietet (und auch sonst nicht genutzt) hätte, folgt freilich schon aus §§ 812 I 1 Fall 2 (Eingriffskondiktion, → Rn. 703ff.), 818 I oder §§ 990 I 1, 987 I. Dem gegenüber erfasst § 687 II auch den Gewinn, den G mit Glück oder Geschäftstüchtigkeit durch eine Vermietung über den Wert hinaus erzielt hat.

b) Gegenansprüche des Geschäftsführers

419 Wenn der Geschäftsherr die besonderen Ansprüche aus § 687 II 1 erhebt, soll er nach Satz 2 seinerseits dem Geschäftsführer nach § 684 S. 1 verpflichtet sein. Diese Verweisung ist missglückt. Denn sie scheint in ein juristisches Karussell zu führen: Nach § 684 S. 1 soll ja der Geschäftsherr das durch die Geschäftsführung Erlangte an den Geschäftsführer herausgeben. Umgekehrt kann der Geschäftsherr aber nach §§ 687 II 1, 681 S. 2, 667 das durch die Geschäftsführung Erlangte vom Geschäftsführer fordern!

§ 687 II 2 kann daher nur so verstanden werden: Wenn der Geschäftsherr vom Geschäftsführer dessen Gewinn aus der Geschäftsführung herausverlangt, muss er umgekehrt dem Geschäftsführer dessen Aufwendungen nach Bereicherungsrecht ersetzen. Der Geschäftsführer hat also einen Gegenanspruch aus Aufwendungskondiktion (→ Rn. 895ff.; 947; 949) auf Ersatz des Wertes der ersparten Aufwendungen.[29] Meist wird dieser Anspruch aber nur einen Abzug von dem herauszugebenden Gewinn bedeuten.

Beispiel: Bei der unberechtigten Vermietung des Wochenendhauses (→ Rn. 417) kann G von der erzielten Miete abziehen, was er etwa bei der Suche nach einem Mieter für Anzeigen aufgewendet hat. Haben die Mieter nichts gezahlt, sondern nur das Haus in Brand gesteckt, ist ein gleicher Abzug von dem Schadensersatzanspruch des H (§§ 687 II, 678) freilich nicht möglich: Insoweit ist H nicht infolge der Anzeige bereichert worden.

29 Vgl. auch *Beuthien*, FS Söllner, 2000, 125 (129f.).

§ 18 Einzelheiten der Geschäftsführung ohne Auftrag

I. Berechtigte und unberechtigte Geschäftsführung

1. Die GoA als Anspruchsgrundlage

420 a) Wenn die Besorgung eines fremden Geschäfts nach dem Gesagten nicht unter § 687 fällt, kommt die GoA als Anspruchsgrundlage in zwei Richtungen in Betracht:

(1) Für **Ansprüche des Geschäftsherrn** gegen den Geschäftsführer. Diese richten sich regelmäßig auf Herausgabe dessen, was der Geschäftsführer durch die Geschäftsführung erlangt hat, oder auf Schadensersatz.

(2) Für **Ansprüche des Geschäftsführers** gegen den Geschäftsherrn.[1] Sie zielen auf den Ersatz von Aufwendungen; davon werden in beschränktem Umfang auch Schäden erfasst (→ Rn. 428 f.).

421 b) Diese Ansprüche hängen maßgeblich davon ab, ob die Geschäftsführung berechtigt ist: Ist sie das, steht der Geschäftsführer regelmäßig wesentlich besser als bei unberechtigter Geschäftsführung. In dieser Unterscheidung zeigen sich die beiden entgegengesetzten Zwecke der §§ 677 ff.: Einerseits soll dem »guten« Geschäftsführer geholfen werden, der sich uneigennützig und hilfreich fremder Angelegenheiten annimmt, die der Geschäftsherr nicht allein besorgen kann. Andererseits aber soll auch ein Schutz gegen solche »bösen« Geschäftsführer gewährt werden, die sich ungerufen und besserwisserisch in fremde Angelegenheiten mischen, um anderen ihren Willen aufzuzwingen.

> **Beispiel:** G weiß, dass sein Nachbar H verreist ist, und nimmt für diesen ein Paket an: Hier hilft G. Bedenklich wird es dagegen, wenn G die Abwesenheit des H dazu benutzt, um in dessen Garten »Ordnung zu schaffen«. Denn ob H einen verwilderten (»naturnahen«) oder einen geordneten Garten will, muss ihm selbst überlassen bleiben.

2. Unterscheidungskriterien

422 Das Gesetz bringt den Unterschied zwischen berechtigter und unberechtigter GoA nicht schon in § 677 zum Ausdruck. Vielmehr ergibt sich das Unterscheidungskriterium deutlich erst aus der Gegenüberstellung der Rechtsfolgen in den § 683 und § 684: Berechtigte GoA liegt vor, wenn die Übernahme der Geschäftsführung dem Interesse und dem wirklichen oder mutmaßlichen Willen des Geschäftsherrn entspricht; sonst ist sie regelmäßig unberechtigt. In welchem Verhältnis stehen diese Gesichtspunkte zueinander?

a) Interesse und Wille

Fraglich ist einmal das Verhältnis zwischen Interesse und Willen.

> **Beispiele:**
>
> (1) G weiß, dass H auf eine Karte zu einem schon ausverkauften Länderspiel versessen ist und dafür auch einen Überpreis zahlen will. Kann G als berechtigter Geschäftsführer für H die Karte, die ihm kurzfristig angeboten wird, zu einem Überpreis kaufen?
>
> (2) Das Kind des H, das bei G zu Besuch ist, erkrankt plötzlich. G weiß, dass H auf die Naturheilkunde schwört und sein Kind nur nach deren Regeln behandeln lässt. Muss G das Kind ebenfalls von einem Naturheilkundigen behandeln lassen? Oder muss er einen Arzt zuziehen, wenn dabei objektiv bessere Heilungsaussichten bestehen?

1 Dazu *Batsch* AcP 171 (1971), 218. Lehrreich *Hey* JuS 2009, 400; vgl. auch *Loyal* JZ 2012, 1102.

In beiden Fällen decken sich wirklicher Wille und das (objektiv verstandene) Interesse des Geschäftsherrn H nicht. Nach richtiger Ansicht geht hier der Wille vor, auch wenn er (in Grenzen, nicht also bei pathologischer Verschwendung) unvernünftig (also interessewidrig) ist. Denn die GoA soll regelmäßig nicht dazu dienen, andere vor den Folgen des eigenen interessewidrigen Willens zu bewahren. Das wäre mit der Privatautonomie unvereinbar. Eine Grenze für die Beachtlichkeit des Willens bildet erst § 679.[2] Daher kann G die Karte im Fall (1) in berechtigter Geschäftsführung auch für einen Überpreis kaufen. Im Fall (2) dagegen bleibt der Wille des H nach § 679 jedenfalls dann unbeachtlich, wenn das Kind gefährlich erkrankt ist.

Dieser Vorrang des Willens ist wichtig etwa auch bei der Mitwirkung an der Erziehung fremder Kinder: Man darf den Eltern nicht die eigenen Erziehungsziele und -methoden aufzwingen, auch wenn diese besser sein sollten.

Die Frage, ob berechtigte GoA vorliegt, hat Bedeutung übrigens auch für das Strafrecht: Berechtigte GoA bildet einen **Rechtfertigungsgrund** (etwa für die ärztliche Behandlung eines Bewusstlosen).[3] Deshalb ist sie vor Ansprüchen aus Delikt zu prüfen (→ Rn. 9).

b) Wirklicher und mutmaßlicher Wille

423 Fraglich ist auch das Verhältnis zwischen wirklichem und mutmaßlichem Willen. Hier ist der mutmaßliche Wille maßgeblich, wenn ein wirklicher Wille fehlt oder nicht irgendwie erkennbar geworden ist. Der mutmaßliche Wille muss dann regelmäßig aus dem Interesse gefolgert werden.

Beispiel: G vertreibt zeltende Jugendliche aus dem Garten seines verreisten Nachbarn H. H hatte mit einem solchen Eindringen nicht gerechnet und daher für diesen Fall keinen wirklichen Willen gebildet. Er wäre aber, was G nicht wissen konnte, bei Kenntnis der Sachlage sehr einverstanden gewesen, die Jugendlichen kennenzulernen. Hier ist die Geschäftsführung durch G gleichwohl berechtigt: Der maßgebliche mutmaßliche Wille des H ist aus seinem objektiv verstandenen Interesse zu bestimmen.

c) Der falsch eingeschätzte Wille

424 Übrig bleibt der Fall, dass der Geschäftsführer den maßgeblichen Willen des Geschäftsherrn – auch schuldlos – falsch einschätzt.

Beispiel: G sieht aus der Wohnung des H schwarzen Qualm dringen. G klingelt, doch wird ihm nicht geöffnet. Daraufhin bricht G die Tür auf, um den vermeintlichen Brand zu löschen. Er trifft in der Wohnung den schwerhörigen H, dem nur die Milch übergekocht ist.

Hier geht der maßgebliche Wille des H dahin, die Tür solle nicht aufgebrochen werden. Das konnte G freilich nicht erkennen. In solchen Fällen ist die Geschäftsführung unberechtigt. Insbesondere gilt das auch, wenn der Geschäftsführer bei Fehlen eines wirklichen Willens das Interesse des Geschäftsherrn und damit auch den mutmaßlichen Willen falsch beurteilt. Die Schuldlosigkeit an der Fehleinschätzung bewirkt aber, dass der Geschäftsführer nicht nach § 678 Schadensersatz schuldet.[4]

---

2 Beispiel: Bestattung, BGH NJW 2012, 1648 (1650 Rn. 18): »Schulfall des § 679«; dazu: *Gutzeit/Vrban* NJW 2012, 1630; BGH NJW 2012, 1651 mAnm *Zimmer.*
3 Vgl. *Schroth* JuS 1992, 476.
4 Vgl. auch *Wenckstern* AcP 200 (2000), 240.

Weil es auf den wirklichen Willen des Geschäftsherrn ankommt, wird für eine objektiv unnötige Rettungsaktion Aufwendungsersatz nach Geschäftsführungsrecht selbst dann nicht geschuldet, wenn der zu Rettende zurechenbar den unrichtigen Eindruck einer Notlage hervorgerufen hat (zB ein Bergsteiger kehrt nicht, wie verabredet, zum Ausgangsort zurück). Ein Teil der Lehre will den Rettern in solchen Fällen analog § 829 einen Billigkeitsanspruch geben.[5] Diese Analogie ist freilich kaum tragfähig: § 829 regelt die rechtswidrige, aber schuldlose Verletzung. Dagegen liegt die Problematik der hier fraglichen Fälle darin, dass die Retter bloß einen von §§ 823 ff. schon objektiv nicht erfassten primären Vermögensschaden erleiden: Bei einem Körperschaden (zB ein Bergwachtmann verletzt sich bei dem unnötigen Rettungsversuch) kann man mit § 823 I helfen (Herausforderung, → Rn. 653).

d) Zusammenfassung

425 Die Reihenfolge bei der Maßgeblichkeit lautet also: An erster Stelle steht, sofern nicht § 679 eingreift, der wirkliche Wille. Dieser muss freilich irgendwie – wenn auch nicht gerade dem Geschäftsführer – erkennbar geworden sein. An zweiter Stelle ist der mutmaßliche Wille maßgeblich. Das Interesse des Geschäftsherrn bildet nur ein Mittel zur Feststellung dieses mutmaßlichen Willens. Endlich ist das Interesse alleiniges Kriterium, wenn sich auch ein mutmaßlicher Wille nicht ermitteln lässt.

BGHZ 33, 251: G hört nachts Hilferufe aus einer Ruine. Er findet dort eine Frau F, auf die der Geisteskranke I mit einem Hammer einschlägt. Bei dem Versuch, der F zu helfen, wird G von I verletzt. G verlangt von H, der für F zuständigen Betriebskrankenkasse, Ersatz seines Verdienstausfalls.

H hatte unter anderem eingewendet, ohne das Eingreifen des G wäre F getötet worden, was für sie – H – weit geringere Aufwendungen verursacht hätte. Der BGH hat diesen Einwand mit Recht als »erstaunlich« bezeichnet;[6] man könnte auch »unverschämt« sagen. Der Einwand ist zudem sachlich unbegründet: Zu den Aufgaben einer Krankenkasse gehört die Krankenpflege, § 2 II SGB V. Sie umfasst die Maßnahmen, die nötig sind, um ärztliche Hilfe heranzuholen. Dazu gehörte hier zunächst, dass die F vor weiteren Schlägen bewahrt wurde. Die Erfüllung dieser Pflicht liegt im öffentlichen Interesse, § 679.

II. Rechtsfolgen der Geschäftsführung ohne Auftrag

1. Berechtigte GoA

426 Bei der berechtigten GoA kommen weitaus am häufigsten die folgenden Ansprüche vor:

a) Ansprüche des Geschäftsherrn

Der Geschäftsherr kann vom Geschäftsführer Herausgabe des Erlangten fordern, §§ 681 S. 2, 667. Außerdem kann er Schadensersatz verlangen, wenn der Geschäftsführer bei der Ausführung des Geschäfts in zu vertretender Weise vom wirklichen oder mutmaßlichen Willen des Geschäftsherrn abgewichen ist, § 677 mit § 280 I wegen Pflichtverletzung. Dieser Anspruch versagt nach § 682 gegen einen nicht voll Geschäftsfähigen, der zum Schutz des nicht Geschäftsfähigen eine abschließende Regelung enthält.[7] Zu

---

5 *Stoll*, FG Weitnauer, 1980, 411.
6 Insoweit nur abgedruckt in BGH NJW 1961, 359 (360).
7 *Looschelders* SchuldR BT Rn. 868.

vertreten sind regelmäßig Vorsatz und jede Fahrlässigkeit, bei **Notgeschäftsführung** nach § 680 aber nur Vorsatz und grobe Fahrlässigkeit.[8]

Wirklicher und mutmaßlicher Wille sowie Interesse des Geschäftsherrn sind also doppelt erheblich: Sie bestimmen bei der **Übernahme** der Geschäftsführung, ob berechtigte GoA vorliegt, § 683. Und sie bestimmen bei der **Ausführung** der berechtigten GoA die Pflichten des Geschäftsführers, deren zu vertretende Verletzung ihn schadensersatzpflichtig macht, § 677 mit § 280 I. Beide Fragen dürfen nicht miteinander verwechselt werden!

Beispiel: In dem Beispiel von → Rn. 423 zertritt G bei der Vertreibung der Eindringlinge fahrlässig die Beete im Garten des H. Hier ist die Übernahme der Geschäftsführung berechtigt, die Ausführung dagegen pflichtwidrig. Ob G dem H Schadensersatz schuldet, hängt bei leichter Fahrlässigkeit von der sichtbaren Gefährlichkeit der Eindringlinge ab, § 680.

Für das Verhältnis zwischen Willen und Interesse muss bei der Ausführung dasselbe gelten wie bei der Übernahme der Geschäftsführung (→ Rn. 422ff.). Manche meinen zwar, bei der Ausführung gehe im Gegensatz zur Übernahme das Interesse dem Willen des Geschäftsherrn vor.[9] Aber der Unterschied in der Formulierung zwischen § 677 und § 683 beweist das nicht. Vielmehr zeigt § 681 S. 1, dass auch bei der Ausführung der Wille des Geschäftsherrn maßgeblich sein soll. Der Geschäftsführer soll daher regelmäßig nur notwendige und keine nützlichen Maßnahmen treffen.[10]

Beispiel: H ist verunglückt und liegt bewusstlos im Krankenhaus. G nimmt sich der Kinder des H an, was durch den mutmaßlichen Willen des H oder notfalls durch § 679 gedeckt ist. Auch hier darf G die Kinder nicht so erziehen, wie das dem objektiven Interesse des H entspricht, sondern muss sich möglichst nach dessen Willen richten.

b) Ansprüche des Geschäftsführers

427 Umgekehrt hat der Geschäftsführer gegen den Geschäftsherrn einen Anspruch auf Ersatz der Aufwendungen, die er für erforderlich halten durfte, §§ 683, 670. Bei der Notgeschäftsführung wird für das Urteil über die Erforderlichkeit § 680 entsprechend anzuwenden sein.[11]

Beispiel: G nimmt sich des H an, den er bewusstlos auf der Straße gefunden hat, und holt einen Arzt. Hier kann G die Aufwendungen für den Arzt auch dann ersetzt verlangen, wenn H ärztlicher Hilfe nicht bedurfte und G das nur infolge von leichter Fahrlässigkeit nicht bemerkt hat. Die Notlage begründet auch nicht etwa eine Vertretungsmacht des G für H; daher ist G selbst dem Arzt verpflichtet.[12] Fraglich kann bloß sein, ob G überhaupt mit dem Arzt kontrahieren oder diesen nur auf die eine ärztliche Hilfe erfordernde Notlage hinweisen wollte. Das hängt davon ab, wie G dem Arzt gegenüber aufgetreten ist.[13]

428 aa) Zweifelhaft ist dagegen hier (und ebenso beim Auftrag) die folgende Frage: **Aufwendungen** sind regelmäßig nur die willentlich erbrachten Vermögensopfer. Ihren Gegenbegriff bilden **Schäden** als unfreiwillig erlittene Nachteile. Gleichwohl ist anerkannt, dass der Geschäftsführer auch gewisse Schäden nach §§ 683, 670 ebenso ersetzt

8 Dazu *Dietrich* JZ 1974, 535.
9 Etwa Palandt/*Sprau* § 677 Rn. 12.
10 BGH NJW-RR 2008, 759 Rn. 11; *Röthel* JURA 2012, 598 (602).
11 BGH DB 1972, 721, str.
12 *Berg* NJW 1972, 1117.
13 Vgl. dazu *Stoll*, FG Weitnauer, 1980, 411 (413).

verlangen kann wie Aufwendungen. Das soll nach hM für solche Schäden zutreffen, in denen sich das **typische Risiko** der übernommenen Tätigkeit verwirklicht hat (»tätigkeitsspezifische gesteigerte Gefahr«).[14] Diese Abgrenzung ist erheblich enger als die im Schadensrecht allgemein geltende Adäquanz.

Eine solche naheliegende, geschäftstypische Gefahr hat sich etwa in dem Krankenkassenbeispiel (→ Rn. 425) verwirklicht. Entsprechend liegt es bei einer Brandverletzung oder selbst dem Tod (hier nach hM §§ 844, 845 entsprechend, → Rn. 836) anlässlich des Versuchs, ein gefährliches Feuer zu löschen.

429 Fraglich ist die **Begründung** für die Einbeziehung von Schäden in den Aufwendungsersatz. Die früher hM hat bei naheliegenden Gefahren argumentiert, der Geschäftsführer übernehme hier den Schaden freiwillig. Dagegen wird aber mit Recht eingewendet, der Geschäftsführer hoffe doch regelmäßig auf einen schadensfreien Ausgang; auch brauche er die Gefährlichkeit nicht zu kennen. Daher wird die Ersatzpflicht des Geschäftsherrn für Schäden heute vielfach als eine eigenständige richterrechtliche Risikohaftung verstanden.[15] Eine positiv-rechtliche Grundlage bietet **§ 110 HGB,**[16] nach dem einem Geschäftsführer (dem OH-Gesellschafter) auch bestimmte aus der Geschäftsführung erwachsene Verluste (= Schäden) zu ersetzen sind. Jedenfalls lassen sich auf den Ersatzanspruch des Geschäftsführers einige Vorschriften des Schadensersatzrechts entsprechend anwenden, insbesondere die §§ 253 II, 254 (wenn der Geschäftsführer sich nachlässig verhalten hat oder wenn die Gefahr auch aus seinem Bereich stammt)[17] und § 844.

430 **bb)** Zweifelhaft ist beim Aufwendungsersatz ferner, ob er auch eine Vergütung für die vom Geschäftsführer **aufgewendete Arbeitskraft** umfasst. Die hM bejaht das in Anlehnung an § 1835 III nur dann, wenn die ausgeführte Tätigkeit zu Gewerbe oder Beruf des Geschäftsführers gehört.[18]

Danach könnte zwar ein Arzt für die Behandlung eines Bewusstlosen eine Vergütung verlangen (und das auch dann, wenn ihm durch die Behandlung keine anderen Einnahmen entgangen sind). Dagegen wäre die Tätigkeit eines Medizinstudenten nicht zu vergüten.

2. Unberechtigte GoA

431/432 Bei unberechtigter GoA ergeben sich vor allem die folgenden Ansprüche.

a) Ansprüche des Geschäftsherrn

Der Geschäftsherr kann die unberechtigte GoA genehmigen. Dann gelten die Regeln über die berechtigte GoA. § 684 S. 2 bestimmt das zwar ausdrücklich nur für den Geschäftsführer durch Verweisung auf die §§ 683, 670. Selbstverständlich darf dann aber auch der Geschäftsherr nicht schlechter stehen als bei berechtigter GoA; er muss also die in → Rn. 426 genannten Ansprüche haben.

Genehmigt der Geschäftsherr nicht, kann er vom Geschäftsführer nach dem Recht der GoA nur Schadensersatz nach § 678 verlangen (außerdem §§ 812ff., 823ff., aber

14 So etwa BGH NJW 1993, 2234 (2235); grdl. *Canaris* RdA 1966, 41 (43f.).

15 Vgl. etwa BGHZ 89, 153 (157); BGH NJW 1985, 269f., dazu *H. Honsell*, Die Risikohaftung des Geschäftsherrn, FG v. Lübtow, 1980, 485.

16 *Genius* AcP 173 (1973), 481.

17 Etwa BGHZ 110, 313 (317).

18 Etwa BGHZ 65, 384 (390); s. auch *Köhler* JZ 1985, 359.

weder §§ 681 S. 2, 667[19] noch §§ 280 I, 677[20]). Dieser Anspruch ist jedoch besonders streng gestaltet: Ein Verschulden bei der Übernahme der Geschäftsführung macht den Geschäftsführer für alles haftbar, was daraus entsteht. Hier zeigt sich der Schutz des Geschäftsherrn gegen unerwünschte Einmischung (→ Rn. 403) besonders deutlich.

Beispiel: H züchtet in seinem Garten Arzneipflanzen. G hält diese schuldlos für Unkraut und rupft sie aus. Hat G seine Gartenarbeit auch nur leicht fahrlässig gegen den Willen des H übernommen, haftet er diesem nach § 678 wegen der ausgerissenen Pflanzen auf Ersatz. Diese Haftung ist gleich der nach §§ 287 S. 2, 848 ein Fall des *versari in re illicita:* Wer sich schuldhaft in einen unerlaubten Zustand begibt, haftet für alle Folgen, auch wenn ihn an diesen kein Verschulden trifft.

433 Allerdings wird § 680 auch auf § 678 angewendet.

BGH NJW 1972, 475: Nach einer gemeinsamen Feier ist H ganz betrunken, G etwas weniger. H setzt sich dennoch in seinen Wagen, um nach Hause zu fahren. Um Unheil zu vermeiden, schiebt G den H zur Seite und führt seinerseits den Wagen. Dabei kommt es zu einem Unfall, dessentwegen G auf Schadensersatz in Anspruch genommen wird.

Hier ist G unberechtigter Geschäftsführer zwar nicht schon deshalb, weil der wirkliche Wille des H der Übernahme des Steuers entgegenstand: Dieser Wille ist wegen der starken Trunkenheit unbeachtlich (analog § 105 II). Die Nichtberechtigung zur Geschäftsführung folgt aber daraus, dass H mutmaßlich nicht von dem stark angetrunkenen G gefahren werden wollte. Trotzdem kann die Ersatzpflicht des G aus § 678 an § 680 scheitern,[21] nämlich wenn die Übernahme dieser Geschäftsführung nur als leicht fahrlässig zu werten ist. Der BGH hat das hier wegen der Eile, mit der G sich entscheiden musste, für möglich gehalten. Zugleich soll § 680 auch die Haftung aus konkurrierenden Deliktsansprüchen (etwa § 823 I) mildern.

b) Ansprüche des Geschäftsführers

434 Bei Genehmigung der Geschäftsführung steht auch der Geschäftsführer wie bei der berechtigten GoA, § 684 S. 2 (→ Rn. 427 ff.). Ohne eine solche Genehmigung hat er dagegen keinen Anspruch auf Aufwendungsersatz; § 684 S. 1 verweist ihn lediglich auf einen Herausgabeanspruch nach Bereicherungsrecht. Dies ist die sog. Aufwendungskondiktion (dazu → Rn. 895 ff.; 947; 949).

---

19 *Fikentscher/Heinemann* SchuldR Rn. 1260, 1281; *Henssler* JuS 1991, 924 (927); aA BGH NJW 1984, 1461; NJW-RR 1990, 109 (110); *Beuthien*, FS Söllner, 2000, 125; *Röthel* JURA 2012, 598 (600 f.).

20 *Larenz* SchuldR II 1 § 57 IIa S. 451; *Schwerdtner* JURA 1982, 593. Für die Anerkennung der unberechtigten GoA als gesetzliches Schuldverhältnis iSd § 280 *Looschelders* SchuldR BT Rn. 877; *Brox/Walker* SchuldR BT § 37 Rn. 2; *Röthel* JURA 2012, 598 (601).

21 Ebenso *Gursky* JuS 1972, 637.

III. Schema für die §§ 17 und 18

435 (G = Geschäft, GH = Geschäftsherr, GF = Geschäftsführer)

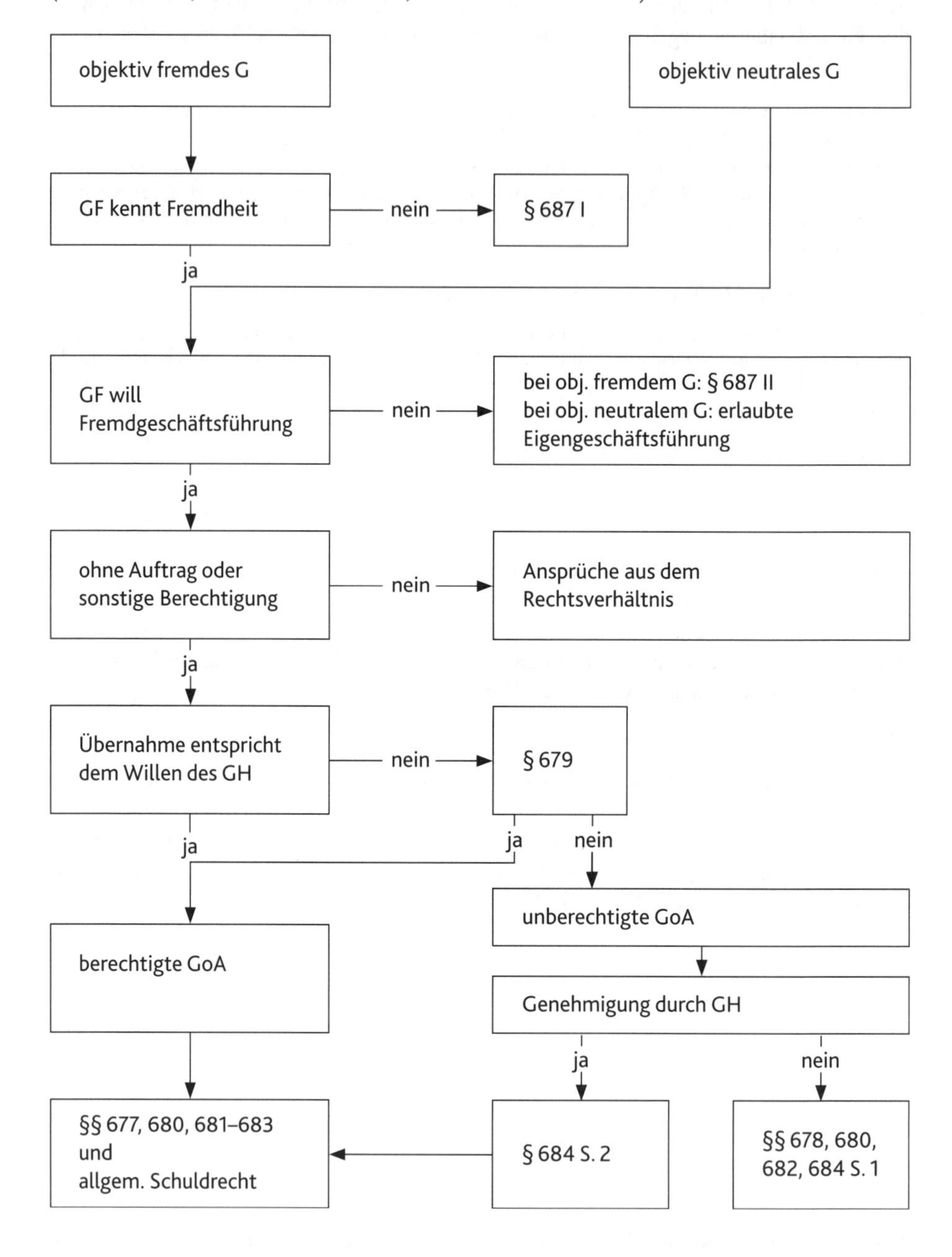

3. Abschnitt. Dingliche Ansprüche

§ 19 Übersicht über die dinglichen Ansprüche[1]

I. Begriff

436 Der Ausdruck »dinglicher Anspruch« kommt im BGB nur einmal an ziemlich versteckter Stelle vor (in § 198). Er ist keineswegs klar. Vielmehr bildet er auf den ersten Blick einen Widerspruch in sich: Ein »Anspruch« ist ein Zweipersonenverhältnis, gekennzeichnet durch Gläubiger und Schuldner (vgl. § 194 I). Bei dem Wort »dinglich« denkt man vielfach an die den absoluten Rechten eigene Wirksamkeit gegen jeden. »Dinglicher Anspruch« bedeutete danach ein »allwirksames Zweipersonenverhältnis«. Was wirklich gemeint ist, zeigt aber ein Blick auf den Prototyp des dinglichen Anspruchs, nämlich den aus § 985: Nicht ein Anspruch, der sich gegen jeden richtet, sondern ein Anspruch, der sich **gegen jeden richten kann** (nämlich gegen jeden Besitzer).

Jedoch ist diese Definition noch zu weit. Gegen jeden richten können sich nämlich auch viele andere Ansprüche, etwa diejenigen aus § 823 I (gegen jeden, der eines der dort genannten Schutzobjekte verletzt) oder aus Eingriffskondiktion, § 812 I 1 Fall 2. Diese Beispiele zeigen zugleich, dass der dingliche Anspruch auch nicht einfach »Anspruch aus dinglichem Recht« ist: Die Ansprüche aus §§ 823 I, 812 I 1 Fall 2 (Eingriffskondiktion, → Rn. 703 ff.) können gleichfalls auf dem Eigentum des Verletzten beruhen, ohne doch dingliche Ansprüche zu sein.

Am ehesten kann man daher sagen, dass der dingliche Anspruch **das dingliche Recht verwirklicht.**[2] Er steht also auf einer Stufe mit dem schuldrechtlichen Erfüllungsanspruch. Das passt deshalb, weil auch der dingliche Anspruch keine subjektiven Voraussetzungen (Vertretenmüssen) kennt.[3] Vielmehr entsteht er regelmäßig allein aus einer Beeinträchtigung des dinglichen Rechts. Und da eine solche Beeinträchtigung durch jeden erfolgen kann, vermag jeder Schuldner solcher dinglicher Ansprüche zu werden.

So verwirklicht sich etwa das Eigentum, wenn dem Eigentümer nach § 985 der Besitz oder nach § 1004 die ungestörte Nutzung verschafft wird. Dagegen verwirklicht etwa § 823 I das Eigentum nicht; dieser Anspruch entspricht vielmehr einem Sekundäranspruch auf Schadensersatz (→ Rn. 205).

II. Überblick

437 Man kann die dinglichen Ansprüche nach ihrem Ziel und zugleich nach ihrem Grund wie folgt gliedern:

1 Dazu *Medicus/Petersen* Grundwissen BürgerlR Rn. 237 ff.; grdl. *Ernst,* Eigenbesitz und Mobiliarerwerb, 1992; s. auch *Mager,* Besonderheiten des dinglichen Anspruchs, AcP 193 (1993), 68; *Picker,* Der »dingliche« Anspruch, FS F. Bydlinski, 2002, 269; vgl. auch *Füller,* Eigenständiges Sachenrecht?, 2006.

2 *Heck* SachenR §§ 31, 32.

3 Skeptisch *Habersack* SachenR Rn. 68 Fn. 106.

1. Ansprüche auf Herausgabe[4]

a) **Aus einem Recht zum Besitz** (**petitorische** Ansprüche; sie schaffen **endgültig** Recht): §§ 985, 1065, 1227. Wird also beispielsweise das (Werkunternehmer- oder Vermieter-)Pfandrecht durch Eingriffe Dritter beeinträchtigt, so sind für das Herausgabeverlangen als Anspruchsgrundlage die §§ 1227, 985 (ggf. iVm §§ 1257, 647, 562 I 1) zu zitieren (Pfandvindikation).[5] Entsprechende Ansprüche fehlen bei den Grundpfandrechten, weil diese nicht zum Besitz berechtigen.

438 b) **Besitzschutzansprüche** (**possessorische** Ansprüche, vgl. § 861) sind den dinglichen zumindest ähnlich,[6] allerdings sind sie abtretbar.[7] Sie schaffen nur **vorläufig** Recht, weil ihr Ergebnis noch entsprechend dem Recht zum Besitz korrigiert werden kann. Nach der Wertung des § 863 (→ Rn. 12) kann der Besitzschutzberechtigte aber sogar gegen den Eigentümer nach § 861 vorgehen, ohne dass ihm wegen dessen Anspruch aus § 985 der Rechtsmissbrauchseinwand (§ 242) entgegengehalten werden kann.[8] Praktische Bedeutung gewinnt der possessorische Besitzschutz dadurch, dass er im Wege der **einstweiligen Verfügung** gem. §§ 935, 940 ZPO selbst dann durchgesetzt werden kann, wenn hierdurch die Hauptsache vorweggenommen wird (sog. »Leistungsverfügung«).[9] Auch ein gesonderter Verfügungsgrund ist ausnahmsweise entbehrlich:[10] Wenn sich der Besitzer verbotener Eigenmacht sogar mit Gewalt erwehren darf (§ 859), dann soll er erst recht vorläufigen Rechtsschutz erhalten.

439 c) Eine **Zwitterstellung** haben die **§§ 1007, 2018:** § 1007 verlangt zwar nicht *berechtigten* früheren Besitz des Gläubigers (das folgt aus § 1007 III 1: Guter Glaube an die Besitzberechtigung genügt, also genügt unberechtigter Besitz). Andererseits lässt die Vorschrift aber auch nicht jeden Besitz genügen, sondern fordert gutgläubig erworbenen. Dass § 1007 meist den petitorischen Ansprüchen zugerechnet wird,[11] beruht darauf, dass er im Gegensatz zu § 861 den Besitz zwischen den Parteien endgültig ordnet. Auch sind – wie bei § 985 – nach §§ 1007 III 2, 986 petitorische Einwendungen einschränkungslos zulässig.

Bei dieser Gelegenheit noch eine **Bemerkung zu § 1007:** Diese Vorschrift ist nicht nur unglücklich formuliert, sondern hat auch keine rechte Funktion. Der Anwendungsbereich von § 1007 ist zwar weit, doch werden seine meisten Anwendungsfälle schon durch die §§ 985, 861 gedeckt. Man sollte § 1007 unter den dinglichen Herausgabeansprüchen immer erst **an letzter Stelle** prüfen. Wenn schon § 985 zum Erfolg führt, kann man § 1007 bei Zeitmangel in der Klausur am ehesten auch ganz weglassen oder nur kurz erwähnen (»In Betracht kommt dann der hier aber nicht weiterführende § 1007«). Wo dagegen bloß § 861 zutrifft (der ja nur vorläufig wirkt) oder sogar auch diese Vorschrift versagt, *muss* für bewegliche Sachen § 1007 geprüft werden. Man erleichtert sich das, wenn man die beiden ersten Absätze der Vorschrift als verschiedene Anspruchsgrundlagen auffasst, also sie (jeweils mit einem Seitenblick auf Abs. 3) getrennt voneinander erörtert. Wenn man sie zusammenfassen will, ist ein Durcheinander kaum zu vermeiden.

---

4 Zum möglichen Inhalt *Medicus* JuS 1985, 657.

5 Lehrreiche Examensklausur von *Knütel* JuS 1989, 208; zu den gesetzlichen Pfandrechten *Alexander* JuS 2014, 1.

6 Eing. *Sosnitza*, Besitz und Besitzschutz, 2003; *Joost*, FS Reuter, 2010, 157; *K. Schreiber* JURA 2012, 514; *S. Lorenz* JuS 2013, 776; *Brand* ZBB 2015, 40; Klausurkonstellationen bei *Omlor/Gies* JuS 2013, 12; 1065. Zum Hausrecht als Ausprägung des Besitzschutzes *G. Schulze* JZ 2015, 381 (388).

7 BGH NJW 2008, 580 Rn. 13; *Habersack* SachenR Rn. 69; vgl. auch → Rn. 445.

8 *Petersen* JURA 2002, 160; 255; 2008, 759; *Zeising* JURA 2010, 248 (251); *Neuner* SachenR Rn. 62.

9 OLGR Koblenz 2007, 553; näher *Paulus* ZivilProzR Rn. 971 ff.

10 OLG Stuttgart NJW 2012, 625 (626 f.); Zöller/*Vollkommer*, ZPO, 30. Aufl. 2013, § 940 Rn. 8 (Stichwort »Herausgabe«).

11 *K. Schreiber* JURA 1993, 440. Lehrreich auch *Röthel/Sparmann* JURA 2005, 456.

Die Zwitterstellung von **§ 2018** endlich folgt daraus, dass mit diesem Anspruch **jede Zugehörigkeit einer Sache zum Nachlass** geltend gemacht werden kann. Die Sache kann also entweder hinsichtlich eines Rechtes (etwa der Erblasser war Eigentümer) oder nur hinsichtlich des Besitzes (der Erblasser war nur Entleiher) oder der Buchposition (der Erblasser war zu Unrecht in das Grundbuch eingetragen) zum Nachlass gehört haben. Denn »etwas« in § 2018 ist ebenso weit wie in § 812 I 1.

2. Ansprüche auf Beseitigung und Unterlassung

440 Mit den jetzt zu nennenden Ansprüchen kann die Beseitigung von schon eingetretenen Störungsfolgen und bei Begehungsgefahr die Unterlassung künftiger Störungen verlangt werden. Dabei spricht man am besten von »Begehungsgefahr« (statt, wie üblich, von »Wiederholungsgefahr«), weil schon die naheliegende Gefahr einer erstmaligen Störung den Unterlassungsanspruch auslöst.

a) Aus einem Recht: §§ 12,[12] 1004,[13] 1065, 1134 I, 1192 I, 1227. Ähnlichkeit hiermit hat auch der als Spezialvorschrift zu § 1004 zu verstehende § 894:[14] Dort liegt die Beeinträchtigung des Rechts in der unrichtigen Eintragung. Ähnlich ist es bei § 771 ZPO:[15] Diese Vorschrift richtet sich gegen die öffentlich-rechtliche Beeinträchtigung des Eigentums durch eine unberechtigte Zwangsvollstreckung.

441 **b) Aus Sach- oder Rechtsbesitz** (der Schutz ist wie bei → Rn. 438 nur vorläufig): §§ 862, 1029, 1090 II. Vorschriften, die den §§ 1007, 2018 entsprechen, fehlen hier, wohl aber kommt § 823 II in Betracht.

BGHZ 181, 233: S hat seinen Pkw unbefugt auf dem Grundstück des G abgestellt. Dieser ließ den Wagen durch U abschleppen. Muss S die Kosten von 150 EUR bezahlen?

442 Hier hat S durch das unbefugte Parken verbotene Eigenmacht nach § 858 I begangen. Dagegen hatte G die Selbsthilfe nach § 859 I oder III. Das gilt auch dann, wenn G die zugeparkte Fläche nicht für andere Kunden benötigt. Daher konnte G als berechtigter Besitzer die ihm entstandenen Kosten nach § 823 II ersetzt verlangen.[16] Erstattungsfähig sind als Ausprägung des Selbsthilferechts (§ 859) auch etwaige Kosten zur Vorbereitung des Abschleppens, nicht aber Überwachungsmaßnahmen ohne Bezug zur konkreten Besitzstörung.[17]

3. Ansprüche auf Befriedigung aus einem Gegenstand

443 Das Recht zur Befriedigung aus einem fremden Gegenstand setzt ein Pfandrecht des Gläubigers voraus, entspricht also dem bei → Rn. 437 und → Rn. 440 genannten Typ. Grundlagen sind die §§ 1113 I, 1191 I, 1199 I, 1204 I. Streng genommen handelt es

---

12 Dazu etwa BGH GRUR 2012, 534; *Grünberger* AcP 207 (2007), 314; *Grünberger* JR 2008, 397; *Petersen* JURA 2007, 175; *Heyers* JR 2006, 94.

13 Zu ihm *Picker*, Der negatorische Beseitigungsanspruch, 1972; *Katzenstein* AcP 211 (2011), 58.

14 Vgl. *Köbler* JuS 1982, 181.

15 Dazu *Brox/Walker* JA 1986, 113; *Brox/Walker* ZVR § 44; *Paulus* ZivilProzR Rn. 930ff.; *Picker* JZ 2014, 431.

16 Weiterführend *S. Lorenz* DAR 2010, 647; *S. Lorenz* NJW 2009, 1025; vgl. auch *Goering* DAR 2009, 603; *Pöschke/Sonntag* JuS 2009, 711; *Huneke* JURA 2010, 852; *Paal/Guggenberger* NJW 2011, 1036; *Stöber* DAR 2006, 486; 2008, 72; 2009, 539; *Koch* NJW 2014, 3696.

17 BGH NJW 2012, 528 Rn. 6; vgl. auch BGHZ 75, 230 (237); 133, 155 (158); BGH NJW 2014, 3727 (dazu *K. Schmidt* JuS 2015, 269).

sich hier aber nicht um echte Ansprüche: Der Eigentümer des belasteten Gegenstandes schuldet keine Leistung, sondern der Pfandgläubiger hat lediglich eine Verwertungsbefugnis.[18] Ob man hier von »dinglichen Ansprüchen« reden darf, ist daher streitig.[19]

4. Weitere dingliche Ansprüche

444 Dingliche Ansprüche anderen Inhalts sind etwa die Rechte, die der Eigentümer als solcher nach §§ 1047, 1051 ff. gegen den Nießbraucher hat.[20] Auch sie entsprechen stets dem bei → Rn. 437 und → Rn. 440 genannten Typ, sind also petitorisch.

III. Eigenarten der dinglichen Ansprüche

1. Fehlen der selbstständigen Abtretbarkeit

445 Die wichtigste Eigenart des dinglichen Anspruchs besteht darin, dass er regelmäßig nicht durch Abtretung von dem Stammrecht getrennt werden kann, aus dem er sich ergibt.

a) Das war und ist bestritten, entspricht aber der hM und Rechtsprechung[21] Kein Gegenargument bildet insbesondere § 931. Denn diese Vorschrift ist dahin auszulegen, dass der dort genannte abzutretende Herausgabeanspruch nicht derjenige aus § 985 ist, sondern der aus dem Besitzmittlungsverhältnis (§ 868). Wenn mittelbarer Besitz des Veräußerers fehlt, wird also nicht die Vindikation abgetreten (die ja gleichfalls fehlen kann, nämlich wenn die Sache besitzlos ist: entlaufener Hund; Wrack auf dem Meeresgrund). Vielmehr genügt für die Übereignung hier die bloße Einigung.[22]

Durch diese Bindung an das Stammrecht unterscheiden sich die dinglichen Ansprüche etwa von Schadensersatzforderungen aus § 823 I.

> **Beispiel:** S hat schuldhaft eine Sache des E beschädigt. Hier kann E die beschädigte Sache veräußern und seinen Schadensersatzanspruch gegen S behalten. E kann auch umgekehrt den Schadensersatzanspruch abtreten und die Sache behalten. Hat dagegen B eine Sache des E in Besitz, so lässt sich der Herausgabeanspruch gegen B aus § 985 nicht vom Eigentum trennen: E kann weder über das Eigentum noch über den Anspruch allein verfügen.

Dabei darf man sich die Bindung des dinglichen Anspruchs an sein Stammrecht aber nicht etwa so vorstellen, als gehe der Anspruch vom Veräußerer auf den Erwerber des Stammrechts über. Denn bei einem Übergang des Herausgabeanspruchs nach §§ 413, 412 müsste der Besitzer dem Erwerber des Stammrechts nach § 404 alle Einreden entgegenhalten können, die gegen den Veräußerer begründet waren. Das kann er aber regelmäßig nicht.

---

18 Zum Klageantrag »Duldung der Zwangsvollstreckung« *Joost* JURA 2001, 153.

19 Vgl. etwa *Westermann/Eickmann* SachenR § 92; *Habersack* SachenR Rn. 68; dagegen *Wolff/Raiser* SachenR § 131 Anm. 21. Zu Einreden und Einwendungen gegen die Hypothek vgl. *Coester-Waltjen* JURA 1991, 186 und → Rn. 768 ff.

20 Dazu *Schön*, Der Nießbrauch an Sachen, 1993; *Schön* ZHR 158 (1994), 229.

21 BGHZ 11, 364 (369); *Habersack* SachenR Rn. 70; vgl. auch *Kensy* JuS 2015, 501.

22 Vgl. etwa *Baur/Stürner* SachenR § 51 Rn. 37. Zu unterscheiden ist § 931 von der **Besitzanweisung,** bei welcher der mittelbare Besitzer angewiesen wird, seinen Besitzmittlungswillen für den Erwerber auszuüben (BGH NJW-RR 2010, 983); im Unterschied zur Abtretung nach § 931 kommt es bei dieser Form der Übergabe zu keiner Sukzession in den Herausgabeanspruch (MüKoBGB/*Oechsler* § 929 Rn. 66).

Beispiel: E verleiht sein Grundstück (Leihe beschränkt sich nicht auf bewegliche Sachen, § 598) dem L für ein Jahr. Noch vor Ablauf dieser Zeit verlangt K das Grundstück heraus, an den E es veräußert hat. Hier hat L gegenüber K kein Recht zum Besitz (§ 986 II beschränkt sich auf Veräußerungen nach § 931, folglich auf bewegliche Sachen!).

Dem Gesetz liegt also die Vorstellung zugrunde, der dingliche Anspruch **entstehe beim Erwerber des Stammrechts neu.** Die Konsequenzen hieraus werden freilich für die praktisch wichtigsten Fälle durch die §§ 986 II, 566f., 567b, 578, 581 II erheblich gemildert:[23] Die gegen den »alten« dinglichen Anspruch bestehenden Hindernisse erfassen danach auch den »neuen«.

Hätte im vorigen Beispiel E das Grundstück an L vermietet oder verpachtet oder wäre eine bewegliche Sache verliehen worden, stünde L also besser; vgl. aber für die Leihe § 605 Nr. 1. Der BGH lässt freilich auch die Verjährung eines Anspruchs aus § 1004 gegen den Sondernachfolger in das gestörte Eigentum wirken (also soll bei Grundstücken § 902 I 1 nicht anwendbar sein).[24]

446 **b) § 857 III ZPO** zwingt jedoch trotz der Unabtretbarkeit zu der Annahme, wenigstens die **Ausübung** des dinglichen Anspruchs müsse einem Dritten überlassen werden können. Andernfalls entstünden nämlich bei der Zwangsvollstreckung unüberwindliche Schwierigkeiten, weil mit der fehlenden Abtretbarkeit gem. § 851 I ZPO eigentlich die Unpfändbarkeit einherginge.

Beispiele:

(1) B hat rechtlos eine bewegliche Sache des E in Besitz. G, ein Gläubiger des E, will diese Sache pfänden, doch ist B zur Herausgabe nicht bereit (vgl. § 809 ZPO).

(2) E ist Eigentümer eines Grundstücks, doch ist im Grundbuch B als Eigentümer eingetragen. G, ein Gläubiger des E, erstrebt die Eintragung einer Zwangshypothek an dem Grundstück (was nach § 39 I GBO die Voreintragung des E voraussetzt).

In beiden Fällen ist die Zwangsvollstreckung durch G nur möglich, wenn dieser zunächst einen dinglichen Anspruch seines Schuldners E durchsetzt: bei (1) den aus § 985, bei (2) den aus § 894. Um diesen Anspruch geltend machen zu können, muss G ihn aber pfänden und sich überweisen lassen (§ 846 ZPO). Und das gelingt am ehesten, wenn man entsprechend § 857 III ZPO die Möglichkeit einer Pfändung zur Ausübung annimmt.[25] Bei (2) bedarf G zum Herbeiführen der Grundbuchberichtigung zusätzlich noch des Antragsrechts. Dieses gewährt ihm § 14 GBO: G kann beantragen, dass das Grundbuch durch Eintragung des E berichtigt wird.

2. Die Anwendbarkeit weiterer Schuldrechtsnormen

447 Die Frage nach der Anwendbarkeit anderer Vorschriften über die Forderung auf den dinglichen Anspruch lässt sich nicht einheitlich beantworten.[26]

23 S. dazu auch *Looschelders/Makowsky* JA 2012, 721; *Derleder/Bartels* JZ 1997, 981; *Lieder,* Die rechtsgeschäftliche Sukzession, 2015; *Petersen* JURA 2012, 279 (Sukzessionsschutz); *Gsell* WuM 2012, 411 (zu Räumungsklagen beim Vermieter- bzw. Eigentümerwechsel).

24 BGHZ 60, 235; 125, 56 (63); dazu mit Recht krit. *Baur* JZ 1973, 560; *Picker* JuS 1974, 357.

25 BGH NJW 1996, 3147 (3148); s. auch *Brox/Walker* ZVR Rn. 725.

26 Lehrreich *Lieder* JuS 2011, 874.

a) Hauptnormen des Unmöglichkeitsrechts

Das Recht der *Unmöglichkeit* (§§ 275, 280, 281, 283) ist sicher nicht überall anwendbar. So werden die §§ 280, 281, 283 bei § 985 durch die §§ 989, 990 verdrängt.[27] Auch kommt es für § 985 nicht darauf an, ob der Beklagte im schuldrechtlichen Sinne zur Herausgabe vermögend ist. Vielmehr erlischt die Vindikation, sobald der Schuldner nicht mehr Besitzer ist, und zwar selbst dann, wenn er sich den Besitz wieder verschaffen könnte. Erst von der Rechtshängigkeit an ist ein Besitzverlust nach §§ 265, 325 ZPO unbeachtlich.

Beispiel: B besitzt rechtlos eine Sache des E. B veräußert die Sache, bevor er von E auf Herausgabe verklagt worden ist, unter Übergabe an D. Das der Veräußerung zugrunde liegende Schuldverhältnis und diese selbst sind nichtig.

Hier könnte B den an D gegebenen Besitz mit der Leistungskondiktion zurückholen. Hinsichtlich eines schuldrechtlichen Herausgabeanspruchs des E wäre B also nicht unvermögend und könnte noch zur Leistung verurteilt werden. Für die Vindikation dagegen ist B mangels Besitzes nicht mehr passivlegitimiert. Freilich ist für E auch ein neuer Herausgabeanspruch gegen D entstanden.

Dagegen nimmt die hM für § 1004 Geltung des Unmöglichkeitsrechts an.[28] Das zeigt sich etwa an einer praktisch bedeutsamen Fallgruppe.[29]

Beispiel: Der Grundstückseigentümer E wird durch Lärm vom Nachbargrundstück des N belästigt. Dieser Lärm stammt von einer Gastwirtschaft, die N an P verpachtet hat. Kann E gegen N (und nicht nur gegen P) klagen? Hier sind zwei Fragen zu unterscheiden:

aa) Ist N Störer? Das trifft nur dann zu, wenn N dem P das störende Verhalten gestattet oder durch die Verpachtung die Gefahr solcher Störungen erhöht hat. Das wird man bei einer Verpachtung zum Betrieb einer Gastwirtschaft bejahen können (ebenso etwa auch bei Vermietung an eine unzuverlässige Person).

bb) Ist N zur Beseitigung oder Unterlassung imstande? Ein Teil der Lehre verneint das nur, wenn N keine vertragliche Handhabe gegen P hat (weder Unterlassungsanspruch noch Kündigungsrecht) und überdies die Störungsquelle sich auch nicht im unmittelbaren Besitz des N befindet (sodass § 858 dem N keine eigenmächtige Beseitigung ermöglicht). Danach steht also die vertragliche Gestattung der Störung durch N allein einem Anspruch des E aus § 1004 nicht entgegen.[30] Das ist richtig, weil zwei sich widersprechende Ansprüche auch sonst nebeneinander bestehen können (zB beim Doppelverkauf). Der BGH lässt eine Verurteilung des N wenigstens dann zu, wenn dieser nicht erwiesenermaßen zur Abhilfe außerstande ist.[31] Das entspricht der für die Unmöglichkeit allgemein geltenden Beweislastverteilung. Darüber hinaus dürfte für die Annahme von Unmöglichkeit bei § 1004 auch der Nachweis nötig sein, P lasse sich nicht einmal durch zumutbare Geldleistungen zur Aufgabe der Störungsbefugnis bewegen.

27 Näher *Gursky* JURA 2004, 433; *Gebauer/Huber* ZGS 2005, 103; *E. Becker*, Schadensersatz nach Fristsetzung im EBV, 2012.

28 Auch § 275 II: BGH NJW 2008, 3122; JZ 2010, 631; *M. Stürner* JURA 2015, 164.

29 Vgl. dazu *Katzenstein* JZ 2010, 633. S. auch *Röthel* JURA 2000, 617.

30 *Habersack* SachenR Rn. 73, 133; weitergehend *Lutter/Overath* JZ 1968, 345 (354); aA *Wilhelm* SachenR Rn. 1189. Monographisch *Fritzsche*, Unterlassungsanspruch und Unterlassungsklage, 2000.

31 BGH JZ 1968, 384. Lesenswert *Röthel* JURA 2000, 617.

b) Andere Unmöglichkeitsvorschriften

Fraglich ist auch die Anwendbarkeit der übrigen Vorschriften des Unmöglichkeitsrechts auf dingliche Ansprüche. Zu **§ 285** → Rn. 599 (unanwendbar). Zweifelhaft war weiter, was der Eigentümer vom *mittelbaren Besitzer* verlangen kann: bloß Abtretung des Herausgabeanspruchs gegen den Unterbesitzer[32] oder Herausgabe der Sache selbst. Die zweite Ansicht ist herrschend und vorzugswürdig. Denn die Vollstreckungsmöglichkeit muss unabhängig sein vom Fortbestand des Besitzmittlungsverhältnisses: Besteht dieses noch, so kann sich der Gläubiger (= Eigentümer) den Herausgabeanspruch des Schuldners nach § 886 ZPO überweisen lassen. Ist es aber schon durch Rückgabe der Sache an den Schuldner erloschen, so kann der Gläubiger nach §§ 883, 885 ZPO vorgehen.[33] Dagegen ginge nach Sachrückgabe ein bloß auf Abtretung des Herausgabeanspruchs lautendes Urteil ins Leere, wenn dieser Anspruch erloschen ist. **448**

c) Schuldnerverzug

Bei den Vorschriften über den Schuldnerverzug ist zu unterscheiden: **449**

aa) Nach § **990 II** sind sie für die Vindikation auf den unredlichen Besitzer anwendbar. Dieser hat also im Verzug nach §§ 280 II, 286 allen Schaden zu ersetzen, der durch eine schuldhafte Verzögerung der Herausgabe entsteht. Auch ist er nach § 287 S. 2 für zufälligen Sachuntergang während des Verzuges verantwortlich.

bb) Bei der **Hypothek** (entsprechend bei der Grundschuld, § 1192 I) haftet nach § 1146 das Grundstück für **Verzugszinsen,** wenn dem Eigentümer gegenüber die Voraussetzungen vorliegen, unter denen ein Schuldner in Verzug kommt (der Grund für diese gewundene Ausdrucksweise: Der Eigentümer als solcher schuldet ja nichts und kann daher nicht wirklich in Verzug geraten!). Ob außerdem Ersatz **weiteren Verzugsschadens** geschuldet wird, ist zweifelhaft.[34] Jedenfalls aber wäre ein solcher Anspruch nicht mehr durch das Grundpfandrecht gesichert: § 1118 erstreckt es ja auch bei Verzug des persönlichen Schuldners nur auf die **gesetzlichen Verzugszinsen,** weil die nachrangigen Gläubiger wissen müssen, wie viel ihnen höchstens vorgehen kann. **450**

cc) Für **andere dingliche Ansprüche** fehlen ausdrückliche Vorschriften über die Anwendbarkeit der Verzugsregeln. Die Frage ist daher zweifelhaft. **451**

BGHZ 49, 263: V verkaufte ein Grundstück an K und ließ ihm eine Auflassungsvormerkung eintragen. Da V diesen Verkauf jedoch für ungültig hielt, übereignete er das Grundstück dem D. Deshalb erhielt K das Grundstück erst, nachdem er durch einen Prozess gegen D dessen Zustimmung nach § 888 I erstritten hatte. Dann verlangte K von D Ersatz des Verzugsschadens.

Anspruchsgrundlage können nur die §§ 280 II, 286 sein. Ihre Anwendbarkeit hängt davon ab, ob der dem dinglichen Anspruch des K aus § 888 unterworfene D »Schuldner« war. Der BGH hat das verneint und daher die Klage abgewiesen: § 888 begründe nur einen **unselbstständigen Hilfsanspruch** mit bloß verfahrensrechtlicher Bedeutung (wegen § 19 GBO).[35] Die Klassifizierung des Anspruchs als »Hilfsanspruch« bildet jedoch kein Argument gegen die Anwendbarkeit der Verzugsregeln. Vielmehr

32 So wohl *Baur/Stürner* SachenR § 11 Rn. 42, 45.

33 *Wieling* SachenR § 12 I 2c; *Grunewald* BürgerlR § 22 Rn. 3; *Petersen* JURA 2002, 255; *Petersen* JA 1999, 292 (Klausur).

34 Abl. *Wolff/Raiser* SachenR 131 III 3.

35 Der Vormerkungsberechtigte muss noch nicht als Eigentümer im Grundbuch eingetragen sein, BGHZ 186, 130.

dürfe D keinen Freibrief für verzögerliche Behandlung haben, zumal K keinen Ersatzanspruch gegen V zu haben brauche (V allein kann ja gar nicht erfüllen!).[36]

IV. Die eigene Störungsregelung für dingliche Ansprüche

1. Das Eigentümer-Besitzer-Verhältnis bei § 985 BGB

452 Insoweit die deutlichste Regelung hat § 985: Der primäre Herausgabeanspruch erlischt zwar, wenn der Herausgabeschuldner den Besitz verliert. Daraus folgt aber noch nicht, dass der ehemalige Besitzer nun völlig frei wäre. Vielmehr enthalten die §§ 987ff. (Eigentümer-Besitzer-Verhältnis, → Rn. 573ff.) eine umfangreiche Regelung der Folgeansprüche auf Schadensersatz und Nutzungsherausgabe. Diese Folgeansprüche sind keine dinglichen. Sie stehen vielmehr den Forderungen aus §§ 280, 823 I nahe und können daher wie diese vom Eigentum getrennt werden (→ Rn. 445).

Diese nichtdinglichen Folgeansprüche werden aber üblicherweise wegen ihres Sachzusammenhanges gleichwohl unter der Überschrift »dingliche Ansprüche« mitgeprüft. Hieran zeigt sich, dass diese Bezeichnung im Schema des Anspruchsaufbaus keine materiell-rechtlich einheitliche Anspruchsgruppe meint.

2. Weitere gesetzliche Regeln

453 Kraft Verweisung gelten diese Folgeansprüche im Bereich der §§ 1065, 1227 sowie nach § 1007 III 2 auch bei § 1007, und § 2018 hat in den §§ 2019ff. eine eigene, ähnliche Folgenregelung für den Erbschaftsbesitz. Eine solche fehlt dagegen unzweifelhaft bei § 861. Hier zeigt sich also ein weiterer Unterschied zwischen den §§ 1007 und 861.

Beispiel: Der Eigentümer E hat sein Fahrrad dem L geliehen. Dort wird das Rad von D gestohlen, der es beim Gebrauch alsbald beschädigt. Herausgabe des Rades kann L von D sowohl nach § 861 wie auch nach § 1007 I und II verlangen. Schadensersatz wegen der Beschädigung erhält L aber nur nach §§ 1007 III 2, 990, 989 oder 992, 848 (sowie nach § 823, → Rn. 607), keinesfalls aber nach § 861.

3. Entsprechende Anwendung der §§ 987ff. BGB bei §§ 894, 1004 BGB

454 Fraglich ist dagegen, ob die §§ 987ff. bei anderen dinglichen Ansprüchen entsprechend angewendet werden können. Bedeutung hat das vor allem für die §§ 894, 1004: Diese enthalten keine dem § 1007 III 2 entsprechende Verweisung; überdies braucht der Schuldner hier keineswegs Besitzer zu sein. Dennoch wird die entsprechende Anwendung der §§ 987ff. vertreten.

(1) **RGZ 114, 266:** Der Bucheigentümer B hat auf das Grundstück des E Verwendungen gemacht. Dass B sich gegen den Herausgabeanspruch des E aus § 985 nach §§ 994ff., 1000 verteidigen kann, ist klar. Aber ist diese Verteidigung auch gegen den Berichtigungsanspruch aus § 894 möglich?

(2) **RGZ 158, 40:** B ist redlicher Bucheigentümer eines Grundstücks, das dem E gehört. B nimmt bei ebenfalls redlichen Dritten Darlehen auf und belastet das Grundstück dafür mit Hypotheken. E verlangt von B nicht nur Grundbuchberichtigung hinsichtlich des Eigentums, sondern aus § 1004 auch Beseitigung der nach § 892 wirksam entstandenen Hypotheken.

Das RG hat im **Fall (2)** die Klage E–B hinsichtlich der Hypotheken für unbegründet gehalten: Die Stellung des Bucheigentümers zum Eigentümer sei der des Besitzers zum Eigentümer wesensverwandt. Daher sei das Haftungsprivileg aus §§ 989, 990, 993 I bei § 1004 entsprechend anzuwenden. Die Belastung des Eigentums bedeute

36 Überzeugend *D. Reinicke* NJW 1968, 788.

dann eine unter § 989 fallende Verschlechterung der herauszugebenden Buchposition. Die Beseitigung dieser Belastung komme dem Schadensersatz gleich. Dazu sei B also nur verpflichtet, wenn er die Belastung nach Rechtshängigkeit oder Unredlichwerden vorgenommen habe (§§ 989, 990).

Im Fall (2) hätte E von B also nur nach § 816 I 1 den Verfügungserlös herausverlangen können. Nach richtiger Ansicht ist das nicht der Darlehensbetrag (zu dessen Rückzahlung B den Gläubigern ja auch weiter verpflichtet bleibt), sondern nur der durch die Möglichkeit zu hypothekarischer Sicherung erlangte Vorteil (insbesondere günstigere Verzinsung). Auch insoweit kommt dem B aber gegebenenfalls § 818 III zugute.

Entsprechend hat das RG auch bei **Fall (1)** argumentiert. Es hat also dem B gegen den Berichtigungsanspruch des E ein Zurückbehaltungsrecht wegen der Verwendungen gewährt. Allerdings hat das RG dabei dieses Zurückbehaltungsrecht – insoweit kaum konsequent – nicht auf § 1000 gestützt, sondern auf § 273 II: Die Buchposition, die B »herausgeben« solle, sei ein Gegenstand, und die Verwendungen auf das Grundstück seien als solche auf das Eigentumsrecht (und damit die Buchposition) anzusehen.[37]

BGHZ 41, 30 (33) lehnt dagegen § 273 II in folgendem Fall ab: B ist als Gläubiger einer Hypothek eingetragen, die sich inzwischen in eine Eigentümergrundschuld verwandelt hat. Der Eigentümer E verlangt von B nach § 894 Grundbuchberichtigung. B macht demgegenüber Verwendungen auf das Grundstück geltend. Hier sei, sagt der BGH, der herausverlangte Gegenstand (die Buchposition hinsichtlich der Hypothek) nicht mit dem Gegenstand identisch, auf den die Verwendungen gemacht worden seien (nämlich das Grundstück). Daher komme nicht § 273 II in Betracht, sondern allenfalls § 273 I. Insoweit fehle jedoch schon die bei Abs. 1 nötige Konnexität (→ Rn. 737).

Als weiterer Fall für eine analoge Anwendung der §§ 987 ff. – oder doch wenigstens der §§ 994 ff. – wird das Verhältnis zwischen dem Eigentümer und demjenigen genannt, dessen Erwerb wegen einer **Vormerkung** nach § 883 II unwirksam ist.[38]

V. Zusammenfassung zu III und IV

455 **§ 985** als der Prototyp eines dinglichen Anspruchs wird begleitet von den in §§ 987 ff. geregelten Folgeansprüchen. Diese sind zwar nicht selbst dinglich, lassen sich also vom Eigentum trennen. Sie werden aber zweckmäßigerweise im Anschluss an § 985, also an die »Vindikationslage«, erörtert. Gleiches wie für § 985 gilt für die **§§ 1065, 1227 und 1007.** Sicher ohne Folgeregelung ist dagegen **§ 861.** Bei den **§§ 894, 1004** sind die §§ 987 ff. mit Vorsicht entsprechend anzuwenden. **§ 2018** endlich hat in den §§ 2019 ff. seine eigene Folgeregelung. Neben den eben genannten besonderen Folgeregelungen bleibt an manchen Stellen (etwa bei § 990 II) Raum für die Anwendung der **allgemeinen schuldrechtlichen Störungsregelung** (zu § 278 → Rn. 798 f.).

37 BGHZ 41, 30 hat diese etwas gewundene Argumentation bestätigt.

38 Die Analogie für das dingliche Vorkaufsrecht (§ 1098 II) bejahend BGHZ 75, 288 (291); 81, 296 (301); vgl. auch *Gursky* JR 1984, 3 (6); einschränkend aber BGHZ 144, 323 mAnm *J. Hager* DNotZ 2001, 325.

§ 20 Anwartschaften[1]

456 Eine Anwartschaft ist die **Vorstufe zum Erwerb eines Rechts.** Dabei gibt es aber graduelle Unterschiede: Zunächst besteht meist nur eine rechtlich ungesicherte Aussicht auf einen Erwerb. Anwartschaften können mit dem Fortschreiten des Erwerbsvorgangs immer sicherer werden. Wenn ein gewisser Grad rechtlicher Sicherung erreicht ist, spricht man statt von einer Anwartschaft von einem **Anwartschaftsrecht.** Eine einhellig anerkannte Definition des dafür nötigen Sicherheitsgrades gibt es nicht. Die Rechtsprechung verwendet die folgende: Von dem mehraktigen Entstehungstatbestand eines Rechts müssten schon so viele Erfordernisse erfüllt sein, dass der Veräußerer die Rechtsposition des Erwerbers nicht mehr durch einseitige Erklärung zerstören könne.[2] Andere wieder formulieren, der Erwerb des Vollrechts dürfe nur noch vom Erwerber abhängen. Dabei wird es bisweilen für genügend gehalten, dass eine Beeinträchtigung der Rechtsposition des Erwerbers »nach dem normalen Verlauf der Dinge ausgeschlossen ist«.[3]

Doch sind solche Definitionen bereits vom Ansatz her bedenklich. Denn die zu beantwortende Sachfrage geht häufig gerade dahin, ob die Position des Erwerbers wirklich schon beständig ist. Das aus dem Vorliegen eines Anwartschaftsrechts zu folgern, wäre aber ein Zirkelschluss. Denn regelmäßig ist gerade umgekehrt die Beständigkeit der Erwerberposition Voraussetzung dafür, dass man ein Anwartschaftsrecht annehmen darf. Daher ist im Folgenden zunächst immer nur von »Anwartschaft« die Rede (→ Rn. 487).

Die unter dem Stichwort »Anwartschaftsrecht« erörterten Positionen bilden meist Vorstufen für den Erwerb eines **Vollrechts.** Die neuere Lehre erörtert, ob schon diese Vorstufen dem Vollrecht gleichzustellen und wie sie durch dingliche Ansprüche zu schützen sind. Bisweilen ermöglicht ein Anwartschaftsrecht erst den Erwerb des Vollrechts. Deshalb werden die Anwartschaften an dieser Stelle erörtert.

I. Typische Anwartschaften

457 Allen Anwartschaften ist eigentümlich: Der **Erwerb** eines Rechts muss bereits **eingeleitet** sein, weil andernfalls die Erwerberposition noch nicht geschützt wäre. Dieser Rechtserwerb darf aber auch **nicht vollendet** sein, weil sonst der Erwerber schon das Vollrecht hat. Eine Anwartschaft kann man also nur da finden, wo zwischen der Einleitung und der Vollendung des Vollrechtserwerbs eine gewisse Zeitspanne liegt: Nur dann ist die Frage berechtigt, wie die Position des Erwerbers während dieser Zeitspanne geschützt ist oder verwertet werden kann. Für eine solche Zeitspanne zwischen Einleitung und Vollendung des Vollrechtserwerbs kommen verschiedene Gründe in Betracht:

---

1 Vgl. *K. Schreiber* JURA 2001, 623; *Marotzke,* Das Anwartschaftsrecht – ein Beispiel sinnvoller Rechtsfortbildung?, 1971; *Schiemann,* Pendenz und Rückwirkung der Bedingung, 1973; *Eichenhofer* AcP 185 (1985), 162; *Musielak* ZEV 1995, 5; *Zeranski* AcP 203 (2003), 693; *Lux* JURA 2004, 145; *Mülbert* AcP 202 (2002), 912; *Armgardt* JuS 2010, 486; *Armgardt* AcP 206 (2006), 654; *Hofmann,* Immaterialgüterrechtliche Anwartschaftsrechte, 2009; *Oechsler,* Die Sicherungsübertragung von Vorbehaltseigentum und Anwartschaftsrecht, FS Rüßmann, 2013, 317.

2 Im Anschluss an Harry Westermann: BGH NJW 1955, 544; BGHZ 45, 186 (189f.); 49, 197 (201); 83, 395 (399); zurückhaltender inzwischen *Westermann/H. P. Westermann* SachenR § 4 Rn. 11.

3 BGHZ 49, 197 (202).

1. Bedingter Erwerb

458 Die Parteien können die Vollendung durch Einfügung einer Bedingung in das dingliche Geschäft aufschieben. Zu beachten ist die Anspruchsgrundlage des § 160.[4] Der wichtigste Fall der §§ 158ff. ist der Erwerb einer beweglichen Sache unter **Eigentumsvorbehalt** (EV); Bedingung ist hier im Zweifel die vollständige Kaufpreiszahlung, § 449 I.[5]

Eine ganz ähnliche Anwartschaft hat der Sicherungsgeber bei Sicherungsübereignung und Sicherungszession, wenn diese durch die Tilgung der zu sichernden Forderung auflösend bedingt sind (dazu → Rn. 498; 504f.).

2. Grundstückserwerb vor Eintragung

459 § 873 verlangt für den Erwerb von Grundstücksrechten Einigung und Eintragung. Insbesondere bei der Übertragung von Grundeigentum (§ 925) hat der Staat dem Grundbuchamt die Kontrolle vieler zusätzlicher öffentlich-rechtlicher Erfordernisse (etwa der Zahlung der Grunderwerbsteuer) übertragen. Auch ist häufig erst über die Ausübung von Vorkaufsrechten der öffentlichen Hand zu entscheiden. Daher vergeht seit der Auflassung und dem Eintragungsantrag bis zur Eintragung oft lange Zeit. Die zweite typische Fallgruppe für die Problematik der Anwartschaften ergibt sich also bei der Stellung des Grundstückserwerbers zwischen Auflassung und Eintragung.[6]

3. Hypothekenerwerb vor Valutierung

460 Die Entstehung eines Grundpfandrechts für den Gläubiger erfordert außer Einigung und Eintragung noch weitere Voraussetzungen: Entweder muss der Ausschluss der Erteilung eines Briefes eingetragen werden (§ 1116 II), oder der Gläubiger muss den Brief erhalten (§ 1117 I), oder es bedarf einer Aushändigungsvereinbarung nach § 1117 II. Bei der Hypothek muss zudem die zu sichernde Forderung entstanden sein, § 1163 I 1 (anders bei der Sicherungsgrundschuld, → Rn. 496). Wenn **Banken** Hypothekarkredit gewähren, vergeht häufig zwischen der Eintragung der Hypothek und der Auszahlung des Kredits einige Zeit: Die Banken warten ab, bis der mit dem Kredit zu errichtende Bau den Grundstückswert so gesteigert hat, dass die Hypothek auch »sicher« ist. Daraus folgt die dritte typische Fallgruppe für die Anwartschaften: Sie betrifft die Stellung des Gläubigers zwischen Eintragung und Valutierung der Hypothek. Diese Stellung hat wirtschaftliche Bedeutung vor allem wegen ihrer Kehrseite: Dem Eigentümer des zu belastenden Grundstücks verbleibt ja bis zur Valutierung eine (vorläufige) Eigentümergrundschuld, §§ 1163 I 1, 1177 I.[7] Diese muss häufig zur **Sicherung der Zwischenfinanzierung** verwendet werden.

Zu einer solchen Sicherung eignet sich nach hM[8] nur die Briefhypothek: Bei ihr kann die vorläufige Eigentümergrundschuld durch schriftliche Abtretung unter Übergabe des Briefes (oder mit Übergabesurrogat) dem Zwischenkreditgeber übertragen werden. Bei der Buchhypothek dagegen kann der Ei-

---

4 Dazu *S. Meier* RabelsZ 76 (2012), 732; *Petersen* JURA 2002, 743.

5 *Vieweg/Werner* SachenR § 11 Rn. 34ff.; *Brox* JuS 1984, 657; *S. Lorenz* JuS 2011, 199; *G. Schulze/Kienle* NJW 2002, 2842; *Petersen* JURA 2011, 275.

6 Vgl. etwa *J. Hager*, Die Anwartschaft des Auflassungsempfängers, JuS 1991, 1; sowie die gleichnamige Monographie von *Tetenberg*, 2007; ferner *Habersack* JuS 2000, 1145.

7 Lehrreich dazu *Preuß* JURA 2002, 548. Zum Ersterwerb der Hypothek: *K. Schreiber* JURA 2013, 1013.

8 Etwa *Baur/Stürner* SachenR § 37 Rn. 41ff.; § 46 Rn. 22ff.

gentümer über seine vorläufige Eigentümergrundschuld wegen des Fehlens seiner Eintragung nicht verfügen.[9]

461 Beim **Pfandrecht an beweglichen Sachen oder Rechten** taucht diese Problematik nicht auf, weil eine dem § 1163 I 1 entsprechende Vorschrift fehlt. Wenn ein solches Pfandrecht für eine künftige Forderung bestellt wird (§ 1204 II), ist also der Vollrechtserwerb nicht bis zur Valutierung aufgeschoben: Der Gläubiger erwirbt das Pfandrecht schon vor Valutierung.[10] § 1113 II und § 1204 II haben demnach trotz gleichen Wortlauts ganz verschiedene Wirkung.

II. Der Schutz der Anwartschaften

1. Der bedingte Rechtserwerb

462 Besprochen werden soll hier zunächst der bei → Rn. 458 genannte typische Fall: die Rechtsstellung dessen, der eine bewegliche Sache unter aufschiebender Bedingung erwirbt, also regelmäßig des Vorbehaltskäufers. Ihn schützt das Gesetz weitgehend gegen Zwischenverfügungen des Veräußerers und gegen die Vereitelung des Bedingungseintritts.

a) Unwirksamkeit von Zwischenverfügungen

Gegen Zwischenverfügungen des noch berechtigten Veräußerers wird der Erwerber vor allem durch § 161 I geschützt (auch → Rn. 503).

> **Beispiel:** Der Verkäufer V hat ein Fahrrad unter EV an den Käufer K veräußert und es ihm übergeben. Noch bevor K den Kaufpreis ganz bezahlt hat, veräußert V das Fahrrad nach § 931 unbedingt an D.

Hier hat zwar D vom Berechtigten Eigentum erworben. Nach § 161 I 1 wird dieser Erwerb aber unwirksam, sobald K an V die letzte Rate zahlt: K erwirbt also mit dem Bedingungseintritt ungeachtet der zunächst wirksamen Zwischenverfügung des V Eigentum.

Allerdings erklärt § 161 III zugunsten des Zwischenerwerbers D die Vorschriften über den redlichen Erwerb für anwendbar. Unter den Voraussetzungen der §§ 932ff. kann D daher endgültig gesichertes (nicht bloß auflösend bedingtes) Eigentum erwerben. Dem steht aber entgegen: Allerdings hält die ganz hM[11] den Vorbehaltsverkäufer für den mittelbaren Eigenbesitzer. Dann besteht also zwischen V und K vor Bedingungseintritt ein Besitzmittlungsverhältnis, sodass § 934 Fall 1 erfüllt ist. Ein endgültiger Eigentumserwerb des D scheitert aber regelmäßig an § 936 III, der hier mindestens analog passt:[12] Die Anwartschaft des unmittelbaren Besitzers K kann durch Veräußerung nach § 931 nicht erlöschen. § 161 III wirkt also nur, wenn K nicht unmittelbarer Besitzer ist. Das kommt praktisch nur selten vor, am ehesten dann, wenn K die Sache zu einer Nachbesserung an V zurückgegeben hatte.

---

9 Dazu *Rimmelspacher* JuS 1971, 14 (16ff.) und → Rn. 470f.

10 BGHZ 86, 340 (347f.); aA MüKoBGB/*Damrau* § 1204 Rn. 22; *Schellewald*, Die Sicherung künftiger Ansprüche im Vermögen des Schuldners, 1985, 130ff.

11 Anders *Raiser*, Dingliche Anwartschaften, 1961, 70ff.

12 *Döring* NJW 1996, 1443; *Neuner* SachenR Rn. 380; aA *Zeranski* AcP 203 (2003), 693 (697): ohne § 934 Fall 1, direkt nach § 936 I, III; lehrreich *Röthel* JURA 2009, 241; *Engelhardt* JA 2013, 269; 330.

Beispiel: V hat das Fahrrad dem K nicht nach § 929, sondern nach § 930 bedingt übereignet, also den unmittelbaren Besitz behalten. Veräußert V jetzt nach § 929 an den hinsichtlich der ersten Veräußerung gutgläubigen D, so erwirbt dieser nach §§ 161 III, 932 endgültig Eigentum; die Anwartschaft des K erlischt.

Das ist nur konsequent: Unter den genannten Umständen wäre ja sogar das Eigentum des K erloschen, wenn die Veräußerung V–D nach Zahlung der letzten Rate durch K erfolgt wäre. Und die Anwartschaft kann nicht stärker geschützt sein als das Vollrecht.

b) Recht zum Besitz des Erwerbers

463 Bis zum Bedingungseintritt wird der in § 161 I gewährte Schutz durch § 986 II ergänzt: K darf das Recht zum Besitz, das er aus dem Kaufvertrag dem V gegenüber hat, auch dem Dritterwerber D entgegenhalten. Dieser Schutz ist nötig, weil § 161 einen bis zur Zahlung der letzten Rate durch K wirkenden Eigentumserwerb des D zulässt: Ohne § 986 II könnte D also bis dahin die Sache als sein Eigentum von K vindizieren.

c) Vereitelung des Bedingungseintritts

464 Schutz gegen die treuwidrige Vereitlung des Bedingungseintritts gewährt dem Erwerber im Allgemeinen § 162 I. Beim Vorbehaltskauf dürfte diese Vorschrift aber weithin unanwendbar sein. Denn die Bedingung besteht hier in der Erfüllung einer Verpflichtung. Der Vorbehaltsverkäufer gerät also (auch wenn er nicht treuwidrig handelt) in Annahmeverzug, wenn er die Annahme der letzten Kaufpreisraten ablehnt. Und hierfür treffen die §§ 372, 378 eine Sonderregelung: Der Käufer kann den Bedingungseintritt dadurch herbeiführen, dass er den Restkaufpreis unter Verzicht auf sein Rücknahmerecht hinterlegt. Daher bleibt bei Annahmeverzug des Verkäufers für die Anwendung von § 162 I kein Raum.[13]

d) Erweiterungen des gesetzlichen Schutzes

465 Der bisher geschilderte Schutz der Stellung des Vorbehaltskäufers ergibt sich aus dem Gesetz. Er genügt für die weitaus meisten Fälle jedem praktischen Bedürfnis. Nur ganz ausnahmsweise kann man fragen, ob ein Anlass zu seiner Erweiterung besteht.

Beispiel nach BGHZ 10, 69: Der Eigentümer E übereignet eine Maschine zur Sicherung für eine Forderung nach § 930 an B. Danach verkauft E diese Maschine unter EV gegen Ratenzahlung an K und übergibt sie ihm. B verlangt von K nach § 985 Herausgabe, noch bevor K die letzte Rate an E gezahlt hat.

Hier ist zunächst erheblich, ob K von dem Nichteigentümer E kraft guten Glaubens (§§ 932, 929) eine Anwartschaft erwerben konnte. Der BGH nimmt insoweit im Einklang mit der hM an, dass beim bedingten Rechtserwerb der gute Glaube des Erwerbers nur bei der Übergabe vorzuliegen braucht, aber nicht mehr bei dem späteren Bedingungseintritt. Also hat K schon mit der bedingten dinglichen Einigung und der Übergabe eine Position erworben, die durch späteres Unredlichwerden nicht wieder zerstört werden kann. Folglich erwirbt K mit Zahlung der letzten Rate an E das Eigentum zulasten des B. Zu diesem Zeitpunkt müsste daher B, wenn er die Maschine im Besitz hätte, sie nach § 985 dem neuen Eigentümer K herausgeben.

Fraglich ist daher nur, ob K den Besitz der Maschine auch **vor der Zahlung der letzten Rate** dem Eigentümer B gegenüber behalten darf. § 986 II (→ Rn. 463) wirkt hier nicht: B hat sein Eigentum nicht nach § 931 erworben; auch hatte K im Zeitpunkt die-

13 AA *Engelhardt* JA 2013, 269 (270) mwN.

ses Erwerbs weder den Besitz noch ein Recht dazu. Ebenso wenig gibt der Kaufvertrag mit E dem K ein dem B gegenüber wirkendes Besitzrecht. Der BGH hat dem K gegen die Vindikation des B mit § 242 geholfen (*dolo facit qui petit quod redditurus est* = arglistig handelt, wer verlangt, was er alsbald zurückgeben muss). Dieses Mittel versagt aber, wenn die Zahlung der letzten Rate durch K und damit sein Eigentumserwerb nicht unmittelbar bevorstehen: *Redditurus* meint nur die Pflicht zu *sofortiger* Rückgabe (sonst könnte ja auch etwa ein Vermieter die Sachüberlassung an den Mieter verweigern, weil dieser die Sache später einmal zurückgeben müsse).[14]

e) Schutz gegen Gläubiger des Verkäufers

466 Eine ähnliche Problemlage kann entstehen, wenn Gläubiger des noch berechtigten Vorbehaltsverkäufers in die Sache vollstrecken wollen. Solange der Käufer Gewahrsam hat, ist er hiergegen zwar als nicht zur Herausgabe bereiter Dritter (vgl. § 809 ZPO) geschützt. Dieser Schutz versagt aber, wenn sich die Sache noch oder wieder (zB zur Ausführung einer Nachbesserung) beim Verkäufer befindet. Dann wird fraglich, ob die Anwartschaft des Käufers eine **Drittwiderspruchsklage** nach § 771 ZPO begründet.[15] Diese Vorschrift setzt ein »die Veräußerung hinderndes Recht« des Dritten voraus: Der Dritte müsste also den Vollstreckungsschuldner an einer Veräußerung hindern können. Daran scheint es hier zu fehlen: Der Vollstreckungsschuldner bleibt nach seiner bedingten Veräußerung wegen § 161 I 1 zu weiteren Verfügungen befugt. Denn diese Vorschrift sorgt zugleich dafür, dass solche weiteren Verfügungen dem ersten Erwerber nicht schaden. Und das gilt nach § 161 I 2 auch für »Verfügungen im Wege der Zwangsvollstreckung«. Danach dürfte der bedingte Erwerber kein Widerspruchsrecht nach § 771 ZPO haben.

Trotzdem hat der BGH ein solches Recht bejaht:[16] Der Gerichtsvollzieher verschaffe dem Ersteher in der Zwangsvollstreckung das Eigentum anerkanntermaßen nicht rechtsgeschäftlich, sondern kraft staatlichen Hoheitsakts. Diese Eigentumsverschaffung sei keine Verfügung im Wege der Zwangsvollstreckung nach § 161 I 2. Der Ersteher erwerbe das Eigentum also endgültig und nicht bloß auflösend bedingt. Damit erlösche dann die Anwartschaft des ersten Erwerbers, und dem müsse dieser über § 771 ZPO zuvorkommen können.

Diese Folgerung ist zwingend, wenn man sich der vollstreckungsrechtlichen Grundauffassung des BGH anschließt. Gerade gegen sie wurden aber überzeugende Bedenken erhoben.[17] Beurteilt man dementsprechend den Eigentumserwerb des Erstehers privatrechtlich, so bleibt auf den ersten Blick wegen des dann wieder anwendbaren § 161 für § 771 ZPO kein Raum. Für die Anwendbarkeit dieser Vorschrift kommt nur die folgende Erwägung in Betracht: Wenn man dem Käufer schon vor Restkaufpreiszahlung ein Besitzrecht gegenüber einem rechtsgeschäftlichen Dritterwerber zuerkennt,[18] muss ein gleiches Besitzrecht auch gegenüber Erwerbern im Wege der Zwangsvollstreckung

---

14 *Harke* JuS 2006, 385 (389) vergleicht das Anwartschaftsrecht mit einem Pfandrecht und leitet die Besitzberechtigung des Inhabers aus den §§ 1227, 985 ab. Zu Mehrfachverfügungen des SiG nach § 930 auch *Giesen* AcP 203 (2003), 210.

15 Dazu *Frank* NJW 1974, 2211; s. auch *Brox/Walker* ZVR Rn. 1412, 806ff.

16 BGHZ 55, 20; im Anschluss an RGZ 156, 395.

17 *Säcker* JZ 1971, 156 (159).

18 So etwa OLG Karlsruhe NJW 1966, 885.

gelten. Die Zwangsvollstreckung durch Versteigerung (§ 814 ZPO) entzöge aber dem Käufer den Besitz. Daher muss der Käufer sie mit § 771 ZPO verhindern können[19]

Versäumt der Käufer die Drittwiderspruchsklage und verliert er so seine Anwartschaft, kann er nach § 823 I bei Verschulden des vollstreckenden Gläubigers Schadensersatz verlangen;[20] freilich wird regelmäßig § 254 passen. Zudem kommt unabhängig vom Verschulden ein Bereicherungsanspruch in Betracht: § 812 I 1 Fall 2.

2. Der Auflassungsempfänger vor Eintragung

467 Von der Auflassung bis hin zu der den Vollrechtserwerb vermittelnden Eintragung festigt sich die Position des Erwerbers stufenweise:

a) Schutz gegen Widerruf

Bindend, also unwiderruflich (→ Rn. 32) ist die Auflassung meist von Anfang an: Zwar verlangt § 873 II notarielle Beurkundung, während § 925 I die (nicht notwendig zu beurkundende[21]) Erklärung vor dem Notar genügen lässt. Aber in der Praxis wird die Auflassung schon wegen §§ 20, 29 GBO praktisch immer beurkundet.

b) Schutz gegen Verfügungsbeschränkungen

468 Wenn die Eintragung des Erwerbers beim Grundbuchamt beantragt worden ist, schaden auch nachträglich beim Veräußerer eintretende Verfügungsbeschränkungen nicht mehr, § 878. Das gilt insbesondere, wenn der Veräußerer insolvent wird, § 106 InsO. Den Eintragungsantrag kann der Erwerber nach § 13 I 2 GBO als Begünstigter selbst stellen. Das empfiehlt sich auch, weil ein allein vom Veräußerer gestellter Antrag von diesem auch wieder allein zurückgenommen werden kann, wodurch der Erwerber den Schutz von § 878 verlöre.

c) Schutz gegen Zwischenverfügungen

469 Der Schutz nach a und b lässt aber dem Veräußerer noch die Möglichkeit, den Erwerb durch Zwischenverfügungen zugunsten Dritter zu hindern.

> **Beispiel:** V lässt dem K ein Grundstück auf; die Eintragung des K als Eigentümer wird beantragt. Noch vor dieser Eintragung lässt V dasselbe Grundstück dem D auf und stellt auch für diesen den nötigen Antrag. Würde hier D eingetragen, so wäre sein Erwerb vollendet, und der bereits begonnene Erwerb des K wäre vereitelt.

Hier greift aber § **17 GBO** ein: Mehrere Anträge, die dasselbe Recht (im Beispiel das Eigentum des V) betreffen, sind in der Reihenfolge ihres Eingangs zu erledigen. Nach § 17 GBO wird sich also wahrscheinlich der Rechtserwerb des K (und nicht der des D) durch Eintragung vollenden, wenn diese Eintragung zuerst beantragt worden war.

Daher erstreckt auch § 12 I GBO das Recht zur Einsicht in das Grundbuch auf die noch nicht erledigten Eintragungsanträge: Aus ihnen ergibt sich, mit welchen vorherigen Eintragungen noch gerechnet werden muss.

Aber sicher ist dieser Schutz nicht. Denn erstens gehört § 17 GBO bloß zum **formellen Recht,** das die materielle Rechtslage nicht berührt. Wenn das Grundbuchamt den später eingegangenen Antrag für D zuerst erledigt, wird D also Eigentümer, und K hat das

19 Vgl. aber auch *Wilhelm* SachenR Rn. 1235, der anders entscheidet.
20 BGHZ 55, 20 (24).
21 BGHZ 22, 312. Vgl. auch *Habersack* AcP 189 (1989), 403.

Nachsehen (das allerdings regelmäßig durch einen Schadensersatzanspruch aus Art. 34 GG, § 839 gemildert wird). Zweitens aber kann ein Antrag auch **durch Zurückweisung** (§ 18 I 1 Fall 1 GBO) iSv § 17 GBO **erledigt** werden; dann bricht der Schutz des K ebenfalls zusammen.

BGHZ 45, 186: E hat dem D ein Grundstück aufgelassen, der Eintragungsantrag ist aber vom Grundbuchamt zurückgewiesen worden. Danach hat E dem G eine Grundschuld bewilligt; diese ist eingetragen worden. Endlich hat D mit einer Beschwerde gegen die Zurückweisung seines Eintragungsantrags seine Eintragung als Eigentümer doch noch erreicht.
G verlangt nun von D, die Zwangsvollstreckung aus der Grundschuld zu dulden. D wendet ein, er habe bereits ein Anwartschaftsrecht auf Erwerb des unbelasteten Eigentums gehabt. Dieses Recht habe G durch den Erwerb der Grundschuld fahrlässig verletzt. G müsse daher nach §§ 823 I, 249 I als Schadensersatz die Löschung der Grundschuld bewilligen.

Der BGH hat der Klage des G stattgegeben und folglich die Einrede (§ 853) des D für unbegründet erklärt: Da auch die Zurückweisung des Eintragungsantrags durch das Grundbuchamt eine »Erledigung« darstelle, sei die Position des D seit dieser Zurückweisung nicht mehr durch § 17 GBO gegen Zwischenverfügungen des E gesichert gewesen. Eine derart ungesicherte Stellung begründe kein Anwartschaftsrecht.

Dass diese Entscheidung im Ergebnis richtig ist, zeigt die Erwägung der Vorinstanz (OLG Celle): Selbst wenn D schon ohne Eintragung Eigentümer gewesen wäre, hätte G die Grundschuld bei Redlichkeit noch erwerben können. Ein solcher Erwerb hätte keinen Schadensersatzanspruch D–G nach § 823 ausgelöst. Da D aber noch nicht einmal Eigentümer war, dürfe er nicht besser stehen.

Der BGH scheint freilich anzunehmen, dass D vor der Zurückweisung seines Eintragungsantrags ein Anwartschaftsrecht gehabt habe.[22] Jedoch kann ein (wirkliches) Recht nicht durch einfachen Verfahrensakt (Zurückweisung des Eintragungsantrags) erlöschen; da D *nach* dieser Zurückweisung kein Recht gehabt habe, kann ihm folgerichtig *auch vorher* keines zugestanden haben.[23] Der Schutz durch § 17 GBO ist eben viel schwächer als der durch § 161 I. Man sollte daher den zeitlich gestreckten Erwerb von Grundstücken nicht auf eine Stufe mit dem bedingten Rechtserwerb stellen. Mehr Sicherheit hätte D nur durch eine Auflassungsvormerkung erreichen können, §§ 883, 888: Für den *vormerkungsgesicherten* Auflassungsgläubiger ist nämlich ein Anwartschaftsrecht auch bei Fehlen des Eintragungsantrags zu bejahen.[24] Der BGH nennt die Stellung des Eintragungsantrags oder das Vorliegen einer Auflassungsvormerkung alternativ nebeneinander.[25] Doch wird der zuverlässige Schutz des Erwerbers **allein durch die Vormerkung** bewirkt. Diese aber ist dem Anspruch auf Übereignung ohnehin analog § 401 akzessorisch; die Vorstellung eines Anwartschaftsrechts bringt neben diesem Anspruch keinen zusätzlichen Nutzen.[26] Ohne eine Vormerkung kommt ein Schutz des Auflassungsempfängers gegen den vorher eingetragenen Erwerber nur nach § 826 in Betracht.[27]

---

22 BGHZ 49, 197; 83, 395; aA *Löwisch/Friedrich* JZ 1972, 302. *Reinicke/Tiedtke* NJW 1982, 2281 wollen darüber hinaus ein Anwartschaftsrecht des Grundstückskäufers allemal schon ohne Weiteres mit der Auflassung entstehen lassen. Doch bleibt der hiermit erreichte Schutz weit hinter demjenigen bei den übrigen Fällen des Anwartschaftsrechts zurück.

23 Zutr. *Kuchinke* JZ 1966, 797f.

24 OLG Hamm NJW 1975, 879f.

25 BGHZ 106, 108; dazu *Medicus* DNotZ 1990, 275.

26 Vgl. *Habersack* JuS 2000, 1145; *Mülbert* AcP 202 (2002), 912 (923).

27 *Dieckmann,* FS Schiedermair, 1976, 93.

d) Schutz gegen Übereilung?

469a Nach bisher ganz hM bedurfte ein Vertrag zur **Aufhebung eines Grundstückskaufs** erst dann der Form des § 311b I, wenn der Käufer schon als Eigentümer des Kaufgrundstücks eingetragen worden war: Erst dann begründete ja die Aufhebungsvereinbarung eine »Pflicht zur Übertragung des Eigentums an einem Grundstück«. Hiervon ist BGHZ 83, 395 abgewichen: Die Aufhebungsvereinbarung sei schon dann formbedürftig, wenn der Käufer (etwa durch Auflassung und die Eintragung einer Vormerkung) ein Anwartschaftsrecht an dem Grundstück erworben habe. Das dürfte unrichtig sein.[28] Denn nach der vom BGH selbst betonten Definition (→ Rn. 456) und nach den gesetzlichen Vorschriften soll das Anwartschaftsrecht den Erwerb gegen *Handlungen des Veräußerers* sichern. Demgegenüber ist die Gewährung von *Übereilungsschutz für den Erwerber* etwas ganz Anderes. Dieser Schutz kann auch auf dem vom BGH gewählten Weg gar nicht konsequent erreicht werden. Denn der Käufer könnte zunächst sein Anwartschaftsrecht aufheben (zB durch Löschung der Vormerkung) und dann den Kauf formlos rückgängig machen.[29]

3. Der Hypothekar vor Valutierung

470 Beim Hypothekenerwerb (→ Rn. 460) ist die Position des künftigen Gläubigers sachenrechtlich sehr weitgehend gesichert:

a) Buchhypothek

Wenn die Buchhypothek einmal eingetragen ist, steht sie zwar bis zur Valutierung noch dem Grundstückseigentümer als (vorläufige) Eigentümergrundschuld zu. Eine Verfügung über diese Eigentümergrundschuld bedarf aber nach §§ 1192 I, 1154 III, 873 I der Eintragung. Und eine solche Eintragung soll nach § 39 I GBO nur erfolgen, nachdem zuvor der Betroffene eingetragen worden ist. Der Grundstückseigentümer als der materiell Betroffene müsste also zunächst seine Eintragung als Grundschuldgläubiger erreichen, bevor er über seine vorläufige Eigentümergrundschuld verfügen kann. Zu dieser Eintragung ist nach § 19 GBO eine Berichtigungsbewilligung des als Gläubiger eingetragenen künftigen Inhabers der Hypothek nötig. Der Anspruch des Eigentümers auf eine solche Bewilligung (§ 894) ist aber durch Vertrag ausgeschlossen: Die schon vor der Valutierung eingetragene Hypothek sollte ja gerade als Eigentümergrundschuld für eine spätere Valutierung bereitgehalten werden. Erst wenn sich diese Valutierung zerschlägt (→ Rn. 483), wird der Berichtigungsanspruch aus § 894 wieder durchsetzbar.

b) Briefhypothek

471 Bei der Briefhypothek liegen die Dinge anders. Auch sie steht zwar dem Grundstückseigentümer vor der Valutierung als (vorläufige) Eigentümergrundschuld zu. Aber zu einer Verfügung über diese Eigentümergrundschuld bedarf es nicht der Eintragung ins Grundbuch. Vielmehr genügen nach §§ 1192 I, 1154 I, 1117 eine schriftliche Abtretungserklärung und entweder die Übergabe des Hypothekenbriefes oder ein Surrogat dafür. Eine Verfügung über die Eigentümergrundschuld ist daher noch möglich und wird auch zur Sicherung der **Zwischenfinanzierung** (→ Rn. 460) häufig vorgenom-

---

28 Abl. auch *Reinicke/Tiedtke* NJW 1982, 2281 (2286); *Tiedtke* DB 1991, 2273; *Wilhelm* SachenR Rn. 2333.

29 Dazu unter dem Gesichtspunkt eines Anwaltsverschuldens BGH NJW 1993, 3323 (3325 f.); *Ernst* ZIP 1994, 605; *Tiedtke* JZ 1994, 526.

men. Dabei kommt eine Verfügung durch Übergabe des Briefes in Betracht, wenn der Grundstückseigentümer diesen noch in Besitz hat. Ist der Brief dagegen schon dem »endgültigen« Hypothekengläubiger ausgehändigt worden, gilt Folgendes: Die Briefübergabe kann nach §§ 1192 I, 1154 I 1, 1117 I 2, 931 dadurch ersetzt werden, dass der Grundstückseigentümer sein (vorläufiges) Eigentum an dem Brief (§ 952 II) dem Zwischenkreditgeber überträgt.[30]

Hierbei wird die Form von § 1155 nicht eingehalten. Daher ist auch § 892 nicht anwendbar. Folglich kann der Grundstückseigentümer dem Zwischenkreditgeber bloß die Rechtsstellung übertragen, die er selbst hat. Das ist nur eine vorläufige. Denn sobald der schon als Gläubiger eingetragene Anwärter den »endgültigen« Kredit auszahlt, erwirbt er ja die Hypothek. Damit erlischt dann zugleich das aus der vorläufigen Eigentümergrundschuld entstandene vorläufige Grundpfandrecht des Zwischenkreditgebers.

In der Praxis wird deshalb die Position des Zwischenkreditgebers dadurch verstärkt, dass der Grundstückseigentümer ihm auch den Anspruch auf Valutierung abtritt und dies dem »endgültigen« Kreditgeber mitteilt (§ 407 I!). Dann verliert der Zwischenkreditgeber mit der Valutierung zwar seine Sicherheit. Zugleich erhält er aber zur Tilgung seiner Forderung gegen den Grundstückseigentümer das von dem Hypothekenanwärter gezahlte Geld.

III. Übertragung und Erwerb der Anwartschaft

472 Die Frage, ob und wie eine Anwartschaft übertragen (und gepfändet; → Rn. 485f.) werden kann, ist nicht weniger wichtig als die Frage nach ihrem Schutz. Denn insbesondere die Anwartschaft des Vorbehaltskäufers verkörpert, wenn bereits ein hoher Kaufpreisbetrag gezahlt worden ist, einen erheblichen wirtschaftlichen Wert. Daher hat die Frage Bedeutung, wie der Erwerber (oder bei der Pfändung seine Gläubiger) über diesen Wert verfügen können.

1. Bei bedingtem Rechtserwerb

a) Erwerb vom Berechtigten

473 Der Vorbehaltskäufer kann seine Anwartschaft ohne Zustimmung des Vorbehaltsverkäufers auf einen Dritten übertragen. Hierüber besteht Einigkeit. Sicher ist auch, dass für diese Übertragung nicht nach §§ 413, 398 die bloße Einigung genügt. Vielmehr bedarf es dazu der Form für die Übertragung des Vollrechts, also der Form von §§ 929ff. für die Übereignung. Denn die Anwartschaft vermittelt den Erwerb des Vollrechts. Könnte die Anwartschaft selbst durch bloße Einigung übertragen werden, so würde entgegen dem Publizitätsprinzip auch der Erwerb des Eigentums vermittelt, ohne dass der Erwerber irgendeine Art von Besitz erhielte. Das darf nicht sein.

Nach der Veräußerung darf der Veräußerer des Anwartschaftsrechts dem Erwerber den Vollrechtserwerb auch nicht mehr erschweren. Daher kann er insbesondere auch die Bedingung für den Vollrechtserwerb nicht mehr durch Vereinbarung mit seinem eigenen Veräußerer zum Nachteil des Erwerbers verändern. Der BGH verneint deshalb mit Recht die Befugnis des Veräußerers, einen einfachen Eigentumsvorbehalt ohne Zu-

30 BGHZ 53, 60; *Baur/Stürner* SachenR § 46 Rn. 22.

stimmung des Erwerbers auf andere Forderungen zu erweitern (sodass deren Tilgung zusätzliche Voraussetzung für den Vollrechtserwerb würde).[31]

b) Redlicher Erwerb vom Nichtberechtigten

474 Für die Frage, ob eine Anwartschaft vom Nichtberechtigten kraft guten Glaubens erworben werden kann,[32] muss unterschieden werden:

aa) Hält derjenige, der eine Sache unter EV erwirbt, den **Veräußerer für den Eigentümer,** ist ein solcher Erwerb sicher möglich. Denn die Anwartschaft bedeutet nur die Vorstufe des Vollrechtserwerbs, und dieser vollzieht sich nach §§ 932ff. Dass schon vor dem Vollrecht eine Anwartschaft erworben werden kann, bedeutet nur eine Umschreibung dafür, dass beim bedingten Vollrechtserwerb der Erwerber bloß bei der Übergabe gutgläubig sein muss (→ Rn. 465).

475 bb) Streng davon zu unterscheiden ist der (praktisch kaum vorkommende) Fall, dass der **Veräußerer sich** fälschlich **als Inhaber einer Anwartschaft ausgibt:** Kann hier die dem Veräußerer in Wirklichkeit nicht zustehende Anwartschaft gutgläubig erworben werden?

Beispiele:

(1) E veräußert ein Fahrrad für 150 EUR unter EV gegen eine Anzahlung von 20 EUR an K. Dieser bezahlt nichts mehr auf die Restkaufpreisschuld. Er behauptet aber gegenüber M wahrheitswidrig, er habe schon 100 EUR abbezahlt. M erwirbt daraufhin die Anwartschaft und zahlt den vermeintlich noch geschuldeten Rest von 50 EUR an E.

(2) E veräußert ein Fahrrad unter EV an K; dieser leiht es dem L. L behauptet dem M gegenüber, er selbst habe das Fahrrad von E unter EV gekauft, und veräußert seine angebliche Anwartschaft an M.

(3) Wie bei (2), doch hat K das Rad bei E bereits voll bezahlt, als L seine angebliche Anwartschaft an M veräußert.

Die hier infrage stehende Anwartschaft des Vorbehaltskäufers hängt ab von einer schuldrechtlichen Komponente (→ Rn. 479ff.): Die Anwartschaft kann nur zum Vollrecht werden, wenn die obligatorische Kaufpreisforderung erfüllt wird.

Nahezu **Einmütigkeit** besteht darüber, dass hinsichtlich dieses obligatorischen Teils ein Schutz des guten Glaubens nicht in Betracht kommt; insoweit fehlt ja ein Rechtsscheinträger. Im Fall (1) muss daher M auch den Kaufpreisrest von 80 EUR noch an E zahlen, wenn er Eigentümer werden will: M hat die Anwartschaft nur mit dem Inhalt erworben, mit dem sie dem Veräußerer K wirklich zustand.

Anders natürlich, wenn K sich als Eigentümer ausgegeben hätte und M insoweit gutgläubig gewesen wäre: Dann hätte M nach § 932 das Eigentum genauso erworben, wie wenn K gänzlich nicht berechtigt gewesen wäre (→ Rn. 474).

Im Übrigen will die hM mit Unterschieden im Einzelnen[33] die §§ 932ff. auf die Anwartschaft entsprechend anwenden, wenn die Kaufpreisforderung, deren Erfüllung

31 BGHZ 75, 221; dazu *Forkel* NJW 1980, 774; *Loewenheim* JuS 1981, 721; *Wilhelm* SachenR Rn. 2355ff.

32 Vgl. *Minthe,* Die Übertragung des Anwartschaftsrechts durch einen Nichtberechtigten, 1998 (dazu *Gursky* AcP 199 [1999], 373).

33 *Raiser,* Dingliche Anwartschaften, 1961, 36ff.; *Baur/Stürner* SachenR § 59 Rn. 38ff.; *Wieling* SachenR § 17 IV Ib, anscheinend auch *Vieweg/Werner* SachenR § 11 Rn. 58, anders jetzt *Westermann/Gursky* SachenR § 45 Rn. 9.

Bedingung für den Vollrechtserwerb ist, wirklich besteht. Danach hätte M im Fall (2) die Anwartschaft des K kraft guten Glaubens von L erwerben können. M würde sogar das Eigentum auch dadurch erwerben, dass der nichtsahnende K die noch ausstehenden Raten an E zahlt. Im Fall (3) dagegen wäre ein gutgläubiger Erwerb durch M unmöglich: Es besteht ja keine Kaufpreisforderung mehr, durch deren Erfüllung die Anwartschaft noch zum Vollrecht werden könnte.

Isoliert betrachtet sind diese Folgerungen zwar konsequent. Wenn man sie miteinander vergleicht, erscheinen sie aber ungereimt: Warum soll M im Fall (2) besser stehen als im Fall (3)? Sie zeigen, dass sich eine **derart durch eine schuldrechtliche Komponente mitbestimmte Rechtsposition für den gutgläubigen Erwerb nicht eignet.** Wenn der Erwerber jedoch einmal weiß, dass der Veräußerer kein Eigentum hat, ist derjenige Rechtsschein des Besitzes zerstört, auf den man sich vernünftigerweise verlassen darf.[34] Dann vertraut der Erwerber im Grunde nur auf das »Gerede« des Veräußerers, und dieses Gerede hat weder nach dem Gesetz legitimierende Kraft, noch verdient es sie überhaupt. Denn hier gibt es kein ernstzunehmendes wirtschaftliches Bedürfnis nach gutgläubigem Erwerb: Mag der Interessent beim Verkäufer und gegebenenfalls auch bei Zwischenpersonen anfragen, ob die Angaben dessen richtig sind, der da als Anwartschaftsberechtigter auftritt.

2. Anwartschaften im Immobiliarsachenrecht

a) Auflassungsempfänger

476 Für die Rechtsstellung des Auflassungsempfängers treten im Zusammenhang mit der Übertragung keine besonderen Probleme auf. Zwar kann auch diese Position vom Auflassungsempfänger auf einen Dritten übertragen werden. Schon das RG hat es nämlich für zulässig gehalten, dass der Auflassungsempfänger A, ohne selbst als Eigentümer eingetragen zu werden, das Grundstück weiter an einen Dritten D auflässt; dieser wird dann ohne Zwischeneintragung des A als Rechtsnachfolger des E eingetragen.[35]

Das RG hat das folgendermaßen konstruiert: In der Auflassung des Eigentümers E an A liege die Einwilligung (§ 185 I) des E, dass A dem D gegenüber als Nichtberechtigter über das Grundstück verfügen dürfe. Mit Hilfe der Vorstellung einer Anwartschaft des A lässt sich das Bild bei der Veräußerung noch vereinfachen: A verfügt nicht als Nichtberechtigter (mit Einwilligung des Berechtigten) über das Grundstück, sondern als Berechtigter über seine eigene Anwartschaft.

Nach der Stellung des Eintragungsantrags ist die Position des Auflassungsempfängers auch gegen spätere Kenntnis von der Nichtberechtigung des Auflassenden gesichert, § 892 II. Insofern kann man also auch von der Möglichkeit eines redlichen Erwerbs sprechen. Aber die Frage, die bei der Anwartschaft des Vorbehaltskäufers Schwierigkeiten gemacht hat (→ Rn. 475), nämlich die nach dem redlichen Erwerb bei einer Veräußerung durch den angeblichen Anwartschaftsberechtigten, taucht hier nicht auf: Da der Auflassungsempfänger selbst noch nicht eingetragen ist, kann er unzweifelhaft nicht mehr als die Position übertragen, die er selbst hat.

---

34 *Flume* AcP 161 (1961), 394; *Wiegand* JuS 1974, 201 (211f.); *Brox* JuS 1984, 657 (662); *Wilhelm* SachenR Rn. 2350ff.; *Latta/Rademacher* JuS 2008, 1052.

35 RGZ 129, 150; ebenso BGHZ 49, 197; entsprechend BayObLG NJW 1971, 514 zur Einwilligung in Grundstücksbelastungen; vgl. auch → Rn. 459, 467.

b) Hypothekar vor Valutierung

477 Die Position des Hypothekars vor Valutierung kann ohne jede Schwierigkeit übertragen werden: Der Hypothekar braucht nur die durch die Hypothek zu sichernde (künftige) Forderung in der Form von §§ 1154f. abzutreten. Dagegen kann der Hypothekar nicht kraft Redlichkeit eine Anwartschaft vom Nichteigentümer erwerben.

Beispiel: Der Bucheigentümer B bestellt G zur Sicherung der Rückzahlungsforderung aus einem später auszuzahlenden Darlehen eine Buchhypothek. Obwohl G inzwischen erfahren hat, dass das Grundstück in Wahrheit dem E gehört, zahlt er das Darlehen noch an B aus.

Hierdurch hat G die Hypothek nicht mehr erwerben können. § 892 II scheint zwar für G zu sprechen, da dieser bei der Stellung des Eintragungsantrags noch redlich war. § 892 II meint aber nach allgemeiner Ansicht[36] nur den Fall, dass außer der Eintragung alle übrigen Voraussetzungen des Rechtserwerbs erfüllt sind. Fehlt eine solche Voraussetzung noch (wie hier die Entstehung der zu sichernden Forderung), so entscheidet der spätere Zeitpunkt ihres Eintritts. Und zu dieser Zeit war G schon unredlich. Die von einem Nichtberechtigten erworbene Position des G kann daher bis zu ihrem Übergang in das Vollrecht noch durch nachfolgende Unredlichkeit zerstört werden. Es ist auch unnötig, den G hier auf Kosten des E zu schützen: Wenn G rechtzeitig erfährt, dass B nicht berechtigt ist, soll er die Darlehensauszahlung unterlassen (was G tun darf, weil er nur gegen Erwerb der Sicherung auszuzahlen braucht).

478 Daneben bleibt noch der andersartige Fall der **Übertragung einer angeblichen Anwartschaft** auf den Erwerb einer Hypothek. Hier ist der Veräußerer zwar durch den Schein von Buch oder Brief legitimiert. Aber wenn er nur eine Anwartschaft veräußern will, gibt er zu erkennen, dass dieser Schein falsch ist. Daher ist ein Erwerb nach § 892 zweifelhaft. Zumindest wäre aber nötig, dass die zu sichernde Forderung überhaupt entstehen kann.

Beispiel: Der unerkennbar geisteskranke E bestellt dem G eine Hypothek für eine künftige Forderung. G tritt die Forderung nach §§ 398, 1154f. an H ab. Dieser zahlt das Darlehen an E aus: H hatte schon keine Anwartschaft und hat auch jetzt die Hypothek nicht erworben, weil die zu sichernde Forderung auf Darlehensrückzahlung nicht entstanden ist.

IV. Die Abhängigkeit der Anwartschaften von ihrem schuldrechtlichen Bestandteil

1. Bei bedingtem Rechtserwerb

479 Beim Kauf unter EV besteht die Bedingung für den Eigentumserwerb des Käufers regelmäßig in der vollständigen Zahlung des Kaufpreises. Über diese Bedingung ist der dingliche Teil des Geschäfts von dem obligatorischen Teil abhängig. Daher **entfällt auch die Anwartschaft des Erwerbers, wenn die Kaufpreisforderung wegfällt:** Die Anwartschaft bedeutet ja nur die Möglichkeit zum Erwerb des Vollrechts, und wo diese Möglichkeit nicht mehr besteht, weil die Bedingung nicht mehr eintreten kann, ist auch die Anwartschaft erloschen. So liegt es etwa, wenn der Kaufvertrag angefochten wird oder wenn eine Partei von ihm zurücktritt. Sogar wenn der Käufer – vielleicht wegen einer arglistigen Täuschung durch den Verkäufer – selbst angefochten hat, ist seine Anwartschaft erloschen.

36 Etwa *Westermann/Eickmann* SachenR § 83 Rn. 21.

a) Insolvenz des Verkäufers

480 Unerwartete Ergebnisse drohen bei konsequenter Durchführung dieser Regel, wenn der Vorbehaltsverkäufer in Insolvenz fällt.

Beispiel: K hat bei V einen Kühlschrank für 900 EUR unter EV gekauft. Nachdem K die Kaufpreisschuld bis auf 50 EUR getilgt hat, wird über das Vermögen des V das Insolvenzverfahren eröffnet.

Hier liegt es nahe, § 103 InsO anzuwenden, weil auch V noch nicht vollständig erfüllt, nämlich dem K das Eigentum noch nicht verschafft hat. Dann müsste der Verwalter des V die Erfüllung des Vertrages wählen können. Tut er das, so läuft alles glatt: K muss den Kaufpreisrest zur Masse zahlen und erwirbt das Eigentum. Wenn aber der Verwalter nicht Erfüllung wählt, kann er auch den Kaufpreisrest nicht mehr fordern. Die Kaufpreisschuld des K, deren Erfüllung die Bedingung für den Erwerb des Eigentums bildet, scheint also erloschen zu sein. Folglich müsste auch die Anwartschaft des K an dem Kühlschrank erlöschen; K müsste diesen der Masse zurückgeben und wäre als gewöhnlicher Insolvenzgläubiger auf eine Schadensersatzforderung gegen die Masse angewiesen. Die Anwartschaft des K wäre also nicht insolvenzfest, weil ihr obligatorischer Teil es nicht ist. Die Erfüllungsablehnung durch den Insolvenzverwalter kann jedoch nach **§ 107 I InsO** nicht gegen den Willen des Käufers durchgesetzt werden; dieser behält also sein Anwartschaftsrecht und erwirbt durch Zahlung der noch ausstehenden Raten sein Eigentum.

b) Insolvenz des Käufers

481 Im Insolvenzverfahren des Vorbehaltskäufers dagegen wiegen die Schwierigkeiten aus § 103 I InsO weniger schwer: Der Verwalter kann die Erfüllung wählen oder sie ablehnen. Entscheidet er sich für die Erfüllung, so muss er den Kaufpreisrest als Masseschuld bezahlen (§ 55 I Nr. 2 InsO) und erwirbt das Eigentum an der Kaufsache. Bei Ablehnung der Erfüllung hat der Verkäufer zwar nur einen Schadensersatzanspruch als nicht bevorrechtigte Forderung (§ 103 II 1 InsO), erhält aber andererseits die verkaufte Sache zurück. Diese Ergebnisse sind sachgerecht und bedürfen keiner Korrektur.

2. Bei Anwartschaften im Immobiliarsachenrecht

482 a) Der Position des **Auflassungsempfängers** vor Eintragung (→ Rn. 459) fehlt auf den ersten Blick die eben geschilderte schuldrechtliche Abhängigkeit. Denn hier wirkt die Eintragung, die zum Vollrechtserwerb noch fehlt, ohne Rücksicht auf einen schuldrechtlichen Anspruch. Ob der Erwerber einen Anspruch auf seinen Erwerb hat, ist nur bereicherungsrechtlich von Bedeutung: Bei Fehlen eines solchen Anspruchs kann regelmäßig auch die Anwartschaft ebenso kondiziert werden wie das Vollrecht. Dinglich dagegen kann sich die Anwartschaft selbst in der Insolvenz des Veräußerers noch vollenden, §§ 878 BGB, 106 InsO.

Das ist freilich zu korrigieren, wenn man für die Anwartschaft eine **Vormerkung** für nötig hält (→ Rn. 469). Denn der Schutz durch diese setzt das Bestehen des durch sie gesicherten Übereignungsanspruchs voraus. Mit dessen Erlöschen erlischt also außer der Vormerkung auch der rechtliche Schutz durch die Anwartschaft.

483 b) Der Situation beim bedingten Rechtserwerb ähnlicher ist die Anwartschaft des **Hypothekars** vor Valutierung (→ Rn. 460). Denn auch hier hängt das Erfordernis, das für

den Vollrechtserwerb noch fehlt, mit einer Forderung (nämlich der durch die Hypothek zu sichernden) zusammen: Kann diese Forderung nicht mehr entstehen, so muss auch die Anwartschaft des Hypothekars erlöschen. Das liegt etwa vor, wenn der Vertrag über die Gewährung des durch die Hypothek zu sichernden Darlehens durch Anfechtung oder Rücktritt erledigt worden ist.

V. Einzelfragen zur Anwartschaft bei bedingtem Rechtserwerb

484 Hier sollen noch zwei Probleme besprochen werden, die hauptsächlich für die praktisch besonders wichtige Anwartschaft bei bedingtem Rechtserwerb diskutiert worden sind.

1. Die Anwartschaft im Haftungsverband[37]

Beispiel (ähnlich BGHZ 35, 85): E kauft bei V Betten unter EV und richtet damit ein Hotel auf seinem Grundstück ein. An diesem Grundstück hat H eine Hypothek. Noch vor Zahlung des Restkaufpreises an V nimmt E bei D ein Darlehen auf und überträgt D zur Sicherung seine Anwartschaft an den Betten entsprechend § 930. Endlich zahlt E den Restkaufpreis an V. H betreibt jetzt die Zwangsvollstreckung in das Grundstück. Demgegenüber verlangt D die Freigabe der ihm übereigneten Betten.

Die Entscheidung hängt davon ab, ob D ein »der Versteigerung entgegenstehendes Recht« (vgl. § 37 Nr. 5 ZVG) hat, oder ob sein Sicherungseigentum für die Hypothek des H haftet. Nach § 1120 erstreckt sich die Hypothek unter anderem auf das Zubehör, das in das Eigentum des Grundstückseigentümers gelangt ist. Zubehör des Hotelgrundstücks sind die Betten nach § 97 I sicher geworden. Fraglich ist dagegen die zweite Voraussetzung, nämlich der Eigentumserwerb durch E.

Außerdem ist freilich zu bedenken, ob nicht vielleicht wieder eine Enthaftung der Betten stattgefunden hat.[38] Sie ist möglich nach § 1121 durch Veräußerung und Entfernung und nach § 1122 II durch Aufhebung der Zubehöreigenschaft.[39] Endlich reicht nach § 1122 I in bestimmten Fällen auch Entfernung ohne Veräußerung. Das alles liegt aber hier nicht vor.

Die Lösung der Eigentumsfrage scheint davon abzuhängen, wie man sich das Schicksal des Eigentums bei Zahlung des Kaufpreisrestes an V vorstellt: Ist das Eigentum zunächst für eine »juristische Sekunde«[40] von dem Käufer E erworben worden und erst dann zu D als dem Erwerber der Anwartschaft weitergelaufen **(Durchgangserwerb)?** Oder hat D das Eigentum ohne den Umweg über E erworben **(Direkterwerb)?** Bei der zweiten Lösung wäre E zu keiner Zeit Eigentümer der Betten gewesen. Daraus könnte man folgern, die Betten seien nicht nach § 1120 von der Hypothek erfasst worden, sodass sich auch der Zuschlag nicht auf sie erstreckte. D hätte dann sein Eigentum an den Betten nicht verloren und könnte nach § 985 von H Herausgabe verlangen.

In dieser Gedankenbahn ist die Diskussion zunächst wirklich weithin verlaufen. Darum war die Entscheidung RGZ 140, 223 so bedeutsam: Das RG hatte dort Direkterwerb nur dann angenommen, wenn der Vorbehaltsverkäufer mit einer Veräußerung der Anwart-

37 Vgl. *Kollhosser,* Der Kampf ums Zubehör (Grundpfandgläubiger und Sicherungseigentümer), JA 1984, 196; *Scholz,* Das Anwartschaftsrecht in der Hypothekenverbandshaftung, MDR 1990, 679; *W. Krüger* JuS 1994, 905 (907); *Mand* JURA 2004, 221.

38 *Plander* JuS 1975, 345.

39 Dazu BGHZ 56, 298: Einstellung des Hotelbetriebs durch einen Insolvenzverwalter würde nicht genügen, da sie nicht in den Grenzen einer ordnungsmäßigen Wirtschaft erfolgt.

40 *Marotzke* AcP 191 (1991), 177.

schaft durch den Vorbehaltskäufer einverstanden war. Andernfalls sollte Durchgangserwerb mit der Folge eintreten, dass die Sache für einen Augenblick (eben die »juristische Sekunde«) dem Vorbehaltskäufer gehörte und damit bei diesem in einen Haftungsverband geraten konnte. Bedeutung hat das außer bei § 1120 vor allem auch bei den besitzlosen gesetzlichen Mobiliarpfandrechten nach §§ 562, 578 I, 581 II, 592, 704.

Inzwischen wird überwiegend die Ansicht vertreten, der Erwerber einer Anwartschaft erwerbe das Vollrecht immer und ohne Rücksicht auf das Einverständnis des Vorbehaltsverkäufers direkt. Zugleich hat die Rechtsprechung[41] aber darauf verzichtet, aus dieser Konstruktion Folgerungen für den Eintritt der unter EV erworbenen Sache in einen Haftungsverband zu ziehen. Vielmehr wird für § 1120 und die gesetzlichen Pfandrechte die **Anwartschaft auf Eigentumserwerb dem Eigentum gleichgestellt.** Speziell die Hypothekenhaftung soll sich also auch auf solche Sachen erstrecken, an denen der Grundstückseigentümer nur eine Anwartschaft auf das Eigentum erworben hat. Die Hypothek soll dann zunächst diese Anwartschaft erfassen und sich später an dem Vollrecht fortsetzen, das aus der Anwartschaft entstanden ist. Damit hat die konstruktive und eher künstliche Unterscheidung zwischen Durchgangs- und Direkterwerb ihre Bedeutung verloren.

Im Ausgangsfall ist das nur nach § 930 (also ohne Entfernung von dem Grundstück) erworbene Sicherungseigentum des D mithin »schwächer« als die Hypothek des H. Daher ist dieses Sicherungseigentum kein »der Versteigerung entgegenstehendes Recht« nach § 37 Nr. 5 ZVG. Folglich hätte auch ein **Zuschlag in der Zwangsversteigerung** dem Ersteher das Eigentum an den Betten nach §§ 90 II, 55 I (nicht II!), 20 II ZVG, 1120, 97 I BGB verschafft (berühmte Paragraphenkette!).[42]

Die Grenzen der Haftung von Anwartschaften für Immobiliarpfandrechte werden jedoch deutlich in

BGHZ 92, 280: Die Fabrikantin K kaufte von der Daimler-Benz-AG (V) drei Lkw und erhielt diese unter EV. K zahlte einen Teil des Kaufpreises an V; der überwiegende Rest sollte durch die Bank B finanziert werden. B schickte über diesen Betrag an V einen Verrechnungsscheck mit der Bitte, ihr im Gegenzug das Eigentum an den Fahrzeugen zu übertragen. K erklärte sich hiermit einverstanden. Daraufhin erklärte V die Übereignung der Fahrzeuge an B und löste den Scheck ein. K fiel in Insolvenz. Um den Erlös der Lkw streitet B mit G, die eine Grundschuld am Betriebsgrundstück der K hatte.

Hier hätten nach dem eben zu BGHZ 35, 85 Gesagten die Lkw als Grundstückszubehör für die Grundschuld gehaftet, wenn K *ihre Anwartschaft* zur Sicherung auf B übertragen hätte. Die Vorinstanz hatte aber festgestellt, V habe *das Eigentum* auf B übertragen wollen (entsprechend deren »Bitte«, die eine zulässige Bedingung dargestellt habe). Der BGH hat das gebilligt und für diesen Fall den Erwerb lastenfreien Eigentums durch B bejaht.[43] Das gelte selbst dann, wenn V und K das Anwartschaftsrecht der K erst nachträglich aufgehoben hätten. Eine solche Aufhebung sei nicht etwa entsprechend § 1276 I unwirksam. Vielmehr müsse der Gläubiger eines Grundpfandrechts schon wegen § 1121 I jederzeit damit rechnen, die Haftung eines Zubehörstücks (im Gegensatz zur Haftung des Grundstücks selbst) wieder zu verlieren.

41 Etwa BGHZ 35, 85; BGH NJW 1965, 1475; methodenkritisch *Kupisch* JZ 1976, 417.

42 BGH NJW 1965, 1475; *Baur/Stürner* SachenR § 39 Rn. 33ff.; § 59 Rn. 37; *Westermann/Eickmann* SachenR § 95 Rn. 9; § 96 Rn. 4ff.

43 Dazu krit. *Tiedtke* NJW 1985, 1305; 1988, 28; *Kollhosser* JZ 1985, 370; *Marotzke* AcP 186 (1986), 490; *M. Reinicke* JuS 1986, 957; *Wilhelm* NJW 1987, 1785; *G. Ludwig* NJW 1989, 1458; lehrreich zum lastenfreien Erwerb *Röthel* JURA 2009, 241.

Auch ein Schadensersatzanspruch G–B komme nicht in Betracht: Die Aufhebung eines Anwartschaftsrechts auf den Erwerb des Eigentums an Zubehörstücken verletze einen Grundpfandgläubiger jedenfalls dann nicht widerrechtlich, wenn sie einem Dritten, der den Restkaufpreis finanziere, den Erwerb lastenfreien Sicherungseigentums ermöglichen solle. Im Ergebnis bedeutet diese Entscheidung eine in der Tendenz begrüßenswerte Abschwächung der Bedeutung von Anwartschaften.

2. Die Pfändung der Anwartschaft an beweglichen Sachen

485 Die Anwartschaft des Vorbehaltskäufers wird umso wertvoller, je mehr dieser auf die Kaufpreisforderung zahlt, je näher er also dem Erwerb des Vollrechts kommt. Damit wächst auch das Interesse der Gläubiger des Vorbehaltskäufers an einer Pfändung der Anwartschaft. Hierfür kommen die Formen der Sachpfändung (§§ 808f. ZPO) und der Rechtspfändung (§ 857 ZPO) in Betracht: Die Anwartschaft ist ja zunächst von dem durch Sachpfändung zu erfassenden Eigentum verschieden, geht aber bei dem Eintritt der Bedingung in dieses über. Im Wesentlichen gibt es hierzu drei Ansichten.[44]

486 a) **BGH NJW 1954, 1325** befürwortet die **»Doppelpfändung«**, nämlich eine Kombination von Sach- und Rechtspfändung.[45] Denn zunächst werde die Anwartschaft als Recht durch die Rechtspfändung erfasst. Bei Bedingungseintritt setze sich das Pfandrecht aber nicht am Eigentum fort; daher sei auch die Sachpfändung nötig, die anschließend an die Rechtspfändung wirksam werde.

b) Ein Teil der Lehre lässt die **Sachpfändung** genügen.[46] Ihr gegenüber soll die Drittwiderspruchsklage (§ 771 ZPO) des Vorbehaltsverkäufers ausgeschlossen sein; dieser könne nur nach § 805 ZPO wegen des Restkaufpreises vorzugsweise Befriedigung aus dem Erlös der Sache verlangen.

c) Andere halten demgegenüber die **Rechtspfändung** nach § 857 I ZPO für nötig und ausreichend; das so begründete Pfandrecht soll sich entsprechend §§ 1287 BGB, 847 ZPO nach Bedingungseintritt an der Sache fortsetzen.[47]

d) Die letztgenannte Ansicht dürfte **vorzugswürdig sein.** Denn der Weg von a) ist aus unnötiger Liebe zum Publizitätsprinzip allzu umständlich. Und gegen den Weg von b) spricht, dass er dem Vorbehaltsverkäufer die Drittwiderspruchsklage nicht nur gegen die Pfändung, sondern auch gegen die Verwertung der Sache nimmt. Das Recht auf vorzugsweise Befriedigung aus dem Erlös ist dafür kein vollwertiger Ersatz, wenn der Erlös unter dem Restkaufpreis bleibt.

Für die Pfändung der Rechtsposition des **Auflassungsempfängers** vor Eintragung hat auch BGHZ 49, 197 den Weg über § 857 ZPO anerkannt; bei Vollrechtserwerb soll der Pfändungsgläubiger entsprechend § 848 II ZPO eine Sicherungshypothek erhalten. Eine solche Hypothek hätte er freilich auch bei schlichter Pfändung des obligatorischen Anspruchs auf Grundstücksübereignung erworben: Die Konstruktion einer Anwartschaftspfändung ist hier sinnlos.[48]

---

44 Näher *Brox/Walker* ZVR Rn. 807ff., 1412; *Paulus* ZivilProzR Rn. 863; *v. Sachsen-Gessaphe* ZVR Rn. 423ff. Klausurfall von *Chr. Wolf/S. Lange* JuS 2003, 1180.

45 So wohl auch *Vieweg/Werner* SachenR § 11 Rn. 70f. mit Belegen. Modifizierend *Brox/Walker* ZVR Rn. 812: »Rechtspfändung in Form der Sachpfändung«; ihnen zust. *Habersack* SachenR Rn. 250.

46 *Raiser*, Dingliche Anwartschaften, 1961, 90ff.; ebenso *Wieling* SachenR § 17 IV 3.

47 *Baur/Stürner* SachenR § 59 Rn. 41.

48 Vgl. dazu treffend *Wolfsteiner* JZ 1969, 154; *Münzberg*, FS Schiedermair, 1976, 439 (für Anspruchspfändung nach § 848 II ZPO).

VI. Anwartschaft und Anwartschaftsrecht

487 Die Eigenschaften der Position des Rechtserwerbers, von denen bisher die Rede war, haben sich im Wesentlichen aus einzelnen gesetzlichen Vorschriften ableiten lassen (Ausnahme: die hM bei → Rn. 465). Dabei zeigt sich, dass der Schutz der hier erörterten drei typischen Anwartschaften von unterschiedlicher Zuverlässigkeit ist: Relativ schwach ist er für die Stellung des Auflassungsempfängers vor Eintragung (→ Rn. 469), stärker ist er in den beiden anderen Fällen. Wie viel Schutz man nun verlangen will, um eine Anwartschaft als **Anwartschaftsrecht** zu bezeichnen, ist weithin Geschmacksfrage; ein Streit darüber bringt wenig ein.

Keinesfalls aber sollte man sich von der Vokabel »Anwartschaftsrecht« blenden lassen:[49] Nicht weil jemandem ein Anwartschaftsrecht zusteht, hat er eine gesicherte Position, sondern weil und soweit seine Position gesichert ist, darf man von einem Anwartschaftsrecht sprechen. **Den Vorrang bei der Begründung haben stets die einzelnen gesetzlichen Vorschriften,** aus denen sich die Beständigkeit der Erwerberposition ergibt (wie §§ 161, 873 II, 878, 936 III, 986 II). Soweit es im Einzelfall nur auf die in solchen Vorschriften ausdrücklich geregelte Rechtsfolge ankommt, braucht daher kein Wort darüber verloren zu werden, ob ein Anwartschaftsrecht vorliegt. Nur wenn die Beständigkeit der Erwerberposition eine eng begrenzte, »planwidrige« Unvollständigkeit aufweist (wie sie zB die hM zu → Rn. 465 bejaht), darf man diese schließen. Erst hierzu kann es dann nützlich sein, sich vor Augen zu halten, welchen rechtlichen Schutz die Erwerberposition in anderer Hinsicht genießt, also ob sie einem Recht nahesteht.[50] Insbesondere kann die Bezeichnung des Anwartschaftsrechts als »wesensgleiches minus« zum Eigentum in die Irre führen:[51] Vor allem die schuldrechtliche Komponente vieler Anwartschaftsrechte (→ Rn. 462 ff.) bewirkt doch erhebliche Abweichungen von der »Wesensgleichheit«.

---

49 Ähnlich *Reinicke/Tiedtke* NJW 1982, 2281 (2283); *Wilhelm* SachenR Rn. 2329; *Zeranski* AcP 203 (2003), 693; *Lux* JURA 2004, 145; *Habersack* SachenR Rn. 243; *Armgardt* JuS 2010, 486.

50 Vgl. auch *Medicus* JuS 1967, 385; *W. Krüger* JuS 1994, 905 (906).

51 Etwa BGHZ 28, 16 (21).

§ 21 Fiduziarische Sicherungsrechte[1]

I. Arten der Treuhand und Gründe der Sicherungstreuhand

1. Arten der Treuhand

488 Von Treuhand spricht man, wenn der Treugeber dem Treunehmer einen **Überschuss an Rechtsmacht** einräumt.[2] Das kann zu verschiedenen Zwecken geschehen. Die beiden wichtigsten sind: Der Treunehmer soll das Treugut für den Treugeber verwalten (**Verwaltungstreuhand;** sie ist bisweilen für den Treunehmer uneigennützig), oder das Treugut soll eine Forderung des Treunehmers (= Gläubiger, Sicherungsnehmer, SiN) gegen den Treugeber (= Schuldner, Sicherungsgeber, SiG) sichern (**Sicherungstreuhand;** sie ist für den Treunehmer eigennützig).

In beiden Fällen darf der Treunehmer von seiner Rechtsmacht nur im Rahmen der Zweckbindung Gebrauch machen, doch ist treuwidriges Handeln gegenüber Dritten regelmäßig wirksam (→ Rn. 502ff.).

a) Verwaltungstreuhand

489 Bei der Verwaltungstreuhand trägt man der wirtschaftlichen Zugehörigkeit des Treuguts zum Vermögen des Treugebers dadurch Rechnung, dass man diesem gegen Vollstreckungsmaßnahmen von Gläubigern des Treunehmers die Drittwiderspruchsklage nach § 771 ZPO gewährt. »Treugut« in diesem Sinne ist aber nicht jeder wirtschaftlich fremde und daher herauszugebende Vermögenswert.

BGH NJW 1971, 559: G beauftragt den Rechtsanwalt R zur Einziehung von Forderungen. Auf Mahnung des R zahlt S, ein Schuldner des G, 4.000 DM auf das Konto des R. Dieses Konto hatte zuvor nur ein Guthaben von 4,03 DM ausgewiesen. A, ein Gläubiger des R, pfändet das Konto. G klagt gegen A aus § 771 ZPO.

Der BGH hat diese Klage für unbegründet gehalten: Dass R dem G aus §§ 675, 667 zur Herausgabe der eingegangenen 4.000 DM verpflichtet sei, genüge für die Annahme von Treugut noch nicht. Zusätzlich sei die **Absonderung** des Treuguts von dem Eigenvermögen des Treunehmers nötig[3] Dafür wäre die Einrichtung eines Anderkontos für die von den Schuldnern des G gezahlten Beträge in Betracht gekommen. Da R aber auf sein als Privat- und Geschäftskonto benutztes Konto habe zahlen lassen, stehe dieses voll dem Zugriff seiner Gläubiger offen. Das wird gerechtfertigt durch das Bestreben, dem Gesetz fremde Vorzugsrechte einzelner Gläubiger nur ausnahmsweise anzuerkennen.[4]

b) Sicherungstreuhand

490 Die problematischere und im Folgenden allein zu besprechende Sicherungstreuhand wird aus verschiedenen Gründen gewählt:

---

1 Dazu *Gernhuber* JuS 1988, 355; *Grunewald* BürgerlR §§ 21, 38f.; *Reinhardt/Erlinghagen* JuS 1962, 41; *Reinicke/Tiedtke* Kreditsicherung Rn. 1168ff. (Sicherungsgrundschuld); *K. Schreiber* JR 1984, 485 (Sicherungseigentum); *Bülow,* Recht der Kreditsicherheiten, 7. Aufl. 2007, Rn. 1090ff. sowie die Monographien von *Coing* (1973), *Grundmann* (1995), *Armbrüster* (2001), *Bitter* (2006), *Löhnig* (2006) und *Geibel* (2008).

2 Zur Wirksamkeit → Rn. 126.

3 Entsprechend BGH NJW 2008, 1152 für die Mietkaution.

4 Einschränkend aber BGH NJW 1993, 2622; vgl. auch *Canaris* NJW 1973, 825 (828, 830).

aa) Eigentumsvorbehalt. Beim Eigentumsvorbehalt (EV) bräuchte der Verkäufer zur Sicherung seiner Restkaufpreisforderung eigentlich nur ein Pfandrecht an der Kaufsache. Ein solches Pfandrecht scheitert jedoch, weil der Käufer den unmittelbaren Besitz an der Kaufsache endgültig und sofort erhalten soll. Das aber lassen die §§ 1205 ff. nicht zu. Denn sie enthalten keine dem § 930 entsprechende Vorschrift, und § 1253 schließt auch eine pfandrechtserhaltende spätere Übergabe an den Käufer aus.

491 **bb) Sicherungsübereignung.** Auch bei der Sicherungsübereignung (SiÜ) würde ein Pfandrecht an den beweglichen Sachen des Kreditschuldners genügen. Aber zur Sicherung werden regelmäßig Sachen verwendet, an denen der SiG den unmittelbaren Besitz nicht entbehren kann (Betriebsmittel; Waren, die verarbeitet oder weiterveräußert werden sollen). Darum wird von der Verpfändung auf die Übereignung mit ihrem bequemen § 930 ausgewichen.

Gezweifelt worden ist freilich, wie bei der SiÜ das **Besitzkonstitut** beschaffen sein muss; formelhaft ausgedrückt: **abstrakt oder konkret.**[5] Das Problem stammt daher, dass das Verhältnis SiG–SiN genau weder einem der in § 868 genannten Rechtsverhältnisse noch einem anderen Typenvertrag des BGB entspricht. Insbesondere wird das Sicherungsgut dem SiG weder zur Verwahrung (der SiG darf es ja benutzen und braucht es vielleicht nicht zurückzugeben) noch leihweise (das Kreditverhältnis ist nicht unentgeltlich) belassen. Trotzdem soll die Angabe eines solchen eigentlich unpassenden Rechtsverhältnisses für § 930 genügen. Der BGH lässt offen, ob schon die bloße Sicherungsabrede ausreicht.[6] Jedenfalls aber genüge die Vereinbarung, der Sicherungsgeber solle im (unmittelbaren) Besitz des Sicherungsgutes bleiben und damit arbeiten dürfen. Das wird sich zumindest durch Auslegung wohl fast immer ergeben. Und wo sich hierüber keine Klarheit gewinnen lässt, folgt die Ungültigkeit schon aus § 155. Das **Dogma vom konkreten Besitzmittlungsverhältnis** ist daneben **überflüssig.**

492 **cc) Sicherungszession.** Statt der Sicherungszession von Forderungen (SiZess.)[7] würde gleichfalls die Verpfändung nach §§ 1273 ff., 1279 ff. ausreichen. Doch verlangt § 1280 hierfür eine Mitteilung an den Drittschuldner (= Schuldner der zu verpfändenden Forderung). Um diese zu vermeiden, weicht man auf die Zession der Forderung aus; hier genügt für die Wirksamkeit nach § 398 die Einigung zwischen SiG und SiN.

Allerdings wird der Drittschuldner bei der Zession nach §§ 407 f. geschützt, solange ihm die Zession noch nicht mitgeteilt worden ist: Insbesondere kann er noch wirksam an den Altgläubiger (= SiG) leisten. Aber die Mitteilung ist bei der Zession – anders als bei der Verpfändung nach § 1280 – kein Wirksamkeitserfordernis. Das zeigt sich etwa bei Pfändungen durch andere Gläubiger des SiG.

> **Beispiel:** SiG hat seine Forderung gegen S an SiN verpfändet, ohne das dem S mitzuteilen. Nun pfändet G aufgrund eines Titels gegen SiG dieselbe Forderung: G hat ein erstrangiges Pfandrecht an der Forderung erhalten, weil die frühere Verpfändung an SiN unwirksam ist.

---

5 Eing. nunmehr für ersteres BeckOGK/*Klinck* BGB § 930 Rn. 21 ff., 31 ff.

6 BGH NJW 1979, 2308; vgl. auch *Ernst*, Eigenbesitz und Mobiliarerwerb, 1992, 133 ff.; *Vieweg/Werner* SachenR § 2 Rn. 29 mwN; *S. Lorenz* JuS 2011, 493; MüKoBGB/*Oechsler* § 930 Rn. 14 f.; *N. Wiegand*, Die Sicherungsgesellschaft, 2006.

7 Zu ihr *Meyer/v. Varel* JuS 2004, 192.

Hätte SiG die Forderung dagegen dem SiN ohne Mitteilung an S *zediert,* so hätte G kein Pfandrecht erworben, weil die Forderung seinem Vollstreckungsschuldner SiG nicht mehr zustand. SiN könnte die Pfändung also nach § 771 ZPO abwehren (→ Rn. 513). Zahlt S freilich an G, ohne die Zession zu kennen, so wird er nach § 408 II dem SiN gegenüber befreit.[8]

dd) Sicherungsgrundschuld. Statt der Sicherungsgrundschuld (SiGS)[9] würde eine Verkehrs- oder eine Sicherungshypothek genügen. Trotzdem befindet sich in der Bankpraxis die SiGS auf dem Vormarsch (aber → Rn. 506 ff.).[10] Die Gründe für diese Bevorzugung sind weniger deutlich als bei den anderen Sicherungsrechten: **493**

Die SiGS ist nicht akzessorisch, sondern nur locker mit einer Forderung verbunden. Diese Verbindung beruht auf dem nicht formbedürftigen Sicherungsvertrag; dieser kann also auch formlos und ohne Eintragung ins Grundbuch wieder geändert werden. Daher ermöglicht die SiGS eine Forderungsauswechslung ohne Form und Eintragung. Bei der Hypothek (vgl. die Eintragungserfordernisse nach § 1115!) gilt ähnliches nur für die Höchstbetragshypothek, § 1190. Diese aber ist kraft Gesetzes (§ 1190 III) Sicherungshypothek. Folglich kann über sie kein Brief erteilt werden, § 1185 I. Sie ist daher weniger verkehrsfähig.

Neben diesem Vorteil gegenüber der Hypothek kann die SiGS noch mit einem weiteren ausgestattet werden: Die Belastung des Grundstücks für einen Dritten kann geheim bleiben. Wo das bezweckt wird, muss der Eigentümer zunächst eine Briefgrundschuld für sich selbst eintragen lassen. Diese Grundschuld kann er dann nach §§ 398, 413, 1192, 1154 zur Sicherung auf einen Dritten übertragen, ohne dass der Dritte oder auch nur die Umwandlung in eine Fremdgrundschuld im Grundbuch erscheinen.

2. Sicherungstreuhand und zwingendes Sachenrecht

Die fiduziarischen Sicherungsmittel bedeuten vielfach eine Ausschaltung des sachenrechtlichen Publizitätserfordernisses. Trotzdem steht ihre **Zulässigkeit** heute gewohnheitsrechtlich fest: Rechtsprechung und Rechtswissenschaft haben die Möglichkeit, diese Sicherungsmittel als gesetzwidrig zu verwerfen, inzwischen versäumt. Jedoch wird man die grundlegenden **Schutzvorschriften für den Verpfänder** (etwa § 1229) bei der SiÜ entsprechend anwenden müssen.[11] Problematisch ist die **SiÜ unpfändbarer Sachen:** Ein Teil der Rechtsprechung erblickt darin einen Verzicht auf künftigen Pfändungsschutz und wendet § 138 I an.[12] Dagegen verneinen manche die Sittenwidrigkeit,[13] wohl mit Recht: Auch eine Veräußerung unpfändbarer Sachen nach § 929 ist ja wirksam. **494**

---

8 Zur mehrfachen Abtretung auch *Petersen* JURA 2013, 278.

9 Zu ihr *Tiedtke* JURA 1980, 407; *Eickmann* ZIP 1989, 137; *Clemente* ZIP 1990, 969; *Reischl* JuS 1998, 614; *Lettl* WM 2002, 788; *J. Hager,* Der Sicherungsvertrag bei der GS, FS Wolfsteiner, 2007, 41; *Samhat,* Die vertragliche Einschränkung der Rückgewähr einer SiGS, MDR 2014, 1297 (zu BGH MDR 2014, 1160).

10 Vgl. *Kollhosser* JA 1979, 61 (63); allg. *Weller,* Die SiGS, JuS 2009, 969; *Derleder,* Die neue SiGS, ZIP 2009, 2221; *Wellenhofer,* Das Recht der SiGS nach dem RisikobegrenzungsG, JZ 2009, 1077; *Fest* ZfIR 2008, 657.

11 Vgl. *Gaul* AcP 168 (1968), 351; *Bülow* WM 1985, 373; 405.

12 OLG Stuttgart NJW 1971, 50; dazu *Gerhardt* JuS 1972, 696.

13 *Reich* NJW 1971, 757 und OLG Frankfurt NJW 1973, 104; vgl. auch *Wacke* JZ 1987, 381.

II. Komplikationen bei der fiduziarischen Sicherung

1. Unwirksamkeit des Sicherungsvertrages

495 a) Komplikationen ergeben sich einmal bei Unwirksamkeit des Sicherungsvertrages. Darunter versteht man die obligatorische Vereinbarung, die sowohl der Kreditgewährung wie auch der Sicherung zugrunde liegt. Daneben stehen die zu ihrer Erfüllung vorgenommenen Verfügungen: Auszahlung des Kredits und Bestellung der Sicherheit. Für diese Verfügungen gilt als Regel das **Abstraktionsprinzip:**[14] Die Bestellung der Sicherheit ist also auch dann wirksam, wenn der Sicherungsvertrag nichtig ist.

Allerdings ist hier – wie überall im Geltungsbereich des Abstraktionsprinzips – auf **Fehleridentität** zu achten.[15] Diese liegt vor, wenn der den Sicherungsvertrag betreffende Nichtigkeitsgrund (etwa Fehlen der vollen Geschäftsfähigkeit) auch die Verfügung erfasst. Überdies kann die Wirksamkeit des Sicherungsvertrages rechtsgeschäftlich zur *Bedingung* für die Wirksamkeit der Sicherheitsbestellung gemacht werden. Bei der *SiGS* wird allerdings die Bedingung, dass die zu sichernde Forderung wirklich entstanden sei, als Umgehung des § 1192 für unzulässig zu halten sein.[16]

b) Ist die fiduziarische Sicherheit trotz Unwirksamkeit des Sicherungsvertrages wirksam bestellt, so kann der SiG das Geleistete mit der *condictio indebiti* nach § 812 I 1 Fall 1 kondizieren. Und gegen eine Geltendmachung des Sicherungsrechts durch den SiN (etwa bei der SiÜ durch Herausgabeanspruch, § 985) hat der SiG die Bereicherungseinrede, § 821. Diese versagt nur bei der *SiZess.*, weil sich die Geltendmachung der Forderung gegen den Drittschuldner richtet, dem diese Einrede nicht zusteht.

Beispiel: SiG hat sich durch nichtigen Vertrag dem SiN zur Abtretung einer Forderung gegen S verpflichtet und diese wirksam abgetreten. Wenn hier SiN aus der Forderung gegen S klagt, kann dieser sich nicht auf die Rechtsgrundlosigkeit der Abtretung berufen. SiG muss dann von SiN nach §§ 812 I 1 Fall 1, 818 I (nicht nach § 816 II; SiN war Berechtigter!) den von S erlangten Betrag als dasjenige fordern, was SiN aufgrund der rechtsgrundlos erlangten Forderung erhalten hat.

Die *condictio indebiti* passt nur dann nicht, wenn die Sicherheit schon vor Abschluss des Sicherungsvertrages bestellt worden ist, um dessen Abschluss zu fördern. Das geschieht häufig im Verkehr mit Banken: Der SiG stellt zunächst nur einen Kreditantrag; er bestellt aber zugleich schon die Sicherheiten, um ein Dazwischentreten anderer Gläubiger zu verhindern. Hier passt, wenn der Abschluss des angestrebten Sicherungsvertrages scheitert, nur die Leistungskondiktion nach § 812 I 2 Fall 2 (*condictio ob rem*, → Rn. 691 f.).

2. Ausbleiben der Valutierung

496 Komplikationen ergeben sich weiter bei der Nichtvalutierung, also wenn der SiN den Kredit nicht auszahlt, obwohl der Sicherungsvertrag wirksam ist und der SiG die Sicherheit bestellt hat. Wie kann sich der SiG jetzt dagegen wehren, dass der SiN aus der Sicherheit vorgeht?

Viele wenden hier die *condictio ob rem* oder die entsprechende Einrede aus § 821 an: Die Sicherheit könne bei Ausbleiben des Kredits kondiziert werden, weil sie zu dessen

---

14 Grdl. dazu *Stadler*, Gestaltungsfreiheit und Verkehrsschutz durch Abstraktion, 1996; ferner *Grigoleit* AcP 199 (1999), 379; *Grundmann* JA 1985, 80; *Haedicke* JuS 2001, 966; *Petersen* JURA 2004, 98.

15 Instruktiv zur Fehleridentität *Haferkamp* JURA 1998, 511.

16 *Baur/Stürner* SachenR § 45 Rn. 40; *Weber* AcP 169 (1969), 237 (242).

Erlangung gegeben worden sei.[17] Aber das ist nicht richtig. Denn die Zusage eines verzinslichen Darlehens bedeutet einen gegenseitigen Vertrag. Der SiG mag daher entweder seinen Anspruch auf Valutierung einklagen oder sich von dem Vertrag über § 323 mit Nachfristsetzung lösen. Im zweiten Fall erhält er seine Sicherheit nach Rücktrittsrecht (§ 346) zurück; im ersten Fall besteht für einen Rückgewähranspruch kein Anlass.

Wenn der SiG nicht zurücktritt, ist für seine Verteidigung gegen die Inanspruchnahme aus der Sicherheit zu unterscheiden:

Bei der SiÜ geschieht die Inanspruchnahme regelmäßig über § 985: Der SiN verlangt Herausgabe »seines« Sicherungsgutes, um es zu verwerten. Hier hat der SiG den Einwand aus § 986: Da das Besitzrecht des SiG mindestens bis zur Fälligkeit der Kreditrückzahlung andauert, kann es vor der Valutierung erst recht nicht erloschen sein.

Bei der SiGS wird oft schon die dingliche Fälligkeit fehlen (§ 1193 II 2). Andernfalls hat der SiG gegen die Grundschuld die dingliche (§ 1192 Ia 1 Hs. 1) Einrede aus dem Sicherungsvertrag: Dieser berechtige den SiN zum Vorgehen aus der SiGS erst bei Fälligkeit des Rückzahlungsanspruchs, an der es fehlt, wenn die zu sichernde Forderung infolge der Nichtvalutierung noch gar nicht entstanden ist.

Schlechter ist die Lage des SiG auch hier wieder **bei der SiZess.** Denn die zedierte Forderung wird durch Inanspruchnahme des Drittschuldners ausgeübt, und dieser kann sich auf den Sicherungsvertrag regelmäßig nicht berufen (→ Rn. 495) und kennt ihn auch oft nicht. Dem SiG bleibt dann bloß ein Schadensersatzanspruch gegen den SiN aus Verletzung des Sicherungsvertrages. Anders ist es nur, wenn die Auslegung des Sicherungsvertrages ergibt, dessen Parteien hätten dem Drittschuldner analog § 328 die Geltendmachung von Einwendungen des SiG überlassen wollen.[18]

Freilich können die Parteien eine SiZess. von der Bedingung abhängig machen, dass es wirklich zur Entstehung der zu sichernden Forderung kommt. Auf den Nichteintritt dieser Bedingung kann sich dann auch der Drittschuldner berufen. Damit erhält die SiZess. eine gewisse **Akzessorietät.** Der BGH leitet eine solche Akzessorietät auch ohne eine dahin zielende Parteiabrede aus der »Funktion (der SiZess.) und dem beiderseitigen wirtschaftlichen Interesse der Vertragsparteien« ab.[19]

3. Zusammenfassung

497 Zusammenfassend lässt sich also sagen: Obwohl der SiN Vollrechtsinhaber geworden ist, wird der SiG regelmäßig bei Nichtigkeit des Sicherungsvertrages und bei Nichtvalutierung wirksam gegen die Inanspruchnahme aus der Sicherheit geschützt. Eine Ausnahme bildet nur die SiZess.: Hier richtet sich die Inanspruchnahme ja gegen einen Dritten (den Schuldner der zedierten Forderung), der aus dem Sicherungsvertrag regelmäßig keine Einwendungen herleiten kann.

17 Noch anders *Jäckle* JZ 1982, 50; lehrreich *Braun/Schultheiß* JuS 2013, 973 (975).
18 Dazu *Willoweit* NJW 1974, 974.
19 BGH NJW 1982, 275 (276). Dagegen mit Recht *Jauernig* NJW 1982, 268, gegen ihn wiederum *Tiedtke*, DB 1982, 1709.

III. Die Erfüllung der zu sichernden Forderung

498 Wenn der SiG die zu sichernde Forderung getilgt hat, muss er die Sicherheit zurückerhalten. Unproblematisch ist das **beim EV,** weil der Käufer mit Restkaufpreiszahlung ohne Weiteres Eigentum erwirbt. Bei den anderen fiduziarischen Sicherungen ist zu unterscheiden:

1. Sicherungsübereignung und Sicherungszession

Bei SiÜ und SiZess. kann die Rückzahlung des Kredits zur auflösenden Bedingung für die Übertragung des Eigentums oder der Forderung gemacht werden. Wenn das geschehen ist, fällt das übertragene Recht mit der Rückzahlung von selbst an den SiG zurück. Andernfalls ist eine rechtsgeschäftliche Rückübertragung nötig. Die Pflicht zu ihr folgt aus Wortlaut oder Sinn des Sicherungsvertrages (→ Rn. 495). § 812 I 2 Fall 1 *(condictio ob causam finitam)* ist daher unanwendbar: Das Bereicherungsrecht braucht man nur bei Unwirksamkeit des Sicherungsvertrages und allenfalls noch beim Auftreten unvorhergesehener Hindernisse, für die sich eine Regelung nicht durch Auslegung des Sicherungsvertrages gewinnen lässt.

Nach einer vordringenden Ansicht soll jedenfalls die SiÜ im Zweifel auflösend bedingt sein. Die Bankpraxis vereinbart aber häufig eine Pflicht zur Rückübertragung; dann ist die Annahme einer auflösenden Bedingung regelmäßig ausgeschlossen.[20] Doch soll für die Rückabtretung ein konkludentes Verhalten genügen, das schon in der Annahme der Leistung auf die gesicherte Forderung liegen könne.[21] Freilich lässt sich nur schwer vorstellen, wie diese Leistungsannahme etwas für eine Rückübertragung der Sicherheit ergeben soll.

2. Sicherungsgrundschuld

499 a) Bei der SiGS sind **zwei Möglichkeiten** denkbar:[22]

aa) Der SiG **zahlt auf Forderung und SiGS.** Dann ist die Forderung nach § 362 I erloschen, und die SiGS ist zur Eigentümergrundschuld geworden. Daher kann der SiG nach § 894 Grundbuchberichtigung verlangen.

Über dieses Ergebnis herrscht Einigkeit, aber seine Begründung aus dem Gesetz bereitet Schwierigkeiten. Es gibt im Wesentlichen zwei Konstruktionsvorschläge für den Übergang der SiGS in eine Eigentümergrundschuld: Manche[23] helfen mit §§ 1142, 1143. Aber diese Bestimmungen gehen von der Verschiedenheit des Eigentümers und des persönlichen Schuldners aus.
Andere berufen sich auf den Gedanken der §§ 1168, 1171.[24] Dies sind jedoch Sonderfälle des Hypothekenrechts, die gleichfalls nicht vollkommen passen. Angesichts dieses Dilemmas stehen die beiden Begründungswege letzten Endes zur Wahl.

500 bb) Der SiG **zahlt nur auf die Forderung.** Dann muss die SiGS gemäß dem Sicherungsvertrag zurückgewährt werden, wenn der Sicherungszweck endgültig erledigt ist, also wenn nicht noch weitere zu sichernde Forderungen entstehen können. Für diesen Rückgewähranspruch wird dem SiG die Wahl zwischen drei Möglichkeiten gelassen:[25] Rückübertragung entsprechend § 1154; Verzicht auf die SiGS entsprechend

---

20 BGH NJW 1984, 1184 (1185).
21 BGH BB 1986, 276; s. auch NK-BGB/*v. Sachsen Gessaphe* § 812 Rn. 42.
22 Vgl. *Seibert* JuS 1984, 526.
23 RGZ 78, 60 und BGH NJW 1976, 2340 (2341); sowie *Westermann/Eickmann* SachenR § 116 Rn. 12f.; *Baur/Stürner* SachenR § 44 Rn. 23ff.; lehrreich *Meyer* JURA 2009, 561.
24 *Wolff/Raiser* SachenR § 156 Fn. 11.
25 BGHZ 108, 237 (244), dazu *Wilhelm* JZ 1998, 18; BGH NJW-RR 1994, 847.

§ 1169 (mit der Folge von § 1168); Aufhebung, § 875. Nur im letzten Fall erlischt die Grundschuld und rücken nachrangige Belastungen auf, während auf den beiden ersten Wegen eine Eigentümergrundschuld entsteht.

501 b) Darüber, ob nur auf die Forderung oder auch auf die SiGS gezahlt wird, entscheidet zunächst der **Wille** des leistenden SiG (**Bankpraxis:** Es wird Zahlung nur auf die Forderung vereinbart; der Schuldner kann dann aber trotzdem auch auf die SiGS zahlen).[26] Fehlen für diesen Willen – wie meist – konkrete Anhaltspunkte, so ist zu bedenken: Die Zahlung auf die SiGS macht ohne besonderen Rückgewährsakt (wie er bei → Rn. 500 nötig ist) diese zur Eigentümergrundschuld. Damit steht sie dem Zugriff anderer Gläubiger des SiG offen; ihre neuerliche Verwendbarkeit als Sicherungsmittel für später entstehende Forderungen wird also zweifelhaft. Daher ist Zahlung auch auf die Grundschuld nur dann anzunehmen, wenn der Zahlende den Sicherungszweck für endgültig erledigt hält.[27]

IV. Wirkungen des Sicherungszwecks gegenüber Dritterwerbern des Sicherungsguts

1. Regel: keine Drittwirkung

502 Der SiN darf zwar von dem Überschuss an Rechtsmacht, der ihm bei der fiduziarischen Sicherung eingeräumt wird, nach dem Sicherungsvertrag keinen Gebrauch machen. Aber im Verhältnis zu Dritten wirkt eine solche vertragliche Verfügungsbeschränkung grundsätzlich nicht (§ 137):[28] Der SiN ist hier Vollberechtigter.

Beispiel: SiG hat eine Forderung fiduziarisch an SiN zediert. SiN tritt diese Forderung entgegen dem Sicherungsvertrag an einen Dritten D ab: Dieser hat vom Berechtigten erworben und ist daher unbeschränkt Gläubiger geworden. D braucht also die Forderung insbesondere nicht nach Erledigung des Sicherungszwecks an SiG zurückzuübertragen. Bloß ausnahmsweise (→ Rn. 625) kommt ein Schadensersatzanspruch des SiG gegen D aus § 826 oder § 823 II BGB mit §§ 26f., 266 StGB in Betracht; sonst kann SiG sich nur aus dem Sicherungsvertrag an SiN halten.

Unter Hinweis auf § 137 hat es der BGH auch mit Recht abgelehnt, bei evidenter Überschreitung des Innenverhältnisses die Regeln über den Missbrauch der Vertretungsmacht anzuwenden.[29] Denn der Treuhänder verfügt im eigenen Namen über eigenes Recht: Er handelt also im Gegensatz zum Vertreter in Selbstbestimmung statt in Fremdbestimmung. Der hinter dieser Gestaltung stehende Parteiwille darf nicht durch eine die Unterschiede verwischende Angleichung missachtet werden.[30]

2. Drittwirkung in Ausnahmefällen

503 Aber eine Reihe von gesetzlichen Vorschriften führt in Einzelfällen doch zu einer Wirkung des Sicherungszwecks auch Dritten gegenüber.

26 BGH NJW 1976, 2132 (2133).
27 Dabei lässt BGH NJW 1969, 2237 zu, dass die Zweckbestimmung der Zahlung noch nachträglich durch Vertrag geändert wird. Insbesondere soll so eine zunächst nur auf die Forderung geleistete Zahlung auf die SiGS erstreckt werden können.
28 Näher *Berger*, Rechtsgeschäftliche Verfügungsbeschränkungen, 1998.
29 BGH NJW 1968, 1471; vgl. → Rn. 116.
30 So *U. Huber* JZ 1968, 791 gegen *Kötz* NJW 1968, 1471; *H. Schlosser* NJW 1970, 681; dazu noch *Wank* JuS 1979, 402.

a) Eigentumsvorbehalt

Beim Kauf unter EV hat der Käufer ein Anwartschaftsrecht auf den Erwerb des Eigentums: Die §§ 161, 936 III, 986 II sichern ihn umfassend auch im Verhältnis zu Dritten (→ Rn. 462 f.). In der Insolvenz des Vorbehaltsverkäufers hilft § 107 I InsO (→ Rn. 480).

b) Sicherungsübereignung

504 Bei der SiÜ muss man unterscheiden: Wenn die Übereignung durch die Rückzahlung des Kredits **auflösend bedingt** ist (→ Rn. 498), hat der SiG ein aus den §§ 161, 936 III, 986 II folgendes Anwartschaftsrecht auf Rückerwerb des Volleigentums. Der SiG ist hier also ebenso wie der Käufer unter EV umfassend gesichert. Besteht dagegen nur ein **obligatorischer Rückübereignungsanspruch,** so liegen die Dinge verwickelter.[31]

Beispiel: SiG hat SiN eine Maschine zur Sicherung eines Kredits mit Rückübertragungsklausel übereignet. SiN veräußert die Maschine nach § 931 vertragswidrig an D.

Hier kann D sein Eigentum nicht wieder nach § 161 II verlieren, weil sein Vormann SiN unbedingter Eigentümer war. Andererseits kann D die Maschine aber auch nicht nach § 985 von SiG herausverlangen: SiG ist dem SiN gegenüber solange zum Besitz berechtigt, wie SiG seine Pflichten aus dem Sicherungsvertrag erfüllt, und dieses Besitzrecht wirkt nach § 986 II auch gegen D. Zudem braucht SiG den Kredit an SiN nur gegen Rückübereignung der Maschine zurückzuzahlen. Wenn SiN zu dieser Rückübereignung unvermögend ist, wird SiG freilich auf einen Schadensersatzanspruch aus §§ 280, 283 beschränkt.

Hier ist also, wenn auch nicht zulasten des SiG, eine verfahrene Situation entstanden, wie sich besonders deutlich an dem Auseinanderklaffen von Eigentum und Besitzrecht zeigt. Das dürfte auf zwei Wegen bereinigt werden können:
Entweder verlangt SiG von SiN aus den §§ 280 I, III, 283 vollen Schadensersatz für die Maschine. Dabei kann SiG (nicht aber wegen § 393 auch SiN; der Ersatzanspruch des SiG kann ja auch auf § 826 gestützt werden) gegen den Anspruch des SiN auf Rückzahlung des Kredits aufrechnen. Wenn SiG den Schadensersatz als Surrogat der Maschine erhalten hat, wird man sein Besitzrecht gegen D als beendet ansehen müssen. Denn der Sicherungsvertrag, auf dem dieses Besitzrecht beruht, ist erledigt. Zudem braucht nach § 255 der SiN den Schadensersatz nur gegen Abtretung der Rechte wegen der Maschine zu leisten.
Oder D wendet sich aus dem Kaufvertrag an seinen Verkäufer SiN. Unvermögend ist SiN hier zwar nur zur Verschaffung des unmittelbaren Besitzes. Aber da D ohne diesen mit dem Eigentum nichts anfangen kann, treten nach den §§ 281 I 2, 326 I 1 die Folgen des vollen Unvermögens ein. D muss dann, wenn er Rücktritt wählt, das Eigentum nach § 346 wieder an SiN übertragen. Und wenn D Schadensersatz statt der Leistung verlangt, wird man diesen hier nur nach der Surrogationstheorie (→ Rn. 241) berechnen können: Weil man den Wert des bloßen Eigentums ohne Besitzrecht nicht angeben kann, versagt die Differenztheorie: Die dort maßgebliche »Differenz« lässt sich nicht ermitteln. Bei Schadensersatzleistung nach der Surrogationstheorie muss D das Eigentum an SiN übertragen. SiN erhält also sowohl beim Rücktritt wie beim Schadensersatz das Eigentum zurück. Damit wird er wieder zur Rückübertragung an SiG vermögend.

c) Sicherungszession

505 Bei der SiZess. wird der SiG gegen einen Dritterwerber der Forderung geschützt, wenn die Zession durch die Rückzahlung des Kredits auflösend bedingt ist (→ Rn. 498): Hier verliert der Dritterwerber die Forderung bei Bedingungseintritt wieder nach § 161 II. Sonst dagegen ist die Forderungsabtretung durch den SiN unbedingt wirksam. Dem SiG bleibt dann nur die Möglichkeit, den SiN aus der Verletzung des Sicherungsvertrages in Anspruch zu nehmen.

---

31 Vgl. *R. Giesen* AcP 203 (2003), 210.

d) Sicherungsgrundschuld

506 Bei der SiGS wirkt gegenüber einem Dritterwerber zunächst die dingliche Fälligkeit (§ 1193). Neben diesem vorübergehenden Schutz des SiG konnte ein dauernder Schutz früher nur über §§ 1192 I, 1157 erreicht werden: Nach § 1157 S. 1 vermochte der SiG dem Dritterwerber der SiGS auch Einreden entgegenzuhalten, die ihm aus dem SiV »zustehen«. Das waren freilich nur solche Einreden, die im Zeitpunkt der Abtretung bereits vollumfänglich entstanden waren. Zusätzliche Voraussetzung nach §§ 1157 S. 2, 892 war, dass der Dritte die konkrete Einrede beim Erwerb der Grundschuld positiv kannte.

Hierüber bestand Streit: RGZ 91, 218 (225) hatte den Erwerber schon dann als unredlich angesehen, wenn er nur wusste, dass die Grundschuld SiGS war: Dann habe er nämlich auch gewusst, dass sie nach Rückzahlung des Kredits zurückübertragen werden musste. Dass der Rückübertragungsanspruch zur Zeit des Erwerbs noch nicht entstanden war, spiele dabei keine Rolle. Diese Entscheidung war aber im Schrifttum mit Recht vielfach auf Ablehnung gestoßen.[32] Denn nach der Ansicht des RG stand der Erwerber einer SiGS schlechter als der Erwerber einer Verkehrshypothek: Bei dieser musste nach der Abtretung der Schuldner an den neuen Gläubiger zahlen und konnte durch Leistung an den alten Gläubiger nicht mehr freiwerden (§ 1156). Dagegen konnte der Schuldner bei der SiGS noch an den alten Gläubiger zahlen und dann vom neuen Gläubiger nach §§ 1192 I, 1157, 1169 Verzicht auf die Grundschuld verlangen. Damit hätte die SiGS an Sicherheit eingebüßt. Die hM hatte daher mit BGHZ 59, 1 gegenüber dem Erwerber nur solche Einreden zugelassen, die bei dem Erwerb bereits entstanden und dem Erwerber bekannt waren. Wenn eine dieser Voraussetzungen fehlte, wurde die SiGS in der Hand des Erwerbers zu einer »isolierten« Grundschuld: Der Sicherungszweck wirkte nicht mehr. Der SiG war also im Wesentlichen auf Ansprüche gegen den SiN aus dem Sicherungsvertrag angewiesen.

507–508 Da die übliche ratenweise Tilgung seit jeher weder im Grundbuch noch auf dem Brief (§§ 1192 I, 1155) vermerkt wird,[33] konnten die Tilgungen einem redlichen Erwerber der SiGS nach hM nicht entgegengehalten werden. Der Erwerber konnte vielmehr ohne die Beschränkungen des SiV aus der Grundschuld gegen den SiG vorgehen, selbst wenn dieser seine Verbindlichkeiten stets pünktlich bedient hatte. Um das zu verhindern, sieht § 1192 Ia 1 Hs. 1 nunmehr vor, dass der Eigentümer dem Erwerber sowohl die ihm bei Abtretung bereits »zustehenden« Einreden aus dem SiV (Var. 1, inhaltsgleich mit § 1157 S. 1) als auch die sich erst später aus dem SiV »ergebenden« Einreden (Var. 2) geltend machen kann.[34] Daneben schließt § 1192 Ia 1 Hs. 2 den redlichen einredefreien Erwerb nach §§ 1192 I, 1157 S. 2 aus. Der SiV wirkt deshalb nicht länger bloß »inter partes«, sondern es kommt (vergleichbar mit § 986 II) zu einer **Verdinglichung** des obligatorischen SiV, den nunmehr jeder Erwerber gegen sich gelten lassen muss.[35] Folglich steht der mit der SiGS belastete Eigentümer gegenüber dem Erwerber der SiGS ebenso wie gegenüber dem Veräußerer: Er hat wegen aller schon geleisteten Zahlungen aus dem SiV eine Einrede gegen den Erwerber, obwohl dieser nicht in die Pflichten aus dem SiV eingetreten ist. Insoweit versagt auch der Redlichkeitsschutz durch das Grundbuch oder den Brief. Da es für die **Verkehrshypothek** bei der bishe-

32 Etwa *Baur/Stürner* SachenR § 45 Rn. 63ff.; *Westermann/Eickmann* SachenR § 115 Rn. 6ff.

33 Wichtig *R. Stürner* JZ 2010, 774 zu BGHZ 185, 133 und zur Frage, unter welchen Voraussetzungen der Erwerber einer SiGS eine Unterwerfung des Eigentümers unter die sofortige Zwangsvollstreckung (§ 794 I Nr. 5 ZPO) ausnutzen kann.

34 Dazu etwa *Hey* JURA 2008, 721; *Langenbucher* NJW 2008, 3169; *Habersack* NJW 2008, 3173; *Zetzsche* AcP 209 (2009), 543; *Wellenhofer* JZ 2009, 1077; *Weller* JuS 2009, 969; *Derleder* ZIP 2009, 2221; *Nietsch* NJW 2009, 3606; *Kiehnle* BKR 2009, 157; *Meyer* JURA 2009, 561; *Schmitz* ZIP 2010, 1199; *Preuß,* FS Kanzleiter, 2010, 307.

35 Vgl. schon *Wilhelm* NJW 1983, 2917 (2919). Zur Verdinglichung obligatorischer Rechte grdl. *Canaris,* FS Flume, Bd. I, 1978, 371.

rigen Regelung des § 1157 verbleibt, unterliegt die SiGS bezogen auf die Einreden aus dem SiV heute einer strengeren Verknüpfung mit der gesicherten Forderung als die Verkehrshypothek. Der SiV dient insoweit als »Ersatz für die Akzessorietät in der Durchsetzung«.[36]

3. Exkurs: Veräußerung des mit einer Sicherungsgrundschuld belasteten Grundstücks

509 Die soeben behandelten Konstellationen betreffen Veräußerungen der SiGS, also einen Wechsel der Rechtszuständigkeit auf der Seite des SiN. Denkbar ist auch der umgekehrte Fall: Der SiG veräußert das mit der SiGS belastete Grundstück. Kann dann der Erwerber dem SiN den Sicherungsvertrag entgegenhalten, wenn der SiN aus der Grundschuld vollstreckt?

> **Beispiel:** SiG hat an seinem Grundstück dem SiN eine SiGS bestellt. Nachdem SiG die zu sichernde Forderung (und nur diese, → Rn. 500) zurückgezahlt hat, verkauft und übereignet er das Grundstück an K. Dabei versichert SiG dem K, die Grundschuld sei wegen der Rückzahlung des Kredits »erledigt«. SiN klagt gegen K auf Duldung der Zwangsvollstreckung.

Grundsätzlich ist die SiGS gegenüber dem Grundstückserwerber K »isoliert«. K muss also damit rechnen, aus der Grundschuld voll in Anspruch genommen zu werden. Anders ist es nur, wenn der SiG (= Verkäufer) dem K seinen Anspruch aus dem Sicherungsvertrag auf Rückgewähr der Grundschuld abgetreten hatte: Dann kann K diesen Anspruch dem SiN entgegenhalten. Der BGH hat allerdings in einem Fall wie dem geschilderten die Annahme einer »stillschweigenden« Abtretung an K gebilligt.[37] Leichter fällt diese Annahme, wenn der Grundstückserwerber die noch valutierte Grundschuld in Anrechnung auf den Kaufpreis übernommen hat oder auch in das Kreditverhältnis eintritt.[38] Dagegen scheidet für einen Erwerber des Grundstücks in der Zwangsversteigerung eine Berufung auf den Sicherungsvertrag grundsätzlich aus.[39]

V. Die fiduziarische Sicherung in Zwangsvollstreckung oder Insolvenz

1. Eigentumsvorbehalt

510 Vom EV in der Insolvenz war schon in → Rn. 480f. die Rede, ebenso in → Rn. 485f. von der Pfändung der Anwartschaft des Käufers durch dessen Gläubiger. Eine Pfändung des Noch-Eigentums durch Gläubiger des Verkäufers scheitert meist (sonst → Rn. 466) an den Gewahrsamsverhältnissen: Der Käufer wird kein »zur Herausgabe bereiter Dritter« iSv § 809 ZPO sein. Es bleibt also nur noch der Fall, dass Gläubiger des Käufers die Sache so pfänden, als sei dieser bereits Eigentümer. Dann muss man dem Verkäufer die Drittwiderspruchsklage aus § 771 ZPO zugestehen. Nach dem BGH[40] soll die finanzierende Bank in der Insolvenz des Käufers aber aus dem vorbehaltenen Eigentum bloß ein Absonderungsrecht (kein Aussonderungsrecht) haben.

36 So schon *Medicus* JuS 1971, 497 (503); vgl. auch → Rn. 770f.
37 BGH LM § 1169 BGB Nr. 1.
38 Zu Ersterem BGH NJW 1991, 1821; Letzteres im Fall von BGH NJW 1986, 2108.
39 BGHZ 155, 63.
40 BGHZ 176, 86 Rn. 23ff. (dazu *Jacoby* JZ 2008, 1053). Vgl. auch *Grunsky* JuS 1984, 497.

2. Andere Sicherungsrechte

Bei den anderen Sicherungsrechten ist zu unterscheiden:

511 a) **In der Insolvenz des SiN** wird dem SiG ein Aussonderungsrecht (§ 47 InsO) zugestanden, wenn er die zu sichernde Forderung erfüllt. Das gilt auch dann, wenn die Übertragung nicht unter der auflösenden Bedingung der Rückzahlung vereinbart worden war: Der SiG wird also praktisch so behandelt, als ob eine solche Bedingung bestünde.

512 b) **In der Insolvenz des SiG** räumte die Rechtsprechung dem SiN bei SiÜ und SiZess. prinzipwidrig nur ein Absonderungsrecht (§§ 50f. InsO) ein: Der SiN wird also so behandelt, als ob er nicht das Vollrecht hätte, sondern nur ein Pfandrecht.[41]

513 c) **In der Einzelzwangsvollstreckung** behandelt die hM dagegen SiÜ und SiZess. wie eine Vollrechtsübertragung: Der SiN erhält bei Vollstreckung durch Gläubiger des SiG die Drittwiderspruchsklage nach § 771 ZPO. Vollstreckt ein Gläubiger des SiN (was aber bei der SiÜ wegen §§ 808, 809 ZPO regelmäßig ausgeschlossen ist), so erhält der SiG unter bestimmten Voraussetzungen die Drittwiderspruchsklage nach § 771 ZPO. Welche Voraussetzungen das sind, ist zweifelhaft.[42] Mit guten Gründen wird verlangt, die Verwertungsreife dürfe noch nicht eingetreten sein: Sobald der SiN selbst zur Verwertung berechtigt sei, dürfe man auch seinen Gläubigern den Zugriff nicht über § 771 ZPO verwehren.[43]

514 d) **Zusammenfassend** lässt sich also sagen: **Der SiG** wird noch bis zum Eintritt der Verwertungsreife oder nach Rückzahlung des Kredits wie der Berechtigte behandelt. Die Stellung **des SiN** dagegen unterscheidet sich: In der Insolvenz wird er wie ein Pfandgläubiger angesehen, in der Einzelzwangsvollstreckung bei SiÜ und SiZess. wie der Vollrechtsinhaber. Diese Unterscheidung zwischen Insolvenz und Einzelzwangsvollstreckung hat einen guten Grund: In der Insolvenz des SiG muss der gesicherte Kredit ohnehin sofort abgewickelt werden. In der Einzelzwangsvollstreckung durch Gläubiger des SiG dagegen ist das unnötig: § 805 ZPO mit seinem Zwang zu sofortiger Abwicklung würde hier also stören, weshalb dem SiN § 771 ZPO gegeben wird.

VI. Die Verarbeitungsklausel bei Eigentumsvorbehalt und Sicherungsübereignung

515 Ware, die unter EV erworben oder zur Sicherung übereignet wird, soll oft vom SiG noch verarbeitet werden. Eine solche Verarbeitung kann aber nach § 950 dem SiG Eigentum verschaffen: Die Sicherung durch EV oder SiÜ wäre dann nicht »verarbeitungsbeständig«. Die Frage ist, ob und wie dieser Eigentumserwerb durch Vereinbarung (**»Verarbeitungsklausel«**) ausgeschlossen werden kann.

BGHZ 20, 159: Ein Walzwerk W hatte Bleche unter EV mit Verarbeitungsklausel an den Fabrikanten F geliefert. Dieser verarbeitete die Bleche zu Gehäusen für Hochfrequenzgeräte und übereignete dann diese Geräte zur Sicherung für einen Kredit an die Bank B. W und B streiten um das Eigentum (genauer: darum, ob W nach § 947 I Miteigentum an den Geräten hat[44]).

41 BGH NJW 1978, 632 (633).
42 Dazu näher BGHZ 72, 141 (144). Zu den Rechtsbehelfen in der ZV *Preuß* JURA 2003, 181; 540.
43 Vertiefend *Brox/Walker* ZVR Rn. 1416f.
44 Vgl. auch BGH NJW 2010, 3578 Rn. 13: Miteigentum nach §§ 947 I f. bei Geldverwahrung in einheitlicher Kasse; kein Alleineigentum des Kasseneigentümers; dazu *Gehrlein* NJW 2010, 3543.

1. Fremdwirksame Verarbeitung

516 § 947 I wäre zu verneinen, wenn W sein Eigentum schon vor der Verbindung dadurch verloren hätte, dass F es durch die Verarbeitung der Bleche zu Gehäusen erworben hat, § 950. Der BGH hat das wegen der zwischen W und F vereinbarten Verarbeitungsklausel verneint: Durch diese Klausel habe W die Rolle des »Herstellers« an den Gehäusen aus den von ihm gelieferten Blechen erhalten. Das gelte selbst dann, wenn F bei der Verarbeitung an den EV und die Klausel nicht gedacht habe oder für sich selbst habe verarbeiten wollen. Nur wenn F äußerlich erkennbar von der vereinbarten Art der Verarbeitung abgewichen sei, werde er selbst zum Hersteller; auch ein Verarbeitungsverbot sei wirkungslos.[45]

Die vom BGH vertretene Ansicht, die wohl herrschend ist, hält also einerseits § 950 entsprechend seiner Stellung im Sachenrecht für zwingend. Andererseits meint sie aber, die Rolle als Hersteller könne durch Vereinbarung bestimmt werden. Danach bedeutet also die »Verarbeitungsklausel« die Abrede, der Lieferant oder der Sicherungseigentümer solle Hersteller sein.[46]

2. Andere Ansichten

517 Die eben geschilderte Ansicht ist vor allem wegen ihrer Inkonsequenz – § 950 soll zwingend sein, aber doch Vereinbarungen über den Hersteller erlauben – vielfach auf Widerspruch gestoßen. Von den abweichenden Meinungen seien die drei folgenden genannt:

a) Nach manchen[47] will § 950 den Interessenkonflikt zwischen Eigentümer und Verarbeiter lösen. Wo dieser Konflikt schon durch Vereinbarung ausgeräumt ist, kann die Vorschrift daher nicht angewendet werden. Danach stellt die »Verarbeitungsklausel« die Beilegung des Interessenkonflikts dar, der Voraussetzung für die Anwendung von § 950 ist.

Für diese Ansicht wird folgendes Argument verwendet: Beim Werkvertrag kenne das BGB keine Übereignungspflicht des Unternehmers. Folglich müsse das vom Besteller gelieferte Material auch nach der Verarbeitung trotz § 950 noch in dessen Eigentum stehen.[48] Das ist zwar richtig, beweist aber nichts: Die Fälle des Werkvertrages sind nämlich gerade diejenigen der typischen Fremdherstellung (→ Rn. 518). Dagegen besteht in den Fällen wie dem Ausgangsfall (→ Rn. 515) zwischen Lieferant und Verarbeiter nur ein Kauf- und kein Werkvertrag: Weder will der Lieferant die Verarbeitung vergüten noch das Produkt abnehmen. Das Werkvertragsrecht ergibt also für solche Fälle kein Argument.

518 **b)** Nach aA ist § 950 zwingend.[49] Er kann nicht durch Vereinbarung, sondern nur dadurch ausgeschaltet werden, dass objektiv eine Lage geschaffen wird, in der typischerweise Fremdverarbeitung stattfindet. Das ist jedenfalls bei solchen Personen gegeben, die in einen Betrieb – etwa als Besitzdiener[50] – eingegliedert sind. Bei Selbstständigen entscheidet, ob die **Verarbeitung typischerweise fremdbestimmt ist** (zB in Betrieben zur gewerblichen Be- oder Verarbeitung von Waren wie beim Lohnschneider). Danach wären die Verarbeitungsklauseln weithin unwirksam.[51]

---

45 BGH NJW 1989, 3213 f. Klausurfall bei *Thomale* JuS 2013, 1097.
46 Dazu *Röthel* NJW 2005, 625; ferner *Wadle* JuS 1982, 477; *Nierwetberg* NJW 1983, 2235.
47 *Flume* NJW 1950, 841; *Dolezalek* AcP 195 (1995), 392.
48 *Baur/Stürner* SachenR § 53 Rn. 21.
49 *Wilhelm* SachenR Rn. 1074 ff.
50 Zur Rechtsfigur des Besitzdieners *Witt* AcP 201 (2001), 165.
51 Auch in dem Fall BGHZ 20, 159 → Rn. 515.

c) Nach einer dritten Ansicht[52] soll der zwingende Charakter des § 950 auch nicht wie bei → Rn. 518 ausgeschaltet werden können. Danach bleibt den Lieferanten nur die folgende Sicherungsmöglichkeit: Sie lassen sich von dem Verarbeiter das verarbeitete Produkt mithilfe eines antizipierten Besitzkonstituts vorweg zur Sicherung übereignen. Dabei entsteht freilich das Eigentum nach § 950 zuerst beim Verarbeiter; den Lieferanten gelingt also nur ein Durchgangserwerb. **518a**

3. Lösungsvorschlag

519 Den Vorzug verdient die zweite Auffassung (→ Rn. 518). Denn die hM (→ Rn. 516) ist inkonsequent und provoziert nur Formulierungskunststücke in den Allgemeinen Geschäftsbedingungen. Der ersten Ansicht (→ Rn. 517) steht entgegen, dass sie den § 950 abdingbar macht; das passt schlecht zu seinem Zusammenhang mit den §§ 946–948.[53] Auch darf man in § 950 nicht nur den Interessengegensatz Eigentümer–Verarbeiter geregelt sehen. Denn dieser Gegensatz lässt sich über die Eigentumsfrage ohnehin nicht sachgerecht lösen. Vielmehr kann § 950 auch den guten Sinn haben, ebenso wie die anderen originären Erwerbsgründe einen klaren Ausgangspunkt für die Beurteilung der Eigentumsverhältnisse zu schaffen: Wo einmal verarbeitet worden ist, hat der objektiv feststellbare, das heißt nicht erst durch Rechtsgeschäft bestimmte Verarbeiter Eigentum erworben. Damit vermeidet man auch weitgehend die Schwierigkeiten, die sich nach der hM und der Ansicht von → Rn. 517 ergeben, wenn Material verschiedener Lieferanten gemeinsam verarbeitet wird, oder wenn der Wert des Endproduktes überwiegend dem Arbeitsanteil entstammt.[54]

4. Zum Wertverhältnis bei § 950 BGB

520 Einen Sonderfall, in dem es auf das in § 950 I 1 bestimmte Wertverhältnis[55] ankommt, behandelt

BGHZ 56, 88: V liefert an die Brennerei B Brennwein (eine Art Rohbranntwein) unter EV. B stellt daraus Weinbrand her und zahlt hierfür den »Branntweinaufschlag« (eine mit dem Branntweinmonopol zusammenhängende Abgabe), um die Freigabe durch den Zoll zu erreichen. Danach übereignet B den Weinbrand sicherungshalber an G. Da B in Konkurs fällt, streiten V und G um das Eigentum.

Da der Weinbrand dem G nicht zu unmittelbarem Besitz übergeben worden ist (§ 933), kann G Eigentum nur nach § 930 erworben haben, also wenn zunächst B Eigentümer geworden ist. B seinerseits kann, weil er nicht den Kaufpreis an V bezahlt hat, Eigentum nur nach § 950 erworben haben. Dafür darf der Wert der Verarbeitung nicht erheblich geringer sein als der Wert des Brennweins. Was ist in diesem Sinne »Verarbeitung«: bloß die (hier wenig aufwendige) Destillation des Brennweins oder auch die Zahlung des (dem Werte nach viel höheren) Branntweinaufschlags?

Die Vorinstanz hatte nur die Destillation berücksichtigt: § 950 wolle bloß den Wert der in der Sache verkörperten Arbeit schützen. Dem hat der BGH mit Recht widerspro-

52 *Westermann/Gursky* SachenR § 53 Rn. 21; *Wieling* SachenR § 11 II 4h, i; wohl auch *Brehm/Berger* SachenR § 28 Rn. 21 ff.; *Süß* JURA 2011, 81 (84).

53 Monographisch *Kähler,* Begriff und Rechtfertigung abdingbaren Rechts, 2012; *Möslein,* Dispositives Recht, 2011.

54 Vgl. zu Einzelheiten BGHZ 46, 117 und umfassend *Serick,* Kollisionsfälle im Bereich der Verarbeitungsklauseln, BB 1975, 381.

55 Dazu allg. BGH NJW 1995, 2633.

chen: § 950 regele nicht den Konflikt zwischen Arbeit und Kapital (dazu war die Vorschrift auch nie geeignet). Vielmehr gehe es um die einander entgegenstehenden **Interessen mehrerer Unternehmer:** einerseits des Lieferanten und andererseits des Verarbeiters und seiner Gläubiger. Daher komme es nicht auf den Wert der Arbeit an, sondern auf den **Wertzuwachs der Sache beim Verarbeiter.** Dieser Zuwachs werde auch durch die Zahlung des Branntweinaufschlags bestimmt, die das Destillat erst verkehrsfähig mache.

VII. Das Bestimmtheitserfordernis bei Sicherungsübereignung und Sicherungszession

521 SiÜ und SiZess. sind Verfügungen und unterliegen daher dem Bestimmtheitsgrundsatz (Spezialitätsprinzip): Sie können sich nur auf bestimmte Gegenstände beziehen. Ob diesem Erfordernis genügt ist, wird oft zweifelhaft, wenn Warenlager oder Kundenforderungen in ihrem wechselnden Bestand oder nur teilweise zur Sicherung verwendet werden sollen. Dazu gibt es eine umfangreiche und nicht immer konsequente Rechtsprechung, deren Kenntnis aber keinesfalls zu dem nötigen paraten Wissen gehört.[56] Nur das Folgende sei hervorgehoben:

522 **1. Sicher unwirksam** ist eine SiÜ etwa »des halben Lagers« oder »des Lagers bis zum Wert von 10.000 EUR« oder von 75 Ferkeln, die gemeinsam mit gleichartigen anderen Ferkeln gehalten werden.[57] Denn hier lässt sich nicht feststellen, welche einzelnen Sachen unter die SiÜ fallen sollen. Gleiches gilt für eine nicht ohne Weiteres klare Sammelbezeichnung (»Handbibliothek Kunst«).[58]

2. Dagegen verzichtet die Rechtsprechung[59] bei der SiÜ von Sachgesamtheiten auf die **rechtliche Qualifikation.**

Beispiel: Im Warenlager des S befinden sich Waren, die dem S gehören, und Waren, an denen S nur ein Anwartschaftsrecht hat, weil sie ihm unter EV geliefert und noch nicht voll bezahlt worden sind. S überträgt der Bank B zur Sicherung »die ihm an den Waren zustehenden Rechte«. BGHZ 21, 52 hatte das für unwirksam gehalten: S und B müssten eine konkrete Vorstellung darüber haben, an welchen Waren das Eigentum übertragen werden solle und an welchen nur das Anwartschaftsrecht. Demgegenüber hat BGHZ 28, 16 zugelassen, dass diese Frage bei der SiÜ selbst noch offenbleibt und erst bei der Verwertung der Sicherheiten geklärt wird. Die Bestimmtheit soll dagegen fehlen, wenn die nicht näher bezeichneten unter EV erworbenen Sachen von der SiÜ ganz ausgeschlossen sind, sodass also auch nicht das Anwartschaftsrecht des SiG übertragen werden soll.[60] Der BGH verlangt im Übrigen die Erkennbarkeit von Vorbehaltsware auch für »einen außenstehenden Dritten, der nur die Vereinbarung kennt« (und nicht noch weitere Unterlagen wie Rechnungen und Kontoauszüge berücksichtigt).[61]

---

56 Zu Einzelheiten etwa *C. Becker*, Maßvolle Kreditsicherung, 1999; *Gehrlein* MDR 2001, 911; *Vieweg/Werner* SachenR § 12 Rn. 8f.; *Brehm/Berger* SachenR § 33 Rn. 6f.; *Feuerborn* ZIP 2001, 600.

57 BGH NJW 1984, 803.

58 BGH NJW 1992, 1161, dort auch zur Herstellung der Bestimmtheit durch Lagerung in einem eigenen Raum und durch Kennzeichnung der nicht übereigneten Sachen.

59 OLG München NJW 1987, 1896 nimmt Unbestimmtheit nicht schon deshalb an, weil sich in der sicherungsübereigneten *Wohnungseinrichtung* auch einzelne Sachen Dritter befinden, wenn der SiN das nicht wusste.

60 BGH NJW 1986, 1985.

61 BGH ZIP 1989, 1584 (1586).

3. Bei der Vorauszession lässt die Rechtsprechung **Bestimmbarkeit** genügen.[62] Danach muss die Bestimmtheit der abgetretenen Forderung erst vorliegen, wenn die SiZess. durch die Entstehung der Forderung wirksam wird. Möglich ist also insbesondere die Abtretung der »Forderung aus dem künftigen Verkauf dieser Sache« (so beim **verlängerten EV**), obwohl die Bestimmtheit nach Höhe und Person des Schuldners (Käufers) erst mit Abschluss des Kaufvertrages eintritt. **523**

Schwierigkeiten ergeben sich aber, wenn aus der Verwertung der unter verlängertem EV gelieferten Ware eine Forderung entsteht, die nur zu einem kleinen Teil auf dem Wert dieser Ware beruht.

BGHZ 26, 178: V hatte dem Bauunternehmer U für 20.000 DM Baueisen verkauft und unter verlängertem EV geliefert. U baute unter Verwendung dieses Eisens aufgrund eines Werkvertrages mit S zwei Wohnhäuser; seine Werklohnforderung gegen S betrug 280.000 DM. Diese Forderung tritt er zur Sicherung an die Bank B ab und teilt das dem S mit. S zahlt daraufhin an B. V klagt gegen B auf Zahlung von 20.000 DM.

Die Klage des V wäre nach §§ 816 II, 408 I, 407 I begründet, wenn U die Werklohnforderung gegen S mindestens zu einem Teilbetrag von 20.000 DM wirksam an V abgetreten hätte. Der BGH hat das aber abgelehnt (und folglich die Klage abgewiesen): Eine Zession der vollen Werklohnforderung widerspreche dem anzunehmenden Parteiwillen (Übersicherung!). Für die Zession eines Teilbetrages aber fehle es an der nötigen Bestimmtheit der Höhe dieses Teiles.

Der Entscheidung ist zuzustimmen. Denn es ist keineswegs selbstverständlich, dass U an V gerade so viel von der Werklohnforderung abtreten wollte, wie er selbst dem V schuldete (also 20.000 DM, ggf. zuzüglich Verzugszinsen). Wegen des der Werklohnforderung anhaftenden Risikos und wegen der Möglichkeit eines Anwachsens der Forderung V–U um Zinsen und Verzugsschaden wird nämlich oft ein größerer Teil (etwa 120 %) zur Sicherung abgetreten. Als Kompromiss lässt der BGH – auch für § 307 – eine Klausel genügen, in der sich der Zessionar zur Freigabe verpflichtet, sobald der Nennbetrag der abgetretenen Forderungen die Kreditsumme um 50 % übersteigt.[63]

4. Auch bei der SiÜ ist nicht nur wegen § 138, sondern auch wegen § 307 eine **Übersicherung** zu vermeiden.[64] Hierzu muss der SiN zur Freigabe verpflichtet werden, soweit der Wert der Sicherheiten die (bestimmt festzusetzende) Deckungsgrenze nicht bloß vorübergehend überschreitet. Die Folgen des Fehlens einer angemessenen Freigaberegelung sind zwischen mehreren Zivilsenaten des BGH streitig gewesen.[65] Diesen Streit hat der Große Zivilsenat inzwischen entschieden:[66] Er bejaht für die **nachträgliche, nicht nur vorübergehende Übersicherung** (insbesondere wegen der Tilgung eines Teils der zu sichernden Forderung) einen ermessensunabhängigen Freigabeanspruch des SiG. Das folge nach § 157 aus dem fiduziarischen Charakter der Sicherungsabrede sowie aus der Interessenlage der Vertragsparteien. Dabei soll die Grenze für das Entstehen des Freigabeanspruchs regelmäßig bei 150 % des Schätzwertes des Sicherungsguts liegen (vgl. § 237 S. 1). Nach dieser einleuchtenden Entscheidung bleibt das Sicherungsgeschäft selbst gül- **524**

62 Krit. *P. Schwerdtner* NJW 1974, 1785.

63 BGHZ 98, 303 (309); BGHZ 137, 212; *Graf Lambsdorff* ZIP 1986, 1524.

64 Näher *H. P. Westermann,* in: M. Gebauer/S. Huber (Hrsg.), Dingliche Rechtspositionen und Verkehrsschutz, 2015, 155 (183 f.).

65 Vgl. schon *Canaris* ZIP 1996, 1577; 1997, 813.

66 BGHZ 137, 212; dazu *Herb. Roth* JZ 1998, 462; *M. Schwab* ZIP 2000, 609; *Kindl* JURA 2001, 92; *Leible/Sosnitza* JuS 2001, 449; *Baur/Stürner* SachenR § 57 Rn. 18 ff.

tig:[67] Auch der Vorrang des verlängerten Eigentumsvorbehalts soll weiter durch § 138 gewahrt bleiben.[68]

VIII. Das Zusammentreffen von verlängertem Eigentumsvorbehalt und Sicherungszession

525 **BGHZ 30, 149:** S hat zur Sicherung für einen Kredit alle Forderungen aus dem Verkauf von Lederwaren an die Bank B abgetreten. Danach werden ihm von V Lederwaren unter *verlängertem* EV (mit Verfügungsermächtigung, aber gegen Vorauszession der Kaufpreisforderungen) geliefert. S verkauft die von V bezogenen Waren. Wem steht die Kaufpreisforderung zu, B oder V?

Diese vieldiskutierte Fallgruppe[69] steht im Schnittpunkt der gegensätzlichen Interessen der **Finanzgläubiger** (Banken) und der **Warengläubiger** (Lieferanten). Dass eine dieser beiden Kreditarten wirtschaftlich wertvoller und daher rechtlich stärker zu schützen wäre, lässt sich nicht begründen. Die Entscheidung muss daher nach einem anderen Kriterium erfolgen.

1. Der Vorrang des Eigentumsvorbehalts

526 Der BGH hat das **Prioritätsprinzip** zugrunde gelegt.[70] Danach wäre B Gläubiger geworden. Der BGH hat aber in der unbeschränkten Globalzession an B (also wenn B sich auch die Forderungen aus dem Verkauf der unter verlängertem EV gelieferten Ware abtreten lassen wollte) einen Verstoß gegen die §§ 134, 138 gesehen: B stifte den S damit zur Verletzung seines Vertrages mit V an, möglicherweise sogar zur Unterschlagung der Ware (die Verfügungsermächtigung des verlängerten EV ist ja sinngemäß auf den Fall beschränkt, dass V die Forderung aus dem der Verfügung zugrunde liegenden Kaufvertrag erhält). Nach dieser Rechtsprechung **geht also der spätere verlängerte EV der früheren Globalzession praktisch vor.**

In anderen Fällen hatte die Bank der Betrachtungsweise des Ausgangsfalles Rechnung tragen wollen.[71] Sie hatte nämlich den Zedenten verpflichtet, den ihm gewährten Kredit vorzugsweise zur Befriedigung derjenigen Gläubiger zu verwenden, die unter verlängertem EV liefern. Aber der BGH hat diese Klausel wenigstens bei einem laufenden Kredit für ungenügend erklärt: Die Globalzession sei überhaupt nur für den Fall einer Krise gedacht, und dann könne der Kreditnehmer (= Zedent) seine Verpflichtungen eben nicht erfüllen. Da die Bank das wissen müsse, handle sie sittenwidrig.[72]

Für ungenügend hält der BGH auch die Einschränkung der Globalzession durch eine **obligatorische Teilverzichtsklausel** zugunsten der Warenlieferanten:[73] Die Bank verpflichtet sich damit, dem nicht befriedigten Lieferanten diejenigen Forderungen abzu-

---

67 Anders dagegen bei ursprünglicher Übersicherung: BGH NJW 1998, 2047.

68 BGH NJW 1999, 940; vgl. auch → Rn. 526ff.

69 Vgl. etwa *Baur/Stürner* SachenR § 59 Rn. 50ff.; *Westermann/H. P. Westermann* SachenR § 43 Rn. 49f.; *Picker* JuS 1988, 375; *Vieweg/Werner* SachenR § 11 Rn. 18ff.; *Wolf/Haas* ZHR 154 (1990), 64; *Hennrichs* JZ 1993, 225; *Hennrichs* DB 1993, 1707; *K. P. Berger* ZIP 2004, 1073; monographisch *Brinkmann*, Kreditsicherheiten an beweglichen Sachen und Forderungen, 2011; vgl. auch *Ernst*, FS Serick, 1992, 87.

70 Gegen diesen Ausgangspunkt mit beachtlichen Gründen *Beuthien* BB 1971, 375 (377f.); *Esser* ZHR 135 (1971), 320 (325ff.). Allg. zum Prioritätsprinzip *Neuner* AcP 203 (2003), 46.

71 BGH NJW 1968, 1516; 1969, 318 (jeweils mAnm *Werhahn* S. 1519 und S. 652).

72 Hierzu *Graf Lambsdorff/Skora* NJW 1977, 701.

73 BGHZ 72, 308.

treten, die aus dem Verkauf der von ihm gelieferten Waren stammen, oder ihm den auf diese Forderungen schon eingezogenen Betrag auszuzahlen. Diese Klausel beseitigt nach der Ansicht des BGH den Vorwurf der Sittenwidrigkeit nicht, weil sie den Lieferanten zusätzlich mit dem Risiko eines Konkurses der Bank belaste und die Durchsetzung für ihn erschwere. Überzeugend scheint diese Begründung freilich nicht: Von einem sittenwidrigen Verhalten der Bank kann wenigstens bei solchem Bemühen um einen billigen Ausgleich schwerlich die Rede sein.[74]

BGH NJW 1974, 942 behandelt eine Globalzession dagegen wohlwollender:[75] Dort hatten angeblich der Empfänger der Globalzession und seine Anwälte die neue Rechtsprechung des BGH gekannt. Dann könne – so meint der BGH – angenommen werden, dieser Rechtsprechung habe Rechnung getragen und folglich den verlängerten Eigentumsvorbehalten anderer Lieferanten der Vorrang eingeräumt werden sollen. Ein Anhalt im Wortlaut der Abtretungsurkunde sei hierfür nicht nötig (sehr zweifelhaft). **BGHZ 69, 254** verdient dagegen Zustimmung: Beim **echten Factoring** (eine Bank kauft die Forderungen des Anschlusskunden und übernimmt den Einzug für eigene Rechnung) ist die Globalzession auch dann nicht sittenwidrig, wenn sie Forderungen aus dem Verkauf von unter verlängertem Eigentumsvorbehalt gelieferter Ware mitumfasst. Denn der mit dem Factoring bewirkte Forderungsverkauf stehe der erlaubten Einziehung der Forderung gleich, weil in beiden Fällen der Zedent den Gegenwert endgültig erhalte. Dagegen soll nach **beim unechten Factoring** (bei dem der Factor die abgetretenen Forderungen für Rechnung des Zedenten einzieht) der Vorrang des EV ebenso gelten wie gegenüber einer Globalzession.[76]

2. Gegenargumente

527 Aber die Begründung des BGH für den Ausgangsfall (→ Rn. 525) lässt wichtige Fragen unbeantwortet: Wieso ist es Aufgabe der Banken, ihre Kunden davon abzuhalten, mit Dritten geschlossene Verträge zu verletzen oder strafbare Handlungen zu begehen? Warum müssen sich nicht etwa auch die Lieferanten darum kümmern, welche Globalzessionen ihre Kunden schon vorgenommen haben?[77] Beikommen kann man der Globalzession mit dem wie üblich verstandenen § 138 wohl nur unter dem Gesichtspunkt der **Schuldnerknebelung:** Wenn der Schuldner Ware praktisch nur unter verlängertem EV zu erhalten vermag, legt die Globalzession den Verkauf neubezogener Ware lahm. Und wenn der Schuldner auf den Verkauf solcher Ware angewiesen ist, vermag ihn die Globalzession zu ruinieren. Voraussetzung dafür ist freilich, dass der Schuldner den Bankkredit nicht zum Barkauf neuer Ware verwenden kann.

528 In **BGH NJW 1977, 2261** hatte – anders als in den bisher erwähnten Fällen – ein *Lieferant* außer einem verlängerten EV zur Sicherung zusätzlich noch eine Globalzession vereinbart. Der BGH hat auch diese Globalzession zugunsten eines *Warengläubigers* wegen der Gefährdung der übrigen Gläubiger für nichtig erklärt. Dagegen beurteilt der BGH eine obligatorische Freigabeklausel in einem erweiterten und verlängerten EV wiederholt günstiger als eine entsprechende Klausel in der Globalzession an eine Bank: Diese EV-Klausel soll den Anforderungen des § 307 genügen; sittenwidrig ist sie also erst recht nicht.[78]

---

74 Vgl. *Steindorff* ZHR 144 (1980), 652 (653).

75 Dazu *Serick* BB 1974, 845.

76 BGHZ 82, 50 (61); *Canaris* NJW 1981, 249; zur Abgrenzung zwischen echtem und unechtem Factoring BGH NJW 2015, 397 Rn. 7. Zum Factoring auch BGH DB 2014, 2583 (dazu *Petersen* JURA 2015, 307).

77 Ebenso *Picker* JuS 1988, 375 (378).

78 BGHZ 94, 105 (113); bestätigend BGHZ 98, 303 (307). Vgl. auch *M. Schwab* WM 1997, 1883; *K. P. Berger* ZIP 2004, 1073. Zu der Kritik von *Esser* JZ 1968, 281; 529f. sowie *Esser* ZHR 135 (1971), 320 (330) vgl. die Voraufl.

3. Zahlung auf das Verkäuferkonto beim Globalzessionar

529 Eine Abweichung von der normalen Fallgestaltung behandelt

BGHZ 53, 139: Der Fall liegt zunächst wie üblich: S erhält von B Kredit gegen eine Globalzession seiner Kundenforderungen. Von V bezieht S Material unter verlängertem EV und baut es vertraglich bei D ein. Nun wird aber – abweichend von den Normalfällen – weder die Zession an B noch die in dem verlängerten EV enthaltene Zession an V dem D gegenüber aufgedeckt. Vielmehr zahlt D auf das ihm angegebene Konto des S bei B.

Die aus dieser Zahlung hervorgehende Gutschrift von B für S mindert den Schuldsaldo des S bei B. Die Zahlung kommt also im Ergebnis der B zugute. Aber das beruht nicht auf der – möglicherweise sittenwidrigen – Globalzession. Daher hat V auch keinen Anspruch gegen B, insbesondere nicht aus § 816 II: D hat ja nicht an B als seine vermeintliche Gläubigerin geleistet, sondern an S: B war dabei bloß Zahlstelle. Mit dieser Argumentation hat der BGH die Klage V–B für unbegründet erklärt.

BGHZ 72, 316 (320) schränkt diese Rechtsprechung jedoch erheblich ein: Wenn eine Bank ihre Position als Zahlstelle dazu ausnutzt, die Anforderungen an eine sittengerechte Globalzession zu »unterlaufen«, soll sie sich nach § 242 im Verhältnis zum Vorbehaltsverkäufer so behandeln lassen müssen, als sei die Zahlung an sie selbst auf die nichtige Globalzession hin erfolgt. Damit steht der Anspruch aus § 816 II gegen die Bank wieder offen.

4. Entreicherung des Globalzessionars

530 Den Banken ungünstig ist die Beurteilung des Entreicherungseinwands durch

BGHZ 56, 173: V lieferte an S Baustoffe unter verlängertem EV. S baute diese vertraglich bei D ein. Die Bank B hatte dem S gegen eine nichtige (weil sittenwidrige) Globalzession Kredit gewährt. B zog in Unkenntnis dieser Nichtigkeit die Forderung gegen D ein. Gegenüber der Klage des V (richtige Grundlage § 816 II) berief sich B auf § 818 III: Sie habe im Vertrauen auf die Beständigkeit der Einziehung dem S weiteren Kredit gewährt. Um diesen Betrag sei sie, B, entreichert, weil der Kredit im Konkurs des S verloren sei.

Hier scheidet § 818 III nicht schon ohne Weiteres wegen § 819 II aus. Denn sittenwidriger Empfang im Sinne dieser Vorschrift erfordert nach der Rechtsprechung das Bewusstsein der Sittenwidrigkeit. Dieses hatte der B gefehlt (auch die Vorinstanz hatte die Globalzession noch für sittengerecht gehalten). Daher müsste die weitere Kreditgewährung an S sowohl unter Kausalitäts- wie unter Vertrauensgesichtspunkten nach § 818 III berücksichtigt werden. Dem hat der BGH aber widersprochen: B dürfe das Risiko aus der Unwirksamkeit der Globalzession (richtiger wohl: das Risiko des ungesicherten neuen Kredits an S) nicht auf V abwälzen. Dieses Argument enthält eine Wertung, die sich letztlich aus der Missbilligung der Globalzession ableitet: Die Missbilligung wird in den Bereicherungsausgleich hinein fortgesetzt. Allerdings hätte sich das Ergebnis leichter erreichen lassen, wenn man bei § 819 II das subjektive Erfordernis aufgegeben hätte.

§ 22 Der Erwerb vom Nichtberechtigten kraft Rechtsscheins[1]

531 Im Folgenden geht es um die drei besonders wichtigen Rechtsscheinträger **Besitz, Grundbuch und Erbschein.** Speziell dem Grundbuch entspricht hinsichtlich der Gläubigerschaft von Grundpfandrechten der Brief, wenn die Abtretungserklärungen öffentlich beglaubigt sind, §§ 1155, 1192 I. Dem Erbschein stehen gleich Testamentsvollstreckerzeugnis und Todeserklärung, §§ 2368, 2370 (die Todeserklärung aber nicht hinsichtlich der Richtigkeitsvermutung: § 2370 I nennt § 2365 nicht; die Richtigkeitsvermutung folgt hier nämlich schon aus § 9 I VerschG).

Einige Sonderfälle des Redlichkeitsschutzes werden an anderer Stelle erörtert: vgl. für das Handelsrecht → Rn. 105–110; nach der hM gehören zum Rechtsschein auch die Vollmachtstatbestände von → Rn. 95; 98–102. Weitere Fälle sind entweder sehr selten oder bieten keine zusätzliche Schwierigkeit; insbesondere gleicht die negative Publizität des Vereins- und Güterrechtsregisters (§§ 68, 70, 1412) der des Handelsregisters nach § 15 I HGB.[2]

I. Möglichkeiten des rechtsgeschäftlichen Erwerbs

1. Übersicht

532 Beim rechtsgeschäftlichen Erwerb eines Rechts kann man folgende Fallgruppen unterscheiden:

a) Veräußerer mit Verfügungsbefugnis

Wenn der Veräußerer die Verfügungsbefugnis hat, genügt zum Erwerb regelmäßig die Einigung zwischen Veräußerer und Erwerber, zu der im Sachenrecht ein Publizitätsakt hinzutreten muss (→ Rn. 26). Bisweilen bestehen daneben aber auch noch weitere Erfordernisse. So muss beim Erwerb von Grundpfandrechten vielfach die Briefübergabe oder ein Surrogat dafür vorliegen (§§ 1117, 1192 I); bei der Hypothek muss auch die zu sichernde Forderung entstanden sein (§ 1163).

Regelmäßig stammt die Verfügungsbefugnis aus der Innehabung des **materiellen Rechts.** So sind etwa der Sacheigentümer und der Forderungsgläubiger als solche verfügungsbefugt. Ausnahmsweise kann aber die Verfügungsbefugnis einem **Nichtberechtigten** zustehen, und zwar entweder ihm allein oder neben dem Berechtigten.

aa) Der verlängerte Eigentumsvorbehalt. Beruhen kann die Verfügungsbefugnis eines Nichtberechtigten auf **Gesetz** (etwa §§ 2205 S. 2 BGB, 80 I InsO) oder auf **Rechtsgeschäft.** Einen praktisch wichtigen Fall der rechtsgeschäftlich erteilten Verfügungsbefugnis bildet die Verfügungsermächtigung beim **verlängerten EV:** Der Vorbehaltskäu-

1 Dazu *Peters,* Der Entzug des Eigentums an beweglichen Sachen durch gutgläubigen Erwerb, 1991; *Altmeppen,* Disponibilität des Rechtsscheins, 1993; *Thorn,* Der Mobiliarerwerb vom Nichtberechtigten, 1996; *Wiegand* JuS 1971, 62; 1974, 201; 545; 1978, 145; *J. Hager* WM 1980, 666; *Musielak,* Liber Amicorum G. Kegel, 2002, 125; *Musielak* JuS 1992, 713; 2010, 377; *Ernst,* FS Gernhuber, 1993, 95; *Zeranski* JuS 2002, 340; *K. Schreiber/Burbulla* JURA 1999, 150; 491; *Medicus,* Besitz, Grundbuch und Erbschein als Rechtsscheinträger, JURA 2001, 294; *Finkenauer* AcP 203 (2003), 282; *Lohsse* AcP 206 (2006), 527; *Neuner* JuS 2007, 401; *Röthel* JURA 2009, 241; *Lieder* AcP 210 (2010), 857; *Bartels* AcP 205 (2005), 687; *Bartels/Nißing* JURA 2011, 252; *Stagl* AcP 211 (2011), 530; *Leuschner* AcP 205 (2005), 205; *Kindler/D. Paulus,* Redlicher Erwerb – Grundlagen und Grundprinzipien, JuS 2013, 393; 490.

2 Übungsfälle bei *Petersen* JURA 2013, 377 (380ff.) zum Handelsregister; *Petersen* JURA 2010, 904 (906f.) zum Vereinsregister.

fer darf im Rahmen des gewöhnlichen (oder: ordnungsgemäßen) Geschäftsverkehrs über die noch dem Vorbehaltsverkäufer gehörende Ware wie ein Eigentümer verfügen.[3] Dabei wird der gewöhnliche Geschäftsgang durch das auch dem Partner erkennbare äußere Erscheinungsbild bestimmt: Ungewöhnlich und daher durch die Ermächtigung nicht mehr gedeckt ist zB ein Verkauf weit unter dem Marktpreis; gewöhnlich ist dagegen ein Verkauf zu normalem Preis und in normalen Mengen selbst dann, wenn der Verkäufer (= Vorbehaltskäufer) weit überschuldet ist und kurz vor der Insolvenz steht.[4]

Nicht mehr durch die Ermächtigung gedeckt ist freilich eine Weiterveräußerung, bei welcher der Veräußerer mit seinem Abnehmer die **Unabtretbarkeit der Kaufpreisforderung** vereinbart hat (§ 399): Dann erlangt ja der Erstveräußerer kein Surrogat für sein Eigentum.[5] Der vereinbarte Abtretungsausschluss wird aber durch **§ 354a HGB** vor allem für Forderungen aus beiderseitigen Handelsgeschäften eingeschränkt.[6]

533 **bb) Verfügungsermächtigung und bedingte Weiterveräußerung.** Wenn ein Nichtberechtigter verfügungsbefugt ist, können Zweifel entstehen, wessen Gläubiger in die Sache vollstrecken dürfen.

BGHZ 56, 34: V verkauft und liefert an K Schokolade unter verlängertem EV. K verkauft und liefert die Schokolade unter EV weiter an D. Vor Zahlung durch K und D pfändet G, ein Gläubiger des K, die Schokolade bei D. V erhebt gegen G Drittwiderspruchsklage nach § 771 ZPO.

Da G hier nicht bloß die (gewiss bestehende) Anwartschaft des K gepfändet hat, kommt als »die Veräußerung hinderndes Recht« des V dessen vorbehaltenes Eigentum in Betracht. Dieses war aber eingeschränkt durch die Einwilligung des V in eine Weiterveräußerung des K. Eine solche Weiterveräußerung (nämlich an D) hatte stattgefunden. Die Vorinstanz (OLG Hamburg) hatte daher die Drittwiderspruchsklage des V abgewiesen: Er habe kraft der mit dem verlängerten EV verbundenen Vorauszession zwar die Kaufpreisforderung K–D erworben, aber zugleich sein Eigentum an der Schokolade verloren.

Dem hat der BGH widersprochen: Da K an D bloß unter EV veräußert habe, sei die Verfügung des K nur bedingt gewesen. Das Einverständnis des V mit dieser Verfügung bedeute deshalb lediglich, dass D *bei Bedingungseintritt* Eigentümer werden solle. Dazu sei es weder nötig noch sinnvoll, dass das Eigentum sofort von V auf K übergehe. Vielmehr bleibe dieses zunächst bei V, und zwar unter zwei auflösenden Bedingungen: Erstens endet das Eigentum des V durch die Kaufpreiszahlung K–V (dann erwirbt K) und zweitens durch die Kaufpreiszahlung D–K (dann erwirbt D). Solange K den Kaufpreis nicht bezahlt habe, solle er nach dem zwischen ihm und V bestehenden EV kein Eigentum erwerben; zugleich solle V solange den Zugriff von Gläubigern des K abwehren können. Das ist überzeugend, zumal da keine sittenwidrige Übersicherung des V durch die Kombination der Forderung gegen D und des vorbehaltenen Eigentums vorliegt.[7] Denn beide Sicherungsmittel stehen hier in einem Zusammenhang: Wenn die Forderung gegen D erfüllt wird, geht auch das Eigentum verloren.

3 Vgl. hierzu BGHZ 104, 129.
4 BGHZ 68, 199 (keine Ersatzaussonderung des Vorbehaltsverkäufers nach § 48 InsO, allerdings für den einfachen EV). S. auch *Kuhn,* Ersatzaussonderungsrecht und Drittwiderspruchsklage, 2008.
5 BGH NJW 1988, 1210, dazu *E. Wagner* JZ 1988, 698. Allg. auch *E. Wagner,* Vertragliche Abtretungsverbote im System zivilrechtlicher Verfügungshindernisse, 1994.
6 Hierzu *Saar* ZIP 1999, 988; *Petersen* JURA 2005, 680; speziell zu § 1156 *Thomale* WM 2007, 1916.
7 AA *v. Lehmann* NJW 1971, 1403; s. auch *M. Schwab* JuS 1999, 740.

cc) Widerruflichkeit der Verfügungsermächtigung. Fraglich werden kann auch die Widerruflichkeit der im verlängerten EV enthaltenen Verfügungsermächtigung. 534

BGH NJW 1969, 1171: V hatte an K Waren unter verlängertem EV geliefert. K verkaufte diese Waren an D weiter. D bezahlte im Voraus einen Teil des Kaufpreises, doch zahlte K nicht an V. Daraufhin widerrief V die Verfügungsermächtigung. Erst dann lieferte K an D. V verlangt die Ware von D heraus.

Die Klage wäre aus § 985 begründet, wenn V noch Eigentümer wäre. Verloren hätte er sein Eigentum nach §§ 929, 185 I, wenn die mit dem verlängerten EV erteilte Einwilligung an K bei der Übereignung K–D noch wirksam gewesen wäre. Das hängt nach § 183 ab von dem »der Erteilung zugrunde liegenden Rechtsverhältnis«, also dem Kauf V–K. Der BGH hat das richtig so beurteilt:[8] Der Verkauf unter verlängertem EV soll dem K die Disposition über die Ware schon vor Preiszahlung ermöglichen. Daher kann die Verfügungsermächtigung nicht frei widerrufen werden. Andererseits aber soll der verlängerte EV den V sichern. Deshalb muss die Verfügungsermächtigung widerruflich sein, sobald das Verhalten des K diese Sicherung gefährdet. Eine solche Gefährdung lag hier darin, dass K die Kaufpreisforderung gegen D schon zum Teil eingezogen, aber von dem Erlös nichts an V weitergeleitet hatte. Daher war der Widerruf wirksam.

Verloren haben könnte V sein Eigentum also nur durch *redlichen Erwerb* des D: nach § 932, wenn D den K für den Eigentümer halten durfte, und nach § 366 HGB, wenn D an den Fortbestand der Verfügungsbefugnis des K glauben konnte (→ Rn. 567). Um das auszuschalten, wird V die Verfügungsermächtigung also möglichst (auch) durch *Erklärung an D* widerrufen (§ 183 S. 2).

dd) Pfandflaschen

BGHZ 173, 159: Beide Parteien vertreiben Mineralwasser in Mehrwegflaschen. Die Klägerin behielt sich bei der Lieferung an die Händler das Eigentum an den Flaschen vor und belegte sie mit einem »Pfand« von 0,15 EUR (Anschaffungskosten 0,173 EUR). Die Beklagte befüllte die von ihr verwendeten Flaschen (»Pfand«betrag 0,25 EUR) nur einmal; diese wurden danach durch Drittfirmen zerkleinert; das dabei anfallende Material wurde zu neuen Flaschen verarbeitet. Das traf auch für 728.552 Flaschen der Klägerin zu. Die Klägerin verlangt von der Beklagten Herausgabe der Flaschen, soweit sie noch vorhanden sind, und im Übrigen Unterlassung und Schadensersatz. 534a

Als Anspruchsgrundlagen kommen dabei für die Herausgabe § 985 in Betracht, für die Unterlassung § 1004 (direkt oder analog) und für Schadensersatz die §§ 989, 990. Voraussetzung ist aber allemal, dass die Klägerin noch Eigentümerin der an die Beklagte gelangten Flaschen war. Dabei ist zur Vermeidung von Missverständnissen vorauszuschicken: Die Verwendung des Wortes »Pfand« hat nichts mit einem Pfandrecht nach den §§ 1204ff. zu tun.[9] Vielmehr bedeutet sie die verbindliche Zusage, »diese Flaschen gegen Erstattung des angegebenen Betrages zurückzugeben«.

Da es für die Klage auf das Eigentum ankommt, muss es sich um individualisierbare Flaschen handeln. Das war in dem Streitfall gegeben: In die von der Klägerin verwendeten Flaschen war die Bezeichnung »GG-Pool« eingeprägt. Bei der Weitergabe der gefüllten Flaschen an die Händler hatte sich die Klägerin das Eigentum ausdrücklich vorbehalten; sie veräußerte also nur den Inhalt, nicht auch die Flaschen. Fraglich war das aber für die Endabnehmer: Erwarben diese nach § 932 Eigentum auch an den Flaschen?

8 BGH NJW 1969, 1171; enger noch BGHZ 14, 114.
9 Soergel/*Habersack* § 1204 Rn. 33; vgl. auch *Kollhosser/Bork* BB 1987, 909; *Hellmann* JuS 2001, 353.

Der BGH verneint das und hat daher verurteilt: Aus der Abrechnung des Pfandes und der Kennzeichnung der Flaschen werde der Wille erkennbar, die Flaschen zurückzubekommen. Die Klägerin habe deshalb nur eine vorübergehende Benutzung der Flaschen (wohl eine Art von Sachdarlehen, § 607) beabsichtigt. Doch ist das angreifbar: Ein Käufer pflegt die eingeprägten Buchstaben nicht einmal als eine an ihn gerichtete Willenserklärung zur Kenntnis zu nehmen. Auch die Pfandvereinbarung macht nur deutlich, dass die Flaschen gegen Erstattung des »Pfandes« zurückgegeben werden können, aber nicht müssen. Der Käufer wird sich daher für den Eigentümer der Flaschen halten, und das ist auch nicht grob fahrlässig.[10] Die Klage hätte daher abgewiesen werden müssen.

b) Veräußerer ohne Verfügungsbefugnis

535 Wenn dem Veräußerer die Verfügungsbefugnis fehlt, ist weiter zu unterscheiden:

aa) Nichtberechtigter Veräußerer. Der Veräußerer ist Nichtberechtigter; ihm fehlt also – wie regelmäßig – die Verfügungsbefugnis nur deshalb, weil ihm das materielle Recht fehlt. Hier greifen die Vorschriften über den Redlichkeitsschutz unbeschränkt ein. Sie ermöglichen den Erwerb trotz der Nichtberechtigung des Veräußerers, wenn außer dem gewöhnlichen Erwerbstatbestand weitere Erfordernisse vorliegen: Das sind regelmäßig objektiv ein **Rechtsschein** und subjektiv die **Redlichkeit** des Erwerbers.

536 **bb) Berechtigter Veräußerer ohne Verfügungsbefugnis.** Wenn der Veräußerer Berechtigter ohne Verfügungsbefugnis ist, gelten die §§ 932ff. nicht direkt (vgl. § 932 I 1 »wenn die Sache nicht dem Veräußerer gehört«). Doch werden sie in vielen Einzelvorschriften für anwendbar erklärt (zB §§ 135 II,[11] 161 III, 2113 III, 2211 II). Dagegen umfasst § 892 I 2 ausdrücklich auch alle relativen, also zugunsten einer bestimmten Person angeordneten Verfügungsbeschränkungen. Der Redlichkeitsschutz durch das Grundbuch reicht insofern also weiter als der durch den Besitz. Ähnlich deckt auch der Erbschein das Nichtvorliegen der typisch erbrechtlichen Verfügungsbeschränkungen (Nacherbfolge und Testamentsvollstreckung, §§ 2366, 2365).

537 Außerhalb jedes Redlichkeitsschutzes stehen die **absoluten Verfügungsbeschränkungen.** Als absolute Veräußerungsverbote versteht die hM im BGB die §§ 1365 I 2, 1369 (entsprechend anwendbar nach § 6 S. 2 LPartG). Hier gelten also die Vorschriften über den redlichen Erwerb weder direkt noch entsprechend. Zu demselben Ergebnis gelangt man auch, wenn man in den §§ 1365, 1369 ein Zustimmungserfordernis sieht.[12] Jedoch hat die Rechtsprechung den bedeutsameren § 1365 erheblich eingeschränkt.[13]

BGHZ 43, 174: Der Ehemann M hat ohne Zustimmung seiner Ehefrau F ein Grundstück, das praktisch sein ganzes Vermögen darstellt, an K veräußert. K hat nicht gewusst, dass M kein weiteres Vermögen hat. F verlangt von K nach §§ 1368, 894, dass K die Wiedereintragung des M als Eigentümer bewillige.

Der BGH hat die Klage abgewiesen: Allerdings gelte § 1365 auch für Geschäfte über nur einen einzelnen Gegenstand, wenn dieser praktisch das ganze Vermögen des Veräußerers ausmache (**Einzeltheorie** im Gegensatz zur **Gesamttheorie:** Nach dieser

10 Ebenso *J.-A. Weber* NJW 2008, 948 (950).
11 Vgl. dazu *Petersen* JURA 2009, 768.
12 Vgl. *Gernhuber/Coester-Waltjen* FamR § 35 Rn. 6.
13 Vgl. *Sandrock,* FS Bosch, 1976, 841; *Schlechtriem* JuS 1983, 587; *Olzen* JURA 1988, 13; *Liessem* NJW 1989, 497; *Chr. Wolf* JZ 1997, 1087; *Löhnig* JA 2006, 753.

sollte insbesondere § 1365 nur gelten, wenn Vertragsgegenstand das Vermögen als solches ist). Aber der BGH hat seine dem Erwerber ungünstige Grundauffassung durch ein subjektives Erfordernis eingeschränkt: Bei einem Geschäft über einen einzelnen Gegenstand soll § 1365 nur dann anwendbar sein, wenn der **Erwerber gewusst hat,** dass dieser Gegenstand das ganze Vermögen des Veräußerers bildet. Die Verfügung bedarf keiner Genehmigung mehr, wenn schon die Verpflichtung (zB wegen Redlichkeit des Erwerbers) wirksam begründet worden ist.[14] Dass danach die Verfügung hier wirksam ist, folgt also nicht aus § 892 II, sondern ergibt sich durch die einschränkende Interpretation von § 1365. Daher schadet auch bei Mobilien dem Erwerber nur *Kenntnis* davon, dass die Sache das ganze Vermögen des Veräußerers bildet. In der Literatur ist diese **subjektive Theorie** inzwischen trotz einiger Bedenken gleichfalls ganz herrschend geworden.[15]

Damit bleibt die früher sehr streitige Frage, wann ein Geschäft »nahezu« das ganze Vermögen des Veräußerers umfasst: Während in der Literatur eine dem Veräußerer verbleibende Restquote zwischen 10 und 30 % als erheblich behauptet worden war,[16] hat der BGH bei einem kleineren Vermögen schon eine **Restquote von 15 %** als erheblich behandelt.[17] Bei größeren Vermögen sollen sogar schon 10 % erheblich sein.[18] Durch diesen recht niedrigen Ansatz der maßgeblichen Restquote wird der Anwendungsbereich von § 1365 objektiv wesentlich erweitert.

538 Ein weiteres Problem ergibt sich beim **Ende des Güterstandes,** insbesondere durch rechtskräftige Scheidung der Ehe oder durch den Tod:[19] Soll ein nach §§ 1365, 1369 schwebend unwirksames Geschäft dann wirksam werden (konvaleszieren)? Das wird man nur bejahen können, wenn das Geschäft den Anspruch des genehmigungsberechtigten Ehegatten auf Zugewinnausgleich oder die Zuteilung von Hausrat auch bei abstrakter Betrachtung nicht ungünstig zu beeinflussen vermag.[20] Denn bloß unter dieser Voraussetzung steht der Normzweck der §§ 1365, 1369 dem Wirksamwerden nicht im Weg. Bleibt dagegen das Geschäft nach der Scheidung unwirksam, so besteht auch der Anspruch des nichtberechtigten Ehegatten aus § 1368 fort.[21] Ein bloßes Getrenntleben ändert an der Anwendbarkeit der §§ 1365, 1369 nichts.[22]

539 Zweifelhaft ist endlich die Rechtslage, wenn der praktisch das ganze Vermögen bildende Gegenstand nicht veräußert wird, sondern **belastet.** Dem Wortlaut und dem auf **Substanzerhaltung** gerichteten Zweck nach müsste § 1365 I hier anwendbar sein, wenn und weil auch eine solche Belastung eine Verfügung über das Vermögen darstellt. Schon die Grundschuldbestellung genügt daher für § 1365, sofern die Belastung nicht lediglich eine Erwerbsmodalität darstellt und den nach Abzug vorrangiger Lasten verbleibenden Grundstückswert bei wirtschaftlicher Betrachtungsweise wertmäßig (fast) ganz ausschöpft.[23] Ein dingliches Wohnrecht, das sich der Verfügende vor der Grund-

---

14 BGHZ 106, 253.
15 Vgl. etwa *Gernhuber/Coester-Waltjen* FamR § 35 Rn. 37ff.; *Baur/Stürner* SachenR § 22 Rn. 19.
16 Vgl. *Gernhuber/Coester-Waltjen* FamR § 35 Rn. 33.
17 BGHZ 37, 311.
18 BGH NJW 1991, 1739.
19 Vgl. *Künzl* FamRZ 1988, 452.
20 *Gernhuber/Coester-Waltjen* FamR § 35 Rn. 73ff.
21 BGH NJW 1984, 609.
22 Vgl. OLG Koblenz NJW 1991, 3224.
23 BGHZ 123, 93; 132, 218 (227); BGH NJW 1990, 112 (113); 2011, 3783.

stücksübertragung oder im Zuge dessen vorbehält, ist wegen seines dauerhaft fortbestehenden Wertes für den Verfügenden keine für § 1365 unbeachtliche Gegenleistung, sondern muss als verbleibendes Vermögen bewertet werden.[24]

2. Sonderfälle: Wirksamkeit wegen der Nichtberechtigung?

540 Seltsamerweise lassen sich Fälle denken, in denen der Erwerb ausnahmsweise gerade deshalb zu gelingen scheint, weil der Veräußerer nicht berechtigt ist, während vom Berechtigten nicht erworben werden könnte.

a) Minderjährigkeit des Veräußerers

Ein Minderjähriger veräußert eine fremde Sache: Hier lässt die hM Erwerb nach den Redlichkeitsvorschriften zu, weil die Verfügung das Vermögen des Minderjährigen nicht berührt (solche **neutralen Geschäfte** werden entsprechend § 165 für wirksam gehalten). Dagegen ist der Erwerb zweifellos unmöglich, wenn die Sache dem minderjährigen Veräußerer gehört: Hier bringt die Veräußerung diesem den Nachteil des Rechtsverlustes, § 107.

b) § 1369 BGB

541 Noch verzwickter liegt es bei § 1369.

(1) Ein Ehegatte veräußert einen Haushaltsgegenstand, der **ihm selbst gehört:** Die Veräußerung ist nach § 1369 ohne die Möglichkeit eines Redlichkeitsschutzes unwirksam, wenn der andere Ehegatte nicht zustimmt. Bei Verfügungen eines Ehegatten im Rahmen von § 1357 wird man freilich die Zustimmung des anderen Ehegatten für entbehrlich halten dürfen.

(2) Ein Ehegatte veräußert einen Haushaltsgegenstand, der **einem Dritten** gehört: Hier ist § 1369 weder seinem Wortlaut noch seinem Schutzzweck nach anwendbar: Die Vorschrift will den Eheleuten nur solche Gegenstände erhalten, die rechtmäßig zur Haushaltsführung verwendet werden (fremde Sachen können ja ohnehin durch Vindikation verlorengehen). Daher ist hinsichtlich Sachen Dritter ein Erwerb vom Nichtberechtigten nach §§ 932ff. möglich.

(3) Ein Ehegatte veräußert einen Haushaltsgegenstand, der **dem anderen Ehegatten gehört.** Seinem Wortlaut nach ist § 1369 hier gleichfalls unanwendbar; seinem Schutzzweck gemäß wird er aber entsprechend anzuwenden sein.[25] Häufig erlangt diese Analogie aber wegen § 935 keine Bedeutung: Regelmäßig wird redlicher Erwerb schon daran scheitern, dass der Ehegatte, der Eigentümer ist, den Besitz oder Mitbesitz ohne seinen Willen verloren hat.

c) Lösungsvorschlag

542 Das Ergebnis der Fälle a) und b) (2) überrascht. Man kann es vermeiden, wenn man folgendermaßen argumentiert: Ein redlicher Erwerb kommt hier nur deshalb in Betracht, weil der Erwerber an das Eigentum des Veräußerers geglaubt hat. Bei Richtigkeit dieser Vorstellung wäre der Erwerb aber aus anderen Gründen (§§ 107 oder 1369) gehindert. Die Redlichkeitsvorschriften wollen den Erwerber nur so stellen, wie er bei Richtigkeit seiner Vorstellung stünde. Daher treffen sie ihrem Sinn nach in den Fällen a) und b) (2) nicht zu, sodass redlicher Erwerb scheitert. Dieses Ergebnis wird dann nicht durch eine (unzulässige) Ausweitung der §§ 107, 1369 gewonnen, sondern durch eine (durchaus zulässige) restriktive Auslegung der Vorschriften über den redlichen Erwerb. In den genannten Fällen gibt es keinen hinreichenden Grund, den (aus dem Eigentum folgenden) Schutz des bisherigen Eigentümers hinter die nicht schutzwürdi-

---

24 BGH NJW 2013, 1156; *Wellenhofer* JuS 2013, 747.

25 *Gernhuber/Coester-Waltjen* FamR § 35 Rn. 53; *Baur/Stürner* SachenR § 51 Rn. 29; OLG Köln MDR 1968, 586, anders aber etwa *Rittner* FamRZ 1961, 191.

gen Erwerbsinteressen desjenigen zurücktreten zu lassen, der auch bei Richtigkeit seiner Vorstellung nicht erwerben könnte.[26]

II. Allgemeines zum redlichen Erwerb

1. Die Vermutung aus dem Rechtsscheinträger

543 Die Rechtsscheinträger Besitz,[27] Grundbuch und Erbschein können nicht nur redlichen Erwerb ermöglichen. Vielmehr erzeugen sie nach den §§ 1006, 891, 2365 jeweils auch eine *Vermutung* für die Berechtigung des durch den Rechtsschein Ausgewiesenen. Diese Vermutungen sind im Einzelnen verschieden ausgestaltet; erwähnt seien folgende Schwierigkeiten:

a) § 1006 gilt, was aus dem Gesetz nicht hervorgeht, nicht im Bereich von **§ 952.**[28] Denn bei den dort genannten Papieren spielt der Besitz für den Eigentumserwerb keine Rolle. Als Eigentümer (zB eines Sparkassenbuches, § 808) kann daher nur vermutet werden, wen das Papier als Gläubiger bezeichnet.

544 b) Verändert wird § 1006 auch durch **§ 1362** (vgl. § 8 I LPartG): Nach dieser Vorschrift kann aus Mitbesitz, der bei Ehegatten für gemeinsam benutzten Hausrat anzunehmen ist,[29] auf Alleineigentum und sogar bei Alleinbesitz des einen Ehegatten auf das Eigentum des anderen geschlossen werden. Wenn jedoch der nicht schuldende Ehegatte nachweist, dass er die fragliche Sache schon vor der Ehe besaß, soll zu seinen Gunsten § 1006 II eingreifen.[30] Bezüglich der wirklichen Rechtslage sind bei Haushaltsgegenständen sachenrechtliche Wirkungen der »Schlüsselgewalt« (wenn man solche Wirkungen bejaht, → Rn. 89) zu beachten.

545 c) § 891 wird für die Verkehrshypothek in **§ 1138** hinsichtlich der Forderung für anwendbar erklärt. Im Zusammenhang mit § 1138 stellt sich das vieldiskutierte[31] Problem des **Schuldnerschutzes bei Trennung von Hypothek und Forderung.** Hier stehen sich Trennungs- und Einheitstheorie gegenüber:

Beispiel: S bestellt G eine Briefhypothek wegen einer Darlehensforderung. G überträgt Forderung und Hypothek formgerecht (§ 1154 I) an K, der ihn dabei arglistig täuscht und die hypothekarisch gesicherte Forderung an B veräußert und abtritt.

B hat gegen S einen Anspruch auf Duldung der Zwangsvollstreckung aus § 1147, da er die Hypothek nach §§ 1138, 892 gutgläubig erworben hat. Dagegen ist die Forderung

26 Ebenso *Krampe* JURA 1989, 167; Staudinger/*Wiegand,* 2011, § 932 Rn. 10f.; *Braun* JURA 1993, 459; *Grunewald* BürgerlR § 8 Rn. 4; *Habersack* SachenR Rn. 142; *Kindler/D. Paulus* JuS 2013, 393 (395); MüKoBGB/*Oechsler* § 932 Rn. 11; *Petersen* JURA 2003, 399 (401); wohl auch *Vieweg/Werner* SachenR § 5 Rn. 12; aA *J. Schröder* FamRZ 1979, 643; *Hommelhoff/Stüsser* JURA 1985, 654 (658); *K. Schreiber* JURA 1987, 221; *Martinek/Wax* JURA 1988, 38; *v. Olshausen* AcP 189 (1989), 223; *Wilhelm* SachenR Rn. 883; *Neuner* SachenR Rn. 15.

27 *J. Hager,* Verkehrsschutz durch redlichen Erwerb, 1990, 239ff. berichtigt: Nicht der Besitz ist eigentlich der Rechtsscheinträger, sondern die (verwirklichte) **»Besitzverschaffungsmacht«** des Veräußerers; vgl. auch *Medicus* JURA 2001, 294; *Lieder* AcP 210 (2010), 857; *Stagl* AcP 211 (2011), 530 (550).

28 BGH NJW 1972, 2268. Zu § 952 → Rn. 760ff.

29 BGH NJW 1979, 976 (977); vgl. auch *Coester-Waltjen* JURA 2011, 341 (343).

30 BGH NJW 1992, 1162. Für nichteheliche Lebensgemeinschaften, die nicht unter das LPartG fallen, soll § 1362 nicht gelten, vgl. BGHZ 170, 187.

31 *Boehmer* ArchBürgR 37 (1912), 205 (214); *Jahr/Kropf* JuS 1963, 356; *Heinemann* Übungen BürgerlR 293.

nach Anfechtung durch G wegen §§ 142 I, 123 I bei G geblieben. Anders als die Vertreter der **Einheitstheorie** annehmen,[32] die entsprechend § 1153 II in Umkehrung des Akzessorietätsprinzips ausnahmsweise die Forderung der Hypothek folgen lassen wollen, droht S aber auch **bei Trennung** von Hypothek und Forderung **keine doppelte Inanspruchnahme,**[33] weil ihm gegenüber G nach §§ 1144, 1163 I 2 eine Einrede aus dem Sicherungsvertrag zusteht:[34] Er muss nur Zug um Zug gegen Rückgabe des Hypothekenbriefs zahlen, sodass der Rückzahlungsanspruch (§ 488 I 2) dauernd einredebehaftet ist. Zahlt er gleichwohl, kann er das Geleistete nach **§ 813 I 1** kondizieren.

Was § 1138 neben § 891 in direkter Anwendung bedeutet, wird klar aus dem Gegensatz zur Sicherungshypothek, bei der § 1138 nach § 1185 II nicht gilt: Nach § 891 wird nur vermutet, dass die Hypothek besteht, soweit die Forderung nachgewiesen ist (so bei der Sicherungshypothek). Dagegen ist nach § 1138 bei der Geltendmachung der Verkehrshypothek der Nachweis der Forderung entbehrlich.

> **Beispiel:** Auf dem Grundstück des E ist eine Hypothek für eine Forderung des G gegen E eingetragen. Wenn die Entstehung der Forderung bestritten und nicht beweisbar ist, kann G aus einer **Verkehrshypothek** nach §§ 1138, 891 gegen E vorgehen. Anders bei einer **Sicherungshypothek:** Hier nutzt der allein anwendbare § 891 dem G nichts, weil diese Vorschrift ohne den Nachweis der Forderung kein Recht *des G* vermutet (ebenso gut kann ein Recht *des E* vorliegen, also eine Eigentümergrundschuld). Weder § 1138 noch § 891 nützen endlich, wenn G aus der Forderung gegen E klagt. Bei der Verkehrshypothek (und nur bei dieser) ist es also denkbar, dass G zwar einen dinglichen Titel gegen E erlangt, aber keinen persönlichen.

2. Vermutungen bei der Behandlung von Fällen

546 Wenn es in Klausuren auf die dingliche Rechtslage ankommt, prüfen Studierende nicht selten zunächst anhand der §§ 1006, 891, 2365 die vermutete Rechtslage. Das ist regelmäßig sinnlos: Vermutungen gewinnen ja erst dann Bedeutung, wenn sich die wirkliche Rechtslage nicht feststellen lässt. Diese Feststellung ist aber meist das Ziel der Aufgabe, und seine Erreichung wird durch Vermutungen nicht gefördert. Diese sind also nur dort heranzuziehen, wo in der Aufgabe die zur Feststellung der wirklichen Rechtslage nötigen tatsächlichen Angaben fehlen. Und das ist auf der dinglichen Seite äußerst selten.[35] Wenn es wirklich auf Vermutungen ankommen soll, wird meist sogar ausdrücklich gesagt sein, ein bestimmter Umstand sei nicht mehr feststellbar (vgl. das Beispiel → Rn. 545).

3. Allgemeine Voraussetzungen des redlichen Erwerbs

547 Der Erwerb vom Nichtberechtigten und – soweit zulässig – auch vom Berechtigten ohne Verfügungsbefugnis hat zwei allgemeine Voraussetzungen:

---

32 *Karper* JuS 1989, 33; *Reischl* Jus 1998, 220 (222); *Wilhelm* SachenR Rn. 1488, 1497; *Baur/Stürner* SachenR § 38 Rn. 28; *Prütting* SachenR Rn. 694.

33 *Heck* SachenR § 96 7a S. 401; *Petersen/Rothenfußer* WM 2000, 657; *Büdenbender* JuS 1996, 665 (674); *Latta/Rademacher* JuS 2008, 1052 (1056).

34 *Reinicke/Tiedtke,* Gesamtschuld und Schuldsicherung, 1981, 177; *Reinicke/Tiedtke* Kreditsicherung Rn. 1091 f.

35 S. aber BGH NJW 2015, 1678 (skurriler, aber examensträchtiger Sachverhalt).

a) Rechtsgeschäftlicher Erwerb

Es muss *rechtsgeschäftlicher Erwerb* vorliegen, weil nur für ihn ein Bedürfnis nach Vertrauensschutz besteht. Unanwendbar sind die Redlichkeitsvorschriften dagegen beim Erwerb in der Zwangsvollstreckung und kraft Gesetzes.[36]

Beispiel: E ist Eigentümer eines Grundstücks, als dessen Eigentümer aber der redliche B eingetragen ist. B hat bei G ein hypothekarisch gesichertes Darlehen aufgenommen und zahlt es noch vor Unredlichwerden zurück: Da der Erwerb der Eigentümergrundschuld kraft Gesetzes (§§ 1163 I 2, 1177 I) erfolgt, steht diese dem E und nicht nach §§ 892f. dem B zu.

Nur eine scheinbare Ausnahme hiervon ist § 898 ZPO.[37] Denn beim Erwerb nach §§ 894, 897 ZPO ersetzen das Urteil die Einigungserklärung des Veräußerers und die Wegnahme durch den Gerichtsvollzieher die Übergabe: Hier findet also rechtsgeschäftlicher Erwerb in den Formen der Zwangsvollstreckung statt.

Zweifelhaft ist dagegen der Fall von

BGH NJW 1986, 1487: An dem Grundstück des E ist für G eine erstrangige Grundschuld eingetragen; H hat eine nachrangige Grundschuld. Als G die Zwangsvollstreckung in das Grundstück betreibt, befriedigt H den G und vollstreckt nun seinerseits aus der auf ihn übergegangenen (§§ 268 III 1, 1150, 1192 I) erstrangigen Grundschuld. E wendet dagegen ein, er habe mit G vereinbart, dieser dürfe auf die Grundschuld erst dann zurückgreifen, wenn er bei einer bestimmten anderen Person keine Befriedigung gefunden habe.

Nach §§ 1192 I, 1157 S. 1 kann diese (dingliche) Einrede an sich auch dem H entgegengehalten werden. Da H diese Abrede nicht gekannt hatte, kommt aber nach §§ 1192 I, 1157 S. 2, 892 redlicher einredefreier Erwerb des H in Betracht. Solchen Erwerb hat der BGH jedoch verneint: Der Erwerb der Grundschuld sei hier nicht rechtsgeschäftlich erfolgt, sondern als gesetzliche Wirkung der Zahlung.

Dem wird jedoch überzeugend Folgendes entgegengehalten:[38] Die Auffassung des Grundschulderwerbs als gesetzlicher beruhe nur auf dessen »gesetzestechnischer Einkleidung«. Wirtschaftlich jedoch sei die Ablösung durch H zum Erwerb der Grundschuld des G und damit typischerweise im Vertrauen auf das Grundbuch erfolgt. Das müsse für die Anwendung des § 892 genügen. Auch sollten die §§ 1150, 268 III die Stellung des Ablösungsberechtigten gegenüber einem rechtsgeschäftlichen Erwerb stärken, anstatt sie zu schwächen.

b) Verkehrsgeschäft

548 Der Erwerb muss auf einem Verkehrsgeschäft beruhen. Daran fehlt es nicht schon bei unentgeltlichem Erwerb: Dieser ist vielmehr auch vom Nichtberechtigten möglich und wird nur schuldrechtlich rückgängig gemacht (→ Rn. 382-390). Auch der Erwerb eines weiteren Miteigentumsanteils bildet ein Verkehrsgeschäft.[39] Dagegen wird das Vorliegen eines Verkehrsgeschäfts in zwei Fallgruppen verneint:

aa) Wenn auf der **Erwerberseite nur Personen** stehen, die **zugleich auch Veräußerer** sind. Dieser Fall ist bei völliger Identität von Erwerber und Veräußerer gegeben (zB

36 Vgl. *Kohler* JURA 2008, 481.

37 Zu ihm auch *Brox/Walker* ZVR Rn. 1122.

38 *Canaris* NJW 1986, 1488; *Rimmelspacher* WM 1986, 809; *Reinicke/Tiedtke* WM 1986, 813; vgl. auch *Petersen,* Ablösungsrechte Dritte, JURA 2013, 1026.

39 BGHZ 173, 73. Monographisch *Wittkowski,* Die Lehre vom Verkehrsgeschäft, 1990.

der als Eigentümer eingetragene Nichtberechtigte bestellt sich eine Eigentümergrundschuld). Er liegt aber auch dann vor, wenn neben dem Erwerber noch andere Personen auf der Veräußererseite stehen (zB Auflassung eines Grundstücks von einer OHG an einen Gesellschafter oder von einer Erbengemeinschaft an einen Erben[40]). Dagegen ist im umgekehrten Fall redlicher Erwerb möglich, nämlich wenn auf der Erwerberseite noch andere Personen neben dem Veräußerer stehen: zB Auflassung eines Grundstücks von einem Gesellschafter an die OHG. Allerdings müssen jeweils alle an dem Erwerbsakt beteiligten Gesamthänder redlich sein. Unredlichkeit des einbringenden Gesamthänders kann daher den Erwerb ausschließen.

549 **bb)** Bei Rechtsgeschäften, die eine **Vorwegnahme der Erbfolge** darstellen.[41] Hier verdient der Erwerber keinen Schutz, weil ihm auch der gesetzliche Erwerb durch Erbgang keine bessere Rechtsstellung verschafft hätte, als sie seinem Erblasser zustand (→ Rn. 547). Wohl aber liegt bei der Übereignung zur Erfüllung eines Vermächtnisses ein Verkehrsgeschäft vor.[42]

III. Einzelfragen zum Grundbuch[43]

1. Widerspruch für einen Nichtberechtigten

550 Der öffentliche Glaube des Grundbuchs wird außer durch widersprechende Angaben auf einem Brief (§ 1140) auch durch einen Widerspruch im Grundbuch zerstört, § 892 I 1. Nach allgemeiner Ansicht[44] muss der Widerspruch allerdings gerade für den Berechtigten eingetragen sein.

Beispiel: B ist fälschlich als Eigentümer eines dem E gehörenden Grundstücks eingetragen. Ein Dritter D erwirkt mit der Behauptung, in Wahrheit sei er Eigentümer, die Eintragung eines Widerspruchs. Wenn danach B an den redlichen Z veräußert, erwirbt dieser nach § 892: Nur ein Widerspruch für E hätte diesen Erwerb verhindert.

2. Der Widerspruch bei Veräußerungsketten

551 Fraglich ist die Wirkung des Widerspruchs bei Veräußerungsketten.

RGZ 129, 124: Der Bucheigentümer B bestellt dem unredlichen H eine Hypothek. Danach wird für den Eigentümer E ein Widerspruch gegen das Eigentum des B eingetragen. Schließlich tritt H die Hypothek (genauer: die gesicherte Forderung, vgl. § 1153) an den redlichen G ab. G klagt aus der Hypothek gegen den inzwischen als Eigentümer eingetragenen E.

Die Entscheidung hängt davon ab, ob G die Hypothek nach § 892 wirksam erworben hat. Das wäre ausgeschlossen, wenn der Widerspruch des E auch bei der Hypothek des H eingetragen worden wäre. Ebenso wird man redlichen Erwerb durch G für ausgeschlossen halten müssen, wenn die Hypothek für H erst nach Eintragung des Widerspruchs gegen das Eigentum des B bestellt worden wäre. Denn dann hätte G aus dem Grundbuch sehen können, dass ein redlicher Erwerb der Hypothek durch H nicht in

---

40 BGH NJW 2015, 1881 Rn. 12.

41 Dazu *Sikora/Soutier* JA 2012, 53.

42 OLG Naumburg NJW 2003, 3209; vgl. auch *Kindler/D. Paulus* JuS 2013, 393 (395).

43 Dazu *J. Hager,* Verkehrsschutz durch redlichen Erwerb, 1990, 419f.; *Wiegand,* Der öffentliche Glaube des Grundbuchs, JuS 1975, 205; *Tiedtke,* Erwerb unbeweglicher Sachen kraft guten Glaubens, JURA 1983, 518; *K. Schreiber/Burbulla,* Der gutgläubige Erwerb von unbeweglichen Sachen, JURA 1999, 491.

44 Etwa *Baur/Stürner* SachenR § 18 Rn. 23.

Betracht kam. Hier lag es aber anders: Der Erwerb durch H war nicht an dem (damals noch nicht eingetragenen) Widerspruch gescheitert, sondern an der Unredlichkeit, und diese geht aus dem Grundbuch nicht hervor. Das RG hat hier trotzdem redlichen Erwerb durch G verneint: Der Widerspruch gegen das Eigentum richte sich gegen jede Verfügung, als deren Grundlage Eigentum nötig sei, und damit schon gegen die Hypothekenbestellung B–H. Aber das ist unrichtig: Der Widerspruch betrifft diese Hypothekenbestellung nicht, weil er bei ihrer Vollendung noch nicht eingetragen war. G konnte daher annehmen, H habe zumindest kraft Redlichkeit wirksam erworben; G ist also durch § 892 zu schützen.[45] Dafür spricht zudem: Würde der Widerspruch gegen das Eigentum auch eine früher bestellte Hypothek erfassen, so könnte der Hypothekar sein Recht praktisch nicht mehr veräußern. Diese Beeinträchtigung müsste er hinnehmen, obwohl der Widerspruch ohne sein Zutun eingetragen worden ist: Er beruht ja auf einer Bewilligung des Bucheigentümers oder auf einer allein gegen diesen gerichteten einstweiligen Verfügung (§ 899 II). Und für diese einstweilige Verfügung bräuchte der Widersprechende nicht einmal darzutun, das Grundbuch sei auch hinsichtlich der Hypothek unrichtig!

3. Vormerkung und Widerspruch beim redlichen Erwerb

552 Während der Widerspruch redlichen Erwerb verhindern kann, vermag die Vormerkung[46] ihn in bestimmten Fällen zu ermöglichen.

RGZ 121, 44: B verkauft das Grundstück, als dessen Eigentümer er fälschlich eingetragen ist, an den redlichen K und lässt diesem eine Auflassungsvormerkung eintragen. Danach erwirkt der Eigentümer E einen Widerspruch gegen die Eintragung des B. Endlich wird K auf die Bewilligung des B hin als Eigentümer eingetragen. E verlangt von K Herausgabe des Grundstücks (§ 985) und die Zustimmung zu seiner, des E, Eintragung als Eigentümer (§ 894).

Beide Ansprüche sind nur begründet, wenn E sein Eigentum nicht durch redlichen Erwerb des K verloren hat. Ein solcher Erwerb scheint daran zu scheitern, dass K erst als Eigentümer eingetragen wurde, als der Widerspruch für E schon im Grundbuch stand (§ 892 II gilt nur für die Kenntnis, nicht für den Widerspruch!). Ein anderes Ergebnis kann nur die vor dem Widerspruch eingetragene Auflassungsvormerkung für K herbeiführen. Dabei stellen sich zwei Fragen.

553 a) Die Vormerkung für K war **von dem Nichtberechtigten B bewilligt.** K kann also Rechte aus der Vormerkung nur nach §§ 892f. wirksam erworben haben. Ist der redliche Erwerb einer Vormerkung möglich?

Das wird heute für die *bewilligte* Vormerkung allgemein bejaht.[47] Dem ist zuzustimmen: Allerdings begründet die Vormerkung noch kein Recht des Vorgemerkten an dem Grundstück; § 892 ist daher unanwendbar.[48] Aber die infolge der Vormerkung

45 Jetzt wohl hM; etwa *Wilhelm* SachenR Rn. 531.

46 Zu ihr grdl. *D. Assmann,* Die Vormerkung (§ 883 BGB), 1998; *Stamm,* Die Auflassungsvormerkung, 2003, (dazu *Pajunk* DNotZ 2004, 394); *Stamm,* Die examensrelevanten Probleme der Vormerkung in der Falllösung, JuS 2003, 48; *Canaris* JuS 1969, 80; *J. Hager,* Die Vormerkung, JuS 1990, 429; *Görner,* Gutglaubensschutz beim Erwerb einer Auflassungsvormerkung, JuS 1991, 1011; *K. Schreiber,* Gutgläubiger Vormerkungserwerb, JURA 1994, 493; *Mülbert,* Der redliche Vormerkungserwerb, AcP 197 (1997), 335; *Mülbert* AcP 214 (2014), 309; *Löhnig/Gietl,* Grundfälle zur Vormerkung, JuS 2008, 102; *Musielak/Hau* EK BGB Rn. 549ff.

47 Etwa BGHZ 28, 182; *Baur/Stürner* SachenR § 20 Rn. 29.

48 Anders *Wunner* NJW 1969, 113.

eintretende dingliche Gebundenheit des Bewilligenden (§§ 883 II, 888) lässt die Bewilligung doch wie eine Verfügung über das Grundstück erscheinen, sodass § 893 wenigstens entsprechend anzuwenden ist.[49] Ebenso kann nach § 2367 diejenige Vormerkung kraft Redlichkeit erworben werden, die ein durch *Erbschein* Legitimierter bewilligt hat.[50] Dagegen gibt es bei Fehlen des vormerkungsgesicherten Anspruchs unzweifelhaft keinerlei Redlichkeitsschutz: Für das Bestehen des Anspruchs sagen Grundbuch und Erbschein ja nichts (→ Rn. 555).

554 b) Fraglich ist weiter, wie die von K redlich erworbene Vormerkung **gegen den Widerspruch** für E **wirkt.** In Betracht kommt Unwirksamkeit des Widerspruchs nach § 883 II. Aber diese Vorschrift passt nicht direkt, weil die Eintragung des Widerspruchs keine Verfügung über das Grundstück bedeutet. Dennoch lässt die hM[51] den Widerspruch nicht gegenüber dem vorgemerkten Erwerbsgläubiger wirken. Das ist richtig: Die Vormerkung kann ihre Aufgabe nur erfüllen, wenn sie den Vorgemerkten nicht bloß gegen abweichende Verfügungen des Veräußerers schützt, sondern auch gegen andere Beeinträchtigungen seines Erwerbs. Daher hat daher K mithilfe der redlich erworbenen Vormerkung das Grundstückseigentum erworben, § 892.[52]

BGH NJW 1981, 447 behandelt Vormerkung und Erbgang: Dort hatte der redliche Erwerber einer Auflassungsvormerkung den Verkäufer, der ihm die Vormerkung bewilligt hatte, beerbt. Der Vormerkungsgläubiger verlangte von dem inzwischen eingetragenen wahren Eigentümer die Zustimmung nach §§ 883 II, 888. Der BGH hat einen solchen Anspruch verneint: Die Vormerkung sei erloschen, weil auch der gesicherte Anspruch auf Übereignung durch **Konfusion** (Zusammenfallen von Gläubiger und Schuldner) erloschen sei. Das Ergebnis überrascht, weil der Erwerb des vorgemerkten Gläubigers an seiner Stellung als Alleinerbe scheitern soll (und zudem an Zufälligkeiten des zeitlichen Ablaufs).[53] Das ist fraglich, zumal der BGH die zu erwägende analoge Anwendung von § 889 mit einem einzigen Satz abgelehnt hat.[54]

4. Wiederaufladung und spätere Entstehung

555 Bei Nichtbestehen des vorgemerkten Anspruchs gibt es wegen der erforderlichen **Akzessorietät** keine Vormerkungswirkungen (→ Rn. 553).[55] Allerdings braucht die unrichtig gewordene Eintragung der Vormerkung ungeachtet des Prinzips der **Grundbuchklarheit** nicht zwangsläufig gelöscht zu werden, wenn der gesicherte Anspruch erloschen ist. Sofern ein **deckungsgleicher Anspruch** besteht und die Eintragung mit der erneuten (ggf. erweiterten) Bewilligung **kongruent** ist, kann die Vormerkung den neuen Anspruch sichern und so wiederverwendet – bildhaft: **aufgeladen** – werden:[56]

49 *Canaris* JuS 1969, 80 (81); *J. Hager* JuS 1987, 555 (556).
50 BGHZ 57, 341.
51 Etwa *Baur/Stürner* SachenR § 20 Rn. 29; 66.
52 Ebenso BGH NJW 1981, 446 (447); *Wiegand* JuS 1975, 205 (212).
53 *Wacke* NJW 1981, 1577; vgl. auch *Gebauer/Haubold* JZ 2000, 679; *J. Hager*, FS Heldrich, 2005, 175; Erbenhaftung und Konvaleszenz behandeln *Habersack* JZ 1991, 70 sowie *Finkenauer*, FS Picker, 2010, 201.
54 Den BGH verteidigt aber *Ebel* NJW 1982, 724, zur methodischen Seite *Servatius* JuS 2006, 1060. Zum Themenkreis Vormerkung und Erbgang auch *Preuß* DNotZ 1998, 602.
55 Wegen des Zusammentreffens von Vormerkung und Schuldübernahme lehrreich BGH NJW 2014, 2431; dazu *K. Schmidt* JuS 2015, 460.
56 BGHZ 143, 175; 193, 152; 183; BGH NJW 2008, 578 (dazu *K. Schmidt* JuS 2000, 605; 2008, 467; 2012, 943; skeptisch *Prütting* SachenR Rn. 179a). Grdl. *Planck/Strecker*, BGB, 5. Aufl. 1933, § 885 Rn. 1; *W. Krüger*, FS A. Krämer, 2009, 475; *J. Hager*, FS Kanzleiter, 2010, 195; *Kohler* DNotZ 2011, 808; *Kohler* BauR 2012, 1164 (zu § 648 BGB).

BGHZ 143, 175: Im notariellen Kaufvertrag vom 19.9. bewilligte V eine Auflassungsvormerkung. Nach Eintragung der Vormerkung am 16.10. kam es unter anderem über den Kaufpreis zu Streitigkeiten. Unter Aufhebung des bestehenden Vertrags schlossen die Parteien am 11.11. einen erneuten Kaufvertrag über das Grundstück, wobei V wiederum eine Auflassungsvormerkung bewilligte. Am 2.12. wurde eine Höchstbetragshypothek eingetragen. Da die erneute materiell-rechtliche Bewilligung (§ 885) mit dem gesicherten Anspruch (§ 433 I 1) und der bestehenden Eintragung kongruent war,[57] sicherte die Vormerkung nunmehr den neu begründeten Anspruch, wobei sich ihr Rang freilich nach dem Tag der erneuten Bewilligung bestimmte. Gegen die vormerkungswidrige Hypothek vom 2.12. wirkte also § 883 II, ohne dass die Vormerkung erneut eingetragen werden musste. Anders aber, wenn die Hypothek bereits am 10.11. eingetragen worden wäre.

Wie aber, wenn der Anspruch nachträglich entsteht?

BGHZ 54, 56: V verkauft sein Grundstück an K. Beide sind über einen Kaufpreis von 200.000 DM einig, doch geben sie in dem notariellen Kaufvertrag zur Steuerersparnis nur 175.000 DM an. Alsbald wird für K eine Auflassungsvormerkung eingetragen. Drei Wochen später wird eine weitere Vormerkung für D eingetragen, gerichtet auf Eintragung einer Dienstbarkeit. Endlich wird K als Eigentümer des Grundstücks eingetragen. D begehrt von K nach § 888 I die Zustimmung zur Eintragung der Dienstbarkeit.

Die Entscheidung hängt ab von den beiden Vormerkungen: War die Vormerkung für K wirksam, so ist die spätere Vormerkung für D nach § 883 II unwirksam: D hat dann keinen Anspruch gegen K. War jedoch die Vormerkung für K unwirksam, so ist die Vormerkung für D wirksam mit der Folge von § 888 I.

Zweifel an der Wirksamkeit der Vormerkung für K ergeben sich aus Folgendem: Der notarielle Kaufvertrag V–K ist wegen des falsch angegebenen Preises nach § 117 I nichtig. Nichtig war zunächst auch der gewollte Kauf für 200.000 DM nach §§ 117 II, 311b I, 125. Dieser Vertrag wurde aber nach § 311b I 2 mit Auflassung und Eintragung wirksam. Die Vormerkung für K kann also gegen die Vormerkung für D nur dann nach § 883 II wirken, wenn

(1) die Vormerkung für K sich auf den Auflassungsanspruch aus dem dissimulierten (mündlichen) Vertrag bezieht (denn der simulierte notarielle Vertrag ist ja nie wirksam geworden), und
(2) entweder die Heilung nach § 311b I 2 zurückwirkt oder der Anspruch aus dem dissimulierten Vertrag schon vor der Heilung einen künftigen oder bedingten Anspruch iSv § 883 I 2 darstellt.

Der BGH verneint in erster Linie schon die Frage (1), wohl mit Recht: Die eingetragene Vormerkung nahm auf den notariellen Vertrag Bezug, sodass sie nur auf einen Anspruch aus diesem Vertrag bezogen werden konnte. Hilfsweise verneint der BGH aber auch noch die beiden Fragen zu (2): Eine Rückwirkung der Heilung nach § 311b I 2 möge zwar dem Parteiwillen entsprechen. Aber das bedeute nichts im Verhältnis zu Dritten. Und ein künftiger Anspruch bestehe vor der Heilung noch nicht, weil der Käufer den Anspruch nicht unabhängig vom Willen des Verkäufers begründen könne.[58] Danach war der Klage des D stattzugeben.

5. Redlicher Vormerkungserwerb durch den Zessionar

556 Von der eben behandelten Frage nach der Möglichkeit redlichen Erwerbs bei Bewilligung einer Vormerkung (→ Rn. 553) ist eine andere Frage streng zu unterscheiden:

57 An der Kongruenz fehlt es zB nach BGHZ 193, 152 bei einem vererblichen Anspruch, der anstelle eines nicht vererblichen Rückübertragungsanspruchs tritt.
58 Dazu *Lüke* JuS 1971, 341; *Espenhain* JuS 1981, 438. S. auch *Preuß* AcP 201 (2001), 580.

Kann eine Vormerkung bei Abtretung des vorgemerkten Anspruchs kraft Redlichkeit erworben werden?

Der Bucheigentümer B verkauft das Grundstück an den unredlichen K und lässt ihm eine Auflassungsvormerkung eintragen. K tritt seinen Übereignungsanspruch an den redlichen D ab. Danach erwirkt der Eigentümer E einen Widerspruch gegen die Eintragung des B. Endlich wird D als Eigentümer eingetragen. E verlangt von D Herausgabe des Grundstücks und Zustimmung zur Grundbuchberichtigung.

Auch hier kommt es für die §§ 985, 894 darauf an, ob D das Grundstück nach § 892 zu Eigentum erworben hat. Das müsste wegen § 892 I 1 an dem Widerspruch für E scheitern, wenn dem nicht die Vormerkung entgegensteht. Diese ist hier jedoch – im Gegensatz zu → Rn. 553 – für einen *unredlichen* Käufer bestellt worden; K konnte sie also nicht wirksam erwerben. Möglich bleibt nur ein Erwerb durch den redlichen Zessionar D. Dazu werden zwei Ansichten vertreten: Die eine **verneint** die Möglichkeit redlichen Erwerbs der Vormerkung durch D: Der Erwerb der Vormerkung erfolge bei Abtretung des vorgemerkten Anspruchs nicht durch Rechtsgeschäft, sondern analog § 401 kraft Gesetzes.[59] Dagegen lässt insbesondere der BGH[60] **redlichen Erwerb** der Vormerkung durch den Zessionar des vorgemerkten Anspruchs zu.

557 In der Tat sollte man die Entscheidung nicht davon abhängig machen, ob der Erwerb des Nebenrechts nach § 401 als gesetzlicher oder rechtsgeschäftlicher anzusehen ist (auch → Rn. 547). Eindeutig beantworten lässt sich das ohnehin nicht, weil der Erwerb nach § 401 als gesetzliche Folge eines rechtsgeschäftlichen Erwerbs eine Mittelstellung einnimmt.[61] Wichtiger ist vielmehr die Frage nach dem **Bedürfnis:** Muss wirklich die Verkehrsfähigkeit von Übereignungsansprüchen dadurch gesteigert werden, dass man den redlichen Erwerb einer Vormerkung zulässt? Dabei ist zu bedenken, dass die Vormerkung nur das Übergangsstadium bis zur Eintragung überbrücken soll, also bloß eine **vorläufige** Rechtsposition sichert. Es liegt hier ganz anders als bei der Sicherungshypothek, die für eine sehr lange Zeit gedacht sein kann. Zudem geht es bei der Sicherungshypothek um **Geldforderungen.** Und bei ihnen ist das Bedürfnis nach Verkehrsfähigkeit viel größer, weil die Möglichkeit zur Gläubigerauswechslung die Bereitschaft zur Kreditgewährung fördert. Dass die Redlichkeit hinsichtlich des Bestehens einer Sicherungshypothek geschützt wird (freilich nur, wo die Forderung wirklich besteht: § 1185 II), besagt also nichts für die Vormerkung. Für diese ist daher die Möglichkeit redlichen Zweiterwerbs nach wie vor verneinen.[62]

IV. Einzelfragen zum Besitz[63]

1. Der Nebenbesitz

558 Bei den §§ 934, 931 ist das Problem des Nebenbesitzes viel erörtert worden.

59 *Baur/Stürner* SachenR § 20 Rn. 52; *Medicus* AcP 163 (1963), 1; *Reinicke* NJW 1964, 2373; iErg auch *Wiegand* JuS 1975, 205 (212f.); *Canaris,* FS Flume, Bd. I, 1978, 371 (389f.); NJW 1986, 1488 (1489) (die Vormerkung werde von § 401 nur als unselbstständiger Annex der Forderung behandelt); *Wilhelm* SachenR Rn. 2300; *Habersack* SachenR Rn. 338; *Kohler* JURA 2008, 321. Vgl. auch → Rn. 547.

60 BGHZ 25, 16 (23); ebenso *Westermann/Eickmann* SachenR § 83 Rn. 32ff.; *Wunner* NJW 1969, 113 (116).

61 Vgl. *Vieweg/Werner* SachenR § 13 Rn. 40; § 14 Rn. 16.

62 *Tiedtke* JURA 1981, 354 (367); *Baur/Stürner* SachenR § 20 Rn. 52; *Kupisch* JZ 1977, 486 (495).

63 Dazu *J. Hager,* Verkehrsschutz durch redlichen Erwerb, 1990, 225ff.; *Wiegand* JuS 1974, 201; 545; *Tiedtke* JURA 1983, 460; *Musielak* JuS 1992, 713; *Zeranski* JuS 2002, 340; *K. Schreiber/Burbulla*

a) Der Ausgangspunkt der Lehre

Ausgegangen ist die Lehre vom Nebenbesitz von folgendem »berühmten« Fall.

RGZ 135, 75: E verkauft an V Zucker und behält sich das Eigentum vor. Der Zucker wird bei dem Lagerhalter L für E eingelagert. V gibt sich aber schon vor Restkaufpreiszahlung als Eigentümer aus und veräußert den Zucker, indem er seinen angeblichen Herausgabeanspruch gegen L an den redlichen K abtritt. L stellt dem K einen Namenslagerschein aus, bestätigt aber zugleich dem E, dass er den Zucker für diesen verwahre. Wer ist Eigentümer des Zuckers?

Da V Nichteigentümer war, kann K den Zucker von ihm nur kraft guten Glaubens nach den §§ 934, 931 erworben haben. Da V von L nicht Herausgabe des Zuckers verlangen konnte (§ 934 Fall 1), also selbst nicht mittelbarer Besitzer war (§ 868), hängt die Entscheidung davon ab, ob K wenigstens (mittelbarer) Besitzer des Zuckers geworden ist (§ 934 Fall 2).

aa) Das RG hat in den genannten Entscheidungen Eigentumserwerb des K bejaht: Da der unmittelbare Besitzer L den K als seinen Oberbesitzer anerkannt habe, sei dieser mittelbarer Besitzer geworden. Daher sei § 934 Fall 2 anwendbar. Allerdings ist der tatsächliche Besitzmittlungswille als innere Tatsache oft schwer erweislich.[64]

bb) Dagegen lehnen in der Literatur manche[65] den Eigentumserwerb des K ab: Das doppeldeutige Verhalten des L habe gerade darauf abgezielt, den mittelbaren Besitz des E nicht eindeutig zu zerstören. E und K stünden also, ohne Mitbesitzer zu sein, als mittelbare Besitzer nebeneinander. Und ein solcher Nebenbesitz genüge für § 934 nicht: Die §§ 932ff. verlangten, dass der Erwerber besitzrechtlich näher an die Sache herankomme als der Eigentümer.

Dem ist zuzustimmen. K hätte den Zucker nach § 934 Fall 2 also nur durch Erlangung des unmittelbaren Besitzes oder dadurch erwerben können, dass L seine besitzrechtliche Beziehung zu E eindeutig abgebrochen hätte. Da L das vermieden hat (und es typischerweise aus Angst vor dem Staatsanwalt auch vermeiden muss), ist E Eigentümer geblieben. Der Lagerschein spielt hier schon deshalb keine Rolle, weil nur der Orderlagerschein Traditionspapier ist (§ 475g HGB).

b) Der Fräsmaschinenfall von BGHZ 50, 45

Anwendbar ist die Lehre vom Nebenbesitz möglicherweise auch im Fall von **559**

BGHZ 50, 45: V verkauft eine Fräsmaschine an K und liefert sie unter EV. Noch vor voller Kaufpreiszahlung nimmt K bei C einen Kredit auf. Zur Sicherheit übereignet K dem C die Maschine unter Vereinbarung eines Besitzkonstituts; dabei gibt K sich als Eigentümer aus. C seinerseits tritt bald darauf alle

---

JURA 1999, 150; *Neuner* JuS 2007, 401; *Petersen* JURA 2002, 160 (Grundfragen); 255 (Sonderfragen).

64 MüKoBGB/*Oechsler* § 934 Rn. 7 unter Verweis auf BGHZ 161, 90 (»Flowtex«); dazu *Hey* JuS 2005, 402.

65 Etwa *Baur/Stürner* SachenR § 52 Rn. 24; *Wieling* SachenR § 6 III 3b; *Wolff/Raiser* SachenR § 69 A. 22; *Medicus,* FS H. Hübner, 1984, 611; mit anderer Begründung (die Eigentumsvermutung aus § 1006 III soll sich auf das Bestehen eines Herausgabeanspruchs gründen) iErg weithin auch *Picker* AcP 188 (1988), 511 (doch pflegt das BGB Vermutungen an Sichtbares und nicht an unsichtbare Ansprüche zu knüpfen), iErg auch *Wilhelm* SachenR Rn. 995. Anders aber *Tiedtke* JURA 1983, 460 (465, 468, 469); *Westermann/Gursky* SachenR § 18 Rn. 7; § 48 Rn. 11f.; *Vieweg/Werner* SachenR § 2 Rn. 39ff. Diff. *Kindl* AcP 201 (2001), 391: Gutgläubiger Erwerb soll ausgeschlossen sein, solange die Sache in den Händen der Person ist, der sie der Eigentümer anvertraut hat. Zum Nebenbesitz *Jakl* JURA 2010, 292; zum Zusammenhang zwischen mittelbarem Besitz und Besitzmitteilungswillen *Bömer,* 2009.

Rechte aus dieser SiÜ sicherheitshalber an D ab. V und D streiten um das Eigentum.

aa) Sicher ist hier: V hat sein Eigentum nicht dadurch verloren, dass C von K gutgläubig Eigentum erworben hätte. Denn der Erwerb des C erfolgte in der Form von § 930; Eigentum konnte C also von dem nicht berechtigten K nach § 933 nur durch Übergabe erwerben, die hier fehlt. Erworben hat C folglich bloß das dem K wirklich zustehende Anwartschaftsrecht. Hinsichtlich des Eigentums war C demnach bei seiner Veräußerung an D Nichtberechtigter: D war auf § 934 angewiesen.

560 **bb)** Der BGH hat die Voraussetzungen der 1. Variante dieser Vorschrift bejaht: C sei durch das mit K vereinbarte Besitzkonstitut mittelbarer Besitzer geworden und habe seinen Herausgabeanspruch an D abgetreten. Danach hätte D zulasten des V Eigentum erworben. Der BGH hat die Bedenklichkeit dieses Ergebnisses gesehen, aber gemeint, es gleichwohl hinnehmen zu müssen.[66]

561 **cc)** Zum richtigen Ergebnis führt auch hier der Nebenbesitz: Wenn K es vermieden hat, den mittelbaren Besitz des V eindeutig zu zerstören,[67] standen V und C als mittelbare Nebenbesitzer nebeneinander. Mehr als diesen Nebenbesitz konnte dann C auf D nicht übertragen, weil es keinen gutgläubigen Erwerb des Besitzes gibt. Und der Erwerb des bloßen Nebenbesitzes genügt für § 934 nicht. Die Rechtsfigur des Nebenbesitzes bedeutet also nur einen Ausdruck für die richtige Wertung: Wer nicht näher an die Sache heranrückt, als der Eigentümer ihr noch steht, soll nicht zu dessen Lasten von einem Nichtberechtigten erwerben.[68]

Ein Teil der Literatur[69] hält im Fall von BGHZ 50, 45 Nebenbesitz für unannehmbar: Wenn K die Maschine (unbefugt) an C übereigne, zerstöre er damit das Besitzmittlungsverhältnis zu V. Aber das überzeugt nicht: Die Übereignung ist nur aus der Sicht des C eindeutig. Daneben wird K jedoch regelmäßig die Kaufpreisraten an V weiterzahlen und diesem auch sonst die Übereignung an C verhehlen: K hofft eben typischerweise, dass sein Doppelspiel von niemandem bemerkt wird. Damit bleibt das Verhalten des Besitzmittlers bei der für den Besitz gebotenen Betonung des Faktischen (§ 116 S. 1 gilt nicht!) mehrdeutig.

c) Nebenbesitz beim Anwartschaftsrecht?

562 Manche[70] nehmen Nebenbesitz auch in folgendem Fall an:

K hat Ware von V unter Eigentumsvorbehalt gekauft. Zur Sicherung für einen Kredit überträgt K sein Anwartschaftsrecht an der Ware nach § 930 seinem Gläubiger G.

Dieser Fall unterscheidet sich von dem bei b) in → Rn. 559 genannten dadurch, dass K hier nicht sein angebliches Eigentum veräußert, sondern nur das ihm wirklich zustehende Anwartschaftsrecht. Dann aber spricht gegen die Annahme eines Nebenbesitzes von V und G, dass G – anders als V – nicht Eigenbesitzer ist. Denn G weiß ja, dass die Ware noch dem V gehört. Daher ist der Gegenansicht der Vorzug zu geben:[71] G hat erststufigen mittelbaren Fremdbesitz und V letztstufigen mittelbaren Eigenbesitz. Allerdings fällt von hier aus die Erklärung schwer, wie sich G in das ursprünglich direkte Besitzmittlungsverhältnis zwischen V und K einschieben kann. Letztlich geht diese

---

66 Zu dessen Begründung *Michalski* AcP 181 (1981), 384 (416).

67 Dazu *Herm. Lange* JuS 1969, 162 (164); *Lohsse* AcP 206 (2006), 527 (536, 549); *Musielak* JuS 1992, 713 (719).

68 Vgl. dazu *Wacke,* Das Besitzkonstitut als Übergabesurrogat, 1974, 54ff.; *Petersen,* Von der Interessenjurisprudenz zur Wertungsjurisprudenz, 2001, 79f.; *Neuner* SachenR Rn. 373.

69 Palandt/*Bassenge* § 868 Rn. 4.

70 Etwa *Paulus* JZ 1957, 41; *Westermann* SachenR, 5. Aufl. 1966, § 19 III 4a.

71 BGHZ 28, 16 (27); *Baur/Stürner* SachenR § 59 Rn. 34.

Ungereimtheit aber auf die Anerkennung der Anwartschaft als selbstständiges Recht zurück.

2. Der Geheißerwerb[72]

Weitere Probleme des gutgläubigen Mobiliarerwerbs ergeben sich beim sog. »Geheißerwerb«: Die Übergabe erfolgt nicht zwischen den Parteien des Erwerbsgeschäfts, sondern unter Einschaltung eines Dritten.

a) Die Übergabe durch einen Dritten auf Geheiß des Veräußerers

563 Für gutgläubigen Erwerb nach § 932 genügt es nicht, dass der Erwerber überhaupt Besitzer wird. Vielmehr muss er den **Besitz gerade vom Veräußerer** erhalten, weil dieser nur dann als Eigentümer ausgewiesen ist (§ 932 I 2). Der Übergabe durch den Veräußerer wird es aber gleichgestellt, dass ein Dritter die Sache auf Geheiß des Veräußerers übergibt.[73]

Beispiel: V hat an K eine Maschine verkauft und geliefert. K stellt aber noch vor der Abnahme fest, dass die Maschine nicht die vereinbarten Maße hat, und stellt sie daher sofort wieder dem V zur Verfügung. V verkauft die Maschine an D und weist K an, die Maschine gleich an D weiterzusenden. K tut das.

Wenn hier die Maschine dem V gehörte, hat D das Eigentum von V nach § 929 S. 1 erworben, obwohl die Übergabe durch K erfolgt ist. Und wenn die Maschine dem V nicht gehörte, ist gutgläubiger Erwerb des D nach § 932 I 1 möglich.

564 Der Grund für die Gleichstellung der Übergabe durch den Veräußerer selbst mit der Übergabe auf sein Geheiß hin ist: Dass der Dritte (im Beispiel K) dem Geheiß des Veräußerers zu folgen bereit ist, weist diesen ebenso wie eigener Besitz als den Herrn der Sache aus. Daraus ergibt sich aber auch die Grenze der Gleichstellung: Der Dritte muss sich **wirklich dem Geheiß** des Veräußerers **unterordnen;** es darf nicht nur der Anschein einer solchen Unterordnung entstehen (»Unterwerfungslehre«).[74]

BGHZ 36, 56: K hat bei V Kohle bestellt und im Voraus bezahlt; die Kohle soll auf Abruf geliefert werden. Noch vor der Lieferung überträgt V seinen Kohlenhandel auf D. Als K abruft, veranlasst V den D durch Täuschung zur Lieferung an K.

Der BGH hat gutgläubigen Erwerb der zunächst dem D gehörenden Kohle durch K bejaht, allerdings wohl zu Unrecht.[75] Die wirkliche Befolgung eines Geheißes entspricht nämlich dem Rechtsscheintatbestand des Besitzes. Dass K an die Unterordnung des D unter ein Geheiß des V glauben konnte, bedeutet also nur guten Glauben an das Vorhandensein des Rechtsscheinträgers. Dieser Glaube ist aber nicht geschützt; nötig ist stets der durch den wirklich vorhandenen Rechtsscheinträger gestützte gute Glaube an das Recht. Das zeigt auch folgendes

72 Vgl. *Martinek,* Traditionsprinzip und Geheißerwerb, AcP 188 (1988), 573.

73 Vgl. dazu *v. Caemmerer* JZ 1963, 586; *Wadle* JZ 1974, 689; *Tiedtke* JURA 1983, 460 (463); *Flume,* FS Ernst Wolf, 1985, 61; *Wieling* SachenR § 9 VIII b; *Brehm/Berger* SachenR § 27 Rn. 22 ff.; *Vieweg/Werner* SachenR § 4 Rn. 31 ff.; *J. Hager,* FG 50 Jahre BGH, Bd. I, 2000, 777 (786).

74 *Neuner* SachenR Rn. 385; MüKoBGB/*Oechsler* § 929 Rn. 68.

75 Ebenso *v. Caemmerer* JZ 1963, 586; *Picker* NJW 1974, 1790 (1794); *Martinek* AcP 188 (1988), 573 (627); *Wilhelm* SachenR Rn. 930; aA *Wieling* SachenR § 10 IV 6; wie der BGH *Musielak* JuS 1992, 713 (716); MüKoBGB/*Oechsler* § 932 Rn. 17, der auf die Wertung des § 935 I abstellt. Übersicht bei *Vieweg/Werner* SachenR § 4 Rn. 33.

Beispiel: D erklärt dem G, er wolle ihm zum Geburtstag ein Klavier schenken. Das Klavier wird dann dem G auch pünktlich von Leuten des Händlers H gebracht. D hatte aber den H zu der Lieferung durch die Lüge veranlasst, G wolle ein Klavier zur Ansicht. Hier kann G nicht von D nach § 932 erwerben, weil die Übergabe durch H nicht wirklich auf Geheiß des D erfolgt ist.

Im »**Hemdenfall**« genügte es dem BGH für § 932, wenn die Lieferung des Dritten »objektiv betrachtet aus der Sicht des Erwerbers« als Leistung des Veräußerers erscheine.[76] Richtigerweise reicht jedoch auch das nur, wenn der Eigentümer die Sache in dem Bewusstsein liefert, dass ein anderer sie im eigenen Namen an den Empfänger veräußert hat.[77]

b) Die Übergabe an einen Dritten auf Geheiß des Erwerbers

565 So wie für die §§ 929 S. 1, 932 I 1 Übergabe durch einen Dritten auf Geheiß des Veräußerers genügt (→ Rn. 563 f.), soll nach der Rechtsprechung auch Übergabe an einen Dritten auf Geheiß des Erwerbers ausreichen. Die Kombination beider Regeln ergibt die Möglichkeit zu einer Übereignung, bei der weder Veräußerer noch Erwerber je Besitz haben![78] Ob die Aushändigung der Sache an einen Dritten selbst dann der Übergabe an den Erwerbsaspiranten gleichstehe, wenn dieser nicht wenigstens mittelbarer Besitzer werde, solle offenbleiben.[79] Speziell bei der Durchlieferung im Streckengeschäft (A verkauft an B und dieser an C; die Lieferung erfolgt auf Geheiß des B von A direkt an C) ist der »doppelte Geheißerwerb« (genauer: Veräußerung und Erwerb mit Geheiß von Veräußerer und Erwerber) des B jedoch anerkannt und auch wirtschaftlich sinnvoll (→ Rn. 671).

3. Veräußerung unter Zustimmung des dritten Besitzers

566 Praktisch nicht ganz selten sind die Fälle, in denen ein Nichtbesitzer veräußert, aber der Besitzer der Veräußerung zustimmt. Hier ist Erwerb kraft guten Glaubens möglich, wenn der Erwerber den zustimmenden Besitzer ohne grobe Fahrlässigkeit für den Eigentümer gehalten hat:[80] Auch hier weist ja der Besitz denjenigen als Eigentümer aus, an dessen Eigentum der Erwerber glaubt und glauben darf.

4. Guter Glaube an die Verfügungsmacht

567 a) Soweit das **bürgerliche Recht** das Vertrauen auf die Verfügungsmacht des Veräußerers schützt (→ Rn. 536), meint es regelmäßig den Berechtigten ohne Verfügungsmacht. § 1244 bildet allenfalls eine eng begrenzte Ausnahme: Hier weiß der Erwerber zwar, dass der Veräußerer nicht Eigentümer ist. Aber der Erwerber glaubt doch, der Veräußerer habe ein Pfandrecht als Quelle seiner Verfügungsmacht, oder die Pfandveräußerung verstoße nicht gegen bestimmte Vorschriften.

76 BGH JZ 1975, 27; dazu *Gomille*, Der Hemdenfall, JURA 2013, 711.

77 So *v. Olshausen* JZ 1975, 29; *Brehm/Berger* SachenR § 27 Rn. 56.

78 BGH NJW 1973, 141; krit. dazu *Wadle* JZ 1974, 689, zurückhaltend auch BGH JuS 1976, 396 mAnm *K. Schmidt*.

79 Später bejaht von BGH NJW 1999, 425, vgl. auch BGH NJW 1982, 2371; dazu *K. Schmidt* JuS 1982, 858.

80 BGHZ 56, 123; dazu *Wieser* JuS 1972, 567.

b) Weit darüber hinaus geht das **Handelsrecht** in § 366 HGB.[81] Hier wird der gute Glaube an die Verfügungsmacht des **Nichtberechtigten** allgemein geschützt. Bei § 366 HGB weiß der Erwerber also, dass der Veräußerer kein Recht an der Sache hat, glaubt aber irrig, der Berechtigte habe der Verfügung durch den Veräußerer zugestimmt. Hauptfall ist der Verkaufskommissionär (§§ 383 ff., vgl. auch § 406 HGB), der ja im eigenen Namen über fremde Sachen verfügt. Unter § 366 HGB fällt aber auch die bei Eigentumsvorbehalt und Sicherungsübereignung häufige **Veräußerungsermächtigung.**

Beispiel: Der Kleinhändler K erhält vom Großhändler V Waren. K weiß, dass V die Waren vom Fabrikanten F unter Eigentumsvorbehalt bezogen hat. K glaubt aber ohne grobe Fahrlässigkeit, F habe den V zur Weiterveräußerung ermächtigt. Hier kann K nach §§ 366 I HGB, 932 gutgläubig Eigentum erwerben, während § 932 allein nichts nützen würde. Ausreichend wäre § 932 dagegen, wenn K ohne grobe Fahrlässigkeit glaubte, V habe seine Schuld bei F beglichen und sei daher Eigentümer geworden.

Nach BGHZ 77, 274 soll jedoch guter Glaube des K regelmäßig dann zu verneinen sein, wenn K (etwa durch AGB) die Abtretung der gegen ihn gerichteten Kaufpreisforderung des V ausgeschlossen hat (§ 399 Fall 2). Denn K müsse damit rechnen, dass V nur unter verlängertem EV erworben habe. Dann aber sei V zur Weiterveräußerung an K nicht ermächtigt, weil der Erstveräußerer wegen des Abtretungsverbots nicht die Kaufpreisforderung V–K als Gegenwert für das Eigentum erwerben könne. Und dass K mit einem verlängerten EV des Erstveräußerers rechne, zeige gerade das Abtretungsverbot. Das leuchtet ein (→ Rn. 532).

c) Weiter reicht aber § 366 HGB nicht: Weder schaltet er § 935 aus, noch schützt er etwa den guten Glauben an die **Geschäftsfähigkeit** des Veräußerers. Abzulehnen ist auch die von vielen[82] bejahte Ausdehnung des § 366 HGB auf Mängel der **Vertretungsmacht** des Veräußerers, also auf Veräußerungen in fremdem Namen. Denn für das Handelsrecht typisch und daher nach § 366 HGB schutzwürdig ist nur das Handeln in eigenem Namen. Für Mängel der Vertretungsmacht dagegen genügen die Regeln über die Anscheins- (soweit diese anzuerkennen ist) und Duldungsvollmacht sowie § 56 HGB. Diese Regeln gelten dann auch gleichermaßen für die dinglichen Erfüllungsgeschäfte wie für die ihnen zugrunde liegenden Verpflichtungen, während sich § 366 HGB auf die dingliche Seite beschränken und Raum für einen Bereicherungsausgleich lassen würde.

V. Der Erbschein[83]

1. Das Prinzip

568 Beim Erbschein befolgt das BGB eine andere Regelungstechnik als bei den übrigen Rechtsscheinträgern. Denn nach den §§ 2366 f. wird der durch den Erbschein Ausgewiesene im Verhältnis zu redlichen Dritten nicht schlechthin als der Berechtigte behandelt. Vielmehr soll nur der Inhalt des Erbscheins in den Grenzen des § 2365 als richtig gelten. Für die wichtigste Fallgruppe (ein Nichterbe ist im Erbschein als Erbe bezeich-

81 Dazu *K. Schmidt* NJW 2014, 1; *Petersen* JURA 2004, 247; Klausurfall bei *Lieder* JuS 2014, 1009.

82 Etwa *K. Schmidt* HandelsR § 23 Rn. 36 und *K. Schmidt* JuS 1987, 936; *Krampe* JURA 1989, 167, dagegen aber etwa *Wiegand* JuS 1974, 545 (548); *Tiedtke* JURA 1983, 460 (474); *Reinicke* AcP 189 (1989), 79; *Canaris* HandelsR § 27 Rn. 16, krit. auch *W. Bosch* JuS 1988, 439.

83 Dazu *Wiegand* JuS 1975, 283; *Dillberger/Fest* JuS 2009, 1099; *Dillberger/Fest* ZEV 2009, 281; *Lieder* JURA 2010, 801; *Schlinker/Zickgraf* JuS 2013, 876.

net) bedeutet das: **Der Erwerb vom Scheinerben wird ebenso beurteilt wie ein Erwerb vom wahren Erben.** Dabei verlangt die hM mit Recht nicht, dass der Erwerber den Erbschein gekannt hat.[84]

§ 2366 kann sich mit den verschiedensten Erwerbsvorschriften verbinden: Ist der Erbe selbst verfügungsberechtigt, so wird von dem durch Erbschein legitimierten Nichterben nach § 2366 in Verbindung mit den Vorschriften über den Erwerb vom Berechtigten (etwa §§ 398, 873, 925, 929ff.) erworben. Fehlt dagegen dem Erben die Berechtigung oder ist er Berechtigter ohne Verfügungsmacht, so verbindet sich § 2366 mit den Vorschriften über den Erwerb vom Nicht(verfügungs)berechtigten (etwa §§ 135 II, 892, 932ff.). Und wenn hiernach ein redlicher Erwerb unmöglich ist (etwa wegen § 935 oder bei Forderungen), wird er auch durch § 2366 nicht möglich.

2. Fallgruppen

569 Diese Funktion der §§ 2366f. mögen folgende Beispiele zeigen (dabei heißt der Erblasser X, der wahre Erbe E und der durch Erbschein legitimierte Nichterbe SE).

a) Mobiliarsachenrecht

(1) X besaß eine ihm gehörende bewegliche Sache. SE findet sie im Nachlass und veräußert sie an K.

Hier kann K nach §§ 2366, 929 Eigentum erwerben. Das Kriterium der groben Fahrlässigkeit (§ 932 II) spielt also keine Rolle, ebenso wenig § 935: K erwirbt ja wegen § 2366 nach derselben Vorschrift, nach der er von E erwerben würde, und bei einem Erwerb von E sind die §§ 932, 935 unanwendbar. An § 935 würde der Erwerb des K wegen § 857 nur dann scheitern, wenn SE nicht durch Erbschein legitimiert wäre.

(2) X hatte von einem Dritten ein diesem gehörendes Buch entliehen. SE findet es im Nachlass und veräußert es an K.

Hier kommt ein Erwerb des K nach §§ 2366, 929 nicht in Betracht: X und folglich auch E hätten ja nicht nach § 929 veräußern können. Wohl aber kann K von SE ebenso wie von E nach §§ 932, 929 (von SE nur iVm § 2366) erwerben, wenn SE durch Erbschein legitimiert ist.

(3) X hatte das Buch dem Eigentümer D gestohlen. SE veräußert es wie vorher an K.

Hier wirkt nun endlich § 935: K hätte wegen dieser Vorschrift von E nicht erwerben können; folglich ist auch ein Erwerb von SE unmöglich.

b) Immobiliarsachenrecht

570 (1) X war Bucheigentümer eines dem D gehörenden Grundstücks. SE veräußert das Grundstück an K.

Zwei Möglichkeiten sind hier denkbar: Einmal kann SE über § 40 I Fall 1 GBO an K übereignet haben, ohne selbst zuvor ins Grundbuch eingetragen worden zu sein. Dann richtet sich der Erwerb des K nach §§ 2366, 873, 925, 892. Zum anderen kann sich SE zunächst auch selbst als Eigentümer haben eintragen lassen. Dann bedarf es des Erbscheins nicht mehr: K erwirbt von SE einfach nach §§ 873, 925, 892.

(2) X war Bucheigentümer eines dem D gehörenden Grundstücks; D hatte gegen die Eintragung des X einen Widerspruch erwirkt. SE veräußert das Grundstück an K.

84 Anders *Parodi* AcP 185 (1985), 362.

Redlicher Erwerb des K ist hier jedenfalls unmöglich: Da der Widerspruch den Redlichkeitsschutz durch das Grundbuch zerstört, hätte K auch von E nicht erwerben können. Im vorigen Fall (1) kommt § 892 – der hier durch den Widerspruch ausgeschaltet wird – eben in jeder der beiden Paragraphenketten vor.

(3) SE erlangt die Eintragung als Eigentümer eines Nachlassgrundstücks. E erwirkt gegen diese Eintragung einen Widerspruch, doch wird der Erbschein für SE einstweilen nicht eingezogen. SE veräußert das Grundstück an K.

Da das Grundstück hier wirklich zum Nachlass gehört, hätte K es von E nach §§ 873, 925 erwerben können. Daher scheint § 2366 auch einen Erwerb von SE zu ermöglichen. Aber man wird umgekehrt entscheiden müssen: SE hat hier seinen Erbschein dazu verwendet, ins Grundbuch zu kommen (§ 35 I GBO). Danach tritt SE nicht mehr als Erbe auf, sondern als eingetragener Eigentümer (anders bei Veräußerung nach § 40 GBO!). Und da SE das nicht wirklich ist, bedarf es für einen Erwerb durch K des hier wegen des Widerspruchs ausgeschalteten § 892.

c) Forderungserwerb

571

(1) X hatte eine Forderung gegen S. SE tritt diese Forderung an K ab.

K erwirbt die Forderung bei Redlichkeit von SE nach §§ 2366, 398. Dass das Zessionsrecht im Allgemeinen keinen Redlichkeitsschutz kennt,[85] steht nicht entgegen: K wird ja wegen des Erbscheins so behandelt, als erwürbe er vom Gläubiger E.

(2) X hatte eine Forderung gegen S, doch hatte S noch kurz vor dem Erbfall an X geleistet. SE, der den Schuldschein im Nachlass findet, tritt die vermeintliche Forderung an K ab.

Hier hilft auch § 2366 dem K nicht: Da § 405 nur das Vertrauen auf den Schuldschein über eine Scheinschuld schützt, hätte K die Forderung auch von E nicht erwerben können.

(3) SE verkauft einen Nachlassgegenstand an D und tritt die Kaufpreisforderung an K ab.

Nach § 2019 I (→ Rn. 603 a ff.) gehört die Kaufpreisforderung zum Nachlass, steht also dem E zu. Von diesem könnte K sie folglich erwerben. Daher kann er es auch nach §§ 2366, 398 von SE.

d) Leistung auf eine Nachlassforderung

572

(1) Der Nachlassschuldner S zahlt an SE.
(2) K, der einen Nachlassgegenstand von SE gekauft hat, zahlt den Kaufpreis an SE.

Bei (1) wird S wegen des Erbscheins nach § 2367 so behandelt, als habe er an E gezahlt, und wird folglich frei. Bei (2) dagegen gelten schon die §§ 2019 II, 407 I: K wird durch die Leistung an seinen Verkäufer SE unabhängig davon frei, ob dieser durch einen Erbschein ausgewiesen war.

85 Vgl. dazu *Thomale* JuS 2010, 857.

§ 23 Das Eigentümer-Besitzer-Verhältnis und der Erbschaftsanspruch[1]

573 Das Eigentümer-Besitzer-Verhältnis (EBV) (wie auch der Erbschaftsanspruch) bildet die Regelung eines dinglichen Herausgabeanspruchs (§§ 985, 2018) und seiner nichtdinglichen Folgeansprüche (→ Rn. 452–454). Seine Bedeutung stammt weniger daher, dass die »Vindikationslage« (die Voraussetzung seiner direkten Anwendung ist, → Rn. 582f.) sehr häufig vorkäme. Vielmehr ergibt sich die Anwendbarkeit des EBV meist indirekt aus **Verweisungen** (zB § 292 bei der Forderung, über §§ 818 IV, 819, 820 I auch für den Bereicherungsanspruch sowie § 1227 zum Pfandgläubiger-Besitzer-Verhältnis). Wichtig ist das EBV zudem deshalb, weil es Folgerungen für zahlreiche **Konkurrenzfragen** für §§ 275ff., 812, 823 zulässt (→ Rn. 582–602).

I. Zweck der Sonderregelungen

574 **1.** Hauptzweck der **Vorschriften über das EBV** ist der **Schutz des redlichen Besitzers** vor Bereicherungs- und Deliktsansprüchen:[2] Wegen § 935 und der Möglichkeit schwer erkennbarer Einigungsmängel oder Verfügungsbeschränkungen kann niemand sicher wissen, ob er rechtsgeschäftlich wirklich das Eigentum oder ein dem Eigentümer gegenüber wirksames Recht zum Besitz erworben hat. Deshalb müssten viele Besitzer schon bei leichter Fahrlässigkeit Ersatzansprüche (§ 823 I) und sogar ohne jedes Verschulden Bereicherungsansprüche fürchten. Kaum jemand könnte daher seines vermeintlich berechtigten Besitzes froh werden.

2. Der eben für das EBV genannte Zweck, den redlichen Besitzer zu schützen, gilt an sich auch für den **Erbschaftsbesitzer.** Das umfasst denjenigen, der aufgrund eines ihm in Wirklichkeit nicht zustehenden Erbrechts etwas aus der Erbschaft erlangt hat, § 2018, und dessen Erben.[3] Erbschaftsbesitzer ist auch, wer sich inzwischen des angeblichen erbrechtlichen Erwerbstitels nicht mehr berühmt.[4]

Bei der Erbschaft ist die Gefahr unrechtmäßigen Besitzes sogar noch größer, weil der erbrechtliche Erwerb des Nachlasses nicht durch Rechtsgeschäft erfolgt: Er kann daher auch nicht nach den Redlichkeitsvorschriften wirksam sein (→ Rn. 547).

a) Vorrangig wirkt beim Erbschaftsanspruch aber ein anderer Zweck: Der **Erbe soll vor dem Verlust von Nachlassgegenständen geschützt werden.** Juristisch erhält er freilich den Nachlass und den Besitz des Erblassers (§ 857) sogleich mit dem Erbfall.[5] Tatsächlich erfährt er aber von dem Erbfall, seiner Erbenstellung oder dem Bestand

---

1 Dazu *Schiemann* JURA 1981, 631; *K. Schreiber* JURA 1992, 356; 533; *Olzen,* Der Erbschaftsanspruch, JuS 1989, 374; *Olzen* JURA 2001, 223; *S. Lorenz,* EBV als auskunftspflichtbegründendes Rechtsverhältnis?, NJW 1994, 173; *S. Lorenz* JZ 1994, 549; *S. Lorenz,* Das EBV, JuS 2013, 495; *Hähnchen,* Notwendige und nützliche Verwendungen im Eigentümer-Besitzer-Verhältnis, JuS 2014, 877; *Michalski,* FS Gitter, 1995, 577; *Raue,* Grundriss EBV, JURA 2008, 501; *Herb. Roth,* Grundfälle zum EBV, JuS 1997, 518; 710; 897; 1087; *Herb. Roth,* Das EBV, JuS 2003, 937; *Kindl* JA 1996, 115; *Katzenstein* AcP 206 (2006), 96; *Schmolke* JA 2007, 101; *Neuner* SachenR Rn. 97ff. Monographisch *Pinger,* Funktion und dogmatische Einordnung des EBV, 1973; *Verse,* Verwendungen im EBV, 1999.

2 Mot. bei *Mugdan* III 219.

3 BGH NJW 1985, 3068; krit. *Dieckmann* FamRZ 1985, 1247; instruktiv *Heyers* JURA 2010, 694.

4 BGH FamRZ 1985, 693 (694).

5 Dazu *Ebenroth/Frank* JuS 1996, 794.

des Nachlasses oft erst nach geraumer Zeit. Bis dahin ist die Gefahr von Verlusten groß. Ihr wollen die §§ 2018 ff. auf folgende Weise vorbeugen:

§ 2018 ist ein **Gesamtanspruch.** Zwar kann der Erbe nicht einfach »den Nachlass« herausverlangen, sondern er muss in seinem Klageantrag die einzelnen Gegenstände bezeichnen. Er kann jedoch alle diese Gegenstände in dem **Gerichtsstand** von § 27 ZPO (allgemeiner Gerichtsstand des Erblassers) einklagen, auch solche, die sich nie dort befunden haben. Das ist wichtig vor allem bei **Grundstücken:** Hier müssten die Einzelklagen (§§ 894, 985) dort erhoben werden, wo das Grundstück liegt; wegen mehrerer Grundstücke an verschiedenen Orten müsste also bei verschiedenen Gerichten geklagt werden, § 24 ZPO. Das ist gem. § 27 ZPO unnötig, wenn der Gesamtanspruch erhoben wird. Nach § 2019 I findet **dingliche Surrogation** statt (→ Rn. 603 a ff.). Der Erbe braucht also den vom Erbschaftsbesitzer weggegebenen Nachlassgegenständen nicht nachzulaufen, sondern kann die erzielten Surrogate verlangen. Damit bleibt der Nachlass seinem Wert nach zusammen, und § 27 ZPO wird noch wirksamer. Bei § 2018 ist – anders als bei § 985 – Anspruchsgrundlage nicht das Eigentum, sondern die **Zugehörigkeit zum Nachlass.** Daher können mit § 2018 auch Sachen herausverlangt werden, an denen der Erblasser nur den Besitz hatte (etwa ein ihm verliehenes Buch). Der Erbschaftsbesitzer kann Nachlasssachen **nicht** zulasten des Erben **ersitzen,** solange der Erbschaftsanspruch nicht verjährt ist, § 2026. Die Frist von § 937 I (zehn Jahre) wird also durch die von § 197 I Nr. 1 (30 Jahre) überlagert. Der Erbschaftsbesitzer unterliegt ebenso wie andere Personen, die mit dem Nachlass in Berührung gekommen sind, einer **Auskunftspflicht,** §§ 2027 f. Diesen Auskunftsanspruch kann der Erbe mit seinem Erbschaftsanspruch nach § 2018 als Stufenklage koppeln, § 254 ZPO.[6]

b) Beim Erbschaftsanspruch können der durch die §§ 987 ff. bezweckte Schutz des Besitzers und der gleichfalls bezweckte Schutz des Erben zueinander in Gegensatz treten. Dann **entscheidet § 2029 zugunsten der §§ 2019 ff.:**[7] Auch die Einzelansprüche gegen den Erbschaftsbesitzer richten sich inhaltlich nach dem Erbschaftsanspruch. Die §§ 2018 ff. schließen also die §§ 985 ff. zwar nicht aus, bestimmen aber deren Inhalt. Wo dazu Anlass besteht, sind also die §§ 2018 ff. stets vor den Einzelansprüchen des Erben zu prüfen.

II. Übersicht zum Eigentümer-Besitzer-Verhältnis

575 Die gesetzliche Regelung des EBV ist in den Einzelheiten kompliziert, weil sich dort in wenigen Vorschriften **zwei Differenzierungen** überschneiden. Denn die §§ 987 ff. unterscheiden erstens nach der **Qualität des Besitzers** (redlich, unredlich usw) und zweitens nach dem **Anspruchsziel** (Schadensersatz, Nutzungen, Verwendungen). Nimmt man diese Verschachtelung auseinander, so ergibt sich folgendes Schema:

1. Unverklagter redlicher Besitzer

a) Besitzerlangung entgeltlich und weder durch verbotene Eigenmacht noch durch strafbare Handlung: **Schadensersatz** nur ausnahmsweise, nämlich nach § 991 II (dazu → Rn. 585) und im Fremdbesitzerexzess (→ Rn. 586), sonst § 993 I am Ende; **Nutzungen** § 993 I, aber bei Sachverbrauch oder -veräußerung Bereicherungsansprüche (dazu

6 Zu § 2018 im Prozess *Paulus* ZivilProzR Rn. 122, 312, 566; zur Verjährung *K. W. Lange* JZ 2013, 598.
7 Vgl. *K. Richter* JuS 2008, 97.

→Rn. 597–599); **Verwendungen** §§ 994 I, 995ff. (zur Konkurrenz mit der Verwendungskondiktion →Rn. 892ff.).

576 b) Besitzerlangung durch verbotene Eigenmacht oder strafbare Handlung (im zweiten Fall wird freilich Redlichkeit kaum denkbar sein): **Schadensersatz** zusätzlich §§ 992, 823 I, 848, 849 (→Rn. 596); **Nutzungen** zusätzlich §§ 992, 823 I, 249, 252 (also Ersatz auch für schuldhaft nicht gezogene Nutzungen, die der Eigentümer selbst gezogen hätte); **Verwendungen** keine Besonderheiten (auch § 850 verweist auf das EBV).

577 c) Besitzerlangung unentgeltlich: **Schadensersatz und Verwendungen** keine Besonderheiten; **Nutzungen** zusätzlich § 988.

578 d) Besitzerlangung durch rechtsgrundlose Leistung des Eigentümers: **Schadensersatz und Verwendungen** keine Besonderheiten; **Nutzungen** zusätzlich §§ 812 I 1 Fall 1, 818 (→Rn. 600ff.).

2. Verklagter oder unredlicher Besitzer

579 a) Besitzerlangung weder durch strafbare Handlung noch durch verbotene Eigenmacht: **Schadensersatz** §§ 989, 990 I, im Verzug bei Unredlichkeit zusätzlich §§ 990 II, 280 II, 286f.;[8] **Nutzungen** §§ 987, 990 I, 991 I (dazu →Rn. 584), bei Verzug für den unredlichen Besitzer zusätzlich §§ 990 II, 280 II, 286, 252 (also Ersatz auch für nicht gezogene Nutzungen, die der Eigentümer über § 987 II hinaus gezogen hätte);[9] **Verwendungen** §§ 994 II, 995, 997ff. (zur Konkurrenz mit der Verwendungskondiktion →Rn. 892ff.).

580 b) Besitzerlangung durch verbotene Eigenmacht oder strafbare Handlung: **Schadensersatz** zusätzlich §§ 992, 823 I, 848, 849 (→Rn. 596); **Nutzungen** zusätzlich §§ 992, 823 I, 249, 252 (→Rn. 576); **Verwendungen** keine Besonderheiten (§ 850 verweist auf das EBV).

III. Die Redlichkeit beim Besitzerwerb durch Gehilfen

581 Vorweg soll eine Sonderfrage behandelt werden: Nicht selten hat der Besitzer den Besitz durch Gehilfen erworben. Soweit es dann auf Redlichkeit ankommt (etwa bei §§ 990, 996), entsteht die Frage, ob die Redlichkeit nach der Person des Besitzers selbst oder nach der seines Gehilfen zu beurteilen ist. Für den Rechtserwerb nach den Redlichkeitsvorschriften (etwa §§ 892f., 932ff.) wird diese Frage durch § 166 klar beantwortet: Regelmäßig kommt es auf den handelnden Gehilfen an. Für die §§ 987ff. dagegen passt § 166 seinem Wortlaut nach nicht: Es geht hier ja nicht um »die rechtlichen Folgen einer Willenserklärung« (nämlich der Einigung), sondern um die Qualifikation des Besitzes.

> **Beispiel:** Für den Kaufmann K erwirbt sein Gehilfe G bei dem Nichtberechtigten V Ware, die dem E gehört. Ob diese Ware nach §§ 932, 929 Eigentum des K wird, entscheidet sich bei Fehlen einer Weisung des K wegen § 166 I nach dem guten oder bösen Glauben des G. Wenn die Ware nicht Eigentum des K geworden ist, besteht zwischen E und K ein EBV. Ist K insoweit als unredlicher Besitzer anzusehen?

8 Vgl. BGH ZIP 2004, 80: gilt auch beim nicht entschuldigten Überbau.

9 Die Haftung nach § 989 erfasst auch den entgangenen Gewinn (BGH NJW 1982, 1751; 2014, 2790; dazu *K. Schmidt* JuS 2014, 73); aA *Wieling* MDR 1972, 645.

Hier stehen sich im Wesentlichen **zwei Ansichten** gegenüber:

a) **§ 166 gilt entsprechend.**[10] K würde also als unredlicher Besitzer nach § 990 haften, wenn G beim Erwerb der Ware bösgläubig war.

b) § 166 passt nicht, sondern es gelten **Deliktsregeln:**[11] K haftet nach § 990, wenn er selbst unredlich ist. Bei eigenem gutem Glauben haftet er für bösgläubigen Erwerb durch G nur nach § 831, also wenn er sich für G nicht exkulpieren kann.

Die zweite Lösung verdient den Vorzug. Denn die §§ 987ff. sind Sonderregeln insbesondere zum Deliktsrecht. Sie betreffen also ein Delikt, und dazu passt nur § 831. Beschädigt G die Ware vor der Besitzergreifung, so haftet K für ihn nur nach § 831. Warum soll K nach §§ 166, 990 ohne Exkulpationsmöglichkeit zum Schadensersatz verpflichtet sein, wenn die Ware nach dem Besitzerwerb beschädigt wird? Das wäre ein Verstoß gegen die sonst geltende Regel, dass Haftungsunterschiede eher im Sinne einer Privilegierung des *besitzenden* Schädigers vorkommen.[12]

Ergänzt werden muss diese Zurechnung freilich durch die **Annahme von Organisationspflichten:** Vor allem in Unternehmen muss Vorsorge getroffen werden, dass der Unternehmer selbst oder seine Organe bestimmte wichtige Vorgänge erfahren. Dadurch soll vermieden werden, dass verzweigte Organisationen durch eine Wissensaufspaltung besser stehen als Einzelpersonen.[13]

IV. Verhältnis §§ 985ff. BGB – Vertrag

1. Berechtigter und nicht so berechtigter Besitzer

582 Ist der Besitzer dem Eigentümer gegenüber zum Besitz berechtigt, so wird schon § 985 durch § 986 ausgeschlossen. Dieser Ausschluss erfasst auch die §§ 987ff. als Folgeansprüche der Vindikation. Die §§ 987ff. richten sich also nur gegen den unrechtmäßigen Besitzer. Die Haftung des berechtigten Besitzers dagegen regelt sich allein nach Vertrags- und Deliktsrecht.

Zur Anwendung der §§ 987ff. in Einzelfällen käme man nur, wenn man den berechtigten Fremdbesitzer als »nicht so berechtigten« Besitzer ansieht, soweit er die Grenzen seines Besitzrechts überschritten hat **(Fremdbesitzer im Exzess).** Die Vorstellung eines »nicht so berechtigten Besitzers« ist aber für die §§ 987ff. nicht gut möglich und wird heute überwiegend abgelehnt.[14]

> **Beispiel:** Der Mieter schlägt vertragswidrig Nägel in die Wand. Wie soll man ihn sich als nicht berechtigt vorstellen: Nur für die Zeit, in der er auf die Nägel schlägt? Oder nur hinsichtlich des Wandstückes, in dem die Nägel stecken?

10 BGHZ 32, 53; ebenso *Wolff/Raiser* SachenR § 13 II; *Eike Schmidt* AcP 175 (1975), 165 (168); *Westermann/Gursky* SachenR § 13 Rn. 3ff.; *Wieling* SachenR § 12 II 3c; *Brehm/Berger* SachenR § 8 Rn. 20; *Neuner* SachenR Rn. 136; ausf. *Schilken,* Die Wissenszurechnung im Zivilrecht, 1983, 269ff.; vgl. auch *S. Lorenz* JZ 1994, 549; *Dauner-Lieb,* FS Kraft, 1998, 43 (zum Gewährleistungsrecht).

11 *Baur/Stürner* SachenR § 5 Rn. 15; anders *Wilhelm* SachenR Rn. 1243ff.

12 Das Argument stammt ursprünglich von *Westermann* SachenR, 5. Aufl. 1966, § 14, 3.

13 Vgl. BGHZ 109, 309 (332); 140, 54 (62); BGH NJW 2011, 2791; 2013, 448 (dazu *Heyers* JURA 2014, 718); eing. *Medicus* und *Taupitz,* Karlsruher Forum, 1994, 4; 16; *Buck,* Wissen und juristische Person, 2001; *Leenen* BGB AT § 4 Rn. 84; *J. Prölss,* Liber Amicorum Leenen, 2012, 229; *Petersen* JURA 2008, 914. Zur Verjährung BGH NJW 2014, 1294.

14 Vgl. etwa *Wolff/Raiser* SachenR § 85 A. 2; 34; *Grunewald* BürgerlR § 28 Rn. 3.

2. Nicht berechtigter Besitzer

583 Ist dagegen der Besitzer dem Eigentümer gegenüber nicht zum Besitz berechtigt, ist § 985 anwendbar. Insoweit besteht also die »**Vindikationslage**«, und daher passen auch die §§ 987ff. Schwierigkeiten bestehen hier nur, wenn **ein dem Eigentümer gegenüber unwirksamer Vertrag** vorhanden ist. Ein solcher Vertrag kann die Haftung des Besitzers gegenüber dem Eigentümer mildern oder verschärfen.

a) Haftungsmilderung

584 Eine Milderung hinsichtlich der Pflicht zur Herausgabe von Nutzungen (§§ 990, 987) ergibt sich aus § 991 I.[15]

> **Beispiel:** B ist unrechtmäßiger redlicher Eigenbesitzer eines Hauses. Er vermietet das Haus an den unredlichen M. Könnte der Eigentümer E hier nach §§ 990, 987 von M Nutzungsersatz verlangen (also die Zahlung einer Nutzungsentschädigung), so könnte sich M seinerseits aus dem Mietvertrag an B halten, §§ 536 III, 536a, aber § 536c I 2. Das soll § 991 I verhindern.

§ 991 I schützt also bei Redlichkeit des Oberbesitzers den unredlichen Unterbesitzer hinsichtlich der Nutzungen so, als ob dieser selbst redlich wäre. Denn der Schutz des redlichen Oberbesitzers soll nicht durch den Rückgriff des vom Eigentümer belangten unredlichen Unterbesitzers aufgehoben werden. Dieser Gesetzeszweck macht die Anwendbarkeit von § 991 I fraglich, wenn der Rückgriff des Unterbesitzers (zB wegen § 536b) ausgeschlossen ist.

b) Haftungsverschärfung nach § 991 II BGB

585 Eine Haftungsverschärfung im Verhältnis zu §§ 989, 990 enthält dagegen § 991 II:[16] Hinsichtlich der Schadensersatzpflicht soll auch ein redlicher Unterbesitzer dem Eigentümer gegenüber nicht besser stehen, als er seinem Oberbesitzer gegenüber steht. Denn soweit er diesem gegenüber mit einer Haftung rechnen musste, verdient er auch gegenüber dem Eigentümer keinen Schutz.

> **Beispiel:** Der nicht berechtigte Besitzer B (gleich ob redlich oder nicht) hat das Haus des E an den redlichen M vermietet. M zerstört fahrlässig eine Fensterscheibe. M müsste dem B die Scheibe ersetzen, wenn dieser Eigentümer wäre. Nach § 991 II soll daher M den Ersatz an den wirklichen Eigentümer E leisten; der Schutz des M durch § 993 I versagt. Jedoch wird M entsprechend § 893 (§ 851 passt nicht: keine bewegliche Sache!) zu schützen sein, wenn er den Ersatz gutgläubig an B geleistet hat.

c) Anderer Fremdbesitzerexzess

586 Den in § 991 II ausgedrückten Gedanken wird man noch in weiteren Fällen anwenden müssen, die nicht unter den Wortlaut der Vorschrift passen.

> **Beispiel:** Der Eigentümer E selbst vermietet eine Wohnung an M; der Mietvertrag ist nichtig. Hier kommt, wenn M eine Scheibe zerschlägt, ein Schadensersatzanspruch des E aus Vertrag nicht in Betracht. Und da eine Vindikationslage besteht, müsste M bei Redlichkeit durch § 993 I auch gegen einen Anspruch des E aus § 823 I geschützt sein. Das Ergebnis (M braucht die Scheibe nicht zu ersetzen) ist aber sinnlos, weil M nicht annehmen konnte, er dürfe sanktionslos Scheiben zerschlagen.

---

15 Dazu *Katzenstein* AcP 204 (2004), 1.

16 Hierzu *Moebus/Schulz* JURA 2013, 189.

Allgemein wird man daher sagen müssen:[17] Der *unrechtmäßige redliche Fremdbesitzer* haftet dem Eigentümer aus § 823 I insoweit auf Schadensersatz, *wie er bei Bestehen seines vermeintlichen Besitzrechts haften würde.* Er haftet also im Fall eines *Fremdbesitzerexzesses.* Auch ein ungültiger Vertrag schützt demnach nur insoweit, als der Schutz durch den Vertrag bei dessen Gültigkeit reichte.

3. Der nicht mehr berechtigte Besitzer

587 Heftig umstritten ist, ob § 985 (und damit auch die §§ 987ff.) durch andere Abwicklungsverhältnisse ausgeschlossen werden. Dieser Streit bezieht sich insbesondere auf den Fall, dass eine bis zum Eigentümer hinführende Vertragsbrücke, die den unmittelbaren Besitzer zunächst zum Besitz berechtigt hat, an einer Stelle zusammenbricht.

BGHZ 34, 122: V hat an K ein Kraftfahrzeug unter Eigentumsvorbehalt verkauft und es ihm übergeben. Das Fahrzeug wird bei einem Unfall beschädigt. K lässt es – wozu er V gegenüber berechtigt (vgl. § 986 I 2) und nach dem Kaufvertrag meist sogar verpflichtet ist – reparieren, und zwar in der Werkstatt des U. Da K die Kaufpreisraten nicht zahlt, tritt V vom Kaufvertrag zurück. Kann V das Fahrzeug von U nach § 985 herausverlangen? Hat U wegen seiner Reparatur ein Zurückbehaltungsrecht nach § 1000?

Die für diesen Fall hauptsächlich vertretenen beiden **Lösungsvorschläge** (→ Rn. 588ff.) sind sich darin einig, den U zu schützen. Doch erreichen sie diesen Schutz mit verschiedenen Mitteln: Die ersten beiden Vorschläge stimmen darin überein, dass V gegen U den Anspruch aus § 985 hat. Doch soll dem Anspruch die Einrede aus § 1000 (Weg a) oder die Einwendung aus § 986 (Weg b) entgegenstehen.

a) Anwendung der §§ 994ff. BGB

588 Der erste Weg ist der des BGH: Allerdings seien die Vorschriften über den Verwendungsersatz (§§ 994ff.) und damit auch § 1000 nur auf den nicht berechtigten Besitzer anwendbar. Es genüge aber, dass das Besitzrecht des U **zur Zeit des Herausgabeverlangens** des V (durch dessen Rücktritt vom Kaufvertrag) erloschen sei. Kein Hindernis bilde dagegen, dass U seine Verwendungen noch vor dem Rücktritt des V und folglich noch als berechtigter Besitzer gemacht habe. Denn der (damals) berechtigte Besitzer dürfe nicht schlechter stehen als ein von Anfang an unberechtigter.[18] Dies gilt jedoch nicht, wenn eine abschließende vertragliche Sonderregelung besteht.[19]

BGHZ 51, 250 hat aber die Grenze des so erreichbaren Schutzes klargestellt. Dort hatte U den Wagen nach der Reparatur an K herausgegeben, obwohl die Bezahlung ausblieb, und ihn erst später wieder an sich gebracht. Nach Rücktritt von dem Kauf verlangte V den Wagen von U heraus (§ 985). Der BGH hat hier ein Zurückbehaltungsrecht des U (§ 1000) wegen § 1002 verneint: Die Rückgabe des Wagens an den (damals noch besitzberechtigten) K stehe einer Herausgabe an den Eigentümer V gleich. Und da U seinen Anspruch auf Ersatz der Verwendungen nicht binnen eines Monats nach dieser Herausgabe gerichtlich geltend gemacht habe, sei der Anspruch nach § 1002 präkludiert. Wenn man den Ausgangspunkt des BGH akzeptiert, ist das konsequent.

b) Gutgläubig erworbenes Unternehmerpfandrecht

589/590 Der zweite Weg findet Anhänger vor allem in der Literatur:[20] U könne ein Werkunternehmerpfandrecht nach § 647 gutgläubig erwerben. Der Wortlaut von § 1257 (»*ent-*

---

17 HM, vgl. etwa *Baur/Stürner* SachenR § 11 Rn. 32.

18 Vgl. auch BGH NZM 2014, 582; dazu *Riehm* JuS 2014, 940.

19 BGH NZM 2014, 906 Rn. 18 für den Fall der Untervermietung.

20 Vgl. etwa *Baur/Stürner* SachenR § 55 Rn. 40; *Wieling* SachenR § 15 XIc; *Wilhelm* SachenR Rn. 1874, abl. aber *Westermann/Gursky* SachenR § 127 Rn. 20ff.; § 132 Rn. 1f.; *Brehm/Berger* SachenR § 34 Rn. 1; *Wiegand* JuS 1974, 545 (546f.); *Reinicke/Tiedtke* JA 1984, 202 (213f.).

standenes Pfandrecht«) schließe nicht aus, die Vorschriften über den gutgläubigen Erwerb eines rechtsgeschäftlichen Pfandrechts (§§ 1207, 932, 934f.) auf gesetzliche Besitzpfandrechte entsprechend anzuwenden.[21] Von dieser Anwendbarkeit gehe auch § 366 III HGB aus, wenn dort der gutgläubige Erwerb gesetzlicher Pfandrechte auf Mängel der Verfügungsmacht erstreckt werde. Dieses gutgläubig erworbene Pfandrecht gebe dem U ein Recht zum Besitz nach § 986.[22]

Hier sei nochmals bemerkt, dass dem U mit einem Pfandrecht an dem zunächst wirklich bestehenden Anwartschaftsrecht des K nichts genutzt ist. Denn mit dem Anwartschaftsrecht wäre auch dieses Pfandrecht durch den Rücktritt vom Kaufvertrag erloschen.[23]

c) Bedenken

591 Jeder dieser Lösungsvorschläge stößt auf Bedenken.

aa) Gegen BGHZ 34, 122 (→ Rn. 587) ist einzuwenden: Zweifeln muss man schon an dem Argument, der berechtigte Besitzer dürfe nicht schlechter stehen als der unberechtigte. Denn der Schluss aus der angeblichen Schlechterstellung ist »schlicht irreführend«:[24] Der berechtigte Besitzer steht insgesamt nicht besser oder schlechter als der nicht berechtigte, sondern *anders* (zB mag er einerseits die Nutzungen behalten können, während er andererseits ein Entgelt zahlen muss). Überdies bleibt unklar, als Besitzer welcher Qualität (zB redlich oder unredlich) man den U für die Zeit seiner Besitzberechtigung behandeln soll.

Endlich dürfte gegen den BGH Folgendes sprechen:[25] U, der das Kraftfahrzeug aufgrund eines Vertrages mit K repariert, macht selbst keine Verwendungen. »Verwender« iSd §§ 994ff. dürfte vielmehr nur sein, wer den Verwendungsvorgang auf eigene Rechnung veranlasst und ihn steuert.[26] Das trifft allein auf K und nicht auf U zu. Ganz entsprechend entscheidet man ja auch, wenn die Verwendung in einem Bau auf fremdem Boden besteht:[27] Verwender ist nur der Bauherr; nicht etwa sind es die einzelnen an der Bauausführung beteiligten Unternehmer. Dabei kommt es auch auf die Besitzverhältnisse an dem Arbeitsprodukt nicht an, weil von ihnen der Steuerungsvorgang nicht abhängt. Wichtig sind sie nur für die Möglichkeit, ein Zurückbehaltungsrecht nach § 1000 auszuüben.

592 **bb) Bei dem Weg über §§ 647, 986** (→ Rn. 589) entstehen Schwierigkeiten selbst dann, wenn man den redlichen Erwerb eines Unternehmerpfandrechts vom Nichtberechtigten generell anerkennt[28] oder wenn – wie im Fall von BGHZ 68, 323 – ein solches Pfandrecht vereinbart ist. Zweifelhaft bleibt dann nämlich das Vorliegen von gutem Glauben nach den §§ 1257, 1207, 932: Darauf, dass ein Kraftfahrzeug dem gehört, der es fährt, darf man sich heute gewiss nicht ohne Weiteres verlassen. Wenigstens bei der

---

21 Anders BGHZ 34, 153; 87, 274 (280); 100, 95 (101); BGH NJW 1992, 2570 (2574).

22 *Kunig* JR 1976, 12 (13); *Canaris* HandelsR § 27 II 3; *Canaris,* FS Medicus, 1999, 25 (48); *Habersack* SachenR Rn. 194; aA *Neuner* ZHR 157 (1993), 243 (254). Übersicht bei *Vieweg/Werner* SachenR § 10 Rn. 33f.; im Hinblick auf die Neufassung des § 366 HGB *K. Schmidt* NJW 2014, 1.

23 Vgl. BGHZ 34, 122 (125) und → Rn. 479.

24 So zutr. Staudinger/*Gursky,* 2013, Vorbem zu §§ 987–993 Rn. 16.

25 Vgl. *Kaysers,* Der Verwendungsersatzanspruch des Besitzers bei vertraglichen Leistungen, 1968, 111ff.

26 So etwa auch Staudinger/*Gursky,* 2013, Vorbem zu §§ 994–1003 Rn. 20ff.; *Beuthien* JuS 1987, 841 (846); anders aber *Berg* JuS 1970, 12 (14) und die hM, etwa *Wilhelm* SachenR Rn. 627.

27 ZB BGHZ 41, 157, → Rn. 877.

28 Vgl. *P. Schwerdtner* JURA 1988, 251.

Veräußerung von Kraftfahrzeugen kann daher der Besitzer nur durch den Kraftfahrzeugbrief (Zulassungsbescheinigung Teil II) als Eigentümer ausgewiesen werden.[29] Diesen Brief pflegt man aber nicht mitzuführen; nach ihm wird bei Reparaturaufträgen auch nie gefragt. Oft erkundigt sich der Unternehmer nicht einmal nach dem Eigentum des Bestellers. Trotzdem hat der BGH beim vereinbarten Pfandrecht guten Glauben des Unternehmers bejaht, wenn keine Anhaltspunkte für die Nichtberechtigung des Bestellers vorlagen.[30]

Der BGH hält es jedoch für zulässig, dass in die AGB des Unternehmers eine *Verpfändung* des zu reparierenden Wagens aufgenommen wird.[31] Damit erscheint das **Unternehmerpfandrecht als vertragliches,** und die Frage nach der Möglichkeit des gutgläubigen Erwerbs gesetzlicher Pfandrechte bleibt vermieden.

593 Zu beachten ist, dass **zwischen den Parteien** des vertraglichen Rückabwicklungsverhältnisses (im Ausgangsfall also zwischen V und K) die §§ 987ff. (nicht § 985!) ausgeschlossen sind.[32]

Beispiel: E hat seinen Mietvertrag mit M zum 30.4. wirksam gekündigt. M glaubt aber leicht fahrlässig, die Kündigung wirke erst zum 31.5. Soll M hier etwa durch § 993 I gegen Ansprüche des E aus verspäteter Rückgabe (§ 546a mit § 571) geschützt sein? Das widerspräche dem vertraglichen Haftungsmaßstab von § 276 I 1.

d) Lösungsvorschlag

594 Zu wirksamer Hilfe für U muss man daher, soweit nicht eine Verpfändungsklausel (→ Rn. 592) wirkt, eine *vierte Lösung* erwägen:[33] Wenn V den K durch Vertrag verpflichtet hat, das Fahrzeug nötigenfalls reparieren zu lassen, so hat er damit in die Begründung der Situation *eingewilligt,* in der das Werkunternehmerpfandrecht nach § 647 kraft Gesetzes entsteht. Da diese Situation selbst durch Rechtsgeschäft hergestellt wird, liegt eine entsprechende Anwendung der §§ 183, 185 I nahe. U hat dann ein Werkunternehmerpfandrecht nicht kraft guten Glaubens, sondern deshalb erworben, weil die einer Verpfändung ähnliche Hingabe zur Reparatur **durch die Einwilligung des Eigentümers gedeckt** ist.

BGHZ 34, 122 (125) hat dagegen eingewendet, das laufe auf eine unzulässige (→ Rn. 29) Verpflichtungsermächtigung hinaus. Aber das trifft nicht zu, weil K den V nicht zur Bezahlung der Reparaturrechnung verpflichtet. Weiter ist gesagt worden, V wolle in solchen Fällen gerade nicht, dass seine Sache für die Vergütungsforderung hafte.[34] Das ist zwar richtig. Aber fraglich bleibt eben doch, ob V die konsentierte Reparatur von ihrer regelmäßigen gesetzlichen Folge, nämlich dem Werkunternehmerpfandrecht (§ 647), trennen kann. Dagegen spricht, dass V sonst die Möglichkeit hätte, sein Kraftfahrzeug durch Einschaltung des K pfandfrei reparieren zu lassen. Endlich wird geltend gemacht, § 185 passe nicht für die Entstehung eines gesetzlichen Pfandrechts. Dieser Einwand trifft aber nur die direkte, nicht die entsprechende Anwendung. Für diese spricht vielmehr die Entwicklungsgeschichte der gesetzlichen Pfand-

---

29 Vgl. BGH NJW 1996, 2226.

30 BGHZ 68, 323; 87, 274 (280); 100, 95 (101). *Berg* JuS 1978, 86; *G. Müller* VersR 1981, 499.

31 BGHZ 68, 323; aA *Picker* NJW 1978, 1417; *Musielak/Hau* EK BGB Rn. 780 (»juristischer Taschenspielertrick«); *Kindl* JA 1996, 201 (206); zweifelnd auch *Westermann/Gursky* SachenR § 127 Rn. 22, kaum mit Recht: Auch BGHZ 101, 307 hat die Verpfändungsklausel bei der Überprüfung der AGB nicht beanstandet.

32 *Raiser* JZ 1961, 529.

33 So OLG Hamm als Vorinstanz in BGHZ 34, 122; *Benöhr* ZHR 135 (1971), 144; *Katzenstein* JURA 2004, 1; Streitstand bei *Westermann/Gursky* SachenR § 132 Rn. 2 Fn. 5, abl. *Ossig* ZIP 1986, 558.

34 Hier und im Folgenden *Raiser* JZ 1958, 681; vgl. auch *Westermann/Gurksy* SachenR § 132 Rn. 2 Fn. 6.

rechte: Diese sind entstanden durch die Normierung typischer Fälle der vertraglichen Verpfändung. Beide Pfandrechtsarten sind daher eng miteinander verwandt. Bei zweifelhafter Zahlungsfähigkeit des K muss V eben für eine das Reparaturrisiko deckende Versicherung sorgen. Das scheint jedenfalls richtiger, als wenn man U auf dem Schaden sitzen lässt.

V. Verhältnis §§ 987ff. BGB – Delikt

595 Soweit das EBV reicht – also bei Bestehen einer Vindikationslage –, sind die §§ 823ff. regelmäßig ausgeschlossen, § 993 I. Denn andernfalls ließe sich der Schutzzweck des EBV speziell für den leicht fahrlässigen Besitzer (→ Rn. 574) nicht erreichen. Von dieser Subsidiarität des Deliktsrechts gibt es jedoch Ausnahmen:[35]

1. **Der unrechtmäßige Fremdbesitzer** (der rechtmäßige haftet mangels einer Vindikationslage ohnehin deliktisch) **im Exzess** fällt unter die §§ 823ff. (→ Rn. 586).

596 2. Hat der Besitzer den **Besitz durch strafbare Handlung oder (schuldhafte) verbotene Eigenmacht erlangt,** so gibt § 992 den Weg zum Deliktsrecht frei. Die Vorschrift schließt damit aber nach hM[36] die Anwendbarkeit der §§ 987ff. nicht aus. Das hatte früher wegen der Verjährung Bedeutung, die aber jetzt für beide Ansprüche nach den §§ 195, 199 läuft.

VI. Verhältnis §§ 987ff. BGB – Bereicherungsrecht

1. Sachsubstanz und Übermaßfrüchte[37]

597 Die §§ 987ff. regeln nur die Ansprüche auf Schadensersatz und Nutzungen. Weiter kann also auch ihre durch § 993 I bestätigte Ausschließlichkeit nicht reichen. Daher ist Bereicherungsrecht unbeschränkt anwendbar, soweit Veräußerung der Sache oder Verbrauch der Sachsubstanz infrage stehen (Mot. bei *Mugdan* III 223). Das ergibt sich auch aus § 993 I: Selbst der redlichste Besitzer soll die »Übermaßfrüchte« nach Bereicherungsrecht ersetzen, also die Früchte, die auf Kosten der Sachsubstanz gezogen worden sind. Im Einzelnen gilt dabei Folgendes:

a) Sachverbrauch

Bei Verbrauch der Sache kann der ehemalige Eigentümer vom Verbraucher Ersatz nach den §§ 812 I 1, 818 verlangen. Das ist nach hM (→ Rn. 727) stets die Eingriffskondiktion, und zwar auch dann, wenn der Besitzer den Besitz durch Leistung (des Eigentümers oder eines Dritten) erlangt hat. Denn der Verbrauch ergreift nicht nur den Gegenstand dieser Leistung, also den Besitz, sondern auch das durch die Leistung gerade nicht erlangte Eigentum.

b) Sachveräußerung

598 Bei Veräußerung der Sache ist zu unterscheiden:

aa) Ist sie **dem Eigentümer gegenüber wirksam,** weil der Erwerber kraft seiner Redlichkeit erwerben konnte oder der Eigentümer genehmigt hat (§ 185 II 1), so gilt § 816 als Spezialfall der Eingriffskondiktion.[38] Bei einer Kette unwirksamer Veräußerungen

35 Vgl. *K. Müller* JuS 1983, 516.
36 Etwa *Westermann/Gursky* SachenR § 31 Rn. 22.
37 Allg. dazu *Platschek* JA 2009, 846.
38 Vgl. auch *Kuhn,* »Heilung kraft Haftung« gemäß § 185 II 1 Fall 3 – Unter besonderer Berücksichtigung der Ansprüche aus § 816 BGB, 2009; *Finkenauer* AcP 203 (2003), 282; *Röthel* JURA 2012, 844.

hat der Eigentümer die Wahl, welche Veräußerung er genehmigen will. Er wird sich dabei durch die Höhe des Erlöses (auf den der Anspruch nach hM geht; →Rn. 721) und die Zahlungsfähigkeit des Veräußerers leiten lassen.

Beispiel: Der Dieb D verkauft eine Sache des E für 50 an den Hehler H. Dieser verkauft sie für 100 an den Großhändler G, dieser für 150 an den Kleinhändler K, dieser für 250 an den Verbraucher V. V endlich gebraucht die Sache einige Zeit und verkauft sie dann für 100 an W. Hier wird E die Veräußerung K–V genehmigen, um die von K erzielten 250 zu erhalten. Ist K zahlungsunfähig, kann E aber auch etwa die Veräußerung G–K genehmigen. Eine solche Genehmigung wird für E oft vorteilhafter sein als die Vindikation seiner inzwischen abgenutzten Sache (die Abnutzung braucht ja von redlichen Besitzern nicht ersetzt zu werden).

Nach manchen kann diese Genehmigungsmöglichkeit aus § 185 II 1 sogar das Eigentum überleben.

BGHZ 56, 131: Beim Eigentümer E gestohlenes Leder gelangt zu dem redlichen Händler H. Dieser verkauft es an verschiedene Betriebe, die das Leder weiterverarbeiten. E verlangt von H die Verkaufserlöse.

Wäre das Leder noch unverarbeitet, so gehörte es wegen § 935 noch dem E. Dieser könnte folglich als derzeitiger Eigentümer die zunächst unwirksamen Veräußerungen durch H genehmigen und sich so den Anspruch aus § 816 I 1 verschaffen. Die Verarbeitung hat dem E aber sein Eigentum nach § 950 entzogen; kann er trotzdem noch genehmigen? Der BGH bejaht das: Der mit § 816 beabsichtigte Schutz des Eigentümers sei gerade dann besonders dringend, wenn dieser sein Eigentum aus rechtlichen (hier: wegen § 950) oder tatsächlichen Gründen (etwa wegen Vernichtung oder Verbrauch der Sache) nicht mehr nach § 985 geltend machen könne. Daher müsse das weitere Schicksal des Eigentums im Verhältnis E–H bedeutungslos bleiben.

Dagegen dürfte § 185 II allenfalls dann analog anzuwenden sein, wenn sich das verlorene Eigentum wenigstens in einem Wertersatzanspruch (§§ 946ff., 951) fortsetzt.[39] Inzwischen hat auch der BGH sich der in der Literatur hM angeschlossen:[40] Die Verfügung eines Nichtberechtigten könne nur von demjenigen wirksam genehmigt werden, der **bei der Genehmigung** selbst die Verfügungsmacht habe. Andernfalls könnte er nämlich durch seine Genehmigung in das Recht des (damaligen) Eigentümers eingreifen.

bb) Ist dagegen die Veräußerung **dem Eigentümer gegenüber unwirksam,** also weder anfänglich wirksam noch nachträglich durch Genehmigung wirksam geworden, dann gilt § 816 I nicht. Nach herrschender und richtiger Ansicht[41] kann der Eigentümer in solchen Fällen den Erlös aus der unwirksamen Veräußerung auch **nicht über die §§ 985, 285** verlangen.[42] Denn das würde dazu führen, dass der Eigentümer sein Eigentum behielte und gleichwohl den Erlös bekäme; er wäre also doppelt begünstigt. Umgekehrt würde hier der Veräußerer – selbst der redliche – doppelt belastet: Er müsste den Erlös herausgeben und hätte außerdem noch mit der Mängelhaftung (§§ 437ff.) seinem Käufer gegenüber zu rechnen. Damit wäre die »Opfergrenze« des § 985 überschritten: Der Besitzer soll nur herausgeben, was er zu viel hat, aber nicht auch noch aus dem eigenen Vermögen zuzahlen müssen. Zudem wäre der Veräußerungserlös ein 599

39 *Medicus* BGB AT Rn. 1028f.
40 BGHZ 107, 340.
41 Etwa *Wieling* SachenR § 1 I 3 mit Fn. 41.
42 Etwa *Westermann/Gursky* SachenR § 30 Rn. 22.

*Eigentums*surrogat, während der Vindikationsschuldner ja nur den *Besitz* herauszugeben hat; auch deshalb passt § 285 nicht für den Veräußerungserlös.[43]

Gegen einen unredlichen Besitzer bleiben Schadensersatzansprüche aus § 990 möglich, wenn er durch Veräußerung der Sache die Herausgabe vereitelt hat. Aber dieser Schadensersatz braucht nach § 255 nur gegen Übertragung des Eigentums geleistet zu werden. Auch hier kann also der Eigentümer nicht sein Eigentum behalten und noch zusätzlich dessen Wert verlangen.

2. Reguläre Nutzungen

600 Hinsichtlich der regulären Nutzungen dagegen bilden die §§ 987ff. eine abschließende Regelung, § 993 I. Insoweit sind Bereicherungsansprüche also ausgeschlossen.

a) Bereicherungsansprüche bei nichtiger Veräußerung

Die hM erkennt jedoch von diesem Grundsatz neben § 988 (→ Rn. 385) noch eine weitere Ausnahme an. Diese ergibt sich aus folgendem:

Veräußert der Eigentümer E eine Sache an D und ist nur das obligatorische Geschäft unwirksam, so ist kein EBV entstanden: Eigentum und Besitz befinden sich ja bei derselben Person, nämlich beim Erwerber D. Die §§ 985ff. gelten also nicht: E hat gegen D einen Anspruch aus Leistungskondiktion auf Rückübereignung der Sache. Dieser Anspruch umfasst nach § 818 I die von D gezogenen Nutzungen. Ist dagegen auch das dingliche Geschäft (die Veräußerung) unwirksam, so besteht ein EBV: E kann die Sache von D vindizieren, aber nach den §§ 987ff. von dem redlichen Besitzer D anscheinend keinen Nutzungsersatz verlangen. Danach stünde E hinsichtlich der Nutzungen besser, wenn er sein Eigentum verloren hat, als wenn er es behalten hätte! Dieses unsinnige Ergebnis lässt sich im Wesentlichen auf zwei Wegen korrigieren:

(1) Die Rechtsprechung will durch **entsprechende Anwendung von § 988** helfen:[44] Der rechtsgrundlose Besitzer sei dem unentgeltlichen gleichzustellen, weil auch der rechtsgrundlose Besitzer keine Gegenleistung zu erbringen brauche.

(2) Demgegenüber will die im Schrifttum herrschende Ansicht **Bereicherungsansprüche mit den §§ 987ff. konkurrieren** lassen.[45] Diese Ansicht ist für die Leistungskondiktion richtig,[46] und zwar aus folgendem Grund:

Bei **Zweipersonenverhältnissen** – also wenn der Besitzer den Besitz durch eine Leistung des Eigentümers erhalten hat – führen die Lösungen (1) und (2) zwar zum selben Ergebnis.[47] Hat aber der Besitzer den **Besitz durch die Leistung eines Dritten erlangt,** fallen die Ergebnisse auseinander. Hier zeigt sich die Überlegenheit der Lösung (2).

Beispiel: Der Dieb D hat eine Sache des E an den redlichen B verkauft, der Kaufvertrag ist unerkannt nichtig.

43 *Jochem* MDR 1975, 177.

44 RGZ (GS) 163, 348; BGHZ 32, 76 (94) für die unentgeltliche Fortsetzung eines zunächst rechtmäßigen Besitzes; BGH NJW 2008, 221 Rn. 11f.; BGHZ 184, 358 Rn. 21.

45 Etwa *Baur/Stürner* SachenR § 11 Rn. 38; *Wolff/Raiser* SachenR § 85 II 6; *Larenz/Canaris* SchuldR II 2 § 74 I 1a mit 2b; *Kindl* JA 1996, 115 (120); *Herb. Roth* JuS 1997, 897 (899); *Neuner* SachenR Rn. 171.

46 *Larenz/Canaris* SchuldR II 2 § 74 I 1a mit 2b; NK-BGB/*v. Sachsen Gessaphe* § 812 Rn. 29; *Grunewald* BürgerlR § 28 Rn. 11.

47 Gegen dieses freilich *Brehm/Berger* SachenR § 8 Rn. 33.

Nach der Ansicht (1) könnte hier E von B nach § 988 Nutzungsersatz verlangen, obwohl B den Kaufpreis an D gezahlt, also für den Erwerb ein Opfer gebracht hat. Dieses Opfer könnte auch im Verhältnis zu E nicht ohne Schwierigkeit berücksichtigt werden. Hier zeigt sich eben, dass man den rechtsgrundlosen Besitzer doch nicht einfach dem unentgeltlichen gleichsetzen darf!

Nach der Ansicht (2) dagegen kann nur D die Nutzungen von B kondizieren, weil B den Besitz durch Leistung des D erhalten hat. Und dem D vermag B seinen Anspruch auf Kaufpreisrückzahlung entgegenzuhalten. E seinerseits kann von D die Nutzungen, die er selbst gezogen hätte, nach §§ 992, 823 I, 249 ersetzt verlangen. Soweit E die Nutzungen nicht gezogen hätte, kann er sie von D zumindest nach § 687 II fordern. Im Ergebnis kommen die von B herauszugebenden Nutzungen also auch hier zu E, aber auf dem Umweg über D. Dieser Umweg ist nötig, um dem B die Verrechnung seines Vermögensopfers nicht unmöglich zu machen (auch → Rn. 670).

Auch der BGH hat angedeutet:[48] Der rechtsgrundlose Besitzer kann dem unentgeltlichen nur dann gleichgestellt werden, wenn der Erwerb ohne Vermögensopfer erfolgt ist. Wenigstens das müsste auch bei § 988 gelten.

b) Die Nutzungshaftung Minderjähriger

601 Wenn also der leistende Eigentümer die Nutzungen trotz § 993 I am Ende vom Besitzer als dem Leistungsempfänger kondizieren kann, ergibt sich ein früher viel behandeltes Spezialproblem, das freilich inzwischen durch den Beginn der vollen Geschäftsfähigkeit schon mit dem vollendeten 18. Lebensjahr (§ 2) stark an Bedeutung verloren hat (aber sie jetzt womöglich zurückgewinnt, soweit die Fahrerlaubnis schon von Minderjährigen erworben werden kann).

OLG Hamm NJW 1966, 2357: Der minderjährige M mietet sich bei V ohne die Einwilligung seiner Eltern einen Pkw und benutzt ihn zwei Wochen lang. Gegenüber der Mietzinsforderung des V beruft M sich auf die Verweigerung der Genehmigung durch seine Eltern (§ 109). V erwidert, er verlange dann eben den Wert (§ 818 II) der Gebrauchsvorteile (§ 100) als Nutzungen (§ 818 I).

Das OLG hat die Klage des V aus zwei Gründen abgewiesen:

Der Mietvertrag sei zum einen bis zur Verweigerung der Genehmigung nicht nichtig gewesen, sondern nur schwebend unwirksam. Auf einen solchen Vertrag aber werde während des Schwebezustandes **mit rechtlichem Grund** geleistet. Aber daran dürfte nur richtig sein, dass V bis zur Verweigerung der Genehmigung nicht kondizieren kann, sondern zunächst von seinen Rechten aus §§ 108 I, 109 Gebrauch machen muss. Nach der Verweigerung dagegen sind die ausgetauschten Leistungen regelmäßig (Ausnahmen §§ 814, 815) auch für die Zeit des Schwebezustandes zurückzugewähren. In Konsequenz der Ansicht des OLG dürfte ja auch umgekehrt M den etwa für die Schwebezeit vorausbezahlten Mietzins nicht zurückverlangen!

Zum anderen seien die Gebrauchsvorteile bei M **weggefallen (§ 818 III).** Dabei bleibt aber dunkel, worin hier ein solcher Wegfall liegen soll. Eher ist fraglich, ob M überhaupt einen vermögenswerten Vorteil erlangt hat. Für eine Bejahung spricht auf den ersten Blick, dass der BGH die Annehmlichkeiten aus dem Besitz eines Pkw im Schadensrecht für kommerzialisiert hält (→ Rn. 824 ff.).[49] Um den Geldwert dieser An-

48 BGHZ 37, 363 (368); zu § 816 I 2; vgl. → Rn. 390.
49 Das übersieht *Batsch* NJW 1969, 1743 (1746); gegen ihn *Gursky* NJW 1969, 2183.

nehmlichkeit scheint M bereichert zu sein, und zwar unabhängig davon, wie viel und wofür er den Pkw wirklich benutzt hat.

602 Trotzdem sollte man im Ergebnis wie das OLG Hamm einen Anspruch des V verneinen: Welche Annehmlichkeiten sich ein Minderjähriger entgeltlich soll verschaffen dürfen, bestimmt nach den §§ 106 ff. sein gesetzlicher Vertreter. Diese Vorschriften betreffen zwar direkt nur eine rechtsgeschäftliche und nicht die bei § 812 infrage stehende gesetzliche Vergütungspflicht. Aber auch diese (dem Betrage nach freilich bisweilen geringere) gesetzliche Vergütungspflicht widerspricht dem Schutzzweck des Minderjährigenrechts, weil sie den Minderjährigen ähnlichen Gefahren unkontrollierter Vermögensverluste aussetzt. Abgesehen von einer Deliktshaftung des M (etwa aus §§ 823 II BGB, 263 StGB mit 1 II, 3 JGG) kann er daher nach §§ 812, 818 nur ersatzpflichtig sein, soweit er durch die Benutzung des Pkw Kosten erspart hat, deren Entstehung dem Willen seiner Eltern entsprach.[50]

3. Exkurs: Der Eigentumserwerb an Sachfrüchten

603 Für den Inhalt des Anspruchs auf Herausgabe von natürlichen Sachfrüchten ist stets die Vorfrage nach dem Eigentum zu beachten:[51] Soweit der Besitzer diese Sachfrüchte zu Eigentum erworben hat, muss er sie übereignen; andernfalls kann der Eigentümer der Muttersache sie mit dieser vindizieren (bei Verbrauch Wertersatz → Rn. 597).

Für den redlichen Besitzer folgt der **Eigentumserwerb aus § 955.** Streitig ist hier jedoch, ob bei **Abhandenkommen der Muttersache** § 935 entsprechend anzuwenden ist: Scheitert an dieser Vorschrift der Erwerb der Eier nach § 955, wenn das Huhn gestohlen ist? Eine Ansicht[52] bejaht die Analogie zu § 935, wenn das Ei bei dem Diebstahl schon im Huhn angelegt war, also mitgestohlen worden ist. Vorzuziehen dürfte aber die (herrschende) Gegenansicht sein:[53] Sie erspart die lästige Frage, wann das Ei zu entstehen begonnen hat. Bei Sachbestandteilen muss freilich § 955 stets durch § 935 ausgeschlossen sein.

Große Bedeutung hat das allerdings schon deshalb nicht, weil § 935 nur für bewegliche Sachen gilt. Bei diesen aber spielt der Erwerb »sonstiger zu den Früchten der Sache gehörender Bestandteile« (§ 955 I 1) praktisch keine Rolle (Schulbeispiel sind dagegen die Steine aus einem Steinbruch).

In jedem Falle brauchen der Eigentumserwerb nach § 955 und das Behaltendürfen nach §§ 987 ff. nicht übereinzustimmen. Dann ist die **Zuordnung nach § 955 vorläufig.**

Beispiel: Der redliche unentgeltliche Besitzer erwirbt zwar nach § 955 Eigentum an Früchten und Bestandteilen, muss diese aber nach § 988 (durch Übereignung) herausgeben. Ausnahmsweise kann übrigens auch der umgekehrte Fall (Behaltendürfen trotz Nichterwerbs des Eigentums) vorkommen: Der unredliche Pächter erwirbt an den Früchten kein Eigentum, haftet aber bei Redlichkeit seines Verpächters wegen § 991 I dem Eigentümer der Muttersache nicht.

---

50 Vgl. zu einem entsprechenden Fall außerhalb des EBV → Rn. 176 (Flugreisefall) und beim Sachverbrauch → Rn. 230 (Saldotheorie); auch → Rn. 899 dazu, inwiefern § 818 III bei der Begründung des Ergebnisses helfen kann.

51 Vgl. *Medicus* JuS 1985, 657; *Schultheiß* JuS 2013, 679.

52 Etwa *Wolff/Raiser* SachenR § 77 III 4. Instruktiv zu § 935 *Neuner* JuS 2007, 401.

53 *Westermann/Gursky* SachenR § 57 Rn. 9; *Wieling* SachenR § 11 III 4b; *Wilhelm* SachenR Rn. 469.

VII. Besonderheiten beim Erbschaftsanspruch

1. Dingliche Surrogation[54]

603a Die wichtigste Eigenart der §§ 2018 ff.[55] gegenüber dem EBV ist die Surrogation nach § 2019 I: Zum Nachlass gehört auch – dh es kann auch mit dem Anspruch aus § 2018 herausverlangt werden –, was der Erbschaftsbesitzer durch **Rechtsgeschäft mit Mitteln der Erbschaft** erwirbt. Der Erbe wird also kraft Gesetzes Eigentümer der vom Erbschaftsbesitzer derart erworbenen Sachen und Gläubiger der Forderungen. Beim Erwerb von Immobilien ist das Grundbuch unrichtig, soweit es den Erbschaftsbesitzer als Berechtigten nennt. Zum Zweck der Surrogation → Rn. 574.

a) Erwerb mit Mitteln der Erbschaft

603b Fraglich ist jedoch, was »Erwerb mit Mitteln der Erbschaft« bedeutet: Muss die Weggabe von Nachlassgegenständen rechtlich wirksam sein, oder genügt schon die Weggabe des Besitzes?

Beispiele:

(1) Der Erbschaftsbesitzer ohne Erbschein verkauft aus dem Nachlass einen Ring an K. Doch erwirbt dieser wegen §§ 935, 857 kein Eigentum. Wem steht die Kaufpreisforderung zu, dem Erbschaftsbesitzer oder dem Erben? Wem gehört das von K gezahlte Geld?

(2) Der Erbschaftsbesitzer ohne Erbschein zieht eine Nachlassforderung ein. Wem gehört das vom Nachlassschuldner S Geleistete?

Im Fall (2) ist »Erwerb mit Mitteln der Erbschaft« zweifellos zu verneinen: Gläubiger der Nachlassforderung ist mit dem Erbfall der wahre Erbe geworden, § 1922 I. S hat also an einen Nichtgläubiger gezahlt und ist nicht befreit worden. Der Nachlass hat daher keinerlei Opfer erlitten. Anders ist es nur, wenn der Erbe die Leistung des S genehmigt: Dann ist dieser befreit (§§ 362 II, 185 II 1 Fall 1), und der Leistungsgegenstand steht nach § 2019 I dem Erben zu.

Im Fall (1) dagegen hat der Nachlass immerhin den Besitz an dem Ring verloren. Würde man das für § 2019 I genügen lassen, so könnte der Erbe aber nicht nur den Kaufpreis verlangen, sondern auch noch von K den Ring vindizieren.

Dass K hier durch Zahlung des Kaufpreises an den Erbschaftsbesitzer freigeworden ist, selbst wenn die Kaufpreisforderung dem Erben zugestanden haben sollte, folgt aus §§ 2019 II, 407 I. Insoweit schützt das Gesetz also den redlichen Schuldner unabhängig vom Vorliegen eines Erbscheins. Der Unterschied zu Fall (2) besteht darin, dass im Fall (1) K nicht schon beim Erbfall Schuldner war, sondern es erst durch ein Rechtsgeschäft mit dem Erbschaftsbesitzer geworden ist.

Die ganz hM[56] nimmt im Fall (1) trotz der Unwirksamkeit der Veräußerung Surrogation an; der Verlust des Besitzes genüge als Opfer des Nachlasses. Wenn man dem folgt, stehen Kaufpreisforderung und der Kaufpreis selbst spätestens von dem Augenblick an dem Erben zu, in dem der Ring aus dem Nachlass weggegeben worden ist. Darüber, wie man einen solchen doppelten Erwerb des Erben vermeiden kann, besteht Streit. Am richtigsten wird sein, dass der Erbschaftsbesitzer das Erlangte nur **Zug um**

54 Allgemeiner zur Surrogation *M. Wolf* JuS 1975, 643; 710; 1976, 32; 104; *Coester-Waltjen* JURA 1996, 24; *Löhnig* JA 2003, 990.

55 Dazu *Olzen* JURA 2001, 223; *J. Prütting*, Examensprobleme des Erbschaftsanspruchs, JuS 2015, 205.

56 Etwa *Lange/Kuchinke* ErbR § 41 III 2c.

Zug gegen Genehmigung der Verfügung durch den Erben herauszugeben braucht.[57] Der Erbe hat also die Wahl zwischen dem dinglichen Anspruch auf die unwirksam weggegebene Sache (Vindikation des Ringes von K) und dem dinglichen (Unterschied zu § 816 I 1 beim EBV!; → Rn. 598) Anspruch auf den Erlös.

b) Mitverwendung von Eigenmitteln

603c Erfüllt der Erbschaftsbesitzer einen Schuldvertrag nur teilweise aus dem Nachlass und zum anderen Teil mit Eigenmitteln, so tritt auch die Surrogation nur teilweise ein. Entgegen dem Wortlaut von § 2019 I ist die Surrogation sogar ganz gehindert, wenn der Erwerb nicht von der Person des Erbschaftsbesitzers getrennt werden kann.

> **Beispiel:** Der Erbschaftsbesitzer erwirbt mit Nachlassmitteln einen **Nießbrauch.** Hier kommt nur ein schuldrechtlicher Anspruch des Erben aus §§ 2021, 818 II auf den Wert des Nießbrauchs in Betracht, wenn nicht der Erbschaftsbesitzer nach §§ 2023 f. Schadensersatz schuldet.[58]

c) Sachfrüchte

603d Unter § 2019 I fallen nicht die vom Erbschaftsbesitzer gezogenen Sachfrüchte. Das folgt aus § 2020 Hs. 2, der einen Eigentumserwerb des Erbschaftsbesitzers an den Früchten für möglich hält und es insoweit also bei § 955 belässt. Doch fallen auch diese vom Erbschaftsbesitzer erworbenen Früchte unter § 2018; der Anspruch richtet sich dann nicht nur auf Herausgabe, sondern ausnahmsweise zugleich auf Übereignung.

d) Exkurs: Übersicht zur erbrechtlichen Surrogation

603e Im Folgenden sei noch eine Übersicht über die erbrechtlichen Surrogationsfälle gegeben.

Außer in § 2019 ist im Erbrecht noch an zwei anderen Stellen dingliche Surrogation angeordnet: In § 2041 für das Verhältnis zwischen **Miterben** untereinander und in § 2111 für das Verhältnis **Vorerbe-Nacherbe.** Alle drei Vorschriften sind jedoch verschieden formuliert.

aa) § 2111 I stimmt mit § 2019 hinsichtlich des »Erwerbs mit Mitteln der Erbschaft« überein. Dagegen sagt § 2041 »Erwerb durch ein Rechtsgeschäft, das sich auf den Nachlass bezieht«. Das ist weiter als die §§ 2019, 2111.

> **Beispiele:**
>
> (1) Kauf eines Grundstücks zur Abrundung von Nachlassgrundstücken. Hier ist die Beziehung auf den Nachlass ohne Weiteres gegeben, § 2041 also anwendbar. Die Anwendung der §§ 2019, 2111 würde dagegen voraussetzen, dass das neu erworbene Grundstück mit Nachlassmitteln bezahlt worden ist.
>
> (2) Kauf eines Kraftwagens, der keine Beziehung zum Nachlass hat und auch nicht für diesen verwendet werden soll, aber mit Nachlassmitteln bezahlt wird. Hier sind die §§ 2019, 2111 sicher anwendbar. Dagegen hatte OGHZ 2, 226 die Anwendung von § 2041 abgelehnt, da eine subjektive Beziehung zum Nachlass fehle. Anders heute die hM:[59] § 2041 wolle die Miterben gegen eine Verminderung ihrer Verwaltungs- und Teilungsmasse sichern. Daher müsse für § 2041 schon die objektive Beziehung zum Nachlass genügen, die sich aus der Bezahlung mit Nachlassmitteln ergebe. Dem ist zuzustimmen.

---

57 *Kipp/Coing* ErbR § 107 II 1.

58 Dagegen ist nach BGHZ 109, 214 die Kommanditistenstellung ein Surrogat der aus dem Nachlass geleisteten Einlage; anders noch BGH NJW 1977, 433, vgl. dazu *Martinek* ZGR 1991, 74.

59 Etwa *Kipp/Coing* ErbR § 114 III 2.

Ebenso wie § 2041 sind übrigens auch die *ehegüterrechtlichen* Surrogationsvorschriften formuliert: § 1418 II Nr. 3 (Vorbehaltsgut), § 1473 I (Gesamtgut); dazu noch § 1638 II (von der elterlichen Verwaltung ausgeschlossenes Kindesvermögen). Hier gilt dasselbe wie bei § 2041.

603f **bb) Die §§ 2041 S. 1, 2111 I 1** nennen im Gegensatz zu § 2019 I auch, »was aufgrund eines zur Erbschaft gehörenden Rechts oder als Ersatz für die Zerstörung, Beschädigung oder Entziehung eines Erbschaftsgegenstandes« erworben wird. Ein sachlicher Unterschied zu § 2019 I besteht aber nur hinsichtlich der Sachfrüchte: Für sie tritt im Bereich der §§ 2041, 2111 Surrogation ein, während bei § 2019 I das nach § 955 (nicht durch Rechtsgeschäft) vom Erbschaftsbesitzer erworbene Eigentum nicht auf den Erben übergeht. Im Übrigen dagegen gilt für den Erbschaftsanspruch sachlich dasselbe wie nach den §§ 2041, 2111: Dass etwa ein Schadensersatzanspruch wegen Zerstörung einer Nachlasssache wenigstens im Wesentlichen (abgesehen uU von Nutzungsschäden des Besitzers; → Rn. 607) dem wahren Erben zusteht, folgt schon daraus, dass sein Eigentum verletzt worden ist und er den Schaden hat.

Hinsichtlich der Früchte ist beim Vorerben freilich zu beachten, dass diese ihm regelmäßig (Ausnahme § 2133) endgültig gebühren. Eine Surrogation findet dann nach § 2111 I 1 am Ende nicht statt.

2. Andere Einzelheiten des Erbschaftsanspruchs

603g Abgesehen von § 2019 entsprechen die §§ 2020ff. weitgehend dem EBV.

a) Schadensersatz

Für die Haftung bei Rechtshängigkeit oder Unredlichkeit laufen die §§ 2023, 2024 mit den §§ 989, 990 parallel. Die Sondervorschrift in § 2025 S. 2 gegenüber § 992 folgt daraus, dass der Erbschaftsbesitzer die Sachen des Nachlasses wegen § 857 fast immer durch verbotene Eigenmacht erworben haben wird.[60] Daher würde auch der nur leicht fahrlässige Erbschaftsbesitzer fast immer nach § 823 haften, wenn § 2025 gegenüber § 992 keine Milderung brächte. Diese besteht darin, dass der Bruch des nur nach § 857 erworbenen Erbenbesitzes nicht genügt, um die Deliktshaftung auszulösen: Der Erbe muss den Besitz zunächst tatsächlich ergriffen und gegen diesen Besitz muss sich die Eigenmacht des Erbschaftsbesitzers gerichtet haben.

b) Nutzungen

603h Eine auf den ersten Blick schwerwiegende Abweichung des Erbschaftsbesitzes gegenüber dem EBV ergibt sich aber aus den §§ 2020, 2021: Auch der redliche Erbschaftsbesitzer muss alle Nutzungen herausgeben, selbst die Sachfrüchte, die er nach § 955 zu Eigentum erworben hat (→ Rn. 603 d). Zudem haftet er für alles, was er nicht mehr herausgeben kann, nach Bereicherungsrecht. Indessen entspricht diese Regelung nur dem § 988: Sie trägt dem Umstand Rechnung, dass der Erbschaftsbesitzer den Nachlass aufgrund eines vermeintlichen oder vorgeblichen Erbrechts besitzt und daher für den Erwerb kein Opfer gebracht hat.

Anders steht es nur für den vertraglichen Erbschaftserwerber, insbesondere den Erbschaftskäufer, der nach § 2030 einem Erbschaftsbesitzer gleichsteht: Er wird den Erwerb der Erbschaft regelmäßig bezahlt haben.

---

60 Lehrreich *Röthel,* Erbenbesitz und Erbschaftsbesitz, JURA 2012, 947; *Röthel,* Erbrechtliche Ansprüche, JURA 2013, 583; *Röthel* JURA 2014, 179.

c) Verwendungen

603i Eine echte Besserstellung des unverklagten redlichen Erbschaftsbesitzers (für den verklagten oder unredlichen vgl. §§ 2023 II, 2024) hinsichtlich der Verwendungen enthält § 2022: Dieser Erbschaftsbesitzer kann Ersatz aller Verwendungen fordern, nicht nur wie nach §§ 994–996 der notwendigen und der werterhöhenden, § 2022 1 I. Zudem können auch Aufwendungen ersetzt verlangt werden, die sich nicht auf bestimmte Gegenstände beziehen, also etwa die gezahlte Erbschaftsteuer, § 2022 II (soweit diese nicht zurückzuerstatten ist). Endlich wirkt das Zurückbehaltungsrecht nach §§ 2022, 1000 nicht nur für diejenige Nachlasssache, der die Verwendung gegolten hat, sondern für den ganzen Nachlass. Es wirkt also selbst dann, wenn die betreffende Sache nicht mehr vorhanden ist.

§ 2022 I 1 ordnet dabei eine Anrechnung der Verwendungen auf die nach § 2021 zu ersetzende Bereicherung an: Insoweit ist der Erbschaftsbesitzer also nicht auf das Zurückbehaltungsrecht angewiesen. Vielmehr findet wie bei § 818 III (→ Rn. 224) eine Saldierung statt.

d) Zahlung von Nachlassschulden aus Eigenmitteln

603j Eine eigenartige Sonderrolle gegenüber § 267 spielt endlich § 2022 II, III. Die Vorschrift nennt nämlich den Fall, dass der (redliche) Erbschaftsbesitzer Nachlassverbindlichkeiten aus Eigenmitteln gezahlt hat. Schuldner solcher Verbindlichkeiten ist aber regelmäßig der wahre Erbe. Da der Erbschaftsbesitzer diese fremde Schuld meist nicht tilgen wollte, ist der Erbe auch nicht nach § 267 befreit worden. Nach allgemeinen Regeln müsste also der Erbschaftsbesitzer das Geleistete von dem Nachlassgläubiger mit der Leistungskondiktion zurückfordern (→ Rn. 948). Demgegenüber setzt aber § 2022 II, III voraus, dass der Erbschaftsbesitzer wegen seiner Leistung nicht nur das Zurückbehaltungsrecht, sondern sogar Ansprüche gegen den Erben haben kann. Das ist offenbar nur möglich, wenn die Leistung den Erben befreit hat. Dann kommt die Rückgriffskondiktion in Betracht (niemals dagegen wegen § 687 I ein Anspruch aus berechtigter Geschäftsführung ohne Auftrag).

Diese Unstimmigkeit wird folgendermaßen aufzulösen sein:[61] Der Erbschaftsbesitzer hat hinsichtlich solcher Zahlungen die Möglichkeit zu nachträglicher Änderung der Tilgungsbestimmung. Er erlangt so die **Wahl zwischen der Leistungskondiktion** gegenüber dem Empfänger (dem Nachlassgläubiger) **und der Rückgriffskondiktion** gegen den Erben. Soweit er die Leistungskondiktion wählt, kann er das Geleistete nicht als Aufwendung gegen den Erben geltend machen. Soweit er dagegen die Rückgriffskondiktion wählt oder über §§ 2022 I 2, 1000ff. zum Ziel kommt, ist der Erbe durch die Leistung dem Nachlassgläubiger gegenüber befreit. Damit entfällt zugleich eine Leistungskondiktion gegen den Leistungsempfänger.

> **Beispiel:** Der redliche Erbschaftsbesitzer B zahlt eine Nachlassverbindlichkeit mit Eigenmitteln an den Gläubiger G. Gäbe es § 2022 nicht, müsste B das Gezahlte von G mit der Leistungskondiktion als *indebitum* zurückfordern. Diese Möglichkeit wird B durch § 2022 nicht genommen. B erhält aber durch diese Vorschrift weitere Möglichkeiten: Er kann das an G Gezahlte nach § 2022 I 1 auf die dem wahren Erben E geschuldete Bereicherung verrechnen. Wo das nicht möglich ist, kann B den Nachlass zurückhalten (§§ 2022 I 2, 1000) oder sogar mit der

61 *Kipp/Coing* ErbR § 107 IV 5b, vgl. auch *Brox/Walker* ErbR Rn. 586.

Rückgriffskondiktion offensiv gegen E vorgehen. Freilich wird E demgegenüber die Beschränkung seiner Haftung auf den Nachlass geltend machen dürfen.

Wertvoll sind diese zusätzlichen Möglichkeiten für B vor allem, wenn G zahlungsunfähig ist. Wenn B sich an E hält, ist allerdings dieser dem G gegenüber befreit. Doch wird man auch hier zugunsten des E die §§ 406f. entsprechend anwenden müssen (→ Rn. 952 am Ende): Danach wird E insbesondere geschützt, soweit er schon selbst an G geleistet hat.

4. Abschnitt. Ansprüche aus Delikt

§ 24 Probleme des Deliktsrechts[1]

I. Haftung aus Unrecht und Gefährdung

Das Deliktsrecht im weitesten Sinne (der für das Anspruchsschema maßgeblich ist) umfasst im Wesentlichen drei Gruppen von Tatbeständen. Diese werden hauptsächlich durch die folgenden Vorschriften gebildet: 604

1. Haftung aus **verschuldetem Unrecht:** §§ 823 I und II, 824–826, 830, 839 BGB, § 7 III 1 Hs. 2 StVG.
2. Haftung **aus Unrecht in widerleglich vermutetem Verschulden:** etwa §§ 831, 832, 833 S. 2, 834, 836–838 BGB, § 18 StVG.
3. Haftung aus **Gefährdung** ohne Rücksicht auf Unrecht und Verschulden: etwa § 833 S. 1 BGB, § 7 I, III 1 Hs. 1 StVG, §§ 1, 2 HPflG, § 1 ProdHaftG.[2]

Die Anwendung der Vorschriften dieser Gruppe wird durch Rechtswidrigkeit und Verschulden nicht ausgeschlossen (häufiger Fehler!). Die Gefährdungshaftung ist eben keine Haftung bloß für rechtmäßiges Verhalten, sondern sie stellt die Fragen nach Rechtswidrigkeit und Verschulden nicht.

II. Haftung aus verschuldetem Unrecht

Die mit Abstand wichtigsten Vorschriften dieser Gruppe sind die **§§ 823 I, 823 II und 826.** Auf sie beschränkt sich die Darstellung hier.[3] 605

Bei § 823 ist streng zu beachten, dass dessen beide Absätze zwei grundverschiedene Anspruchsgrundlagen bilden. Jedenfalls in schriftlichen Arbeiten muss daher stets angegeben werden, welcher Absatz gemeint ist. Zudem muss bei § 823 I ein bestimmtes Rechtsgut und bei § 823 II das angewendete Schutzgesetz genannt werden.

Unter den Vorschriften dieser Gruppe unterscheiden sich am deutlichsten § 823 I einerseits und § 826 andererseits: § 823 I ist objektiv eng (Verletzung bestimmter Rechtsgüter) und subjektiv weit (jedes Verschulden). Dagegen ist § 826 subjektiv eng (Vorsatz) und objektiv weit (er schützt das Vermögen schlechthin). Zwischen beiden steht § 823 II: Seine objektiven und subjektiven Erfordernisse richten sich nach dem Schutzgesetz; der durch dieses beabsichtigte Schutz wird durch einen Schadensersatzanspruch ergänzt. Wenn das Schutzgesetz ganz ohne Verschulden verwirklicht werden kann, verlangt § 823 II 2 allerdings für eine Schadensersatzpflicht zusätzlich mindestens leichte Fahrlässigkeit.

---

1 Dazu *Deutsch/Ahrens,* Deliktsrecht, 5. Aufl. 2009; *Fuchs/Pauker,* Delikts- und Schadensersatzrecht, 8. Aufl. 2012; *Kötz/Wagner* DeliktsR; *Canaris,* Schutzgesetze – Verkehrspflichten – Schutzpflichten, FS Larenz, 1983, 27; *Canaris,* Grundstrukturen des deutschen Deliktsrechts, VersR 2005, 577; *Jansen,* Die Struktur des Haftungsrechts, 2003; *Wilhelmi,* Risikoschutz durch Privatrecht, 2009; *Röthel,* Unerlaubte Handlungen, JURA 2013, 95; *Althammer,* Die Haftung nach § 823 I und II, JA 2006, 697.

2 Lehrreich *Röthel,* Gefährdungshaftung, JURA 2012, 444; s. auch *Zech* JZ 2013, 21. Monographisch *Möllers,* Rechtsgüterschutz im Umwelt- und Haftungsrecht, 1996; zu § 1 ProdHaftG anders noch die Voraufl.; wie hier *Larenz/Canaris* SchuldR II 2 § 84 VI 1.

3 Zur Sonderfrage der Verkehrspflicht vgl. → Rn. 641 ff.; zu § 830 I 2 → Rn. 789 ff.

1. Handlungs- oder Erfolgsunrecht?

606 Zunächst eine Bemerkung dazu, ob für die Anwendung der Vorschriften dieser Gruppe die früher viel behandelte,[4] inzwischen aber wieder in den Hintergrund getretene Streitfrage nach dem Wesen des Unrechts (Handlungs- oder Erfolgsunrecht) eine Rolle spielt. Der BGH hat in dieser Entscheidung zum Handlungsunrecht tendiert, nämlich angenommen, dass im Straßenverkehr Rechtswidrigkeit bei verkehrsrichtigem Verhalten trotz Eintritt eines Verletzungserfolgs ausgeschlossen sei. Das hat aber für die §§ 823, 826 im Ergebnis keine Bedeutung. Denn jedenfalls das von diesen Vorschriften vorausgesetzte Verschulden kann bei verkehrsrichtigem Verhalten nicht vorliegen. Die Anhänger des Erfolgsunrechts können demnach in solchen Fällen zwar noch Rechtswidrigkeit annehmen, doch scheitert für sie ein Schadensersatzanspruch am Fehlen von Fahrlässigkeit. Schadensersatzrechtlich handelt es sich also nur um eine Frage der Begründung; sie wird bei den Verkehrspflichten besonders deutlich (→ Rn. 642 ff.).

2. Sonstige Rechte bei § 823 I BGB

607 Bei § 823 I beschränkt sich die Darstellung hier (aber auch → Rn. 641 ff. zu den Verkehrspflichten) auf die Problematik, welche anderen Rechtsgüter als die dort ausdrücklich genannten unter dem Schutz dieser Vorschrift stehen. Zudem werden einige Grenzfälle der Eigentumsverletzung zu berühren sein (→ Rn. 613).

a) Besitz

Zu den »sonstigen Rechten« gehören sicher die **beschränkten Rechte an fremder Sache.** Auch das **Anwartschaftsrecht** wird man hierher zu rechnen haben, soweit es überhaupt Anerkennung verdient.[5] Höchst zweifelhaft ist eine Antwort dagegen für den Besitz. Jedenfalls darf der deliktische Besitzschutz nicht über den Eigentumsschutz hinausgehen.[6]

> **Beispiel:** Der Mieter M räumt nach wirksamer Kündigung die Wohnung im Hause des Vermieters V nicht. Daraufhin setzt V den M gewaltsam auf die Straße. Dass V das nicht darf, folgt aus § 858 I; Gegenrechte des M ergeben sich aus §§ 859 I, III, 861. Aber kann M von V auch den Ersatz der Kosten verlangen, die er für Hotelübernachtungen ausgegeben hat (§ 823 I wegen Besitzverletzung)?

aa) Unmittelbarer Alleinbesitz. Nach der früher meist vertretenen Ansicht, der Besitz falle schlechthin unter § 823 I, wäre dieser Ersatzanspruch begründet. Schwierigkeiten würde dann freilich sofort die Frage bereiten, für wie lange Zeit M denn nun die Hotelkosten ersetzt verlangen kann. Das lässt sich ohne Rückgriff auf die Befugnis, die hinter dem Besitz steht, kaum beantworten.[7]

Richtigerweise ergibt sich die Lösung aus Folgendem:[8] Die Worte »sonstiges Recht« in § 823 I sind gedanklich mit dem Eigentum verbunden (Leben, Körper, Gesundheit,

---

4 Im Anschluss an BGHZ 24, 21; grdl. *Nipperdey* NJW 1957, 1777; ausf. *Münzberg*, Verhalten und Erfolg als Grundlagen der Rechtswidrigkeit und Haftung, 1966; s. auch *Jansen*, Das Problem der Rechtswidrigkeit bei § 823 Abs. 1 BGB, AcP 202 (2002), 517; *Mohr* JURA 2013, 567.

5 Vgl. BGHZ 114, 161; vgl. auch *Armgardt* JuS 2010, 486.

6 BGH NJW 2015, 1174 Rn. 17.

7 Vgl. BGH NJW 1972, 625; 1979, 2034 (2035).

8 *Medicus* AcP 165 (1965), 115; vgl. auch *Röthel/Sparmann* JURA 2005, 456 (460 f.).

Freiheit sind keine Rechte, sondern Rechts- oder Lebensgüter!). Daher muss das »sonstige Recht« **eigentumsähnlich** sein. Das Eigentum hat neben der negativen Seite (**Ausschlussfunktion:** Abwehrrechte des Eigentümers) auch eine positive (**Nutzungsfunktion,** vgl. § 903). Der bloße Besitz ähnelt dem Eigentum zwar hinsichtlich der negativen Seite (§§ 861f.), nicht aber hinsichtlich der positiven: Der Besitzer als solcher darf die Sache nicht gebrauchen oder sonst nutzen. Daher hat nur derjenige Besitzer eine eigentümerähnliche Position, dem das Gesetz außer den Abwehrrechten auch positive Befugnisse zuspricht.[9] Das trifft zu bei allen rechtmäßigen Besitzern.[10] Gleiches gilt aber auch bei manchen unrechtmäßigen wie etwa beim entgeltlichen redlichen Besitzer vor Rechtshängigkeit: Er darf sogar im Verhältnis zum Eigentümer die Nutzungen behalten, §§ 987, 988, 990, 993 I.[11] Der schadensersatzrechtliche Schutz des redlich erworbenen Besitzes folgt zudem auch daraus, dass § 1007 III 2 auf die §§ 989, 990 verweist. Zu eng ist daher die Ansicht, nur der *berechtigte* Besitz falle unter § 823 I.[12] Für die **Besitzkondiktion** gilt: Mehr als die Herausgabe des Besitzes, insbesondere Ersatz bezüglich der Unmöglichkeit der Herausgabe, kann nur unter den Voraussetzungen der §§ 823ff., 989ff. beansprucht werden.[13]

Der Ausgangsfall ist demnach wie folgt zu lösen: M hat einen Schadensersatzanspruch für die Zeit, für die er nach §§ 721, 765a ZPO eine Räumungsfrist hätte erhalten können. Demgegenüber müsste die Ansicht, die auf das Besitzrecht abstellt, dem M jeden Schadensersatzanspruch versagen, wenn M vor der (rechtsgestaltenden) Entscheidung über seine Schutzrechte vertrieben worden ist. Wenig überzeugend ist das Argument des BGH, die Frist nach § 765a ZPO werde nur zur Räumung bewilligt und begründe daher keine Nutzungsbefugnis:[14] Auch diese Frist dient ja nicht der Räumung, also dem Ziel des Gläubigers, sondern den Nutzungsinteressen des Schuldners.

Dabei ist die »Nutzungsfunktion« weiter zu verstehen als nur im Hinblick auf die eigentliche Sachnutzung. So kann der Besitzer auch sein Haftungsinteresse ersetzt verlangen (→ Rn. 837), das ihm daraus entsteht, dass er durch die Verletzung seines Besitzes einem Dritten ersatzpflichtig wird. Ebenso ist das Interesse des Werkunternehmers daran geschützt, mit dem in seinem Besitz befindlichen Werk seine Vertragspflicht erfüllen (und damit die Gegenleistung verdienen) zu können.[15]

608

bb) Besondere Besitzformen. Die Anknüpfung des Besitzschutzes durch Schadensersatzansprüche an den absolut wirkenden Klageschutz nach §§ 861f. lässt folgende Frage entstehen: Entfallen auch Schadensersatzansprüche, wo der Schutz nach §§ 861f. nicht besteht? Der BGH hat das für den **mittelbaren Besitzer** bejaht:[16] Da dieser nach § 869 nur gegen Dritte geschützt sei, hafte ihm der unmittelbare Besitzer auch nicht nach § 823 I (sondern nur aus dem Besitzmittlungsverhältnis, zB Miete). Nur scheinbar dazu in Widerspruch steht

9 So wohl auch BGH JZ 1979, 403 (404).

10 BGHZ 137, 89; näher *Vieweg/Werner* SachenR § 2 Rn. 70.

11 Trotzdem zweifelnd BGHZ 79, 232 (238).

12 Etwa *Wieser* JuS 1970, 557; *T. Honsell* JZ 1983, 531 (532). *Larenz/Canaris* SchuldR II 2 § 76 II 4f sehen das Schutzobjekt nicht in dem Besitz selbst, sondern im obligatorischen Recht zum Besitz.

13 BGHZ 198, 381; dazu *K. Schmidt* JuS 2014, 548 (549); *Fervers* NJW 2014, 1097. Monographisch *Klinkhammer,* Der Besitz als Gegenstand des Bereicherungsanspruchs, 1997.

14 BGHZ 79, 232 (238).

15 BGH NJW 1984, 2569 (2570). Zur (komplizierten) Schadensberechnung für den Leasingnehmer bei Zerstörung des geleasten Fahrzeugs BGHZ 116, 22 (dazu *Schnauder* JuS 1992, 820).

16 BGHZ 32, 194 (205).

BGHZ 62, 243: Dort sind Schadensersatzansprüche gegen einen **Mitbesitzer** zugelassen worden, obwohl der Besitzschutz für ihn durch § 866 beschränkt ist. Aber diese Vorschrift beruht darauf, dass der Streit unter Mitbesitzern meist zum Rückgriff auf das Recht zum Besitz zwingt. Nur das soll durch § 866 für die §§ 861f. vermieden werden. Bei § 823 I dagegen ist dieser Rückgriff ohnehin stets nötig, weil es dort nicht bloß um eine vorläufige Entscheidung geht.

609 cc) **Konkurrenzfragen.** Bei Schadensersatzforderungen aus der Verletzung beschränkter Sachenrechte, eines Anwartschaftsrechts oder des Besitzes entstehen eigenartige Konkurrenzprobleme.[17]

Beispiel: S zerstört fahrlässig eine Fensterscheibe in dem von M gemieteten Haus des E. M verlangt von S Schadensersatz nach § 249 II. Wie ist S vor einem Anspruch des E geschützt, wenn M den erhaltenen Betrag vertrinkt, statt dafür eine neue Scheibe einsetzen zu lassen?

§ 851 passt hier schon deshalb nicht direkt, weil keine bewegliche Sache vorliegt; auch kann S gewusst haben, dass M nur Mieter war. Man wird daher dem S nur solche Ersatzleistungen zumuten dürfen, die auch E gegenüber wirken: Naturalrestitution nach § 249 I oder Ersatz der Kosten der bereits eingesetzten Scheibe. Wenn M damit nicht zufrieden ist, braucht S in Analogie zu § 1281 nur an M und E gemeinsam zu zahlen: Dem S bleibt es so erspart, das dem M zustehende Besitzerinteresse und das dem E gebührende Eigentümerinteresse auseinanderzurechnen (das gelänge ohne Kenntnis des Innenverhältnisses ebenso wenig wie in dem Fall von § 1281).[18]

b) Forderungen

610 Forderungen gehören nach hM nicht zu den »sonstigen Rechten«. Darüber besteht Einigkeit, soweit die Forderung durch Einwirkung auf die Person des Schuldners oder den Forderungsgegenstand beeinträchtigt worden ist.

Beispiel: S verletzt A, den Arbeitnehmer des G, sodass G seinen Anspruch auf Arbeitsleistung gegen A zeitweise verliert: G hat keinen eigenen Anspruch gegen S aus § 823 I. Oder: S zerstört die Sache, deren Übereignung A dem G schuldet: Nur A, nicht G kann den S aus § 823 I in Anspruch nehmen.

Dagegen unterstellen manche Eingriffe Dritter in die **Forderungszuständigkeit** dem § 823 I: Die Zuständigkeit der Forderung, also ihre Zugehörigkeit zum Vermögen des Gläubigers, sei eine absolute Rechtsposition.[19] Man kann jedoch die Forderung nicht von ihrer Zuständigkeit trennen. Dennoch erkennt ihr ein Teil der Lehre **Zuweisungs-** und **Ausschlussfunktion** zu, obwohl die Forderung nur ein **relatives** Recht und daher gerade nicht eigentumsähnlich ist.[20] Diese Ausdehnung des § 823 I geht freilich bedenklich weit:

Beispiel: G hat seine Forderung gegen S an Z abgetreten. S, der hiervon nichts weiß, leistet an G und wird dadurch nach § 407 I befreit. S hat also durch seine Leistung auf die Forderungszuständigkeit eingewirkt, nämlich dem Z seine Forderung entzogen. S müsste dem Z nach § 823 I schon bei leichter Fahrlässigkeit haften: S wäre also zwar von der ursprünglichen Schuld nach § 407 I freigeworden (hier schadet ihm nur Kenntnis der Abtretung), gleichwohl scheint es, als müsse er Schadensersatz leisten. G dagegen haftet dem Z ohnehin schon aus

17 Dazu *Müller-Laube* JuS 1993, 529 (531).
18 *Wieser,* FS Laufke, 1971, 135; *Petersen* JURA 2010, 281.
19 So *v. Caemmerer,* FS Rabel, Bd. I, 1954, 333 (355); *Larenz,* SchuldR II/2, 12. Aufl. 1981, 604.
20 *Canaris,* FS Steffen, 1995, 85; dagegen *Medicus,* FS Steffen, 1995, 333; vgl. auch *Otte* JZ 1969, 253; *Hammen* AcP 199 (1999), 591; *Becker* AcP 196 (1996), 439.

§ 816 II und dem der Abtretung zugrunde liegenden Kausalverhältnis (etwa Forderungskauf); § 823 I ist also gegenüber Z unnötig.
Dagegen lässt sich aber vorbringen, dass S dem Z mangels Verschulden nicht haften würde, zumal beispielsweise auch beim gutgläubigen Erwerb der Verschuldensmaßstab angepasst wird: Der gutgläubige Erwerber haftet dem früheren Eigentümer deshalb nicht aus § 823 I. Zieht man also den Vergleich zum redlichen Erwerb oder sonstigen Schutzmechanismen, dann dürften diese auch bei § 407 nicht unterlaufen werden.[21] Aber auch wenn der Leistende selbst nicht aus § 823 I haftet, bedeutet das noch nicht, dass die Forderung deliktisch geschützt sein muss, zumal dem Betroffenen in den weitaus meisten Fällen § 816 II hilft.[22] Jedenfalls ist immer dann, wenn § 816 II zum Zuge kommt, an dieses Problem zu denken.[23]

c) Recht am eingerichteten und ausgeübten Gewerbebetrieb

611 Weiterhin zweifelhaft ist das »Recht am eingerichteten und ausgeübten Gewerbebetrieb«, der nicht im strengen handelsrechtlichen Sinne zu verstehen ist.[24] Dieses ist zwar von der Rechtsprechung schon seit langem anerkannt, doch wird sein Schutz jetzt mit Recht stark eingeschränkt.[25] Wirklich kann ja auch in einer Wettbewerbswirtschaft der Gewerbebetrieb nicht wie das Eigentum in seinem Bestand geschützt werden: Kunden, Umsatz und Verdienstmöglichkeit sind dem Unternehmer nicht garantiert, sondern müssen von ihm selbst durch erfolgreiche Teilnahme am Wettbewerb ständig neu behauptet werden.[26]

612 aa) **Stromkabelfälle.** Wie weit aber auch außerhalb des Wettbewerbsbereichs der Schutz des Gewerbebetriebs hinter dem des Eigentums zurückbleibt, zeigen etwa die Stromkabelfälle:

BGHZ 29, 65: Der Baggerführer des S hat durch Unachtsamkeit ein zur Fabrik des G führendes Stromkabel zerrissen. Die Fabrik liegt daher einen Tag lang still. G verlangt von S aus §§ 831, 823 I Ersatz des ihm hieraus entstandenen Schadens. Dabei kam als Schutzobjekt nicht das Eigentum an dem Kabel in Betracht (dieses gehörte dem Elektrizitätswerk, vgl. § 95 I), sondern nur der Gewerbebetrieb. Der BGH hat hier einen Ersatzanspruch verneint: Der Schutz des Gewerbebetriebs durch § 823 I beschränke sich nämlich auf betriebsbezogene Eingriffe, und ein solcher liege nicht vor: Das zerrissene Kabel »hätte genauso gut für die Stromlieferung an andere Abnehmer bestimmt sein können«. Diese Begründung überzeugt freilich kaum: Man kann eine Betriebsbezogenheit ja auch für diese anderen Abnehmer bejahen, wenn deren Betriebe gleichfalls auf Strom angewiesen sind. Allgemeiner formuliert der BGH später: Es bedürfe »einer Betriebsbezogenheit des Eingriffs, der sich nach seiner objektiven Stoßrichtung gegen den betrieblichen Organismus oder die unternehmerische Entscheidungsfreiheit richten« müsse.[27]

21 Eing. *J. Hager,* FS H. P. Westermann, 2007, 287; *J. Hager* JA 2012, 548 (551) lehrreich zu BGH NJW 2012, 2034. Vgl. auch *Hoffmann,* Zession und Rechtszuweisung, 2012; *Hoffmann* JURA 2014, 71 (74) (zu BGH NJW 2013, 781).

22 Einen interessanten Ausnahmefall bilden *Larenz/Canaris* SchuldR II 2 § 76 II 4g; klausurmäßige Lösung dazu bei *Petersen* SchuldR AT Rn. 3ff.

23 Allg. dazu *Petersen,* Die Leistung an den Nichtberechtigten, JURA 2010, 281.

24 BGHZ 193, 227: auch »Eiskunstlauftrainer« erfasst.

25 Bei unberechtigter Schutzrechtsverwarnung hatte schon RGZ 58, 24 die Anwendung von § 823 I bejaht: Das Schutzrecht bringe dem Berechtigten Vorteile; folglich müsse er auch die korrespondierenden Nachteile tragen, also die Schäden aus einer unberechtigten Verwarnung. Das ist bestätigt worden durch BGHZ 164, 1; 165, 311; vgl. auch *G. Wagner/Thole* NJW 2005, 3470; *Haedicke* JURA 2006, 528.

26 Eing. *Sack,* Das Recht am Gewerbebetrieb, 2007; vgl. auch *J. Hager* ZHR 158 (1994), 675 (677); *Petersen* BKR 2004, 47. *Larenz/Canaris* SchuldR II 2 § 81 II 1; 2; IV verneinen daher ein Recht am Gewerbebetrieb völlig: Dieses sei dogmatisch unhaltbar und praktisch unnötig; dagegen *Fikentscher/Heinemann* SchuldR Rn. 1572.

27 BGH ZIP 1998, 1033 (1035); s. aber auch *Kötz/Wagner* DeliktsR Rn. 149 zu zumutbaren Präventivmaßnahmen des Geschädigten.

Zudem hat der BGH in den Stromkabelfällen einen Schutz des Betriebsinhabers auch nach anderen Vorschriften verneint: Die Bestimmungen der Landesbauordnungen, nach denen bei Bauarbeiten öffentliche Versorgungsleitungen zu schützen sind, bildeten **keine Schutzgesetze** nach § 823 II.[28] Der durch den Kabelbruch betroffene Betriebsinhaber kann Ersatzansprüche auch nicht auf eine **Verletzung des Vertrages** zwischen dem Besteller der Bauarbeiten und dem Bauunternehmer stützen: Dieser Vertrag habe weder Schutzwirkung für Drittgeschädigte, noch erlaube er dem Besteller eine Drittschadensliquidation.[29]

Anders liegen dagegen Fälle wie der von

BGHZ 41, 123: Wie in den vorigen Beispielen hatte ein Bagger die Stromversorgung eines Betriebs unterbrochen. Dieser Betrieb ist eine Brüterei: Die in den elektrischen Öfen liegenden, schon angebrüteten Eier verderben infolge des Stromausfalls. Hier hat der BGH als Schutzobjekt das Eigentum des Betriebsinhabers an den Eiern angesehen und Ersatz ihres Wertes nach § 823 I zugesprochen. Ebenso liegt es, wenn wegen einer Stromunterbrechung eine Kühlanlage ausfällt und deshalb Lebensmittel verderben.[30]

613 bb) **Einschränkung der Bewegungsfreiheit.** In den Grenzbereich von Verletzung des Eigentums und des Gewerbebetriebs führt auch

BGHZ 55, 153: Der Schifffahrtsunternehmer S beliefert eine an einem Fleet liegende Mühle. Infolge eines Verschuldens der nichthoheitlich wegeunterhaltspflichtigen Bundesrepublik stürzt die Böschung ein; das Fleet wird so unpassierbar. Ein Schiff des S liegt bei der Mühle und ist durch den Einsturz eingesperrt; die übrigen Schiffe des S können von außerhalb des Fleets die Mühle nicht mehr erreichen. S verlangt von der Bundesrepublik Schadensersatz.[31]

Der BGH hat einen solchen Anspruch wegen des eingeschlossenen Schiffs aus Eigentumsverletzung bejaht: Das Eigentum werde nicht nur durch Eingriffe in die Sachsubstanz verletzt, sondern auch durch eine Beeinträchtigung der Eigentümerbefugnisse. Diese liege darin, dass das eingesperrte Schiff seinem bestimmungsgemäßen Gebrauch als Transportmittel entzogen worden sei. Die Haftung aus Eingriff in den Gewerbebetrieb des S scheide insoweit wegen ihrer **Subsidiarität** aus.[32]

In Konsequenz dieser Entscheidung verletzt das Eigentum auch, wer einen fremden Kraftwagen durch falsches Parken an der Abfahrt hindert oder sein Kfz unberechtigt auf einem privaten Parkplatz abstellt.[33] Eine Ersatzpflicht folgt hier also schon aus § 823 I, ohne dass für § 823 II der Schutzbereich von Vorschriften der StVO geprüft werden müsste.

Wegen der **ausgesperrten Schiffe** dagegen hat der BGH einen Anspruch verneint: Eine Eigentumsverletzung fehle, weil diese Schiffe in ihrer Eigenschaft als Transportmittel nicht betroffen seien (aber wie, wenn sie schon für die Mühle beladen waren und eine Entladung ganz unwirtschaftlich ist?). Und einem Eingriff in den Gewerbebetrieb mangele hier die Betriebsbezogenheit: Die Schiffbarkeit des Fleets gehöre selbst dann nicht zum Gewerbebetrieb, wenn für S die Belieferung der Mühle den Schwerpunkt seines Geschäfts bilde. Andernfalls würde der Gemeingebrauch zum sonstigen Recht bei § 823 I. Ebenso entscheidet der BGH, wenn eine Autobahnraststätte wegen unfallbedingter Sperrung der Autobahn Einnahmeausfälle erleidet, weil der Durchgangsverkehr ausbleibt: Eingeengt werde lediglich die wirtschaftliche Nut-

28 So BGHZ 66, 388 gegen BGH NJW 1968, 1279; ebenso wenig § 317 StGB, vgl. BGH NJW 1977, 1147; s. auch *J. Hager* JA 2010, 899.
29 BGH NJW 1977, 2208; vgl. → Rn. 838ff.
30 Hiergegen aber *G. Hager* JZ 1979, 53.
31 Monographisch *Rosenbach*, Eigentumsverletzung durch Umweltveränderung, 1997.
32 Zur Subsidiarität *Petersen* NJW 2003, 1570.
33 BGH NJW 2009, 2530; *S. Lorenz* NJW 2009, 1025 (1026); *Kötz/Wagner* DeliktsR Rn. 147.

zung der Raststätte (also nur das Vermögen), ohne dass zugleich in deren Substanz eingegriffen oder deren technische Brauchbarkeit beeinträchtigt worden sei.[34]

BGH NJW 1977, 2264: Durch ein Verschulden des S kam es in dessen Tanklager zu einem Brand. Wegen der Explosionsgefahr wurde das benachbarte Betriebsgrundstück des G für zwei Stunden polizeilich geräumt. Für weitere fünf Stunden blockierten Polizei- und Feuerwehrfahrzeuge die öffentliche Zufahrt, sodass der Betrieb des G auch in dieser Zeit stilllag. G verlangt von S wegen der sieben Stunden Schadensersatz.

Der BGH hat hier für die zwei Stunden der polizeilichen Räumung eine Eigentumsverletzung durch S bejaht: Eine solche könne auch ohne Eingriff in die Substanz der Sache vorliegen, wenn deren Benutzung verhindert werde. Dagegen sei für die weiteren fünf Stunden ein Ersatzanspruch zu verneinen: Es wäre »abwegig«, in der kurzfristigen Störung des öffentlichen Verkehrs zu dem Grundstück des G eine Eigentumsverletzung zu sehen. Und für einen Eingriff in den Gewerbebetrieb fehle es an der Betriebsbezogenheit.

Auch hier zeigt sich, wie unsicher die **Abgrenzung der Eigentumsverletzung** ist.[35] Denn die Sperrung der Zufahrt kann die Nutzung des Betriebsgrundstücks ebenso nachhaltig verhindert haben wie die Räumung. Zudem hat die Sperrung erheblich länger gedauert als die Räumung, sodass eine Argumentation mit der kurzen Dauer versagt. Selbst in den Stromkabelfällen kann die Unterbindung der Stromzufuhr die einzig denkbare Nutzung einer Sache (etwa eines Elektromotors oder einer Glühlampe) vollständig verhindern, ohne dass hierin eine Eigentumsverletzung gesehen würde.[36]

614 cc) **Einschränkungen.** Der BGH schränkt den Schutz des Gewerbebetriebs durch § 823 I zudem dadurch ein, dass dieser Schutz im Wesentlichen der Schließung von Lücken diene; bei Schädigungen im Wettbewerb könne Schadensersatz daher nur nach den Sondervorschriften des Wettbewerbsrechts (ggf. iVm § 823 II) verlangt werden.[37]

Damit ist der entscheidende Gesichtspunkt angesprochen: Der Gewerbebetrieb kann nicht in seinem Bestand geschützt werden, sondern nur gegen bestimmte Verhaltensweisen. Die Aufgabe besteht also darin herauszuarbeiten, welche Verhaltensweisen etwa im Wettbewerb oder im Arbeitskampf unerlaubt sein sollen.[38] Die Normen hierüber gehören dann als Schutzgesetze zu § 823 II (zB im UWG oder im GWB). Und soweit sie noch fehlen, sollte man sie über § 826 entwickeln und nicht über § 823 I.[39]

d) Allgemeines Persönlichkeitsrecht

615 Eine neuere Entwicklung ist die Anerkennung des *Persönlichkeitsrechts* als Schutzgut von § 823 I.[40] Damit wird der vom BGB vernachlässigte Schutz der Ehre verstärkt,

34 BGH NJW 2015, 1174 Rn. 18; dazu *G. Wagner* JZ 2015, 682; *Picker* NJW 2015, 2304.

35 Eing. *Boecken,* Deliktsrechtlicher Eigentumsschutz gegen reine Nutzungsbeeinträchtigungen, 1995; *Möschel* JuS 1977, 1; *Plum* AcP 181 (1981), 68; *Picker* JZ 2010, 541.

36 S. aber auch BGHZ 105, 346 (350): Das Eigentum an Forellen wird durch ein Fischfutter mit pharmakologischen Zusätzen verletzt, derentwegen der Verkauf der Forellen verboten wird.

37 BGHZ 36, 252 (256).

38 Etwa BAG DB 1985, 1695 (1696): rechtswidriger Sympathiestreik.

39 Dazu *Deutsch* JZ 1963, 385 und zu den Einzelheiten etwa *Fikentscher/Heinemann* SchuldR Rn. 1572ff.; ähnlich auch *Larenz/Canaris* SchuldR II 2 § 81 II; IV.

40 Erstmals anerkannt von BGHZ 13, 334. Jüngst BGH NJW 2013, 2328 (Google-»Autocomplete«-Funktion); dazu *J. Hager* JA 2013, 630; *Gounalakis* NJW 2013, 2321; *Pfeifer/Becker* GRUR 2013, 754; *Mäsch* JuS 2013, 841; Auskunftsansprüche behandelt *Peifer* NJW 2014, 3067.

doch reicht das Persönlichkeitsrecht noch hierüber hinaus, etwa beim Schutz der Intimsphäre.[41] Dazu gehört sogar ein Recht auf **Nichtwissen der eigenen genetischen Veranlagung.**[42]

Dabei ist das Persönlichkeits*recht* eine juristische Missgeburt.[43] Denn die einzelnen Ausflüsse der Persönlichkeit wie Ehre usw lassen sich von der Persönlichkeit selbst nicht trennen. Sie können daher auch nicht Objekt besonderer Rechte werden, sondern sind Teile der Persönlichkeit (also des Rechtssubjekts) selbst. Deshalb stehen sie auf einer Stufe mit Leben, Körper, Gesundheit und Freiheit, aber nicht mit dem Sacheigentum. Der Schutz der Persönlichkeit sollte daher durch Analogie zum Schutz der vier genannten Lebensgüter begründet werden; ein Persönlichkeitsrecht als »sonstiges *Recht*« ist abzulehnen.

Bei der Rechtsanwendung besteht die Problematik des Schutzgutes »Persönlichkeit« darin, dass ihm die klare Abgrenzung fehlt: Der Schutz *einer* Person behindert regelmäßig die Entfaltungsfreiheit (und damit wohl auch das »Persönlichkeitsrecht«) einer anderen. Der Schutzumfang muss daher erst durch eine Güter- und Interessenabwägung festgestellt werden.[44] Der Persönlichkeitsschutz wirkt auch über den Tod hinaus.[45] Vererblich sind jedoch nur die **vermögenswerten** Bestandteile des Persönlichkeitsrechts, nicht die **ideellen.**[46] Der Anspruch auf Geldentschädigung wegen schwerer Persönlichkeitsrechtsverletzung ist wegen seiner höchstpersönlichen Bindung an den Berechtigten seiner Natur nach grundsätzlich **unvererblich.**[47]

Übrigens soll ein Geldanspruch wegen einer Verletzung des Persönlichkeitsrechts auch auf die §§ 823 II BGB, 186 StGB gestützt werden können.[48] Das kann für den Kläger aus Beweisgründen günstiger sein. Für die Höhe der Entschädigung soll auch die Absicht des Schädigers zur Gewinnerzielung (betragssteigernd) berücksichtigt werden.[49]

e) Ehe

616 Heftig umstritten ist der deliktische Schutz der Ehe.[50] Einerseits hat der BGH der Ehefrau einen **Beseitigungs- und Unterlassungsanspruch** gegen den untreuen Ehemann und seine in die Ehewohnung aufgenommene Geliebte gegeben.[51] Damit ist der **räumlich-gegenständliche Bereich der Ehe** als absolut geschützte Position anerkannt wor-

41 *Fikentscher/Heinemann* SchuldR Rn. 1584; *Götting,* Persönlichkeitsrechte als Vermögensrechte, 1995; *Larenz/Canaris* SchuldR II 2 § 80; *J. Hager,* FS Medicus, 2009, 171 (176); *Peifer,* Individualität im Zivilrecht, 2001; *Peifer* JZ 2013, 853; *Klüber,* Persönlichkeitsschutz und Kommerzialisierung, 2007; *Ehmann* JURA 2011, 437.

42 BGH NJW 2014, 2190; dazu *Schneider* NJW 2014, 3133.

43 *Beuthien,* FS Medicus, 2009, 1 fordert mit Recht eine Ausgliederung deutlicher bestimmter, besonderer Persönlichkeitsrechte. Vgl. auch *Beuthien/Schmölz,* Persönlichkeitsschutz durch Persönlichkeitsgüterrechte, 1999; *Beuthien,* Persönlichkeitsgüterschutz vor und nach dem Tode, 2002. S. rechtsvergleichend *J. Hager* öJBl 2013, 273.

44 Etwas anders *Larenz/Canaris* SchuldR II 2 § 80 III; IV.

45 BGHZ 50, 133; bestätigt durch BVerfGE 30, 173; dazu *J. Hager* JURA 2000, 186. Eing. *Luther,* Postmortaler Schutz nicht vermögenswerter Persönlichkeitsrechte, 2009; *Luther* AfP 2009, 215. Vgl. auch *Petersen* JURA 2008, 271; *Heinemann/v. Hassel* JA 2005, 592.

46 BGHZ 143, 214; BGH GRUR 2000, 715 (dazu *G. Wagner* GRUR 2000, 717); *A. Staudinger/Schmidt* JURA 2001, 241; zur Zwangsvollstreckung *Sosnitza* JZ 2004, 992.

47 BGHZ 201, 45; aA. *Leipold* ErbR Rn. 635 Fn. 51; *Cronemeyer* AfP 2012, 10; vgl. auch *Stender-Vorwachs* NJW 2014, 2831.

48 BGHZ 95, 212.

49 BGHZ 128, 1 (erdichtetes Interview mit Caroline von Monaco); weitergehend *Prinz* NJW 1996, 953 (957); *H. P. Westermann,* Symposium Canaris, 1998, 128 (143); *Kiehnle* JuS 2006, 418; *Glasmacher/Pache* JuS 2015, 303.

50 Dazu *Gernhuber/Coester-Waltjen* FamR § 17 Rn. 22 ff.

51 BGHZ 6, 360. Vgl. auch → Rn. 628 ff.

den.[52] Andererseits verneint der BGH aber in stRspr einen Schadensersatzanspruch aus Eheverletzungen.

Beispiel: Die Ehefrau F wird ihrem Mann M mit D untreu. Aus dem Ehebruch der F wird ein Kind geboren. M bezahlt die Entbindungskosten und leistet dem Kind zunächst Unterhalt (§ 1592 Nr. 1). Aus der Durchführung der Ehelichkeitsanfechtung entstehen dem M Kosten, die ihm das vermögenslose Kind als unterlegener Prozessgegner nicht erstatten kann. Infolge der Ehescheidung verliert M eine einträgliche Beschäftigung im Betrieb seines Schwiegervaters und seine Wohnung in dessen Haus. Endlich erkrankt M wegen der Aufregungen im Zusammenhang mit der Untreue der F. Kann M alle diese Schäden von F und D ersetzt verlangen?

617 **aa) Argumente für die Ablehnung von Ersatzansprüchen.** Hinsichtlich von Ansprüchen gegen den **untreuen Ehegatten** hat der BGH zunächst die Ablehnung hauptsächlich damit begründet, das Familienrecht regele die vermögensrechtlichen Folgen der Ehe abschließend.[53] Hinsichtlich des **Dritten** hat der BGH im Wesentlichen zwei Gründe angeführt: Die Pflicht zur ehelichen Treue binde nur die Ehegatten und könne daher von dem Dritten nicht verletzt werden. Auch müsse ein Schadensersatzanspruch gegen den Dritten über den Gesamtschuldnerausgleich nach §§ 840, 426, 254 teilweise auf den untreuen Ehegatten zurückwirken und so die abschließende familienrechtliche Regelung stören.[54] Später hat der BGH pauschaler argumentiert: Die Untreue des Ehegatten stelle im Wesentlichen einen innerehelichen Vorgang dar, der nicht im Schutzbereich des Deliktsrechts liege. Und das müsse sich angesichts der engen Verbindung mit dem Verhalten des untreuen Ehegatten auch auf die Beteiligung des Dritten auswirken.[55]

Nicht für ausgeschlossen hält der BGH jedoch Schadensersatzansprüche gegen die Ehefrau, wenn diese ihrem Ehemann vor der Eheschließung vorgespiegelt hatte, nur er komme als Vater des von ihr erwarteten Kindes in Betracht: Hier gehe es nicht um eine (allein vom Eherecht sanktionierte) Verletzung der ehelichen Treue, sondern um eine (noch dazu voreheliche) Täuschung.[56]

618 **bb) Der Gegenstandpunkt.** In der Literatur halten manche[57] die vom BGH gegen die Anwendung des § 823 I vorgebrachten Gründe für nicht stichhaltig: Die angeblich abschließende Regelung durch das Familienrecht kann den Dritten nicht schützen. Wenn man den untreuen Ehegatten nicht für ersatzpflichtig hält, wird dieser auch nicht neben dem Dritten Gesamtschuldner und ist daher keinem Rückgriff aus § 426 ausgesetzt.

Auch die Befürworter eines Anspruchs wollen freilich nur einen beschränkten Schutz gewähren: Zu ersetzen sei nur das **Abwicklungsinteresse,** nicht aber das Bestandsinteresse. Dabei umfasst das erste die Schäden aus der Durchführung der Scheidung und der Ehelichkeitsanfechtung, das zweite dagegen allen Verlust von Vorteilen, der dem

52 Ebenso BGHZ 34, 80 (87); BGH NJW 2014, 1243; krit. *Struck* JZ 1976, 160; lehrreich *Löhnig* JA 2004, 611.

53 BGHZ 23, 215.

54 BGHZ 23, 279.

55 BGH JZ 1973, 668 mAnm *Löwisch;* BGH NJW 1990, 706 mAnm *Schwenzer* JZ 1990, 441.

56 BGHZ 80, 235 (238). Ähnlich lässt BGH NJW 1990, 706 (708) Schadensersatzansprüche aus § 826 zu; BGH MDR 2013, 598 Rn. 16. Ferner *Deutsch,* FS Gernhuber, 1993, 581 (594); *Battes,* FS Gerhardt, 2004, 1; *Kötz/Wagner* DeliktsR Rn. 161 f.

57 Etwa *Gernhuber/Coester-Waltjen* FamR § 17 Rn. 24 mwN.

treuen Ehegatten aus der Nichtfortführung der Ehe entstanden ist.[58] Dabei folgt die Beschränkung auf das Abwicklungsinteresse aus dem begrenzten **Schutzbereich der Norm.**

619 cc) **Zwischenergebnis.** Insgesamt begründet die Ehe zwar keine eigentumsähnliche Position und daher auch kein »sonstiges Recht«. Absolut geschützt ist aber wenigstens »die Verbindung der Ehegatten zu geschlechtlicher Treue«.[59] Sie fällt unter § 823 I in Analogie zu den dort genannten Lebensgütern. Als Verletzer tauglich ist jeder Dritte. Er muss aber bloß das Abwicklungsinteresse ersetzen, wie auch beim Verlöbnis durch die §§ 1298ff. nur das Abwicklungsinteresse geschützt ist. Für einen Ersatzanspruch gegen den untreuen Ehegatten gibt es dagegen – anders als beim Verlöbnis – keinen Grund; insoweit hält der BGH die familienrechtliche Regelung und diejenige durch § 150 FamFG richtigerweise für abschließend.

620 dd) **Weitere Rechtsbehelfe.** Neben dem deliktischen Schutz oder statt seiner kommen wegen der in dem Ausgangsfall genannten Schäden noch einige weitere Rechtsbehelfe in Betracht:[60]

Soweit M dem Kind **Unterhalt** gewährt hat, geht der Unterhaltsanspruch des Kindes gegen D auf M über, sodass M ihn nach Anfechtung der Ehelichkeit gegen D geltend machen kann. Diese **Legalzession** wird im Anschluss an eine frühere Rechtsprechung in den §§ 1615l III 1, 1607 III ausdrücklich bestimmt.[61]

Neben dieser Legalzession bejaht der BGH aber auch einen **Bereicherungsanspruch** des Scheinvaters gegen das Kind.[62] Zudem soll ein Bereicherungsanspruch auch gegen den Träger der Sozialhilfe gegeben sein, der zunächst für den Unterhalt des Kindes gesorgt und dann gegen den Scheinvater Rückgriff genommen hat.[63] Die Legalzession umfasst auch einen **Prozesskostenvorschuss,** den M dem Kind für den Anfechtungsprozess gewährt hat.[64] Denn wie bei § 1360a IV ist ein solcher Vorschuss Teil des Unterhalts. Der BGH hat das endlich auch ausgedehnt auf diejenigen **Kosten, die M in dem Anfechtungsprozess selbst entstanden** sind.[65]

Wegen der **Entbindungskosten** (§ 1615l) hat der BGH dem M einen Bereicherungsanspruch gegen den letztlich zahlungspflichtigen D gegeben.[66] Das ist jedoch bedenklich: M hätte den D nur dann befreit, wenn er auf dessen Schuld gezahlt hätte (→ Rn. 948). Daran fehlt es aber regelmäßig: M zahlt auf seine eigene Schuld gegenüber der Klinik, dem Arzt usw. Jetzt umfasst die Legalzession nach §§ 1615l III 1, 1607 III mit § 1615l I auch die Entbindungskosten.

Für die **Kosten des Scheidungsprozesses** M–F gilt § 150 FamFG: Sie werden regelmäßig gegeneinander aufgehoben. M kann seinen Kostenteil allenfalls von D nach De-

58 Einzelheiten bei *Gernhuber/Coester-Waltjen* FamR § 17 Rn. 26ff.

59 *Gernhuber/Coester-Waltjen* FamR § 17 Rn. 7.

60 Vgl. *Engel,* Der Rückgriff des Scheinvaters wegen Unterhaltsleistungen, 1974; *Küppers* NJW 1993, 2918; s. in diesem Zusammenhang auch *Looschelders* JURA 2000, 169.

61 BGHZ 24, 9; vgl. → Rn. 906; 914.

62 BGH NJW 1981, 2183.

63 BGHZ 78, 201.

64 BGH JZ 1968, 105 zu § 1709 II aF.

65 BGHZ 57, 229; bestätigend BGHZ 103, 160.

66 BGHZ 26, 217.

liktsrecht verlangen: Im Verhältnis der Ehegatten untereinander dürfte § 150 FamFG eine abschließende Regelung sein, die durch Schadensersatzansprüche nicht infrage gestellt werden darf.

f) Vereinsmitgliedschaft

620a Im »**Schärenkreuzerfall**« entschied der BGH, dass als »sonstiges Recht« auch die Mitgliedschaft in Betracht komme:[67] Ein eingetragener Segelverein hatte einem Mitglied die Teilnahme an einer Bodensee-Regatta verweigert, weil dessen Boot angeblich nicht den Vorschriften entsprach; das Mitglied verlangt deshalb Schadensersatz. Doch dürfte zumindest in dem Verhältnis Mitglied – Verein die aus der Mitgliedschaft stammende Sonderverbindung hinreichend Schutz gewähren, und ein absoluter Schutz der Mitgliedschaft gegen Dritte ist zweifelhaft.[68]

3. Schutzgesetzverletzungen

621 Zu § 823 II lässt sich im Allgemeinen nur wenig sagen, weil im Vordergrund die Problematik des im Einzelfall anzuwendenden Schutzgesetzes steht. Dessen voller objektiver und subjektiver Tatbestand müssen erfüllt sein. Bei Strafgesetzen sind also auch die strafrechtlichen Lehren über Schuld und Irrtum maßgeblich. Nur auf das Vorliegen eines Strafantrags wird bei § 823 II allgemein verzichtet; auch § 14 StGB passt nicht überall.

a) Schutzgesetze

Ein Schutzgesetz kann vorliegen, wenn eine *Rechtsnorm* (gleich welcher verfassungsrechtlichen Qualität, Art. 2 EGBGB!) mindestens neben der Allgemeinheit auch den Einzelnen schützen will. Solche Gesetze sind überaus zahlreich.[69] Der BGH stellt deshalb mit Recht zusätzlich darauf ab, ob die schützenswerten Interessen des Geschädigten nicht schon durch andere Regeln ausreichend berücksichtigt werden.[70] Das wird dort bejaht für die in §§ 27 III 1, 29d I 1 StVZO bestimmte Pflicht zur Abmeldung von Kraftfahrzeugen, für die der Haftpflichtversicherungsschutz abgelaufen ist (zweifelhaft).

Fraglich ist der Schutzgesetzcharakter etwa bei **§ 858**: Diese Norm will ja jedenfalls in erster Linie den Rechtsfrieden wahren und nicht den Besitzer schützen. Wer § 858 dennoch als Schutzgesetz ansieht,[71] darf nicht die bei § 823 I geltende Begrenzung des Besitzschutzes (→ Rn. 607) illusorisch machen. Insbesondere darf nicht jeder unrechtmäßige Besitzer ersatzberechtigt sein. Am ehesten wird man einen ersatzfähigen Schaden verneinen können, wenn der verlorene Vorteil dem Besitzer nicht gebührte.[72]

---

67 BGHZ 110, 323; dazu *K. Schmidt* JZ 1991, 157; *Deutsch* VersR 1991, 837.

68 Ähnlich gegen die hM *Hadding*, FS Kellermann, 1991, 91. Für die Mitgliedschaft als »sonstiges Recht« *Habersack*, Die Mitgliedschaft – subjektives und »sonstiges« Recht, 1996; dagegen mit guten Gründen *A. Helms*, Schadensersatzansprüche wegen Beeinträchtigung der Vereinsmitgliedschaft, 1998.

69 Grdl. *Canaris*, FS Larenz, 1983, 27 (45); sowie *Spickhoff*, Gesetzesverstoß und Haftung, 1998.

70 BGHZ 125, 366 (374); zu § 323c etwa BGH JZ 2014, 306 mAnm *Loyal*.

71 So *Pieper*, FS OLG Zweibrücken, 1969, 232; *Wieser* JuS 1970, 559; *T. Honsell* JZ 1983, 531 (532); *Larenz/Canaris* SchuldR II 2 § 76 II 4f.; vgl. auch *Vieweg/Werner* SachenR § 2 Rn. 71 mwN.

72 So iErg auch BGHZ 79, 232 (237); 114, 305 (311ff.).

b) Der Schutzbereich des Gesetzes

622 Dass eine Norm überhaupt Schutzgesetzcharakter hat, reicht aber für die Anwendung von § 823 II noch nicht aus. Vielmehr kommt es nach allgemeiner Ansicht weiter darauf an, ob der Schutzbereich der Norm auch den Geschädigten und die Art der Schadenszufügung umfasst. Man spricht hier auch von **Rechtswidrigkeitszusammenhang.**

BGHZ 29, 100 betrifft Fragen nach dem persönlichen und dem sachlichen Schutzbereich eines Gesetzes: S ist Gesellschafter und Geschäftsführer einer GmbH. G hat dieser GmbH auf Kredit Waren geliefert, als diese bereits insolvenzreif (nämlich überschuldet, § 19 II InsO) war. In der später angemeldeten Insolvenz fällt G mit seinen Forderungen aus. Er verlangt nun von S persönlich Schadensersatz aus §§ 823 II BGB, § 15 a I InsO, weil S die Insolvenz schuldhaft verspätet angemeldet habe: Bei rechtzeitiger Anmeldung der Insolvenz wären die Lieferungen auf Kredit unterblieben.

Die erste Frage ist hier, ob die Antragspflicht gerade die Gesellschaftsgläubiger schützen will, und zwar auch solche, die erst nach Eintritt der Insolvenzreife Gläubiger geworden sind (sog. Neugläubiger). Das hat der BGH im Anschluss an das RG mit Recht bejaht. Danach soll § 15 a I InsO das Schutzbedürfnis der Gläubiger befriedigen, das daraus folge, dass ihnen nur das Gesellschaftsvermögen hafte. Da die Antragspflicht des Geschäftsführers vom Eintritt der Insolvenzreife an fortbestehe, sei auch geschützt, wer erst später Gläubiger werde.

Die zweite Frage ist die nach dem sachlichen Schutzbereich: G hatte sich hier auf den Standpunkt gestellt, die Pflicht zum Insolvenzantrag wolle die Teilnahme einer insolventen GmbH am Geschäftsleben verhindern, also Dritte davor schützen, durch Kreditgewährung an eine solche GmbH zu Schaden zu kommen. Wäre das richtig, hätte S die Kaufpreisbeträge voll ersetzen müssen. Der BGH hat aber den Schutzzweck zunächst enger gesehen:[73] § 15 a I InsO soll demnach nur eine weitere Verminderung der Quote verhindern. G könne also unter diesem Gesichtspunkt nur ersetzt verlangen, was er bei rechtzeitiger Antragstellung mehr als Quote erhalten hätte (den sog. »Quotenschaden«). Nur wenn S die Kreditierung betrügerisch herbeigeführt habe, könne G aus §§ 826, 823 II BGB, 263 StGB die vollen Kaufpreisbeträge fordern.

Diese Beurteilung des sachlichen Schutzbereichs ist aber vom BGH mit überzeugenden Gründen aufgegeben worden:[74] Die Neugläubiger können also vollen Schadensersatz verlangen; sie müssen so gestellt werden, als wäre das Insolvenzverfahren rechtzeitig beantragt worden.[75]

Im Übrigen regelt § 15 a I InsO die Antragspflicht jetzt rechtsformneutral für alle juristischen Personen und bestimmte »kapitalistische« Formen von OHG und KG. Der BGH erstreckt die Haftung auf den **faktischen Geschäftsführer,** der zwar nicht zum Geschäftsführer bestellt ist, aber die Geschäfte der Gesellschaft tatsächlich besorgt.[76] Bei allen Gesellschaftsformen kann diese Antragspflicht in einen schwer zu lösenden Konflikt führen, solange Sanierungsbemühungen noch Erfolg versprechen, der durch den Insolvenzantrag vereitelt würde.[77]
Für den **Verein** ist in § 42 II 2 die Ersatzpflicht derjenigen Vorstandsmitglieder, die den Insolvenzantrag schuldhaft verzögern, gegenüber den Gläubigern sogar ausdrücklich ausgesprochen. Hier braucht man also § 823 II nicht. In Betracht kommt außerdem eine Haftung aus Verschulden bei Vertragsverhandlungen (→ Rn. 200 a).

---

73 Ebenso BGHZ 100, 19 (23); BAG NJW 1975, 708 (710).
74 BGHZ 126, 181 (190).
75 Vgl. auch *K. Schmidt* ZIP 1988, 1497; speziell zu § 15 a InsO *Kindler* NJW 2008, 3249 (3254 f.).
76 BGH NJW 1988, 1789. *Saenger* GesR Rn. 773, in Abgrenzung zum »fehlerhaften Geschäftsführer«.
77 BGHZ 75, 96 (107).

4. Vorsätzliche sittenwidrige Schädigung

a) Vorsatz und Schaden

623 Bei § 823 I steht der Schaden nur auf der Rechtsfolgeseite der Norm. Das Verschulden braucht sich also nicht auf seinen Eintritt oder Umfang zu beziehen, sondern bloß auf die Rechtsgut- oder Rechtsverletzung. Diese ist dann mit dem zu ersetzenden Schaden nur durch Adäquanz und Rechtswidrigkeitszusammenhang verbunden. Ähnlich braucht bei § 823 II nur die Verletzung des Schutzgesetzes verschuldet zu sein. Soweit der Schaden nicht ausnahmsweise (wie in § 263 StGB) zu dessen Tatbestand gehört, steht er also gleichfalls außerhalb des Verschuldens. In schroffem Gegensatz dazu muss bei § 826 der Schaden vom Verschulden – demnach vom Vorsatz – umfasst sein: Schaden, den der Täter nicht (mindestens eventualiter) gewollt hat, ist aus § 826 nicht zu ersetzen.[78]

b) Vorsatz und Sittenwidrigkeit

624 Vom Vorsatz umfasst sein muss auch die Sittenwidrigkeit der Schädigung. Dabei braucht der Täter aber nach allgemeiner Ansicht nur die Tatsachen zu kennen, aus denen sich die Sittenwidrigkeit ergibt. Dagegen braucht er sein Verhalten nicht selbst als sittenwidrig erkannt zu haben. Diese Einschränkung soll verhindern, dass dem Täter seine eigenen laxen Anschauungen zugutekommen. In Betracht kommt vorsätzliche sittenwidrige Schädigung insbesondere bei einer gewissenlosen Wahrnehmung eigener Vorteile ohne Rücksicht auf die Belange Dritter.[79]

c) Eingriff in fremde Schuldverhältnisse

625 Die nach § 826 erhebliche Schädigung kann – im Gegensatz zu § 823 I (→ Rn. 610) – auch in der Beeinträchtigung von Schuldverhältnissen liegen, an denen der Täter selbst nicht beteiligt ist, und zwar auch von einseitigen.[80] Dabei fragt sich dann, unter welchen Voraussetzungen hier Sittenwidrigkeit angenommen werden muss.

> **Beispiel:** E hat sein in X gelegenes Grundstück an die ortsfremde Brauerei K verkauft. Die in X ansässige Brauerei D erfährt davon. Sie will verhindern, dass K sich in X niederlässt, und bietet dem E daher einen höheren Kaufpreis. E verkauft und übereignet nun an D. Kann K von D aus §§ 826, 249 I Übereignung des Grundstücks verlangen? Soweit man das bejaht, kommt man zu einer Art *ius ad rem,* also zu einer Wirkung des Übereignungsanspruchs K–E gegen Dritte.

Festzuhalten ist: Ob der Schuldner seine relative Verpflichtung erfüllt oder nicht, ist regelmäßig allein zwischen ihm und seinem Gläubiger sanktioniert. Dritte sind durch die Schuldnerpflichten nicht gebunden. Daher kann das »Verleiten zum Vertragsbruch« nur dann sittenwidrig sein, wenn der Dritte sich unerlaubter Mittel (etwa der Täuschung) bedient.[81] Ein höheres Kaufpreisgebot allein dürfte nicht sittenwidrig sein, zumal K sich hier durch Vormerkung hätte sichern können. Auch das »Ausnutzen fremden Vertragsbruchs« kann nicht dadurch sittenwidrig werden, dass es zu einer an sich erlaubten Preisüberbietung verwendet wird.[82]

---

78 Eing. Staudinger/*Oechsler,* 2013, § 826 Rn. 77ff.
79 BGH NJW 1991, 3282 (3283): unrichtiges Sachverständigengutachten.
80 BGH NJW 1992, 2152: Vermächtnis.
81 Zum Ganzen auch *Köhler,* FS Canaris, Bd. I, 2007, 591 (595).
82 Vgl. etwa BGH NJW 1998, 76.

d) Verhältnis von § 826 BGB zu § 138 BGB

626 Fraglich ist weiter das Verhältnis zwischen § 826 und § 138. Das wird schon an dem Brauereibeispiel deutlich: Wenn man Sittenwidrigkeit des Kaufvertrages E–D annimmt, ist dieser nichtig, § 138 I. Und wenn man die Nichtigkeit auf das dingliche Vollzugsgeschäft ausdehnt, gehört das Grundstück noch dem E: K kann also nach wie vor die Übereignung aus dem Kaufvertrag von E verlangen, sofern E die an D übertragene Buchposition trotz § 817 S. 2 aus § 894 zurückzufordern vermag (dazu → Rn. 697). Ein Anspruch des K gegen D aus § 826 ist dann unnötig. § 138 kann also, soweit er die schadenbringende Verfügung wirkungslos macht, die Entstehung des für § 826 erheblichen Schadens verhindern. Die nach § 138 zu beurteilende Wirksamkeit dieser Verfügung ist daher stets zu prüfen, bevor ein Schadensersatzanspruch aus § 826 bejaht werden kann.

> **Beispiel:** S überträgt seinem Kreditgeber G durch Sicherungsübereignung und Sicherungszession sein ganzes pfändbares Betriebsvermögen. S und G täuschen andere Kreditgeber hinsichtlich dieser Übertragungen und veranlassen sie so zu weiteren Krediten an S. Können diese Gläubiger sich aus § 826 an G halten?[83]

627 Auch hier stellt sich für § 826 die Vorfrage, ob nicht die Sicherungsübertragungen an G nach § 138 I nichtig sind. Voraussetzung dafür ist, dass man Verfügungen nicht für »sittlich neutral« hält. Die Rechtsprechung pflegt aber im Gegensatz zu ihrer Haltung in anderen Fällen (→ Rn. 697) § 138 I auch auf den Vollzug von Sicherungsvereinbarungen anzuwenden. Dennoch braucht § 138 nicht überall vorzuliegen, wo sonst § 826 gegeben wäre. Deshalb bleibt ein Bereich, in dem trotz vorsätzlicher sittenwidriger Schädigung die Verfügungen wirksam sind und daher § 826 anzuwenden ist.

> **So im Beispiel:** Wenn nur G und nicht auch S auf Gläubigertäuschung ausgegangen ist, liegt § 138 I nicht vor. Dennoch können die getäuschten Gläubiger gegen G klagen, weil dieser sittenwidrig gehandelt hat. Die Sicherungsgeschäfte sind weiter dann wirksam, wenn S und G sich erst nach deren Durchführung zur Gläubigertäuschung entschlossen haben: Auch hier ist § 826 nötig.[84]

III. Die Ergänzung der Ansprüche auf Schadensersatz durch Unterlassungs- und Beseitigungsansprüche

1. Unterlassungsansprüche

628 Der Schutz durch Schadensersatzansprüche aus den §§ 823 ff. ist stets **repressiv:** Er setzt voraus, dass bereits ein Schaden eingetreten ist, und bezweckt dessen Ausgleich. Rechtspolitisch weit wertvoller ist demgegenüber die Verhinderung künftigen Schadens, also **präventiver** Schutz. Präventiv wirken Schadensersatzansprüche allgemein schon dadurch, dass die Furcht vor einer Ersatzpflicht von schädigenden Handlungen abhalten kann. Noch zuverlässiger wirkt ein Anspruch auf Unterlassung künftiger Rechtsverletzung.

> **Beispiel:** Der Unternehmer U hat erfahren, dass die Auskunftei A ihn aufgrund falscher Nachrichten in ihre Liste der säumigen Zahler aufnehmen will. Mit einem Schadensersatzanspruch gegen A aus § 824 müsste U warten, bis ihm Schaden entstanden ist (etwa durch die Kündigung von Krediten). Zweckmäßig wäre es, wenn U von A sofort verlangen könnte, dass A ihn nicht als säumigen Zahler bezeichne.

83 BGH ZIP 1995, 630; *Koller* JZ 1985, 1013.
84 Vgl. auch *Baur/Stürner* SachenR § 57 Rn. 35 ff.

Das BGB kennt solche Unterlassungsansprüche für den Eigentümer und andere Inhaber eines absoluten Rechts (§ 1004 und ähnliche Vorschriften, → Rn. 440f.). Das ist der so genannte **negatorische** Schutz. In gleicher Weise wie diese absoluten Rechte schützt das BGB auch bestimmte Rechtsgüter, die Rechten nur ähnlich sind (§§ 12, 862; **quasinegatorischer** Schutz). Dabei wird der Unterlassungsanspruch an Wiederholungsgefahr geknüpft, nämlich daran, dass »*weitere* Beeinträchtigungen zu besorgen« sind. Das erweckt den Eindruck, als müsse zunächst eine erste Beeinträchtigung hingenommen werden.

Gegenüber diesem Gesetzeswortlaut hat die Rechtsprechung den Anwendungsbereich des Unterlassungsanspruchs jedoch in zwei Richtungen erweitert:

a) Der Anspruch wird **schon gegen die erste Beeinträchtigung** gewährt; es genügt, dass diese konkret bevorsteht. Statt von »Wiederholungsgefahr« sollte man daher besser von »Begehungsgefahr« sprechen. Das Vorliegen früherer Beeinträchtigungen indiziert lediglich die Gefahr weiterer Störungen. Dabei wird der Unterlassungsanspruch gegen die erste Beeinträchtigung vielfach als »vorbeugend« bezeichnet. Das führt aber irre, weil *jeder* Unterlassungsanspruch vorbeugt.[85] Entgegen der früheren Rechtsprechung wird es seit Jahrzehnten für unschädlich gehalten, dass die drohende Störung eine **Straftat** darstellt: Der Bedrohte soll sich also in jedem Fall selbst zivilrechtlich wehren können.

b) Unterlassungsansprüche werden auch gewährt, wenn die Bedrohung den in § 823 I genannten **Lebensgütern** oder denjenigen Interessen gilt, denen **§ 824 und die Schutzgesetze von § 823 II** dienen. Man spricht in solchen Fällen oft von deliktischen Unterlassungsansprüchen. Doch ist auch diese Bezeichnung irreführend: Erfüllt zu sein braucht nämlich nicht auch der subjektive Deliktstatbestand der §§ 823ff. (vor allem kann also Verschulden fehlen). Besser passt daher die Bezeichnung als »ergänzender« Unterlassungsanspruch, insbesondere bei § 823 II als »schutzgesetzlicher«.[86]

2. Beseitigungsansprüche

629 § 1004 und die ihm ähnlichen Regelungen des negatorischen und quasinegatorischen Schutzes gewähren neben dem Unterlassungsanspruch noch einen Anspruch auf Beseitigung der bereits eingetretenen Beeinträchtigung. Auch das ist gewohnheitsrechtlich auf die anderen deliktisch geschützten Rechtsgüter und Interessen übertragen worden. Neben dem ergänzenden Unterlassungs- gibt es also einen ergänzenden Beseitigungsanspruch.

Seine Voraussetzungen ähneln denen des Unterlassungsanspruchs: Insbesondere erfordert auch der Beseitigungsanspruch kein Verschulden. Allerdings muss die Beeinträchtigung so weit gehen, dass es schon etwas zu beseitigen gibt; Wiederholungsgefahr ist auch hier unnötig. Zudem kann der Beseitigungsanspruch sogar dann gegeben sein, wenn die Beeinträchtigung zunächst durch § 193 StGB gerechtfertigt war (Widerruf einer in Wahrnehmung berechtigter Interessen aufgestellten, aber jetzt als unwahr erkannten Behauptung).[87]

Das Hauptproblem dieses Beseitigungsanspruchs, das aber in ganz gleicher Weise auch bei den gesetzlich geregelten Beseitigungsansprüchen auftaucht, ist Folgendes: Der Inhalt dessen, was als **Beseitigung** verlangt werden kann, muss vom **Schadensersatz** in

85 *F. Baur* JZ 1966, 381; *Münzberg* JZ 1967, 689.
86 *F. Baur* JZ 1966, 381; *Larenz/Canaris* SchuldR II 2 § 86 VII.
87 BGHZ 37, 187 (191).

der Form der Naturalrestitution (§ 249 I) abgegrenzt werden. Denn Schadensersatz kann der Verletzte nach §§ 823 ff. nur bei Verschulden des Täters fordern. Die Beseitigung muss also wesentlich enger sein, damit man über den Beseitigungsanspruch nicht zu einer Schadensersatzpflicht ohne Verschulden kommt.[88] Eine formelartige Abgrenzung ist noch nicht gelungen.

Anerkannte Fälle der Beseitigung sind etwa der Widerruf einer geschäftsschädigenden Behauptung; die Vernichtung rechtswidrig gemachter Tonbandaufnahmen; das Fortschaffen der durch Sprengung auf das Nachbargrundstück geflogenen Steine (nicht aber etwa der Ersatz der zersprungenen Fensterscheiben).

3. Beeinträchtigung durch verkehrsrichtiges Verhalten?

630 Da Unterlassungs- und Beseitigungsanspruch kein Verschulden voraussetzen, kann bei ihnen – anders als beim Schadensersatzanspruch (→ Rn. 606) – die Unterscheidung zwischen Erfolgs- und Handlungsunrecht Bedeutung erlangen: Wie, wenn eine Beeinträchtigung durch verkehrsrichtiges Handeln droht oder eingetreten ist?

Zu dieser schwierigen Frage sei hier nur kurz angedeutet: Gewiss vermag sich der Unterlassungsanspruch nicht gegen erlaubtes Handeln zu richten. Denn was erlaubt ist, kann nicht zugleich verboten sein. Vom Erfolgsunrecht her muss man daher annehmen, dass das Unrecht des durch eine Handlung unmittelbar verursachten Erfolges auf diese Handlung ausstrahlt (→ Rn. 643). Das kann man jedenfalls für die »klassischen« Lebensgüter und Rechte des § 823 I annehmen: Auch einem Kraftfahrer, der alle Verkehrsregeln beachtet hat, »erlaubt« die Rechtsordnung nicht, ein unvorhersehbar auf die Straße gelaufenes Kind zu überfahren. Ebenso ist eine Sprengung rechtswidrig, durch die trotz allen Handelns lege artis unvorhersehbar Steine auf das Nachbargrundstück fliegen. Wegen der Unvorhersehbarkeit kommt hier allerdings ein Unterlassungsanspruch nicht in Betracht. Aber für den Beseitigungsanspruch behält die Rechtswidrigkeit ihre Bedeutung.[89]

IV. Gefährdungshaftung[90]

631 Die Vorschriften dieser Gruppe entsprechen insofern dem § 823 I, als sie die Verletzung bestimmter Lebensgüter oder Rechte voraussetzen. Jedoch tritt hier die Schadensersatzpflicht ohne Rücksicht auf Unrecht und Verschulden ein (schon → Rn. 604 Nr. 3). Auf die Frage nach Handlungs- oder Erfolgsunrecht kommt es also nicht an.

---

88 Dazu *Larenz/Canaris* SchuldR II 2 § 86 V 3 c; d; *F. Baur* AcP 160 (1961), 465 (489); *Mertens* NJW 1972, 1783; *Picker,* Der negatorische Beseitigungsanspruch, 1972; *Picker,* FS Herm. Lange, 1992, 625; *Picker* JZ 2010, 541; *Herrmann,* Der Störer nach § 1004 BGB, 1987; *Herrmann* JuS 1994, 273; *Armbrüster* NJW 2003, 3087; *Marc Wolf,* Negatorische Beseitigung und Schadensersatz, 2006; *K. Schreiber* JURA 2013, 111 sowie BGHZ 97, 231 (236) (dort weiter Beseitigungsbegriff: Verlegung einer neuen Rohrleitung statt der verstopften alten), auch BGHZ 135, 235 (Wiederherstellung des durch Baumwurzeln zerstörten Belages eines Tennisplatzes).

89 Anders zB *Esser/Weyers* SchuldR II § 62 III 1 und *Larenz/Canaris* SchuldR II 2 § 86 IV 1, die aus § 1004 II folgern, maßgeblich sei eine von der Rechtswidrigkeit zu unterscheidende Duldungspflicht.

90 Vgl. *Medicus,* Gefährdungshaftung im Zivilrecht, JURA 1996, 561; *Röthel,* Gefährdungshaftung, JURA 2012, 444; *Wilhelmi,* Risikoschutz durch Privatrecht, 2009.

1. Der Haftende

632 Die Haftung aus § 7 StVG trifft den **Halter.**[91] Das ist nach der Rechtsprechung, »wer das Fahrzeug für eigene Rechnung in Gebrauch hat und die Verfügungsgewalt darüber besitzt, die ein solcher Gebrauch voraussetzt«.[92] Dabei bedeutet Verfügungs*gewalt* nicht Verfügungs*macht;* entscheidend ist also nicht das rechtliche, sondern das tatsächliche Herrschaftsverhältnis. Dieses wird freilich von einer gewissen Dauer sein müssen: Wer ein Auto für einige Tage leiht oder mietet, wird dadurch nicht zum Halter.[93] Ebenso wenig wird die Polizei zum Halter, wenn sie das Fahrzeug eines betrunkenen Fahrers sicherstellt (zudem handelt die Polizei nicht für eigene Rechnung). Halter ist dagegen regelmäßig der Leasingnehmer.[94] Weil es auf die tatsächliche Herrschaft ankommt, ist die Begründung der Haltereigenschaft **kein Rechtsgeschäft.** Viele wollen aber zum Schutz nicht voll Geschäftsfähiger die Regeln über Rechtsgeschäfte entsprechend anwenden.[95]

2. Probleme der Halterhaftung

633 Der Halter haftet nach § 7 StVG nicht für jedes mit dem Kraftfahrzeug verbundene Risiko. Vielmehr gilt nach § 7 I StVG die Haftung nur für Verletzungen »beim Betrieb eines Kraftfahrzeugs«; § 7 II, III 1 StVG schränkt das noch weiter ein.

a) Der Betriebsbegriff

»Beim Betrieb« wird von der hM ganz weit verstanden, nämlich **nicht motor- bzw. maschinentechnisch** (wenn das Fahrzeug durch seinen Motor bewegt wird), **sondern verkehrstechnisch.** Maßgeblich ist danach, ob sich die Gefahren realisiert haben, die von dem Fahrzeug bei der Teilnahme am bewegten oder ruhenden Verkehr ausgehen. Die Zurechnung zur **Betriebsgefahr** erfordert, dass bei der »gebotenen wertenden Betrachtung das Schadensgeschehen durch das Kraftfahrzeug (mit)geprägt worden ist«, dass also »der Unfall in einem nahen örtlichen und zeitlichen Zusammenhang mit einem bestimmten **Betriebsvorgang** oder einer bestimmten **Betriebseinrichtung** des Fahrzeugs steht.«[96] Die Betriebsgefahr endet dabei nicht mit dem Abstellen des Fahrzeugs, weil auch von stehenden Fahrzeugen erhebliche Gefahren ausgehen können.[97] Sie verwirklicht sich nach Ansicht des BGH sogar dann noch, wenn ein in einer privaten Tiefgarage ordnungsgemäß geparkter Pkw aufgrund eines Kurzschlusses in einer Betriebseinrichtung Feuer fängt und ein Nachbarfahrzeug zerstört (anders aber bei Brandstiftung durch Dritte).[98] Trotz der verwendeten Maschinenkraft gehört es nicht zur Betriebsgefahr eines Fahrzeugs, wenn eine Sonderfunktion als Arbeitsmaschine dominiert und kein Zusammenhang mehr mit der Bestimmung als Beförderungsmittel im Verkehr besteht.[99] Ebenfalls nicht

---

91 Bei der Schwarzfahrt auch den unbefugten Benutzer, § 7 III 1 StVG.

92 BGHZ 13, 351 (354).

93 BGHZ 116, 200.

94 BGHZ 87, 133.

95 Etwa *Larenz/Canaris* SchuldR II 2 § 84 I 2g für § 833.

96 BGHZ 199, 377 Rn. 5; vgl. auch BGHZ 29, 163 (166, 170); BGHZ 192, 261 Rn. 17 (Rammen eines Polizeifahrzeugs auf der Flucht). Allgemein zur Haftung bei Verkehrsunfällen *Coester-Waltjen* JURA 2004, 173; *Garbe/Hagedorn* JuS 2004, 287; *K. Schreiber/Strupp* Jura 2007, 594.

97 BGHZ 29, 163 (167); BGH NJW-RR 1995, 215 (216).

98 BGHZ 199, 377 Rn. 6 (dazu krit. *Herbers* NZV 2014, 207 (208); *H.-J. Schwab* DAR 2014, 197); BGH NJW-RR 2008, 764 Rn. 11.

99 BGH NJW 1975, 1886: vom Fahrzeugmotor betriebenes Gebläse zum Entladen von Getreide; BGHZ 71, 212: Einfüllen von Öl durch Motorkraft.

mehr im Schutzbereich des § 7 StVG soll auch eine Gehirnblutung liegen, die aus der Aufregung über das betrügerische Verhalten eines Unfallverursachers entstanden ist.[100]

b) Höhere Gewalt

634 Nach § 7 II StVG gilt aber eine Ausnahme von der Gefährdungshaftung für Unfälle durch **höhere Gewalt.** Für deren Vorliegen genügt es nicht, dass das Schadensereignis auch mit höchster Sorgfalt nicht zu vermeiden war. Vielmehr muss es zudem außergewöhnlich und derart betriebsfremd sein, dass man es auch nicht mehr zu dem versicherungsrechtlich aufzufangenden Betriebsrisiko von Kraftfahrzeugen rechnen kann. Etwa das Aufschleudern von Steinen bildet keine höhere Gewalt.

c) Einschränkung nach dem Schutzzweck?

635 Fraglich ist, wie die Halterhaftung entsprechend ihrem Schutzzweck eingeschränkt werden muss.

BGHZ 187, 379: LG verlangt von LN Schadensersatz für die Beschädigung des bei einem unverschuldeten Verkehrsunfall beschädigten Leasingwagens, der LG gehört.

Da Ansprüche des LG aus § 280 I und § 823 I mangels Verschulden ausschieden, kam es auf die Gefährdungshaftung nach § 7 StVG an. LN hat das Kfz des LG zwar beim Betrieb beschädigt und dadurch an sich den Tatbestand des § 7 I StVG verwirklicht. Hier sind jedoch schädigendes Kfz und beschädigte Sache identisch. Der BGH verneint daher die Haftung in Abkehr von seiner früheren Rechtsprechung:[101] Die in § 7 StVG vorausgesetzte beschädigte Sache müsse verschieden sein von dem Kfz, mit dem der Unfall verursacht wurde. Die Gefährdungshaftung aus § 7 StVG solle Dritte vor Gefahren des Kraftfahrzeugbetriebs schützen, die ihnen im Straßenverkehr »aufgezwungen« seien. Da hier jedoch aufgrund der Personenverschiedenheit von Halter und Eigentümer beim Leasingvertrag nur der Eigentümer des in den Unfall verwickelten Kfz betroffen sei, fehle der nötige Zurechnungszusammenhang.

BGHZ 37, 311: H hat seinen Lastwagen für eine Nacht dem D überlassen, damit dieser das Diebesgut aus einem Einbruch abfahren könne. Auf dieser Fahrt wird D von einem Polizisten P kontrolliert. Um den auf dem Trittbrett stehenden P zu töten, fährt D den Wagen gegen einen Betonmast und erreicht so sein Ziel. Das Land, in dessen Diensten P gestanden hat, macht gegen H die übergegangenen Ersatzansprüche der Angehörigen des P (§ 10 StVG) geltend.

Die Tötung des P ist hier kaum mehr als Unfall (vgl. § 7 II StVG) zu bezeichnen, sondern viel eher als Mord. Zu entscheiden war daher, ob eine solche Verwendung des Fahrzeugs als Waffe noch im sachlichen Schutzbereich des § 7 StVG liegt. Dagegen spricht, dass für die Tierhalterhaftung eine entsprechende Ausnahme allgemein anerkannt ist: Wird ein Tier durch einen Dritten als Werkzeug benutzt, also ein Hund gehetzt oder eine Katze geworfen, so haftet der Halter nicht nach § 833 S. 1, weil sich nicht die **tatbestandsspezifische Gefahr** verwirklicht.[102] Der BGH hat H dennoch aus § 7 StVG verurteilt:[103] Der Schutzbereich dieser Vorschrift umfasse noch den Mord. Diese Entscheidung dürfte mit den auf den ersten Blick widersprechenden Regeln bei § 833

100 BGHZ 107, 359 (366).

101 Anders noch BGHZ 7, 133 (138).

102 Anders aber, wenn beispielsweise Bienen die Blumen einer Gärtnerei bestäuben und damit für den Verkauf unbrauchbar machen. Dann verwirklicht sich trotz artgerechtem Verhalten die tatbestandsmäßige Gefahr des § 833 S. 1, vgl. hierzu BGHZ 117, 110.

103 BGHZ 37, 311.

vereinbar sein:[104] Ein Kraftfahrzeug ist, anders als ein Tier, eine besonders gefährliche Waffe. Daher mag der Halter auch das gesteigerte Missbrauchsrisiko tragen. Sicher außerhalb des Schutzbereichs der Gefährdungshaftung liegt dagegen der Fall, dass durch eine unfallbedingte Untersuchung bei dem Verletzten eine Hirnarteriosklerose entdeckt und dieser deshalb früher in den Ruhestand versetzt wird.[105] Gegen die hierdurch entstehende Verdienstminderung sollen weder § 7 StVG noch § 823 schützen.

BGHZ 115, 84: Danach soll der Verursacher eines Verkehrsunfalls einen Schaden nicht zu ersetzen brauchen, der infolge der Unfallgeräusche durch die Panik von Schweinen in einem nahen Stall mit Intensivtierhaltung entsteht, weil der Landwirt einen **eigenen Gefahrenkreis geschaffen** habe. Das ist zweifelhaft, da dieser Umstand keine zurechenbare Mitveranlassung im Rahmen des § 254 begründet hätte. Denn wäre die Schädigung von den Tieren des Landwirts ausgegangen, dann würde er umgekehrt nicht nach § 833 S. 1, sondern privilegiert nach § 833 S. 2 haften. Gegen diese Wertung verstößt das vom BGH eingeführte Kriterium.[106]

d) Haftungsausschluss gegenüber Nutznießern

636 § 8 Nr. 2 StVG bestimmt einen Haftungsausschluss nur für Personen, die beim Betrieb des Kraftfahrzeugs tätig waren (also vor allem für den Fahrer); nach § 8 a StVG soll die Haftung gegenüber entgeltlich und geschäftsmäßig beförderten Personen nicht ausgeschlossen oder beschränkt werden können (auch nicht durch Individualvertrag). Eine (sehr spezielle) Einschränkung der Halterhaftung findet sich in

BGH NJW 1974, 234: Dort hatte sich jemand vom Halter ein Pferd erbeten, um seine bessere Reitkunst zu beweisen, und war dann verunglückt. Der BGH hat diesen Unfall mit Recht als nicht mehr vom Schutzzweck der Tierhalterhaftung umfasst angesehen: Der Verletzte habe hier die Herrschaft über das Tier vorwiegend im eigenen Interesse und in Kenntnis der damit verbundenen Tiergefahr übernommen. Regelmäßig hat aber auch der Reiter Ansprüche aus § 833 gegen den Halter.[107]

3. Konkurrenzfragen

637 Neben der Gefährdungshaftung sind (bei Verschulden) die Vorschriften über die **Vertrags- und Deliktshaftung** unbeschränkt anwendbar: vgl. nur §§ 16 StVG, 15 II ProdHaftG. Diese Häufung ist auch oft wichtig, weil der Ersatzanspruch aus Gefährdungshaftung Schwächen hat: Meist ist er durch **Höchstbeträge** beschränkt; er kann bisweilen schon in kurzer Zeit **verwirkt** werden (etwa § 15 StVG). Auch fehlt bei der Gefährdungshaftung überwiegend eine dem § 845 entsprechende Vorschrift. Endlich spielt die Frage nach dem Verschulden des aus Gefährdungshaftung in Anspruch Genommenen ohnehin stets eine Rolle, wenn dieser die Mitwirkung von Verschulden oder Betriebsgefahr des Geschädigten einwendet.

4. Zivilrechtliche Aufopferungsansprüche nach § 904 BGB

638 Verschuldensunabhängig wie die Ansprüche aus Gefährdungshaftung ist auch der Schadensersatzanspruch aus § 904 S. 2 aus bewusster und gewollter Einwirkung auf fremdes Eigentum.[108] Aber dieser Anspruch hat einen völlig anderen Grund: Er bildet

---

104 S. aber auch BGH VersR 2014, 40: Kein Haftungsausschluss wegen Handelns auf eigene Gefahr wegen zeitweiliger entgeltlicher Unterbringung (»Hundepension«).

105 BGH NJW 1968, 2287. Lesenswert *Röthel,* Kraftfahrzeughalter und Tierhalter, JURA 2014, 1124.

106 Zutr. *Herb. Roth* JuS 1993, 716 (718). Abl. auch *Larenz/Canaris* SchuldR II 2 § 84 III 1c: unzulässige Eigenwertung; *Petersen,* Von der Interessenjurisprudenz zur Wertungsjurisprudenz, 2001, 44ff.

107 Lehrreich auch *A. Staudinger/R. Schmidt* JURA 2000, 347.

108 Vgl. BGHZ 92, 357; → Rn. 411; allg. *Herb. Roth,* Der bürgerlich-rechtliche Aufopferungsanspruch. Ein Problem der Systemgerechtigkeit im Schadensersatzrecht, 2001; *Rachlitz/Ringshandl* JuS 2011, 970.

gleichsam den Ersatz für die nach § 904 S. 1 ausnahmsweise ausgeschlossene Untersagungsbefugnis des Eigentümers. Deshalb kann man hier von einem zivilrechtlichen Aufopferungsanspruch reden. Von diesem Zweck her ist zweifelhaft, gegen wen sich der Anspruch richten soll: gegen den Eingreifenden oder gegen den durch den Eingriff Begünstigten (zB G zerbricht einen Zaun des E, um den ins Eis eingebrochenen H zu retten: Schulden G oder H dem E Ersatz?). Vorzugswürdig erscheint die Haftung des Eingreifenden;[109] dieser wird freilich gegen den Begünstigten meist einen Anspruch aus §§ 683, 670 haben.

V. Beeinflussung durch Vertragsrecht

639 Wenn Deliktsansprüche mit Vertragsansprüchen konkurrieren, beeinflussen sie diese Vertragsansprüche nicht. So bleibt etwa der auf die Bereicherung gerichtete Restanspruch nach § 852 auf die Verjährung konkurrierender Vertragsansprüche ohne Wirkung. Dagegen ist umgekehrt eine Beeinflussung von Deliktsansprüchen durch das (als spezieller gedachte) Vertragsrecht sehr wohl möglich. Für eine solche Beeinflussung kommen vor allem Haftungsmilderungen und Verjährungsabkürzungen des Vertragsrechts in Betracht; wirken sie auch für konkurrierende Deliktsansprüche?

(1) **BGHZ 54, 264:** Der Kfz-Händler V lässt einen Kunden K eine Probefahrt machen. Dabei wird der Wagen durch Verschulden des K zerstört. V klagt nach drei Jahren gegen K auf Ersatz.

(2) **BGHZ 55, 392:** B lässt in seinen Anhänger von U ein neues Doppelachsaggregat einbauen. U schweißt dieses Aggregat auf, obwohl es hätte verschraubt werden müssen. Daher bilden sich am Rahmen des Anhängers Risse. B macht Schadensersatzansprüche gegen U erst zweieinhalb Jahre nach dem Einbau geltend.

1. Das Problem

Der BGH hat hier bei (1) die kurze **Verjährung** nach §§ 606, 548 auch gegenüber dem Deliktsanspruch des V aus § 823 I durchgreifen lassen; K hat also nicht zu zahlen brauchen.[110] Darüber hinaus soll § 548 auch gegen einen dritten Sacheigentümer gelten, wenn dieser mit dem Vermieter geschäftlich eng verflochten ist.[111]

Bei (2) war zunächst fraglich, ob der Ersatzanspruch wegen der Risse im Rahmen aus § 280 mit § 634 a I Nr. 1 stammt: Dann wäre er verjährt. Anders als bei (1) hat der BGH die Verjährung des Vertragsanspruchs hier aber nicht auch auf den Deliktsanspruch aus § 823 I wegen der Beschädigung des Anhängers erstreckt; dieser Anspruch ist vielmehr wegen der §§ 195, 199 I, III Nr. 1 noch unverjährt.

Der BGH begründet diese Verschiedenbehandlung bei (2) so: Bei § 548 bestünden regelmäßig konkurrierende Deliktsansprüche (der Vermieter ist eben meist zugleich Eigentümer oder wenigstens befugter Besitzer). Daher wäre die kurze Verjährung nach Vertragsrecht bedeutungslos, wenn sie nicht auch den Deliktsanspruch erfasse. Dagegen liege bei Werkmängeln weniger häufig zugleich eine Eigentumsverletzung vor. Die kurze Verjährung behalte also auch dann Bedeutung, wenn der im Einzelfall kon-

---

109 Ebenso *Baur/Stürner* SachenR § 25 III 1 c; aA *Canaris* NJW 1964, 1987 (1993); rechtsvergleichend *de la Durantaye* RabelsZ 78 (2014), 71 (78).

110 Ebenso BGHZ 61, 227 für Deliktsansprüche gegen Hilfspersonen des Mieters und BGH NJW 1976, 1843 für Deliktsansprüche gegen einen selbstständigen Unternehmer, dem der Mieter die Mietsache vertragsgemäß überlassen hatte: Hier entfaltet also die mietvertragliche Verjährung sogar Schutzwirkung für Dritte (vgl. → Rn. 938).

111 BGHZ 116, 293.

kurrierende Deliktsanspruch nach den §§ 195, 199 I, III Nr. 1 verjähre. Entsprechend argumentiert der BGH auch später: Da ein Sachmangel beim Kauf nicht regelmäßig zur Verletzung von absolut geschützten Rechtsgütern des Käufers führe, verjähre der aus einer solchen Verletzung stammende deliktische Ersatzanspruch nach Deliktsrecht ohne Rücksicht auf § 438 I Nr. 3.[112] Für Haftungsmilderungen pflegt man die Frage nach der statistischen Häufigkeit der Konkurrenz nicht zu stellen: Insoweit bejaht man den Vorrang des Vertragsrechts ohne Weiteres.[113]

2. Lösungsvorschlag

640 Richtigerweise wird man wohl unterscheiden müssen: **Gesetzlich angeordnete Haftungsmilderungen** für Ansprüche aus Sonderverbindung sind regelmäßig eine Prämie für Gefälligkeit, oder sie tragen Notsituationen Rechnung. Dieselben Erwägungen gelten auch gegenüber einer Deliktshaftung; darum muss diese in gleicher Weise gemildert sein. Allerdings lässt der BGH bestimmte Haftungsmilderungen im Straßenverkehr nicht gelten (→ Rn. 930). Bei **vertraglich vereinbarten Haftungsmilderungen** ist es eine Frage der Auslegung, ob die Vereinbarung auch für konkurrierende Deliktsansprüche gelten soll. Regelmäßig wird das zu bejahen sein, doch muss bei AGB die Unklarheitenregel von § 305c II beachtet werden.[114] Dagegen ist für die **Verjährung** nicht recht einzusehen, warum es dem Deliktstäter nutzen soll, dass er auch noch einen konkurrierenden Vertrag verletzt hat. Deshalb dürfte die Anwendung einer kürzeren vertraglichen Verjährung auf Deliktsansprüche regelmäßig zu verneinen sein, wenn nicht die vertragliche Verjährung durch den konkurrierenden Deliktsanspruch allgemein (fast) jede Bedeutung verlöre.[115]

112 BGHZ 66, 315 (319); ähnlich BGHZ 55, 392 (dazu *Schlechtriem* JZ 1971, 449); BGHZ 96, 221 (228).

113 Vgl. etwa für § 680 BGH NJW 1972, 475 → Rn. 433.

114 Aber auch sie fordert wenigstens gegenüber einem Kaufmann nicht allemal die ausdrückliche Erwähnung von Deliktsansprüchen: BGH NJW 1979, 2148. Vgl. auch → Rn. 70.

115 Vgl. auch *Schlechtriem*, Vertragsordnung und außervertragliche Haftung, 1972; *Deutsch*, FS Michaelis, 1972, 26.

§ 25 Die Verkehrspflichten[1]

641 Die Lehre von den Verkehrssicherungspflichten ist im Zusammenhang mit der »rechtswidrigen Verletzung« der in § 823 I genannten Lebensgüter und Rechte entstanden. Schwierigkeiten ergeben sich schon daraus, dass auch Gesichtspunkte der Tatbestandsmäßigkeit und der Kausalität hereinspielen. Eine ähnlich komplexe Problematik hat sich bei den »Herausforderungsfällen« ergeben (→ Rn. 653).

I. Die Funktion der Verkehrspflichten

1. Die systematische Stellung

642 Nicht selten erscheinen die VPen an zwei verschiedenen Stellen:

a) **Erstens** beim Delikts*tatbestand*, nämlich im Rahmen des **Handlungsbegriffs:** Ein **Unterlassen** stehe einer Erfolgsherbeiführung durch positives Tun (»verletzen« in § 823 I) nur dann gleich, wenn der Haftende zum Tätigwerden mit dem Ziel der Erfolgsabwendung verpflichtet gewesen sei. In Betracht komme hierfür insbesondere die allgemeine Grundpflicht, sein Verhalten im Verkehr so einzurichten, dass andere nicht gefährdet würden.[2]

643 **b) Zweitens** erscheinen die VPen auch bei der **Rechtswidrigkeit:** Bloß **mittelbare Verletzungshandlungen,** bei denen der Verletzungserfolg nicht mehr im Rahmen des Handlungsablaufs liege, sollen durch diesen Erfolg nicht ohne Weiteres als rechtswidrig indiziert werden. Vielmehr ergebe sich in solchen Fällen die Rechtswidrigkeit erst aus der Verbindung der Ursächlichkeit mit einem Verhalten, das wegen seiner Gefährlichkeit für die Rechtsgüter anderer von der Rechtsordnung missbilligt wird. Auf die Begehungsform (Tun oder Unterlassen) kommt es nicht an.[3]

Dabei lässt sich die Bedeutung des meist unbestimmten Begriffs **»mittelbar«** in diesem Zusammenhang präzisieren: Das Wort meint, der mittelbare Verletzer habe zunächst nur eine **Gefahr geschaffen** (zB durch das Inverkehrbringen eines Produkts ohne ausreichende Warnhinweise). Die eigentliche (»unmittelbare«) Verletzung wird dann erst durch eine weitere Person herbeigeführt, nämlich etwa durch die Mutter, die ihr Kind an einem zuckerhaltigen Getränk überlang »nuckeln« lässt, oder auch durch den Verletzten selbst (zB durch schnelles Fahren auf einem instabilen Motorrad).

2. Begründungsfunktionen der Verkehrspflichten

644 Das doppelte Vorkommen der VPen führt zu der Frage, wo diese zu prüfen sind: beim Tatbestand oder bei der Rechtswidrigkeit oder an beiden Stellen (etwa bei einer mittelbaren Verletzung durch pflichtwidriges Unterlassen)?

---

1 Seit RGZ 102, 372 (375) auch häufig und heute üblicherweise »Verkehrspflichten« genannt, hier als VP abgekürzt. Dazu vor allem *v. Bar,* Verkehrspflichten, 1980; *v. Bar,* Entwicklungen und Entwicklungstendenzen im Recht der Verkehrs(sicherungs)pflichten, JuS 1988, 169; rechtsökonomisch *Leenen* DAR 1973, 317; *Mertens* und *Steffen,* Verkehrspflichten und Deliktsrecht, VersR 1980, 397; 409; *Canaris,* FS Larenz, 1983, 27 (77); *G. Hager,* FS Ernst Wolf, 1985, 133; *Kleindiek,* Deliktshaftung und juristische Person, 1997, 20ff. (dazu *Medicus* ZHR 162 [1998], 352); *Jansen,* Die Struktur des Haftungsrechts, 2003; *Weller* NJW 2007, 960; *Möllers* JZ 1999, 24.

2 *Larenz* SchuldR I § 27 S. 457; *Larenz/Canaris* SchuldR II 2 § 76 III 2 a.

3 Grdl. *v. Caemmerer,* FS 100 Jahre DJT, Bd. II, 1960, 49 (74ff.).

a) Diese Fraglichkeit sollte keine Rückkehr zur **alten Lehre** bewirken, nach der die VPen nur die Rechtswidrigkeit des Unterlassens begründen sollten.[4] Dagegen spricht nämlich schon, dass der Begriff des »Unterlassen« wenig brauchbar ist.

Beispiel: S lädt scharfkantige Blechabfälle auf seinem umzäunten Lagerplatz ab, vergisst aber, die Tür des Zaunes zu verschließen. Daher dringen Kinder ein; eines von ihnen verliert durch das Spielen mit dem Blech ein Auge. Wenn man hier das Gewicht auf das Abladen des Bleches legt (positives Tun), hat S das Kind bei Vorliegen von Adäquanz nach der traditionellen Lehre rechtswidrig verletzt. Betont man dagegen das Nichtverschließen der Tür (Unterlassen), so sind schon Tatbestandsmäßigkeit oder Rechtswidrigkeit zweifelhaft.[5]

Beide Betrachtungsweisen brauchen freilich nicht zu verschiedenen Ergebnissen zu führen, weil man auch bei Betonung des positiven Tuns immer noch ein Verschulden des S verneinen kann. Aber dass die Begründung je nach der Betrachtungsweise verschieden ausfällt, mag doch befremden.

645 b) Zudem lässt die alte Lehre diejenige Funktion ganz unberücksichtigt, deren Erfüllung durch die VPen immer wichtiger wird: nämlich zu begründen, warum ein **Handeln lege artis** auch dann **nicht rechtswidrig** ist, wenn es adäquat kausal eine Verletzung eines der klassischen Lebensgüter oder Rechte des § 823 I bewirkt. Denn auf eine solche **Einschränkung der Rechtswidrigkeitsindikation** kann man nicht verzichten:

Statistisch ließe sich berechnen, wieviel im Straßenverkehr ums Leben Gekommene auf die Fabrikate jedes einzelnen Herstellers entfallen. Die Tötung von Menschen ist hier nicht bloß eine adäquate, sondern sogar eine statistisch sichere Folge von Produktion und Verkauf. Da es sich dabei um positives Tun handelt, müsste nach der traditionellen Lehre die Rechtswidrigkeit indiziert sein. Man bräuchte daher, wenn man die Rechtswidrigkeit dennoch verneinen will, einen Rechtfertigungsgrund. Andernfalls müsste man das Verschulden leugnen, was wegen der statistischen Gewissheit von Verletzungsfolgen seltsam wäre. Für die neue Lehre dagegen sind die Menschenopfer nur mittelbare Folgen: Rechtswidrigkeit (und wohl auch Tatbestandsmäßigkeit) von Produktion und Verkauf hängen davon ab, ob eine VP verletzt worden ist.

3. Lösungsvorschlag

646 a) Um das doppelte Auftauchen der VPen (→ Rn. 642f.) auf eine einheitliche Funktion zurückzuführen, muss man eine Rechtsähnlichkeit von Unterlassen und mittelbarer Verletzung feststellen. Diese Ähnlichkeit dürfte darin liegen, dass beim Unterlassen wie bei der bloß mittelbaren Verletzung die **Adäquanz zur Indikation rechtswidriger Tatbestandserfüllung nicht ausreicht.** Beim **Unterlassen** ist das evident.

Beispiel: G fällt über eine auf der Straße liegende Bananenschale und verletzt sich. Hier ist es sinnlos zu sagen, jeder andere habe den objektiven Tatbestand des § 823 I in indizierter Rechtswidrigkeit erfüllt, weil er die Bananenschale nicht weggeschafft habe.

Ähnlich liegt es aber auch bei der **mittelbaren Verletzung:** An Entwicklung, Produktion und Vertrieb etwa von Kraftfahrzeugen waren und sind Millionen von Menschen beteiligt. Auch hier wäre es sinnlos, für sie alle die Erfüllung des Tatbestandes des § 823 I in indizierter Rechtswidrigkeit anzunehmen, weil durch die Kraftfahrzeuge mit Gewissheit Menschen getötet und verletzt werden.

4 So etwa *Enneccerus/Lehmann*, Recht der Schuldverhältnisse, 15. Aufl. 1958, § 234 II 2.
5 Zu diesem Fall noch → Rn. 647, 651. S. auch *Möllers* VersR 1996, 153.

Hieraus folgt die **einheitliche Funktion der VPen:** Sie sollen den Vorwurf der rechtswidrigen Erfüllung eines Deliktstatbestandes auf einen wesentlich engeren Personenkreis beschränken, als er durch die Adäquanz bestimmt wird. Denn allein für diesen engeren Kreis lässt sich sinnvoll erwägen, ob deren gefährliches Handeln durch ergänzende Unterlassungsansprüche (→ Rn. 628) soll verhindert werden können.

647 b) Diese einheitliche Funktion ergibt dann auch den Ort, an dem die VPen zu prüfen sind: gemeinsam mit der haftungsbegründenden Kausalität bei der **Zurechnung des** tatbestandsmäßigen unvorsätzlichen **Verletzungserfolgs zu einer bestimmten Person** als dem Verletzer.[6]

Das bedeutet etwa in dem Blechbeispiel von → Rn. 644: Zunächst wird für den Tatbestand von § 823 I die im Schutzbereich der Norm liegende Körperverletzung festgestellt. Dann wird gefragt, ob dieser Erfolg dem S zuzurechnen ist:

(1) weil S eine VP verletzt hat (→ Rn. 652), und
(2) als adäquate Folge dieser Verletzung. Damit ist dann die Rechtswidrigkeit ebenso indiziert, als ob S das Kind unmittelbar durch positives Tun verletzt hätte (etwa durch einen Schlag): Die Indikation kann nur noch durch Rechtfertigungsgründe aufgehoben werden. Zu prüfen bleibt dann weiter bloß die subjektive Vorwerfbarkeit zum Verschulden (→ Rn. 659).

II. Begründung und Umfang von Verkehrspflichten

648 Danach stellt sich die für das Ergebnis wesentliche Frage, welche Umstände eine VP ergeben und welchen Umfang diese hat.[7]

1. Verkehrseröffnung

Der einleuchtendste Grund für einen Teil der VPen ist die (willentliche) Eröffnung eines Verkehrs: Dass der, der einen Verkehr eröffnet, dann auch für die Gefahrlosigkeit des Verkehrs sorgen muss, ist im Grunde nur eine Konsequenz aus dem Verbot des *venire contra factum proprium.* Denn ein solches widersprüchliches Verhalten fällt etwa demjenigen zur Last, der Kunden in seinen Gefahrenbereich lockt und sie dort ohne den nach der Verkehrsanschauung zu erwartenden Schutz lässt.[8]

2. Einwirkung auf einen bestehenden Verkehr

649 VPen werden aber auch durch Einwirkungen auf einen Verkehr begründet, den der Einwirkende nicht selbst eröffnet hat. Wer etwa Bauarbeiten an einer öffentlichen Straße durchführt, hat für den Schutz der Passanten zu sorgen. Ein gesetzliches Beispiel hierfür sind die Pflichten, die in den §§ 836 bis 838 für die Nutznießer an einem Bauwerk vorausgesetzt werden. Diese Vorschriften erlauben auch Rückschlüsse darauf, wem in anderen Fällen die VP obliegt. Noch allgemeiner ergeben sich VPen schon durch die Teilnahme an einem Verkehr; gesetzliche Beispiele hierfür bilden die in der StVO geregelten Pflichten aller Verkehrsteilnehmer.

6 Ähnlich *Larenz/Canaris* SchuldR II 2 § 76 III 2b: Die VPen dienen »zur Konkretisierung des Begriffs der fahrlässigen widerrechtlichen Verletzung iSv § 823 I«. Für einen Gleichlauf mit dem strafrechtlichen Fahrlässigkeitsdelikt *Kötz/Wagner* DeliktsR Rn. 110, 124ff.

7 Zum Umfang BGH NJW-RR 2011, 888; vgl. auch BGH NJW 2013, 48: Keine Haftung des Waldbesitzers für Personenschäden wegen herabfallender Äste; dazu *Mäsch* JuS 2013, 258; vgl. auch BGHZ 193, 60 (Streupflicht).

8 Zum Verhältnis der Verletzung von VPen zur *culpa in contrahendo* vgl. → Rn. 199.

3. Sicherungspflichten außerhalb eines Verkehrs

650 Endlich werden VPen auch da angenommen, wo kein »Verkehr« im üblichen Sinne vorliegt, weil es sich nicht um Fortbewegungs- oder Beförderungsvorgänge handelt. Hierhin gehört vor allem die immer wichtiger gewordene **Produzentenhaftung:** Wer ein Produkt herstellt oder importiert und es anderen überlässt (»es in den Verkehr bringt«), muss die aus dem Produkt für andere drohenden Gefahren nach Möglichkeit gering halten. Unterlässt er das schuldhaft, so haftet er jedem, der befugtermaßen in den Gefahrenkreis der Sache gekommen ist. Entsprechendes gilt auch für die Gefahren aus anderen gewerblichen Leistungen.

BGHZ 51, 91: Ein Tierarzt hatte die Hühner des klagenden Bauern gegen **Hühnerpest** geimpft. Diese verendeten jedoch. Die betreffende Charge des vom beklagten Impfstoffwerk bezogenen Serums war nämlich durch eine bakterielle Verunreinigung wieder aktiv geworden. Ob diese Verunreinigung auf ein Verschulden des Impfstoffwerkes zurückging, ließ sich nicht feststellen. Trotzdem hat der BGH aus § 823 I verurteilt: Wenn eine Person oder Sache bei der bestimmungsmäßigen Verwendung eines Industrieerzeugnisses durch einen Fertigungsfehler verletzt wird, soll der Hersteller seine Schuldlosigkeit an diesem Fehler beweisen müssen. Dieses Erfordernis eines **Entlastungsbeweises** hat der BGH unter anderem mit einer Analogie zu den §§ 831–834, 836 begründet.[9] Schon auf der Grundlage von § 823 I hat dies die deliktische Produzentenhaftung wesentlich wirksamer gemacht.[10]

Freilich betrifft der Fall direkt nicht den ganzen Bereich der Produzentenhaftung. Denn bei ihr sind folgende *Fallgruppen* zu unterscheiden:[11]

(1) **Konstruktionsfehler,** die allen Produkten anhaften,

(2) **Fertigungs- oder Kontrollfehler,** die nur einzelne Stücke (»Ausreißer«) eines ordentlich konstruierten Produkts betreffen,

(3) **Anleitungsfehler (Instruktionsfehler):** Das Produkt selbst ist in Ordnung, doch fehlt bei allen oder einzelnen Stücken die Warnung des Verbrauchers vor falscher Anwendung oder unvermeidlichen Nebenfolgen,

(4) nach dem bei der Produktion erreichten Stand von Wissenschaft und Technik **unvermeidbare Fehler** oder unvorhersehbare schädliche Nebenfolgen.

Die Beweislastumkehr bzw. das Erfordernis eines Entlastungsbeweises betreffen zunächst nur die Gruppe (2). Doch ist bei den Gruppen (1) und (3) weithin entsprechend zu entscheiden.[12] Immerhin muss aber ein durch einen Anleitungsfehler Geschädigter zunächst Tatsachen beweisen, aus denen sich für den Hersteller ein Anlass zu einer Warnung ergab.[13] Die Gefährlichkeit, die von einem Konstruktionsfehler ausgeht, kann jedoch nicht im Wege der Instruktion – Anleitung über den Umgang mit dem gefährlichen Produkt – behoben werden.[14]

Dagegen lässt sich in den Fällen der Gruppe (4) ein Verschuldensvorwurf schon ex definitione nicht erheben. Hier passt also die vom BGH aufgestellte Verschuldensvermu-

---

9 BGHZ 51, 91 (107) spricht insofern auch von einer »Umkehrung der Beweislast«.

10 Näher *Kötz/Wagner* DeliktsR Rn. 615, 646.

11 Vgl. *v. Caemmerer,* FS Rheinstein, Bd. II, 1969, 659; *Franzen* JZ 1999, 702; *A. Staudinger* NJW 2001, 275; *Looschelders* JR 2003, 309; *Fuchs/Baumgärtner,* Produzentenhaftung und Produkthaftung, JuS 2011, 1057; zur Produzentenhaftung für Entwicklungsrisiken *J. Hager,* FS Corsten, 2014, 191.

12 BGHZ 51, 91 (107). Für Anleitungsfehler BGH NJW 1972, 2217 (dazu *Rebe* JuS 1974, 429); 1975, 1827 (1829) und für einen Konstruktionsfehler BGHZ 67, 359 (362).

13 BGHZ 80, 186 (191).

14 BGHZ 104, 323 (328f.); 179, 157; Staudinger/*J. Hager,* 2009, § 823 Rn. F 15; *J. Hager,* Liber amicorum J. Prölss, 2009, 71.

tung nicht; vielmehr ließe sich eine Produzentenhaftung nur als Gefährdungshaftung begründen.

Eine solche ist im **ProdHaftG** angeordnet worden. Dieses bestimmt in § 1 I 1 ProdHaftG eine **Gefährdungshaftung** bei Personen- und Sachschäden.[15] Diese Pflicht trifft nach § 4 ProdHaftG außer dem Hersteller auch den Importeur und ausnahmsweise den Lieferanten. Bei Sachschäden muss der Geschädigte allerdings einen Selbstbehalt von 500 EUR tragen, § 11 ProdHaftG, und es sind Ansprüche eines gewerblichen Verwenders ausgeschlossen, § 1 I 2 ProdHaftG. Der Sachschaden darf sich auch nicht auf das fehlerhafte Produkt selbst beschränken, § 1 I 2 ProdHaftG. Dadurch dürfte der Ersatz von »Weiterfresserschäden« (→ Rn. 650b) ausgeschlossen sein.[16] Überdies wird nicht für Fehler gehaftet, die beim Inverkehrbringen des Produkts nach dem damaligen Stand von Wissenschaft und Technik nicht erkannt werden konnten, § 1 II Nr. 5 ProdHaftG.[17] Nach § 8 S. 2 ProdHaftG iVm § 253 II ist auch ein verschuldensunabhängiger (§ 1 ProdHaftG) Anspruch auf Schmerzensgeld möglich.[18] Dadurch erweitert sich der praktische Anwendungsbereich des ProdHaftG. Indes wird das Schwergewicht in der Prüfung auch weiter bei der Haftung aus § 823 I liegen (vgl. § 15 II ProdHaftG).

Bei der Beurteilung, ob ein Fehler iSd § 3 ProdHaftG vorliegt, ist eine **richtlinienkonforme Auslegung** in Betracht zu ziehen, sodass uU ein potenzieller Fehler einer Produktserie genügen kann, wenn bei dem konkreten Produkt kein Fehler konstatiert wurde.[19] Übrigens gewinnt § 3 ProdHaftG zunehmend dadurch an Bedeutung, dass die Rechtsprechung ihn hinsichtlich der **Sicherheitserwartungen** mit den VP iSd § 823 I systematisch abgleicht:[20]

BGH NJW 2009, 1669: Ein Kunde erleidet durch einen versehentlich eingebackenen Kirschkern beim Aufbeißen Zahnschäden und verlangt von der beklagten Konditorei Schadensersatz.

Der BGH verneinte einen Anspruch aus § 1 ProdhaftG. Die für § 3 ProdhaftG maßgeblichen Sicherheitserwartungen seien ebenso wie die VP im Rahmen des § 823 nicht subjektiv aus Sicht des Geschädigten, sondern nach dem Erwartungshorizont der Allgemeinheit bzw. den Erwartungen des durchschnittlichen Verbrauchers zu beurteilen. Auch wenn der Hersteller bei Produkten, mit denen Dritte in Berührung kommen können, einem der jeweiligen Gefahr entsprechenden Schutzniveau entsprechen müssten, könne der Endverbraucher gerade bei Naturprodukten keine »völlige Gefahrlosigkeit« erwarten.

15 Zur Haftung von Stromversorgern für Elektrizität BGH MDR 2014, 525; *Oechsler* NJW 2014, 2080.

16 *Kötz/Wagner* DeliktsR Rn. 656. S. aber auch Staudinger/*Oechsler*, 2013, ProdHaftG § 1 Rn. 10ff., 19f.

17 Dazu BGHZ 181, 253 Rn. 27ff. (Fehlauslösung eines Airbags).

18 Staudinger/*Oechsler*, 2013, ProdHaftG § 1 Rn. 36; § 8 Rn. 5.

19 EuGH NJW 2015, 1163; dazu eing. *Oechsler* JURA 2015, 964; vgl. auch *Mäsch* JuS 2015, 556.

20 BGHZ 181, 253 Rn. 12; Staudinger/*Oechsler*, 2013, ProdhaftG § 3 Rn. 1 mwN.

4. Verschärfungen und Erweiterungen der verschuldensabhängigen Produzentenhaftung

Die Rechtsprechung hat die auf § 823 I beruhende Produzentenhaftung noch in mehreren Punkten verschärft oder erweitert.[21] **650a**

a) Haftung für Schäden an der Kaufsache selbst

Verschärft worden ist die Produzentenhaftung durch **650b**

BGHZ 67, 359: Die Maschinenfabrik V verkaufte an den Fabrikanten K eine Reinigungsanlage mit einer elektrisch beheizten Flüssigkeit. Der Heizstrom sollte bei Flüssigkeitsmangel durch einen Schwimmerschalter (Wert wenige DM) unterbrochen werden. Da dieser nicht funktionierte, kam es durch Überhitzung zu einem Brand, der die Reinigungsanlage (Wert 20.000 DM) und Vorräte des K (Wert 50.000 DM) zerstörte. K fordert von V 70.000 DM als Schadensersatz.

Gegenüber den gewöhnlichen Sachverhalten der Produzentenhaftung hat dieser Fall zwei Besonderheiten: Zum einen besteht zwischen dem Produzenten V und dem geschädigten Verbraucher K ein **Vertrag,** sodass ein wesentlicher Grund für die Verschärfung der deliktischen Haftung fehlt. Trotzdem hat der BGH hier mit dem Deliktsrecht und der Beweislastumkehr gearbeitet. Denn die Vertragshaftung war verjährt.[22] Zum anderen hat der BGH dem K Schadensersatz auch wegen der gekauften Reinigungsanlage selbst zuerkannt: Diese sei nicht insgesamt schadhaft geliefert worden (dann bloße Vermögensverletzung, derentwegen nur Ansprüche aus Kauf in Betracht kommen). Vielmehr habe der Schaden sich zunächst auf den Schwimmerschalter begrenzt und erst von da aus die schon dem K gehörende Reinigungsanlage ergriffen (sog. **Weiterfresserschaden**).[23]

Der BGH hat seine Ansicht später bestätigt.[24] Dort war ein gebrauchter Sportwagen mit vorschriftswidriger Bereifung verkauft worden. Durch Platzen eines Reifens wurde der Wagen beschädigt. Kaufvertragliche Ersatzansprüche (der Verkäufer hatte »einwandfreien technischen Zustand« zugesagt) waren verjährt. Der Käufer soll jedoch bei Verschulden des Verkäufers einen Deliktsanspruch haben (§ 823 I): Durch die Beschädigung des Wagens sei ein zusätzlicher Schaden entstanden, der bei der Lieferung noch nicht vorgelegen habe und durch rechtzeitige Auswechslung der Reifen hätte vermieden werden können.

Fast gleichzeitig sind weitere Entscheidungen ergangen: BGHZ 86, 256 betrifft mehrfache Beschädigungen eines Pkw, weil der **Gaszug** nicht funktionierte und der Wagen deshalb auch dann noch weiter beschleunigte, wenn der Fuß vom Gaspedal weggenommen worden war. Hier hat der BGH einen Deliktsanspruch des Käufers gegen den Hersteller für möglich gehalten: Die weiteren Schäden an dem Wagen seien nämlich nicht **»stoffgleich«** mit dem Unwert, welcher der Kaufsache von Anfang an wegen des Mangels anhaftete. Dagegen hat der BGH die Stoffgleichheit für Schäden bejaht,

21 Zur Verantwortlichkeit leitender Angestellter singulär BGH NJW 1975, 1827; dazu *Marschall v. Bieberstein* VersR 1976, 411 (414); *Lieb* JZ 1976, 526; *Larenz,* FS Hauß, 1978, 225 (238f.); sowie in der Voraufl.

22 Zu der kurzen kaufrechtlichen Verjährung von konkurrierenden Deliktsansprüchen vgl. → Rn. 639.

23 Dazu *Gsell* NJW 2004, 1913; *Foerste,* FS Graf v. Westphalen, 2010, 161; *P. W. Tettinger* JZ 2006, 641; lehrreich auch *Heinemann/Ramsauer* JURA 2004, 198.

24 BGH NJW 1978, 2241 (2242f.); dazu *Kraft* JuS 1980, 408.

die sich aus dem Einsatz einer mangelhaften Kfz-Hebebühne ergeben haben.[25] Indessen wird man zweifeln müssen, ob das Kriterium der Stoffgleichheit zu einer einigermaßen sicheren Abgrenzung verhilft.[26] Wichtiger als Begriffsunterscheidungen dürfte die wertungsmäßige Unterscheidung zwischen dem vertraglich geschützten **Äquivalenzinteresse** und dem deliktisch geschützten **Integritätsinteresse** sein.[27]

b) Haftung für Wirkungslosigkeit

650c Weiterhin ist die Produzentenhaftung verschärft worden durch BGHZ 80, 186; 199. Beide Entscheidungen betreffen Ansprüche von Obstbauern gegen die Erzeuger von Spritzmitteln. Diese Mittel hatten zwar zunächst die gewünschte Wirkung gegen **Apfelschorf.** Später wurden sie jedoch wirkungslos, weil sich ein neuartiger Pilz gebildet und ausgebreitet hatte, der gegen die Spritzmittel resistent war. Die Obstbauern verlangten Ersatz für den Verlust ihrer Ernte: Bei rechtzeitiger Warnung vor der Resistenz hätten sie den Pilz durch ein anderes Mittel abgewehrt.

Der BGH hat solche Ansprüche aus § 823 I wegen des Wirkungsverlustes des Produkts für möglich gehalten. Wer zum Schutz von Personen oder Sachen bestimmte, aber wirkungslose Produkte in den Verkehr bringt, kann aus § 823 I ersatzpflichtig sein, wenn es wirksame Produkte gibt, von denen der Endnutzer abgehalten wird.[28] Der BGH hat auch eine Pflicht des Herstellers bejaht, sich über einen solchen Wirkungsverlust selbst dann noch zu informieren, wenn das Mittel bereits in den Verkehr gebracht worden ist (**Produktbeobachtungspflicht**), und notfalls die Verbraucher zu warnen. Die Klagen sind jedoch deshalb abgewiesen worden, weil eine schuldhafte Pflichtverletzung nicht nachgewiesen war.

c) Der Kupolofenfall

650d **BGHZ 92, 143:** S betreibt einen genehmigten Kupolofen, dessen Emissionen die zulässigen Grenzwerte nicht erreichen. Trotzdem ist der auf einem nahen Betriebsparkplatz abgestellte Pkw des (bei einer anderen Firma beschäftigten) G an Lack, Glas und Chromteilen beschädigt worden. G führt das auf Eisenoxyd in den Abgasen des Kupolofens des S zurück und verlangt Schadensersatz.

Hier hat der BGH die §§ 906 II 2 BGB, 14 S. 2 BImSchG als mögliche Anspruchsgrundlagen verneint, da G nicht Eigentümer oder Besitzer des Parkplatzgrundstücks sei.[29] Daher bleibe nur § 823 I. Hierfür hätte G nach allgemeinen Regeln außer der Kausalität (die der BGH unterstellt hat) auch Rechtswidrigkeit und Verschulden des S nachweisen müssen. Insoweit hat der BGH jedoch entsprechend § 906 II eine Beweislastumkehr angenommen und sich dabei auf seine Rechtsprechung zur Produzentenhaftung berufen:[30] Ebenso wie der geschädigte Verbraucher habe auch der durch Im-

---

25 BGH NJW 1983, 812; dazu *Stoll* JZ 1983, 501; *Schmidt-Salzer* BB 1983, 534; *Brüggemeier* VersR 1983, 501; *Harrer* JURA 1984, 80; *Nickel* VersR 1984, 318.

26 Offengelassen in BGH NJW 1985, 194 (195); ferner *Foerste* VersR 1989, 455; *Steffen* VersR 1988, 977; Eing. *Gsell,* Substanzverletzung und Herstellung, 2003 (dazu *Medicus* JZ 2003, 1056; *Schlechtriem* AcP 204 [2004], 300).

27 Vgl. auch *Kötz/Wagner* DeliktsR Rn. 152 (»Achillesferse der Weiterfresserjudikatur«).

28 BGH NJW 1985, 194 (dort: eine undichte Dachdeckfolie).

29 Dazu *Baumgärtel* JZ 1984, 1108; *Marburger/Herrmann* JuS 1986, 354; *J. Hager* JURA 1991, 303; s. auch *G. Wagner*, Öffentlich-rechtliche Genehmigung und zivilrechtliche Rechtswidrigkeit, 1989.

30 Vgl. auch *Petersen,* Beweiserleichterungen für Gesundheitsbeeinträchtigungen durch Emissionen und nachbarliche Duldungspflicht, NJW 1998, 2099, zu BGH NJW 1997, 2748. S. auch *Pöttker,* Klimahaftungsrecht, 2014.

missionen Geschädigte keinen Einblick in die Verhältnisse, aus denen der Schaden stamme; andererseits gehöre es zur VP des Emittenten, seine Emissionswerte zu kontrollieren. Der Emittent könne daher eher als der Geschädigte die »emissionsträchtigen Vorgänge« aufklären.

d) Der Hondafall

650e **BGHZ 99, 167:** Der Sohn des Klägers war mit einem Honda-Motorrad bei hoher Geschwindigkeit tödlich verunglückt. Unfallursache war die Instabilität des Motorrads infolge einer erst vom Vorbesitzer angebrachten, nicht von Honda produzierten Lenkradverkleidung. Den Beklagten (Honda und deren Importeur) wurde vorgeworfen, die Benutzer der Honda-Motorräder nicht rechtzeitig vor den Gefahren aus der Lenkradverkleidung gewarnt zu haben.

Die Besonderheit dieses Falles liegt darin, dass das von den Beklagten zu verantwortende Motorrad an sich nicht gefährlicher war, als es Motorräder nun einmal sind. Zu entscheiden war also, ob sich die **Produktbeobachtungspflicht** auch auf von Dritten produziertes Zubehör erstreckt. Die Vorinstanz hatte das nur für solches Zubehör bejaht, das der Produzent der Hauptsache selbst empfahl. Der BGH geht jedoch darüber hinaus: Er erstreckt die Beobachtungspflicht auch auf **übliches Zubehör,** insbesondere wenn dessen Anbringung (zB durch Ösen an dem Produkt) vorbereitet ist und das Hauptsacheprodukt ohnehin an der Grenze der »Sicherheitserwartungen der Benutzer« liegt. Aus der Pflicht zur Produktbeobachtung folgt dann eine Pflicht zur **Warnung der Benutzer,** deren schuldhafte Verletzung eine Haftung aus § 823 I begründen kann. Allerdings kann die Erfüllung der Warnpflicht den Hersteller des Zubehörteils wettbewerbsrechtlich schwer treffen;[31] zumindest kann damit in dessen Gewerbebetrieb eingegriffen werden.

e) Der Mehrwegflaschenfall

650f **BGHZ 104, 323:** Ein dreijähriges Kind wurde durch das Bersten einer aus Glas bestehenden Mehrweg-Limonadenflasche schwer verletzt. Auf Schadensersatz verklagt wurde der Limonadenabfüller (nicht der Flaschenhersteller). Es ließ sich nicht feststellen, dass der Fehler der Flasche gerade bei dem Beklagten entstanden war.

Deswegen hatte die Vorinstanz die Klage abgewiesen.[32] Dieses Urteil hat der BGH aufgehoben und die Sache zurückverwiesen: Unter besonderen Umständen komme eine VP des Herstellers in Betracht, »das Produkt (hier also: die gefüllte Flasche) auf seine einwandfreie Beschaffenheit zu überprüfen und den Befund zu sichern«. Eine Verletzung dieser Pflicht könne die Beweislast umkehren: Dann müsse der Hersteller nachweisen, »dass der Mangel des Produkts erst nach Inverkehrgabe des Produkts durch ihn entstanden ist« (S. 333). Die Voraussetzungen, unter denen dieses Urteil gelten will, sind schwer abzusehen.[33]

f) Der Milupafall

650g **BGHZ 116, 60:** Die Beklagte stellt Säuglingsnahrung her, unter anderem ein mit Zucker gesüßtes Instant-Tee-Getränk, zudem sog. Nuckel-Flaschen. Der Kläger verlangt Schadensersatz, weil er infolge jahrelangen Nuckelns Zähne durch Karies verloren habe.

31 *P. Ulmer* ZHR 152 (1988), 564. Zum Hondafall auch *Kullmann* BB 1987, 1957; *Schmidt-Salzer* BB 1987, 721.
32 OLG Frankfurt VersR 1987, 469; zum BGH-Urteil *Foerste* VersR 1988, 958; *Giesen* JZ 1988, 969.
33 Vgl. später BGH NJW 1995, 2161 (2162).

Der BGH betont hier zunächst die schon bekannte Pflicht des Herstellers zur **Produktbeobachtung und Warnung** der Verbraucher.[34] Diese Warnung müsse deutlich erfolgen; sie dürfe nicht zwischen anderen Informationen versteckt sein und müsse den Grund von Gesundheitsgefahren plausibel machen. Daran fehle es, wenn die Warnung in den Zubereitungshinweisen stehe: Eine über die Zubereitung bereits informierte Mutter werde diese Hinweise nicht lesen. Andererseits habe der Geschädigte den Kausalzusammenhang zwischen dem Dauernuckeln und der Karies zu beweisen.

g) Das Hochzeitsessen

650h **BGHZ 116, 104:** M betreibt eine Gaststätte. Die Kläger bestellten dort für sich und 54 Gäste ihr Hochzeitsessen. Der Nachtisch war von F, der Ehefrau des M, zubereitet worden. Die Kläger und weitere Gäste erkrankten an Salmonellen, die bei M in den Nachtisch gelangt waren. Die Kläger fordern von M und F Ersatz wegen der verschobenen Hochzeitsreise, ein Schmerzensgeld sowie die Rückzahlung der für das Essen gezahlten 3.000 DM.

Die Möglichkeit eines Anspruchs auf das Schmerzensgeld ist gegen M aus §§ 823 I, 253 II bejaht und gegen F verneint worden. Dies beruht auf der verschiedenen Beweislast für das Verschulden: Die F ist nicht als Produzentin angesehen worden, weil sie nicht Inhaberin der Gaststätte und daher nicht im Rechtssinn »Produzentin« war (sondern nur Hilfskraft des M). Hinsichtlich der F blieb es also bei der gewöhnlichen Beweislastverteilung: Da die Kläger kein Verschulden nachweisen konnten, war ihre Klage gegen F abzuweisen. Dagegen hat der BGH die Grundsätze der deliktischen Produzentenhaftung mit der Umkehr der Beweislast gegen M angewendet: Dass es sich bloß um einen **Kleinbetrieb** handele und dass die Herstellung des Nachtischs leicht überschaubar sei, mache nichts aus. Denn auch hier fehle dem Abnehmer der Produkte der Einblick in den Produktionsprozess.

Dagegen verneint der BGH hinsichtlich der verschobenen Hochzeitsreise einen ersatzfähigen Vermögensschaden überhaupt.[35] Andererseits sollen die von den Klägern als Gegenleistung bezahlten 3.000 DM unter dem Gesichtspunkt der Minderung voll zurückzuzahlen sein: Zwar seien die übrigen Teile des Essens mangelfrei gewesen, und es seien auch nicht alle Gäste erkrankt. Aber die rasche Erkrankung vieler Gäste habe doch »das Fest als solches geradezu zerstört«. Daher sei die Leistung des M im Ganzen unbrauchbar gewesen.

h) Der Kondensatorfall

650i **BGHZ 117, 183:** V lieferte an K Kondensatoren (Stückpreis einige Pfennige). K lötete diese in Regler ein, die von einem weiteren Hersteller H in Anti-Blockiersysteme (ABS) für Kraftfahrzeuge eingebaut wurden. Diese Systeme funktionierten nicht. Daher musste K die Regler von H zurücknehmen und die angeblich fehlerhaften Kondensatoren auswechseln. Dabei entstanden hohe Arbeitskosten sowie an den Gehäusen der Regler erhebliche Schäden. K verlangt von V Ersatz.

Der BGH sieht hier einen nach Deliktsrecht (§ 823 I) zu ersetzenden Eigentumsschaden nicht schon in der Fehlerhaftigkeit der Kondensatoren: Insoweit gehe es nur um das Nutzungs- oder Äquivalenzinteresse, dessen Ersatz bloß aus dem Kaufvertrag verlangt werden könne (solche Ansprüche waren verjährt). Allein um dieses Interesse handle es sich auch bei dem Nichtfunktionieren der mit den Kondensatoren bestück-

---

34 Vgl. →Rn. 650c; 650e; s. auch *Damm* JZ 1992, 637; *Graf v. Westphalen* ZIP 1992, 18, BGH NJW 1994, 932; ZIP 1995, 747, dazu *J. Meyer* ZIP 1995, 716.

35 Unter Berufung auf BGHZ 86, 212 (→Rn. 830). Vgl. auch *Brüggemeier* ZIP 1992, 415; *Giesen* JZ 1993, 675.

ten Regler. Dagegen sei das Eigentum des K an den mangelfreien Teilen dieser Regler verletzt worden, weil diese Teile beim Ausbau der mangelhaften Kondensatoren beschädigt werden mussten. Ausdrücklich offen lässt der BGH, ob diese Verletzung »bereits durch die Verbindung mit den fehlerhaften Kondensatoren oder erst mit deren Ausbau eingetreten ist«.[36]

i) Der Schlackenfall

650j **BGHZ 146, 144:** K kauft von V ein Grundstück, das mit Elektroofenschlacke aufgefüllt war. Diese enthielt Calcium- und Magnesiumverbindungen, die sich durch den Zutritt von Wasser allmählich aufblähten. Die hierdurch eintretende Hebung der Oberfläche zerstörte die dort errichteten Gebäude. K verlangt von V Ersatz, weil der Effekt für diesen voraussehbar gewesen sei.

Der BGH hat diesen Anspruch verneint: Das Grundstück sei wegen der ungeeigneten Schlacke von Anfang an fehlerhaft gewesen. Auch die Gebäude hätten »aus rechtlicher Sicht nie in mangelfreiem Zustand existiert«. Vielmehr seien sie erst durch den sukzessiven Einbau des Baumaterials als von Anfang an fehlerhaft entstanden. Es gehe also nicht um das deliktisch geschützte Integritätsinteresse, sondern um die (nur vertraglich zu erfassende) Mangelfreiheit des Grundstücks. Diese Argumentation ist sehr zweifelhaft.

j) Der Pflegebettenfall

650k **BGHZ 179, 157:**[37] Der Hersteller H verkauft Pflegebetten an V, die dieser an K weiterveräußert. Nachdem sich die Antriebseinheit der Betten als feuergefährlich erweist, bietet H dem K die entgeltliche Nachrüstung an. K behebt den Fehler jedoch selbst und verlangt von H Kostenerstattung.

Ein Anspruch aus § 823 I scheiterte schon daran, dass der Erwerb einer mangelhaften Sache keine Eigentumsverletzung darstellt, weil lediglich das Äquivalenzinteresse betroffen ist. Selbst wenn eines der Betten durch einen Brand der Antriebseinheit zerstört worden wäre, läge allenfalls ein Weiterfresserschaden vor (→ Rn. 650 b), der einen Schadensersatz aus § 823 I lediglich für das Bett im Übrigen, aber gerade nicht für die von vornherein fehlerhafte Antriebseinheit rechtfertigen würde. In Betracht kam aber ein Regressanspruch aus GoA gemäß §§ 683, 677, 670 bzw. §§ 684, 812.[38] Nach Ansicht des BGH stellte sich die Nachrüstung durch K jedoch nicht als fremdes Geschäft des H dar, weil dieser aufgrund seiner **Produktbeobachtungspflicht** lediglich zur **Warnung** und ggf. zur Hilfestellung bei der Fehlerbeseitigung, nicht aber zur kostenlosen Nachrüstung verpflichtet gewesen sei. Auch nach Inverkehrbringen der Produkte müsse der Hersteller alles Erforderliche und Zumutbare veranlassen, um Produktgefahren abzuwenden. Genügten Warnhinweise hierfür nicht, etwa weil zu befürchten stehe, dass sich die Nutzer nicht daran halten und dadurch Dritte gefährdeten, so könne den Hersteller eine **Rückrufpflicht** treffen, um die gefährlichen Produkte effektiv aus dem Verkehr zu ziehen. Auch eine noch weitergehende Verpflichtung zur **Nachrüstung auf eigene Kosten** sei in besonders gelagerten Fällen denkbar, wenn nur hierdurch die Gefahr effektiv beseitigt werde. Doch müsse zugleich berücksichtigt werden, dass das Deliktsrecht nicht das **Äquivalenzinteresse** schütze, sondern allein das **Integritätsinteresse.** Deliktsrechtlich sei der Hersteller deshalb nur verpflichtet,

36 Eine Verletzung schon durch die Verbindung hat dann BGHZ 138, 230 bejaht. Zum Ausgangsfall *Graf v. Westphalen* ZIP 1992, 532; *Brüggemeier/Herbst* JZ 1992, 802; *Hinsch* VersR 1992, 1053.

37 Dazu *G. Wagner* JZ 2009, 908; *J. Hager*, Liber amicorum J. Prölss, 2009, 71; *J. Hager*, JA 2009, 387.

38 Näher zu den denkbaren Regressansprüchen *Müller/Dörre* VersR 1999, 1333.

im Rahmen des Zumutbaren die Produktsicherheit zu gewährleisten, nicht aber dem Nutzer ein auch im Übrigen fehlerfreies und gebrauchstaugliches Produkt zur Verfügung zu stellen. Da hier schon die Warnhinweise den K in die Lage versetzten, die Brandgefahr selbst zu beseitigen, sei H im Rahmen der Produktbeobachtungspflicht weder zum Rückruf noch zur Nachrüstung verpflichtet gewesen.

5. Anwendung der Sicherungspflichten

651–652 Entschieden sei noch das Blechbeispiel von → Rn. 644: Einen Verkehr auf dem Abladeplatz hat S nicht eröffnet. Fraglich ist aber, ob er für einen schon bestehenden Verkehr eine Gefahr geschaffen hat. Hinsichtlich von Erwachsenen ist das zu verneinen: Man darf sich darauf verlassen **(Vertrauensgrundsatz)**, dass diese nicht rechtswidrig in ein umzäuntes Grundstück eindringen, wenn keine Anhaltspunkte für das Gegenteil vorliegen. Hätte sich ein Metalldieb an dem Blech verletzt, müsste S also keinesfalls Ersatz leisten. Gegenüber Kindern aber gilt der Vertrauensgrundsatz nicht; andererseits braucht man nicht überall und immer mit dem Auftauchen von Kindern zu rechnen. Daher dürfte die Verletzung einer VP des S nur dann anzunehmen sein, wenn das **Eindringen von Kindern wahrscheinlich** (nicht bloß adäquat) war: etwa, weil es schon öfter vorgekommen ist oder sich in der Nähe ein Kinderspielplatz befand.[39]

6. Die Herausforderungsfälle

653 **a)** Eine besondere Problematik, die eine ähnliche Wertung wie bei den VPen erfordert, begegnet auch bei den Herausforderungsfällen. Beispiele dafür bilden

(1) **BGH NJW 2012, 1951:** S floh mit Höchstgeschwindigkeit grob verkehrswidrig vor einer Polizeikontrolle, verletzte dabei eine Polizistin und konnte nach einer wilden Verfolgungsjagd nur gewaltsam durch die Polizei gestoppt werden, wobei mehrere Kfz beschädigt wurden. Muss S den dabei entstandenen Schaden ersetzen?

(2) **BGHZ 58, 162:** Durch einen von S verschuldeten Verkehrsunfall wurde die Fahrbahn gesperrt. Einige nachfolgende Kraftfahrer warteten nicht auf die Räumung der Unfallstelle, sondern umfuhren sie über den neben der Fahrbahn verlaufenden Geh- und Radweg. Dabei entstanden erhebliche Schäden, derentwegen die straßenbaulastpflichtige Stadt von S Ersatz verlangt.

(3) **BGHZ 63, 189:** Der 17-jährige S sollte einen Jugendarrest verbüßen, weil er ohne Fahrerlaubnis mit einem Moped gefahren war. Deshalb sollte der Polizist P den S in der Wohnung seiner Eltern festnehmen. S flüchtete durch das Toilettenfenster. P sprang hinterher und fiel in eine Ausschachtung unter dem Fenster. Muss S den Schaden aus der Verletzung des P ersetzen?

Diesen Fällen ist gemeinsam, dass das Handeln des Schädigers S erst auf dem Umweg über einen von S nicht gewollten Entschluss des Geschädigten oder eines Dritten zum Schaden führt (neben den Fällen von → Rn. 834 gleichfalls als **psychische Kausalität** bezeichnet). Der BGH hat mit Recht gezögert, dem S die Schädigung schon dann zuzurechnen, wenn dieser Entschluss die adäquate – also nicht ganz unwahrscheinliche – Folge aus dem Handeln des S war.[40] Vielmehr soll eine solche Zurechnung voraussetzen, dass der Geschädigte oder der Dritte sich zu seinem Entschluss herausgefordert fühlen durfte. Damit erhält die Rechtsprechung die Möglichkeit, diesen Entschluss

39 Ähnliche Fälle etwa BGH JZ 1973, 631; 1975, 285, beide mAnm *D. Schwab;* BGH VersR 1992, 844; NJW 1994, 3348; vgl. auch *Picker* AcP 183 (1983), 369 (503f.); *Jan Schröder* AcP 179 (1979), 567; *Jan Schröder* FamRZ 1979, 643 verneint die Bedeutung des Vertrauenselements für die Begründung von VPen; mit Recht anders *v. Bar,* Verkehrspflichten, 1980, 117ff.

40 Vgl. dazu *Görgens* JuS 1977, 709; *Zimmermann* JZ 1980, 10; *Strauch* VersR 1992, 932.

auf seine Vernünftigkeit zu kontrollieren und insbesondere das von dem Dritten eingegangene Risiko gegen die Dringlichkeit des Anlasses abzuwägen.[41]

Freilich ist dem BGH eine überzeugende Begründung für das Ergebnis dieser Abwägung nicht immer gelungen. So leuchtet wenig ein, dass im Fall (3) der namentlich bekannte (und daher auch später noch greifbare) S das Verfolgungsrisiko tragen soll, zumal der BGH ähnliche Fälle umgekehrt entschieden hat.[42] Dagegen dürfte die Haftung des S im Fall (1) mit dem BGH zu bejahen sein: Hier war wegen der wilden Flucht des S die **Herausforderungsformel** einschlägig, welche der BGH insbesondere bei der Polizeiflucht zugrunde legt:

»Danach kann jemand, der durch vorwerfbares Tun einen anderen zu selbstgefährdendem Verhalten herausfordert, diesem anderen dann, wenn dessen Willensentschluss auf einer mindestens im Ansatz billigenswerten Motivation beruht, aus unerlaubter Handlung zum Ersatz des Schadens verpflichtet sein, der infolge des durch die Herausforderung gesteigerten Risikos entstanden ist«.[43]

Dagegen verneint der BGH eine Haftung (auch aus § 7 StVG) zutreffend, wenn der Verfolgte die Verfolgung nicht bemerken konnte.[44]

Abgelehnt hat der BGH eine Haftung des S im Fall (2). Das ist sehr zweifelhaft: Zwar sind hier in erster Linie diejenigen ersatzpflichtig, die durch das Umfahren den Geh- und Radweg zerstört haben. Und das Risiko, dass diese Schädiger nicht mehr feststellbar sind, gehört in den Risikobereich der straßenbaulastpflichtigen Stadt. Andererseits befinden sich aber auch die Anlieger im Schutzbereich der Vorschriften über den Straßenverkehr (zB bei Verletzung durch ein schleuderndes Auto); das müsste auch für den Straßeneigentümer gelten.

654 b) Gewissermaßen ein Gegenstück zu den Herausforderungsfällen findet sich in

BGH NJW 1986, 1865: Zwei 14- oder 15-jährige Realschüler A und B mischen Kaliumpermanganat und Schwefelpulver, um einen Raketentreibstoff herzustellen. Die Stoffe stammen aus den Vorräten des A. Während dieser kurzzeitig den Raum verlassen hat, spannt B das Rohr mit dem Gemisch in einen Schraubstock und treibt mit dem Hammer ein dünneres Rohr von oben hinein. Bei der – nahezu unvermeidlichen – Explosion verliert B ein Auge. Er verlangt von A einen Teil (§ 254!) seines Schadens ersetzt.

Der BGH hat hier trotz Bejahung der Deliktsfähigkeit (§ 828 II) eine haftungsrechtliche Zurechnung an A verneint, obwohl das verhängnisvolle Handeln des B dem gemeinsamen Plan entsprochen hatte: Weder gebe es ein allgemeines Gebot, andere vor Selbstgefährdung zu bewahren, noch ein Verbot, sie zur Selbstgefährdung psychisch zu veranlassen. Eine Ausnahme gelte nur bei Herausforderung des selbstgefährdenden Verhaltens durch die Schaffung eines billigenswerten Motivs. Daran aber fehle es hier; für B habe sich bloß das »entschädigungslose allgemeine Lebensrisiko« verwirklicht.

Ein solches »billigenswertes Motiv« findet sich dagegen mit großer Deutlichkeit in

BGHZ 101, 215: Der Arzt A hatte die 13-jährige T nach einem Sportunfall behandelt und ihr die vermeintlich unheilbar geschädigte linke Niere entfernt. Alsbald stellte sich heraus, dass T nur diese eine Niere hatte. Deshalb entschloss sich die Mutter M, der T eine ihrer Nieren zu spenden. M verlangt von dem für A verantwortlichen (§§ 31, 89) Landkreis Ersatz.

41 BGHZ 57, 25 (31); 132, 164; BGH NJW 1993, 2234.
42 BGH NJW 1971, 1982; 1976, 568; abl. *Händel* NJW 1976, 1204.
43 BGH NJW 2012, 1951 (dazu *Mäsch* JuS 2012, 1029 [1031]); ähnlich BGH NJW 2001, 512.
44 BGH NJW 1990, 2885.

Der BGH hat diesen Anspruch aus § 823 I bejaht: Auch der Schaden der M sei dem Handeln des A (die Niere der T hätte erhalten werden können) haftungsrechtlich zuzurechnen. Das Einverständnis der M mit der Entfernung ihrer Niere rechtfertige nicht auch gegenüber A. Im Ergebnis hat danach A ein Delikt gegenüber T und M begangen.[45]

III. Zusammenfassung

655 Zusammenfassend lassen sich folgende Regeln formulieren:

1. Wer eine Gefahrenquelle für andere schafft oder unterhält, muss die Vorkehrungen treffen, die erforderlich und zumutbar sind, um die Gefahren nicht wirksam werden zu lassen.

2. Wer durch Nichtbeachtung dieser Pflicht adäquat die Verletzung eines der Lebensgüter oder Rechte des § 823 I bewirkt, wird als Verletzer behandelt: Er hat den Tatbestand des § 823 I in indizierter Rechtswidrigkeit erfüllt.

Dabei ist 2. nur dann genau, wenn man die VPen bei § 823 I ansiedelt. Dagegen spricht, dass die durch die Gerichte geschaffenen VPen vielfach den durch Schutzgesetz bestimmten (und daher zu § 823 II gehörenden) völlig gleichen. In vielen Orten etwa ist die Streupflicht durch Gemeindesatzung oder ähnliches geregelt. Wer eine solche satzungsmäßige Pflicht nicht erfüllt, handelt schlechthin rechtswidrig, also auch dann, wenn niemand verletzt wird; eine Verletzung löst nur zusätzlich die Sanktion des § 823 II aus. Inwiefern soll das anders sein, wenn eine Streupflicht gleichen Inhalts nicht auf Satzung, sondern letztlich auf Richterrecht beruht? Die konstruktive Gleichstellung wird erreicht, wenn man dieses Richterrecht selbst als Schutzgesetz iSv § 823 II ansieht (→ Rn. 621). Freilich wird diese Einordnung der VPen nur vereinzelt vertreten.[46] Wenn man ihr folgt, muss die Regel 2 lauten: Wer diese Pflicht nicht beachtet, handelt rechtswidrig. Seine Haftung für die schädlichen Folgen bestimmt sich nach § 823 II.

IV. Einzelheiten zur Verkehrspflicht

1. Haftung bei Einschaltung von Gehilfen

656 Sehr häufig wird die Erfüllung von VPen anderen Personen übertragen.[47]

Beispiel: Der Hauseigentümer E hat den Hauswart H angestellt und ihn mit der Erfüllung der VPen betraut. H versäumt das, sodass ein Dritter D verletzt wird. Kann D von E Ersatz verlangen?

§ 278 ist hier unanwendbar: Er erfordert eine Sonderverbindung, wie sie nur ein Schuldverhältnis zwischen Gläubiger und Schuldner schafft, und lässt nicht schon die allgemeine, jedermann gegenüber bestehende VP genügen. Andererseits passt aber auch § 831 nicht recht: Die Anstellung des H hat nichts daran geändert, dass E selbst verkehrspflichtig geblieben ist. Denn Substitution, also einseitige Auswechslung des Schuldners, sieht das Gesetz nur ausnahmsweise in ganz anderem Zusammenhang (in §§ 664 I 2, 691 S. 2) vor. E kann sich also nicht dadurch exkulpieren, dass er seine Sorgfalt bei der Auswahl des H nachweist. Anders liegt es nur, wenn eine Rechtsnorm die Übertragung der Ausführung zulässt, wie das bisweilen in Ortssatzungen über die Streupflicht geschieht: Dann bleibt bei dem Übertragenden keine Aufsichtspflicht mehr zurück.[48]

45 Krit. *Stoll* JZ 1988, 153.
46 So etwa *Deutsch* JuS 1967, 152 (157); *v. Bar,* Verkehrspflichten, 1980, 157ff., dagegen aber mit guten Gründen *Canaris,* FS Larenz, 1983, 27 (77); *Picker* AcP 183 (1983), 369 (496).
47 Dazu *Vollmer* JZ 1977, 371.
48 BGH NJW 1972, 1321.

In den Regelfällen dagegen geht nach der hM[49] die VP des E mit der Anstellung des H in eine **Aufsichtspflicht** über: E muss sich in angemessenen Abständen davon überzeugen, dass H die VP erfüllt. Wenn E das nicht getan hat, haftet er nicht aus § 831, sondern aus der Verletzung seiner zur Aufsichtspflicht gewordenen VP.

Beides geht allerdings ineinander über, denn die Rechtsprechung stellt auch bei § 831 I 2 für die ordentliche Auswahl auf den Zeitpunkt der Schadenszufügung ab (→ Rn. 813). Die Aufsichtspflicht aus § 823 dürfte allenfalls quantitativ schärfer sein.

Eine Sonderform der Aufsichtspflicht endlich ist die **Organisationspflicht:**[50] Großbetriebe müssen so organisiert sein, dass die Erfüllung der VPen letztlich durch eine Person kontrolliert wird, für die eine Haftung des Betriebsinhabers selbst (regelmäßig über § 31) besteht.[51] **657**

2. Haftung des eingeschalteten Gehilfen

658 In der Begründung fraglich ist die Haftung desjenigen, der die Erfüllung einer fremden VP übernommen hat (also im Beispiel von → Rn. 656 die Haftung des H), gegenüber dem durch Schlechterfüllung verletzten Dritten. Auf den Übernahmevertrag (im Beispiel den Dienstvertrag E–H) lässt sich die Haftung nicht stützen, weil dieser regelmäßig keine Außenwirkung hat (anders nur, wenn er Vertrag mit Schutzwirkung für Dritte ist, → Rn. 844 ff.). Zudem braucht eine Verletzung dieses Vertrages nicht vorzuliegen, nämlich weil der andere Partner mit der Nachlässigkeit einverstanden ist.[52] Haften kann der Übernehmer daher nur *aus einer eigenen VP*, weil er selbst einen Verkehr gefährdet hat: oft dadurch, dass er den primär Sicherungspflichtigen in Sicherheit wiegt und so von eigenem Handeln abhält. Allein auf diese Gefahr kommt es an und nicht auf die Wirksamkeit des Übernahmevertrages.

3. Abgrenzung zum Verschulden

659 Schwierigkeiten bereitet die *Abgrenzung* der Verletzung einer VP von dem Verschulden in Form der Fahrlässigkeit. Denn die Beachtung der im Verkehr (objektiv) erforderlichen Sorgfalt (§ 276 II) deckt sich weitgehend mit der Formulierung für den Inhalt der VP (→ Rn. 655). Der wesentliche Unterschied besteht aber darin, dass bei der Fahrlässigkeit gefragt wird, aus welchen subjektiven Gründen die VP objektiv nicht erfüllt worden ist; zudem sind bei ihr die §§ 827–829 zu beachten.

Beispiel: E ist als Hauseigentümer streupflichtig. Er versäumt aber zu streuen, weil er plötzlich schwer erkrankt, oder weil sein sonst zuverlässiger Wecker nicht abläuft. Hier hat E die Streupflicht objektiv verletzt (was besonders deutlich wird, wenn sie durch Satzung angeordnet ist). Ihn trifft aber unter den genannten Voraussetzungen kein Verschulden.

---

49 Etwa OLG Düsseldorf VersR 1995, 535; *Esser/Weyers* SchuldR II § 55 V 2b.

50 Dazu *Hassold* JuS 1982, 583; *Matusche-Beckmann,* Das Organisationsverschulden, 2000; *v. Bar,* Verkehrspflichten, 1980, 254; *Spindler,* Unternehmensorganisationspflichten, 2001; *Kötz/Wagner* DeliktsR Rn. 315 ff.; krit. *Steindorff* AcP 170 (1970), 93 (103 ff.).

51 BGH NJW 1980, 2810: Pflicht eines Verlags, Dritte gegen unwahre Behauptungen in einem Sachbuch zu schützen.

52 So zB OLG Düsseldorf NJW 1973, 249: Der Besteller billigt die mangelhafte Befestigung einer schweren Platte durch einen Handwerker, die dann herunterfällt und einen Dritten verletzt. S. auch *P. Ulmer* JZ 1969, 163.

5. Abschnitt. Ansprüche aus ungerechtfertigter Bereicherung[1]

§ 26 Übersicht zum Bereicherungsrecht

I. Funktionen der §§ 812ff. BGB

1. Bereicherungs- und Rücktrittsrecht

660 Eine wichtige Aufgabe der §§ 812ff. ist die Rückgängigmachung von auf mangelhafter schuldrechtlicher Grundlage ausgetauschten Leistungen. Insoweit berühren sich die §§ 812ff. mit den Rücktrittsvorschriften, §§ 346ff. Zwischen beiden Rückabwicklungsformen bestehen aber Unterschiede:

a) Der konstruktive Unterschied

Der erste ist ein nur konstruktiver: Beim Rücktritt wird das gültige Schuldverhältnis hinsichtlich seiner schon erfüllten primären Leistungspflichten in ein **Rückgewährschuldverhältnis** umgewandelt. Dagegen ist bei den §§ 812ff. das auf die Primärleistungen gerichtete Schuldverhältnis entweder schon von Anfang an unwirksam (Nichtigkeit), oder es fällt rückwirkend fort (Anfechtung), oder es endet für die Zukunft ersatzlos (Kündigung). Durch die §§ 812ff. wird also nicht ein altes Schuldverhältnis mit einem neuen Inhalt fortgesetzt, wie das die §§ 346ff. tun, sondern ein neues, gesetzliches Schuldverhältnis begründet.

b) Unterschiede im Haftungsmaßstab

661 Der zweite Unterschied betrifft den Rückabwicklungsmaßstab: Nach Bereicherungsrecht ist grundsätzlich nur herauszugeben, was der Schuldner wenigstens dem Werte nach (§ 818 II) noch hat, § 818 III. Dagegen findet nach Rücktrittsrecht eine Verschuldenshaftung statt, soweit das Empfangene nicht mehr vorhanden ist, §§ 346 IV, 280. Aber diese Unterscheidung gilt nicht ausnahmslos.

aa) Einerseits gilt die **Verschuldenshaftung** des Rücktrittsrechts (§§ 346 IV, 280, 347 I) in einigen Fällen (§§ 818 IV, 819, 820 I) auch für die Rückabwicklung nach den §§ 812ff. Denn die in § 818 IV genannten »allgemeinen Vorschriften« sind (neben § 291) über § 292 die §§ 987, 989.[2] Hier haftet also auch der Bereicherungsschuldner bei schuldhaftem Verlust der Bereicherung auf Schadensersatz.

bb) Andererseits richtet sich nach § 346 III 2 in wichtigen Fällen (vor allem Satz 1 Nr. 3) auch die **Rücktrittshaftung nach Bereicherungsrecht,** also vor allem nach § 818 III.

---

1 Vgl. *Wieling,* Bereicherungsrecht, 4. Aufl. 2007; sowie sehr grundsätzlich *Gödicke,* Bereicherungsrecht und Dogmatik, 2002; *Reuter/Martinek* BereicherungsR (dazu *Schlechtriem* ZHR 149 [1985], 327); *Flume,* Studien zur Lehre von der ungerechtfertigten Bereicherung, 2003; prägnant *Wesel* NJW 1994, 2594; vgl. auch *S. Lorenz,* FS W. Lorenz, 2001, 193; *Zimmermann* (Hrsg.), Grundstrukturen eines Europäischen Bereicherungsrechts, 2005; *Schlechtriem,* Restitution und Bereicherungsrecht in Europa, Bd. I (2000), Bd. II (2001); lehrreich *S. Lorenz/Cziupka* JuS 2012, 777; *Grigoleit/Auer,* SchuldR III, Ungerechtfertigte Bereicherung, 2009.

2 Dazu etwa BGH NJW 2014, 2790. Zu § 291f. *Medicus* JuS 1993, 705.

Das hinter diesen auf den ersten Blick verwirrenden Ausnahmen stehende **Prinzip** lautet: Auch der Bereicherungsschuldner soll der vollen Verschuldenshaftung unterliegen, wenn er ausnahmsweise mit seiner Rückgewährpflicht rechnen musste (§§ 818 IV, 819 I, 820 I) oder seine Unkenntnis sonst keinen Schutz verdient (§ 819 II). Umgekehrt soll der Rücktrittsschuldner wenigstens eine ihm verbliebene Bereicherung herausgeben müssen (§ 346 III 2).[3] Zum Schadensersatz kann ihn eine von ihm zu vertretende Verletzung seiner Rückgewährpflicht nach Kenntnis von dem Rücktrittsgrund verpflichten, § 346 IV (→ Rn. 232, 234).

2. Bereicherungsfälle ohne Ähnlichkeit zum Rücktrittsrecht

662 Neben dieser rücktrittsähnlichen Funktion der §§ 812ff. steht noch eine weitere: Es soll auch ungerechtfertigter Vermögenserwerb ausgeglichen werden, der nicht auf einer Leistung beruht, also ohne den Willen des Bereicherungsgläubigers eingetreten ist. Gerade diese schwer abgrenzbare Aufgabe hat das Bereicherungsrecht immer wieder in die Gefahr geführt, als ein übergeordnetes Billigkeitsrecht angesehen zu werden. Dahin gehört auch die häufig aufgestellte unzutreffende Behauptung, das Bereicherungsrecht unterliege »in besonderem Maße dem Gebot der Billigkeit«.[4] In Wahrheit kann das Bereicherungsrecht aber weithin nur die anderswo (zB in der Eigentumsordnung) getroffenen Wertungen vollziehen. Das wird etwa an § 816 deutlich: Wer wozu berechtigt ist und welche Verfügungen eines Nichtberechtigten wirksam sind, wird vom Bereicherungsrecht nicht geregelt, sondern vorausgesetzt.

II. Wandlungen in der Lehre von der ungerechtfertigten Bereicherung

1. Die alte Einheitslehre

663 Der eben genannte Unterschied zwischen der rücktrittsähnlichen und der ausgleichenden Funktion findet sich auch im Wortlaut des § 812 I 1: Dort werden genannt die Bereicherung »durch Leistung« und »in sonstiger Weise«. Die alte Lehre hat gleichwohl beide Fallgruppen im Wesentlichen nach nur einer Formel zu lösen versucht. Sie hat nämlich aus den Worten »auf Kosten« in § 812 I 1 das Erfordernis einer **Unmittelbarkeit der Vermögensverschiebung** gefolgert. Diese sollte vorliegen, wenn der Verlust des Bereicherungsgläubigers und der Erwerb des Bereicherungsschuldners auf demselben Vorgang beruhten. Diese Formel war aber teils unrichtig und teils zu unbestimmt.

2. Die neuere Trennungslehre

664 Die neue Lehre unterscheidet richtigerweise zwischen einzelnen Bereicherungstatbeständen. Ausgangspunkt ist dabei die Unterscheidung zwischen der Bereicherung durch Leistung (§ 812 I 1 Fall 1, *»Leistungskondiktion«*) und der Bereicherung in sonstiger Weise (§ 812 I 1 Fall 2). Zudem werden auch diese *»Nichtleistungskondiktionen«* nicht als einheitlicher Tatbestand aufgefasst, sondern weiter zerlegt (wichtigster Unterfall: die Eingriffskondiktion; → Rn. 703).

Eine solche Aufgliederung des Bereicherungsrechts mag zunächst befremden und als unbequem erscheinen, weil sie keine einheitlichen Lösungsformeln mehr gestattet. Ihr großer Vorteil besteht aber darin, dass sie durch die Herausarbeitung und Unterschei-

3 Dazu BGH NJW 2015, 1748 (dazu *S. Lorenz* NJW 2015, 1725).

4 Etwa BGH NJW 1986, 2700.

dung einzelner Bereicherungstatbestände das Unmittelbarkeitserfordernis entlastet. Auch gelingt es ihr, den Eingriff zu präzisieren und sein (besonders bei § 951 oft problematisches) Verhältnis zur Leistung in den Griff zu bekommen.

3. Folgerung für die Darstellung

665 Die neue Lehre von der Unterscheidung zwischen Leistungs- und Nichtleistungskondiktionen wurde zwar zeitweise angegriffen.[5] Denn gewiss gibt es Grenzfälle, bei denen sich Leistung und Eingriff kaum unterscheiden lassen.

Das gilt etwa für den *Flugreisefall* (BGHZ 55, 128, → Rn. 176): Ob dem Minderjährigen die Beförderung »geleistet« worden ist (durch Anweisung eines Platzes in dem Flugzeug) oder ob er sie sich durch Eingriff »genommen« hat (indem er in Hamburg an Bord geblieben ist), macht wertungsmäßig keinen Unterschied.

Doch sind insgesamt die **Vorzüge der neuen Lehre,** die auch von der Rechtsprechung übernommen worden ist,[6] so gewichtig, dass sie im Folgenden zugrunde liegt.[7] Diese Vorzüge zeigen sich insbesondere bei der Darstellung. Denn die neue Lehre trägt der Unterscheidung Rechnung, die das Gesetz selbst in § 812 I getroffen hat. Seit einiger Zeit ist im Übrigen festzustellen, dass Studenten sich selbst bei einfachen Bereicherungsfällen in eine Fülle von Theorien verstricken und dann zu keiner vernünftigen und konsequenten Lösung mehr gelangen. Aus diesem Befund folgt zunächst die gesonderte Behandlung der Bereicherung durch Leistung (→ Rn. 666 ff.). Anschließend wird aus den Fällen der Bereicherung in sonstiger Weise die wichtigste Untergruppe vorweggenommen, nämlich die Bereicherung durch Eingriff (→ Rn. 703 ff.). Es bleiben weitere wichtige Fallgruppen der Bereicherung in sonstiger Weise (→ Rn. 892 ff.; 945 ff.).

5 Vgl. nur *Wilhelm,* Rechtsverletzung und Vermögensentscheidung als Grundlagen und Grenzen des Anspruchs aus ungerechtfertigter Bereicherung, 1973; diff. MüKoBGB/*M. Schwab* § 812 Rn. 38 ff.

6 BGHZ 68, 276 (277); 72, 246 (248 f.); 82, 28 (30) (dazu → Rn. 686). Vgl. auch *Mühl,* Wandlungen im Bereicherungsrecht und die Rspr. des BGH, in: De iustitia et iure, FG v. Lübtow, 1980, 547.

7 Grdl. *v. Caemmerer,* Bereicherung und unerlaubte Handlung, FS Rabel, Bd. I, 1954, 333; ferner *Koppensteiner/Kramer* BereicherungsR 5; *Larenz/Canaris* SchuldR II 2 § 67 I 2 und öfter; *Fikentscher/Heinemann* SchuldR Rn. 1422; *Pinger* AcP 179 (1979), 301; *Weitnauer,* Die Leistung, FS v. Caemmerer, 1978, 255; NK-BGB/*v. Sachsen Gessaphe* Vorbem. § 812 Rn. 16.

§ 27 Die Leistungskondiktion[1]

I. Leistungsbegriff und Wertungsfragen

1. Das Abstellen auf den Leistungsbegriff

666 Ein Teil der jüngeren bereicherungsrechtlichen Literatur hatte in den Mittelpunkt der Leistungskondiktion den Leistungsbegriff gerückt:[2] Leistung sei die bewusste, zweckgerichtete Mehrung fremden Vermögens.[3] Aus dieser Definition hat man vielfach die Lösung bereicherungsrechtlicher Fragen ableiten wollen. Denn die Leistungskondiktion wurde als **Rückabwicklung im Leistungsverhältnis** verstanden. Deshalb sollte Kondiktionsgläubiger der Leistende und Kondiktionsschuldner der Leistungsempfänger sein. Insbesondere bei den eigentlich problematischen Dreipersonenverhältnissen drehte sich folglich die Diskussion weitgehend um die Begriffe »Leistender« und »Leistungsempfänger« als die beiden Pole des »Leistungsverhältnisses«.

2. Der Rückgriff auf Wertungen

667 Gegen diese Art der Argumentation hat sich in einem grundlegenden Aufsatz *Canaris* gewendet.[4] Er bemängelt vor allem, bei der hM komme gegenüber der begrifflichen Herleitung die Begründung der Ergebnisse zu kurz. Daher bedürfe es einer Besinnung auf die maßgeblichen Wertungskriterien. Diese sieht *Canaris* in den folgenden drei Punkten:

(1) Jeder Partei eines fehlerhaften Kausalverhältnisses sollen ihre Einwendungen gegen die andere Partei erhalten bleiben.

(2) Umgekehrt soll jede Partei vor Einwendungen geschützt werden, die ihr Vertragspartner aus seinem Rechtsverhältnis zu einem Dritten herleitet (das bedeutet die schon dem gemeinen Recht bekannte Unzulässigkeit der *exceptio ex iure tertii*).

(3) Das Insolvenzrisiko soll angemessen verteilt werden: Jede Partei soll das und nur das Risiko der Zahlungsunfähigkeit desjenigen tragen, den sie sich selbst als Partner ausgesucht hat.

Unter Anwendung dieser drei Regeln ist *Canaris* vielfach zu gleichen **Ergebnissen** gelangt wie die hM (was nicht verwunderlich ist, weil sich die hM bei ihrer Begriffsbildung meist von denselben Regeln hat leiten lassen). Bei einigen wichtigen Fragenkreisen haben sich jedoch **Abweichungen** gezeigt, und daraus hat *Canaris* weitere Kritik am Leistungsbegriff der hM hergeleitet.

668 Die Anregungen von *Canaris* eröffnen auch den didaktisch wichtigen Blick auf die begründenden Wertungen. Um diese Begründung dreht sich daher die folgende Darstellung der wichtigsten Dreipersonenverhältnisse.[5] Andererseits lässt sich freilich weder

---

1 Monographisch *Thomale,* Leistung als Freiheit, 2012.

2 Vgl. *Stolte* JZ 1990, 220; *Kamionka* JuS 1992, 845; 929; *Schall,* Leistungskondiktion und sonstige Kondiktionen, 2003; *Peters* AcP 205 (2005), 159; *Schlinker* JA 2008, 423 (zu § 275 II).

3 Seit BGHZ 58, 184 (188) als »gefestigte Rspr.« bezeichnet, zuletzt etwa BGHZ 185, 341 Rn. 25.

4 *Canaris,* Der Bereicherungsausgleich im Dreipersonenverhältnis, FS Larenz, 1973, 799; *Canaris* WM 1980, 354 (367ff.); *Canaris* NJW 1992, 868; *Koller,* Symposium Canaris, 1998, 151; *S. Lorenz* JuS 2003, 729; *Petersen,* Von der Interessenjurisprudenz zur Wertungsjurisprudenz, 2001, 81ff. Teils abweichend gegenüber *Canaris* etwa *Flume* AcP 199 (1999), 1.

5 Zu ihnen *K. Schreiber,* Der Bereicherungsausgleich im Dreipersonenverhältnis, JURA 1986, 539; *S. Lorenz,* Bereicherungsrechtliche Drittbeziehungen, JuS 2003, 729; 839; *Einsele,* FS Reuter, 2010,

ein didaktisches noch ein praktisches Bedürfnis danach verkennen, die Ergebnisse der Wertung in **griffigen Formulierungen** zusammenzufassen.[6]

II. Einzelne Dreipersonenverhältnisse

1. Die Leistungskette

Beispiel: A verkauft und liefert (= übergibt und übereignet) eine Sache an B; B verkauft und liefert diese Sache weiter an C. **669**

a) Nichtigkeit eines Kausalverhältnisses

Wenn hier eines der Kausalverhältnisse nichtig ist, erfolgt die Kondiktion unzweifelhaft **zwischen den Partnern dieses Verhältnisses,** also A–B oder B–C. Ein **Durchgriff** des A auf C kommt nur ausnahmsweise in Betracht, nämlich **nach § 822:**[7] wenn der Kauf A–B nichtig ist und B seinerseits die Sache nicht weiterverkauft, sondern weiterverschenkt hatte und dadurch entreichert ist. Dieser Durchgriff ist notwendig, weil ein Anspruch A–B an § 818 III scheitern kann, und er ist gerechtfertigt wegen der minderen Schutzwürdigkeit des unentgeltlichen Erwerbs durch C.[8]

Hier werden im Regelfall alle Wertungen von → Rn. 667 eingehalten: Jeder Beteiligte hat nur mit seinem Partner zu tun. Durchbrochen werden die Wertungen zwar bei der Ausnahme nach § 822. Aber diese Durchbrechung ist im Gesetz selbst angeordnet und rechtfertigt sich aus dem eben genannten Grund.

b) Doppelmangel

670 Problematisch sein könnte nur der Fall des *Doppelmangels: Beide* Kaufverträge sind nichtig. Auch dann aber soll A nicht direkt von C kondizieren können, sondern sich an B halten müssen, der seinerseits bei C kondizieren muss: Nur so bleiben die Einwendungen aus dem Verhältnis zwischen den Vertragsparteien (etwa § 273) erhalten (→ Rn. 389). Regelmäßig wird ja auch A die Wirksamkeit des Vertrages B–C gar nicht zuverlässig beurteilen können.

Wenn B noch nicht erfolgreich bei C kondiziert hat, kann man meinen, B brauche letztlich nur seinen Bereicherungsanspruch gegen C an A abzutreten: Es käme dann zu einer »Kondiktion der Kondiktion«. Damit wären jedoch die Wertungen (2) und (3) von → Rn. 667 durchbrochen. Denn wenn A aus der abgetretenen Kondiktion des B gegen C vorgeht, ist er nach § 404 auch den Einwendungen des C gegen B ausgesetzt; zudem muss A so das Risiko einer Insolvenz des C tragen. Bei A käme es also zu einer **Kumulation der Risiken** von B und C. Ob man das hinnehmen soll, wird gleich (→ Rn. 673) noch zu behandeln sein.

53; *Jahn,* Der Bereicherungsausgleich im Mehrpersonenverhältnis, 2014; wichtig ferner *J. Hager,* FG 50 Jahre BGH, Bd. I, 2000, 777, der als weiteren Gesichtspunkt das Risiko der Vorleistung durch eine Partei hinzufügt. Zur Beweislastverteilung *Harke* JZ 2002, 179; ferner *Schall* JZ 2013, 753.

6 Vgl. auch *Looschelders* SchuldR BT Rn. 1027; NK-BGB/*v. Sachsen Gessaphe* § 812 Rn. 13.

7 *Petersen,* Der Durchgriff im Schuldrecht, JURA 2015, 260.

8 Vgl. → Rn. 382 ff.; *S. Lorenz* JuS 2003, 729 (730 f.); zu § 822 *Bockholdt,* Die Haftung des unentgeltlichen Erwerbs nach § 822, 2004; *Bockholdt* JZ 2004, 796; *Tommaso/Weinbrenner* JURA 2004, 649; *Falk,* FS Nehlsen, 2008, 610.

2. Die »Durchlieferung«

671 Von Durchlieferung im Streckengeschäft spricht man, wenn in dem Fall von → Rn. 669 A eine bewegliche Sache auf Weisung des B direkt an C liefert. Hier bekommt also A direkt mit C zu tun; aus der Kette von → Rn. 669 wird ein *Dreieck:*

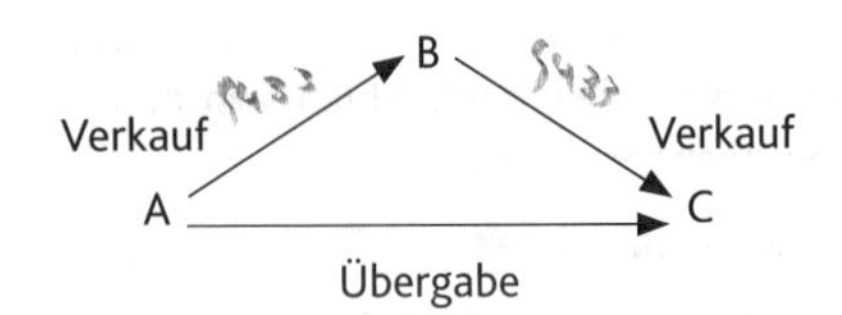

Dabei findet regelmäßig zwischen A und C nicht einfach eine Übereignung nach § 929 S. 1 statt. Denn A wird der Weisung des B oft nicht entnehmen können, dass C das Eigentum erhalten soll und nicht bloß den Besitz (vielleicht hat B an C nur unter Eigentumsvorbehalt liefern oder bloß vermieten wollen). Daher kann man keine Einigung A–C annehmen, sondern nur einen doppelten *Geheißerwerb*: A übereignet an B, indem er auf dessen Geheiß dem C übergibt; und B übereignet ggf. an C weiter, indem A als Geheißperson des B übergibt.[9]

a) Der Lösungsansatz

672 Behandelt werden die Fälle der Durchlieferung nach hM im Ganzen ebenso wie die der Leistungskette,[10] weil wertungsmäßig kein Unterschied besteht (auch hier bleibt das Verhältnis B–C dem A fremd): A hat den Durchgriff auf C nur ausnahmsweise unter den Voraussetzungen des § 822. Dagegen findet die Kondiktion regelmäßig bloß zwischen den Partnern des fehlerhaften Kausalverhältnisses statt, und beim Doppelmangel ergibt sich die Frage einer Kondiktion der Kondiktion (→ Rn. 670).

b) Die Kumulation von Risiken

673 Eine zu befürchtende Kumulation der Risiken für A wird für diese Konstellation und überhaupt für die Anweisungsverhältnisse (→ Rn. 674) bekämpft von *Canaris:*[11] Eine Preisgabe der Regeln (2) und (3) von → Rn. 667 sei nicht gerechtfertigt. Denn B habe durch seine Weisung an A zur Lieferung an C selbst die Gefahr geschaffen, dass Einwendungen oder die Insolvenz des C die Rückabwicklung stören könnten. Diese Risiken müsse also bei wirksamer Weisung (sonst → Rn. 676) B tragen und nicht A. Folglich richte sich die Kondiktion A–B nicht auf Abtretung der Kondiktion B–C, sondern auf Ersatz des Sachwertes.

Diese Ansicht, die im Ergebnis dem Abstellen auf die »vermögensmäßige Entscheidung« entspricht,[12] ist auf Zweifel gestoßen: Dem B drohe bei Insolvenz des C ein Schaden.[13] Auch der BGH arbeitet weiterhin mit der »Kondiktion der Kondiktion«.[14]

9 BGH NJW 1986, 1166f.; *J. Hager* ZIP 1993, 1446; *J. Hager*, FG 50 Jahre BGH, Bd. I, 2000, 777 (786), vgl. → Rn. 563f.

10 BGHZ 147, 269 (273); BGH NJW 2003, 582 (584); 2004, 1315 (1316); 2008, 2331; *S. Lorenz* LMK 2003, 23f.; *S. Lorenz* JuS 2003, 729 (732f).; 839; NK-BGB/*v. Sachsen Gessaphe* § 812 Rn. 138; vgl. auch → Rn. 669f.

11 *Canaris*, FS Larenz, 1973, 799 (811) und später *Larenz/Canaris* SchuldR II 2 § 70 II 2b.

12 Grdl. *Flume*, FS Niedermeyer, 1953, 103 (vgl. → Rn. 226).

13 *Medicus* NJW 1974, 538 (542); *Koppensteiner/Kramer* BereicherungsR 28f. mit weiteren Angaben.

14 Etwa BGH ZIP 1990, 915 (918).

Andererseits hat *Canaris* aber auch Zustimmung gefunden.[15] Zur Begründung wird gesagt, B schulde dem A deshalb von vornherein Wertersatz, weil er seinerseits durch die Weisung an A über diesen Wert disponiert habe. Auch ein Wegfall der Bereicherung des B (wegen Undurchsetzbarkeit seiner Kondiktion gegen C) scheide aus, weil B mit seiner Disposition dieses Risiko übernommen habe. Wichtig ist, dass die Risikozuweisung an B nicht dem Schutzzweck der den Bereicherungsausgleich veranlassenden Nichtigkeitsnorm widersprechen darf.[16] Dabei ist zu bedenken, dass diese Risikozuweisung ähnlich der Saldotheorie (→ Rn. 224ff.) eine **Einschränkung des § 818 III** bedeutet, die insbesondere auch mit den Wertungen des Rücktrittsrechts vereinbar sein sollte.[17]

3. Anweisungsverhältnisse

a) Die Bedeutungen von »Anweisung«

674 »Anweisung« ist ein in § 783 definierter **Fachausdruck:** Er bezeichnet eine **schriftliche** Leistungsermächtigung, die demjenigen **ausgehändigt** wird, der den Leistungsgegenstand (meist Geld) letztlich erhalten soll. Die häufig vorkommende Spezialform ist der **Scheck.** Dagegen gibt es reine BGB-Anweisungen iSv § 783 kaum. Im juristischen Sprachgebrauch wird das Wort »Anweisung« aber über den Rahmen von § 783 hinaus verwendet, nämlich insbesondere auch für bloß mündliche oder nicht dem Begünstigten ausgehändigte Leistungsweisungen. So kann man auch die Weisung B–A bei der Durchlieferung (→ Rn. 671) als »Anweisung« bezeichnen.

Bei der **Anweisung im weiteren Sinn** sind folgende Bezeichnungen für die Kausalverhältnisse üblich geworden: das Verhältnis des Anweisenden (B) zum Angewiesenen (A) heißt **Deckungsverhältnis,** das Verhältnis des Anweisenden zum Begünstigten (C, an den also geleistet werden soll) heißt **Valutaverhältnis.** Dagegen lässt sich das Verhältnis zwischen dem Angewiesenen (A) und dem Begünstigten (C) etwa als **Vollzugsverhältnis** bezeichnen, weil sich dort die sichtbare Vermögensbewegung vollzieht. Vermeiden sollte man den Begriff des Zuwendungsverhältnisses, weil es in sämtlichen Verhältnissen zu Zuwendungen kommt oder doch wenigstens kommen soll, nämlich zu Leistungen bei A–B und B–C und zu einer tatsächlichen Zuwendung bei A–C.

b) Lösung der Normalfälle

675 Behandelt werden die Anweisungen ebenso wie die Durchlieferung (→ Rn. 672f.), weil auch hier insbesondere dem A das Valutaverhältnis B–C fremd ist: Bei Mängeln des Deckungsverhältnisses kommt es also zur Kondiktion A–B, bei Mängeln des Valutaverhältnisses zur Kondiktion B–C und bei Doppelmangel zu den Kondiktionen A–B und B–C. Dementsprechend ergibt sich auch hier die Frage nach einer Kumulation der Risiken bei A, für die das → Rn. 673 Gesagte gilt. Und ein Durchgriff A–C ist wieder nur gem. § 822 möglich.

c) Insbesondere die fehlerhafte Anweisung

676 **aa)** Für Anweisungslagen viel erörtert worden ist die Problematik der fehlerhaften Anweisung.

---

15 *Köndgen,* in: Dogmatik und Methode, FG Esser, 1975, 55 (73f.); *S. Lorenz* JuS 2003, 729 (732f.); *Grunewald* BürgerlR § 31 Rn. 7; iErg auch MüKoBGB/*M. Schwab* § 812 Rn. 66, 69.

16 Zust. *Larenz/Canaris* SchuldR II 2 § 70 II 2b bei Fn. 11; ebenso bereits *Canaris,* FS Larenz, 1973, 799 (839) für den fremdfinanzierten Abzahlungskauf.

17 Vgl. *Reuter/Martinek* BereicherungsR 412ff.

BGHZ 61, 289:[18] B übergab dem C einen auf die Bank A gezogenen Scheck. Noch bevor C den Scheck bei A eingelöst hatte, entstanden zwischen B und C Schwierigkeiten. B sperrte daher den Scheck durch Schreiben an A; diese bestätigte B den Widerruf. Zugleich verlangte B den Scheck von C zurück. C legte den Scheck jedoch bei A vor; dort wurde er infolge eines Versehens eingelöst. A fordert den Scheckbetrag von C zurück.

Diese Rückforderung stellt einen Durchgriff dar. Denn der **Widerruf des Schecks** betrifft nur die Frage, ob die angewiesene Bank A gegenüber ihrem anweisenden Kunden B zur Einlösung des Schecks ermächtigt ist (Deckungsverhältnis): Diese Ermächtigung ist durch den bestätigten Widerruf entfallen; A kann also das Konto des B nicht mehr mit der ausgezahlten Schecksumme belasten und muss eine schon erfolgte Belastungsbuchung rückgängig machen. Dagegen ist C über das Valutaverhältnis bloß mit B verbunden. Nach der Regel von → Rn. 675 bräuchte C also bloß eine Kondiktion des B zu fürchten, und auch diese nur bei Mängeln des Valutaverhältnisses.

Der BGH hat hier die Kondiktion A–C abgelehnt. Dabei hat er ausdrücklich offen gelassen, wie zu entscheiden wäre, wenn eine gültige Anweisung von vornherein gefehlt hätte (etwa bei Anweisung durch einen Geschäftsunfähigen oder bei Fälschung).[19] Vielmehr hat sich der BGH auf den ihm vorliegenden Fall mit seinen Besonderheiten beschränkt: B hatte die Anweisung zunächst wirksam erteilt, und C kannte den Widerruf dieser Anweisung nicht. Dann wird man in der Tat mit dem BGH sagen müssen:[20] B hat mit der Übergabe des Schecks an C eine wirksame Leistungsbestimmung getroffen. Demgegenüber betrifft der Widerruf nur das Verhältnis B–A. Die Nichtbeachtung dieses Widerrufs geht also den C nichts an: Darüber muss zwischen A und B gestritten werden; C hat nur mit B zu tun. Und im Verhältnis zu B kann C den Einlösungsbetrag für den Scheck behalten, wenn ihm diese Summe von B geschuldet wurde.[21] B hätte dann freilich die Befreiung von einer Verbindlichkeit erlangt, die er an A auszukehren hätte. Das wird häufig bedeuten, dass die Kontobelastung durch die Bank letztlich doch zu Recht erfolgt war, wenn nicht ausnahmsweise die Grundsätze des aufgedrängten Rückgriffs (→ Rn. 952) entgegenstehen.[22]

BGHZ 87, 393 entscheidet den Gegenfall: Dort war ein gesperrter Scheck irrtümlich eingelöst worden, und der Zahlungsempfänger wusste möglicherweise von der Sperre. Dieses Wissen hat der BGH als erheblich bezeichnet; die Bank soll also bei einem unredlichen Empfänger direkt kondizieren dürfen. Ein solcher Empfänger glaube nämlich nicht an eine Leistung des Anweisenden; hier wirke also der Widerruf auch im Außenverhältnis zum Empfänger. Dabei ließ der BGH zunächst offen, ob die Kondiktion der Bank eine Leistungskondiktion ist, doch ist dies zu verneinen:[23] Die Bank wollte ja nicht eine Pflicht gegenüber dem Empfänger erfüllen, sondern ihre vermeintliche Pflicht gegenüber dem Anweisenden. Ob die Direktkondiktion zwingend die Kenntnis des Empfängers vom Mangel der Anweisung erfordert, ist umstritten.[24] In der Literatur wird der Durchgriff oft schon bei Fahrlässigkeit zugelassen: Da es an einer wirksamen Anweisung fehle, gälten die allgemeinen Rechtsscheingrundsätze (§§ 122 II, 173, 179 III 1), nach denen dem Empfänger jede Form der Fahrlässigkeit schade.[25]

18 Dazu *Wilhelm* AcP 175 (1975), 304.
19 BGHZ 89, 376, dazu *Canaris* JZ 1984, 627.
20 Ebenso *Köndgen,* FG Esser, 1975, 55 (69f.), iErg auch *Canaris* WM 1980, 354 (356); *Larenz/Canaris* SchuldR II 2 § 70 IV 3 a S. 230 (Analogie zu den §§ 170ff.); *Flume* NJW 1984, 464.
21 BGHZ 87, 246.
22 Larenz/*Canaris* SchuldR II 2 § 70 IV 2 b S. 226.
23 So inzwischen auch BGHZ 176, 234 Rn. 25, 27.
24 In diese Richtung bis zuletzt BGH NJW 2011, 66 Rn. 34 mwN; anders aber offenbar BGHZ 176, 234 Rn. 25 (»musste er den Fehler der Überweisungsbank bei Anwendung der im Rechtsverkehr erforderlichen Sorgfalt nicht erkennen«).
25 Larenz/*Canaris* SchuldR II 2 § 70 IV 3 b S. 231 (Analogie zu § 173); Staudinger/*S. Lorenz,* 2007, § 812 Rn. 51.

Eine Direktkondiktion der Bank beim Empfänger wird schließlich in Analogie zu §§ 816 (I 2), 822 auch zugelassen, »wenn der Empfänger nach der mit dem Anweisenden im Valutaverhältnis getroffenen Regelung die Leistung unentgeltlich erhalten hat und in der Person des Anweisenden die Voraussetzungen der §§ 818 IV, 819 nicht vorliegen«.[26] Auch hier könnte es sich wieder nur um eine Nichtleistungskondiktion handeln.

bb) Kaum seltener als die Nichtbeachtung eines Widerrufs sind anscheinend die Fälle des **gänzlichen Fehlens einer wirksamen Anweisung.** Hier soll nach der hM in der Literatur A unmittelbar bei C kondizieren dürfen.[27] Denn ohne wirksame Anweisung sei das Verhalten des A dem B nicht zurechenbar. Daher müsse B von der Rückabwicklung unberührt bleiben. Freilich muss man dann auch eine Tilgungswirkung der von A bewirkten »Scheinleistung« an C auf eine etwa bestehende Forderung C–B leugnen. C muss also an A selbst dann zurückzahlen, wenn er von B noch etwas zu fordern hat; für C gilt »Wie gewonnen, so zerronnen«. **677**

Auch der BGH hatte eine solche Direktkondiktion der irrtümlich ohne wirksame Anweisung zahlenden oder überweisenden Bank gegen den Empfänger früher schon mehrfach bejaht.[28] In allen Fällen hatte jedoch der Empfänger den Mangel der Anweisung gekannt. Ob der BGH diese Kenntnis oder den Unterschied zwischen einer bloß mangelhaften Anweisung und deren gänzlichem Fehlen für maßgeblich hielt, war lange Zeit ungewiss. Später hat der BGH klargestellt, dass es auf die Redlichkeit des Empfängers nur ankomme, wenn der Anweisende die Zahlung in zurechenbarer Weise »mit veranlasst« habe; dagegen sei stets eine Direktkondiktion gegeben, »wenn eine wirksame Anweisung fehlt und dem Anweisenden diese auch nicht zuzurechnen ist«.[29] Die Interessen des (scheinbar) Anweisenden hätten dann Vorrang vor denen des redlichen Empfängers, für dessen Schutz § 818 III genüge.[30] Dass der Zahlungsempfänger von einer Leistung seines Schuldners ausgegangen sei, spiele keine Rolle, weil das Vertrauen auf den nicht zurechenbaren Anschein einer Tilgungs- und Zweckbestimmung nicht geschützt werde.[31] Die Zahlung der Bank hat danach selbst dann keine Tilgungswirkung, wenn die Schuld des Anweisenden im Valutaverhältnis tatsächlich besteht.[32] Wiederum kann es sich hierbei nur um eine (als Aufwendungskondiktion einzuordnende[33]) **Nichtleistungskondiktion** handeln:[34] Die Bank hat ja gegenüber dem Empfänger keinen eigenen Zweck verfolgt (also nicht an diesen »geleistet«), son-

---

26 BGHZ 88, 232 (237), dazu *Lieb* JZ 1983, 960; *W. Lorenz* JZ 1984, 190f.; *Gottwald* JuS 1984, 841.

27 Etwa *Canaris,* FS Larenz, 1973, 799 (821); *Langenbucher,* FS Heldrich, 2005, 285 (289); *S. Lorenz* JuS 2003, 839 (840); abweichend *Wieling* JuS 1978, 801 (807).

28 BGHZ 66, 362; 66, 372; 67, 75; BGH NJW 1987, 185. Zum Bereicherungsausgleich im Lastschriftverkehr BGH NJW 2011, 1434 im Anschluss an BGHZ 167, 171; dazu *J. Hager* JA 2006, 738 (740); *Würdinger* JuS 2007, 418 (421); krit. MüKoBGB/*Schwab* § 812 Rn. 127; zur Beweislast dort BGH NJW 2011, 2130.

29 BGHZ 176, 234 Rn. 10; BGH NJW 2011, 66 Rn. 32; vgl. auch: *Larenz/Canaris* SchuldR II 2 § 70 IV 2; *Langenbucher,* Die Risikozuordnung im bargeldlosen Zahlungsverkehr, 2001, 176.

30 BGHZ 147, 145 (149ff.); 152, 307 (312).

31 BGHZ 147, 145 (151); 152, 307 (312); 158, 1 (5ff.).

32 BGHZ 147, 145 (151); 158, 1 (5ff.).

33 *Larenz/Canaris* Schuldrecht II 2 § 70 IV 2e; NK-BGB/*v. Sachsen Gessaphe* § 812 Rn. 15.

34 StRspr seit BGH NJW 1994, 2357 (2358); zuletzt BGH NJW 2011, 66 Rn. 32f.; *S. Lorenz* JuS 2003, 839 (840).

dern nur die vermeintliche Anweisung ihres Kunden ausführen (also an diesen »leisten«) wollen.

An einer zurechenbaren Veranlassung fehlt es, wenn die Anweisung gefälscht[35] oder vorgetäuscht,[36] der Scheck nicht unterschrieben,[37] der Anweisende geschäftsunfähig[38] oder nicht wirksam vertreten war.[39] Dagegen bejaht der BGH die Zurechenbarkeit, wenn die Anweisung rechtzeitig vor ihrer Ausführung widerrufen wurde (→ Rn. 676). Der Anweisende habe die Zahlung dann immerhin selbst »in Gang gesetzt« und stehe dem Fehlverhalten der Bank »näher« als der Empfänger; dieser sei von den Störungsfolgen freizuhalten, weil er sich um die – ihm regelmäßig verborgenen – Vorgänge im Deckungsverhältnis nicht zu kümmern brauche.[40] Im Schrifttum wird die Zurechenbarkeit vor allem mit dem Argument begründet, der Anweisende habe es in der Hand gehabt, den Empfänger über den Widerruf zu informieren.[41] Sehe er davon ab, habe er jedenfalls nicht alles ihm Zumutbare getan, um den gesetzten Anschein zu beseitigen.[42]

677a Inzwischen ist das **»Recht der Zahlungsdienste«** in den §§ 675c ff. geregelt worden.[43] Dies hat den BGH bei der **Banküberweisung**[44] jüngst zur Aufgabe seiner an Veranlassungs- und Rechtsscheingesichtspunkten orientierten Ansicht bewogen:

BGH BeckRS 2015, 13848: B erteilt der Bank A einen Überweisungsauftrag zugunsten des C, der wegen ungenauer Empfängerangaben zunächst nicht vollzogen werden kann. Obwohl B mit A die Stornierung des Zahlungsauftrags vereinbart, gelangt die Überweisung später doch zur Ausführung. A verlangt von C Rückzahlung.

Zwar kann ein Überweisungsauftrag (Zahlungsauftrag iSd § 675f III 2) nach Zugang bei der Bank grundsätzlich nicht mehr einseitig widerrufen werden (§ 675p I; anders bei Dauer- und Terminaufträgen iSd § 675p III), doch bleibt eine Stornierung des offenen Auftrags durch vertragliche Vereinbarung möglich (vgl. § 675r III).[45] Es fehlte daher an einem wirksamen Zahlungsauftrag des B. Da er die Überweisung aber mitveranlasst und gegenüber C den zurechenbaren Rechtsschein einer Leistung gesetzt hatte, wäre es nach der bisherigen Rspr. darauf angekommen, ob C Kenntnis von der Stornierung hatte. Zu Recht stellt der BGH nunmehr aber darauf ab, dass jeder Zahlungsvorgang gem. § 675j I 1 der **Autorisierung** durch den Kontoinhaber bedarf (die in der Regel in dem der Bank erteilten Zahlungsauftrag enthalten ist[46]). Wo ein wirksamer Zahlungsauftrag und damit die Autorisierung fehlt, sind nach § 675u Erstattungsansprüche der Bank gegen den Zahler ausgeschlossen. In der alleinigen Maß-

35 BGH NJW-RR 1990, 1200 (1201); NJW 1994, 2357 (2358).
36 BGHZ 152, 307 (312); dazu *K. Schmidt* JuS 2003, 499; *Löhnig* JA 2003, 270f.
37 BGHZ 147, 145 (149).
38 BGHZ 111, 382 (384).
39 BGHZ 147, 145 (151). BGHZ 158, 1 (5).
40 BGHZ 176, 234 Rn. 17.
41 *Larenz/Canaris* SchuldR II 2 § 70 IV 3 a S. 230f.
42 Bamberger/Roth/*Wendehorst* § 812 Rn. 236. Weiterführend: *S. Beck,* Die Zuordnungsbestimmung im Rahmen der Leistung, 2008, S. 487ff.
43 Zu Einzelheiten etwa *Einsele,* Bank- und Kapitalmarktrecht, 2. Aufl. 2010, 236ff.; *Köndgen* JuS 2011, 481; *Bitter* WM 2010, 1725 und 1773; *Harke* SchuldR BT Rn. 423ff.
44 Zu den bisherigen Zweifelsfragen bei der Doppel- und Zuvielüberweisung vgl. BGH NJW 2011, 66 Rn. 36 und BGHZ 176, 234 Rn. 19ff. sowie in der Vorauflage Rn. 677 aE.
45 BGH BeckRS 2015, 13848 Rn. 15; MüKoBGB/*Casper* § 675p Rn. 3.
46 MüKoBGB/*Casper* § 675j Rn. 18.

geblichkeit der Autorisierung nach §§ 675j, 675u erblickt der BGH eine gesetzliche »Abkehr vom Horizont des Zahlungsempfängers als maßgebendem Wertungskriterium«: Ob im Valutaverhältnis B-C eine Leistung vorliegt, bestimmt sich nicht länger danach, »ob der Zahlungsempfänger Kenntnis von der fehlenden Autorisierung hat und wie sich der Zahlungsvorgang von seinem Empfängerhorizont darstellt«.[47] Stattdessen kann nur ein autorisierter Zahlungsvorgang als Leistung des Anweisenden im Valutaverhältnis zur Erfüllung führen.[48] Mangels Autorisierung fehlte es an einer Leistung des B an C und zugleich hat B durch die Zahlung der Bank auch keine Schuldbefreiung erlangt. Daher kann die Bank aus § 812 I 1 Fall 2 gegen den Zahlungsempfänger vorgehen,[49] der sich wegen seines Leistungsanspruchs weiter an den Anweisenden halten muss. Dass die Bank das Insolvenz- und Entreicherungsrisiko des Empfängers trägt, lässt sich damit rechtfertigen, dass die unautorisierte Zahlung aus ihrer Risikosphäre stammt.[50]

Ein Teil der Lehre hält dagegen an den bisherigen Grundsätzen fest, da weder die §§ 675c ff. noch die zugrundeliegende **Zahlungsdienste-Richtlinie** (ZDRL) zur Aufgabe des bisherigen Verständnisses nötigten und einen Bereicherungsanspruch der Bank gegen den Zahler nicht ausschlössen.[51] Zweifelhaft ist jedoch, ob diese Ansicht mit den Vorgaben der auf **Vollharmonisierung**[52] gerichteten ZDRL vereinbar ist (vgl. Art. 60 I, 86 I ZDRL).[53] Die ZDRL soll zwar »nur die vertraglichen Verpflichtungen« zwischen Bank und Kunden regeln und könnte daher gesetzliche Ansprüche der Bank gegen ihren Kunden aus § 812 unberührt lassen. Andererseits unterscheidet sie nicht danach, weshalb die Autorisierung fehlt. Auch die gewollte Vereinfachung und Harmonisierung des europäischen Zahlungsverkehrs spricht eher für die Gleichbehandlung der Rechtsfolgen fehlender Autorisierung, so dass sich die Bank allein an den Empfänger halten kann.[54]

Offengelassen hat der BGH, ob die bisherigen Grundsätze außerhalb der §§ 675c ff. weiterhin gelten.[55] Insbesondere sind **Scheck und Wechsel** nach §§ 675c III iVm § 1 X Nr. 6a und b ZAG keine Zahlungsdienste, sodass die Wertung der §§ 675j, 675u bei ihnen an sich nicht gilt.

d) Die angenommene Anweisung

678/679 Bei der **Anweisung im technischen Sinn** des § 783 kann noch eine Besonderheit auftreten: Der Angewiesene wird durch (schriftliche) Annahme auch dem Anweisungsempfänger zur Leistung verpflichtet, § 784. Die aus dem Leistungsbegriff argumentierende Lehre stößt hier auf eine Schwierigkeit: Der Angewiesene (A) schuldet ja jetzt regelmäßig zwei Personen, nämlich dem Anweisenden (B) und dem Anweisungsempfänger (C). A will also mit seiner Zahlung an C beide Verbindlichkeiten erfüllen; er will

47 BGH BeckRS 2015, 13848 Rn. 23f.

48 Ebenso *Bartels* WM 2010, 1828; *Belling/Belling* JZ 2010, 708; *Harke* SchuldR BT Rn. 497; *Hauck* JuS 2014, 1066 (1070); *Linardatos* BKR 2013, 375; *Winkelhaus* BKR 2010, 441.

49 Ausf. Langenbucher/Bliesener/Spindler/*Langenbucher* Bankrechts-Kommentar, 2013, Kap. 3 § 675u Rn. 23.

50 *Winkelhaus* BKR 2010, 441 (448).

51 *Fornasier* AcP 212 (2012), 411 (434f.); *Grundmann* WM 2009, 1109 (1117); *Köndgen* JuS 2011, 481; *Looschelders* SchuldR BT Rn. 1154; *Rademacher* NJW 2011, 2169 (2171).

52 BT-Drs. 16/11643, 113.

53 Offengelassen von BGH BeckRS 2015, 13848 Rn. 22.

54 Langenbucher/Bliesener/Spindler/*Langenbucher* Bankrechts-Kommentar, 2013, Kap. 3 § 675u Rn. 23.

55 Offengelassen von BGH BeckRS 2015, 13848 Rn. 22 (»jedenfalls«).

demnach an B und C »leisten«. Wer ist bei solchem »Handeln im Doppelinteresse«[56] Leistungsempfänger, also Kondiktionsschuldner?

Trotz dieser begrifflichen Schwierigkeit lässt sich aber ein Ergebnis überzeugend begründen: Kondiktionsschuldner des A kann regelmäßig nur B sein. Denn die Annahme nach § 784 soll die Stellung des C verbessern, indem sie C einen eigenen Anspruch gegen A verschafft. Das darf auch bereicherungsrechtlich die Stellung des C nicht verschlechtern. C braucht also nach der Annahme weiterhin nur mit B abzurechnen und nicht auch mit A, wobei er diesem seine Einreden aus dem Verhältnis mit B nicht entgegenhalten könnte.[57]

4. Versprechen der Leistung an Dritte

680 a) **Beim unechten Vertrag zugunsten Dritter,** also wenn der Dritte keinen eigenen Anspruch gegen den Versprechenden hat, ist die bereicherungsrechtliche Behandlung nach dem Gesagten klar: Kondiziert wird regelmäßig in dem fehlerhaften Rechtsverhältnis. Der Dritte braucht also nur herauszugeben, wenn sein Verhältnis zum Versprechensempfänger mangelhaft ist, und der Versprechende kann sich nur an den Versprechensempfänger halten. Abweichendes gilt wieder bloß unter den Voraussetzungen von § 822 (→ Rn. 669).

681 b) **Beim echten Vertrag zugunsten Dritter,**[58] also wenn ein eigener Anspruch des Dritten gegen den Versprechenden besteht, liegt es zunächst ebenso wie bei der angenommenen Anweisung (→ Rn. 678): Der Versprechende ist zwar regelmäßig (vgl. § 335) zwei Ansprüchen ausgesetzt, die er beide erfüllen will. Die vom Leistungsbegriff her argumentierende Ansicht muss daher wieder auf Schwierigkeiten bei der Ermittlung des Leistungsempfängers stoßen. Aber auch hier passt die Erwägung von → Rn. 678: Die Zuwendung eines eigenen Leistungsanspruchs soll die Stellung des Dritten ebenso verbessern wie eine Annahme der Anweisung die Stellung des Anweisungsempfängers. Das muss sich bereicherungsrechtlich auswirken: Auch der durch den eigenen Anspruch begünstigte **Dritte braucht regelmäßig nur mit dem Versprechensempfänger abzurechnen** und nicht mit dem Versprechenden.

Gerade beim echten Vertrag zugunsten Dritter sind aber **zwei Besonderheiten** zu beachten:[59]

682 **aa) Die erste** hängt damit zusammen, dass der echte Vertrag zugunsten Dritter oft zur **Versorgung des Dritten** verwendet wird (vgl. § 330). Darum werden hier häufig die Voraussetzungen des § 822 erfüllt sein: Der Versprechensempfänger ist durch die Leistung des Versprechenden nicht bereichert, weil er sie dem Dritten unentgeltlich zugewendet hat. Dann kann der Versprechende vom Dritten kondizieren.

56 Vgl. *Beuthien* JuS 1987, 841.

57 IErg ebenso *Canaris,* FS Larenz, 1973, 799 (805); *Koppensteiner/Kramer* BereicherungsR 30f.; *Larenz/Canaris* SchuldR II 2 § 70 V 2a; *Reuter/Martinek* BereicherungsR 485f.

58 Zu ihm *S. Lorenz* JuS 2003, 839 (845); allg. *Bayer,* Der Vertrag zugunsten Dritter, 1995.

59 Vgl. *Koppensteiner/Kramer* BereicherungsR 46ff.; *Köndgen,* FG Esser, 1975, 55 (68) *Larenz/Canaris* SchuldR II 2 § 70 V 2; *Reuter/Martinek* BereicherungsR 478ff.; *Looschelders* SchuldR BT Rn. 1157; *Brox/Walker* SchuldR BT § 40 Rn. 18f.

bb) Und zweitens kann, wie schon § 334 nahelegt, das Rechtsverhältnis Versprechender – Dritter gegenüber dem Rechtsverhältnis Versprechender – Versprechensempfänger **unselbstständig sein.** Auch dann spricht manches dafür, dass der Versprechende direkt bei dem (gleichsam nur akzessorisch berechtigten) Dritten soll kondizieren können. 683

Um diese Frage geht es in dem viel erörterten Fall von

BGHZ 58, 184: Der Kaufanwärter A schloss mit dem Bauträger B einen Kaufanwärtervertrag. Dabei wurde B durch den Direktionsassistenten C vertreten. Dieser nahm in zwei der drei Vertragsausfertigungen die Klausel auf, an eine Firma X seien 3 % Makler-Courtage zu zahlen. X mahnte wenig später die Zahlung an und erhielt sie endlich auf ein von ihr bezeichnetes Konto. Doch existierte X in Wahrheit nicht; hinter dem Konto stand C, der zusätzlich in die eigene Tasche verdienen wollte. A focht die Maklervereinbarung nach § 123 an und verlangte die 3 % von C zurück.

Hier ist zunächst schon die Bedeutung der Courtageklausel in den Verträgen A–B fraglich: Liegt ein Versprechen von A an B auf Leistung an X vor, oder hat X selbst, vertreten durch C, mit A kontrahiert? Ein Teil der Lehre bejaht die zweite Möglichkeit:[60] Da die für B bestimmte dritte Vertragsausfertigung die Courtageklausel nicht enthielt, habe A nicht annehmen können, dass C auch wegen der Courtage als Vertreter von B auftreten wollte. Wenn man dem folgt (was wohl richtig ist), kommt hier als Leistungsempfänger nur die mit C identische Firma X in Betracht: Die Klage ist begründet.

Nach der vom BGH gebilligten Auslegung durch die Vorinstanz stellt die Courtageklausel jedoch ein **Versprechen von A an B** (vertreten durch C) auf Leistung an X dar. Die Vorinstanz hatte dabei nur B (also den Versprechensempfänger) als Leistungsempfänger angesehen und daher die Klage abgewiesen. Dagegen hat der BGH einen Anspruch A–C bejaht: Die Leistung an den Dritten könne »eine auf den Dritten bezogene Zweckrichtung« haben, und dann sei der Dritte Leistungsempfänger. So liege es etwa in den Fällen von § 330, aber auch in dem zu entscheidenden Fall: Durch die Nichtaufnahme in das dritte Vertragsexemplar sei die Maklervereinbarung schon äußerlich gegenüber dem Kaufanwärtervertrag abgesetzt worden; ihre Bedeutung betreffe hauptsächlich das Verhältnis A–X (= C).

Schlagwortartig formuliert lautet die hM also: Beim echten Vertrag zugunsten Dritter ist **Empfänger der Leistung** des Versprechenden, wer **in engerer Verbindung zu dem mit dieser Leistung verfolgten Zweck steht** (regelmäßig also der Dritte).

5. Leistung auf fremde Schuld

Sehr umstritten ist die bereicherungsrechtliche Behandlung der (nicht sehr häufigen) **Drittleistung nach §§ 267, 268,** wenn also der Dritte ohne eine vermeintliche oder wirkliche Anweisung[61] auf fremde Schuld leistet. Wenn diese Schuld besteht und der Dritte gerade das Geschuldete leistet, wird der Schuldner befreit. Der Dritte kann sich also nicht an den Gläubiger halten (der ja zwar die Leistung erhalten, aber seine Forderung verloren hat), sondern nur an den befreiten Schuldner. Dazu bedarf es, wenn nicht ein Forderungsübergang nach § 268 III eintritt, der Rückgriffskondiktion von 684

60 *Canaris* NJW 1972, 1196; vgl. auch *Eike Schmidt* JZ 1972, 406.; *F. Peters* AcP 173 (1973), 71; ebenso wie der BGH unterscheidet *W. Lorenz* AcP 168 (1968), 286 (294); *W. Lorenz* JuS 1968, 441.

61 Vgl. *Canaris* NJW 1992, 868.

→ Rn. 950 ff. Anders verhält es sich, wenn die **Schuld,** auf die der Dritte geleistet hat, **nicht wirklich bestanden hat.**

> **Beispiel:** Der Onkel A zahlt die vermeintlichen Mietschulden seines Neffen B beim Vermieter C. B hatte aber, was A nicht wusste, kurz vorher im Lotto gewonnen und die Schulden schon selbst bezahlt. Kann A kondizieren und von wem?

Hier wird vielfach eine **Leistung A–C** bejaht: Im Gegensatz zu den Anweisungsfällen sei es ja A (und nicht B), der C gegenüber den Leistungszweck bestimme. Daher dürfe A bei C kondizieren, und C könne diesem Anspruch keine Einwendungen aus seinem Verhältnis zu B entgegenhalten (etwa wegen inzwischen neu entstandener Mietschulden).

Doch hat sich eine Gegenansicht gebildet:[62] A verfolge einen Zweck (zB Schenkung) bloß gegenüber B. Daher könne A regelmäßig auch nur bei B kondizieren. Dagegen brauche C allein mit B abzurechnen (und könne dem B also auch die Einwendungen aus dem Mietverhältnis entgegenhalten). Entsprechend entscheidet für einen Fall von § 415 III (Erfüllungsübernahme) auch der BGH:[63] A erbringe regelmäßig eine Leistung des B an C und leiste damit zugleich selbst an B. Anders soll es außer bei § 822 nur da liegen, wo A ein Ablösungsrecht (etwa aus §§ 268, 1142) wahrnehmen wolle: Dann verfolge A nämlich einen Zweck (die Ablösung) gegenüber C und nicht gegenüber B.[64]

685 Einerseits spricht für die zuletzt genannte Ansicht, dass ein Streit über das Bestehen der zu tilgenden Forderung zwischen Gläubiger und Schuldner (C und B) ausgetragen gehört. Auch braucht das Nichtbestehen der Schuld nicht allemal den Zweck entfallen zu lassen, den der Dritte (A) gegenüber dem Scheinschuldner (B) verfolgt: Vielleicht etwa wollte der Onkel dem Neffen jedenfalls etwas schenken. Andererseits setzt diese Meinung aber voraus, dass der Scheinschuldner B durch die Zahlung des A eine Kondiktion gegen C erwirbt. Und dem steht entgegen, dass B diese Zahlung nicht veranlasst hat und sie ihm daher ebenso wenig zugerechnet werden kann wie bei einer von vornherein unwirksamen Anweisung B–A (→ Rn. 677).

Das letztgenannte Argument dürfte den Ausschlag geben. Denn es gewährleistet die **Wertungsgleichheit mit den Anweisungsfällen,** die für das Bereicherungsrecht Modellcharakter haben. Dann bleibt für die **Rückabwicklung nur das Verhältnis A–C.**[65] Dass C gegen A dann keine Einwendungen aus dem Verhältnis C–B hat, ist nicht ungerecht: C konnte ja ohnehin mit einer Zahlung des A nicht rechnen (»wie gewonnen, so zerronnen«, → Rn. 677).

Einen Sonderfall der Leistung auf fremde Schuld behandelt

BGHZ 113, 62: Ein Haftpflichtversicherer H glaubt sich seinem Versicherungsnehmer N gegenüber zu einer Ersatzleistung an G verpflichtet. Z behauptet, der Anspruch G–N sei auf ihn übergegangen, und erreicht so die Auszahlung der Ersatzsumme an sich selbst. Später stellt sich heraus, dass weder der Versicherungsfall eingetreten noch die angebliche Abtretung erfolgt war. H ficht nach § 123 an und verlangt die Zahlung von Z zurück.

---

62 Etwa *Eike Schmidt* JZ 1971, 601 (606); *Köndgen,* FG Esser, 1975, 55 (67); *Wieling* JuS 1978, 801.

63 BGHZ 82, 28; 72, 246 (248); abl. *Weitnauer* NJW 1979, 2008.

64 Insoweit zust. *Koppensteiner/Kramer* BereicherungsR 45.

65 Ebenso die hM, etwa *Grunewald* BürgerlR § 31 Rn. 19; iErg auch *Canaris,* FS Larenz, 1973, 799 (847 f.); *Larenz/Canaris* SchuldR II 2 § 70 V 3b; anders konstruieren *Reuter/Martinek* BereicherungsR 467 ff.

In diesem Fall einer bloßen **Scheinzession** (weil dem Zedenten nur der Schein einer Forderung zugestanden hatte) hat der BGH mit Recht die Kondizierbarkeit bei dem Scheinzessionar Z angenommen.[66] Die eigentliche Problematik der Drittleistung auf nicht bestehende Schuld ergibt sich erst bei einer an sich wirksamen Zession. Doch hat der BGH diesen Fall gleich mitentschieden: H habe nicht auf eine eigene Schuld geleistet, sondern auf die vermeintliche Schuld seines Versicherungsnehmers N. Diese Leistung sei nicht auf Weisung des N erfolgt, sondern nach eigenverantwortlicher Prüfung durch H selbst. Daher liege kein Anweisungsfall vor, sondern ein Fall des § 267. Hier stamme die Tilgungsbestimmung von dem zahlenden Dritten (im Beispiel H), sodass dieser selbst seine Leistung kondizieren könne. Damit bestätigt der BGH die hM über die **Kondizierbarkeit A–C.**

Zu dieser Entscheidung gibt es mehrere Stellungnahmen mit Kritik und Antikritik.[67] Zuzugeben ist bloß, dass sich dieser Fall nicht als Examensaufgabe eignen würde. Das liegt aber an dessen Absonderlichkeit (wann zahlt schon ein Versicherer so unbedacht?) und Kompliziertheit (Vierpersonenverhältnis) und weniger daran, dass es zur Lösung kontroverse Ansichten gibt. Diese betreffen vielmehr nur die (durchaus diskutable) Frage, wann eine Drittleistung im Rechtssinn von dem Schuldner »veranlasst« ist, und ob es darauf überhaupt ankommen soll. Dass der BGH hier eine solche Veranlassung verneint, ist wenigstens vertretbar.

6. Zession

685a **BGHZ 105, 365:** V war bei F gegen Feuer versichert. Nach einem Brand verlangt er die Auszahlung der Versicherungssumme. F verweigert die Zahlung, weil V den Brand selbst gelegt habe. V tritt seine Forderung gegen F sicherungshalber an B ab. Schließlich zahlt F an B, weil die Brandstiftung nicht zu beweisen sei. Später wird V unter anderem wegen Brandstiftung verurteilt. F verlangt die Zahlung von B zurück.

Der BGH hat hier entschieden, F müsse auch nach der Zession ihren Vertragspartner V in Anspruch nehmen:[68] Diesem gegenüber sei der Zweck der Zahlung bestimmt gewesen. Unter besonderen Umständen könne die Leistungskondiktion stattdessen gegen den Zessionar gerichtet werden, etwa wenn dieser die Auszahlung besonders intensiv verlangt habe.[69]

Eine solche Unterscheidung nach der Intensität des Zahlungsverlangens ist jedoch zweifelhaft. Vielmehr ist mit der hier an sich wirksamen Zession nach § 398 S. 2 der Zessionar an die Stelle des Zedenten getreten. Es geht also gar nicht um ein Drei-, sondern um ein Zweipersonenverhältnis; Kondiktionsschuldner kann folglich nur der Zessionar B sein.[70] Dass bisweilen (anders als in dem vorliegenden Fall) der Zessionar als Rückzahlungsschuldner weniger sicher ist als der Zedent, gehört zu den Lasten, welche die §§ 398 ff. dem (»abgetretenen«) Schuldner zumuten (ebenso wie etwa dieje-

66 Vgl. auch *S. Lorenz* JuS 2003, 839 (841 f.); NK-BGB/*v. Sachsen Gessaphe* § 812 Rn. 175.
67 *Wertheimer* JuS 1992, 284; *H. H. Jakobs* NJW 1992, 2524; *Martinek* JZ 1991, 399; NJW 1992, 3141; *Canaris* NJW 1992, 868; 3143.
68 Ebenso BGHZ 122, 46; BGH NJW 2012, 3373; vgl. auch *S. Lorenz* JuS 2003, 839 (842).
69 So BGH NJW 1989, 161.
70 *Wilhelm* JZ 1994, 585 (594); *E. Koch* VersR 1989, 891; *Schubert* JR 1989, 371; *Kohler* WM 1989, 1629; *Lieb* JURA 1990, 359; *Dörner* NJW 1990, 473; *W. Lorenz* AcP 191 (1991), 279; *Mankowski* ZIP 1993, 1214; *Larenz/Canaris* SchuldR II 2 § 70 V 1; ebenso NK-BGB/*v. Sachsen Gessaphe* § 812 Rn. 165; aA *Fikentscher/Heinemann* SchuldR Rn. 1105; MüKoBGB/*M. Schwab* § 812 Rn. 202.

nige, dass er einen besonders rücksichtsvollen Gläubiger verliert). Regelmäßig aber wird sich die Leistung am ehesten bei demjenigen kondizieren lassen, der sie wirklich erhalten hat.

7. Die Brauchbarkeit des Leistungsbegriffs

686 Bis hierhin ist auf die **Ableitung von Lösungen** aus dem Leistungsbegriff (→ Rn. 666) bewusst verzichtet und sind stattdessen wertungsbestimmte Argumente verwendet worden. Jetzt bleibt die Frage, wie sich die hier begründeten Ergebnisse mit dem herkömmlichen Leistungsbegriff vertragen. Mit anderen Worten: Kann dieser Begriff die erwünschte Kurzformel für die anders begründeten Ergebnisse sein?

Man kann das wohl bejahen:[71] In den weitaus meisten Fällen treffen die Konsequenzen aus dem Leistungsbegriff in der Tat zu. So ergibt er insbesondere, dass es bereicherungsrechtlich nicht auf das dingliche Schicksal des Leistungsobjekts ankommt, sondern auf die Zwecksetzung. Beispielsweise ist es gleichgültig, dass der Angewiesene (A) sein eigenes Geld an den Anweisungsempfänger (C) zahlt, dass also die Übereignung im Verhältnis A–C stattfindet. Dass bei C nur der Anweisende (B) kondizieren kann, beruht nämlich darauf, dass für die Leistung an C allein B den Zweck bestimmt und sich des A lediglich als »Leistungsgehilfen« bedient hat. Damit ist das Tatbestandsmerkmal »auf Kosten« in § 812 I 1 für die Leistungskondiktion überflüssig: Es kommt nicht darauf an, wer durch die Leistung ein Recht verliert. In diesem Sinn ist auch der Satz richtig: »Erfüllungsgehilfen kondizieren nicht«[72] – nämlich nicht die Leistung, an der sie nur als Gehilfen mitgewirkt haben.

In dem hier angedeuteten Sinn argumentiert auch der BGH: »Entscheidend ist, welchen Zweck die Beteiligten nach ihrem zum Ausdruck gebrachten Willen verfolgt haben. Danach richtet sich auch die einer Zuwendung gegebene Zweckbestimmung, die wiederum für das Leistungsverhältnis maßgebend ist, innerhalb dessen der bereicherungsrechtliche Ausgleich zu vollziehen ist«. Zugleich betont der BGH freilich die Ablehnung »jeder schematischen Lösung«.[73]

Insbesondere bei den sehr häufigen Geldleistungen durch Banküberweisung[74] sind die beteiligten Banken regelmäßig (aber → Rn. 677) Leistungsgehilfen des Auftraggebers oder des Überweisungsempfängers; die Überweisung wird also bereicherungsrechtlich ebenso behandelt wie eine Barzahlung zwischen diesen beiden Personen, doch vgl. jetzt → Rn. 677a.

Allerdings muss man sich der beschränkten Funktion des Leistungsbegriffs als Kurzformel bewusst bleiben: Er kann die Lösung nur für diejenigen Fälle angeben, die bei seiner Formulierung berücksichtigt worden sind. Diese Beschränkung zeigt sich insbesondere, wo ein Schuldner mehrere Gläubiger hat (→ Rn. 678; 681) oder wo ein Dritter leistet (→ Rn. 684f.). Auch ist stets an die abweichende Wertung von § 822 zu denken (→ Rn. 669, 676).

---

71 Ebenso *Köndgen*, FG Esser, 1975, 55; *Koppensteiner/Kramer* BereicherungsR 48f.; krit. *Larenz/Canaris* SchuldR II 2 § 70 VI 2.

72 *Kellmann* JR 1988, 97.

73 BGHZ 82, 28 (30); ebenso BGHZ 89, 376 (381); 105, 365 (369), BGH NJW 1984, 2205. Inzwischen ist diese dogmatisch hilflose Floskel (zu ihr auch *Omlor/Spies* JR 2011, 139) teilweise aufgegeben worden; etwa BGHZ 158, 1 (5).

74 Dazu *Canaris* WM 1980, 354 und bei *Larenz/Canaris* SchuldR II 2 § 70 IV; *Reuter/Martinek* BereicherungsR 440f.; *Fornasier* AcP 212 (2012), 410.

8. Irrtum über den Leistenden

687 Kein eindeutiges Ergebnis liefert der Leistungsbegriff endlich auch für eine viel behandelte Frage:[75] Bestimmt sich das Vorliegen eines Leistungsverhältnisses aus der Sicht des Leistenden oder des Zuwendungsempfängers?

> **Beispiel:** Der Grundstückseigentümer E bestellt bei A ein schlüsselfertiges Haus und bezahlt den Festpreis. A kauft das in das Haus einzubauende Installationsmaterial im Namen des E bei B. B liefert das Material »wortlos« an die Baustelle; es wird eingebaut. A fällt in Insolvenz; B verlangt von E Bezahlung.

Dieser Anspruch kann nicht auf einen Kaufvertrag B–E gestützt werden: Ein solcher Vertrag ist nicht zustande gekommen, wenn E das vollmachtlose Handeln des A nicht genehmigt (§ 177 I). In Betracht kommt aber eine Leistungskondiktion des Materialwertes (§ 818 II). Hierfür müsste zwischen B und E ein Leistungsverhältnis vorliegen. Das ist indessen zweifelhaft: Zwar wollte B an E leisten, dem er sich vertraglich verpflichtet glaubte. Jedoch konnte E annehmen, das Material sei eine Leistung des A, der ja auch die Installation für das schlüsselfertige Haus schuldete. Zur Lösung dieser Frage gibt es im Wesentlichen zwei Ansichten:

a) Der Wille des Leistenden

Die ältere Lehre einschließlich des RG hatte auf die Willensrichtung des Leistenden abgestellt.[76] Danach hätte im Beispiel B die Leistungskondiktion gegen E, die allerdings durch § 951 I 2 auf Wertersatz beschränkt wird. Problematisch ist dann freilich, inwieweit E seine Zahlungen an A dem B als Entreicherung nach § 818 III entgegenhalten kann (→ Rn. 725).

b) Die Sicht des Zuwendungsempfängers

Demgegenüber hat der BGH das Leistungsverhältnis vom Empfänger E her beurteilt:[77] Maßgebend sei, als wessen Leistung sich die Zuwendung »bei objektiver Betrachtungsweise aus der Sicht des Zuwendungsempfängers« darstelle. Die Literatur hat dem vielfach mit der Maßgabe zugestimmt, dass die **§§ 133, 157 mindestens entsprechend** anzuwenden seien: Entscheidend sei, was dem E nach den Auslegungsregeln über Willenserklärungen erkennbar geworden sei.[78] Danach wäre E keiner Leistungskondiktion des B ausgesetzt, wenn er die Lieferung für eine Leistung des A halten durfte. Freilich bleibt dann die vom BGH hier nicht erörterte Frage, ob nicht B den bei E entstandenen falschen Anschein der Leistungsbestimmung nach § 119 I muss anfechten können: Eine solche unverzügliche (§ 121 I) Anfechtung wird in anderem Zusammenhang zugelassen.[79]

---

75 Im Anschluss an BGHZ 36, 30; 40, 272. Dazu etwa *Baur/M. Wolf* JuS 1966, 393; *Köndgen*, FG Esser, 1975, 55 (71) mit Angaben, dazu noch *Joerges* JuS 1975, 514; *Wieling* JZ 1977, 291; *Reuter/Martinek* BereicherungsR 454ff.; *Larenz/Canaris* SchuldR II 2 § 70 III 3; Staudinger/*S. Lorenz*, 2007, § 812 Rn. 61.

76 RGZ 98, 64 (65); ebenso: *Koppensteiner/Kramer* BereicherungsR 38; *Köndgen*, FG Esser, 1975, 55 (71f.); *Schnauder* NJW 1999, 2841; *Staake* WM 2005, 2113 (2117).

77 BGHZ 58, 184 (188); 67, 232 (241); BGHZ 72, 246 (249); BGH NJW 1975, 27 mAnm *v. Olshausen; Larenz/Canaris* SchuldR II 2 § 70 III 3c; *S. Lorenz* JuS 2003, 839 (843); MüKoBGB/*M. Schwab* § 812 Rn. 184. Immerhin hat BGHZ 152, 307 (313, 315) bei der fehlerhaften Anweisung den Glauben des Empfängers daran, die Leistung stamme von einer bestimmten Person, für unbeachtlich erklärt.

78 *Baur/Wolf* JuS 1966, 395f.; *S. Lorenz* JuS 2003, 739 (730f.); *Reuter/Martinek* BereicherungsR 455f.

79 BGHZ 106, 163 (166). Für Anfechtbarkeit der Tilgungsbestimmung *Canaris*, FS Larenz, 1973, 799 (827); *S. Lorenz* JuS 2003, 739 (743); aA insoweit MüKoBGB/*M. Schwab* § 812 Rn. 185: nicht seine

c) Lösungsvorschlag

688 Vorzugswürdig ist wohl Folgendes: E ist nur schutzwürdig, wenn er im Vertrauen auf eine Leistung des A an diesen gezahlt hat. Das spricht gegen die Lösung des BGH: Nach ihr ist ja E selbst dann gegen eine Leistungskondiktion des B geschützt, wenn E schon vor der Lieferung des B oder überhaupt noch nicht an A gezahlt hat.

Soweit E danach schutzwürdig ist, muss diese seine Schutzwürdigkeit mit der des B verglichen werden. Und da sprechen die überwiegenden Gründe für die **Schutzunwürdigkeit des B:** So hat er es unterlassen, sich der Vollmacht des A zu vergewissern. Ein solches Vertrauen auf die von A behauptete Innenvollmacht ist nach allgemeinen Grundsätzen nur in den Fällen der Duldungs- und nach hM auch der Anscheinsvollmacht schutzwürdig. Anlass, von dieser Wertung im Bereicherungsrecht abzuweichen, besteht nicht. Überdies hat B auch noch auf Kredit geliefert. Dagegen hat E an A erst gezahlt, nachdem dieser seine Leistung anscheinend erbracht hatte. Da also B ohne ausreichende Grundlage dem A vertraut hat, muss er den Schaden aus diesem enttäuschten Vertrauen tragen.[80]

III. Gründe für die Leistungskondiktion

689 Im Anschluss an die gemeinrechtliche Terminologie wird die Leistungskondiktion üblicherweise in **Fallgruppen** untergliedert. Kriterien hierfür bilden die Umstände, auf denen der Mangel des die Leistung rechtfertigenden Grundes beruht.[81] Bedeutung hat diese Einteilung vor allem für den Ausschluss der Kondiktion (§§ 814, 815, 817 S. 2) und für die Haftungsverschärfung (§§ 819, 820).

1. Condictio indebiti

Am häufigsten begegnet die *condictio indebiti* des § 812 I 1 Fall 1: Der rechtliche Grund für die Leistung hat von Anfang an gefehlt. Gemeint sind hier Leistungen solvendi causa, also zur Tilgung einer Verbindlichkeit. Der Tatbestand des § 812 I 1 Fall 1 wird daher häufig als »Leistung auf eine Nichtschuld« bezeichnet (es genügt auch eine Schuld aus schwebend unwirksamem Rechtsgeschäft).[82] Doch ist das noch zu eng. Denn erstens wird § 812 I 1 Fall 1 durch § 813 auch auf den Fall erweitert, dass die Schuld zwar besteht, aber mit einer **dauernden Einrede** behaftet ist. Und zweitens umfasst § 812 I 1 Fall 1 auch die **erfolglose Leistung** auf eine einredefrei bestehende Schuld.

> **Beispiel:** Der Gattungsschuldner S liefert Ware von schlechterer als mittlerer Art und Güte. Nach § 243 I ist das regelmäßig keine Erfüllung: S bleibt zur Lieferung mindestens mittelguter Ware verpflichtet. Er muss daher die gelieferte schlechtere Ware kondizieren können, obwohl er keineswegs auf eine Nichtschuld geleistet hat. Beim Kauf gelangt man freilich über die §§ 434, 437 Nr. 2 ins Rücktrittsrecht (§§ 323, 326 V, 346ff.).

Tilgungsbestimmung; ebenso *J. Hager*, FG 50 Jahre BGH, Bd. I, 2000, 777 (801), der mit guten Gründen Parallelen zum Sachenrecht zieht.

80 Ebenso NK-BGB/*v. Sachsen Gessaphe* § 812 Rn. 185; konstruktiv ähnlich wie hier, aber dem RG folgend *Flume* JZ 1962, 281f.

81 Vgl. *Reuter/Martinek* BereicherungsR Rn. 125; vgl. auch *Larenz/Canaris* SchuldR II 2 § 68 I; *Koppensteiner/Kramer* BereicherungsR 49ff.; *Kupisch* JZ 1985, 101; 163; dagegen *Weitnauer* JZ 1985, 555.

82 BGHZ 65, 123.

Der Grund für die *condictio indebiti* ist also der **Nichteintritt der** mit der Leistung bezweckten **Befreiung von einer einredefreien Forderung:** Der Leistungsempfänger soll hier die Leistung nicht behalten dürfen, weil er keine Forderung verloren hat, auf die er Erfüllung hätte verlangen können. Abweichendes gilt nur in den Fällen von § 814, also vor allem bei Kenntnis des Leistenden vom Fehlen seiner Verpflichtung.

Diese Vorschrift wird freilich allgemein sehr eng ausgelegt: Bloße Zweifel des Leistenden an seiner Verpflichtung genügen nicht; auch soll § 814 auf Leistungen unter Vorbehalt oder unter dem Druck einer drohenden Zwangsvollstreckung oder erklärtermaßen zur Vermeidung eines empfindlichen Übels[83] unanwendbar sein. Andererseits aber ist § 814 unstreitig auf den Fall des § 813 zu erweitern: Auch die Kenntnis einer dauernden Einrede schließt die Rückforderung aus.

2. Condictio ob causam finitam

690 Bei der *condictio ob causam finitam* (§ 812 I 2 Fall 1) hat die Forderung zwar im Augenblick der Leistung bestanden. Sie wäre aber später (etwa durch Eintritt einer auflösenden Bedingung) weggefallen, wenn sie nicht schon durch die Leistung erloschen wäre. § 814 gilt hier weder direkt noch entsprechend: Der Leistende war ja im Zeitpunkt seiner Leistung wirklich verpflichtet; dass er die bloße Möglichkeit kannte, seine Verpflichtung werde später wegfallen, ändert nichts an seiner Leistungspflicht und genügt daher für § 814 nicht.

3. Exkurs: Ausgleichsansprüche bei gemeinsamer Lebensführung

690a Bei gemeinsamer Lebensführung werden die Kosten häufig allein oder überwiegend von nur einem Partner getragen. Bei einer **Trennung** stellt sich die Frage nach einer Rückforderung des Geleisteten etwa nach Bereicherungsrecht. Dabei scheidet für das Verhältnis zwischen den Partnern **Schenkungsrecht** aus, weil der Empfänger die Zuwendung nicht nach Belieben verwenden darf, sodass es an wirklicher Unentgeltlichkeit oder doch an einer Einigung hierüber fehlt.[84]

Man spricht daher von gemeinschaftsbezogenen Geschäften eigener Art oder von unbenannten (= typenfremden) **Zuwendungen.**[85] Für den Ausgleich hat sich die folgende Unterscheidung herausgebildet.

a) Fälle mit Zugewinnausgleich

Bei Vermögensverschiebungen zwischen Ehegatten im gesetzlichen Güterstand (§§ 1363 ff.) soll regelmäßig der **Zugewinnausgleich genügen.**[86] Damit wird eine »Ausgleichung nach allgemeinen schuldrechtlichen Regeln im Wege selbstständiger Einzelrückabwicklung« (etwa Rücktritt wegen Wegfalls der Geschäftsgrundlage) wegen der damit verbundenen Schwierigkeiten abgelehnt.

Die pauschale Abwicklung über den Zugewinnausgleich nimmt in Kauf, dass die Zuwendung nur dem Werte nach und oft auch nur zur Hälfte an den Geber zurückfließt, §§ 1378 I, 1380.

---

83 BGHZ 152, 233.

84 Näher *Zeranski,* Die Rückforderung von Schenkungen wegen Verarmung, 2014, 20 ff.

85 Grundlegend *Lieb,* Die Ehegattenmitarbeit im Spannungsfeld zwischen Rechtsgeschäft, Bereicherungsrecht und gesetzlichem Güterstand, 1970; *J. Hager,* FS Coester-Waltjen, 2015, 101; vgl. auch *Löhnig* FamRZ 2003, 1521; *M. Schwab* FamRZ 2010, 1701; *Poelzig* JZ 2012, 425; *Wellenhofer* FamR § 18.

86 BGHZ 115, 132 (dazu *Tiedtke* JZ 1992, 334); *Coester-Waltjen* JURA 2011, 341.

Ausnahmsweise soll aber auch ein **anderer Ausgleich** gewährt werden, insbesondere nach den Regeln über den **Wegfall der Geschäftsgrundlage** (§ 313). Das soll gelten, wenn das Ergebnis des Zugewinnausgleichs »schlechthin unangemessen und (für den Geber) unzumutbar ist«. So liegt es etwa, wenn der Geber ein besonderes Interesse an der Rückgewähr gerade des zugewendeten Gegenstandes hat, sodass ein bloßer Wertausgleich nicht genügt. Weiter ist Unzumutbarkeit denkbar, wenn andere Gründe »den Rückgriff auf die verdrängten Regeln über den Wegfall der Geschäftsgrundlage … zwingend gebieten«.[87] Das mag gegeben sein bei Versagen des Zugewinnausgleichs (etwa weil der Empfänger der Zuwendung insgesamt keinen Zugewinn gemacht hat) und wenn der Zuwendende in Not gerät, sodass er eine Schenkung nach § 528 widerrufen könnte. Auch kommt ein den Zugewinnausgleich ergänzender Anspruch wegen vorehelichen **Zuwendungen** in Betracht.[88] Hat ein Ehegatte eine gemeinsame Schuld allein beglichen, ist zusätzlich an einen **Ausgleichsanspruch nach § 426** zu denken.[89] Doch sollen bei einer nichtehelichen Lebensgemeinschaft die persönlichen Beziehungen das Gesamtschuldverhältnis »überlagern«, sodass Leistungen eines Partners im gemeinsamen Interesse oft keinen Raum für Ausgleichsansprüche lassen.[90] Gleiches muss regelmäßig auch für die Ehe gelten.

b) Fälle ohne Zugewinnausgleich

690b Danach bleiben die Fälle ohne Zugewinnausgleich,[91] nämlich bei Gütertrennung[92] und bei nichtehelichen Lebensgemeinschaften. Hier hat der BGH mit einem »**ehebezogenen Geschäft eigener Art**« gearbeitet (über den Erwerb eines Grundstücks und den Bau eines Familienwohnheims), dessen Geschäftsgrundlage der Fortbestand der Ehe bilde. Ein Ausgleich soll stattfinden, wenn »beim Scheitern der Ehe die Früchte der geleisteten Arbeit in Gestalt einer messbaren Vermögensmehrung beim anderen Ehegatten noch vorhanden sind«.[93] Später ist dieses eigenartige ehebezogene Geschäft, das weder eine nichtrechtsgeschäftliche Gefälligkeit noch eine Schenkung darstellen soll, als »**unbenannte** (= typenfremde) **Zuwendung**« bezeichnet worden.[94]

Die Annahme einer **BGB-Gesellschaft** zwischen den Partnern einer nichtehelichen Lebensgemeinschaft erfordert einen ausdrücklich oder konkludent geschlossenen Gesellschaftsvertrag. Dafür bedarf es des Rechtsbindungswillens. Dieser kann nicht ohne Weiteres angenommen werden, wenn die Partner keinen über das Zusammenleben hinausgehenden Zweck verfolgen; allein die Höhe der Zuwendung und ein gemeinsames Risiko rechtfertigen diese Annahme nicht. Dementsprechend ist auch für die früher erwogene Anwendung der **§§ 730ff.** bei Fehlen einer Vereinbarung über eine BGB-Gesellschaft kein Raum.[95]

---

87 BGHZ 115, 132 (139).
88 BGH NJW 2012, 3374; BGHZ 115, 261: schon in der Verlöbniszeit.
89 BGHZ 87, 265; NK-BGB/*v. Sachsen Gessaphe* § 812 Rn. 60.
90 BGHZ 183, 242 Rn. 17.
91 Dazu *Hausmann*, Nichteheliche Lebensgemeinschaften und Vermögensausgleich, 1989; *Diederichsen* NJW 1983, 1017; FamRZ 1988, 889; *Joost* JZ 1985, 10; *Schlüter/Belling* FamRZ 1986, 465; *Coester-Waltjen* NJW 1988, 2085; *Schwenzer* JZ 1988, 781; *Kollhosser* NJW 1994, 2313; *Henke/Keßler* JuS 2011, 686; zum IPR *S. Lorenz* FamRZ 1993, 393; *S. Lorenz/Unberath* IPrax 2005, 516.
92 Zu ihr *Dauner-Lieb* AcP 210 (2010), 580; *Dauner-Lieb* AcP 201 (2001), 295.
93 BGHZ 84, 361 (368); ähnlich BGHZ 127, 48.
94 So etwa BGHZ 116, 167 (170), wo für erbrechtliche Fragen Schenkungsrecht angewendet wird. BGHZ 142, 300 hält auch § 822 für anwendbar.
95 BGHZ 177, 193 Rn. 30; 183, 242 Rn. 20; BGH NJW 2013, 2187; dazu *Wellenhofer* JuS 2014, 76.

Dagegen wird jetzt auch bei nichtehelichen Lebensgemeinschaften für **gemeinschaftsbezogene Zuwendungen** ein Rückgriff auf die Regeln über den Wegfall der **Geschäftsgrundlage** (§ 313) zugelassen.[96] Das kann zu einem Anspruch auf Rückgewähr des Geleisteten nach §§ 313 III, 346 I bzw. Wertersatz (§ 346 II Nr. 2) führen.[97] Geschäftsgrundlage soll die Vorstellung oder Erwartung sein, die Lebensgemeinschaft werde Bestand haben. Gelten soll das aber nur für Leistungen, die über das zum Zusammenleben Nötige hinausgehen. Gleich beurteilt der BGH übrigens auch andere Lebensgemeinschaften (des »gemeinsamen Wirtschaftens«), etwa zwischen Geschwistern.

Schließlich ist an einen **Ausgleich nach Bereicherungsrecht** zu denken, und zwar nach § 812 I 2 Fall 2. Das erfordert eine »finale Ausrichtung der Leistung auf einen nicht erzwingbaren Erfolg«, nämlich auf den Fortbestand der Lebensgemeinschaft. Für konkludente Einigung hierüber (»nach dem Inhalt des Rechtsgeschäfts« in § 812 I 2) soll genügen, dass »der eine Teil mit seiner Leistung einen bestimmten Erfolg bezweckt und der andere Teil das erkennt und die Leistung widerspruchslos entgegennimmt«.[98] Damit ist ein Ausgleich wesentlich erleichtert worden. Doch entstehen durch den Tod des Zuwendenden regelmäßig keine Ansprüche seiner Erben. Zudem zieht der Tod des zuwendenden Partners nicht den Wegfall der GG nach sich, wenn die Zuwendung in der Erwartung oder Vorstellung erfolgte, dass die – insoweit ja nicht gescheiterte – Lebensgemeinschaft fortbestehen werde.[99]

c) Zuwendungen durch Dritte

690c Zudem kommen auch weitere Fälle von Zuwendungen wegen eines Zusammenlebens in Betracht. Lassen Eltern ihrem Schwiegerkind für den Hausbau dagegen namhafte Beträge zukommen, ist dies auch dann keine unbenannte Zuwendung, wenn dies um der Ehe willen erfolgt. Vielmehr liegt eine Schenkung vor, für die der Fortbestand der Ehe regelmäßig GG ist.[100] Auch sollen Ansprüche aus § 812 I 2 Fall 2 in Betracht kommen.

4. Condictio ob rem

§ 812 I 2 Alt. 2

691 Die schwierigste und meistumstrittene Gruppe ist die *condictio ob rem* (§ 812 I 2 Fall 2). Kondiktionsgrund ist hier der Nichteintritt des mit der Leistung »nach dem Inhalte des Rechtsgeschäfts bezweckten Erfolges«. Dafür genügen nicht schon einseitige, wenngleich vom Empfänger erkannte Erwartungen des Leistenden.[101] »Erfolg« kann dabei auch nicht die Erfüllung einer Verbindlichkeit sein, weil bei Ausbleiben des Erfüllungserfolgs die *condictio indebiti* zuständig ist.[102] Es bleiben zwei Möglichkeiten:

96 Zur Abgrenzung zu § 812 I 2 Fall 2 *Scherpe* JZ 2014, 659.
97 BGH NJW 2014, 2638 Rn. 16.
98 BGHZ 115, 261 (263); 177, 193 Rn. 34.
99 BGHZ 183, 242; zusammenfassend auch BGHZ 127, 48; BGH NJW 2012, 3374.
100 BGHZ 184, 190 (dazu *E. Koch* DNotZ 2010, 861); BGH NJW 2010, 2884 (dazu *Adolphsen/Mutz* JuS 2011, 431; vgl. auch BGH NJW 2015, 1014 (dazu *Wellenhofer* JuS 2015, 271); *Kogel* FamRZ 2011, 1121; BGH NJW 2012, 523; *Poelzig* JZ 2012, 425.
101 BGH NJW 1973, 612; 2013, 3364.
102 NK-BGB/*v. Sachsen Gessaphe* § 812 Rn. 53; *Singer* WM 1983, 254; lehrreich *Röthel* JURA 2013, 1246; s. auch → Rn. 689.

a) Leistung ohne Verpflichtung

Entweder man beschränkt die *condictio ob rem* überhaupt auf die Fälle, in denen die Leistung nicht auf eine Verpflichtung hin erfolgt.[103] Dann muss der Leistende ja etwas anderes beabsichtigen als die Erfüllung. Als solche anderen Zwecke kommen in Betracht die Begründung eines Rechtsverhältnisses (etwa Barkauf, Handschenkung), das Erlangen einer nicht geschuldeten Gegenleistung (zB einer Erbeinsetzung, die eine Dienstleistung vergüten soll) oder überhaupt ein nicht geschuldetes Verhalten des Empfängers.[104]

b) Leistung zu einem Erfolg jenseits der Erfüllung

Oder aber man erstreckt die *condictio ob rem* auch auf Leistungen, mit denen eine Verbindlichkeit erfüllt werden sollte und erfüllt worden ist. Dann muss der bezweckte Erfolg, dessen Nichteintritt die Kondiktion begründet, ein über die Erfüllung hinausgehender sein.[105]

c) Insbesondere die enttäuschte Vergütungserwartung

692 Diese Problematik zeigt sich etwa an folgendem

> **Beispiel:** Die Haushälterin H dient dem S 20 Jahre lang nur gegen Kost, Wohnung und ein Taschengeld, weil sie als seine Erbin vorgesehen ist. Aber kurz vor seinem Tod ändert S sein Testament und setzt D zum Alleinerben ein.

Hier hat zwischen H und S jedenfalls dann ein wirksamer Dienstvertrag bestanden, wenn die Erbeinsetzung nicht versprochen werden sollte (sonst §§ 2302, 139, aber wohl »fehlerhafter Dienstvertrag«). Soweit dieser Vertrag reicht, hat H ihre Dienste solvendi causa auf eine bestehende Verpflichtung geleistet. Aber dieser Vertrag bedeutet hier nur eine Teilregelung: Bloß der durch Kost, Wohnung und Taschengeld gedeckte Teil der Dienste wird also solvendi causa geleistet. Dagegen passt für den übrigen Teil die *condictio ob rem*.[106] Diese betrifft also **nur Leistungen, die nicht auf eine** (eigene oder fremde) **Verpflichtung hin erbracht worden sind.**

d) Übertreibungen

693 Bisweilen geht die Rechtsprechung allerdings weit über die Grenzen der *condictio ob rem* hinaus.

BGHZ 44, 321: N hatte von seiner Tante T ein Grundstück auf 30 Jahre gepachtet. In einem Testament der T, dessen Kosten N bezahlt hatte, war N als Alleinerbe eingesetzt worden. Daraufhin errichtete N in der Hoffnung, das Pachtgrundstück zu erben, auf diesem ein Gebäude. Später setzte T aber einen Dritten D als Erben ein. Nach dem Tod der T verlangt N von D den Wert des Gebäudes ersetzt.

---

103 So etwa *Larenz/Canaris* SchuldR II 2 § 68 I 3a mit d, vgl. auch BGH NJW 1975, 776: Vorrang der Rechtsfolgen des Wegfalls der Geschäftsgrundlage, zust. *Schlechtriem* SchuldR BT Rn. 653, abl. aber *D. Liebs* JZ 1978, 697; *Battes* AcP 178 (1978), 337 (372).

104 Etwa eine bestimmte Verwendung des überlassenen Geldes für eine Eheschließung: OLG Stuttgart NJW 1977, 1779.

105 Das lässt die Rspr. bisweilen genügen, so BGH NJW 1984, 233 (Verfehlen des Schenkungszwecks); ebenso wohl auch *Fikentscher/Heinemann* SchuldR Rn. 1452, teils auch *Welker*, Bereicherungsausgleich wegen Zweckverfehlung?, 1974; *D. Liebs* JZ 1978, 697. Anders aber BGH NJW 1992, 2690 f.

106 NK-BGB/*v. Sachsen Gessaphe* § 812 Rn. 51, 58; zu § 1619 *Enderlein* AcP 200 (2000), 565 (584); aA *Joost* JZ 1985, 10 (13); *Buck-Heeb* SchuldR BT II Rn. 368. Zur Zweckverfehlung in Gestalt des Ausbleibens des Erfolgs der Erbeinsetzung auch BGH NJW 2013, 2025; dazu *Wellenhofer* JuS 2014, 172.

Der BGH hat dieser Klage aus § 812 I 2 Fall 2 stattgegeben. Das ist doppelt unrichtig: Erstens war die Errichtung des (allein von N genutzten) Gebäudes keine Leistung an die T; schon deshalb kam die *condictio ob rem* als eine Form der Leistungskondiktion nicht in Betracht.[107] Und zweitens war die Erbeinsetzung nicht der durch die Errichtung des Gebäudes bezweckte Erfolg.[108] Nach § 812 I 2 Fall 2 hätte N daher allenfalls die Testamentskosten und den Wert der nach dem Tod der T erhofften Nutzung kondizieren können. Wegen der Substanz des Gebäudes stand ihm allenfalls die Verwendungskondiktion zu.

5. Condictio ob turpem vel iniustam causam

694 **a)** Ein letzter spezieller Tatbestand der Leistungskondiktion ist die *condictio ob turpem vel iniustam causam,* § 817 S. 1. Große Bedeutung kommt ihr nicht zu. Denn bei Leistungen solvendi causa greift regelmäßig schon die *condictio indebiti* ein, weil das der Leistung zugrunde liegende Verpflichtungsgeschäft nach § 134 oder § 138 nichtig ist. Selbstständige Bedeutung hat § 817 S. 1 nur in folgenden Fällen:

695 **aa) Das Grundgeschäft ist gültig,** weil ein Gesetzes- oder Sittenverstoß allein durch den Empfänger für die §§ 134, 138 nicht genügt. Das gilt etwa bei erpressten Leistungen (zB Schutzgelderpressung): Hier trifft den Leistenden kein Vorwurf.

bb) Die condictio indebiti ist durch § 814 ausgeschlossen, weil der Leistende das Fehlen einer Verbindlichkeit kannte.

cc) Die **condictio ob rem versagt,** weil der vereinbarte Erfolg eingetreten ist (zB weitere Angriffe gegen den Erpressten sind unterblieben) oder einer der Ausschlussgründe von § 815 vorliegt.

696 **b)** Der schwierigste Teil des § 817 ist der in S. 2 bestimmte **Anspruchsausschluss.**[109] Fast einig ist man sich hier bloß über zwei notwendige Korrekturen des Gesetzeswortlauts: Erstens muss § 817 S. 2 auch dann gelten, wenn **nur dem Leistenden** (und nicht zugleich dem Leistungsempfänger) ein Gesetzes- oder Sittenverstoß zur Last fällt: Der Empfänger darf bei einwandfreiem Verhalten nicht schlechter stehen als bei makelhaftem. Und zweitens schließt § 817 S. 2 nicht bloß die Kondiktion nach § 817 S. 1 aus, sondern ebenso **die übrigen Arten der Leistungskondiktion** nach § 812. Darüber hinaus gibt es aber zahlreiche **Streitfragen.** Erwähnt seien die folgenden:

697 **aa)** Ist § 817 S. 2 auch auf **andere als Bereicherungsansprüche** (zB aus §§ 985, 894, 667) anzuwenden? Die Rechtsprechung[110] verneint das ständig mit der Begründung, § 817 S. 2 bilde wegen seines Strafcharakters im Zivilrecht einen Fremdkörper und dürfe daher nicht ausgedehnt werden. Aber die These vom Strafcharakter ist falsch: Bei beiderseitiger Sittenwidrigkeit wäre es sinnlos, den einen Täter zum Vorteil des anderen zu bestrafen. Überdies führt diese Rechtsprechung zu seltsamen Ergebnissen. Da sie

---

107 *Söllner* AcP 163 (1964), 30; *Larenz/Canaris* SchuldR II 2 § 68 I 3e; *Looschelders* SchuldR BT Rn. 1043; BGHZ 108, 256 (263) stellt die Nichtleistungskondiktion wegen des eingebauten Materials zur Wahl.

108 AA *Buck-Heeb* SchuldR BT II Rn. 371; vgl. auch BGH NJW 2013, 3364 (3365); *Röthel* JURA 2013, 1246.

109 Dazu etwa *H. Honsell,* Die Rückabwicklung sittenwidriger oder verbotener Geschäfte, 1974; *Michalski* JURA 1994, 113; 232; *Möller* NJW 2006, 268; *Wazlawik* ZGS 2007, 336; *Armgardt* NJW 2006, 2070; *Armgardt* JR 2009, 177; *Klöhn* AcP 210 (2010), 804.

110 Etwa BGHZ 39, 87 (90); 63, 365 (369).

nämlich in besonders schweren Fällen der Sittenwidrigkeit auch das Vollzugsgeschäft nach § 138 nichtig sein lässt, macht sie gerade hier § 817 S. 2 praktisch unwirksam. Zwar kann man daran denken, an der Wirksamkeit des Vollzugsgeschäfts festzuhalten (übliche Begründung: es sei »sittlich indifferent«). Doch lässt sich das wenigstens bei § 134 häufig nicht durchführen, weil das Verbotsgesetz ausdrücklich auch den dinglichen Vollzug ergreift. Und bei § 138 I dürfte das dingliche Geschäft dann nichtig sein, »wenn die Unsittlichkeit gerade im Vollzug der Leistung liegt«.[111] Daher bleibt wohl nur übrig, § 817 S. 2 als allgemeine Rechtsschutzversagung aufzufassen, die alle Ansprüche ausschließt, zu deren Begründung sich der Gläubiger auf eigenes gesetz- oder sittenwidriges Verhalten berufen muss.[112]

698 Der BGH schränkt demgegenüber § 817 S. 2 stark ein.[113] Das gilt jedenfalls, wenn die Anwendung der Vorschrift sinnwidrigerweise den gesetz- oder sittenwidrigen Zustand beständig machen würde. Ein Beispiel bilden im Schneeballsystem organisierte Pyramidenspiele (sog. **»Schenkkreise«**), bei denen nur die Initiatoren sichere Gewinne erzielen, während später eintretende Mitspieler ihre Einsätze verlieren, weil sie keine neuen Teilnehmer mehr finden können. Der BGH hält derartige Spielvereinbarungen für sittenwidrig, da das Spiel darauf abzielt, leichtgläubige und unerfahrene Personen zur Zahlung des Einsatzes zu veranlassen.[114] Käme allerdings § 817 S. 2 zur Anwendung, so dürften die Initiatoren die gezahlten Einsätze behalten, worin ein Anreiz zur Durchführung des sittenwidrigen Spiels läge. Das wäre mit Treu und Glauben nicht vereinbar. Der Rückforderung des Einsatzes steht § 817 S. 2 daher nicht entgegen.

Nach überkommener Rechtsprechung war § 817 S. 2 auch beim **Wertersatzanspruch des Schwarzarbeiters** durch § 242 ausgeschlossen, weil es der BGH als unbillig ansah, dem durch die Vorleistung begünstigten und wirtschaftlich meist stärkeren Besteller die Schwarzarbeit unentgeltlich zu belassen.[115] Allerdings entfaltete die bloße Gefahr der Strafverfolgung und der Nachzahlung von Steuern usw nicht die gewünschte Abschreckungswirkung. Aus Anlass der Neufassung des **Schwarzarbeitsbekämpfungsgesetzes** hat der BGH seine Rechtsprechung deshalb aufgegeben:[116]

Wegen der Pauschalpreisabrede zieht auch die nur teilweise begangene Steuerhinterziehung gem. § 134 BGB, § 1 II SchwarzArbG die Nichtigkeit des gesamten (einheitlichen) Werkvertrags nach sich, sodass U keinen Werklohnanspruch für den offenen Restbetrag von 2.700 EUR hat. Aufwendungsersatz nach §§ 683, 677 kann ebenso wenig verlangt werden: Schwarzarbeit darf U nicht für erforderlich halten (vgl. § 670).[117] Dem Bereiche-

---

111 BGH NJW 1985, 3006 (3007).

112 Etwa *Baur/Stürner* SachenR § 5 Rn. 52; *Flume* Rechtsgeschäft § 18, 10, einschränkend auch *Larenz/Canaris* SchuldR II 2 § 68 III 3a (den tieferen Grund bilde die Generalprävention); krit. MüKoBGB/*M. Schwab* § 817 Rn. 14ff.

113 BGH NJW 1997, 2381 (2383). Zur Rückforderung von Leistungen im Rahmen eines nach dem Schneeballsystem aufgebauten »Schenkkreises« BGH NJW 2006, 45; 2012, 3366; *Möller* ZGS 2010, 398; *Martinek*, FS Reuter, 2010, 171; *Müller/Eckel* JuS 2013, 966.

114 BGH NJW 2006, 45 Rn. 12; 2009, 984 Rn. 8; 2012, 3366 Rn. 19; *Schmidt-Recla* JZ 2008, 60; *Möller* ZGS 2010, 398; *Martinek*, FS Reuter, 2010, 171; *Müller/Eckel* JuS 2013, 966.

115 BGHZ 111, 308 (314); wohl auch noch BGHZ 198, 141 Rn. 30; dazu *Spickhoff/Franke* JZ 2014, 465. Zur Schwarzarbeit *Armgardt* NJW 2006, 2070; *Schmidt-Recla* 2008, 60; *S. Lorenz*, FS Buchner, 2009, 571; *S. Lorenz* NJW 2013, 3132.

116 BGHZ 201, 1 (Abkehr von BGHZ 111, 308; vgl. *Stamm* NJW 2014, 2145: »Kehrtwende«); zust. *Stadler* JA 2014, 65; lehrreich auch *Heyers* JURA 2014, 936; *Mäsch* JuS 2014, 355, 1123.

117 BGHZ 118, 142, 150.

rungsanspruch steht schließlich § 817 S. 2 entgegen. Nicht nur die vertragliche Vereinbarung, sondern gerade auch die Erbringung der Leistung verstoße gegen das SchwarzArbG. Eine **einschränkende Auslegung der Kondiktionssperre** zum Schutz des Leistenden nach Treu und Glauben **lehnt der BGH** nunmehr ab: »Wer bewusst gegen das SchwarzArbG verstößt, soll nach der Intention des Gesetzgebers schutzlos bleiben und veranlasst werden, das verbotene Geschäft nicht abzuschließen.«[118] Das ist der bereits (→ Rn. 697) angesprochene Gedanke der **allgemeinen Rechtsschutzverweigerung.** Dieser wirkt ebenso im umgekehrten Fall, dass der Besteller nach der Bezahlung Mängel feststellt und unter dem Gesichtspunkt der ungerechtfertigten Bereicherung teilweise Rückzahlung verlangt: Auch diesem Begehren steht § 817 S. 2 entgegen.[119]

699 **bb)** Bei Ausdehnung des § 817 S. 2 über das Bereicherungsrecht hinaus wird eine andere Frage umso dringender: **Welches ist die Leistung,** deren Rückforderung § 817 S. 2 ausschließt?

Beispiele:

(1) G überlässt dem S ein Darlehen unter Verabredung eines wucherischen Zinses.
(2) G vermietet Zimmer zu einem horrenden Mietpreis.

In beiden Fällen können die obligatorischen Verträge nach § 138 nichtig sein (bei der Wuchermiete von (2) kommt freilich auch eine geltungserhaltende Reduktion auf den angemessenen Mietzins in Betracht.[120] Wegen der Nichtigkeit kann bei (1) und (2) die vereinbarte übermäßige Vergütung nicht verlangt werden. Nach der heute überwiegenden Meinung bedeutet § 817 S. 2 aber nicht auch den Ausschluss der Rückforderungsansprüche, wenn die Überlassung nach der Parteivereinbarung nicht endgültig sein sollte. Wo die Leistung nur in der Überlassung auf Zeit besteht, hindert also § 817 S. 2 die Rückforderung bloß für diese Zeit.[121]

Konstruktive Schwierigkeiten ergeben sich freilich, wenn Darlehen, Miete oder Auftrag *auf unbestimmte Zeit* geschlossen sind: Wie lange soll dann die Rückforderung ausgeschlossen sein? Richtigerweise ist eine Kündigung des nichtigen Vertrages mit den gesetzlichen Fristen zuzulassen. Diese Kündigung kann zwar den Vertrag nicht beenden, aber doch die Gebrauchsüberlassung und damit die nach § 817 S. 2 nicht rückforderbare Leistung zeitlich beschränken.

700 **cc)** Fraglich ist weiter, wie es sich mit der **Vergütungspflicht** für die wucherische Leistung verhält: Dass das wucherische Entgelt nicht gezahlt zu werden braucht, folgt aus der Nichtigkeit der Abrede. Aber kann der Leistende nicht wenigstens ein **angemessenes Entgelt** verlangen (vgl. die Fälle (1) und (2) von → Rn. 699)? Die hM verneint das: Der Empfänger brauche die Nutzungen nicht nach § 818 zu vergüten, da § 817 S. 2 den fehlenden Rechtsgrund ersetze.[122] Diese Begründung überzeugt aber nicht: Ob § 817 S. 2 dem Empfänger die Nutzung ohne jede Vergütung lassen will, ist ja gerade die Frage; sonst erhielte § 817 S. 2 doch den verfehlten (→ Rn. 697) Strafcharakter.[123]

118 BGHZ 201, 1 Rn. 27.
119 BGH NJW 2015, 2406.
120 *Medicus* BGB AT Rn. 709; s. auch *J. Hager* JZ 1996, 175.
121 So etwa *Flume* Rechtsgeschäft § 18, 10e; f.; *Larenz/Canaris* SchuldR II 2 § 68 III 3c; *Looschelders* SchuldR BT Rn. 1056; für Fall (1) auch RGZ 161, 52; BGH NJW 1983, 1420 (1422); ZIP 1995, 453 (454); *Schlechtriem* SchuldR BT, Rn. 742.
122 Etwa RGZ 161, 52; BGH NJW 1962, 1148f.; 1983, 1420 (1423); *Larenz/Canaris* SchuldR II 2 § 68 III 3c.
123 *Flume* Rechtsgeschäft § 18, 10f.; *Medicus,* GS Dietz, 1973, 61; *Brox/Walker* SchuldR BT § 41 Rn. 12; krit. aber *Dauner* JZ 1980, 495 (502f.); *Buck-Heeb* SchuldR BT II Rn. 357.

Eine Pflicht zur Vergütung der rechtsgrundlosen Nutzung bejaht auch BGHZ 63, 365 (368), und zwar aus §§ 990, 987. Aber diese Vorschriften sind allenfalls dann anwendbar, wenn zwischen den Parteien ein Eigentümer-Besitzer-Verhältnis besteht.[124] Und es ist nicht einzusehen, warum die Vergütungspflicht bei der Wuchermiete (dort besteht ein EBV) anders zu entscheiden sein soll als beim Wucherdarlehen (wo ein EBV fehlt).

Zu einer Zahlungspflicht kommt auf eigenartige Weise auch der BGH.[125] In dem dort zu entscheidenden Fall hatte A Arbeiter angeworben und aus eigener Tasche entlohnt, sie aber dann bewusst gesetzwidrig einem anderen Unternehmer U überlassen. A verlangte von U die in dem Überlassungsvertrag vereinbarte Vergütung, hilfsweise den Wert der von den überlassenen Arbeitern dem U geleisteten Dienste. Hier hat der BGH den Vergütungsanspruch an § 134 und den Wertersatzanspruch an § 817 S. 2 scheitern lassen. Doch sei U um den Betrag bereichert, den er durch die Zahlungen des A an die Arbeiter erspart habe. Insoweit scheint der BGH an eine Art Rückgriffskondiktion A–U zu denken (sie passt freilich deshalb nicht recht, weil A an die Arbeiter auf eigene Schuld und nicht auf die Schuld des U geleistet hat). Auf diese Kondiktion soll § 817 S. 2 unanwendbar sein. Eher als eine solche Konstruktion überzeugt freilich das vom BGH gleichfalls verwendete Argument, die Bezahlung der Arbeiter werde durch das Verbotsgesetz nicht missbilligt. Aber Gleiches gilt in den Ausgangsfällen von → Rn. 699 auch für die Zahlung einer angemessenen Gegenleistung.

701 **dd)** Der Einwand aus § 817 S. 2 gilt unzweifelhaft auch gegen **Rechtsnachfolger des Leistenden**. Nichts anderes gilt für den Insolvenzverwalter:[126] Eine bessere Position, als sie der Gemeinschuldner hatte, kann den Insolvenzgläubigern nur durch Insolvenzanfechtung verschafft werden.

6. Condictio sine causa

702 Als Kategorie der Leistungskondiktion wird oft noch die *condictio sine causa* erwähnt. Die hierzu üblicherweise aufgeführten Fälle gehören aber teils nicht zur Leistungskondiktion, teils lassen sie sich bei den anderen Kategorien (→ Rn. 689–694) unterbringen. Die *condictio sine causa* ist, wie auch ihr farbloser Name zeigt, schon historisch ein Verlegenheitsprodukt. Sie ist regelmäßig entbehrlich[127] und höchstens in ganz seltenen Fällen anwendbar: So etwa, wenn die beabsichtigte Einigung über einen mit der Leistung bezweckten Erfolg (vgl. § 812 I 2 Fall 2) gescheitert ist (zB wegen Dissenses).

124 Auch insoweit krit. *Emmerich* JuS 1975, 396; *H. Honsell* JZ 1975, 439 (441).
125 BGHZ 75, 299 (303).
126 BGHZ 106, 169; ebenso *Medicus* JURA 1989, 349, anders noch BGH NJW 1962, 483; *Häsemeyer*, Insolvenzrecht, 4. Aufl. 2007, Rn. 28.7.
127 Vgl. *Schlechtriem* SchuldR BT Rn. 650.

§ 28 Die Eingriffskondiktion[1]

I. Begriff

Die Leistungskondiktion macht eine durch Leistung bewirkte Vermögensverschiebung rückgängig. Den Gegensatz dazu bilden die **Nichtleistungskondiktionen,** § 812 I 1 Fall 2. Ihr wichtigster Unterfall ist nach der jetzt allgemein akzeptierten Terminologie die Eingriffskondiktion. Hier hat sich der Bereicherte etwas durch eigene Handlung (den »Eingriff«) selbst verschafft. Kondizierbar ist das durch den Eingriff Erlangte, wenn es nach der Rechtsordnung einem anderen gebührt. 703

II. Eingriffsobjekt und Eingriff

Eingriffsobjekt und Eingriffstatbestand bedürfen näherer Bestimmung.

1. Kriterien

Dazu sind im Wesentlichen *drei Wege* eingeschlagen worden: 704

a) Der erste Weg stellt ab auf die **Rechtswidrigkeit.** So hatte schon, der »Entdecker« der Eingriffskondiktion, den kondiktionsauslösenden Eingriff durch seine Rechtswidrigkeit charakterisieren wollen.[2]

b) Andere bezeichnen als Tatbestand der Eingriffskondiktion die »Ausnützung eines fremden, gegenständlich identifizierbaren Rechtsobjekts«[3] oder die »Inanspruchnahme eines dem Gläubiger vorbehaltenen Rechtsguts«.[4] 705

c) Eine letzte, jetzt herrschende Ansicht bestimmt den kondiktionsauslösenden Eingriff durch seinen Widerspruch zur rechtlichen Güterzuordnung; Eingriffsobjekt ist hier der **Zuweisungsgehalt fremden Rechts.**[5] 706

2. Die sachlichen Unterschiede

Diese auf den Zuweisungsgehalt abstellende Ansicht unterscheidet sich von den anderen beiden Meinungen wie folgt: 707

a) **Enger** ist sie insofern, als sie nicht jeden rechtswidrigen Eingriff und jede Inanspruchnahme eines fremden Rechtsguts betrifft.

1 Dazu *Hüffer,* Die Eingriffskondiktion, JuS 1981, 263; *Schlechtriem,* Güterschutz durch Eingriffskondiktionen, in: Ungerechtfertigte Bereicherung, Symposion für König, 1984, 57; *Reuter/Martinek* BereicherungsR 232ff.; *Koppensteiner/Kramer* BereicherungsR 70ff.; *Elger,* Bereicherung durch Eingriff, 2002; *Reuter,* FS Georgiades, 2005, 321; *T. Helms,* Gewinnherausgabe als haftungsrechtliches Problem, 2007 (dazu *Schaub* AcP 209 [2009], 706); zur Gewinnherausgabe auch *Hofmann* AcP 213 (2013), 469.

2 *Fritz Schulz* AcP 105 (1909), 1; ähnlich *H. H. Jakobs,* Eingriffserwerb und Vermögensverschiebung, 1963, der auf die Rechtswidrigkeit der Verwendung fremden Guts abstellt.

3 *Kellmann,* Grundsätze der Gewinnhaftung, 1969, 84, 110ff.

4 *Kleinheyer* JZ 1970, 474; dazu Voraufl. Rn. 709.

5 Grdl. *Wilburg,* Die Lehre von der ungerechtfertigten Bereicherung nach österr. und dt. Recht, 1934, ähnlich *v. Caemmerer,* FS Rabel, Bd. I, 1954, 333 (396ff.); *Larenz/Canaris* SchuldR II 2 § 69 I 1b und BGHZ 82, 299 (306); 107, 117 (120f.). Krit. *Harke* SchuldR BT Rn. 508 (»Leerformel«); *Peukert,* Güterzuordnung als Rechtsprinzip, 2008, 458ff.

Beispiel: A, der Hausarzt der berühmten Schauspielerin S, berichtet in seinen Memoiren über die Krankheiten seiner Patientin. Das ist sicher ein rechtswidriger Eingriff in die Intimsphäre der S und die Inanspruchnahme eines Rechtsguts der S. Die hierauf abstellenden Ansichten müssten also zu einer Eingriffskondiktion S–A kommen, gerichtet auf einen Teil des von A erzielten Honorars. Dagegen muss die Lehre vom Zuweisungsgehalt zunächst fragen, ob der hier verletzte Teil der Intimsphäre einen vermögensrechtlichen Zuweisungsgehalt hat. Das ist zweifelhaft, wird aber zunehmend bejaht.

BGH NJW 1964, 1853: Der Mieter M hat ohne Erlaubnis seines Vermieters V untervermietet. Die Überlassung des Mietbesitzes an den Untermieter ist hier nicht nur vertragswidrig, sondern auch rechtswidrig: V kann sich hiergegen auch im Verhältnis zum Untermieter wehren (§ 986 I 2). Trotzdem erlangt V nach Ansicht des BGH keine Eingriffskondiktion: Die Nutzung der Mietwohnung durch Untervermietung war dem V nicht zugewiesen (er durfte ja nicht in den Besitz des M eingreifen); der Untermietzins »gebührte« ihm nicht.[6] Das hat der BGH später bestätigt.[7]

708 b) Andererseits kann die Lehre vom Zuweisungsgehalt aber auch **weiter** sein als die auf die Rechtswidrigkeit abstellende Ansicht. Denn vereinzelt kommen als Eingriffe in den Zuweisungsgehalt auch **rechtmäßige Eingriffe** in Betracht. Freilich sind solche Fälle recht selten. Denn wo Rechtsgeschäft oder Gesetz einen Eingriff erlauben, wird mit der Erlaubnis meist die Zuweisung bestimmt. Zudem kann die rechtsgeschäftliche Erlaubnis eine Leistung darstellen, sodass dann für die Rückabwicklung die Leistungskondiktion zuständig ist. Das gilt etwa, wenn E sein Grundstück unwirksam an P verpachtet hat: P muss die gezogenen Nutzungen auf die Leistungskondiktion des E hin erstatten. Und wo das Gesetz einen Eingriff erlaubt, sorgt es oft schon selbst für den gewünschten Ausgleich (etwa §§ 904 S. 2, 906 II 2).

Vielfach passen denn auch die Fälle nicht, die als Beispiele für eine Eingriffskondiktion aus rechtmäßigem Eingriff genannt werden.

(1) Der Hausmeister H, der die Zentralheizung eines Mietshauses mit den vom Vermieter V angeschafften Kohlen befeuern soll, verwendet versehentlich eigene Kohlen.[8]
(2) Bereicherung durch einen Naturvorgang:[9] Die Kühe des E grasen die Wiese des N ab.

Allerdings fehlt bei (1) die Rechtswidrigkeit, weil H mit seiner Kohle nach Belieben verfahren konnte. Aber der Fall passt nicht zur Eingriffskondiktion: Es war ja nicht V, der die Kohle verheizt und sie sich so nutzbar gemacht hat. Vielmehr kann man den Verbrauch eher als Verwendung des H auf das Mietshaus ansehen, sodass die Verwendungskondiktion in Betracht kommt (→ Rn. 898). Und bei (2) liegt immerhin Rechtswidrigkeit wenigstens insoweit vor, als sich das Verhalten der Kühe auf ein Tun oder Unterlassen des E zurückführen lässt: Sie zeigt sich daran, dass N von E aus §§ 862, 1004 die Entfernung der eingedrungenen Kühe verlangen konnte.

3. Lösungsvorschlag

709 a) Einerseits ist die Polemik unrichtig, die gegen den Begriff »Zuweisungsgehalt« gerichtet wurde: Insbesondere irrt die Ansicht, die bei den absoluten Rechten die Ausschließungsfunktion in den Vordergrund stellt und die **Nutzungsfunktion** nur als Re-

6 *Looschelders* SchuldR BT Rn. 1064. *Petersen* JURA 2015, 459 (461); Vgl. auch unten → Rn. 719; s. ferner → Rn. 833 zu der schadensersatzrechtlichen Seite des Falles.
7 BGHZ 131, 297 (306); dazu *Theufel* JuS 1997, 886; *Gebauer* JURA 1998, 128. Vgl. auch *J. Schröder/Kiehnle* JURA 2007, 702. S. ferner BGH NZM 2014, 582 (dazu *Riehm* JuS 2014, 940).
8 Vgl. etwa *v. Caemmerer,* FS Rabel, Bd. I, 1954, 333 (352); *Kleinheyer* JZ 1970, 472.
9 Beispiel von *Fikentscher/Heinemann* SchuldR Rn. 1477.

flex wertet:[10] Dass ich eine mir gehörende Semmel essen darf, ist eher die Hauptsache als ein Reflex aus den mir zustehenden Ansprüchen nach §§ 985, 1004 (vgl. § 903).

Zuzugeben ist freilich, dass das Abstellen auf den Zuweisungsgehalt bei so unbestimmten Rechtspositionen wie dem Gewerbebetrieb oder dem allgemeinen Persönlichkeitsrecht **nicht formelhaft** ein bestimmtes Ergebnis liefern kann.[11] Was deliktischen Schutz erhält, muss nicht stets auch kondiktionsrechtlich geschützt sein.

b) Damit ist zugleich gesagt, dass nach richtiger Ansicht **Rechtswidrigkeit** nicht für den kondiktionsauslösenden Eingriff **genügen darf.** Denn sie bedeutet nur Verbotensein des Eingriffs oder des durch ihn geschaffenen Zustandes. Hieraus folgt aber noch nicht, dass der vom Verletzer gezogene Vorteil gerade dem Verletzten gebührte. Das zeigt sich besonders deutlich beim Besitz: Seine Verletzung ist nach § 858 auch dann rechtswidrig, wenn dem Besitzer (etwa wegen seiner Unredlichkeit) keinerlei Nutzungen gebühren. **710**

Ein solcher Zuweisungsgehalt wird weiter verneint für die nur durch Schutzgesetz gesicherten Positionen und für das sog. Recht am eingerichteten und ausgeübten Gewerbebetrieb. Zweifelhaft ist der Zuweisungsgehalt für das allgemeine Persönlichkeitsrecht. Sofern die betreffende Verletzungshandlung den objektiven Tatbestand eines deliktischen Eingriffs in das Persönlichkeitsrecht verwirklicht, ist der Zuweisungsgehalt zur Erreichung eines wertungsmäßigen Gleichlaufs zwischen Delikts- und Bereicherungsrecht anzunehmen.[12]

c) Endlich trifft die auf den Zuweisungsgehalt abstellende Ansicht auch darin zu, als es der **Rechtswidrigkeit** für die Eingriffskondiktion **nicht bedarf.** Rechtmäßige kondiktionsauslösende Eingriffe sind allerdings selten (→ Rn. 708), kommen aber doch vor. Hierhin gehört etwa § 816 II: Wer als Zedent die Leistung des Schuldners noch annimmt und damit nach § 407 dem Zessionar die Forderung entzieht, handelt nicht notwendig rechtswidrig (→ Rn. 610). Hier stützt sich die Eingriffskondiktion also schon auf die Verletzung des relativen Rechts. **711**

d) Insgesamt bildet demnach die auf den Zuweisungsgehalt abstellende Ansicht (→ Rn. 706) den besten Ausgangspunkt: Diese lässt insbesondere genügend Raum dafür, das Bereicherungsrecht sachgerecht vom Deliktsrecht zu unterscheiden. Freilich wird diese Aufgabe nicht schon durch die Bezugnahme auf den »Zuweisungsgehalt« gelöst. Vielmehr muss diese Formel erst mit Inhalt gefüllt werden, wofür bei vermögensrechtlichen Positionen oft ein Blick auf die gesetzliche Regelung des Eigentums weiterhilft.[13] **712**

III. Die Parteien der Eingriffskondiktion

1. Der Gläubiger

Die Bestimmung des Gläubigers der Eingriffskondiktion bereitet keine Schwierigkeiten: Es ist derjenige, »auf dessen Kosten« eingegriffen worden ist, weil ihm der durch **713**

10 *Kellmann,* Grundsätze der Gewinnhaftung, 1969, 84; dagegen auch *Kleinheyer* NJW 1971, 650.

11 Ähnlich *Larenz/Canaris* SchuldR II 2 § 69 I 1c; s. auch *Canaris,* FS Deutsch, 1999, 85.

12 *Larenz/Canaris* SchuldR II 2 § 69 I 2c; Staudinger/*J. Hager,* 1999, § 823 Rn. C 249; *Petersen,* Medienrecht, 5. Aufl. 2010, § 6 Rn. 6; eing. zu dieser Frage *Schlechtriem,* FS Hefermehl, 1976, 445. Für die Verwendung eines fremden Namens in der Werbung bejaht eine Eingriffskondiktion BGHZ 81, 75 (»Carrera«).

13 Vgl. auch BGH NJW 2012, 2034; 2013, 781; dazu *J. Hager* JA 2012, 548 (551); *M. Schwab* NJW 2013, 1135.

den Eingriff erlangte Vorteil zugewiesen ist. Solche Zuweisungen ergeben sich nicht nur aus dem Sachenrecht, sondern auch aus dem Schuldrecht:[14] Wenn etwa der Eigentümer seine Sache vermietet hat, erzeugt der Eingriff eines Dritten in ihren Gebrauch eine Eingriffskondiktion des Mieters. Keinen Zuweisungsgehalt hat dagegen der bloße Anspruch auf Herausgabe oder Rückgewähr eines Gegenstandes hinsichtlich dieses Gegenstandes selbst.

2. Der Schuldner

714 Keine Schwierigkeiten bereitet auch die Bestimmung des Schuldners, wenn der Eingriff nur durch eine Person erfolgt ist, die zugleich den Vorteil davon hat. Zweifel können dagegen auftauchen, wenn mehrere an einem Eingriff beteiligt sind.

a) Die unberechtigte Verfügung

Den wichtigsten Fall dieser Art regelt § 816: Kondiktionsschuldner ist hier nur der Verfügende (§ 816 I 1) oder der Leistungsempfänger (§ 816 II).[15] Unberechtigt ist allerdings nicht schon, wer eine Vollmacht des Berechtigten pflichtwidrig ausübt.[16]

Etwa bei § 816 I 1 greifen an sich sowohl der Veräußerer wie der Erwerber in das Eigentum des Berechtigten ein, weil beide in der dinglichen Einigung zusammenwirken. Auch haben beide einen Vorteil: Der Veräußerer wird von der gegen ihn gerichteten Übereignungsforderung des Erwerbers frei, und der Erwerber erhält das Eigentum.

b) Unberechtigte Nutzungsüberlassung

715 Jedenfalls nicht direkt unter § 816 I fällt dagegen die unberechtigte Überlassung zur Nutzung.

> **Beispiel:** V hat erfahren, dass der Strandkorbvermieter E plötzlich erkrankt ist. V vermietet daher die Strandkörbe des E an den gutgläubigen M. Den Erlös behält V für sich. Hier kommen auf den ersten Blick sowohl V wie auch M als Schuldner einer Eingriffskondiktion des E in Betracht.

aa) Manche wollen hier § 816 entsprechend anwenden; dann wäre nur der »verfügende« V Schuldner der Eingriffskondiktion. Aber dagegen spricht, dass § 816 I eine wirksame Verfügung verlangt, während E von M jederzeit hätte vindizieren können.[17]

716 **bb)** Nach vorzugswürdiger Ansicht ergibt sich die Lösung regelmäßig aus den **§§ 987 ff.:** Während der Besitzzeit des M bestand zwischen ihm und E eine Vindikationslage. Daher wird M als redlicher entgeltlicher Besitzer durch § 993 I am Ende gegen jeden Anspruch des E wegen der gezogenen Nutzungen geschützt. E kann sich daher allein an den unredlichen (mittelbaren) Besitzer V halten. Nur diese Lösung passt auch zu § 536 III: M wird ja von der Pflicht zur Zahlung des Mietzinses an V nicht schon dadurch befreit, dass sich die dingliche Nichtberechtigung des V herausstellt. Befreiend wirkt vielmehr nur eine Eviktion des M durch E, die aber zugleich auch den Eingriff in das Eigentum des E beenden würde.

14 BGH NJW 1993, 1919.

15 Dazu *Röthel* JURA 2012, 844 (846); *Petersen* JURA 2006, 752; 2010, 281; *Jülch* JA 2012, 326; 2013, 324. Zu § 816 I 2 → Rn. 383.

16 BGH NJW 1999, 1393; krit. *H. H. Jakobs* JZ 2000, 28.

17 Abl. auch *Larenz/Canaris* SchuldR II 2 § 69 II 1 d.

Die Schutzwirkung des § 993 I für M versagt wegen der §§ 990, 987 nur dann, wenn M unredlich (oder verklagt, § 989) gewesen wäre. Für diesen Fall passt aber auch die analoge Anwendung von § 816 I 1 sicher nicht: Der Unredliche erwirbt ja bei § 816 I kein Eigentum und ist daher gleichfalls nicht geschützt. Deshalb dürfte die Regelung durch die §§ 987ff. regelmäßig ausreichen; eine analoge Anwendung von § 816 I auf die unberechtigte Vermietung oder Verpachtung ist unnötig.

Das bewährt sich auch bei **unentgeltlicher Nutzungsüberlassung:** Hätte V einen Strandkorb an M *verliehen*, so könnte E von M nach § 988 Nutzungsersatz verlangen. Die analoge Anwendung von § 816 I 2, die zu demselben Ergebnis führen würde, ist also wiederum überflüssig.

717 cc) Ein Bedürfnis nach analoger Anwendung des § 816 I ist daher nur denkbar, **wo die §§ 987ff. nicht gelten:** wenn der Sachnutzer keinen Besitz erhalten hat, oder bei der Rechtspacht (§ 581 spricht im Gegensatz zu § 535 nicht von »Sache«, sondern von »Gegenstand«!). Hier dürfte die Analogie möglich sein, wenn die Nutzungsüberlassung dem Berechtigten gegenüber faktisch wirksam geworden ist.

c) Unberechtigter Sachverbrauch

718 Schwierig ist die Bestimmung des Kondiktionsschuldners endlich auch, wenn mehrere am unberechtigten Verbrauch einer Sache beteiligt sind.

Beispiel: Der Bauunternehmer U baut aufgrund eines Werkvertrages mit dem Besteller B in dessen Grundstück unberechtigt Material des E ein.

Als Schuldner für die Eingriffskondiktion des E kommen B (wegen seines Erwerbs nach §§ 94, 946) und U in Betracht. Hier beim Verbrauch helfen im Gegensatz zu dem Fall → Rn. 715, wo es um die Nutzung ging, auch die §§ 987ff. nicht weiter (→ Rn. 597). In solchen Fällen bestimmt die hM den Kondiktionsschuldner auch nicht mittels einer Analogie zu § 816 I. Vielmehr werden diese meist dem Problemkreis des Verhältnisses zwischen Leistung und Eingriff zugeordnet (→ Rn. 727ff.).

IV. Der Inhalt der Eingriffskondiktion

1. Die allgemeine Eingriffskondiktion

719 Was der Berechtigte mit der Eingriffskondiktion im Einzelnen verlangen kann, ist umstritten.

RGZ 97, 310:[18] E und N sind Grundstücksnachbarn. N hat das durch eine Dienstbarkeit gesicherte Recht, auf dem Grundstück des E ein Eisenbahngleis zu unterhalten und über dieses Güterwagen zu der auf seinem Grundstück betriebenen Fabrik fahren zu lassen. N kauft weiteres Gelände und vergrößert seine Fabrik; über das Grundstück des E lässt er jetzt Wagen auch auf das neu erworbene Land laufen.

Hier hat N seine durch die Dienstbarkeit festgelegte Berechtigung überschritten und so in das Eigentum des E eingegriffen. Ein Schadensersatzanspruch des E aus § 823 I mag allerdings am Fehlen des Verschuldens oder eines in Geld messbaren Schadens scheitern. Wohl aber hat das RG eine Eingriffskondiktion E–N bejaht.

Diese Entscheidung ist nicht zweifelsfrei. Denn der Fall ähnelt der unberechtigten Untervermietung durch den Mieter:[19] Auch in dem vom RG entschiedenen Fall hätte E selbst das Gleis ja nicht nutzen dürfen. Ein Unterschied besteht aber in folgendem: In dem Untervermietungsfall war der Mieter Besit-

18 Ähnliche Problematik auch in BGHZ 132, 198.
19 BGH NJW 1964, 1853, vgl. → Rn. 707.

zer, während in dem Dienstbarkeitsfall die Gleisanlage im Besitz des E stand. Ob dieser Unterschied entgegengesetzte Entscheidungen rechtfertigt, ist allerdings zweifelhaft.

Wenn man die Gewährung einer Eingriffskondiktion durch das RG akzeptiert, lassen sich für ihren Inhalt **drei Möglichkeiten** denken:

(1) N muss den **Mehrgewinn** herausgeben, den er durch die unberechtigte Mehrbenutzung der Gleisanlage erzielt hat.
(2) N schuldet, was er durch diese Mehrbenutzung **erspart** hat, also etwa die Mehrkosten, die bei der Beförderung durch Lastkraftwagen über öffentliche Straßen entstanden wären.
(3) N hat den **Wert** der Mehrbenutzung zu ersetzen. Dieser Wert besteht in dem Betrag, der für die Gestattung einer solchen Mehrbenutzung gewöhnlich verlangt und bezahlt wird.

Die wohl hM stellt mit Recht ab auf den **Wert des Erlangten** im Sinne der Lösung (3).[20] Daher spielt es keine Rolle, ob die erweiterte Fabrik des N rentabel arbeitet (was nach Lösung (1) erheblich wäre) und ob durch den Bahntransport Kosten erspart worden sind (worauf Lösung (2) abzielt).

2. Der Spezialfall § 816 I 1 BGB

720 Anders ist der Meinungsstand dagegen für den in § 816 I 1 geregelten Spezialfall der Eingriffskondiktion.

BGHZ 29, 157: A, ein Angestellter der Weberei E, entwendet dort Stoff und veräußert ihn an die Färberei F. Diese veräußert den Stoff nach Bearbeitung an den Händler H, der ihn an seine Kunden verkauft. E verlangt von H nach § 816 I 1 den Kaufpreis, den dieser von den Kunden erzielt hat.

Die Anwendbarkeit von § 816 I 1 auf die Veräußerungen durch H ergibt sich hier aus folgendem: Da A nur Besitzdiener des E war, hatte E den unmittelbaren Besitz an dem Stoff ohne seinen Willen verloren. Nach § 935 waren also zunächst alle Veräußerungen des Stoffes unwirksam. Auch ein Eigentumserwerb der Färberei nach § 950 lag wegen des verhältnismäßig geringen Wertes der Färbung nicht vor. E konnte daher nach seiner Wahl eine der Veräußerungen durch Genehmigung wirksam machen (§ 185) und so das Erfordernis einer wirksamen Veräußerung in § 816 I 1 herbeiführen (→ Rn. 598).

Für den Inhalt des Anspruchs E–H aus § 816 I 1 werden mehrere Ansichten vertreten.

a) Der Verfügungserlös

721 Der BGH hat, einer stRspr folgend, als Inhalt des Anspruchs den Kaufpreis bezeichnet, den H von seinen Kunden erhalten hat.[21] Dabei sollen zwei Umstände grundsätzlich keine Rolle spielen: nämlich erstens, dass E ja ungefärbten (also weniger wertvollen) Stoff verloren hat, und zweitens, dass die von H erzielten Erlöse möglicherweise über dem Wert des (gefärbten) Stoffes lagen. Nur für nicht näher bezeichnete Härtefälle hat der BGH angedeutet, seine Lösung könne über § 242 korrigiert werden.[22]

20 So etwa RGZ 97, 310 (312); BGHZ 82, 299 (307f.); 99, 244 (248); *v. Caemmerer,* FS Rabel, Bd. I, 1954, 333 (356ff.); *Larenz,* FS v. Caemmerer, 1978, 209 (218ff.); *Larenz/Canaris* SchuldR II 2 § 71 I 2a. Teils abweichend *Koppensteiner/Kramer* BereicherungsR 161ff.; *Reuter/Martinek* BereicherungsR 538ff.

21 BGHZ 29, 157.

22 BGHZ 29, 157 (161).

b) Der Wert

722 Demgegenüber lassen manche in der Literatur bei § 816 I 1 ebenso wie bei der allgemeinen Eingriffskondiktion den Wert maßgeblich sein.[23] Dabei bleibt aber bisweilen offen, welcher Wert gemeint ist: der des gefärbten oder der des ungefärbten Stoffes.

Wenn der Verkaufserlös den Wert unterschreitet, will allerdings auch diese Ansicht nur auf den Verkaufserlös haften lassen. Für den redlichen Veräußerer ergibt sich das aus § 818 III.

c) Kritik und Lösungsvorschlag

723 Zu diesem Meinungsstreit ist kritisch zu sagen:

Die Rechtsprechung stützt ihre Ansicht vor allem auf den Wortlaut des § 816 I 1 (»das durch die Verfügung Erlangte«). Auch die Literatur sieht hierin vielfach ein – sie allerdings nicht überzeugendes – Argument für die Ansicht der Rechtsprechung. Damit wird aber dem Gesetzgeber eine Ungenauigkeit unterstellt: Weder die von dem Veräußerer zunächst erlangte Kaufpreisforderung noch der schließlich erlangte Kaufpreis stammen ja wirklich aus der Verfügung über fremdes Gut. Vielmehr sind die Kaufpreisforderung durch den Abschluss des Kaufvertrages und der Kaufpreis durch eine Leistung des Erwerbers erlangt worden.

Demgegenüber kann man das Gesetz aber auch ganz wörtlich nehmen: Der Veräußerer **erlangt** durch seine wirksame Verfügung die **Befreiung von der gegen ihn gerichteten Forderung,** die dem Erwerber aus dem Grundgeschäft (zB Kauf) zusteht. Diese Befreiung selbst kann nicht herausgegeben werden. Also muss der Veräußerer nach § 818 II ihren Wert ersetzen. Und dieser bestimmt sich nach dem Wert des Gegenstandes, auf dessen Leistung die Forderung gerichtet war; das Ergebnis entspricht also der Ansicht → Rn. 722.[24]

Die hier gegebene Begründung hat außer dem Vorzug der Gesetzestreue noch einen weiteren Vorteil: Sie lässt § 816 I 1 nicht als Durchbrechung der Regel vom Vorrang der Leistung gegenüber der Eingriffskondiktion erscheinen (→ Rn. 728). Denn der Veräußerer hat zwar den Kaufpreis durch eine Leistung des Erwerbers erhalten, nicht aber auch die – dem Werte nach herauszugebende – Befreiung von seiner Verbindlichkeit: Diese Befreiung stammt vielmehr aus dem in der unberechtigten Verfügung liegenden Eingriff.

Diese Betrachtungsweise bietet freilich allein noch keine Gewähr dafür, dass die Lösung auch wertungsmäßig richtig ist. Doch ergibt sich das aus folgendem: Die beiden Ansichten → Rn. 721 und 722 unterscheiden sich, wenn eine **Sache über ihrem Wert veräußert** wird. Solche Mehrerlöse werden aber nicht einfach »aus der Sache« erlangt. Vielmehr beruhen sie regelmäßig auf der persönlichen Geschäftstüchtigkeit des Veräußerers. Diese über die Eingriffskondiktion ohne Weiteres dem Berechtigten zukommen zu lassen, ist daher nicht gerechtfertigt. Einwände gegen die hier vertretene Ansicht sind deshalb nur aus dem systematischen Zusammenhang des § 816 I 1 möglich: Der folgende S. 2 geht wohl davon aus, dass der unentgeltliche Veräußerer nichts erlangt,

23 Vgl. etwa MüKoBGB/*M. Schwab* § 816 Rn. 6, 43; *Gebauer* JURA 1998, 128 (130); *Röthel* JURA 2012, 844 (848); vgl. dazu auch *Harke* SchuldR BT Rn. 506; *T. Helms,* Gewinnherausgabe als haftungsrechtliches Problem, 2007, 79.

24 Krit. aber *Larenz/Canaris* SchuldR II 2 § 72 I 2; *Looschelders* SchuldR BT Rn. 1083; *Buck-Heeb* SchuldR BT II Rn. 396.

obwohl auch er von einer Verpflichtung befreit worden sein kann, nämlich wenn er die Schenkung zunächst wirksam (§ 518 I!) versprochen hatte.

d) Sachverbesserungen

724 Für den Fall von BGHZ 29, 157 (→ Rn. 720) folgt aus der hier vertretenen Ansicht: Da die Verfügung des H durch die Genehmigung des E wirksam geworden ist, hat H Befreiung von den auf Eigentumsverschaffung gerichteten Forderungen seiner Abkäufer erlangt. Gegenstand dieser Forderungen war der *gefärbte* Stoff. Daher muss H dem E den Wert des *gefärbten* Stoffes ersetzen. Wenn H den Stoff über seinem Wert verkauft hat, kann er den erzielten Mehrerlös bereicherungsrechtlich behalten.

Damit bekommt E auch den Betrag, um den F den Wert des Stoffes durch die Färbung erhöht hat. Aber das wird dadurch korrigiert, dass dem F insoweit eine Verwendungskondiktion gegen E zusteht: Die Färbung hat sich ja als eine Verwendung auf eine fremde Sache herausgestellt. Das hat sich auch durch die von E ausgesprochene Genehmigung nicht geändert, weil diese nur auf die genehmigten Verfügungen des H zurückwirkt (§ 184). Daher besteht kein Anlass, dem H in Analogie zu den §§ 996, 999 I ein Abzugsrecht gegenüber der Eingriffskondiktion des E zu gewähren.

e) Abzug des gezahlten Preises?

725 Es bleibt noch die Frage, ob H den an seinen Vormann F gezahlten Erwerbspreis für den Stoff abziehen darf. Eine ständige Rechtsprechung verneint das.[25] Sie stützt sich dabei einmal auf ein nicht tragfähiges Kausalitätsargument: Die Zahlung des Erwerbspreises sei keine Folge der Bereicherung, sondern ihre Ursache. Zweitens aber wird folgender Gesichtspunkt angeführt: Vor der Weiterveräußerung durch H habe E den Stoff von diesem **vindizieren** können. Der Vindikation gegenüber sei eine Berufung auf den an F gezahlten Preis ausgeschlossen gewesen, weil dieser keine Verwendung auf den Stoff darstelle; für die Eingriffskondiktion aus § 816 I 1, die an die Stelle der Vindikation getreten sei, müsse dasselbe gelten (Rechtsfortwirkungsgedanke).[26]

Auch dieses Argument ist nicht so sicher, wie es scheint: Die Eingriffskondiktion braucht keineswegs in jeder Hinsicht dieselben Eigenschaften zu haben wie die Vindikation. Besser ist der in der Literatur[27] verwendete Hinweis auf die Ansprüche, die H wegen des Rechtsmangels aus den §§ 433 I 2, 437ff. gegen seinen Vormann F hat: Dem H ist die Inanspruchnahme seines (ihm ja bekannten) Vertragspartners eher zuzumuten als dem E die Suche nach dem (ihm vielleicht unbekannten) Schädiger. Ganz überzeugt aber auch dieses Argument vor allem dann nicht, wenn E den Verlust seines Eigentums durch Genehmigung selbst herbeigeführt hat.[28] Eine andere Argumentation geht davon aus, dass H zwar den Erwerbspreis im Vertrauen darauf bezahlt habe, den Stoff behalten zu dürfen. Aber dieses Vertrauen habe F hervorgerufen und nicht der kondizierende E; dem E könne der Vertrauensschaden des H also nicht zugerechnet werden.[29]

---

25 Etwa BGHZ 14, 7 (9); 55, 176 (179); ebenso *Looschelders* SchuldR BT Rn. 1085.

26 So etwa BGHZ 55, 176 (179f.).

27 Etwa *Esser/Weyers* SchuldR II § 51 II 2b.

28 Vgl. etwa *Strutz* NJW 1968, 141; *Schnitzler* JZ 1972, 270; *Canaris* bei *Larenz/Canaris* SchuldR II 2 § 72 I 2e will in solchen Fällen § 242 anwenden, wenn sich der Berechtigte schon mit § 985 ausreichend hätte schützen können.

29 *Rengier* AcP 177 (1977), 418 (434f.).

3. Zusammenfassung

726 Insgesamt ergibt sich damit für die Ansprüche aus dem Eingriff in fremdes Gut folgende Steigerung:

a) Aus der allgemeinen Eingriffskondiktion oder bei Verfügungen aus § 816 I 1 schuldet der Eingreifende **unabhängig von seinem Verschulden den Wert** (→ Rn. 719; 723). Soweit er weniger als den Wert erlangt hat, kommt Bereicherungswegfall nach § 818 III in Betracht. Hierfür muss der Eingreifende aber regelmäßig unverklagt gewesen sein (§ 818 IV) und darf die Unrechtmäßigkeit des Eingriffs nicht gekannt haben (§ 819 I); sonst unterliegt er der allgemeinen Verschuldenshaftung.

b) **Bei Verschulden** kann der Eingreifende dem Berechtigten zusätzlich auf **Schadensersatz** aus § 823 I haften. Diese Haftung wird aber bei Vorliegen einer Vindikationslage vielfach durch die §§ 989, 990, 993 I eingeschränkt (Ausnahmen vor allem §§ 991 II und 992).

HM c) Einen den Sachwert und den Schaden übersteigenden **Mehrerlös** kann der Berechtigte nur nach §§ 687 II, 681, 667 herausverlangen (anders die Rechtsprechung). Voraussetzung dafür ist, dass der Eingreifende den Mangel seiner Berechtigung zu dem Eingriff **kannte.**

V. Leistung und Eingriff

727 Eine Bereicherung »durch Leistung« schließt eine Bereicherung »in sonstiger Weise« schon begrifflich aus. Denn »in sonstiger Weise« bedeutet eben »anders als durch Leistung«. Logisch zwingend folgt daraus der Vorrang der Leistung gegenüber den Nichtleistungskondiktionen aber nur **im Zweipersonenverhältnis:** Hier kann, was »durch Leistung« erlangt worden ist, nicht zugleich »in anderer Weise« erlangt worden sein. Dagegen können **im Dreipersonenverhältnis** eine Leistung (durch eine Person) und etwa ein Eingriff (in das Recht einer anderen Person) durchaus zusammentreffen (etwa bei der Zahlung mit fremdem Geld: Leistung an den Empfänger, zugleich Eingriff in das Eigentum an dem Geld). Aber auch hier kommt man durch das Weiterdenken gesetzlicher Wertungen (etwa des § 816 und der Vorschriften über den redlichen Erwerb vom Nichtberechtigten) häufig zu einem **Vorrang der Leistung gegenüber den Nichtleistungskondiktionen.** Selbst wenn der Kondiktionsgegenstand von niemandem geleistet wurde, soll eine Nichtleistungskondiktion gleichwohl »nach wertenden Kriterien ausscheiden« können.[30] Doch sind manche Einzelheiten zweifelhaft.[31]

1. Vorrang nur für das durch Leistung Erlangte

Gewiss ist zunächst: Der Vorrang der Leistungskondiktion kann nur für das gelten, was gerade durch Leistung erlangt ist.

BGHZ 55, 176: D stiehlt beim Eigentümer E zwei Jungbullen und veräußert sie an F. Dieser verwertet sie gutgläubig in seiner Fleischwarenfabrik. E verlangt von F Wertersatz.

30 BGH NJW 2015, 229 mAnm *Fervers;* dazu K. Schmidt JuS 2015, 363 sowie → Rn. 588.

31 Vgl. etwa *H. P. Westermann* JuS 1972, 18; *Reuter/Martinek* BereicherungsR 399ff.; *Koppensteiner/Kramer* BereicherungsR 104ff.; *Fiedler* JR 1975, 314; *U. Huber* JuS 1970, 342, 515; *Thielmann* AcP 187 (1987), 23; *S. Lorenz* JuS 2003, 844; *Sebastian* JURA 2015, 180 (zu BGH NJW 2013, 1158).

Hier hat F wegen § 935 von D durch Leistung nur den **Besitz** erlangt. Dagegen hat er sich das **Eigentum** nach § 950 selbst verschafft. Daher ist F der Eingriffskondiktion des E aus §§ 951, 812 ausgesetzt. Dem entspricht

BGH NJW 1992, 2084: Ein Foto des eine bestimmte Brille tragenden Fernsehmoderators Fuchsberger (F) war an die Inhaberin eines Optikergeschäfts (O) gelangt. Diese verwendete das Foto für ihre Werbung in sechs Anzeigen. F, der einer solchen Verwendung nicht zugestimmt hatte, verlangt von O als Ersatz 120.000 DM (!).

Diese Klage ließ sich mangels Verschuldens der O nicht als Schadensersatzanspruch begründen. Dagegen hat der BGH (in geringerer Höhe) einen Anspruch aus Eingriffskondiktion bejaht; dass O das Foto durch Leistung ihres Verbandes erhalten habe, mache nichts aus. Das ist richtig: Gegenstand dieser Leistung war gerade nicht das von O verletzte Verwertungsrecht, sondern nur das Foto als Sache.[32]

2. Die Fälle des § 816 I BGB

728 Sicher umgekehrt zu entscheiden ist dagegen, wenn **durch die Leistung rechtsgeschäftlich Eigentum (oder das vom Empfänger ausgeübte andere Recht) verschafft wird:** Dann hat der Verlierer des Eigentums gegen den Erwerber regelmäßig selbst dann keine Eingriffskondiktion, wenn Leistender ein Dritter ist. Denn gerade das ist ja der Fall des redlichen Erwerbs vom Nichtberechtigten. Und für ihn stellt § 816 I 1 klar, dass der Rechtsverlierer nur von dem (entgeltlichen) Veräußerer kondizieren kann (→ Rn. 714). Bloß bei unentgeltlicher Veräußerung richtet § 816 I 2 die Kondiktion gegen den Erwerber.

Ob dieser § 816 I 2 eine Ausnahme darstellt oder die Regel ausdrückt, hängt davon ab, wie man den Vorrang der Leistungs- gegenüber der Eingriffskondiktion formuliert: Eine Ausnahme bildet § 816 I 2, wenn man sagt, ein Erwerb durch Leistung sei nur mit der Leistungskondiktion (also auch nur vom Leistenden) und nicht mit der Eingriffskondiktion (also auch nicht von Dritten) angreifbar. Dagegen wird § 816 I 2 zur Regel, wenn man sagt: Nur wer selbst etwas leistet, ist für die Rückforderung auf die Leistungskondiktion angewiesen; wer nicht geleistet hat (wie bei § 816 I der Berechtigte), kann dagegen die Nichtleistungskondiktion verwenden. Von diesen beiden Formulierungen stellt die erste auf den Empfänger und die zweite[33] auf den Verlierer ab.

Welche der beiden Formulierungen vorzuziehen ist, hat bei § 816 I keine praktische Bedeutung: Die Frage, was Regel ist und was Ausnahme, bleibt angesichts der in § 816 I getroffenen Sachentscheidungen theoretisch.

3. Verallgemeinerung auf weitere Fallgruppen?

729 Die praktische Bedeutung zeigt sich aber sofort, wenn man den Anwendungsbereich von § 816 I verlässt.

BGHZ 56, 228: Der Baustoffhändler H liefert dem Bauunternehmer U Baumaterial unter EV. U baut das Material in das Grundstück des E ein, bevor er den Kaufpreis an H bezahlt hat.

Hier war U bei dem Einbau Nichteigentümer. Der Eigentumserwerb des E nach §§ 946, 93, 94 beruht also zwar auf einer Leistung, nämlich auf dem Einbau durch U,

32 Etwas anders *Canaris* JZ 1992, 1114 (1119).
33 *Eike Schmidt* AcP 175 (1975), 165 (170).

aber nicht auf einer Leistung des Rechtsverlierers H. Damit wird der Unterschied in den Formulierungen für den Vorrang der Leistungskondiktion bedeutsam: Nach der ersten Formulierung ist die Eingriffskondiktion des H gegen E (§§ 951, 812) ausgeschlossen, weil E durch Leistung erworben hat; nach der zweiten Formulierung ist sie nicht ausgeschlossen, weil nicht H das Eigentum geleistet hat. Der BGH hat im Sinne der ersten Formulierung entschieden, also die Klage des H gegen E abgewiesen. Das ist richtig, sofern E das Baumaterial auch dann kondiktionsfrei erworben hätte, wenn es ihm vor dem Einbau von U nach § 932 übereignet worden wäre;[34] also im Wesentlichen bei gutem Glauben des E und wenn das Material nicht abhandengekommen ist). Ob eine solche Übereignung wirklich vorangeht oder nicht, darf keinen Unterschied machen.

4. Den Erwerberschutz ausschließende Wertungen

730 Daraus folgt zugleich die Entscheidung für den Fall, dass abhandengekommenes Material aufgrund eines Vertrages eingebaut wird: Wäre es zunächst (wegen § 935 wirkungslos) übereignet und dann vom Grundstückseigentümer selbst eingebaut worden, so wäre dieser der Eingriffskondiktion des Alteigentümers ausgesetzt (→ Rn. 727). Man wird kaum anders entscheiden können, wenn der Einbau gleich durch den Lieferanten erfolgt.[35]

Beim Einbau durch den Lieferanten wird man sagen müssen, das Material sei durch dessen Leistung erlangt worden.[36] Insofern bedarf also die Formulierung einer Korrektur, wer etwas durch Leistung erlangt habe, sei insoweit keiner Eingriffskondiktion ausgesetzt. In abgelegeneren Fällen mögen auch noch weitere Korrekturen nötig sein.[37] Die erwähnte Formulierung ist also bloß eine **Faustregel;** sie steht unter dem Vorbehalt, dass nicht besondere Gründe zu einem abweichenden Ergebnis führen.[38] Aber mit dieser Maßgabe gilt: **Wer etwas durch Leistung erhalten hat, braucht darüber nur mit dem Leistenden im Wege der Leistungskondiktion abzurechnen.**

34 Dazu → Rn. 728; iErg ebenso *Baur/Stürner* SachenR § 53 Rn. 28; *v. Caemmerer,* FS Rabel, Bd. I, 1954, 333 (352, 372); *Larenz/Canaris* SchuldR II 2 § 70 II 2a; b; *Koppensteiner/Kramer* BereicherungsR 106ff., dagegen aber etwa *U. Huber* JuS 1970, 342 (346); *H. H. Jakobs* JuS 1973, 152. Etwas anders auch *Reuter/Martinek* BereicherungsR 405, doch vgl. *W. Lorenz* JZ 1984, 615. S. auch schon BGHZ 40, 272 (279).

35 Ebenso *Westermann/Gursky* SachenR § 54 Rn. 2ff.; *v. Caemmerer,* FS Rabel, Bd. I, 1954, 333 (352, 372f.); *Larenz/Canaris* SchuldR II 2 § 70 II 2a; b; *Esser/Weyers* SchuldR II § 50 IV; *Schlechtriem* SchuldR BT Rn. 693, anders *Kellmann* JR 1988, 97 (100 Fn. 13). S. auch *Neuner* JuS 2007, 401.

36 Anders als das durch eigene Verarbeitung erworbene Fleisch von BGHZ 55, 176, vgl. → Rn. 727.

37 *H. P. Westermann* JuS 1972, 18 (zust. *Koppensteiner/Kramer* BereicherungsR 108f.).

38 NK-BGB/*v. Sachsen Gessaphe* § 812 Rn. 190; skeptisch gegenüber dem Subsidiaritätsdogma *Larenz/Canaris* SchuldR II 2 § 67 IV 3; § 70 III 2d.

6. Abschnitt. Einwendungen

§ 29 Übersicht

I. Einwendung und Einrede[1]

1. Die Einrede im Prozessrecht

731 In der ZPO heißt »Einrede« jede Tatsachenbehauptung des Beklagten, mit der dieser sich anders als durch Bestreiten der klagebegründenden Behauptungen des Klägers verteidigt: Er macht eine **Gegennorm** geltend. Diese kann dem materiellen Recht oder dem Prozessrecht angehören.

2. Die Terminologie im materiellen Recht

732 Im materiellen Recht heißen diejenigen Einreden im Sinne des Prozessrechts, mit denen Gegennormen aus dem materiellen Recht geltend gemacht werden, **Einwendungen.** Man teilt sie nach der Wirkung (→ Rn. 16) ein in **rechtshindernde** (ein Anspruch entsteht nicht), **rechtsvernichtende** (ein entstandener Anspruch geht wieder unter) und **rechtshemmende** (der entstandene Anspruch bleibt zwar bestehen, wird aber in seiner Durchsetzung gehemmt).

Dabei heißen die rechtshemmenden Einwendungen in der materiell-rechtlichen Terminologie **Einreden.** Nach hM soll wenigstens ein Teil ihrer Wirkungen davon abhängen, dass der Schuldner sich auf sie beruft. Viele lassen auch eine Geltendmachung außerhalb des Prozesses genügen. Doch ist eine solche außerprozessuale Willensäußerung wohl nur ein Indiz für den maßgeblichen Willen im Prozess selbst; jedenfalls kann der Beklagte sich im Prozess noch anders entscheiden und auf die Einrede verzichten.

Die praktische Bedeutung dieses Erfordernisses der Berufung auf die Einrede ist gering (am ehesten noch wirkt es im Versäumnisverfahren, → Rn. 219–221 zu §§ 273, 320). Zudem müssen auch manche anderen Gegenrechte, die nicht Einrede im technischen Sinn sind, erst durch Gestaltungsakt ausgeübt werden (zB Anfechtung, Aufrechnung).[2]

3. Die Wirkungsdauer materiell-rechtlicher Einreden

733 Endlich kann man die Einreden des materiellen Rechts noch unterscheiden nach der Dauer ihrer Wirkung. So hemmen manche Einreden den betroffenen Anspruch **dauernd** (sie sind peremptorisch, zB §§ 214 I, 438 IV 2). Bei anderen ist die Hemmung dagegen nur **vorübergehend** (sie sind dilatorisch, zB Stundung, §§ 273, 320). Innerhalb der dauernden Einreden unterscheidet § 813 I weiter danach, ob die in Unkenntnis der Einrede erbrachte Leistung mit der Leistungskondiktion zurückgefordert werden kann. Außerdem gibt es noch andere Verschiedenheiten.[3]

---

1 Grdl. *Herb. Roth,* Die Einrede des Bürgerlichen Rechts, 1988; *Thomale,* Die Einrede als materielles Gestaltungsrecht, AcP 212 (2012), 920; *Harke* AcP 202 (2002), 951; *Petersen* JURA 2008, 422; *Ulrici/Purrmann* JuS 2011, 104.
2 Vgl. *Medicus* BGB AT Rn. 96ff.
3 *Jahr* JuS 1964, 125 (127).

II. Funktion einer Einteilung der Einwendungen

734 1. Die in →Rn. 732 genannte Einteilung der materiell-rechtlichen Einwendungen in rechtshindernde, rechtsvernichtende und rechtshemmende hat für den Anspruchsaufbau **nur geringen Wert.** Denn die rechtshindernden Einwendungen haben in diesem Aufbau ohnehin keinen eigenen Platz: Sie werden beim Anspruchsgrund neben dessen positiven Voraussetzungen geprüft (→ Rn. 16). So muss etwa für Vertragsansprüche ein entsprechender Konsens feststehen.[4] Die Abgrenzung zwischen den Anspruchsvoraussetzungen und den rechtshindernden Einwendungen hängt mit der prozessualen Darlegungslast zusammen; bei unstreitigen Sachverhalten spielt sie daher keine Rolle.

Aber auch der Unterschied zwischen rechtsvernichtenden und rechtshemmenden Einwendungen wiegt gering. Zu dem Erfordernis der Berufung auf die Einrede vgl. schon → Rn. 732; auch kann die Wirkung einer (bloß rechtshemmenden) Einrede so weit reichen, dass von den Anspruchswirkungen fast nichts mehr übrig bleibt (zB die Verjährung, wenn keine Sicherungen bestehen, §§ 214 I, 216): Der Übergang zur (rechtsvernichtenden) Einwendung wird damit fließend.

735 2. **Beim Anspruchsaufbau** werden an erster Stelle die anspruchsbegründenden Normen mit den dazugehörenden Hilfsnormen erörtert. Von da her gelangt man an zweiter Stelle zu der Frage, ob der entstandene Anspruch wieder erloschen oder aber nicht durchsetzbar ist, also zu den rechtsvernichtenden und rechtshemmenden Einwendungen. Eine Einteilung der Einwendungen, die das Auffinden der Einwendungsnormen erleichtern soll, muss folglich den **Zusammenhang mit den Ansprüchen,** um deren Vernichtung oder Hemmung es geht, beachten. Dabei werden freilich im Folgenden nur die wichtigsten Einwendungen erwähnt.

III. Einteilung von den Ansprüchen her

1. Einwendungen gegen alle Ansprüche

736 Manche Einwendungen kommen als Gegenrecht gegenüber Ansprüchen aller Art in Betracht; sie sind also stets zu bedenken.

a) Das gilt etwa für die **Erfüllung und ihre Surrogate** (dazu → Rn. 750 ff.).

737 b) Gegen Ansprüche aller Art eignet sich auch das **Zurückbehaltungsrecht** nach §§ 273, 274. Freilich müssen die Ansprüche hier aus »demselben rechtlichen Verhältnis« stammen (Konnexität). Dafür genügt sicher ein nichtiger Vertragsschluss (→ Rn. 225). Die Rechtsprechung lässt aber darüber hinaus schon einen wirtschaftlichen Zusammenhang ausreichen: § 273 soll überall gelten, wo es treuwidrig wäre, den einen Anspruch ohne Berücksichtigung des Gegenanspruchs geltend zu machen. Dieser Zusammenhang kann bei dauernder Geschäftsverbindung sogar zwischen Ansprüchen aus verschiedenen Verträgen bestehen. Ausgeschlossen ist § 273 allerdings, wo Aufrechnung möglich wäre, also bei gleichartigen Leistungen: Hier wäre eine Verurteilung zur Leistung Zug um Zug (§ 274 I) sinnlos.

---

4 *Leenen,* Liber amicorum J. Prölss, 2009, 153; vgl. auch BAG NJW 2014, 1198 Rn. 17.

c) Endlich stehen alle Ansprüche als Zweipersonenverhältnisse unter dem Gebot von **Treu und Glauben.** Daher kommt § 242 mit seinen konkreten Ausprägungen (wie zB Verwirkung) stets in Betracht.[5] 738

2. Einwendungen gegen fast alle Ansprüche

Andere Einwendungen können sich gegen fast alle Ansprüche richten. Sie sind daher von der Anspruchsnorm her nur selten auszuschließen. 739

a) Fast alle Ansprüche können **abgetreten** (§§ 398 ff. BGB mit § 354 a HGB) oder **befreiend übernommen** (§§ 414 ff.) werden.[6] Damit endet das Recht des alten Gläubigers oder die Verpflichtung des alten Schuldners. Gleiche Wirkung wie die rechtsgeschäftliche hat auch die Legalzession (§ 412).

b) Fast alle Ansprüche können auch verjähren, freilich mit sehr verschiedenen Fristen. Unverjährbarkeit folgt vor allem aus §§ 194 II, 898, 902, 924. 740

c) Die meisten Ansprüche können auch **rechtsgrundlos oder durch unerlaubte Handlung erworben** werden, sodass ihnen die §§ 821, 853 entgegenstehen. 741

d) Endlich kommt bei vielen Ansprüchen (Ausnahme vor allem: Ansprüche auf Geldzahlung) Beendigung oder schon das Nichtentstehen wegen **Unmöglichkeit** (§ 275) in Betracht. 742

3. Einwendungen gegen Vertragsansprüche

Eine besonders wichtige Gruppe von Einwendungen richtet sich gegen vertragliche Ansprüche. 743

a) Das gilt zunächst für die **Anfechtung,** §§ 119–124, 142–144 (→ Rn. 132 ff.; 135 ff.; 149 f.). Hier wird der Vertrag mit allen aus ihm hervorgegangenen Ansprüchen rückwirkend beendet; die Rückabwicklung erfolgt nach Bereicherungsrecht (→ Rn. 660).

b) Gleichfalls gegen Vertragsansprüche wirkt der **Rücktritt** bei Kauf und Werkvertrag (§§ 323, 440, 636). Hier wird der auf Erfüllung gerichtete Vertrag, soweit er schon erfüllt worden war, in ein Rückgewährschuldverhältnis verwandelt; im Übrigen erlöschen die Erfüllungsansprüche (→ Rn. 660). Dem Rücktritt ähnelt der **verbraucherschützende Widerruf,** vgl. nur § 357 I.[7] Er steht vor allem dem überrumpelten Verbraucher (§ 312 b), dem Verbraucher als Abnehmer von Leistungen im Fernabsatz (§§ 312 c, 312 g) und dem Kreditnehmer beim Verbraucherkredit (§ 510 I) zu (→ Rn. 325 ff. sowie → Rn. 776 ff.). 744

Im Gegensatz dazu steht die **Kündigung** (meist bei Dauerschuldverhältnissen, aber auch beim Werkvertrag: §§ 643, 649, 650 I, zudem § 671): Sie lässt regelmäßig die Vergangenheit unberührt und betrifft nur die Zukunft.

c) Gegen Ansprüche aus gegenseitigen Verträgen richten sich die §§ 320, 321 (→ Rn. 219 ff.). 745

---

5 Zur Verwirkung BGH NJW 2014, 1230 Rn. 13; vgl. auch *Petersen,* Die Grenzen zulässiger Rechtsausübung, JURA 2008, 759.

6 Zur Schuldübernahme *Grigoleit/Herresthal* JURA 2002, 393; 825; *Leible,* GS Unberath, 2015, 271.

7 Dazu *Wendehorst* NJW 2014, 577; *Schärtl* JuS 2014, 577.

746/747 **d)** Ebenfalls nur den gegenseitigen Vertrag betrifft § 326 I 1: Der Anspruch auf die Gegenleistung erlischt wegen Unmöglichkeit der Leistung, ohne dass es eines Rücktritts (wie bei §§ 323, 326 V) bedarf.

4. Einwendungen gegen Schadensersatzansprüche

748 Gegen alle Ansprüche auf Schadensersatz können sich der Einwand einer beachtlichen Reserveursache (→ Rn. 848 ff.) und der des Schadenswegfalls durch Eintritt eines ausgleichungsfähigen Vorteils (→ Rn. 854 ff.) richten. Dagegen wirkt § 254 rechtshindernd: Soweit das Mitverschulden reicht, entsteht der Ersatzanspruch erst gar nicht.

5. Einwendungen gegen einzelne Ansprüche

749 Endlich bleiben noch zahlreiche Einwendungen, die sich nur gegen bestimmte einzelne Ansprüche richten. So bezieht sich **§ 519** auf den Erfüllungsanspruch aus dem Schenkungsversprechen, **§ 531** beendet die Schenkung als Rechtsgrund, **§ 1000** betrifft die Vindikation sowie über §§ 1007 III 2, 1065, 1227 einzelne weitere Herausgabeansprüche (zur analogen Anwendung auf andere dingliche Ansprüche → Rn. 454) und so weiter. Diese Einwendungen sind regelmäßig zumindest durch Verweisung bei dem Anspruch geregelt, auf den sie sich beziehen, und lassen sich daher leicht finden.

§ 30 Erfüllung und Erfüllungssurrogate[1]

I. Erfüllung

Die Erfüllung ist der normale Erlöschensgrund für alle Arten von Ansprüchen. Voraussetzung ist nach § 362 I die Bewirkung der geschuldeten Leistung an den Gläubiger. 750

1. Der Leistende

Der Schuldner kommt in dieser Definition nicht vor. Das entspricht § 267 I: Regelmäßig kann statt des Schuldners auch **ein Dritter** leisten (Ausnahme zB § 613 S. 1). Eine andere Frage ist, wie weit der Schuldner **Hilfspersonen** zuziehen darf: Das kann ihm selbst dann erlaubt sein, wenn Drittleistung ausgeschlossen ist. Denn für ein Verschulden der Hilfspersonen muss der Schuldner nach § 278 einstehen. Dagegen ist § 278 bei Leistung durch einen Dritten unanwendbar: Dort fehlt die Einschaltung durch den Schuldner (→ Rn. 801).

Bedeutung erlangen kann der Unterschied zwischen einer Leistung des Schuldners durch Hilfspersonen und einer Drittleistung auch für die Bestimmung des Gläubigers bei der Leistungskondiktion (→ Rn. 684–686).

2. Der Leistungsempfänger

An den Gläubiger muss die Leistung nach § 362 I bewirkt werden, doch ist nach Abs. 2 bei Leistung **an einen Dritten** § 185 anwendbar. Der Gläubiger kann also insbesondere einen Dritten zum Leistungsempfang ermächtigen, so etwa bei der Einziehungsermächtigung (→ Rn. 30). 751

Zudem kann ein Dritter **kraft Gesetzes empfangsermächtigt** sein. Die wichtigsten Fälle sind §§ 370 (Quittung; nur die echte!), 407–409 (bei nicht mitgeteilter Zession oder unrichtiger Zessionsanzeige), § 56 HGB (→ Rn. 109) und die Legitimation durch ein Wertpapier: §§ 793 I 2, 807, 808 I BGB. Zur gesetzlichen Empfangsermächtigung sind zwei Probleme zu erörtern:

a) Nach §§ 407–409 muss der Gläubiger die Leistung an den Nichtgläubiger »gegen sich gelten lassen«.[2] Kann der Schuldner, statt die Erfüllungsfolgen zu wählen, auch die Folgen der Nichterfüllung geltend machen? 752

Beispiel: Der Altgläubiger A tritt seine Forderung dem Neugläubiger N ab, ohne den Schuldner S zu benachrichtigen. S, der eine Forderung gegen N hat, zahlt an A. Dann wird N insolvent.

Wenn S hier nach § 407 I durch die Leistung an A auch ohne seinen Willen befreit wäre, erhielte er von N nur die Insolvenzquote. Da die §§ 407–409 jedoch den Schuldner schützen wollen, wirken sie nur, wenn dieser sich darauf beruft:[3] S kann also von A kondizieren (§ 812 I 1 Fall 1: *condictio indebiti*) und seine fortbestehende Schuld an N durch Aufrechnung mit seiner Forderung tilgen (§ 94 InsO).

---

1 *Gernhuber,* Die Erfüllung und ihre Surrogate, 2. Aufl. 1994; *Grunewald* BürgerlR § 26; *S. Lorenz,* Erfüllung (§ 362 BGB), JuS 2009, 109; *Grunewald,* Aufrechnung (§§ 387ff. BGB), JuS 2008, 951; *Thole,* Erfüllung und Erfüllungssurrogate im Zwangsvollstreckungsrecht, JURA 2010, 605; *Lieder/Illhardt,* Grenzen der Aufrechnung, JA 2010, 769; lehrreich *Looschelders/Erm* JA 2014, 161.

2 Dazu *Petersen,* Die Leistung an den Nichtberechtigten, JURA 2010, 281.

3 RGZ 83, 184 (188); BGHZ 52, 150 (153).

753 b) Unter **§ 808** I fällt auch das **Sparbuch.** Hier kann unter besonderen Umständen die Legitimationswirkung fraglich sein.[4]

BGHZ 28, 368: Die Eltern lassen für ihre Tochter T auf deren Namen ein Sparbuch anlegen und zahlen 3.000 DM ein. Für Rückzahlungen wird eine Kündigungsfrist von zwölf Monaten vereinbart. Die 13-jährige T verschafft sich heimlich das Buch und hebt binnen zweier Wochen 2.500 DM ab. Das Geld verbraucht sie. Die Eltern leugnen die Wirksamkeit der Auszahlung.

Wäre T hier Gläubigerin der Sparforderung gewesen, so käme es auf die Zuständigkeit eines **Minderjährigen** zum befreienden Empfang von Leistungen an (→ Rn. 171). Die Vorinstanz hatte jedoch (für den BGH bindend) festgestellt, die Forderung stehe den Eltern zu. Daher passt § 808 I direkt: Die Sparkasse hat an einen nichtberechtigten Inhaber des Sparbuchs geleistet.

Anerkanntermaßen versagt die Legitimationswirkung nach § 808 I, wenn der Leistende die Nichtberechtigung des Inhabers kennt. Obwohl das für die Sparkasse nicht zutraf, hat der BGH den Eltern recht gegeben: Die Legitimationswirkung reiche nur so weit, wie die Leistung nach der Urkunde erfolgen dürfe. Das sei hier wegen des Fehlens einer Kündigung nicht der Fall.[5]

BGH NJW 1976, 2211 zufolge soll die Legitimationswirkung von § 808 auch dann nicht eintreten, wenn das Sparbuch einen **Sperrvermerk** bis zur Volljährigkeit des Berechtigten enthält (dort hatte der gesetzliche Vertreter des berechtigten Kindes das Guthaben abgehoben und für sich verbraucht). Damit dürfte der Zweck des Vermerks richtig getroffen sein. Außerdem kann eine Aufhebung der Sperre nur mit dem wahren Gläubiger vereinbart werden, nicht dagegen mit jemandem, der nur durch Sparbuch und Reisepass des Gläubigers legitimiert ist.[6]

3. Das Bewirken der Leistung

754 Bewirkt werden muss die geschuldete Leistung. Es genügt also nicht, dass der geschuldete Erfolg ohne Leistung eintritt, etwa durch Zufall (das freizuschleppende Schiff kommt durch eine Sturmflut frei). Solche Zweckerreichung befreit den Schuldner zwar gleichfalls, doch verdient dieser anders als bei Erfüllung wenigstens nicht die volle Gegenleistung (→ Rn. 159).

4. Die richtige Leistung

755 Gerade die geschuldete Leistung muss bewirkt worden sein. Bei der Gattungsschuld sind die §§ 243 I BGB, 360 HGB zu beachten. Doch kann der Käufer nach den §§ 439, 441 auch schlechtere Sachen erfüllungstauglich machen, indem er Nachbesserung oder Minderung wählt (→ Rn. 260).

Ein weiteres Problem ist wohl noch nicht höchstrichterlich entschieden: Häufig verlangen Gläubiger vom Schuldner, dieser möge mit seiner Leistung als Verwendungszweck eine bestimmte **Zahlen- oder Buchstabenfolge** angeben. Der Schuldner verschreibt sich dabei. Der Gläubiger bemerkt den Fehler nicht und verbucht die Zahlung falsch; zugleich mahnt er den vermeintlichen Schuldner. Kommt dieser in Verzug? Das dürfte wenigstens dann zu verneinen sein, wenn die vom Gläubiger geforderte Angabe nicht ganz einfach und daher fehleranfällig ist: Die eigentliche Leistung hat der Schuldner ja erbracht; die falsche Verbuchung bildet nur ein Internum

4 *Schraepler* NJW 1973, 1864; *Pflug* ZHR 140 (1976), 175. Vgl. auch BGH NJW 1986, 2104f.
5 Vgl. auch BGHZ 64, 278; *Canaris*, Bankvertragsrecht, 2. Aufl. 1981, Rn. 1187.
6 BGH NJW 1988, 2100f.

des Gläubigers und geht daher zu dessen Lasten. Für Zahlungsdienste vgl. jetzt auch § 675r (Kundenkennungen).

II. Erfüllungssurrogate

756 Wie die Erfüllung wirken Annahme an Erfüllungs statt (§ 364 I), Hinterlegung unter Verzicht auf das Rücknahmerecht (§ 378), Aufrechnung (§ 389) und mit Einschränkungen auch der Erlass (§ 397, häufigstes Vorkommen im Rahmen eines Vergleichs, § 779). Von den Problemen aus diesem Bereich seien die folgenden drei erörtert.

1. Die Inzahlunggabe gebrauchter Sachen

Mit der Annahme an Erfüllungs statt wird oft die Inzahlunggabe gebrauchter Sachen beim Kauf neuer in Verbindung gebracht.[7] Solche Abreden begegnen insbesondere beim Handel mit Kraftfahrzeugen. Zwei Komplikationen sind denkbar.

(1) Der in Zahlung zu gebende Altwagen wird vor der Ablieferung zerstört. Der Händler V verlangt dann auch für denjenigen Teil des Neuwagenpreises Geld, der durch die Hingabe des Altwagens getilgt werden sollte. Dagegen will sich der Käufer K vom Vertrag lösen, da er so viel Geld nicht aufbringen kann oder will.

(2) Der Altwagen ist mangelhaft, etwa weil K die Fahrleistung zu niedrig angegeben oder einen Unfall verschwiegen hat. V weist deshalb den Altwagen zurück und verlangt für den Neuwagen den vollen Preis. K will unter diesen Umständen den Neuwagen nicht mehr.

Der BGH hat es in einem Fall vom Typ (2) gebilligt, dass die Vorinstanz die Vereinbarung über den Altwagen als Einräumung einer **Ersetzungsbefugnis** für K gedeutet hatte:[8] Dieser dürfe einen Teil des Kaufpreises für den Neuwagen durch Hingabe des Altwagens tilgen. Hierin liege eine Abrede über eine Annahme an Erfüllungs statt. Daher seien über § 365 die §§ 323, 326 V anwendbar: V könne den vollen Listenpreis für den Neuwagen verlangen. Entsprechend ergibt diese Konstruktion auch für Fälle vom Typ (1) die volle Zahlungspflicht des K: Da er das Altfahrzeug nicht mehr hat, kann er von seiner Ersetzungsbefugnis keinen Gebrauch machen.

Hieran ist kritisiert worden, der BGH beachte zu einseitig die Interessen des V. Dagegen bleibe unberücksichtigt, dass K den vollen Listenpreis niemals habe zahlen wollen und vielleicht auch durch einen günstigen Verrechnungspreis für den Altwagen einen Vorteil erhalten sollte.[9] Diese Auffassung hatte daher mit Recht einen **gemischten Vertrag aus Kauf und Tausch** bejaht, ergänzt um die Befugnis des K, statt des Altwagens Geld zu leisten (weil V regelmäßig an dem Altwagen nicht interessiert ist). Dann ist bei (1) der Tauschteil des Vertrages unmöglich geworden, was auch auf den Vertragsrest ausstrahlt, weil die Lieferung des Neuwagens nicht teilbar ist. Es liegt deshalb nicht bloß Teilunmöglichkeit vor, sondern K wird nach § 275 insgesamt frei und verliert den Anspruch auf die Gegenleistung nach § 326 I 1. Hat er die Zerstörung des Altwagens zu vertreten, gilt freilich §§ 280 III, 283. Und bei (2) bezieht sich das Rücktrittsbegehren des V auf den ganzen Vertrag (→ Rn. 294). Wenn V den Verkauf des Neuwagens retten will, muss er also

7 BGHZ 46, 338; *Oehler* JZ 1979, 787; *H. Honsell* JURA 1983, 523; *Gernhuber*, Die Erfüllung und ihre Surrogate, 2. Aufl. 1994, 185f.

8 BGHZ 46, 338 und im Anschluss BGHZ 89, 126; 128, 111; BGH NJW 2003, 505. Ähnlich für eine etwas abweichende Gestaltung (Ablösung einer Restkaufpreisschuld für den Altwagen durch den Verkäufer eines Neuwagens) BGHZ 175, 286 Rn. 12ff.

9 Vgl. *Larenz* SchuldR II, 11. Aufl. 1979, § 63 II. Zust. *Mayer-Maly*, FS Larenz, 1973, 673; OLG Oldenburg NJW-RR 1995, 689.

hinsichtlich des mangelhaften Altwagens Minderung wählen: Diese bewirkt, dass K den mangelbedingten Minderwert des Altwagens nach §§ 480, 437 Nr. 2, 441 III in Geld ausgleichen muss.[10] Abgemildert wird das aber etwa dadurch, dass bei der Inzahlunggabe eines Gebrauchtwagens für sog. Verschleißmängel die Gewährleistung unter bestimmten Umständen »stillschweigend« ausgeschlossen ist.[11] Kommt es dennoch zur Rückabwicklung des gesamten Vertrags, so erhält K nach § 346 I den gezahlten Preis und den Altwagen zurück.[12] Die Anrechnungsvorteile bleiben ihm nur erhalten, wenn er nach §§ 437 Nr. 3, 280, 281 das Erfüllungsinteresse beanspruchen kann.[13]

Aus umsatzsteuerlichen Gründen hatte sich zwischenzeitlich eine andere Gestaltung durchgesetzt: Der Händler vermittelte lediglich den Weiterverkauf für den Kunden **(Agenturvertrag).** Dabei übernahm der Händler das Risiko, dass ein bestimmter Mindestpreis erzielt wird. Zugleich stundete er dem Kunden in dieser Höhe den Kaufpreis für den Neuwagen. Zur Sicherung des Kunden soll diese Vereinbarung nur aus wichtigem Grund gekündigt werden können.[14] Diese Gestaltung ist jetzt zur Vermeidung der §§ 474 ff. (der als Verkäufer auftretende Altbesitzer ist regelmäßig selbst Verbraucher, sodass § 474 I 1 nicht vorliegt) wieder aufgelebt. Dabei darf der Händler freilich keinen Mindestpreis mehr garantieren, weil er ansonsten das wirtschaftliche Risiko tragen und nach § 475 I 2 haften würde (→ Rn. 312).

2. Unbare Zahlung

757 Geldschulden werden vielfach statt durch Barzahlung durch Überweisung auf ein Girokonto des Gläubigers getilgt. Das fällt unter § 362 I, ist also Erfüllung, wenn man auch das durch die Überweisung verschaffte Buchgeld als »geschuldete Leistung« wertet. Tut man das dagegen nicht, so kommt nur Annahme an Erfüllungs statt in Betracht, und dazu bedarf es nach § 364 I des Einverständnisses des Gläubigers.

Zwar wird dieses Einverständnis schon mit der Mitteilung der Kontonummer erklärt. Sogar wenn der Schuldner das Konto durch einen Dritten erfahren hat, wird der Gläubiger mit der Überweisung oft wenigstens nachträglich einverstanden sein. Dann ist es eine untergeordnete Frage, ob eine Leistung nach § 362 I oder eine Leistung an Erfüllungs statt vorliegt.[15] Aber bisweilen kommt dem Gläubiger die Überweisung ungelegen: etwa wenn sein Konto überzogen war und ihm deshalb von der Bank nichts ausgezahlt wird. Dann hängt das Freiwerden des Schuldners von der Bewertung der Überweisung ab.

BGH NJW 1953, 897 hat Erfüllung verneint.[16] Auch bedeute die Errichtung des Kontos noch nicht das für § 364 I nötige Einverständnis. Aber zumindest ist seitdem der bargeldlose Zahlungsverkehr noch üblicher geworden. Daher sollte man heute die Überweisung wenigstens dann unter § 362 I fallen lassen, wenn sie nicht ausgeschlossen wird und entweder es sich um einen größeren Betrag handelt, den man nicht mit sich herumzutragen pflegt, oder wenn der Gläubiger keine Vorsorge für die Annahme von Bar-

10 Allg. zur Minderung beim Tausch MüKoBGB/*H. P. Westermann* § 480 Rn. 6.
11 BGHZ 83, 334.
12 BGHZ 89, 126; vgl. auch OLG Hamm NJW-RR 2009, 1505 für den Fall, dass der Gebrauchtwagen vom Händler bereits weiterveräußert wurde.
13 BGHZ 128, 111; OLG Hamm NJW-RR 2009, 1505.
14 Vgl. BGH NJW 1978, 1482 f.; *Behr* AcP 185 (1985), 401.
15 BGHZ 87, 156; 89, 24 (29 f.); BGH NJW 1999, 210; NJW-RR 2004, 1281.
16 Ebenso in anderem Zusammenhang auch BGHZ 98, 24 (30), dazu krit. *Canaris,* Bankvertragsrecht, 2. Aufl. 1981, Rn. 1021 ff.

zahlungen getroffen hat.[17] Teilt der Schuldner (auf Briefen, Rechnungen usw) nur ein bestimmtes Konto mit, so hat die Überweisung auf ein anderes Konto des Gläubigers jedoch keine Tilgungswirkung.[18]

Freilich kann **in Sonderfällen** auch Abweichendes gelten. Das zeigt der Fall von

OLG Hamm NJW 1988, 2115: Eheleute hatten gemeinsam eine Trinkhalle betrieben; wegen der dabei entstandenen Verluste wies das auf den Namen der Ehefrau F lautende Konto einen Schuldsaldo von 6.000 DM auf. Zur Sicherung hatte die Mutter des Ehemanns M ein Sparbuch hinterlegt. Die Ehe wurde geschieden; M zahlte 2.400 DM Unterhalt an F auf deren defizitäres Konto. Daraufhin gestattete die Bank der Mutter des M eine entsprechende Abhebung von ihrem Sparbuch.

Hier hat das OLG die Leistung des M mit Recht nicht als Erfüllung der Unterhaltsschuld gelten lassen: Im Ergebnis war diese Leistung ja nicht der Gläubigerin F zugutegekommen, sondern der Mutter des zahlenden M. Zudem widerspricht es ganz allgemein dem Zweck einer Unterhaltsleistung, wenn diese auf ein defizitäres Konto erfolgt und daher nicht für den Unterhalt verwendet werden kann.

3. Teilklagen und Aufrechnung

758 Von Forderungen, die über hohe Beträge lauten, wird oft aus Kostengründen zunächst nur ein *Teil* eingeklagt: Kann der Beklagte eine Aufrechnung gerade gegen den eingeklagten Teil richten, oder muss er sich auf den Rest der Forderung verweisen lassen?

Beispiel: G meint, von S 100.000 EUR fordern zu können, und klagt davon 50.000 EUR ein. S erklärt die Aufrechnung mit einer älteren Gegenforderung von ebenfalls 50.000 EUR.

Die hier von S gewünschte Wirkung der Aufrechnung wäre für G besonders ungünstig, weil die Klageforderung rückwirkend wegfiele (§ 389). Damit erschiene die Klage als von Anfang an unbegründet, sodass G folgerichtig auch die Prozesskosten tragen müsste. Doch hat der BGH das »erledigende Ereignis« erst in der Aufrechnungserklärung gesehen.[19] Im Übrigen gilt das Verbot der Teilleistung von § 266 für die Aufrechnung nicht: § 389 (»*soweit* sie sich decken«) impliziert nämlich die nur teilweise Tilgung durch Aufrechnung. Daher kann S hier die Klage des G wirklich zum Scheitern bringen. G vermag das nur dadurch zu verhindern, dass er seinerseits schon vor dem Prozess durch Aufrechnung die Gegenforderung des S tilgt und dann aus der ihm verbliebenen Restforderung klagt.[20]

BGHZ 56, 312 betraf freilich einen etwas anderen Fall: Dort hatte S nicht aufgerechnet, sondern sich gegen den eingeklagten Teil einer Werklohnforderung auf Minderung berufen. Das hat der BGH nicht zugelassen: Im Gegensatz zur Aufrechnung betreffe die Minderung die ganze Werklohnforderung und nicht einen Teil; S könne daher die Wirkung der Minderung nicht gegen einen bestimmten Teil der Forderung richten. Aber diese Begrifflichkeit überzeugt schon deshalb kaum, weil auch der BGH die Minderung schließlich doch gegen einen bestimmten Teil der Forderung wirken lässt, nämlich den nicht eingeklagten. Besser wäre das Ergebnis des BGH so zu begründen: Das Schutzbedürfnis des Klägers gegenüber der Minderung wiege schwerer, weil er diese im Gegensatz zur Aufrechnung nicht vor dem Prozess selbst vollziehen könne.

---

17 Ähnlich *Gernhuber,* Die Erfüllung und ihre Surrogate, 2. Aufl. 1994, 206ff., zum Zeitpunkt des Eintritts der Erfüllungswirkung BGH NJW 2010, 3510 Rn. 22 (»endgültig zur freien Verfügung«) sowie *Einsele,* Bank- und Kapitalmarktrecht, 2. Aufl. 2010, 238f.

18 BGHZ 98, 24 (30); 128, 135 (137); BGH NJW-RR 2004, 1281.

19 BGHZ 155, 392 (398); dazu *Heyers* JR 2004, 240; *Schröcker* NJW 2004, 2203. Zur übereinstimmenden und einseitigen Erledigungserklärung ausf. *Schreiber* JURA 2012, 782. Anders entscheidet BGH NJW 2009, 1671 Rn. 11 bei § 767 II ZPO: Maßgeblich soll hier die Aufrechnungslage sein bzw. der Zeitpunkt in dem die Aufrechnungserklärung »objektiv abgegeben werden konnte«.

20 So auch BGH NJW-RR 1994, 1203.

§ 31 Der Verlust von Einwendungen

759 Einwendungen selbst verjähren nicht. Sie gehen aber verloren, wenn die Voraussetzungen der sie begründenden Norm nicht mehr vorliegen. So erlischt etwa ein Zurückbehaltungsrecht mit der Forderung, derentwegen es ausgeübt wird. Das ist selbstverständlich. Daneben gibt es aber noch weitere Gründe für den Verlust von Einwendungen.

I. Schuldrecht und Sachenrecht

760 Gerade die Frage, ob eine Einwendung eine Veräußerung »überlebt«, ist in Schuld- und Sachenrecht verschieden geregelt.

Beispiele:

(1) S verspricht dem G durch Vertrag eine Leistung. G tritt seine Forderung aus diesem Versprechen an N ab. Wenn jetzt S sein Versprechen gegenüber G nach § 119 anficht, fällt die Forderung rückwirkend weg. Das kann S nach § 404 auch dem N entgegenhalten: Der Mangel der Forderung ist also »veräußerungsbeständig«.

(2) S übereignet dem G eine bewegliche Sache, dieser übereignet sie weiter an N. Ficht jetzt S seine Übereignung an G nach § 119 an, so wird G zwar rückwirkend Nichtberechtigter. Bei gutem Glauben hat N aber trotzdem nach §§ 932, 142 II wirksam Eigentum erworben. Hier ist der Eigentumsverlust des S also durch die Veräußerung G–N endgültig geworden; der Mangel der Übereignung S–G ist »nicht (genauer: nur beschränkt, nämlich nur gegenüber einem Bösgläubigen) veräußerungsbeständig«.

(3) Aus einer Examensklausur: A tritt eine Guthabenforderung aus einem bei B unterhaltenen Sparkonto unter Vorlage des Sparbuchs an C ab, obwohl er mit B vereinbart hatte, dass er die Forderung nur mit ihrer Zustimmung übertragen darf. Gehört C, der von dieser Vereinbarung nichts wusste, das Sparbuch? Hier folgt das Recht am Papier dem Recht aus dem Papier:[1] C ist nach § 952 I Eigentümer des Sparbuchs geworden, weil er Gläubiger der Forderung geworden ist: Der Abtretung der Forderung durch A an C steht zwar § 399 Fall 2a fortiori entgegen. Denn wenn der Abtretbarkeit schon der Abtretungsausschluss entgegensteht, gilt dies erst recht für den Zustimmungsvorbehalt.[2] Jedoch hilft dem insoweit gutgläubigen C § 405 Fall 2.

761–765 Für die Zulassungsbescheinigung Teil II **(Fahrzeugbrief)** eines Kfz gilt **§ 952 analog:** Wenn das Kraftfahrzeug durch Einigung und Übergabe (oder ein Surrogat) übereignet wird, geht also das Eigentum an dem Brief kraft Gesetzes auf den Erwerber über.[3]

II. Übertragung pfandrechtsgesicherter Forderungen

766 Außer durch Verbriefung kann eine Forderung noch auf andere Weise mit einer körperlichen Sache verbunden werden: An der Sache wird ein Pfandrecht für die Forderung bestellt. Auch dann tritt die Frage auf, ob eine Veräußerung der Forderung dem Schuldrecht oder dem Sachenrecht untersteht. Im zweiten Fall kann die Rechtsstellung des redlichen Erwerbers besser sein, als es die Position des Veräußerers gewesen ist.

1 Wertpapierrechtliche Einzelheiten in der Voraufl.; eing. *Canaris*, Einwendungsausschluss im Wertpapierrecht, JuS 1971, 441; *Einsele*, Wertpapierrecht als Schuldrecht, 1995.
2 BGHZ 102, 293 (300).
3 BGH NJW 1978, 1854.

1. Akzessorische Pfandrechte

767 Hypothek und Mobiliarpfandrecht sind der gesicherten Forderung akzessorisch. Insbesondere bestimmt sich die Zuordnung des Sicherungsrechts nach der Zuordnung der Forderung **(Zuständigkeitsakzessorietät):** Mit der Übertragung der Forderung geht das Sicherungsrecht auf den neuen Gläubiger über.[4]

a) Dieses Denkmodell wird konsequent durchgeführt beim **Mobiliarpfandrecht:** Die Forderung ist nach den §§ 398ff. abzutreten, und das Pfandrecht folgt nach § 1250. Der neue Gläubiger erwirbt das Pfandrecht also, ohne dass hinsichtlich der Pfandsache eine Übergabe oder ein Surrogat nötig wäre. Vielmehr kann er sich den Besitz notfalls nach §§ 1227, 985 verschaffen.

Bei diesem Pfandrechtserwerb kraft Gesetzes gibt es für die Forderung keine sachenrechtliche Komponente. Insbesondere gelten für Einwendungen allein die §§ 404ff. Der neue Gläubiger muss sich dieselben Einwendungen entgegenhalten lassen wie der alte, und zwar sowohl bei Geltendmachung der Forderung wie bei Geltendmachung des Pfandrechts (§ 1211).

768 b) Kraft Gesetzes zusammen mit der Forderung wird zwar auch die **Hypothek** erworben, § 1153. Aber hier kann die gesicherte Forderung nicht einfach nach §§ 398ff. übertragen werden. Vielmehr bedarf es regelmäßig der Formen des Immobiliarsachenrechts: bei der **Buchhypothek** der Einigung und Eintragung (§§ 1154 III, 873), bei der **Briefhypothek** der Einigung mit schriftlicher Abtretungserklärung und der Briefübergabe oder eines Surrogats (§§ 1154 II, 1117), wobei die Schriftform der Abtretungserklärung durch Eintragung der Abtretung ersetzt werden kann (§ 1154 II). Eine Ausnahme bildet nur die Höchstbetragshypothek: Hier kann die Forderung von der Hypothek getrennt und nach §§ 398ff. übertragen werden, § 1190 IV.

769 Soweit die Forderung nach §§ 873, 1154 übertragen wird, ist hinsichtlich des Verlustes von Einwendungen zu unterscheiden:[5]

Bei der **Sicherungshypothek,** die nach § 1184 II als solche zu bezeichnen ist, kann der Schuldner nach § 404 alle Einwendungen gegen die Forderung dem neuen Gläubiger entgegenhalten. Diese wirken nach § 1137 allemal auch gegen die Hypothek (§ 1185 II schließt § 1138 aus!). Genau wie beim Mobiliarpfand (→ Rn. 767) hat hier also der neue Gläubiger weder bei der Durchsetzung der Forderung noch bei der Durchsetzung des dinglichen Sicherungsrechts eine bessere Position als der alte. Die durch Sicherungshypothek oder Mobiliarpfand gesicherte Forderung ist eben nicht verkehrsfähiger als eine ungesicherte.

770 Anders ist es bei der Normalform der Hypothek, die deshalb auch **Verkehrshypothek** heißt. Hier beschränkt § 1138 durch die Verweisung auf § 892 die Möglichkeit des Eigentümers, die Haftung seines Grundstücks dadurch abzuwehren, dass er nach § 1137 auf Einreden des persönlichen Schuldners zurückgreift: Diese Möglichkeit entfällt bei Redlichkeit des Erwerbers. Damit geht hier aber anders als bei verbrieften Forderungen nicht die Einrede gegen die Forderung selbst verloren, sondern nur die Wirkung der Einrede gegen die Hypothek. Das bedeutet eine **Beschränkung der Durchset-**

---

4 Vgl. *Medicus* JuS 1971, 497 (499); zur Akzessorietät auch *Herb. Roth*, FS Lauffs, 2006, 623; *Habersack* JZ 1997, 857; *Löhnig/Becker* JA 2011, 650; *Alexander* JuS 2012, 481; *Braun/Schultheiß* JuS 2013, 871.
5 Vgl. *Coester-Waltjen* JURA 1991, 186.

zungsakzessorietät: Entgegen § 1137 kann die Hypothek ausnahmsweise durchgesetzt werden, obwohl die persönliche Schuldklage scheitern würde (→ Rn. 545).

Von § 1138 zu unterscheiden ist § 1157: Beide Vorschriften verweisen zwar wegen Einreden auf § 892. Aber während § 1138 Einreden gegen die Forderung betrifft, deren Wirkung von § 1137 auf die Hypothek erstreckt wird, meint § 1157 die direkt gegen die Hypothek gerichteten Einreden: Auch diese können durch redlichen Erwerb verloren gehen.

2. Die Sicherungsgrundschuld

771 Des Unterschieds wegen sei hier nochmals (→ Rn. 493) die durch Sicherungsgrundschuld gesicherte Forderung erwähnt. Dort ist die Verbindung zwischen Forderung und dinglichem Sicherungsrecht nicht akzessorisch, sondern **fiduziarisch,** nämlich auf dem Sicherungsvertrag beruhend. Daher ist rechtstechnisch vieles anders als bei der Hypothek: Die Grundschuld folgt bei der Übertragung nicht der Forderung, sondern muss selbstständig übertragen werden; auch fehlt für die Einreden gegen die Forderung eine dem § 1137 entsprechende Vorschrift. Trotzdem würde ein der Durchsetzungsakzessorietät ähnliches Ergebnis erzielt, weil die Einreden aus dem Sicherungsvertrag und die Bereicherungseinrede unter §§ 1192 I, 1157 fielen. Der dadurch gewährte Schutz wie die durch § 1192 Ia geschaffene Ausnahme sind bereits geschildert worden.[6]

III. Feststellungsverträge

772 Im Schuldrecht herrscht Typenfreiheit. Daher sind nach § 311 I Verträge möglich, in denen eine Partei gegenüber der anderen eine Verpflichtung anerkennt, ohne dass dadurch ein neuer Schuldgrund geschaffen werden soll (sodass die §§ 780–782 jedenfalls nicht direkt passen). Solche **deklaratorischen (bestätigenden) Schuldanerkenntnisse** kommen etwa in folgenden Beispielen in Betracht:

(1) A und B sind in einen Verkehrsunfall verwickelt. A hat getrunken und will deshalb verhindern, dass die Polizei gerufen wird. Er erklärt daher dem B: »Ich habe die Alleinschuld« oder »Ich will für Ihren Schaden aufkommen«. Kann B eine Klage allein auf dieses Versprechen gründen? Kann A sich damit verteidigen, in Wahrheit sei B alleinschuldig oder doch wenigstens mitschuldig?

(2) Der Bauunternehmer U will von seiner Bank B Kredit. Als Sicherheit bietet U der B die Zession von Kundenforderungen an, unter anderem einer Forderung gegen K. B fragt bei K an, ob die Forderung in Ordnung gehe. Als K bejaht, erhält U den Kredit. Kann K der B jetzt noch entgegenhalten, U habe nur mangelhaft gebaut und könne daher nicht die volle Vergütung verlangen? Oder der Bauvertrag mit U sei wegen arglistiger Täuschung angefochten?
Einer solchen Forderungsanerkennung gegenüber dem Zessionar ähnelt die **Drittschuldnererklärung** nach § 840 I Nr. 1 ZPO; diese ist aber kein deklaratorisches Schuldanerkenntnis,[7] sondern bloße *Wissenserklärung:* Sie bindet den Drittschuldner nicht, sondern kehrt nur die Beweislast um und begründet bei schuldhaft falscher Auskunft eine Schadensersatzpflicht nach § 840 II 2 ZPO.[8]

Die Fälle (1) und (2) ergeben die folgenden Probleme.[9]

---

6 Vgl. → Rn. 496; 499–501; 506–508 sowie *Buchholz* AcP 203 (2003), 786.
7 So jedoch OLG München NJW 1975, 174, dagegen *Benöhr* NJW 1976, 174f.
8 BGH NJW 1978, 44f.
9 Dazu etwa *Larenz/Canaris* SchuldR II 2 § 61 II 2; *Lindacher* JuS 1973, 79 und umfassend *Kübler,* Feststellung und Garantie, 1967.

1. Rechtliche Bindung

773 Zunächst muss durch **Auslegung** ermittelt werden, ob überhaupt eine rechtliche Bindung vorliegt (→ Rn. 371 f.). Zweifelhaft ist das insbesondere bei nicht hinreichend überlegten Äußerungen an der Unfallstelle. Wo der **Rechtsbindungswille** verneint wird, ist die Äußerung nur ein (frei zu würdigendes und auch die Beweislast nicht notwendig umkehrendes) Indiz für die Leistungspflicht des Anerkennenden.[10] Kein Schuldanerkenntnis bedeutet in der Regel die Leistung auf die vermeintliche Forderung[11]

In den Ausgangsfällen kann die Bindung bei (2) nicht verneint werden: Bei einer Anfrage durch eine Bank musste K damit rechnen, dass es um Geld ging und daher mehr als eine unverbindliche Auskunft erwartet wurde. Und bei (1) spricht es für eine Verbindlichkeit, wenn sich B – dem A erkennbar – auf dessen Angabe verlässt und auf polizeiliche Feststellungen verzichtet.[12] Freilich hat der BGH in einem ähnlichen Fall eine volle Bindung verneint:[13] Die Erklärung, an einem Unfall alleinschuldig zu sein, soll regelmäßig keinen rechtsgeschäftlichen Charakter und daher nur beweisrechtliche Folgen haben. Ähnlich unterscheidet der BGH für die Bestätigung, ein Darlehen empfangen zu haben, zwischen einer bloßen Wissenserklärung und einer Erklärung mit rechtsgeschäftlicher Bedeutung.[14]

2. Folgen der Bindung

774 Wo eine Bindung überhaupt bejaht wird, bleibt durch Auslegung deren Umfang festzustellen: Das Anerkenntnis kann entweder nur die **Beweislast umkehren** mit der Folge, dass die Unfallschilderung des Anerkenntnisempfängers als richtig vermutet wird.[15] Der Anerkennende kann aber auch mit materiell-rechtlicher Wirkung auf einzelne **Einwendungen verzichten** wollen. Davon können bloß bestimmte einzelne Einwendungen oder alle Einwendungen aus einem bestimmten Umstand betroffen sein (zB alle Einwendungen aus Baumängeln). Schließlich mögen auch Bestehen und Durchsetzbarkeit eines Anspruchs überhaupt außer Streit gestellt werden sollen.

Vor allem für diesen letzten Fall passt die Bezeichnung als »deklaratorisches« Anerkenntnis nicht, wenn die Schuld erst begründet wird. Trotzdem bleibt ein Unterschied zu Schuldversprechen und -anerkenntnis nach §§ 780f.: Diese sind als abstrakte Verträge bei Fehlen einer causa kondizierbar (§ 812 II; → Rn. 43). Dagegen ist das »deklaratorische« Anerkenntnis kausal und bedarf daher keiner weiteren causa mehr, um kondiktionsfest zu sein.

Bei der Ermittlung des Umfangs der Bindung ist die Rechtsprechung mit Recht zurückhaltend: So soll das Anerkenntnis nur die Einwendungen ausschließen, die dem Anerkennenden bekannt sind.[16] Einem Geschäftsungewandten ist sogar noch die Berufung auf die Nichtigkeit eines Vertrages wegen Versagung der nötigen Genehmigung erlaubt, mit deren Erteilung der Anerkennende nur gerechnet hatte.[17] Ein deklaratorisches Schuldanerkenntnis ist im Übrigen schon dann nach den §§ 134, 138 nichtig, wenn es zwar nicht selbst gegen Gesetz oder gute Sitten verstößt, aber sich auf ein gesetz- oder sittenwidriges Geschäft bezieht.[18]

---

10 So zB BGHZ 66, 250 für das Anerkenntnis der Zahlungspflicht durch einen Versicherer, oder OLG Düsseldorf NJW 1990, 2560 für eine Erklärung »Ich fühle mich für den entstandenen Schaden voll verantwortlich«. Klausurfall bei *A. Staudinger/Pöppelbaum* JuS 2014, 817.

11 BGH ZIP 2008, 2405 Rn. 15f.

12 Vgl. *Larenz/Canaris* SchuldR II 2 § 61 II 2a.

13 BGH NJW 1984, 799f.

14 BGH NJW 1986, 2571.

15 Das sieht als Regelfall an OLG Celle VersR 1980, 482f.

16 BGH JZ 1968, 633f. Ähnlich BGH NJW 1973, 2019f.; 1984, 1346f.

17 BGH NJW 1971, 2220.

18 BGHZ 104, 18 (24).

In den Ausgangsfällen ist danach A bei (1) zB nicht gehindert vorzubringen, er habe erst jetzt erfahren, dass B keine Fahrerlaubnis besitze. Und bei (2) kann K noch die Baumängel und Anfechtungsgründe geltend machen, die ihm bei dem Anerkenntnis unbekannt waren.

3. Schriftformerfordernis?

775 Je mehr Streitpunkte ein »deklaratorisches« Anerkenntnis erledigt, umso gefährlicher wird es für den Anerkennenden. Diese Gefahr ist noch größer als bei einem abstrakten Anerkenntnis nach § 781, das bei irrtümlicher Erteilung kondizierbar ist, während das »deklaratorische« Anerkenntnis keiner weiteren causa bedarf (→ Rn. 774). Daher ist es erwägenswert, das Schriftformerfordernis von §§ 780f. (vgl. aber §§ 782 BGB, 350 HGB) auf das deklaratorische Anerkenntnis auszudehnen. Doch ist das unnötig, wenn man mit der Rechtsprechung den irrtümlich Anerkennenden schon durch einschränkende Auslegung des Anerkenntnisumfangs schützt (→ Rn. 774).

775a Lehrreich für die Abgrenzung zwischen deklaratorischem und konstitutivem Schuldanerkenntnis ist

BGH NJW 1980, 1158: Eine Ehefrau F hatte ihrem Ehemann M in einem Schuldschein bestätigt, von ihm zur Abdeckung bestimmter Schulden 150.000 DM darlehensweise erhalten zu haben. Nach der Scheidung machte M diesen Betrag geltend. Demgegenüber bestritt F den Erhalt des Geldes; der Schuldschein habe nur gegenüber Dritten Bedeutung erlangen sollen.

Hier hat der BGH mit Recht ein konstitutives Schuldanerkenntnis angenommen, wenn M und F das Darlehen nur als fiktiven Schuldgrund angegeben hatten: Dann habe kein Zweifel zwischen den Parteien bestanden, den ein deklaratorisches Schuldanerkenntnis hätte ausräumen können. Wenn F das Schuldanerkenntnis bei Fehlen einer Gegenleistung schenkweise erteilt habe, sei also nach § 518 I 2 die (hier fehlende) notarielle Beurkundung nötig. Die Geltendmachung scheitere folglich an § 125.[19]

4. Exkurs: Sachenrechtliche Feststellungsverträge

775b **BGHZ 98, 160:** Zwischen den Parteien war streitig, ob AGB Vertragsinhalt geworden waren, die einen Eigentumsvorbehalt enthielten. Im Laufe dieses Streits erkannte der Erwerber endlich den EV an. Später wurde jedoch erneut gestritten: Der Erwerber machte wieder die Unwirksamkeit des EV geltend; auch eine (konkludent erklärte) Rückübereignung an den Veräußerer komme nicht in Betracht, weil das für § 930 nötige Besitzkonstitut fehle.

Der BGH hat einen wirksamen Feststellungs-(Bestätigungs-)vertrag über das Eigentum bejaht.[20] Er bedeute, dass zwischen den Vertragsparteien über das Eigentum nicht mehr gestritten werden könne. Die Voraussetzungen der §§ 929ff. bräuchten nicht erfüllt zu sein. Andererseits kämen aber auch eine Wirkung gegenüber Dritten und ein gutgläubiger Erwerb vom Nichtberechtigten nicht in Betracht. Im Ergebnis wird damit dem Feststellungsvertrag über eine sachenrechtliche Frage bloß eine relative Wirkung zuerkannt.

---

19 Entsprechend entscheidet BGH VersR 1981, 1158 (1160) für ein Schuldanerkenntnis nach einem möglicherweise bloß vorgetäuschten Unfall.

20 Dazu *Henckel* JZ 1987, 359.

IV. Fremdfinanzierte Abzahlungsgeschäfte[21]

776 Beim wichtigsten Abzahlungsgeschäft, nämlich beim Abzahlungskauf, wird der Kredit häufig nicht vom Verkäufer V gegeben (weil dieser selbst nicht das dazu nötige Kapital hat). Vielmehr erhält der Käufer K ein Darlehen von einer Teilzahlungsbank B: Dieses wird direkt an V ausgezahlt und tilgt die Kaufpreisschuld des K (sog. **B-Geschäft**). K ist dann der B aus Darlehen statt dem V aus Kauf verpflichtet. Wirtschaftlich gesehen droht auch hier der Verlust von Einwendungen: Nichtigkeit des Kaufvertrages sowie Nichterfüllung, Schlechterfüllung oder Rücktritt durch V können ja nicht ohne Weiteres dem Rückzahlungsanspruch der B entgegengehalten werden.

776a **Verbundene Verträge** sind in den §§ 358, 359 noch ausführlicher geregelt.[22] Rechtsfolgen der Vertragsverbindung nach § 358 III mit den Erweiterungen in § 360 **(zusammenhängender Vertrag)** sind die folgenden:

Das dem Verbraucher als Kreditnehmer zustehende Widerrufsrecht wirkt auch gegenüber dem finanzierten Geschäft, zB dem Kauf, § 358 II **(Widerrufsdurchgriff).**[23] Umgekehrt wirkt auch ein Widerruf des Kaufs usw gegen den Kreditvertrag, § 358 I. Hierauf ist nach § 358 V der Käufer besonders hinzuweisen. Das schützt den Käufer davor, an den einen Vertrag gebunden zu sein oder sich gebunden zu glauben, wenn er sich von dem anderen Vertrag lösen will und kann.

Bei Abzahlungsgeschäften eines Verbrauchers mit einem finanzierten Preis von mehr als 200 EUR (§ 359 II) richten sich **Einwendungen des Käufers** aus dem Kauf regelmäßig auch gegen den Kreditvertrag, § 359 S. 1. Bei Mängeln muss freilich zunächst die Nacherfüllung fehlgeschlagen sein, ehe die Kreditrückzahlung verweigert werden darf, § 359 S. 3.

Ob durch diese Regelung alle Probleme der Vertragsverbindung erledigt werden, ist zweifelhaft: Soll bei Krediten bis zu 200 EUR der Käufer wegen eines Einwendungsdurchgriffs wirklich völlig schutzlos bleiben? Und wie verhält es sich bei Krediten, bei denen die Voraussetzungen des Verbraucherbegriffs von § 13 nicht erfüllt sind, zB weil ein kleinerer Gewerbetreibender Kreditnehmer ist?
Es scheint nicht ausgeschlossen, dass die Rechtsprechung in solchen Fällen sich nicht mit den beiden Wegen von → Rn. 149 begnügt, sondern noch zusätzlich auf die früher entwickelten Regeln zurückgreifen wird.[24] Denn § 242, auf den diese Regeln weithin gestützt waren, ist keine auf »Verbraucher« beschränkte Norm. Insoweit wäre dann eine **Rechtsvereinfachung** durch die §§ 358ff. **weithin verfehlt** worden.

776b Während der **Einwendungsdurchgriff** den Verbraucher berechtigt, die Darlehensrückzahlung zu verweigern, gibt ihm der **Rückforderungsdurchgriff** das Recht, bereits gezahlte Raten zurückzufordern.[25] Fraglich ist die Anspruchsgrundlage: § 359 scheidet schon vom Wortlaut her aus.[26] Ebenso wenig durchgesetzt hat sich die ana-

21 Zur Problematik *Gernhuber,* Austausch und Kredit im rechtsgeschäftlichen Verbund, FS Larenz, 1973, 455; vgl. bereits oben → Rn. 149.
22 Vgl. nur BGHZ 203, 115 Rn. 14f.; *Habersack,* FS Picker, 2010, 327.
23 *Bülow/Artz* VerbrPrivR Rn. 155; *Petersen* JURA 2015, 260.
24 Grundsätzlich verneinend aber BGH NJW 2004, 1376, vgl. dazu *Medicus,* FS Bülow, 2007, 55 (64ff.).
25 *Schürnbrand,* Verbraucherschutzrecht, 2011, Rn. 217; *Heinemann/Pickartz* JURA 2005, 863; *Bartels* WM 2007, 237.
26 BGHZ 174, 334 Rn. 25.

loge Anwendung des § 358 IV 5.[27] Es bleibt damit der **Rückforderungsanspruch aus § 813 I 1,** freilich mit dem möglichen Ausschluss gem. § 814.[28]

776c Besondere Schwierigkeiten bereitet der Anlegerschutz bei der Finanzierung von sog. »**Schrottimmobilien**«, die durch einen Vermittler ermöglicht wurden, der sowohl für den Veräußerer als auch für die finanzierende Bank auftritt.[29] Ein Widerrufsrecht des Verbrauchers in Bezug auf den Darlehensvertrag wirkt sich wegen der strengen Voraussetzungen des § 358 III 3 BGB regelmäßig nicht auf den Kaufvertrag aus. Ein Anspruch aus § 313 I BGB scheitert daran, dass die Finanzierung des Objekts in die Risikosphäre des Käufers fällt. Letztlich kommt auch eine **Haftung der Bank für den Vermittler** aus den §§ 311 II, 280 I (c. i. c.) häufig nicht in Betracht. Denn die Bank schuldet regelmäßig Beratung nur über den Kreditvertrag,[30] nicht dagegen über die vom Kreditnehmer zu erwerbende Immobilie. Folglich ist auch der Werber nur dann in die Erfüllung einer Pflicht der Bank eingeschaltet (§ 278, → Rn. 801), wenn er auch über den Kreditvertrag beraten soll (Trennungstheorie). Eine Ausnahme gilt nur, wenn und soweit die Bank darüber hinaus auch in anderen Rollen, etwa als Bauträger der zu verkaufenden Immobilie auftritt.[31] Weiter haftet die Bank, wenn sie selbst den Erwerb empfohlen hat.[32] Der BGH fügt den Fall hinzu, dass ein »institutionelles Zusammenwirken« einen »konkreten Wissensvorsprung« der Bank hinsichtlich einer arglistigen Täuschung des Kreditnehmers durch Leute des Verkäufers ergibt. Dann ist der Käufer von der Bank regelmäßig so zu stellen, als ob er den Kauf und folglich auch den Kreditvertrag nicht abgeschlossen hätte.[33]

27 So seinerzeit BGHZ 156, 46.
28 BGHZ 183, 112; vgl. auch *Finkenauer/Brand* JZ 2013, 273 (278).
29 Ausführlicher hierzu die Voraufl.
30 BGH NJW 2003, 2529.
31 BGH NJW 2003, 2529.
32 BGH NJW 2004, 1868.
33 BGHZ 168, 1 Rn. 50ff., 61, bestätigend BGH NJW-RR 2011, 263 Rn. 17f.

7. Abschnitt. Sonderfragen

777 Die vorhergehenden Abschnitte I–V gingen von der Einteilung nach Anspruchsgrundlagen aus, und Abschnitt VI behandelte Einwendungen. Einige wichtige Fragen lassen sich aber in dieses Schema nicht recht einfügen, weil sie weder bloß von einer einzigen Anspruchsgrundlage noch von einer bestimmten Einwendung abhängen. Kennzeichnend für das Auftauchen dieser Fragen ist vielmehr das **Anspruchsziel:** Schadensersatz (→ Rn. 778 ff.; 815 ff.), Verwendungsersatz (→ Rn. 874 ff.) und Rückgriff (→ Rn. 905 ff.).

§ 32 Schadensersatzpflichten aus dem Verhalten Dritter

I. Handlungs- und Gefährdungshaftung

778 Regelmäßig ist jede Person nur für ihr eigenes Handeln verantwortlich; Ausnahmen hiervon sind die Haftung für das Verhalten von Organen, Vertretern und Gehilfen. Dieses **Prinzip der Verschuldenshaftung** gilt aber nur für die Normen, in denen die Verantwortlichkeit überhaupt an **menschliches Handeln** geknüpft ist. Den Gegensatz dazu bildet die **Gefährdungshaftung** (→ Rn. 604; 631 ff.): Hier hat eine Person (der Halter oder Unternehmer) für ein sachlich begrenztes Risiko einzustehen regelmäßig ohne Rücksicht darauf, wer die Gefahr verwirklicht. Insoweit umfasst also die Gefährdungshaftung auch eine Haftung für fremdes Handeln, ohne dass es einer besonderen Zurechnungsnorm bedürfte.

Beispiel: H ist Halter eines Kraftfahrzeugs. Sein Fahrer F verletzt mit diesem Fahrzeug den G. Hier haftet H dem G im Rahmen der §§ 10 ff. StVG schon nach § 7 I, III 2 StVG als Halter auf Schadensersatz. § 831 ist insofern also unnötig; gebraucht wird er nur, wenn G mehr verlangt, als ihm nach dem StVG zusteht. Ausgenommen von dieser gegenständlich bestimmten Haftung sind aber die Folgen von gewissen Fällen der unbefugten Benutzung (zB **»Schwarzfahrt«**, vgl. § 7 III 1 StVG).

II. Tatbestandsgruppen

779 Die Vorschriften über die Verantwortlichkeit für das Verhalten Dritter lassen sich unter verschiedenen Gesichtspunkten gliedern.[1] Am wichtigsten ist die Einteilung nach der Verantwortung innerhalb oder außerhalb einer **Sonderverbindung.**[2]

1. Haftung für alle zum Ersatz verpflichtenden Handlungen

Beide Haftungsarten werden nach hM[3] umfasst vor allem von den §§ 31, 86, 89: Für die Haftung der juristischen Person soll es hier genügen, dass das **Organ** irgendeine zum Schadensersatz verpflichtende Handlung begangen hat. Diese Vorschriften begründen demnach allein keinen Schadensersatzanspruch und bilden daher auch allein **keine An-**

---

1 *H. Westermann,* Haftung für fremdes Handeln, JuS 1961, 333; *K. Schreiber,* Die Haftung für Hilfspersonen, JURA 1987, 647.
2 Dazu *Medicus* JuS 1986, 665 (668).
3 Etwa Palandt/*Ellenberger* § 31 Rn. 2.

spruchsgrundlage. Vielmehr weisen diese Normen nur die Haftung einer anderen Person zu. Daher muss stets eine weitere Norm (zB §§ 280, 823 I) mitzitiert werden, aus der sich die Voraussetzungen der Schadensersatzpflicht ergeben.

Die hier vertretene Gegenansicht wendet dagegen die §§ 31, 86, 89 nur außerhalb einer Sonderverbindung an:[4] Die Organperson selbst haftet ja aus der Sonderverbindung regelmäßig nicht persönlich. Daher liegt bei ihr auch keine »zum Schadensersatz verpflichtende Handlung« vor. Danach gehört die Organhaftung zu den Fällen von → Rn. 781 ff.; innerhalb einer Sonderverbindung wird für die Organperson also nach § 278 gehaftet (→ Rn. 780: die Organperson ist »gesetzlicher Vertreter«).

Bei **Delikten** haften das Organ und die juristische Person regelmäßig nebeneinander: Auch das Organ persönlich entgeht der Anwendung des Deliktsrechts nicht. Eine Ausnahme macht der BGH jedoch bei § 831, wenn ein Verrichtungsgehilfe einer GmbH geschädigt hat: Hier hafte als Geschäftsherr nur die GmbH und nicht auch deren Geschäftsführer persönlich, der den Verrichtungsgehilfen eingestellt hatte. Auch sonst treffen Sicherungspflichten häufig bloß die juristische Person und nicht zudem das Organ persönlich.[5]

2. Haftung in einer Sonderverbindung

780 Nur die Haftung innerhalb einer Sonderverbindung regelt für **Erfüllungsgehilfen und gesetzliche Vertreter** vor allem § 278: Er erweitert das, was der aus dieser Sonderverbindung Verpflichtete zu vertreten hat. Daher ist auch § 278 allein nicht Anspruchsnorm. Vielmehr kann er nur gemeinsam mit einer anderen Norm (etwa §§ 280, 311 a II) zitiert werden: § 278 füllt dort ebenso wie § 276 das Tatbestandsmerkmal des »Vertretenmüssens« aus.[6]

Eine konkurrierende **eigene Vertragshaftung** des Erfüllungsgehilfen (oder – so auch im Folgenden – des gesetzlichen Vertreters) dem Geschädigten gegenüber fehlt hier regelmäßig: Der Erfüllungsgehilfe selbst ist ja nicht Partner der Sonderverbindung. Dagegen kann er dem Geschädigten **deliktisch** haften. Auch kommt bei Mängeln der Vertretungsmacht neben der Haftung des angeblich Vertretenen aus culpa in contrahendo (§ 311 II) iVm §§ 280, 278 eine Eigenhaftung des Gehilfen aus § 179 in Betracht.[7] Der BGH begründet über § 311 III sogar eine persönliche Haftung von Organpersonen, die bei Verhandlungen für die von ihnen vertretene Person Vertrauen für sich selbst in Anspruch genommen haben.[8]

Gleichfalls auf eine Sonderverbindung beschränkt, aber noch schärfer als § 278 sind die §§ 428, 462 HGB. Hier haften nämlich Frachtführer und Spediteur für **»ihre Leute«** (= Bediensteten) schlechthin ohne Rücksicht darauf, ob sich der Beförderungsschuldner gerade ihrer zu der konkreten Beförderung bedient hat. Denn der Zusatz in den §§ 428, 462 HGB (»deren er sich zur Ausführung der Beförderung bedient«) bezieht sich nur auf die vorher genannten »anderen Personen«, nicht auf die »Leute« (Bediensteten).

4 Vgl. *Medicus* BGB AT Rn. 1135; *Petersen* JURA 2003, 683.

5 BGH NJW 1974, 1371 (zu § 831). Zum Sonstigen BGHZ 109, 297; *Medicus,* FS W. Lorenz, 1991, 155; *Medicus* ZGR 1998, 570; *Medicus* GmbHR 2002, 809; *Grunewald* ZHR 157 (1993), 451; *Lutter* ZHR 157 (1993), 464; *Kleindiek,* Deliktshaftung und juristische Person, 1997, 20ff. (dazu *Medicus* ZHR 162 [1998], 352).

6 Zu § 276 und 278 *S. Lorenz* JuS 2007, 611; 983.

7 Dazu → Rn. 120. Zu weiteren Fällen einer Eigenhaftung des Gehilfen bei c. i. c. → Rn. 200ff.

8 BGHZ 177, 25.

3. Haftung außerhalb einer Sonderverbindung

781 Die Haftung außerhalb einer Sonderverbindung betreffen vor allem die §§ 3 HPflG, 831 (sowie nach vorzugswürdiger Ansicht auch die §§ 31, 86, 89, → Rn. 779).

Dabei bedeutet »außerhalb einer Sonderverbindung« nicht, dass das Fehlen einer Sonderverbindung zwischen dem Geschädigten und dem Ersatzpflichtigen Haftungsvoraussetzung wäre. Gemeint ist vielmehr nur, dass es auf das Bestehen einer Sonderverbindung nicht ankommt: Die Schädigung muss jedenfalls ein Delikt, sie kann aber zugleich auch eine Vertragsverletzung sein.

a) Haftung für Repräsentanten

Die (häufig übersehene) Haftung des Unternehmers für seine Repräsentanten nach § 3 HPflG bedeutet Verantwortlichkeit für fremdes Unrecht und fremdes Verschulden. Hinsichtlich des Beweises gelten die allgemeinen Regeln: Der Geschädigte muss Unrecht und Verschulden des handelnden Repräsentanten nachweisen. Das wird ihm allenfalls durch eine Beweisführung prima facie erleichtert. Eine Exkulpation durch den Unternehmer (wie bei § 831; → Rn. 782) kommt hier nicht in Betracht, weil eigenes Unrecht und Verschulden des Unternehmers für § 3 HPflG überhaupt bedeutungslos sind.

§ 3 HPflG kann **mit § 831 konkurrieren.** Dabei ist § 831 für den Geschädigten dann günstiger, wenn dieser ein Verschulden des Repräsentanten nicht nachweisen und der Unternehmer sich nicht exkulpieren kann.
Die **Eigenhaftung des Repräsentanten** richtet sich nach § 823; sie tritt also in den Fällen von § 3 HPflG stets ein.

b) Haftung für Verrichtungsgehilfen

782 Komplizierter ist die Struktur von § 831. Hier braucht der Verrichtungsgehilfe nur rechtswidrig gehandelt zu haben; dann wird vermutet, dass die rechtswidrige Schädigung kausal auf ein Verschulden des Geschäftsherrn zurückgeht. Die Exkulpation des Geschäftsherrn entkräftet diese Vermutung. Dabei genügt, dass entweder die Kausalitäts- oder die Verschuldensvermutung widerlegt wird.

Das hat der BGH in seiner berühmten Entscheidung zum **Handlungsunrecht** nicht genügend berücksichtigt.[9] Dort kam in Betracht, dass der Kläger durch verkehrsrichtiges Verhalten der Verrichtungsgehilfen der Beklagten verletzt worden war. Der BGH hat für diesen Fall die Haftung der Beklagten aus § 831 deshalb abgelehnt, weil das verkehrsrichtige Verhalten der Gehilfen einen Rechtfertigungsgrund bilde; für § 831 fehle also eine rechtswidrige Schädigung.
Dieser im Ergebnis zweifelhafte konstruktive Aufwand war hier überflüssig:[10] Bei Nachweis verkehrsrichtigen Verhaltens der Gehilfen wäre nämlich schon die Kausalitätsvermutung von § 831 I 2 widerlegt gewesen. Denn auch ein sorgfältig ausgesuchter und überwachter Gehilfe kann sich nicht besser als verkehrsrichtig verhalten.[11]

783 Im Ergebnis kommt es daher für § 831 trotz des anscheinend abweichenden Wortlauts weitgehend auch auf **Verschuldenselemente beim Verrichtungsgehilfen** an, nämlich auf dessen **Fehlverhalten,** doch wird dieses als Bestandteil der Kausalität vermutet. Ohne Verschulden des Gehilfen haftet der Geschäftsherr nach § 831 regelmäßig nur in zwei Fällen: Einmal, wenn der Mangel des Verschuldens auf den §§ 827, 828 beruht. Und zum anderen, wenn der Gehilfe einem Verkehrskreis angehört, der nur minderen

9 BGHZ 24, 21, → Rn. 606.
10 So mit anderer Begründung auch *Eike Schmidt* AcP 175 (1975), 165 (170).
11 So ständig das RG und etwa BGHZ 12, 94; BGH VersR 1975, 447 (449); vgl. auch BGH NJW 2013, 1002.

Sorgfaltsanforderungen unterliegt (zB alte Leute). In beiden Fällen wird zugleich die Exkulpation des Geschäftsherrn mangels sorgfältiger Auswahl regelmäßig misslingen.

Die **Eigenhaftung des Gehilfen** richtet sich nach §§ 823 ff. Sie setzt zwar zusätzlich Verschulden des Gehilfen voraus, doch wird dieses nach dem eben Gesagten regelmäßig gegeben sein.

Keinesfalls darf, wie es in schriftlichen Arbeiten aber häufig geschieht, einfach das Gelingen der Exkulpation unterstellt werden: Dieses Verfahren stellt praktisch die in § 831 enthaltene Verschuldensvermutung gegen den Geschäftsherrn auf den Kopf.

c) Ähnliche Haftungsfälle

784 Der Haftung des Geschäftsherrn für Verrichtungsgehilfen ähneln die **§§ 831 II, 832.** Während aber § 831 eine Sorgfaltspflicht bei der Anstellung des Gehilfen postuliert, fehlt ein solches Merkmal in § 832:[12] Hier werden die Sorgfaltspflichten nicht erst durch eine Handlung (nämlich die Anstellung) begründet, sondern sie ergeben sich aus der gesetzlichen Aufsichtspflicht über den Minderjährigen.

Die Bedeutung der §§ 831 II, 832 II liegt darin, dass ebenso wie bei den §§ 834, 838 eine Verletzung der *vertraglichen* Aufsichtspflicht ausnahmsweise (→ Rn. 658) zu *deliktischer* Haftung führt. Dabei besteht die Vertragshaftung des die Aufsichtspflicht Verletzenden nur gegenüber dem Vertragspartner, die Deliktshaftung zumeist gegenüber Dritten. Im Verhältnis der §§ 831, 832 und ihrer beiden Absätze zueinander bestehen mannigfache Konkurrenzmöglichkeiten.

Beispiel: Die Kinderschwester S beaufsichtigt das fünfjährige Kind K fahrlässig schlecht; daher steckt dieses die Scheune des G in Brand. Hier haftet K dem G wegen § 828 I allenfalls nach §§ 823 I, 829. S haftet dem G nach § 832 II. Die Eltern des K, die S angestellt haben, können dem G nach §§ 831 I und 832 I haften: nach § 831 I, weil S Verrichtungsgehilfin war, und nach § 832 I, weil die Überlassung des K an die schlecht ausgesuchte S eine Verletzung der gesetzlichen Aufsichtspflicht der Eltern über K bedeutet. S endlich haftet den Eltern uU wegen Schlechterfüllung des Dienstvertrages, wenn diese aus ihrer Haftung gegenüber G einen Vermögensschaden haben (Haftungsinteresse, → Rn. 837). Dagegen kommt wegen dieses Schadens eine Deliktshaftung der S gegenüber den Eltern nicht in Betracht.[13]

4. Mehrheit von Deliktsbeteiligten

785–789 Als eine letzte Fallgruppe aus dem Bereich der Haftung für Dritte kann man den (ebenso wie § 830 I 1) als **Anspruchsgrundlage** zu verstehenden[14] **§ 830 I 2** nennen: Ein an einer unerlaubten Handlung Beteiligter muss uU auch für Schäden einstehen, die nicht er verursacht hat, sondern möglicherweise ein anderer Beteiligter (»alternative Kausalität«). Die Bedeutung dieser Vorschrift hat sich inzwischen von der Wirtshausschlägerei zum Straßenverkehr und zu gewalttätigen oder sonst unerlaubten Demonstrationen verlagert. Dabei geht es vor allem um drei Fragen:

(1) Gilt § 830 I 2 auch gegen Personen, die nur aus Gefährdung haften?
(2) Ist ein räumlicher und zeitlicher Zusammenhang zwischen dem Tätigwerden der mehreren Beteiligten nötig?

---

12 Zur Prüfung des Mitverschuldens bei § 832 BGH NJW 2012, 2425.
13 Anders, wenn diese selbst eine Eigentumsverletzung erlitten hätten, vgl. OLG Karlsruhe OLGZ 1977, 326.
14 BGH NJW 1979, 544; *Musielak/Hau* EK BGB Rn. 422f., 452f.; aA *Brox/Walker* SchuldR BT § 43 Rn. 5; näher zu § 830 I 2 *Ries* AcP 177 (1977), 543; *Eberl-Borges* AcP 196 (196), 491; *Eberl-Borges* NJW 2002, 949.

(3) Greift § 830 I 2 auch dann ein, wenn die Haftung eines Beteiligten für den ganzen Schaden feststeht?

790 **Frage (1)** ist zu bejahen. So können aus § 830 I 2 auch der Kfz-Halter und der Tierhalter haften.[15] Die Problematik der weiteren Fragen (2) und (3) zeigt sich gut in

BGHZ 55, 86: S gerät mit seinem Pkw schuldhaft von der Straße ab. Dabei wird von den mitfahrenden Eheleuten die Frau F verletzt, vielleicht auch der Mann M. Beide werden dann in einem Krankenwagen abtransportiert. Dieser stößt 15 Minuten nach dem Unfall und 2,5 km von der Unfallstelle entfernt mit einem von D schuldhaft ins Schleudern gebrachten Lkw zusammen. F wird erneut verletzt; M ist jedenfalls jetzt verletzt.

791 Zu **Frage (2)** hat hier der BGH zwar eine in der Literatur[16] vertretene Ansicht abgelehnt, § 830 I 2 meine nur die Beteiligung an der Auseinandersetzung über die Schadensteilung. Andererseits hält der BGH aber wohl auch nicht mehr streng an der alten Regel fest, Schadensursache müsse ein »tatsächlich einheitlicher, örtlich und zeitlich zusammenhängender Vorgang« sein. Vielmehr entschied der BGH, § 830 I 2 sei anwendbar, wenn wegen des räumlichen und zeitlichen Zusammenhangs mehrerer Ereignisse die Ursächlichkeit eines einzelnen Ereignisses für einen Schaden nicht mehr festgestellt werden könne. Das trifft dort zu. Ein weiterer häufiger Anwendungsfall ist, dass ein Opfer eines Verkehrsunfalls auf der Straße liegen bleibt und dort noch von weiteren Fahrzeugen überfahren wird; welches Fahrzeug welche Verletzungen verursacht hat, lässt sich nicht mehr feststellen.[17]

792 In diesen Zusammenhang gehört auch die **Grohnde**-Entscheidung:

BGHZ 89, 383: Dort ging es um die Haftung einzelner Demonstranten für die Schäden aus einer gewaltsamen Großdemonstration auf dem Gelände des künftigen Kernkraftwerks Grohnde. Dabei hat der BGH die zentrale Frage, ob man eine solche räumlich und zeitlich weit ausgedehnte Großdemonstration als eine einzige unerlaubte Handlung ansehen kann, im Ansatz verneint.[18] Das hat Folgen vor allem für den hier in erster Linie anwendbaren »strafrechtlichen Teil« von § 830 (I 2, II), der auf Mittäterschaft, Anstiftung und Beihilfe abstellt. Dabei geraten strafrechtliche Probleme in den Vordergrund, aber auch die Frage, welche der von den Demonstranten verletzten Vorschriften Schutzgesetze (§ 823 II) zugunsten der Verletzten darstellen. Zu § 830 I 2 hat der BGH lediglich geäußert, die Vorschrift diene nicht der Überwindung von Zweifeln hinsichtlich der Teilnahme an einer unerlaubten Handlung. Insbesondere könne nach § 830 I 2 nicht ein Teilnehmer für Schäden verantwortlich gemacht werden, die womöglich schon entstanden waren, bevor dieser Teilnehmer sich der Demonstration verantwortlich angeschlossen hatte.[19] Diese Ansicht trifft zwar zu, doch ist vielleicht schon die Fragestellung zu eng.

792a Bezüglich **Frage (3)**[20] hätte man sich wenigstens für F auf den Standpunkt stellen können, S hafte schon nach den Regeln der Adäquanz für allen Schaden. Denn durch die erste Verletzung der F habe S den Krankentransport nötig gemacht, mit dem wegen der besonderen Eile die Gefahr weiterer Verletzungen adäquat verbunden gewesen sei.[21] Ein durch § 830 I 2 geschütztes Interesse an der Mithaftung des Zweittäters kann nach Ansicht des BGH auch bestehen, wenn der voll haftende Ersttäter nicht feststell-

15 BGH NJW 1969, 2136 bzw. BGHZ 55, 96.

16 *Gernhuber* JZ 1961, 148 (152). Zu § 830 im Unternehmensrecht *Oechsler* AcP 214 (2014), 542.

17 Vgl. BGH NJW 1969, 2136 und BGHZ 72, 355, dazu → Rn. 792a.

18 Abweichendes gilt für eine überschaubare Hausbesetzung, BGHZ 63, 124; näher *Benicke* § 830 BGB, JURA 1996, 127.

19 Dazu *R. Stürner* JZ 1984, 525 (526). *Gernhuber* JZ 1961, 148 hält § 830 I 2 für unanwendbar: Die Vorschrift setze voraus, dass ein Ersatzanspruch nach den allgemeinen Regeln an der Unmöglichkeit des Kausalitätsnachweises scheitere.

20 Von → Rn. 784ff. zu BGHZ 55, 86: → Rn. 790.

21 Dazu ausf. *Stürner* JZ 1984, 525.

bar oder vermögenslos sei. Dagegen spricht freilich: Gerade in den vom BGH gemeinten Fällen müsste ja auch der Zweittäter mit seinem Rückgriff (§§ 840 I, 426) gegen den Ersttäter scheitern, sodass ihn die volle Haftung besonders hart träfe. Der BGH hat jedoch seinen ursprünglichen Standpunkt mehr und mehr abgeschwächt.[22]

BGHZ 72, 355 endlich hat die ältere Rechtsprechung ganz aufgegeben: Dort hatte zunächst A den Mofafahrer M angefahren, sodass dieser auf die Fahrbahn stürzte und dort liegen blieb. Wenig später bremste B mit seinem Wagen nicht rechtzeitig, erfasste daher den M und schleifte ihn 13 m weit mit. M starb bald darauf. Hier hat der BGH Ersatzansprüche gegen B wegen des Todes mit guten Gründen verneint:[23] Dieser Tod sei jedenfalls eine adäquate Folge des ersten Zusammenstoßes, nämlich der durch ihn bewirkten hilflosen Lage des M, und daher dem A zuzurechnen; § 830 I 2 scheide dann aus. Eine Haftung des B kommt nach der Ansicht des BGH nur in Betracht, wenn die tödliche Verletzung nachweislich erst aus dem zweiten Zusammenstoß stammt: Dann braucht man § 830 I 2 für die Haftungsbegründung ja nicht; die Haftung beruht vielmehr auf § 823 I.

Festzuhalten bleibt aber, dass der Schaden **nicht durch eine andere Ursache** entstanden sein darf: So waren in einem weiteren Fall von in einem Keller gelagerte Filme des E durch von oben eingedrungenes Wasser verdorben worden.[24] Ein Klempner K hatte ein Loch in die Kellerdecke gebohrt; es gab aber noch ein zweites Loch, durch welches das Wasser gleichfalls eingedrungen sein konnte: Entgegen dem BGH haftet K hier dem E nicht analog § 830 I 2: Der Verursacher des zweiten Lochs braucht ja nicht unerlaubt gehandelt zu haben, sodass er nicht an einer unerlaubten Handlung beteiligt gewesen wäre.

III. Einzelfragen der Organhaftung

1. Handelsgesellschaften

793 Die Organhaftung nach § 31 (→ Rn. 779) gilt, abgesehen von den Erweiterungen in den §§ 86, 89, nach allgemeiner Ansicht weit über den rechtsfähigen Verein hinaus. Sie umfasst nämlich alle Handelsgesellschaften mit eigener Rechtspersönlichkeit, überdies sogar die OHG und die KG.

Dabei wird der **Organbegriff** weit gefasst: Es genügt, dass »durch die allgemeine Betriebsregelung oder Handhabung bedeutsame, wesensmäßige Funktionen der juristischen Person (dem Organ) zur selbstständigen, eigenverantwortlichen Erfüllung zugewiesen sind«, dass also das Organ die juristische Person auf diese Weise repräsentiert.[25]

2. Andere Personenvereinigungen

794 Fraglich sein kann dagegen die Haftung bei der BGB-Gesellschaft und beim nichtrechtsfähigen Verein, für den § 54 S. 1 auf das Recht der Gesellschaft verweist.

a) BGB-Gesellschaft

Die BGB-Gesellschaft ist nach der Rechtsprechung ungeachtet der Regelung des § 736 ZPO unter drei Voraussetzungen mit einer **Teilrechtsfähigkeit** ausgestattet, die etwa derjenigen entspricht, die von den §§ 124, 161 II HGB für OHG und KG angeordnet

22 So hat BGHZ 60, 177 die Unanwendbarkeit des § 830 I 2 eingeräumt, wenn möglicherweise der Geschädigte den Schaden mitverursacht hat. Und nach BGHZ 67, 14 soll für § 830 I 2 jedenfalls in der Regel kein Raum sein, wenn ein Beteiligter aus erwiesener Verursachung haftet.

23 Es gibt aber auch starke Gegengründe; vgl. nur *Fraenkel* NJW 1979, 1202f.

24 BGH NJW 2001, 2538; s. auch *Eberl-Borges* NJW 2002, 949.

25 BGHZ 49, 19. Nicht entscheidend ist die Vertretungsmacht: BGH NJW 1972, 334. Unter §§ 30, 31 kann auch der Leiter einer Bankzweigstelle fallen: BGH NJW 1977, 2259.

wird.[26] Die Gesellschaft muss über ein vom Gesellschaftervermögen zu unterscheidendes Gesamthandsvermögen verfügen, sie muss durch ihre Organe am Rechtsverkehr teilnehmen, also **Außengesellschaft** sein, und eine eigene »Identitätsausstattung« haben (wie Name oder Firma). Die anderen BGB-Gesellschaften sind bloße **Innengesellschaften,** zu denen etwa die Fahrgemeinschaften gehören.

Im **rechtsgeschäftlichen Bereich** soll § 714 (entgegen der Tendenz seines Wortlauts) nur die Vertretung der BGB-Gesellschaft betreffen (also nicht diejenige der Gesellschafter). Wegen der Teilrechtsfähigkeit wird dadurch zunächst das Gesellschaftsvermögen berechtigt und verpflichtet. Dagegen wird eine Eigenhaftung der Gesellschafter über eine Analogie zu §§ 128ff. HGB begründet **(Akzessorietätstheorie).** Die analog § 128 HGB begründete Gesellschafterhaftung beruht auf Gesetz. Folglich ist eine Haftungsbeschränkung durch den Gesellschaftsvertrag regelmäßig unwirksam; vielmehr ist eine Vereinbarung mit dem betroffenen Gläubiger nötig.[27] Das kann beim Eintritt in eine GbR entsprechend § 130 HGB sogar zu einer überaus bedenklichen Haftung für Altverbindlichkeiten führen.[28] Die Haftung erstreckt sich auch auf Erben des Gesellschafters.[29] Der gleichfalls analog anwendbare § 129 HGB führt ebenso wenig zu einer **Rechtskrafterstreckung** (§ 325 ZPO) wie § 736 ZPO, wenn im Vorprozess alle Gesellschafter persönlich verklagt wurden und jetzt die aus ihnen bestehende Gesellschaft in Anspruch genommen wird.[30]

795 **Im deliktischen Bereich**[31] haften die als Organe handelnden Gesellschafter allemal nach allgemeinem Deliktsrecht. Eine **Haftung der Gesellschaft** selbst nach § 831 kommt regelmäßig schon deshalb nicht in Betracht, weil die für § 831 nötige Weisungsgebundenheit (→ Rn. 811) fehlt. Inzwischen wird aber zur Begründung der Haftung von einer ganz hM die analoge Anwendung von § 31 bejaht.[32] So ermöglicht man einen Zugriff des Verletzten auf das Gesellschaftsvermögen.

Eine Mithaftung der **nicht selbst an dem Delikt beteiligten Gesellschafter** ist konsequenterweise analog § 128 HGB zu bejahen (→ Rn. 790): Diese Vorschrift knüpft ja auch bei der OHG an deren Haftung (Verbindlichkeit) an und unterscheidet nicht nach dem Haftungsgrund.[33] Diese akzessorische, durch den Gesellschaftsvertrag nicht auszuschließende Haftung kann freilich zu erheblichen Härten führen und ist daher

---

26 BGHZ 146, 341; wichtige Vorarbeiten stammen von *Flume* ZHR 136 (1972), 177; *Ulmer* AcP 198 (1998), 113; *Mülbert* AcP 199 (1999), 38; *Reiff,* Die Haftungsverfassung nichtrechtsfähiger unternehmenstragender Verbände, 1996; *Dauner-Lieb,* Unternehmen in Sondervermögen: Haftung und Haftungsbeschränkung, 1998; *Wertenbruch,* Die Haftung von Gesellschaften und Gesellschaftsanteilen in der Zwangsvollstreckung, 2000 (dazu *Dauner-Lieb* AcP 201 [2001], 757); ferner *Hadding* ZGR 2001, 712; *K. Schmidt* ZIP 1998, 2; *Habersack* JuS 1990, 179; 1993, 1; *Habersack* BB 1999, 61; 2001, 477 (481); *H. Baumann* JZ 2001, 895; *Dauner-Lieb* DStR 1999, 1992; *Dauner-Lieb,* FS Ulmer, 2003, 73; *Beuthien* JZ 2003, 969; *Beuthien* JZ 2011, 124; *Weller,* FS G. H. Roth, 2011, 881; *J. Hager,* FS Köhler, 2014, 229 s. bereits → Rn. 212.

27 BGHZ 142, 315 (318); 150, 1 (4); dazu *Dauner-Lieb* DStR 1998, 2014; skeptisch *Canaris* ZGR 2004, 69; *Petersen/Rothenfußer,* GmbHR 2000, 757; 801. Lehrreich *Grunewald* JA 2011, 881 (883); *L. Beck* JURA 2013, 209; *Heinemann/Pickartz* JuS 2002, 1081; *Saenger* JuS 2003, 577.

28 BGH NJW 2003, 1803; dazu *Habersack/Schürnbrand* JuS 2003, 739; *A. Arnold/Dötsch* DStR 2003, 1398. Vgl. auch BGH MDR 2012, 256; dazu *C. A. Weber* JA 2012, 390.

29 BGH NZG 2014, 696; dazu *K. Schmidt* JuS 2014, 1036.

30 BGH NJW 2011, 2048. Zur Rechtskrafterstreckung auch → Rn. 909.

31 Dazu etwa *Flume,* FS H. Westermann, 1974, 119; *Sellert* AcP 175 (1975), 77.

32 BGHZ 154, 88 (93). *Saenger* GesR Rn. 186.

33 Etwa *K. Schmidt* GesR § 60 III 2 S. 1790ff. in Anlehnung an BGHZ 142, 315 (318).

str. Zumindest wird man ohne organisiertes Auftreten nach außen kaum von »Organen« sprechen können.

b) Nichtrechtsfähiger Verein

796 Der nichtrechtsfähige Verein unterscheidet sich von der BGB-Gesellschaft vor allem dadurch, dass er nicht selten eine sehr große Zahl (uU Millionen) von Mitgliedern hat. Hier würde eine Anwendung von § 47 II GBO von vornherein scheitern.[34] Insoweit ist also die in § 54 S. 1 bestimmte Anwendung der Vorschriften über die Gesellschaft offenbar unmöglich. Auch die von der Akzessorietätstheorie bewirkte Mithaftung der Gesellschafter für die Verbindlichkeiten der Gesellschaft passt nicht; das spricht für eine Verneinung. Übrig bleibt nur die **über den hier anwendbaren § 31 begründete Haftung des nichtrechtsfähigen Idealvereins** mit dem ihm zustehenden Vermögen. Dazu tritt die in **§ 54 S. 2** angeordnete persönliche Haftung des handelnden Mitglieds. Sie gilt im rechtsgeschäftlichen Bereich sogar dann, wenn der Handelnde Vertretungsmacht hatte oder der Verein nach § 177 genehmigt hat. Ausgeschlossen werden kann § 54 S. 2 nur durch eine individuell vereinbarte Beschränkung der Haftung auf das Vereinsvermögen. Insgesamt wird hierdurch die in § 54 S. 1 bestimmte Anwendung von Gesellschaftsrecht auf den nichtrechtsfähigen Idealverein weitgehend abgeschwächt. Das lässt sich aber aus dem **Funktionswandel der Vorschrift** rechtfertigen: Um 1900 bestand die Gefahr, die damals für eingetragene Vereine geltende strenge behördliche Aufsicht könne durch Vermeidung der Eintragung wirkungslos werden. Der Wegfall dieser Aufsicht hat diese Gefahr beseitigt; auch ist Art. 9 GG zu bedenken. Damit ist die Abweichung vom Gesellschaftsrecht zu rechtfertigen.[35]

3. Organhaftung bei Überschreitung der Vertretungsmacht?

797 Problematisch wird die Organhaftung, wenn das Organ dadurch Schaden anrichtet, dass es seine Vertretungsmacht überschreitet (→ Rn. 121).

> **Beispiel:** Ein Vorstandsmitglied V einer AG, das nur zur Gesamtvertretung berechtigt ist (vgl. § 78 II 1 AktG), schließt allein ein Rechtsgeschäft mit D ab. Die AG verweigert die Genehmigung nach § 177. Dann ist sie an das Rechtsgeschäft sicher nicht gebunden, und V haftet nach § 179. Aber haftet daneben auch die AG aus culpa in contrahendo mit § 31?

Hier ist einerseits zu bedenken, dass die Beschränkung der Vertretungsmacht die juristische Person gegen rechtsgeschäftliche Schädigungen durch das Organ schützen soll. Bei juristischen Personen des öffentlichen Rechts kann durch Beschränkungen der Vertretungsmacht zudem eine Kontrolle durch die Aufsichtsbehörde bezweckt sein. Andererseits soll nach dem Sinn der §§ 31, 89 die juristische Person im Rechtsverkehr nicht besser stehen als eine natürliche Person. Daher ist eine Organhaftung für culpa in contrahendo zu bejahen, wenn das Organ wenigstens **für die Anbahnung von Vertragsverhandlungen zuständig** war.[36] Freilich dürfte diese Haftung besser mit § 278

---

34 Näher *Prütting*, FS Reuter, 2010, 263. Zur GbR im Grundstücksverkehr *Knöfel* AcP 205 (2005), 645; *G. Wagner* ZIP 2005, 637; *Lieder* JURA 2012, 335; *Tolani* JZ 2013, 224; *Altmeppen* NJW 2011, 1905; *Kiehnle* ZHR 174 (2010), 209; *Kohler* NZG 2012, 441; *Ulmer* ZIP 2011, 1689; *Wilhelm* NZG 2011, 801; aus der Rspr. BGH NJW-RR 2011, 532 Rn. 11f.

35 Näher *Petersen*, Das Vereinsrecht des BGB, JURA 2002, 683.

36 Ähnlich *Flume* JurPers 391.

zu begründen sein als mit § 31 (→ Rn. 779). Daneben kommt auch eine **Deliktshaftung** nach § 31 in Betracht.[37]

IV. Einzelfragen zu § 278 BGB

1. Sonderverbindung

798 § 278 setzt eine Sonderverbindung voraus. Dazu genügt jedes gesetzliche oder vertragliche Schuldverhältnis, uU auch ein öffentlich-rechtliches.[38] Besonders zu erwähnen ist Folgendes:

a) Dingliche Ansprüche

Ausreichend ist schon die durch einen dinglichen Anspruch geschaffene Sonderverbindung. Auf die Anwendbarkeit von § 278 kommt es aber erst dann an, wenn etwa im Eigentümer-Besitzer-Verhältnis das Verschulden des Besitzers rechtserheblich ist (§§ 987 II, 989, 990).

Beispiel: Der redliche Besitzer B gibt vor Rechtshängigkeit seinem Angestellten A eine dem E gehörende Sache in Verwahrung. Wenn die Sache durch Verschulden des A untergeht, haftet B nicht: Er würde ja auch für eigenes Verschulden nicht haften. Dagegen ist B nach Rechtshängigkeit oder Unredlichwerden im Rahmen der §§ 989, 990 für A nach § 278 verantwortlich.[39]

Ebenso wie der Herausgabeanspruch aus § 985 genügt für § 278 auch der Beseitigungsanspruch aus § 1004. Daher haftet der Gläubiger bei der Vollstreckung in eine schuldnerfremde Sache für seinen Rechtsanwalt, der trotz Nachweises des Drittrechts die Sache erst verspätet freigibt:[40] § 771 ZPO schließt hier den materiell-rechtlichen Beseitigungsanspruch nicht aus, sondern begrenzt nur seine Durchsetzung.

b) Nachbarliches Gemeinschaftsverhältnis

799 Umstritten ist die Anwendbarkeit von § 278 BGB im »nachbarlichen Gemeinschaftsverhältnis«. Dieser Streit entscheidet vor allem über die Haftung für den **Architekten** bei Schäden durch unsachgemäße Grundstücksvertiefung (§§ 909, 278) und beim Überbau:[41]

BGHZ 42, 374: A und B sind Nachbarn; ihre Häuser haben eine gemeinsame Giebelmauer, die auf der Grundstücksgrenze steht. Im Krieg wird das Haus des A zerstört. Beim Wiederaufbau belastet D, der Architekt des A, die Giebelmauer so stark, dass diese Schaden leidet. B verlangt von A Schadensersatz.

Der BGH hat zunächst gefragt, ob die Nachbarschaft allein eine Sonderverbindung begründet. Das hat er mit der hM verneint:[42] Das »nachbarliche Gemeinschaftsverhältnis« beschränkt nur die Rechtsausübung in bestimmtem Umfang und erzeugt nur aus-

37 Etwa für einen Betrug durch die Organperson, BGHZ 98, 148; dazu *Dieckmann* WM 1987, 1473.

38 BGHZ 54, 299; dazu *Götz* JuS 1971, 349.

39 Hiermit nicht verwechselt werden darf die andere Frage, ob sich die Unredlichkeit des B aus seiner eigenen Person oder aus der des A bestimmt (vgl. dazu → Rn. 581).

40 BGH JZ 1973, 29 mAnm *Henckel.*

41 BGHZ 42, 63 wendet beim Überbau § 166 an; zweifelhaft, da dieser Überbau einem Rechtsgeschäft nicht einmal ähnelt. Zum Nachbarrecht instruktiv *Neuner* JuS 2005, 385; 487; *Röthel* JURA 2005, 539. Vgl. auch *Petersen,* Von der Interessenjurisprudenz zur Wertungsjurisprudenz, 2001, 69 ff.

42 *Baur/Stürner* SachenR § 5 Rn. 16; BGHZ 148, 261 (267); vgl. auch *Brox* JA 1984, 182. Anders (für Sonderverbindung mit Anwendung des § 278) insbesondere *Westermann/H. P. Westermann* SachenR § 61 Rn. 41 ff.

nahmsweise Handlungspflichten, wenn dies im Sinne eines billigen Interessenausgleichs zwingend geboten ist.[43]

Hier kam zu der bloßen Nachbarschaft noch eine **gemeinsame Giebelmauer** hinzu. Für gemeinsame Grenzeinrichtungen verweist § 922 S. 4 auf die §§ 741 ff. (vgl. § 743 II) und damit auf das Recht der Sonderverbindungen. Wenigstens deshalb hätte hier § 278 angewendet werden sollen. Der BGH hat § 278 dennoch abgelehnt. Die Begründung überzeugt nicht: Die hinsichtlich der gemeinschaftlichen Einrichtungen bestehenden Rechte und Pflichten seien »sachenrechtlicher Natur«. Daraus folgt jedoch keineswegs die Unanwendbarkeit von § 278, weil dieser keine *schuldrechtliche* Sonderverbindung voraussetzt.[44]

c) Andere Fallgruppen

800 Darüber hinaus hat man noch in einigen weiteren Fallgruppen eine Sonderverbindung konstruiert, vor allem bei der **culpa in contrahendo** (→ Rn. 199 f.) und dem **Vertrag mit Schutzwirkung für Dritte** (→ Rn. 844–846). Ein Ziel dieser Konstruktionen ist es gerade, § 831 mit seiner lästigen Exkulpationsmöglichkeit zu vermeiden und die Anwendbarkeit von § 278 zu begründen. Unabhängig von der Exkulpation sind aber Fälle wie der von

BGHZ 95, 144: Auf dem Grundstück des E ist für das Grundstück des G ein Wegerecht eingetragen. G verpachtet das herrschende Grundstück an P. Dieser benutzt den Weg übermäßig und beschädigt hierdurch das dienende Grundstück. E verlangt von G Schadensersatz.

Ein solcher Anspruch kann wegen Verletzung der gesetzlichen Pflicht aus § 1020 S. 1 begründet sein, wenn G nach § 278 das Verhalten des P zu vertreten hat (§ 831 scheidet hier schon deshalb aus, weil P gegenüber G nicht weisungsgebunden ist). Diese Verantwortlichkeit hat der BGH entgegen einem früheren Urteil mit Recht bejaht: § 1020 S. 1 begründe (ebenso wie Satz 2) ein gesetzliches Schuldverhältnis (und damit eine Sonderverbindung) zwischen den beiden beteiligten Eigentümern.[45]

2. Einschaltung durch den Schuldner

801 a) Erfüllungsgehilfe iSv § 278 ist nur derjenige, dessen sich der Schuldner zur Erfüllung seiner Verbindlichkeit bedient. Der Schuldner muss den Gehilfen also in die Erfüllung eingeschaltet haben; der Gehilfe muss mit dem Willen des Schuldners tätig geworden sein.[46] Dafür folgende *Fälle:*

(1) G lässt seinen von S fahrlässig beschädigten Kraftwagen in der Werkstatt des U reparieren. Auf einer Probefahrt fährt U den Wagen zu Schrott.

(2) S hat es übernommen, den kranken G zu pflegen. Als S eines Tages ausbleibt, springt U, der Untermieter des G, ein. U gibt dem G falsche Medizin, sodass sich dessen Krankheit verschlimmert.

43 BGHZ 113, 384 (389); BGH NJW-RR 2012, 1160; 2013, 650.

44 Allerdings halten BGHZ 72, 289; 85, 375 bei Grundstücksvertiefungen, die einem Gebäude auf dem Nachbargrundstück die Stütze entziehen, einen **verschuldensunabhängigen nachbarrechtlichen Ausgleichsanspruch** aus § 906 II 2 für möglich. Doch ist fraglich, ob der dort bestimmte »angemessene Ausgleich in Geld« ebenso weit reicht wie der Schadensersatz; näher *Hagen,* FS Herm. Lange, 1992, 483; *Jauernig* JZ 1986, 605 (611); *Petersen,* Duldungspflicht und Umwelthaftung, 1996, 48 f.

45 Dazu *K. Schreiber* JR 1986, 110.

46 Richtigerweise gilt § 278 auch dann, wenn der Gehilfe untätig bleibt, vgl. *D. Kaiser/Rieble* NJW 1990, 218 gegen *Esser* JZ 1963, 489; *Löwisch* AcP 1974 (1974), 202 (251).

In beiden Fällen hat S für das Verhalten von U nicht nach § 278 einzustehen. Zwar war S bei (1) nach §§ 823 I, 249 I zur Reparatur des Wagens verpflichtet. Aber hier hat nicht S, sondern G den U eingeschaltet (und damit den Weg über § 249 II gewählt). Und bei (2) ist U als Geschäftsführer ohne Auftrag eingesprungen; seine Einschaltung beruht also gleichfalls nicht auf dem Willen des S.

Ähnlich liegt der Fall, dass ein vom Schuldner unbeauftragter Dritter an den Gläubiger nach § 267 leistet: Der Schuldner haftet für ihn nicht nach § 278 (→ Rn. 750).

Mit der Ablehnung des § 278 **in Fall (1)** ist aber noch nicht entschieden, dass S nicht für den von U angerichteten weiteren Schaden aufkommen müsste. Eine solche Ersatzpflicht des S besteht vielmehr, wenn der weitere Schaden noch adäquate Folge des von S zuerst angerichteten ist. Dabei kann S nicht geltend machen, U sei Erfüllungsgehilfe des G, sodass dieser sich ein Verschulden des U nach §§ 254 II, 278 selbst anrechnen lassen müsste. Denn einer solchen Anwendung des § 278 steht die Risikoerwägung von → Rn. 820 entgegen:[47] Ähnlich kann man auch bei **Fall (2)** fragen, ob das unsachgerechte Eintreten des U noch adäquate Folge des Ausbleibens des S und daher von diesem zu verantworten ist.

802 **b)** Bei der Heranziehung von **weiteren Hilfspersonen** durch den Erfüllungsgehilfen ist zu unterscheiden: War der Schuldner hiermit einverstanden, so haftet er auch für diese weiteren Hilfspersonen nach § 278. Diese Haftung entfällt nur, wenn ausnahmsweise **Substitution** erlaubt ist (vgl. §§ 664 I 2, 691 S. 2). War dagegen der Schuldner nicht einverstanden, so liegt in der Einschaltung weiterer Hilfspersonen regelmäßig schon ein Verschulden des ersten Erfüllungsgehilfen, für das ebenfalls § 278 gilt.

3. Grenzen des § 278 BGB

803 **Weisungsgebunden** wie der Verrichtungsgehilfe (→ Rn. 811) braucht der Erfüllungsgehilfe nicht zu sein.[48]

a) Die Reichweite der Garantie des Schuldners

804 Die Problematik zeigt sich etwa in folgender Fallgruppe:

S schuldet dem G die galvanische Verzinkung von Blechen binnen bestimmter Frist.

(1) Der von S benutzte Strom aus dem öffentlichen Netz fällt wegen eines schuldhaften Fehlers in dem Elektrizitätswerk für drei Tage aus.

(2) Die eigene Stromversorgung des S fällt wegen eines Verschuldens seiner Arbeiter für drei Tage aus. In beiden Fällen kann S nicht rechtzeitig leisten. Gerät er in Schuldnerverzug (§§ 280, 286, 278)?

Bei (1) ersetzt S die eigene Stromversorgung durch die Abhängigkeit vom öffentlichen Netz, sodass der Grund für die Anwendung von § 278 an sich vorläge. Wenn man die Vorschrift dennoch nicht anwendet, so lässt sich das am besten damit erklären, dass der Verkehr die Abhängigkeit von öffentlichen Versorgungsträgern hinnimmt. Daher passt eine Garantiehaftung nicht: Niemand kann glauben, S wolle das Funktionieren der öffentlichen Versorgung garantieren. Überhaupt muss die Vertragsauslegung nach § 157 ergeben, ob der Schuldner auch für von ihm nicht zu kontrollierende Gehilfen

---

47 Früher str., aber seit BGHZ 63, 182 hM; vgl. auch *S. Lorenz,* Haftung für den Erfüllungsgehilfen (§ 278 BGB), JuS 2007, 983.

48 BGHZ 62, 119 zieht sogar einen Notar als Erfüllungsgehilfe in Betracht; einschränkend *Lüderitz* NJW 1975, 1.

einzustehen hat. Dass es auf einen solchen Garantiewillen des Schuldners ankommt, folgt auch aus § 276 I 1 (»Übernahme einer Garantie«).

Bei (2) dagegen liegt der Grund für das Versagen nicht so eindeutig außerhalb des Garantiebereichs. Hier ist also § 278 anzuwenden. Dazu passt, dass die Versorgung aus dem öffentlichen Netz schon wegen des Verbundsystems wesentlich zuverlässiger zu sein pflegt als die aus einer eigenen Anlage.

Schwierigkeiten bereitet dann freilich eine **weitere Variante:** S hat außer dem Anschluss an das öffentliche Netz auch ein eigenes Notstromaggregat; beide fallen aus. Müsste hier S für sein eigenes Personal nach § 278 haften, so schadete ihm letztlich die Vorsicht, die in der Installation des Aggregats liegt. Daher muss man in solchen Fällen die Haftung verneinen.

b) Der Umfang der Verpflichtung des Schuldners

805 Die Rechtsprechung zu Kauf und Werkvertrag legt allerdings noch eine andere Frage nahe: Fällt nicht die Stromversorgung schon deshalb aus dem Bereich von § 278, weil S nicht Strom schuldet, sondern nur die Verzinkung von Blechen?

BGHZ 48, 118: Die Weberei V liefert von K bestellten Trevira-Stoff mangelhaft, weshalb K Schaden entsteht. Der Mangel geht darauf zurück, dass der von V mit der Ausrüstung des Stoffes beauftragte D schuldhaft schlecht gearbeitet hat. Der BGH hat hier eine Haftung des V für D nach § 278 abgelehnt: Auch bei Vorliegen nicht eines Kaufes, sondern eines Werklieferungsvertrages K–V sei V nicht zur Herstellung des Stoffes verpflichtet gewesen, sondern nach §§ 651 S. 1, 433 I 1 nur zur Übergabe und Übereignung. In *diese* Pflicht sei D nicht eingeschaltet worden.

Ob aus der Verweisung des § 651 S. 1 auf das Kaufrecht geschlossen werden kann, dass der Unternehmer stets nur zur Lieferung des herzustellenden Werks, nicht aber zur Herstellung selbst verpflichtet sein soll, ist zweifelhaft. Der Wortlaut des § 651 S. 1 lässt diese Frage offen und steht der Herstellungspflicht des Unternehmers nicht entgegen. Entscheidend dürfte es deshalb auf die vertragliche Vereinbarung der Parteien ankommen.[49] Sofern auch eine Herstellungspflicht vereinbart war, wäre D bei Annahme eines Werklieferungsvertrages Erfüllungsgehilfe des V gewesen. Entsprechend ist bei reinen Werkverträgen (vgl. das Beispiel → Rn. 804) zu entscheiden: Geschuldet wird grundsätzlich nicht nur die Endleistung (Übergabe des fertigen Werkes), sondern auch die Werkherstellung mit den nötigen Vorbereitungen. Die Nichthaftung für ein Verschulden des Elektrizitätswerks kann deshalb nicht einfach damit begründet werden, es sei kein Strom geschuldet gewesen. Anders liegt es bei einem Werklieferungsvertrag hinsichtlich derjenigen Personen, die dem Unternehmer **bloß Einzelteile** für die Herstellung des Produkts liefern.[50] Für solche Personen dürfte ebenso wie für Lieferanten eines Verkäufers § 278 ausscheiden (→ Rn. 806).

c) Insbesondere das Herstellerverschulden beim Kauf

806 Noch problematischer ist die Anwendbarkeit von § 278 bei reinen Kaufverträgen. Zweifeln kann man hier insbesondere, inwieweit der Verkäufer ein Verschulden des Herstellers wie eigenes zu vertreten hat. Der BGH verneint diese Frage in stRspr, während Teile des Schrifttums den Hersteller wegen § 433 I 2 als Erfüllungsgehilfen ansehen.[51]

49 MüKoBGB/*Busche* § 651 Rn. 5; Bamberger/Roth/*Voit* § 651 Rn. 13.

50 BGH NJW 1978, 1157: Ventile für eine Heizungsanlage; für den Werkvertrag BGHZ 95, 128: Gründungsarbeiten durch einen Vorunternehmer.

51 BGHZ 48, 118 (→ Rn. 805); BGHZ 177, 224 (→ Rn. 291b: »Parkettstäbe«); BGH NJW 2014, 2183 (dazu *Looschelders* JA 2015, 68); aA *Peters* ZGS 2010, 24 (27); *Schroeter* JZ 2010, 495 (499); *Klees* MDR 2010, 305; *Weller* NJW 2012, 2312 (2315).

Regelmäßig liegt der Verkauf erst nach Fertigstellung des Produkts. Dann wird § 278 bisweilen mit der Begründung abgelehnt, der Produzent könne in die Erfüllung der erst später entstandenen Verbindlichkeit des Verkäufers nicht mehr eingeschaltet werden. Aber das überzeugt nicht, weil sich der Verkäufer die Vorteile der Arbeitsteilung auch durch den Einsatz Dritter schon *vor* Abschluss konkreter Verkaufsverträge zunutze machen kann. Insbesondere beim Beschaffungskauf würde es zu Zufallsergebnissen führen, wenn die zeitliche Reihenfolge zwischen dem Handeln des Herstellers und dem Kaufabschluss über die Anwendbarkeit von § 278 entscheiden sollte.

Daher muss man hier auf das **Auftreten des Verkäufers** abstellen: Danach hat derjenige Verkäufer, der bloß als »Verteiler« auftritt, mit Herstellung und Prüfung der Ware nichts zu tun. Hier ist also der Hersteller nie Erfüllungsgehilfe. Dagegen erwartet der Verkehr von demjenigen Verkäufer, der seine Sachkunde herausstellt und sich meist auch bezahlen lässt (»Fachgeschäft«), eine eigene Prüfung der Ware wenigstens auf erkennbare Mängel. Soweit solche Verkäufer ihre Pflicht zu mangelfreier Lieferung (also nicht eine Pflicht *zur Herstellung!*) schuldhaft verletzen, haften sie für *eigenes* Verschulden. Dieses kann etwa im Unterlassen einer Prüfung der Ware oder in der Nichtbeachtung von Reklamationen anderer Kunden liegen.

4. Der gesetzliche Vertreter

807 Nach § 278 hat der Schuldner auch ein Verschulden seines gesetzlichen Vertreters wie eigenes zu vertreten. Problematisch ist diese Vorschrift vor allem, wenn man sie über § 254 II 2 auch im Deliktsrecht anwendet (dazu → Rn. 865–871). Abgesehen davon ist Folgendes bemerkenswert:

a) Diese Alternative des § 278 ist **missverständlich formuliert.**

Beispiel: Das fünfjährige Kind K schuldet dem G Übereignung eines Grundstücks. V, der verwitwete Vater des K, leistet trotz Mahnung erst verspätet. G verlangt von K aus den §§ 280 II, 286 den Ersatz seines Verzugsschadens.

Schuldnerverzug des K liegt hier nach § 286 IV nicht vor, wenn K die Nichtleistung nicht zu vertreten hat. Nach §§ 276 I 2, 828 I ist K selbst verschuldensunfähig. Daher wäre es sinnlos, dem K ein (untechnisches; V selbst ist ja nicht Schuldner des G!) Verschulden des V »wie eigenes« zuzurechnen. Gemeint sein kann vielmehr nur, dass K so haften muss, wie V als Schuldner haften würde. Dem K wird also nicht nur das Verschulden des V zugerechnet, sondern auch dessen Verschuldensfähigkeit: Da K durch V im Rechtsverkehr repräsentiert wird, werden **alle haftungsbegründenden Merkmale** bei K und V **zusammengerechnet.**

808 b) Unter den Begriff des »gesetzlichen Vertreters« bei § 278 rechnet man allgemein auch die Personen, die meist als **»Partei kraft Amtes«** bezeichnet werden (Insolvenz-, Zwangsverwalter, Testamentsvollstrecker usw). Das ist richtig: Auch die »Partei kraft Amtes« repräsentiert den Schuldner im Rechtsverkehr ebenso wie ein gesetzlicher Vertreter.

809 c) Ein Unterschied zwischen § 278 und § 31 folgt aus § 278 S. 2 einerseits und § 276 III andererseits: Bei Erfüllungsgehilfen kann die **Haftung für Vorsatz** durch Individualvertrag im Voraus ausgeschlossen werden, bei Organen nicht. Wegen der Ähnlichkeit des gesetzlichen Vertreters mit einem Organ wird man aber § 278 S. 2 auf den gesetz-

lichen Vertreter nicht anwenden dürfen.[52] Gleiches muss für die Organhaftung aus Sonderverbindung gelten, wenn diese Haftung mit § 278 und nicht mit § 31 begründet wird (→ Rn. 779).

810 d) Wo **Gesamtvertretung** besteht, genügt ebenso wie bei der Organhaftung schon das Verschulden eines einzigen Vertreters.[53] Das gilt insbesondere auch für die Eltern, § 1629 I 2.

V. Einzelfragen zu § 831 BGB

1. Die Weisungsgebundenheit

811 Für die Verrichtungsgehilfen des § 831 wird, anders als bei § 278 (→ Rn. 803), »soziale Abhängigkeit« vom Geschäftsherrn gefordert. Dieses Erfordernis folgt aus dem Haftungsgrund des § 831: Der Geschäftsherr wird als durch seinen Gehilfen »mittelbar handelnd« angesehen; deshalb wird ihm die von dem Gehilfen verursachte rechtswidrige Schädigung zugerechnet. Diese Zurechnung setzt voraus, dass der Geschäftsherr die Tätigkeit seines Gehilfen zu steuern vermag. Die Rechtsprechung lässt dafür schon genügen, dass der Geschäftsherr die Gehilfentätigkeit »jederzeit beschränken, entziehen oder nach Zeit und Umfang bestimmen kann«.[54] Eine soziale Unterordnung des Gehilfen ist also unnötig. Daher kann man das irreführende Wort »soziale Abhängigkeit« durch den auch nicht genau treffenden, aber besseren Begriff »Weisungsgebundenheit« ersetzen (er kommt auch bei § 855 vor, ist aber dort wohl etwas enger). So können »Testesser« auch als freie Mitarbeiter Verrichtungsgehilfen für den Verlag eines Restaurantführers sein.[55]

Solche Weisungsgebundenheit wird beim Werkvertrag regelmäßig verneint, was freilich wegen § 649 nicht ganz zu der Definition der Rechtsprechung passt. Dagegen ist die Gebundenheit beim Dienstvertrag meist gegeben. Wohl zu weit geht aber der BGH, wenn ein Rechtsanwalt im Verhältnis zum Mandanten noch Verrichtungsgehilfe sein soll.[56] Ein Ehegatte kann im Verhältnis zum anderen nur durch die besondere Übernahme einer weisungsgebundenen Tätigkeit zum Verrichtungsgehilfen werden (zB Übernahme der Verwaltung des Vermögens des anderen Ehegatten).

2. Die Exkulpation

812 Für die Exkulpation nach § 831 I 2 ist besonders wichtig der **Nachweis sorgfältiger Auswahl** des Verrichtungsgehilfen. Die hM bezieht dieses Beweiserfordernis auf den Zeitpunkt der schädigenden Handlung. Das bedeutet zweierlei:

a) Wer zunächst nicht sorgfältig ausgewählt ist, kann dennoch als sorgfältig ausgewählt gelten, wenn er sich seit der Anstellung bis zum Schadenseintritt **längere Zeit bewährt** hat. Dann läge nämlich sorgfältige Auswahl vor, wenn er kurz vor dem Schadenseintritt angestellt worden wäre.

---

52 *Esser/Schmidt* SchuldR I § 27 II 1 a, anders *Flume* JurPers 397f.

53 RGZ 110, 145.

54 BGHZ 45, 311. Einzelheiten bei *Sellert* AcP 175 (1975), 77 (79).

55 BGH NJW-RR 1998, 250.

56 BGH LM § 823 (Hb) BGB Nr. 5; *v. Caemmerer*, FG Weitnauer, 1980, 261 (271) stellt auf die Eingliederung des weisungsgebundenen Gehilfen in das Unternehmen oder den Haushalt des Geschäftsherren ab.

Beispiel: G stellt den F als Fahrer ein, obwohl dieser kurz vorher wegen einer Trunkenheitsfahrt verurteilt worden ist. Zunächst führt F sich fünf Jahre einwandfrei. Erst dann greift er plötzlich wieder zur Flasche und verursacht betrunken einen Unfall: G kann sich exkulpieren.

b) Umgekehrt genügt aber auch die einmalige Sorgfalt bei der Anstellung nicht. Vielmehr muss der Geschäftsherr sich bei längerer Dienstzeit des Gehilfen davon überzeugen, ob dieser weiterhin als ordnungsgemäß ausgewählt angesehen werden kann. Man gelangt so zu einer gewissen **Kontrollpflicht** des Geschäftsherrn. **813**

Beispiel: G stellt den bisher ordentlichen F als Fahrer an. Bald danach entdeckt F seine Liebe zum Alkohol; er erscheint über längere Zeit mehrfach betrunken zum Dienst. Wenn F dann einen Trunkenheitsunfall verschuldet, kann G sich nicht exkulpieren.

3. Aufsichts- und Organisationspflichten

Von der eben genannten Kontrollpflicht zu unterscheiden ist die den Geschäftsherrn treffende Aufsichtspflicht, wenn er dem Gehilfen die Erfüllung eigener Verkehrspflichten überlässt. Sie bildet den beim Geschäftsherrn verbleibenden Rest der eigenen Verkehrspflicht und gründet sich auf § 823 I (→ Rn. 656); sie ist strenger als die Kontrollpflicht aus § 831 I 2. Zudem kommt vor allem bei Großbetrieben noch eine gleichfalls auf § 823 gestützte Organisationspflicht in Betracht (→ Rn. 657). **814**

§ 33 Probleme des Schadensrechts[1]

I. Aufbaufragen

815 Bei der Erörterung von Schadensersatzansprüchen ist zweierlei zu unterscheiden:

1. Die Frage, **ob überhaupt ein ersatzfähiger Schaden** entstanden ist, gehört zum **Tatbestand** der Anspruchsnorm. Denn das Regelungsproblem der Norm (ob der Schaden abgewälzt werden kann und auf wen) stellt sich bei Fehlen eines Schadens nicht. Doch genießt die Frage nach dem »Ob« des Schadens keinen logischen Vorrang vor anderen Tatbestandsmerkmalen. Daher ist insoweit die Reihenfolge der Prüfung logisch gleichgültig.

Wenn das »Ob« eines ersatzfähigen Schadens zweifelhaft ist, empfiehlt es sich allerdings, diese Frage gleich zu Anfang zu prüfen. Denn mit ihrer Verneinung kann man sich die Erörterung aller auf Schadensersatz gerichteten Anspruchsgrundlagen mit einem Schlag ersparen. Ein Beispiel bildet etwa die Schadensersatzklage wegen einer durch Putzfrauen zerstörten »Fettecke« von Beuys.[2]

816 2. Dagegen steht die Frage nach dem **Umfang des zu ersetzenden Schadens** meist auf der **Rechtsfolgeseite** der Anspruchsnorm. Zudem kann die Antwort auf diese Frage von der Eigenart der Anspruchsnorm abhängen. Auch können sich verschiedene Anspruchsnormen in ihrem »Schutzbereich« unterscheiden. Daher kann die Frage nach dem Anspruchsumfang nur im Anschluss an eine konkrete Anspruchsnorm erörtert werden. Und da meist nicht das »Ob« eines Schadens zweifelhaft ist, sondern das »Wieviel«, wird man die Schadensfrage insgesamt regelmäßig erst am Schluss der Anspruchsgrundlage zu prüfen haben.

II. Schadensbegriff und Ersatzarten

817 **Ausgangsfall:** Bei einem von S zu verantwortenden Unfall wird der Pkw des G beschädigt. Die Reparatur würde 1.200 EUR kosten. Der recht alte Pkw war aber vor dem Unfall bloß 800 EUR wert.

1. Die beiden Möglichkeiten der Schadensberechnung

Regelmäßig betrifft ein Schadensereignis wenigstens zunächst ein bestimmtes Vermögensstück (wie hier den Pkw des G). Dann gibt es zwei Möglichkeiten zur Erfassung des Schadens:

(1) Man kann den Schaden in der **Verschlechterung des Pkw** sehen. Schadensersatz bedeutet dann regelmäßig entweder
   (a) Reparatur durch S (§ 249 I) oder
   (b) Zahlung der Reparaturkosten durch S (§ 249 II 1, vielleicht – das ist streitig[3] – auch § 250).

---

1 Dazu grdl. *Lange/Schiemann*, Schadensersatz, 3. Aufl. 2003; *Thüsing*, Wertende Schadensberechnung, 2001; *Medicus*, Schadensersatz und Billigkeit, VersR 1981, 593; *Medicus*, Ansprüche auf Schadensersatz, JuS 1986, 665; *Medicus*, Was ist von der Differenzhypothese noch übrig?, FS Nobbe, 2009, 995; *Jansen*, Konturen eines europäischen Schadensrechts, JZ 2005, 160; *G. Wagner*, Schadensersatz – Zwecke, Inhalte, Grenzen, Karlsruher Forum 2006; *Spickhoff*, Folgenzurechnung im Schadensersatzrecht: Gründe und Grenzen, Karlsruher Forum 2007; *J. Hager*, Durchführungsdefizite beim Ersatz des Schadens?, FS Deutsch, 2009, 769; *Musielak*, Kausalität und Schadenszurechnung im Zivilrecht, JA 2013, 241; lehrreich auch *Armbrüster* JuS 2007, 411; 508; 605.

2 Vgl. *Richard/Junker* JuS 1988, 686.

3 Vgl. BGH NJW 2013, 450; dazu *Förster* JA 2013, 307.

(2) Man kann den Schaden aber auch in der **Minderung** sehen, die der **Gesamtwert des Vermögens** des G durch den Unfall erlitten hat. Ermittelt wird dieser Minderwert, indem man den Wert des wirklichen Vermögens von dem Wert abzieht, den das Vermögen ohne das Schadensereignis hätte. Schadensersatz bedeutet dann den Ausgleich dieses Minderwertes durch eine Geldzahlung von S an G (§ 251).

In der äußeren Form sind also die Ersatzleistungen nach (1 b) und (2) gleich: S zahlt an G Geld. Aber der zu zahlende Geldbetrag wird verschieden berechnet: bei (1 b) nach den Reparaturkosten (im Beispiel 1.200 EUR) und bei (2) nach der Vermögensminderung (im Beispiel eigentlich 800 EUR abzüglich des Restwertes des beschädigten Pkw).

In solchen Fällen muss freilich berücksichtigt werden, dass der Geschädigte sich (etwa bei der Wahl von Wohnung und Arbeitsplatz) regelmäßig auf den Besitz eines Kraftfahrzeugs eingestellt hat. Daher entstünden weitere Schäden, wenn der Geschädigte kein Ersatzfahrzeug erhielte. Um sie zu vermeiden, wird als Vermögensminderung der Betrag angesehen, der zur Anschaffung eines Ersatzwagens nötig ist. Ersatzfähig ist dabei allerdings nicht der reine **Wiederbeschaffungswert,** sondern lediglich der um den Restwert verminderte **Wiederbeschaffungsaufwand.**[4] Hatte das beschädigte Fahrzeug im Beispiel also einen Restwert von 300 EUR und kostet die Wiederbeschaffung bei einem seriösen Händler 1.000 EUR, so sind bei (2) als Wiederbeschaffungsaufwand 700 EUR zu ersetzen.

2. Integritäts- und Wertinteresse

818 a) Beide Berechnungsweisen erfassen also den vollen Schaden **(Totalrestitution).** Dass im Beispiel bei (2) ein geringerer Betrag herauskommt als bei (1 b), bedeutet demnach keine Beschränkung des Schadensersatzes, wie sie etwa durch die Adäquanztheorie oder die Lehre vom Schutzbereich der Norm eintritt. Vielmehr beruht der Unterschied allein auf der **Verschiedenheit des** verwendeten **Schadensbegriffs:** Bei (1) wird der Schaden am **Integritätsinteresse** gemessen, also dem Interesse des Geschädigten daran, dass sein Vermögen in seiner konkreten Zusammensetzung erhalten bleibt. Dagegen wird der Schaden bei (2) an dem **Wertinteresse** (Summeninteresse) ermittelt, also dem Interesse des Geschädigten an der Erhaltung seines Vermögens nur dem Werte nach.

Dabei bezeichnet man den Ersatz des Integritätsinteresses als **Naturalrestitution** (§§ 249 I und II, vielleicht auch 250) und den Ersatz des Wertinteresses als **Geldersatz** (§ 251). Naturalrestitution sind also auch die Geldzahlungen nach §§ 249 II und vielleicht auch 250!

Der BGH hält freilich, abweichend von dem hier vertretenen Standpunkt, auch die **Wiederbeschaffung** eines gleichwertigen Gebrauchtwagens für eine Form der Naturalrestitution nach § 249 II.[5] Im Ergebnis verfährt der BGH aber ebenso, wie wenn er Geldersatz nach § 251 I annähme; insbesondere wendet er der Sache nach § 251 II 1 an.

819 b) **Regelmäßig** schützt das BGB das **Integritätsinteresse.** Denn dessen Ersatz steht an der Spitze der Regelung (§ 249). Der Geschädigte soll eben nicht gezwungen sein, das betroffene Rechtsgut gleichsam an den Schädiger zu »verkaufen«. Ausnahmen hiervon

---

4 BGHZ 115, 364 (372); 171, 287 Rn. 6; *Medicus* JuS 1973, 211.
5 BGHZ 115, 364 (368); 171, 287 Rn. 6.

gibt es nur bei Unmöglichkeit, Unzulänglichkeit (§ 251 I) oder Unzumutbarkeit (§ 251 II) der Naturalrestitution.

Nach der Rspr. ist § 251 II bei Unfallschäden an Fahrzeugen regelmäßig erst dann erfüllt, wenn die Reparaturkosten 30 % des Wiederbeschaffungswerts übersteigen (sog. **Integritätszuschlag**). Dann liegt ein **wirtschaftlicher Totalschaden** vor und der Geschädigte kann allein den Wiederbeschaffungsaufwand verlangen, nicht etwa den 130 %-Grenzwert.[6] Liegen die Reparaturkosten – wie im Beispielsfall die 1.200 EUR – zwar über dem Wiederbeschaffungswert (1.000 EUR), aber noch innerhalb der 130 %-Grenze (1.300 EUR), so gewährt die Rspr. dem Geschädigten die Reparaturkosten, wenn er sein **besonderes Integritätsinteresse** dadurch zum Ausdruck bringt, dass er die Reparatur tatsächlich fachgerecht durchführen lässt und das Fahrzeug im Anschluss noch mindestens sechs Monate weiterbenutzt.[7] Weist das Sachverständigengutachten vor der Reparatur Kosten aus, die über dieser **130 %-Grenze** liegen, und gelingt dem Geschädigten eine vollständige, fachgerechte und den Vorgaben des Gutachtens entsprechende Reparatur innerhalb dieser Grenze, dann kann er die konkret angefallenen Reparaturkosten gleichwohl abrechnen.[8]

3. Prognosefehler bei § 251 II BGB

820 Fraglich wird die Anwendbarkeit von § 251 II, wenn sich das Missverhältnis zwischen Herstellungsaufwand und Wertinteresse erst zu spät herausstellt.

Beispiel: Im Ausgangsfall (→ Rn. 817) wird dem G in der Reparaturwerkstatt des U gesagt, der Schaden lasse sich voraussichtlich für 1.200 EUR beheben. Bei Durchführung dieser Reparatur stellt sich aber ein bis dahin nicht erkennbarer weitergehender Unfallschaden heraus, dessen Behebung nochmals 500 EUR kostet. G verlangt von S 1.700 EUR. S will jedoch wegen § 251 II nur 700 EUR zahlen, da dies der Wiederbeschaffungsaufwand sei.

Das RG hat in einem ähnlichen Fall § 251 II angewendet und als Schadensersatz nur den geringeren Betrag zuerkannt:[9] Wenn der Geschädigte die Reparatur selbst durchführen lasse, treffe ihn die Gefahr, dass diese sich zu spät als unwirtschaftlich herausstelle. Das ist zweifelhaft.[10] Nach § 249 I kann G in erster Linie verlangen, dass S die Reparatur durchführen lässt. Dann trägt S das Reparaturrisiko und damit insbesondere auch die Gefahr von Prognosefehlern. Demgegenüber will § 249 II dem G nur den Zwang ersparen, die beschädigte Sache ausgerechnet dem Schädiger S anzuvertrauen: Allein deshalb soll G die Reparatur selbst veranlassen dürfen. Zu diesem Normzweck passt es nicht, das Reparaturrisiko auf G zu überwälzen (auch → Rn. 801). Daher ist § 251 II im Beispiel richtigerweise unanwendbar. Entsprechend hat das RG in einem späteren Fall den Schädiger die zusätzlichen Aufwendungen tragen lassen, die durch schuldlos erfolglose Herstellungsversuche des Geschädigten entstanden waren.[11] Auch der BGH belastet mit dem Prognoserisiko regelmäßig den Schädiger. Eine Ausnahme soll nur gelten, wenn der Geschädigte sich in zweifelhaften Fällen nicht um eine Einigung mit dem Schädiger bemüht hat.[12]

---

6 BGHZ 115, 364 (375); BGH NJW 2007, 2917 Rn. 6; 2011, 669 Rn. 12. Überblick bei *Wellner* NJW 2012, 7; mit verhaltensökonomischer Begründung *Korch* VersR 2015, 542.

7 BGHZ 162, 161 (166); BGH NJW 2008, 437 Rn. 9. Vgl. auch BGHZ 178, 338 Rn. 14: Fälligkeit hängt nicht vom Ablauf der sechs Monate ab.

8 BGH NJW 2011, 669 (Verwendung gleichwertiger Gebrauchtteile); anders BGH NJW 2011, 1435 (unklare Rabattgewährung durch die Werkstatt). Vgl. auch BGH NJW 2012, 50 Rn. 10 zur Anrechnung eines Werkangehörigenrabatts zugunsten des Schädigers.

9 RGZ 71, 212.

10 *Medicus* JuS 1969, 451; vgl. auch *Benicke* JuS 1994, 1004.

11 RGZ 99, 172.

12 BGH NJW 1972, 1800; bestätigend BGHZ 115, 364 (370); dazu *Medicus* JuS 1973, 211 (213).

III. Vermögens- und Nichtvermögensschaden

Für Nichtvermögensschäden lässt § 253 II eine Geldentschädigung (also den Ersatz nach § 251, → Rn. 817) ohne Rücksicht auf die Anspruchsgrundlage nur unter der Voraussetzung einer Verletzung von Körper, Gesundheit, Freiheit (oder sexueller Selbstbestimmung zu. **Dagegen genügt eine bloße Eigentums- oder Vermögensverletzung nicht.** Der Eigentümer kann also auch weiterhin nicht etwa deshalb ein Schmerzensgeld verlangen, weil die zerstörte Taschenuhr für ihn ein teures Andenken an seinen verstorbenen Großvater gewesen sei; hier bleibt es bei der Regel von § 253 I. Doch haben sich schon seit langem verschiedene Wege herausgebildet, auf denen § 253 I mehr oder weniger beiseitegeschoben wird. Die damit zusammenhängenden Fragen sind praktisch wichtig. **821**

1. Naturalrestitution

Zweifelsfrei durch das Gesetz gedeckt ist freilich die Gewährung von Naturalrestitution. Dazu gehören die beiden Wege des § 249, also auch die Zahlung der Herstellungskosten nach § 249 II.

Beispiel: G ist durch einen von S verschuldeten Unfall im Gesicht verletzt worden. Wenn G die Narben durch eine kosmetische Operation beseitigen lässt, fallen die Kosten hierfür nicht unter § 253 II, sondern unter § 249 II.

Jedoch soll nach der Rechtsprechung der Anspruch auf die Operationskosten nach § 242 ausnahmsweise ausgeschlossen sein, wenn diese Kosten bei einer geringfügigen Körperverletzung eine dem Verletzer unzumutbare Höhe erreichen:[13] Der Geschädigte soll dann mit einem höheren Schmerzensgeld vorlieb nehmen müssen. Und bei einer Körperverletzung soll der Schadensersatz überhaupt auf die wirklich entstandenen Kosten beschränkt bleiben;[14] ausgeschlossen ist also etwa ein Geldersatz wegen eines zwar gerechtfertigten, aber dennoch vermiedenen Krankenhausaufenthalts (zweifelhaft). Bei Sachbeschädigung wird die **Umsatzsteuer** nur ersetzt, soweit sie wirklich angefallen ist, § 249 II 2. Das gilt auch bei Ersatzbeschaffung.[15]

2. Kommerzialisierung

Bedeutungsvoller, aber auch hinsichtlich der Vereinbarkeit mit § 253 fraglicher ist die Tendenz zur Kommerzialisierung von Nichtvermögensgütern. **822**

a) Die Fragestellung

Die hierfür wesentliche Fragestellung ist schon längst bekannt.

Beispiel: S verletzt den G, der sich auf dem Wege zu einer Theatervorstellung befindet. G muss wegen seiner Verletzung eilig einen Arzt aufsuchen und versäumt daher die einmalige Vorstellung; seine Karte verfällt. Umfasst der dem G zu leistende Schadensersatz auch den Preis der Karte?

Das für die Karte bezahlte Geld hat G nicht durch das Verhalten des S verloren: G hatte ja das Geld schon vor dem Unfall und ohne auch nur äquivalenten Kausalzusammen-

13 BGHZ 63, 295.
14 BGHZ 97, 14; *Zeuner* JZ 1986, 640.
15 BGHZ 158, 388.

hang mit diesem ausgegeben. Durch den Unfall eingebüßt hat G bloß den Besuch der Theatervorstellung, und der durch sie vermittelte Genuss fällt nicht unter die in § 253 II genannten Rechtsgüter. Dennoch wollen hier manche dem G den für die Karte gezahlten Preis ersetzen. Denn der wesentliche gesetzgeberische Grund für § 253 I bestehe darin, dass die Schwierigkeiten bei der Umrechnung von Nichtvermögensgütern in Geld vermieden werden sollten. Und dieser Grund greife hier nicht ein: Das immaterielle Gut, die Theatervorstellung von einem bestimmten Platz aus sehen zu können, habe einen durch den Preis der Karte festgelegten Wert; dieser sei also kommerzialisiert.[16]

Danach würde § 253 I hier nur ausschließen, dass G ein *besonderes* immaterielles Interesse an dem Besuch der Vorstellung geltend machen kann (**Affektionsinteresse,** Liebhaberwert), zB er höre gerade die Sängerin dieses Abends besonders gern; ihm sei die Aufführung daher mehr wert gewesen als den Preis der Karte.

b) Der Seereisefall

823 Der BGH hat diese Tendenz aufgenommen:[17] Durch Verschulden eines Zollbeamten war das Urlaubsgepäck eines Ehepaares nicht an Bord eines Vergnügungsdampfers gekommen. Den Eheleuten war der Genuss der Seereise gemindert, weil sie »nicht in gewohnter und angemessener Weise Wäsche und Kleidung wechseln« konnten. Der BGH hat den durch Kleiderwechsel bei der Seereise (Preis 1.800 DM) erhofften Genuss als kommerzialisiert angesehen: Der Ehemann hat 100 DM, die Ehefrau 200 DM als Schadensersatz erhalten.

Gegen diese Entscheidung bestehen aber selbst dann Bedenken, wenn man die Kommerzialisierungslehre anerkennt. Denn kommerzialisiert ist nur der durch die Seereise insgesamt erhoffte Genuss. Dagegen ist der Teil dieses Genusses, der erst durch angemessene Kleidung vermittelt wird, weder ein quantifizierbarer Teil des Gesamtgenusses noch für sich kommerzialisiert. Ob man das durch § 287 ZPO überbrücken darf, ist sehr fraglich. Denn im Grunde gerät man so in den Schätzungsbereich, den § 253 I verschließt.[18] Man kann auch nicht argumentieren,[19] ein Schiffsurlaub, bei dem die Mitnahme von Gepäck ausgeschlossen sei (nebenbei: gibt es das überhaupt?), koste weniger. Denn erstens werden ja nicht gleiche Schiffsreisen mit und ohne Gepäckbeförderung angeboten, sodass der Unterschied »seinen Preis« hätte. Und zweitens hat der BGH auch gar nicht auf einen Preisunterschied abgestellt, sondern auf die Beeinträchtigung des Genusses (daher die verschiedene Bemessung des Ersatzes für Mann und Frau!).

c) Entschädigung für Nutzungsentgang

824 In der praktisch wichtigsten Fallgruppe geht es um den Ersatz der Vorteile, die sich aus dem Besitz eines Pkw ergeben: Der Geschädigte behilft sich während der Reparaturzeit seines beschädigten Pkw ohne einen Mietwagen, verlangt aber doch (fiktive) Mietkosten ersetzt. Der BGH[20] hat dem mit (freilich erheblichen) Abzügen stattgegeben, weil die Annehmlichkeiten aus dem Besitz eines Pkw kommerzialisiert seien. Später

---

16 Krit. *Köndgen* AcP 177 (1977), 1; zum Ganzen *Medicus,* FG 50 Jahre BGH, Bd. I, 2000, 201.
17 BGH NJW 1956, 1234.
18 Zutr. LG Freiburg NJW 1972, 1719.
19 So aber *Grunsky,* Aktuelle Probleme zum Begriff des Vermögensschadens, 1968, 84.
20 BGHZ 40, 345; 45, 212 (dazu *Stoll* JuS 1968, 504). Eing. *Würtwein,* Schadensersatz für Verlust der Nutzungsmöglichkeit einer Sache oder für entgangene Gebrauchsvorteile, 2001.

hat der BGH eine solche Nutzungsentschädigung auch auf den Fall der vertragswidrigen Vorenthaltung eines Pkw erstreckt.[21]

aa) Stützen ließe sich eine solche Entschädigung für den Nutzungsentgang auf **§ 249 II:** Naturalrestitution bedeutet, dass der Geschädigte während der Reparaturzeit einen Ersatzwagen hat; die dafür nötigen Kosten muss der Schädiger vorschießen. Ob der Geschädigte dieses Geld dann wirklich für die Miete eines Ersatzwagens verwendet, bleibt ihm überlassen.[22] Schlüssig ist das freilich nicht, wenn man den Anspruch nach § 249 II an die fortbestehende Möglichkeit der Herstellung knüpft.[23] Denn der Geschädigte kann Ersatz für seinen Nutzungsausfall regelmäßig erst nach der Reparatur erhalten: Ein dann noch gemieteter Wagen wäre kein Ersatzwagen mehr, sondern ein Zweitwagen. Freilich scheint wenigstens auf den ersten Blick die Verknüpfung des Anspruchs nach § 249 II mit dem Fortbestand der Herstellungsmöglichkeit wenig glücklich: Dem Schädiger käme so eine Verzögerung seiner Leistung zugute.[24]

Umstritten ist die Frage nach der Bedeutung des Fortbestehens der Herstellungsmöglichkeit auch in anderem Zusammenhang: Kann der Eigentümer eines beschädigten Kfz seinen Schaden noch »auf Reparaturkostenbasis« (also über § 249 II) berechnen, wenn er den Wagen nicht repariert, sondern beim Kauf eines Ersatzwagens in Zahlung gegeben hat?
Bejahend **BGHZ 66, 239** für die Reparaturkosten, dagegen verneinend für den Anspruch wegen des Nutzungsentgangs: Hinsichtlich der Nutzung soll die Wirklichkeit maßgeblich sein, nämlich der Umstand, dass der Geschädigte alsbald einen neuen Wagen erhalten hat.[25] Bei Grundstücken soll nach BGHZ 81, 385 nach einer Veräußerung nicht mehr auf Reparaturkostenbasis abgerechnet werden können. Dem widerspricht freilich BGHZ 99, 81:[26] Der zur Mängelbeseitigung nötige Betrag kann auch dann gefordert werden, wenn der Gläubiger den Mangel nicht beseitigen lassen will. Der Ersatz solcher »fiktiver« Schäden wird inzwischen aber durch § 249 II 2 vorausgesetzt.

824a Seit einiger Zeit ist der BGH jedoch bei der Berechnung des Geldersatzes zurückhaltender geworden: Zwar sei der Geschädigte nach dem gesetzlichen Bild des Schadensersatzes »Herr des Restitutionsgeschehens«. Doch müsse er unter mehreren Arten der Restitution diejenige wählen, »die sich in seiner individuellen Lage als die wirtschaftlich Vernünftigste darstellt«. Nur ausnahmsweise dürfe dieses **Wirtschaftlichkeitsgebot** hinter ein besonderes Integritätsinteresse des Geschädigten zurücktreten.[27] Folglich dürfe der Geschädigte einen erheblich beschädigten Wagen nur dann »auf Neuwagenbasis« abrechnen, also ausgehend von dem für einen Neuwagen zu zahlenden Preis, wenn er wirklich einen Neuwagen anschaffe. Diese Anschaffung wird also gewissermaßen zum Seriositätsindiz für das Integritätsinteresse. Entsprechend sollen den Wiederbeschaffungswert übersteigende Herstellungskosten (→ Rn. 819) nur für eine wirklich ausgeführte Reparatur verlangt werden können,[28] und auch nur dann, wenn der Geschädigte den Wagen noch mindestens sechs Monate weiternutzt.[29]

---

21 BGHZ 85, 11; BGH NJW 1983, 2139.
22 Wie vielfach auch sonst bei § 249 II, *R. Weber* VersR 1990, 934.
23 *Bötticher* VersR 1966, 301; *Esser/Schmidt* SchuldR I § 32 I 2a.
24 Gegen dieses Argument aber *Medicus* VersR 1981, 593 (598).
25 Vgl. dazu *Medicus,* Unmittelbarer und mittelbarer Schaden, 1977, 15f.; 37ff.; *Medicus* DAR 1982, 352 (358); *Grunsky* NJW 1983, 2465; *R. Weber* VersR 1990, 934.
26 Dazu *Köhler* JZ 1987, 248.
27 BGHZ 181, 242 Rn. 13-15. Zu diesem Problemkreis bereits → Rn. 819.
28 BGHZ 162, 161 (165f.).
29 BGH NJW 2008, 437 Rn. 9; vgl. auch BGH NJW 2008, 1941 für die Abrechnung fiktiver Reparaturkosten unterhalb des Wiederbeschaffungsaufwands.

825 **bb)** Einige kommen aber zu einem (dem Betrage nach anderen) Ersatz wegen des Nutzungsausfalls auf folgendem Wege:[30] Der Pkw-Halter hat für den Pkw laufende Aufwendungen (Steuer, Versicherung, auch Zinsentgang für das investierte Kapital und Entwertung des alternden Wagens). Mit diesen Aufwendungen will er die Nutzung des Pkw erkaufen. Die Aufwendungen sind also vergeblich, solange die bezweckte Nutzung wegen des schädigenden Ereignisses ausfällt. Das wird von manchen als Vermögensschaden angesehen, der über § 251 I zu ersetzen sei **(Frustrierungsgedanke).**

Sehr zurückhaltend gegenüber diesem Gedanken ist mit Recht die Rechtsprechung, die ihm für vertragliche Ersatzansprüche nur das Gewicht einer **widerleglichen Rentabilitätsvermutung** gibt: Man könne davon ausgehen, dass zur Erlangung eines Vorteils gemachte Aufwendungen durch diesen wieder eingebracht würden.[31] Aber bei der nichtgeschäftlichen Verwendung eines Pkw passt diese Vermutung von vornherein nicht. Auch § 284 (→ Rn. 242) gewährt den Ersatz frustrierter Aufwendungen nur anstelle des Schadensersatzes *statt der Leistung*, also nicht im Deliktsrecht.

826 **cc)** Nach dem Frustrierungsgedanken müsste Ersatz zudem konsequenterweise auch zugesprochen werden, wenn nicht der Pkw beschädigt (oder vorenthalten, BGHZ 88, 11), sondern der **Halter verletzt** wird und dessen Aufwendungen für den Pkw aus diesem Grunde vergeblich sind.[32] Aber wo ist dann die Grenze: Darf der Verletzte auch Ersatz des Mietzinses seiner Wohnung verlangen, die er wegen des Krankenhausaufenthalts nicht benutzen kann? Gegen einen solchen Ersatz bei Verletzung des Verfügungsberechtigten spricht, dass die Verletzung zugleich den Bedarf des Verletzten nach einem Pkw beseitige.[33] Wenn man diese Begründung akzeptiert, lässt sich der Frustrierungsgedanke wohl nicht mehr halten. Entscheidend gegen den Frustrierungsgedanken spricht folgendes Argument:[34] Der Geschädigte kann nicht (durch seine Aufwendungen) selbst darüber bestimmen dürfen, was einen Vermögensschaden darstellt und wie hoch dieser zu bewerten ist.

BGHZ 55, 146 erteilt dem Frustrierungsgedanken eine deutliche Absage: G war von S derart verletzt worden, dass G eine für neun Jahre gepachtete Jagd mindestens ein Jahr lang nicht ausüben konnte. Der BGH hat einen Ersatz der auf dieses Jahr entfallenden und daher unnützen Ausgaben für die Jagd abgelehnt. Dabei hat er ausdrücklich auf die »Gefahr einer unübersehbaren Ausdehnung der Ersatzpflicht« durch die Frustrierungstheorie hingewiesen.[35]

BGHZ 63, 203 widerspricht der genannten **Bedarfstheorie:** Dort hatte jemand sein Auto deshalb nicht benutzen können, weil ihm zu Unrecht der Führerschein entzogen worden war. Obwohl der Bedarf nach einem Auto fortbestand, hat der III. ZS eine abstrakte Nutzungsentschädigung verweigert: Der Geschädigte, so argumentierte der III. ZS, hätte seinen Bedarf auch durch einen Mietwagen nicht decken können (aber doch durch einen Wagen *mit Fahrer!*).[36] Damit wird die Bedarfsfrage von der Person des Eigentümers weithin gelöst.

---

30 Vgl. *Eike Schmidt* JuS 1980, 636.

31 BGHZ 71, 234 (237). Krit. *Müller-Laube* JZ 1995, 529.

32 So in der Tat *Frößler* NJW 1972, 1795.

33 *Zeuner* AcP 163 (1964), 380; BGH NJW 1968, 1778.

34 *Herm. Lange/G. Schiemann,* Schadensersatz, 3. Aufl. 2003, § 6 IV S. 257f., zust. BGHZ 98, 182 (199).

35 Vgl. auch *Larenz,* FG Oftinger, 1969, 151; *Stoll* JZ 1971, 593; *Stoll* JZ 1976, 281.

36 Ebenso derselbe Senat in BGHZ 65, 170. Demgegenüber hat der (für Schadensersatzfragen überwiegend zuständige) VI. ZS die Nutzungsentschädigung selbst dann gewährt, wenn zwar der Eigentümer den Wagen nicht hätte benutzen können, aber doch ein Familienangehöriger (BGH NJW 1974, 33) oder sogar nur die Verlobte (BGH NJW 1975, 922).

dd) Inkonsequent ist zudem die Stellungnahme des BGH zur **Höhe der geschuldeten Nutzungsentschädigung:** Danach soll ein die gebrauchsunabhängigen Gemeinkosten (Steuer, Versicherung, Kapitalverzinsung usw) maßvoll übersteigender Betrag als Entschädigung genügen.[37] Der BGH gelangt so zu Summen in Höhe von etwa einem Drittel der (fiktiven) Mietwagenkosten. Aber damit spart dann der auf einen Mietwagen verzichtende Geschädigte doch überwiegend in die Tasche des Schädigers, was der BGH gerade vermeiden wollte. Auch passt die Bezugnahme auf die Gemeinkosten nicht zur Ablehnung des Frustrierungsgedankens. **827**

ee) Für die Lösung dürfte von folgendem auszugehen sein:[38] Es gibt heute kaum ein Gut, das nicht gegen Geld erhältlich wäre, und für die meisten Güter lässt sich auch ein Marktpreis ermitteln. Wenn man in allen diesen Fällen über die Kommerzialisierung zu einem Vermögensschaden kommen könnte, bliebe von § 253 I nicht viel übrig: Die fortschreitende »Vermarktung« würde zu einer wesentlichen und rechtlich unkontrollierten Erweiterung des Geldersatzes führen. Daher darf man in der Kommerzialisierung allein noch keinen hinreichenden Grund für die Annahme eines **Vermögensschadens** sehen.[39] Das anerkennt auch der BGH, soweit er bei manchen anderen Sachen als Kraftfahrzeugen einen abstrakt berechneten Geldersatz für den Nutzungsentgang verweigert (→ Rn. 829). Auch die Höhe der bei Kraftfahrzeugen gewährten Nutzungsentschädigung (→ Rn. 827) passt nicht zur Kommerzialisierung. **828**

Fragen muss man dann freilich, warum bei Kraftfahrzeugen überhaupt eine (wenn auch niedrige) abstrakte Nutzungsentschädigung gewährt wird. Man kann das – wenig befriedigend – mit der besonderen Rolle begründen, die das Kraftfahrzeug heute weithin spielt. Überzeugender scheint der folgende Ansatz: Wenn der geschädigte Kfz-Halter nennenswerten Fahrbedarf hatte und daher einen Mietwagen genommen hat, muss der Schädiger die Mietwagenkosten (abzüglich der ersparten Abnutzung des eigenen Wagens des Geschädigten) ersetzen. Es liegt daher im Interesse der Schädiger (und ihrer Haftpflichtversicherer), den Geschädigten trotz seines Bedarfs davon abzuhalten, Mietwagenkosten entstehen zu lassen. Dafür mag sich die »abstrakte Nutzungsentschädigung« in Höhe von etwa einem Drittel der Mietwagenkosten eignen: Sie bedeutet dann eine dem Geschädigten für seine **Sparsamkeit gewährte Prämie.**

ff) Die eben angedeuteten dogmatischen Unzulänglichkeiten haben sich am deutlichsten bei der Frage gezeigt, ob die Rechtsprechung zur Nutzungsentschädigung bei Kraftfahrzeugen **auf andere Sachen (insbesondere Grundstücke) auszudehnen** ist. Letztlich hat der BGH entschieden:[40] Ein Nutzungsrecht (insbesondere das Eigentum) erschöpfe sich nicht im bloßen »Haben«, sondern es solle dem Berechtigten die Verwirklichung seiner Lebensziele ermöglichen. Dass dies zeitweilig verhindert werde, dürfe nicht bloß monetär gesehen werden. Denn sonst werde derjenige unangemessen benachteiligt, der seine Güter nicht erwerbswirtschaftlich einsetze (und daher keinen nach § 252 erfassbaren Gewinnentgang habe). Doch will der GS diesen Geldersatz auf **»Wirtschaftsgüter von allgemeiner, zentraler Bedeutung für die Lebenshaltung«** **829**

37 BGHZ 56, 214.
38 Anders *Jahr* AcP 183 (1983), 725 unter Hinweis auf § 849.
39 Ebenso *Herm. Lange/G. Schiemann,* Schadensersatz, 3. Aufl. 2003, § 6 IV S. 256.
40 BGHZ 98, 212 auf Vorlage nach § 132 II GVG; vgl. zuvor BGH NJW 1986, 2037 (dazu *Zeuner* JZ 1986, 395); s. auch etwa *Medicus* JURA 1987, 240; NJW 1989, 1889; *Schiemann* JuS 1988, 20.

beschränken. Dazu gehört neben dem Kfz und der Wohnung[41] heutzutage auch die Nutzbarkeit des Internet.[42]

Diese Rechtsprechung kann die dogmatischen Zweifel kaum beenden.[43] Schwer einzuordnen ist schon die eben genannte Beschränkung: Beim Schadensersatz (etwa bei den Reparaturkosten) spielt es ja auch sonst keine Rolle, ob die beschädigte Sache für die Lebenshaltung wichtig ist oder bloß dem Luxus dient. Auch sagt der BGH wenig zur Höhe der Nutzungsentschädigung. Dass hierfür Anhaltspunkte fehlen, hängt notwendig mit einer Inkonsequenz der Entscheidung zusammen: Von der Ablehnung einer monetären Betrachtung führt eben keine Brücke zu einem Geldersatz, wenn man nicht an eine Art Schmerzensgeld denkt (dem aber bei Sachschäden § 253 I entgegensteht). Anders gesagt: Der bloße Entzug der Gebrauchsmöglichkeit bedeutet nicht schon deshalb einen Vermögensschaden, weil er in manchen Fällen (vor allem bei gewerblicher Nutzung) einen solchen herbeiführt.

d) Freizeit und Urlaub

830 Umstritten sind die Kommerzialisierung und die Unanwendbarkeit von § 253 endlich für die Freizeit und speziell für den Urlaub. Die Diskussion hat sich vor allem entzündet an

OLG Frankfurt NJW 1967, 1372: G hatte bei S einen Bungalow in Spanien gemietet. G reiste zwar mit seiner Familie termingemäß an, erhielt aber den Bungalow auch nach eintägigem Warten nicht. Daraufhin fuhr G wieder zurück. Er verlangt von S unter anderem den Arbeitslohn für fünf Tage (vier nutzlose Reisetage und ein Wartetag). Das OLG hat ihm Recht gegeben: Die »ungestörte Ausnutzung von Urlaubstagen« sei weitgehend kommerzialisiert.

Gegen dieses Urteil ist eingewendet worden, ob ein Urlaub beeinträchtigt sei, hänge von den subjektiven Empfindungen des Betroffenen ab.[44] Das ist richtig und sollte vor einer Ausdehnung des Geldersatzes wegen verdorbener Freizeit warnen.[45] Insbesondere bedeutet es noch nicht ein Misslingen der Erholung, wenn bloß die geplante Art des Urlaubs vereitelt wird.[46] Dagegen ist wohl in dem Bungalow-Fall für die fraglichen fünf Tage das Fehlen jeder Erholung nach der Lebenserfahrung (also objektiv) bejahen.

BGHZ 63, 98 entscheidet entsprechend:[47] Ein Fabrikant flog mit einem Reiseveranstalter für zwei Wochen an die rumänische Schwarzmeerküste. Die Reiseleistungen hatten schwerwiegende Mängel, die eine »Quelle ständigen Ärgers« bedeuteten. Hier ist dem Fabrikanten nicht nur eine Minderung des dem Veranstalter zu zahlenden Entgelts zuerkannt worden. Vielmehr hat der BGH auch die Urlaubszeit als solche für kommerzialisiert und damit für ersatzfähig erklärt. Das gelte nicht nur für einen Arbeitnehmer, sondern auch für einen selbstständigen Gewerbetreibenden: Dieser erkaufe sich die Urlaubszeit durch einen Verzicht auf Einnahmen oder durch die Einstellung einer Ersatzkraft. Wenn der mit diesem Opfer verfolgte **Erholungszweck »gänzlich oder in erheblichem Umfang« verfehlt werde**, müsse auch eine Entschädigung für die verdorbene Urlaubszeit gezahlt werden. Zugleich betont der BGH aber nochmals, dass Mängel der Reiseleistungen regelmäßig den Urlaub nicht

41 BGHZ 200, 203; dazu *M. Schwab* JuS 2014, 938.
42 BGHZ 196, 101; dazu *Zwirlein* JuS 2013, 487.
43 Dass insbesondere auch der V. ZS nicht wirklich überzeugt worden ist, zeigt dessen Ablehnung einer Nutzungsentschädigung für eine Zweitwohnung: BGH NJW 1987, 771 (772); 1992, 1500. Zu Unfallersatztarifen bei wirklich gemieteten Pkw → Rn. 873.
44 *Heldrich* NJW 1967, 1737.
45 So auch BAG NJW 1968, 221.
46 So BGHZ 60, 214: Sauerland statt Adria; 80, 366.
47 Dazu *Grunsky* NJW 1975, 609; *Stoll* JZ 1975, 252; abl. – *H. Honsell* JuS 1976, 222.

schon als »vertan« erscheinen lassen könnten und daher allein durch Minderung der Gegenleistung auszugleichen seien.[48]

§ 651 f II hat die Frage für den **Reisevertrag** (§ 651 a I) gesetzlich geregelt: Danach soll der Reisende bei Vereitelung oder erheblicher Beeinträchtigung der Reise auch wegen der nutzlos aufgewendeten Urlaubszeit eine »angemessene Entschädigung in Geld« verlangen können.[49] Doch hat diese Norm **weitere** Probleme aufgeworfen. Denn es war fraglich, ob dies eine weitere gesetzliche Ausnahme von § 253 I bilden sollte. Wenn man das bejaht, kann die Schadensberechnung von der Höhe des Arbeitsentgelts gelöst werden; auch können Personen ohne Arbeitseinkommen entschädigungsberechtigt sein.

Andererseits wird dann aber fraglich, ob außerhalb des Anwendungsbereichs der §§ 651 a ff. – also außerhalb eines Reisevertrags – noch eine Entschädigung wegen verdorbenen Urlaubs in Betracht kommt. Die Grundsatzentscheidung verneint eine solche Entschädigung für **Deliktsansprüche.**[50] Freilich kann bei Körperverletzungen der »Urlaubsschaden« bei der Bemessung des Schmerzensgeldes berücksichtigt werden. Bei **Verträgen** außerhalb der §§ 651 a ff. soll für eine analoge Anwendung von § 651 f II entscheiden, ob eine »durch den Vertragskonsens geprägte Kommerzialisierung des Urlaubsgenusses« vorliegt.[51] Das soll in Betracht kommen, wenn allein ein Ferienhaus oder eine Ferienwohnung für Urlaubszwecke geschuldet wird.[52] Dagegen lehnt der BGH die Anwendung von § 651 f II auf die Charter einer Hochseeyacht regelmäßig ab: Entscheidend sei der »besondere Vertragsinhalt (nämlich die hier fehlende Verpflichtung des Veranstalters), eine Urlaubsreise erfolgreich zu gestalten«.[53]

3. Erweiterung des § 253 II BGB

831 Außer durch den Kommerzialisierungsgedanken kann die Wirkung des § 253 I auch abgeschwächt werden durch die extensive Auslegung der Ausnahmevorschriften. Dazu eignet sich aber allenfalls § 253 II. Inzwischen ist der Geldersatz immaterieller Schäden durch diese Vorschrift wesentlich erweitert worden. Doch erscheint auch dort unter den geschützten Rechtsgütern weder die Ehre noch die Persönlichkeit (ausgenommen bloß die »sexuelle Selbstbestimmung«). Aber die Rechtsprechung zum allgemeinen Persönlichkeitsrecht wird unverändert fortgeführt: Anscheinend wird die dort zu leistende »Genugtuung« nicht mit dem Geldersatz von § 253 II gleichgesetzt.[54]

4. Verdrängung des § 253 I BGB durch das Grundgesetz

832 Im »Herrenreiterurteil« ist erstmals im Widerspruch zu § 253 eine **Geldentschädigung wegen des immateriellen Schadens** durch die Persönlichkeitsverletzung zuerkannt worden.[55] Die maßgeblich gewordene *Begründung* dafür hat der BGH aber erst später gefunden: Durchgesetzt hat sich dabei der Gedanke, bei Persönlichkeitsverletzungen

48 BGHZ 77, 116 erstreckt den Ersatzanspruch auf den Fall der einfachen Nichtleistung (der Urlaub wurde zu Hause verbracht).
49 BGHZ 85, 168: Entschädigung eines Schülers wegen verdorbenen Urlaubs.
50 BGHZ 86, 212.
51 BGHZ 86, 212 (216).
52 BGH NJW 1985, 906; ebenso BGH NJW 1992, 3158 (3160) mit Darstellung des Streitstandes.
53 BGHZ 130, 128.
54 So ausdrücklich OLG Köln NJW 2010, 1676 (1677).
55 BGHZ 26, 349. dazu *Petersen,* Medienrecht, 5. Aufl. 2010, § 4 Rn. 7 ff.

werde § 253 I durch Art. 1 I GG verdrängt.[56] Die starke Betonung der Menschenwürde durch Art. 1 I GG zwinge dazu, deren Verletzung mit einer wirksamen zivilrechtlichen Sanktion auszustatten. Soweit die nach § 253 zulässige Naturalrestitution nicht ausreiche oder ganz unmöglich sei, müsse daher entgegen § 253 Geldersatz zugesprochen werden. Zugleich hat der BGH seine Ansicht aber dahin eingeschränkt, dass eine solche Genugtuung nur bei *erheblichen* Persönlichkeitsverletzungen gefordert werden könne. So hat auch das BVerfG die richterliche Korrektur des § 253 als mit dem GG vereinbar erklärt.[57] Viele Fälle machen allerdings deutlich,[58] dass der **Schutz vor der Presse** nicht weniger wichtig ist als der oft vor allem von der Publizistik viel stärker betonte **Schutz der Presse.**

5. Entgangene Gegenleistung für eine Benutzungserlaubnis

833 Ein letzter Versuch zur Einschränkung von § 253 I läuft darauf hinaus, die Verletzung darin zu sehen, dass der Verletzer nicht zuvor eine Erlaubnis des Verletzten eingeholt hat: Wenn der Verletzte diese nur gegen Entgelt erteilt hätte, bildet das Entgehen einen Vermögensschaden.

BGHZ 20, 345: Ein Hersteller von Motorrollern veröffentlichte Bilder des Schauspielers Paul Dahlke, die diesen auf einem Fabrikat der Firma zeigten. In Wahrheit gehörte der Roller dem Photographen; P. D. hatte nicht gewusst, dass die Aufnahmen zur Werbung für den Roller bestimmt waren. Der BGH hat den Photographen, der P. D. vorsätzlich getäuscht hatte, verurteilt: Als Schadensersatz geschuldet werde der Betrag, der an Schauspieler für die Gestattung derartiger Werbeaufnahmen üblicherweise gezahlt werde. Dieser Weg ähnelt dem → Rn. 822ff. erwähnten: Teilbereiche der Persönlichkeit können unter bestimmten Umständen kommerzialisiert sein.

Möglich ist das natürlich nur, wo es Anhaltspunkte für die Höhe eines solchen üblichen Entgelts gibt. Daher ist der BGH diesen Weg im »Herrenreiterfall« mit Recht nicht gegangen (die Werbung eines Brauereibesitzers für ein Potenzmittel kennt kein übliches Entgelt).

Freilich kann der mit der Eingriffskondiktion zu fordernde Wertersatz zum selben Ergebnis führen (→ Rn. 719). Denn das Recht am eigenen Bild (§ 22 KUG) hat als besonderes Persönlichkeitsrecht einen Zuweisungsgehalt.[59]

BGH NJW 1964, 1853: Der Mieter M hat ohne Erlaubnis seines Vermieters V (vgl. § 553) untervermietet.[60] Eine solche Erlaubnis wird häufig nur gegen eine Erhöhung des Mietzinses erteilt (durch § 540 zumindest nicht ausgeschlossen). Kann V von M nachträglich den Betrag verlangen, um den der Mietzins bei Einholung der Erlaubnis erhöht worden wäre? Der BGH hat das verneint.[61]

56 BGHZ 35, 363: »*Ginsengwurzel*«. Vgl. auch *Schubert,* Die Wiedergutmachung immaterieller Schäden im Privatrecht, 2013.

57 BVerfGE 34, 269; dazu etwa *Kübler* JZ 1973, 667.

58 BGHZ 39, 124; 73, 120; 128, 1; vgl. auch *J. Hager* JA 2010, 301; 464.

59 BGHZ 20, 345; *Petersen,* Medienrecht, 5. Aufl. 2010, § 6 Rn. 5.

60 Nach BGH NJW 2011, 1065 eine Pflichtverletzung (§ 280), die aber nicht zwangsläufig zur ordentlichen Kündigung führt, vgl. § 573 II Nr. 1: Würdigung der Umstände des Einzelfalles. Vgl. auch BGH NJW 2014, 2717.

61 Ebenso BGHZ 131, 297 (300). Vgl. auch → Rn. 707, 719 zu der bereicherungsrechtlichen Seite des Falles.

IV. Die Tendenzen zum Ersatz von Drittschaden[62]

1. Drittschaden und mittelbarer Schaden

834 Zunächst sind hier zwei Begriffe klarzustellen, die oft verwechselt werden.

a) Schadensersatz erhält regelmäßig nur, wer selbst in seinen geschützten Rechtsgütern verletzt worden ist: der Eigentümer der zerstörten Sache bei § 823 I, der Gläubiger einer gestörten Verbindlichkeit. Ersetzt verlangen kann der Verletzte dann auch nur den ihm selbst entstandenen Schaden, also das *Gläubigerinteresse.* Im Unterschied dazu heißt der Schaden, der bei anderen Personen eintritt, Drittschaden. Er ist mangels einer Anspruchsgrundlage regelmäßig nicht ersatzfähig.

Kein Drittschaden liegt vor, wenn durch ein Ereignis gleichzeitig oder nacheinander mehrere Personen in ihren rechtlich geschützten Gütern verletzt werden.

Beispiel: Eine Mutter erleidet beim Anblick ihres überfahrenen Kindes einen **Nervenschock.** Hier hat der Kraftfahrer zunächst den Körper des Kindes verletzt. Hieraus hat sich dann weiter eine Verletzung der Gesundheit der Mutter ergeben. Nur deswegen und nicht wegen der Verletzung des Kindes hat die Mutter einen Ersatzanspruch aus §§ 823 I, 253 II, wenn man die »psychische Kausalität« genügen lässt (Adäquanz liegt hier jedenfalls vor).[63] Maßgebliche Bedeutung hat hier, dass die psychische Beeinträchtigung der Mutter nicht nur auf die Todesnachricht, sondern zugleich auf das Miterleben zurückzuführen ist.[64]

835 b) Vom Drittschaden zu unterscheiden ist der **mittelbare Schaden.** Dieser Begriff ist dem BGB zwar fremd: Dieses wollte den mittelbaren Schaden ebenso ersetzen wie den unmittelbaren. Aber die Lehre und die Vertragspraxis bedienen sich dieser Differenzierung manchmal zur Begrenzung des Ersatzes. Dabei werden als »mittelbar« Schadensfolgen bezeichnet, die von dem die Ersatzpflicht begründenden Umstand weiter entfernt sind als der »unmittelbare« Schaden. → Rn. 850f.

2. Sonderregelungen

836 Entgegen der in → Rn. 834 genannten Regel gewähren einige Sondervorschriften ausnahmsweise den Ersatz von Drittschaden. Sie gehören fast alle dem Deliktsrecht an: §§ 844, 845 BGB und dem § 844 entsprechend etwa die §§ 10 I 2, II StVG, 5 I 2, II HPflG. Nach den gesetzlichen Regeln für das Vertragsrecht kann Drittschaden nur nach § 618 III ersetzt verlangt werden, außerdem noch bei der Haftung nach § 701: Diese Vorschrift stellt nicht darauf ab, ob die eingebrachten Sachen dem Gast gehören (vgl. auch § 421 I 2 HGB). Die Rechtsprechung hat diesen Ersatz von Drittschäden zwar auf manche Werkverträge und Auftragsverhältnisse ausgedehnt. Dennoch bleibt der so zu erreichende Ersatz von Drittschaden in engen Schranken.

Bezüglich § 845 hat sich im Laufe der Zeit herauskristallisiert:[65] Seit der Durchführung der **Gleichberechtigung** brauche die Ehefrau ihre Arbeitskraft nicht mehr unentgelt-

---

62 S. auch *Neuner,* Der Schutz und die Haftung Dritter bei vertraglichen Ansprüchen, JZ 1999, 126; *Petersen,* Der Dritte im Allgemeinen Schuldrecht, JURA 2014, 580.

63 BGHZ 56, 163; s. jedoch BGH NJW 2012, 1730: kein Ersatz des Schockschadens bei Tötung eines Tieres. Allg. *Kötz/Wagner* DeliktsR Rn. 138f. Zur psychisch vermittelten Kausalität *Medicus* JuS 2005, 289. Skeptisch *Rothenfußer,* Kausalität und Nachteil, 2003. – Ein weiteres Beispiel bildet der »Nierenfall« von → Rn. 654.

64 BGH NJW 2015, 1451 Rn. 10f.

65 Seit BGHZ 38, 55; zur früheren Rechtslage die Voraufl.

lich im Haushalt einzusetzen. Vielmehr erfülle sie durch die Arbeitsleistung ihre Unterhaltspflicht (§ 1360 S. 2). Der Wegfall der Arbeitskraft **infolge Verletzung** bedeute also einen eigenen Schaden der Ehefrau. Dass der Mann diesen Wegfall durch Anstellung einer Hilfskraft ausgleiche, sei nach § 843 IV unbeachtlich. Insoweit war also § 845 unnötig geworden.

Noch einen Schritt weiter ist der BGH später gegangen: Der ersatzfähige Schaden an der Arbeitskraft der Ehefrau brauche dem Betrage nach nicht mit den Aufwendungen für eine Ersatzkraft zusammenzufallen. Vielmehr könnten diese nur einen Anhaltspunkt für die Schadensbemessung geben. Dabei soll nicht die von der verletzten Ehefrau gesetzlich geschuldete Arbeitsleistung maßgeblich sein, sondern die ohne die Verletzung tatsächlich erbrachte.[66]

Bei **Tötung der Ehefrau,** also wenn für sie ein eigener Ersatzanspruch nicht in Betracht kommt, ist der Ehemann nach § 844 II ersatzberechtigt.[67] Denn da die Ehefrau durch die Haushaltsführung ihren Beitrag zum Familienunterhalt leiste, bedeute ihre Tötung den Ausfall des Unterhaltspflichtigen. Wesentlich ist diese Konstruktion insofern, als sich in den Sondergesetzen über die Gefährdungshaftung regelmäßig nur dem § 844 II entsprechende Vorschriften finden (etwa §§ 10 II StVG, 5 II HPflG), aber nicht auch solche, die dem § 845 gleichen. Die Ersatzpflicht nach StVG oder HPflG ist also durch die neue Auffassung von der Hausarbeit der Ehefrau (Verschiebung von § 845 zu § 844) erweitert worden.

Darüber hinaus ergeben sich aus der neuen Sicht noch weitere Fragen: Gibt es eine Entschädigung hinsichtlich der ausfallenden Dienstleistungen eines Ehegatten im **Beruf oder Geschäft** des anderen? Denn seit der Streichung der gesetzlichen Mitarbeitspflicht der Ehefrau ist zweifelhaft, ob die Dienstleistungspflicht im Beruf oder Geschäft des anderen Ehegatten noch auf Gesetz beruht (weil die gesetzliche Unterhaltspflicht erfüllt wird)[68] oder nicht.[69] Der BGH stützt den Ersatzanspruch des überlebenden Ehegatten wegen der ihm geschuldeten Dienste des Getöteten auf § 844 II.[70] Maßgeblich sei aber nicht die vor der Tötung tatsächlich erbrachte Unterhaltsleistung, sondern nur diejenige, die als ehelicher Unterhalt geschuldet gewesen sei (Abgrenzung sehr zweifelhaft). Andererseits wollen ältere Entscheidungen wegen ausfallender **Dienste der Kinder** (§ 1619) weiter § 845 anwenden.[71] Erheblich eingeschränkt wird der Ersatzanspruch freilich dadurch, dass das Kind keine Dienstpflicht nach § 1619 trifft, wenn es seine volle Arbeitskraft für eine entgeltliche Erwerbstätigkeit einsetzt.[72]

Bei § 844 II soll der **Ersatzanspruch** wegen des Ausfalls der Ehefrau zwischen dem Witwer und den gleichfalls unterhaltsberechtigten Kindern **geteilt** werden.[73] Ein praktikabler Maßstab für diese Teilung lässt sich freilich kaum angeben. Daher dürfte der **Weg über § 432** vorzuziehen sein: Der Schadensersatz ist an alle Unterhaltsberechtigten gemeinsam zu leisten; die interne Aufteilung braucht den Schädiger nicht mehr zu kümmern.[74]

66 BGHZ 50, 304; BGH NJW 1974, 1651; dazu *Denck* NJW 1974, 2280.
67 BGHZ 51, 109. *Neuner* JuS 2013, 577 fordert zudem ein Angehörigenschmerzensgeld.
68 So *Holzhauer* JZ 1977, 729.
69 *Diederichsen* NJW 1977, 217 (220), mit Recht für die Anwendbarkeit von § 844 II.
70 BGHZ 77, 157.
71 BGH NJW 1969, 2005. Zum Verhältnis zu einem eigenen Ersatzanspruch des Kindes BGHZ 69, 380: Dieser Anspruch geht vor!
72 BGHZ 137, 1; dazu krit. *Gernhuber* JZ 1998, 363.
73 BGH NJW 1972, 1130; VersR 1973, 84.
74 Vgl. *Medicus* JuS 1980, 697 (700); zur Gesamtgläubigerschaft *S. Meier* AcP 205 (2005), 858.

3. Haftungsinteresse

837 Gleichfalls noch keiner konstruktiven Anstrengungen zum Ersatz von Drittschaden bedarf es, soweit ein Haftungsinteresse des potentiellen Ersatzgläubigers reicht: Es macht den fremden Schaden zum eigenen. Ob das vorliegt, ist daher stets zuerst zu prüfen.

Beispiel: Ein Angestellter A des Kaufmanns S hat dem G, einem Vertragspartner des S, durch eine falsche Auskunft fahrlässig einen Vermögensschaden zugefügt. Hier hat S insofern einen eigenen Schaden, als er dem G aus Pflichtverletzung (§ 280 iVm § 278) auf Schadensersatz haftet. Diesen Haftungsschaden kann S von A wegen schuldhafter Verletzung des Dienstvertrages ersetzt verlangen (wenn nicht die arbeitsrechtlichen Regeln über die Haftungsbeschränkung für Arbeitnehmer eingreifen). Bevor S den Ersatzanspruch des G befriedigt hat, muss A dadurch Ersatz leisten, dass er den S von der Forderung des G befreit (§ 249 I).

Der BGH betont mit Recht, dass die Belastung mit Ansprüchen auch für eine völlig vermögenslose Person einen Schaden darstellt.[75] Freilich wird hier der das Haftungsinteresse deckende Ersatzanspruch im Ergebnis meist nur dem geschädigten Dritten nützen, der nach Pfändung und Überweisung dieses Anspruchs gegen den Drittschuldner vorgehen kann.

4. Schadensliquidation im Drittinteresse

838 Soweit der potentielle Ersatzgläubiger keinen eigenen Schaden – auch kein Haftungsinteresse – hat, kommt die Schadensliquidation im Drittinteresse in Betracht. Bei ihr verlangt derjenige, in dessen Person die Voraussetzungen einer Anspruchsnorm mit Ausnahme des Schadens erfüllt sind, **fremden Schaden** ersetzt. Natürlich ist das nur da sinnvoll, wo der so konstruierte Anspruch oder der auf ihn geleistete Ersatz letztlich dem Geschädigten zugutekommt. Auch muss der Geschädigte den Ersatz wollen, was aber regelmäßig zu vermuten ist.[76]

Beispiel: Der Versendungsverkäufer V hat die ordentlich verpackte Ware an den Käufer K abgeschickt. Unterwegs wird diese durch ein Verschulden der Transportperson T zerstört. Wenn hier V – wie regelmäßig – noch Eigentümer der Ware war, kann er dem Grunde nach von T aus § 823 I oder aus dem Transportvertrag Ersatz verlangen. Wegen § 447 fehlt dem V aber ein Schaden: K muss den Kaufpreis ja trotz Zerstörung der Ware bezahlen (auch beim Gattungskauf wegen § 243 II). Der eigentlich geschädigte K hat aber für einen Anspruch gegen T keine Grundlage: § 823 I scheitert am fehlenden Eigentum (oder Besitz) des K, und den Transportvertrag hat K nicht abgeschlossen.

Hier ist der Schaden aus einem für T zufälligen Grund, nämlich wegen des Vorliegens der Voraussetzungen von § 447, von V auf K verlagert. Daher soll nach der herkömmlichen Ansicht V von T den Schaden des K ersetzt verlangen können. Diesen seinen Anspruch gegen T muss V dann nach §§ 275 I, 285 als stellvertretendes Kommodum für die zerstörte Ware an K abtreten. Bei der Drittschadensliquidation wird das Schadenserfordernis der anspruchsbegründenden Norm also durch einen Trick erfüllt: Dem potentiell Ersatzberechtigten wird im Verhältnis zum Schädiger der fremde Schaden wie eigener zugerechnet. Zweifelhaft ist hier der **Umfang des zu ersetzenden Schadens:** Soll er auf den Betrag beschränkt werden, der ohne die Schadensverlage-

75 BGHZ 59, 148 (entschieden für einen Verein).
76 BGHZ 128, 371.

rung bei dem Gläubiger entstanden wäre? Eine solche Begrenzung ist wohl regelmäßig abzulehnen.[77] Denn die Verlagerung kann auch zu einem geringeren Schaden führen, und das kommt gewiss dem Schädiger zugute.[78]

5. Verträge mit Schutzwirkung für Dritte

839 Die Ausgangslage bei der Drittschadensliquidation wird gekennzeichnet durch das Auseinanderfallen von Ersatzberechtigtem und Geschädigtem. Eben diese Ausgangslage findet sich auch bei den üblicherweise so genannten Verträgen mit Schutzwirkung für Dritte. Beide Konstruktionen betreffen daher das gleiche Problem. So könnte man etwa beim Versendungskauf (→ Rn. 838) einen Schadensersatzanspruch für K auch dadurch gewinnen, dass man den Transportvertrag V–T als Vertrag mit Schutzwirkung für den Empfänger K konstruiert. Dann hat K gegen T direkt einen Ersatzanspruch (vgl. § 421 I 2 HGB). Umgekehrt ließen sich die üblicherweise unter Berufung auf eine vertragliche Schutzwirkung entschiedenen Fälle auch mit der Drittschadensliquidation lösen.

Beispiel: Das Kind K des Mieters M kommt in dem vernachlässigten Treppenhaus zu Fall und verletzt sich. Ein Deliktsanspruch des K gegen den Vermieter V möge daran scheitern, dass V sich für seinen Hauswart H exkulpieren kann (§ 831 I 2) und seine eigene Aufsichtspflicht erfüllt hat (→ Rn. 656). Hier pflegt man zu sagen, K stehe im Schutzbereich des Mietvertrages M–V. Man gelangt so mithilfe des rettenden § 278 zu einem vertraglichen Schadensersatzanspruch K–V. Das Ergebnis wäre wirtschaftlich gleich, wenn man den Vertragspartner M bei V den Schaden des K liquidieren ließe.

Der konstruktive Unterschied besteht in folgendem: Bei der Drittschadensliquidation wird der Schaden zur Anspruchsgrundlage, bei der vertraglichen Schutzwirkung die Anspruchsgrundlage zum Schaden gezogen. Im ersten Fall klagt also (vor einer etwa erfolgenden Abtretung) der Nichtgeschädigte, im zweiten der Geschädigte.

6. Abgrenzungsfragen

840 Hinsichtlich des Anwendungsbereichs beider Konstruktionen und ihrer Abgrenzung voneinander bestehen viele Zweifel.[79]

a) Die Rechtsprechung hat lange die Drittschadensliquidation überwiegend bei Sach- und Vermögensschäden und den Vertrag mit Schutzwirkung für Dritte bei Körperschäden angewendet. Gegen diese Unterscheidung sprach aber, dass sich beide Konstruktionen von ihrem Ansatz her gleichermaßen zum Ersatz von Schäden aller Art eignen. Insbesondere lässt sich bei dem »Vertrag« mit Schutzwirkung für Dritte der

77 Ausnahme BGH NJW 1995, 1282 (1283).

78 Nicht abschließend gelöst haben das Problem der DSL *Hagen,* Die Drittschadensliquidation im Wandel der Rechtsdogmatik, 1971; *Junker,* Die Vertretung im Vertrauen im Schadensrecht, 1991 (dazu *Hagen* AcP 192 [1992], 568). S. auch *Stamm,* Rechtsfortbildung der DSL im Wege eines originären und rein deliktsrechtlichen Drittschadensersatzanspruchs analog § 844 I, AcP 203 (2003), 366; *Luther* AcP 214 (2014), 572.

79 *Ries,* Grundprobleme der Drittschadensliquidation und des Vertrages mit Schutzwirkung für Dritte, JA 1982, 453; *Canaris,* Die Haftung des Sachverständigen zwischen Schutzwirkungen für Dritte und Dritthaftung aus culpa in contrahendo, JZ 1998, 603. Vgl. auch in der FS Medicus, 1999, die Beiträge von *H. Honsell* (211), *Picker* (397) und *Schlechtriem* (529).

Ersatz von Vermögensschäden nicht ausschließen. Der BGH hat die genannte Abgrenzung dann auch schon früh aufgegeben.[80]

841 **b)** Richtig ist vielmehr die folgende, inzwischen auch vom BGH mehrfach betonte Unterscheidung: Die **Drittschadensliquidation** bezweckt nur den Ausgleich einer vom Schädiger her gesehen zufälligen **Verlagerung des Schadens.** Dadurch wird also das kalkulierbare Risiko des Schädigers nicht erhöht: Er haftet nur, wo er eine Haftung erwarten musste.

So in dem Beispiel von → Rn. 838: T konnte nicht voraussehen, dass dem V wegen § 447 kein Schaden entstehen würde: V konnte ja mit K auch eine andere Regelung der Preisgefahr getroffen oder die Ware nicht kaufweise versendet haben.

Dagegen führt der **Vertrag mit Schutzwirkung für Dritte** regelmäßig (aber mit Ausnahmen!) zu einer **Vermehrung des Risikos:** Der Schuldner haftet in diesen Fällen nicht bloß, wenn der sich im Schutzbereich befindende Dritte geschädigt wird, sondern ebenso auch für Schädigungen des Gläubigers. Hier wird also nicht statt für Schäden des Gläubigers für die eines Dritten gehaftet. Vielmehr werden die Risiken gehäuft.

7. Einzelheiten

842 Daraus ergeben sich dann auch mehrere Einzelheiten bei beiden Rechtsinstituten.

a) Drittschadensliquidation

aa) Es muss wirklich eine **Schadensverlagerung** gegeben sein. Dafür ist erforderlich, dass der Schuldner mit dem **Schadenseintritt beim Gläubiger rechnen musste** und sein Risiko daraufhin kalkulieren konnte. So argumentiert der BGH etwa im Hühnerpestfall:[81] Dort hatte ein Impfstoffwerk Impfstoff an einen Tierarzt verkauft. Deshalb brauchte das Werk nicht damit zu rechnen, der Arzt werde eigene Hühner impfen (und sie dann wegen eines Mangels des Impfstoffs verlieren). Daher konnte der Arzt nicht die Schäden der von ihm betreuten Hühnerhalter liquidieren.

Für die Drittschadensliquidation hätte sich dagegen geeignet der Fall von

BGHZ 49, 350: M hatte von V Geschäftsräume in dessen Haus gemietet. V veräußerte das Hausgrundstück an K. Danach kam es wegen einer schon beim Vertragsabschluss vorhandenen Rauchrohröffnung zu einem Brand. Dabei wurden in dem Geschäft außer Waren des M auch solche eines Dritten D zerstört. D verlangt von K Schadensersatz.
Ein Ersatzanspruch hinsichtlich der Waren des D kann hier mangels Verschuldens des K nur auf § 536a I Fall 1 gestützt werden. Der Anwendung dieser Vorschrift scheint entgegenzustehen, dass den Mietvertrag nicht K abgeschlossen hatte, sondern V. Der BGH hat aber mit Recht bejaht, dass die Garantiehaftung aus § 536a I auch den Erwerber des Mietobjekts trifft, der nach §§ 566, 578 in den Mietvertrag eingetreten ist.

Im Übrigen hat der BGH angenommen, auch die Ware des D befinde sich im Schutzbereich des Mietvertrages K–M. Dagegen dürfte eher eine typische Schadensverlagerung vorliegen: K musste damit rechnen, für alle Waren zu haften, die M in dem Laden aufbewahrte.[82] Denn sie alle konnten dem M gehören. Dass in Wahrheit ein Teil davon im Eigentum des D stand, war für K rechtlich zufällig und daher kalkulatorisch bedeu-

80 BGHZ 49, 350 (354); BGH NJW 1968, 1929 (1931); 1977, 2073 (2074).
81 BGHZ 51, 91 (96). Dazu → Rn. 650; vorher ebenso BGHZ 40, 91; vgl. auch *Hübner/Sagan* JA 2013, 741.
82 Ebenso BGH JZ 1968, 304.

tungslos. Auch der BGH betont, der Untermieter sei regelmäßig nicht in den Schutzbereich des Hauptmietvertrages einbezogen; er müsse sich mit den Vertragsansprüchen gegen seinen Vermieter (den Hauptmieter) begnügen.[83]

843 **bb)** Die Drittschadensliquidation wird **ausgeschlossen durch** die Gefahr, dass der Schaden *beim Gläubiger und beim Dritten* eintreten kann. Denn dann handelt es sich um Fälle der **Risikohäufung.**

b) Vertrag mit Schutzwirkung für Dritte

844 Für den Vertrag mit Schutzwirkung für Dritte müssen strengere Voraussetzungen gelten, weil der Schuldner dort regelmäßig durch die Risikohäufung belastet wird.[84]

aa) Die – allerdings vielfach uneinheitliche – Rechtsprechung kennt für eine **erste Fallgruppe** im Wesentlichen drei Kriterien:

Der Dritte muss sich in **Leistungsnähe** befinden, also den Gefahren einer Schlechtleistung etwa ebenso stark ausgesetzt sein wie der Gläubiger selbst. Das trifft zB bei der Wohnungsmiete für die Hausangehörigen des Mieters und beim Kauf einer Maschine für das vom Käufer für diese Maschine bestimmte Bedienungspersonal zu. Dabei genügt auch, dass die Gefährdung nicht von der Leistung selbst ausgeht, sondern von der Verletzung einer aus den Verhandlungen stammenden Schutzpflicht (vgl. § 311 II Nr. 2). Das trifft etwa schon für den berühmten Linoleumrollenfall von zu:[85] Die Kaufinteressentin war nicht bei der Lieferung der Rolle verletzt worden, sondern bei der bloßen Besichtigung der Rolle. In solchen Fällen kann man statt von der Leistungsnähe von der **Einwirkungsnähe** sprechen.[86]

845 Der Gläubiger muss ein **Interesse am Schutz des Dritten** haben. Ein solches Interesse kann sich vor allem daraus ergeben, dass der Gläubiger dem Dritten unterhaltspflichtig oder zum Ersatz verpflichtet ist, wenn der Dritte durch die mangelhafte Leistung Schaden erleidet. Für den letzten Fall ist bei Bestehen eines Dienstverhältnisses zwischen dem Gläubiger und dem Dritten besonders an § 618 zu denken.

BGH NJW 2010, 3152: Firma M mietet Gewerberäume bei V. Durch ein Jahre zuvor fehlerhaft eingebautes, bis zum Vertragsschluss aber funktionstüchtiges Fenster wird der Angestellte A der M verletzt.

V haftet A verschuldensunabhängig aus § 536a I Fall 1 (hierzu → Rn. 322a), weil der Mietvertrag zwischen ihm und M Drittwirkung zugunsten des A entfaltet: Dieser war der Gefahr von Schutzpflichtverletzungen in gleicher Weise ausgesetzt wie M (Leistungsnähe). Da ihm M aus § 618 schutzpflichtig ist, liegt auch Gläubigernähe vor. Beides war für V erkennbar. Da das Fenster infolge seiner fehlerhaften Beschaffenheit bereits vor Vertragsschluss »unzuverlässig« war, sah der BGH die Voraussetzungen des § 536a I Fall 1 als gegeben an, obwohl sich der Mangel vor dem Unfall noch gar nicht gezeigt hatte. Denn der Grund für die sich später auswirkende Mangelhaftigkeit bestand vor Vertragsschluss.[87]

---

83 BGHZ 70, 327; dazu *Söllner* JuS 1970, 159 (164).

84 BGH NJW 1982, 2431; vgl. auch *v. Caemmerer*, FS Wieacker, 1978, 311; *Petersen*, Die Drittwirkung von Schutzpflichten, JURA 2013, 893. Zum Problembereich Mieter/Untermieter *E. Krause* JZ 1982, 16.

85 RGZ 78, 239.

86 *Canaris* ZIP 2004, 1781 (1786 ff.).

87 Zutr. *Oechsler* VertrSchuldV Rn. 867; s. aber auch *Diederichsen* AcP 165 (1965), 150 (167); *Canaris* JZ 2001, 499 (506); *Herb. Roth* JZ 2001, 543 (548) zu den Grenzen geschützten Vertrauens des Mieters.

Für die Frage, wie intensiv der Gläubiger am Schutz des Dritten interessiert sein muss, gibt es in der Rechtsprechung zwei verschiedene Ansätze: Vor allem bei Körper- und Sachschäden wird die Formulierung verwendet, der Gläubiger müsse »**sozusagen für das Wohl und Wehe des Dritten mitverantwortlich**« sein, weil er ihm zu Schutz und Fürsorge verpflichtet sei.[88]

846 Die beiden eben genannten Umstände müssen dem Schuldner der Leistung **beim Vertragsabschluss erkennbar** gewesen sein. Zu dieser Beschränkung gelangt die Rechtsprechung schon deshalb, weil sie die Schutzwirkung regelmäßig durch ergänzende Vertragsauslegung nach § 157 gewinnt:[89] Für diese kommen ja nur die dem Gegner erkennbaren Umstände in Betracht.

Gerade diese Herleitung der Schutzwirkung wird allerdings in der Literatur kritisiert: Der angebliche Parteiwille sei meist nur fiktiv; in Wahrheit werde hier das Gesetz korrigiert. Zudem bestehe ein gleiches Korrekturbedürfnis auch bei gesetzlichen Schuldverhältnissen[90] und bei nichtigen Verträgen.[91] Auf die von der Rechtsprechung geforderte Erkennbarkeit für den Vertragsschuldner darf nicht verzichtet werden: Er muss sehen können, welches Risiko er eingeht.

846a **bb)** Dagegen wird bei einer **zweiten Fallgruppe** für primäre Vermögensschäden (wie sie zB durch eine unrichtige Auskunft entstehen können) auf das Erfordernis einer Mitverantwortlichkeit des Gläubigers für das Wohl und Wehe des Dritten verzichtet: Auch ohne das Vorliegen einer solchen Verantwortlichkeit könne der Dritte in den Schutzbereich des Vertrages ausdrücklich oder **stillschweigend einbezogen** sein.[92]

BGH JZ 1995, 306 (308) stellt zutreffend klar: Bei den »Wohl und Wehe-Fällen« stehen Gläubiger und Dritter gewissermaßen **im gleichen Lager.** Doch kann unter gewissen Voraussetzungen eine Schutzwirkung auch für solche Dritte bejaht werden, deren **Interessen gegenläufig zu denen des Gläubigers** sind. So sollte in dem dort entschiedenen Fall ein vom Eigentümer bestelltes Wertgutachten für ein zu verkaufendes Grundstück ersichtlich gegenüber Kaufinteressenten verwendet werden. Dann soll der Gutachter solchen Dritten sogar dann haften müssen, wenn er seinen Vertrag mit dem Eigentümer nicht verletzt hat, weil dieser die Nichtberücksichtigung wertmindernder Umstände wünschte.[93]

Es entlastet den Gutachter auch nicht, dass er Angaben seines Auftraggebers ungeprüft übernommen hat, ohne das anzugeben. Allerdings kann in solchen Fällen der Schaden regelmäßig nur bei einer einzigen Person (nämlich dem Dritten) eintreten.[94] Daher ist es hier auch eher gerechtfertigt, diesem Dritten die Haftung zuzuwenden. Freilich passt das nicht recht zu der Annahme von Drittschadensliquidation bei der Schadensverlagerung. Eine positiv-rechtliche Fundierung der Einwirkung eines Dritten auf einen fremden Vertragsschluss findet sich in § 311 III.[95]

---

88 Etwa BGHZ 51, 91 (96), zum zweiten Ansatz → Rn. 846a.

89 BGHZ 157, 14; 181, 12; BGH NJW 2014, 2345.

90 *Gernhuber,* FS Nikisch, 1958, 249 (266f.); *Gernhuber* JZ 1962, 553: Gewohnheitsrecht.

91 *Canaris* JZ 1965, 475 (477): Vertrauensprinzip.

92 BGH VersR 1989, 375 (376); JZ 1985, 951; BGHZ 127, 378; dazu *Medicus* JZ 1995, 308; → Rn. 371; *Mäsch* JuS 2013, 935.

93 Für eine Haftung aus c.i.c. *Canaris* JZ 1995, 441; *Petersen,* Von der Interessenjurisprudenz zur Wertungsjurisprudenz, 2001, 37ff.

94 BGH NJW 1998, 1059; vgl. *Medicus,* FS Schlechtriem, 2002, 613.

95 Dazu *J. Koch* AcP 204 (2004), 59; *Plötner,* Die Rechtsfigur des Vertrags mit Schutzwirkung für Dritte und die sog. Expertenhaftung, 2003 (dazu *Schlechtriem* AcP 203 [2003], 855); *Pinger/Behme* JuS 2008, 675.

8. Ansprüche Dritter bei Nichterfüllung?

847 Besondere Schwierigkeiten hat folgender Fall bereitet:

BGH JZ 1966, 141: Der Erblasser E hatte eine Tochter T und eine Enkelin K, die von einem anderen, vorverstorbenen Kind des E stammte. E wollte T zur Alleinerbin einsetzen und K nur mit einem Vermächtnis bedenken. Zur Beratung über die dafür nötigen Maßnahmen holte T ihren Anwalt A. Da E kein privatschriftliches Testament errichten wollte, versprach A, alsbald mit einem Notar wiederzukommen. Dieses Versprechen hielt A trotz Mahnung nicht ein. E verstarb ohne Testament und wurde nach § 1924 von T und K je zur Hälfte beerbt. T verlangt nun von A Ersatz für die ihr entgangene Nachlasshälfte abzüglich des Vermächtnisses und der Kosten der Testamentserrichtung.

Der BGH glaubte sich hier an die Feststellungen der Vorinstanz gebunden: Partner des Vertrages mit A über die Besorgung eines Notars war nur E (nicht auch T), und T sollte auch nicht nach § 328 einen Erfüllungsanspruch aus diesem Vertrag haben. Dennoch hat der BGH gemeint, T falle in den Schutzbereich des Vertrages. Daher ist T der geforderte Schadensersatz zuerkannt worden. Aber das weicht von der sonstigen Rechtsprechung ab: Der Schaden der T ist hier nämlich nicht durch Schlechterfüllung des A entstanden, sondern durch schlichte Nichterfüllung der Hauptpflicht.[96]

Drittschadensliquidation scheidet hier übrigens nach der alten Rechtsprechung schon deshalb aus, weil eine Schadensentstehung bei E selbst ausgeschlossen war (→ Rn. 842). Alle diese Schwierigkeiten bestehen nicht, wenn ein **Notar** einen Erwerb von Todes wegen durch einen Fehler bei der Testamentserrichtung vereitelt: Hier ergibt sich der Ersatzanspruch aus § 19 BNotO, der wie § 839 eine Haftung auch für Vermögensschäden Dritter bestimmt. Daher bedarf es hier keiner Drittschadensliquidation.

V. Die Wirkung von Reserveursachen (»hypothetische Kausalität«)

1. Der Ausgangspunkt

848 Ein vieldiskutiertes Problem zeigt sich an folgendem

Schulfall: S zerschlägt durch Unachtsamkeit in einem Hotel eine Fensterscheibe. Wenig später zerstört eine Explosion alle Scheiben in der ganzen Gegend. Kann G, der Eigentümer des Hotels, von S trotzdem Ersatz verlangen?

Hier ist durch das Verhalten des S zunächst dem G ein Schaden entstanden. Derselbe Schaden wäre aber wenig später auch durch die Explosion (»Reserveursache«) eingetreten. Diese hat freilich an der schon zerschlagenen Scheibe nicht mehr wirksam werden können und ist insofern als Ursache für die Zerstörung dieser Scheibe hypothetisch geblieben. Dennoch scheint eine Schadensberechnung durch Vermögensvergleich (→ Rn. 817 bei 2.) zu ergeben, dass G durch S keinen messbaren Schaden erlitten hat: Auch ohne das Handeln des S wäre die Scheibe jetzt (durch die Explosion) zerstört. Ein von S verursachter Schaden des G scheint deshalb nur dann vorzuliegen, wenn die hypothetische Zerstörung der Scheibe durch die Explosion einen Ersatzanspruch des G ausgelöst hätte (etwa gegen den Urheber der Explosion oder gegen eine Versicherung). Denn dieser Ersatzanspruch ist dem G entgangen, weil S die Scheibe schon vorher zerstört hatte.

96 Vgl. dazu *W. Lorenz* JZ 1966, 143. Ferner *v. Caemmerer,* FS Wieacker, 1978, 321. Noch anders *Kegel,* FS Flume, Bd. I, 1978, 545; zu ihnen in der Voraufl. S. auch *R. Zimmermann,* Doppelerben?, FamRZ 1980, 99 sowie zu einer ähnlichen Situation *Schlitt/Seiler* NJW 1994, 1325. Vgl. auch *Habersack,* Vertragsfreiheit und Drittinteressen, 1992; *Petersen,* Die Drittwirkung von Leistungspflichten, JURA 2013, 1230; *Grundmann/Renner* JZ 2013, 379.

Daher besteht im Wesentlichen Einigkeit über Folgendes: Die Reserveursache bleibt unbeachtet, wenn sie selbst einen Ersatzanspruch des Geschädigten ausgelöst hätte. In solchen Fällen braucht also die Problematik der »hypothetischen Kausalität« nicht aufgerührt zu werden.[97]

2. Der Streitstand

849 Dagegen herrscht im Übrigen Streit. Dabei sind im Wesentlichen zwei Ansichten zu unterscheiden.

a) Die ältere, überwiegend auch vom RG vertretene Ansicht hat **Reserveursachen regelmäßig unbeachtet** lassen wollen: Der einmal entstandene Schadensersatzanspruch gegen den Erstschädiger gehe nicht wieder unter. Berücksichtigt werden sollten nur solche wertmindernden **»Schadensanlagen«**, die bereits bei dem ersten schädigenden Ereignis real gegeben waren.[98]

> **Beispiel:** S tötet fahrlässig den G. Dieser litt, wie sich bei der Sektion herausstellt, an einer Geschwulst und wäre in zwei Jahren ohnehin gestorben. Hier können die Hinterbliebenen des G von S den ihnen entgehenden Unterhalt nach § 844 II nur für zwei Jahre ersetzt verlangen. Bloß für solche Fälle passt übrigens auch der Name »überholende Kausalität«: Die mit der Geschwulst beginnende Kausalreihe wird durch eine andere, von S in Gang gesetzte überholt.

850 **b)** Eine neuere, oft auch vom BGH vertretene Ansicht spielt sich mit vielen Abweichungen im Einzelnen auf folgende Linie ein: Es sei zu unterscheiden zwischen **verschiedenen Schadensarten:**[99] Beim **»Objektschaden«** sei die Reserveursache stets unbeachtlich, beim **»Vermögensfolgeschaden«** dagegen beachtlich.

> **Beispiel:** S zerstört fahrlässig den Kraftwagen des Handelsvertreters G. Bald darauf bricht wegen eines politischen Konflikts die Treibstoffversorgung zusammen; privater Kraftfahrzeugverkehr wird daher unmöglich. Hier muss S den Wert des zerstörten Wagens (= Objektschaden) voll ersetzen. Dagegen braucht er den Verdienst- oder Nutzungsausfall des G (= Vermögensfolgeschaden) nur so lange zu vergüten, wie G den Wagen wirklich hätte benutzen können (»Verfrühungsschaden«).

Entsprechend muss im Ausgangsfall (→ Rn. 848) S den Wert der Fensterscheibe trotz der folgenden Explosion ersetzen. Nur der Ersatz für den Nutzungsausfall des G wegen der Unbenutzbarkeit des Hotelzimmers wird von der Explosion zeitlich begrenzt.

851 **c)** Hiermit kann man im Ergebnis weitgehend übereinstimmen; man kann es aber noch etwas klarer formulieren. Denn den wesentlichen Grund für die Verschiedenbehandlung der beiden Schadensteile besteht im **Zeitfaktor:** Der »nähere« Schaden entsteht sofort mit der Verletzung. Insoweit trifft das Argument des *RG* zu, der einmal entstandene Schadensersatzanspruch solle nicht wieder nachträglich untergehen. Dafür spricht vor allem die Erwägung, insoweit habe der Geschädigte die Sachgefahr gegen die Risiken eingetauscht, die mit der Realisierung seines Ersatzanspruchs zusammenhängen. Deshalb sei es nicht angemessen, diese Risiken durch die Berücksich-

---

97 Vgl. etwa BGH NJW 1967, 551 f.

98 Weiterführend *J. Hager,* Schadensanlage und Mitverschulden, FS E. Lorenz, 2014, 589.

99 Dazu → Rn. 835. Zu den Begriffen *Larenz* SchuldR I § 30 I S. 525; s. auch *Großerichter,* Hypothetischer Geschehensverlauf und Schadensfeststellung, 2001 (dazu *Jansen* RabelsZ 67 [2003], 602); *Mäsch,* Chance und Schaden, 2004 (dazu *Grunsky* AcP 205 [2005], 905); *Gebauer,* Hypothetische Kausalität und Haftungsgrund, 2007.

tigung von Reserveursachen noch um die Sachgefahr zu vermehren.[100] Dagegen entwickelt sich der »entferntere« Schaden erst im Lauf der Zeit. Deshalb kann man hier den Inhalt des Ersatzanspruchs nur unter Berücksichtigung später eintretender Umstände ermitteln. Dazu gehören Umstände, die dem Geschädigten günstig sind (zB verbesserte Verdienstmöglichkeiten). Dann liegt es nahe, auch die dem Geschädigten ungünstigen Umstände (wie zB Reserveursachen) zu berücksichtigen. Dabei mag man den sofort vorhandenen Schaden »unmittelbar« und den sich erst entwickelnden »mittelbar« nennen.[101]

3. Berufung auf rechtmäßiges Alternativverhalten

852 Recht häufig wird eine Reserveursache in einer besonderen Form geltend gemacht: Der Schädiger wendet ein, er hätte den rechtswidrig verursachten Schaden auch rechtmäßig herbeiführen können (Berufung auf rechtmäßiges Alternativverhalten).

BAG NJW 1970, 1469: S hat sich bei G zum 1.9. als Chefarchitekt verpflichtet. Zwei Wochen vorher teilt S dem G mit, er werde seinen Dienst nicht antreten. G sucht durch Inserate einen Ersatzmann und verlangt die Anzeigekosten von S ersetzt. Dieser wendet ein, er hätte jedenfalls mit einer Frist[102] von drei Monaten kündigen können; dann wären die Anzeigekosten gleichfalls (nur etwas später) entstanden.

Das BAG hatte diesen Einwand zunächst für unbeachtlich gehalten: Andernfalls bliebe der Arbeitsvertragsbruch des S weitgehend sanktionslos. Damit wurde jedoch die Präventivfunktion des Schadensersatzes überbewertet. Zuzustimmen ist vielmehr folgender Ansicht:[103] Entscheidend ist, ob die verletzte Pflicht gerade den eingetretenen Schaden verhindern sollte; nur bei Fehlen dieses **Pflichtwidrigkeitszusammenhanges** hat die Berufung auf das rechtmäßige Alternativverhalten Erfolg.

853 Danach hätte der Ersatzanspruch verneint werden müssen: Die verletzte Pflicht zum Arbeitsantritt sollte nicht die fristgemäße Kündigung verhindern.[104] Endlich hat sich das BAG sogar ganz dem hier vertretenen Standpunkt angeschlossen und einen Anspruch auf Ersatz der Anzeigekosten verneint.[105]

Ein wichtiger Anwendungsfall der Berufung auf rechtmäßiges Alternativverhalten findet sich dagegen bei der **Arzthaftung:** Der wegen mangelhafter Aufklärung verklagte Arzt wendet ein, der Patient würde sich mit der riskanten Operation auch bei gehöriger Aufklärung einverstanden erklärt haben. Doch erschwert die Rechtsprechung hier mit Recht den Beweis.[106]

VI. Vorteilsausgleichung

854 Nicht selten wird das Vermögen des Geschädigten durch das schädigende Ereignis nicht nur vermindert, sondern zugleich auch vermehrt. So wird etwa der Hinterbliebene, der seinen Unterhaltsanspruch verloren hat (§ 844 II), häufig Leistungen aus einer Lebensversicherung oder als Erbe seines Unterhaltspflichtigen den Nachlass erhalten. Bei der Schadensberechnung durch Vermögensvergleich (→ Rn. 817 bei 2.) scheinen alle diese durch das Schadensereignis hervorgerufenen Vorteile den Schaden

---

100 *Niederländer* AcP 153 (1954), 41. S. auch *Armbrüster* JuS 2007, 605.
101 Vgl. *Medicus,* Unmittelbarer und mittelbarer Schaden, 1977.
102 Zu ihrem Beginn BAG NJW 1974, 1399. Allg. *Petersen,* Termine und Fristen, JURA 2012, 432.
103 So *v. Caemmerer,* Das Problem der überholenden Kausalität (1962) 30.
104 Zurückhaltender BAG NJW 1976, 644.
105 BAG NJW 1980, 2375; 1981, 2430; 1984, 2846; vgl. auch BAGE 6, 321.
106 Vgl. BGH NJW 1994, 2414, vgl. auch *Steffen,* FS Medicus, 1999, 637; *Medicus,* Aufklärungsrichtiges Verhalten, FS Picker, 2010, 619; *M. Schwab* NJW 2012, 3274.

von selbst zu mindern. Demgegenüber ist aber bei der Anrechnung solcher Vorteile Zurückhaltung geboten:[107] Vor dem Vermögensvergleich bedarf es einer **wertenden Entscheidung** darüber, welche Posten in die Vergleichsrechnung eingestellt werden dürfen.[108]

1. Adäquanz?

855 Zunächst hat man das nötige Wertungskriterium in dem Gedanken der Adäquanz gesucht: Nur adäquat mit dem Schadensereignis zusammenhängende Vorteile sollten angerechnet werden. Das wird jetzt jedoch zunehmend aufgegeben: Es hat zwar einen guten Sinn, den Schädiger nur für adäquate – also vorhersehbare – *Nachteile* haften zu lassen. Aber es ist sinnlos, ihm einen *Vorteil* deshalb nicht zugutekommen zu lassen, weil er diesen nicht vorhersehen konnte.[109]

2. Fallgruppen

856 Daher findet sich in der neueren Literatur und Rechtsprechung neben dem unbestimmten Hinweis auf Treu und Glauben überwiegend die Bildung von Fallgruppen, in denen die Anrechnung nicht erfolgen soll. Wichtig sind dabei vor allem die folgenden.

a) Mangel an Kausalität zwischen Vor- und Nachteil

Sicher ist zunächst, dass Vorteile nicht angerechnet werden können, die der Geschädigte ohnehin erhalten hätte. Das gilt etwa für den Stammwert der Erbschaft; angerechnet werden kann außer den Vorteilen aus einem verfrühten Anfall allenfalls, was ohne die Schädigung etwa für Unterhaltsleistungen verbraucht worden wäre.[110] Dabei muss die unbewiesen gebliebene Möglichkeit unbeachtlich sein, dass der Erblasser sich noch anders besinnen und die Erbschaft einem Dritten hätte hinterlassen können.

b) Vom Geschädigten »erkaufte« Vorteile

857 Von der Anrechnung auszunehmen sind weiter alle Vorteile, die der Geschädigte oder sein Erblasser durch Leistungen vor dem Schadensfall selbst erkauft hat. Dazu gehören insbesondere Zahlungen von Versicherungen aus Anlass des Schadensfalls und die vertragliche Entgeltfortzahlung des Arbeitgebers.

Ein anderer Ausdruck für diese Regel ist, dass die Versicherung oder der Arbeitgeber einerseits und der Schädiger andererseits allenfalls unechte Gesamtschuldner sind (→ Rn. 916): Der Schädiger wird durch die Leistung eines anderen Verpflichteten nicht befreit; vielmehr geht häufig der Anspruch des Geschädigten gegen den Schädiger auf den Zahlenden über.

c) Freiwillige Zuwendungen Dritter

858 Ähnlich wird regelmäßig bei freiwilligen Zuwendungen Dritter zu entscheiden sein: Der Dritte kann den Schädiger entlasten, indem er nach § 267 auf dessen Ersatzschuld zahlt. Wenn der Dritte das nicht tut, wird er nur den Geschädigten begünstigen wollen; dann findet keine Vorteilsanrechnung statt.[111] Ähnlich liegt auch der Fall von

107 Vgl. *Thiele* AcP 167 (1967), 193.
108 Vgl. zu dieser Vorteilsausgleichung *Lange/Schiemann,* Schadensersatz, 3. Aufl. 2003, § 9.
109 So etwa *Esser/Schmidt* SchuldR I § 33 V 3 pr.; *Herm. Lange* JuS 1978, 649 (651).
110 BGHZ 8, 325; BGH NJW 1979, 760 (761), vgl. *John* JZ 1972, 543; *Ackmann* JZ 1991, 967 (969).
111 So etwa BGHZ 10, 107 für freiwillige Leistungen des früheren Arbeitgebers.

BGHZ 49, 56: Der zur Vornahme von Schönheitsreparaturen verpflichtete Mieter M zieht aus, ohne diese erledigt zu haben. Der Vermieter V vermietet die Wohnung zum doppelten Mietpreis an D, der zudem noch die Wohnung auf eigene Kosten instand setzt. V verlangt von M 1.200 DM wegen der nicht ausgeführten Reparaturen.

Hier war dem M seine Primärpflicht zur Ausführung der Reparaturen spätestens dadurch unmöglich geworden, dass D die Wohnung instand setzte. Daher kommt für V nur noch ein Schadensersatzanspruch in Betracht, §§ 280 I, III, 283. Diese Vorschrift ist hinsichtlich ihres Schadenserfordernisses auch begründet. Denn der BGH hat es mit Recht abgelehnt, die Leistung des von V beigebrachten D auf die Verpflichtung des M anzurechnen. Anders wäre nur zu entscheiden, wenn D sich *gegenüber dem M* zur Instandsetzung verpflichtet hätte. Bei Angebotsüberhang am Wohnungsmarkt könnte der Fall übrigens zu → Rn. 857 gehören: V mag die Instandsetzung durch D »erkauft« haben, indem er mit diesem einen geringeren Mietzins vereinbarte. Dann kommt die Leistung des D dem M schon deshalb nicht zugute.

Noch anders löst der BGH einen ähnlichen Fall: Dort hatte ein Pächter die geschuldeten Schönheitsreparaturen nicht ausgeführt, doch wären diese durch einen nach dem Ende der Pacht erfolgten Umbau ohnehin nutzlos geworden. Der BGH hält hier eine durch Auslegung zu füllende Lücke des Pachtvertrages für denkbar: Dann entspreche es nach § 242 dem mutmaßlichen Willen der Vertragsteile, »dem Verpächter anstelle des wirtschaftlich sinnlos gewordenen Anspruchs auf Durchführung von Schönheitsreparaturen einen entsprechenden Geldanspruch zu geben (§ 157)«.[112]

d) Eigene überpflichtmäßige Anstrengungen des Geschädigten

859 Regelmäßig nicht anrechenbar sind endlich auch die Vorteile aus der eigenen Tätigkeit des Geschädigten, soweit diese über die Schadensminderungspflicht nach § 254 II 1 hinausgeht.[113]

Beispiel: Nach dem von S verschuldeten Tod ihres Ehemannes nimmt die Witwe G ihre bei der Heirat abgebrochene schriftstellerische Arbeit wieder auf und schreibt einträgliche Romane: Das geht regelmäßig über § 254 II 1 hinaus und kommt daher dem S nicht zugute (S ist ja auch an dem Risiko der Schriftstellerei nicht beteiligt).

Dass aber die Regel von der Nichtanrechenbarkeit der Erträge aus überpflichtmäßiger Arbeit auch Ausnahmen haben muss, zeigt der Fall von

BGHZ 55, 329: S beschädigt den Fahrschulwagen des G. Während der Reparaturzeit müssen Fahrstunden ausfallen, an denen G 1.500 DM verdient hätte. G holt diese Stunden jedoch vollständig nach, obwohl er schon normalerweise von 6.30–20 Uhr Fahrstunden erteilte.

Der BGH hat hier Vorteilsausgleichung deshalb in Erwägung gezogen, weil G nicht unbedingt seine Schadensminderungspflicht überschritten habe. Dagegen spricht: Angesichts des langen Arbeitstages des G hätte es ihm nicht als Mitverschulden (§ 254 II 1) angerechnet werden können, wenn er die Nachholung unterlassen hätte.[114] Das Problem liegt hier vielmehr darin, dass G **insgesamt keine zusätzliche Arbeit** geleistet

112 BGHZ 77, 301. In gleichem Sinn auch BGHZ 92, 363, dazu *Sonnenschein* JZ 1985, 430; 1986, 288; *Emmerich* JuS 1986, 16. Anders BGHZ 96, 141 für den Anspruch des Vermieters auf Beseitigung von Umbauten: Wenn dieser Anspruch sinnlos werde, könne der Vermieter keinen Geldausgleich verlangen.

113 BGH NJW 1974, 602; VersR 1987, 1239 (1240).

114 *Lieb* JR 1971, 371.

hat. In solchen Fällen wird man den Nachteil der nachgeholten Arbeit gegen den Vorteil der (obschon erzwungenen) Freizeit während der Reparatur verrechnen können.

3. Der ausgleichsbegründende Zusammenhang

860 Angesichts dieses umfangreichen Negativkatalogs kann man sich fragen, wann denn die Vorteilsausgleichung überhaupt zulässig ist.[115] Eine allgemeine **positive Formulierung** hierfür ist jedoch schwierig.

> **Beispiel** nach *Heck* SchuldR § 15, 2: Ein Bauer erkrankt an einem eingeklemmten Bruch und muss zur Operation in die Stadt getragen werden. Ein betrunkener Träger lässt die Trage fallen: Der Bauer verstaucht sich zwar die Hand, aber die Einklemmung löst sich. *Heck* will hier die ersparten Operationskosten auf den Ersatzanspruch wegen der verstauchten Hand anrechnen. Stellt man dagegen auf den »notwendigen inneren Zusammenhang von Vorteil und Nachteil« ab,[116] so fehlt ein solcher, da der Sturz die Einklemmung auch ohne die Verstauchung hätte lösen können: Die Einklemmung ist nicht durch die Verstauchung gelöst worden, sondern durch den Sturz.

Ähnlich liegt es bei der **Verletzung einer Ausbietungsgarantie:**[117] S hat sich dem Hypothekengläubiger G verpflichtet, bei einer Zwangsversteigerung des belasteten Grundstücks so viel zu bieten, dass die Hypothek des G gedeckt ist. Da S nicht bietet, muss G das Grundstück selbst ersteigern. Dem Anspruch des G auf Schadensersatz wegen Nichterfüllung hält S entgegen, G habe das Grundstück unter Wert erworben. Das RG entscheidet mit Recht, die Garantie habe G davor schützen sollen, das Grundstück selbst erwerben zu müssen; daher könne der Erwerb nicht als Vorteil angerechnet werden. S muss hier also den vollen Erwerbspreis ersetzen und das Grundstück selbst übernehmen. Anders kann aber zu entscheiden sein, wenn der Erwerb der gesicherten Forderung und des Grundstücks geschäftlichen Charakter haben.[118]

4. Vorteilsausgleichung und normativer Schaden

861 Eigenartige Schwierigkeiten entstehen, wenn die Annahme eines Schadens beim Gläubiger auf einem juristischen Kunstgriff, nämlich dem »normativen Schadensbegriff«[119] beruht.

OLG Celle NJW 1969, 1765: Das Kind K wird von S verletzt und muss zur Heilung ins Krankenhaus. K verlangt die Krankenhauskosten von S ersetzt.

Hier scheint ein Abzug für die ersparten Kosten der häuslichen Verpflegung unmöglich: Diese Ersparnis ist ja nicht bei K eingetreten, sondern bei dessen Eltern. Trotzdem hat das OLG mit Recht anders entschieden: Der Schaden des K lasse sich nur über § 843 IV begründen; in Wahrheit liege er bei den Eltern. Daher müsse auch für die Vorteilsausgleichung auf die Eltern abgestellt werden.

---

115 Beim Schadensersatz wegen Verdienstentgangs zB die ersparten Fahrkosten, BGH NJW 1980, 1787.
116 *Thiele* AcP 167 (1967), 193 (198).
117 RGZ 91, 213; 100, 255.
118 RGZ 80, 155 und *Herm. Lange* JuS 1978, 649 (653).
119 Dazu *Medicus* JuS 1979, 233.

VII. Vorhaltekosten

862 Ein weiteres Problem des Schadensersatzes ist etwa im Zusammenhang mit der Diskussion über die Rechtsfolgen von Ladendiebstählen erörtert worden: Es geht um Aufwendungen, die der Geschädigte schon vor der Schädigung gemacht hat, um diese zu verhindern oder deren Folgen gering zu halten.

1. Berücksichtigung von Vorhaltekosten

863 Dabei handelt es sich um folgende Fallgruppe.

BGHZ 32, 280:[120] Bei einem von S zu verantwortenden Unfall war ein Großraumtriebwagen der Bremer Straßenbahn-AG schwer beschädigt worden. Während der Reparaturzeit von 100 Tagen ließ die AG ersatzweise einen Triebwagen mit Anhänger aus ihrer Betriebsreserve fahren. Von S verlangte die AG außer den Reparaturkosten des Großraumtriebwagens auch Abschreibung, Verzinsung und Unterhaltungskosten für den Reservetriebwagen mit Anhänger ersetzt.

Der BGH hat das gebilligt, obwohl diese Kosten durch den konkreten Unfall nicht einmal äquivalent kausal bedingt waren: Wenn der Geschädigte nach § 254 II zur Geringhaltung von Schäden verpflichtet sei, müsse der hierdurch begünstigte Schädiger auch die nötigen Aufwendungen ersetzen. In einer späteren Entscheidung hat der BGH diese Regel mit der inzwischen anerkannten Entschädigung für Nutzungsausfall koordiniert.[121]

2. Bedenken

864 Gegenüber dieser Rechtsprechung sind Bedenken anzumelden. Sie beruhen vor allem darauf, dass der Verzicht auf das Kausalitätserfordernis kaum mehr absehbare Konsequenzen haben kann: Müssen dann nicht zB auch die Kosten der Lenkradschlösser und der Diebstahlversicherung für Kraftfahrzeuge auf die ertappten Autodiebe abgewälzt werden?

Solche Konsequenzen haben sich etwa bei der Diskussion um die zivilrechtlichen Folgen von **Ladendiebstählen** gezeigt.[122] Eine Ansicht meint nämlich, die Kosten für die Überwachung (Warenhausdetektive, Fernsehkameras usw) könnten auf die ertappten Warendiebe umgelegt werden (freilich nur bis zum Wert der gestohlenen Waren).[123] Indes ist hier schon das Ergebnis befremdlich: Ein Diebstahl käme danach umso teurer, je aufwendiger die Waren bewacht werden. Demgegenüber sollte sich der Bewachungsaufwand eher dadurch bezahlt machen, dass er die Zahl der erfolgreichen Diebstahlsfälle vermindert. In Wahrheit ist diese Bewachung ohnehin nur der Rest dessen, was früher bei personalintensiveren Verkaufsmethoden an Aufsicht gegeben war und gleichfalls nicht auf ertappte Diebe abgewälzt werden konnte; diese Kosten sind ja auch schon im Preis berücksichtigt.

Demgemäß hat denn auch der BGH[124] einen Anspruch auf Ersatz der Überwachungskosten verneint. Dagegen sind die durch den konkreten Diebstahl verursachten Kos-

---

120 Dazu etwa *Niederländer* JZ 1960, 617.

121 BGHZ 40, 345, → Rn. 824; BGH NJW 1966, 589; vgl. auch BGHZ 70, 199.

122 Dazu etwa *Canaris* NJW 1974, 521; *Wollschläger* NJW 1976, 12; *Deutsch*, Verhandlungen 51. DJT, Bd. I, 1976, E 43; *Musielak* JuS 1977, 531; *Hagmann* JZ 1978, 133.

123 *Canaris* NJW 1974, 523 (525).

124 BGHZ 75, 230 (dazu *Deutsch* JZ 1980, 102; *Pecher* JuS 1981, 645).

ten (Abwicklungskosten, übliche Fangprämie) dem Bestohlenen mit Recht zuerkannt worden.

VIII. Mitwirkendes Verschulden des Geschädigten[125]

1. Verantwortlichkeit des Geschädigten für Dritte

865 Die am stärksten umstrittene Frage bei § 254 ist, welche Bedeutung § 254 II 2 mit seiner Verweisung auf § 278 hat.

a) Kind und Eltern

OLG Celle NJW 1969, 1632: Der fünfjährige K fährt auf seinem Kinderfahrrad aus einer Seitenstraße plötzlich in die vorfahrtberechtigte Hauptstraße. Dabei wird K von dem die Hauptstraße befahrenden S angefahren und verletzt. K fordert von S Schadensersatz. S möchte dem K dessen grob verkehrswidriges Verhalten oder die mangelnde Beaufsichtigung durch seine Eltern entgegenhalten.

866 Dass dem K sein **eigenes Fehlverhalten** nicht über § 254 I (oder § 9 StVG) schadet, wird fast allgemein angenommen. Denn das dort als Voraussetzung genannte Verschulden müsse für K wegen § 828 I verneint werden. Berücksichtigungsfähig könne daher nur das **Aufsichtsverschulden der Eltern** sein. Dazu gibt es zwei Ansichten:

867 **aa)** Eine in der *Literatur* vertretene Meinung sieht in § 254 II 2 eine **Rechtsfolgeverweisung auf § 278**. Danach soll K sich das Verschulden seiner gesetzlichen Vertreter anrechnen lassen müssen: Bei einer Rechts*folge*verweisung stört es ja nicht, dass eine der Voraussetzungen des § 278 (nämlich das Bestehen einer Sonderverbindung zwischen K und S) bei der Schadensentstehung gefehlt hat.

bb) Die von der *Rechtsprechung*[126] befolgte Ansicht dagegen versteht § 254 II 2 als **Rechtsgrundverweisung**. Daher verlangt sie für eine Verschuldensanrechnung nach § 278 die Existenz einer Sonderverbindung zwischen Schädiger und Geschädigtem. Dann kann dem K ein Verschulden seiner Eltern nur in zwei Fällen entgegengehalten werden: wenn eine Sonderverbindung K–S schon bei der Schädigung bestand, oder wenn das Verschulden bei der Schadensminderung (§ 254 II 1) unterläuft (denn dann hat die Schädigung selbst bereits einen Ersatzanspruch K–S und folglich eine Sonderverbindung erzeugt). Außer § 278 sollen zwar auch die §§ 831, 31 angewendet werden können. Aber diese Vorschriften passen für das Verhältnis Kind – Eltern überhaupt nicht.

b) Andere Wege zur Entlastung des Schädigers

868 **aa)** Die Rechtsprechung kommt bisweilen zu einer Verhaltensanrechnung: Sie wendet nämlich **§ 829 bei § 254 entsprechend** an: Wo die Verschuldensfähigkeit des Verletzten fehlt, soll ihm seine Mitwirkung an der Schadensentstehung wenigstens billigkeitshalber angerechnet werden können. Und dieses Billigkeitserfordernis wird bisweilen schon dann als erfüllt angesehen, wenn der Verletzte *wesentlich* an der Schadensentstehung beteiligt war.[127] § 829 soll nicht einmal dann anwendbar sein, wenn die Schadens-

125 Grdl. zum Mitverschulden *Herb. Roth*, Haftungseinheiten bei § 254 BGB, 1982; *Roth* AcP 180 (1980), 263; *Looschelders*, Die Mitverantwortlichkeit des Geschädigten im Privatrecht, 1999; zur Beweislast *Belling/Riesenhuber* ZZP 108 (1995), 455.

126 Etwa BGHZ 1, 248; 116, 60 (74).

127 So das OLG Celle im Ausgangsfall: K soll einen Schadensteil selbst tragen; dagegen *Knippel* NJW 1969, 2016. Zurückhaltender BGH NJW 1969, 1762: Diese Billigkeit setze zudem die dem § 829 entsprechenden Vermögensverhältnisse voraus, also insbesondere »Leistungsfähigkeit« des Kindes.

folgen für das Kind durch eine Sozialversicherung aufgefangen werden: Entscheidend sei nicht die Zumutbarkeit einer Schadensbeteiligung für den Geschädigten, sondern die Unzumutbarkeit der Belastung des Schädigers.[128]

bb) Ein weiterer Weg, der trotz Verneinung der §§ 254, 278 zu einer Entlastung des Drittschädigers führt, könnte sich aus folgendem ergeben:[129] Wenn auch der nachlässige Elternteil dem Kind haftet (insbes. aus § 823 I), ist er zusammen mit dem Drittschädiger **Gesamtschuldner.** Der Drittschädiger kann dann über § 426 gegen diesen Elternteil Rückgriff nehmen.[130]

c) Abwägung

869 **Vorzugswürdig** ist die hM (von → Rn. 867a bb), also das Abstellen auf die Deliktsfähigkeit des verletzten Kindes. Denn der Gesetzgeber selbst hat diese Ansicht dem neuen § 828 II zugrunde gelegt. Damit wollte er nämlich dem Wunsch nach verstärktem Schutz von Kindern im Straßenverkehr entsprechen.[131] Dieser Schutz soll dadurch erreicht werden, dass § 828 II den Beginn der (beschränkten) **Deliktsfähigkeit bei Verkehrsunfällen** von dem vollendeten siebten auf das vollendete zehnte Lebensjahr heraufgesetzt hat. Denn etwa Achtjährige können sich im Straßenverkehr noch nicht einigermaßen sicher bewegen; insbesondere fehlt ihnen typischerweise noch die Fähigkeit zum Abschätzen von Geschwindigkeiten (etwa eines herankommenden Fahrzeugs). So sollte die **Anspruchsberechtigung von Kindern verbessert** werden. Das gelingt aber nur, wenn man bei § 254 den Ersatzanspruch des Kindes bloß mindert, wenn dieses deliktsfähig ist, also den Kindern nicht allemal die Achtlosigkeit ihrer Eltern zurechnet.

d) Aufsichtspflichten

870 Ein für § 254 erhebliches Fehlverhalten kann sich aus der Verletzung von Aufsichtspflichten ergeben.

BGHZ 33, 136: V, der Vormund des geisteskranken S, veruntreut jahrelang eine für S eingehende Rente. Das wird möglich, weil das zuständige Vormundschaftsgericht des Landes B seine Kontrollpflicht über V schuldhaft vernachlässigt.

Der BGH hat hier umständlich und wenig überzeugend eine Begründung dafür gesucht, warum S sich bei seinem Ersatzanspruch gegen B das Verschulden des V nicht anrechnen zu lassen braucht. Richtig dürfte sein: Eigenes Fehlverhalten des S kommt nicht in Betracht. Denn B und V hatten gerade die Aufgabe, dem S die Sorge für sein Vermögen abzunehmen. Und ein Verschulden des V braucht S schon deshalb nicht zu vertreten, weil S keine Aufsichtspflicht hat, in deren Erfüllung V (als gesetzlicher Vertreter) eingeschaltet sein könnte: Gerade das Vormundschaftsgericht und nicht S sollte ja den V beaufsichtigen.

BGHZ 96, 98 argumentiert dementsprechend mit dem Schutzzweck der verletzten Obliegenheit.[132] Daher wird es dort einem Krankenhausträger versagt, sich auf ein in einem Selbstmordversuch liegendes Mitverschulden eines Patienten zu berufen, der gerade wegen der Selbstgefährdung zu behandeln war: Diese Gefahr abzuwenden sei in der konkreten Situation allein Sache des Krankenhausträgers und nicht des Patienten gewesen.

---

128 BGH NJW 1973, 1795.

129 So BGH NJW 1979, 973: gegen Unzumutbarkeit spreche der (Haftpflicht-)Versicherungsschutz des Schädigers.

130 BGHZ 103, 338 hat dies aber inzwischen aufgegeben, → Rn. 932.

131 BGH NJW 1990, 1483 (1484) sowie § 3 IIa StVO. S. auch *Oechsler* NJW 2009, 3185.

132 Vgl. auch *Morell* AcP 214 (2014), 387 (zu BGH NJW 2014, 2493).

e) Konkurrenz von Vertrags- und Deliktsansprüchen

871 Schwierigkeiten ergeben sich hinsichtlich der §§ 254 II 2, 278, wenn der Geschädigte Ersatz sowohl aus Delikt wie aus einem Vertrag fordern kann, der zu seinen Gunsten eine Schutzwirkung entfaltet.

BGH NJW 1968, 1323: Das Kind K des Mieters M war von dem unzulänglich geschützten Balkon der Mietwohnung gestürzt. Auf Schadensersatz verklagt ist neben anderen auch der vom Hauseigentümer E angestellte Hausverwalter H. Der Streit geht darum, ob sich K im Verhältnis zu H ein Verschulden des M anrechnen lassen muss.

Die Nichtanzeige des Mangels an dem Balkon fällt hier nur dem M zur Last (§ 536c), weil K nicht Mieter war. Dieses Verschulden des M könnte K also nur über §§ 254 II 2, 278 angerechnet werden. Das setzt nach der hM eine Sonderverbindung voraus. Der BGH hat hier eine solche Sonderverbindung H–K bejaht: K stehe noch im Schutzbereich des Hausverwaltervertrages E–H, daher sei der Anspruch K–H nach §§ 254 II 2, 278 gemindert. Das ist richtig, soweit sich der Anspruch des K gerade auf das Recht der Sonderverbindung stützt, also auf die Schutzwirkung des Vertrages E–H: Wenn K den Vorteil dieser Schutzwirkung ausnützt, muss er auch den Nachteil tragen. Doch spricht gegen den BGH, dass die Schutzwirkung dem K dann nicht schaden darf, wenn dessen Ersatzanspruch schon nach Deliktsrecht begründet wäre. Denn sonst würde die vertragliche Schutzwirkung, die doch dem K nützen soll, ihn in solchen Fällen schlechter stellen: Er erhielte wegen §§ 254 II 2, 278 weniger, als er ohne die Schutzwirkung nach Deliktsrecht bekäme.[133]

2. Insbesondere die Bewahrungsgehilfen

872 Für den »Bewahrungsgehilfen« bestimmen einige Sondervorschriften, der Geschädigte müsse sich dessen mitwirkendes Verschulden wie eigenes anrechnen lassen (§§ 9 StVG, 4 HPflG, 6 I ProdHaftG). Dabei ist aber der Begriff des Bewahrungsgehilfen ausdrücklich auf denjenigen beschränkt, der die tatsächliche Gewalt über eine Sache ausübt. Die Rechtsprechung gelangt daher zu verschiedenen Ergebnissen je nachdem, ob die Aufsicht über eine Sache oder über eine Person vernachlässigt worden ist.[134]

Beispiel: X hat auf seinem Fahrrad sein Kind K und einen Koffer seiner Ehefrau F mitgenommen. X fährt nicht äußerst rechts und stößt daher mit dem zu schnell entgegenkommenden Kraftfahrer S zusammen. K wird verletzt, der Koffer wird beschädigt. Hier muss sich F auf ihren Ersatzanspruch gegen S das mitwirkende Verschulden von X anrechnen lassen (§§ 9 StVG, 254 BGB). Dagegen findet keine Anrechnung zulasten von K statt.

3. Unnötige Mietwagenkosten

873 Bei Kfz-Schäden kann der Geschädigte regelmäßig auch den Ersatz der Mietwagenkosten verlangen, die er bis zur Ausführung der Reparatur oder zur Beschaffung eines Ersatzwagens aufgewendet hat (abzüglich des Betrages für die ersparte Abnutzung des eigenen Wagens).[135] Die gewerblichen Vermieter haben hierfür vielfach nach besonderen

133 *Medicus* NJW 1962, 2081; anders *Denck* JuS 1976, 429.

134 Dazu→ Rn. 867; ebenso ein Teil der Literatur. Nach BGH NJW 1992, 1095 soll aber der Schadensersatzanspruch von Miteigentümern (zB Eheleuten) wegen der Verletzung einer gemeinschaftlichen Sache durch das Verschulden auch nur eines Miteigentümers zugleich für die anderen gemindert werden.

135 Zum Wirtschaftlichkeitsgebot BGH NJW 2012, 2026.

Unfallersatztarifen abgerechnet, die wesentlich höhere Beiträge als sonst geforderten ergaben. Der BGH ist beim Ersatz dieser Mehrkosten zunächst recht großzügig gewesen: Eine Überschreitung des Normaltarifs begründe kein Mitverschulden des Geschädigten, wenn dieser die Mehrkosten nicht ohne Weiteres habe erkennen können. Inzwischen ist der BGH aber strenger: Ein höherer Tarif für Unfallersatzwagen müsse durch besondere unfallbedingte Leistungen des Vermieters gerechtfertigt sein.[136] Fehle es daran, so habe der Geschädigte zu beweisen, dass ihm mit zumutbaren Anstrengungen kein besserer Tarif zugänglich gewesen sei.[137] Doch muss der Vermieter darauf hinweisen, der erhöhte Tarif werde von der gegnerischen Haftpflichtversicherung womöglich nicht voll erstattet.[138]

136 BGHZ 132, 373 (378).

137 BGHZ 163, 19 (22). Vgl. auch *Schiemann* JZ 2005, 1058; *G. Wagner* NJW 2006, 2289; 2007; 2149; *Herrler* VersR 2007, 582.

138 BGHZ 168, 168; BGH NJW 2007, 3782; 2010, 1445; 2008, 1519; 2910.

§ 34 Verwendungen auf fremde Sachen[1]

I. Terminologie

874 Das BGB spricht teils von Aufwendungen (zB in §§ 256, 257, 284, 304, 347 II 2, 526, 669, 683), teils von Verwendungen (zB in §§ 273 II, 347 II 1, 994ff.). Beide Begriffe decken sich nicht.

1. Aufwendungen

Regelmäßig bedeutet »Aufwendung« allein das *freiwillig* erbrachte Vermögensopfer.[2] Nur ausnahmsweise werden unter diesen Begriff (vor allem bei den §§ 670, 683) auch bestimmte unfreiwillige Opfer (Schäden) gerechnet (→ Rn. 428f.).

2. Verwendungen

875 Demgegenüber ist der Begriff der »Verwendung« teils weiter, teils aber auch enger.

a) **Weiter** ist der Verwendungsbegriff insofern, als dem Verwendenden das Vermögensopfer nicht bewusst geworden zu sein braucht (sodass auch die Kategorie der »Freiwilligkeit« nicht passt). Das zeigt sich besonders deutlich an den Verwendungen des redlichen Eigenbesitzers: Dieser glaubt ja, die in seinem Besitz befindliche Sache gehöre ihm. Daher kann er Verwendungen auf diese Sache nicht als Opfer erkennen. Vielmehr liegt nach seiner Ansicht nur eine Verschiebung innerhalb seines eigenen Vermögens vor.

> **Beispiel:** B ist redlicher Besitzer eines dem E gehörenden Hausgrundstücks. B lässt das Dach des Hauses neu decken und bezahlt dafür 5.000 EUR. Dieser Betrag kommt dem B nach seiner Vorstellung selbst zugute; er weiß nicht, dass in Wahrheit E begünstigt ist.
> Allerdings spricht etwa § 2022 II, III bei insoweit gleicher Sachlage dennoch von »Aufwendungen«; die Terminologie des BGB ist in diesem Punkt also uneinheitlich.

876 b) Dass »Verwendung« gegenüber »Aufwendung« enger ist, kommt in mehrfacher Hinsicht in Betracht.

aa) Eine Beschränkung des Verwendungsbegriffs wird verdeutlicht durch § 2381: Dort ist in Abs. 1 von »Verwendungen« und in Abs. 2 von »anderen Aufwendungen« die Rede. »Aufwendungen« erscheint hier also als der auch die »Verwendungen« umfassende Oberbegriff. Ähnlich stellt auch § 347 II den (notwendigen) »Verwendungen« die »anderen Aufwendungen« gegenüber. In § 2381 beziehen sich die »Verwendungen« auf die Erbschaft; bei den »anderen Aufwendungen« des § 2381 II fehlt dieser Zusatz; ähnlich auch § 2022 III. Insofern kann man Verwendungen als **»gegenstandsbezogene Aufwendungen«** bezeichnen. Bei § 347 II ist das allerdings weniger deutlich. Auf den terminologischen Unterschied ist daher wenig Verlass.

877 bb) Aber auch innerhalb des Rahmens der Gegenstandsbezogenheit hat der BGH den Verwendungsbegriff weiter eingeschränkt. Von diesem sollen nämlich solche Aufwendungen ausgenommen sein, welche die Sache **grundlegend verändern.**

---

1 Dazu *S. Lorenz* JuS 2008, 672; *Kohler* JZ 2013, 171.
2 Vgl. auch *K. Müller* JZ 1968, 769; NK-BGB/*v. Sachsen Gessaphe* § 812 Rn. 93.

BGHZ 41, 157: Der unrechtmäßige Besitzer B hat auf dem Grundstück des E einen Teil eines achtstöckigen Wohnblocks errichtet.[3] E verlangt das Grundstück nach § 985 heraus; B macht ein Zurückbehaltungsrecht nach §§ 996, 1000 geltend. Der BGH hat § 996 abgelehnt: Die Bebauung habe den Charakter des Grundstücks (auf dem früher ein Altersheim betrieben worden war) verändert. In solchen Fällen bestehe auch für die Anwendung der §§ 994ff. kein vernünftiges wirtschaftliches Bedürfnis.

Diese Begründung geht davon aus, solche sachändernden Aufwendungen dürften nicht den Vorschriften über Verwendungen unterstellt werden. Dem ist aber zu widersprechen.[4] Auch der BGH hat die selbst geschaffene Gesetzeslücke schließlich mit § 242 füllen müssen.

878 cc) **Nicht notwendig** ist für das Vorliegen von Verwendungen, dass sie den **wirtschaftlichen Wert** der Sache **erhöht** haben.[5] Dieser Satz ist zwar für § 996 bedeutungslos, weil dort ohnehin nur werterhöhende Verwendungen ersetzt werden. Er kann aber etwa bei § 2022 I 1 eine Rolle spielen.

Beispiel: Der redliche unverklagte Erbschaftsbesitzer ruft den Tierarzt zu der erkrankten Nachlasskuh. Die Kuh stirbt dennoch, vielleicht sogar schon vor Eintreffen des Arztes. Hier würde es an einer Werterhöhung fehlen.

Dennoch müssen dem Erbschaftsbesitzer die Arztkosten nach § 2022 I 1 ersetzt werden. Dieser könnte sie nämlich nach §§ 683, 670 sogar als Geschäftsführer ohne Auftrag ersetzt verlangen. Dann darf er aber als unverklagter redlicher Besitzer nicht schlechter stehen, weil er nicht einmal bewusst in fremde Angelegenheiten eingegriffen hat und ebenso wie der Geschäftsführer keine Nutzungen behalten darf (§ 2020). Daher ist die Beschränkung des Verwendungsbegriffs auf werterhöhenden Aufwand nicht allgemein richtig. Genügen muss vielmehr, dass der Aufwand einem Gegenstand zugutekommen sollte.[6]

II. Arten der Verwendungen

879 Die Verwendungen werden üblicherweise eingeteilt in **notwendige, nützliche und luxuriöse.** Diese Unterscheidung spielt etwa für die §§ 994ff. eine gewisse Rolle. Fraglich ist aber, **von wessen Standpunkt her** die Art einer Verwendung beurteilt werden soll.

Beispiele:

(1) B ist redlicher Besitzer eines Hausgrundstücks. Als das Haus baufällig wird, lässt B es mit erheblichen Kosten abstützen. Nach den Plänen des Eigentümers E sollte das Haus jedoch abgerissen und das Grundstück anders bebaut werden. Dem E sind jetzt die von B errichteten Stützen nur im Weg.

(2) (von *Endemann*): Der redliche Besitzer B dressiert den Hund des E mit hohen Kosten. Da der Hund jetzt Kunststücke auszuführen vermag, würde ein Zirkus für ihn einen hohen Preis zahlen. E aber ist Bauer und braucht den Hund zur Bewachung; die Kunstfertigkeit des Hundes nutzt E nichts.

Legt man hier den von B verfolgten Zweck zugrunde, so sind bei (1) die Verwendungen notwendig und bei (2) wenigstens nützlich. E müsste sie also nach §§ 994 I 1, 996 erset-

3 Ähnlich BGHZ 27, 204; BGH NJW 2013, 3364.

4 So auch *Haas* AcP 176 (1976), 1 (13); *Canaris* JZ 1998, 344 (347); *Kindl* JA 1996, 201f.; *Neuner* SachenR Rn. 153; *Petersen,* Von der Interessenjurisprudenz zur Wertungsjurisprudenz, 2001, 91ff.; aA *Waltjen* AcP 175 (1975), 109 (136f.).

5 BGHZ 131, 220 (223).

6 Ebenso *Baur/Stürner* SachenR § 11 Rn. 55.

zen. Damit würde auf E ein erheblicher Druck dahin ausgeübt, seinen eigenen Zweck aufzugeben und den Zweck des B zu übernehmen: Sonst wäre der Verwendungserfolg praktisch verloren. Bei (2) kann E sogar gezwungen sein, den Hund zu verkaufen, um die Verwendungen überhaupt nutzbar machen zu können. Trotzdem wird man dem Urteil über die Notwendigkeit oder Nützlichkeit der Verwendungen nicht etwa den von E verfolgten Zweck zugrunde legen dürfen, und zwar aus zwei Gründen:

Der erste ist die **Unterscheidung in § 994:** Nach dessen Abs. 2 soll der verklagte oder unredliche Besitzer nach dem Recht der GoA behandelt werden. Für ihn soll also unterschieden werden je nachdem, ob die Verwendung dem Willen oder Interesse des E entsprach (dann §§ 683, 670) oder nicht (dann §§ 684, 812; → Rn. 884). Der unverklagte redliche Besitzer soll offenbar besser behandelt werden. Dazu passt, dass für ihn der Wille des E unerheblich bleibt.

Und zweitens ist zu bedenken: Der unverklagte redliche Besitzer ist für **Zerstörung oder Beschädigung** der Sache nicht verantwortlich: Er soll seine Besitzerrolle ohne eigenen Verlust wieder beenden können. Die Änderung des Sachzwecks ähnelt einer Beschädigung. Konsequenterweise muss der Eigentümer daher auch eine solche Änderung hinnehmen; anders gesagt: Dem Besitzer darf daraus kein Nachteil entstehen, dass seine Verwendungen nicht der Zwecksetzung des Eigentümers entsprechen.

Fazit: Bei §§ 994 I, 996 sind Notwendigkeit und Nützlichkeit von Verwendungen jedenfalls dann an dem *vom Besitzer* verfolgten Zweck zu messen, wenn der Eigentümer diesen Zweck – notfalls durch Veräußerung der Sache – übernehmen kann. Bedeutung erlangt die Zwecksetzung des Eigentümers erst für den Verwendungsersatz nach Bereicherungsrecht.

III. Übersicht über die Rechtsfolgen aus Verwendungen

880 Verwendungen **auf die eigene Sache** treffen mit ihren Vorteilen und Nachteilen ohnehin den Verwendenden. Hier kommen Rechtsfolgen und insbesondere ein Anspruch auf Verwendungsersatz regelmäßig nicht in Betracht. Ausnahmen bestimmt das Gesetz nur, wenn die Sache später einem Dritten zufällt (etwa §§ 2125, 2185, 2381). Auch eine abweichende Regelung durch Vertrag ist möglich und keineswegs selten. Sie begegnet etwa, wenn sich der Vermieter-Eigentümer die von ihm für die Renovierung der Mietsache aufgewendeten Kosten vom Mieter ersetzen lässt.

Eigentlich problematisch – und davon soll im Folgenden allein die Rede sein – sind jedoch Verwendungen **auf fremde Sachen.** Denn hier trifft der Aufwand den Verwendenden, während der Vorteil einem anderen – meist dem Eigentümer – zufließt. Daher muss ein Ausgleich zugunsten des Verwendenden erwogen werden.

Umgekehrt kann es auch sein, dass die Verwendungen die Sache für den Eigentümer entwertet haben. So mag etwa der dressierte Hund in dem Beispiel (2) von → Rn. 879 für den Bauern, dem er gehört, als Wachhund wertlos geworden sein: Er macht vor Einbrechern Männchen, statt sie zu beißen.
Solche *negativen Verwendungsfolgen* können nur durch **Schadensersatzansprüche** und teilweise auch durch negatorische Beseitigungsansprüche (vor allem aus § 1004) ausgeglichen werden, soweit nicht die §§ 989ff. entgegenstehen.

1. Inhalt des Verwendungsersatzes

881 Die nächstliegende Rechtsfolge aus Verwendungen auf fremde Sachen ist ein Ersatzanspruch für den Verwendenden. Dabei kann das Anspruchsziel verschieden sein:

a) Der Anspruch kann sich richten auf Ersatz des **Betrages der Verwendungen** ohne Rücksicht auf die durch sie bewirkte Werterhöhung. So liegt es etwa bei den §§ 994 I, 995, 2022 I. Danach kann der redliche Besitzer vom Eigentümer die Kosten einer notwendigen Abstützung des Hauses selbst dann ersetzt verlangen, wenn dieses dennoch vor der Herausgabe infolge eines Erdbebens eingestürzt ist.

882 b) Der Anspruch kann umgekehrt bestimmt sein durch den **Wert des Verwendungserfolges** ohne Rücksicht auf den Betrag der hierfür aufgewendeten Kosten. Das gilt im Prinzip (aber → Rn. 900) für die Verwendungskondiktion. Für den Verwendenden kann diese Lösung günstiger oder ungünstiger sein als die in → Rn. 881 genannte.

So bestimmt sich beim Bau auf fremdem Boden der Bereicherungsanspruch des Bauenden aus §§ 951 I 1, 812 I 1 Fall 2 regelmäßig nach dem Zeitwert des Gebäudes.[7] Dieser Wert kann über, aber auch unter den Baukosten liegen.

883 c) Weiter ist eine **Kombination** der Berechnungsarten von → Rn. 881 und 882 möglich: Ersetzt werden die aufgewendeten Kosten bis zum Wert des Verwendungserfolges. Diese Regelung ist etwa in den §§ 996, 2023 II und geringfügig modifiziert auch in § 102 vorgesehen.[8] Sie ist von den drei genannten Arten die für den Verwendenden ungünstigste.

884 d) Ein differenzierter Berechnungsmaßstab endlich ist da anzulegen, wo das Gesetz auf die Vorschriften über die **Geschäftsführung ohne Auftrag** verweist (etwa in den §§ 539 I, 994 II). Dann ist nämlich zwischen berechtigter und unberechtigter GoA zu unterscheiden: Für Verwendungen, die dem wirklichen oder mutmaßlichen Willen des Eigentümers entsprechen, werden nach §§ 683, 670 die **vollen Kosten ersetzt;** es gilt also die → Rn. 881 genannte Regelung. Dagegen kann für alle anderen Verwendungen, die der Eigentümer nicht genehmigt, nach §§ 684 S. 1, 818 II in der Regel **Wertersatz** verlangt werden.

Das ist auf den ersten Blick verwunderlich. Denn offensichtlich muss der Verwendende, der wie ein berechtigter Geschäftsführer behandelt wird, eher besser stehen als ein unberechtigter. Im Widerspruch dazu kann aber der Kostenersatz nach § 670 ungünstiger sein als der Wertersatz nach den §§ 684 S. 1, 818 II. Das muss korrigiert werden (→ Rn. 900).

2. Wegnahmerecht

885 In manchen Fällen gewährt das Gesetz dem Verwendenden statt eines Anspruchs auf Verwendungsersatz oder wahlweise neben diesem ein *Wegnahmerecht.* So etwa §§ 539 II, 601 II 2, 997, vgl. auch § 951 II. Allerdings gilt das nur für Verwendungen, die durch eine Sachverbindung (§ 997 I) oder das Hinzufügen einer »Einrichtung« (§§ 539 II, 601 II 2) bewirkt worden sind. Dabei ist »Einrichtung« insofern weiter, als hier die hinzugefügte Sache Eigentum des Verwendenden geblieben sein kann.

> **Beispiel:** Der Mieter baut eine Badewanne ein. Sie wird nicht nach § 946 als wesentlicher Bestandteil Eigentum des Grundstückseigentümers, sondern gehört wegen § 95 II weiter dem Mieter. Das Wegnahmerecht entspricht in solchen Fällen der Vindikation.

7 AA BGH NJW 1962, 2293 (2294): Ertragswert bei Fertigstellung.
8 Zu § 102 *Petersen,* Die Anspruchsgrundlagen des Allgemeinen Teils, JURA 2002, 743.

Dieses Wegnahmerecht kann jedoch in vielen Fällen abgewendet werden: durch »angemessene Entschädigung« nach § 552 I, durch Ersatz mindestens des Wertes des abgetrennten Bestandteils nach § 997 II. Überdies mindert die Wegnahme den Wert des Wegzunehmenden oft erheblich, und der Wegnehmende seinerseits ist dann nach § 258 S. 1 verpflichtet (→ Rn. 902). Daher ist das Wegnahmerecht wirtschaftlich meist viel weniger wert als ein Anspruch auf Verwendungsersatz. Deshalb sollte das Bestehen eines solchen Anspruchs stets zuerst geprüft werden, wenn nicht ausdrücklich nur nach einem Wegnahmerecht gefragt ist.

IV. Grundlagen für Ansprüche auf Verwendungsersatz

1. Vertrag

886 Vorrangig zu prüfen ist stets, ob zwischen dem Verwendenden und dem durch die Verwendung Begünstigten ein Vertrag besteht. Denn die durch diesen geschaffene Regelung verdrängt, soweit sie reicht, alle anderen Anspruchsgrundlagen. So muss man etwa die §§ 539 II, 552 für den Mieter im Verhältnis zum Vermieter als abschließende Regelung ansehen.

BGH NJW 1967, 2255: M hat Räume von V gemietet, in denen vorher eine Drogerie betrieben worden war. Nach dem auf zehn Jahre fest geschlossenen Mietvertrag sollte M diese Räume auf eigene Kosten zum Betrieb einer Gastwirtschaft umbauen. Als M den Umbau hat durchführen lassen, wird ihm jedoch die Konzession verweigert. M zieht aus und verlangt von V die Umbaukosten ersetzt.
Ohne die vorzeitige Vertragslösung wären alle Ansprüche des M durch den Mietvertrag ausgeschlossen. Das würde insbesondere auch für die §§ 946, 951, 812 gelten. Etwas anderes kommt hier nur in Betracht, weil die zehnjährige Mietzeit nicht durchgehalten worden ist, in der M seine Verwendungen »abwohnen« sollte. Der BGH hat hier § 812 I 2 Fall 1 angewendet.[9] Dieser Anspruch geht aber nicht auf den Wert der eingebauten Stoffe, sondern auf den Betrag, den V für den Rest der vorgesehenen Mietzeit des M infolge des Umbaus mehr an Miete erzielen kann.

Wie in diesem Beispiel entsteht bei Verträgen auch sonst häufig kein vertraglicher Anspruch auf Verwendungsersatz, weil das in der Verwendung liegende Opfer bereits durch die Gegenleistung des anderen Teils abgegolten ist. Besonders deutlich zeigt sich das beim Werkvertrag: Der Werklohn umfasst alle Aufwendungen des Unternehmers. Nur wenn der Werklohnanspruch wegen einer Vertragsstörung entfällt, treten die »Auslagen« des Unternehmers in § 645 I wieder hervor.

2. Überbau

887 Eine die allgemeinen Verwendungsregeln völlig ausschließende Sonderregelung gilt auch für den »entschuldigten« (also nach § 912 I zu duldenden) Überbau. Hier verdrängt der analog anzuwendende § 95 I 2 die §§ 94, 946; auch der auf dem Nachbargrundstück stehende Teil des Bauwerks gehört also dem Überbauenden.[10] Daher fehlt schon eine Verwendung auf das Nachbargrundstück; die Rechtsfolgen ergeben sich allein aus den §§ 912 II ff. Gleiches gilt auch für den im Einverständnis mit dem Eigentümer des überbauten Grundstücks erfolgten **(»rechtmäßigen«) Überbau** sowie für den **Eigengrenzüberbau:** Der Eigentümer selbst baut über die Grenze zwischen zwei ihm gehörenden Grundstücken; später gelangen diese in verschiedene Hände.[11]

9 *Condictio ob causam finitam,* → Rn. 690.
10 Etwa *Baur/Stürner* SachenR § 25 Rn. 13.
11 BGHZ 62, 141; BGH NJW 1988, 1078. Das Stammgrundstück soll in solchen Fällen nach den Absichten des Erbauers zu ermitteln sein, BGHZ 110, 298.

Dagegen nimmt die hM beim **unentschuldigten Überbau** an, das Eigentum an dem Bauwerk sei an der Grundstücksgrenze vertikal geteilt.[12] Hier kann der Überbauende also Verwendungsersatz fordern.

3. Verarbeitung

888 Ansprüche auf Verwendungsersatz scheiden gleichfalls aus, wenn der Verwendende durch Verarbeitung nach § 950 Eigentümer der vormals fremden Sache wird. Denn dann kommt der Verwendungserfolg dem Verwendenden ohne Weiteres selbst zugute. Zu erörtern bleiben in diesem Fall also nur Ansprüche dessen, der sein Eigentum verloren hat (insbesondere nach den §§ 951 I, 812ff., → Rn. 895ff.).

4. Geschäftsführung ohne Auftrag

889 Nach Vertrag, Überbau und Verarbeitung ist bei der Prüfung von Ansprüchen auf Verwendungsersatz die Geschäftsführung ohne Auftrag zu bedenken. Denn Verwendungen auf eine fremde Sache sind für den Verwendenden regelmäßig ein objektiv fremdes Geschäft. Wegen § 687 muss aber noch der Fremdgeschäftsführungswille hinzukommen, damit die §§ 683, 670 (berechtigte GoA) oder die §§ 684 S. 1, 812 (unberechtigte GoA) direkt anwendbar werden (→ Rn. 407ff.). Ein solcher Fremdgeschäftsführungswille fehlt insbesondere, wenn der Verwendende das Geschäft für sein eigenes hält, etwa weil er glaubt, Eigentümer zu sein, § 687 I. Dann kann das Recht der GoA nur über § 994 II oder über ähnliche Verweisungsvorschriften angewendet werden. Dagegen kommt eine direkte Anwendung der GoA für Verwendungen in Betracht, die ein Miterbe über sein Notverwaltungsrecht aus § 2038 I 2 hinaus auf eine Erbschaftssache macht; die §§ 994ff. stehen hier mangels einer Vindikationslage nicht entgegen.[13]

Bei Verwendungen aufgrund eines **unerkannt nichtigen Vertrages** sind die §§ 683, 670 durch § 687 I ausgeschlossen. Denn hier wollte der Verwendende nicht ein fremdes Geschäft besorgen, sondern eine eigene Pflicht erfüllen (→ Rn. 412). Daher kommen nur die §§ 994ff. oder 812 I 1 Fall 1 (Leistungskondiktion) in Betracht (→ Rn. 894).

5. Eigentümer-Besitzer-Verhältnis und Erbschaftsanspruch

890 In ihrer Durchsetzbarkeit besonders gestaltete (§§ 1000–1003; 2022 I 2) Ansprüche auf Verwendungsersatz gelten im Eigentümer-Besitzer-Verhältnis und beim Erbschaftsanspruch: §§ 994ff., 2022ff. Beide Vorschriftengruppen setzen nach richtiger Ansicht das Bestehen einer Vindikationslage im Zeitpunkt der Vornahme der Verwendungen voraus.[14]

891 **BGH NJW 1967, 2255** (→ Rn. 886): Dort hatte M die Verwendungen während des Vertrages gemacht, diesen aber vorzeitig aufgelöst. Der BGH hat die Anwendbarkeit der §§ 994ff. mit Recht verneint. Gewiss dürfte nichts Anderes gelten, wenn M nach der Vertragslösung nicht gleich ausgezogen und daher nachträglich eine Vindikationslage entstanden wäre.

V. Insbesondere die Kondiktion von Verwendungen

1. Arten der Bereicherungsansprüche

892 Bereicherungsansprüche können dem Verwendungsersatz in verschiedener Weise dienen.

12 BGHZ 27, 204; *Baur/Stürner* SachenR § 25 Rn. 11.
13 BGH NJW 1987, 3001.
14 Dazu → Rn. 587f.; 591 gegen BGHZ 34, 122.

a) Leistungskondiktion

Soweit die Verwendung eine Leistung des Verwendenden darstellt, greift die Leistungskondiktion ein. Da jedoch die Leistung als »bewusste und zweckgerichtete Mehrung fremden Vermögens« definiert wird (→ Rn. 666), kommen die meisten Verwendungsfälle für die Leistungskondiktion nicht in Betracht. Im Einzelnen gilt Folgendes:

aa) **Der redliche Eigenbesitzer** zuzüglich des grob fahrlässigen hält die Verwendung stets nur für eine Verschiebung innerhalb *seines Vermögens* (→ Rn. 875). Er leistet daher nicht an den Eigentümer.

893 bb) **Der den Mangel seines Besitzrechts kennende Eigenbesitzer** weiß zwar, dass die Verwendung von Rechts wegen dem Eigentümer zugutekommt. Aber er will das nicht, da er die Sache als ihm gehörend besitzt, § 872. Folglich leistet auch er nicht an den Eigentümer.

Beispiel: D stiehlt den Pkw des E und lässt ihn neu lackieren. Dann kann D von E Wertersatz (§ 818 II) für die Lackierung nicht nach § 812 I 1 Fall 1 verlangen. Vielmehr kommen nur Ansprüche nach §§ 850, 994 II in Betracht, wenn die Verwendung notwendig war. Zu der umstrittenen Konkurrenz von § 812 I 1 Fall 2 → Rn. 895 ff.

894 cc) Als möglicher Gläubiger einer Leistungskondiktion bleibt also nur der **Fremdbesitzer:** Allein er kann durch eine Verwendung die Mehrung fremden Vermögens beabsichtigen.

Beispiel: V hat sein sehr verwohntes Haus für drei Jahre an den Bauunternehmer U vermietet. U soll als Gegenleistung keinen Mietzins zahlen, sondern das Haus renovieren. Der Vertrag V–U ist nichtig.

Hier müsste U den Wert der durchgeführten Renovierung von V mit der Leistungskondiktion ersetzt verlangen können. Fraglich ist das nur deshalb, weil zugleich eine Vindikationslage bestand und die §§ 994 ff. vom Bereicherungsrecht abweichen. Diese Abweichung zeigt sich besonders deutlich, wenn U die Nichtigkeit des Vertrages infolge grober Fahrlässigkeit nicht gekannt hat, also unredlicher Besitzer war: Für seine Kondiktion ist das unschädlich, während er nach den §§ 994 ff. Ersatz nur wegen notwendiger Verwendungen verlangen könnte (§ 994 II). Hier liegt eine Leistung und zugleich eine Verwendung vor.[15] Daher wird man sagen müssen: Die Leistungskondiktion des Besitzers auf Verwendungsersatz ist hier neben den §§ 994 ff. ebenso anwendbar, wie man das umgekehrt für die Leistungskondiktion des Eigentümers auf Nutzungsersatz annimmt (→ Rn. 600). Folglich kann auch der grobfahrlässige U den Wert der Renovierung kondizieren.[16]

b) Verwendungskondiktion aus § 951 BGB

895 Verwendungen auf fremde Sachen bewirken häufig einen Rechtsverlust durch Verbindung (§§ 946, 947 II). Wenn der Verwendende diesen Rechtsverlust selbst erleidet, nämlich weil er eigene Sachen mit der fremden verbindet, kommt für ihn ein Anspruch wegen Bereicherung in sonstiger Weise in Betracht, §§ 951 I 1, 812 I 1 Fall 2. Auch für diese Verwendungskondiktion ist ähnlich wie für die Leistungskondiktion (→ Rn. 894) das **Verhältnis zu den §§ 994 ff. fraglich.**

15 Anders *M. Wolf* AcP 166 (1966), 188 (207).
16 Daneben nach dem Zweck der Nichtigkeitsnorm diff. *Larenz/Canaris* SchuldR II 2 § 74 I 1 c.

Beispiel: B besitzt unrechtmäßig ein Grundstück des E und errichtet darauf aus eigenem Material ein Haus.

Hier könnte B von E nach Bereicherungsrecht Wertersatz auch bei grobfahrlässiger Unkenntnis von dem Mangel seines Besitzrechts verlangen. Dagegen ist er nach den §§ 994 ff. als unredlicher Besitzer wieder auf den Ersatz der notwendigen Verwendungen beschränkt, zu denen der Hausbau regelmäßig nicht gehört. Im Übrigen bleibt ihm nur das bei Gebäuden wirtschaftlich meist wertlose Wegnahme- und Aneignungsrecht nach § 997.

896 aa) Zu dieser Konkurrenzfrage werden im Wesentlichen **die folgenden Ansichten** vertreten:

(1) Der BGH hält über § 951 I begründete Bereicherungsansprüche neben den §§ 994 ff. für ausgeschlossen. Früher ist er allerdings dennoch zu einem Bereicherungsanspruch gelangt, indem er die sachverändernde Bebauung nicht als Verwendung angesehen hat.[17] Dagegen hat der BGH in der prägenden Entscheidung zum Bau auf fremdem Grund § 951 für ausgeschlossen gehalten:[18] Die **§§ 994 ff.** bildeten eine **abschließende Regelung** auch für Aufwendungen ohne Verwendungscharakter.

(2) Möglich ist es auch, die §§ 951, 812 im Prinzip **neben den §§ 994 ff.** gelten zu lassen. Man kommt so zu einer für den Besitzer, insbesondere den unredlichen, günstigen Lösung.[19]

897 bb) Dazu ist **kritisch** zu sagen: Die Ansicht (1) vermeidet zwar einerseits jede Störung der §§ 994 ff. durch konkurrierende Bereicherungsansprüche. Sie führt aber andererseits dazu, dass der besitzende Verwender wesentlich schlechter steht als der nichtbesitzende. Denn dieser kann ja Verwendungsersatz nach Bereicherungsrecht verlangen, ohne durch die §§ 994 ff. beschränkt zu werden. Für eine solche Ungleichbehandlung besteht kein einleuchtender Grund. Zudem steht § 951 II 1 im Wege: Danach sollen die Vorschriften über den Verwendungsersatz unberührt bleiben; § 951 soll also offenbar *neben* jenen Vorschriften anwendbar sein.

Deshalb muss die Konkurrenzfrage im Sinne der Ansicht (2) gelöst werden.[20] Die sich daraus ergebene Besserstellung insbesondere des unredlichen Besitzers gegenüber den §§ 994 ff. lässt sich wie folgt begründen: Die §§ 994 ff. regeln nur die Verwendungen, die der Eigentümer dem Besitzer **ersetzen muss,** um trotz § 1000 wieder in den Besitz seiner Sache zu gelangen.[21] Dass das Gesetz den Kreis dieser Verwendungen eng zieht, und zwar besonders dem unredlichen Besitzer gegenüber, erklärt sich mit der Rücksicht auf den Eigentümer: Dieser läuft ja Gefahr, seine Sache nicht auslösen zu können, wenn der Betrag der zu ersetzenden Verwendungen seine liquiden Mittel übersteigt. Demgegenüber regeln die §§ 951, 812 die andere Frage, ob der Eigentümer die durch die Verwendungen bewirkte Wertsteigerung seiner Sache **ersatzlos behalten darf.** Insoweit steht der Eigentümer nicht unter demselben gefährlichen Zahlungszwang, der zum Sachverlust führen kann. Allerdings hat auch insoweit der Verwendende regelmä-

17 BGHZ 10, 171 → Rn. 877.
18 BGHZ 41, 157 → Rn. 877.
19 *Canaris* JZ 1996, 344 (346); NK-BGB/*v. Sachsen Gessaphe* § 812 Rn. 100.
20 *Larenz/Canaris* SchuldR II 2 § 74 I 3; *Eike Schmidt* AcP 175 (1975), 165 (172); *Looschelders* SchuldR BT Rn. 1097; *Brox/Walker* SchuldR BT § 42 Rn. 14; *Buck-Heeb* SchuldR BT II Rn. 388.
21 Ähnlich *Canaris* JZ 1996, 344 (348).

ßig ein Zurückbehaltungsrecht (§ 273 II). Aber der Eigentümer kann doch den Bereicherungsanspruch und damit auch das auf diesem beruhende Zurückbehaltungsrecht abwenden, indem er die Wegnahme des bereichernden Verwendungserfolges verlangt.[22] Das ergeben die Regeln über die aufgedrängte Bereicherung (→ Rn. 899): Der Eigentümer braucht im Ergebnis nach Bereicherungsrecht nur zu ersetzen, was ihm *nach seiner eigenen Zwecksetzung* von den Verwendungen wirklich nützlich ist.

Mit anderen Worten: Die §§ 994ff. bestimmen, was der Besitzer vom Eigentümer gegen Herausgabe der Sache jedenfalls verlangen kann. Demgegenüber regelt das Bereicherungsrecht, was der Eigentümer an den besitzenden oder nichtbesitzenden Verwender leisten muss, *wenn er den Verwendungserfolg haben will.* Ein Widerspruch besteht insoweit nicht zu den §§ 994–996, sondern allenfalls zu § 997 II letzter Teil. Denn dort heißt es, das Wegnahmerecht des Besitzers könne durch Ersatz des Wertes abgewendet werden, den der Bestandteil nach der Abtrennung hat. Das ist häufig (etwa beim Abriss eines Gebäudes) erheblich weniger als der Wert ohne die Abtrennung. Aber § 997 II fügt »mindestens« hinzu. Damit lässt er die Möglichkeit offen, dass der vom Eigentümer zur Abwendung der Wegnahme zu zahlende Betrag nach Bereicherungsrecht auch höher liegen kann.

Der Ausgangsfall (der unrechtmäßige Besitzer B hat auf dem Grundstück des E gebaut) ist also folgendermaßen zu lösen:
War B **unredlich,** so hat er gegenüber der Vindikation des E kein Zurückbehaltungs- und Befriedigungsrecht nach §§ 1000, 1003, weil seine Verwendungen nach den §§ 994–996 nicht ersatzfähig sind. B bleibt insoweit nur das Wegnahmerecht nach § 997. Dessen Ausübung kann E aber abwenden, wenn er den B nach Bereicherungsrecht befriedigt (→ Rn. 899f.). War B hingegen **redlich,** so hat er zusätzlich die §§ 996, 1000, 1003. Insoweit **muss** E also zahlen, auch wenn ihm die Bebauung seines Grundstücks subjektiv ungelegen kommt. Eine Einschränkung ergibt sich hier aber daraus, dass die Werterhöhung noch bei der Rückerlangung des Besitzes bestehen muss (§ 996 aE).

c) Verwendungskondiktion außerhalb von § 951 BGB

898 Der Bereicherungsanspruch aus den §§ 951, 812 I 1 Fall 2 gründet sich auf den Rechtsverlust durch die §§ 946ff. Er lässt also alle Verwendungen unberücksichtigt, die nicht in der Verbindung von Sachen bestehen, sondern namentlich im Aufwand von Arbeit.[23] Insoweit muss, wenn die Arbeit nicht als Leistung erbracht worden ist (dazu → Rn. 894), ein Anspruch wegen Bereicherung in sonstiger Weise direkt aus § 812 I 1 Fall 2 hergeleitet werden können. Auch das ist eine Form der Verwendungskondiktion. Ihre Existenz ergibt sich daraus, dass etwa die §§ 539 I, 601 II 1, 687 II 2, 994 II auf § 684 S. 1 verweisen, der seinerseits ins Bereicherungsrecht weiterverweist.

§ 951 I 1 ist also streng genommen insofern überflüssig, als die Verwendungskondiktion ohnehin eingreift. Er stellt aber klar, dass der Rechtserwerb nach den §§ 946–950 nicht einen (gesetzlichen) Rechtsgrund hat.

Auch die §§ 994ff., 2022ff. umfassen Verwendungen, die nicht unter § 951 fallen, weil sie etwa in Arbeitsaufwand bestehen. Deshalb ergibt sich hier gleichfalls die Frage nach dem Verhältnis zum Bereicherungsrecht. Sie muss ebenso entschieden werden wie bei § 951 (→ Rn. 897).

22 Anders insoweit *Canaris* JZ 1996, 344 (349).
23 Vgl. etwa BGHZ 131, 220; s. auch NK-BGB/*v. Sachsen Gessaphe* § 812 Rn. 97, 100.

2. Das Problem der aufgedrängten Bereicherung

899 Für die beiden Fälle der Verwendungskondiktion (→ Rn. 897f.) entsteht häufig das Problem der aufgedrängten Bereicherung.[24]

BGHZ 23, 61: P hatte vom Eigentümer E ein Grundstück gepachtet. Nach dem Pachtvertrag durfte P nur Kleinbauten errichten, die E nach dem Ende der Pacht zu ihrem Wert übernehmen sollte. P errichtete jedoch ein massives Gebäude. Nach der Kündigung verlangt er von E Wertvergütung für dieses vertragswidrig errichtete Gebäude nach den §§ 951, 812.
Oder das Beispiel von → Rn. 893: Der Dieb hat den gestohlenen Pkw des E neu lackieren lassen und verlangt dafür mit der Verwendungskondiktion Ersatz (→ Rn. 897).

Das Besondere an diesen Bereicherungsansprüchen ist, dass E etwas vergüten soll, was er nicht haben wollte, was ihm also aufgedrängt worden ist. Gegen eine Leistungskondiktion schützt in ähnlichen Fällen § 814. Diese Vorschrift passt aber für die Verwendungskondiktion nicht, weil die Verwendungen nicht zur Erfüllung einer Verbindlichkeit gemacht worden sind. Daher bedarf es hier einer anderen Einschränkung.

Der BGH hat **§ 1001 S. 2** angewendet:[25] E werde von der Verwendungskondiktion dadurch frei, dass er dem P das unerwünschte Gebäude zum Abbruch überlasse. Eine bessere, in der Literatur[26] verwendete Argumentation ist die folgende: Soweit der Bereicherte die Beseitigung des Verwendungserfolges verlangen kann (zB aus §§ 823 I, 989, 990, jeweils mit 249; 1004), darf er diesen **Beseitigungsanspruch** der Verwendungskondiktion einredeweise entgegenhalten. Damit wird die Durchsetzung der Kondiktion dauernd gehemmt: Der Verwendende bleibt praktisch auf die Wegnahme angewiesen.

Doch werden auch hiermit noch nicht alle Fälle der aufgedrängten Bereicherung erfasst. Denn erstens braucht die Verwendung nicht immer eine Verletzung des Eigentums darzustellen, sodass Beseitigungsansprüche ausscheiden. Beispielsweise darf man das Ausbessern von Roststellen an einem Pkw nicht ohne Gewalt als Schaden (§ 249) oder Beeinträchtigung des Eigentums (§ 1004) ansehen. Und zweitens kann § 1004 auch bei einer Eigentumsverletzung ausgeschlossen sein, weil die §§ 989ff. entsprechend gelten (→ Rn. 454).

Beispiel: Der redliche unverklagte Besitzer B hat auf dem Grundstück des E einen Betonbunker errichtet. Dessen Abbruch würde B erheblich mehr kosten als nutzen. Hier braucht B das Grundstück nur so herauszugeben, wie es ist; gegen den Beseitigungsanspruch des E ist er durch die analoge Anwendung von § 993 I am Ende geschützt.[27]

Auch in solchen Fällen darf das Fehlen eines Schadensersatz- oder Beseitigungsanspruchs nicht dazu führen, dass der Wert einer aufgedrängten Bereicherung unbeschränkt ersetzt verlangt werden kann. Vielmehr muss man entweder schon den Wert des Erlangten (§ 818 II) nach einem subjektiven Maßstab begrenzen: Dann ist das Vermögen des Begünstigten nur insoweit vermehrt, als dieser sich den Verwendungserfolg wirklich zunutze macht.[28] Oder man wendet § 818 III auch dann an, wenn das Erlangte für den Empfänger schon anfangs keinen Nutzen bringt (und nicht erst später

24 Zu ihr *Haas* AcP 176 (1976), 4; *Larenz/Canaris* SchuldR II 2 § 72 IV, vgl. *Reuter/Martinek* BereicherungsR 544ff.
25 BGHZ 23, 61.
26 *Baur/Stürner* SachenR § 53 Rn. 33, vgl. auch NK-BGB/*v. Sachsen Gessaphe* § 812 Rn. 106.
27 Vgl. dazu *F. Baur* AcP 160 (1961), 465 (490).
28 *Koppensteiner/Kramer* BereicherungsR 168ff.; NK-BGB/*v. Sachsen Gessaphe* § 812 Rn. 107.

nutzlos wird).[29] Nach beiden Ansichten ist in dem Bunkerbeispiel eine Kondiktion des B erst möglich, wenn E den Bunker nutzt oder bei der Veräußerung des Grundstücks wegen des Bunkers einen höheren Preis erzielt. Entsprechend erzeugt die Lackierung des Pkw einen Bereicherungsanspruch nur, wenn der Eigentümer eigene Aufwendungen für eine neue Lackierung spart oder den Pkw zu einem höheren Preis verkauft.[30]

3. Begrenzung der Verwendungskondiktion

900 Daneben besteht aber noch eine weitere Schwierigkeit bei der Bemessung des Inhalts einer auf Wertersatz gerichteten Verwendungskondiktion: Wie insbesondere die beiden Absätze von § 994 zeigen, sieht das BGB in dem Verwendungsersatz nach Bereicherungsrecht (§§ 994 II, 684 S. 1, 818 III) gegenüber dem Kostenersatz (§ 994 I) die für den Verwendenden ungünstigere Lösung. Dasselbe folgt aus einem Vergleich von § 683 mit § 684 S. 1 (→ Rn. 884). Im Widerspruch dazu kann aber der Wert des Verwendungserfolges höher sein als die zu seiner Erzielung aufgewendeten Kosten.

Beispiel: Der unrechtmäßige Besitzer B hat das Dach auf dem Hause des E durch einen Bekannten günstig für 4.000 EUR decken lassen. Diese Reparatur hätte normalerweise 5.000 EUR gekostet und ist daher auch so viel wert. Hier könnte B als redlicher unverklagter Besitzer von E nach § 994 I nur 4.000 EUR verlangen. Dasselbe würde nach §§ 994 II, 683, 670 gelten, wenn B zwar unredlich war, aber die Erneuerung des Daches dem Willen des E entsprach. Dagegen könnte der unredliche B für eine Dachreparatur gegen den Willen des E nach §§ 994 II, 684 S. 1, 818 II 5.000 EUR fordern.

Diese Besserstellung des »schlechteren« Besitzers ist sinnlos. Um sie zu vermeiden, muss man den Betrag des auf die Verwendungskondiktion hin zu leistenden Wertersatzes **durch die aufgewendeten Kosten begrenzen.**[31] Im Beispiel kann B also in keinem Fall mehr als 4.000 EUR verlangen. Wohl aber erhielte er als unberechtigter Geschäftsführer nur weniger, wenn der Wert des neuen Daches unter 4.000 EUR läge.

4. Abgrenzung der Aufwendungskondiktion

901 Keine Verwendungen liegen dagegen vor, wenn auf eine unwirksame Anweisung oder von einem Dritten nach § 267 auf eine nicht bestehende Schuld gezahlt wird. Denn in beiden Fällen ist die Zahlung keine Verwendung auf einen bestimmten Gegenstand (→ Rn. 876). Die zur Rückforderung gegebenen Nichtleistungskondiktionen (→ Rn. 677; 685) sind also keine Verwendungskondiktionen. Andererseits können sie aber auch keine Rückgriffskondiktionen sein (→ Rn. 950): In beiden Fällen ist ja der, auf dessen Schuld gezahlt worden ist, nicht frei geworden, und die Kondiktion richtet sich auch nicht gegen ihn. Die genannten Nichtleistungskondiktionen sind also von eigener Art.[32]

29 *Larenz,* FS v. Caemmerer, 1978, 209 (224). Ebenso *Larenz/Canaris* SchuldR II 2 § 72 IV 2.

30 Zur Frage, ob dem Berechtigten eine Realisierung seines Wertzuwachses (etwa durch einen Verkauf) obliegt, bejahend *Larenz/Canaris* SchuldR II 2 § 72 IV 3 d.

31 *Baur/Stürner* SachenR § 53 Rn. 33 aE; *Klauser* NJW 1965, 513 (516); *Haas* AcP 176 (1976), 24; NK-BGB/*v. Sachsen Gessaphe* § 812 Rn. 109; aA *Koppensteiner/Kramer* BereicherungsR 169; *Reuter/Martinek* BereicherungsR 548 f.

32 Im Anschluss an die → Rn. 876 geschilderte Terminologie kann man sie (sonstige) Aufwendungskondiktionen nennen (denn die Aufwendungen umfassen ja auch die Verwendungen).

VI. Einzelfragen zum Wegnahmerecht

1. Gründe und Durchführung der Wegnahme

902 Viele Vorschriften des BGB räumen dem Verwendenden ein Wegnahmerecht ein (§§ 539 II, 601 II 2, 997, 1049 II, 1216 S. 2, 2125 II). Dieses steht bisweilen wahlweise neben Ansprüchen auf Verwendungsersatz; in anderen Fällen dagegen bildet es das einzige Recht des Verwendenden.

Bei einer Wegnahme ist **§ 258** zu beachten: Der Wegnahmeberechtigte muss die Sache auf seine Kosten in den vorigen Stand setzen. Er kann also das Wegnahmerecht nur entweder ganz oder gar nicht ausüben. Daher darf etwa beim unentschuldigten Überbau die Wegnahme nicht auf diejenigen Teile des Bauwerks beschränkt werden, die sich mit Vorteil abtrennen lassen (Türen, Fenster usw): Wenn der Überbauende diese Teile haben will, muss er den ganzen Überbau beseitigen.[33]

2. Wegnahmerechte und § 951 I 2 BGB

903 Problematisch ist für das aus einer Verbindung (§§ 946f.) entstandene Wegnahmerecht § 951 I 2. Denn diese Vorschrift erklärt einen Wiederherstellungsanspruch für ausgeschlossen, während nach § 951 II 1 Wegnahmerechte unberührt bleiben sollen und in § 951 II 2 sogar noch erweitert werden (→ Rn. 904). Das erscheint deshalb als widersprüchlich, weil die Wegnahme nach § 258 die Wiederherstellung des alten Zustandes bedeutet.

Der Widerspruch lässt sich so lösen:[34] § 951 I 2 will nur verhindern, dass Bereicherungsansprüche auf die naturale Herausgabe des Erlangten gerichtet werden: Sie sollen auf Wertersatz (§ 818 II) beschränkt bleiben, damit die Erfüllung des Bereicherungsanspruchs nicht zur Vernichtung wirtschaftlicher Werte führt. Dagegen lässt § 951 I 2 ein nicht auf die §§ 812ff. gegründetes Wegnahmerecht unberührt. Dieses kann nämlich deshalb eher zugelassen werden, weil es im Gegensatz zu der Kondiktion des Erlangten durch § 258 beschränkt ist (→ Rn. 902) und zudem häufig von dem Eigentümer der Hauptsache durch Wertersatz abgewendet werden kann. Ganz unberührt bleiben durch § 951 I 2 übrigens auch Schadensersatz- oder Beseitigungsansprüche des Verwendungsempfängers (→ Rn. 899).

3. Wegnahmerecht des Nichtbesitzers?

904 Problematisch ist schließlich auch § 951 II 2. Diese Vorschrift erweitert nach ihrem Wortlaut den § 997 auf den Fall, dass die den Rechtsverlust bewirkende Verbindung nicht vom Besitzer der Hauptsache herbeigeführt worden ist. Streit herrscht darüber, ob dieses erweiterte Wegnahmerecht auch einem Nichtbesitzer zustehen soll (was nach § 258 S. 2 generell möglich ist).[35]

BGHZ 40, 272: G hat in den Neubau des Grundstückseigentümers E Herde eingebaut. G wollte diese Herde an E leisten, E durfte den Einbau jedoch als Leistung eines Dritten ansehen. Der BGH hat Eigentumsverlust des G an den Herden nach § 946 angenommen und einen Bereicherungsanspruch gegen E (§§ 951, 812) wegen des Primats der Leistung verneint (→ Rn. 727ff.). Für G kam daher nur ein Wegnahme- und Aneignungsrecht nach §§ 951 II 2, 997 in Betracht. G war jedoch nicht Besitzer des Grundstücks.

---

33 BGH NJW 1970, 754f., noch immer dieselbe Sache wie BGHZ 27, 204; 41, 157.

34 Vgl. *H. H. Jakobs* AcP 167 (1967), 350 (376).

35 *Baur/Wolf* JuS 1966, 393 (398); *H. H. Jakobs* AcP 167 (1967), 350 (385).

Der BGH hat deshalb, dem engen Wortlaut von § 951 II 2 folgend, ein Wegnahmerecht für G verneint: Die Gewährung eines solchen Rechts auch an den Nichtbesitzer würde den Ausschluss des Wiederherstellungsanspruchs in § 951 I 2 völlig aushöhlen. Demgegenüber wendet die hL § 951 II 2 auch auf den Nichtbesitzer an.[36] Ein Mittelweg erstreckt das Wegnahmerecht zwar auf den Nichtbesitzer, beschränkt es jedoch auf die Fälle, in denen dieser nicht einen mindestens gleichwertigen Anspruch auf Verwendungsersatz in Geld hat.[37] Diese auf die Entstehungsgeschichte gestützte Interpretation erscheint vorzugswürdig; nach ihr ist das Wegnahmerecht des § 951 II 2 für denjenigen, der sein Eigentum durch Verbindung verloren hat, nur das letzte Hilfsmittel.

36 Vgl. *Baur/Wolf* JuS 1966, 393 (398).
37 *H. H. Jakobs* AcP 167 (1967), 350 (387).

§ 35 Der Rückgriff (Regress)

I. Übersicht

905 Der Rückgriff ist ebenso wie der Verwendungsersatz weithin ein Spezialfall des Aufwendungsersatzes. Dabei besteht die Besonderheit des Rückgriffs in folgendem: An den gewöhnlichen Fällen des Aufwendungsersatzes sind nur zwei Personen beteiligt: eine, die das in der Aufwendung liegende Opfer erbracht hat und dafür Ersatz verlangt; eine andere, die durch dieses Opfer begünstigt worden ist und es daher ersetzen soll. Dagegen sind an den **Rückgriffsverhältnissen** ausnahmslos **drei Personen** beteiligt: Die eine (Leistender) hat eine Leistung erbracht und verlangt dafür Ersatz. Ihr Anspruch richtet sich aber nicht gegen den Empfänger dieser Leistung (die zweite Person, den Gläubiger). Rückgriffsschuldner ist vielmehr ein Dritter, den die Leistung irgendwie begünstigt hat, oder der zu der Leistung rechtlich stärker verpflichtet war als der Leistende. Dabei ist es **Ziel des Rückgriffs,** das in der Leistung liegende Opfer von dem Leistenden auf eine dritte Person abzuwälzen.

1. Rückgriffstechniken

906 Für diese Abwälzung kennt unser Recht verschiedene Rückgriffstechniken.[1]

a) Legalzession

Am häufigsten verwendet wird die Legalzession *(cessio legis):* Der Anspruch des Gläubigers gegen den durch die Leistung »begünstigten« Dritten erlischt nicht, sondern geht auf den Leistenden über. Die Begünstigung wird also dadurch vermieden, dass für den Dritten bloß ein Gläubigerwechsel stattfindet.

Der Vorteil einer solchen cessio legis für den Rückgriffsgläubiger ist, dass dieser mit der auf ihn übergehenden Forderung des Gläubigers auch Vorzugs- und akzessorische Sicherungsrechte erwirbt, §§ 412, 401. Ein Nachteil zeigt sich bei der Verjährung: Der Leistende muss sich als Rechtsnachfolger des Gläubigers den vor dem Übergang bereits verstrichenen Teil der Verjährungsfrist anrechnen lassen.

Eine cessio legis ist angeordnet etwa in den §§ 268 III, 426 II, 774 I, 1143 I, 1150, 1225, 1249, 1607 II 2, III, 1608 S. 3, 1615l III 1, 1584 S. 3 BGB, 86, 117 V VVG, 116 SGB X.[2]

b) Pflicht zur rechtsgeschäftlichen Abtretung

907 Eine unbequeme Ersatzlösung für die cessio legis ist der Weg, den das Gesetz etwa in den §§ 255, 285 I gewählt hat: Hier geht der Anspruch des Gläubigers nicht schon kraft Gesetzes auf den Leistenden über, sondern er muss eigens abgetreten werden.[3] Nach dieser Abtretung ist die Stellung des Leistenden aber nicht anders als bei der cessio legis; insbesondere gilt auch hier § 401 (und zwar direkt, also nicht über § 412).

---

1 Dazu *Stamm,* Regreßfiguren im Zivilrecht, 2000; *Stamm* ZfBR 2007, 107.

2 Dort geht freilich der Anspruch sofort über, sodass sich auch der Verjährungsbeginn nach dem Zessionar richtet, vgl. BGHZ 189, 158. Monographisch *v. Koppenfels-Spies,* Die cessio legis, 2006. Zum Regress bei akzessorischer Haftung *Habersack* AcP 198 (1998), 152.

3 Wichtig *Herb. Roth,* Zessionsregress nach § 255 BGB und gesamtschuldnerischer Ausgleich, FS Medicus, 1990, 495; vgl. auch *Petersen,* Ansprüche auf Abtretung, JURA 2014, 406.

c) Besondere Rückgriffsansprüche

908 Statt oder neben der Forderungsabtretung kann das Gesetz für den Rückgriff auch einen eigenen, neuen Anspruch schaffen. Das hat für den Rückgriffsberechtigten den Vorteil, dass dieser Anspruch oft erst mit der Leistung entsteht und daher auch frühestens mit ihr zu verjähren beginnt. Andererseits gelten für diesen Anspruch die §§ 412, 401 nicht; etwa bestehende Sicherungsrechte gehen also verloren. Ein Beispiel für solche besonderen Rückgriffsansprüche ohne Legalzession findet sich in § 426 I und jetzt auch für die Lieferantenkette beim Verbrauchsgüterkauf in § 478 II, V (dort als Aufwendungsersatz bezeichnet) mit einer Sonderregel für die Verjährung in § 479.

d) Kombinationsregresse

909 Deshalb kann das Gesetz auch, wo es dem Rückgriffsberechtigten die Vorteile beider Wege eröffnen will, die Möglichkeiten a und c kombinieren. Das tut besonders deutlich § 426: Sein Abs. 1 entspricht dem Weg c, sein Abs. 2 dem Weg a. Weitere Fälle eines eigenen Rückgriffsanspruchs sind die §§ 670, 683 (die allerdings nicht nur dem Rückgriff dienen, sondern allgemein dem Aufwendungsersatz). So kommt etwa auch der beauftragte Bürge zu einem doppelten Regress: Zessionsregress nach § 774 I, Mandats-(Auftrags-)regress nach § 670 (→ Rn. 913).

Der Unterschied zwischen den Wegen a und c zeigt sich auch im Prozess.

Beispiel: G ist von A und B durch eine unerlaubte Handlung geschädigt worden. G verklagt zunächst den A und wird rechtskräftig abgewiesen. Dann verklagt er B und erhält vollen Ersatz zugesprochen. Wenn B nun gegen A Rückgriff nehmen will, ist ihm der Weg über §§ 840, 426 II wegen § 325 I ZPO verschlossen. Ein Rückgriff nach §§ 840, 426 I wäre dagegen nicht gehindert: Insoweit ist B nicht Rechtsnachfolger des G.

e) Allgemeine Rückgriffskondiktion

910 Wo das Gesetz keine besondere Grundlage für einen Rückgriff geschaffen hat, kommt endlich ein Bereicherungsanspruch in Form der Rückgriffskondiktion in Betracht. Diese ist also in ähnlicher Weise subsidiär wie die Verwendungskondiktion (→ Rn. 886 ff.); sie soll daher erst am Ende besprochen werden (→ Rn. 948 ff.).

2. Rückgriffsgründe

911 Als Grund für einen Rückgriff genügt nicht schon, dass eine Leistung einen Dritten begünstigt hat.

Beispiel: Ersetzt der Brandstifter den Schaden, so wird damit auch der Feuerversicherer gegenüber dem Geschädigten frei. Trotzdem steht dem Brandstifter kein Rückgriff zu; er kann nicht etwa vom Geschädigten nach § 255 die Abtretung des Anspruchs gegen den Versicherer verlangen. Selbst eine Rückgriffskondiktion scheidet hier sicher aus.

a) Besondere Rückgriffsgründe

Die besonderen Rückgriffsgründe lassen sich etwas vereinfacht wie folgt gliedern:

aa) Die Gewährung eines Rückgriffs kann dem Umstand Rechnung tragen, dass **der Leistende** neben dem Begünstigten gleich- oder besserstufig **selbst schuldet.** Hier hat der Leistende nämlich im Verhältnis zum Gläubiger nur das getan, wozu er verpflichtet war, während im Verhältnis zum Mitschuldner eine solche Verpflichtung fehlen kann.

Fälle dieser Art sind der Rückgriff unter Gesamtschuldnern nach § 426 (auch unter Mitbürgen, §§ 769, 774 II) oder der Rückgriff des Bürgen gegen den Hauptschuldner, § 774 I. Das Problem liegt hier in der Frage nach der abgestuften Stellung der mehreren Schuldner (→ Rn. 916–918).

912 **bb)** Häufig genügt es für den Rückgriff auch, dass der Leistende zwar nicht selbst Schuldner war, ihm aber doch ein **Rechtsverlust drohte,** den die Leistung verhindern sollte. Beispiele hierfür sind die §§ 268 III, 1143 I, 1150, 1225, 1249.

Eine Ausnahme besteht jedoch bei der **Gesamthypothek** im Verhältnis der Eigentümer der belasteten Grundstücke untereinander. Hat einer der Eigentümer bezahlt, so erwirbt er nämlich nicht schon aus der Gesamthypothek einen Rückgriff gegen die Eigentümer der anderen Grundstücke. Denn die §§ 1173 I, 1181 II bestimmen im Gegensatz zu §§ 1143 I, 1225 nicht den Forderungsübergang auf den Leistenden. Auch § 426 ist hier nicht entsprechend anwendbar: Die Gesamthypothek ist »regresslos«. Nur soweit der Leistende aus einem Rechtsgrund außerhalb der Gesamthypothek Rückgriff nehmen kann, geht die Hypothek an den Grundstücken der Regressschuldner auf ihn über, §§ 1173 II, 1182.[4]

913 **cc)** Einen weiteren Rückgriffsgrund bildet die **Veranlassung** der Leistung **durch den Rückgriffsschuldner** selbst. Hierauf beruhen der Rückgriff des Beauftragten gegen den Auftraggeber, § 670, und der Anspruch des Arbeitnehmers gegen den Arbeitgeber bei Schädigung Dritter aus einer zum Ersatz verpflichtenden Schlechtleistung (hier hat der Arbeitgeber die Leistung und damit mittelbar auch veranlasst, dass der Arbeitnehmer dem Dritten ersatzpflichtig geworden ist).

Der Rückgriff nach § 670 steht auch dem Bürgen oder dem Verpfänder zu, wenn Verbürgung oder Verpfändung im Auftrag des Schuldners erfolgt sind. Hier verbindet sich also dann ähnlich wie bei § 426 der Rückgriff mittels einer cessio legis (→ Rn. 906: §§ 774 I, 1143 I, 1225) mit einem eigenen Rückgriffsanspruch. Zum Vorteil dieser Kombination → Rn. 909.

Am ehesten in diese Gruppe passt auch der Rückgriff beim **Verbrauchsgüterkauf** nach den §§ 478, 479 (→ Rn. 315): Der Unternehmer, der an den Verbraucher verkauft hat, soll wegen seiner Mängelhaftung einen Rückgriff gegen seinen Vormann (Zwischenhändler oder Hersteller) haben, wenn der Mangel schon bei diesem vorhanden war. Hierfür gewährt § 478 II einen Rückgriffsanspruch. Wichtiger ist aber § 479 II, III: Die Verjährung der Ansprüche in der Rückgriffskette (die häufig bis zum Hersteller reichen wird) soll erst zwei Monate ablaufen, nachdem die Ansprüche des Verbrauchers (bzw. des Vormanns) erfüllt sind **(Ablaufhemmung).** Hier wird also die kurze Verjährung von § 438 I Nr. 3 weithin suspendiert. Allerdings soll die Verjährung allemal nach fünf Jahren eintreten, § 479 II 2.

914 **dd)** Eine vierte Gruppe von Fällen wird dadurch charakterisiert, dass das **Eintreten des Leistenden erwünscht** ist und dieser daher durch den Rückgriff schadlos gehalten werden soll. So liegt es bei dem berechtigten Geschäftsführer ohne Auftrag, § 683, und bei der Erfüllung von Unterhaltspflichten, wenn primär ein anderer den Unterhalt schuldet, §§ 1607 II 2, III, 1608 S. 3, 1615l III 1, 1584 S. 3.

b) Allgemeine Rückgriffskondiktion

915 Soweit schließlich ein solcher besonderer Rückgriffsgrund fehlt, kommt als schwächste Regressform nur die Rückgriffskondiktion aus § 812 I 1 Fall 2 in Betracht (→ Rn. 910). Der Unterschied zu den vorher genannten »qualifizierten« Fällen zeigt sich sehr deutlich bei einem Vergleich von § 267 mit § 268: § 268 erleichtert dem Ablö-

4 Vgl. dazu *Baur/Stürner* SachenR § 43 Rn. 22ff.; *Westermann/Eickmann* SachenR § 107 Rn. 28ff.

sungsberechtigten nicht nur die Befriedigung des Gläubigers (§ 267 II gilt nicht; auch Hinterlegung und Aufrechnung sind möglich, § 268 II). Vielmehr ordnet § 268 III auch eine cessio legis und damit einen besonderen Weg für den Rückgriff an, während § 267 vom Rückgriff schweigt: Hier kommt eben, wenn nicht einer der genannten besonderen Rückgriffsgründe vorliegt (etwa berechtigte Geschäftsführung ohne Auftrag), nur die schwache Rückgriffskondiktion in Betracht.

II. Einzelfragen zu § 426 BGB[5]

916 Die allgemeinste und daher wichtigste Regressnorm ist § 426. Hierzu gibt es jedoch eine Reihe von Zweifeln.

1. Zweifel um den Anwendungsbereich von § 426 BGB

Fraglich ist schon, ob § 426 überall da gilt, wo von mehreren Schuldnern »jeder die ganze Leistung zu bewirken verpflichtet, der Gläubiger aber die ganze Leistung nur einmal zu fordern berechtigt ist« (§ 421).

a) Die Rechtsprechung hat das bisher durchweg verneint. Denn sie hat zwischen **echter und unechter Gesamtschuld** unterschieden: Nur für die echte soll § 426 gelten, für die unechte dagegen nicht.[6] Als Kriterium für das Vorliegen echter Gesamtschuld ist angegeben worden ein **innerer Zusammenhang** der mehreren Verpflichtungen im Sinne einer rechtlichen Zweckgemeinschaft.[7]

917 **b)** Demgegenüber hat die hM in der *Literatur* das Kriterium des »inneren Zusammenhangs« schon seit einiger Zeit als nichtssagend abgelehnt. Stattdessen wird jetzt darauf abgestellt, ob die Verpflichtungen der mehreren Schuldner wenigstens typischerweise **»gleichstufig« oder »gleichrangig«** sind:[8] Nur dann soll § 426 anwendbar sein. Der Gegenfall fehlender Gleichstufigkeit ist zunächst »scheinbare Gesamtschuld« genannt worden; bisweilen wird für ihn die Bezeichnung »Gesamtschuld« sogar völlig vermieden.[9]

Dieser Ansicht obliegt es freilich anzugeben, unter welchen Voraussetzungen Gleichstufigkeit gegeben sein soll. Sie wird bejaht zunächst für die Fälle, in denen das Gesetz Gesamtschuld anordnet (etwa §§ 427, 431, 769, 840). Doch geht man darüber noch hinaus.[10] So sollen Gesamtschuldner etwa auch Personen sein, von denen die eine aus Delikt und die andere aus Vertrag für denselben Schaden haftet (wichtiger vom Wortlaut des § 840 nicht erfasster Fall). Für eine analoge Anwendung von § 840 soll es genü-

5 Vgl. *Ehmann,* Die Gesamtschuld; 1972; *Reinicke/Tiedtke* Kreditsicherung Rn. 71 ff.; *Selb,* Mehrheit von Gläubigern und Schuldnern, 1984; *Winter,* Teilschuld, Gesamtschuld und unechte Gesamtschuld, 1985; *Goette,* Gesamtschuldbegriff und Regressproblem, 1974; *Riering,* Gemeinschaftliche Schulden, 1991; *K. Schreiber,* Die Gesamtschuld, JURA 1989, 353; *Finkenauer* NJW 1995, 432; *Stamm* NJW 2003, 2940; *S. Meier,* Gesamtschulden, 2010 (dazu *Ehman* AcP 211 [2011], 491); zum europäischen Vertragsrecht *S. Meier* AcP 211 (2011), 435.

6 Dazu RGZ 82, 206: »Fuldaer Dombrand« → Rn. 415.

7 BGHZ 59, 97 (100) und BGH JZ 1984, 230 (231) lassen aber offen, ob an diesem Erfordernis festzuhalten ist.

8 *Larenz* SchuldR I § 37 I mit weit. Angaben; vgl. auch BGH NJW 2012, 1070.

9 Etwa auch in BGHZ 106, 313 (318).

10 BGH NJW 2011, 996: Gefährdungshaftung nach § 7 StVG genügt für unerlaubte Handlung iSv § 840.

gen, dass der eine Schuldner aus Delikt auf Schadensersatz und der andere aus § 906 II 2 auf Ausgleich haftet.[11]

2. Lösungsvorschlag

918–919 Die Frage nach dem Umfang der Gesamtschuld ist nur sinnvoll als Frage nach dem **Anwendungsbereich der Normen über die Gesamtschuld.** Die praktisch wichtigste dieser Normen ist § 426. Folglich sollte man von »Gesamtschuld« nur da sprechen, wo § 426 passt. Daran fehlt es aber in allen Fällen einer speziellen, den § 426 verdrängenden Regressregelung: Insbesondere bei spezialgesetzlichen Zessionsanordnungen passt § 426 II sicher nicht, und auch § 426 I wird dort allgemein nicht angewendet. Danach muss man auf die **Funktion der Schuldnerhäufung** abstellen:

920 a) In den Fällen der **gesetzlichen Gesamtschuldanordnungen** besteht für den Gläubiger regelmäßig kein Unterschied hinsichtlich der Belangbarkeit seiner Schuldner: Jeder von mehreren Vertragspartnern (§ 427), Bürgen (§ 769) oder Deliktstätern (§ 840) kann unerreichbar, zahlungsunwillig oder insolvent sein. Dann bedeutet die Gesamtschuldanordnung die **optimale Sicherheit für den Gläubiger:** Er wird schon dann voll befriedigt, wenn nur ein einziger Schuldner leistungsfähig ist. Zudem entgeht er bei teilbarer Leistung der sonst durch § 420 begründeten Notwendigkeit, seine Forderung nach Maßgabe des ihm oft unbekannten Innenverhältnisses aufzuteilen.

921 b) In den **§§ 478, 479** (→ Rn. 315) ist auf eine Schuldnerhäufung sogar verzichtet worden, sodass eine Gesamtschuld von vornherein ausscheidet. Vielmehr muss sich in der Vertriebskette jeder an seinen unmittelbaren Vormann wenden.

922–925 c) Daraus folgt nun die Deutung der Abgrenzungskriterien »innerer Zusammenhang« (→ Rn. 916) und »Gleichstufigkeit« (→ Rn. 917): Bei der (echten) Gesamtschuld dienen die mehreren Forderungen demselben Zweck, nämlich der Sicherung und Befriedigung des Gläubigers. Insofern hängen sie zusammen oder stehen auf gleicher Stufe. Dagegen sind in den übrigen Fällen die **Zwecke verschieden:** Der eine Schuldner sichert und befriedigt allein schon den Gläubiger, während der andere Schuldner typischerweise nicht an den Gläubiger leistet, sondern nur dem Regress dient.

Freilich passt diese Typik nicht überall. So kann man etwa bei § 774 I nicht sagen, die Forderung gegen den Hauptschuldner sei nur als Regressmittel für den Bürgen und nicht auch als Befriedigungsmittel für den Gläubiger interessant. Dass das Verhältnis Bürge – Hauptschuldner nicht unter die §§ 421 ff. fällt, hat vielmehr einen anderen Grund: Die Forderung des Gläubigers gegen den Bürgen ist nach §§ 767 ff. der Hauptschuld akzessorisch. Sie ist also anders als nach §§ 422 ff. geregelt.

3. Gleichheit des Schuldinhalts?

926 Regelmäßig schulden bei der Gesamtschuld mehrere Personen eine nach Art und Umfang gleiche Leistung. Die neuere Rechtsprechung lässt aber von diesem Erfordernis einige Abweichungen zu. Diese Erweiterung des Gesamtschuldbegriffs soll über § 426 einen Rückgriff auch in Fällen ermöglichen, in denen er durch Vertrag oder Gesetz nicht angeordnet ist.[12]

---

11 BGHZ 85, 375 (386). S. auch *Neuner* JuS 2005, 385; 487. Schmerzensgeld kann nach § 906 II 2 nicht beansprucht werden: BGH NJW 2010, 3160.

12 Zur analogen Anwendung der §§ 421 ff. BGH NZM 2014, 582 Rn. 14 (dazu *Riehm* JuS 2014, 940).

BGHZ 43, 227: Der Bauunternehmer U hat mangelhaft gebaut, der Architekt A hat seine Aufsichtspflicht verletzt. Der Bauherr H erhält seinen ihm hierdurch entstandenen Schaden von A ersetzt. A will gegen U Rückgriff nehmen.

Als Anspruchsgrundlage kommt § 426 in Betracht, wenn A und U Gesamtschuldner waren. Aber § 427 passt schon deshalb nicht, weil beide sich nicht gemeinschaftlich verpflichtet hatten. Zudem schuldete zunächst nur A dem H Schadensersatz, während H von U vorerst (§ 635) bloß Mängelbeseitigung verlangen konnte. Dennoch hat der BGH hier Gesamtschuld angenommen, sodass dem A der Rückgriff gegen U nach §§ 426, 254 (→ Rn. 928) eröffnet war. Hier unterscheiden sich die Verpflichtungen von A und U in ihrem Inhalt sogar noch stärker voneinander. Für die Gesamtschuld soll aber genügen, dass die Haftung von A und U auf demselben Mangel beruht und die Leistung des einen dem anderen wenigstens teilweise zugutekommen kann. Der BGH bejaht eine gesamtschuldnerische Haftung auch für Bauunternehmer und Vermieter, wenn Sachen des Mieters durch einen Baumangel beschädigt werden: Folglich kann der vom Mieter in Anspruch genommene Vermieter gegen den Bauunternehmer nach § 426 Rückgriff nehmen.[13]

4. Ansprüche auf Veräußerungserlös und Schadensersatz

927

BGHZ 52, 39: D stiehlt bei E Geräte und verkauft sie an den gutgläubigen K. K veräußert die Geräte in seinem Geschäft an Dritte weiter. E genehmigt diese Veräußerungen (§ 185 II Fall 1) und verlangt von K den Erlös (§ 816 I 1). Wenig später erhält E von D vollen Ersatz seines Schadens. K verlangt jetzt von E aus eigenem und abgetretenem Recht des D den inzwischen gezahlten Veräußerungserlös zurück.

Hier ist vom Ergebnis her klar, dass E nicht den Veräußerungserlös und den vollen Schadensersatz behalten darf. Zunächst hatte der BGH diese Häufung auf folgendem Weg vermeiden wollen:[14] Nach § 255 brauche D Ersatz für den Verlust der Geräte nur gegen Abtretung der Ansprüche aus dem Eigentum zu leisten. Zu ihnen gehöre auch der Anspruch aus § 816 I. Wenn E den Veräußerungserlös bereits eingezogen habe, verwandle sich der Anspruch des D auf Abtretung in einen Anspruch auf Herausgabe des Erlöses. Dieser von D an K abgetretene Anspruch begründe die Klage K–E.

Dieser Konstruktion ist mit Recht entgegengehalten worden, eine Abtretung des Anspruchs aus § 816 an D sei sinnlos, weil D von seinem redlichen Abnehmer K den Veräußerungserlös wegen des Kaufvertrages D–K doch nicht verlangen könne.[15] Auch ist nicht einzusehen, warum K hier für seinen Anspruch den Umweg über D soll machen müssen.

Daher ist der BGH hier mit guten Gründen einen anderen Weg gegangen: D und K seien Gesamtschuldner des E gewesen, weil sie – wenn auch aus verschiedenen Gründen (§ 823 und § 816 I) – für den Verlust derselben Sache hafteten. Nach § 422 habe also die Zahlung D–E auch die Forderung E–K getilgt. Daher habe K nach der Leistung des D auf eine Nichtschuld gezahlt. Folglich könne K das Gezahlte mit der Leistungskondiktion von E zurückverlangen.

Übrigens »stimmt« im Ausgangsfall die Konstruktion des BGH uU auch, wenn K vor D an E zahlt: Da K von D wegen §§ 437ff. vollen Ausgleich verlangen konnte, erwarb K mit seiner Zahlung an E nach § 426 II den Anspruch E–D. Wenn D in Unkenntnis hiervon nochmals an E leistet, kann D nach §§ 412,

13 BGH NJW 1994, 2231; ähnlich weit gehend BGHZ 155, 265; dazu *Stamm* NJW 2003, 2940.
14 BGHZ 29, 157.
15 So *v. Caemmerer* JR 1959, 462; vgl. auch *Kühne* JZ 1969, 565; *Reeb* JuS 1970, 214. Zu den Ansichten von *G. Dilcher* JZ 1973, 199 und *Eike Schmidt* AcP 175 (1975), 165 in der 23. Aufl.

407 befreit werden (→ Rn. 752). K kann sich dann aus § 816 II an E halten und spart auch hier den Umweg über den (vielleicht insolventen) D.

5. Gestörte Gesamtschuld

928 Besondere Fragen ergeben sich bei der Regressbehinderung durch vertragliche oder gesetzliche Haftungsbeschränkung. Zur Einführung diene der Fall von

BGHZ 12, 213: S nimmt den G in einem Kraftfahrzeug mit; die Haftung des S wird ausgeschlossen. Durch das Verschulden des S und eines Dritten D ereignet sich ein Unfall, bei dem G verletzt wird.

Hier wären **ohne den Haftungsausschluss** S und D Gesamtschuldner des G nach §§ 823, 840. Daher könnte D, wenn er an G vollen Schadensersatz geleistet hat, nach § 426 gegen S Rückgriff nehmen. Für den Umfang dieses Rückgriffs wird heute allgemein § 254 (oder hier §§ 9, 17 StVG) entsprechend angewendet; diese Vorschrift wird demnach als »andere Bestimmung« iSv § 426 I angesehen. Inwieweit D gegen S Rückgriff nehmen könnte, hinge also im Wesentlichen von dem Ausmaß ihrer schuldhaften Mitwirkung an dem Unfall ab.

Nun ist aber **wegen des Haftungsausschlusses** S nicht Schuldner des G geworden; zwischen S und D kann also auch keine Gesamtschuld entstanden sein. Folglich müsste ein Rückgriff D–S nach § 426 mangels einer Gesamtschuld scheitern: Der vertragliche Haftungsverzicht G–S würde zulasten des an ihm unbeteiligten D wirken. Entsprechend läge es, wenn S dem G wegen eines zwischen ihnen bestehenden Rechtsverhältnisses schon kraft Gesetzes (zB nach §§ 708, 1359, 1664 I) nicht jede Fahrlässigkeit zu vertreten hätte und daher im Einzelfall nicht haftete.

a) Lösung zulasten des privilegiert haftenden Schädigers

929 Diese Wirkung des Haftungsausschlusses zulasten eines Dritten durch Ausschaltung des Rückgriffs nach § 426 hat der BGH lange Zeit im Ergebnis für unerträglich gehalten. Er hat daher dem Drittschädiger D den Rückgriff gegen S genauso zugesprochen, als ob der Haftungsausschluss nicht bestünde (Rückgriff aufgrund eines fingierten Gesamtschuldverhältnisses). Damit ist der Dreipersonenkonflikt G–D–S zulasten des S gelöst worden: S büßt über den Rückgriff des D die Vorteile aus dem Haftungsverzicht des G wieder ein.[16]

930 **BGHZ 46, 313** geht einen noch radikaleren Weg: Dort hatten Bekannte einen Wagen für eine gemeinsame Heimfahrt gemietet; die Kosten sollten gleichmäßig verteilt werden. Derjenige, der als einziger eine Fahrerlaubnis hatte, steuerte den Wagen. Infolge seiner geringen Fahrpraxis kam er von der Straße ab; die Mitfahrer wurden verletzt. Deren Ersatzansprüchen hielt der Fahrer § 708 entgegen.

Der BGH hat hier zwar das Vorliegen einer BGB-Gesellschaft angenommen. Er hat jedoch die Anwendung des § 708 unter anderem deshalb abgelehnt, weil der **Straßenverkehr keinen Raum für individuelle Sorglosigkeit** lasse. Dort gibt es keine »eigenen Angelegenheiten« iSd § 708.[17] Konsequenterweise hat der BGH später auch die Haftungserleichterung nach § 1359 für den Straßenverkehr abgelehnt,[18] und gleiches müsste für die §§ 690, 1664 I gelten, zudem jetzt auch für § 4 LPartG.[19]

---

16 So BGHZ 12, 213 für den vertraglichen Haftungsverzicht und BGHZ 35, 317 für die gesetzliche Haftungsbeschränkung nach § 1359.

17 *Larenz,* FS H. Westermann, 1974, 299.

18 BGHZ 53, 352; 61, 101; 63, 51 (57); BGH NJW 1992, 1227 (1228). Immerhin sollen Schadensersatzansprüche zwischen Ehegatten wegen § 1353 I 2 unter Umständen nicht unbeschränkt geltend gemacht werden können, vgl. etwa BGH NJW 1988, 1208.

19 Vgl. *Deutsch* JuS 1967, 496; *Medicus,* FS Deutsch, 2009, 883.

Aber das Argument des BGH überzeugt nicht: Mit der durch das Verkehrsstrafrecht sanktionierten Pflicht zur Anwendung aller Sorgfalt ist eine zivilrechtliche Beschränkung der Haftung im Verhältnis zu bestimmten Personen sehr wohl vereinbar.[20] Andernfalls müsste man jeden Haftungsverzicht, auch den vereinbarten, im Straßenverkehr für unwirksam halten.

931 Doch auch der vom BGH (→ Rn. 928f.) bejahte Rückgriff über ein fingiertes Gesamtschuldverhältnis ist problematisch. Er führt nämlich zu der Konsequenz, dass der nur beschränkt haftende S nichts zu leisten braucht, wenn er für den Unfall allein verantwortlich ist: Gegen einen direkten Anspruch des Geschädigten G schützt ihn der Haftungsverzicht, und auch der Rückgriff eines Drittschädigers D kommt dann nicht in Betracht: D ist ja nicht ersatzpflichtig und braucht daher an G keinen Schadensersatz zu leisten. S steht also nach der Ansicht des BGH besser, wenn er allein verantwortlich ist, als wenn er bloß teilverantwortlich wäre. Das bedeutet einen empfindlichen Wertungswiderspruch.

b) Andere Lösungsmöglichkeiten

932 Daher bleiben nur die beiden anderen denkbaren Wege: Entweder man lässt den Drittschädiger D auf dem ganzen Schaden sitzen, wenn der andere Unfallbeteiligte S infolge eines Haftungsausschlusses nicht haftet und daher kein Gesamtschuldverhältnis entsteht. Dafür spricht immerhin, dass D auch dann den ganzen Schaden allein tragen müsste, wenn außer ihm ein Deliktsunfähiger oder ein Naturereignis an der Schadensentstehung mitgewirkt hätte.

Der BGH hat diese Lösung zulasten des Drittschädigers später in folgendem Fall angewendet:[21] Ein Kind war durch das Verschulden seiner Eltern und der beklagten Stadt auf einem Spielplatz verletzt worden. Einer Haftung der Eltern gegenüber ihrem Kind stand § 1664 I entgegen.[22] Der BGH hat hier der Stadt weder einen Rückgriff gegen die Eltern zugebilligt noch die Haftung gemindert; die Stadt musste also endgültig den ganzen Schaden tragen.[23] Zur Begründung der Lösung des BGH müsste man § 1664 I (gleichzubehandeln wären § 1359 und § 4 LPartG) auch als Schutznorm für die Familie gegen Ansprüche Dritter verstehen.[24] Das wird aber vom BGH ohne Begründung vorausgesetzt.

Oder aber man kürzt den Anspruch des Geschädigten gegen den Drittschädiger von vornherein um den Betrag, den der Drittschädiger ohne den Haftungsausschluss durch den Rückgriff nach § 426 hätte ersetzt verlangen können:[25] Soweit der Geschädigte durch seinen Haftungsverzicht den Rückgriff des Drittschädigers vereitelt habe, sei sein Ersatzanspruch verwirkt. Beim gesetzlichen Haftungsausschluss (etwa § 1359) versage der Verwirkungsgedanke freilich.

---

20 Krit. auch *Schmieder* JZ 2009, 189 (192).
21 BGHZ 103, 338 (346), freilich ungeachtet des in BGHZ 35, 317 vertretenen Standpunkts.
22 Nach hM eine Anspruchsgrundlage; dagegen *Petersen*, FS Medicus, 2009, 295.
23 Krit. dazu etwa *Herm. Lange* JZ 1989, 48; *Muscheler* JR 1994, 441.
24 Vgl. *J. Hager* NJW 1989, 1640 (1649); *Petersen* JURA 1998, 399.
25 Grdl. *H. Stoll* FamRZ 1962, 64 für den vertraglichen Haftungsverzicht.

c) Lösungsvorschlag

933/934 Die zuletzt genannte Lösung zulasten des Geschädigten erscheint vorzugswürdig, und zwar ohne Beschränkung auf den vertraglichen Haftungsverzicht. Denn diese Lösung ist die gerechteste:[26] Sie belastet denjenigen, dessen Interessen durch den vertraglichen oder gesetzlichen Haftungsausschluss ohnehin abgewertet sind.[27]

d) Ähnliche Problemlagen

935 Jedenfalls passt die eben befürwortete Lösung am besten zur Behandlung einiger ähnlicher Fälle.

aa) Das trifft einmal für die Vorschriften zu, nach denen sich der Geschädigte ein Mitverschulden seines **Bewahrungsgehilfen** anrechnen lassen muss (→ Rn. 872).

Beispiel: G hat dem S einen Koffer zum Transport in einem Kraftwagen übergeben. Bei einem von S und einem Dritten D verschuldeten Unfall wird der Koffer zerstört. Hier muss sich G das Verschulden des S auf den Ersatzanspruch gegen D selbst dann anrechnen lassen, wenn neben D auch S für den Schaden haftet, sodass D gegen S Rückgriff nehmen könnte. Diese Lösung geht also zulasten des Geschädigten G.

936 **bb)** Auf derselben Linie liegt auch eine Rechtsprechung zum **Haftungsprivileg des Arbeitnehmers.**[28] Die Grenzen der so erreichbaren Entlastung zeigt aber

BGHZ 108, 305: Ein Arbeitnehmer hatte einen Kraftwagen beschädigt, den sein Arbeitgeber geleast hatte. Der Arbeitgeber war zahlungsunfähig; der Leasinggeber klagte daher aus § 823 I gegen den Arbeitnehmer. Hier hat der BGH konsequent entschieden, die Milderung der Arbeitnehmerhaftung für Vorsatz (§§ 104f. SGB VII) wirke nicht auch gegen den an dem Arbeitsverhältnis nicht beteiligten Leasinggeber.[29]

937 **cc)** Geändert werden kann das eben genannte harte Ergebnis aber durch eine **Haftungsfreizeichnung zugunsten Dritter.**[30]

BGH JZ 1962, 570: D hatte die Bewachung eines Bauplatzes dem Wachdienst W übertragen. Nach dem Vertrag sollte die Haftung des W für Schäden ausgeschlossen sein, die sich aus der Bedienung von Öfen ergaben. A, ein Arbeitnehmer des W, setzte durch unvorsichtigen Umgang mit einem Ofen einen dem D gehörenden Arbeitswagen in Brand. D verlangt von A Schadensersatz.

Hier hatte W ausdrücklich nur seine eigene Haftung ausgeschlossen. Der BGH hat aber mit Recht angenommen, dieser Haftungsausschluss erstrecke sich auf A, da W sonst den arbeitsrechtlichen Rückgriff des von D in Anspruch genommenen A fürchten müsse. Auch hier wird der Dreipersonenkonflikt also wieder zulasten des Geschädigten gelöst.

---

26 Auch der BGH selbst hat diese Lösung in Teilbereichen übernommen; vgl. BGHZ 51, 36 (dazu eing. Voraufl.). Lehrreich *Unberath* JuS 2004, 662 (zu BGH NJW 2003, 2984).

27 So etwa *J. Prölss* JuS 1966, 400; *Medicus* JZ 1967, 398; *Thiele* JuS 1968, 149 (157); mit Einschränkungen auch *Luckey* VersR 2002, 1213; *Wendlandt* JURA 2004, 325; *Stamm* NJW 2004, 811; *Stamm* BauR 2004, 240.

28 BAGE 5, 1; vgl. auch BGHZ 27, 62 (65). Dazu etwa *Walker* JuS 2002, 736; *K. Schreiber* JURA 2009, 26.

29 Dazu *Denck* JZ 1990, 175; *Baumann* BB 1990, 1833; *Gitter* NZV 1990, 415. Ebenso BGH NJW 1994, 852. Krit. etwa *H. Baumann* BB 1994, 1300; *Otten* DB 1997, 1618.

30 Dazu *Blaurock* ZHR 146 (1982), 238.

Noch darüber hinaus geht **938**

BGHZ 49, 278: V hatte an M einen Kleinbus vermietet. F, der Fahrer des M, zerstörte den Bus fahrlässig. V klagt zwei Jahre, nachdem er das Fahrzeugwrack zurückerhalten hatte, aus § 823 I gegen F. Dieser beruft sich auf Verjährung.

Zwar war hier die Verjährung für F nach §§ 195, 199 noch nicht eingetreten. Wohl aber hätte M sich nach § 548 auf Verjährung berufen können, und zwar auch gegenüber einem deliktischen Anspruch (§ 831) des V.[31] Der BGH hat dann die Regel aus dem oben (→ Rn. 937) behandelten Wachdienstfall auf die Verjährungsfrage erweitert: Wenn F aus schadensgeneigter Arbeit gegen M Rückgriff nehmen könne, müsse auch F sich auf die rasche Verjährung nach § 548 berufen dürfen: Andernfalls werde der durch § 548 beabsichtigte Schutz des M illusorisch.[32]

III. Sonderfragen beim Rückgriff des Bürgen

1. Bürgschaft und Pfandrecht

Viel diskutierte Schwierigkeiten ergeben sich, wenn für eine Forderung verschiedene Sicherheiten bestehen.[33] **939**

Beispiel: Für die Schuld des S bei G hat B sich verbürgt und E an seinem Grundstück eine Hypothek bestellt. Zahlt S, so läuft alles glatt: Die Bürgschaft erlischt, die Hypothek wird Eigentümergrundschuld. Wenn aber B zahlt, müsste er nach § 774 I 1 die Forderung G–S erwerben, und zwar nach §§ 412, 401 gesichert durch die Hypothek am Grundstück des E. Zahlt umgekehrt E, so scheint nach § 1143 I 1 die Forderung G–S auf ihn überzugehen, und zwar gesichert durch die Bürgschaft des B, §§ 412, 401.

Danach sieht es so aus, als sei der zuerst leistende Sicherungsgeber im Vorteil: Er erwirbt mit der Forderung des Gläubigers die andere Sicherung und kann sich aus dieser befriedigen. Mit Recht wird das überwiegend abgelehnt.[34] Am häufigsten werden die folgenden beiden Lösungen vertreten:

a) Der **Bürge** soll **bevorzugt** werden: Wenn er leistet, soll er die Hypothek erwerben; dagegen soll die Bürgschaft erlöschen, wenn der Eigentümer des belasteten Grundstücks leistet. Begründet wird das mit § 776: Diese Vorschrift zeige, dass das Gesetz den Bürgen wegen seiner persönlichen Haftung besser stellen wolle als andere, nur mit einem bestimmten Vermögensstück haftende Sicherungsgeber. Denn es erlösche ja nicht auch umgekehrt die Hypothek, wenn der Gläubiger sein Recht gegen einen Bürgen aufgibt.[35] **940**

---

31 So schon RGZ 66, 363.

32 Zum Zweck des § 548 auch BGH NJW 2014, 684 Rn. 13; dazu *Looschelders* JA 2014, 226.

33 Dazu etwa *Pawlowski* JZ 1974, 124; *Tiedtke* BB 1984, 1; *Tiedtke* WM 1990, 1270; sowie *Bayer/Wandt* JuS 1987, 271; *Mertens/Schröder* JURA 1992, 305. Zu Sicherungsgrundschuld und Bürgschaft vgl. BGH NJW 1982, 2308. Zum Regress des Ausfall- gegen den Regelbürgen BGH NJW 2012, 1946; dazu *Palzer* JURA 2013, 129; *Oechsler* VertrSchuldV Rn. 1410. Allg. *Heyers,* Wertungsjuristische Grundlagen der Bürgschaft, JA 2012, 81; *Schmolke,* Grundfälle zum Bürgschaftsrecht, JuS 2009, 585, 679, 784; sowie speziell zur Verjährung *Schmolke* WM 2013, 148; *Kiehnle* AcP 208 (2008), 635; *Petersen,* Schuldnermehrheiten, JURA 2014, 902.

34 S. nur *Neuner,* Der Prioritätsgrundsatz im Privatrecht, AcP 203 (2003), 46 (62).

35 So etwa *Reinicke/Tiedtke* Kreditsicherung Rn. 1317. Zu § 776 BGH NJW 2013, 2508 (dazu *K. Schmidt* JuS 2014, 71).

941 b) Die Regelung des Gesetzes für **Mitbürgen** (§§ 769, 774 II, 426) soll entsprechend gelten. Das bedeutet: Wer zuerst zahlt, erwirbt das andere Sicherungsrecht im Zweifel zur Hälfte; das Risiko des Rückgriffs gegen den Hauptschuldner wird also unter die Sicherungsgeber verteilt.[36] Diese Lösung ist vorzugswürdig und wird jetzt auch vom BGH vertreten.[37] Denn die §§ 1143 I 2, 1225 S. 2 verweisen auf § 774 und damit auf den Bürgenregress; also sieht das Gesetz den Verpfänder- und den Bürgenregress als gleichwertig an. Freilich kann zwischen den Beteiligten Abweichendes vereinbart werden. Auch ist das im Außenverhältnis gegenüber den Gläubigern übernommene Haftungsrisiko zu berücksichtigen.[38]

Warum verweist übrigens § 1143 I 2 nur auf § 774 I, während § 1225 den ganzen § 774 nennt? Antwort: Der entsprechende Fall zu § 774 II ist bei § 1143 die Gesamthypothek, § 1132 I 1, bei der sich ein Regress nach §§ 1143 II, 1173 richtet, → Rn. 912. Dagegen bestimmt sich der Rückgriff bei einer Mehrheit von Mobiliarpfändern für eine Forderung nach den §§ 1225, 774 II, 426.

2. Bürgschaft und Gesamtschuld

942 Schwierigkeiten bestehen auch, wenn Gesamtschuldner und Bürgen zusammentreffen.

BGHZ 46, 14: V hat an K einen Lastzug verkauft. K nimmt zur Finanzierung des Kaufpreises bei der Teilzahlungsbank T ein Darlehen auf, für dessen Rückzahlung sich auch V als Gesamtschuldner verpflichtet. Zusätzlich verbürgt sich B. Als die Verpflichtung notleidend wird, zahlt B an T. B will gegen V Rückgriff nehmen.

a) Der BGH hat hier angenommen, B habe sich nur für K (und nicht auch für V) verbürgt. Daher wirke eine Zahlung des B an T im Verhältnis zu V ebenso wie eine Zahlung durch K. B erlange also nach § 774 I zwar den Anspruch T–K. Dagegen gehe der Anspruch T–V nicht auf B über, weil auch K diesen Anspruch bei eigener Zahlung nicht erworben hätte. Denn im Verhältnis K–V habe K das Darlehen allein aufzubringen, weil es wirtschaftlich den von K an V zu zahlenden Kaufpreis bilde. Der Anspruch T–V soll also durch die Zahlung B–T erloschen sein.

Daraus folgt weiter: Hätte V an T gezahlt, so wäre ein Rückgriff gegen K nach §§ 426 II, 412, 401 durch die Bürgschaft des B gesichert. Hätte dagegen K gezahlt, so wären V und B endgültig befreit.

Dieses Ergebnis überrascht. Denn danach kann ein **Bürge für nur einen Gesamtschuldner schlechter stehen als die übrigen Gesamtschuldner:** Diese können gegen ihn Rückgriff nehmen, er aber nicht gegen sie. Die landläufige Vorstellung, die Bürgschaft sei weniger gefährlich als ein Schuldbeitritt, wäre also insoweit unrichtig.[39]

943 b) Demgegenüber bezweifeln einige bei Gesamtschulden aus einheitlichem Schuldgrund (zB nach § 427) schon den Ausgangspunkt des BGH, nämlich die Möglichkeit einer Beschränkung der Bürgschaft auf bloß einen Gesamtschuldner (hier auf K).[40] Vielmehr bestehe die Sicherheit für die abgelöste Forderung schlechthin.

---

36 *Larenz/Canaris* SchuldR II 2 § 60 IV 3a; *Esser/Weyers* SchuldR II § 40 IV 3; *Westermann/Gursky* SachenR § 128 Rn. 22f.; *Wolff/Raiser* SachenR § 140 V 1; § 165 II; *Hüffer* AcP 171 (1971), 470; *Finger* BB 1974, 1416; zum IPR *S. Lorenz/Unberath* IPrax 2004, 298.

37 BGHZ 108, 179; BGH NJW 2009, 437 Rn. 13.

38 BGH NJW 2009, 437 Rn. 15; 1982, 2308.

39 Klausurmäßige Lösung dieses schwierigen Falles bei *Petersen* SchuldR AT Rn. 421–426. Monographisch *Schürnbrand*, Der Schuldbeitritt zwischen Gesamtschuld und Akzessorietät, 2003; *Bartels*, Der vertragliche Schuldbeitritt im Gefüge gegenseitiger Dauerschuldverhältnisse, 2003.

40 *Esser/Schmidt* SchuldR I § 39 III 3c.

c) Demgegenüber ist aber die Möglichkeit einer Bürgschaft für eine Einzelforderung aus einem Gesamtschuldverhältnis zu bejahen.[41] Denn wegen § 425 kann sich die Gesamtschuld den einzelnen Schuldnern gegenüber verschieden entwickeln. Und da die Bürgenschuld nach § 767 I durch die Veränderungen der Hauptschuld mitbestimmt wird, muss sich feststellen lassen, welche Hauptschuld für die Bürgenschuld maßgeblich sein soll. 944

Beispiel: S und T schulden dem G gesamtschuldnerisch; B hat sich verbürgt. Nach Fälligkeit mahnt G allein den S; dann schuldet nach § 425 II auch nur dieser Verzugszinsen. Dass B nach § 767 I 2 für die Zinsschuld einzustehen hat, kann nur bejaht werden, wenn B sich nicht bloß für T verbürgt hat.

Dagegen dürfte das zwischen den Gesamtschuldnern geltende Ausgleichsverhältnis nicht ohne Weiteres auch den Rückgriff des Bürgen bestimmen.[42] Das zeigt gerade der Sachverhalt von BGHZ 46, 14 (→ Rn. 942) sehr deutlich: Letzten Endes soll K den Kaufpreis aufbringen; die Verpflichtungen von V und B sind nur Sicherungsmittel, deren Form von dem Verlangen der T bestimmt worden ist. Über den internen Ausgleich zwischen V und B (§ 426 I 1 analog) ist damit noch nichts gesagt. Vielmehr hängt alles davon ab, ob B im Verhältnis zu V und K deshalb die Bürgenstellung erhielt, weil er diesen gegenüber privilegiert sein sollte. Wenn das zu bejahen ist, wird man dem B den Rückgriff gegen V und K zu geben haben. Wenn sich dagegen ein solcher Wille zur Besserstellung des B nicht ermitteln lässt, ist B entsprechend § 426 I 1 **dem V gleichzustellen.** Denn bezogen auf das ganze Rechtsverhältnis sollten beide nur die Verpflichtung K–T sichern. Das passt auch zu der → Rn. 941 vertretenen Gleichstellung von Bürgen und Verpfändern.

In **BGHZ 46, 14** könnte dann also B bei Zahlungsunfähigkeit von K zur Hälfte gegen V Rückgriff nehmen. Entsprechend hätte V, wenn er die T befriedigt hätte, zur Hälfte von B Ausgleich verlangen können.

IV. Der Rückgriff nach Geschäftsführungs- und Bereicherungsrecht

1. Rückgriff aus besonderen Gründen

Als Ausgangspunkt diene folgendes 945

Beispiel: S schuldet dem G; ein Dritter D zahlt diese Schuld. Dann ist S dem G gegenüber nach § 362 freigeworden (→ Rn. 750).

a) In vielen Fällen ist die Frage nach dem Rückgriff D–S unproblematisch: Hat D **auf Anweisung** des S gezahlt, so ist er bei der Anweisung auf Schuld durch seine Zahlung dem S gegenüber freigeworden, § 787 I. Folglich bedarf er keines besonderen Rückgriffs. Und wenn D im **Auftrag** des S gehandelt hat, steht ihm der Rückgriff nach § 670 zu. Endlich kommt, wenn D ein **Ablösungsrecht** hatte, eine cessio legis nach § 268 III oder den Sondervorschriften des Pfandrechts (§§ 1143 I, 1150, 1225, 1249) in Betracht. Die übrig bleibenden Fälle sind verhältnismäßig selten.

Nicht hierher gehört der **Bürge.** Denn er zahlt regelmäßig auf seine eigene Bürgenschuld,[43] nicht auf die Verbindlichkeit des Hauptschuldners (ungenau insoweit der Wortlaut von § 766 S. 3). Die Bürgenzahlung hat daher mit § 267 nichts zu tun.

41 *Reinicke/Tiedtke* Kreditsicherung Rn. 430.
42 Anders *Reinicke/Tiedtke* Kreditsicherung Rn. 431.
43 *S. Lorenz,* Innenverhältnis und Leistungsbeziehungen bei der Bürgschaft, JuS 1999, 1145 (1150).

946 b) Bei den übrigen Fällen ist zunächst zu fragen, ob D als **berechtigter Geschäftsführer ohne Auftrag** gezahlt hat (→ Rn. 422ff.). Er hat dann über § 683 wieder den Rückgriff gegen S nach § 670. Bei der Zahlung von Unterhaltsschulden kommt es hier nach § 679 auf einen entgegenstehenden Willen des S nicht an. D muss aber stets wissen, dass es sich um eine fremde Schuld handelt, § 687 I.

Insoweit sind manche Vorschriften des **Familienrechts** günstiger, die eine cessio legis vorsehen: §§ 1607 II 2, III, 1608 S. 3, 1615l III 1, 1584 S. 3. Denn diese cessio legis wird nicht dadurch gehindert, dass der Leistende sich selbst für in erster Linie verpflichtet hält (etwa weil er von den näheren Verwandten oder der Leistungsfähigkeit des geschiedenen Ehegatten nichts weiß). Ein Geschäftsführungsanspruch wäre hier durch § 687 I ausgeschlossen.

947 c) In dem so weiter eingeengten Feld ist die nächste Gruppe die **unberechtigte Geschäftsführung ohne Auftrag** (→ Rn. 422ff.): D will zwar mit der Zahlung ein fremdes Geschäft besorgen, doch entspricht das nicht dem beachtlichen (§ 679) Willen des S. Hier verweist § 684 S. 1 auf Bereicherungsrecht, wenn S die Geschäftsführung nicht genehmigt.[44] Zu § 684 S. 1 kommt man auch bei der unechten Geschäftsführung in der Form der **Geschäftsanmaßung** über § 687 II 2 (→ Rn. 419). Hier ist allerdings Voraussetzung, dass S den D als Geschäftsführer behandelt, also sich die Leistung des D an G zunutze macht.

2. Abgrenzung zwischen Leistungs- und Rückgriffskondiktion

948 Die bedeutsamste Frage bei dieser Verweisung ins Bereicherungsrecht ist die Abgrenzung zwischen der Leistungs- und der Rückgriffskondiktion.[45]

a) Betrachten wir zunächst die **Leistung auf vermeintlich eigene Schuld.**[46]

Beispiele:

(1) D glaubt irrtümlich, er habe sich für S bei G wirksam verbürgt, und zahlt »als Bürge« an G. Wegen § 766 S. 3 darf die Bürgschaft hier freilich nicht bloß wegen Formmangels unwirksam gewesen sein!

(2) D glaubt, sein Hund habe G gebissen, und ersetzt diesem den Schaden. In Wahrheit ist G von dem Hund des S gebissen worden.

Bei (1) stellt die Zahlung des D an G eine Leistung auf die eigene Bürgenschuld des D dar. Da diese Schuld in Wahrheit nicht bestand, hat D gegen G die Leistungskondiktion aus § 812 I 1 Fall 1 *(condictio indebiti).* Eine Rückgriffskondiktion D–S kommt hier schon deshalb nicht in Betracht, weil die Zahlung die Schuld des S nicht getilgt und S daher nichts erlangt hat.

Ganz ähnlich hat D **bei (2)** erkennbar auf seine eigene Deliktsschuld leisten und nicht als Dritter (§ 267) die Deliktsschuld des S erfüllen wollen. Daher steht wiederum dem D gegen G die Leistungskondiktion zu; S hat durch die Zahlung nichts erlangt und scheidet schon deshalb als Kondiktionsschuldner aus.

Die Leistung auf eine vermeintlich eigene Schuld löst daher fast immer nur die Leistungskondiktion des Leistenden gegen den Empfänger aus und nicht die Rückgriffs-

44 Ob das eine Rechtsgrund- oder Rechtsfolgeverweisung darstellt, ist umstritten, hat aber kaum Bedeutung; näher *Loyal* JZ 2012, 1102 (für Rechtsgrundverweisung).

45 Zur Notwendigkeit einer eigenen Rückgriffskondiktion vgl. MüKoBGB/*M. Schwab* § 812 Rn. 318; *Larenz/Canaris* SchuldR II 2 § 69 III 2; *Looschelders* SchuldR BT Rn. 1099.

46 Dazu *Koppensteiner/Kramer* BereicherungsR 102f.

kondiktion gegen den wirklichen Schuldner. Ausnahmen kommen nur nach → Rn. 951 in Betracht.

949 **b)** Aber auch die **Leistung auf** eine (wirklich bestehende, sonst → Rn. 685) **fremde Schuld** soll nach einer Ansicht zu einer Leistungskondiktion führen: Geleistet sei, um den Rechtsgrund »berechtigte GoA« (mit dem Rückgriff nach §§ 683, 670) entstehen zu lassen, Kondiktionsgrund sei die Verfehlung dieses Zwecks. Ein Teil der Lehre scheint deshalb eine von der Leistungskondiktion verschiedene Rückgriffskondiktion überhaupt für ausgeschlossen zu halten.[47] Doch das wäre bei §§ 687 II 2, 684 S. 1 sicher falsch: Hier fehlt ja mit dem Fremdgeschäftsführungswillen schon der für die Leistung nötige Wille zur Mehrung fremden Vermögens. Aber auch bei Vorliegen des Fremdgeschäftsführungswillens braucht die unberechtigte GoA keineswegs immer daraus zu resultieren, dass eine beabsichtigte berechtigte Geschäftsführung misslungen ist: Der Geschäftsführer (= zahlender Dritter) kann ja den entgegenstehenden Willen des Geschäftsherrn (= befreiter Schuldner) kennen.[48] Wenigstens dieser Fallbereich von § 267 bleibt also für die Rückgriffskondiktion.[49]

Beispiel: D zahlt die Restkaufpreisschuld des Abzahlungskäufers S beim Verkäufer G. D will nämlich bei S in die Kaufsache vollstrecken, ohne eine Drittwiderspruchsklage (§ 771 ZPO) des G fürchten zu müssen. § 268 mit seinem Zessionsregress passt hier schon deshalb nicht, weil D vor der Pfändung an der Kaufsache noch keinerlei Recht hat.

3. Voraussetzungen der Rückgriffskondiktion

950 Danach kommt eine Rückgriffskondiktion nur unter folgenden Voraussetzungen in Betracht:

(1) Es muss auf die fremde Schuld geleistet worden sein; sonst ist der Schuldner nicht befreit worden.
(2) Diese Schuld muss wirklich bestanden haben; sonst kann es ja gleichfalls zu keiner Befreiung kommen.
(3) Endlich darf auch der Rückgriff nicht schon in anderer Weise geregelt sein (zB durch § 670 oder eine Legalzession, → Rn. 945 f.). Denn dieser Rückgriff aus anderen Vorschriften bedeutet, dass der Schuldner nur den Gläubiger gewechselt und daher gleichfalls nichts Kondiktionsfähiges erlangt hätte.

951 Demgegenüber will eine andere Ansicht den Anwendungsbereich der Rückgriffskondiktion wesentlich erweitern.[50] Wer auf vermeintlich eigene Schuld geleistet hat, soll nämlich diese **Tilgungsbestimmung seiner Leistung nachträglich ändern** können: Er soll seine Leistung als auf die fremde Schuld erfolgt behandeln dürfen. Er erhält damit statt seiner Leistungskondiktion gegen den Empfänger eine Rückgriffskondiktion gegen den – nunmehr befreiten – Schuldner. Dieses Wahlrecht kann dem Leistenden sehr gelegen kommen.

Es möge etwa in dem Hundebeispiel von → Rn. 948 G unerreichbar oder ein vermögensloser Landstreicher und S wohlsituiert sein: Wenn hier D seine Zahlung an G nachträglich auf die Schuld des S »umdirigieren« könnte, dürfte er gegen S Rückgriff nehmen, weil er dessen Schuld bei G getilgt hat.

47 *Eike Schmidt* AcP 175 (1975), 165 (172).
48 So *Koppensteiner/Kramer* BereicherungsR 103.
49 Vgl. auch BGHZ 198, 381; dazu: *K. Schmidt* JuS 2014, 548 (549); *Fervers* NJW 2014, 1097.
50 So *v. Caemmerer*, FS Dölle, Bd. I, 1963, 135 (147).

Ein solches Wahlrecht kommt am ehesten bei § 2022 II, III in Betracht: Wenn dort der redliche Erbschaftsbesitzer wegen seiner Leistungen auf Nachlassverbindlichkeiten gegen den Erben Regress nehmen kann, folgt daraus auch die Befreiung der Erben von diesen Verbindlichkeiten (→ Rn. 603j). Gegen eine allgemeine Anerkennung des Wahlrechts bestehen jedoch erhebliche Bedenken.[51] So kann etwa S inzwischen schon selbst an G gezahlt haben; durch das Wahlrecht des D könnte S in die missliche Lage kommen, nun seinerseits von G kondizieren zu müssen. Auch mag im Verhältnis S–G eine Aufrechnungslage bestanden haben, deren Ausnützung durch das Dazwischentreten des D vereitelt würde. Endlich wird in der Insolvenz des G durch das Wahlrecht des D die Masse verkürzt: Diese würde den Anspruch gegen S verlieren, was dem Sinn des § 91 InsO widersprechen könnte. Man sollte daher ein Wahlrecht des D wenigstens regelmäßig verneinen. Der BGH hat freilich ein solches Wahlrecht, ohne sich allgemein festzulegen im Einzelfall bejaht[52].

4. Der »aufgedrängte« Rückgriff

952 Bei der Rückgriffskondiktion tritt noch eine weitere Frage auf, die dem Problem der »aufgedrängten Bereicherung« bei der Verwendungskondiktion ähnelt (→ Rn. 899). Denn bei unbeschränkter Zulassung der Rückgriffskondiktion könnte sich jeder durch Zahlung fremder Schuld zum Gläubiger des Schuldners machen.

> **Beispiel:** D will das Grundstück seines Nachbarn N erwerben, doch ist dieser zum Verkauf nicht bereit. Daraufhin zahlt D die Schulden des N bei G und geht mit der Rückgriffskondiktion gegen N vor, um dessen Grundstück zur Zwangsversteigerung zu bringen.

Die bei der Verwendungskondiktion brauchbaren Hilfsmittel versagen hier offenbar: N hat gegenüber der von D herbeigeführten Tilgung seiner Schulden keinen Schadensersatz- oder Beseitigungsanspruch, den er der Kondiktion einredeweise entgegenhalten könnte. Und wenn die Forderung G–N einredefrei war, lässt sich auch die Bereicherung des N nicht leugnen (→ Rn. 899).

Gegenüber dem aufgedrängten Rückgriff kann man auch nicht mit dem (entsprechend anzuwendenden) § 814 helfen.[53] Denn diese Vorschrift ist auf die Leistungskondiktion zugeschnitten und passt für den Rückgriff nicht: Wer als auftragsloser Geschäftsführer oder gar in Geschäftsanmaßung (§ 687 II, → Rn. 949) fremde Schulden begleicht, weiß regelmäßig, dass er dazu nicht verpflichtet ist. Die für die Rückgriffskondiktion in Betracht kommenden Fälle würden also in allzu großer Zahl dem § 814 zum Opfer fallen.

Doch darf der Schuldner von Rechts wegen überhaupt nicht damit rechnen, seinen Gläubiger zu behalten: Die Forderungsabtretung ist nach § 398 ohne Mitwirkung des Schuldners möglich. Anders liegt es bloß bei rechtsgeschäftlichem Ausschluss der Abtretbarkeit nach **§ 399 Fall 2.** Nur wo die Rückgriffskondiktion eine Umgehung dieser Vorschrift bedeutet, wird man sie also für ausgeschlossen halten müssen.[54] Andernfalls ist auch der »aufgedrängte Rückgriff« zulässig.

51 Vgl. etwa *W. Lorenz*, FS Institut Heidelberg, 1967, 267; *Esser/Weyers* SchuldR II § 48 III 6a, aA *Reuter/Martinek* BereicherungsR 473ff.; *Larenz/Canaris* SchuldR II 2 § 69 III 2c; *Looschelders* SchuldR BT Rn. 1102; vermittelnd *Stolte* JURA 1988, 246.

52 BGH NJW 1986, 2700 für einen Unfallversicherungsträger, der irrtümlich Leistungen für ein verunglücktes Kind erbracht hatte und nun gegen dessen Vater Rückgriff nehmen wollte.

53 BGH NJW 1998, 377 (379); 1976, 144; *v. Caemmerer*, FS Rabel, Bd. I, 1954, 333 (360).

54 *S. Meier* ZfPW 2015, 103 (113) – Folge: entgegen § 267 auch keine Befreiungswirkung.

Ein sinnvoller Schuldnerschutz lässt sich jedoch über die **§§ 404, 406 ff.** erreichen.[55] Dafür spricht die Funktionsgleichheit des Rückgriffs nach Bereicherungsrecht mit einem Rückgriff nach Zessionsrecht, bei dem die §§ 404 ff. direkt oder über § 412 anwendbar sind. Zumindest darf der Gläubiger eines Bereicherungsrückgriffs nicht besser stehen als der eines Zessionsrückgriffs: § 268 (Abs. 3: Zessionsrückgriff) will den Gläubiger eher gegenüber § 267 (Bereicherungsrückgriff) privilegieren. Insbesondere bleiben also dem Schuldner auch beim Bereicherungsrückgriff analog § 404 und unabhängig von § 818 III alle Einreden erhalten, die dem ursprünglichen Gläubiger hätten entgegengehalten werden können. Auch kann analog § 407 noch eine Leistung an den alten Gläubiger befreien. Endlich verjährt der Bereicherungsanspruch wegen der Befreiung von einer Verbindlichkeit zum Schutz des Schuldners ebenso wie diese selbst.[56]

55 *Canaris,* FS Larenz, 1973, 799 (845) und bei *Larenz/Canaris* SchuldR II 2 § 69 III 2b.
56 BGHZ 89, 82 (87); BGH NJW 2000, 3492 (3494).

Gesetzesregister

(Die Angaben verweisen auf die Randziffern einschließlich der Fußnoten.)
Die Hauptfundstellen sind durch *Kursivdruck* bezeichnet.

Sachregister

(Die Angaben verweisen auf die Randziffern einschließlich der Fußnoten.)
Die Hauptfundstellen sind durch *Kursivdruck* bezeichnet.

Besonders wichtige Entscheidungen

Hier werden einige besonders wichtige Entscheidungen nochmals kurz zusammengestellt: mit Fundstelle, Andeutung des Sachverhalts und dem wesentlichen Inhalt. Die Reihenfolge entspricht derjenigen, in der die Entscheidungen in diesem Buch besprochen worden sind.

BGHZ 91, 324 Sparkassenfall: Eine Bürgschaftserklärung wird ungewollt (also ohne Erklärungsbewusstsein) fahrlässig ausgesprochen. Der BGH hält diese Erklärung nicht für nichtig, sondern für anfechtbar (→ Rn. 130).

BGHZ 78, 28; BGHZ 162, 137; BGHZ 187, 119 Immobilienschenkungen an minderjährige Kinder: Die elterliche Schenkung (§ 516 I) eines vermietetes Grundstück oder einer Eigentumswohnung ist lediglich rechtlich vorteilhaft (§ 107). Dagegen ist der Grunderwerb wegen § 566 bzw. § 10 VIII WEG rechtlich nachteilig. Trotz wirksamer Schenkung bedürfen die Eltern für die Übereignung der Genehmigung eines Ergänzungspflegers (anders noch BGHZ 78, 28: wegen Gesamtbetrachtung von Schenkung und Übereignung müsse der Pfleger bereits die Schenkung genehmigen; → Rn. 172a).

BGHZ 55, 128 Flugreisefall: Ein Minderjähriger erlangt rechtsgrundlos einen Flug von Hamburg nach New York. Obwohl der Minderjährige dort sofort wieder abgeschoben wird, bejaht der BGH einen Bereicherungsanspruch auf den Wert des Fluges (→ Rn. 176; 189; 665).

RGZ 117, 121 Edelmannfall: Die Form des § 311b I bleibt unbeachtet, weil der Versprechende sich auf sein »Edelmannswort« beruft. Das RG hat eine Verbindlichkeit abgelehnt (→ Rn. 181). Der BGH hat später unter Berufung auf § 242 bisweilen anders entschieden, besonders bemerkenswert BGHZ 23, 249 zur formlosen Hoferbenbestimmung (→ Rn. 181; 186; 192).

BGHZ 21, 319 Hamburger Parkplatzfall: Die bloße Benutzung einer gebührenpflichtigen Parkfläche soll **selbst** dann einen Vertragsanspruch auf das Entgelt begründen, wenn der Benutzer die Zahlung von vornherein abgelehnt hat (→ Rn. 189; 191). Diese vieldiskutierte Entscheidung zum faktischen Vertrag ist aber später fast ohne Folgen geblieben.

BGHZ 202, 17 Stromentnahmefall: Aus Sicht eines objektiven Dritten nimmt der Pächter eines Grundstücks mit der tatsächlichen Stromentnahme ein in der Bereitstellung des Stroms liegendes, konkludentes Vertragsangebot des Energieversorgers (Realofferte) an, sodass der Stromlieferungsvertrag unter Berücksichtigung der »normierenden Kraft der Verkehrssitte« mit ihm und nicht mit dem Grundstückseigentümer zustande kommt (→ Rn. 192).

RGZ 78, 239 Linoleumrollen: Schon aus den Eintritt in Vertragsverhandlungen sollen sich Sorgfaltspflichten ergeben, für deren Verletzung durch einen Gehilfen nach § 278 (jetzt in Verbindung mit § 311 II 1 Nr. 2) gehaftet wird. Diese Entscheidung bildet den Beginn der Tendenz, die schon durch § 823 I geschützten Rechtsgüter bei engem Kontakt zwischen Geschädigtem und Schädiger noch zusätzlich durch Ansprüche aus culpa in contrahendo (bzw. Vertrag mit Schutzwirkung für Dritte) zu schützen (→ Rn. 199; 844).

BGHZ 126, 181 Grundsatzentscheidung zur Haftung Dritter aus culpa in contrahendo. Diese Haftung trifft regelmäßig nur denjenigen, der Partei des beabsichtigten Vertrages werden will, nicht aber seine Vertreter oder Verhandlungsgehilfen. Hiervon hatte die Rspr. zwei allgemeinere Ausnahmen zugelassen: Haften kann ein an Vertragsverhandlungen beteiligter Dritter, wenn er an dem Vertragsschluss persönlich interessiert war oder besonderes Vertrauen gerade für sich in Anspruch genommen hatte. Beide Gesichtspunkte haben aber nicht zueinander gepasst, weil ein Eigeninteresse eher gegen eine besondere Vertrauenswürdigkeit spricht. Die Entscheidung löst diesen Widerspruch, indem sie das Eigeninteresse als Haftungsgrund nur noch unter ganz besonderen Umständen gelten lässt; fast allein soll entscheiden, dass der Dritte Vertrauen für sich selbst in Anspruch genommen hat (→ Rn. 200a f.; 622). Vgl. jetzt § 311 III.

BGHZ 93, 23 Kartoffelpülpe: Durch die leichtfahrlässige Verletzung einer Aufklärungspflicht wird das Erhaltungsinteresse des Beschenkten verletzt. Der BGH wendet die primär für Leistungspflichten geltenden Haftungsmilderung nach § 521 jedenfalls dann an, wenn die verletzte Schutzpflicht »im Zusammenhang mit dem Vertragsgegenstand steht« (→ Rn. 209a).

BGHZ 163, 381: Der (verschuldensabhängige) Aufwendungsersatzanspruch nach § 284 kann neben dem Aufwendungsersatz aus § 347 II, der auf notwendige Verwendungen beschränkt ist, geltend gemacht werden (§ 325). Ebenso ist es möglich, § 284 mit einem Schadensersatzanspruch neben der Leistung zu kombinieren. Sachlich umfasst § 284 sowohl kommerzielle als auch nichtkommerzielle Aufwendungen (→ Rn. 242).

BGH NJW 2011, 2871 Tankstellenfall: Bereits mit dem Einfüllen des Kraftstoffs kommt an der Zapfsäule einer Selbstbedienungstankstelle (und nicht erst an der Kasse) ein Kaufvertrag über den entnommenen Kraftstoff zustande, da hierdurch – anders als im Selbstbedienungsladen – ein praktisch unumkehrbarer Zustand geschaffen wird. Das Tanken als anonymes Massengeschäft rechtfertigt es, dass der nicht zahlende Käufer, der nach dem Tankvorgang nur mit besonderem Aufwand ermittelt werden kann, auch ohne Mahnung nach § 286 II Nr. 4 in Verzug gerät (→ Rn. 245).

BGHZ 80, 153 Verbraucherkredit: Der Darlehenszins enthält u. a. eine Prämie für das Risiko, dass der Gläubiger den Kredit nicht zurückerlangen kann. Die Höhe dieses Risikos wächst mit der Unsicherheit des Schuldners. Daher könnte der Zins bei sehr unsicheren Schuldnern hohe Sätze erreichen. Die genannte Entscheidung begründet aber bei Verbraucherkrediten eine Obergrenze, die zwar nicht allemal verbindlich ist, deren Überschreitung sich aber praktisch nur schwer rechtfertigen lässt: den doppelten Satz des von der Deutschen Bundesbank monatlich ermittelten und veröffentlichten Schwerpunktzinses. Infolge dieser Entscheidung (und einiger weiterer) sind zahlreiche Kredite nach § 138 I als nichtig eingestuft worden, weil es sich um »wucherähnliche Geschäfte« handele (→ Rn. 254). Zur Rückabwicklung solcher Kredite vgl. → Rn. 699 f.

RGZ 99, 1 Galizische Eier: Bei der Gattungsschuld wird trotz § 279 (jetzt § 276 I 1: Übernahme eines Beschaffungsrisikos) für untypische Leistungshindernisse (dort: feindliche Besetzung) nach § 242 eine Garantiehaftung des Schuldners verneint (→ Rn. 267).

BGHZ 162, 219 eigenmächtige Selbstvornahme: Beseitigt der Käufer einen Mangel der Kaufsache eigenmächtig selbst, ohne dem Verkäufer zuvor erfolglos eine Frist zur Nacherfüllung gesetzt zu haben, so stehen ihm weder Minderungs- (§§ 437 Nr. 2, 441) noch Schadensersatzansprüche (§§ 437 Nr. 3, 280, 281) zu. Ebenso wenig kann er Zahlung der ersparten Nacherfüllungskosten gemäß §§ 326 II 2 (analog), 326 IV, 346 verlangen, da ansonsten der Vorrang der Nacherfüllung konterkariert würde (→ Rn. 290).

EuGH NJW 2011, 2269; BGHZ 192, 148 Bodenfliesen: Beim Verbrauchsgüterkauf umfasst die Nacherfüllung durch »Lieferung einer mangelfreien Sache« (§ 439 I Var. 2) in richtlinienkonformer Auslegung sowohl den Ausbau und den Abtransport der mangelhaften als auch den Einbau der mangelfreien Sache. Nach § 439 II hat der Verkäufer die hierbei entstehenden Kosten zu tragen. Bei absoluter Unverhältnismäßigkeit der Aus- und Einbaukosten ist der Verkäufer in richtlinienkonformer Rechtsfortbildung des § 439 III 3 nur dann zur Verweigerung der Baumaßnahmen berechtigt, wenn er sich an den Kosten der Nacherfüllung angemessen beteiligt (→ Rn. 291 b).

BGH NJW 2015, 468 Hausschwamm: Lehnt der Verkäufer die Nacherfüllung wegen unverhältnismäßiger Kosten zu Recht nach § 439 III ab, so ist – nach dem Schutzgedanken von § 439 III – auch der etwaige Schadensersatzanspruch des Käufers nach §§ 437 Nr. 3, 280 I, III, 281 I 1 auf den mangelbedingten Minderwert beschränkt (→ Rn. 291 d).

BGHZ 181, 317: Der mangelbedingte Betriebsausfallschaden des am Vertrag festhaltenden Käufers ist als Schadensersatz neben der Leistung gemäß §§ 437 Nr. 3, 280 I zu ersetzen. Auf das Vorliegen der Verzugsvoraussetzungen (§ 286) kommt es nicht an (→ Rn. 299).

BGH NJW 1974, 1705 Lottofall: Für eine unentgeltliche Geschäftsbesorgung (Erledigung von Lottoscheinen) wird ein Rechtsbindungswille nicht schlechthin verneint, aber doch insoweit, als aus einer Pflichtverletzung hohe Schäden drohen (nämlich der Entgang von Lottogewinnen, → Rn. 372).

BGHZ 97, 372 Pillenfall: In einer nichtehelichen Lebensgemeinschaft unterlässt die Frau abredewidrig empfängnisverhütende Maßnahmen; der Mann verlangt von ihr Ersatz der Beträge, die er als Vater für das daraufhin geborene Kind aufwenden muss. Der BGH hält den Anspruch für unbegründet: Im Zweifel fehle bei der Abrede über die Empfängnisverhütung schon ein Rechtsbindungswille; zumindest sei für den Intimbereich eine Rechtsbindung nicht möglich (→ Rn. 372 a).

BGH NJW 2015, 1014: Unentgeltliche, ehebedingte Zuwendungen der Schwiegereltern sind keine »unbenannten Zuwendungen«, sondern Schenkungen (§ 516 I), da sie – anders als Zuwendungen unter Ehegatten – zu einer dauerhaften Vermögensminderung beim Zuwendenden führen. Der Bestand der Ehe bildet die Geschäftgrundlage für die Schenkung (§ 313 I). Eine Vertragsanpassung setzt eine für den Einzelfall zu ermittelnde Unzumutbarkeit des Festhaltens am Vertrag voraus, wobei die Ehedauer und die jeweiligen Vermögensverhältnisse zu berücksichtigen sind.

RGZ 83, 223 Bonifatiusfall: Eine Schenkungsofferte wird erst überbracht, nachdem der Versprechende gestorben ist. Das RG hat § 2301 (und damit Unwirksamkeit) bejaht; der BGH dürfte heute anders entscheiden (→ Rn. 392ff.).

BGHZ 98, 226 »Goldene Worte« des BGH zur Umgehung des Erbrechts durch Geschäfte unter Lebenden mit Wirkung auf den Todesfall: Hervorgehoben wird insbesondere die Gefahr einer Benachteiligung der Pflichtteilsberechtigten (→ Rn. 397).

BGHZ 68, 225: Grundsatzentscheidung zu der schwierigen Grenzziehung zwischen Erb- und Gesellschaftsrecht (Klärung gegenüber BGHZ 22, 186) (vgl. → Rn. 402).

RGZ 82, 206 Dombrandfall: Nach Ansicht des Reichsgerichts kann der Staat, der einen Brandschaden aufgrund seiner Kirchenbaulastpflicht reguliert, vom Verursacher des Brandes Kostenersatz aus GoA verlangen. Mangels wechselseitiger Tilgungswirkung lag keine echte Gesamtschuld vor, sodass ein Anspruch aus § 426 I ausschied. Auch erfolgte die Schadensregulierung nicht im Interesse des Verursachers, sodass der Staat richtigerweise nur aus abgetretenem Recht der Kirche gem. §§ 823 II, 306d StGB gegen ihn vorgehen kann. Der Anspruch auf Abtretung folgt aus § 242 oder analog § 255 (vgl. → Rn. 415).

BGHZ 137, 212: Grundsatzentscheidung zur Freigabe fiduziarischer Globalsicherheiten. Umstritten war die Frage, ob der Sicherungsvertrag einen vom Ermessen des SiN unabhängigen Anspruch des SiG auf die Rückgabe nicht mehr benötigter Sicherheiten enthalten müsse. Wenn man das bejahte, ergab sich die weitere Frage, ob die dann eintretende Unwirksamkeit (oder Teilunwirksamkeit) des Sicherungsvertrages (nach § 138 BGB oder § 9 AGBG, jetzt § 307) auch die Wirksamkeit der Sicherung beeinträchtigte. Der GSZ hat die Problematik in einer den SiN schonenden Weise gelöst: Der Freigabeanspruch folge schon aus dem fiduziarischen Charakter der Sicherheit, selbst wenn der Sicherungsvertrag ihn nicht oder nur unangemessen regele. Nach dem Rechtsgedanken von § 237 S. 1 entstehe der Freigabeanspruch regelmäßig, soweit der Schätzwert des Sicherungsguts den Betrag der zu sichernden Forderungen um mehr als 50% überschreite. Die Frage nach der Unwirksamkeit der Sicherung wegen des Fehlens einer angemessenen Freigaberegelung bleibt damit vermieden (→ Rn. 524).

RGZ 135, 75; 138, 265 Zuckerfall: Ein Lagerhalter mittelt unberechtigt einem Dritten den Besitz an dem eingelagerten Zucker, ohne das dem Einlagerer erkennbar zu machen. Das RG hat hier bloßen »Nebenbesitz« des Dritten verneint und diesem vollen (mittelbaren) Besitz zugesprochen; der Dritte konnte daher nach § 934 Eigentümer des Zuckers werden (→ Rn. 558).

RGZ 130, 69 Menzelbilderfall: Die Ersitzung nach § 937 ist nur dann kondiktionsfest, wenn der zur Ersitzung führende Eigenbesitz auf einen Rechtsgrund zurückzuführen ist. Andernfalls sind sowohl der Besitz als auch das durch die Ersitzung erlangte Eigentum kondizierbar. Die heute hL stellt für die Frage der Kondiktionsfestigkeit der Ersitzung darauf ab, ob es sich um eine Leistungs- (Kondiktion möglich) oder um eine Eingriffskondiktion (dann keine Kondiktionsmöglichkeit) handelt (→ GW Rn. 268).

BGHZ 34, 122; 34, 153: Grundsatzentscheidungen zu den Rechten des Unternehmers, der ein dem Besteller nicht gehörendes Kraftfahrzeug repariert hat: Der BGH verneint die Möglichkeit, ein gesetzliches Unternehmerpfandrecht nach §§ 647, 1257 gutgläubig zu erwerben. Dagegen bejaht er ein Zurückbehaltungsrecht nach §§ 1000, 994, 996 (zweifelhaft insbesondere, wenn der Besteller zur Zeit der Reparatur noch ein Recht zum Besitz hatte, vgl. → Rn. 587ff.).

BGHZ 24, 21 Straßenbahnfall: Der BGH bejaht für Verletzungen im Straßen- und Bahnverkehr einen (vom Schädiger zu beweisenden) »Rechtfertigungsgrund des verkehrsrichtigen Verhaltens«. Die hiermit sich andeutende Hinwendung des BGH zum »Handlungsunrecht« ist aber fast folgenlos geblieben (→ Rn. 606; 782).

BGHZ 29, 65 Stromkabelfall;

BGHZ 41, 123 Bruteierfall;

BGHZ 55, 153 Fleetfall: Entscheidungen zur Abgrenzung der Eigentumsverletzung (mit unklarem Ergebnis) und zur Beschränkung des Schutzumfangs des Rechts am eingerichteten und ausgeübten Gewerbebetrieb (→ Rn. 612f.)

BGHZ 13, 334 Leserbrief: Anerkennung des Allgemeinen Persönlichkeitsrechts bei § 823 I. Dieses soll verletzt sein, wenn etwas als eigene Meinungsäußerung eines Anwalts dargestellt wird, was dieser nur namens seines Mandanten geäußert hat (→ Rn. 615).

BGHZ 51, 91 Hühnerpest: Mangelhaftes Serum lässt die geimpften Hühner erkranken. Diese Entscheidung bildet die Grundlage der Rechtsprechung zur Produzentenhaftung: Diese wird unter Umkehr der Beweislast für das Verschulden auf Deliktsrecht (regelmäßig § 823 I) gestützt (→ Rn. 650ff.).

BGHZ 67, 359 Schwimmerschalter: Das Versagen eines kleinen Teils der gekauften Maschine (nämlich des Schwimmerschalters) führt zu erheblichen weiteren Schäden. Hier hat der BGH die deliktische Produzentenhaftung bejaht, obwohl zwischen dem Produzenten und dem Geschädigten ein Vertrag bestand; zudem soll die Ersatzpflicht aus § 823 I den über den Schwimmerschalter hinausreichenden Schaden umfassen (→ Rn. 650b).

BGHZ 80, 186; 80, 199 Apfelschorffälle: Erweiterung der Produzentenhaftung auf Schäden aus der Wirkungslosigkeit des Produkts (nämlich von Spritzmitteln gegen Apfelschorf), wenn der Benutzer von der Verwendung eines anderen, wirksamen Produkts abgehalten worden ist. Doch wird hier die schuldhafte Verletzung der zugrunde liegenden »Produktbeobachtungspflicht« nicht ohne weiteres vermutet (→ Rn. 650c).

BGHZ 92, 143 Kupolofen: Auf einen Betriebsparkplatz abgestellte Personenkraftwagen werden durch den Auswurf eines Kupolofens beschädigt (§ 823 I). Der BGH hat hier analog § 906 II für Rechtswidrigkeit und Verschulden des Emittenten eine Beweislastumkehr zugunsten des Geschädigten bejaht (→ Rn. 650d).

BGHZ 99, 167 Hondafall: Der Fahrer eines Honda-Motorrads war verunglückt, weil dieses durch eine nicht von Honda stammende und erst später angebrachte Lenkradverkleidung instabil geworden war. Der BGH bejaht eine Produktbeobachtungs- (und eine daraus folgende Warnungs)pflicht des Motorradherstellers nicht nur für dessen eigenes unverändertes Produkt, sondern auch für übliches und gefährliches Zubehör (→ Rn. 650e).

BGHZ 104, 323 Mehrwegflaschenfall: Ein Kind wird durch eine berstende Mehrweg-Limonadenflasche verletzt. Es lässt sich nicht feststellen, ob die Flasche schon beim Verlassen des Abfüllbetriebs des verklagten Getränkeherstellers schadhaft war (was regelmäßig Voraussetzung für eine Produzentenhaftung ist). Der BGH erwägt in solchen Fällen eine Befundsicherungspflicht: Deren Verletzung durch die Beklagte kehre die Beweislast um (→ Rn. 650f).

BGHZ 116, 60 Milupa: Der BGH verschärft hier die Anforderungen an die Warnpflicht für den Hersteller eines für die Gesundheit (Karies) gefährlichen Nahrungsmittels: Diese Warnung muss deutlich hervorgehoben und sie darf nicht zwischen anderen Hinweisen (Zubereitungsanleitung) versteckt sein (→ Rn. 650g).

BGHZ 116, 104 Hochzeitsessen: Der BGH beantwortet hier die bisher nicht entschiedene Frage, ob die Regeln der deliktischen Produzentenhaftung (BGHZ 51, 91 Hühnerpest) bloß für Großbetriebe mit industriellen Produktionsverfahren gelten sollen. Das wird verneint: Auch bei Kleinbetrieben mit einfachen Arbeitsabläufen (Bereitung von Nachtisch in einer kleinen Gaststätte) fehle dem Geschädigten jeder Einblick, sodass hier die Beweislast für das Verschulden gleichfalls beim Hersteller liegen müsse (→ Rn. 650h).

BGHZ 58, 162 Gehwegfall: Beschädigung eines Gehwegs durch Kraftfahrzeuge, die einer Unfallstelle ausweichen. Der BGH verneint insoweit eine Haftung des für den Unfall Verantwortlichen, weil dieser die Beschädigung des Gehwegs nicht »herausgefordert« habe (→ Rn. 653f.).

BGHZ 101, 215 Nierenfall: Eine Tochter verliert durch einen ärztlichen Kunstfehler ihre einzige Niere; daraufhin spendet die Mutter eine ihrer Nieren. Der BGH lässt den Arzt (und den Krankenhausträger) aus § 823 I auch der Mutter auf Schadensersatz haften: Die Fehlbehandlung der Tochter habe das Opfer der Mutter herausgefordert und daher auch diese zurechenbar rechtswidrig verletzt (→ Rn. 654).

BGHZ 36, 30 Idealheimfall: Irrtum über den Leistenden bei Vertretung ohne Vertretungsmacht; wichtig zur Nutzbarmachung des Leistungsbegriffs durch den BGH: Abstellen auf den Erkenntnishorizont des Leistungsempfängers (→ Rn. 687ff.).

BGHZ 115, 132 Ausgleich von Zuwendungen unter Partnern, wenn die Partnerschaft auseinandergeht: Wertvolle Zuwendungen zwischen Eheleuten beruhen regelmäßig auf der Annahme, die Ehe werde lebenslang fortbestehen. In dieser Annahme könnte man eine Geschäftsgrundlage sehen; eine Scheidung könnte dann als Grundlagenstörung Rückgewährsansprüche auslösen. Die genannte Entscheidung verneint das regelmäßig, wenn zwischen den Eheleuten der gesetzliche Güterstand der Zugewinngemeinschaft bestanden hat: Dann verdränge der Zugewinnausgleich Ausgleichsansprüche nach allgemeinem Vermögensrecht. Abweichendes soll nur in seltenen Ausnahmenfällen bei (streng zu beurteilender) Unzumutbarkeit für den Zuwendenden gelten (→ Rn. 690a).

BGHZ 116, 167 unbenannte Zuwendungen: Bei Gütertrennung und in nichtehelichen Lebensgemeinschaften gibt es keinen Zugewinnausgleich. Hier sind verschiedene Wege zur (auch nur selten zugelassenen) Rückforderung von Zuwendungen entwickelt worden (etwa Geschäftsgrundlage, Gesellschaft, Gemeinschaft). Dabei wird die Zuwendung (ebenso wie bei Zugewinngemeinschaft) grundsätzlich nicht als Schenkung aufgefasst. Vielmehr bilde sie ein keinem gesetzlichen Typ unterfallendes, unbenanntes Geschäft (sog. »Innominatkontrakt«). Doch soll sie im Erbrecht (zB bei § 2287) regelmäßig wie eine Schenkung behandelt werden, also insbesondere im Verhältnis zu Dritten (→ Rn. 690b).

BGHZ 201, 1; BGH NJW 2015, 2406 Schwarzarbeit: Ein Vertrag über Dienst- oder Werkleistungen, die unter Verstoß gegen das SchwarzArbG erbracht werden sollen, ist gemäß § 134 nichtig, sodass keine vertragliche Leistungsansprüche zwischen den Beteiligten bestehen. Nach § 817 S. 2 sind auch etwaige bereicherungsrechtliche Ansprüche ausgeschlossen, da das SchwarzArbG nur so die vom Gesetzgeber beabsichtigte generalpräventive Wirkung entfalten kann (→ Rn. 698).

BGH NJW 1964, 1853 unberechtigte Untervermietung: Der Vermieter soll gegen den Mieter weder die Eingriffskondiktion noch ohne weiteres Ansprüche auf Schadensersatz haben (→ Rn. 707; 719; 833).

RGZ 97, 310 Anschlussgleis: Die unberechtigte Mehrbenutzung eines Anschlussgleises soll auch bei Fehlen eines Schadens eine Eingriffskondiktion auf den Wert dieser Benutzung gewähren (→ Rn. 719).

BGHZ 55, 176 Jungbullen: Wer das Eigentum an gestohlenen Jungbullen erst durch Verarbeitung erwirbt, ist gegen die Eingriffskondiktion des Alteigentümers nicht deshalb geschützt, weil er den Besitz durch eine (entgoltene) Leistung des Diebes erhalten hatte (→ Rn. 725; 727; 730).

BGHZ 89, 383 Grohnde: Die Anwendung des § 830 auf die Teilnehmer an einer unfriedlich verlaufenden Großdemonstration wird eingeschränkt (Abgrenzung zu BGHZ 63, 124 für eine überschaubare Hausbesetzung) (→ Rn. 792).

BGHZ 142, 315: Mit dieser Entscheidung hat der II. ZS des BGH eine veränderte Behandlung der BGB-Gesellschaft eingeleitet und das in mehreren folgenden Entscheidungen fortgesetzt: Die BGB-Gesellschaft soll regelmäßig eine beschränkte, dem § 124 HGB angenäherte Rechtsfähigkeit haben. Trotzdem sollen die Gesellschafter für die Gesellschaftsverbindlichkeiten auch persönlich haften; diese Haftung soll auch durch einen einschränkenden Firmenzusatz (»GbR mbH«) nicht ausgeschlossen werden können, sondern nur durch individuelle Vereinbarungen mit dem jeweiligen Gläubiger (→ Rn. 794f.).

BGHZ 48, 118 Trevira; **BGH NJW 2014, 2183:** Der Lieferant ist nicht Erfüllungsgehilfe (§ 278) des Verkäufers in dessen Verhältnis zum Käufer (→ Rn. 805). Das bedeutete eine Weichenstellung zugunsten der deliktischen Produzentenhaftung, die dann durch BGHZ 51, 91 (Hühnerpest (→ Rn. 650ff.) wirksam geworden ist.

BGH NJW 1956, 1234 Seereise(Reisegepäck)fall: Der BGH gewährt eine Geldentschädigung dafür, dass auf einer Seereise das Gepäck nicht zur Verfügung stand: Einführung des Gedankens der Kommerzialisierung, orientiert am Reisepreis (→ Rn. 823).

BGHZ 40, 345 Übertragung des Kommerziallisierungsgedankens auf den zeitweisen Ausfall der nichtgeschäftlichen Nutzung eines PKW: dort entschieden für einen Betrag von 37,20 DM, aber mit Folgekosten von weit über einer Milliarde DM (→ Rn. 824ff.; 863).

BGHZ (GSZ) 98, 212 Grundsatzentscheidung zu der mit BGHZ 40, 345 beginnenden Diskussion um eine Geldentschädigung für Nutzungsentgang: Bei deliktischer Verletzung wird die Entschädigung über Kraftfahrzeuge hinaus bejaht für »Wirtschaftsgüter von allgemeiner zentraler Bedeutung für die Lebenshaltung« (dort bejaht für eine Villa). Die damit angedeutete Ausnahme für Luxusgüter ist aber weder hinsichtlich der Abgrenzung noch hinsichtlich der dogmatischen Einordnung klar (→ Rn. 829). Anerkannt ist eine Nutzungsausfallentschädigung inzwischen auch außerhalb des deliktischen Bereichs bei der Vertragshaftung, etwa wenn ein Internetanschluss nicht funktioniert (BGHZ 196, 101) oder die Eigentumswohnung nicht fristgerecht fertiggestellt wird (BGHZ 200, 203).

BGHZ 63, 98 Schwarzmeerküste: verdorbener Urlaub als Vermögensschaden anerkannt; jetzt Regelung in § **651f II** (→ Rn. 830).

BGHZ 26, 349 Herrenreiter;

BGHZ 35, 363 Ginsengwurzel: Gewichtige Eingriffe in das Allgemeine Persönlichkeitsrecht sollen zur Geldentschädigung (Genugtuung) auch wegen eines Nichtvermögensschadens verpflichten (→ Rn. 832f.).

BGHZ 20, 345 Paul Dahlke: Begründung eines Schadensersatzanspruchs mit dem Entgehen des Entgelts für eine Nutzungserlaubnis, wo eine solche von einem Schauspieler für Werbeaufnahmen entgeltlich erteilt zu werden pflegt (→ Rn. 833).

BGH JZ 1985, 951 Konsulfall: Über die Erteilung einer erkennbar wichtigen, aber unentgeltlichen Auskunft (über den Wert eines Grundstücks an den dänischen Konsul) wird ein Vertrag angenommen; dieser soll zudem Schutzwirkung für Dritte (die das Grundstück beleihende Hypothekenbank) haben (Abkehr von der Wohl- und Wehe-Rechtsprechung, vgl. → Rn. 846 a).

BGH JZ 1995, 306 Gutachterfall: Bei einem Grundstücksverkauf verwendet der Verkäufer ein von ihm bestelltes, auf einen unrichtig hohen Wert lautendes Gutachten: Dann soll der Gutachter dem Käufer ersatzpflichtig sein, obwohl der Verkäufer (= Besteller des Gutachtens) die Nichtberücksichtigung der wertmindernden Umstände gewünscht hatte, sodass keine Vertragsverletzung durch den Gutachter vorlag. In dieser Entscheidung hat der BGH zur Drittschutzwirkung von Verträgen erstmals deutlich zwei Fallgruppen unterschieden: nämlich die »Wohl- und Wehe-Fälle«, bei denen der Gläubiger und der geschädigte Dritte »im gleichen Lager« stehen, und andere Fälle, bei denen die Interessen des Gläubigers zu denen des Dritten gegenläufig sind (hier: der Gläubiger ist an einer hohen Wertangabe interessiert, während dem kaufwilligen Dritten an einer niedrigen Bewertung gelegen ist, → Rn. 846 a).

BGHZ 75, 230: Grundsatzentscheidung zu Schadensersatzansprüchen gegen den Ladendieb: Diese Ansprüche umfassen zwar eine angemessene Fangprämie, die der Bestohlene einem Dritten aus Auslobung schuldet, aber nicht auch einen Anteil an den allgemeinen Sicherungskosten (→ Rn. 864).

BGHZ 12, 213 Ausgangsentscheidung zur »Regressbehinderung durch Haftungsbeschränkung«: Eine solche Beschränkung soll im Verhältnis zu einem Mitschädiger nicht wirken, sodass dieser aus einem »hinkenden Gesamtschuldverhältnis« nach § 426 gegen den privilegiert Haftenden Rückgriff nehmen kann. Doch hat der BGH diese Konstruktion insbesondere gegenüber den Haftungsausschlüssen des Sozialversicherungsrechts nicht durchgehalten (→ Rn. 928ff.): Die Beteiligung des haftungsfreien Mitschädigers soll die Ersatzpflicht des Dritten mindern. Jetzt (BGHZ 103, 338) lässt der BGH unter Umständen aber auch den Dritten regresslos allein auf dem ganzen Schaden sitzen (→ Rn. 932). Damit finden sich derzeit in der Rechtsprechung alle drei denkbaren Lösungen ohne klare Abgrenzung voneinander vertreten.